老报刊里的日本侵华实录

第1卷·侵华战争篇：全2册②

谢 华 主编

哈爾濱工業大學出版社
HARBIN INSTITUTE OF TECHNOLOGY PRESS

目录 CONTENTS

全2册②

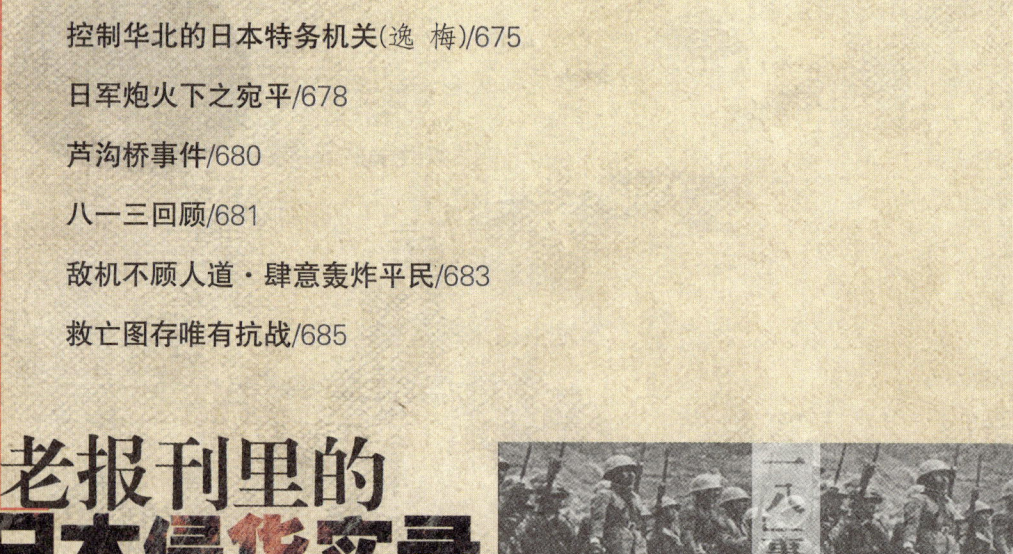

時代公論

創刊號

（周刊）民國二十一年四月一日出版

時代公論社

通訊處南京國立中央大學

《时代公论》杂志封面

日本併吞滿熱的軍事計劃

董顯光

日本陸軍部最近改組傀儡國行政，牠的主要計劃，在設置「滿洲國」總督，計畫中，駐「滿洲國」的日本要人，仍稱爲大使，但是實際上賦與殖民地總督的職權。有眼光的中國人，相信這個變更，將來進一步就是日本併吞滿洲和熱河。

朝鮮在未被日本併吞之前，也經過這同樣的步驟，現在朝鮮滅亡的歷史，又在重演一次。但是有一點不同，就是朝鮮在滅亡之前，是一個獨立國家，而滿洲熱河，是中國的一部分。因爲這個原故，日本的計畫，就畧加改變。造成一個傀儡國，僅僅眼光敏銳的觀察家，可以發現，在一九〇四年和一九一〇年之間的歷史事實，就是在朝鮮未亡之前的事實。我們稍加考察，就可以知道「滿洲國」將來的命運怎樣？

一九〇四年，日皇下過一次上諭，他說：「朝鮮完整，對於帝國，最爲重要，朝鮮獨立存在，對於帝國安全，頗有關係。」十三年後，在二月二十三日，日皇與朝鮮王簽訂議定書，担保朝鮮王室的安全，並且保證朝鮮帝國領土的獨立與完整。

日俄戰爭結束後三個月，在一九〇五年十一月十七日，朝鮮王被迫簽訂條約，將朝鮮外交，讓歸日本管理指導。一九〇六年，伊藤博文任日本駐朝鮮總督，一九〇七年又簽訂另一條約，經朝鮮王同意：

第一條　一切關於改革朝鮮內政問題，朝鮮政府，必需接受日本駐鮮總督的指導。

第四條　一切高級人員的任免，必需獲得駐鮮總督的同意。

第五條　經駐鮮總督介紹任何日本國民，爲朝鮮官吏，朝鮮政府，必需任命。

第六條　朝鮮政府，未經諮商駐鮮總督，不得任命任何外國人爲朝鮮官吏。

一九一〇年八月二十二日，又簽訂一種協定，規定朝鮮王完全並永遠將全朝鮮一切主權，讓與日皇。八月二十九日，日本正式併吞朝鮮。

日本吞併滿洲熱河的步驟，開頭就用武力佔據中國的土地，隨後就製一傀儡國家。一九三二年九月十五日，日本與「滿洲國」簽訂一議定書，規定互相擔保，尊重領土主權。第二條規定如下：『日本與「滿洲國」承認，對於訂約之一方的領土，和平與秩序的任何威脅，同時即成爲另一方的安全，存在的威脅。因此約定共同合作，以維持兩方國家的安全，根據此義，爲達到此項目的所必需的日本軍隊，應駐紮在「滿洲國」。』

一九三三年三月二十七日，日皇發下上諭，他說：『現在「滿洲國」既經成立，帝國認爲必須尊重新國家的獨立，鼓勵其健全發展，因此遠東禍亂之源，可以消除，而遠永和平，亦因以確立。』

設立傀儡國之後，日本對於僞國行政，實行三重制度：一九三二年八月，武藤被任爲關東軍司令，兼駐滿大使及關東租借地總督，他受陸相，及參謀總長的監督。因爲他又是關東總督，所以對拓相也負責任，他以駐滿大使的資格，應受外務大臣的指導。

林銑陸相似乎認爲這個制度已經實行兩年，時期也算很久，所以他主張應該即刻任命一個總督，做唯一的統治者。爲避免外人懷疑起見，可以稱爲大使，假如他這提議，得到政府贊同，日本就可與「滿洲國」談判，訂立一種條約，和一九〇五年，一九〇七年，與朝鮮王所簽訂的兩種條約一樣。假如照樣做下去，這個所謂獨立的「滿洲國」，在牠最後歸併於日本之前，只有三年多的生命。

朝日新聞，把陸相計畫的原則，分項解說如下，據說這些原則，是得到全軍隊的擁護。

『一、日本在滿洲國的政治建設，以關東軍司令與駐滿大使的地位爲基礎，關東總督一職，應予取消，但另外可任命關東省省長。

「二、感覺「滿洲國」對於日本的特殊重要，大使所處的地位，與普通外交家不同，他應直接在首相管轄之下。外相僅只在外交事件上指揮大使，外交行政包括警務，關稅，經濟統治，與南滿鐵路會社的監督，均應歸大使管理；並且監督關東省省長，大使之下，任命一秘書長，賦與權力，監督外交行政，代行外務省的職權。

「三、關東軍司令，應處理有關維持「滿洲國」和平，及日滿聯合國防的一切事件。

「四、根據日滿聯合國防，及日滿共存共榮的原則，簽訂一種條約，成立一經濟委員會，會內應包括日滿有能力的人，歸首相管轄，現今關東軍特務機關所處理之事務，可劃歸經濟委員會，與改進局，此局在經濟委員會之外，單獨設置。

「五、現在警務處在大使管轄之下，憲兵在關東軍管轄之下，應與取消領事裁判權，一併取消。

「六、關東軍與「滿洲國」政府的關係，仍然不變。

「七、取消拓務省問題，未經考慮，但因爲重要改革的結果，拓務省對於「滿洲國」的原有職權，將喪失許多，故需要修改章程。』

軍事計畫的中心問題，在任命大使，具有外交與行政的職權，照日本廣告報所言，大使應改稱總督。東京日日新聞在一篇社論裏說：「他不僅是國際間所承認的大使等級，而是高於大使的地位，賦予殖民的行政權，或可稱爲高等長官。在他的屬下，設一祕書長，由非外交事務人員充任，等於在總督之下，設一民政長，因爲如若是外交機關，很難採用不合理的制度。」

我們看到日本政府這樣的軍事計劃，無疑地證實了日本軍閥的野心，想趕快地併吞滿熱，與當初的朝鮮，降爲保護國，最後喪失一切主權的情形，如出一轍。我們以後，就要看日本政府採取這個計畫的機會怎樣？

——本文英文稿，已載九月份大陸報。

民族杂志

《民族杂志》创刊于中华民国22年（1933）1月，由民族杂志社编辑出版。月刊。其他题名：《民族》。该刊出版至民国26年（1937）8月。

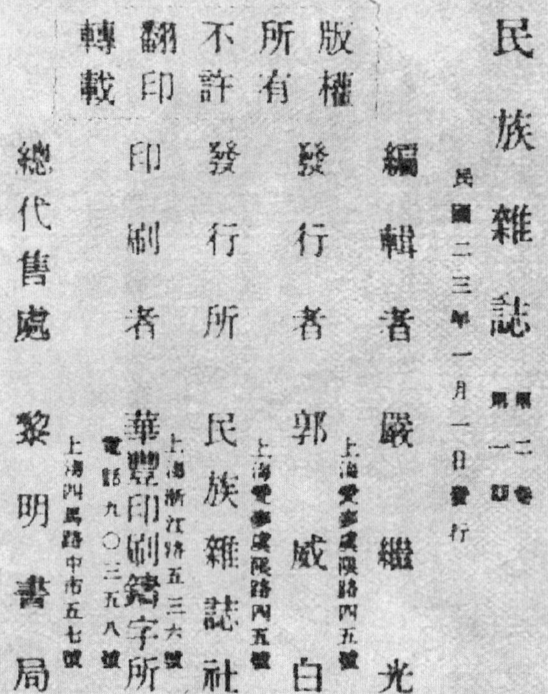

民族雜誌 第二卷 第一期

民國二三年一月一日發行

版權所有 不許翻印轉載

編輯者 嚴繼光 上海愛多亞路四五號

發行者 郭威白 上海愛多亞路四五號

發行所 民族雜誌社

印刷者 華豐印刷鑄字所 上海浙江路五三六號 電話九〇三五八號

總代售處 黎明書局 上海四馬路中市五七號

《民族杂志》版权页

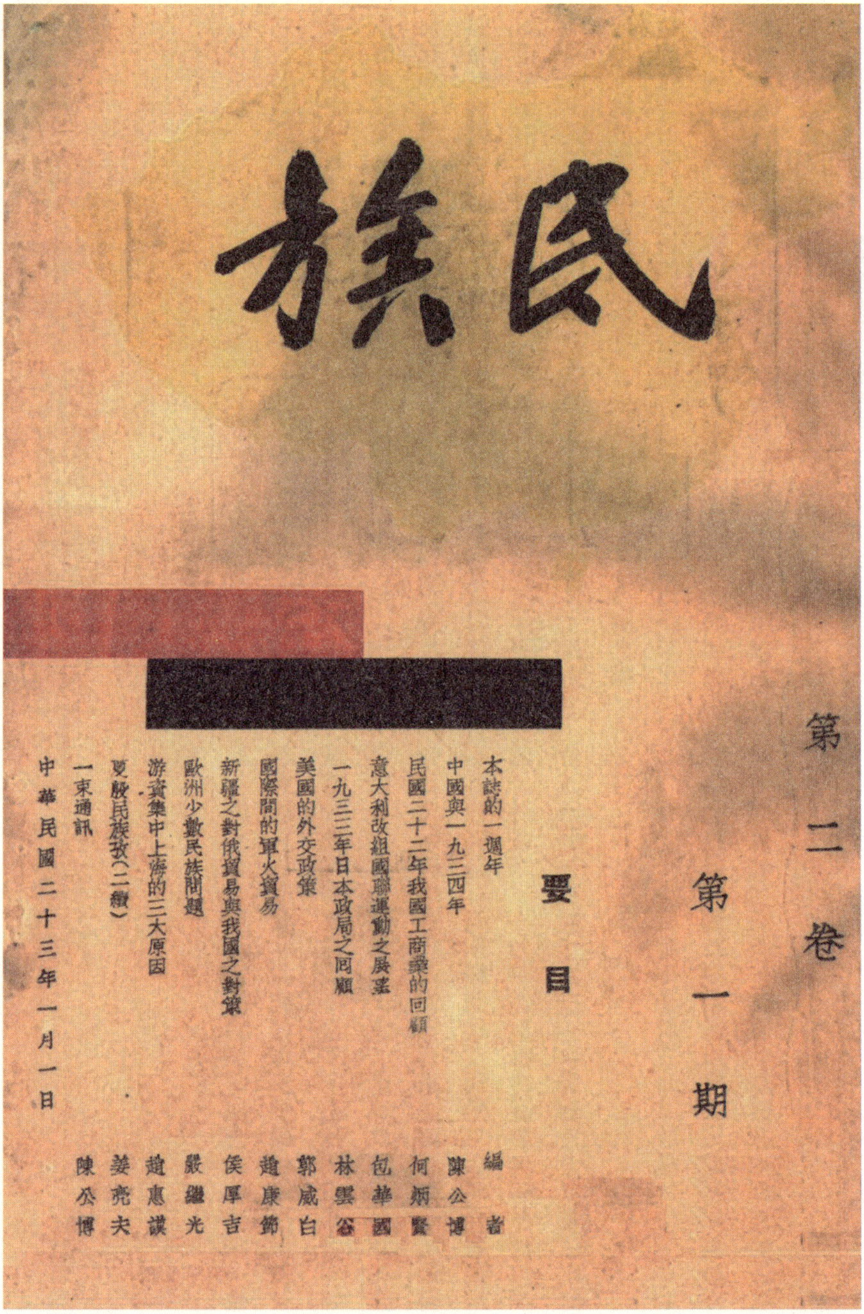

民族

第二卷 第一期

要目

本誌的一週年	編者
中國與一九三四年	陳公博
民國二十二年我國工商業的回顧	何炳賢
意大利改組國聯運動之展望	包華國
一九三三年日本政局之回顧	林雲陔
美國的外交政策	郭威白
國際間的軍火貿易	趙康節
新疆之對俄貿易與我國之對策	侯厚吉
歐洲少數民族問題	嚴繼光
游資集中上海的三大原因	趙惠謨
夏殷民族考(二續)	姜亮夫
一束通訊	陳公博

中華民國二十三年一月一日

《民族杂志》封面

四十年來日本統治下之台灣

林雲谷

一

「四百萬人同一哭，去年今日割台灣！」這是三十九年前嶺雲海日樓詩鈔的作者丘滄海先生的感慨詞。丘先生在遜清時代是一個生長台灣的進士，當光緒二十一年（一八九五年）清政府對日戰爭失敗後，被迫簽訂割讓台灣及澎湖等島嶼的條約時，他和唐景崧劉永福等民族英雄因為不願坐受宰割，籲請清政府顧全民意又無結果，曾在台灣宣佈獨立，組織共和國抗禦日本軍隊登陸，血戰數月，孤立無援，終於失敗。自是以還，日本帝國主義佔領台灣已經是有四十年了。在這四十年的歲月中，台灣四百萬中華民族反抗日本帝國主義的運動，雖然繼續不已，但終無法抵制日本帝國主義的武力壓迫經濟統制和文化侵略，所以到現在，原為我們中國一部分領的台灣實已化為日本的殖民地。

溯日本於割我台灣以前，雖曾奪我琉球，但因該處地小人稀，日本資本主義亦尚未帝國主義化，所以其所得的統治殖民地的經驗並不很多。迨割我台灣日本的資本主義始漸次化為帝國主義，而其殖民政策亦始漸次確立，統治殖民地的經驗亦隨着豐富起來。因為他們統治台灣已獲得相當的經驗，這些經驗增進他們不少向外擴張殖民地的勇氣，所以到了一九一〇年他們便放胆併吞我們中國無力援助的朝鮮，及至一九三一年他們且悍然强佔我們中國的東北了。

從「九一八」到現在的三年多的歲月中，日本帝國主義强佔我東北的暴行雖然迄未終止，可是日本能否化我東北為其殖民地的問題，我們中間似有不少人士仍抱樂觀的態度，以為日本帝國主義決難達到其目的。他們所以持此態度的理由之一，就是認到假定日本强佔我東北的現狀竟能維持下去，而因今日東北的三千萬中華民族比昔日台灣的四百萬中華民族有許外地方是强得多，例如民族意識的覺醒，東北與關內的種種關係的密切以及我國政府堅持不承認僞組織等等，這些事實均足爲日本帝國主義化我東北爲殖民地的阻力，這種幼稚的樂觀論雖然不值一駁，但其足以誤國家種族的一點却值得注意。而爲喚醒他們的迷夢起見，作者覺得讓他們認識四十年來在日本帝國主義卜的台灣，使他們知道日本如果從此强佔東北，則日本人憑着其統治台灣及朝鮮的經驗，並非沒有消滅東北三千萬中華民族的民族意識的可能，這也是一樁應爲之事。

何況到了現在，日本帝國主義不惟因爲有了統治台灣朝鮮等地的經驗，居然放胆强佔我東北爲其新殖民地，而且除了利用朝鮮人爲其侵略我東北的工具外，現正利用原爲中華民族的台灣人爲其侵略我東南的工具。近來福州廈門汕頭等通商口岸台灣人無惡不作，擾亂治安，實爲日本帝國主義隱在幕後所主使的。這些認賊作父受敵驅使的台灣人，從他們的年齡上推斷，至多是台灣四百萬中華民族受日本帝國主義統治後的第二代或第三代。他們的父或祖旣均爲我們的同胞，然而他們在日本帝國主義的統治下，竟記不得這層或不顧念到這層，甘爲敵人侵略祖國及宰割同胞的前驅，我們縱不以爲日本帝國主義的同化殖民地民族的能力可驚，亦應該認識日本主國帝義的操縱殖民地民族的能力可畏。

進一步來說，日本割我台灣雖只有四十年，然在這短短的四十年中，日本的資本主義已化爲帝國主義，而其南侵北進的兩大政策亦已獲飛躍的發展。但日本帝國主義並不以有此飛躍的發展而自滿足，抑且以有此發展而益强大其向外擴張殖民地的雄心。前年春日本爲不願放棄其强佔我東北的暴行而通告退出國聯，去年冬日本爲不甘繼續受海軍軍備限制的羈絆而通告廢止華盛頓條約，這些都是其熱中向外擴張殖民地的事實表現。日本帝國主義亦深知其最近的動向必將與歐美列强發生衝突，尤其是將與英美兩大帝國主義國家發生正面的衝突，所以先發制人，一面强佔我東北，一面要求海軍平等，藉此在未來的海軍軍縮會議中，迫英美兩國答應海軍平等爲日本放棄强佔我東北的條件，或承認日本強佔我東北爲合法而日本則取消海軍平等的要求爲報酬。然而，日本帝國主義的這種企圖能否實施，因爲英美兩國的態度尙未確定，目前尙難判斷。因此日本帝國主義不能不樹立「外交第一，國防第二」的政策，除了積極進行外交活動謀與英美兩國妥協外，同時積極進行充實軍備謀與英美兩國對峙。在這種情形之下，與英屬香港及美屬菲律賓極爲接近的台灣便成爲日本固守西太平洋海防的重要地帶。所以最近日本統治台灣的情形，當此遠東局勢緊張的時候，我們亦有予以注意的必要。

二

據日本人矢內原忠雄在其所著的「帝國主義下的台灣」一書中說，當日本初割我台灣時，因爲該國朝野認爲台灣難於統治，很有些人主張賣回給我國。所以然者，大概是當時台灣的獨立運動所表現的民意識很震驚了毫無統治殖民地經驗的日本人，使他們懷着不易統治台灣的念頭。但是，日本的武力隨着台灣的獨立運動失敗而得侵入該島後，所謂賣回給中國的主張卽隨着武力統治台灣的成功而漸次消滅。這四十年來日本因統治台灣而派往鎭壓該島的總督，有如左述：

樺山資紀	一八九五年五月十日就職
桂太郎	一八九六年六月二日就職
乃木希典	一八九六年十月十四日就職
兒玉源太郎	一八九八年二月廿六日就職
佐久間佐馬太	一九〇六年四月十一日就職
安東美貞	一九一五年五月一日就職
明石元二郎	一九一八年六月六日就職
田健治郎	一九一九年十月廿九日就職
內田嘉吉	一九二三年九月六日就職
伊澤多喜男	一九二四年九月一日就職
上山滿之進	一九二六年七月十六日就職
川村竹治	一九二八年六月十六日就職
石塚英藏	一九二九年七月三十日就職
太田政弘	一九三一年一月十六日就義
南弘	一九三二年三月二日就職
中川健藏	一九三二年五月二十七日就職

這十六個的總督，從第一代的樺山至第七代的明石，都是海陸軍的將官，所以在他們任內的二十三年是所謂武官統治時代。從第八代的田健到現在第十六代的中川都是官僚政客，所以這十七年來是所謂文官統治時代。不過時代雖有武官統治與文官統治的不同，而歷來的統治方策均

藉武力以行之則一。因爲日本自佔領台灣後，從初代總督樺山至二代總督桂的前後一年多中，日本軍隊難把台人的獨立運動鎮壓下去，然而台人的自主活動並未終止，於是三代總督乃木就職後卽開始實施所謂「三段警備」的方法：(一)軍隊負責征服山間的土匪，(二)警察担任村落的警備，(三)山間與村落之間的地帶由憲兵與警官協力警備之。用這種方法以鎮壓台人的反抗。迫四代總督兒玉就職後且開始實施嚴格的保甲制度以監視台人的動靜。到了一九一九年世界大戰告終，民族自決的聲浪高聳入雲，日本帝國主義者爲懷柔台人計，雖改任命文官爲總督並設置有名無實的總督府評議會及地方自治機關以欺騙台人，可是日本帝國主義的警察網却隨着行政組織的改革在台灣全島佈置更爲週密，而保甲制度在這些警察的指揮之下，推行益力，同時駐紮台灣的日本軍隊亦由日本軍部另設軍司令官統率之以鎮壓台人。所以直到現在，前身爲華人的台人實始終未脫離日本帝國主義的武力統治。

日本帝國主義爲便於武力統治台灣之故，所以在武官統治時代，總督除握着軍政大權以指揮軍隊處理行政外，且根據一八九六年日本國會通過的所謂「六三法問題」的明治第六十三號法律而得操立法及司法之權。凡台人的生殺予奪均隨總督的意思而定。該法律的內容是：

第一條　台灣總督於其管轄區域內所發表的命令得以代表法律。

第二條　台灣總督於臨時緊急之際得隨時發表必要的命令。

一九一九年文官統治時代開始之後，總督的權限雖比軍政時代漸次縮小，但台灣的行政、立法、司法三權都仍集於總督的掌握中。及後因台人的要求，所謂「六三法問題」至一九二三年雖得部分的解決，卽關於民事方面廢止總督的民事律令權，並規定日本國的民法、商法、民事訴訟其他附屬法律從此得適用於台灣，然關於刑事方面，總督仍保留着生殺台人之權。這是說，直到現在台灣總督對於不甘受統治而被發覺的台人，仍得不經法定的手續予以懲處。他這種特權實卽武力統治的特徵。

在武官統治時代，台灣的政治組織是：總督府爲全島最高行政機關，全島各地方設廳、支廳、街、莊、社、保等輔助機關。及一九一九年轉入文官時代後，全島及澎湖的政治組織亦稍有改變。即是在總督府統治下的全島及澎湖分爲五州三廳。文化較高的地方設州治，文化較低的地方設廳治。州治下的地方設市或郡，廳治下的地方設街，都是第三級的地方行政機關。市內郡內或街內，又設莊或區爲最下層的統治機關。州知事、廳長、郡守，市尹均爲國家官吏，街長莊長亦由國家任命，非由人民公選。這些地方行政機關鎮壓台人均不假乎軍隊而用警察，所以州設警務部，廳設警務課，市設警察署，爲上級警察機關。此外並在全島各街莊還分設支廳、派出所、駐在所等下級警察機關。據一九二七年的調查，台灣全島的上下級警察機關計有警務部五、警務課三、警察課四五、警察署六、支廳九、派出所九六八、駐在所五六七、共一千六百零三所。這一千多所的警察機關所有的警察人數雖不明白，然因他們尚主持執行保甲制度之故，事實上已能嚴密監視全島四百餘萬台人的動靜。

至於其保甲制度的要點是二十戶成甲，十甲成保；甲置甲長，保置保正，均由人民公選，再經警察長官予以認可。保正甲長均受警察長官的指揮監督，負維持保甲內安寧之責。保甲人民相互戒飭，共負連座的責任。即一人患法，十人同科。這種保甲義務，唯有台人負之。而台人在這種義務之下，須出自己的力，用自己的錢，維持日本帝國主義者的理想中的地方安寧，即自動制止一切反日本帝國主義的運動發生，這樣才算盡了自己的責任。因爲日本帝國主義的統治手段是如此的巧妙，如此的毒辣，所以前身爲華的四百萬台人，其民族意識日就消沉，而日本帝國主義統治台灣亦着着成功。

三

武力的鎮壓與保甲制度的實施，自爲日本帝國主義統治台灣着著成功的重要原因，但同化政策的推行却是日本帝國主義所以能使四百萬台人的民族意識日就消沉的最大原因。

日本同化台灣的政策，大致可分爲治標的與治本的兩種。玆就治標的同化政策來說，其主要目的是使前身爲華人的四百萬台人漸次數典忘祖，所以這四十年來，日本曾厲行如左的種種策略：

(一)取締台人自辦學校與私塾，以免其子弟學習華文及認識中國的歷史地理。

(二)禁止華報入口，以免中國文化源源傳至台灣。

(三)不許台人自辦報紙，以免傳達中台間的消息及溝通中台間的文化。

(四)拒絕發給台人留存中國的護照，以免其有受中國教育文化薰陶的機會。

(五)限制台人携帶現金出口或寄錢回中國，以免其與中國故里的宗親繼續發生關係。

(六)勒令台人停止講究風水地理，以免其保存舊有的風俗習慣。

(七)…………………

再就治其治本的同化政策來說，其主要目的是使台人不單數典忘祖，而且變爲他們的順民，所以日本統治台灣，除了厲行前述的種種策略外，尙積極實施如左的種種手段：

(一)創辦收容台人子弟就學的小學校與公學校，所敎的都是用日文編的教科書，以使他們熟習日本的國語歷史和地理等。

(二)凡台人子弟日常用日語談話的准入小學校，否則須入公學校，以使他們受這種區別待遇而努力學習日語。

(三)發行專事傳達日台間的消息與輸入日本文化於台灣的報紙如台灣新聞台灣日日新聞及台南新報等，以使台人耳濡目染都是日本的消息和文化。

(四)鼓勵台人舉行火葬屍身並創設公共坟地，以使台人不再沿用舊時習俗。

(五)廣播「台灣之歌」「南國節」日語創作的歌謠，以使台人喜新厭舊，漸次忘記漢語歌謠。

(六)獎掖台人子弟赴日留學，以使他們多些接受日本教育及承受日本文化的機會。

(七)…… ……

踪觀上述的治標的與治本的同化政策，可知日本自割我台灣後對於居住台灣的我們中國人的後裔，是努力設法使他們：一少接受中國教育而多接受日本教育，二少接近中國文化而多接近日本文化，三漸忘記祖先的習俗而漸同化於日本的習俗，四漸忘記祖先的語言文字而漸專用日本語言文字。這種同化的政策是最可畏的，因爲目前有許多從小卽受日本教育的台灣青年，他們簡直自以爲是日本人，對於日本帝國主義的統治竟歌功頌德不置。

我們知道，當日本帝國主義者在台灣實施這種同化政策的初期，在日本軍隊及警察的壓迫及保甲制度的拘束之下，台人反抗日本統治運動大有前仆後起的情勢，總計從一八九五年至一九〇二之間，台人先後襲攻台北二次，襲攻台中二次，襲攻其他各處守備隊，辦務署，支廳及憲兵駐屯所等五十餘次，警攻警察派出所則不知幾次，因此而慘遭日本軍隊警察的武器殺戮的被拘捕而判處極刑的至少當在二萬衆以上。自南部的抗日領袖林少猫於一九〇二年被日軍擊敗後，至一九〇七年有北埔起義，一九一二年有林杞埔起義及一九一五年有西來庵起義等抗日運動不斷發生，計達十餘次之多，但結果均歸失敗。因爲這些抗日運動，在日本的武力統治之下，着着失敗，許多民族英雄不是被殺則逃亡，致令台人漸次缺少有力的領導人物，同時日本的同化政策又著著進行，許多台人子弟被其潛移默化，所以台人的民族意識乃日就消沉。

一九一四年世界大戰發生，世界各地民族自決的聲浪雖漸次高揚，然而台灣的解放運動却極沉寂，到了一九一八年留學東京的台灣青年才組織「六三撤廢期成同盟」，期撤廢爲台灣總督專制政治根據的所謂「六三法」。一九一九年文官統治時代開始，林獻堂爲中心的設置台灣議會請願運動卽於次年上第一次請願書於日本國會，簽名的共達一百七十九人。一九二三年多所謂「六三法問題」經過部分的解決後，總督府卽藉口維持治安而彈壓此種請願運動，繫蔡培火等於獄。但是，運動並不以此中止，至一九二八年上第九次請願書時，簽名的已增至二千多人，由此可見台人在日本帝國主義的武力統治之下已漸次捨棄不屈的抵抗態度，並在日本帝國主義的同化政策之下改漸次採取妥協的合作態度，希望日本帝國主義設置台灣議會，讓他們參與統治他們自己的殖民地行政了。

四

以上是說明日本帝國主義以武力統治鎮壓台人的反抗，以同化政策使他們變爲順民，此外日本帝國主義統治台灣尙有一種毒辣的政策，這就是資本主義到了獨占階段的經濟統制。這種經濟侵略才是日本帝國主義所以能將難治的台灣變爲其殖民地的最重要手段。

台灣位在亞熱帶，物產極爲富饒。農產物中如米年可收穫二回，年有大宗的生產，他如甘藷、甘蔗、花生、豆類、麥類、蔴類、煙葉、柑橘、香蕉、蘋果等的生產亦盛。林野面積佔全島面積的八成，至於木材的容積量，單就阿里山(二千一百八十四萬石)八仙山(一千零二十四萬石)及宜蘭濁水溪(四千九百七十四萬石)三處而言，爲數已在八千一百八十二萬石以上，則總額之大可石。鑛產以煤爲最多，石油、金、銀、銅、水銀、硫黃、燐等亦不少，鹽亦如之。水產則因四面環海，鰹、鯛、黃花魚、角魚等均繁殖於東西南北海岸。畜牧方面，如豚、羊、牛、鷄、鴨等亦所在皆有。此外尙有樟腦一物，爲台灣獨有的特產。所以該島爲我們中國領有時，福建廣東兩省的過剩入口，均視該島爲尾閭，世代安居樂業於該島的達四百萬衆。可是自該島割歸日本，台人在日本帝國主義的經濟侵略榨取之下，生活卽漸次趨於窮困。

原來日本帝國主義憑藉武力壓倒台人的獨立運動後，鑑於當地的實業均操於前身爲華人的台人之手，爲便於日本的資本主義努力侵入該地計，乃於一八九七年籌設台灣銀行。該行於一八九九年開始營業，自始卽得發行紙幣以吸收當地現銀，兼事經營動產金融。不動產金融等普通銀行業務，成爲操縱全島金融的一大獨占銀行。日本資本乃憑藉這個獨占銀行而侵入台灣，外國資本則隨着日本資本侵入台灣而被迫離開該島，益以台灣總督府厲行官營及專賣制度，台灣銀行則予日本人在台灣經營的事業以特殊的便利，結果台灣的全部產業，不是被總督府所獨占，卽爲日本財閥三井、三菱、藤山、鈴木等數家所獨占。

前面已經說過，台灣的林野廣大，木材的蓄積極多，所以日本帝國主義佔領該島，台灣總督府卽規定伐木事業由政府官營。在台灣未割歸日本前，因島民吸食鴉片的很多，所以台灣總督府首於一八九六年實施鴉片專賣制度，爲政府生財之道。後因這種專賣的獨占政策，獲利甚豐，台灣總督府乃於一八九九年實施樟腦專賣，於一九〇一年實施食鹽專賣，於一九〇五年實施煙草專賣等制度，樟腦是台灣的特產，鹽及香烟則爲台人日常必需的用品，所以它們歸政府專買後，台灣總督府的收入日增，從一九〇五年以後，其財政即可獨立，無須仰給日本本國的補助。因爲專賣制度既成政府的利藪，所以一九二二年台灣總督府又實施啤酒除外的專賣，到了一九三四年則啤酒也一併專賣了。

至於其他未歸政府官營或由政府專賣的實業，因爲大資本壓倒小資本、新技術壓倒舊技術，有政府幫助的壓倒無政府幫助的，所以這三四十年來，農、礦、漁撈、畜牧各方面的企業均漸從台人的手中直接間接移入日本財閥的掌握。例如台人生產最多的米、甘薯、甘蔗等，在日本財閥的資本壓迫之下，台人只好以最低的價格將米假手日人商店運輸出口，將甘薯所飼養長大的六畜賣給日人所經營的食品商店或工廠，將甘蔗賣給日人所經營的大規模糖廠爲原料。否則欲自行運輸出口或加工製造，必連此最低價格亦不能獲得。換句話來說，日本財閥挾着巨大的資本及進步的技術侵入台灣，並得台灣總督府台及銀行的種種特別援助的便利，所以他們在這三四十年中，實已操縱全島的輸出入貿易，包辦全島的新式工業，獨攬開發地內礦產及打撈遠洋水產的經營。因此，台灣的所有財富，除了一部分爲日本政府所榨取外，大部分均爲日本財閥所吸收。在日本政府財閥這種經濟侵略之下，台灣乃完全變爲日本帝國主義獨占的殖民地，而台人的生活只有日趨窮困的一途。

前身或其祖若宗爲華人的四百萬台人，在武力統治之下既難於反抗日本帝國主義的壓迫，而民族意識又漸次爲日本帝國主義的同化政策所潛移默化；經濟生活則受了日本政府及財閥的搾取與吮吸而轉趨於窮困，於是日本帝國主義乃用種種方法使台人變爲其侵略中國的鷹犬。他們所用的方法是花樣百出，筆不勝書，概括言之，第一步是使善良的台人在本島難於謀生，成爲失業的遊民，使其萌生向外發展的慾望，第二步則慫恿或援助其前往中國南洋等地，以經商爲幌子，以偵探爲業務，聽日本帝國主義的驅使，這是上等的方法。下等的方法是先使惡行的台人不能立足於島內，待他們被迫離開台灣跑到福州廈門汕頭等地後，則任他們以日本領事裁判權爲護符，從事販賣鴉片等毒物，開設賭窟及妓寮，密輸槍械及其他違禁品，直接擾亂中國的治安，破壞中國的社會，間接則爲日本帝國主義製造侵略中國的機會。因爲日本帝國主義運用這些惡辣的方法驅使台人，而許多台人又受了生活環境的逼迫而甘爲虎作倀，所以近來我國廈門汕頭等通商口岸所謂「台灣浪人」的橫行，已成治安上及國防上的嚴重問題。

五

日本人中平亮在他所著的「大亞細亞主義」書中會說，日本今日雖然提倡大亞細亞主義，主張解放歐美帝國主義壓迫之下的亞細亞，可是日本是不能放棄台灣的，因爲該島的生蕃離文化的階段尚遠，需要日本的指導尚多。倘使該島的中國人不欲承受日本的統治，則他們亦有祖國可以移住。他這種論調是很可注意的，因爲這種論調至少代表着日本帝國主義的意思。據一九二八年台灣總督府的調查台灣的住民分爲日本人：台灣人，生蕃及外國人四大類別，其數目如下：

日本人	二一一、二〇二
台灣人	四、一〇〇、二六二
生蕃	八六、三五六
外國人	四〇、三六四
總計	四、四三八、〇八四。

依上表所示，可知在日本統治下的台灣，前身爲華人的台灣人與生蕃的數目爲五十與一之比，若依民族自決的辦法而行，台灣的主權當然歸於四百餘萬的台灣人之手，日本帝國主義一方面提倡大亞細亞主義，一方面藉口指導八萬餘的生蕃而欲永遠統治台灣，强詞奪理，不言而喻。

當日本帝國主義統治台灣的初期，爲繁榮台灣起見，對於台灣人寄錢歸中國或携帶動產回中國的，是持嫉忌的態度而加以限制或禁止。到現在因爲台灣已成爲日本資本主義的殖民地，日本帝國主義且以台灣爲根據地，欲向中國東南及南洋等地擴張勢力，所以對於居處台灣的四百餘萬台人，一反故態，希望他們重返故里，移居祖國了。日本政府任命「台灣浪人」在中國福建廣東等省無惡不作，非法牟利，未始不是鼓勵台人移居祖國的一種政策呢。

不過，四百餘萬台人無論如何是不會大量移居祖國的，且因台人的生殖力不弱，今後他們將永爲台灣的直正主人翁，這亦爲意中事。所以日本帝國主義者在理想上固然希望他們移居祖國，但在事實下不能不設法懷柔他們，使他們永遠承受其統治。尤其是遠東局勢現極緊張，以日本爲中心的太平洋戰爭有旦夕爆發的可能，一朝有事，則台人的向背實足動搖日本帝國主義爭霸遠東的陣營，所以在此時候，日本政府最近忽決定改革虛有其表的台灣地方自治制度，欲藉此故變花樣，愚弄台人。

現行的台灣地方自治制度，是一九二〇年開始實行的，其要點是規定各州、市、街、莊的地方團體，得合同組織協議會爲州知事、市長、街長、莊長等各級官吏的諮詢機關，而所有協議會的議員均由各級官吏選任。所謂自治，有名無實，連台人亦極瞭然，所以屢有請願改革的運動。到了最近，日本政府覺得這種騙人的把戲有徒增台人的惡感之勢，所以決定予以改革，即將州、市的協議會改爲州會市會，議員規定半由官選半由民選，及將其權能擴大而成爲州市的決議機關。街、莊的協議則仍爲諮詢機關，議員亦仍官選。至於州市民選議員的選舉權，凡直接繳納國稅五圓以上的即得享有。這種改革，雖比現行制度稍爲進步，然離眞正地方自治的階段尚遠，較之一九三〇年實施的朝鮮地方自治制度，道會的議員三分之二由民選，府會，邑會，面協議會的議員全由民選，且這些地方議會均爲決議機關，可知日本帝國主義對待台人實另具一種猙獰的面目。換言之，日本帝國主義迄今對於台人仍不欲予以過分的參政權力，仍取高壓的態度，只是爲懷柔台人使勿生變起見，最近乃籍口改革地方自治制度，由緊稍寬，以愚弄台人而已。

台灣是日前日本帝國主義南進的根據地，也是日前日本帝國主義固守太平洋海防的最前線。日本帝國主義現正設法使台灣成爲爭霸遠東及西太平洋的空軍根據，並正努力使台灣成爲戰時日本液體燃料及其他軍需物品的貯藏所。所以，無論從任何方面觀察，日本帝國主義均沒有放棄台灣的可能，抑且有加緊其鎮壓台人同化台人榨取台人的可能。

假使未來的海軍軍縮會議竟歸於決裂，英美對日的局勢成立，則日本帝國主義將以台灣爲根據，以台灣浪人爲工具，向我們中國福建及嶺東(廣東東部)進攻，使我們中國全部受其控制，以利其對英美聯合艦隊的防禦戰，這又是我們可以預料到的。

一九三五，三，二。

现实

《现实》创刊于中华民国24年（1935年）6月，费侃如编辑，第2期起，编辑费怒春，第7/8期编辑费怒春、陈育之。中国现实社编辑、发行。发行人陈次宗，武昌出版。半月刊。逐页题名《现实半月刊》。零售每册二分，各书局及学校代售。该刊出版至民国24年（1935年）11月。

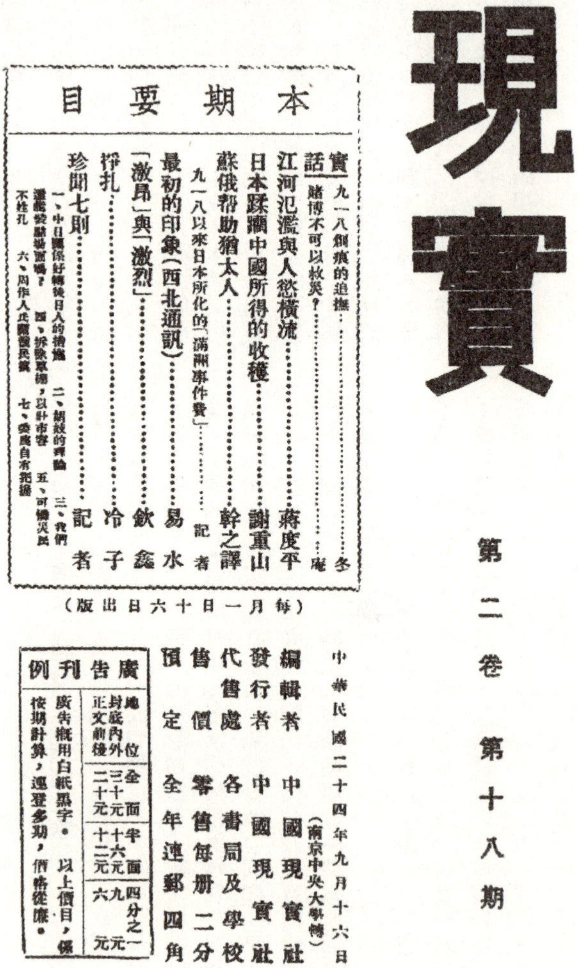

現實

第二卷 第十八期

本期要目

實話 九一八創痕的追撫……冬

賭博不可以救災？……庵

江河氾濫與人慾橫流……蔣度平

日本蹂躪中國所得的收穫……謝重山

蘇俄幫助猶太人……幹之譯

九一八以來日本所化的「滿洲事件費」……記者

最初的印象（西北通訊）……易水

「激昂」與「激烈」……欽鑫

掙扎……冷子

珍聞七則……記者

一、中日關係好轉後日人的措施 二、胡叔的理論 三、我們還能發獃嗎？ 四、拆除草棚，以壯市容 五、可憐災民不姓孔 六、周作人氏贊賞民族 七、委座自有指揮

（每月一日十六日出版）

廣告刊例			
地位	全面	半面	四分之一
封底內外	三十元	十六元	九元
正文前後	二十元	十二元	六元

廣告概用白紙黑字。以上價目，係按期計算，連登多期，價格從廉。

編輯者 中國現實社

發行者 中國現實社

代售處 各書局及學校

售價 零售每冊二分

預定 全年連郵四角

中華民國二十四年九月十六日（南京中央大學轉）

《现实》杂志封面

日本蹂躪中國所得的收獲

——赤字公債的面面觀——

謝重山

自從九一八發生瀋陽事變，到如今已經整整的四個足年。在這四個年頭中間，中華民族在政治經濟甚至精神上所受的損失，確實是「罄竹難書」「擢髮難數」的。在政治方面，如東北四省的淪陷，華北實權的失落；在經濟方面，如農村經濟的破產，民族工業的崩潰，日本商品的橫流—凡是中國人，對於這上述的幾點或其一部，沒有一個不感覺到切膚之痛。至於由長期抵抗變爲親善睦鄰這種政策對於一般人民精神上所生的不良影響，自然更不用說了。於是，一般人每以爲吃虧的只是中國，每因此而氣憤，甚至因此而悲觀而索性墮落。但是假如我們暫時忍氣吞氣，觀察日本究竟得了多少好處，却又可以知道耀武揚威要中國認識她在東亞的「地位」（主人翁的地位）的日本人，除開增加了一點威風之外，實際上也已經與中國一樣的陷入了山窮水盡的絕境。世間最「損人而不利己」的事，就是近來日本蹂躪中國這種事！

最近英國李斯羅斯爵士，負着與日本協商如何平分中國市場的使命，（編者按：請參看本刊第二卷第十二期陳君一文）取道日本來華。當在日本勾留期中，他曾遍訪日本要人，交換關於中國問題的意見。日本有人對他說，中國目前最困難的問題，就是軍事費龐大，每年發生巨額預算不敷，因而財政日就破產，整個的經濟組織發生動搖。這種指摘確實是很正確的。不過這種指摘對於中國是正確，對於日本也同樣的是正確。日本現在同樣是因爲軍事費支出龐大，每年發生巨額的預算不敷，因而財政日就破產，整個的經濟組織發生動搖。而且這種情況，也同樣是蹂躪中國的結果！

原來日本的國家預算，在昭和六年度（一九三一—三二）不過是十五萬萬元，到了昭和七年度就突然增加到二十萬萬元，昭和八年度更增加到二十三萬萬元以上，昭和九年度是在二十二萬萬元以上，昭和十年度（一九三五—三六）也在二十二萬萬元以上。由此，可見日本自從一九三一年九一八事變發生以後，國家預算每年增加七八萬萬元。這每年七八萬萬元的預

算增加，當然是由於軍事費即所謂「國防費」的增加。而日本的國防費增加的主要原因：第一是因為要支出所謂「滿洲事件費」，第二是因為要支出所謂「兵備改善費」。既然強佔了東北，就自然要化一筆滿洲事件費，既然強佔東北不惜向世界挑戰，就自然要整軍經武，化一筆兵備改善費，這是無可節省的。不過就是因為這無可節省的國防費，却引起了日本財政預算的不平衡，而由預算的不平衡，暴露了日本整個經濟組織的矛盾，動搖日本整個經濟組織的基礎。

日本自從九一八事變以來，連年的國家預算激增七八萬萬元，約略等於事變未發生時十五萬萬元預算的一半，這當然不是日本國庫所能彀担負的。通常一般國家的預算，因為國家事務日趨繁重，支出自然也每年增加，但在另一方面，在正常的情況之下，國民經濟也自然日趨發達，國家收入也自然日趨增加，因而國家的財政，自然不致發生嚴重的收支不敷問題。但現在日本的情況，却和這種正常的趨向不是一樣。日本的國家普通歲入，在昭和三年度是十三萬萬九千元，因為世界經濟不景氣的影響，每年都有減退，到了昭和六年度（九一八事件發生的時候），已經減退到十一萬萬九千萬元，共減少了兩萬萬元，到昭和七年度更減到十一萬萬五千萬元，以後雖然逐漸恢復，然而要支付二十二萬萬元以上的預算，每年不敷的數目總在八萬萬元左右（編者按：約略等於中國預算上國家普通歲入的全部）。這就是我們常聽見日本所謂的「赤字」問題 所謂「赤字」的意思，不過是因為西式簿記上不敷的數目照例是用紅墨水寫，然而這種用紅墨水在日本預算表上所寫的幾個數字，實是日本最嚴重的問題。日本人稱之為「赤字之癌」，這句話頗足以表示日本人對於這「赤字」是如何的頭痛。

要彌補這鉅大的不敷，通常不外開源與節流兩條路。就節流講，國防費是不能縮減的，國防費既然不能縮減，便只得縮減文治各省費及產業費。其結果，所縮減的數目無濟於事，而國家政策和產業的發展，却已蒙受極大的犧牲。就開源講，日本國家普通歲入的自然增加，已經如前面所說，絕不足以追及這種激增的歲出，此外便只有擴張官業和增加稅收。擴張官業一時不易實行，而且效驗很緩，遠水不足以救近火。即使能彀立刻實行，所增加的收入也絕不足以應付國防費龐大的支出。至於增稅，即在現在的日本人沒有不對於這件事談虎色變的。固然照現在的情況下去，遲早必歸於增稅一途，但在目前却沒有一個人敢冒這種大不韙。

既不能節流，又不能開源，便只有借債度日。日本的「赤字」問題，於是產生了大量的「赤字公債」，而成所謂赤字公債問題。發公債固然可以應急於一時，但公債每年要還本，要付息。每年發行八九萬萬元赤字公債，累積下去，每年還本付息的數目，也就成了一筆負担極重的支出，更增進每年預算不敷的程度。近幾年來日本每年要付出的債務費，比以前突然增加了一萬萬二三千萬，就是赤字公債發行的結果。

可是赤字公債的最嚴重的問題還要更深一點，不僅在這種表面上。關於這點，可以分做幾方面看。

第一，就公債的本身看。所謂公債，就是國家發行一種公債票，吸收民間餘資，以供國家使用，而以後分期由國家攤還本利。公債的作用，就是在使國家一口氣借到大宗欵項，以應當前的急需，應付這項急需後，再逐年攤還本利，換句話說，就是使國家一時可以應急，同時又使國家的大宗急需不在一年擔負，而分成若干年去擔負，這就是所謂平均擔負原則。因此，假如公債的發行是爲的從事生產事業，則以後每年攤還本利，也許就可以從該種事業的贏利內支付，而國家無所謂担負。但是，假如債欵是用在非生產的事業，則本利的攤還，便不得不由國家普通歲入內開支。在通常情况之下，因爲社會經濟的進展，一國普通歲入照例每年略有增加，如果公債不多，每年還本付息的數目，或者即可由普通歲入的自然增加應付，也說不定。但是像日本這像大量的公債，其還本付息當然絕不是普通歲入的自然增加可以應付，目前雖然每年借債還債，勉強彌縫，終究會有一天非想法增加稅收增重人民的担負不可。軍備，公債，增稅，原是必然一貫發展的三部曲，現在日本統治階級窮兵黷武所負的寃孽債，必然要由以後日本的一般人民替他們負担償還的責任。日本現在租稅的負担，一大半是落在農人工人等貧窮的人民肩上，因而已經形成社會不安的直接原因之一，以後担負加重，這種已在進行的社會不安必然更趨白熱化，以至動搖整個社會的機構，也是可能的。

第二，就公債的市場看，這是日本人所苦心焦慮的所謂公債「消化力」問題。公債的作用在吸收社會上多餘的資金以供政府使用，所以發行公債，必然牽涉兩個社會經濟的問題：一個是這裏所謂「多餘」的資金，其「多餘」的程度怎樣？一個是這裏所謂「多餘」的資金，其「多餘」的性質怎樣？社會上的多餘的資金，就是人民平日儲蓄的結果。人民平日的儲蓄愈多，社會上的多餘的資金就愈多，人民平日的儲蓄能力愈大，社會上多餘資金的增進的可能性也就愈大。日本每年發行七八萬萬元赤字公債，就市場方面論，「至少」必須日本人民每年有七八萬萬元的儲蓄，這公債纔可以銷售出去，即是說公債纔可以「消化」。可是日本全國銀行增收的存款及儲金，從昭和八年六月到昭和九年五月雖然有九萬萬元，但從昭和九年六月到十年(本年)五月，却已經銳減爲五萬萬七千萬元，這表示日本的赤字公債，已經遇到不能消化的危險。一方面國防費是不能縮減，公債是不能停發的，另一方面，人民的儲蓄力是已經減低，已經銷不起這種大量公債的，其結果，這種不能消化的公債，便只得由日本銀行(國家銀行)承受，再由日本銀行發行紙幣，交給政府使用。公債的濫發於是一變而爲紙幣的濫發，形成所謂「惡性的通貨膨脹」。紙幣濫發，紙幣的價值濫跌，則對外必然引起匯兌動搖，阻滯對外貿易，對內必然促成物價濫騰，使一般定額收入的如官吏教員工人等生活陷入艱苦之境。而且，因爲紙幣步步跌落，物價步步高漲，一切手頭持有紙幣的人，必將力求換成實物，（他們並不是需要實物，只是因為預見幣價必將更跌，所以立刻想換成實物），於是內地商業，必然完全趨於投機化。復次，因為紙幣價格日跌，利息必然高漲，利息高漲，公債售價必然跌落，公債價值跌落，一般持有大批公債的銀行及他種信用機關必將遇到破產的危險，而整個金融組織必將趨向崩潰的一途。

第三，就公債對於各種產業的影響否，就是說，看公債的發行打擊了何種產業？刺激了何種產業？這裏包含兩個問題，一個是前段所提到的，公債所吸收的多餘資金的「多餘」性質問題，一個是所謂「軍需景氣」的問題。公債是吸收社會上「多餘」的資金而發行，公債的發行若要對於社會上各種生產事業不生惡的影響，有一個必要的條件，就是公債所吸收的資金必須是各種產業健全發展所用不完的資金。因為只有這種資金才是眞正多餘的。如果公債的發行不是吸收了這種眞正的多餘資金，而是奪取了各種產業所必需的資金，則各產業便不能遂其健全的發展，而社會經濟必然日趨破產。中國近年的內債正犯了這種毛病，日本近年的赤字公債也正是犯了這種毛病。日本近年公債之能發暢發，也完全是因為各業凋弊，所以資金乃流向購買公債，而資金既被公債吸收，各業就更難得到資金的融通，更不易走上恢復的一途。所以日本近年的赤字公債，其打擊各產業與中國近年的內債是完全一樣的。在另一方面，日本以這樣吸收的資金，支付國防費，國防費的大部份，當然是投之於軍需工業。據日本工業新聞所發表的調查，日本自昭和七年到昭和九年，從陸軍方面投到軍需工業的金額約共九萬萬元，其中十分之二是投到官營工業，十分之八（約七萬萬元）是以定貨或購貨的方式投之於民營的工業。從海軍方面投下的金額當約略與此相等。而且就是在投於官營工業的金額之中，也仍然有一部份是以購買原料的方式轉入了民營的工業。總計三年中投於民營工業的國防費不下十五萬萬元。所以在百業蕭條（輸出品工業又當別論）之中，鋼鐵業機械製造業，化學工業等一串軍需工業卻得到一種畸形的繁榮——這就是所謂軍需景氣。這樣造成的軍需景氣，自然包含着極大的矛盾。要繼續維持這種景氣呢，就必然要繼續產生鉅大赤字公債，其危險已于上段述及。要不維持這種景氣呢，姑無論軍部是否願意停止國防計劃，就是竟然停止，則軍需工業的突落，也足以使已露破綻的社會經濟更加重蕭條的程度，更走上一步崩潰之路。所以即就表面上耀人眼目的軍需景氣而論，其中也含着極大的危險！

日本強佔東北，蹂躪中國，其根本的原因　原是感受世界經濟不景氣的衝擊，想在爛熟資本主義的危機中，突破一條血路，然而蹂躪中國的結果，只是更擴大了他的社會經濟的破綻。這是日本帝國的收獲！這與其說是由於日本帝國統治階級的愚蠢，不如說是日本帝國社會經濟組織的必然的命運。

日本帝國主義侵略下之福建

林雲谷

現在海軍軍縮會議雖有本年十月間舉行的傳說，但未來的局勢仍極混沌，而日本帝國主義不稍自戢其野心的活動事實，又頻頻出現於我們眼前，例如華聯社四月十二日台北的電訊說：

『台灣總督府總務長官平塚，昨日由東京返台，對日記者團說，地方自治制通過兩院，三月廿九日頒布，此為治台四十年之最好紀念。台灣福岡（日本本土）間之航空路，決從明年一月開通，六小時就可到。台灣對外之連絡，擬新開台灣北海道間及台灣大連間之新航路。而六十七屆國會中最堪注意之現象，在於注重圖南政策。「九一八」後國策專注重在中國東四省及北方，今後應兼顧圖南政策，因此台灣之地位更為重要，故決擴大外事課之組織，並新設大調查機關，研究開發南洋及華南問題。』

一

今年三月廿日作者在四十年來日本統治下之台灣一文（見本誌三卷四期）的篇末，曾這樣地說過：

『台灣是目前日本帝國主義南進的根據地，也是目前日本帝國主義固守西太平洋海防的最前線。日本帝國主義現正設法使台灣成為爭霸遠東及西太平洋的空軍根據。並正努力使台灣成為戰時日本液體燃料及其他軍需物品的貯藏所：．假使未來的海軍軍縮會議竟歸於決裂，英美聯合對日的局勢成立，則日本帝國主義將以台灣為根據，以台灣浪人為工具，向我們中國福建及嶺東（廣東東部）進攻，使我們中國全部受其控制，以利其對英美聯合艦隊的防禦戰，這又是我們可以預料到的。』

再如電通社四月十六日東京的電訊說：

『日本石油公司與三井洋行合同出資經營的南洋婆羅洲的油田，近因得不償失，業已中止，決用其餘力開發台灣油田。首先着手的，是高尾州甲仙庄的海軍豫備油田，因受海軍的囑託，已開始深掘該油田的一部。至於調查及試掘台北州香山油田亦在計畫中。』

同月十七日華聯社的台北電訊又有如下的報告：

『東京陸軍省今年決以四千八百三十餘萬元之經費，以四年之計劃，擴大空軍力量。確聞其擴大計劃中，因鑑於英國厚增空軍於香港，故亦決在台灣添設一飛行聯隊。其地點因南部屏東已設一聯隊，料將設於北部。另據台灣軍的消息，日本軍部鑑於台灣爲其南方生命線之要衝地帶，決於今年增加若干砲兵及工兵云。』

從上面所舉的幾种消息而觀，我們已不難窺見日本帝國主義的最近的動向。因爲「九一八」以來，侵佔我們中國東四省及長城一帶，以及向蘇俄非法購買中東鉄路，均着着達到其圖北政策的目的，所以今後決定兼顧圖南政策，準備以台灣爲根據地，向南與英美等國爭奪控制華南及南洋的霸權。

事實上，日本帝國主義向外擴張的侵略政策，這三四年來意外地達到了强佔中國東北的北進目標之後，顯已躍入新的階段，即是北進告一段落之時轉其鋒而南侵的階段。在日本未一手造成「九一八」事變而强佔我們中國東四省以前，其向外擴張的侵略政策是側重於北進。而今北進既然意外地達到了强佔中國東北的目的，蘇俄且在其武力脅迫之下不得已非法出賣主權屬於中國的中東鉄路，則當此英美等國的態度不明之際，日本帝國主義自然有準備南侵的必要。因爲目前蘇俄雖有防禦日本侵入其領土的相當武力，但要進攻日本則尚嫌不足。真正有力量進攻日本的，僅英美兩國的聯合艦隊而已。何況以蘇俄寧可非法出賣中東鉄路而不欲與日本僵持一事爲證，可知所謂「第二次日俄戰爭」，主動的當爲日本，而非蘇俄。蘇俄既然不欲攻打日本，則今後日本除非先得英美兩國的諒解和贊助，不然亦決不會造次侵犯已有相當準備的蘇俄。所以，現在的問題，是英美兩國願否承認日本强佔中國東北爲合法，以及接受日本的海軍平等的要求！假使英美兩國均能滿足日本的願望，則日本將繼續北進，攻擊第二次五年計劃尚未完成的蘇俄，亦極可能。然而，英美兩國迄今既無承認日本强佔中國東北爲合法的表示，抑具有在未來的海軍軍縮會議中討論日本非法强佔中國東北的意圖，對於日本要求海軍平等，尤有露骨的反對，於是日本不得不走入轉其鋒而南侵的階段了。

日本帝國主義由側重北進的舊階段而走入側重南侵的新階段，實以中東鐵路非法買賣的成交爲樞紐，在中東鐵路的非法買賣尚未成交以前，日俄間的衝突至爲尖銳，隨時有引起兩國戰爭的可能。而今這種非法買賣的成交，一方面固足證明蘇俄有意與日本修好，他方面亦足證明日本無心向蘇俄尋釁。至於日本不欲與蘇俄搆兵的理由，當然是爲着應付對英美兩國的交涉。前面已經說過，蘇俄目前尚無攻打日本的力量，英美兩國的聯合艦隊却有遠征日本的能力。這幾年來日本的外交活動，自然極力設法避免與英美等國發生戰爭。可是，英美對日的態度迄今不明，在未來的海軍軍縮會議中，且有惡化的可能，所以目前日本不能不準備對英美聯合艦隊的防禦戰。日本既然有防禦英美聯合艦隊來攻的必要，則其今後除了加緊工作使台灣成爲爭霸遠東及西太平洋的空軍根據地，並使台灣成爲戰時的液體燃料及其他軍需物品的貯藏所以外，自須放鬆北進以緩和蘇俄對日的惡感，使之不爲日本北方之患，而側重南侵，予美屬菲律賓及英屬香港等以絕大的威脅，使英美對日本終有妥協的一天。萬一英美對日的交涉竟歸於決裂之時，則日本亦可以一舉奪取美屬菲律賓及英屬香港，至少亦可以一舉强佔中國的福建，藉此鞏固其防守西太平洋的優勢地位。

我們中國的福建，自從台灣割與日本，卽成門戶洞開之地，且爲日本覬覦已久的目標。現在日本帝國主義於其北進工作告一段落之時，既然走上了側重南侵的新階段，則其今後將加緊侵略福建的工作，非不可能。所以我們既將日本侵略福建的新舊事實加以檢討，當然不是毫無意義的

二

日本對我國的福建萌生覬覦之心，是開始於割取我國的台灣以前，而其侵略福建的事實，則發生於割取台灣以後。當日本未維新時，我們中國正値內有洪秀全的革命，外有英法聯軍的侵犯，淸朝咸豐帝且離北京避難熱河，於是日本的諸侯之一島津齊彬乃發表乘機侵略中國的主張，意謂英法既得志於中國，勢將轉向東謀日本，所以日本宜先出一師，取中國的一省，而置根據於亞東大陸之上，則英法雖强盛，或不敢干涉日本了。並且說，中國沿海諸地，關係日本國防的、以福州爲最，取而代之，於國防有莫大的利益。迨明治登極，實行維新，不久卽藉端侵擾台灣。及甲午戰役，中國失敗，割台灣與日本後，因德占膠州灣，俄復租旅大，日本卽要求我國聲明不將福建省內之地割讓或租借給他國，期藉此劃定福建爲其勢力範圍。這是光緒廿四年(一八九八年)間的事。

然而，日本並不以中國照復聲明不將福建割讓或租借給他國爲滿足，抑且因此而增進其侵略福建的野心。到了一九〇〇年卽要求中國開闢廈門日本租界，以爲侵略福建的根據地。一九一四年世界大戰爆發，日本乘機奪取德國在中國山東的租借地後，卽進一步向中國提出廿一條件，其中除有許多足以滅亡中國的無理要求外，尙要求中國政府允准所有沿岸港灣及島嶼，不讓與或租與他國，及要求中國政府在福建省內籌辦鉄路鑛山及整頓海口(船廠在內)，如需外國資本之時，先向日本協議。

日本於光緒廿四年要求我們中國聲明不將福建割讓或租借給他國之後，復於民國四年要求我國訂約不將包括福建在內的全國港灣島嶼割讓或租借給他國，綜其用意，無非欲藉此確定其君臨中國的地位。尤其惡辣的，是日本前後所用的不割讓或租借給他國的他國二字，實僅指第三國而言，表示日本並不包括在內。中國政府當局亦深知其詭計，所以光緒廿四年答復日本的照會便說，「查福建省內及沿海一帶，均屬中國要地，無論何國，中國斷不讓與或租給」。民國四年外交部爲日本的廿一條件上呈總統的說帖，亦主張交涉至萬不得已時，亦惟有將他國之他字改爲外字，並不以條約聲明，另以大總統命令或立法院法律宣布之，以示其爲中國對於各國所公布的宣言，而非特別允許日本的條款，同年五月十三日廿一條交涉告一段落，中國大總統命令，聲明嗣後中國所有沿海港口灣岸島嶼、無論何國，概不允認租借或讓與。藉此消除租借或讓與日本則可的餘地。

我國的政府當局雖然始終未墜入日本的彀中，且嘗利用日本的要求而正式聲明，中國决不允認租借或讓與福建於任何國家，藉此杜絕了日本繼續提出租借或割讓福建省內土地的要求，但是，日本帝國主義不惟不因此而稍放棄其覬覦福建的念頭，甚至因此益堅定其侵略福建的方針。因爲福建與台灣僅隔一衣帶水，在昔日航海術幼稚時代，兩地之間的帆船往還，尙有朝發夕至之概，所以在軍艦的速率大增的今日，由福州至台北及由廈門至台南，均爲指顧間事，倘用飛機自台灣攻擊福建，則一日間往返數十回，亦屬可能。加之福建全省，向乏國防的設備，隨處都有任日本軍隊上陸的機會，這更使日本帝國主義難於捨棄其侵略福建的政策。換句話說，日本雖嘗類似作繭自縛，要求中國政府聲明不將福建租借或讓與外國，然因日本統治台灣以後，既得侵略福建的良好地利。同時中國政府對於福建的國防，又漫不注意，幾十年來如一日，更予日本以侵略福建的良好機會，所以日本帝國主義始終不放棄其侵略福建的政策，並且近十年來，無時不在準備及實行其侵略福建的工作。

三

講到日本侵略福建的事實，雖有萬縷千條不知從何處說起的情形。但是綜括地而言，却可以分爲如下的五方面

（甲）政治的侵略的機關　日本侵略福建固然是以台灣爲大本營，台灣總督府且爲其侵略福建的總機關，可是說到日本侵略福建的政治機關，我們却不能忘記福州的日本總領事館及廈門的日本領事館，其次我們不能不知道福州日總領館及廈門日領事館所附設的日本警察署。此外我們更須注意福州及廈門兩地的台灣公會。日本在我國所設的總領事館或領事館，以及總領館或領事館附的警察署，都帶着濃厚的政治侵略的意味，知者已多，不用詳說，但福建各地的台灣公會，却不能不在一述。原來該公會在表面上雖與我們

中國人喜歡組織的旅某處某某同鄉會無異，似為僑居福建的台灣人所組織的聯絡鄉情的機關，但其會長議員幹事等人員全部由日本總領事或領事任命。各種會務的進行，復均聘請日本人為顧問，所以實際上是一個指揮台灣浪人侵略福建的政治機關。

侵略的路綫　日本侵略福建的政治路線，最主要的，第一是移民殖民，第二是造匪庇匪，第三是培植漢奸。

本來日本帝國主義北進南侵的重要手段之一，就是移民殖民，尤其是北進則移朝鮮人入中國東北，而移日本人入朝鮮，南侵則移台灣人入中國福建及嶺東，而移日本人入台灣，藉此利用原屬中華民族支派的朝鮮人及台灣人為侵略中國的先鋒，這是行之已久。近據調查，在日本帝國主義主動之下，移入福建的台灣人，約有三萬餘。其中有三分一是聚在廈門，福州亦有五六千家，餘則散在沿海各縣，次漳州屬為最多，因為移入福建的台人既多，廈門日領館附設的警察署亦即擴大組織，增加工作人員，在廈門鼓浪嶼等處設立警察分署，除一方面注意緝拿台灣的革命青年以外，他方面便專心指揮台灣浪人作惡為非，最可令人注目的，就是從去年六月起，廈門日領館附設的警察署竟公然指揮台灣公會將廈鼓劃分十區，實施保甲制度，使散居廈鼓的台灣人，平時既得充分聯絡，都有相當準備，一旦有事，各區即能自動集合，從事有系統的有組織的有計劃的行動。自然，日本帝國主義是欲藉此嚴密緝拿反日的台灣青年志士，但其最大的目的，實仍在於藉此統制廈門全市的台灣人，使他們在日本對廈門有所企圖時，即能起來或為嚮導日本軍隊而擾亂中國的秩序，或為幫助日本軍隊而鎮壓中國的民衆，均能發揮其有組織的有計劃的最大力量。

移居福建各地的台灣人，以經營煙館，賭場，旅店，舞廳，藥房，典當，学食，妓院等為最多。他們因為是日本籍民，得享治外法權，且受日本官方的庇護，所以到處為非作惡，甚至挾帶槍械，凌侮華人。可是日本帝國主義並不以台灣浪人多能擾亂中國治安，破壞中國秩序為已足且進一步利用台灣浪人為媒介，勾結福建各地的土匪或流氓，設法接濟他們以軍火，鼓勵他們打家劫舍，擄人勒贖期使福建的匪患永無消滅的一日，據最近調查所得，漳屬二溪沿河匪股。與台灣浪人有密切的關係，而舉動常受台灣浪人指揮支配的，在北溪方面有吳賜、陳國、鄒坑、吳文升、柯大猪、林文力、王燕、王渭西等爲土匪頭目；在西溪方面有張觀瀾、韓柳添、張河山、鄭聯，王之聲，高渭南等土匪頭目。至與台灣浪人有關係，而程度較淺的則爲北溪方面的郭老朋及西溪方面的韓冰水、戴木本、曾慶初、陳水波等。

這些股匪，有已受當局收編的，如吳賜現在做了福建綏靖公署的參議，林文力現任漳屬林頭社的保長兼壯丁隊長。但是，他們一面帶上官銜，一面仍縱容部下做其從前的敲剝擄勒的勾當。至於不受政府收編的股匪，有些被政府下令通緝。如黃河東、黃國泰、陳打鉄等，他們均逃往廈鼓，託庇外力，消遙法外。最令人寒心的，就是日人在廈門經營的生命保險公司，竟有所謂生命保險，招攬匪徒歹類投保，吸收巨額保金，萬一爲匪被捕，他們卽藉口向中國官廳交涉，不得處以極刑。例如最近常在閩粵一帶騎刦輪海著名的匪首吳品三，經中國官廳在詔安捕獲後，正擬處辦時，日本領事卽出面交涉，謂吳品三在日本投保壽險極鉅，如被搶斃，須由中國官方負責等語，藉此庇護匪徒。

他們造匪庇匪，當然是培植漢奸的一種方法，但舍此之外，他們尙詭言中日親善，並以「亞細亞是亞細亞人的亞細亞」「亞細亞人應聯合起來組織抵抗白種人侵略的黃種大同盟」等等口號。組織「亞洲同志會」及「大亞細亞協會」等等團體，利誘華人加入，對於較有活動能力及稍有地位的漢奸，且多方設法滿足其經濟上物質上的要求，使其死心塌地爲日本帝國主義侵略中國的工具。同時他們尙有一種極乾脆的方法，尤是對於意志薄弱的華人，直接利誘其加入日本國籍。據最近的調查，廈門公安局將全廈戶口調查完竣，編組保甲後，全數一百五十四保的保長中，台灣人竟佔其三，加入日本國籍的漢奸則佔其十八；這一點，廈門公安局固有失察之咎，然亦足見日本的牧治侵略陰謀，已日漸成功。

（乙）軍事的侵略的機關　在表面上，我們固然看不出日本在福建設置何等軍事的侵略機關，可是，福州的日總領館及廈門日領事館均有武官常川駐紮，日本駐華的第三艦隊常常遊弋福州廈門等地，日本海軍省最近擬在廈門設立官辦的海軍俱樂部，這些事實，我們均不能忽視的，至於前面所述的台灣公會在廈實施的保甲制度，是一種變相的軍事機關，自不待再言。此外僑居福州廈門兩地的日本人，尚有「青年團」的組織，由退伍軍人主持，也是一種專門訓練日本僑民爲侵略福建先鋒隊的變相軍事機關。

侵略的路綫　至於日本侵略福建的軍事路綫，亦因彼方極守秘密，外間難得其詳。不過，前面所述的勾結福建土匪，其目的實不止擾亂我們中國的治安，使我國的政治社會難上軌道，因爲一旦有事，他們尚希望利用這些土匪爲漢奸，爲響應日本軍隊侵入福建的別働隊。這是很明白的一條軍事侵略的路綫。其次，他們勾結土匪，甚至派遣浪人參加土匪的集團和活動，除了藉此助長土匪的軍事學識外，尚可以乘機潛入內地，實地考察各地險要，測攝各地地形，爲將來軍事侵略福建的準備工作。此外，他們藉名遊歷或經商，來往福建各地，測繪地形，更屢見不一，如有「興化通」之名的森田三郎，即爲化裝軍事偵探的著名份子。

（丙）經濟的

侵略的機關　日本侵略福建的經濟機關，有民營的與官營的兩種。例如帝國生命保險會社及東洋生命保險會社，均屬民營的經濟侵略機關，不過，這類的機關太多，不勝枚舉。至於官營的經濟侵略機關，當以台灣銀行爲大本營，連民營的經濟侵略機關亦多受其指揮或資助。例如福州廈門汕頭廣州各地的日本商人，因爲生意不振，今年五月均得台灣銀行特別放款接濟。

侵略的路綫　至於日本侵略福建的經濟路綫，實有四面八方無孔不入的情形。不過就其關係重大的而言，約如左述：

一、收買地產　現受日本統治的台灣漢人，原多閩粵兩省移民的後裔，所以他們移入福建後，在日本帝國主義的指導之下，即常用其舊時籍貫，或冒用籍貫，混買地產，或勾結當地無恥華人，合組公司，經營墾植，現龍溪、南靖、漳浦，長泰等縣，均有台灣人與華人合股經營的農場，廈市房屋，尤多門前掛着「大日本籍民某某所有」

的木板。龍溪等縣抗日曾過去雖曾多次呈請政府嚴禁售賣地產與外國籍民，然因碍於種種困難，政府迄未實行。

二、走漏關稅　台灣與福建僅隔一衣帶水，輪船朝發可以夕至，所以台灣浪人多勾結廈門、同安、南安、晉江、惠安、漳浦、雲霄等地土覇富商，組織公司，專營走私漏稅的勾當，或用帆船；或用電船，由台灣運儎貨物，到福建沿海各地起岸，海關巡艇因常破獲沒收，但因海岸線過多，此風終未稍戢，結果不單中國稅收減少甚巨，而土產受其賤價物品打擊，爲害尤烈。

三、抗繳捐稅　日本籍民在廈門等地，對於中國捐稅全部抗繳，此種行爲，不單破壞中國的行政及影響中國的財政，而且有一種惡的結果：第一，日商既抗繳捐稅，則貨價自能較賤發售，使華商無法與之競爭。第二，因爲日商抗繳捐稅，中國官廳無如之何，無知華人爲避免捐稅，被日本帝國主義誘惑而加入其國籍的乃格外多。

四、使用僞幣　日本派人與台灣浪人在廈門及其他各地秘密製造假紙幣假銀元行使，這事已屢有破獲。然因這種非法的行動，極易騙取中國的金錢及擾亂中國的金融，日本官方並不怎樣出力協助中國官方緝捕禁止，致迄今猶難根本消滅。

（丁）文化的

侵略的機關　日本侵略福建的文化機關，報館則有設在廈門的全閩新日報及設在福州的閩報；學校則有設在廈門的旭瀛書院及設在福州的東瀛學校。

侵略的路綫　日本人在福建所辦的報紙，內容是滿幅捕風捉影，造謠中傷，惟恐中國不亂的記載，其間夾以宣傳日本的僞善以及主張中日親善等的文字，以迷惑中國人的視聽。至於其所辦的學校，如廈門旭瀛書院是全用日文教授兼收中日兩國兒童的學校，據去年六月的統計，全校六百零二名學生中，華人子弟達一百五十名。這些中國人的子弟、從小所受的教育既爲日本式的教育，則他們長大之後，當然很有爲日本化的希望。日本帝國主義亦深知這種侵略手段很要得，所以從前專門收容台灣人子弟的福州東瀛學校，最近亦改變方針，兼收華人子弟，並設免學費給書籍的特典以廣招徠。

（戊）社會的

侵略的機關　日本侵略福建的社會機關，除了做好事的鼓浪嶼博愛醫院外，尚有許多做壞事的秘密機關，這從其社會的侵略活動的廣汎，便可以想像而知。

侵略的路綫　至於日本侵略福建的社會路綫，除了開設醫院以診治患病者以博華人的好感外，尚有幾種非常毒辣的政策茲分述如左：

一、販賣毒物　日本浪人及台灣浪人在福建均設有專門販賣毒品的機關，以推銷鴉片、嗎啡、紅丸、白面等毒物。他們販毒物、不單在通商口岸而已，抑且深入內地，引誘無知民衆，吸食毒物，陷他們於財盡體弱不能工作的境地後，則供給鎗械，誘其爲匪，或爲漢奸。

二、開設賭場　從前日本及台灣的浪人在福州開設的賭場，多至百餘間　經中國官廳嚴禁後，雖漸絕跡，然廈門方面，他們違法開設的賭場，仍有七八十間之多，至其賭博方法，在福州是打花會，在廈門則爲打十二枝。這種賭博，學習極易，爲害最烈，連婦人孺子，均能被誘參加。而因賭而破產損命的華人，更時有所聞。

三、開設舞廳　日本帝國主義侵略中國的大敵，就是中國青年均能發奮圖強向上走，所以他們略侵福建，最近復發明一種新的社會政策，就是在廈門等地，開設跳舞廳，利用桃色麻醉中國的血氣方剛的青年，使他們一入舞場，即沉淪下去，永不知翻身，再無向上努力報國的一天！

四

綜觀日本侵略福建的路綫，可知其過去的一切活動，除了經濟侵略的一部分工作是直接榨取中國人的膏血以外，其餘均是侵略福建統治閩省的準備工作。因爲這些工作，均收相當的效果，所以日本侵略福建的政策，近來已有很大的改變。例如過去日本帝國主義雖然有移台灣人入福建的政策，但對於願移居中國或赴閩經商的台人，限制極嚴，無台灣總督府發給的旅劵，即不許動身。至於台人向台灣總督府領取旅劵，則手續至爲麻煩，必須經過日人的詳細查詢，認定請領旅劵人並非反日份子以後，始能發給旅劵，所以每領一次旅劵，常費十天半月的時光。甚至等候月餘亦不定。到了最近，日本帝國主義爲提倡台人渡華起見，福州日總領事館警察署特與台灣總督府協議一籌便辦法如下：

（一）凡曾在華居住三個月以上的台灣人，如有台灣公會及領事館的證明書，台灣總督府即於兩日內，發給旅券，但渡華後須爲台灣公會會員；

（二）但有反日的台灣人，則不准其加入台灣公會，以此限制台人渡華。凡加入台灣公會的，每月須納會費五角。

這種改變，當然予台灣人渡閩以莫大方便，而旅閩台人，今後將大增加，亦屬意料中事。不過，以前日本帝國主義推動台人渡閩，旨在利用他們爲侵略的急先鋒，尤注重利用他們擾亂中國的一切秩序，所以台人在閩爲非作惡，無所不用其極。到了最近，日本帝國主義認爲這種政策有改變的必要，因爲再不制止台人在閩爲非作惡，則日本帝國主義必難避免如左的兩種影響：

一、損害日本帝國主義的名譽；

二、增加華人對日本帝國主義的惡感。

近這一年來日本帝國主義的對華政策，顯然已傾向利誘中國屈服的方面，即此對於福建，亦欲假借親善之名以行其侵略之實。所以，從今年起，廈門日本領事館忽出佈告，凡僑廈日台人持有槍械，概須登記，凡有不領執照的，處罰不貸。同時福州日本總領事館則禁止台灣浪人開設賭場，這些事實，均爲日本帝國主義已漸次取締僑閩台人的不法行爲的明證，究其用意，無非欲藉此補救其所謂文明國家的名譽，並以轉移華人的視聽，改變華人對日本的惡劣觀念。

至於日本帝國主義突然決定促進華人對日發生好感的政策，其目的是在於藉此拉攏福建地方當局與其合辦開發閩省的鑛業，使福建與台灣的經濟關係形成一個小集團（Bloc），例如數月前台灣富紳日本貴族院勅選議員辜顯榮遊閩，與福建省政府當局聯歡，即着着溝通閩台合作的使命。其次，則在於藉此拉攏福建民衆，使他們一致相信日本對華確懷親善之意，相率墜入其彀中而不能自覺。

要而言之，日本帝國主義者已久視福建爲其囊中物。假使未來的日本眞有防禦英美聯合艦隊來攻的一天，則日本帝國主義者必須先行控制福建，將台灣海峽絕對封鎖，然後其在西太平洋的海防才更鞏固，縱令日本與英美兩强的利害衝突能夠覺得妥協的途徑，在軍事上無須乎控制福建，但日本帝國主義爲繁榮其經濟起見，尤其是爲發展台灣的實業起見，在經濟上亦有控制福建的必要。現在日本與英美兩强之間的衝突尚未解消，究竟能否化干戈爲玉帛，誰都不敢逆料，同時台灣的對外貿易，單以今年第一季而論，出超已達六千九百萬元，亟需控制其對岸的福建爲其物產的大銷場，所以日本帝國主義指揮之下的台閩聯歡的工作，現在正與其充實台灣的軍備及收買福建的土匪等等侵略福建的軍事工作，同時進行。如果未來的海軍軍縮會議不致破裂，日本與英美之間能締成關於太平洋霸權的新協定，則日本帝國主義者一時當不致有武力佔據福建的行爲，僅將格外注重其侵略福建的經濟工作，反之則日本帝國主義雖不放棄其經濟上侵略福建的一切進行，但爲應付其國際危局起見，恐終有武力控制福建的一天。

女子月刊

《女子月刊》创刊于中华民国22年（1933）8月10日，创办人：姚明达、黄心勉。曾任总编辑郝继芳、陈爱。编辑：上官公仆、孙昌树、陈白冰、梁雪清、梁白波、温志良、赵清阁、包祖轩。出版专号有：《周年纪念特大号》、《新年特大扩充号》、《悼黄心勉女士特辑》、《时代妇女的特辑》。社址位于上海萨坡赛路219号，晨钟中西文印书馆印刷，上海女子书店总发行。

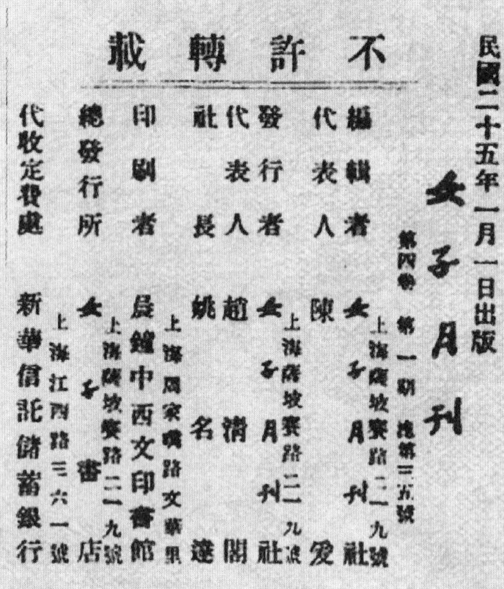
民國二十五年一月一日出版
女子月刊
第四卷 第一期 總第三五號
不許轉載
編輯者 女子月刊社 上海薩坡賽路二一九號
代表人 陳爱
發行者 女子月刊社 上海薩坡賽路二一九號
代表人 趙清閣
社長 姚名達
印刷者 晨鐘中西文印書館 上海周家嘴路文華里
總發行所 女子書店 上海薩坡賽路二一九號
代收定費處 新華信託儲蓄銀行 上海江西路三六一號

《女子月刊》杂志版权页

《女子月刊》杂志封面

日本侵略華北的必然性

姚名達

日本佔領我國東北四省（卽所謂滿洲）後，不過三年，又要侵略我國北部（卽所謂華北），舉國震動，莫明其妙。殊不知這是日本帝國主義發展的必然步驟，並不是突如其來的事情。

（一）滿洲缺少幾宗寶貝

滿洲的特產是大豆，豆類出口每年多至二萬萬元，可是大豆是不能充主要的食糧的，豆餅雖可肥田，豆油雖可炒菜，然而大豆總不可以充饑。原來滿洲四省每年所產的小麥：

黑龍江	三，四五○，○○○擔
吉林	三，八四三，○○○擔
遼甯	三，四六二，○○○擔
熱河	一，六六三，○○○擔

總額不過三二，○三六，○○○（卽三千一百萬擔），和河北一省所產差不多，比山東一省所產僅有一半。用來供給滿洲三千萬的人民尙嫌不足，（滿洲人多食雜糧）當然不能分給日本，這是日本帝國主義的煩惱。

滿洲雖然盛產煤，鐵，然而煤礦的埋藏量：

遼甯	九，八五○，○○○，○○○噸
吉林	一，六○○，○○○，○○○噸
黑龍江	一，六○○，○○○，○○○噸
熱河	九，三○○，○○○，○○○噸

總計不過二二，三五○，○○○，○○○噸，和河北一省的埋藏量差不多，比山西一省的埋藏量不過十分之四。鐵的埋藏量，雖然佔中國百分之七十六，然而這是越多越好的。何況滿洲所產的石油還不夠日本的消費？

還有一宗最使日本懊恨的事情，便是滿洲竟不是適合種植棉花的地方。日本在滿洲花了不少的資本，試種棉花，皆歸失敗。我們要曉得，日本的棉紡織業是世界第一的，一九三五年十一個半月輸出棉布多至二十六萬萬一千六百六十五萬餘方碼。一九三三年統計全國工業，各種紡織業佔工廠數百分之三○．八，工人數百分之四九．四，生產價值百分之三六．八。一九三四年統計全國出口貨，紡織品佔百分之七一．一。而棉紡織業在這些數字中槪佔半數。牠需要鉅量棉花，而牠本國所產的棉花只能供給百分之一。這逼使日本不得不花鉅大的本錢去買昂貴的美國棉花和粗短的印度棉花。一九三四年輸入紡織原料九七六，〇四一，〇〇〇元，其中半數是棉花。

還有羊毛，皮革，亦是和軍用工業有極大關係的原料，而滿洲的產量只佔全國百分之九。日本看來是太少了。

除了鐵和大豆，滿洲還缺少了幾宗寶貝，就是煤，石油，羊毛，棉花，小麥，這是日本帝國主義發展的缺憾，非得到這些寶貝，則帝國主義不能完成。

(二)華北恰巧慢藏誨盜

華北各省恰巧窩產那些寶貝，無論那一宗都比滿洲還要豐富得多：

日人所謂華北是指河北，山東，山西，綏遠，察哈爾五省，包括北平，天津，青島三市而言。我們且看這五省的特產是什麼，有多少？

先說棉花：

	一九三四年估計	一九三五年估計
河北	二，八三六，〇〇〇擔	二，一六六，四四七擔
山東	一，三三四，〇〇〇擔	四〇七，二三五擔
山西	六〇二，〇〇〇擔	二五二，五九二擔
總計	四，七七一，〇〇〇擔	二，八二六，二五四擔

一九三四年全國產量是一千一百萬擔，華北佔百分之四十三。一九三五年全國產量是八百一十七萬擔，華北佔百分之三十弱。牠集中在天津，濟南，青島，除自用外，多半賣給日本。我們要知道棉花的繁植，是近三五年的事情。自全國經濟委員會創設棉業統制委員會努力提倡種植美國種後，出品的優良，收穫的豐富，已引起了日本的野心。牠想想，與其花高價去買美棉，印棉，何不強迫中國種棉花，訂特約，廉價專買呢？

次說羊毛及皮革：

我國的羊毛及皮革，百分的五十出自甘肅，青海，新疆，百分之二十五出自外蒙古及綏遠察哈爾一帶，百分之十五出自山西及陝西，其餘百分之九則出自滿洲。除滿洲外，全國出口的羊毛百分之九十一都是由天津一港出口。假如日本能控制天津海口，則每年輸出，多至四十萬擔，少亦二十萬擔的羊毛和無量數的皮革，便完全可以供給日本的需要了。

次說煤礦：

	埋藏量	一九三二年出產額
河北	三三，七〇〇，〇〇〇，〇〇〇噸	六，六四八，〇〇〇噸
山東	六，八五〇，〇〇〇，〇〇〇噸	一，五七八，〇〇〇噸

山西	五三,○○○,○○○,○○○噸	七四,○○○噸
察哈爾	五四,○○○,○○○噸	一○○,○○○噸
綏遠	四六○,○○○,○○○噸	九○,○○○噸
總計	八四,五二四,○○○,○○○噸	九,一八○,○○○噸

我們知道，全國煤礦埋藏量共計不過二四三五萬萬噸，即（或作二六五四萬萬餘噸）而華北五省佔去八四五萬萬噸，即三分之一強。特別是山西省，若據翁文灝估計牠所埋藏的煤有一二七，一二七，○○○，○○○噸，如果屬實，則華北共有一五八六萬萬噸之多，比較全國竟佔百分之六十五強（約三分之二），那更無怪日本要垂涎三尺了。

次說鐵礦：

	推定埋藏量	比較確定埋藏量
河北	三九,一九九,○○○噸	一六,四七八,○○○噸
山東	一四,三○○,○○○噸	一四,三○○,○○○噸
山西	三○,○○○,○○○噸	
察哈爾	九一,六四五,○○○噸	四五,六四五,○○○噸
綏遠	一○,七七○,○○○噸	
共計	一八五,九一四,○○○噸	七六,四二三,○○○噸

全國鐵礦埋藏量共計不過一，○○○，一九四，○○○噸，除遼寧熱河有七六三，三四○，○○○噸，佔去百分之七十六強外，華北又佔百分之十八強，再加上湖北大冶的一七，三○○，○○○噸，則被日本開採或專買的鐵礦已佔去百分之九十六。日本每年出產的鐵比較輸入的鐵僅有十分之一，故對鐵礦的掠取特別需要。但是我國的鐵礦本不算多，現在若再把華北的鐵礦送給牠開採（山東金嶺鎮的老早送給牠了）則我國毫無鐵礦可採了。這對於我國的命脈斲喪到何地步，不言可知。

最後談小麥

	每年產量	耕地面積
河北	三○,六三一,○○○擔	三一,三三六,○○○畝
山東	六一,○○三,○○○擔	四九,六六八,○○○畝
山西	一七,二七四,○○○擔	一六,五二○,○○○畝
察哈爾	一,一四三,○○○擔	一,六四○,○○○畝
綏遠	二,三○九,○○○擔	二,六七九,○○○畝
共計	一一二,四五八,○○○擔	一○一,八四三,○○○畝

全國產麥總額約為四二三，七四六，○○○擔，華北佔百分之二十五，比率不算多。可是我們要知道山東河北是黃河的下流，地勢平坦，耕地廣大，佔全國百分之三十。現在因為水利不興，政治不良，生產技術不精，所以出產的小麥不多。若是大興水利，改用機器種植，改設集體農場，則小麥收穫當可數倍於現在的數額，足以解決日本的民食問題了。何況

緊隣山東河北的河南，每年產量達六三，六四，000擔之多，在日本高興時還不妨囊括入華北範圍之內呢？

(三)醉翁之意不在酒

日本自一九三三年五月三十一日與我國訂立塘沽停戰協定以後，一般中國人都以為日本對中國的侵略告一段落了，殊不知牠是趁機鞏固在滿洲的勢力，並力謀與蘇俄妥協。一俟中東鐵路買賣成交，牠便轉鋒向華北了。什麼自治運動，什麼民衆自衛，什麼冀東防共自治會，什麼冀察政務委員會，無非是想製造一個一個的傀儡，要牠們訂立賣身契，把華北的利源一一奉送給牠。牠天天耀武揚威，好似立刻要佔領北平天津，有吞併華北之勢。其實都是虛聲恫嚇，想威脅我政府屈服，想強迫我政府奉送各種利源給牠。所以十二月十八日冀察政務委員會成立的第三天，(二十日)日本的興中公司便在大連成立了。這是牠特地設立，用來侵略華北的利源的。不久的將來，牠一定要利誘冀察政委會合辦各種煤礦，或准牠建造鐵路，或專買棉花，羊毛，小麥。這是必然的結果。牠的目的原來不是要佔領華北的領土，因為佔領以後將引起世界戰爭，倒不如用威脅的手段奪去各種利源，不費一彈，而坐收巨利，真是合算得多呢。

(四)將來的趨勢

果然，不出我所料。據十二月二十一日大美晚報載華聯社東京電：『日本外務省，將向中國要求立予實現彼之對華北經濟發展計劃，第一步實現下列三大案，(一)中日合辦龍煙鐵鑛，——該鑛藏鐵甚富。現正由陸宗輿交涉，讓與日方合辦，聞滿鐵與大倉間正在協商辦法中。(二)建築滄石鐵路，——連絡河北省之滄州與石家莊，將津浦線與平漢線結聯。日方藉口以前福昌公司曾獲得允許建築之權，今將要求建築。又擬敷設北平至秦皇島間之新線，另闢華北新商港，以代天津。(三)延長膠濟鐵路，——延長膠濟鐵路至河北之順德，並與平漢線連絡。』

由這條消息，可以預料將來的趨勢是進入經濟侵略的階段了。日本將以青島和秦皇島為華北的吞吐港。左翼由青島沿現成的膠濟鐵路吸收山東的棉花，小麥，煤，鐵，花生。再由膠濟鐵路的終點濟南新築濟順鐵路到平漢鐵路的順德站(邢台)，去吸收河北河南山西交界處的煤和山東河北的棉花，小麥。右翼以秦皇島為起點，(因為該港是不凍港，比天津好得多。)分南北二路，南路借北甯鐵路的津榆段，到天津，借津浦鐵路的津滄段到滄州，再新築滄石鐵路到平漢綫的石家莊，再借正太鐵路到太原，將來再延長到陝西的延長膚施一帶，其目的在吸收河北中部的棉花，小麥，山西中部的煤，陝西北部的石油。北路由秦皇島新築鐵路到通州，借平通鐵路到北平，借平綏鐵路到包頭，其目的在吸收察哈爾龍煙的鐵，綏遠甘肅一帶的羊毛，皮革。此三線都是東西橫貫線，深入華北內地，可以儘量吸吮我國民的脂膏血液。此外，我國原有縱貫線，如津浦鐵路，平漢鐵路，和將築成的浦成鐵路，都足以幫助上述三線的發展，吸收各地的貨物，轉由青島和秦皇島二港出口。 我們知道，自一九一四年九月日本佔領青島以後，直至一九二二年十二月才交還我國，這九年工夫日本已將青島造成功她的商業根據地了。秦皇島則自一九〇一年以後卽駐有日本兵，自一九三三年一月以後，已完全被日本佔領，（雖然表面上屬於中國，）自殷汝耕叛變以後，日本更可以自由行動了。山東既早已在日本的掌握中，河北察哈爾又已投入日本的懷抱，所以日本要實現上述的三大計畫，是極其容易的事情。到上述濟順，滄石，秦通三條鐵路完成之日，便是日本侵略華北完成之時。（請參看華北現勢地圖）

（五）還有烟幕彈呢

我非不知日本侵略華北除經濟的原因外尚有軍略的原因。例如（一）廣田三原則便有一條要中國華北和日滿共同防衛赤化，（二）冀東自治會加上了「防共」二字，宋哲元口口聲聲說反對赤化，無非是討日本的歡心。（三）日本唆使內蒙古獨立及進佔察哈爾北部六縣，便是張開攻俄軍左翼的進路。——但是我相信這些還不是日本要侵略華北的最大原因，最大原因還是在經濟方面。掠取各種利源，的的確確是牠們的主要目的，而「防共」不過是煙幕彈，拿來蒙蔽歐美各帝國主義者的眼睛，免得牠們來干涉牠的行動。至於『自治』云云，不過是避免用兵的一種掠地手段而已，更不值得一笑也。

二十四年十二月二十二晚十點半寫起，至一點五十分寫成。

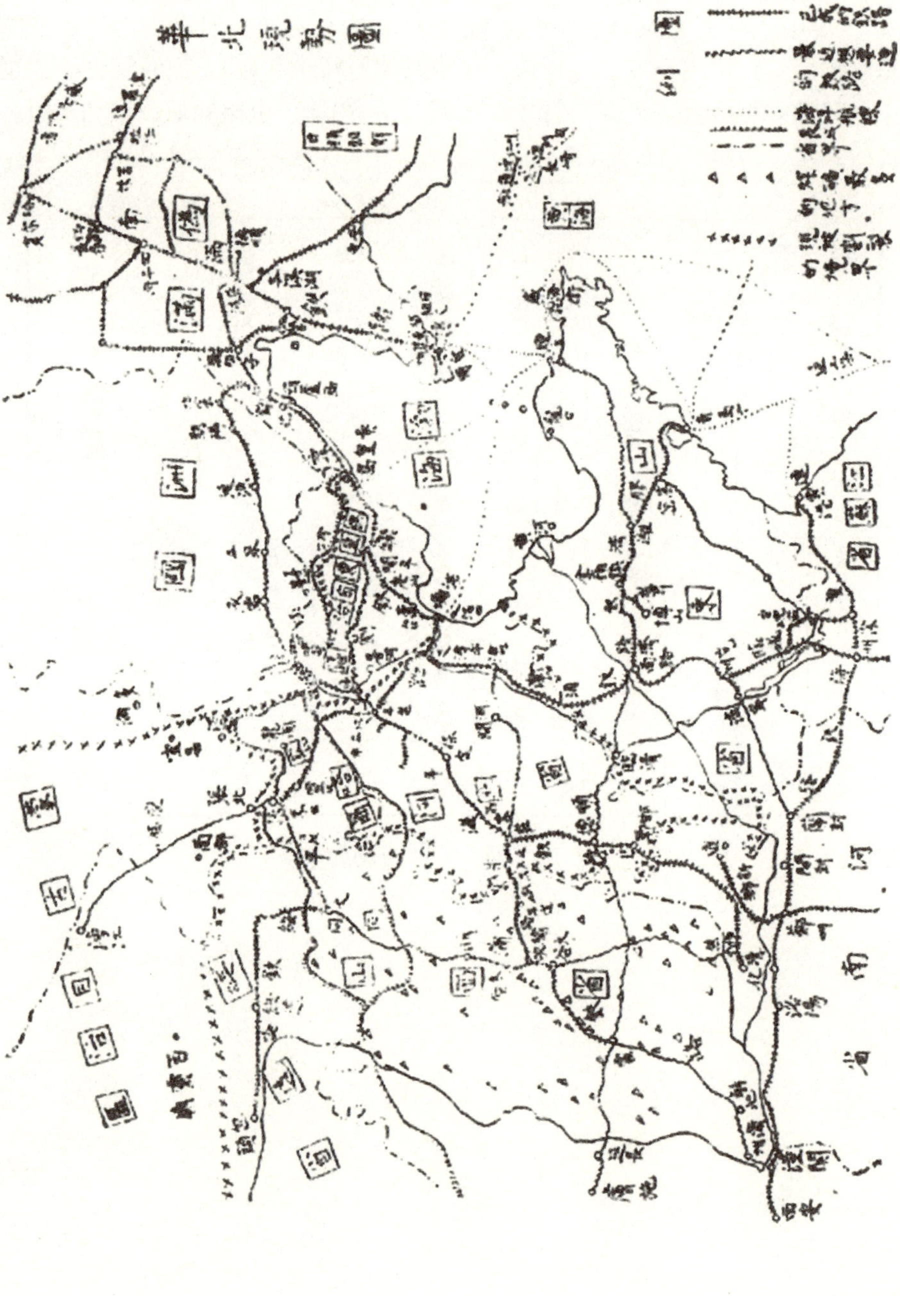
華北現勢圖
圖例

中心评论

《中心评论》创刊于中华民国25年（1936）1月21日，中心评论社编辑、出版。正中书局发行。社址位于南京大石桥单牌楼4号。总批发处：正中书局杂志推广所。旬刊，每逢一出版，每月3册，全年36册。该刊出版至民国25年（1936）12月终刊。

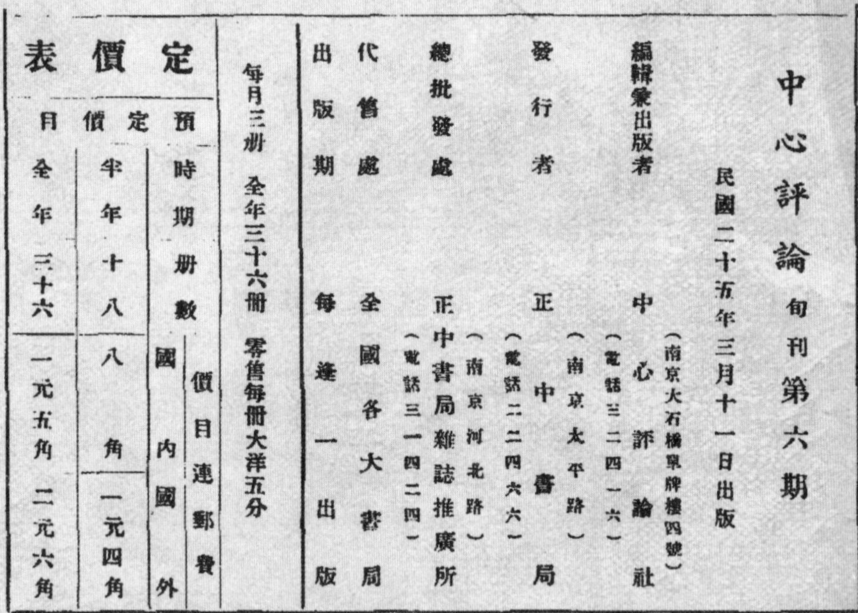

中心評論 旬刊第六期

民國二十五年三月十一日出版

編輯兼出版者　中心評論社（南京大石橋單牌樓四號）（電話三二四一六）

發行者　正中書局（南京太平路）（電話二二四六六）

總批發處　正中書局雜誌推廣所（南京河北路）（電話三一四二四）

代售處　全國各大書局

出版期　每逢一出版

每月三册　全年三十六册　零售每册大洋五分

定價表

預定價目 時期	册數	價目連郵費 國內	價目連郵費 國外
半年	十八	八角	一元四角
全年	三十六	一元五角	二元六角

《中心评论》杂志版权页

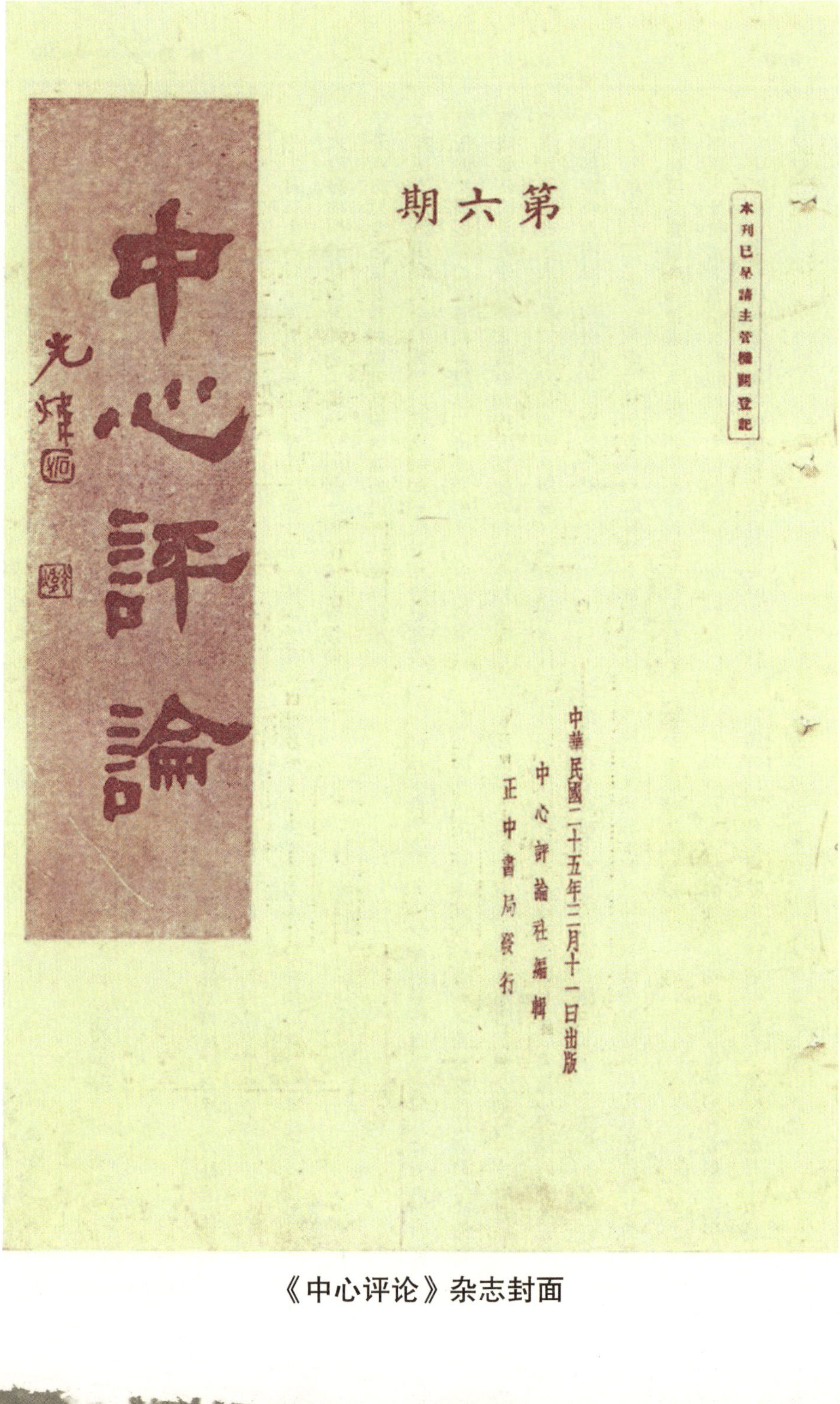

《中心评论》杂志封面

日本暴力政變之透視

方秋葦

現在，少壯派軍人的叛變算是解決了，日本政府是遷就了軍人。以後來日方長少壯派軍人的飛揚拔扈正方興未艾哩，本文卽想就這次事變的背景加以分析同時談到日本政局的前途。

一 二二六政變的發生

二月二十六日上午五時許，東京發生了繼「五一五」之後的大政變事情的發生是開赴「滿洲」的第一師團一部份叛變了，分別向元老重臣及首相私邸襲擊因爲當時日本郵電的檢查很難使人知道事變的全豹。據當時報紙的記載：前首相齋藤實及現任首相岡田啓介渡邊教育總監均遭橫死鈴木侍從長亦負重傷，藏相高橋是清亦因傷重斃命前內大臣牧野伸顯生死不明，可謂爲日本空前巨大的暴力政變。後來叛兵解決了，關於這個事件的消息，較使人明瞭一些但也不能說是全豹。

原來在「二二六」政變中岡田牧野均未被殺中，鈴木亦受傷未死，僅是齋藤高橋渡邊三人遭了不幸。不消說，這次政變是少壯派軍人反抗元老重臣推翻現狀的「苦疊達」可視爲「五一五」犬養被刺事件。神兵案。永田案的重演，不過範圍更擴大事態愈嚴重而已。

二 少壯軍人之氣燄

日本自「九一八」之瀋陽暴行及「一二八」上海之進襲以後，國內政治已顯示兩大歧路：一方面是新興法西斯蒂的崛起，少壯派軍人及在鄉軍人氣焰之囂張，驚撼全國；另一方面是議會政治之沒落，政黨亦不得不犧牲「憲政常道」屈服於軍人。從表面上看來，政治鬥爭已告平息，實際上，所謂以陰謀和私見爲目的之鬥爭，又接踵而起，法西斯蒂勢力的澎湃，與現狀維持派之搏鬥，致絲毫不能戢其凶燄。

以少壯派軍人爲中心的法西斯蒂運動，它底成熟是由于荒木，眞崎的推動現在羽毛豐滿，這兩位也不能指揮如意了。不過，少壯派軍人的活躍，仍是須荒木眞崎來扶植他們的。

一九三二年五月十五日，一部份軍人攻入首相犬養毅官邸，將犬養殺害便是少壯派軍人向現勢力表示他們棒喝勢力成熟的第一砲，接着一九三三年七月又有所謂神兵隊的組織，約期七月七日實行奪取政權的暴動，準備進襲首相官邸，警視廳，及元老重臣的住宅；其加害的目標爲首相齋藤及內閣各大臣共十三人，此外還有重臣集團中心人物牧野在內。神兵隊計劃在事成之後，組織革命內閣，根據「日本主義」及「皇道精神」等信條，修改憲法，但因事機不密，被官廳破案，所以才有一九三五年八月二十四日永田鐵山被刺案的發生。

永田被刺事件，是在鄉軍人對軍部穩重派的一重警告，此事迄今尚未解決，而情形已更趨複雜化。自刺殺永田的兇手相澤公判起，日本軍人的少壯派及在鄉軍人，早有不穩的企圖。滿井中佐以特別辯護人的資格，要求審判和永田鐵山橫死有關的元老西園詩，重臣齋藤實，牧野伸顯，三井財閥首領池田成彬，以及參與「肅軍運動」的前陸相林銑十郎，橋本次官，杉山參謀次長，和與永田友善的關東軍司令官南次郎，及朝鮮總督宇垣一成。這個要求的牽涉太大了，當被島田檢查官拒絕。可是以第一師團之第三聯隊旅團長兼裁判長的佐藤少將等，却允許前陸相林銑大將的召訊。經過秘密的審問後，重臣欲即結束此案件，將相澤處刑，而少壯派軍人，則舉起反對佐藤等爲明瞭眞相，計另奏請召訊眞崎教育總監。今年二月二十五日，眞崎出庭爲永田事件公判作證人，因檢查官所問涉及職務上的秘密，眞崎堅持拒絕答辯，忿然出庭，惟辯護人方面必欲眞崎究明眞相，而政府方面亦有澈底追究的意嚮。從此，永田事件的牽涉更大了。

重臣集團是不願永田事件的內幕揭破，曾授意岡田由陸軍省調第一師團（因火辣辣的少壯派均埋伏第一師團，其中不乏與永田事件有關之人）赴「滿」，二月二十二日第一師團第三聯隊一部已開拔，其餘一部則於二十六日由中野大尉等率領叛變了。由此可知重臣早已察覺少壯派軍人的動作，不過迅雷不及掩耳的手段，仍然掩不了少壯派的鋒芒吧了。

三　反抗重臣集團之內幕

蘇聯政論家拉狄克批評東京事變說：日本軍人刺殺國家的元首，不啻是「視政治暗殺爲安全的遊戲」。所謂「安全的遊戲」當然是有重大的背景，換言之，即獲得有「安全」的支持。不消說，大家也是知道的，少壯派軍人的支持者，即前陸相荒木及教育總監眞崎。

以少壯派軍人爲中心所策動的法西斯蒂運動，他們對現狀所持的方針，目的在廢棄自由主義的政體，根本否認政黨的存在，而代之以法西斯蒂政權即是「深信今後軍部必成爲支配階級」「先宣佈戒嚴令樹立軍政府」而且「軍政府」又是以「荒木陸相爲首領。」這即是在現在的政治機構原狀上，只是軍人掌握政權而已。因此上述的運動可以說是以軍人之獲得政治的霸權爲目標，并且有民間的右翼團體與之結合。嚴格地說這不過是軍部的運動吧了。

岡田內閣在法西斯蒂及政友會環攻之下，早已顯示它崩潰的前兆，其所以能維持到現在的原因，一方面固然有元老重臣的援助，他方面則全賴八旬老翁高橋藏相的支持。以現在日本財政之貧困，預算的膨脹，軍費支出之無限上騰，都全靠高橋一人手腕的靈活。但高橋依然不能獲得軍部的「滿意。」

據統計報告日本在一九三一年至一九三六年之五年間，所將用于軍備上的一·〇五〇·〇〇〇·〇〇〇美金，無一分錢係來自國家的正常稅收，并且在這短短數年中日本國債增加一倍以上，共達一·二〇〇·〇〇〇·〇〇〇美金，都少不了高橋的力量。最近陸軍省以「非常時期支出過大」要求增加預算，膨脹軍費，據大藏省起草一九三六年至一九三七年之預算案，計支出總額爲二·二九五·〇〇〇·〇〇〇圓，已較國會在解散前所通過的數字，增加有一七·〇〇〇·〇〇〇圓，就現今日本財政實況來說，以應付預算不足之數，尚要發行七〇〇·〇〇〇·〇〇〇圓之國債。高橋是不贊成軍部的「無限制預算」的，并且他說：「國家太貧，不能支持實質戰爭，則優良之軍備，殆無意義。」當然在軍部看來，高橋這種論調無疑是要斷送他們所持的「對外擴張的國策！」

六十八次議會競選的時候，少壯派軍人曾經支持政友會競爭，不過結果民政黨獲得了二百零五席，成爲現今日本的第一黨。很顯明地民政黨是得到高橋及三井財閥的援助，無異穩定了岡田內閣——至少是穩定了「高橋政策」的基礎。

因爲這個原故，「二二六」的暴力政變便以「芟除」高橋，岡田等爲目的，而開展了另外重臣集團的中心人物如牧野，及現任內大臣齋藤，待從長鈴木，與眞崎眼中釘的渡邊等，當然也是要「芟除」的。很明顯地少壯派軍人的目的是要將元老重臣一網打盡，毫無阻礙地實現法西斯蒂之軍人獨裁政權，所謂「國體明徵」不過是他們的護符吧了。

四　結尾

然而事情又與他們的意向有了差異，岡田牧野又并未被殺害，鈴木受傷亦未死，僅是犧牲了齋藤高橋渡邊三人，所謂重臣集團依然健全。但，也算是不幸的事了。

當然，這樣的事變在日本已經成爲「安全的游戲」，軍人的勝利，不消說，在內閣改組的時候是關於他們的所謂「對內斷行社會改革」「在國際採行強化政策」（特別是對俄與對華）將在軍人所支持下的「強力內閣」而開展了。從此，遠東已不是平凡的遠東了。

一九三六、三、三南京

创进月刊

《创进月刊》创刊于中华民国23年（1934）5月，由第四集团军总政训处编辑、发行。系政治经济文化的综合杂志。月刊。第3卷第10期出版《中国现阶段的革命性质问题》专号。其他题名：《创进半月刊》、《创进》。社址位于广西南宁民权路。该刊出版至民国25年（1936）9月终刊。

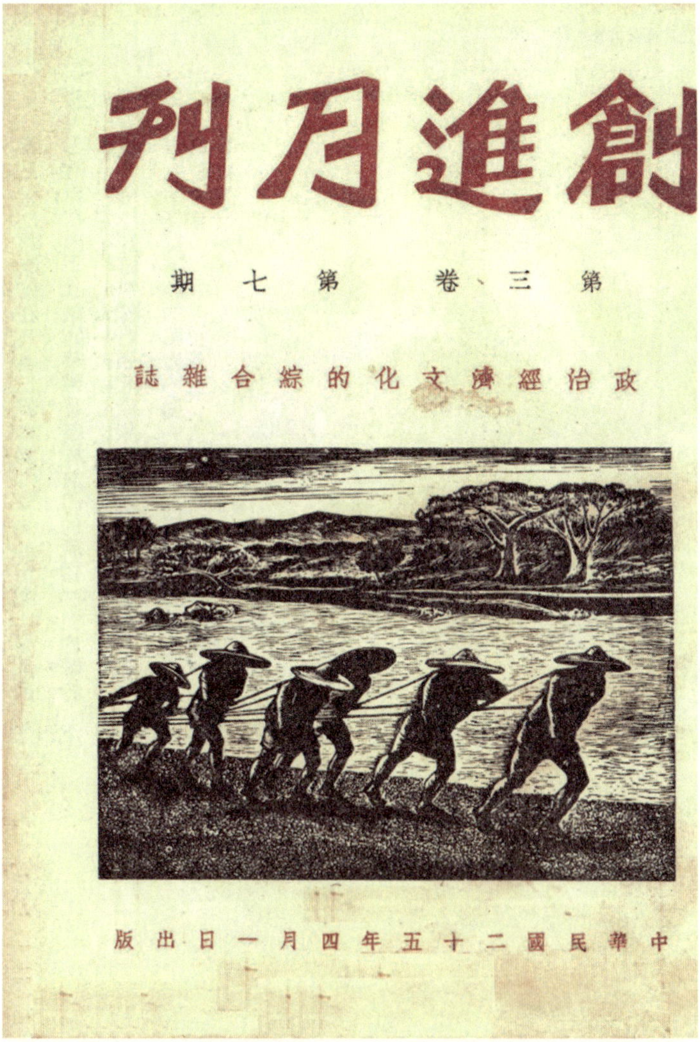

《创进月刊》杂志封面

日本對華侵略急進中的最近福建問題

若存

我們在許多人的談話中，和不少的刊物裏面，都聽到看到這様的言論：「日帝國主義對於中國的侵略，是沒有止境的，現在是在採取一種蠶食的方法，就是由東北而華北，再由華北而華中華南。」但現在日本帝國主義者因為牠國內危機的嚴重，世界二次大戰的急迫，牠對於中國的侵略，是等不及佔了華北，再佔華中，佔了華中，再佔華南了，牠現在是「北進」「南進」，雙管齊下，由逐漸的『蠶食』到最後的『鯨吞』了。不信，請看下面的消息：

上海十四專電：日海軍首腦部，以世界風雲日緊，為謀完成獨佔東亞，決從事南侵。

北平二十一日電：日在華擴軍計劃，將就原人數增至九師團，東北二師，長江華北青島各一師，台閩各一師。

廈門七日電：日方圖謀閩南日亟，去月二十九本月一日，均有〃充中央飛機，不斷盤旋，測探廈門及閩省沿海形勢，對張發奎部隊行動，尤爲注意。

從這些消息中，可以證明日本對中國之侵略，已由『蠶食』到『鯨吞』，不是『無稽之談』。而其最近對華南之侵略，尤其是福建，已經是由積極的準備，而將臨發動的時期了。同時日本對於中國之侵略，一向是採取兩個方法，就是一面用強大的陸海空軍，來實行所謂『威迫』；一面收買一部漢奸，使其從中搗亂，即是所謂『利誘』。當前福建就受了這種利誘的影響，各地漢奸團體有如雨後春筍，甚麼『亞細亞大同盟』『中日親善會』『鄭成功事業顯彰會』……等，眞是名目繁多，數不勝數。而僞自治運動，亦差不多已由醞釀而漸成熟，據香港六日電：『閩南僞自治醞釀已久，潛伏閩西南一帶之漢奸，自得日方大批餉彈接濟後，已屆成熟時期』，甚至張發奎爲閩西南僞自治有爆發勢，已不能不檄調大軍警備。這樣我們可以知道：在日人積極侵略下的福建，是到了如何嚴重的關頭。

設使福建不幸，眞爲日本所佔領，成了東北第二，或者是和現在冀察兩省一樣，名存而實亡，則中國之滅亡，便祇是旦暮間的事了。因爲日本如果拿到福建，便可以此爲根據，一面向西南粵桂諸省進攻；一面向長江腹心贛鄂諸省開展；再加上她由華北南下的勢力，則此時中國內部各省，將爲其切成數段，雖欲抵抗，亦不可能，如此「不亡何待？」因此，我們認爲當前的福建問題，是整個中國的最後存亡問題。

在此我們對中央以及福建當局的對策，更不能不加以深切的注意與探討。中央對最近福建問題，似尙無明確的表示，不過看他對於日機之飛行閩省內地偵察，祇是來一次『照例的抗議』，對於閩僞自治運動，亦僅是止於『加以防範』，同時他現在正在和日方大談其中日調整問題，則其對日侵閩之對策，當仍不出『鎭靜』『忍耐』『退讓』『屈服』。至於福建當局對日侵閩之對策，我們祇要看最近閩省府高等顧問李擇一氏在滬的一段談話，就可知道了。他說：『閩省內地僞自治運動形勢甚險惡，惟目下尙可取外交途徑以謀遏止』。關於中日問題，『採取外交途徑，以謀遏止』，似乎已經不止一次，而每一次都有很多事實來說明『此路不通』，並且愈走愈糟，那麼目前的『閩僞自治運動』，當然也不能例外。因爲日本侵華之目的，是在滅亡中國，要想藉『外交途徑』來解決，除非不等到日本的『皇兵』到臨，就早日『俯首稱臣』，不然是永不會解決的。所以如果我們對當前閩事，還是像從前一樣，採取『不抵抗主義』，一味退讓，希望從外交方面以求解決，則非將福建變爲東北第二，而使整個中國走上滅亡之途，是不會得到第二個結果的。

總之我們認爲中日問題，已到了『和平絕望』的時期，只有來一次英勇的民族解放鬥爭，中日問題才有徹底解決的可能。

挺进

《挺进》半月刊创刊于中华民国25年（1936）5月，第四路军总指挥部秘书处宣传科编辑、发行。长沙出版。刘建绪题写刊名。吟章纸业印刷局印刷。该刊出版至民国26年（1937）1月终刊。

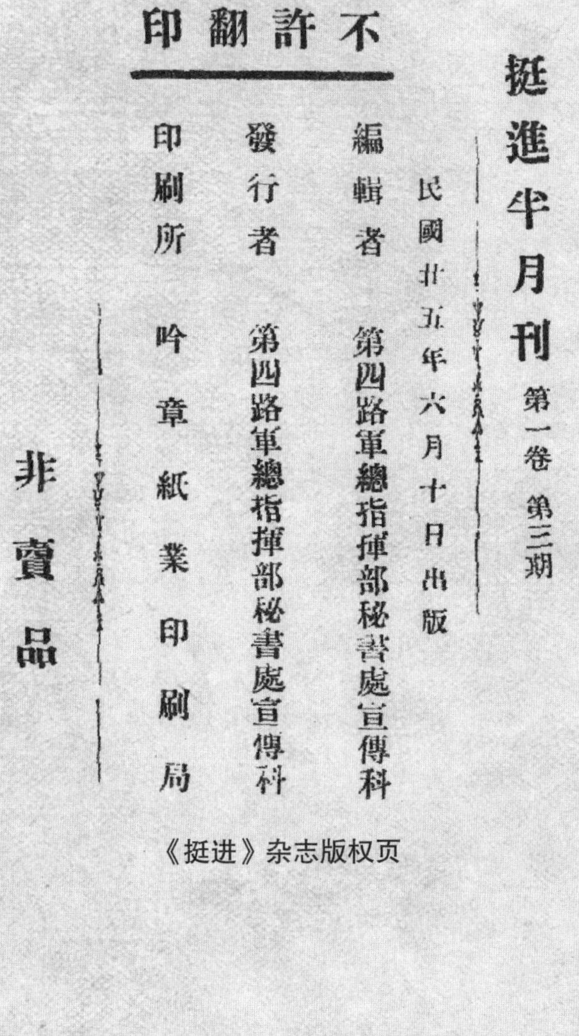

挺進半月刊 第一卷 第三期

民國廿五年六月十日出版

不許翻印

編輯者 第四路軍總指揮部秘書處宣傳科

發行者 第四路軍總指揮部秘書處宣傳科

印刷所 吟章紙業印刷局

非賣品

《挺进》杂志版权页

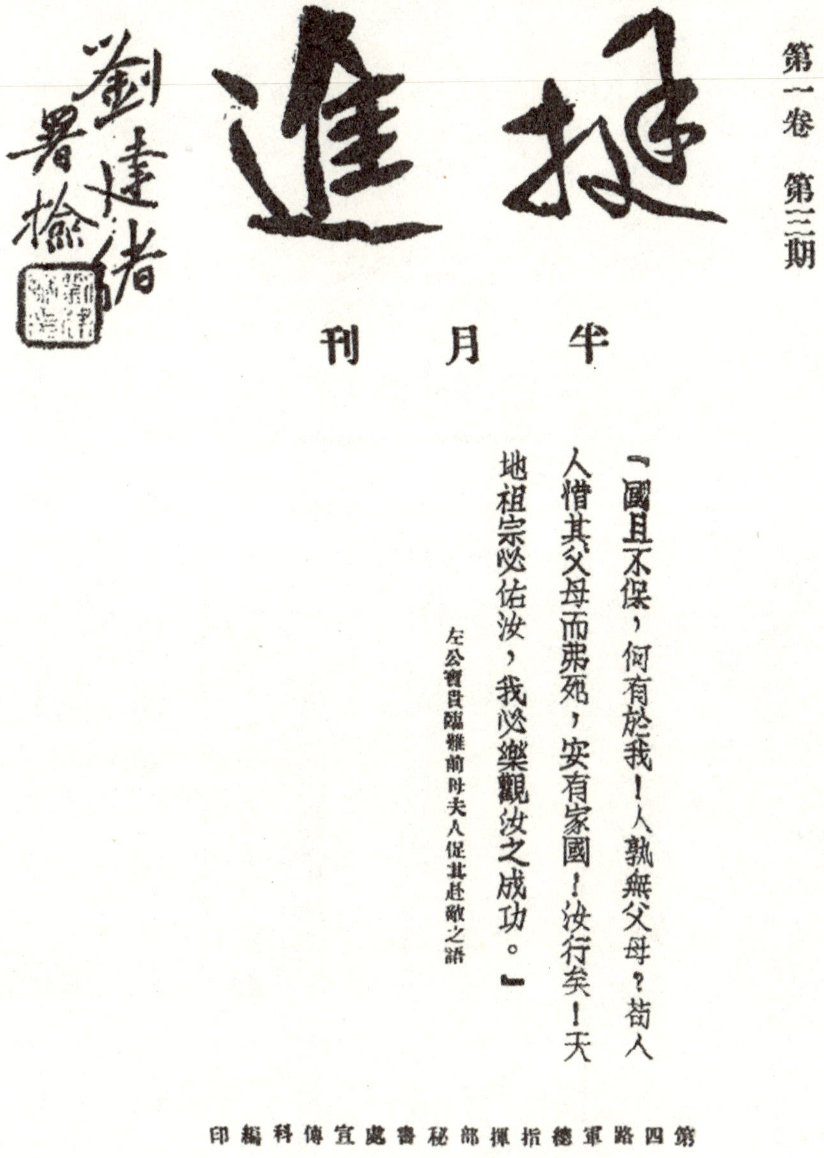

挺進

劉建緒署檢

第一卷 第三期

半月刊

「國且不保，何有於我！人孰無父母？苟人人惜其父母而弗死，安有家國！汝行矣！天地祖宗必佑汝，我必樂觀汝之成功。」

左公寶貴臨難前母夫人促其赴敵之語

第四路軍總指揮部秘書處宣傳科編印

中華民國二十五年六月十日出版

《挺进》杂志封面

日本侵略察綏的真相

廷琇

九一八後，日本對我國土地的軍事侵略，恰如蠶食桑葉，逐日推廣．由瀋陽而錦州，而熱河，而華北，有進無已，此爲顯明的事實。察北綏東，自熱河失陷，因外屏既除，即已成爲日本軍事侵略之重心。去歲九月，僞軍李守信部，率隊西進，我二十九軍，本守土有責之赤誠，曾予以迎頭痛擊，相持十餘日，終以我方不願事體擴大，由與求全，幾經往返妥議，察北之沽源，寶昌，康保，張北之商都，化德五縣，我駐軍遂全數撤退另編保安隊駐守，後日方要求，察北六縣由蒙古保安隊駐紮，保安隊設置日籍指揮官，我方各縣縣長，因無實力，不堪壓迫，亦紛紛撤退，而僞軍李守信部，則固未移動一步也。

自上月日本增兵平津，實行以武力控制華北以來，察北綏東形勢，益趨嚴重，蓋日本一面對內蒙加緊壓迫，一面對察綏則加緊軍事活動。日軍計劃，已決定在綏遠歸化，及沿平綏路進行駐軍，並擬將內蒙直隸軍隊，在九月前，擴充爲蒙古獨立軍兩軍，每軍八千人，共一萬六千人，第一軍則由李守信部增編，第二軍則以寶貴廷爲軍長，最近平綏路上，日軍官秘密押運軍火入蒙，其用意即在供給組織蒙軍之用。百靈廟與熱河間，已有經常長途汽車行使，無星期二、四、六、三日，且有飛機翔行寶昌，德紀，嘉卜寺及百靈廟之間，故軍事侵略計劃，可說已具初步成功。其次對於經濟之開發，已擬定由滿鐵與日軍合作，第一步將平綏線延長至寧夏，爲日本西進政策之基礎。據北平五月三十一日電，日方近在張北，更有兩種企圖：（一）挾德王另謀成立傀儡組織，德王行動已失自由。（二）日軍乘機，擬攫取綏東五縣。德王現決成立蒙古軍總司令部，德王自任總司令，此種傀儡之扮演，我們不難洞察其內容的毒辣。

綏察外通內蒙熱河，其形勢爲收復失地之軍事咽喉，西北則直達新疆，爲西北各省的屏障；且蒙古與內地工商往來，與貨物出入，均以此爲樞紐，一旦若非我有，則非但此後軍事失去一地，形勢利西北局勢行將改觀，亦且華北各省經濟，均將受其控制，而生不可想像之惡劣影響也。

美术生活

研究中国美术史，绕不开《美术生活》，这是一本“最精美的杂志”。鲁迅也曾评价该刊是“最好的印刷”。能得到这样的评价，是因为该刊的创办者，是一位跨界人士，三一印刷公司的老板——金友成。

中华民国23年（1934）4月1日出版的《美术生活》创刊号登载了《为三一印刷公司创刊美术生活告读者》一文，解释了金友成创办《美术生活》的由来。这本杂志名家汇集，编辑有郎静山、吴郎西、刘旭沧等；特约编辑有张大千、林风眠、徐悲鸿、黎锦晖、黄宾虹等。《美术生活》的刊名即可看到他的办刊宗旨，不仅是美术的，而且是生活的。美术方面除了介绍世界各国的新兴艺术外，对中国传统画作也做了大量推广，还把重点放在了“影写现今之社会生活”。20世纪30年代，市民文化逐渐形成，娱乐成为大众消费的主流，但是娱乐中的庸俗倾向也非常明显。其他画报多登载明星名媛，泳装等等，《美术与生活》在这种氛围下，更强调专业性和学术性。从其实际内容来看，涵盖了绘画、雕塑、摄影等多门类艺术。《美术生活》成为当时学术性和通俗性结合最好的杂志，加上其背靠三一印刷强大的印刷工艺，印制精美，成为当时最著名的画报之一。

“八一三”事变，身在上海的三一印刷公司被日本轰炸的荡然无存，《美术生活》被迫停刊，共出刊41期。

編輯所 三一印刷公司 美術生活雜誌社 上海昆明路德安里二十號 電話五一五六〇號
Edited by The Arts and Life Editorial Committee No. 20 Teh An Lee, Kwenming Road. Shanghai.

印刷所 三一印刷公司 上海昆明路七九七號 電話五一一〇〇號
Published & Printed by K. & K. Printing Co, (Officially Registered at Nanking) 797 Kwenming Road, Shanghai

總發行所 新聞報館 上海漢口路二七四號 電話九四一六六號
Issued by The Sin Wan Pao 274 Hankow Road, Shanghai

總代售處 作者書社 福州路二七一至三號 電話九四二五九號
General Sales Agents: Authors Cooperation 271-3 Foochow Road, Shanghai

《美术生活》杂志版权页

美術生活
第廿五期
ARTS & LIFE
No. 25
美術專號
二週紀念特大號
Special Collection of Fine Arts
Second Anniversary Enlarged Issu
三一印刷公司出版
新聞報館總發行
Published by K & K Printing Co.

《美术生活》杂志封面

事變當日街面交通阻斷情形(二)

事變當日街面交通阻斷情形(一)

日本軍人暴力政變一瞥

A Glimpse of The Army Revolt in ToKyo

日本東京於二月二十六日發生軍人暴力政變。由一部份青年將校指揮叛兵襲擊東京各主要政治家官邸，遇難者為前首相齋藤內相，高橋藏相，渡邊總監。首相岡田因其妹婿松尾大佐之替死而幸免。在此政變發生後，東京成恐怖世界，人心大為動搖。迄二十九日始漸告平靜。

戒嚴司令香椎中將

被害之八十老翁高橋藏相

陸相川島

死裏逃生之岡田首相

New Embassodors of China and Japan

林主席與有田大使留影

日大使有田遞國書步入禮堂

事變當日之憲兵司令部

事變後之戒備情形

事變後渡邊邸前的警衛

戒嚴司令部

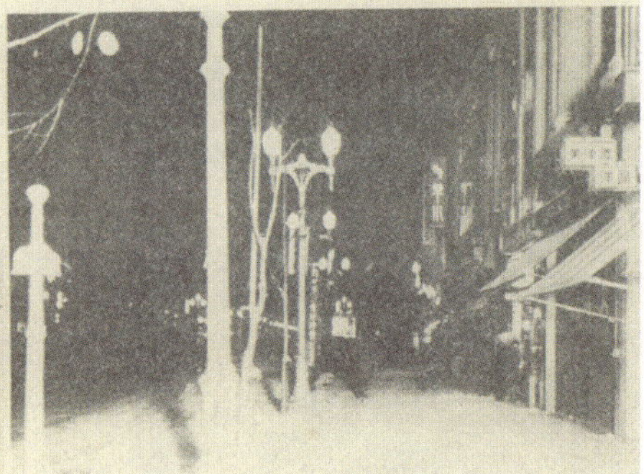

變成死街之銀座暗夜

中日之新任大使

新任駐日大使許世英之近影

滬上粵人歡餞許大使出國履新

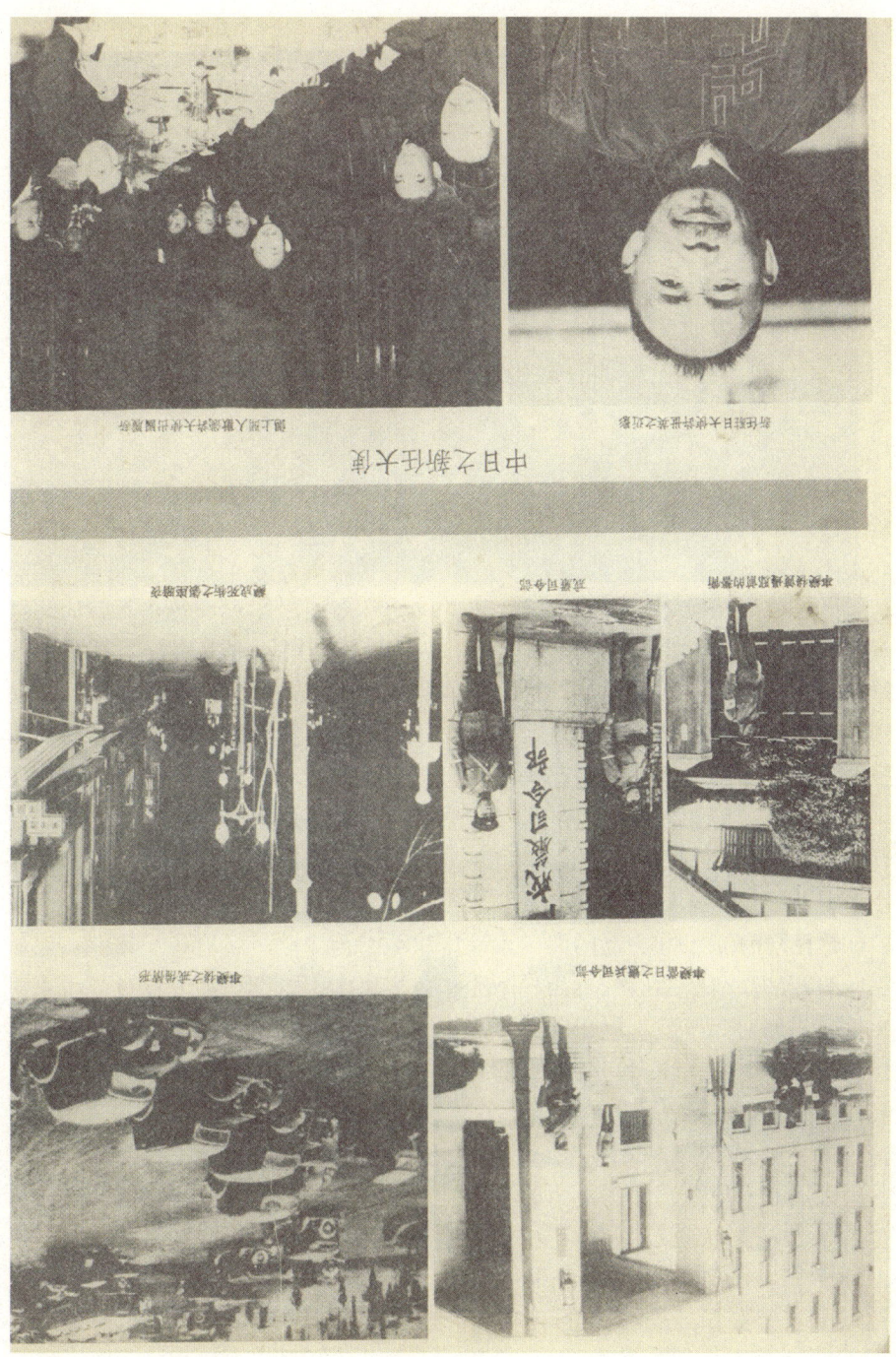

永生周刊

《永生》周刊其前身为《大众社会》，于中华民国25年（1936）3月7日在上海创刊，由永生周刊社发行。该刊由金仲华主编，以报道、评论国内外时事，宣传全国各地救亡运动为宗旨，民国25年（1936）6月停刊，共出版17期。

该刊由金仲华撰写创刊词《求“生”的道路》，提出了求“生”的道路分为个人求“生”的道路和整个民族求“生”的道路。认为“任何个人要求得永生，只有在健全的集团中永久努力下去，解除一切坏的势力的摧残和压迫。”同时，他认为“一个民族要求得永生，他的路子和个人是差不多的。许多被压迫的弱小民族可以联合起来，造成一个伟大的力量；而这种伟大力量的发挥，则在于继续不断的斗争。”最后他指明“在目前动荡不安的时代，被压迫的个人和民族求‘生’的道路，只有这样显明的两条：个人的生命应该放在健全的集团中，使它在集团的抗争中延续下去；民族的生命应该在对于侵略压迫者的不断斗争中使它不致被消灭而能发展下去，获得最后的解放。我们不能让自己陷入悲观和堕落，让我们的民族流于消颓和畏怯；我们要依着这两条光明的道路求得：个人永生！民族永生！” 这一段申张民族气节而又十分激昂的言词充分说明“永生”二字的意义和创办这一刊物的宗旨。

《永生周刊》封面

日本侵華的新策略

從日本增兵華北，激起全中國新的救亡怒潮，甚至激動了西南將士北上抗敵以後，中日關係大有急轉直下之勢。那無怪六月十六日英國下院開會，議員竟問起中日如果開戰，上海公共租界將取何種態度的尖銳問題。同時據倫敦政界預料，日本今夏確有對華重新採取軍事行動的決心。我們認為這種估量是正確的。

然而×帝國主義現在却又舊戲翻新，顯出牠另外一副面孔。據日本通訊社所傳：廣田內閣在最近將來要決定的『重要國策』，其第一項就是：輔助中國的鐵道建設，積極實施中日經濟提攜。而新任駐華大使川越在神戶啓程來華時就發表意見：『打開日華的國交，首應開發華北的經濟』；二十二日他一到上海就說：『中國今日的難關很多很複雜，可是經濟的開發却最為急要。日本在這方面不消說是極願跟中國合作的。』此外川越在東京所發表的意見更加明白詳細，他說『先對日「滿」間特殊地帶的華北，實行日本的經濟援助，這是首要的工作。投資華北的鐵道，實行農村的提攜和指導，調查和開發礦山，這些都是先決問題。關於華北「特殊貿易」一應先由中國政府減低稅率，日本政府始能於可能範圍內，協助阻止走私』。

從上面看來，川越對華外交的骨幹似乎是對華實行經濟提攜。不錯的，中日經濟提攜原來是×帝國主義要在經濟上征服中國的毒計，同時也沒有跳出廣田的如來佛手掌——三大原則。根據可靠的消息，川越來華以後，預備先着手於滄石線的修築和延長到岐口（為日人走私口岸之一）增築張家口到多倫，大同到秦皇島的鐵道；同時實行農業上的技術援助（？）獨佔中國棉花的生產，完成鑛產的調查，實行紡績業和火柴業等等的資本和技術合作，以圖最後征服中國的國民經濟。

我們認為×帝國主義之採取這種側重經濟侵略的新策略決不是偶得的事情。牠首先是近幾個月來日本大規模武裝走私政策的邏輯的繼續。×帝國主義鑒於走私有效，接着，牠就得用大量武裝的保護，實行大規模的各方面的經濟侵略。其次牠看到中國民衆救亡運動的高漲，如果再用露骨的武裝侵略，生怕惹起中國民衆的直接武裝抵抗，因此牠就採取一種比較緩和隱滑的方式，輔助和促進軍事和政治的進攻。第三，×帝國主義最險毒的陰謀，是掀起和支持中國的內戰，來消滅中國的抗×力量；過去所謂共同防空不必說了，目前牠在寧粵之間，又故弄玄虛，今天質問南京不該說日本挑撥內戰，明天却又公開承認向西南銷售軍火，如此一張一弛，藉以促成南京對於西南的討伐，完成其製造內戰，消滅中國某一部份抗日力量的傑作。在這時候牠最好的辦法，自然是大談其和平的經濟提攜，靜觀事態的發展。等到中國的內戰爆發，川越就可以臨時收起他經濟提攜的招牌，囑咐他的武官，到華北和廈門潮汕一帶動員他們的海陸空軍，實現『東亞安定勢力』的使命了。你聽，平津日軍的軍號不是已經吹得震天響了嗎？

永生週刊　第一卷　第十七期

民國念五年六月廿七日出版

編輯兼發行人　金仲華

發行所　永生週刊社　上海愛多亞路一六〇號三樓　電話一三八六〇

定價零售每册四分預定全年五十期國內連郵一元半國外連郵四元

中華郵政特准掛號認為新聞紙類

本刊已呈請中宣會及內政部登記

竞存

《竞存》月刊创刊于中华民国25年（1936）5月，由北平竞存学社编辑、发行。该刊系国际、政治、经济、文化月刊。该刊出版至民国25年（1936）11月终刊。

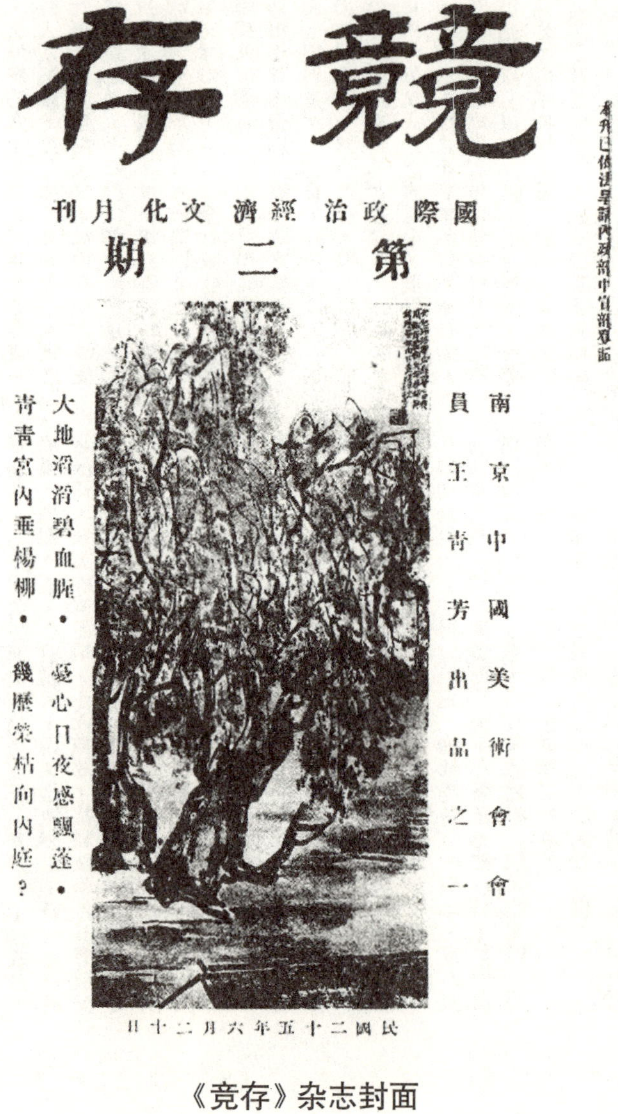

竸存

國際政治經濟文化月刊

第二期

本刊已依法呈請內政部中宣部登記

南京中國美術會會員王青芳出品之一

大地滔滔碧血腥，憂心日夜感飄蓬。

青青宮內垂楊柳，幾歷榮枯向內庭？

民國二十五年六月二十日

《竞存》杂志封面

日本侵略西北聲中之寧夏現狀

實言

寧夏地處西陲，土地廣約九十餘萬方里，物產豐富。著名全國。此早為外人所覬覦。近年來因日本大陸政策之推進，東北四省淪亡後，寧夏危矣。日本欲亡吾國，必先據滿蒙，寧夏大部為內蒙之地，今春磴口事件即為分立之現象。又日人在阿拉善旗設置電台，並在寧夏擬設特務機關，作種種之測量調查等等，均為日本侵略西北之先聲。而在經濟上則日貨早充斥市面，地方現金被吸收殆盡，寧夏金融之不穩定即因受此影響也。斷言之：現時寧夏民衆極度窮困之外因，即由于日本帝國主義侵略之結果。

其次在內政方面，因寧夏文化落後，政治窳敗，一切事業皆因外因與內因控制之下，無法進行，因此造成空前之大危機。茲對于內因方面特有詳述之必要。

的確，在有一百四十五萬人民之寧夏中，農民幾佔總人口百分之九十以上，因而人民之生計當然以農業為主，商業牧畜等次之。在過去（民國十五年以前）寧夏人民確能自足自給，因為渠湖縱橫，田疇交錯，土地膏腴，農產品豐饒，所以無論米麥等俱不仰賴他處供給之。再藉黃河之水利，每年準可得到相當之收穫，誠有『塞上天府』之稱。

第自民國十五年以後，情形大異，因國民軍已入甘，軍隊之逐年增加，人民之負担亦愈大矣。此時雖如斯，然幸尚未分省，在平均分担之下，人民之生活還不致感有若何痛苦。對于捐稅方面尚可勉力支持。旋於十七年改設省治後，機關林立，公費龐大；因又迭遭變亂，社會秩序異常混淆，地方殊感不靖，土匪蠭起，搶殺之事，日有所聞。迄廿一年後，因軍隊激增，雖地方治安無虞，但人民之負担則較前愈重，苛捐雜稅之名目亦因之而複雜化。兼以吏治不清，貪污之風盛行，上下欺瞞，弊竇叢生，卒致人民于極度之窮困化。而地方官吏每日所辦之事，主要者即為徵收捐欵，敲索人民，其他政事皆因此等之糾纏，終未能一一進行。由此官吏之功績，亦依此為標準，即督欵速齊者為『良吏』，否則即為『不稱職』，或逼而自殺。再有些官吏因係軍人出身，多未受過高等教育，與夫政治訓練，因而即不悉政治為何事，只和用暴力強拷人民，以媚上司。人民對于官吏畏之若虎，多因捐欵關係不敢上市；在鄉間如見衙吏即懼而遠避。催欵委員每到家時，家人嚇得面如土色，雖欠欵當面交清，亦難免挨打一頓，其理由係因『遲交』之故。至于吊打婦人之事，則司空見慣（因男子逃外）。于是曾演有拔髮催欵之慘事。

近幾年來，尚有數事，係寧夏人民之致命傷：

（一）強徵壯丁　寧夏本為農業區域，一般農村皆需要大量農業勞動力，從事生產。茲經數次強徵，已將全數壯年徵拔入伍（十歲以上五十歲以下者均不能免），所餘之老幼婦孺因不能從事于耕耘，土地因之荒蕪，一般人民如何生存。此為目前極嚴重之問題。

（二）迫種鴉片，因在『烟畝罰款』逼迫之下，人民不得不種植鴉片，藉以應付所謂『罰款』。因此烟苗遍地，幾將全數良田占去，生產品因之而減。又人民吸食者十之五六，多屬鳩形鵠面，不似人形。但回族家庭中則俱不吸食。

（三）苛捐雜稅　目前因由于種種巧立名目之苛捐雜稅，頻出不已，一般人對于負擔已呈疲憊狀態。遂又想出所謂『窩戶捐』來，結局同趨于破產，因此造成空前未有之貧困化。由于横征暴斂之結果，農村經濟破產，百姓顛沛流離，哀鴻遍野：觸目皆是。雖有土地亦無力耕種，人民在此種狀況之下，其痛苦已達于極端矣！

（四）金融紊亂　因地方之割據，致法幣不能通行。歷次省鈔之變動，其受害者仍不外一般人民；由是鈔票跌價之損失，完全轉嫁于人民身上。其負擔即可想而知矣。又現時因現金無有，準備金缺乏，省鈔不能兌現，人民對之早失信用。

總之，寧夏名為一省，實際除阿拉善旗外，只有十縣之地，因此一切軍政各費，俱在此十縣人民身上負擔。關于賦稅方面，只田賦一項，現時可由本月十三日大公報載立法院會議否決甯夏二十四年度預算案證之，即可得知梗概。其原文如下：

『甯二十四年度地方普通歲入歲出總預算案決議該案有兩點不合：

（一）該省田賦每畝正稅一元三角，附稅一元二角，稅率最重，附稅幾與正稅相等，人民不堪負擔。

（二）該案歲出經常門公安費較上年度激增四倍，而司法、教育、文化、實業，交通、建設各費，反較上年度減少。又教育、文化、實業、交通、建設各費合計尚不及支出總額百分十五。』

由是觀之，甯夏人民在內外剝削與侵略之下，危機四伏，當局如再不為民衆着想，施以治本辦法，則甯夏之前途實不堪設想矣。現時只有解除民困，努力生產事業，大家應不分畛域，精誠團結，一致對外，如此西北之前途始有望焉，而國家民族始得以生存也！

日本侵佔東北後的若干總結

醒　槐

前　言

自一九二九年世界經濟大恐慌以來，各資本主義國家都充分地暴露了它們底內在的矛盾及一般衰落的危機：那就是由於市場購買力之低落，生產品之囤積，廣大工人之失業而形成的資本主義社會之騷動及廣大群衆鬥爭的尖銳化。在這樣整個世界經濟恐慌當中，資本主義社會的日本，自然地，而且必然地也不能逃出例外。

因此，日帝國主義者，爲了醫治這先天的病症，爲了維持剝削關係的續存與平定國內革命高潮起見，於是在其施行所謂解決人口問題，食糧問題與貨物傾銷問題當中，必然的道路是往外發展，是殖民地的尋求。然而，在本質上是封建與資本獨佔的構合體之日本社會，對外的殖民政策是有兩種不同的傾向：一爲軍閥所固執着的十八世紀之「海盜方式」的經略方式，即以武力佔領土地與大量殖民爲主要手段；一爲財閥所主張的現代化的經略方式，卽以商品傾銷，資源取得及產業發展爲主要手段。但後者恰與當時飛躍的東北民族資本針芒相對，不能施其技倆：於是前者得了實現的機會，而終於造成了日帝國主義侵佔東北的暴力化！

「海盜方式」的殖民政策，在日本終於實現了。然而由於她底國家機構的獨特，資本主義發展的最後階段，必然的它也是代表着財閥，地主，豪紳之意志而以「混合方式」的殖民政策，在暴力地壓迫東北民衆；關於這點，我們姑置不論。現在我們試問：在這五年當中，日帝國主義殖民地化東北政策的强化的總結，她所要解決的國內病症是否是在呈現着好轉？她所統治下的東北是否已臻「國泰民安　？在東北內部是否已經奠定了她的統治勢力的基礎？

鐵般的事實，給這些問題的答案是否定的，他們在告訴說：雖然在表面上，日帝國主義是獲得了廣大的市場，豐富的原料，衆多的爲其驅使及鞭策對象的奴隸；可是，在實際上日帝國主義不僅在經濟方面沒有得着任何的利益，並且因此而產生了她底內在及外在的諸多矛盾：即是驅使她底國內勞苦大衆由於擔負了爲增加軍費而徵收的賦稅，爲製造商品而增加的勞動強度，逃入於革命的戰線；同時在其高壓之下的東北民衆，全中國民衆，爲了生存，爲了民族解放，必然地英勇地走上抗日鬥爭的道路。並且爲着自身利害打算的各資本主義的國家，因日本對於市場的獨佔，貨物的傾銷，也必然地使之走入與日極端對立的途徑。其次由於她底反蘇陣線的擴大，自然地形成了日蘇兩個社會制度不同的國家間的衝突尖銳化。

現在我們把過去的五年中，日帝國主義侵佔東北的若干總結，來作一個清算。

一　日本國內各方面的實際收穫

（一）國家方面

在帝國主義時代，各帝國主義者對於殖民地的經濟侵略，是由資本輸出，代替了商品輸出；他們輸出資本的主要目標，不外乎三點：一，爲國內剩餘資本尋找出路；二，爲操縱資本輸入國的經濟和政治上的實權；三，爲保證和擴張國內剩餘商品在國外的銷路。九一八事變以後，日帝國主義對於東北的巨額投資（在這幾年間日本私人投資的有四萬萬五千萬日元，國家支出的有六萬萬日元），即以擴張或鞏固她在東北經濟上的實權爲指標的，即完全是從軍事立場出發的；所以這幾年中，她在東北是拚命地瘋狂地從事於軍用工業與和軍用交通的建設。我們現在來看最近東北主要的輕工業與重工業生產的比較表：

東北四個重要工業部門生產比較表：

業　別	一九三五年一至六月	一九三四年一至六月	增十減一%
豆餅（單位千塊）	一三，三七七	二一，〇八二	（一）三六，五
生鐵（單位噸）	二九九，九一二	二三〇，四三四	（十）三〇，〇
硫酸阿母尼亞（單位噸）	一五，九〇四	一四，二五一	（十）一一，六
電力（單位千基羅瓦特小時）	一七四，〇三六	一二三，七一七	（十）四〇，七

此外，她在東北新築的鐵路，如敦圖路，海克及拉納線等，以及公路的建設，雖然耗去了鉅額的建築費，可是他們底收入是無成績可言的。

由此反映出來的事實：

第一，日本赤字財政的巨大和財政危機的嚴重：固然現在日本由於軍事工業景氣而造成了生產指數的激增；然而，這種生產指數的激增，決對不是一國生產價值的提高，也決對不是國內市場擴展和經濟情勢的好轉，而祇是生產價值分配的一種轉變罷了。即是說，軍事工業生產愈在增加，消費手段的生產和銷售就愈在緊縮。在原來國內剩餘資本並不豐富的日本，對於東北的鉅額投資，無疑地是由於提高大衆稅捐負担及增加公債數量（在昭和十年三月底之日本國債統計，國內債爲七六八，七五一萬，國外債爲一四〇，二九四萬二千，比昭和九年增加九億餘，今年三月底的國債統計，約有九十七億餘元。）的結果。並且最近日本軍部又提出來九三六至一九三七年度的驚人的預算：其準預算三三六，○○○，○○○元；一般新規要求二○，○○○，○○○元；滿洲事變費一六六，○○○，○○○元；新國防充實費初年度三○○，○○○，○○○元。因此，必然地造成日本國內財政的空前嚴重的危機。

第二，日本財閥對於東北投資的懷疑：日本一部分剩餘資本，對於僞滿投資的結果，使他們發生了很大的疑懼的心理，因爲他們所得到的利潤，並沒有達到他們所企望的程度，同時東北義勇軍前仆後繼地抗日鬥爭和東北一般民衆購買力的低落，也是他們裹足不前的一種因素。

（二）人民方面

我們知道資本主義發展到帝國主義階段，爲着解決經濟恐慌及增加生產的利潤，掠奪殖民地是必然的行動。但這種强盜式的掠奪，不是資本主義國家全體國民的意志，而祇是幾個資本家的貪望。自然日本强佔東北，很明顯地不是日本全國人民的一致意向，而只是幾個凶暴的軍閥執行着資本家底意志的一種掠奪行爲。

事實的眞象，常常是被淹沒的。本來資本家爲着自己底利益而掠奪殖民地，但他們却說是他們全國民衆的需要，增加他們全國的利益。用這種話來欺騙世界，來麻醉人民。

事實勝於雄辯，現在我們來看，自日本霸佔東北後，在其國內的人民所獲得的是什麼？

日本侵佔東北，對於內外主要的號召，即是爲解決人口問題，然而數次的武裝殖民都是宣告失敗了。雖然據一九三五年十月的統計日人僑居東北的有五○一，二五○人，比一九三○年增加二七二，四四○人，可是這種增加的人數，乃是資本家，實業家，技術人員，行政人員，軍官，士兵及浪人，決不是國內底農工勞苦羣衆。有些人們（如上述）固然在東北得了升官發財的機會，可是成千累萬的勞苦羣衆的生活却到了怎樣的境地？

定額工資日漸縮小　九一八這種驚濤駭浪，益發促進各國備戰的匆忙，而日本是這未來的戰爭的主導，軍備的擴充，更是刻不容緩。然而在其「軍事膨脹景氣」之下，勞動者雖然稍見增加，但其定額的工資却日見縮減如下表：

年度	就業者指數	定額工資指數
一九三一	七四•四	九一•三
一九三二	七四•七	八八•一
一九三三	八一•九	八五•一
一九三四	九一•六	八二•八
一九三五	九二•一	八○•二

再只看他們實際工資指數的縮減：

一九一三年	一○○
一九三一年	一六四•六
一九三六年四月	一三八•五

生活程度的增高　日本之勞苦羣衆，不但工資縮減，而且生活程度亦日漸增高，我們可以從五百萬人口的東京中居民之生活必需品的指數上的增加看出：

一九一四年	一○○

再廾他們生活費指數的增加：

一九三一年二月	一三〇
一九三二年十月	一四八
一九三三年十月	一五〇
一九三四年十月	一五五
一九三五年十月	一五五

一九三一年	一〇〇
一九三一年	一八五•六
一九三六年四月	一八四•九

用此統計，可以看出生活日需品價格的指數增加，越是促進工人生活的困窘，及廣大羣衆的飢荒。

賦稅的增加

誰都知道，已經成爲戰爭狂的日本，天天是在製造戰利品，擴充海陸空軍，以應付未來的危機。所以日本在這軍費的數目增大，財政困難之情況下，自然地又在增加許許多多的各種賦稅，由於賦稅的增加，益發促進農村的破產，廣大羣衆的飢荒，這是無疑地。

總結以上，我們可以看到日本侵佔東北後，日本廣大的勞苦羣衆所得到的只是生活日益惡化，而統治階級剝削更爲慘酷。所以在城市裡才有罷工的風潮：據大阪朝日新聞社論說：『以「非常時期」底聲浪壓下去很久的勞動者罷工，而最近又將顯著地恢復和擴大了。』（一九三四年九月十四日）即在一九三四年上半期罷工次數爲八三一件，參加人數爲四萬三千九百六十四人。一九三四年九月五日東京市電車工人一萬一千人之驚人的大罷工，海員工人會在十月二十九日之部分的大工罷等……更有了驚人的發展。

在農村裏更有農民騷動的事件：在一九三四年從正月到九月，據日官方農林省底很低的估計已達有三千零九十五件，比一九三三年同時期增加了四百零五件，其鬥爭所要求的，是減少租稅。但由於要求減租，又釀成地主與農民的衝突，所以農民爲反抗地主的鬥爭共有二千一百二十六件，而佔總數的百分之六八强。這種驚人的由於生活而起的農民騷動，足能象徵著日本國內革命的危機的尖銳化。

然而，在帝國主義已達到最高峯的日本下面，革命高潮是常在另外一種形式表現出來的；所以日本之革命的發展，除了罷工與騷動的事實外，更不知有多少在比較隱藏的形式中暗地裡進行着的事件呢！

其次，我們再談日本士兵方面的損失：在日本法西斯軍閥統制下的廣大的士兵，無疑地在這次暴力侵佔東北下，是作了無辜的犧牲，殘酷的砲灰！關於日軍的損失，日帝國主義者，自然是不肯宣佈出來，但我們由一點事實可以看出：於一九三四年十一月二十四日，日軍在長春追悼陣亡將士，統計在南滿陣亡的兵士骨灰有一千零三十五具；在北滿陣亡的兵士骨灰有七百零八具。這樣在一年之內，日軍死亡的不下兩千人，同時受傷而殘廢的不下四千人。但據今年六月華美晚報載：幾年來日本士兵在東北戰死者四萬人，負傷及罹病者十七萬一千三百九十八人。以此推論，日軍五年來在東北傷亡的數目之龐大可想而知了。

由於他們自身所受的痛苦和壓迫，使他們是在同情中國民衆底救國運動，使他們是在了解中國的民衆是他們底朋友和弟兄。因此反映出來他們底反對戰爭及援助中國的事實：「一二八」的時候，在戰線上日軍曾經發生過內部的不穩，而致遣送某些士兵的回國；在日軍「清剿」東北義勇軍正迫切的時候，更有日兵親自將大批軍火送給東北義勇軍；在今年又有日本野砲兵第四鐵路第四中隊班長二名，一名井村智雄，一名桶勝的臥軌自殺，反對侵華的「屍諫」。

現在我們僅由以上的事實，可以看出在日軍侵佔東北後，不僅在經濟方面沒有所得，而且日本的勞苦群衆是正在學習人類底歷史，由於生活的經驗，激烈地反對地主，豪紳，軍閥，資本家而在創造新的時代。

東北民衆生活惡劣及抗X情緒的深刻化

日帝國主義者自侵佔東北後，即是在用一種極端的高壓政策，殘酷地對於東北民衆施行經濟的剝削，暴力的壓迫，因此東北的民衆生活，較諸她底本國內底勞苦群衆更爲痛苦。東北，號稱東亞「倉庫」的東北，早已由於日本的經濟統制，商品的大量傾銷，而陷入飢寒的境地。茲由東北對外貿易之狀況而推對東北經濟的危機：

據偽財政部所編之外國貿易統計數目如左：

年度	輸出	輸入	合計	入超
二十二	四四八，四七七，六〇五	五一五，八三二，四二五	九六四，三一〇，〇三〇	六七，三五四，八二〇
二十三	四四八，四二六，五六七	五九三，五六二，二四八	一，〇四一，九八八，八一五	一四五，一三五，六八一

由此表可以看出東北二十三年度較二十二年度輸出減少五萬一千僞幣元，而輸入則增加七千七百七十二萬九千元，總貿易額則增加七千七百六十七萬元，有這樣的巨額之入超，可知東北經濟狀況是怎樣的殖民地化了！

農民生活的惡劣

自九一八後，東北農民的生活，曾經顯著地惡化了。到處的東北農村，都是呈現着一幅貧困，破產，災難一天多似一天的圖畫，這，是有它的因緣的：

農產物價格之低落，生活日用物品價格的增高，這不能不使廣大的農民日趨入貧窮化。茲將大連商工會議所統計的年報，大豆，高粱公定行市列下：

大豆之公定行市（以百斤強計）

年 月	最高	最低
一九三〇	八，四六	五，六六
一九三一	六，八八	四，五一
一九三二	六，一六	四，四五
一九三三，一	六，五〇	五，一〇
一九三三，六	五，三六	四，九五
一九三四，一	三，五四	三，一二
一九三四，六	三，七七	三，四四

高粮之公定行市（以百斤強計）

年 月	最高	最低
一九三〇	五，三八	三，三二
一九三一	四，一二	二，五四
一九三二，三	三，六三	二，九三
一九三三，一	三，九四	二，六四
一九三三，六	二，五一	二，一七
一九三四，一	一，九四	一，六四
一九三四，六	二，〇二	一，七一

特產價格及日用品價格（長春批發物價指數）

年　月	穀物	食料品及嗜好品	紡織品	總平均
一九三 ,七	一〇〇,〇	一〇〇,〇	一〇〇,〇	一〇〇,〇
一九三三,一	一〇一,七	一一七,六	一〇九,六	一〇五,〇
一九三三,六	九二,二	九八,四	一〇七,七	一〇二,二
一九三四,一	六八,六	一〇〇,〇	九四,一	九〇,三
一九〇四,六	六五,二	九九,四	九四,一	八八,三

自一九三二年以來，穀物價格平均低落百分之三四·八，但食料品及嗜好品價格僅低落百分之零，六，而紡織品亦僅低落百分之五，九。又在同時太豆價格之下落爲百分之四四。

同時，耕地面積和穀物生產量的暴減，封建地主和高利貸者壓迫的加强，過量的租稅的担負（自僞國成立以來，稅收從八千九百七十元增至一萬萬四千四由六十萬元，其中關稅約佔百分之四十。），以及日帝國主義的强奪當地農民的大批土地，交給日鮮僑民和專以土地做投機事業的日人……等等的剝削及榨取，自然地使農村破產，廣大羣衆的飢荒。

再如金融方面的紊亂情形，實不減於昔；除僞國幣外，市面通行的日本紙幣，也有數萬萬元之多；此種貨幣相互間的兌換率，給日本商人更造成了種種額外榨取當地農民的機會。此外，日本的統治還帶求了一種從前未有的災害——鴉片公賣，僞國政府竟以强迫的方法來使農民種植鴉片

在東望第五卷第二十一期刊登的一篇東北通訊——最近日本蹂躪東北的實況——內載：

「……關外各地，均奉令修警備路，各城鄉之大道小路，皆在必修之列，無論距城多遠，距山多遠，必拉沙子石頭鋪成馬路樣。……東山太嶺一帶，每日地出一人，負米一斗，豆五升，鹽一斤，各集嶺下打嶺開山。……屯中房地，於課地捐外，又加稅數種，每日地年需共約十餘元。戶口極嚴，遠行無証不行，家中車馬牛犬雞鴨，一概登記，即將課以重稅！戶別捐又新續，凡未餓死之家，按人口用度，即必納稅，比地畝還多！即街上賣豆腐青菜魚菓的負販，亦一併領營業許可證，其費亦不少！近日婦人剪髮，月稅四角，後髻二角；，但頭上旗式高頭則無稅，此乃欲我婦女完全脫離我國服飾之毒計也…宰猪及年節紅白事情，亦必上捐上稅，不能減少。——，」

我們看了這段通訊，可以想見在日本鐵蹄下的東北農民生活的狀況，是怎樣的慘痛！

知識分子的厄運

日帝國主義自侵佔東北後，爲了消滅東北民衆底民族意識，即在實行澈底奴化教育：中小學的教育，是在教授日語及講述「救世王道之原理」，使學生養成服從日本的心理。許多的學校的校長及教員都太半是日本人，中國籍的學生及教師的行動，常受到嚴密的監視並且因爲日籍教師麕集到中小學來，許多教師都失業了。

東北知識分子沒有閱讀關內的公實書籍和期刊的自由；至於言論，出版，集會的自由，更是談不到了。

最慘痛的，即是日人對於教師及學生的逮捕和槍殺！去年十月，瀋陽英國教會學校捕去了許多教師和學生。今年四月，同學校學生二人及教師一人也被捕去。最近吉林省有十二個中學教師被監禁起來。此外被日人秘密地逮捕和槍殺的

知識分子尙不知有多少的數目呢！

自由職業者的失業　現在雖然軍事工程在東北是大宗的專門工作，可是日本現在正是不斷地輸出工程師，專門家……到東北來，使東北的自由職業者的失業一天一天地在加多：南講鐵路一九三三——一九三四年度的職員統計，可看出下列的驚人事實：

	日本人	朝鮮人及其他	中國人
高級職員	一八〇	—	—
工程師	一三四	—	—
下級職員	五五二九	八	七一
專門家	三二九四	四	—
長工	五三七九	七五	三
短工	一二七〇三	六〇五	一〇三八六

此外，在其他各種工業部門裏，東北的自由職業者也是日在暴減着。

煙民與賭徒的激增　在另一角落裡，爲日人所鼓勵並給護符的煙民與賭徒，是在激增著：去年春天僞國調査：瀋陽共有煙館千餘處，吉林八百餘處，長春千餘處，龍江四百餘處，其他各城市鄉村還不在內。現在東北的人民，吸食鴉片的約有三分之一以上！日人使警査對於不吸鴉片的住戶常去搜査或擽擾，每月總有四五次之多；但對於煙鬼家中則不過問，並且還給他們一些特別「優待」！

地主，高利貸者，資本家的沒落　在一切殖民地和半殖民的國家裏的當地封建和半封建的榨取者，都是完全依存於統治此等國家的帝國主義的。東北，自然也不能例外。日本因爲便利其自身資本的發展，對於土著資本勵加限制，阻止其與自身經濟的抗衡；所以對於東北之固有的前期資本主義諸要素，務使其在利於其自身的發展，而無碍於其獨佔條件上，極力維持，藉以障碍土著的資本機構之健全的資本主義化。

由於農村的破產，不能不影響到東北封建地主的利益；同時又因爲他們跟從前軍閥多有關係，很容易被日人認爲有「通敵」嫌疑，由於此種嫌疑，而被日人沒收財產及土地的數値是異常的巨大（一九三三——三四年度僞國預算案收入項下曾達四百二十萬元。）

自日本在東北實行統制經濟以來，不但各處的主要生產部門都操諸日人的手內；即是小小的生產，如哈爾濱的冰業，都由其壟斷。因此，東北著土的錢莊和高利貸者，都被日人排倒。工商事業，有的被迫消滅，有的或被沒收。九一八前，哈爾濱一處，每日產油九千斤，到去年每日減至三千斤，前後相差幾倍！乃至土著油業紛紛倒閉，自然麵粉業也是遭到同樣的命運。

僞國官吏及軍兵權力的喪失　「僞國軍隊，素爲日人所懷疑，監視非常嚴密，所有軍官及駐防地點，每三個月或五個月總要調動一次，武器一切，平日都是存庫，要到與義勇軍開戰的時候，才能發給士兵，每個士兵的槍彈，最多不到二十五發，放射的彈殼，亦須保存起來，連同報告書呈報主管機關，否則處罰就厲害了，僞軍一軍，照例有日本敎官一名，實際上這個日人，就是司令官長，有生殺予奪之權，日人對此防範還不放心，常有解散或消滅僞軍的企圖遇每遇戰事，僞軍皆須開往前線，做日軍的擋箭牌，而且日軍架機關槍在後而監督。」（見東望五卷十七期的日人統治東北的毒辣手段文中）這段對於僞軍權力喪失的叙述，可謂詳盡。關於僞軍的數目，在事變後約有十一萬，到了現在已無形地減至五萬了。

偽國行政機關中的官吏在名意上雖然是在吃着公家俸祿，可是在實際上他們是沒有一點的權力，進行政機關裏的技術工作。以至最低的一級，都由日人操縱與把持。現在偽國又正在施行大量裁員減薪的計劃。

日帝國主義侵佔東北後，給東北各階層民衆的生活既然是帶來這樣的惡劣，悲慘；然而，他們就果眞的奴隸的忍受下去嗎？事實的回答是否定的！

成千累萬的農民，一部分的工人，兵士，商人和知識分子，爲了生存，爲了不甘爲奴隸的生存，都是從他們的田地，工廠，隊伍，商店，文化機關英勇地邁入抗日的營壘，組成了現階段的東北義勇軍的新的抗日統一戰線，擴大了東北民衆爲求民族解放而鬥爭的火花！

另方面，在廣大的農民裏，在城市的市民裏，在產業勞動者裡，在偽國行政機關裏，甚至在敵人統治力最强固的偽軍裡，都是在密佈着抗敵的種子，細胞！

關於現階段的東北義勇軍的抗敵鬥爭的情形，請參看本校校刊第二期的「東北義勇軍鬥爭之史的發展」文中的第四段，茲不贅述。

我們現在來談在東北各地密佈着的抗敵種子和細胞：東北抗敵主要的團體，即爲東北反日救國總會，它底會章第一條即是：『本會會員，不分黨派，不分國籍，凡欲脫離日帝國主義壓迫者，皆得加入爲會員』，所以它的組成分子，以國籍別之，則有中國人，朝鮮人，白俄人，蒙古人等；以職業別之，則有軍人——抗日軍，農人，學生，商人，律師，教員，醫生等；總計會員已由廿萬增至三十萬人。今春在吉林市北山麓開吉林救國成立大會，組織執行委員會，內分聯絡，宣傳，研究，執行四部，並設支部於各地，與各地義勇軍攜手，實行破壞鐵路，進攻日偽軍，襲殺汗奸等工作。

再者，在日偽軍嚴密的監視與重重的壓迫下，尚不知有多少人等在秘密地，或者單獨地進行抗敵的活動。

這種英勇的，血腥的東北民衆抗敵鬥爭，早已暴露於國人，於全世界人士底眼中，在這裏，我們不再申述了。

總之，五年來日本帝國主義的經營東北，只是在自掘墳墓，自在製造自毀的炸藥！

尾語

日帝國主義侵佔東北後的總結，除了上述外，而尤不可忽視的即是：由於她的侵佔東北而反映出來的全中國民衆抗×情緒的高漲，英、美、日間矛盾的深刻化，日蘇間衝突的尖銳化，以及現在在日本底統治階級之自身上所發生的矛盾——政黨之爭等。（關於這幾點，因篇幅所限，不再申述。）這種種又無一不在證明着她已達臨死的前夜了。

然而，我們決不是說，日帝國主義因有了上述的種種內在的及外在的矛盾，而對東北的統治，中國的侵略緩鬆，或者停止。這剛剛相反，日帝國主義正是因爲她底矛盾加深，而在施其最後的掙扎，正因爲侵佔東北後實質上的毫無所獲，而在加緊地侵佔華北及獨佔整個的中國，以解決她底一切的矛盾。

我們既然認識了日帝國主義者的侵佔東北的總結，不過是其自身最後沒落的反映；可知中國人民在客觀的條件上是有摧毀這樣脆弱及最後掙扎的敵人！

所以，在敵人的侵略已由東北，進華北，甚至整個的中國領域的時候，全中國的民衆，將如何地發動全中國的民衆武裝自衛呢！

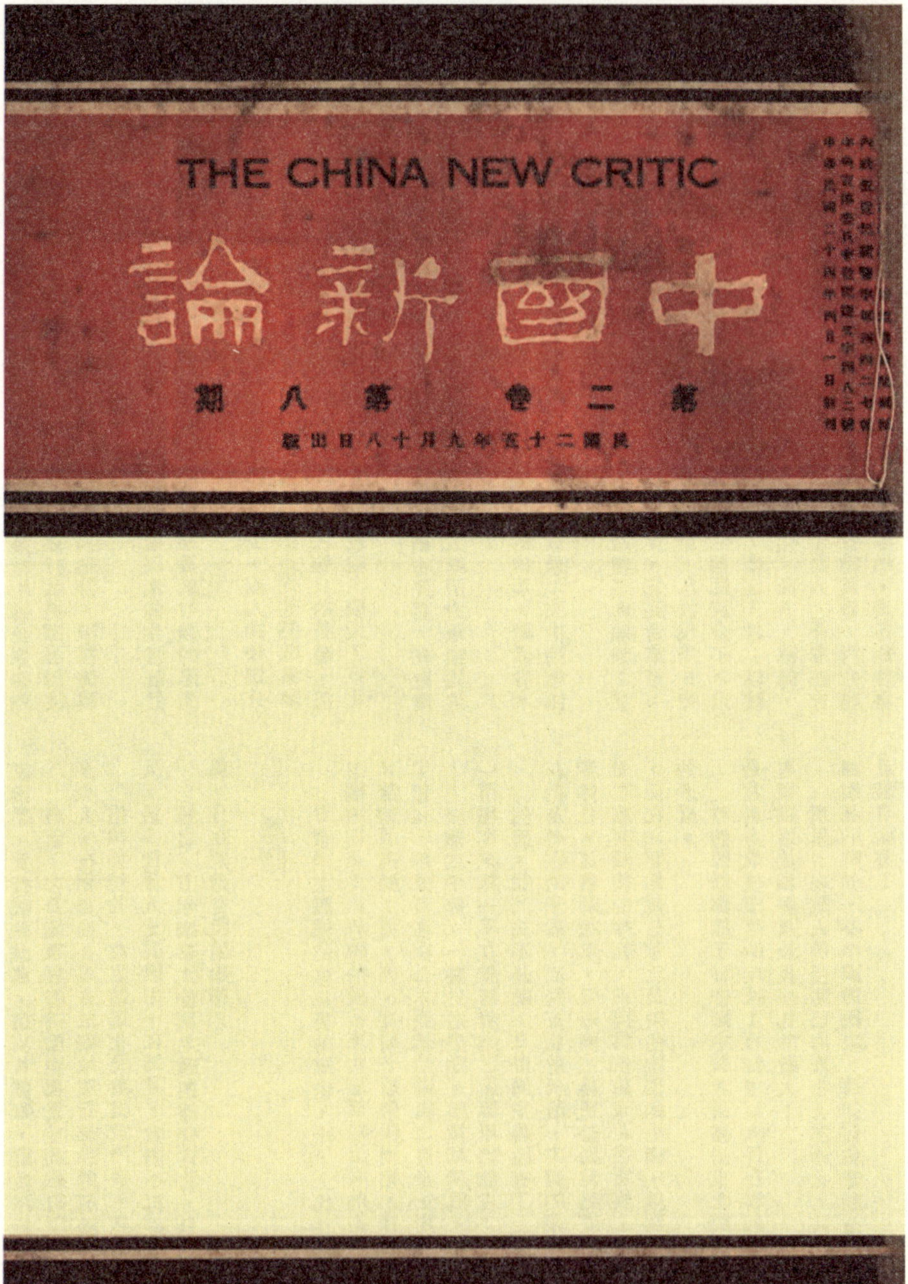

《中国新论》杂志封面

專載

「九一八」事變後日本在華之不法行爲實錄

——自民國二十年九月十八日起至民國二十五年八月底止——

民國二十年（一九三一年）

九月十八日

●夜十二時起，皇姑屯與瀋陽站間之路軌一段被炸毀，北寧車不能開過，未幾即有大隊日軍，向北大營華軍開砲十餘響，毀入北大營。

同 十九日

●晨六時頃，瀋陽全市爲日軍占領。

●晨日軍突攻擊寬城子站，傷亡華軍張營長一人，兵百餘名，另傷營長受傷，衛隊圍被繳械，日軍即佔據車站及電話信機關。

同 二十日

●瀋陽兵工廠財產，價值在一萬萬元以上，全被日人占領。

●皇姑屯有中國警察十二人死亡。

●新民屯方面，日軍用機飛到投彈，炸死商民甚多。

同 二十一日

●日軍午後三時占領吉林省城，華方死傷頗多

●日軍通知新民縣我國駐軍，限三小時退出，日軍業將瀋陽各機關文卷焚燬。

●日軍開經圖們江，間島已開始戰事。

同 二十二日

●大虎山所到之日飛機投下炸彈多枚，將兵房炸燬，死亡數十人。

同 二十二日

●此次日軍攻擊長春，在五小時內，每十五分鐘，即發數砲，無不實彈，城內衙署民房毀壞者十居六七，火光四起，居民亂竄，自相踐踏，死者不計其數。

同 二十三日

●日軍於昨日下午六時四十分，進至新民府，將皇姑屯至巨流河一段之北寧鐵路劃作該軍防地，以巨流河河道爲對西方防禦線。

●日軍三百餘人，於昨日下午二時開至通遼。

同 二十四日

●日軍飛機遍在北寧沿綫各地拋擲炸彈，並用機關槍向列車射擊，由皇姑屯開來平津之一零二次大通車，當開行之時，即有日軍飛機一架盤旋車頂，跟車前進，至距皇姑屯第三站之興隆店時該飛機即開機關槍，向車頂掃射，共射數百發，車頂被彈貫穿之孔儼若蜂巢，被擊而死者二人，

傷一人，均係華人。

●下午二時日軍飛機在錦州東大營擲下炸彈四枚，營房轟燬。

●十一時有日機一架經由田莊台（在營口之西）飛至溝幫子，擲炸彈一枚。

同　二十七日

●日軍占據瀋陽及遼吉各要地，作殺人越貨之行爲，造成一極端恐怖時代，總金庫被占，鈔票落價。

●瀋陽城市原有警察均被日軍繳械。

●上午七時，日軍又派飛機一架，至通遼縣，在北寧站投下炸彈三枚，四洮站投下炸彈一枚。

十月二日

●晨八時五十分，忽有日軍兵車二列，開抵通遼，即將通遼車站佔據，並派兵將警務處包圍，同時有飛機一架，盤旋空中，炸彈三枚，一落車務處，一落警察所附近，一落城內。午後二時五十五分，有日兵車一列，上載日兵二十名，便衣二十四名，由巨流河開至新民縣。

同　四日

●營口日本軍隊昨（三日）清晨二時十五分侵入牛莊城內。

同　五日

●日軍司令向各行發布命令，內容（一）即日開業，（二）張學良等當地官吏存款不得兌付，（三）所有查庫報告書，須簽名蓋印，（四）各機關存欵不得移動，（五）各行重要職員，須宣誓遵守日軍命令。

同　六日

●日軍搜捕吉林黨部，委員韓介生被押在民會內，嚴施酷刑，業已慘死。

●日海軍省對佐世保美爾鎮守諸艦，下待機令，備於二十四至四十八時內開赴中國長江。

●日巡艦（常盤號）載有水兵四百名，據聞該艦抵滬後，將載現時在滬水兵七百名中之三百名赴漢。

同　八日

●下午一時二十分有日軍飛機十二架，由營口飛來，經過溝幫支綫之大窪車站，擲下炸彈一枚，二時十五分抵錦州，十二飛機分散於城內外各處天空，各自投擲炸彈，並降至極低處，用機關槍向毫無抵抗及自衛準備之民衆掃射，飛機炸彈機關槍並用之工作達半小時以上，所擲炸彈，爆炸者有三十八枚，因日機目標注意設在車站傍東北交通大學內之遼寧省府行署，故車站及車房內落有炸彈五六枚，停在道上之列車，被炸毀機車一輛，一四一號包車一輛，一一七號公事車一輛，又毀車房數間，路員受傷者十餘人，死六七人省府內死傷確數，尚未查明，有交大教員俄人一名被炸傷，門前鐵路岔道被炸毀，鐵路醫院前之電線均被炸斷，死傷詳細數目，迄五時止，尚未查明，據聞死者達二三十人，傷者四五十人，房屋被毀亦甚多，車站天成棧及某水菓鋪均被炸毀，同時溝幫子車站亦發現日軍飛機七架。

●錦州被日軍飛機炸斃人數，即車站附近，已達二十餘名，路員死者有車房煤夫樊瑞德，司磅蘇沛生王春田，胡海濱，清道夫劉夢齡等五名，傷者有煤夫李仲三，磅夫趙朝乾，材料夫沈桐，司煤崔政起，及包工煤夫脚夫三名，其中一名到醫院後死去，站外炸死住東關外十二旅旅部傍之男子一，婦女二，小孩一，洋旗外死男孩一，站東路員寓所橋洞下，死老媼一，車務段長寓後死男子二，車房後有兩家同時被炸死，共男女六口，站外天成棧前鮮貨鋪房屋被炸燬，死三人，交通大學死俄國教授一。

同 九日

●鐵甲車一列，載兵數百名，由四平街經四洮鐵路而接通遼，於上午十時許，即在四洮車站與北寧路打通支線接軌處設地雷，將該處鐵軌路基全部炸斷，可往北寧線貨廠外埋藏地雷十餘顆，並將該處通至北寧南站之軌道折毀，日軍燬路時，其飛機亦在空中盤旋。

同 十三日

●日本飛機，在北寧路沿線偵察，並投擲炸彈。

●日機五架在大虎山車站上空盤旋，隨由各機上擲下炸彈五六枚。

●下午二時五十五分，溝幫子車站天空又發現日機三架，並擲下炸彈二枚。

●二時三十分，高山子車站發現日機三架。七時五十五分，打通支線之彰武縣，亦發現日機一架。

同 十五日

●日軍飛機今日在通遼縣大舉投彈，城內炸死十四人，其慘酷不亞於上次轟炸錦州。

●晨七時許有日軍飛機一架至通遼偵察。

●九時許又來一機，途同在空中投擲炸彈，先後擲下六枚，打通支線之材料廠，工程處，機車房，南站均落一枚，將車房辦公室門窗玻璃震毀，其餘二枚一落四洮車站，一落城內同時竟炸死十四人。

同 三十日

●日軍佔敦化。

十一月一日

●日軍鐵甲車四列，滿載日軍於一日午由四洮路進抵距通遼六七里之地，向通遼城內外用大砲轟擊，死五人，傷數十人。

同 二日

●日機一架，在通遼東門外用機鎗掃射。

●日軍鉄甲車，向通遼推進，二日晨八時半，首向距城十數里之五木車站轟擊十一砲，續向北寧通遼站轟擊十餘砲，一落車站。

●下午鉄甲車開到打通路南站洋旗外，向車站發砲二響，日兵二十餘名下車，在站上豎立日本軍旗。

同 五日

●日軍續攻大興，砲聲達昂昂溪。

同 六日

●日戰機一架至富拉爾基擲六彈，圖炸中東路江橋，十一句鐘飛省盤旋偵察，約半句鐘。

●日機三架到洮，擲二十餘彈。

同 十八日

●十時，日軍以重砲掩護騎兵，向我騎兵第一線作全線總攻擊。

同 十九日

●下午七時二十五分，日軍已進黑垣。

同 二十日

●黑垣全城一律懸日旗。

●黑垣日軍續到步騎砲兵千餘。

●晚五時，日軍佔黑省全省長途電話局。

●戰鬥機仍追擊馬部，炸燬兵車一。

同 二十一日

●日軍繼續向馬占山部追擊，意在佔據齊克路，將東北各鉄路完全占有。

●日軍大隊已進至中東路以南。

●日軍三千赴齊克路追擊馬軍，激戰甚烈。

同　二十二日

●瀋陽日軍部近積極準備向錦州攻進，以鈴木混成旅爲主力軍，該旅已到瀋屯集，中止北發。

●新民到由瀋陽開來百餘名兵車一列，卸下彈藥。

●新民城內頻聞槍聲。

●日戰鬥機飛克山海偷偵察，騎砲兵由克向中興鎮前進。

同　二十三日

●日軍連日在新民一帶積極製造地方恐怖以爲進兵口實。

●日軍鐵甲車兵士今晨在新民車站開槍，將值崗警之面部擊傷。

●日軍飛機昨在距新民車站百碼之西圍子投下炸彈數枚，炸傷人畜甚多。

●在距新民站三百餘步之處，今晨二時有日軍埋放地雷，及其他爆發物。

●日軍今日向北寧路要車兩列，預定明後兩日開往山海關。

●北寧路通皇姑屯之電線昨日曾被日軍割斷。

●日軍在巨流河檢查甚嚴，被扣者已達七八十人，未釋之人均不知下落。

●日軍在齊齊哈爾搜索馬主席部屬，無辜被殺者甚多。

同　二十四日

●日軍掩護蒙鮮股匪，進襲距新民城十八里之高台天村，中有日兵，匪欲退，殿後日軍督勇鼓進。

●日軍復由皇姑砲開出鐵甲車一列。

●日軍向新民城東南發十三，砲新民勢極危急。

●日鐵甲車不斷向新民發砲。

同　二十五日

●日軍鐵甲車載兵二十餘名到新民又由皇姑屯開出兵車一列，挂車六輛，載兵約一百五十名，到新民下車，乖縣府威迫交出政權，並擬把持電信機關。

日軍鐵甲車向新民發。

同　二十六日

●新民縣各機關各商號已被日軍迫掛日旗。

●今晨八時餘，日軍兵車一列進抵白旗堡。

新民日軍增加，午開到兵車一列，晚五時續到一列，兩列共載兵六百餘，進駐城內外。

同　二十七日

●晨四時餘，日軍由新民向西緊逼，鐵甲車掩兵車一列進占白旗堡，駛抵繞陽河，鐵甲車首向我方駐繞陽河護路鐵甲車射擊。

●復由打虎山趕到鐵甲車一列，並護路隊。

●白旗堡繞陽河間鐵軌，被日軍拆毀。

●日飛機一架，到錦偵察半時餘。

●晨八時餘錦州有日軍飛機兩架在空中投彈，九時餘又來日機兩架，移時更來三架，共七機，投下炸彈四十枚。

同　十二月五日

●四日晚日軍二千騎步兵抵黑，近兩日日軍開抵黑者近五千人。

●日軍需兵約千餘名，五日晚自長春開到黑垣，駐南大營。

●黑垣城內外已佈滿日軍，日軍千餘名晚向齊克路線推進。

同　六日

●今午日飛機一架自黑垣飛過哈城去長春。

同　七日

●日本軍事當局決心用武力迫華軍自錦州及錦州以東各地撤退。

同 八日

●日本要求在錦州山海關之間設立中立區，中國軍隊即日退入關內。

同 九日

●瀋陽日軍派戰鬥飛機二十三架，飛往北寧路營口支線，在營口附近之田莊台大窪兩車站間，擲下炸彈三十餘枚。將橋樑及鐵軌炸毀數處。

同 十日

●瀋陽日軍連日在北寧綫上又肆意騷擾。

●皇姑屯站某站員父子二人在飯館用飯，被日兵用槍刺將父子二人同時刺死。

●日本飛機五架，在溝幫子一帶盤旋偵察。

同 十一日

●新民現駐日軍二百餘名，車站駐日本憲兵十一名，擅自檢查旅客，時有扣留及被刺傷者。

同 十六日

●有日飛機六架，由東方飛來，到新民縣東柳頭窩，窩棚村，投下炸彈一枚。

●日飛機一架至通城。

●通遼又來日機五架，投擲炸彈十枚，我商民受害甚鉅。

●新民現駐日兵一百餘名，巨流河駐日兵二百餘名，時常往來換防，營口河南現駐日兵六百餘名，有三八式野砲二門，河北六十名，佔用機車一輛。

同 十八日

●日軍十四晚擾我林家店防綫。

●日本軍決定對中國方面發出最後通牒，限期華軍撤入關內。

同 十九日

●本月二十日前後，日軍對錦下總攻令。

●對於張學良要求錦州軍撤入關內之最後的通牒，大約於一兩日內由東京中央部經由北平公使館提出。

同 二十一日

●日軍於今日清晨四時在昌圖，法庫，與新民一帶開始總攻。

同 二十二日

●西侵日軍已大舉出動，分三路西進，以北寧路營口至通遼之支綫爲目標。

●瀋陽南滿站待發兵車頗多。

●營口新到日軍五六百名，携大砲十餘門，已渡過河北向盤山縣進竄。

●多門某部隊與奉天以北之森部隊之某團相呼應，將於二十三日由奉天南部之根據地向鐵路綫南面激烈的進攻。

同 二十三日

●西侵日軍在法庫昌圖營口等地大肆其暴行。

●日兵二百餘，午乘鐵甲車，携砲七八門，率領工人由營口向田莊台方面前進。

●日軍四百餘名，携砲十餘門，侵入田莊台鎮。

●日軍本日午後二時已將法庫門及通江口占領。

●本日午後約有四百之便衣兵，襲擊牛莊，業將牛莊完全占領。

同 二十四日

●日軍二十四日用劇烈砲火及飛機威脅田莊台。

●進佔田莊台之日軍，今晨向車站砲擊我軍鐵甲車，並將田莊台東方之三一八號鐵橋炸毀，車站中彈頗多。

●日軍飛機一架，至盤山縣，投炸彈數枚，向營口方面飛去。

同 二十五日

●日飛機四架，破壞大窪車站南鐵路線，投彈無數，炸毀鐵道七節，彈落地點，穴深七尺許，寬有丈餘。

●日軍飛機昨日上午大舉轟炸大窪車站，共來飛機四五架，擲下炸彈二十餘枚，均極激烈，鐵道被毀十餘節。

同 二十八日

●日軍騎兵三百餘名，隨帶戰甕汽車二三十輛，正午十二時半，繞往大窪車站南方，日軍遂將大窪占領。

同 二十九日

●盤山下午一時陷落。

●日軍在前進中，溝幫子告急。

同 三十日

●九時餘日機十架飛打虎山，擲四七餘彈。

●敵騎兵由盤山北從側面向西北進維羊圈子石山站間之三家子。

同 三十一日

●日軍佔領溝幫子，羊圈子，大凌河，午至晚，仍在爭奪戰中。

●錦州上午十一時電稱，九時日機一架，九時二十分又來日飛機一架，在錦州環飛半小時，一架循錦朝支路向北飛去，一架向連山葫蘆島飛去，十時日飛機六七架，到大凌河追擊我西行軍。

民國二十一年（一九三二）

一月六日

●日兵車三列抵綏中。

●榆關車站高懸日旗。

●關外我軍已被繳械。

●日軍沿錦朝綫推進。

同 七日

●日軍猛攻，錦州城失守。

●日軍圖攻熱河。

●日軍由錦州開往錦朝支路兵車十餘列。嘉村旅團已由上齊台向義縣北票推進。

同 十日

●日鐵甲車隊進迫大窰溝。

●日飛機偵察朝陽一帶。

●日空軍在錦設飛機場。

同 十一日

●日機在紅螺山笄架山連續轟炸。

●榆東各站被日軍佔據後，彼此語言不通，極長路員等，時被日軍毆辱，各站日軍強橫，各站辦公室及職員住所，均爲日人駐兵之所，器具及站台欄柵多燒毀。

同 十三日

●駐津日兵十二名，晨五時，押運軍用品八百十三箱赴山海關。

●日軍攻通遼，戰甚烈，晨復由阜站屯派出戰鬥機五架，前往助戰。

同 十四日

●日室師團由溝幫子派出生力軍二千人，甲車兩列，飛機八架，反攻打虎山。

同 十五日

●錦朝線日軍，連日分路向熱境猛進并調錦州等處步騎砲兵及飛機八架，前往協助。

同 十六日

●日軍三路侵熱，第三路由新立屯入阜新，已向新邱進展。

●日軍由吉林開向舒蘭，攻擊張作舟部隊，戰鬥頗烈，日軍已入城，日機連日赴榆樹投彈，軍民傷亡甚衆。

同 十七日

●晚齊克路塔哈爾鐵橋，爲日軍三百名縱火焚斷。

同 十八日

●長春日兵向關額昭推進。

同 十九日

●日人強制接收北寧路關外段。

同 二十日

●日軍蹂躪錦朝沿線。

同 二十一日

●日軍數百，向五常縣猛攻，日軍以坦克車，猛撲東城防次。

●日艦開滬示威。

同 二十四日

●日騎兵佔據農安長嶺。

同 二十五日

●日軍進逼熱河。

同 二十六日

●滬案問題，村井限吳市長四十八小時內覆答，否則日海軍將自由行動。

●上海丸載戰鬥機三架到滬。

●東京電，日本戰艦多隻，已奉命開往中國，詳細情祕密不發表。

同 二十七日

●日本駐滬軍艦，已達十一艘，今又調派巡艦夕張號率二十二，二十三及三十隊之驅逐艦三隊，共計十三艦來滬。

●軍用飛機來滬。

●日陸戰隊昨在浦東登岸。

●上海丸運到日機三架，尚有三架月底長崎丸運滬。

●午突有日海軍陸戰隊二十餘人，攜帶機關搶步搶等至浦東日華紗廠前，驅馳彈壓，附近居民咸驚駭，秩序騷亂之。

同 二十八日

●日陸戰隊十一時半佔領我淞滬路天通菴車站，向我襲擊。

●晚十二時日兵入上海華界，在天通菴路，虬江路兩處開火。

●晚對市府提新要求十二項。

●日政府又增派軍艦三艘來華。

●晨四時，日艦陸續入吳淞口者，共十三艘，一爲魚雷艦，餘均驅逐艦，連原有已在滬日艦共有二十七艘。

同 二十九日

●日飛拋彈，京滬車站全毁，商務印書館亦毁焚如，租界路上中日人死屍甚多，租界上北四川路郵政總局有爲日軍佔領訊。

●日方竟提三項要求：(一)佔有閘北(二)華軍退出上海(三)郵政局由日人管理。

●十二時日飛機漸增至五架，二時圖炸我鐵甲車兵車，誤中新民路百祿路民房，延燒甚廣。

●二時四十分，北站中彈七枚，半燬起火，寶山路商務書館，水電關路北水電廠，均中彈，下午四時已毀於火，礎焰已及租界，書頁文字尙隱約可辨。

●在英租界，內高樓頂上即可覩日本飛機用炸彈向居民叢集處之閘北拋擲之，閘北地無任何防禦，有居民二十萬，恐死傷人數極多，閘北同時又大火，半天皆爲烟火所蔽滿。

●日本海軍飛機每二十分鐘即飛向閘北拋彈，擊中目的物時，其爆裂之高率竟達一百五十尺，日飛機本身並無危險。

●日軍飛機在閘北擲彈，致閘北已成一片火光，無法救濟，迄今日機擲彈已有六小時。

●日機共五架，在閘北新民路百祿路北站寶山路眞茹，先後擲彈三十餘枚。

●今晨四時二十五分，日軍司令下令飛機出動，向閘北投彈。

●晨一時半，日軍漸近北車站。

●日軍俘我警士百五十人，激戰區域在寶山路商務印書館附近，現日軍第一隊續向華界前進，第二隊在北四川路底激戰，第三隊待命出發。

同 三十日

●佐世保調巡洋艦「龍田號」率領廿六隊驅逐艦四隻，並在橫須賀抽調最精銳之特別陸戰隊三千名，及大宗軍火由「龍田號」載運來滬。

●滬上共有日艦卅三艘。

●據航界息，將有第一航空隊加賀鳳翔及第二驅逐艦之巡洋艦七艘，後載特別陸戰隊四千名，本日離佐世保，卅一日午後可到滬。

●日機自昨(廿九)晨迄晚止，盤旋空中擲彈，約近百枚，北火車站，商務印書館，東方圖書館，及湖洲會館，均着火焚燬，商務書館昨(廿九)晨十時北站午後二時起火，迄晚全毀，商務損失在千萬以上。

同 卅一日

●日本大隊飛機，駛赴眞茹

●泊於浦江之日軍艦一艘，忽向外白渡橋開機關槍，一時人心大亂。

同 二月一日

●十一時二十分，停泊下關日艦，突向我南京城內開砲，機槍追砲齊發。

●十一時甫過，下關與火車站間之日陸戰隊槍轟中國巡隊，日軍艦即發二十餘砲，轟擊獅子山砲台，有數彈擊中。

同 三日

●吳淞口外海面，日本軍艦一艘，將近我方砲台時，該艦即開砲向我砲台轟擊。

同 四日

●日艦十三艘圍攻吳淞砲台。

同 六日

●閘北激戰，日軍發四百餘砲。

●日機轟擊眞茹。

●日兵飛機在閘北一帶，拋擲炸彈，自晨七時起至午後三時左右，不下百餘起，大半均落天通庵路以北，香山路，公興路，青雲路，總計有四五處之多。

同 七日

●滬上日武裝浪人二十餘，攜帶火油四大箱，及硝磺引火物一大包，四散縱火，一時赤燄冲天。

●有日本之便衣隊數十人，分乘八輛汽車，自愛多亞路馳赴滬西，似欲入大西路入閘北之中興路，在我軍後方擾亂。

同　八日

●新從日本調來四千餘名陸軍到滬後，日軍司令野村，即變更戰畧，於昨日早晨，擲其海陸空軍全部之兵力，分水陸空大舉會攻吳淞，並限於二十四小時內，攻陷我方要塞，意欲先行佔領砲台，冀得自楊樹浦沿黃浦江至吳淞口外，均為日軍之根據地，然後再以全力進取閘北，故於昨晨七時起，即開始實行此項新戰略，先用飛機十餘架，飛至我軍陣地視察，並投擲大批炸彈，同時又派陸軍二千餘名，由糧米站及軍工路會攻吳淞，停泊張華浜東面黃浦江中之軍艦六七艘，亦同時向我吳淞方面開砲。

同　十日

●日兵傾全力進攻吳淞，五時許，又圖偷渡蘊藻浜，冀察登吳淞鎮河岸，當時日兵除由後方增援軍工路外，又用拖帶駁小輪船一艘，載有陸軍二百餘名，沿浦江在張華浜碼頭登岸。

●吳淞激戰時，日方於早晨七時許，派飛機八九架，在天空偵察吾方軍情，至八時許，該機等飛至張華浜空中紛紛擲彈威脅。

●蘊藻浜一帶，日兵屠殺華人。

同　十一日

●日艦九艘，昨午一時起，在三夾水洋面，以重砲轟擊吳淞砲台。

●昨晨二時日軍數百，偷渡蘊藻浜。

●上午九時，日復沿軍工路進攻。

●晚七時後，日大隊在猛烈砲火掩護下，由福牛路衝攻我寶山路防綫，激戰至八時五十分。

●楊樹浦路岳州路地方，下午五時，有一日本飛機，駛近該處，瞥見馬路中行人麕集，即擲下炸彈一枚。

●日機拋擲炸彈，毀我房舍。上海市災民收容所，亦竟有日機之炸彈落下，可憐萬餘災民，橫遭浩刼。

同　十二日

●日艦於晨間七時許，以五英寸口徑小鋼砲，由遠離頭之地點，向吳淞轟擊，計開三十餘砲。

●十一時三十分，日陸軍復以開花砲四門，向我射擊。

●日飛機擲彈，炸永安第三廠。

●日機到處擲彈。

●大隊日兵，下午二時開到上海，共有一萬二人。

●截至昨日止，自第二隊魚雷一艘，於下午二時五十分開來外，刻下滬已有大小軍艦三十二隻，由吳淞二號河倚起，一直停至浦江南段江前，成為一直線。

同　十三日

●昨晚七時起，日軍用極猛烈之砲火，向我虬江路天通庵路一帶防綫攻擊，一時槍聲機關槍聲密集。

同　十四日

●上午十時許，日陸軍千餘人，第三次藉烟幕彈之掩護，竟被偷渡蘊藻浜，在北岸曹家橋登陸，當時情勢異常緊張。

●昨晨七時許，日飛機六架，飛向眞茹，意欲炸毀國際無線電台。

●據新聲社調查，日機在共和新路擲彈二枚，在四區一分所附近擲二枚，永興路擲二枚，永興路擲二枚，惟僅有一彈爆發，中興路亦擲二彈，傷憲兵一人，苦力一人。

●昨日下午三時許，中山路水門汀橋北，日飛機擲下炸彈十餘顆，其一彈爆裂，炸斃三人。

同 十五日

●日艦七艘，向吳淞出動。

●日本陸軍第九師抵滬。

同 十六日

●昨晚七時以後，十二時以前，時發砲聲機關槍聲。

●日艦連日轟攻吳淞口砲台，昨晨六時起，日艦七艘，又在三夾水洋前，向我吳淞砲台與砲轟擊，至下午一時始停，共發百餘砲。

同 十七日

●昨晨拂曉，日人在青雲路，八字橋，天通菴路，一帶，復以步鎗，機關鎗，小鋼砲，向我方陣地射擊。

●日機四架，由吳淞向眞茹飛來，至暨南大學空際擲彈一。

●昨晨十時二時至下午有日機一架飛去，飛度極高，四周旋飛。

同 十八日

●日人連日改用大砲轟擊，閘北廬舍，遂爲敵軍砲火下之犧牲品。

●日軍迭用大砲向吾軍轟擊，流彈飛至公共租界及法租界等處，炸毀房屋並傷死多人。

同 十九日

●日本司令植田謙吉致蔡軍長通牒：「茲對於貴軍通告左開各件，一、貴軍應即從速中止戰鬥行爲，於二月二十日午前七時以前，將現據之第一線撤退完了，於二月二十日午後五時以前，從黃浦江西岸，由租界西北端連結曹家渡鎮，周家橋鎮，及蒲淞鎮之線起算，黃浦江東岸由連結爛泥渡，及張家樓鎮之線起算，各縱租界境界線，向北二十基羅米突之地域（包含獅子林砲台）內撤退完了，且在該地域內撤去軍事設施，並不新設之。

二、日軍於貴軍開始撤退後，不行射擊轟炸，及追擊動作，但用飛機之偵察、不在此限，又貴軍撤退後，日本軍僅祇保持虹口附近之工部局道路地域。（包含虹口公園之周圍）

三、貴軍第一綫撤完了後，日本軍爲確認其實行起見，派遣有護衛兵之調查員，於撤退地域，該項調查員攜帶日本國旗，以資識別。

四貴軍對在該撤退地域外，上海附近之日本人生命財產，應完全保護之，此項保證如不完全，日方當採適當之手段。

五、關於在上海附近（包含撤退區域）外國人之保護，容另商議。

六、關於禁止排日運動，一月二十八日吳市長對於村井總領事之約諾，應嚴重實行。

關於此項，當另由帝國之外務官憲，對貴國上海行政長官，有改交涉。

●昨日下午一時半左右，日兵派出新到陸軍二百餘人，至葉家花園南面，向跑馬廳我軍陣地偷進，彼等似欲偵察我軍防線。

●昨日下午一時，日兵圖襲江灣跑馬廳時，日兵砲隊，又用砲向江灣及閘北轟擊。

●敵軍擬大舉進攻吳淞及閘北，連日運輸到滬戰事利器頗多，除火藥及馬匹以及鐵甲車坦克車等外，又運到陸用飛機六七架。

同 二十一日

●日軍司令植田謙吉，於昨晨七時二十分，下總攻擊令，以海陸空軍全副力量，於七時半，開始向我吳淞江灣閘北全線大舉進攻。

●日軍用坦克車十餘輛，掩護大隊步兵，前後衝鋒三次。

●今晨十時左右，敵軍以坦克車十餘輛當前，後隨敵步兵千餘，向我閘北八字橋陣地進攻。

●日軍艦三十艘，於昨日上午八時半，開始向我吳淞砲台進攻，同時並派飛機二十架，在空中投擲重量炸彈助戰。

同 二十二日

●日軍使用毒彈。

●三時許日人變更戰略，以二萬大軍猛攻我廟行鎮，萬餘人攻江灣鎮，六千餘人攻八字橋。

同 二十三日

●日飛機兩次到虹橋投彈。

同 二十四日

●日水兵拘捕行路之華人七名。

●美孚火油公司之職員一人被拘，解往何處，無人知之。

●日飛機十餘架，由楊樹浦方面飛出，分爲四隊，每隊三架五架不等，在閘北各處盤旋偵察一週，飛向大場，劉行，顧家宅一帶投擲炸彈。

●日機五架，八時後，飛往眞茹，在天空盤旋偵察，距離眞茹車站時，敵機忽以機關槍向下掃射。

●日機於昨晚十二時起，用大批砲隊在廟行東南方面，開砲轟擊，初用小鋼砲頻頻射擊，至今晨黎明時，改用重量野砲轟擊，同時並派飛機十架，至我軍陣地擲彈。

同 二十五日

●日將植田又向國內乞援，其援軍第十一師團，已於昨晨有二批抵埠，均在張華浜碼頭起岸，第一批計八九千名，在昨晨九時許到達，第二批計五六千名，於下午一時許到達，共計有一師一旅一衆，該援軍到齊後，喘息甫定，即奉令開赴前線，約一千餘名爲一隊，共有十餘隊。

●日飛機飛至我方陣地偵察時，瞥見我軍集中地點，即在空中放出一種白煙，名曰烟鉢，以示日軍砲兵，於是今彈乃集中於白烟附近我軍陣地云。

●今晨八時左右日人飛機五架，飛往虹橋飛機場，先在空中盤旋偵察，繼而其中一架，忽然低飛，擲下重量炸彈兩枚。

同 二十六日

●日軍於昨晨起，自江灣至廟行，全線用大砲百餘門，向我軍陣地猛力壓迫。

●江灣方面，日飛機在空中擲彈，間有步槍聲。

●日飛機連日轟炸新龍華。

●川沙白龍港，昨有日艦兩艘，會同老洪蹇之另一軍艦，頻頻開砲，轟我岸上平民，又於昨晨六時許，飛到日機數架，用機關槍向地上村農掃射。

●日軍遣派飛機十五架，飛至杭州筧橋飛機場，投擲重量炸彈，我方因事前未得報告，當時僅飛起十架應戰，其餘不及起飛，衆寡懸殊，故略有損失。

●日飛機三架，下午一時五十分起，即在閘北空中翱翔盤旋，繼而至共和新路、中興路、及交通路、潭子灣等處投擲爆裂彈七八枚，炸死男婦老幼多人。

●日軍艦共計十三艘，五艦在獅子林砲台前，八艘在吳淞砲台前，於下午四時起，開始用廿四生的大砲向我南北兩砲台，集中火力，猛施攻擊。

●日艦開始向我砲攻後，迄至今晨十一時止，每隔一兩小時，即有飛機三五架或七八架不等，至我南北砲台上空擲彈助戰。

●吳淞又到日艦共十餘艘並運來新兵二三千。

●敵以數十門重砲，向我廟北八字橋、青雲路大通庵路、一帶陣地猛轟，每分鐘約二十餘發。

●日機夜襲真茹。

同　二十七日

●日艦轟獅子林。

●中興路竟日大火。

同　二十八日

●日艦由滬載運軍火到漢。

●日機繼續擾杭。

●日砲百餘門向我軍廟行江灣八字橋陣地猛轟，八字橋，尤爲砲火密集所在。

●日軍連續不斷向我砲轟後，先向竹園墩小廟南處作繼續的衝鋒。

●日軍日夜攻八字橋。

●日軍於今晨八時，在江灣東面，用大砲數十尊，會同飛機五架，向我江灣孟家宅及八字橋一帶陣地轟炸，同時並派步兵一千數百名，在大砲掩護之下，分三路向我本隊陣地衝鋒。

●今晨零時二十分，敵軍遣步兵約三四百人，乘黑夜向竹園墩方面偷襲。

同　三月一日

●日軍分擾瀏河楊林口。

同　三日

●午後一時二十分，吳淞口日軍艦先以飛機偵察後，開始猛轟吳淞砲台，日艦發砲至日暮始已日海軍飛機飛過砲台區，擲下重炸彈，黎明時，日艦復以五吋口徑之砲猛轟，七時正，日驅逐艦護送二汽輪載兵駛向燈塔前海濱，同時張華濱方面有日兵六七十名駕浮橋渡蘊藻濱，由南面進襲之日兵，進入吳淞鎮時，海軍陸戰隊乘小艇分四批登陸。

●日軍九師團之主力昨夜今晨仍緊追華軍，第十一師團之兵八千名，星期二晨在瀏河登陸後，向南進逼，已抵嘉定，現繼續前進，冀與第九師團在南翔會合，南翔已於今日正午爲日軍佔據，植田司令部現設該處。

同　四日

●日軍司令雖已宣稱戰事停止，但昨夜(三日)據蔡廷楷將軍談，日軍仍不以中國軍隊自動撤退二十公里爲滿足，正圖攻擊南翔北首之中國陣線。

同　五日

●四日下午三時許，日軍在南翔方面，用大砲多門，向我黃渡陣地猛力攻擊，同時並派大批飛機在黃渡空中，投擲炸彈，並以機槍射擊，隨後即有大隊步兵前進，另有騎兵千餘名，向我軍陣地衝鋒。

●瀏河西北面之白茆口，有日艦數艘，並有步兵兩千餘名，在該處偷渡登岸，據無綫電報告稱，離瀏河西北約二十啟羅米突之六河鎮，有日兵三千名登岸。

●八時許，吳淞到有載運援兵之念九三十兩號日驅逐艦兩艘。

●日軍又由長崎運到陸軍飛機六架，在蘊山碼頭卸下。

同 六日

●日憲兵猶在北四川路日本劇場內，拘禁華人一百五十名。

同 七日

●日軍已佔領甯古塔，並擬在一面坡及寧古塔建飛機場。

同 八日

●日軍昨太攻倉陸渡橋。

同 九日

●有日騎兵數百進犯太倉以東之陸橋渡。

●日機到蘇偵察。

●閘北驚人損失，估計當在四萬萬元。

同 十日

●日軍數次襲太倉。

同 十九日

●日本在上海及前方第九師團與十四師團，現正竭力補充兵額及擴大編制，此兩星期中，運到上海之陸軍與各種新式戰品，寫乎戰時編制一師團以上。

●裝運大批軍隊及巨額軍械等來滬之日本二十二隊軍艦四艘，與第三十隊魚雷四艘，與第三十骨魚雷四艘，又有二十六隊驅逐艦一艘，並砲艦一艘，昨日突然從本埠浦江內，同時開離上海，至下午四時，又有二十三隊魚雷一艘，亦從楊樹浦開出，向吳淞口外而去，此十一艘日艦，同時駛離吳淞。

●日軍於揚子江內祕密運兵運械，至爲忙碌，海軍陸戰隊，已有一大隊，裝到漢口，上游各地尤夥。

同 二十三日

●日本在此宣傳撤兵聲中，乃十四師團之在瀏河南翔嘉定等處者，正在開掘最新式戰壕，進行其作戰準備，而其補充隊伍，仍源源裝運而來，昨日上午十一時至十二時，又到運輸船筑渡丸、安南丸、丹後丸等，內載補充兵及工兵等，約有一千餘名。

●在最近半個月內，日本運來軍械，數額至巨，最大坦克車與最巨野戰砲，及彈藥等，陸續搬到南翔，昨午又載來開掘戰壕布置防禦用之大宗軍用器具，以及掩壕鋼板等，名目繁多，數量至巨，均用木箱油布等障蔽，不令華人所見。

●昨日午後二時，有日本海軍第二十六隊軍艦一艘，開來上海，當即駛進浦江，二時卅分，又有十三隊魚雷艦三艘，先後開進吳淞，艦內均有陸軍運到，至楊樹浦江即拋泊，兵士即行上陸。

●崑山日來黃渡日軍在離鎮十餘里之某處強拉民夫，在彼挖掘戰壕，積極備戰，常熟二十三日下午三時專電云，「陸渡橋敵退，留少數步哨，大隊集瀏河、嘉定黃渡，日兵均散居民房中，放哨均登屋頂，遇華人即開槍，瀏河日設店營業。

●蘇州常熟及滸浦，二十三上下午，日機均來二次，滸浦敵艦一，向下游開去，有少數日軍，向我崑山附近陣地進攻。

同 四月 二日

●日機七架三十一日午向農安城內投百餘彈，城內大火，房屋市街完全燦爛。

同 六日

●浦江又到日艦四艘。

●昨日下午一時許，吳淞方面突聞巨聲一響，聲震遠近，嗣經探悉，係蘊藻浜西首華豐紗廠後面之日軍施放暴炸藥品，因該處適有古墳一個，位於路旁，日軍認為有碍軍事上之視綫，初擬挖掘棄去，旋因該墓建築甚堅，故改用炸藥轟毀云。

同　八日

●日令偽國將中東路，改名北滿鐵路，與南滿相對，俾將來收為日有。

同　九日

●午後一時，日飛機六至三姓投重量炸彈，炸毀商店十餘家，並毀一日商店，死傷軍民三十餘。

同　十六日

●眞茹鎮東楊家橋之西一帶，日作有新墳墓五六十座，每處三個作品字式，內均藏有極大地雷，引翔鄉東北首亦作有墳墓，內均藏有地雷，並有戰壕，長約三里。

同　十七日

●最近滬西蘇州河北一帶之日軍，備戰甚亟，在該處已增設鐵絲網及沙袋，趕築工事，昨晨鎗聲發生後，日方張大其事，立電日司令增派日軍三百餘，騎兵五十餘開至滬西中山路一帶，並派有鐵甲車九輛，全日往來梭巡。

●崐山十七日專電云，(一)陸渡橋現有日軍二百餘，橫瀝橋有日探出沒，(二)昨有日軍數十，由新塘市開往紅廟東二里。

●滬西昨日上午九時許，曹家渡方面，又有日飛機一架，先在浜北潭子灣一帶，空中翱翔盤繞三周，復至北新涇及飛機場等處盤旋偵察，約越二十分鐘許，始向眞茹方面駛去。

同　二十日

●日軍部近又下禁穫令(一)滿鐵沿綫在五百米突內，不許種高粱包米等(二)長春附近五百米突內，不許種高稈五穀(三)縣與縣之往來通衢大路凡二百米突以內，不許種上述五穀。

同　二十一日

●駐平日兵今日演習，今午日兵百餘人又攜步槍機槍等，在東長安街一帶，演習衝鋒戰術甚久。

同　二十二日

●駐滬日本海軍，近日在吳淞浦口各處，已減為二十餘艦，分泊各段，近日海軍運輸又極活躍，昨有十三隊魚雷一隊，計四艘，自日本開來，其中三艘，直放至滬，到楊樹浦拋泊，而另一艦則開到楊林口，停泊艦中，有軍用品載至上海。

同　二十五日

●日佔據嘉定寶山等處後，即濫發日紙幣七千萬元，一元三種，均係日銀行兌換券，又與輔幣百餘箱，分五十錢二十錢十錢五錢四種，以中國銀元一元作日本六十錢，日將瀏河吳仲裔等家取來什物，裝艦運回日本，作為戰利品。

●東北日人強華輪挂日旗，安東、營口各埠，陷入日手，在東北方面之華商輪船，往來上海與南北洋各準者，若肇興、致記、直東、鯨大等公司滬戰時均停班不開，近因各港開凍，恢復營業，運載貨物，往來上海、汕、廈各地，惟近日東北日人，強令安東、營口、大連等在日人勢力範圍內之中國商船，須一律懸掛偽國之五色國旗。

●日軍已於昨日奪回葦沙河，現向石頭河子進發。

同　二十六日

●閘北方面日兵駐紮甚多，近由日本人從青島移來高麗妓女館三班，妓女員東杏、吳必伊、崔粉伊、金順伊、趙材伊、朴又梓等二十名，由韓人金大裕、趙成守、李光固、李和同等率領來滬，即在閘北，分立妓館，並設酒排間等，謂係供日兵之娛樂，有一部則分派至吳淞。

●日本增兵三師團到吉黑，廣瀨第十師團已到，第八九師團將續至。

●日軍廣瀨師團徵發輪船十艘，二十五日自哈載兵往依蘭擊自衛軍。

同 二十七日

●崐山二十七日專電云：黃渡西羅家村，有日兵五六十人駐紮，勒逼居民供應，日在浮橋，招使漢奸，組織自衛團，並委巴俊卿、高選卅爲正團長，席培揚、席珍爲副團長。

●蘇州二十七日專電云，日前在新塘市設僞審判及拘役所，二十六日午後撤去，該處現祇留四五十名駐防，岳王市新塘市牌樓市並無大隊日軍，僅步兵哨出沒，瀏河日司令部已遷瀏北辦事，近來瀏河方面，所有日探，均係漢奸，瀏河以外日艦完全開滬，瀏河僅有敵三四百，瀏北小菜場一帶，日兵往來甚多。

同 二十八日

●日人五十萬將移吉林，已定鏡泊湖及洮索路線，每年移五十萬，以十年爲期。

同 五月

三日

●日軍圖襲依蘭。

●日人在瀏北公開設立賭場。

同 四日

●日軍集中吉林。

同 五日

●日軍建築僞奉山得各站兵營。

同 十日

●日兵車撞斃行人。

●日軍犯通河。

同 十五日

●日軍偵察臨榆要隘。

同 六月

十四日

●敦圖延河兩路，日方開工鋪軌。

同 二十一日

●日本積極謀併吞我東省

同 二十五日

●日飛機轟炸字金屯。

同 七月

十五日

●日本決在滿州建立國防基礎。

同 十九日

●日軍果進犯熱河。

同 二十四日

●日機擾飛承德等處擲傳單。

同 二十七日

●日決派僞國軍事財政外交最高顧問。

同 二十八日

●東北郵政封鎖後，日本阻我郵員入關。

同 八月

四日

●日機又投彈，綏中三十餘村被炸。

同 五日

●日人破壞東省郵電，我當局抗議要求制止。

同 七日

●總稅務司宣言「僞國」劫奪海關經過。

同 十一日

●錦州日軍增兵，日機又飛熱境投彈。

同 十二日

●駐滬日兵滋事。

同 十五日

●日機飛熱邊偵炸。
同　十九日
●日外長內田之「承認偽國案」，日期決定九月中旬，已於昨日閣議提出討論。
同　二十日
●日軍又侵熱，鐵甲車昨晨衝入熱境。
同　二十一日
●熱省府電日軍侵熱告急，湯玉麟詳報南嶺被佔經過。
同　二十三日
●日軍侵熱，外部已提抗議。
同　二十四日
●日本擬「九一八」承認「偽國」。
同　二十六日
●日機轟炸開魯。
同　二十九日
●日艦奉令在滬集中，上海又起恐慌。
同　三十日
●日本大陰謀，進犯熱河鞏固「偽國」。
同　九月
二日
●日本擬以滿洲為保護國，將訂所謂防守同盟條約，軍事權全歸日本。
●日閥促熱愈急。
同　三日
●滬日兵又肇事。
同　四日
●日艦二十三艘集滬。
同　六日
●日本承認「偽國」即實現。
同　十日
●日樞府審查承認「偽國」案。
同　十三日
●日樞密院通過「承認偽國」。
●日機轟炸錦東。
同　十四日
●日本承認「傀儡組織」，今日簽字。
同　十六日
●日本將大舉增兵東省。
●「偽組織」將於榆關等處設海關。
同　二十三日
●日軍增兵北滿。
同　二十七日
●侵占東北日軍，改稱駐屯軍。
同　二十八日
●日本答覆我「承認偽國抗議」。
同　十月
九日
●日軍增兵熱邊。
同　十二日
●日本圖熱河又加緊。
同　十八日
●日軍威蘇炳嚇文。
同　十一月
二十五日
●東北外交會電外部報告，日軍屠殺三千農民。
同　十二月
十五日
●日機偵察榆關。
同　二十九日
●日本決對東北增兵，熱河戰事勢將發動。
同　三十日
●日軍準備積極攻熱，大通錦朝兩線緊張。

民國二十二年（一九三三）

一月二日
●榆關戰事突發。

同 三日
●日軍攻入榆關。

同 六日
●日軍昨砲擊我陣地。

同 八日
●熱邊日軍總攻，朝陽阜新有序幕戰。

同 九日
●日軍實行大舉侵熱。

同 十日
●日軍侵略熱省，突向九門口進攻。

同 十二日
●九門口不守，秦皇島緊張。

同 十八日
●錦榆日軍積極備攻。

同 二十二日
●日增兵九門口。

同 二十九日
●日軍總攻開魯。

同 三十日
●日軍主力集中，司令部移駐錦西。

同 二月
一日
●日本增兵東北，作侵熱應援部隊。

同 二日
●日軍續開熱邊，軍火糧食輸運亦忙。

同 三日
●日荒木公然宣稱攻熱河日軍決定與僞軍合作

同 四日
●日僞繼續增兵，大舉侵熱將開始。

同 五日
●日大舉增援，侵熱愈急。

同 六日
●殘暴的日機，轟炸開魯。

同 七日
●日軍第八師團，向熱邊調集。

同 八日
●錦東榆西日軍密集。

同 十二日
●日軍總攻開魯。

同 十三日
●熱河危急，日軍總攻阜新。

同 十五日
●日軍集中熱邊，第八師團任主力，佈置完成即對熱總攻。

同 十六日
●熱河形勢愈緊，日軍大隊集熱邊。

同 二十日
●日繼續增兵，高崎廣島各師團開北滿。

同 二十一日
●日軍開始攻熱河。

同 二十二日
●日機大隊抵遼將總攻開魯。

同 二十五日
●日軍又總攻熱河。

同 二十六日
●日軍傾全力窺凌南。

同 二十八日
●日軍部公然聲明，將進兵擾亂平津。

同 三月
一日

●日機長飛赤峯，淩南仍在激戰中。

同　四日

●承德今晨棄守。

同　十日

●日軍追我軍撤入長城。

●日本野心未已，喜峯口戰事劇烈。

同　十六日

●承認日軍南開增援喜峯口。

同　二十日

●日機飛遵化投彈，炸傷十餘人，死五人。

同　二十二日

●喜峯口沉寂，古北口偽軍增援。

同　二十九日

●日軍分兩路圖犯多敦。

同　三十一日

●日軍犯石門灤東吃緊。

同　四月

一日

●石門寨線戰事慘烈，日海陸空三面向我陣地猛攻。

同　二日

●日機飛我第二線偵察投彈。

同　四日

●海陽鎮劇戰，秦島緊急。

同　五日

●灤東各縣，日機滿天飛。

●遷安城兩次被炸受禍最慘。

同　七日

●日本利用李際春等逆軍攻灤東。

同　八日

●日本圖佔平津，設立華北偽政府。

同　九日

●日機慘轟冷口遷安撤河橋，人民受慘害。

同　十一日

●大批日艦駛抵漢口江面。

同　十二日

●界嶺古北兩口，日軍繼續增援。

同　十四日

●日機轟炸盧龍。

同　十五日

●日機轟炸北戴河車站附近。

同　十六日

殘暴的日機！竟轟炸救護隊。

同　十七日

●日軍侵占秦皇島北戴河，昌黎吃緊，灤州聞砲聲。

同　十八日

●日機擾唐山，漢奸入昌黎。

同　十九日

●日佔灤東，進行偽組織。

同　二十一日

●日攻南天門。

同　二十三日

●南天門昨仍激戰。

同　三十日

●多倫被日軍攻占。

同　五月

四日

●日追我軍撤出灤東。

同　十日

●日機轟炸密雲。

同　十一日

●日機飛北平偵察，散荒謬傳單。

同 二十日

●大隊日機飛平示威。

同 二十一日

●日軍追進三河香河。

同 二十二日

●日軍決心佔張家口。

三十一日

中日停戰協定在塘沽簽字。

民國二十三年(一九三四)

三月二十五日

●俄報發表驚人消息，日人陰謀新疆獨立，克里木由滬赴新活動。

同 四月 八日

●日人私運郵件，津海關已扣留數批。

●日本又掠奪東北煤礦，設立所謂滿洲煤礦公司，滿鐵與僞組織分擔資產。

同 九日

●日參謀部華北調查員，由平出發，分赴晉綏察綏等省，調查經濟軍事情形，柴山抵井，將轉平綏路視察。

同 十日

●日兵到灤視察，對山川道路，均測繪詳圖駐唐日警備隊演習野戰。

同 十一日

●日人又築鐵路，橫斷東鐵，築路工事極祕密。

同 十七日

●日外務省非正式發表聲明書，說明對華政策

日外務省聲明全文

一，日本對於中國問題，其立場與列國未必一致，亦未可知，但是日本爲盡其在東亞的使命，實行責任，當然不能不盡其全力，而爲了完成這個使命，日本應該與中國共同分擔這種責任纔行。

一，中國的保全及統一，乃至秩序的恢復，就東亞和平的見地上看來，本來是日本所切望的，但是中國的保全，秩序的恢復統一，除賴中國本身自己覺悟和努力以外別無方法，這是過去的歷史早已證明，將來也是如此，但是中國如出於利用他國來排斥日本，以違反東亞和平的手段，日本當然非加以反對不可。

一，再者列國對於中國，即令名目上是財政的援助，如有想採用共同動作一類的事，那麼畢竟是帶有政治的意味，這是必然的道理，那種形勢如果增長的時候，將要發生劃定在華勢力範圍，或國際共管，或瓜分的關係，其結果將在東亞和平上發生重大之結果，本來日本並無意干涉各國個別的與中國作經濟上或貿易上的交涉，但最近中國有諸外國共同援助，或用其他種種名目，

積極的活動，例如供給軍用飛機，設置飛機場，派遣軍事教官，政治借款等類的事情，將相繼發生，其結果，必爲離間中國與日本之關係，違反遠東和平的維持，所以日本不得不斷然反對。

一，此種方針，爲日本從來的方針，當然應被承認的。

同　五月　四日

●日軍在南開建飛機場。

同　五日

●日機一度飛玉田。

同　廿一日

●日人陰謀收買灤東農田。

同　六月　廿日

●廈門日籍台人聚衆騷動。

民國二十四年（一九三五）

一月十九日

●察東突擊，日僞軍向西活動，強指長梁烏泥河爲熱境。

同　二十六日

●灤東形勢仍緊張，日軍有積極前進模樣。

同　二十九日

●察東日軍又進一步，前日強行佔據東柵子，關東軍宣稱華軍撤退。

同　廿一日

●日軍北攻蒙邊，昨晨佔據哈爾哈廟。

同　二月　二十八日

●日本收買上海申新七廠。

同　三月　二十三日

●日人將以一千萬資本，在魯組織大會社，山東企業與山東倉庫實行合併，東拓會社及朝鮮銀行爲其後援。

同　廿一日

●東北種烟面積在百萬畝以上，日本施行毒政策之狠辣，英記者視察後揭穿內幕。

同　六月　五日

●華北問題在交涉中，蔣大使傳達我方意見，日軍部主由軍方處理。

●駐屯軍參謀長及駐在武官，四日與何應欽會談，該項會談結果，陸軍省已發表如下，何氏對酒井參謀長所回答諸點如左：一，關於遵化縣長援助匪賊之事，已命于學忠調查。一，關於天津親日新聞社長暗殺事件，已嚴令速捕犯人，極力在搜查中。一，蔣孝先曾擴情兩名，六月一日已被免職。一，關於于學忠及天津市長，已電請中央。一，黨部之撤退，非何氏之權限，然已將其意思傳達，酒井參謀長，對於根本方針，予以聲明，促進華方實行。

同　六日

●日本陸軍中央部，對於駐外軍部當局提出之警告，期待華方能有誠意之回答，使事件圓滿解決，四日酒井與何應欽會見時，何氏仍否認藍衣社之存在，故日本決自主的解決。已向北平天津南京軍部當局，發出電要訓令，于是參謀長酒井即根據中央部之訓令，向華北當局，武官雨宮則向南京政府當局，表示事件解决上所必要之重大意思。

同 七日

●外相廣田於本日通常閣議中，就河北問題有所報告，其內容如左，一，此次事件，外務省方面特將此事委諸軍事當局間之折衝，惟在外陸兩省間，則仍保持緊密的聯絡。二，駐日中國大使蔣作賓氏，於四日訪問外務省時，曾依此方針，表示意見。三，關東軍方面四項要求，似無不能實行之事。四，（從略）五，陸軍中央部以華方弄此種延宕方策，故特於六日向駐華日軍當局拍發訓電。六，外務省方面，因信華方必能容納日方要求，故靜觀軍事當局間之折衝。

●日武官磯谷少將昨晨六時四十分乘平瀋快車抵津。

同 八日

●五月二十九日日本華北駐屯軍向華方提出之通告，內容如左。

（一）使于學忠下野，河北省政府移至保定。

（二）（從略）（三）天津市長張廷諤及公安局長李俊襄應即更換，憲兵第三團長蔣孝先及軍分會政治訓練處長曾擴情，予以免職。（四）（從略）（五）親日新聞社長之暗殺犯人，逮捕嚴罰，被害者之損失賠償。（六）（從略）

同 十日

●問題繼續折衝中，磯谷等昨訪何進一步催促。

●須磨同時向外部提數要求。

●八日南京總領事須磨向外務省報告七日訪問國民政府外交次長唐有壬，除要求河北問題從速解决外，同時對於從來之中日兩國間諸懸案，予以解决，例如（一）嚴格履行中國全土之排日取締。（下略）

●日軍人之條件，我已全部承認，國府昨頒睦隣敦交明令。

同 十一日

●日軍調來之「藤」「蔦」兩驅逐艦，於前晚由旋順開抵塘沽，昨晨八時由塘沽出發來津，十一時抵津。

同 十三日

●日軍飛機一隊十二架至十七架，飛來北平，保爲偵察我方軍隊移防情形。

同 十四日

●察哈爾問題由日駐張軍事聯絡員松井負責交涉，聞日方對察事要求（一）道歉（二）撤一三二師參謀長職，（三）懲辦一三二師軍法處長，我方均應允。

同 十八日

●日機一架八時許由西南飛來，在平市上空偵察，旋向北飛去，至十時二十分又由北折回向東南飛去偵察。

●天津市東局子飛機場停之日機，前日「一二八」號載松井等赴長春，昨已返津，此外「一二六」「一三三」兩號，於上午數度離津赴北平，保定一帶偵察，「一二八」號亦於下午離津，至下午四時，三架陸續返津。

●（徐州）十八日晨十時北來飛機一架，繞徐數週北返，高三十米，翼黃尾白。

●（濟南）十八日晨有飛機一架自北來，旋即東去，午刻復由東飛回過濟北返。

同 二十一日

●（天津消息）停泊日租界碼頭之日驅逐艦「藤

」「葛」兩號，定於今晨十時駛泊符一碼頭，明晨八時開回旅順港。

●（北平通信）日機一架，昨晨十時半，來平偵察，飛行甚高，旋循平漢路南飛偵察云。

●（中央社南京二十電）日艦浦丸號於二十日晨八時半由京開赴上海，又日艦濱海號於八時半由鎮開浦口江面。

同　二十三日

●察省事件進行會商。

同　二十五日

●（平訊）日本軍用第十三號飛機，於前日載岡步猛等來平後，即停機南苑，於昨晨七時許該機飛往天津，於十二時卅分仍回南苑，旋於午後二時由岡步猛等乘坐離平，往天津視察我方軍隊，日飛機除前日未過平市上空外，昨日上午九時四十五分，平城東南方面復發現該國灰色飛機一架，旋向北飛去云。

同　二十六日

●（平訊）張北問題交涉，中央對日方提出之（一）熱察邊境防務改由保安隊負責，（二）察省黨務停止活動，其特種機關取消，（三）道歉（四）停止啓省向淚北移民，（五）各項辦法在商定後二週內實行，等五項辦法，討論結果，均有決定。

同　二十七日

●（北平通信）察哈爾張北問題，彼此開誠相見，最後決定（一）處罰事件責任者，撤換一三二師參謀長軍法處長。（二）互相諒解，以後不發生此項誤會。

同　卅日

●日機一架昨晨八時許由西南方面飛至平市上空偵察，旋又折向西南飛去。

同　七月

四日

●「新生周刊事」，有吉向南京當局提出嚴重抗議，（一）正式陳謝，（二）廢刊「新生」，（三）處罰「新生」之責任者及記事執筆者，（四）南京政府對於將來之保障。

同　五日

●「新生」事件，法院定九日開審。

同　九日

●「新生案宣判」，杜重遠處徒刑一年二月，擊明不准緩刑，或改罰金。

同　十一日

●日方開發華北經濟，昨晨在長春舉行首次會議，由滿鐵促進華北五省交通。

●滿鐵副總裁八田，對開發華北經濟採取軍方之方針，對左列事項，雙方意見趨於一致，（一）關東對開發華北經濟應作圓滿之調査，（二）滿鐵對軍方經濟工作之主見全爲通過，而作全力之調査，（三）時下滿鐵以及電業炭鑛諸會社，應早調査，軍方先統制各會社之調査，而以滿鐵爲主體，以期在可能之內，早得具體案，爲調査統制之必要，而在天津設一有力之統制機關。

同　八月

五日

●劉佐周被刺時，當場曾有一日憲兵被流彈所傷。

同　十一日

●劉佐周案，中日兩方談商。

●日華北駐軍司令多田今日由東京出發。

同　十二日

●關東軍參謀石本等，昨乘機到井，日內將飛大同轉張垣。

同 十四日

●陶尚銘被日方扣留。

同 十七日

●日機隨意飛平津，外部提抗議。

同 十九日

●多田昨到津。

同 九月

一日

●日飛機於一日晨九時由津來濟，日武官石野乘赴濟寧一帶勘災，午刻飛回。

同 十三日

●日機一架到太原接日人返大連。

同 十四日

●日艦六艘將由汕赴港轉廣州。

同 十五日

●日本計劃擴張對華文化事業。

同 二十三日

●北平民國學院，被日本憲兵佔住。

●香河事件，日軍部謂不難由中國軍隊解決。

同 三十一日

●津社會局科長李銘在日租界榮街被架。

同 十一月

三日

●平津日駐軍今日起大演習。

同 十日

●日駐屯軍將校團，後日由津飛濟，參觀「濟南案」之戰跡偵察魯北一帶形勢，多田亦將往晤韓。

同 十四日

●日將校團，昨由津到濟赴曲阜。

同 十九日

●關東軍對於華北五省自治運治運動，予以甚深之關心，該項自治運動，如中央軍北上，此時華北駐屯軍與關東軍協力，决斷然發動實力，因而關東軍據此方針，業已準備完竣。

同 十二月

十一日

●青島海關查獲日輪私運現洋，日籍船夫毆打關員。

民國二十五年（一九三六）

一月三日

●察北事件，日關東軍中佐參謀田中隆基，向此間當局提起交涉，希望就地雙方派代表磋商解決，我方對此點，表示須長考慮，康保，張北，寶昌，沽源，化德，商都六縣改駐蒙古保安隊一節，自無多大問題。

同 十一日

●日方在井設特務機關。

同 二月

十二日

●日在通縣設特務機關，日本駐軍八百人。

同 二十五日

●日擴充華北駐軍，下月將實現。

同 三月

一日

●日本軍官三十餘人到保定宿營。

●日機在華北擅自飛行，外部再提嚴重抗議，以後如仍有同樣事件發生，將採取適當之處置。

●日軍艦三艘駛入連雲港。

同 四日

●近來日本飛機在華北各省不法飛行之事，愈見頻繁，而其行動之範圍，亦益見擴大，我外交部對於此事，甚爲重視，提曾出多次抗議，日本方面均無圓滿答復，聞外交部又於前(二)日照會日方，再行嚴重抗議，促其尊重中國主權，以後如有同樣事件之發生，當採取適當之處置。

同　五日

●日機非法飛行，我將再作嚴明表示，日艦駛入連雲港置測，當局已令蘇省府詳查。

同　十日

●日人干涉關政，華北各地走私猖獗，將採有效措置，外部已向日方抗議三次，現擬再作進一步之交涉。

●日對外方針將澈底化，並促中國接受「廣田三原則」。

同　十一日

●十日陸軍紀念日，津日駐屯軍在南開演習，上午九時半起迄午始散，多田午間并在海光寺兵營招待津日商民。

同　十五日

●華北緝私，外財鐵三部擬定辦法。

●日本擴充華北駐軍將實現。

同　十六日

●華北走私，我再向日方抗議，迄昨止尙無答復，將設法阻止私貨運津。

同　二十日

●華北緝私，定今日起實行。

同　二十一日

●華北緝私辦法，昨日起實行，津日領向北寧路提抗議，路局答覆，海關維護稅收。

同　二十二日

●日軍用機昨一度飛并，探視匪情形。

同　二十五日

●廣田對外國記者談外交方針，調整中日關係，「三原則不變更」。

●日本殖民方針，北守南進，調査華北南洋資源。

同　二十六日

●有田昨在長春，召集會議，與日關東軍幕僚等，討論對華對俄問題。

同　二十九日

●日方近對防共特表關切。

同　五月

十五日

●關於日方縱容日鮮人在河北走私并走私并干涉我國海關人員緝私事我外交部曾向日本駐華使館抗議，未獲圓滿答覆，最近走私情確日益猖獗，影響國家之財政經濟商業至鉅，聞外交部已再向日本政府提出嚴重抗議，要求停止干涉海關緝私，並取締日鮮人非法行爲。

同　十六日

●日本縱庇日籍人民在河北等處走私，並干涉我國海關緝私事，外交部自去年九月以來，提向駐華日大使館之抗議，已逹五次之多。

同　十八日

●對日交涉制止增兵，走私情形嚴重未減。

同　十九日

●增兵與走私兩交涉，日方尙無具體表示。

同　二十日

●日新增部隊，月底可到齊。

同　二十六日

●日本籌組華北鹽業公司，設立地點卽在冀東，廣鹽視察員將返日。

同　二十七日

●到處走私，南通査獲日販四人，將送京日領館法辦。

同　二十八日

●日軍二千八百餘，今日可到津，將駐紫東局子新營房。

同　二十九日

●日新增部隊，將駐平千名，現在海台建營房，昨日到者分開津榆通。

同　三十一日

●駐蚌海關關員扣留私糖四千餘包，經路局運滬後，日韓浪人七名，本日向貨棧事務所索糖，毆辱關員邵長齡。

●天津日軍三百餘三十一日晨在海光寺外實彈演習，槍聲如貫珠，日軍材料汽車多輛，卅一日開赴通州，築營房，架電話並建築機場。

同　六月

一日

●日機兩架一日晨由津到平，盤旋數週，向西北飛去，平市民慄慄不安，因日機每日飛平，崇文門等處日軍佈崗，朝陽門爲北平通州間要道，日軍突挖長形戰壕，謂係準備演習之用。

●日兵八十餘人一日晨由昌黎來津，又四十餘人晚車由榆抵津。

●日駐屯軍參謀石井談，日駐屯軍擴充部隊，現已到齊不再開來，外傳日駐屯軍增至五萬人說，不確，實則擴充後祇達五萬人十分之一左右，更有將駐防平漢線之傳說，亦非事實，田代將於十日左右赴北寧線閱軍，然後再赴平。

同　三日

●濟南日警強索私貨緝私主任竟被毆傷。

濟南緝私分處在站扣留走私貨物白糖二百九十噸，三日晨有日警四人，率朝鮮人到站，見緝私處主任葉遇春，強索該貨，日警西野政齋言詞極蠻橫無理，經交涉一小時許，尙無結果，時鮮人及漢奸聚集八十餘人，津浦路警務段長趙炳林，率路警維持秩序，日警喝令鮮人將葉趙毆傷，經將私貨運去，趙葉已將經過情形，分電財政部緝私總處，及津浦路局。

四日晨統稅局職員孫友仁，因査緝私貨，被人痛毆。

同　五日

●津日軍約五六百人五日晨八時出發遊行，先在河北金鋼市政府門前徘徊約一小時，繼由大經路赴西沽野餐後，經北大關北馬路，下午三時返回海光寺兵營。

●平日機一架晨七時許飛井，探察該省殘匪情形，即日飛返南苑。

同　六日

●日軍機五〇二號上午十一時由大連飛青稍停即飛去，又日軍機「一二八」號，六日中午十二時由津飛青，載軍官一名，關係日野武官，該機午後一時返津。

同　七日

●據海關發表，五月廿五日至卅一日自津東運入之人造絲、白糖、捲煙紙三項私貨統計如下：

日期	人造絲	白糖	捲煙紙
廿五	五八七包	五、三四八包	—
廿六	五〇九包	五、八一三包	二包
廿七	七五七包	一二、三七六包	一一三包
廿八	一八四包	八、六一六包	—
廿九	二五五包	九、五一二包	二八二包
三十	一二一包	六、五一〇包	二一六包
卅一	一一三包	三、七八二包	—
總計	二、五二六包	五一、九五七包	六一三包
損失	一三六、四〇四金單位 合三〇六、八〇九元	四四八、九〇六金單位 合一、〇一〇、〇三八．五〇元	九五三二金單位 合三三、四八七元

同　九日

●日外務省東亞局長桑島主計準於十一日長由長春抵津。

同　十五日

●廣州日領向粵當局，提出嚴重抗議。

同　十六日

●天津日憲兵，包庇浪人強運私貨。日鮮人攜帶武器押運私糖，日憲兵強詞奪理不肯制止。

同　十七日

●日方在津召開幹部會議。

同　十八日

●日關東軍與駐屯軍幹部會議，昨開預備會，今明商討華北現局，板垣今日亦將飛津。

●私貨源源運濟，榆關私貨山積日內運津，鄭州陝壩私糖私茶。

同　十九日

●「貿易協會」成立後，津市走私愈猖獗，平浦車上私貨數量逐日增加，津統稅每月減收十萬元。

同　二十日

●日方向北寧路索車，運兵赴平。

同　二十二日

●榆關日軍調赴豐台。

●日陸省專使到平，今日檢閱駐軍，并舉行授旗禮，日軍六百昨由榆開津。

同　二十三日

●過去六月間，私貨運濟約三千件。

同　二十六日

●浪人強迫運私，平浦車大受影響。

●津日輪案日方將向我政府抗議。

同　二十七日

●津日總領飛滬謁川越，報告「大榮丸事件」。

●平津日海軍武官昨開會討論。

●青日僑示威，擬縱火焚燬海關。

同　七月　十二日

●駐華日武官集滬會議，討論西南與華北問題，供川越對華交涉作參考。

同　二十日

●走私貨物侵入湘省。

同　二十二日

●日外海陸三相會議後，本日發表半官聲明，其要點爲「如中國中央政府漠視日本在華北之特殊地位，仍採以夷制夷政策，日本在華北之政策不能避免的將更趨強硬」。

同　二十四日

●三相宣言，外部已接報告，是否需要表示，正研究中。

「九一八」事變後日本對於福建之侵略

霖

「九一八」以後，日本駐台軍人，黷武邀功，策動闖亂，已至顯露，其策動幹部在台灣者爲總督府及彭湖艦隊，在省廈者，爲日領館，台灣公會，醫院，報館，以及旭瀛書院，其圖謀方式因鑒於國人痛心東四省之淪亡，故採用以漢制漢之潛進策略，以避免國人之仇恨及國際上之視聽，至其侵略陰謀，已由文化，經濟，進而及於運械，販毒，走私，近更慫恿漢奸，組織團體，以遂其危害我國之一切陰謀，情態嚴重，未可忽視，雖經我當局之努力取締，然而日台人之蠻橫與漢奸之秘密活動仍不稍戢，爰將其圖閩陰謀，擇要告諸國人。

日本駐台總督向係文官充任，現擬改用武官，其用意當在於實現歷來所謂南進政策，此次台灣軍部，調換遣下舊械，分批運送接濟閩省各地土軍及大刀會匪等，即日人預定推動閩亂之最大暴力，以遂其以漢殺漢，彼則藉口保護僑民及其閩一切權益，實行調兵分據衝要地帶，以與遙駐華北日軍成犄角之勢，以威迫長江各省，一面並可南窺南洋各島，南澳位跨閩粵，向爲兩省漁民團集之地，現經日人分向各戶按地之大小估值收買，並資送赴台，即將該島闢爲軍港及飛機場之用。

亞細亞大同盟，中日親善會，芬蘭社，鄭成功事業顯彰會，九九社，廈鼓聯歡社，福建自治促進會，鳥社等皆爲豢育漢奸之大集團，其構成分子除日台人外，多爲各縣落伍軍人，以及失業游民，一切費用皆出自販毒走私盈餘項下支付，至於保障奸人之生命財產，則有保險社之設立，以爲若輩負責交涉保護，就名義上觀之，似爲一普通保險性質，實則無異蠱惑國人脫離本國國籍之另一種方法。

福建礦產漁鹽之利，素稱饒富，早爲日人覬覦，「九一八」前屢向私人商訂合同，然皆格於地方人士之阻梗，無從開發，自東四省被佔領後，挾其威力，濫藉我地方當局力量，擬辦沿海漁業及安溪各縣礦產，投資者爲南滿會社等，礦務方面經多數日人到地着手測勘，漁業一項，尙在進行中，設幷此而讓之，我沿海漁民生機將從此斷絕矣，目下該省散匪潛滋，隨時皆可予以藉口調兵保護之機會，亦可見日人處心積慮，無所不至。

日台浪人，倚爲生命線之烟賭娼，遍設省廈各地，營烟娼吒啡者，只於門上懸一「籍民」小牌，即不受我軍警之檢查，賭博除銅寶外，以十二枝（即象棋之帥仕相俥傌砲，將士象，車馬砲，如押中一元，可得十元。）爲最盛行，無論男女老少不須到場，均可猜押，廈地計有數十家，日可收入五六千元，一般賭迷之受其害者，不知凡幾，甚或典押俱盡鬻妻賣子以作孤注一擲者，大有其人，雖經我力多次交涉，而呼盧喝雉如故，近以賭徒被榨將盡門堪羅雀之故，多數改爲販毒走私運械，其爲害我國家，更爲毒辣省堆之台民籍民更僕難數，其秘密機關每一街巷多至數十家至少則巷之兩端各有一二家此項機關除販毒運械外負有隨時舉行暴動之責。

至於販毒走私，遠在若干年前，即已勾結沿海各處豪劣奸商，公然販運，「九一八」以後藉其征服餘威，益無顧忌，走私方法亦較前爲高明，組織及防備亦較爲嚴密，凡走私輪上均設置小模型無綫電台，偵察器，以及犀利槍械，藉以防護甚或詭計多端，如同時有十隻運私輪，即令一最窳敗及少數之賤價私貨，前駛數海里，並派人報告緝私機關，果於東海面截獲，緝私人員以爲報水人誠實可靠，任其擺弄，而不知遠航西海面九艘已駛抵目的地矣，走私貨物，多數爲火柴，火油，軍火，吒啡，布疋，白糖……吒啡一項，月約輸入百萬元，其他各貨漏稅數目之多亦不下數百萬元，以故同一貨物價格，過稅與漏稅比，相差每至數倍以上，商人重利，豈曾計及國家損失耶?!

總之，日人對於福建，唯一企圖，即在造成漢奸叛亂極力製造籍民，一般奸商愚民多受其利用，或更進一步形成如冀東之僞組織，以爲便利其一切之支配，至於投資原因，當亦不僅爲吸收我資源即已滿足，用意何在，不難臆測。或以爲漢奸受其卵翼，無法鏟除爲慮，余則以爲漢奸不足爲慮，彼輩非絕無心肝者，徒以利慾薰心，以致不惜委身事仇，倘能因勢利導，或繩之以法，當必土崩瓦解，消弭無形，所慮者已知其爲漢奸或準漢奸去之不能，用之又不可，至足悲也。

「九一八」以後日人侵略福建情形大概，略如上述，誠足爲我致命傷，自今以後或更變本加厲勢將，奴我父兄，殺我子弟，惟希國人猛醒，一致努力，以保全此金甌，毋使或闕也。

砥柱

《砥柱》于中华民国22年（1933）7月在长沙创刊，系神州学社主办的刊物。神州学社是弘扬实业精神的流派，关注社会、民族、民生的切实问题。

该刊所设的栏目有随笔、论文、游记、文学记实、诗歌。但每期内容，以研究性的学术论文、品评性的议论随笔为主导。

《砥柱》的作者，大多系神州学社的社员，由于所载的文章，有一大半立足于本省的实业状况，因此，给读者的看法是，这批作者无疑是门罗主义者，并被时人誉为新洋务派人物。抗战爆发后，神州学社成员解散，《砥柱》也于民国27年（1938）10月停刊。

《砥柱》刊物主要刊登社会问题的题材，内容比较广泛，而且贴近时事，凡所出刊，均有“十日大事记”，是当时不可或缺的时事专刊，也是了解目前现状的窗口。

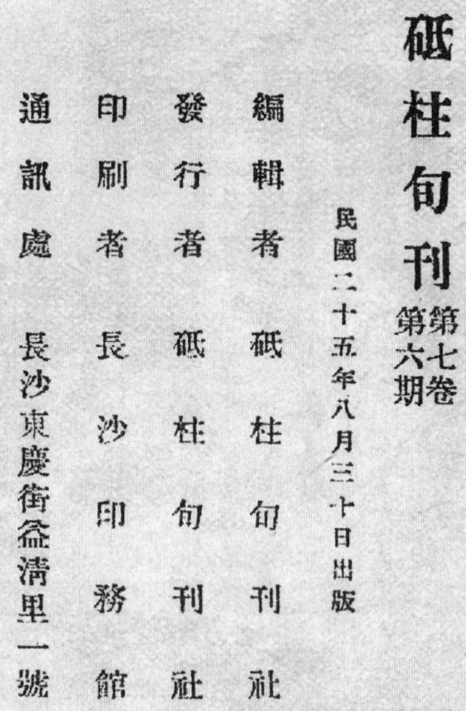
砥柱旬刊 第七卷第六期
民國二十五年八月三十日出版
編輯者 砥柱旬刊社
發行者 砥柱旬刊社
印刷者 長沙印務館
通訊處 長沙東慶街益清里一號

《砥柱》杂志版权页

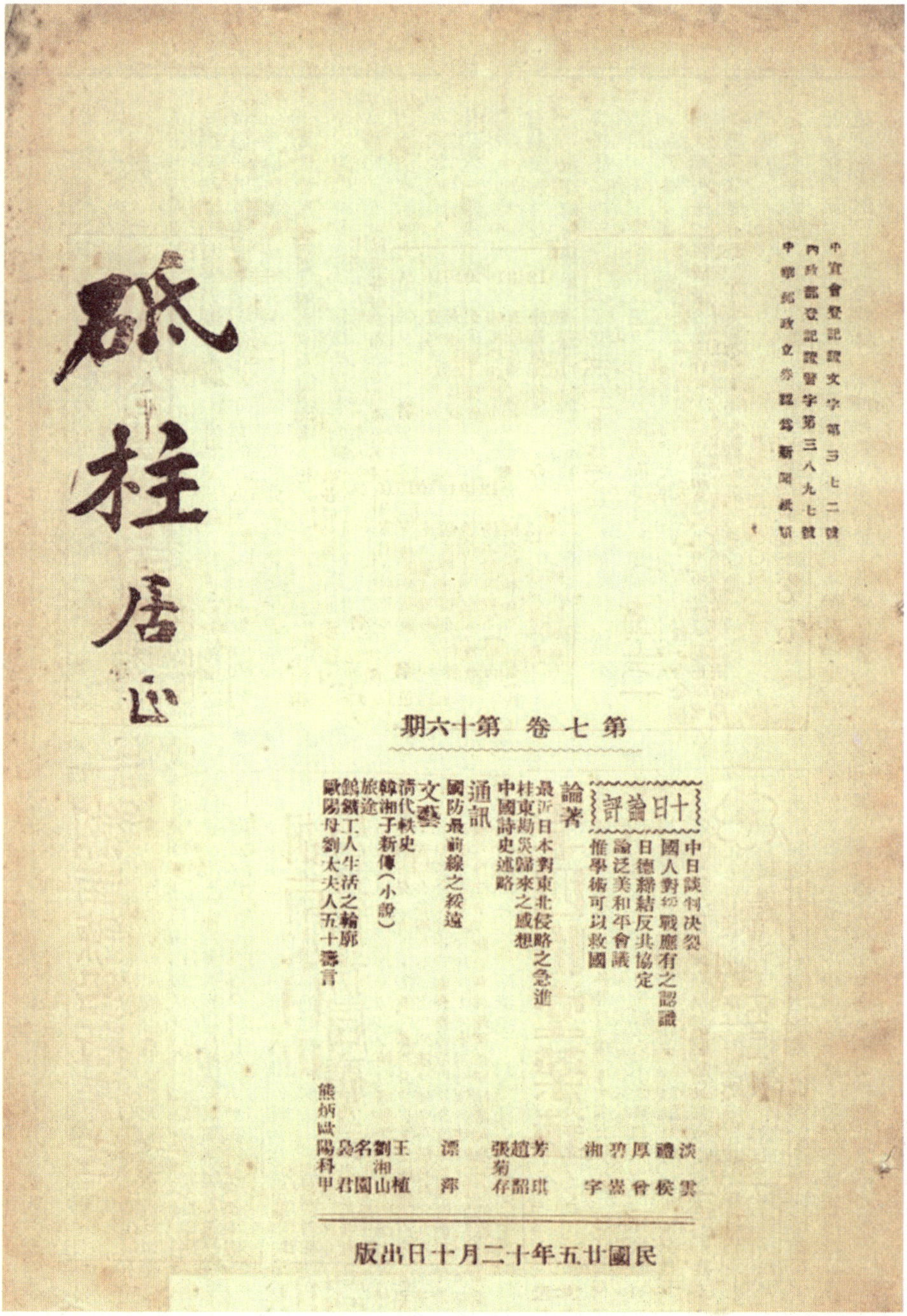
中宣會登記證文字第三七二號
內政部登記證警字第三八九七號
中華郵政立券認爲新聞紙類
砥柱
居正
第七卷 第十六期
十日評論
中日談判決裂
國人對抗戰應有之認識
日德締結反共協定
論泛美和平會議
惟學術可以救國
論著
最近日本對東北侵略之急進
桂東勘災歸來之感想
中國詩史述略
通訊
國防最前線之綏遠
文藝
清代軼史
韓湘子新傳（小說）
旅途
鮑鐵工人生活之輪廓
歐陽母劉太夫人五十壽言
淡雲 禮侯 厚曾 碧嵩 湘字 芳琪 趙韶 張菊存 漂萍 王植 劉湘山 名園 吳君 熊炳 歐陽科甲
民國廿五年十二月十日出版

《砥柱》杂志封面

最近日本對東北侵略之急進

芳琪

自從一九三一年九一八事變以後，我東北五，三五四，八五八方里土地，相繼淪陷；三千萬無辜的同胞，竟永遠和祖國隔離；而日本帝國主義亦利用漢奸於次年三月九日成立傀儡式的僞滿政府了，當然，守土的官吏與軍隊，不戰而退，是應向當地民衆告罪的，因爲敵人在此次中滿戰爭僅死人一萬二千人，卽有如此偉大的收穫。

東北是淪亡了！猙獰的日本帝國主義仍不以爲饜足，察省淪陷，華北及綏遠又在牠的威脅之下，經濟上的利益固不待說，政治上文化上牠又那一事不干涉，那一事不操縱，卽令我對於華北甘心情願的放棄，牠仍非亡中國不可；所以對付敵人的態度不是乞憐的，祈求的，諂諛的，消極的，所可奏效。而應是強力的，非祈求的，雄飛的，積極的。否則祇有效安南印度，任人宰割已耳。

現在政府爲東北問題不能對日宣戰，當然有他的苦衷，我們是很明白的，政府現在是否在十年生聚十年教訓，我不敢說，不過在事實上看，與日本最近對東北的建設比較來看，的確是迂緩，老大，不行，人民也大都熙熙攘攘，無是無非，不失大國民因循的本色；這樣的國家，這樣的民族，能不能繼續生存在二十世紀弱肉強食的世界，終究是一個問題啊！

本人始終認爲「東北」決不可放棄，不可忘記自己的主權，惟能保存東北，方能保全中國，方能延續民族的生命；東北是我們亞爾薩斯洛林，無論幾百千年以後，我們是應該設法收回的，殺人流血，亦所不惜；你看德人收回了薩爾，才是頂天立地永不可滅的民族。

不待說，第二次世界大戰因日德意三國聯盟，日方對中國的白日強掠而逐漸具體化了！日本人也有見及此，日日希望大戰的降臨，一日鯨吞中國，而我國國內準備如何，令人誠不忍言，中山先生所謂要迎頭趕上前去，我看倒反如逆水行舟，一天落後一天呢！

侵略弱小民族併吞我東四省的日本，是我們誓死要打倒的，向前奮鬥，有無畏精神的日本，是値得我們效法的，惟有以毒攻毒，以日本人的精神才能打倒日本，你祇看日本人最近對東北的設施，便可證明此言之非謬，現在讓我將日本最近在東北侵略的情形略略述說，以供關心東北問題者的參攷。

移殖第一

日本帝國主義對於東北軍事建設，第一便是要使日本人口在東北佔有相當的地位，以便將來的作戰，同時以便實行武裝拓殖的政策，監督一切抗日者的行動，據前年十一月十八日晨報載：「日本移民滿州問題關東軍特務部在立案中，最近已具體化，以三千萬資本，設立日滿合辦之移民公司，其資本由滿州國滿鐵及東拓等支出現金，定明春開始移民事業，移民帶爲北滿依蘭一帶之沃地，計劃於十年內移民二十萬人，又該公司設立之大綱業已決定，故特務部決聘請日本農業家那須及佐藤二博士來滿。」這便可知日本軍閥野心之一斑。

當一九二九年時，據日人調查在南滿沿線的日人共八六一三八人，再加上了滿鐵及其他各大城鎮日人居戶有一七六五，人口有〇〇〇人，關東州居民一二三九〇戶，人口九九一九八人，東北內地約八六〇〇人，總數大約爲二十餘萬人，而朝鮮人之居東北者亦約八十七萬，二者總計約一百餘萬人；事變以後，日本人以爲打開了「金庫」移居大陸者日多，政府亦加以鼓勵，人口增加率便突破已往的紀錄；據一九三三年荒木大將對東京政府的報告，計自一九三一——一九三三年三月，兩年來日人在滿移民增進之情形有如下表：

（一）日本內地人在滿人口增加表（關東州不在內）

區分	民國廿年末	本年三月末	增加數
商埠地	三·六天	亖·亖二	一〇·七奕
滿鐵附屬地	九七·五奕	一五·五二	一七·九奕
北滿鐵道附屬地	四八	一·八七	一·四奕
其他地域	二·九三〇	九·三六一	六·四三一
合計	亖·五四〇	一五〇·一五二	吴·六一八

備考　本表係日本館所調查，數字中，凡與駐滿軍部有關之內地人並未列入。

（二）日本內地人在關東州內之人口增加數

民國二十年末	一一九、七七〇
民國廿一年末	一二五、九三五
增加數	六、一六五

統觀日本變日出兵西伯利亞之前以迄現在，日本內地人在滿增減之經過，滿洲事變後，去年度增加之總數，四萬二千人左右，可與事變前約八年間之增加總數匹敵，由此可見日人移民之急進。今再錄一表，以示關東州以外各地領事館所得人口增減之統計，藉以窺見日人發展之趨向。

（三）日本內地人在滿人口之增減數（此荒木報告註明依據外務省調查）民國二十年末與本年三月末之比較

管轄領事館	民國廿年末	本年三月末	增加數
奉天總領事館	四七·五六七	六一·二三五	一三·六六八
新京總領事館	一七·四六四	二五·〇四〇	七·五七六
哈爾濱總領事館	四·一五二	七·七一八	三·五六七
齊齊哈爾領事館	三六八	二·九七五	二·六〇七
間島總領事館	二·四六三	四·四一八	一·九九二
錦州領事館	——	一·四六五	一·四六五
吉林總領事館	九四八	二·六二六	一·六七八
安東領事館	一三·五七〇	一三·七七六	二〇六
赤峰領事館	——	九二〇	九二〇
鐵嶺領事館	五·八八四	六·七四〇	八五六
牛莊領事館	一〇·五五四	一一·二二五	七〇一
鄭家屯領事館	二六二	七五〇	四八八
滿洲里領事館	一一四	四四四	三三〇
遼陽領事館	一一·二三二	一〇·八一〇	減四二二
合計	亖·五四〇	一五〇·一六二	吴·七三三

又據一九三四年九月六日長沙各報載：長春僞滿政府調查東北人口共三千零七十八萬，日本佔五十九萬一千人，關東州及南滿附屬地口人佔三十萬人〇九千人，當然這個統計中，或許有些朝鮮人在內，然以四五年的光景增加人口至數十萬，亦太令人驚駭了！

以長春爲例，自傀儡登場以後，日鮮人口卽大肆增加；

截至前年四月中止日人總數二萬一百人，台灣人十六人，鮮人增至二二七三人，較前年十月增加五千九百九十五人，戶數四八〇七戶，均是過去沒有的事實。這是因爲他們是有組織的民衆，且有政治勢力保護的緣故。你祇看前年五月十八日申報載的日本移殖滿州二十年完成三百萬人的計劃，便可以知道他們用心之陰惡，其計劃要旨均係關東軍特務部所擬：(一)滿州移民公司由日僞合辦。(二)資本二千萬元，僞國方面出資一千萬元，日本出資一千萬元。(三)一百萬家族於二十年內移墟，移居地點大約以呼海齊克諸路爲中心，移居僞國東北部。(四)每家族以三人爲單位。(五)移居僞國之日本家族，每一家族由政府補四千元之移民費。

本年六月二十九各報載：長春特訊：日本對滿移民計畫，決放棄其從來之小移民事業而建立所謂「一十年百萬戶二千億元」的大移民計畫，現在更積極從事進行，認爲「對滿移民」一則爲確立日滿兩國骨肉不可分離關係，二則爲「解決日本人口食糧問題之困難而打開政治經濟之難局。」三則「爲了增強北滿的國防綫。」至於移民實行綱要，大致分爲五項：(一)農事移民，糾合少數村落而以三百戶爲單位。(二)移殖後以此單位爲共同經濟而實行共同耕作。(三)移殖後一年之內，必須完成家廉之建設生活之自然自足。(四)移殖後第二年起，以分班之共同經濟爲單位，因而耕作經濟的三百戶之單位亦須分成幾班。(五)移殖後第三年即分劃土地，成立個人經濟而獨立。」如此，東北人民之生命線，從此將被完全切斷矣。

當然，他們這移民計畫是絕對不容許我東北七人在那裏休生養息的，於是除大屠殺以外，還想出許多麻醉的毒化的辦法，希圖消滅我在東北固有的人口，如前年五月吉林之佳木斯依蘭同江伯利等縣農民因日人強佔佳木斯村地五萬餘畝給予鮮人，又依蘭土龍山村亦發生同樣事件，於是該地人民組織民軍約一萬五千人起來拚死抗日，然以日人之搜剿，廬舍爲墟，伏尸無數，其情可憫，亦可哀矣。亡國人民眞欲哭無地也。

（未完）

最近日本對東北侵略之急進（續）

芳琪

增兵第一

日本為對我及俄國作戰自瀋變以後，積極增駐軍隊，並實行在滿的徵兵制度，以中國的同胞來屠殺中國同胞，本來是國際法所不允許的，而窮兇極惡的日本人要如此做，卽令國聯又有什麼辦法制裁牠呢？聽說近兩年日人在河北山東所招的「華工」，都是充當侵華的前衛隊；而我們的所謂名流學者必竟有人還說是中日互惠，於中國經濟上大有幫助，豈非怪事！

日本在滿的軍隊，據俄加侖將軍在前年二月對共產黨第十七次大會之報告：在瀋變前僅有一萬人，現在已達十三萬人，占日本陸軍三分之一以上，另有「偽滿國軍」十一萬至十一萬五千人，日人所組織之白俄軍一萬二十人，其在滿之飛機不下五百架，（前年十月時事月報）其分配情形可依天津大公報九一八專刊為準：

(一)哈爾濱——總兵額約三百五千人，飛機二十架，駐第三師團全部，另配以騎兵一旅團，工兵戰車，鐵甲車等大隊。

(二)綏芬河——駐步兵一師團，飛機十二架，尚有砲兵等隊。

(三)璦　河——駐步兵一旅團，並有容一萬五千人之兵營。

(四)佳木斯——駐田村旅團全部，武裝移民及戰車等隊。

(五)依蘭——駐步兵騎兵支隊。

(六)海林——駐步兵一旅團，騎兵工兵等隊。

(七)黑龍江——駐第十六師團全部，騎兵一旅團，工兵化學兵等大隊，飛機三十架，並修兵營三處，能容五萬人以上，總兵額為三萬餘人。

(八)昂昂溪——駐步兵一旅團戰車等隊。

(九)北安鎮——駐步兵一師團，騎兵一旅團，工兵騎兵等隊，所修大兵營二處。

(十)黑　河——駐步兵一旅團，空軍等部隊。

(十一)博克圖——駐步兵一聯隊野砲兵一聯隊。

(十二)海拉爾——駐陸軍一師團及空軍砲兵等隊。

(十三)滿州里——駐步兵約二百名，義勇軍二百名。

以上皆為對俄之北滿部份軍隊共約七師團，人數約十二萬人，均為戰時編制，至於日人卵翼下之偽軍，亦列其概數如下：

軍區	駐地	司令官	人數
第一軍管區	奉天	于芷山	一七四七二名
第二軍管區	吉林	吉興	一三二六四
第三軍管區	黑龍江	張文鑄	二九四八八
第四軍管區	綏芬依蘭 哈爾濱	于深徵	二三三六〇
興安警備軍	興安	凌陞	四〇〇〇
直屬禁衛軍	長春	未詳	二〇〇〇
直屬翊衛軍	長春	未詳	四〇〇
靖安游擊隊	遼寧	未詳	二〇〇〇
總計			一〇一九八四

至於熱河僞軍本爲第五軍管區，原爲張海鵬所率的五個旅，共約兩萬人，現因日人淘汰的結果，尙有六千人，每旅一千二百名，第一旅駐朝陽拱衛張逆，其餘駐打虎山等處，又多倫有李守信軍的僞軍千餘人，總計僞兵約八千餘名。

窮兇極惡的日本帝國主義者，爲要應付第二次世界大戰，鎭壓東北的革命勢力，除積極在國內備戰以外，並加緊在東北徵兵。據上海東北協會前年七月會報報告：『最近日方令僞國軍政部實行徵兵，先由遼寧省之中部起，分爲甲乙丙三種村，甲村百戶以上者，徵八十名，每戶約出一名，乙村五十戶以上者，徵四十名，每戶約出一人，丙村二十戶以上者，徵二十名，每戶約出一名。凡被徵者，分別歸由各當地僞警備司令部之日教官訓練。現遼陽遼中瀋陽新民四縣，已開始徵集矣。據東北來人談，該縣等被徵村民，咸涕泗滂沱，不欲服役，男婦號哭送行者，數十里不捨，傷心慘目，亦云極矣！』這便可想像日人驅民爲兵之慘狀，而日兵駐滿的滿兵必續有增加。

最近日本對東北侵略之急進（續）

芳琪

攫權第三

日人在九一八事變以前，雖竭力鼓勵國民移殖東三省，終以格於我方的「商租地畝須知」等條例，不能暢所欲爲；而東北當局之交通建設軍港建設，皆痛予日人以嚴重的打擊；且東北易幟以後，一切外交，委命中央；日人尤爲切齒；但九一八變後，日人明知軍事佔領不能取得國際之同情；故於民國二十一年三月一日製造滿洲傀儡政府，乘機攫取利權，九日正式成立；滿洲始如朝鮮一樣淪陷於日人鐵蹄蹂躪之下矣！

是年六月十四日，由日本下院第六十二次臨時議會通過承認僞組織案，同年九月十五日再由樞密院通過，日皇簽字，然後向世界公布。其所謂日滿草約全文如次：

『日本認滿洲國以人民自由爲意旨，已組織成立滿洲國，且聲稱中國國際上之一切義務，凡可通行於滿洲國者，均願遵守，日本及滿洲國政府，爲成立兩國永久親善關係，彼此兩方遵守對方土地利權，並爲鞏固滿洲和平起見，同意於下列各點。

（一）凡日本或日本人依照中日各項條約協訂，或其他布置，或依照中日間之公和條約，在滿洲境內所應有一切權益，滿洲國均承認遵守，但嗣後日滿兩方更改協訂上述權益者，則依新協訂辦理。

（二）日滿兩國認定兩締約之任一國，若受在何土地或治安上之脅迫，則其他締約國之安全或生存略受微害，兩國必互相合作，保存其國家之安全，日本可以滿洲境內駐屯適合此種需要之相當軍隊，上列草約於簽字發生效力』。

我們根本以爲日本與僞滿不過「一而二」「二而一」的一個東西，僞滿根本沒有自由意志的能力，不過少數漢奸受日人的麻醉而扮演滑稽劇而已，至民二三年三月一日，日人又嗾使傀儡溥儀僭稱帝號，當日溥儀又發出即位僞詔書，並確定僞國年號曰「康德」；日人所主演之醜劇，乃完全大功告成；而我國所損失之權益，已罄竹難書；領土在他人蹂躪之下，宰割任人；惟望此後奮發圖強，「以牙報牙」「以力報力」而已。玆將民二二年日將荒木報告帝國在滿之權益擴充表摘錄於次：

日帝國在滿洲之既得權益現況及其擴充狀況表

區分	既得之特殊權益	權利之根據及事變前實行狀況之區分	滿洲國政府之態度	權益之擴充
軍事	一、鐵道守備兵駐屯權	甲	確認（依據日滿議定書）	一、日滿兩國共同防衛之約定書（日滿議定書）
[illegible]	二、[illegible]守備兵駐屯	乙		

治安	三、關於保持滿洲地方治安之要求權	甲	
	四、南滿洲鐵道之經營權	甲	
鐵道	五、吉長鐵路之受托經營權	甲	確認(全右)
	六、滿鐵並行線不敷設之約定	丙	
	七、敷設吉會線之約定	丙	
	八、撫順烟臺煤鑛之採掘權	甲	
業	九、本溪湖及鞍山二鑛之合辦採掘權	甲	確認(全右)
	十、所謂二十一條條約所承認之採掘鑛山權	丙	
	十一、鴨綠江森林採伐權	甲	
鑛業	十二、吉黑兩省林鑛借款先議權	甲	
以外之產	十三、東部內蒙古之農業及附隨工業之合辦權	甲	確認(全右)
業	十四、南滿洲內地之居住往來及營業權	甲	
	十五、南滿洲之土地商租	丙	
	十六、關東州租借地行政權	甲	
	十七、滿鐵幹綫附屬地行政權	甲	
行政	十八、安奉綫附屬地之維持及附屬地之行政與警察	乙	確認(全右)
及			
司法	十九、滿蒙地方裁判上觀審權及會審權	甲	
	二十、滿蒙地方領事館之警察	乙	
	二一、特定吏員之傭聘	丁	(用滿洲國自動方式採日本人官吏)
航空	二二、依據中日電約之電報連絡	甲	
及	二三、無綫電報之設施	乙	

二、獲得滿洲國一般的駐兵權(全右)

三、滿洲國政府將所有鐵道委托滿鐵經營，懸案解決。

四，對於各種鑛業正在進行設立日滿合辦公司之計劃中

五、在滿洲國領域內確立日本土地商租制度（本年六月十四日公布「暫行商租權登記法」）

六、現有無數日本人依據非公式的契約，任滿洲國官吏，對於該國各般施政，有所貢獻。

七、依據條約，目下正在計

通信	二四、滿鐵附屬地之通信行政權	甲	確認(仝右)	畫設滿洲電報電話公司八、設立日滿合辦之滿洲航空公司，已於去年十一月開業
	二五、港灣及島嶼不割讓之約言	甲		
	二六、關於關東州以北之中立地帶之規約	甲		
其他	二七、東部內蒙古諸都市開放之約定	丙	確認(仝右)	
	二八、保護在滿(間島亦在內)鮮人之不動產及其他	丙		

備考

本表「權利之根據及事變前實行狀況之區分」欄內，甲、乙、丙、丁之意義如左：

甲、屬於條約上之權利業已完全或大體完全行使者

乙、條約雖無根據但事實上業已行使者

丙、條約權利業已成爲具文化者

丁、屬於已得之權益在華府會議中放棄者

最近日本對東北侵略之急進（續）

芳琪

燒殺第四.

一八事變以後，中國人民不甘沉淪於日帝國主義鐵蹄之下，於是紛紛起來組織義勇軍與堅甲利兵之日本軍隊長期肉搏抗戰；以我民族之熱血，對彼日閥之白鐵，以我民族之靈魂對彼日閥之物質，愈挫愈奮，再接再厲，蓋亦弱小民族之最後掙扎，戰功雖有，創鉅痛深，未忍言也。而日僞軍連年所謂勦匪，即直接間對我義勇軍之作戰，而歐美各國惑於日人之新聞政策亦認我義軍爲匪，實未明其底蘊焉。

據申報二十二年年鑑載：滿變後我國四省正式義軍吉林一九七〇〇〇人，黑龍江八七〇〇〇人，遼寧熱邊一〇五〇〇〇人共計三八九〇〇〇人，自民二十年九一八至二十年十二月五日死去二五六一八人；此係日人調查，實尚不上此數，現在我在東北的義勇軍仍不下十三萬人，計遼寧三二七〇〇名，所佔區域爲岫岩，營口，莊河，東邊柳河，通化，輝南，通遼，金川，康平等處，吉林約八五三五〇名，活動地爲延邊以南各縣及東鐵東部線各區域，黑龍江約一〇〇〇〇名，活動於內興安嶺及黑龍江區域。熱河義軍亦有三千七百人活動地爲朝陽及建平阜新等處，（以上據本年九月十八日天津大公報）

義軍既然鬧得僞滿不安，日人於是橫衝直撞，大肆燒殺，人口大大減少，四省農村大半已變爲荒原了！據蘇聯阿瓦林在滿州實際狀況一文中說：

『（滿洲農業）在被佔以前，滿洲耕種面積爲一千六百萬公頃，糧食收獲總額爲二千二百萬噸，一九三二年，滿洲耕種面積約減少了百分之十五，收獲量不到一千五百五十萬噸，即減少了百分之三十二。一九三三年耕種面積又繼續減少，據日本的統計，又減少了百分之三，但實際上是年耕種面積，又減少了百分之五六。』

『呼海路沿線，人民非常缺乏糧食，所有的牛羊狗都已吃盡，大半耕牛殺充食料，留下的因受飢餓，也未必可以耕田，許多的鄉村沒有種子………在海倫附近，當子女交易食物。』（引二十三年三月十日大北日報）

『龍井村一帶，人民逃去百分之七十。』（引二十三年三月十日盛京時報）

『東邊某隊長言：伊通，海龍，東丰，西安等地農民，破產至不可收拾，住屋大半變爲餘灰，一切牲畜皆殺盡，土地毀壞了，到冬天農民沒有食物。』（引二十三年十月四日滿洲日報）

現在再從正面看日人屠殺東北同胞的確據：

『民二十一年十二月二十三市民日報載：日人在撫順附近村中，爲搜索義軍用機槍掃射無辜村民，死者二千七百人，一人浴血逃出。』

『本年四月二十八日申報：吉林日僞當局强收民地派飛機三十餘架，炸平依蘭十七村落，死數千人，慘不忍聞。』

這是兩次最明顯的事實，其他如鄧鐵梅丁超之被殺，均是最痛心之事件，日人最更想出以人喂犬，凌遲處死之法，東北義勇軍由此而死的不知多少，我恐不出十年，東北愛國民衆將爲彼殲燒殺殆盡呢！

毒化第五

只要不是健忘的，大概總記得日本帝國主義在佔領台灣以後，用世界上最無人道的梅毒政策去消滅台灣的人種之事實，果然現在眞正台灣的土人已沒有子遺了！現在日帝國主義對於東北又何嘗不如是；爲要消滅東北人民的反抗意識，使之永無翻身之日，又採用三毒政策向我猛攻了！唉，可憐三千萬的東北同胞，將來不知怎樣結局呢！現在讓我將她的三毒政策的成效，分別來說說：

（一）鴉片——在九一八事變以前，毒品傳佈僅限於租借地及鐵路用地內，事變後，乃隨其軍事區域而進展，不三年間，舉凡日本佔領地無不受其毒害；熱河遼甯由僞府種植鴉片，各省市均設鴉片零賣所，專賣紅丸白麵海洛英等毒物，每處招待不下五六十人，實爲鴉片公賣之濫場，據僞民政部調查最近東北患芙蓉癖者已達九百萬人，其中十五歲以上吸烟者佔百分之十，十九歲以上吸煙者佔百分之十三，二十五歲以上吸烟者佔百分之二十三，三十歲以上吸煙者佔百分之三十三，東北三千萬同胞中已佔有三分之一染受此毒，以每人吸烟四錢計，全年共吸煙土約一千二百九十六貫（每貫合七斤半）每錢以四角計算，則共耗五億一千八百四十餘萬元之多，誠令人驚心動魄也。

（二）娼妓——九一八事變以前，日鮮人在東北各地爲娼者已屬不少，然限於日本附屬地內；事變以後，即將此種勾當擴大，除積極奬勵中國式娼寮外，並普設日本朝鮮娼寮，且無論何種妓館，均完全急納營業稅，以示鼓勵，且對此設置地點亦不限制，以期梅毒普遍於社會，如瀋陽一處自九一八至今，娼者已增加至千餘，其他祕密賣淫者無統計，現仍有增加之勢。

（三）賭博——九一八事變後，東北各縣鎭到處皆有日鮮浪人，勾結漢奸公開賭博，如設宝局會局，其數之多，可與烟館並駕齊驅，此種誘惑性最大，而流毒亦最深，市民因賭錢而發生糾紛和暗殺情事，尤不勝枚舉，東北各地宝局尤以瀋陽哈爾濱兩地最多，瀋陽日鮮浪人設立宝局已密如蛛網，岡村每月納捐五百日金，福記每月納捐三百日金，森田每月納日金在二百以上，該項賭場非有千元現款之人不准入場，哈爾濱宝局場所，都仿照數年前白俄所組織向例，每一俱樂部，資本金有二千元者，有五千元者，有一萬元者，特區一地，大小俱樂部每月繳納稅捐，已超過一萬元以上，比普通稅務機關有過之無不及，然所謂稅局者，目前東北各省市鎭則有普遍之設立，無論男女老幼，押會皆大有興趣，雖傾家蕩產亦所不惜，據大連市調査該地賭場有：（一）喜樂園俱樂部資本五百萬元日金，月獲利約十八萬元。（二）遠樂俱樂部資本一百萬元，月獲利約四萬五千元。（三）雙喜俱樂部資本一百萬元，月約獲利六萬元。（四）大同俱樂部資本日金五十萬元，月約獲利四萬二千元。（五）天官俱樂部資本日金五百萬元，月約獲利七萬五千元，此外日人在瀋陽長春等外更建有大賽馬場，並發行僞政府奬券云云。（以上根據本年十月二十三日長沙民國日報）

此外，日人爲麻醉東北人民起見，積極提倡宗敎，摧殘學校，組織現日的東北青年會社，如長春一處近所增設佛耶回教機關二十八所；其中二十二所爲獨立宗教機關，餘六所爲隸於各教之附屬布道及教育機關。蓋日人深知世界史上宗教足以滅亡人之民族也。且東北四省過去學校總數爲一三二五○校，今倒閉者已有五三六二校，卽可知摧殘之成績，又組織麻醉東北青年的什麼『大亞細亞東北青年聯盟』『正義團』『協和會』『人類愛善會』『東亞俱樂部』『日滿親善會』『青年團』等機關，會員共約五四八○○○人，其目的在使他們隨波逐流，與老漢奸一起腐化同歸於盡云。噫眞正險毒無比喲！（以上據前年四月二十日中華日報）

結語

日本自一八九四中日戰爭以後，便永遠成爲中國的世仇，沒有親善的可能了！從地理上言，日本三島孤立在太平洋中，不向外面排殖是不能生存的，況且日本的軍閥還併命的有稱霸世界作第二德國的雄圖呢！所以侵略中國是必然的事實，九一八便是日本自明治維新以來對華備戰的總成績！

現在日本並不以切得東北爲滿足，將更進一步打敗俄國或英國，以宰制我最優良的中國市場，或奪取澳大利亞及印度等原料產地；所在在東北的設施，處處都含有深長的軍事意義，而打破華盛頓一九一五三比率的海軍無限制之擴張，使美英均感受威脅，因之轟傳一時的英日同盟，已宣告不可能了！

我國在世界帝國主義備戰的狂濤中，當然是應該知所自處的；好在國內政治已逐漸走上軌道，江西紅匪已達最後死滅的時期，正好整軍經武，團結一致，作爲收復東北而參加世界第二次大戰的一員，以戰爭興國的在近世史上如美利堅土耳其阿富汗均是人所不意的呢！

敵人的慾壑是難填而無饜止的，我們中國的土地雖多，而人口亦不少，都是先人血汗所兌來的，何能任牠橫衝直撞，而效安南朝鮮的下流行徑侈言對日（仇）親善呢？你看自塘沽協定以後，中國所收的實惠幾何？人爲刀俎，我爲魚肉，多麼可憐！

最後我便希望政府積極作收復東北的準備，人民亦各應拿出良心來，輸財輸力，以助政府應付世界第二次大戰的難關，復興滅亡，在此一舉，天助自助，東北也未始不可收回呢！

一九三四，一二，五。

文化批判

《文化批判》创刊于中华民国17年（1928）1月15日，编辑者丁哲。由上海创造社出版部出版，社址位于上海北四川路麦拿里41号。该刊以从事资本主义社会的合理批判，描出近代帝国主义的行乐园，将解答读者“干什么”的问题，指导读者从哪里干起。政治、经济、社会、哲学、科学、文艺及其余各个的分野皆将从“文化批判”明了自己的意义，获得自己的方略。

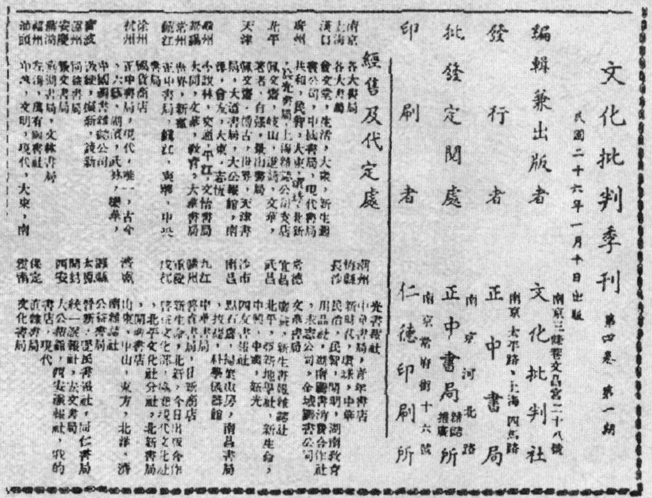
文化批判季刊 第四卷 第一期

民國二十六年一月十日出版

編輯兼出版者 文化批判社

發行者 正中書局

批發定閱處 正中書局推廣所

印刷者 仁德印刷所

經售及代定處

《文化批判》杂志版权页

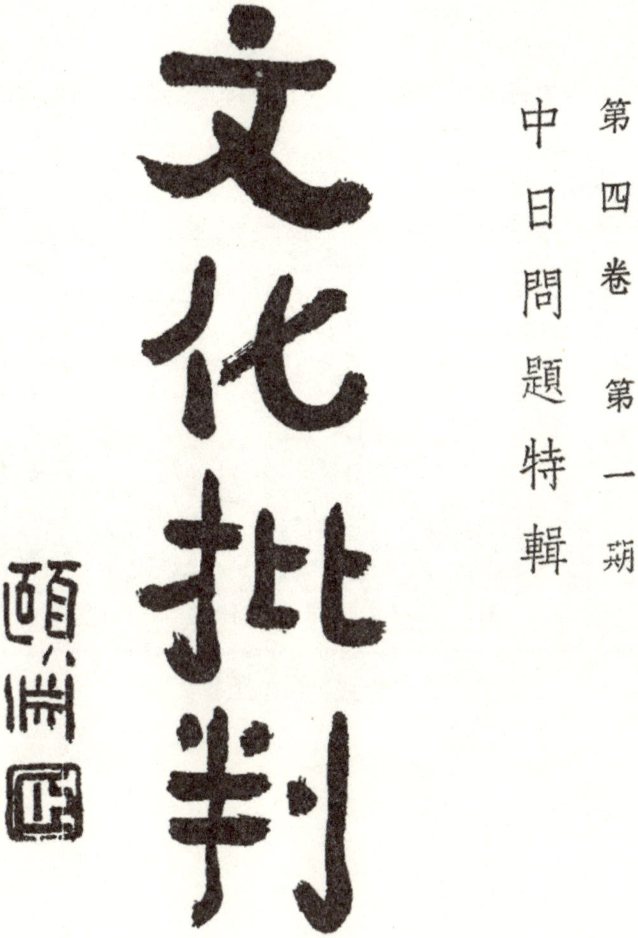

文化批判

第四卷 第一期

中日問題特輯

《文化批判》杂志封面

日本鐵蹄下之東北

新民譯

日本軍閥之特性 日本帝國主義者侵佔東北四省，於今已五載了。這 掠奪之史料，是很有研究之價值。顯然地，歷史的事實證明了日本冒險軍閥之特性：對於製造『事件』，組織侵略，是具有特長的。以無恥之『愛世』詞調，來掩飾破壞和平及國際條約之罪行。

一九三一年九月十八日，瀋陽附近的日本哨兵發現了南滿鐵路的軌道被燬了數尺，此事乃成爲充分的根據，於是日本若干師團立卽佔領瀋陽，長春及南滿各重鎮。

一九三一年九月杪，關東軍司令部宣稱：『軍隊之措置，僅以保護日本僑民及南滿鐵路爲目的』。同時復調遣軍隊，北進至中東鐵路地帶。

一九三一年冬，日本軍事當局聲明：『日軍向北滿推進，決不觸犯中東路的利益』。同時卽着手構成日軍對中東路之迭次無恥的行爲，實行破壞及阻難蘇聯所有鐵路之方針。

一九三二年二月間，關東軍司令部宣佈，『日本在滿洲不懷任何領土慾求』，同時乃從事設立『傀儡的滿洲國』，形成了僞滿的割據。

日佔東北後之野心 一九三二年冬，東北民衆以義勇軍的形式，如火方熾地作着武裝反抗。日本軍閥於擊破主要抗日軍馬占山，蘇炳文及李杜各部之後，自視已成爲僞滿之統治者。日本帝國主義以較小的力量曾實行其傳統的『大亞細亞』政綱之重大一部。日本軍閥以輕易制勝中國軍隊而益爲驕縱，直向蘇聯邊境推進，重溫其一九一八年至一九二二年軍事包圍而未能實現之奪取蘇聯遠東邊境的舊夢。一九三二年日陸相荒木曾經說過：『東亞的現狀要求日本之干涉。由這看來，滿洲之役非常重要，日本僅已完成第一步。……」

無論基於荒木及其僚屬的囂張言論，關東軍的挑戰行爲，或東北和高麗的北部陣地建設的迅速開展，日本侵略大陸的『第二步』，顯係攻襲蘇聯的遠東邊境。

日本軍閥不顧一切，不論過去和現在都以非常的速度進行將東北變爲大戰陣地的工作。侵佔東北五年以來，關東軍司令部已於此點具有了若干作爲。

於這五年的過程中，東北之鐵路網已擴張至二、三〇〇公里，卽較一九三一年之鐵路網範圍擴大百分之五十，同時，已築公路約一五、〇〇〇公里，主要在通抵蘇聯邊境方面。

東北掠奪者於建設飛機網方面，表示特別積極。五年內已築成裝置完備之航空根據地七處。僞滿及高麗北部之飛機場及降落站的數目，已由一九三二年之五十處而增一九三六年之一百五十處。現在按這航空網已佈置了日本陸上空軍的所有百分之五十。

東北人民之被榨取　日本軍閥於五年期間，將東北準備爲將來軍事行動之基礎與舞台。爲這目的而所費的大宗款項，主要的皆自被征服的人民身上榨取而來的。日本之侵佔曾與東北人民以無限的災害。

祇要檢閱僞滿的預算，其中百分之八十爲稅收，便可瞭然。在侵佔以前，稅收僅佔遼寧省政府預算百分之五十。

日本商品的湧入東北（一九三五年至一九三六年日本對東北輸出佔總輸入百分之七十，除大批偷運之日貨不計），直予東北工商業以制命的打擊，除捐稅，軍役及軍糧外，農民還有新的不平的遭遇，便是日本強奪膏腴的土地以移殖日本在鄉軍人，或則強奪爲投機商業之用。一九三五年間，土地之被掠奪已達這樣程度，於若干區域遂致誘發了農民的暴動。據日本報紙所載：僅木寨（譯音）一區，爲日本移民之用的，已準備了二、五〇〇、〇〇〇英畝（每英畝等於中國七・〇八畝）。

中日人民受苦難　東北之農業——乃一切經濟之基礎——於日本侵佔數年之內，頓告衰落。大豆之收成——東北之主要富源——自一九三〇年至一九三五年，已由五、三〇〇、〇〇〇噸縮減爲三、八〇〇、〇〇〇噸。

日本對東北之冒險行爲，絲毫沒有改善日本民衆之難苦狀況。日本僞滿之戰爭及龐大的軍事設建，曾耗費了大宗款項。據官方統計：自一九三二年至一九三六年，東北事件之所費爲一、一二四、〇〇〇圓。據外報所言，這一開支是個驚人的數字，計爲三、〇〇〇、〇〇〇、〇〇〇圓。

對侵略者無妥協　同時日本因掠奪東北，使自身的國際地位，大爲惡化。不論美國或英國，迄今未與此種掠奪妥協。

中國亦未與掠奪東北者一事妥協。中國抗×運動之滋長，逐漸堅決而至提出『還我河山』之要求。

然而最主要之一事，乃東北人民未與掠奪其祖國者一事妥協。人民中對外來掠奪者之仇恨是這樣深刻，雖加以極兇殘之壓迫與無數次之討伐，使千百農村化爲焦土，但是東北之義勇軍的活動，決沒有減退。甚至依日人統計，東北現時活動之義勇軍約爲五〇、〇〇〇人，東北義勇軍如何地積極活動，可由一事來推斷，即每日義勇軍與日軍之戰鬥，不下十五次至二十次。日本之侵略軍被迫而與東北人民作不斷的戰爭，於是日人遭受了極其重大的損失。據日本官方消息，于侵佔東北之四年間，日本損失爲：死亡者五、五〇〇人，受傷、害病殘廢之日本士兵及軍官爲一七一，〇〇〇人。

且於東北平原及山谷間，業經血戰五年的中國人民，仍與日本帝國主義者，繼續不斷地，展開着英勇的鬥爭。

譯自莫斯科眞理報

申报每周增刊

中华民国21年（1932）“一·二八”事变爆发，商务印书馆在上海闸北的编译所、印刷所、东方图书馆被日军飞机投弹焚毁，损失惨重，《东方杂志》暂停发行。同年5月，《申报》总经理史量才邀请俞颂华进《申报》社创办并主编《申报月刊》，这是他一生从事新闻工作的最佳时期。在此期间，俞颂华特邀鲁迅、茅盾、巴金等进步人士撰文，讴歌正义和光明，鞭挞反动与黑暗；邀约“一·二八”抗日名将翁绍恒撰写了长篇的《淞沪血战回忆录》，在《申报月刊》上连载，还发表了不少介绍苏联社会主义建设的文章。民国25年（1936）1月，《申报月刊》改为《申报周刊》，仍由俞颂华主编。他发现向该刊投稿的石西民思想进步且富有才华，即邀请他参加《申报周刊》编辑工作，予以奖掖。以周刊补日报之不足，把办报与办刊相结合，是俞颂华办报思想的一个显著特点。由于他主编的《申报周刊》图文并茂，精编精干，因而深受广大读者的青睐，成为当时全国期刊发行量最多的刊物。

上海“八·一三”全面抗战后，《申报周刊》停办。

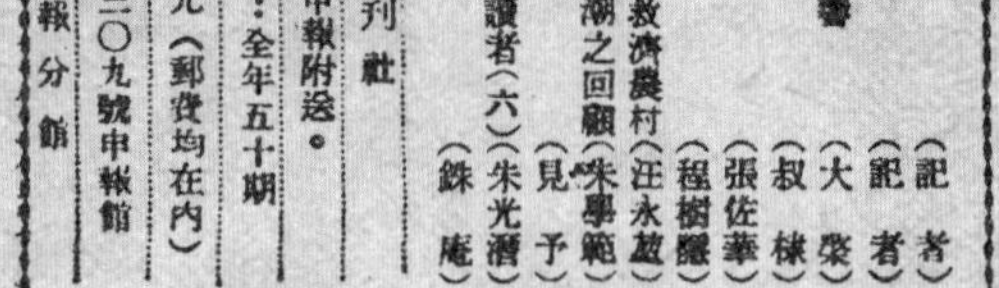
本期要目
時事一週（記者）
小言（三篇）（記者）
陝變及於華北的影響（大榮）
漫談一年來的故都（叔棣）
綏遠省的壯丁訓練（張佐華）
潮安的面面觀（稽樹藩）
統制農產物價格與救濟農村（汪永鼓）
去冬上海日紗廠工潮之回顧（朱學範）
加拿大與泛美集團（見予）
給申報週刊的青年讀者（六）（朱光潛）
教育的實際（銖庵）
編輯者 申報週刊社
本刊每星期日出版，隨申報附送。
零售：每册三分 預定：全年五十期
國內國幣一元，國外三元（郵費均在內）
總發行所：上海漢口路三〇九號申報館
分銷處：各埠申報分館

《申报每周增刊》杂志版权页

《申报每周增刊》封面

日本爲什麼要製造華北事變

王紀元

一 「一舉的」與「最後的」

北平先告失陷，津沽接着淪亡，從此暴敵的勢力，已扼住津浦、平漢、平綏的要衝，西進南下，都有長驅直入之勢了！凡是中國人民（喪心病狂的漢奸除外）聽了這種消息，誰不痛憤填膺，誰不願爲國家效死，誰不願與敵人作最後的死拼！

可是，事實告訴我們，單憑填膺的痛憤是不中用的，單憑血氣之勇也是無濟於事的，我們需要冷靜的思攷，精密的分析，堅毅的決心，透澈的認識，尤其需要認識的是敵方的動靜，敵方的眞實態度，換句話說，敵方倒底要我們淪陷到怎樣地步？敵方所需要的是局部的戰爭還是全面的戰爭？而我們所需要的是局部戰爭還是全面的戰爭？

要回答這一問題，我們不妨先引東京朝日新聞社論中的幾句話來說明，它說：趁此機會，希望我方（日方）應該抱有「一舉的最後的」(Once for All)決心，全盤解決華北問題，實現多年待望的「明朗狀態」，這是關於這次事變中最切要的考慮之點，此時苟不能具有一舉而踏破冀察與國民政府的二重難關的決心，則機會一失，將不易得矣……」（見七月十八日東京朝日社論）

上面一段論調，無異明白地說出了此次華北事變的意義，是以飛機大炮的手段，答覆近一二年來中日外交談判的難關，是以飛機大炮的手段，貫澈「華北一切中央不得過問」的主張。再進而試行「調整」中日的全面關係。

所以，我們可以知道，此次華北事變的爆發，是敵方預先佈置的有計劃的行動。它的原因，我們分析起來，可以歸納成下列各端：

第一、去年九月中旬以後，張羣、川越外交談判的失敗，綏東事件的失敗，造成了發動這次事變的基因。

大家知道，去年張羣、川越進行談判的時候，日方提出「調整中日全面關係的所謂基本要求六項，即：（一）華北特殊區域的承認，（二）日貨輸入關稅率的改正，（三）中日交通聯絡協定的締結，（四）日本人顧問的招聘，（五）防共協定的訂立，（六）排日運動之澈底地取締。經過了三度正式會談以後，川越終於沒有達到其理想中的目的，我當局堅持了冀東僞組織的取消，察北六縣的收回，華北中央化的澈底實現，走私的澈底取締等等最後立場。結果弄得川越大使，有點惱羞成怒，不得不出諸最後的外交恐嚇手段，以不正確的記錄，製成外交覺書，強令我外交當局接受。但是我方卻斷然退還，這是日本外交談判上失敗的一幕表現。

談判失敗以後，影響於華北方面是綏東事件的由預製而演出，由化裝而上台，台前擁着一個傀儡——德王，台後則日本的關東軍和華北駐屯軍在那裏大吹大擂。他們以爲這一着一定可以達到華北「明朗化」的目的，一定可以使我政府倉皇失措，然而事實卻和他們的預期相反。中國軍隊始終都是愛護中國的，傀儡德王部下的軍隊，相率攜械反正了。我們前線的將士，在槍林彈雨中有前進的勇氣，我們全國民衆也有抗敵禦侮的決心，慷慨的輸將，於是由軍民的努力，將敵方紙糊的老虎戳破了。弄得敵方一時無計可施，終於借西安事變中的「暫取靜觀態度」爲名，而把這一幕化裝扮演的滑稽雙簧劇，又羞又惱而又默默地下台了。然而這裏卻播種着待機再演的侵略種子。

第二、西安事變以後，中國突然展開了一個嶄新的實際統一的局面。十年來的剿共軍事停止了，這是給日本帝國主義一個絕大的威脅！中央的權力，更擴大而深入羣衆了，人民擁護政府，擁護領袖抗敵禦侮的呼聲，沸騰全國，即在各地方素來存心觀望的中小軍人，至此亦都幡然覺悟，於其與敵敷衍的非計了，這又給日本帝國主義者一個絕大的失望！威脅既失去了效力，而利誘又完全失敗，中國民族是澈底地覺悟了，這覺悟使敵方驚訝。因此，自西安事變以後，日本國內充滿了對華新認識的空氣，由素來蔑視中國譏之爲無組織的國家的心理，一變爲七分仇視，三分嫉視的對華恐懼心理。他們搜集各方面的情報，重新估計中國的實力，分析目前中國所處的國際環境，並以全力進行日英對華合作。經過幾月來的檢討以後，他們得到的結論是：「中國的所謂現代化成績，除了英國化以外，找不到半點東西。」（見東大陸八月號）因此，恐懼心理仍舊一轉而成爲輕視心理，但是，他們認識到的卻有一點，就是：「目前中國全國上下，節節準備對日總動員作戰，應亟謀應付之策。」（川越大使在閣議席上的報告）川越返華以後，他曾聲明日方不願在短期間內與中國重新開始談判，言外之意不消說，是別有用心的，明白地說，沉默的背後，是飛機是大炮，是準備大屠殺中國人民啊！

第三、今夏七月間，廬山談話會的召集，軍官集中訓

綫的舉行,給予日本軍部以一個絕大的衝動。廬山談話會在日本帝國主義者的眼光中看來,是思想總動員,人材總動員的一個準備,是對日作戰的先聲。因此,遂趁這廬山會談進行之際,而蘆溝橋的事件,遂接着發生。

除了上述三個原因以外,最近華北政軍兩權的統一化的實際成績,也是促成這次事件的動因。日本軍部終於不得不以先發制人的手段,而製造這一事件了。他們的目的,正如東京朝日所指出的是「一舉的最後的」武力征服手段,乘中國「羽毛未豐」的時候,淪華北於萬刼不復之地。這,我們只要看日軍佔領平津以後,對我無辜民衆的殺戮,以及對我們的學校以及其他文化機關的縱意燒燬,就可以瞭然了。

二　廣田口中的現地解決

七月七日夜蘆溝橋事件發生以後,日本外務省提出了事件談判的原則「現地解決」,並提出了解決的三項條件,迫冀察當局不經中央的同意而一一接受。其實,所謂現地交涉主義,是有兩重涵義的:第一,利用其慣技,進行以華制華的分化運動,這一目的如果不能實現,那末採用第二種涵義,使戰爭局部化,在戰術上就是集中一點進攻,利用這種手段,避免國際間的干涉,利用這種手段,轉移其國內人民大衆的反戰情緒,同時也利用這種手段,使它的精良優秀的武器,能在集中的一點上發揮其威力,能以其少數的兵力,長驅直入。這就是廣田現地交涉主義的本質,是具有外交上與戰術上的巧妙作用的。

在國際關係方面,日本帝國主義在事先是有週密的佈置的,日英對華談判,雖尚未獲得顯著的具體的妥協成績,但是英國保守黨對日態度始終眉來眼去,日本對華供給材料,而英國對華則供給資本等的妥協談判消息,在國際間時常流露着。英國的所謂對華援助,始終是動搖的,猶預的,尤其是爲了發動對日作戰的援助——除非日本在華的勢力危及英國在華勢力時,日本對華發動局部戰爭,則日本與英美兩國的關係,依然可以保持正常的狀態,對中國則可以取得更大的實利。

至於對蘇的關係上,日本則認清了蘇聯正忙着清黨,必無暇與日本計較,換句話說,爲了鞏固其內部,對外必隱忍以求和平。六月間的日炮轟沉蘇聯軍艦事件,便是發動華北事變前的對蘇俄態度的一種試探,結果,蘇俄終於讓步了,這讓步促成蘆溝橋事件的早日產生。

三　我們的出路

現在,平津已淪陷了,南開大學等文化機關横遭燒燬了!我國民大衆無辜慘遭殺戮了!今日的平津已變成了六年前的東北,蔣委員長所講的「北平若可變成瀋陽,南京又何嘗不可變成北平」的話,事實擺在眼前,已不幸而言中。當這舉國存亡之秋,當這全國人心痛憤欲絕之際,當這整個華北危如壘卵之瞬間,難道和平尚沒有到了最後關頭,犧牲尚非其時嗎?看佔領平津後的暴敵,已有南進而襲取保定,沿海則準備在青島等地登陸,大隊飛機則準備炸燬我的空軍根據地它們對待我們的手段是「一舉的最後的」(Once for All) 我們應該以牙還牙,以眼還眼,以血還血,以「一舉的最後的」焦土抗戰,還它的「一舉的最後的」兇暴的侵略。現在正是全面焦土抗戰的時機了。

在立即展開全面抗戰的過程中,我們相信四萬萬五千萬同胞的心,立刻會變成一條心;我們相信四萬萬五千萬同胞的血,立刻會匯成奔騰的江河;我們相信四萬萬五千萬同胞的吼聲,不但足以寒敵胆,分化敵人的內部,而且還是獲得國際間的同情和援助的最有效的手段!失去了的河山,需要我們的血肉把牠奪還!

中国公论

《中国公论》半月刊于中华民国26年（1937）1月1日在上海创刊，中国公论社编辑、发行。系大型学术性月刊。主编钱亦石，编委有王志莘、杜佐周、张志让、张仲实、郑振铎、钱介石等。民国26年（1937）8月20日出版第2期后，曾和《世界知识》、《国民》周刊、《妇女生活》联合出版《战时联合旬刊》4期。

《中国公论》半月刊创刊号发刊词中指出该刊的目的是确保民族生存，排除民族障害，创造民族新国家，修养国民人格，讨论革命方略，研究建设计划，实现中国国民公共之要求，宣泄中国国民公共之意见，一切以国家民族之公利公益为前提，树立一种主张公是公非、不屈不挠之公论。

该刊社址位于南京成贤街长康里1号。拔提书店印刷所印刷，每月1日和16日出版。谢无量题写刊名。该刊出版至民国26年（1937）5月终刊。

中國公論（半月刊）創刊號
每册零售大洋八分
民國二十六年元旦日出版
發行者 中國公論社 社址：南京成賢街長康里一號
編輯者 中國公論社
印刷者 拔提書店印刷所 地址：南京朱雀路邀貴井 電話：二一六七九
總發行所 中國公論社 地址：南京成賢街長康里一號
出版期 每月一日及十六日
廣告價目
地位 一期 六期及全年
正封面內頁 二十元 八折
底封面外頁 二十元 八折
普通全面 十四元 八折
普通半面 七元 八折

《中国公论》杂志版权页

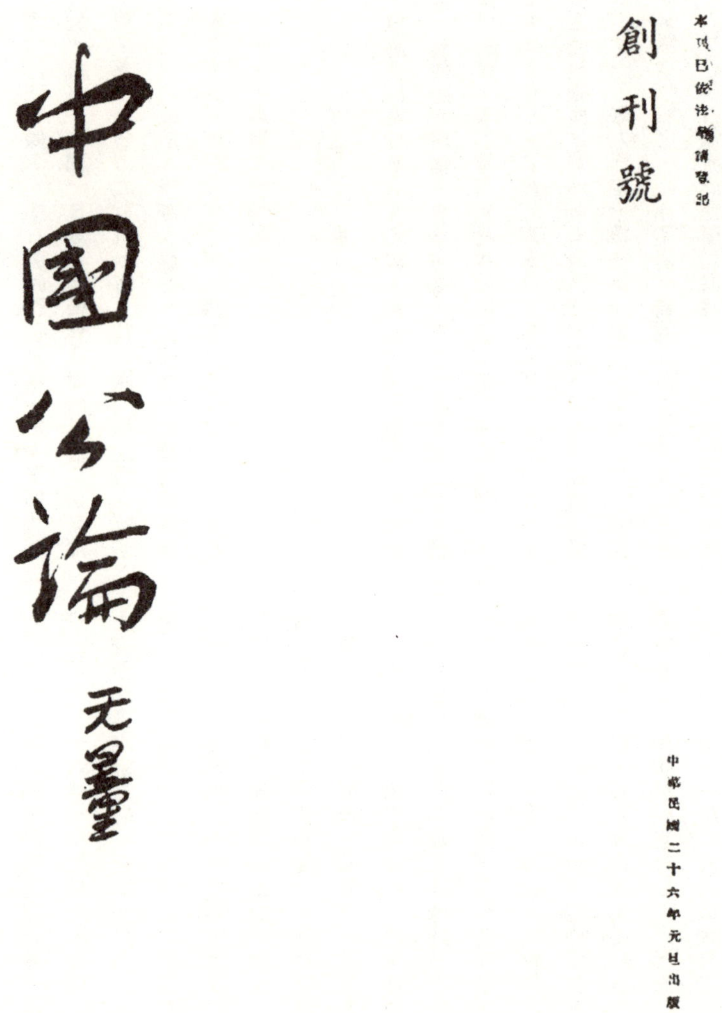

《中国公论》杂志封面

日本帝國主義鐵蹄下之台灣

雷 峯

台灣自一六六二年鄭成功領有之後，我國統治之者二百三十餘年。中日戰後割與日本，於今又四十年矣。此四十年間，日本如何經營？如何統治？如何榨取？及今日各方之狀況如何？當爲國人所注意。編者就台灣之政治、經濟、社會、文化、及台灣之民族運動各方面，作綜合之介紹，藉以窺見今日台灣之全貌，亦日本研究之一助也。

一 台灣史略

台灣古稱高砂島或高山國，原住者爲近於馬來人種之士番。與我國之關係，自來密切，常在我國支配之下，惟明確之史實，多不可考。元嘗欲征服其地，不成。明末，亡命者多來島上。其後紆回南非之葡萄牙人，西班牙人，荷蘭人先後東來，台灣始有歐人之足跡。日本豐臣秀吉於文祿二年（一五九三年）遺書高山國王，促其入貢；德川家康屢欲征服之，功亦不奏。荷蘭人在西班牙人之先，於一六二〇年占領澎湖島而毀其城，一六二四年入台灣，於沿岸之一小島，建平安城（Zeelendia），置政廳於今日之台南，而平安城與對岸之政廳所在地稱爲台灣(Taiwan)、其他之地則呼爲 Formosa。

明亡清興，明遺臣鄭芝龍及其子成功求援於日本之幕府，不得。一六六一年鄭成功入台灣，一掃荷人之勢力，由安平鎮與承南府統一全島。至一六八三年，台灣遂入於清。清置於福建省治下以治之，惟全台之一部，尚爲番人之勢力。日本明治初年，琉球人漂流台灣者，曾被殺害，日本提出抗議，我國以非政令之所及，拒之。于是日本引爲口實，明治七年出兵侵台，其後我國亦銳意台灣之統治，移府治於台北平原，而努力台政之革興。

中日戰後，由下關條約，將全島割與日本。台人不服，日本使白川宮能久親王鎮撫諸地，置總督府于台北，以資統治。近來日本統治下之全島產業，急激發達，大有資本主義化之趨勢。昔日總督以武官任之，大正八年以後，代以文官。總督府之財政，以前受日本中央政府之補助，茲已足以自給。日本對台灣人之統治手段，不若對朝鮮人之殘酷，故民族解放運動對于台灣人之需要，亦不若朝鮮人之切迫。今日一般台人之最大要求，厥爲自治，故台灣設置議會問題，在多年醞釀之中，至今尚未解決。

二 台灣之政治

A政治機構　日本統治台灣之政治領域，由台灣本島，澎湖列島，及附屬諸島而成。日本政府，自明治二十八年（一八九五年）六月受我國全權委員會之割讓後，因當時人心之不安，社會之紊亂，種族之差別，以法律六十三號發布台灣總督與法律有同等效力之命令，以行政官而兼有立法權，且以特別立法，製定法院條例，施行三位一體之總督獨裁制。更於明治三十一年（一八九八年），定台灣總督府官制，規定總督以陸海軍大將或中將任之，集軍政兩權於一身。大正八年官制改革後，削除兵權，規定台灣總督之權限如下：

（一）總督以親任官任之，在台灣爲最高行政官，凡台灣之政務均委於總督，受拓務大臣之監督指揮。但關於台灣之貨幣、銀行、關稅，常專諸政務，受大藏大臣之監督。而郵政，電報，則受遞信大臣之監督。

（二）總督爲保持安寧秩序認爲必要時，得請求該管區域內陸海軍司令官兵力之使用。

（三）總督有發佈律令及總督府令之權。

（四）總督有指揮監督其所管之官廳及統率部下官吏之權。此外尙有總督，如爲陸海軍官時，得兼台灣軍司令官之規定。

（附註）現總督府在台北，據昭和八年末之統計，有人口二七六、三八八人。

B總督府　台灣之中央政府爲台北之總督府，而其最高行政官則爲台灣總督，已如上述。總督之輔佐官，爲總務長官，總務長官佐總督總理政務，並監督總督官房及各局之事務。此外有內務，文教，財務，殖產，警務等五局；別置交通局，專賣局，稅關等，各司其所管事務。

C總督府評議會　台灣總督府評議會，在台灣總督監督之下，名爲廣徵民意而設之諮詢機關，實則不過爲專制總督粉飾一切之工具。但由昭和六年之敕令，評議會關於施政上之重要事項，亦得有建議之權。其組織以總督爲會長，總務長官爲副會長，會員則爲總督府內之高級官及居住台灣之有學識經驗者，由總督任命之。會員之比率，爲官吏三名，人民方面，日本人及台灣人各十一名。但民間會員之身分，除退職之高官外，多爲公司之經理人，故評議會亦可稱公司經理人聯合會、會員之任期爲二年。

D司法　掌台灣司法權者爲台灣總督府法院，直屬於台灣總督，施行民刑事及非訟事件之裁判。其組織現爲二院三審判，由最高法院及地方法院之兩院而成。現高等法院設於台北市，地方法院設於台北市，台中市，台南市。更於地方法院之管轄區域內，有地方法院分院四所，辦理登記之辦事處三十六所。此外台灣的法律，在大正十年，『台灣在原則上亦施行內地之法律，惟限於特殊事件之場合，承認有律令權』，採用所謂內地延長主義。至大正十二年，廢止從來之台灣民事令，而施行民法，商法，民事訴訟，刑事訴訟及其他附屬法律。惟關於刑事，設有特例，卽不問何種目的，爲達其目的以暴行或脅迫而結合羣衆者爲匪徒，不用普通犯罪之例，而有處以嚴刑之匪徒刑罰令及台灣監獄令。

E地方行政　台灣從大正九年起，規定台灣州制，台灣廳地方費令，台灣市制，台灣莊街制，同年十月一日起施行於州，廳，（合三廳爲一法人）市，街，莊。全城內分爲五州三廳。州爲文化較高之地，廳則爲未開化之地。

州施行台灣州制，各州有公法人之性質；反之，廳則合三廳設一「廳地方費」，而爲一法人。

（1）州行政　州有台北，新竹，台中，台南，高雄等五州。州設敕任之州知事，有發布州令之權。州之諮問機關設協議會。協議會以州知事爲議長，以議長及二十至三十五名之協議會員組織之。協議會員任期爲二年，不由選舉，總督擇住在州之有學識名望者任命之。協議會之任務，爲關於州之歲出歲入之預算，州之租稅，州財政等事項，備州知事之諮詢。

（2）郡市行政　州區別爲郡（四十五）及市（七）。郡之長官爲郡守，以地方理事官任之。郡不設警察署，郡守指揮監督地方警視，警部，警部補，司警察事務。市設市尹，助役，以地方理事官充之。市置警察署，以地方警視爲署長。郡守相當於日本內地之郡長，市尹相當於市長。郡更分爲街，莊，街置街長，莊置莊長。街莊亦有街莊長諮詢機關之協議會，協議會會員九名至二十名，由總督任命之。街莊相當於日本內地之町村。

（3）廳行政　廳有澎湖，台東，花蓮港之三廳，三廳合而爲一法人，無諮詢機關之協議會，廳之事務，以總督爲管理者，廳長之職務，不過由總督之指揮命令，處理事務而已。廳長有發布廳令權。經總督之認可得設支廳，支廳長分掌廳之事務，所以下得設街莊。在廳之管轄區域內，有不統於街莊之處設區，以區長執行區之事務。

台灣之地方行政，有特殊之點二：(1)例外承認武官行政制，卽總督認爲必要之地域內，得使該地之守備隊長或駐在武官，執行民政事務。(總督府官制第九條)。(2)爲保甲制，卽以地方居民之共同責任自治的保持地方之安寧秩序。保選保長，甲選甲長。現在台灣分爲五州，三廳，七市，四十五郡，三十四街，二百二十五莊。

此外尙有最堪注目之台灣地方自治案。由以上各種政治組織，吾人知日本對于台灣之統治方法，與日本內地人民迥然不同，簡言之，台民對于日本政府毫無政治上之權利可言。台人爲其本身之利害關係，自不能不有最小限度之自治要求，經台人無限之政治鬥爭，自治案至今始有具體化之趨勢。在昭和九年十二月十一日閣議中，兒玉拓相對于台灣監督所提出之自治方案，曾有詳細之經過報告，大體上已得關係方面之同意。去年秋，已有準備實施之形勢。最近日本拓務省審議終結之地方自治制度改正案，其大綱如下：

一、從來之州、市、街、莊之協議會，改爲州會、市會、街會、莊會。

二、各州、市、街、莊會，改爲半官選半民選。

三、州會、市會，由從來之諮詢機關改爲決議機關，但街莊會仍舊爲諮詢機關。

四、隨上面之改正，選舉資格付與繳納直接國稅五圓以上者。

五、自治機關之解散在各地方廳，又對於各自治機關之決議之取消權，拒絕權，再審議要求權，亦在各地方廳。

六、預算強制權在台灣總督。

F軍備　台灣之軍隊由台灣軍司令官統率，軍司令官以陸軍大將或中將任之，軍司令部設於台北。台北與台南，各駐守備隊，屏東有飛行聯隊，澎湖，隆基附近爲要塞地帶。澎湖之馬公爲海軍要港，屬日本佐世保鎮守府之管轄。

（待續）

（附註）現任台灣軍司令官爲陸軍中將柳川平助。

日本帝國主義鐵蹄下之台灣（續）

雷峯

三　經濟狀況

A財政　日本從我國奪去台灣後，當時日本之資本主義，適在日本以輕工業爲中心之第一次業產革命終了之後，無過剩資本移出台灣之餘力。因而當時之台灣，對於日本資本主義，不過爲對中國及南洋之軍事活動之壁壘而已而此壁壘，在經濟方面，實爲日本財政之負担。卽日本領有台灣後十年之間(至明治三十七年止)，日本政府不得不以特別會計補助台灣歲入之不足。日俄戰後，日本之資本主義有飛躍之發展，台灣財政，亦由明治三十八年起，漸可自給，明治四十二年以後，反足以補助日本之財政矣。

近年會計連年均爲入超，昭和五年度之超過額爲一九・七八七千元；六年度爲一六・九一二千圓；七年度爲二・三六三千圓。八年度之歲出歲入豫算爲一〇二・八七九千元，九年度爲一〇·八二一千元，無顯著之增減，較之朝鮮不及一半。

台 灣 財 政

（單位千元）

年 度	歲 入	歲 出
昭和5年	129,757	109,970
昭和6年	115,972	99,060
昭和7年	120,303	97,240
昭和8年	102,879	102,879
昭和9年	110,821	110,821

註：八年度及九年度爲豫算

占歲入之大部分者爲官業及官有財產之收入，其中鴉片、食鹽、樟腦、煙草及酒之耑專收益金約居一半，昭和七年度之總額爲三三·六八九千元。

B資本 以中日，日俄二大戰爲契機而逐漸膨漲之日本經濟，台灣實爲決好的投資地。對於各種產業部門的投資額，年年增加。昭和三年，實收資本達三億二千餘萬元，凌駕同年日本對朝鮮投資額之上。昭和七年，減爲二億九千[illegible]千餘萬元，七年度對於工業之投資狀況，公稱資本及商工資本各占六二%及六四%。在工業部門內，製糖資本占絕對多數。若由公司類別觀之，則股份公司資本，又占最高地位。

公司資本（昭和七年末）

（單位千元）

類 別	公司數	公稱資本	實收資本
農林業	64	20,388	13,618
水產業	15	6,061	3,594
鑛 業	27	24,447	16,396
工 業	223	275,054	187,929
商 業	437	112,810	60,438
運輸業	131	17,956	9,058
合 計	897	456,715	291,033

此外昭和七年度之銀行放款餘額，上二億三千餘萬元，合併產業部門資本，則民間資本，達六萬萬二千萬元以上，但大部分均係日本內地人之投資。

其次官業資本，正確測定，頗爲困難，大致推算，如以昭和七年度歲入豫算中「官業及官有財產」收入七七·六八七千元約相當於官業資本十分之一，則其資本約爲八萬萬元。

C金融 金融機關之主要者爲銀行，除特殊銀行之台灣銀行外，尙有彰化，商工，華南，台灣貯蓄等四行。又日本內地之勸業銀行及三十四銀行亦設有分行。

銀行營業狀況（昭和七年末）
（單位千元）

類別	昭和五年	昭和六年	昭和七年
實收資本	20,679	20,579	95,355
公積金	839	1,720	2,322
存款	136,423	144,703	123,428
放款	374,885	395,441	1,870,221

註：七年度合勸業及三十四銀行在內

昭和七年度之顯著事實，為放款之異常膨漲，由三九五、四四一、〇〇〇元，一躍而至一、八七〇、二二一・〇〇〇元。這充分表示日本由金輸出再禁止後之產業狀況之活躍。但存款反而減少，大抵均趨向於產業之投資。

D生產事業

（1）產業概況　台灣產業之主幹為農業，故農業與農產品之加工業異常發達。二者在昭和七年度之生產額，約當台灣全生產額十分之九。農產物之代表者為製糖，製茶，鳳梨罐筒工業，呼為「特產」三工業，其中製糖業為尤最。

除農產及農產加工業以外之原始產業及工業，不足全生產十分之一。

昭和七年之全生產額，約五萬萬三千萬元，其中原始生產為三萬萬一千七百餘萬元。工業生產約二萬萬一千三百萬元弱，原始生產占一半以上，而工業生產中，食品生產又達十分之八，此足以證明台灣尚未臻資本主義發達之領域。再就其與日本內地輸出輸入關係觀之，食品及工業原料品輸入日本內地，而工業製造品及製造食品則由日本內地以輸入台灣，這就是日本殖民地之台灣與日本的根本關係。

（2）農業　昭和七年度台灣各種產業之總生產額，約為明治三十五年之七・四倍，其中農業生產物所占比率為五二・五六%。從事農業人口，占台灣全人口十分之五・七。耕地面積為八三九・七二九甲（一甲合日本九段七畝二十四米步），對總面積為十分之二有餘，除番地外，占十分之四強。農產品中以米，甘藷，甘蔗三者為台灣之大宗作物，因氣候適於稻之栽培，一年可收穫二度，益以總督府之銳意改良，品種之統一與二期工作之獎勵，故其產額逐年增加，在昭和七年度，產量達八九五萬石。近來違萊米之出產，亦頗發達。台灣生產之米，除供台灣之需要外，年年輸出日本者漸增。昭和七年度之輸出額爲三八、三四〇千石，價值六五、七五〇千元。

次於米之農作物爲甘蔗。由總督府之獎勵補助，昭和七年之種植面積十一萬甲，較之明治三十五年約增加六倍，生產量爲一三四萬萬斤。

復次爲甘藷，（番薯）台灣除中央山脈地帶而外，無處無之。昭和七年之種植面積爲一三四・七七一甲，價額約一七・〇〇〇千元。

此外茶爲次於以上三者之農產品，又爲主要輸出品。產於台北各地。其餘香蕉，落花生，苧麻，黃麻，煙草之產量亦豐。

（3）牧畜業　台灣之農家及一般家庭均喜飼養家畜，迄今牧畜思想之普及，牧畜在農家副業中，占最優之地位。昭和七年末畜產生產額約二千三百萬元，家禽生產額約四百四十萬元，牛乳約四十七萬元。在家畜生產額中，豚占第一位，約二千二百萬元；家禽生產額中，雞占第一位，約三百三十萬元。

（4）林業　台灣之林野面積爲二、五三九千甲，其中森林面積一、九五七千甲，原野面積六八%。而林野面積中，十分之六爲番地。又自其所有者觀之，國有林野二、二六八千餘甲，佔全林野面積九〇%弱；民有林野二五二千餘甲，占全林野面積一〇%弱；公有林野一七千餘甲，比率最少。即台灣林野幾全部爲日本國有。

林產額占台灣生產總額五萬萬元乃至六萬萬元十分之二，即一〇、四五七千餘元，其中用材價值三、八九三千餘圓；竹材一、三一七千餘圓；薪二、一九一千餘圓；木炭一、二三二千餘圓；副產物價格一八二一千餘元。

台灣大體上可謂森林國，惟以過去濫伐之結果，近年木材貿易，呈示五百乃至六百萬之入超。總督府於明治三三年即着手造林事業，亟圖林業之振興，近年材產漸豐。

（5）礦業　台灣礦產之最著者爲石炭，金銅鑛，金，砂金，石油，硫礦，銀，燐礦等。礦產之分布，由極北部至東部，產金屬鑛；北部與中部產石炭；石油則遍產全島，而中南部尤多。礦產額在昭和二年達二千一百餘萬元，其後漸減，昭和七年總生產額石油最多，爲六、三七二千圓弱，占總額十分之四・七，金銅鑛次之，金及砂金又次之，石油及天然瓦斯等爲一・五〇四千餘元，其餘總數不過五〇三千餘元而已。

（6）工業　台灣之工業尚在幼穉時期，以關於農業者爲主，工業中之最要者爲製糖工業。昭和八年之製糖工廠數合舊式，改良，新式三者，有一三三工場，其機械能力為四四・四三八美噸。產糖額昭和七年達一・六四八・四四六千斤；八年度因產糖限制減為一・〇五六・一九一千斤。

各種工場中之新式工場，在一三三工場中不過四十六工場，然其製糖量為一・〇二八・〇四三千斤，占絕對的優勢，其他不過新式工場十分之〇・二。新式工場之總資金一七三・一一六千圓，收獲面積為九八・四〇三甲。

昭和七年度工業統計

工業類別	工人數	產額
紡織工業	1,956	(千元) 2,476
金屬品工業	941	3,589
機械器具工業	2,047	4,494
窯業	8,616	6,993
化學工業	3,624	13,603
木材製造品工業	1,750	——
食品工業	33,808	167,304
其他	7,347	12,980
合計	60,089	211,439

註：工場數為292

次於製糖業者為製茶。台灣茶之主要者為「烏龍茶」一及「包種茶」，紅茶近年亦頗有名。台茶大部輸出海外，為台灣貿易品之大宗。烏龍茶為輸出茶之主要者，其總生產十分之九輸出海外，而輸出中十分之八——九，又輸往美國。烏龍茶之輸出地以爪哇為首位，香港及我國次之。茶之輸出額在昭和五年，達千萬圓以上。近年較衰。

其他之工業，頗不發達，歐戰後漸有化學工業紡織工業，機械器工業等，但多為家庭工業之小工場，昭和七年年末之工廠為六・二九二。其生產額在昭和四年達八千一百萬圓，其後漸減，昭和七年為六千餘萬元。不及砂糖生產額之半。

E外國貿易　台灣之貿易，隨產業之發展，港灣之修築，航政之開發，有逐年增加之勢。在明治四十一年以前，年年均為入超，其後遂轉為出輸。大正十四年之貿易額，突破四萬萬元，昭和四年達四七六、八〇四千圓為最高額，迄今仍在四萬萬元左右。昭和七年為四三三、八〇一千圓，如就對內對外加以區別，則對內對外貿易絕對多數，約為八七%，其餘為對外貿易。

對外貿易中輸出最多者為中國，昭和七年為六、五三四千圓。而輸入方面，滿洲之輸入額在昭和八年度，一躍而至一六、六〇三千圓。次於中國交易額之最多者為北美，年年繼續出超。至於與日本內地之交易，年年亦為出超。輸出品中，以砂糖為最多，昭和七年之砂糖輸出額占總輸出五四%；其次為米輸出，占二八%。輸出品之主要者爲糖，米，香蕉，茶等。輸入品則爲棉，絹織物，大豆，油粕，鉄，木材，硫酸，阿木尼亞，石油等。

F交通

（1）道路　日本政府爲統治台灣而最初着之文化施設，則爲道路。明治二十八年曾由工兵隊開鑿南北縱貫之道路。十三年十月規定道路設施準則，確立道路計劃之基礎。迄今三十九年二月，由官民合作開鑿彰化嘉義間，台灣鳳山間，台中埔里間約四〇〇粁之道路。其後道路之建築改造均非常進步，至今尚在繼續進行之中。

（2）鐵路　台灣之……全遮斷。山脈之東側，斜面急峻，鐵道不甚發達，西側則產業開發，人口稠密，鐵道至爲發達。現在國有鐵道延長達九九九粁，私設鐵道達二、二二六粁，面積百平方粁之鐵道延長，對於日本內地之五、八粁，台灣爲八、九粁，足證其鐵道網之密也。

（3）船舶　台灣之海岸線不曲折，東岸爲斷崖，西岸爲單調之砂濱，無天然之良港。一切港灣，均係人工建築，隆基，高雄二港，有較完善之設備，至今仍在繼續建築之中。其他東岸有花蓮港，亦在造港工程中。淡水河口有淡水港與我國有商船之往來。

云惡乎成名。吾非不……而不敢忘焉者也。夏烈士既死十二年，吾黨入南都，始大錄其勳，旌其墓。久之，其孑女純來請曰，願書先君行事，揭諸神道。按狀：烈士諱爾璵，字次崖，浙江青田人，少有大志，清末入安徽武備學堂，多交結皖中豪俊。徐錫麟、熊成基舉事，烈士已與其謀。既革命，參皖中軍事。會袁世凱當國，殺宋教仁。長江諸將，起而討之，烈士亦以偏師起皖南，馳檄響應。事敗，欲間道襲浙江，未果，走日本，國民黨　總理孫公在日京，方以中華革命黨號召，尤推重烈士，委以浙江司令長官。烈士奉命回國，將圖大舉，袁世凱謀稱帝甚急，大索捕黨人，或諷烈士少斂避，烈士叱曰：吾安畏彼哉。四年冬，以肇和兵艦發難於上海，明年至杭州，浙人逐朱瑞獨立，陽禮厚烈士，而陰與袁世凱通款，且以重利啗誘，烈士不爲屈，遂被害於梅花碑下，時年四十有五，蓋民國五年五月一日也。僉人方自慶以爲得志，而烈士自此大矣。仁者必有勇，夫豈以死生禍福動其念哉。烈士無子，有女曰純，適桐城士人方亮。烈士墓在西湖岳墳之旁，黨議追贈上將軍。今西湖之上，有陳英士戎服立馬之像，與烈士幽宮相望，可以立懦夫之志，發仁者之心。世與道交相喪久矣，有將撥大亂成大仁者乎，庶幾憑弔於斯。

日本帝國主義鐵蹄下之台灣（續）

雷峯

四　社會狀況

A社會構造　台灣之社會，亦與一般殖民地之情形，無特殊區別。台灣一般民衆，一面爲殖民地而隸屬於日本，同時又在台灣總督統治之下。其居民就民族觀之，則台灣本島人占百分之九十以上，日本人約百分之五，其次爲中國人及朝鮮人；就職業觀之，農民約占十分之五・七，就政治觀之，統治機關之全部，均係日本人，台灣之經濟，亦完全在日本資本主義宰制之下。

B民族運動　台灣在昔屬於我國版圖之時，土人亦嘗有叛亂之舉，自爲日本殖民地後，其亂愈甚，日人之勦撫工作，至明治三十五年始略告一段落。其後明治四十年之北埔事件，四十五年之林圯事件，大正四年之西來庵事件等，隨日本帝國主義統治面目之猙惡，叛亂及政治上之陰謀，無時或絕，第尚未至成爲組織的民族解放運動而已。台灣之近代民族運動之端緒，由大正三年十一月日人板垣退助來台組織「台灣同化會」，主張撤廢台人之差別待遇，此會受台灣總督府嚴酷之壓迫，大正四年二月遂強迫解散。然因此刺激而以台灣資本家林獻堂爲中心之民族運動，卽由此發生，反對教育上之差別待遇，請求設立私立台中中學，是爲台灣民族運動之嚆矢。其後繼續此解放運動者，有東京留學生之一團。大正七年，欲改正總督政治，組織「六三法撤廢期成同盟會」，發行機關雜誌「台灣青年」，（創刊於大正九年，初發行於東京，受二重之檢閱，移入台灣，後發行於台北市。）專致力於啓蒙運動。以此社爲中心，大正十年二月，發起台灣議會請願運動，同年十月，更以其中之林獻堂、蔡培火、蔣渭水等爲中心，創立「台灣文化協會」，於是台灣之民族運動始漸臻組織化。其後數年間，該協會在台灣爲唯一之社會運動團體。大正十五年冬，有馬克思主義傾向之「台灣無產青年會」成立，文化協會，在昭和二年之理事會中，遂由青年會之一派連溫卿、王敏川等所操縱。因文化協會轉向於無產階級解放運動之方向，其舊幹部派，在同年五月，新組織「台政革新會」，因被台灣當局之禁止，改正其綱領，組織「台灣民衆黨」。於是台灣之民族運動，分裂爲主張階級鬥爭之無產階級運動與採取議會主義之超階級的自治運動。文化協會與台灣農民組合，民衆黨與台灣工友總聯盟，各保持密接之關係而相互對立。昭和三年，因日本內地共產黨之檢舉，左翼派遭台灣總督府之彈壓，而民衆黨之取締，比較爲緩和。但最近之世界情勢，亦波及台灣，民衆黨亦以昭和六年二月運動方針之左翼化爲口實而被解散，其指導下之台灣工友總聯盟，在民衆黨解散後，亦自然陷於沈滯，故台灣之民族解放運動，亦被迫而走入非法的潛行運動之途徑。僅由僑居上海之台人所組織之台灣青年團，於昭和六年四月改組爲上海台灣反帝同盟，而從事於台灣獨立完成運動。但自昭和六年七月逮捕關係者六十餘名而大受挫折之後，遂一蹶不振。今日繼續台灣解放運動之唯一團體，爲台灣自治聯盟，自昭和五年組織以來，以地方自治之改革爲唯一之目標，採取穩健之運動方法。

C階級運動　台灣之階級運動，孕育於民族解放運動之中，然成一組織而呈現於表面者，爲大正十五年末，在連溫卿、王敏川等指導之下，由二十人左右成立「台灣無產青年會」。此會在昭和二年一月，潛入台灣民族運動之主體之「文化協會」之理事會取而代之，遂改正會章，採委員制，以「實現大衆文化」爲綱領，而轉換於無產階級解放運動之方向。此與台灣農民組合，有密接之關係，在日本內地之舊勞動農民黨指導之下，而繼續其左翼運動。

昭和三年以來，受台灣總督府之高壓，今日全失表面之活動，其本部事務所亦被查封，僅餘臨時事務所處理會務而已。

五　文化

A宗教　台灣自日本領有以來，日本內地佛教勢力之活躍極盛，現在台灣佛教爲最有力之宗教。基督教自來由歐人傳道，有確固之地盤。其次神道亦盛。三教之勢力如下：

宗教及其信徒人數（昭和七年）

宗教名	布教所	布教者	信徒
神道	六六	一〇四	二三、五一八
佛教	一〇一	二六二	一六二、八九四
基督教	二四六	二七六	五〇、二〇二

至於番人間之宗教生活，因其文化低落，恐怖自然之靈異，在鬥爭、狩獵、播種、收穫之時，照例祈禱祖靈之冥護而祭祀之。因而在番人間巫覡爲有力之存在，而卜筮、祈禱、禁厭等，頗爲盛行。

B教育　台灣之教育對象，爲日本人、台灣人、番人等，因其種族文化之差異，而統治與被統治者之關係不同，殖民地教育之差別待遇，當爲吾人意中之事。自大正十一年台灣教育令公布以來，從來日人與台人教育形式上之差別，表面取消，種族之稱呼亦廢。惟在初等教育上，除區別常用日語者與不常用日語者而外，中等以上之教育，大致平等。因而台灣教育與日本内地不同者，爲普通教育上之「公學校」制度，據台灣教育令，常用日語者，爲初等普通教育之學校，修業年限爲六年，但因地方之情況，得縮短之。收容六歲以上之學齡兒童，畢業者與普通小學有同樣的資格。此外尚有警務局所營之教育所，掌番人子弟之教育，修業年限爲四年，側重日語之學習與實科之練習。幼稚園依據大正十五年五月公布之台灣公立幼稚園規則，私立者則根據大正十一年公布之私立學校規則。特殊教育機關有作爲感化施設之成德學院，盲啞學校則台北台南各有一校。此外尚有「書房」與僑民教育，前者亦稱義塾，爲台灣人經營之私塾，爲初等教育之補助機關，貢獻於台灣人之教化者極多；後者爲台灣人之僑居福建、廣東各地者從事各種職業者之教育，由台民自動辦理，受總督府之相當補助。

C風俗　約五百萬之台灣人口中，本島人占十分之九以上，其餘日本人約百分之五，番人約百分之二。因而台民之生活樣式，全爲中國式，風俗、習慣，一切與我國無異。然在我國僑民中，有閩族、粵族之別，因居住區域之差異，言語、風俗、習慣略有不同。又在番人之間，未開化時代之野蠻風習尚多，宗教心極篤，祭祀、禁忌之風亦盛，有病則祈禱以治之。彼等之動作，至爲敏速、慓悍。狩獵之習，至今猶存。

D言語　台灣之官用語爲日語，在台灣人間中國語及台灣之方言使用者最多。

（完）

本文第三部分草於南行舟中，手邊參考書無多，疎漏之處，在所難免，尚希讀者諒之！

作者附識

一九三七年一月三十日於廈門太原輪上

中华公论

《中华公论》杂志，创刊于中华民国26年（1937年）7月20日，是一本学术类的综合杂志。郑振铎等6位名人合力编辑，创办地址为上海，其撰稿作者有巴金、茅盾、夏衍、冰心、周作人等一百多位全国顶尖影响力学者，其刊物因为揭露日本帝国主义的侵略暴行，呼吁团结抗战，收复国土的文章，而遭到了投降派的反对被停刊，共出刊两期即停刊。

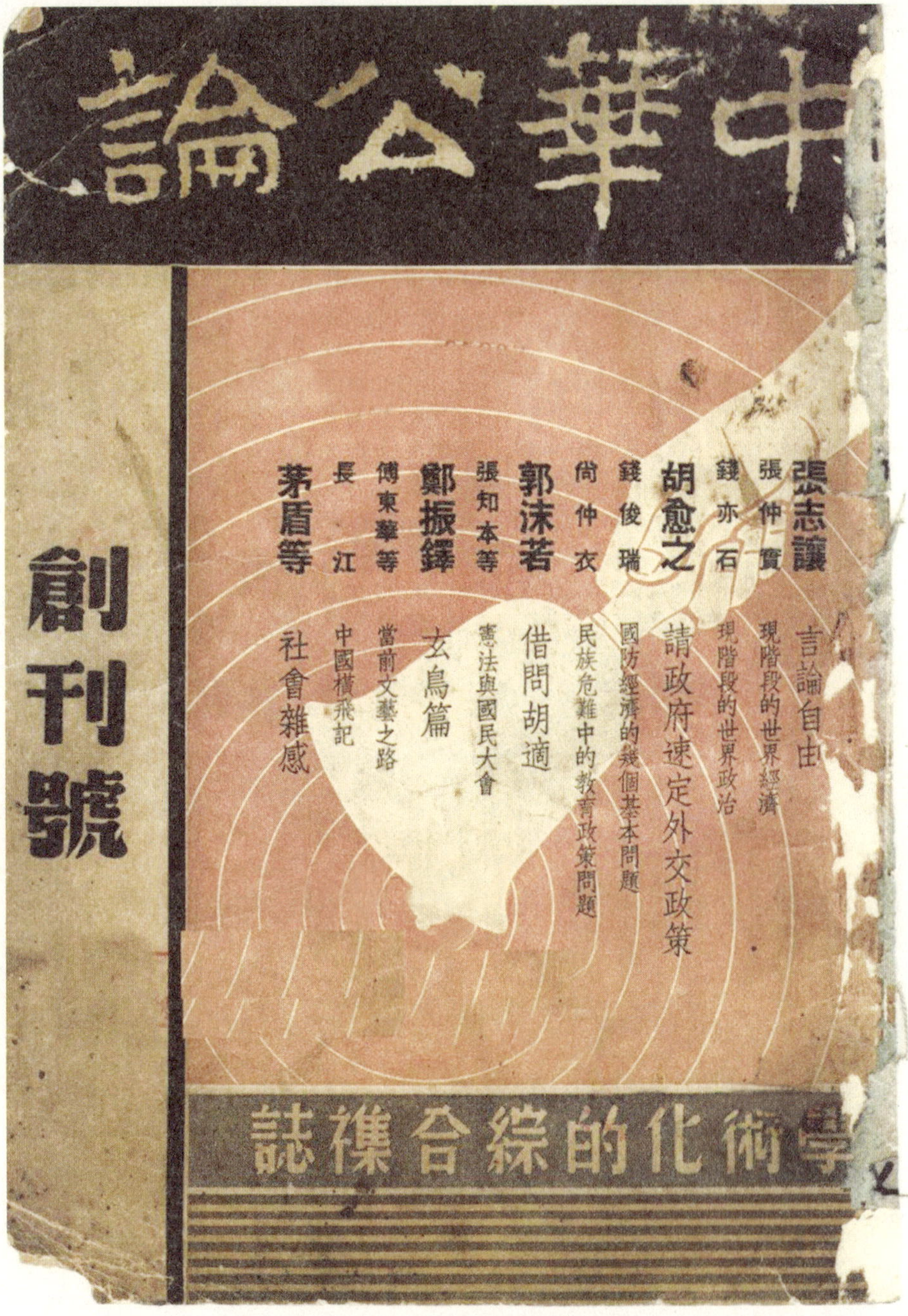
中華公論
創刊號
張志讓 言論自由
張仲實 現階段的世界經濟
錢亦石 現階段的世界政治
胡愈之 請政府速定外交政策
錢俊瑞 國防經濟的幾個基本問題
尚仲衣 民族危難中的教育政策問題
郭沫若 借問胡適
張知本等 憲法與國民大會
鄭振鐸 玄鳥篇
傅東華等 當前文藝之路
長江 中國橫飛記
茅盾等 社會雜感
學術化的綜合雜誌

《中华公论》杂志封面

日本帝國主義侵略華北的透視

張健甫

一　二次「九一八」事變揭幕了

隨着日本國內各種社會階層對立的尖銳日本帝國主義對於中國的侵略也益加兇猛。雖則侵略中國並不足以消除日本國內各種社會階層的矛盾，也並不是維持日本帝國主義統治的續命湯；日本國內各種社會階層矛盾對立現象的消滅有待於日本整個社會經濟制度的改革但是統治着日本的大地主們和大金融資產階級，是不願把自己的政權交給老百姓們手裏讓日本的老百姓們抬頭的。爲了暫時轉移其國內的視線以向外掠奪殖民地爲和緩國內各種矛盾的手段日本帝國主義便不惜刳中國之肉以補其自身之瘡華北風雲便從此日益緊急了。這差不多是日本四十年來一貫的「以對華求一致」的老策略。

當然除了這個原因我們更不能忘記日本帝國主義根本國策的大陸政策。大陸政策以滅亡中國爲對象在程序上雖分征服台灣，征服朝鮮征服滿蒙征服全中國的四個階段但其一貫的方針不外田中所謂「攫取全支那的富源。」由此可知日本侵略中國乃欲以中國的富源中國的市場爲日本帝國主義生命的營養素假令中國還有一點兒鑛產或鐵道交通或其他生產原料未落在日本手裏還有一處市場未受日本帝國主義商品的傾銷日本帝國主義決不會放下侵略的屠刀，與中國言歸於好。

「九一八」事變，日本帝國主義侵佔滿蒙的計畫已經全部實現，按照田中手定的大陸政策的程序現在應該進入征服全中國的階段了。但是滿洲雖亡而中國本部領土尙不小日本帝國主義如欲一口吞下中國本部全部領土，非但力有所未能抑且勢有所不許。蓋無論中國人民決不能容許日本這種無限度的侵略，卽在華投有鉅額資本的英美諸國也不能坐視其苦心經營的遠東利益爲日本所獨占。因此日本帝國主義又不得不劃分侵吞中國本部領土爲數個步驟逐步宰割而第一步便以接近僞「滿洲國」地帶的華北爲最先開刀的對象。

長城戰役之後，日本帝國主義常高喊「華北爲日本生命線」的口號同時日本帝國主義侵略的武裝也隨着中國屈辱的塘沽停戰協定漸次達到了平津，一九三五年的冀察事件和一九三六年日本增兵華北華北政權至少冀察政權實際上多少要受日本的支配，尤以殷汝耕叛國組織僞冀東政府，冀察政權管轄的境裏竟出現了第二個「滿洲國」

但是這並沒有滿足日本帝國主義侵略的野心，日本最初的目的是要分離整個華北而使之獨立其後分離運動因遭遇中國民族強力的反抗而失敗日本帝國主義乃又改頭換面提出華北特殊化，冀察特殊化的口號，陰謀變冀察政權爲冀東政權，實現日本鯨吞華北的野心。不幸綏遠抗戰使中國認識日本的力量不過如此，接着西安事變又推進中國全國上下一致團結的和平統一，無形的更加强了中國的抗敵勇氣，日本帝國主義深恐現時不取華北，將來永遠沒有取得華北的希望，於是迫不及待，乘中國和平統一剛告成功的時候，又高喊「九一八前夜復臨」的口號，竟於七月七日晚調遣軍隊以追尋逃兵爲名，表演砲擊盧溝橋的惡劇，揭開二次「九一八」事變的血幕。

現在因爲盧溝橋的戰爭發動，華北局勢益形危殆，國人對於華北問題也更加關心，我想乘此機會說明日本侵略華北的眞正企圖，也許是國人所樂聞的。

日本侵略華北不外基於經濟的，政治的以及軍事的三個原因。這三者有其相互的聯繫，也各有其獨殊的特點。

二 從經濟上觀察日本對華北的侵畧

要了解日本對華北的侵略，須先了解華北的經濟地位。日本帝國主義在一般資本主義國家裏面誠然不愧爲後起之秀，它在短促的六七十年的過程中，以明治維新爲起點，由農業的封建社會的經濟機構一躍而爲工業的資本主義的經濟機構。近年以來，日本國內的機械工業，化學工業以及重工業等亦漸繁盛，有着長足的進展。惟因先天不足，富源貧乏，一切工業需要的原料，如纖維工業的棉花，羊毛，重工業以及國防軍需工業的煤鐵，都不能不仰給於國外的供給。就棉花說，一面是纖維工業，同時也是軍需工業必要的原料，日本素以纖維工業爲其中心的工業，近年又因軍需工業特別發展之故，需要棉花愈多。日本國內每年棉花的產額僅五九〇、〇〇〇担，而所需棉花原料，則達一二、二六〇、〇〇〇担，產額與需要量相差極鉅。據日本貿易統計，棉花的輸入值，常占總入口值三分之一，可見日本從國外輸入棉花數額之多。以先日本以購入美棉爲多，印棉次之，但近年美棉產額極少，價格日高，日本乃不得不移其目光，以中國爲其棉花原料的供給所。一九三五年春外務省擬定的對華經濟提攜綱領，曾有改良及大量購受中國棉花一項。本年三月兒玉考察團來華，關於華北棉花問題，亦曾提出討論。關東軍及華北駐屯軍主持的華北經濟開發，改良華北棉種及增加生產量也是重要項目之一。惟我方以爲冀魯豫晉各省的棉花現時應以改良棉種爲急務，而殊無增加生產量的必要。這在今日還是一個僵持的問題。

至於日本對華北紡織業的壟斷，亦殊可驚人。據說去年年底，日本還只動員五個紡織會社，如東洋紡，大日本紡，福島紡，上海紡，鐘紡等，共同在華北投資二千萬元，而今年四月，則已動員至十二個紡織會社，投資總額共達五千萬元（四月四日新聞報）。又聞此種投資表面上雖由資本家出面，背後都受日本政府的資助，如天津日本資本家計畫新設十個紗廠，大藏省的津貼即達一百四五十萬元之譜，可爲明證。現時日人在天津已開工的紗廠計有七家，共有紡機三十五萬錠，織機一萬四千五百台，正在建築及準備新設的紗廠又有十家，計有紡機六十八萬錠，織機六萬九千二百台，這些計畫中的新廠都限於明年完成，總計紡機逾一百萬錠，將來華北紡織市場無疑的要被日本帝國主義獨占去。

茲將日本在華北各紗廠的實力表列於下：

（一） 已開工的紗廠

廠名	紡機	織機
公大六廠	七一、〇〇〇（錠）	一、〇〇〇（台）
公大七廠	三二、〇〇〇	—
公大八廠	五〇、〇〇〇	七、〇〇〇
裕泰	四〇、〇〇〇	—
寶成	二七、〇〇〇	二、〇〇〇
寶成二廠	六八、〇〇〇	二、〇〇〇
裕豐	六二、〇〇〇	二、五〇〇

（二）建築中的紗廠

廠名	紡機	織機
裕豐（東洋紡織公司）	一〇〇、〇〇〇（錠）	—
裕豐第二	五〇、〇〇〇	二、〇〇〇（台）
上海紗	四〇、〇〇〇	八〇〇
雙喜	五〇、〇〇〇	一、五〇〇
吳羽紡	一〇〇、〇〇〇	二、〇〇〇

（三）計畫中的紗廠

廠名	紡機	織機
大日本紡	一五〇、〇〇〇（錠）	三、〇〇〇（台）
倉敷紡	一〇〇、〇〇〇	一、〇〇〇
內外棉紡	三〇、〇〇〇	—
岸和田紡	三四、〇〇〇	一、二〇〇
和歌山紡	二四、〇〇〇	六、二〇〇

其次，近年日本毛織業亦異常發達，其生產總額，計一九三一年為一五三、八二四千日元，一九三二年則增至一六七、〇一〇千日元，一九三三年竟突破二萬萬日元，顧日本不宜牧畜，羊毛需要，以往大都來自澳洲，每年人口值約占總人口值百分之八左右。現在世界羊毛價格日高，日本為求滿足需要計，故一九三五年外務省製定的中日經濟提攜綱領，大量購買中國的羊毛，亦是其中之一項。華北綏察兩省為羊毛出產之地，綏遠年產羊毛一八、一四〇、七〇〇斤之多，又駝毛六、八七一、三〇〇斤之多，這都是日本纖維工業所需要的原料。

講到重工業需要的原料如煤、鐵、石油等，日本國內更貧乏得可憐，日本全國內煤的儲藏是僅有八十二萬七千六百萬噸，約占世界總儲藏量百分之〇、二，現時日本年約需煤二百五十餘萬噸，而本國產量不及二百四十萬噸，且質極惡劣，不能供煉鋼之用。日本鐵的儲藏量僅有八千五百萬噸，約占世界總儲藏量百分之〇、四，而其每年產量，併朝鮮在內，祇六十萬噸，可是日本每年約需要鋼鐵二百五十萬噸，本國所產，幾不及需要額四分之一。以近代用煤鐵的世界，和近年日本加緊擴充軍需工業，而煤鐵的蘊藏及產額，如此貧乏，平時固可仰給外國，若在戰時，一旦來源斷絕，以言自給，便大成問題了。石油一項，連台灣在內，日本的儲藏量僅有一十二萬三千五百萬桶，約占世界總儲藏量百分之〇、一八，現時日本併東三省每年石油的產量約二百三十萬桶，而年需卻為二千萬桶，產額祇及需要量九分之一強。這些都是日本資本主義發展，特別國防工業發展的絕大危機。

反觀吾國，石油、煤、鐵等鑛，蘊藏於地下者，都很豐富，即就華北而論，陝晉的石油，察省的鐵，晉省的煤，都是世界聞名的，一旦開採出來，眞是取之無盡，用之不竭。陝晉兩省石油的儲藏量，究有多少，筆者身邊沒有參攷材料，無由給以數字說明，但據說中國全國的石油儲藏量，為一、三七五、〇〇〇、〇〇〇桶，則陝晉石油蘊藏之富，不難想像出來。（中國石油的分佈，限於陝、晉、新、甘、川、黔六省）華北鐵的儲藏量，察哈爾省爲九一、六四五、〇〇〇噸，（即龍烟鐵鑛的儲藏量）河北爲三二、四二四、〇〇〇噸，山東一三、七〇〇、〇〇〇噸。這三省的總儲藏量共達一四七、七六九、〇〇〇噸，超過日本全國儲藏量八千五百萬噸的數字以上。煤的儲藏量更多，據說僅是山西一省便可供全世界二千年之用，這又是日本所望塵不及的。以如此豐富的富源，加以人口繁密，購買力極强，無怪日本侵略强盜要高喊「華北爲日本的生命線」，假名經濟開發爲割據之實了。

如上所述，華北所有的豐富的天然蘊藏，正是日本所需要的原料，尤其在目前日本國防軍需工業高度發展的過程中，棉花、鋼鐵及煤最爲需要。于此我們得到一個結論：日本帝國主義侵略華北，乃是在以華北的富源爲其先天貧弱的資本主義的輸血針。年來日本所謂華北經濟開發，完全建立在這個意義上。

所謂華北經濟開發，依照日方擬定的計畫，有八大項目之多，其名目爲：修築滄石鐵路，恢復龍烟鐵鑛，振興河北水利，發展河北電氣事業，整理井陘正豐煤鑛，以及塘沽開港，河北植棉，華北通航等。其中除發展河北電氣事業一項，已於去冬成立中日合辦的天津電器公司，及華北通航已於去冬成立惠通公司，先後與承德錦州大連通航；又於今年六月實現天津與東京間的通航外，現時最主要的交涉爲滄石築路，龍烟鐵鑛，井陘煤鑛，河北植棉等四項問題。

關於滄石築路問題，自去年開始交涉，原已於今年四五月間由陳覺生與華北駐屯軍方面簽訂草約，大致利用中國過去已經築好的路基，由中國方面徵工，由日本方面供給材料資本，成爲中日兩國合辦的鐵路。因爲此路的軍事意義極大，同時又可以運山西井陘的煤，龍烟的鐵，河北的棉以出海，足以危害北寧路的利益，并爲私貨入關的唯一運輸機關，事爲中國方面所反對，宋哲元將軍拒不肯簽正式契約，於是這一問題遂成了最近華北火山爆發的一個根由。

其次龍烟的鐵鑛，儲藏是達九一、六四五、〇〇〇噸，已如前所述，且其含鐵量極豐富，由百分之四十五至六十五不等。這原是中國官商合辦的鐵鑛，成立於民國八年，旋因歐戰告終，鐵價低落，營業損失，因而停辦。現時日本爲欲擴展軍需工業，以便對外侵畧，企圖誘致中日合辦，并定資本爲三千萬元。但因日本一時無從募集鉅資，以及過去債務問題等等不能解決，至今距實行復工時期，尚頗遼遠。

再次井陘煤鑛，原是河北省政府與德商合辦的官鑛，德國資本占全鑛資本四百五十萬元的四分之一。因爲該鑛煤質極佳，宜於煉焦，儲藏量又極豐富，達二萬二千萬噸之多，早爲日本所垂涎。現時日本一方要求冀察當局允許加入日本資本，一方向德國收買德人所持股票，以爲其國內軍需工業原料之需。

至於河北植棉，日本已在僞冀東區域內成立冀東植棉委員會，一方面又由興中公司在河北各縣辦理棉花銷產合作社，并辦理植棉貸款等等事業。此外爲前述的日本對於華北紡織業的壟斷，更是顯示日本的野心非常可怕。

除掉這些項目，河北蘆鹽也是日本帝國主義製造化學戰器必要的原料。去年九月日商三菱公司等曾與華商訂立購買七萬噸的合同，今年三月間華北駐屯軍的收支部——興中公司又與我方訂立購買十萬噸的第二次合同，價格爲每噸二元四角，不及原來成本，致灘灶戶大受虧累。最近日本又要求續購十三萬噸，中國政府因有禁止蘆鹽出口的政令，日本遂張拳擴趣，指爲中國排日的露骨表現，他如華北各省的小麥也包含在經濟提攜的範圍裏。

總之日本所謂中日經濟提攜及華北經濟開發凡是華北方面的物產不論鑛產或農產凡是華北方面的交通不論水陸或空中日本帝國主義恨不得無條件一手奪去記得一九三五年廣田對華提攜的原則有「日本必須購買中國的原料中國必須購買日本的工商製品」的話現時華北的經濟提攜正是按照這項原則實行。這裏顯然證明了日本帝國主義是欲以中國爲其原料供給所及其商品銷納的市場。這便是日本侵略華北最主要的理由。

至於日本既言開發華北經濟，何以現時且又採用武力侵略，那以日本資本主義原極脆弱，加以現時日本因軍需工業的畸形發展，軍費的無限膨脹，致引起一般物價的高漲小民負担的加重國內經濟危機一天天深刻化，同時軍需工業所需的原料，都須購自國外，又遭遇空前的入超國際收支無法平衡，由是黃金亦不斷外流，據說自今年一月起至六月止，凡半年間日本的入超已破歷史的記錄達六萬萬元之多。而黃金輸出亦達二萬五千萬元此可以想見日本經濟危機的一斑，至於日本一般國民生活的不安，單從罷工一事，也可以看得清楚今年一月至五月日本工人罷工次數爲一千三百三十二次，較之一九二六年全年七百次的幾增加一倍。日本帝國主義慣以嫁禍中國爲得計，乘茲國內經濟危機加深，以支解中國擾取華北移轉其國民對統治階層不滿的情緒以對外，也許是抄襲「九一八」的老文章吧。

三 從政治上觀察日本對華北的侵畧

「五一五」事件犬養毅總理被刺以後，日本的政治一天天走上法西主義的道路，從齋藤內閣中經岡田內閣，廣田內閣，林內閣以至現在近衛內閣，日本每經一次閣潮，其繼起新組的內閣比較前任內閣更爲接受軍部法西斯蒂的支配。

近衛初出組閣，日本一般輿論以爲這位青年宰相比較前任專要指揮刀出身的林大將能接近財閥政黨及自由主義者，因而頗望近衛眞能組織名副其實的舉國一致的內閣，然而近衛竟接受軍部建設廣義國防的要求，又以馬場廣田兩相繼續出馬，近衛內閣法西化的色彩是較林前內閣更顯得充分了。

法西斯蒂主義是以代表大地主階級大金融資產階級的利益爲利益的，因此它對內必須盡量的剝削勞動生產羣衆，對外必須瘋狂的侵略弱小國家。希特勒叫德國的老百姓以槍彈大砲代替牛油麵包，把德國的壯丁一批批送到西班牙去企圖奪取西班牙的鐵鑛，日本法西斯蒂軍部也叫日本的老百姓們忍着飢餓負担龐大的國防軍需，把他們一批批武裝到中國來，担任開始新土的工作。任何國家的法西斯蒂的政權，如果放棄對外侵略，它便無事可做，因而它的政權的存在也將無法維持而終至提早崩潰。希特勒和墨索里尼都清楚地認識這點，故不斷的對外製造戰爭，日本法西斯蒂軍人自然也要起而效之，以侵略中國爲擴大鞏固其政權的手段。

「九一八」事變，日本統治者們是想藉此以和緩其國內的經濟危機，要是事變的結果，並沒有各日本統治階級的預料，反而使日本的軍費擴大，歲出增多，赤字公債濫額發行，尤其增捐增稅，不但使一般勞動生產羣衆充滿了反政府的情緒，即一般中小資產階級也因而向政府表示失望。日本帝國主義的侵略強盜者們既不肯退出滿洲撤退其在滿洲的侵略軍隊，回到國內，無法以過阻中國民族的抗日運動內外焦急，不可收拾，就只有老實的進一步征服中國，一不做二不休，以華北爲其繼續侵略的目標。年來日本每逢國內發生一次政潮，便更加緊其對中國的壓迫，卽以此故。現時近衛內閣無法安定其國內的種種不安現象，故又開刀華北，奏演法西斯蒂侵略的拿手好戲。

不但如此，「九一八」事變，日本帝國主義原以防止遠東的赤化爲詞，企圖進攻蘇聯，造成有利於日本對華侵略的條件。然而事變的結果，日本並沒有力量出兵蘇聯，反而繼續不斷的移其侵略勢力向中國關內發展，破壞遠東九國公約，危害英美在中國的投資利益，因而事實上招致日本外交的孤立。日本帝國主義爲此雖也曾極力拉攏英美，想衝出孤立的重圍，可是日本既不能拋棄獨占中國的迷夢，就無法可以調整對英美的衝突，結果反而使日本與英美的利害矛盾一天天尖銳化起來，另一方面蘇聯和平外交的勝利，使英美也拋棄過去仇視蘇聯的政策，反而欲藉蘇聯的和平力量以安定太平洋危險的局勢。英美蘇在太平洋的關係一天天接近，對於日本侵略勢力自然是一個極大的威脅。由是日本帝國主義一面與德意成立防共協定，造成威脅世界和平的整個國際侵略陣線，一面又對華北增兵走私，要求締結中日防共協定，並使華北五省獨立，脫離與中國中央政府的關係，以爲進攻蘇聯，排除英美，獨霸東亞的張本。日本這種政策，無疑的只有加深和英美蘇的裂痕，促進中國民族的抗日作戰準備。年來中國與英美及蘇聯的和平邦交愈益進展，外交上已形成有利於中國的形勢，而中國內部的和平統一，又平添了中國的抗敵力量。於是日本帝國主義者爲要隔斷中蘇的聯繫，愈不能不在華北有所舉動，企圖造成華北的特殊局面，北以威脅蘇聯，南以進攻中國。同時幷與英國進行瓜分中國的談判，所謂「吾人華北，不列顛華中華南」，蓋欲以平分中國，誘致英日的合作。不過此種談判，剛才開始，卽已招致國際的注視，尤以中國人民嚴重的反對，英國也不得不表示尊重中國的利益。現時日本對華北的武裝行動，主要的是想以既成事實，取得英國對日本在華北勢力範圍的承認，破壞中英的合作，由此更進一步把英國拉到日德反共陣線，造成有利於日本在二次世界大勢的形勢，以便瓜分蘇聯。根據日本帝國主義的代言人說，日軍此次進犯平津，是因「華北中央化」含有抗日的意義，不錯，中國內部的統一，是日本帝國主義最懼怕的事，怎樣破壞中國的統一呢？分離華北，佔領華北，是日本必要的手段，亦卽所以支解中國的最好方法。總括一句話，日本帝國主義侵略華北的政治主義，內以和緩其國內的矛盾，外以準備應付二次世界大戰，打擊中英美、中蘇關係，同時幷爲吞滅全中國的必然步驟。

依照日本帝國主義一貫的理想的計畫，是想不費一兵而佔領華北五省。過去華北僞自治運動，冀東及內蒙僞組織的相繼出現，都是日本帝國主義以華制華毒計的暴露。綏遠抗戰以後，以華制華政策漸爲中國民族抗戰的力量所擊破，於是日本便不得不採取直接武力侵略的行爲了。故目前平郊戰爭，卽令暫時中止，而日本佔領華北的陰謀，遲早是要實現的。

四 從軍事上觀察日本對華北的侵略

日本帝國主義侵略華北，不但在經濟上政治上有其重大的意義，卽在軍事上，一旦對蘇作戰，或對世界大戰，都有很重大的戰略價值。

無論如何日蘇戰爭在日本沒有拋棄其帝國主義的國策以前，差不多是兩國命運上注定的不可避免的危險。同時日蘇戰爭也即是二次世界大戰最熱鬧的一部份。以日本的國力及地理上的種種關係，顯然不是蘇聯的敵手。而如果二次世界大戰爆發，其重心又必在太平洋無疑。日本國土褊小資源貧乏，給養困難補充無着，又處處顯露着不利的形勢。怎樣使日本能進攻蘇聯，怎樣使日本能在二次世界大戰中從容應付進退裕如，先期佔領華北在戰略上是有必要的意義了。

先從向蘇聯進攻說吧。蘇聯的存在發展，是一切侵略帝國主義最大的威脅，尤其日蘇在遠東地理上的接壤，日本不斷的侵略中國，必然使中蘇關係走上聯合對日作戰的道路。這個形勢在日本的對外侵略行為上，是非常危險的。因此日本要進攻蘇聯，必須先佔領中國的華北，蓋不但在經濟關係上華北的資源豐富可予日本以物力上的補充，即在地理上日本取得華北也可以形成對蘇聯的大包圍。日本帝國主義的幻夢，是想東從朝鮮邊境起，西近天山山脈止，沿海參崴西比利亞及外蒙古邊境建立一道長逾萬里的進攻蘇聯的鐵壘。去年侵綏戰爭日本的目的，原想通過綏遠以入寧夏甘肅，不幸被傅作義將軍擋駕於百靈廟大廟子之間，日本帝國主義這一雄圖無由實現，但是日本決不放棄佔領華北的目的，最近出兵平津砲擊北平四郊，是欲先取得河北截斷綏遠察哈爾與中國內部的聯繫，陷綏察於重圍，然後沿山西陝西以入寧夏甘肅新疆完成包圍外蒙古之線。平津謠熾前後，新疆屢傳警報，據盛世才電京報告，係日本以彈械接濟回民馬師作亂，欲在新疆境裏建立日本軍事侵略的特殊勢力。同時日本對駐西山的特務機關，亦早經加强組織，收買大批漢奸，為其爪牙。綏西包頭寧夏阿拉善旗額濟納旗等地的特務機關，綏戰中止以後又大見活躍。連河南北部於破獲鄭州特務機關的陰謀暴動案以後，最近也發現「一心道」大規模的漢奸組織。凡此諸般，無一不是表示日本佔華北的急進，同時亦是表示日本進攻蘇聯的極積準備。蓋日蘇作戰，戰場必在中國。日本如不取得整個華北以達新疆之地，後方便有被蘇聯抄襲的可能。抑且中蘇兩國，接壤萬餘里，日本如不截斷中蘇的接壤，在作戰上亦是萬分危險可慮的。這是就日蘇戰爭言，日本有取得華北的必要。

同樣，在世界大戰中，無論日本在經濟國防的建設上，和政治國防的意味上，都非先佔領華北不可。就在作戰便利上，日本亦須先取得華北，然後才可出突出四面包圍的重圍。蓋日本東面有美國的威脅，南面受英國的牽制，北面美國蘇聯都虎視於其後，西面的中國，尤其是日本的死敵。以日本地理上的孤立，富源的貧乏，欲賭國運於二次大戰之中，其為危險，童孩都知。然而日本既不能拋棄帝國主義的國策，即不能不為二次大戰主動的一員。如此日本便要先佔領華北，征服中國，使之不敢與日本為敵，一面北進威脅蘇聯，減少其背後的壓迫，然後日本乃可措置裕如，與英美周旋於南太平洋之間。這樣日本獨占東亞的霸業，才可先期完成，而無懼於二次大戰的到臨了。

當然我們更要指出，日本帝國主義的侵略華北在戰略的意義上，是欲以華北為武裝吞滅中國的第二個根據地（第一個根據地是滿洲）假令華北政權，仍隸屬於中國中央政府的支配，中國在華北仍駐有强厚的兵力，不但日本進攻蘇聯，主動世界二次大戰的野心，為不可能實現，即偽「滿洲國」的生存，也隨時受到嚴重的威脅。無論從任何方面講，日本佔領華北，乃其對外作戰的唯一軍事要略華北地位的重要於此又可以窺知出來了。

五　中國怎樣保衛華北

如上述各點，日本佔領華北便可以延長其帝國主義的壽命，擴大其帝國主義侵略的範圍，否則日本帝國主義必然不免於很快的崩潰，因此日本帝國主義必不容許華北繼續為中國的領土，早晚將以極大的暴力從事掠奪，是絕對不容否認的事實了，近日蘆溝橋及華北四郊的戰爭，即是日本暴力掠奪華北的開始，所以日本帝國主義又高喊「九一八前夕復臨」！

然則我們怎樣保護華北呢？華北是現時中國國防的前線，在經濟上、政治上，固然是中國民族生命存亡所繫，就是在抗日作戰的軍事行動上，無疑的，華北是我們和敵人初步喋血的搏鬥場，我們要使中華民族從脫離日本帝國主義的壓迫下得到解放，武裝保衛華北，迅速動員全國大規模的對日作戰，現在是最後最好的時機，不容再放過一分鐘了！

一九三七年七月十五日於上海。

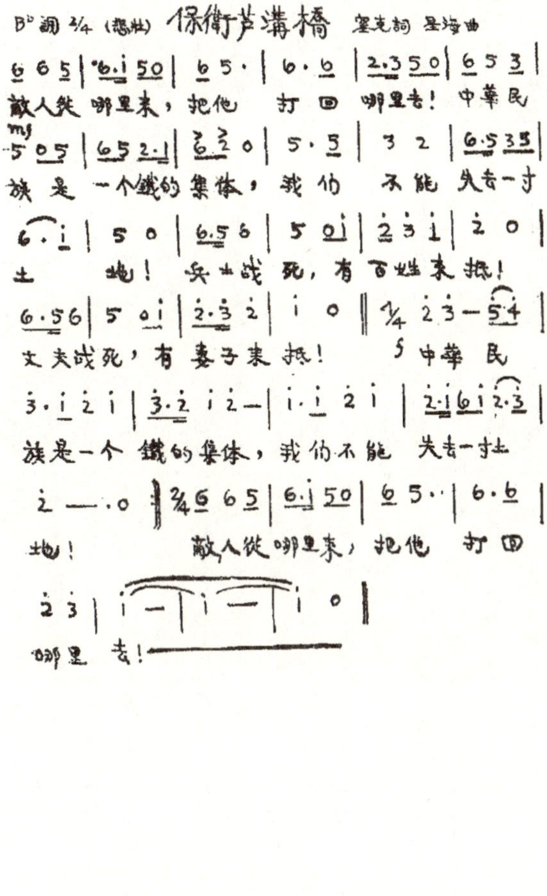

1937年11月5日，已经落入敌手的山西娘子关，注意关上的“雪国耻”

1937年12月28日，济南沦陷后第二天，日军举行入城仪式

1937年8月15日，平汉线某地沦陷，汉奸欢迎入城的日军

1937年8月21日，平汉线上作战的日军某部

1937年8月27日，长城的要塞八达岭沦陷！

1937年9月4日，唐官屯前线的东京朝日新闻电影部记者

1937年9月4日，唐官屯下暴雨。
图为两个日军用雨水洗去帽子和枪上的血迹和泥土

1937年9月6日，在唐官屯前线的日军通讯班工作时的情景

1937年9月10日，在平汉线战场的日军士兵

1937年9月15日，大同沦陷，图为日军进城的情景

1937年12月15日，北京市伪政府的主要成员合影

1938年元旦，天津街头的日军及其家属

1937年8日，沦陷的张家口，每家每户都被迫挂起的日本国旗

1937年8月7日，平绥线上日军的运粮部队

1937年9月，日军占领怀仁县，立刻有人当了汉奸迎接日军

1937年9月14日，津浦战线，日军部队正在渡过永定河，摄于北中国战场

1937年11月4日，进入彰德日军森田部队，
随着保定和石家庄战役的惨败，彰德也落入敌手

1937年8月8日，日军在北京开设兑换日伪钞票的站点

1937年9月，一队随军记者搭乘军列向前线进发

1937年9月，在八达岭下休息的日军攻坚部队

1937年10月2日，在大同上空侦察的日军陆军航空部队

1937年，在马场城城门上的日军田岛部队

1937年，在前线摄影的大阪朝日新闻的记者（北和木村）

浙江青年

《浙江青年》旬刊创刊于中华民国23年（1934年）11月，浙江教育厅青年月刊编辑室编辑。出版第3卷第12期后停刊。民国29年（1940年）1月在金华复刊，改名《浙江青年旬刊》，卷期另起，至第2卷第12期。民国30年（1941）9月出版新《浙江青年》，并改为月刊，期号另计。浙江教育厅四科发行。该刊出版至民国34年（1945）3月终刊。

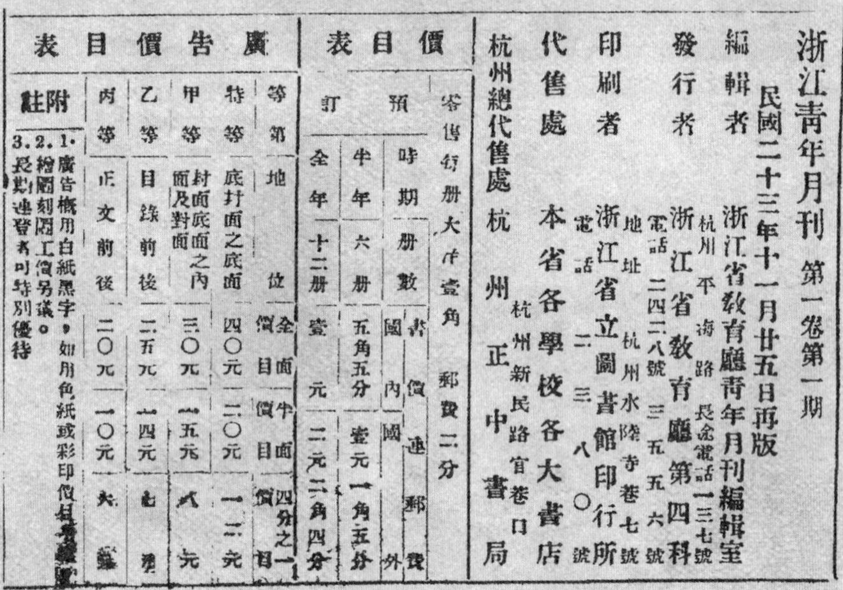
浙江青年月刊 第一卷第一期
民國二十三年十一月廿五日再版
編輯者 浙江省教育廳青年月刊編輯室 杭州平海路 長途電話一三七號
發行者 浙江省教育廳第四科 電話二四二八號 三五五六號
印刷者 浙江省立圖書館印行所 地址杭州水陸寺巷七號 電話二三八〇號
代售處 本省各學校各大書店
杭州總代售處 杭州正中書局 杭州新民路官巷口

價目表

零售每冊大洋壹角 郵費二分

預訂 時期	冊數	書價連郵費 國內	國外
半年	六冊	五角五分	壹元一角五分
全年	十二冊	壹元	二元二角四分

廣告價目表

等第	地位	全面價目	半面價目	四分之一價目
特等	底封面之底面	四〇元	二〇元	一二元
甲等	封面底面之內面及對面	三〇元	一五元	八元
乙等	目錄前後	二五元	一四元	七元
丙等	正文前後	二〇元	一〇元	六元

附註：1.廣告概用白紙黑字，如用色紙或彩印價目另議。2.繪圖刻圖工價另議。3.長期連登者可特別優待

《浙江青年》杂志版权页

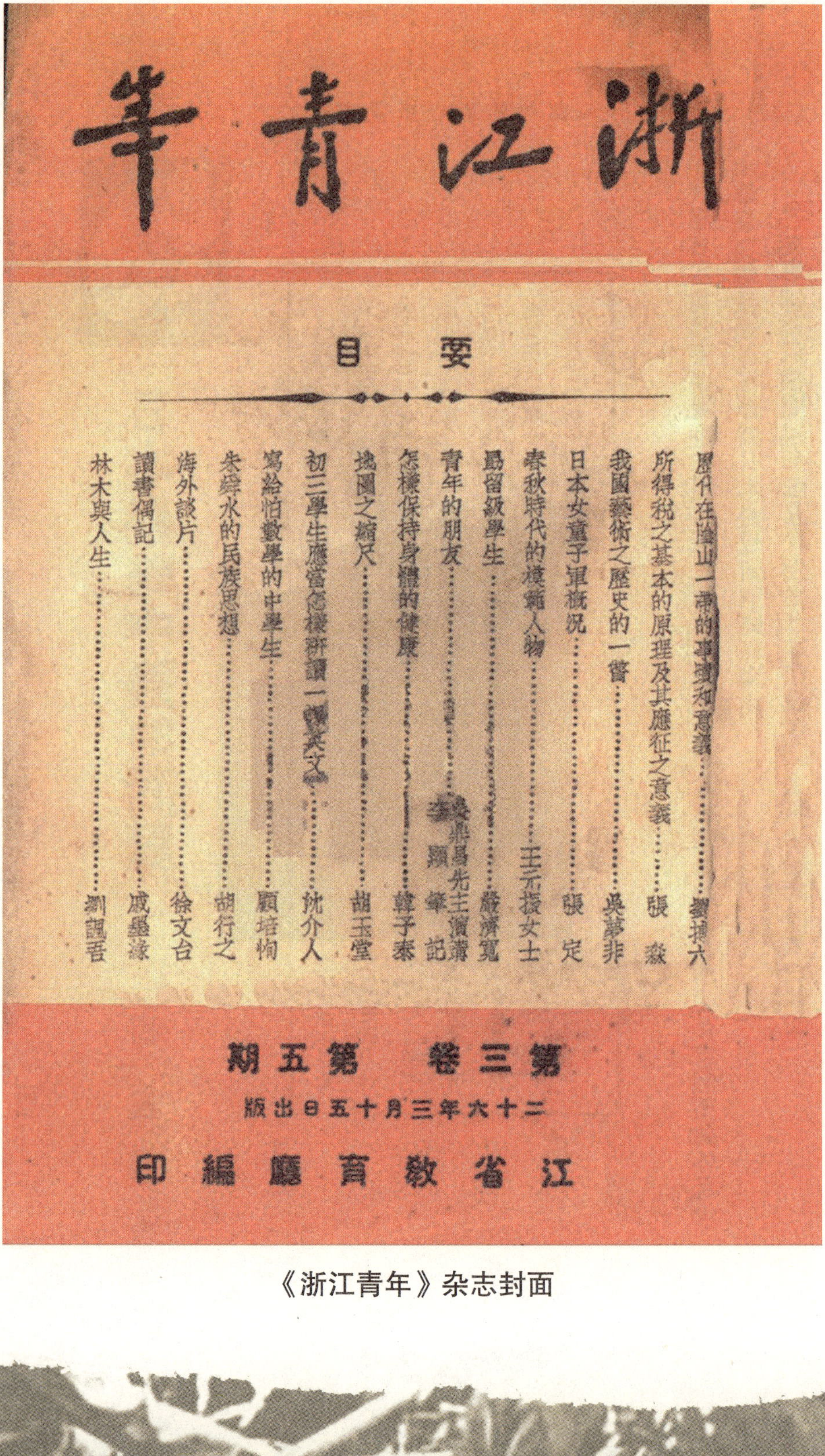

浙江青年

要目

歷代在陰山一帶的事蹟和意義……劉掞六
所得税之基本的原理及其應征之意義……張焱
我國藝術之歷史的一瞥……吳夢非
日本女童子軍概況……張定
春秋時代的模範人物……王元振女士
勗留級學生……嚴濟寬
青年的朋友……吳鼎昌先生演講 李翊筆記
怎樣保持身體的健康……韓子泰
地圖之縮尺……胡玉堂
初二學生應當怎樣研讀一篇英文……沈介人
寫給怕數學的中學生……顧培恂
朱舜水的民族思想……胡行之
海外談片……徐文台
讀書偶記……戚墨緣
林木與人生……劉諷吾

第三卷 第五期
二十六年三月十五日出版
江省教育廳編印

《浙江青年》杂志封面

日本侵略中國的回顧

四一

梅衣

「九一八」事變以來，我國東北五省的半壁河山，已全淪於日本鐵蹄蹂躪之下了！然而日本決不能以這一大塊土地會滿足其吞併中國的欲望的，對我國的侵略，是用政治，經濟，武力及文化諸方式，繼續不斷地進行着，要「征服中國」，使「東亞大陸變為日本的領土」。去年如潮水似的走私運動，上海成都漢口等處的有計劃的挑釁事件，與侵略綏遠的戰爭，以及收買漢奸在我國內地的破壞行為，都是日本侵略我國的各種方式的既成事實。若將數十年來日本侵略我國的歷史回顧一下，凡是有血性的國人們，無不憤然欲絕的啊！現趁浙青三卷五期付印在即，特用問答體草此一文，以供愛國青年的參考。

——作者附白——

甲：日本為什麼要侵略我國？有些人說：日本領土狹小，人口繁多，他們為求生存，自然要向外尋求土地。這種說法，是否可作為日本要侵略我國的理由？

乙：要解答你這個問題，我想應當先從日本形成帝國主義開始，比較易於明瞭。

甲：日本在什麽時候形成帝國主義的？

乙：日本是國際帝國主義的後起之秀，她形成帝國主義，還是在十九世紀末期的時候。在明治維新（一八六一年）之前，日本完全是封建制度的國家，封建軍閥專權，國家非常貧弱，各諸候自行獨立，閉關自守。自明治天皇實行維新以後，打破封建制度，實現中央集權，採用西方文化，逐漸走向資本主義的道路。然而那個貧瘠的蕞爾三島，不僅缺乏天然富源，而且他們所有的少數的生產品，也找不到銷售的場所，於是日本苦悶了，特別是三島之內沒有煤和鐵，更是所謂『資本主義』的致命傷。所以上自天皇，下至工商業主，都認爲非向外開拓領土，就不能發展新興的資本主義。我國領土與日本距離不遠，而十九世紀末期時的滿清政府，又是腐敗不堪，閣僚大臣們除賣官鬻爵外，毫不知世界的大勢，所以我國的邊疆與屬地，是各列强侵略的好對象，尤其是日本更爲看得眼紅。至於說日本因土地狹小，人口繁多，非向我國侵略不可。我們知道，一切的帝國主義國家，總是以侵略爲目的的。我國有廣大的土地，有極豐富的天然富源，日本要侵略我國，是爲奪取原料、市場與投資，以發展其資本主義。

甲：時常聽說日本要實現『大陸政策』，其內容究屬如何？

乙：日本的『大陸政策』，簡單的說，就是吞東亞的企圖。一九二七年日本首相田中義一上天皇的奏章中說：『穪明治大帝的遺策，第一期征服台灣，第二期征服朝鮮，都已實現了。只有第三期的滅亡滿蒙，以及征服中國全土，使異服的南洋及亞洲全部，無不畏我服我，仰我鼻息等等的大業，尚未實現，此皆臣等之罪也。』田中又在奏章中說：『要征服中國，必先征服滿蒙；要征服世界，必先征服中國。倘使中國完全被我國征服，其他如中小亞細亞及印度南洋等異服的民族，必畏我敬我而降服於我，使世界知東亞爲日本的東亞，永不敢向我侵略，此乃明治大帝的遺策，是亦我日本帝國在存立上必要之事也』這幾句話就是日本『大陸政策』的主要內容。

甲：日本的『大陸政策』，現在已是第三期的開始時期，自『九一八』事變以後，佔領我國東北五省——遼寧、吉林、黑龍江、熱河、察哈爾；並繼續向我國河北、山西、山東、綏遠、河南及福建等省積極的侵略。這幾年來最悲痛的失地辱國的慘史，都深深地印入我的腦海中，但不知日本最先侵略我國的領土，是在什麼地方？

乙：日本最先佔領我國的領土，是琉球羣島，這個羣島，共有五十多個島嶼組成，其東北爲冲繩羣島；西南爲先島羣島，都是土地肥沃，產米豐富的所在，一八七五年被日本佔領，改爲冲繩縣。說到琉球羣島的喪失，是極可笑的；在同治十年時，有琉球人六十六名，遭颶風飄到台灣東部，被生番所殺，日本因琉球曾長朝貢牠，就大吹大擂，向滿清政府提出抗議。但當時昏庸已極的總理衙門大臣毛府煦却毫無顧慮的答道：『琉球係我屬邦，其民被害，不煩貴國過問；台灣生番地，政教不及，其殺人刦掠，與我政府無關』。日本得到這個答復，就立即派遣大軍，殺到台灣。滿廷方知前次失言，但是已無可如何了，經過許多次談判，只得承認(一)日本這回攻打台灣是一種『保民的義舉』，是應該的；(二)賠款五十萬；(三)約束生番。這個條約很輕描淡寫的把琉球羣島斷送了。

甲：其次佔領的是什麼地方？

乙：十九世紀的九十年代，日本資本主義的發展，已有顯著的進步，市場、原料及投資地的需求，都是日本最迫切的問題，同時牠因佔領琉球羣島的便利，知道滿清政府的腐敗，可作侵略的對象，於是對於原料豐富市場廣闊的朝鮮與台灣便想設法佔領了。所以一八八五年與便滿清政府訂立天津條約，將中國對朝鮮的宗主權削去。以後朝鮮果被弄到手，接上去便進行吞併台灣及澎湖羣島了。

甲：台灣與澎湖羣島如何斷送的？

乙：你總知道明末鄭成功佔領台灣，與滿清政府抗爭的一幕英勇悲壯的民族戰爭史。後來滿清政府征服了鄭成功，將台灣隸屬於福建省。台灣是森林蒼鬱物產豐富的地方，茶、米、糖、煤炭、森林、硫礦、都很豐富，樟樹的出產尤爲世界之冠。此類原料，正是日本帝國主義急於尋求的。何况琉球羣島是台灣的咽喉，琉球羣島既爲日本佔領，中國和台灣的關係，也就好像『棒打鴛鴦兩分離』了。不過當時的滿清政府，也因時勢的需要，備有一些海軍，李鴻章張之洞等都知道欲禦外侮，非訓練水師，建築海防不可。日本知中國此種設施，對牠的侵略我國政策是極有妨碍的，如果中國强盛起來，即使她們不能向我們侵略，而且因我國潛勢力的雄厚，日本勢必爲我國所侵略；所以趁中國勢力未强固時，來一個更大的打擊，使中國完全服從任牠宰割，於是有甲午的中日戰爭。這次戰爭中國所有的海軍，完全爲日本所毀滅，不得已於一八九五年和日本訂立馬關條約，把台灣全島、澎湖羣島及其附屬島嶼，統統割讓給日本，幷賠款三萬萬元。自此以後，日本帝國主義幾乎每年都要威迫滿清政府訂立條約，損害我國的領土與權利的。

甲：請你先說滿清政府與日本訂了些什麽條約，其內容如何？

乙：你提起滿清政府與日本訂立喪權辱國的條約，我們回想起來，只有憤恨與悲痛呵！如一八九六年的中日通商航行條約，日本取得領事裁判權與內河航行權。同年的北京草約，日本則取得租借

四五

地等問題。一八九八年的中日北京條約，日本要求福建及沿海一帶爲勢力範圍。一九〇一年的辛丑條約，畫定使館區域日本取得駐兵權。一九〇三年的中日增訂通商條約比一八九六年的條約，更爲苛刻一些。

甲：你剛才說日本取得租界，是在那些地方？

乙：日本專有的租界共有十三處，即天津漢口杭州蘇州福州廈門沙市重慶營口瀋陽安東長春長沙。公共租界爲上海與鼓浪嶼。日人居留地有山東的濟南濰縣與固村。滿州未被佔領之前，旅順大連金州普蘭店貔子窩五處面積二二四・四一九方哩，即爲日本的租借地了。此外還强迫開闢杭州蘇州沙市重慶瀋陽大東溝旅順大連鳳凰城遼陽新民屯鐵領通江子法庫門長春局子街頭道溝百草溝青島北京長沙等。南滿鐵路沿綫三十里至六十里內，也早爲日人所佔有了。

甲：你剛才所說的日本侵略我國的這些事實，眞是難言之痛！但牠是怎樣呑併朝鮮的？

乙：日本覬覦朝鮮，比較台灣更迫切，因爲那裏的天然富源、市場、農產物（棉麥）人口等等，都比較台灣來得富裕和廣闊。不過十九世紀末期，俄羅斯帝國主義也伸展其鐵蹄於東方，將我國滿州據爲已有，並在遼東半島取得租界地，建築旅順軍港，作爲侵略東亞的根據地。日本企圖呑併朝鮮，滿清政府雖不能抵抗，所以一八八五年訂立天津條約，使中國在朝鮮失去宗主權，作爲日本呑併朝鮮的先聲；但是帝俄決不讓日本單獨呑下這塊肥肉的，牠表面雖爲中國撐腰，骨子裏是要平分朝鮮的秋色的。所以日本要呑併朝鮮，必需與俄國拳打脚踢，分個高低。一九〇五年的日俄戰爭，就是因此而發生的。這次日俄戰爭，因俄國官僚政治的腐敗，不久即爲日軍所慘敗，在牠勢力支配下滿洲爲日本所佔有，自長春至大連的南滿鐵路，讓予日本，被牠佔領的庫頁島，自北緯五十度以南，也割予日本了。日俄戰爭以後日本的侵略我國，幷為加緊。一九〇五年訂立中日滿洲善後協約，允許日本繼續俄國在滿洲的權利，幷開商埠十七處。一九〇七年訂立中日新奉吉長鐵路協約，由日本築路開發遼吉的富源。同年的大連關稅條約，規定大連關不徵日貨稅。一九〇八年的東京協約，日本取得鴨綠江的採伐森林權，又取得旅順煙台間裝設海底電線權及架設南滿的電信權，又訂奉天預約，准日本改關安東奉天鐵路。又訂間島協約，任朝鮮人到我國來雜地居住，作侵略遼吉的初步。再訂滿洲五案協定，日本取得新法鐵道建築權及旅烟煤礦開採權。日本得到這些希有的權利，但還未把朝鮮完全吞併。所以牠最先使朝鮮於一九〇二年脫離中國宣告獨立，幷乘牠的國運日趨式微，中國無力援助，又因打敗了侵略中國的勁敵俄羅斯，可以任意吞併了，終至一九一〇年，這個與我有數千年歷史關係的朝鮮，被日本所吞併了。

甲：日本自吞併朝鮮以後，我國共失去若干土地？東北五省有若干方哩？

乙：日本的本土，約十四萬七千方哩，直接奪取我國琉球羣島台灣澎湖羣島庫頁半島朝鮮東三省熱河察哈爾共有面積一千八百萬方哩左右，比牠原有的領土要大十二三倍。僅在東三省與熱河的喪失，我國損失領土十分之一，人口百分之六，大荳產額十及之七，森林三分之一，鐵產三分之一，煤產三分之一，鐵路綫長的十分之四，輸出貿易的五分之一。一九三五年牠侵入冀東和察北，去年又向華北五省——河北察哈爾山東山西綏遠繼續侵略，幷在福建組織漢奸，成立什麼自治的陰謀。今年連河南也排在其侵略的程序中了，因為鄭州陰謀機關的破獲，就可證明日本的陰謀了。

甲：這樣看來，日本確是我們復興民族運動的死敵，但不知除以前你所說的中日條約外，還訂有什麽條約？我國喪失那些主權？

乙：自辛亥革命以後，至『九一八』事變爲止，我國雖然沒有被日本佔領去什麽領土，但權利的損失，也很不少。一九一〇年的北京條約，日本取得南滿的郵務權。一九一三年的滿蒙五鐵路條約，允許日本在我國東北建築五條鐵權。一九一五年北京條約，允許日本繼承德國在山東的權利，建築烟龍及烟濰鐵路。并提出使我國永世難忘的二十一條件。

甲：對啦，你說二十一條件，確是我國最難忘懷的奇恥大辱，牠的內容如何？是怎樣提出的？

乙：一九一五年中日締結北京條約，日本佔領青島以後，第一因爲那時歐洲正在大戰，英俄法德奥各列强，互相火併，無力顧及東亞；第二袁世凱一心一意要想做皇帝，故日本提出的二十一條件，他卽命令外交部加以承認，夢想取得日本的『諒解』，可遂他的皇帝夢。這條件的主要內容，是日本佔有山東沿海的租借地，日人在滿蒙有任意居住，採礦及營商的自由，限制中國借款，管理東三省的長吉鐵路，永遠租借旅順及大連，强迫中國聘日人爲軍警顧問，强索漢冶萍礦等條。這些條件在一九一五年一月時，日本公使就向中國政府提出了。終因條件過於苛刻，袁世凱政府遷延時日，未予答復，因此於日本五月七日向我國致哀的美敦書，限四十八小時內答復，至五月九日，昏瞶的袁世凱就承認了日本的要求。

甲：此外還有那些喪權辱國的條件呢？

乙：日本强迫我國訂立的條約還很多，如一九一八年的中日軍事協約，日本取得駐兵中國境內

的權利。同年中日協約，要求建築膠高徐濟順的鐵路權。又訂北京協約，抵押吉黑兩省的礦山與森林。僅在這一年中就使我國喪失了如許的權利。自此後，日本還威迫我國訂立許多條約，都是於牠有特殊利益的。日本侵略我國領土和滅亡我國的種種準備，已經佈置完備了之後，所躊躇的就是下手的機會而已。你總還記得民國十七年的濟南慘案吧！

甲：是的，濟南慘案我是記得的，但不十分明白，請你詳細說明一下。

乙：民國十六年國民革命軍自廣東出發北伐以後，至第二年，長江以北的封建軍閥完全被打倒了，國民黨的勢力也日益向長江以北進展，日本恐怕他們在華北所扶植的勢力發生動搖，所以於十七年五月三日出兵濟南，向我國挑釁；幸而國民政府處置得宜，經過相當時間的交涉，日本總算沒有達到目的而退兵。

甲：日本在怎樣的形勢之下佔領滿州的？牠對國民政府是否有什麼顧忌呢？

乙：國民政府勢力的擴張，是日本料想不到的，而東北各將領和民衆竟會服膺三民主義，竭誠擁護中國國民黨，更是日本萬想不到的。並且自革命以後，我國政府漸漸提出一些『恢復國權』的口號，這在日人看來，覺得是『大逆不道的』！何況經濟富裕的『張家軍閥』，也會同三民主義下的國民政府合流，所以使日本咆哮怒吼，準備吞下中國的皮肉！日人金丸精哉說：『中國竟以恢復國權，打倒帝國主義，阻碍日本在滿蒙的權利，反抗日本的經濟開發，這是對日本凌辱。……日本對於滿蒙，正如英國對於印度，是一樣的心臟。』可見日本帝國主義早有吞併滿蒙的野心，只因時機未至，無法下手罷了。一九二九年世界發生經濟恐慌以後，歐美各列強因受失業恐慌的打擊，無暇顧及東方；同時我國因內戰方與，天災頻仍，國家元氣，大受損失，人民生計，都處於水深火熱中。於是日本以為侵略的機會已至，所以在一九三一年『九一八』那天，出兵佔領瀋陽，一九三二年『一二八』進攻上海，以及數年來造成血花似的失地的慘史。

甲：你說日本給予我國的恥辱，我已明白了，但牠侵略我國，自然還有別種方法略！

乙：對啦！日本除政治與武力侵略我國之外，還有經濟與文化的侵略，這是殺人不見血的最毒辣的侵略手段。日本對我國的經濟侵略，每年總要在我國的民衆身上括去幾千萬萬元的脂膏，這數十年來，我國的市場上，到處都充滿了日本的商品。尤其是去年無限制的走私運動，破壞我國的關稅，擾亂我國的經濟，這是你所知道的。至於文化的侵略，也是非常積極的。在滿洲未被佔領之前，日本就在那裏設有學校一百六十餘所，在山東也設有五十餘所，都是實行奴化我國民衆的教育。此外如上海的同文書院，東方文化協會等機關，每年派遣大批學生深入我國內地，研究政治、經濟、及社會各項問題。又日本在我國各地及其本國出版的有關於我國的報紙雜誌，與各地設立的通訊社，都以侵略我國為目的的。總之，我國現在不論什麼地，幾乎無處沒有日本侵略的創傷，無處沒有日本的潛勢力了。如果我們再不自振作，實行復興民族運動，我們就要開始踏入亡國滅種的日期了啊！所謂國難當頭，正是現在的時候。

甲：這種莫大的國恥，我們應當洗雪的，現在全國的救亡運動，正在積極進行，但我們幹這種報仇雪恥的工作，應當從那些方面着手呢？

乙：對的，現在我國的救亡運動，是全國一致的主張，照我的意見：救亡抗日，僅是有主張，而沒有方法，是難以實現的。所以第一要全國團結一致，蠲除私見，集中全國人才，上下一心，不分區域，不分彼此，百折不撓的爲我國民族的生存而奮鬪。并需將全國民衆組織起來，造成上下一心一德的基礎，聽命於民族領袖的指揮。於是一盤散沙的中國民衆，就可變成整個强有力的團體，我們才可挽救當前的國難，可與敵人相抗衡。第二應當整飭軍隊，組織民團，擴充軍備，以備雪恥禦侮。因爲我國的軍隊，雖然不少，但是數十年來都是繼續不斷的損耗於內戰，所以國家元氣大大損傷了。自此以後，應永遠停止內戰，再不要自相殘殺，把所有的槍口，都對準敵人。對於那些未受軍事訓練的民衆，應從速加以軍事訓練，以便作爲將來抗敵的後備軍。第三在外交上，我國不應陷於孤立，應盡可能的暴露日本侵略我國的種種事實和陰謀，並需即速與世界酷愛和平的大小國家攜手，以便取得精神及物質上的援助。第四要擴大全國民衆運動，藉以喚起廣大羣衆的復興民族與報仇雪恥的熱忱。第五應抵制仇貨，遠永對日經濟絕交。我們知道日本如無我國的廣大市場，銷售其商品，在經濟上就可制其死命了。這五項，是我國對日報仇雪恥所必需的最不可少的手段，也是復興我國民族所應有的策略。

團結一致，救亡圖存！

⑥

日本害國陰謀危我大

THE CHENGCHOW CASE

Uncovering the big plot against China, with evidences seized from the Special Bureau that prove definitely that Japan is behind the scene. The Special Bureau, with the sole scope of undermining the Chinese government, dealt in instigating disturbances by joining hands with bandits and alliance with ronins and traitors, selling narcotics and smuggling. We'll let these pictures speak out.

鄭州日本特務機關案，經我當地特局破獲後，曾搜出各項秘密文件，並發現該機關密謀危害我國證據：除勾結土匪擾亂治安外，復巧妙操縱一切的浪人與漢奸販賣毒品及走私，刺探軍情。我國外交部對此案已向日方提出抗議，惟日方詭無表示。該機關之主角志賀等，已由日領引渡返平，但志賀因無顏見人，憤而剖腹自殺。漢奸趙龍田則已在鄭伏法。本頁各圖係該案的各項證據。劉滌攝。

鄭州日本特務機關案中，爲日人所僱用的漢奸趙龍田，已審明罪狀，在鄭伏法。左圖爲被押於鄭州專署時之影。

Chao Lung-tien, the traitor, who was caught red-handed and executed at Chengchow.

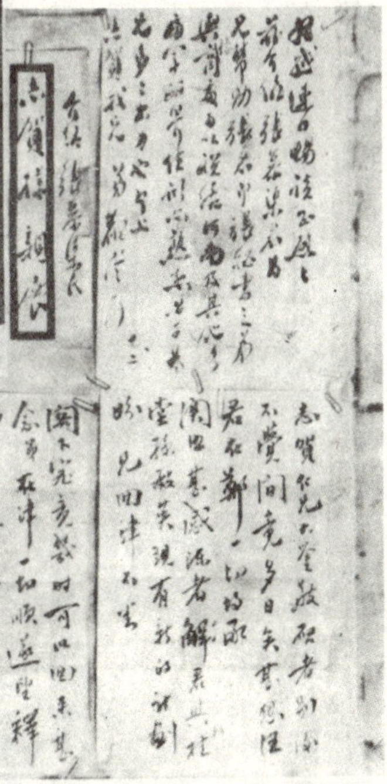

上圖是被搜獲的機封介紹書，從其中便可以找到日人危害我國的證據。

A letter to the Chief of the Special Bureau, introducing a traitor to add to their secret workers.

在鄭州日本特務機關中搜出的秘密文件，已爲日人焚燬一半。

Half-burned secret documents found at the Japanese Special Bureau at Chengchow.

被焚燬的秘密文件之另一頁。

日本特務機關破壞華北的計劃文書

如此豐台

FENG TAI

Marked by Japan to be severed from Chinese control by means of vices and other influences.

豐台商店所揭的廣告，售的盡爲日貨的廣告。大昭攝。

Japanese goods over-run the city. Posters advertising them can be seen everywhere.

The Japanese Soldiers' Dining Hall that provides all kinds of vices to all kinds of customers, Chinese included.

戰友室（食堂），係日兵吃喝嫖賭之所。內中多爲日韓妓，中國人亦可進去。賀健攝。

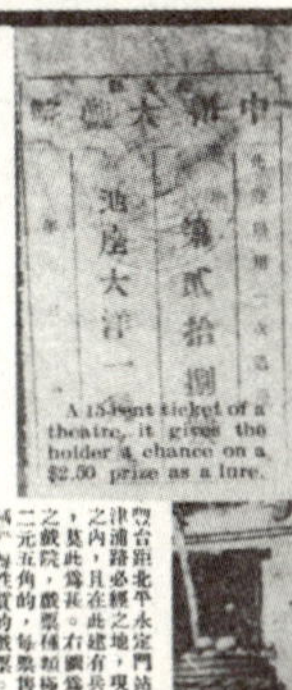

A 15-cent ticket of a theatre, it gives the holder a chance on a $2.50 prize as a lure.

The Wa Feng Theatre operated by Japanese and Koreans.

豐台距北平永定門站九．八〇公里，爲津浦路必經之地，現已在日兵勢力範圍之內，且在此建有兵營，蔑視我國主權，莫此爲甚。右圖爲日鮮人在豐台所設之戲院，戲票種類極多，有一種可得獎二元五角的，每票售價一角。上圖即此屬賭性質的戲票。賀健攝。

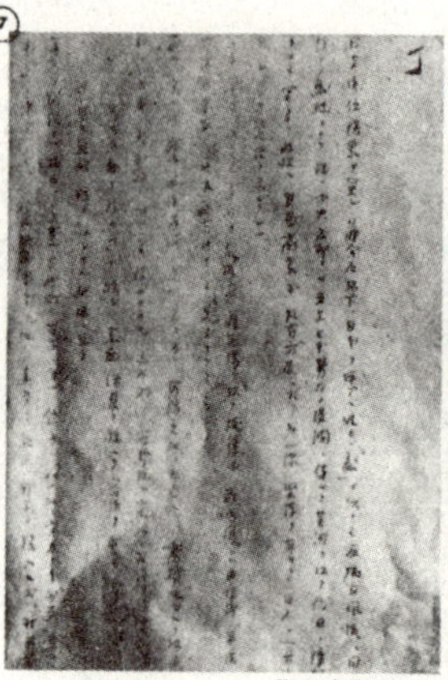

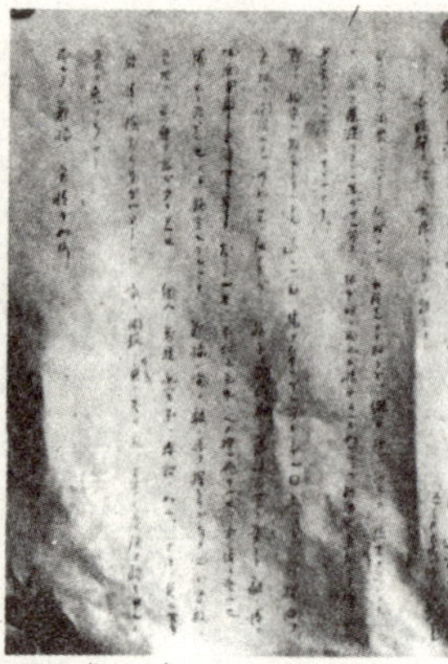

最左一圖的原文。 秘密文件的原文

Two of the secret documents discovered at the Special Bureau, communications between the plotters denouncing China's insincerity in her friendship with Japan and urging them to take drastic measures outlined in their plots.

左面兩幅，亦爲被獲出之秘密文件，最左一圖其譯文如下：中日關係極度險惡，自上以下，皆呼日本爲敵，抗日風潮，日益激烈，華中方面，爲防華北日本勢力之浸潤，以黃河爲防日之壁壘，華凡軍事啟沿貿易商業皆布列防降，決心不使日人甚害爲一步，河南爲第一線，黃河爲兩線，面以隴南線掩議之：另有津浦平漢二幹線，及多數公路航雲路，與後方連絡，鄭州爲平漢隴海之交點，可稱爲重地，因係商埠，在表面上無拒日人居留之理由，但中國方面，常擊言：「商埠數准商人居留，但不容許軍界政害之居住及活動」名爲保讓，害值跟隨，探對舉動一刺不離，饋事對於中國之一切舉動，，抱不間主義，只嘆謂「背後無實力之外交等於寄「：隴海路局不縣陳價之日貨，開封商會：

左圖譯文如下：宣傳日本砂糖含有毒品，對於購買之華人，逮捕感外，無所不用其極，誹謗云乎哉：實際只是想盡方法，驅除日人而已。國交涉變，前途茫茫，縱令將來有何等之結果，亦不過爲一時避戰之計耳。若無特別大變動，兩國之提手，根本必想不到也。如斯相持數年，終有一日決裂。鄭州機關之開設目的，亦實在此，孫子之用間篇，有甘愛爵祿百金，不知敵情，不仁之極也，非人之將也，非主之佐也。鄭州機關實爲探查敵情，排除萬難，由設於此重地者也：倘人之著雖迫害甘之如飴，求任，不能探知敵情，殊有失開設之本旨，且有違犧牲之決心也。然而鄭州機關之實在狀況，究如何耶。

秘密書信。

One of the secret messages seized with the other discriminating evidences.

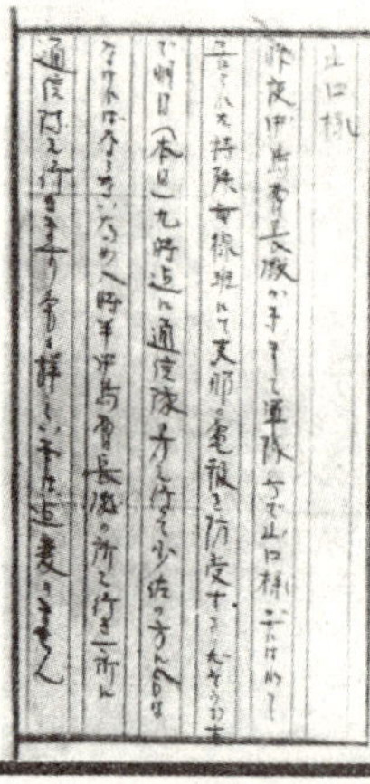

山口先生
昨晚中島書長來此據說軍隊方面將用山口先生所請之特殊無線電信班以所需成立中國方面電報（下略）

被捕獲的日本駐陝甘特務總機關長志賀（左）與助手山口（中）田中（右）合影

Three Prominent figures of the Special Bureau, all Japanese, caught and extradited to the Japanese consulate at Peiping. The head of the Bureau (seen on the left) committed suicide soon afterwards.

左圖爲豐台的軍用商會，即日人之一種特殊商會。下圖爲豐台車站。（小方攝）

Right, a "chamber of commerce" for Japanese soldiers. Below, the Feng Tai Station.

北平永定門外，爲通南苑及豐台的孔道。（小方攝）

The Yang Ting Gate of Peiping, the key passage to Nan Yuan and Feng Tai.

内外什志

《内外什志》于中华民国25年（1936）8月5日创刊，社科综合性刊物。该刊旨在联络感情，提高民族意识。主要内容包括各民族特殊文化及其习俗之讲述，各地社会政治经济状况之调查，各国国际政治经济之评论，各地临时特殊事件之通讯，各地名胜古迹之游记，各地民族故事轶传之记述，各地学校及文坛之情报，以及民族精神表现之文艺等。该刊出版至民国28年（1939）4月20日停刊。

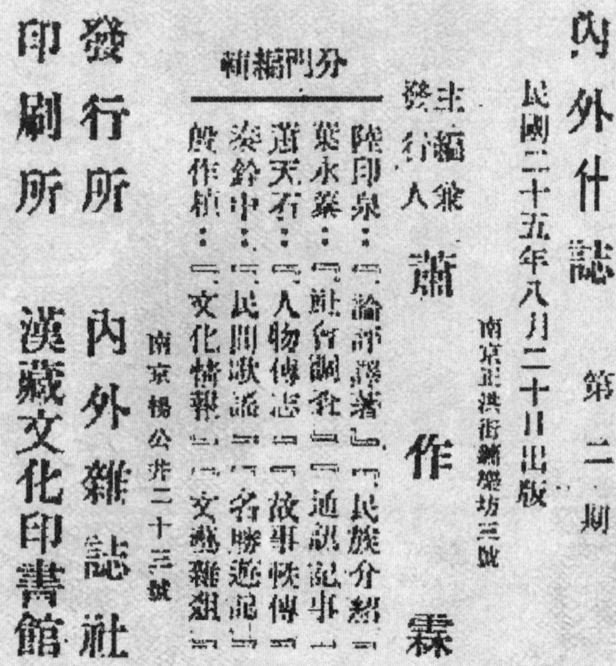
內外什誌 第二期
民國二十五年八月二十日出版
南京[illegible]洪街[illegible]塘坊三號
主編兼發行人 蕭作霖
分門編輯
陸印泉：「論評譯著」「民族介紹」
葉永蓁：「社會調査」「通訊記事」
蕭天石：「人物傳志」「故事軼傳」
淩鈞中：「民間歌謠」「名勝遊記」
殷作楨：「文化情報」「文藝雜俎」
南京楊公井二十三號
發行所 內外雜誌社
印刷所 漢藏文化印書館

《内外什志》杂志版权页

内外什志

第二卷　第八期

中華民國二十六年五月十日出版

《内外什志》封面

控制華北的日本特務機關

（華北通訊）　逸梅

自鄭州的漢奸案破獲以後，國人才特別注意到日本的特務機關的陰謀活動，但是華北過去如天津事變，冀東僞組織的出現，察北僞軍的活動，綏遠大規模的擾亂，內蒙自治的把戲，華北五省獨立的運動，以至於公開走私，公開販毒，公開設賭，無論大的事件關乎民族存亡，小的事件影響地方和民生，那一件能脫離了日本特務機關的活動呢？痛快的說一句，華北之所以如斯，都是林立在華北的日本特務機關活動所致的。

在九一八事變以前，日本的特務機關在東北就開始祕密活動，如哈爾濱，長春，吉林，滿洲里，瀋陽，齊齊哈爾這些比較要重的地方，都有他們工作人員的活動蹤跡，總機關設在大連。對外是極端保守祕密的，他們的負責人多半冒充正當商人，門口貼着某某洋行字樣。不過那時他們的活動目標，非常的狹小，有時在北滿方面刺探些蘇俄的消息，在南滿的活動只是以軍事情報爲中心，沒有如今日在華北這樣的橫衝直撞的大胆妄爲。

「九一八」事變初起的時候，日本在瀋陽的特務機關長是土肥原賢二，是直隸於關東軍司令部的，他協助關東軍司令本莊繁，在天津設計刼去了傀儡溥儀，成立了僞滿洲國。他又到天津煽動暴動，收買流氓，造成慘酷的天津事變。

華北初安，戰事休止，土肥原就到華北來組織平津的日本特務機關，他所組織的特務機關雖在華北，仍是屬於關東軍司令部的，一切活動都受命於關東軍司令。冀東僞組織的出現，土肥原是功勢最大的一個人。

上海事變，土肥原也是中間的陰謀煽動者，後來日本軍部論功行賞，把他升爲內地師團長。土肥原初到瀋陽任特務機關長的時候，階級不過是個中佐，自九一八事變以後，他奔走中國平，津，滬各地煽惑漢奸，連次暴動，未到三年，連次升階，今日竟是陸軍中將了。自從他任特務機關長及升任到陸軍中將，給日本少壯軍官以一種特別刺激，認爲「執戈前趨」，「躬冒矢石」危險既多，升遷又慢。若担任了特務機關人員，一旦弄成一個特殊功績，自然是能步土肥原的後塵。

現在的華北，受着塘沽協定的束縛，不得不任日本的特務機關到處設立，到處活動。以華北五省區而言，凡是重要城市，都有他們特務機關人員的活動。

現在把他們在華北各區域內的特務機關，及所屬的軍部，儘就知道的，揭穿於讀者之前！

A　屬於關東軍司令部者

北平	松井太久郎(機關長)	濱田信作少佐(副機關長)
天津	喜橋精一少佐	
通州	細木繁中佐	遠山一郎
山海關	橫山中佐	齊田三郎
張家口	大本少佐	木貞一郎
張北	桑原少佐	
嘉卜寺	田中降吉中佐	横田少佐
多倫	植山少佐	繁中三郎
額濟納	横田大尉	

平涼　井上大尉　中村佐助
青海　木村大尉

B　屬於華北駐屯軍司令部者

天津　茂川少佐機關長
通州　上野中佐
濟南　石野重遠少佐
青島　谷狄華雄少佐
太原　河野中佐
歸綏　羽山喜郎中佐

C　屬於偽組織者

天津　松岡少佐機關長
北平　渡野少佐

以上是屬於日本陸軍方面的，還有屬於海軍方面的特務機關三處：

天津　久保田久治大佐機關長　旅順要塞司令部
北平　桑原中佐　北平使館海軍武官室
青島　佐藤少佐　駐華日本艦隊司令部

這些林立的特務機關，都是直接侵略華北，破壞華北的工具，而活動的一切工作人員，是日本侵略華北少壯軍人中最積極的份子。他們在中日空氣較爲和緩，華北較爲安定的時候，他們就作些分化工作，使中央與地方的關係惡化，收買漢奸，刺探軍情，煽動日鮮浪人爲非作歹，擾亂秩序。一遇中國時局發生變化，如西安事變，他們就大批的製造恐怖空氣和環境，擾亂華北，使之不安，策動偽匪進犯，策劃偽組織的出現，這次內蒙的偽軍政府，就是在張北的嘉卜寺兩個特務機關促成的。

他們爲求收買華北人心，避免直接壓迫民衆，並進行收買民衆。爲求消息靈便，工作順利，大批的豢養日，鮮，華的走狗和漢奸，有的時候，特別致力於智識份子的收買。

在北平各大學校裏，也有祕密的特務組織，對於學生愛國運動的情形，他們洞悉非常；但他們只是去逼迫當局禁止學生的活動，而不直接與學生衝突，他們這些聰明的地方，很得中國無知份子的同情。

總而言之，現在的華北，是日本特務機關控制下的華北，中國的華北簡直是軀殼了啊！

THE YOUNG COMPANION
良友
No. 79 第七十九期
THE MOST ATTRACTIVE AND
POPULAR MAGAZINE IN CHINA

《良友》杂志封面

日軍炮火下之宛平 ⑥

事件發生後，交涉停戰之中日雙方代表由繩索縋入宛平縣城

For the truce talk, representatives of the Chinese and Japanese troops were "roped" into the city of Wanping.

Watch tower on the city wall of Wanping, damaged by the Japanese guns.

被敵人砲轟後之宛小樓城。

City gate of Wanping, after the bombardment.

戰後之宛平城

West gate of Wanping, aimed by the Japanese in their attack of the city.

宛平西門形勢，爲日軍攻擊之要衝

Interior view of the city government of Wanping, damaged by the bombardment. 被日軍大砲轟毀之宛平縣政府內部。

WANPING—UNDER JAPANESE BOMBARDMENT

The little district south of Peiping, being the starting point of the present crisis, becomes the center of the world's attention.

Wang Lan-chai, magistrate of Wanping, and his staff. 力持不屈之宛平縣長王冷齋及其僚屬

Interior view of the police station of Wanping, after being disarmed by the Japanese troops. 被日軍炮燬之宛平縣警察局內部。

A house near Lukouchiao, ruined by the Japanese guns. 日軍炮燬之盧溝橋民房。

After a truce agreement betwen the Chinese ane Japanese troops, the district was taken over by the peace preservation corps under Gen. Shi Yu-san. 雙方停戰談判，日軍退出，宛平由石友三保安隊接防。

Above, the whitestone Lukouchiao (Marco polo Bridge) the very spot where the clashes began. Right, a monumery at the bridge. 事變發生地點之盧溝橋（上）及橋上之石牌（右）

平漢路之長辛店站，距盧溝橋五里，爲我軍後防要地

Chang Sin Dien Station, about 2 miles from Lukouchiao, now an important strategical point held by our troops.

現被日軍佔據之大井村，爲平盧孔道。

Tai Ching Village an important to Peiping, now occupied by the Japanese

The Yung Ting River, across which the Lukosuchiao spans. 盧溝橋橫跨之永定河，戰雲密佈。

蘆溝橋事件

保衛蘆溝橋之我廿九軍戰士・小方攝

CHINA AND JAPAN CLASH AT LUKOUCHIAO

七月八日晨一時，駐豐台的日本軍隊，忽藉口在盧溝橋演習時走失日兵一名，強要開入宛平縣城搜查，因受我方拒絕，日軍遂無理向我駐城的守軍開砲百餘發，我軍死傷頗多。繼且進襲我廿九軍駐地，我軍因自衛起見，不得已還始回擊。戰事延至當日深夜才暫行停止。按盧溝橋在北平廣安門西三十餘里的宛平縣境內，橫跨永定河上，扼平漢路的要衝，與豐台同為北平之重要屏障，自日軍在豐台駐紮後，盧溝橋地位益形重要。日軍蓄意強佔盧溝橋，已是必然之事，蓋盧溝橋若失，北平則失却了重要的屏障——此事證之於當晚日軍派出今井，和知二外交使者至北平威脅秦德純要求盧溝橋我軍撤退一事看來，就可明瞭，但日方的無理要求終為秦德純所拒絕。至九日晨四時，日方代表再與我方代表磋商，結果約定雙方同時撤兵，盧溝橋宛平縣治安，暫由石友三部保安隊接防。但當日上午我方駐軍撤退後，日軍又藉口尚有陣亡日軍尸首，兩具未尋獲，仍留大部士兵佔據宛平車站，逗留不去。並於午前八時，午後一時兩次向我軍攻擊，故初步的和平辦法又為日軍所撕毀。至是，日軍蓄意向我挑釁的暴行，更為明顯；我廿九軍將士，本喜峯口守土抗敵的一貫精神，表示「願於盧溝橋共存亡」，並謂「盧溝橋為吾人之墳墓。」總之士氣極為激昂。而當時蟄居樂陵原里的宋哲元將軍，也遄回天津，謀與日方再度洽商，作最後之折衝，和平空氣乃一度出現。惟日軍侵略盧溝橋，志在必得，故一再背信；同時復從東北調動大軍入關，源源內開，造成包圍北平之嚴重形勢，接着作戰的範圍，也日見擴展，北平近郊，豐台南之黃土坡，以至於大井村，五里店等地，日軍又不斷的進襲。日方飛機也同時出動，飛翔於天津，盧溝橋等地偵察示威。綜觀日軍行動，華北戰事似有擴大之可能性；我方本守土衛國之主旨，如敵方一再進襲，也只有堅決抗戰而已。不過中央當局與華北當局，在極嚴重的局面之下，仍表示和平尚未絕望，意在促使日方之猛省。

At one o'clock in the morning of July 8, the Japanese troops at Lukouchiao (Marco Polo Bridge) about 12 miles south of Peiping, demanded a search of the walled city of Wanping, claiming that one of their soldiers was missing. Refused by the 37th Division of the 29th Army stationed in the district they started to bombard the city. The Chinese troops returned fire and fighting has been continued ever since Peace negotiations are being carried out with seeming success, but both countries are prepared to fight if necessary. Peace or war, which will it be?

八一三回顧

日軍進擾浦濱·做成上海戰局

日軍既大舉侵入華北，復威脅我淞滬，故意派中隊長大山勇夫及一等水兵齋藤要藏，闖入我方虹橋機場，而造成淞滬之恐怖局面，企圖以此要脅我當局。我爲自衛與維持和平局面計，拒絕日方之無理要求，日乃增調部隊來滬，而於八月十三日開始進攻我閘北八字橋一帶防地。日方侵滬之野心，至是已全部揭露。

增援之日軍上陸後，匆匆趕赴北四川路底之日海軍陸戰隊司令部。

Japanese troops going to their barracks at Kiangwan Road right after they landed from the transports.

「八一三」前夜，日軍已加緊增調部隊來滬，可見其早已蓄意侵我淞滬。

Above and below: As if to threaten China into submitting to her demands, Japan brought a great number of soldiers to Shanghai right after the Hungjao incident. Pictures show the transports docking at Yangtszepoo.

上圖即北四川路底日海軍陸戰隊司令部之前門，當時日軍運輸極為頻繁。

Headquarters of the Japanese Landing Party at Kiangwan Road had a busy day on August 13, what with plenty of supplies coming in from the transports.

載日軍來滬之日艦，在楊樹浦一帶碼頭靠岸，俾日軍由此上陸。

淞滬和平既為日方所破壞，日軍且據虹口租界區域為作戰根據地，該區域內之中外居民，遂紛紛遷入蘇州河南之安全地帶，當時外白渡橋與黃浦灘路，頓成難民世界，雜沓不堪。左頁二圖係搬家之擠擁狀況。

所爲面和撕日，協「。方威之以後爭隊日
破日，平廢方遂定淞至陣脅火密，發於艦
壞方亦局。所爲」滬是地我力集即生戰砲

日艦砲隊於戰爭發生後，即以密集之火力威脅我方陣地。至是「淞滬協定」，遂爲日方所撕廢。和平局面，亦爲日方所破壞

A Japanese man-of-war shelling at the Chinese positions.

JAPAN FIRES FIRST SHOT TO START SHANGHAI HOSTILITIES

Closely following the Lukowchiao incident, two members of the Japanese Landing Party tried to crash the Chinese airdrome at Hungjao. On being refused admission, they fired at the Chinese guards who were forced to return fire, killing them in their automobile. This incident led to the present hostilities in and around Shanghai, which started on August 13, and have been going on for nearly three months now. Here, we print some of the pictures taken at the time the hostilities broke out.

A little scared, perhaps, but orders are orders. Five members of the Japanese Landing Party are seen starting to attack the Chinese troops in Chapei on August 13, the first day of the present Shanghai "War".

日軍佈置就緒，遂於八一三開始向我閘北守軍挑釁，引起淞滬戰爭。

An unusual picture taken somewhere in Hongkew, showing the fighting ability of the Japanese soldiers, who are seen retreating.

第二次淞滬戰爭爆發後，虹口區城首先接觸，然遭我軍迎擊，日軍一戰而逞，未得寸進。

When fighting broke out at the Shanghai front, districts north of the Soochow Creek were immediately marked as war zones. Thousands of refugees started to pour into the International Settlement and French Concession for safety. Pictures below show the exodus as seen from the Bund.

意轟炸平民

Japan's War

Thousands Slaughtered when Japanese

英國大使亦難幸免

敵機不但肆意轟炸我平民，且不顧國際公法，於八月廿六日，在京滬公路上，開機槍射擊因公由京來滬之英國駐華大使許閣森氏。許氏所乘之汽車，車頂覆有英國國旗(上)一面，但仍不免於難，可見日機居心之不軌。許氏(右)現已乘汽輪於海洋中，藉資休養。下圖即被射擊破裂之汽車玻璃門。

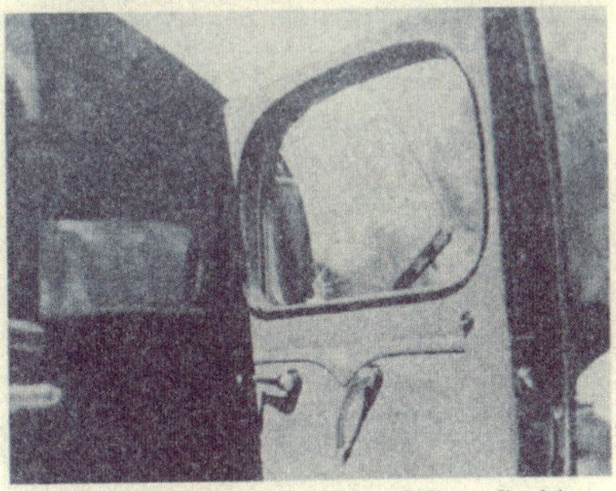

While proceeding along the highway from Nanking to Shanghai, Sir Hugesson, British Envoy to China, was machine-gunned by one of the Japanese planes. His car was covered with the Union Jack (top). Sir Hugesson was confined in bed for more than a month and left Shanghai as soon as he was convelescent (centre). Lower picture shows where the billet got into Sir Hugesson's car.

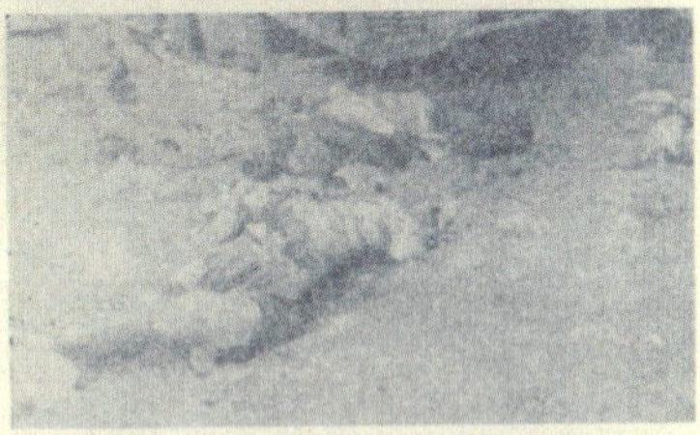

蘇州站前折斷肢臂

京滬列車載戰區難民，途經蘇州車站時，敵機適偵察至此，即投十餘彈，當場死傷數百人。上三圖即慘劇發生後驚心觸目之情形。

When a west-bound refugee train was passing Soochow, it was overtaken by a Japanese plane. More than ten bombs were dropped. The Carriages were hit and hundreds die during the explosion. Pictures above give the scene after the disaster.

700 refugees slaughtered during the air-raid at Sunkiang Station: Pictures show the wrecked trains and mangled bodies after the air-attack at Sunkiang on Sept. 8th.

松江難民慘成灰燼

松江車站，九月八日亦受敵機轟炸，當時有運載難民之客車五輛，均被炸燬，死傷難民達七百餘人。日人之殘暴，實非筆墨可以形容。上面三圖，即被炸燬之客車及難民焦毀之尸體。

敵機不顧人道·肆

On Non-combatants.

Planes Rain Bombs on Densely-populated Regions.

上海南站首當其衝

敵機轟炸的對象，不外我國之文化機關，救護人員，平民及逃避戰禍的婦孺，其殘酷不顧人道的暴行，已是舉世皆知，罪不容恕。計自全面抗戰爆發以來，敵機在上海，南京，廣州，漢口，杭州各重要都市轟炸外，餘如松江，嘉興，蕪湖，汕頭等小都市，與各窮鄉僻壤，只要敵機飛到的地方，均無不受其無目標的轟炸。但因敵機專炸無抵抗能力之平民，故我軍事設備軍事機關等，反毫不受損。上圖即於八月廿八日，慘受敵機轟炸的上海南火車站。當時敵機曾投下重量炸彈數枚，立被炸死在站中候車之難民數百人，其中泰半爲婦孺。上角一圖，爲被炸後之南站月台。

Unsuccessful in their operations on land, the Japanese Army resorts to ariel bombing as the only means to satisfy their lust for aggression. Bombs are rained on densely-populated regions. Refugees, mostly women and children are indiscriminably massered. Picture shows the South Station after the ariel bombardment on August 28th. Close to a thousand of refugees were either killed or wounded. Top Right: the wrecked platform.

在南站被炸之一平民。
One of the victims of the air-raid.

Hangchow Station, the Southern terminus of the Shanghai-Hangchow Railway was bombed on the morning of Sept. 30th. Picture shows the locomotive shed in debris. Left: the wrecked wagons.

杭州車站被炸慘燬

九月卅日晨十時許，敵機七架飛抵杭州，在閘口車站機房，投彈數枚，僅燬空車及軌道。此次轟炸，尚爲杭州被炸之初次。上圖卽被炸毀之機房，左圖爲被炸翻之空車。

救亡圖存唯有抗戰

CHINESE HOLDING THEIR POSITIONS AT SHANGHAI

敵人藉口虹橋事件，於八月十三日晨三時，向我閘北橫浜橋以東及青雲橋一帶守軍開槍挑釁，我爲自衛求存計，憤而抗戰，當予猛烈還擊，日軍不支而退，此即「八一三」戰事之端倪。嗣後戰事更趨劇烈，截至近日，日軍在滬作戰之部隊，已自最初之九千名增至十四萬名，敵艦亦達六十餘艘，飛機達三百五十架，但日軍多無鬥志，如無較我略強之武器，則早已爲我全部撲滅。反觀我軍戰士，咸抱爲國犧牲之決心，每逢衝鋒陷陣，均爭先殺敵，眞有天壤之別。本頁各圖，爲我方抗戰將士與敵巷戰時之實況。

It has been nearly three months since the Shanghai "war" broke out, but the Chinese troops, fighting against great odds as far as mechanized weapons are concerned, have been holding their ground against the attacking enemy. Here are some pictures taken in Hongkew, showing the Chinese soldiers in "street fightings."

淞滬抗戰將領

HIGH OFFICERS AT THE SHANGHAI FRONT

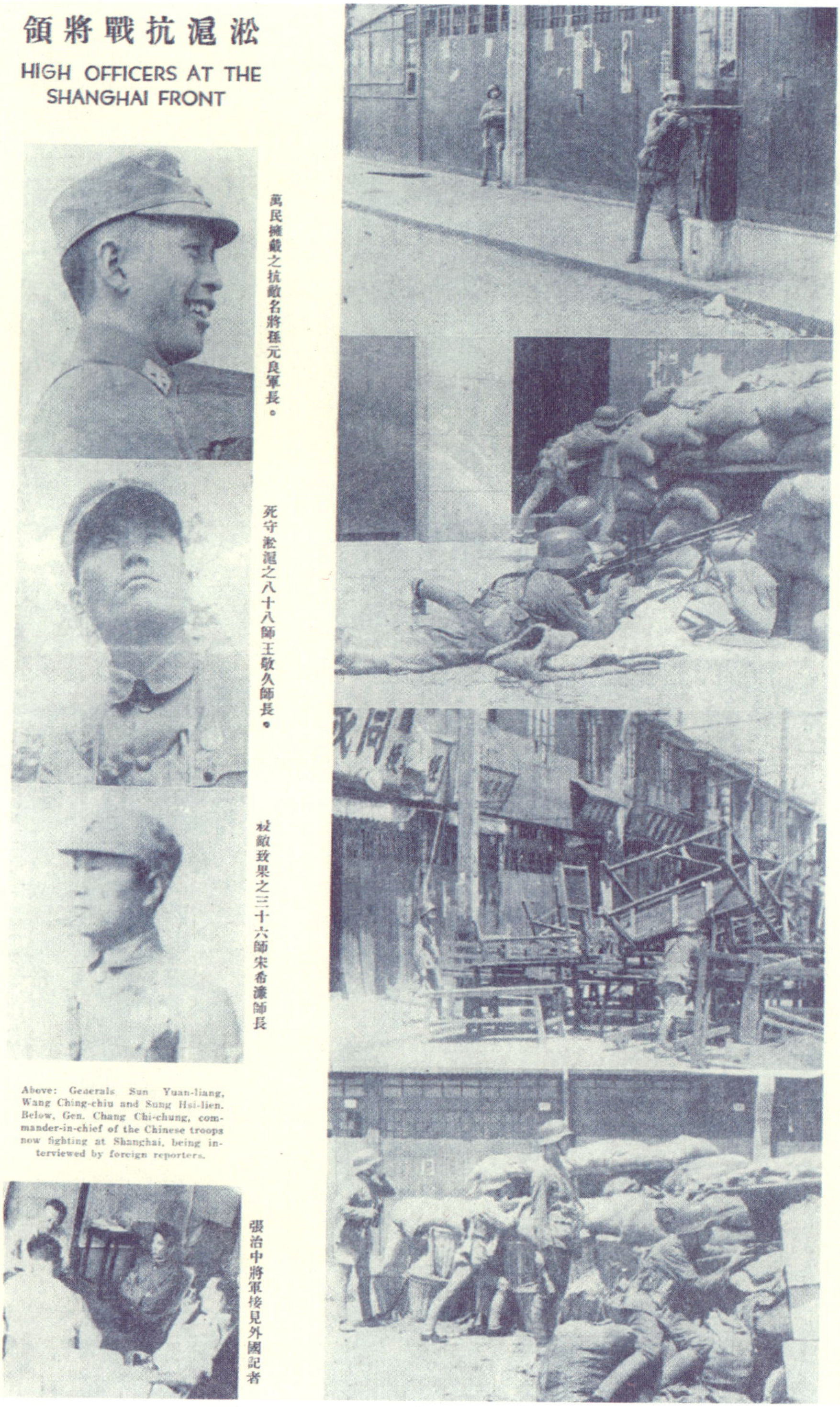

萬民擁戴之抗敵名將孫元良軍長。

死守淞滬之八十八師王敬久師長。

殺敵致果之三十六師宋希濂師長

Above: Generals Sun Yuan-liang, Wang Ching-chiu and Sung Hsi-lien. Below, Gen. Chang Chi-chung, commander-in-chief of the Chinese troops now fighting at Shanghai, being interviewed by foreign reporters.

張治中將軍接見外國記者

三月來之戰況

高級軍官乘指揮車赴火線指揮作戰，（上）。裝甲車隊砲兵，猛烈轟擊敵軍（下）。

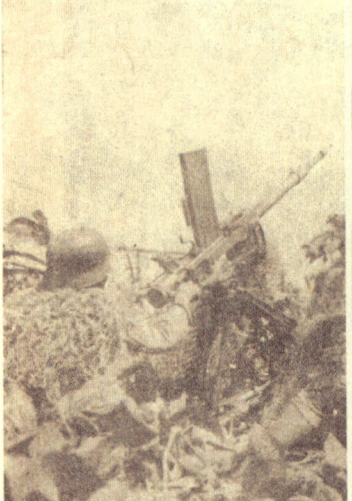

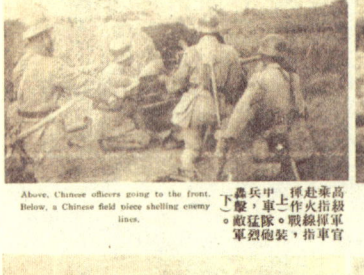

Above, Chinese officers going to the front. Below, a Chinese field piece shelling enemy lines.

我軍江灣一帶在各衝要路口，均堆積"沙袋"以抗拒敵。

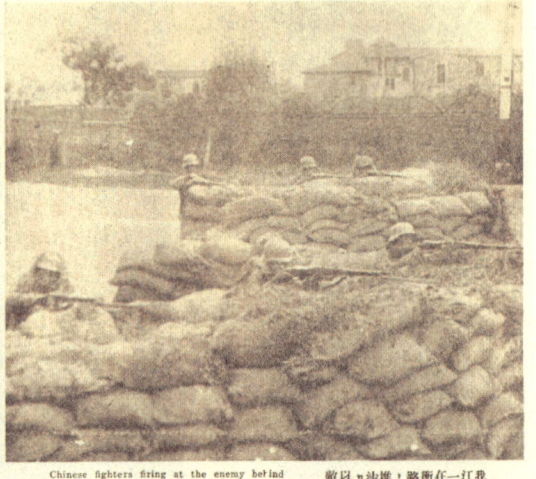

Chinese fighters firing at the enemy behind their sandbag barricade.

我軍防空部隊之高射砲，分佈作戰區域，抵禦敵機。

An anti-aircraft gun "in disguise".

淞滬前線各河浜橋樑，我軍均構有防禦工事（上）。並派出前哨守兵，嚴陣以待（下）。

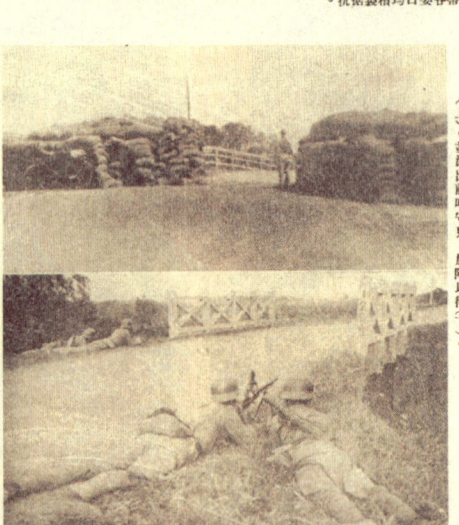

Above, Chinese defense work on a bridge. Below, Chinese soldiers guarding a bridge.

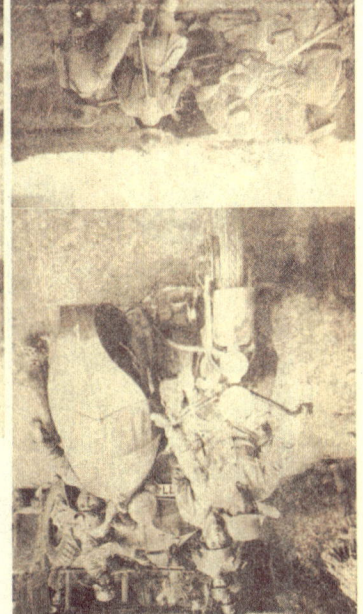

AT THE SHANGHAI FRONT

運載大軍威脅淞滬又復以炮火肆虐之浦江敵艦，被我某方面砲兵轟擊中彈時之影。

Above, A Japanese battleship being hit by our artillery fire. Below, Chinese gun positions well hidden from sight somewhere in Pootung.

淞滬線我某方面之守軍及砲兵。

在滬濱指揮作戰之張發奎將軍，

Left: Gen. Chang Hua-kuei, commander of the Chinese troops in Shanghai.

Below: A Chinese junk ruthlessly destroyed by Japanese shells.

浦東春江碼頭，位滬市對岸，爲敵軍屢圖登陸之處，該地雖遺敵人槍炮猛轟，燬壞不堪，然因我軍堅守，敵人終未得越雷池一步也。

中兴周刊

《中兴周刊》创刊于1933年6月，中兴周刊社编辑、发行。社址位于武昌青石桥西街9号。新光书店总批发。李荣真印书馆印刷。该刊出版至1937年10月终刊。

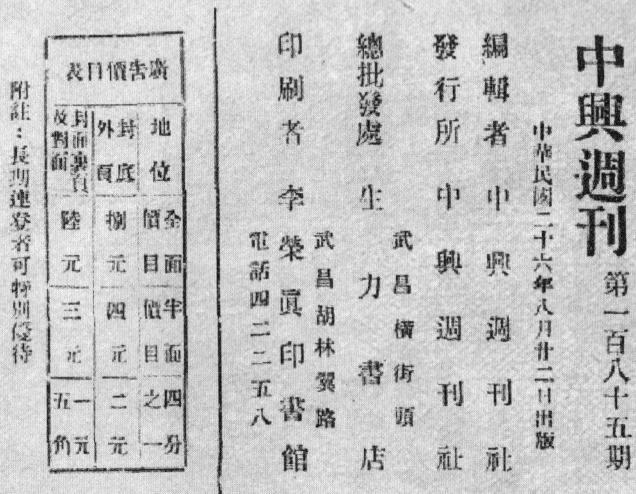

中興週刊 第一百八十五期

中華民國二十六年八月廿二日出版

編輯者 中興週刊社

發行所 中興週刊社 武昌橫街頭

總批發處 生力書店

印刷者 李榮真印書館 武昌胡林翼路 電話四二二五八

廣告價目表

地位	全面價目	半面價目	四分之一
封底外頁	捌元	四元	二元
封面裏頁及對面	陸元	三元	一元五角

附註：長期連登者可特別優待

《中兴周刊》杂志版权页

日本侵華實力之透視

顏悉達

自日本軍閥在盧溝橋發動了炮火，已經使中日間的正常關係斷絕了。今後中日是否因此發生正式戰爭，還未可知。不過現在中國爲了民族的生存勢不得不發動全民族的力量，做全面的抗戰。但在這抗戰的時候，究竟是誰勝誰敗，卻是國人最爲關心的問題，同時世人都承認中國又是一個弱國，日本又是一個強國，在强和弱對抗之下，我想一定有一部份人這樣說：「强國定佔優勝。」殊不知在歷史上弱國能克服强國的先例卻不少；所以我們因此就發生了一個問題，中國在目前怎樣抗戰方能使弱國能戰勝强國嗎？關於這点，我們只有把敵國的戰鬥力，作個比較可靠的分析，這種分析誠如兵家所云：「知己知彼，百戰百勝」是。不過我們所謂戰鬥力，不是單純的指着軍力與物力，而是指着戰鬥力的組成因素；因爲現代的戰爭，不是過去的英雄式的戰爭，而是除軍事力量外，還含有多方面的因素，例如政治的、社會的、經濟的、國際關係的等等。現在筆者打算就能力所及，把敵國的人力、財力、物力以及從政治的、外交的……各種方面，作個比較可靠的分析，分別在本刊上批露，藉以打破一個久藏在國人心中的謎——弱國能戰勝强國嗎？我想一般讀者也許是所樂聞的。

悉達識

從軍備上來估量日本的戰鬥力

誰都承認軍備的力量，是交戰時最主要的武裝。日本軍備的力量究竟是怎樣？這是我們來作個概略的分析：

第一是日本現有軍隊的編制，據蘇俄軍事專家阿西克著：「日本的軍事計劃」一書上，謂日本在最近兩年間，已有如下的部隊：

軍隊的分類	現有的數量
步兵	十七步兵師團和六步兵旅
炮兵	十四輕炮團，五山炮團，九野戰重炮團，城防炮兵三團和八分隊，高射炮四團和二分隊，高比子炮十四分隊隸屬於各炮團之下。
空軍	十五航空團

鐵甲車和坦克車隊　一自動機械旅，二坦克車團，十五鐵甲車隊隸屬各師之下，五六個鐵甲汽車分隊。

工兵　三交通團，三鐵路團

海軍　軍艦總噸數爲七一四、七四九噸，共一五四隻，主力艦九隻，航空母艦五隻，潛水艇三五隻，驅逐艦七六隻，巡洋艦二九隻，補助艦一四零隻。

第二是日本軍事技術的力量，日本的軍隊雖然是大量的增加和改進，但是在軍事技術上也極爲注意。在軍隊中，他們採用新式的大炮和新式的較完善的坦克車；對空軍物質部分的改良，也極力進行着。據蘇俄軍事家阿西克著「日本軍事計劃」一書，其統計有如下表：

軍械名稱	數量
各式機關槍	六、九四零架
七十五公分口大炮和一零五公分高比子炮	九六零尊
高射砲	二一六架
其他砲類	四一四尊
坦克車	七〇〇輛
鐵甲汽車	七〇〇輛
陸軍飛機	一、二八〇架

第三是日本軍隊的數量

日本陸軍總數，在平時僅有兵力三十四萬五千人，若到戰時可動三百萬人。但據蘇俄軍事專家阿西克的意見，認爲依照日本目前經濟和軍事技術的水準，戰時日本至多只能調達一百五十萬到二百萬人上戰場；同時因爲地理上的關係，日本要包圍如此長的中國海岸線，以軍隊數量的分配說，事實上是件不容易的事，且日本所要求的是速戰，而中國的地理環境則利於長期抗戰，以疲日本的戰鬥力，必能獲取最後的勝利。

總之，日本在戰時雖能動員三百萬人，而又以三百萬人配合最精銳的軍械，當然在軍力與物力上強過我軍四五倍以上，不過日本的三百萬人，却不能完全用於征服中國，至少日本也須留下將近一半的力量，來防備國際上的危險和維持本國治安。我國現有常備隊二百萬，在戰爭，卻可以發動全國大動員，在人數方面，甚至可達一千萬以上，同時在軍械方面，經常地保持着一千萬人軍械低劣的武裝部隊是不成問題的話。因此，我以爲只要我們把這一千萬的武裝部隊，當作遊擊隊去使用，則我國的戰鬥力，就可以大於日本了，日軍的進攻，是可以解決的。爲什麽呢？因爲我國如能採用最徹底最有效的運動戰，則最低限度的一些軍力與物力，是已足解決強過我軍四五倍以上敵軍的軍力與物力了。我們不是說日本軍隊最大的弱點，是不能作持久戰和遊擊戰的。敵軍雖有現代的精兵，「以優勢集團兵力，强求敵軍主力會戰」的法寶，在採用澈底的大乘軍軍動戰的戰略之下，是已經不中用的。所以我們認爲日本的軍力與物力雖比我國强大得多，但是戰爭的結果，勝利決不是强國的日本，而是弱國的中國，這是可以預卜的。

《时事类编》杂志封面

日本鐵蹄下東北同胞的生活慘狀

——爲紀念「九一八」而作——

宋斐如

一 日本佔領東北六週年

日本帝國主義佔領我東三省已達六個整年，我們廣大的大好領土受到它鐵蹄的踐踏，我們三千多萬的同胞日夜處在水深火熱的環境下。東北同胞六年來怎樣忍受的窮苦的生活；家庭怎樣分離失散，身體怎樣受着殘酷的刑罰，精神怎樣受着奇重的侮辱，……這些一切的一切，不但是我們關內的同胞應該詳細知道的消息，並且是漢奸及無抵抗主義者應深刻醒悟的當頭一棒。日前北平的朋友寄來一本「倭寇在東北的暴行記」（東北文化協會刊行），內容詳述日本帝國主義六年來在東北所行種種慘無人道的野蠻行爲，注重事實的搜集及紀載，實在是關內不容易得到的材料。又因這本小著作不是公開的賣品，歡迎同胞介紹，所以特爲利用這些材料編寫本文，以供關內同胞參考。

六週年的「九一八」和往年的「九一八」是有截然不同的意義的。日本帝國主義在六年前佔去我們東北，拆破我們的大好河山，願猶未足，今年七月又在蘆溝橋發動其對華北的侵略戰爭，更延而至於淞滬，我們持重隱忍已到最後關頭，整個民族遂奮起作全面的抵抗。華北抗戰已經過二月有餘，淞滬抗戰也已支持一月了，并且抗戰軍隊各方面都有步步勝利的趨向，侵略者過去冒險成功的理想已經完全粉碎而變成了迷夢了。我們能努力繼續我們全面持久的抗戰，「外強中乾」的日本侵略者自不難打退，我們的廣大失地也可以要奪回來。我們四萬萬五千萬的同胞，一齊奮起，能殘留在關內的東北同胞，現在正是「打回老家去」的時機了！

二 日本猙獰面目的表露

「不想窮，下關東！」這是流行華北各省的一句俗話，從這句話裏，便可知道東北是怎樣一個富庶的地方。

但是這句話在現在已經完全不能適用了，九一八事變後的東北，遭受日本暴行的蹂躪，已經由「人間天堂」變而爲萬刼不復的地獄了。

不過這日本的種種暴行，都並不是佔領東北後便大加施展的。恰恰相反，日本的勢力還未打定基礎的起初，他的政策却是溫和的。他生怕東北的老百姓起來反抗，便用種種陰險的手段來欺騙、來麻醉。口口聲聲平等親愛，就是要救救東北的老百姓，用「正義團」的名義放賑，用「博愛社」在街上賒米，藉着這一點點的小利益來想買東北人的心。等待老百姓的槍多半被收沒去了，日本的軍警也佈置好了，這才一變從來的溫柔政策而橫行直闖起來。

「初軟後硬。」日本的東北這種政策的改變，我們聽了小林鐵太郎所講的「滿洲建國主義」，也便可以知道。

小林鐵太郎是滿洲高等學堂的日人教授，去年七月，日本滿洲關東軍軍部召集僞國各重要機關公務員，聘請小林鐵太郎作如下的講演：

「在已往的經過裏，知道軟性的道德化的王道主義是不適用的，對於你們中國人是不能不用强硬的辦法的，我們今後的建國主義，必須改爲新的王道主義，這新的王道主義，建基於下面三個要素下面：第一，他是軍事化的，因爲非如此不能强而有力的去建設，非如此不能强而有效的剷除障礙；第二，他是一元化的經濟的，日本人比中國人優秀，應該站在統治地位來領導着你們中國人來作；第三，他是精神化(?)的。他求日滿不可分，日滿一體，……自今以後，爲了日滿民族澈底協合及未來雙方的幸福，對於那阻礙這新王道主義實行的叛逆分子，日方是不惜嚴厲加以制裁的，但這是事出不得已，你們不必恐怖，也不要認爲這是什麽大不了的事。……

日人是將自己的暴行公開的宣佈了，我們看看他行的都是些什麽事？

但是我們不要忘記：日本是禁止人民將東北的實況傳告出來的，下面的消息，只是漏網之魚，在日本嚴密檢查之下透露出來一點一滴。東北的人民有苦不能訴，實在的狀況，比我們所能聽到的，還要加甚萬倍呢！

三 「經濟統制」下的掠奪

日本爲了操縱東北的經濟，實行統制經濟策政，一面對已有的中國人的事業强行購買，一面又限制中國人新事業的創立。在現在，重要的產業如交通上的汽車，已完全被日人强制佔買，歸錦州的奉天鐵路局經營。電報、電話、電燈等，也完全併歸滿鐵電氣公司經營。再過幾年，在東北我們將再見不到中國人作的事業。

民國廿四年「僞國」在日人指揮下，行一種商標法，任何新設店鋪都要向官方登記，中國人無形中受了限制，不能註冊店鋪便無法開張。反之，日、韓人的商業却因之大發財源。如依照滿洲年鑑統計：民國廿二年日商註冊登記的爲一萬零五百四十五家；民國廿四年則增至一萬四千一百一十五家！

在現在的瀋陽煤炭印刷等事業已完全操在日人手裏了：如學校公共機關用煤炭，便必須到日本煤廠中去買，印一件信封紙名片也非到日人指定的印刷局印不行。日人對商舖的獨佔，不但任意把東西的價錢抬得非常高，而且因爲操着經濟大權，隨時可置中國人於死地。

在統制經濟之下，日本又行「農產專賣」的政策；對於東北主要農產的大豆小麥高粱等，日人禁止老百姓私相售賣，收穫之後，一定要賣給「官家」，至於價格自然是由「官家」任意規定的。日人從中居奇，廉價買入，高價售出，一賣一買間的操縱，便使老百姓幾乎不能生活。如在錦州，秋季時高粱價爲八角至一元，但到春初則漲至三元還多；小麥初秋時每噸價洋四十元，但到春初則漲至九十七元。

此外，日本爲了從東北取得工業原料，又任意命令老百姓種植他所指定的作物。如去年「僞滿洲國」實業部在吉黑交界地方設置大規模之飼羊場，購買得亞利安羊二百萬頭，蒙古羊一萬一千頭，強迫附近的農民飼育，不但良田改爲牧場，而且老百姓代養的羊，如有死亡，還要照價賠償呢？

在日本這殘酷的操縱與摧殘下，東北的農業是很快的衰落了。依照統計，民國二十一年東北產的豆共有五百三十萬噸，民國二十五年則激減爲三百八十萬噸！這就等於說從前一畝如產大豆五石三斗，現在則只能產三石八斗。

日本對東北經濟的操縱與獨佔，從東北對外貿易的統計上也可以看出來：民國二十四年到二十五年東北總入口的百分之七十都來自日本！

日本的排斥中國人，獨佔東北經濟，從日本近來投資的激增上也可以看出來。自僞國組織成立後至現在，日本通過滿鐵組織的股東已經有十二次，一共有三萬四千五百萬元。直接投資有七千萬元。如再加上購買中東路的債款一萬五千萬元及向在東北新建立的各公司的投資三萬萬元，則一共已有八九萬萬元了！

(僞國成立以來日本官民在東北投資額已達二十二億多元)

一切事業都由日人來作，一切經濟都操在日人手裏，這就是日人在東北施行統制經濟的目的！再過幾年，我們在東北將再不能見到中國人所經營的事業了！

自九一八事變的第三年起，日本即實行紙幣政策，要老百姓一律使用紙幣，有現洋都要存入僞國銀行，不使再行使用。用紙幣接來的銀與銅，用紙幣去買的錫與鉛，日本都集中合成大塊運回本國，一方面使東北民衆缺乏反抗的鐵器，一方面好製造他們要製造的東西。

東北同胞因爲不堪日人的種種滋擾，許多便想重囘關內故鄉。在起初，日本在急需勞工建築道路與軍事工事，是禁止東北人囘鄉的。後來禁令取消，但限制人民出境帶款，每人只許帶五十元的路費，再多了是要給官家沒收的。但到紙幣政策已見實行的現象，「滿洲國」的紙幣出境後便成廢紙，許多同胞簡直連路費也籌不到了。數年勞苦的積蓄雖說不少，但他只能空嘆「有家歸不得!」

東北與內地的匯款，也是要受限制的。東北有錢的人，要向關內匯款，必須要向銀行中的日人塡表聲明用途，然後才准匯寄，匯寄數目，每人最多不得過五百元；如匯千元，至少須化用五六個人名分匯五六次；但一旦敗露，便要沒收。

從關內向關外匯錢，最多也不得過千元，匯款人必須說明用途，找具保狀，方能領出，如果用途不明，也有被沒收的危險。

日人在東北又極力排斥中國人，現在各機關各地方，日人都一天比一天的多起來。至於有職業未加排斥的中國人，也多半幾乎無法生活。如拉濱線的鐵路工人，去年曾一直有半年的工夫不發薪。在工廠裏工作的中國工人，受待遇也非常的不公平，如在瀋陽，日、鮮人一日可得工資一元餘，中國人則僅能得三四角。(未完)

日本鉄蹄下東北同胞的生活慘狀（續）

宋斐如

四　武裝移民強佔民田

日本佔領東北後，為了伸展他的勢力，便實行「武裝移民」的政策。依照日本拓務省的滿洲移民計劃，二十年間要移五百萬人到東北去。移民津貼共分作三種：集團移民平均每戶五人，發給補助費一千元；農業自由移民每戶五百元；其他自由移民每戶二百元。這些移去的日本人和朝鮮人，都帶有槍枝彈藥，預備鎮壓中國叛民。他們如需要土地，便由官廳定出價格，由日人或韓人選擇着強買。這官定的價格，據說是非常不公平的：如富錦、依蘭、土龍山等處，原來土地一畝可值三四十元，但日本卻以每畝五元的價格強買了去。日本樂意買那塊，便可買那一塊，中國人是不許不賣的。富錦有王姓一家，因不願將自己的土地出賣，便舉家老小八口一齊被日本槍決。此外，日人又到處強租土地：他們見到願意種的好地，便不管你地中是否有禾稼，卻將收穫立刻便租了去。賴安縣因此曾引起農民暴動，但雙方對打一天一夜的結果，農民失敗了，村莊被焚，有壯丁七十六名，一齊被日人槍決。民國廿三年的依蘭農民暴動，中國人被殺二千餘人，也是由強佔農民土地引起的。

強買與強租之外，更令人難堪的還有「強佔」。日本和朝鮮浪人，見到美肥的好地，時常要直接佔為己有。單就吉林東部及拉濱綫沿線說，日本在計劃中要佔取的田地，便有一千萬町步(每町步約當中國十六畝多)。木寨一區，也有二百五十萬畝。(每英畝合中國七·〇八畝——此消息得自西文雜誌)

例：黑龍江有個大富戶，數代的辛苦經營，頗有一些資產。日人得知後，便想把該富人的財產沒收，但是因為對該富戶的財產真象不明，一時不好下手。後來日本官方派去日人十數名作該富戶的監督生，說是為了幫忙，也順便學一學富翁經營產業的方法，等那十多名日人對該富戶的財產真象明白了，日本便派軍警將該富翁抓去，財產沒收。

五　苛捐與雜稅

日本初到東北時，苛捐雜稅減免一部分：腦筋簡單的老百姓，都以為真的從此能過太平日子。卻沒想到這完全是日本欺騙的政策，只是一種緩兵的計策。現在的東北，比從前重到千百倍的苛捐雜稅，是一天比一天的多起來，如東北人民喂狗，日本便命令每隻狗都須帶一個銅牌子，這銅牌由官廳出賣，每個價洋三角，老百姓飼養的雞鴨鵝，也要上稅，每五個編為一架，一架每年要納稅七角。此外如屠宰捐，每隻豬四元二角，羊二元五角，牛六元，實重到空前未有。這些之外，因恐怕人民加入義勇軍，又有一種「良民證，」用來證明人不是胡匪。凡十二歲到六歲的人，都要用連保的辦法向官廳登記，每人配帶「良民證」一張；每張售價一角，適用一年，到第二年經檢查之後又須再買。此外的捐稅，更有所謂：地畝捐、警學捐、民團捐、戶口捐、灶捐、喪捐、喜捐、大排捐、公路捐、公益捐、濟貧捐、剿匪捐、門牌捐、保甲捐……千奇百怪，筆難盡述。

依照日方的統計，到去年止，東北的田稅增多四分之一；畜稅增加七分之一，戶口稅增加四倍。這因為：移民、築路、打義勇軍……處處都需要錢，日本不能不橫徵暴斂以蓋支出。支出的預算出自田畝的，起初只佔百分之五十，去年則已增加到百分之八十了！自民國廿二年到廿五年，日本在東北的開支共三十萬萬日元，這些負擔無疑都要出在東北的老百姓的身上！

在現在東北的城市中，各商店所納的定額經常捐有三種：（一）每月按照營業額納捐千分之五，這捐比從前已加重了五倍，（二）每月按照純利潤再納捐百分之十。（三）估捐（？：）這是任意規定的。日本憲兵對商舖先行調查，認為商舖一共值洋若干，便依之定出定額的捐，到期必須交納。這估計的數值當然是非常之高的。據瀋陽來信得知：資本二千元的商舖每年所應納的估捐存百元左右。

除了這重重的定額稅之外，又常有臨時的攤派，如去年便曾派過兩次「援綏」勞軍捐；前年日本地震時，又曾派過「日本地震捐。」臨時捐有時多有時少，稅額任意規定，每年總要有十數次。

因為稅額太重，許多店舖便不免有漏稅的事情。日方於是自廿五年九月起，限制各商舖都要用複寫式帳簿，賬底寫兩份，一份存放，一份報官。這種報告，每兩天一次，是不能少有延誤的！是報時手續複雜煩難，時被嚴行查問。

六　毒化政策

日本佔領東北之後，頒佈了鴉片毒品公開售賣的命令。在各村鎮都廣設煙館，說是要恢復東北人的自由。現在的東北，是癮君子的樂園，因為雖是窮鄉僻壤的一個小村莊，也都有煙館一兩處。

此外，更强迫東北人民種植鴉片；現在已有不少地方依照官廳的命令，每百畝田便須種大烟五畝，每畝抽十五元的種植税，白面、紅丸、海洛因等，在東北自然也是非常流行的。

日本又怕僅只毒品一物還不足以陷害中國人，又在各烟館中設有女招待，藉其招待的力量來誘陷中國人。如單在哈爾濱市，現在的烟館便共有八十所之多，女招待共有二千四百人。

日本自朝鮮或本國運到許多楊梅病毒很深的妓女，在東北廣設娼館。因爲娼館設得太多了，日本已有病的妓女不夠用，便又向東北鄉村中强行索要年輕貌美的婦女，去做娼妓。在撫順東邊的高家屯，駐有留守的日兵五十名，見村長的女兒美麗，便向村長强索二十名少女來供使用；村長無法，只好由村中公款以三百元一個的價錢，買來少女二十名常差。這二十名少女經這五十名日本兵姦污後，便充作官妓，在村中設立了一家娼館，廉價賣淫。

在東北，賭博又是公開的，最流行的是「花會」。「花會」共分三十二門，好像押寶，如能押中，則賠卅倍。窮的富的因此傾家敗產的不知有多少。

所以在現在的東北，任何一處都可見到許多烟鬼賭徒。這些賭徒與煙鬼，是法律承認的順民，因爲他們太多了，真弄得良民也無法安居樂業，朝夕都要掛念着他們的搗亂。

七 奴化教育

現在東北的教科書，已經完全修改了，歷史由遼金時代講起，關於中國史隻字不提，將使中國人再不知道自己是黃帝子孫。如初中一年級講本國史，第二年便講日本史。至於修身的模範人物，也完全是日本歷史上的有名人物，最近又規定以日語爲標準外國語，成爲每週六七小時的必修科。「日滿親善」呀，「大亞細亞主義」呀，「感謝友邦之扶助」呀……滿書都是這些東西。

在校中，小學生少有愛國行動的嫌疑，便横被毒打。但只此還不算完，還要責罰家長，因爲他們說這是大人教育小孩子如此的。

現在東北的各中小學及專門學校，都有一個日本人作副校長，學校中的教員日人也一天比一天的多起來。這副校長，對校中事務有處理的全權，有好多事經他手中辦過，校長及教職員多半是一點都不知道的。

在學校裏任事的中國人，時常要被日兵傳去問話、搜查，又時常被捕或失蹤。在校中受日人的嚴厲監視，説不定何時會犯罪，所以一點都不敢有所動作。又因爲日本排斥漢人，常常大批的撤換中國人，所以他們多半抱着「五日京光」的心，持着「無所謂」但求敷衍的態度。在這樣的情況下，許多學校上課實與不上課一樣。——開學也不能進行課程的。

學校用的教科書，又完全由日本官家發給，他處買不到也不許買。這發來的書籍到來總是非常遲晚，有時學期已快結束，課本還沒有到。教員編的講義，又須先呈長春文教部的特務科檢查批准後方能使用，許多教員因恐出言傷身，所以多半不敢編寫，因為這樣無書可讀，許多學生在校中也便只有空度光陰。

東北的高等學校如大學及專門學校之類，現在多半奉令停辦了，因為照日人說來，中國人只可受小學的工匠教育，是不配受高等教育的。也正因為這樣，現在東北的中小學中勞作的科目特別加多，每天都要學生到街上去掃馬路，淸除溝，校中燒飯打水許多事情也完全由學生去作。

東北的教育完全依照日人的意旨去辦，是澈底的奴化教育，他將使中國人甘作日人的馴順牛馬，再不知道自己是中國人。可是雖然如此，日本倘覺不足，要對現有的教育橫加摧殘。

（一）去年五月二日溥儀訪拜日本天皇歸來，有一封「回鑾詔書」發表，裏面完全是講的「日滿親善」、「民族協合」一類的話。這詔書凡學生都要能背誦的。該五月二日並定為「訓民詔書紀念日」，所有東北學校都要舉行紀念。岫巖縣基督教會私立之匯文小學在舉行紀念時，遇到「向皇宮遙拜」一項，該校師生因為是基督教徒，不願下跪。縣政府的日人參事官便大發雷霆，立令該校停辦，且羈押該校全體教職員。

（二）去年夏天五月廿五日，救國軍第四路指揮曹國士等在鳳城縣境與日軍接觸，日人派大批軍隊將該義勇軍打走後，卽大行搜索。日軍守備隊長搜索到九溝峪時，到學校中去休息，見該校校門室內張貼有以下這類的標語：「青年人生當如流水，遇着障礙越過去」、「青年如夜入深林，須左手提燈右手提劍。」便問校長說：「這標語寫得很好，但不知是誰寫的？」校長不知牠的惡意，便將寫者韓佐周的姓名告訴他。該日本軍官去後不幾日，韓某便被捕，下落不明，該校亦奉令停辦。

在日人這樣的摧殘下，東北的學校是大見減少了。依照官方統計：九一八事變前東北中小學有兩萬一千所，事變後則激減至一萬四千所，到去年則更減少至八百所了！日本將使中國人都變成一無所知的混蛋！

對教育的摧殘，最殘忍的尤其是對知識份子的橫行殺戮。

例：1.齊齊哈爾第一師範的體育教員王桂華，音樂教員崔士奎，第一中學校長王紫卿，體育教員王文彬，工科職學體育教員劉古學，商科職校體育教員龐秉鈞，女子師範國文教員厲通綱，日文教員胡超凡，附小主任楊樹德，一師附小第一部主任李保全，第二部主任張永，私立龍江中學體育教員徐君，第一師範學生劉珍等四人，女子師範學生馬文鴛等二人，市政局股長劉嵩山，民報社長王甄海等七人，教育廳體育股長姜賡年，科員鄭炳寰，視學厲通維，這些人同時被捕，五人被槍決，其餘的公務員被判了十五年的有期徒刑，學生被判六年的有期徒刑。一師學生楊潔華，北大畢業生

李維周等，無緣無故，竟然失蹤，不知下落。其他未被捕的學生和教
員，也說不定何時會犯罪，再也不能安心上課。他們時常要被憲兵
傳去問話，鋪蓋衣服也時常被日兵三番五次的檢查。
2. 去年夏天暑假前數日，岫巖縣大石橋日人守備隊長提茂
經析木城路過時，到該村學校中去查看，在教員室內發見二本矛
盾著的追求與幻滅，即以為該校教員吳某是思想犯罪，當即抓至
警察分駐所，後來去落不明。
3. 岫巖縣教育股長王某，去年春天三月底，自北平接到同學
王某的一封信，詢問王君之子何以不來上學。該信不幸被該縣特
務指導官野口檢出，即以為王某勾結反滿抗日份子，當將王某捕
去處以極刑。 （續完）

《申报周刊》杂志封面

日本對華作戰的面面觀

斐丹

我們爲東亞和平，和東方民族的前途着想，當然希望東亞的二大國，就是中日兩國，能夠切實的親善，提攜和合作。但是一部近世中日關係史，已經告訴我們，這簡直是一件不可能的事。至於中日親善，不可能的根因，誰都知道是由於日本的大陸政策。因爲日本的大陸政策，完全以侵略他人的利益，尤其是以侵略中國的利益爲主。所以日本若不放棄他侵略中國的大陸政策，兩國的親善無論如何是不容易實現的。

在最近數年，因爲中國民族的漸次覺醒，所以日本對於大陸政策的推進，也日趨積極。數年之間，在全國各處發生事故，引起糾紛的事，已屢見不鮮。日本方面動輒將關東軍開入關內，派軍艦到我沿海各處示威，我國爲息事寧人，總是委曲求全，予以和平解決。最近日軍又在華北啓釁了，同時東京方面，亦一似大戰之將臨，作各種有聲有色的準備。我們從歷史上看，從日本所持的對華政策看，從中日兩國關係的現狀看，雖然可以知道中日的親善，是不容易實現的，或可以說，日本總有一天要向中國下總攻擊令，戰事是不可避免的，但是我們要問：「現在已到了日本對華下總攻擊令的時期了嗎？」換句話說，就是現在是不是日本對華作戰的最好時機？現在就個人見聞所及，對於日本的對華作戰，從政治、外交、經濟與軍事方面，作一個簡單的考察。

政治方面　對外作戰，以日本過去的經驗說，實爲解決國內政治糾紛的最好方法。因爲在對外戰爭的大前提之下，各政派都能捐棄私見的。但在過去所以能有這樣情形，原因就是在那時日本農村和都市間的利害，尚能一致，同時資本家與勞動者間的階級對立，亦不深刻。申言之，在中日戰爭和日俄戰爭時代，日本的農村與都市的相依性很大。在那時都市工業所需的原料，都求之於國內農業，而工業的製造品，亦是以國內農村爲主要銷售市場；同時資本家與勞動者間的階級對立並不顯著，而勞動者階級的勢力亦未形成。因之，在當時日本的政治上，政黨所代表的，並不是階級的利益。只要一看日本各政黨的政綱，在實質上沒有很大的差異，這一點，就可以得到一個證明。這是當時政治問題容易解決的原因。

如果以過去的眼光，來看目前日本的政治，那末近衛文麿的能鎔軍部、政黨、官僚於一爐的舉國一致內閣，實爲對外作戰的一種政治機構。但是我們要知道，因爲社會經濟情形的變遷，日本政治的本質亦已變化了。那就是現在日本都市工業所需用的原料，主要的都求之於海外，而他的製造品，亦完全以海外市場爲對象；於是雙方的關係冷淡了；加之日本殖民地的獲得，因殖民地的農產物價格比較低廉，更加使日本國內的農業受壓迫，而使農民生活貧窮化，日本農民對於這一點是看得很清楚，於是在過去，日本的農民運動，是曾經以很快的速度，發展起來，軍部亦深以此爲憂，而提出救濟農村經濟的辦法。現在日本的農民運動，表面上雖然較爲沉寂，但是這不是農村救濟的辦法已經奏效，而是由警察網所鎮壓着的。勞動階級的情形，亦復相同，他們漸覺悟到，由戰爭所得來的利益，和他們沒有很大的關係。對於此種趨勢，我們如果要以政治上的事實來說明，那末近數年來，日本無產政黨候選人獲選率之高，所得票數之多，及其發展之速，可爲最好的證據。此種潛流的動向，實爲日本政治上最大的問題，如果我們因爲近衛的對軍部、政黨和官僚，應付得很圓滑，就以爲日本在政治上已經沒有問題了，那就不免忽視了此種潛流的動向。我們可以說，近衛內閣的舉國一致，只有在平時能發揮一點力量，一到了戰時，那末他的缺點，就會暴露出來的。

外交方面　一部近世世界外交史，可說就是一部同盟外交史。這就是說明武力與外交，在近世戰爭上，是有着不可分的關係，一國武力的強弱，與戰爭的勝負，固然有關，但是外交的力量，可說更爲重要。因爲外交能獲得與國，而增加戰鬥力，和減少戰時的種種不利。所以我們從目前日本的外交情形看，日本對華作戰，外交形勢實在有些不利。我們知道與遠東利害最有密切關係的英美蘇三國，和日本的關係，都不良好。在黑龍江兩岸，蘇日的軍事衝突，幾乎有隨時爆發的可能；英國則因日本數年來的在華行動，而完全失去了對於日本的信任心；美國則自斯汀生宣言發表以後，不欲再與日本有何商談。這三國有一共同的現象，就是數年間都埋頭努力於遠東軍備的充實。三國的充實軍備，誰都知道，這並不是他們的國土，受着日本軍事力量的威脅，而是爲的他們的遠東市場，有被日本獨佔的危險。所以我們可以說，三國的充實遠東軍備，是爲的監視日本的軍事行動的。日本在三國的監視之下，而要對華作大規模的行動，當然不能居於有利的地位，這是很顯然的。

經濟方面　在經濟方面我們可以分做兩點來

說，第一是在日本目前的經濟力量之下，是否有餘力可以開發其他的土地；第二是在目前日本的經濟狀況之下，日本是否可以與他國作一決戰。

說到經濟力，可說就是一國的生產力和儲蓄力。目前的日本他的生產能力，據一般估計年達一百五十萬萬圓，但是所生產的財貨有一百二十萬萬圓，是充當全體國民的費消的，剩餘而可供儲蓄的部分，共爲三十萬萬圓，這就是可供開發新經濟力量的經濟力。這三十萬萬圓之中，由所得者直接投資於各種事業的，有十五萬萬圓，而存於銀行，信託，保險等金融機關的則爲十五萬萬圓。這十五萬萬圓，就是可由金融資本家來投資的經濟力。可是目前的日本因爲擴充生產力的積極進行，所需的資金甚多，據日本銀行的調查，今年上半年，日本各項擴充生產力的計劃，他所需要的資金達十八萬萬二千五百萬圓之多，從這點看來，則現有的日本經濟力，供給自己擴充生產力之用，尚感不足，所以我們可以說，日本在工業上雖然需要國外的原料，但是他目前可說是沒有開發其他地方的餘力。所以從第一點說，現在並不是日本對華啓發戰爭的有利時期。

再者，日本的經濟，在軍需景氣之下，雖然好像是很繁榮的，但是他的內容極其脆弱。上半年的六萬萬四千萬圓的入超，可說是此種脆弱性的明證，此外通貨，物價等都成問題。總而言之，日本人以爲目前一切經濟上的問題，都是由擴充生產力而來，等到生產力擴充之後，其他問題都可迎刃而解。經濟問題的內容固然並不如此簡單，不過從這一點來說，日本目前並沒有做到這一步，並且戰爭爆發之後，生產力的擴充也更要發生阻礙，那是無疑的。

軍事方面　在中日戰爭之後，日本就不把中國軍事力量放在心上，他們以爲阻礙着他們大陸政策的進行的，是國際的力量，就是英美俄的勢力。可是近數年來，中國的軍事力量已經比較從前進步了。同時因爲地理上的關係，日本要包圍如此長的中國海岸線，以軍隊數量的分配說，事實上是件不容易的事，且日本所要求的是速戰速了，而中國的地理環境則利於長期抗戰，以疲日本的戰鬥力，獲取最後的勝利。同時蘇因日關係惡化，日本必須有巨大的軍力，以與蘇聯的遠東軍力對抗，所以在目前的東亞形勢之下，是否容許日本對華作大規模的作戰，計劃是很成問題。如果日本與我國作戰，他的戰略必然是集中重兵於一方，佔領我一二重要地點，同時再在沿海各地企圖擾亂，而利用我國息事寧人，希求和平的心理，以爲對我交涉的有利根據。所以我們希望當局切實佈置，勿墮入日人的奸計。

所以我們從各方面去看，覺得日本在目前狀况之下，日本除非如西諺所謂「天之將使其人死，必先使之瘋狂」，則日本決不致於挑起對華全面戰爭的。對於此次日本在華北的軍事行動，我們以爲大概有如下幾個目的：（一）阻止冀察與中央的接近，以遂其分化中國的目的；（二）年來日本頗傾力於英日的妥協，力求英國承認其在華北的特殊地位，而無何等具體結果，於是而有此次的軍事挑釁行動，以期遂其侵略的目的；（三）過去數年，日本在華行動，都得到了預期目的以上的收獲，這很助長了日本軍人好大喜功，輕舉妄動的傾向。我們相信，我們政府於這一次如能予打擊者以打擊，則今後日本軍人的氣燄才可以稍減，而東亞的局勢亦才可比較漸趨於安定。我們要曉得，我們必須抵得住日本的侵略，才能自存，才能講和平。

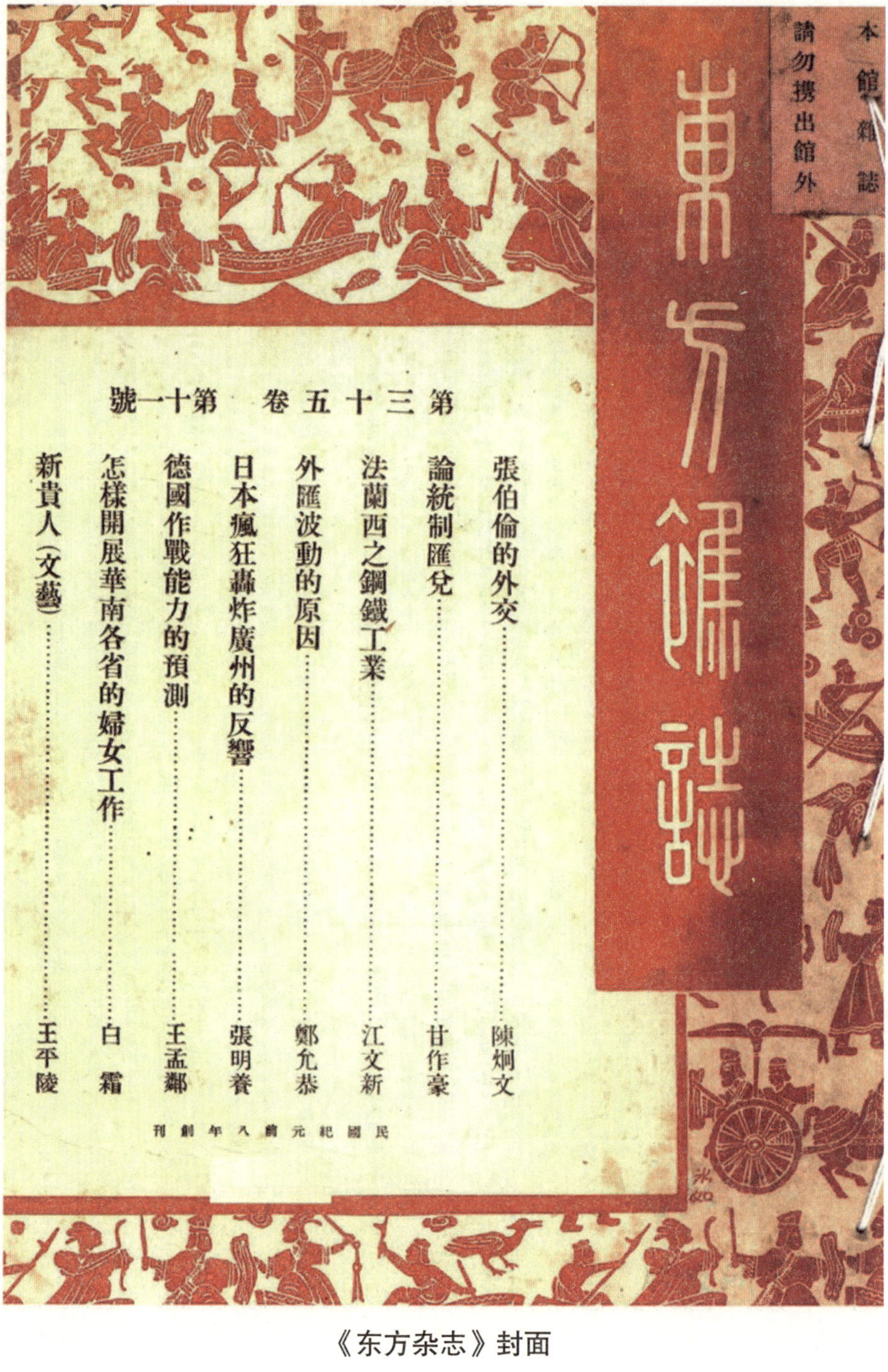
本館雜誌
請勿携出館外
東方雜誌
第三十五卷 第十一號
張伯倫的外交……陳炯文
論統制匯兑……甘作豪
法蘭西之鋼鐵工業……江文新
外匯波動的原因……鄭允恭
日本瘋狂轟炸廣州的反響……張明養
德國作戰能力的預測……王孟鄰
怎樣開展華南各省的婦女工作……白霜
新貴人（文藝）……王平陵
民國紀元前八年創刊

《东方杂志》封面

日本瘋狂轟炸廣州的反響

張明養

中日戰爭自去年七七事變開始以來到現在已將及一年之久。日本帝國主義在發動戰爭之初原欲速戰速決在極短時期內屠至我們「屈膝」但我們四萬萬五千萬的同胞在政府指導之下對於日本帝國主義的進攻卻作堅強的抵抗，到了現在雖然失地數省，犧牲人民數十百萬，但是屢敗屢戰愈打愈有精神非達到最後勝利的目的不止。這樣一來日本的速戰速決策略業已失敗而將自己陷於深不可拔的泥沼中了。

日本帝國主義爲着解救其自身的困難起見一方就改組內閣一面則加緊進攻中國以冀早日結束戰事。在此新的策略下，敵人除了派大兵向漢口進攻以外並以百餘架重轟炸機輪流飛往華南的重要地廣州市區日夜不斷的轟炸從五月二十八日以後一連繼續十餘天之久以致我國的無辜人民慘遭敵機的轟炸而死傷者達八九千人之多至房屋醫院學校之被毀者更不知其數。敵人這種野蠻的瘋狂的暴行原來是想摧殘我國後方的民氣減弱我們抗戰的力量但是敵人的企圖非但沒有實現而反造成相反的結果因爲我們全國人民眼看到同胞的父母妻子慘遭敵人的毒手而犧牲因之對於敵人的暴行更痛心切齒而圖有所報復所以這種野蠻無人道的暴行祇會增強我們全國人民對於敵人的仇恨而更堅強的抵抗日本帝國主義的進攻。

上面是就對國內方面說的在國際上日本帝國主義的野蠻暴行更引起全世界人民的嚴重譴責。六月八日倫敦新聞紀事報社論說『這種野蠻的屠殺全然爲赤裸裸的恐怖主義而無其他目的。日軍繼續不斷加強空襲的作戰計劃除表示其野蠻外而其暴虐殘忍亦昭然若揭。日本之侵略中國係欲揭止中國之反日宣傳但任何反日宣傳熟有勝於此種對廣州的屠殺之舉此爲可想而知者』九日每日先驅報評論云『轟炸非武裝人民係屬暴行爲文明人所最痛惡各國宣言抗議於事無濟英國人民宜要求英政府貸款於中國以鞏固空防此爲譴責日本之最有效行動』巴黎的共產黨人道報於九日著論稱『外交上的抗議毫無效力我們必須抵制日本貨物以扼日本侵略者的咽喉並援助中國接濟中國俾克戰勝日本且須迅速爲之。』其他各國的輿論也一致對日本的暴行加以嚴厲的譴責倫敦各界並舉行示威運動向日本駐英大使館提出嚴重抗議。

此外英美法各國政府對於日本的狂炸不設防城市也多向東京提出嚴重的抗議。美國國務卿赫爾更於十一日發表談話稱美國決定以勸請之方式阻礙飛機製造家以轟炸機售與日本以爲轟炸中國平民之用。美政府的這種決定雖不是強迫性質但在精神上則可阻止美國飛機廠出售飛機給日本。

各國的這種嚴重譴責日本的暴行一方面是爲人道主義着想一方面也是爲着維護國際法的尊嚴因爲國際法是規定不許轟炸不設防的城市的即退一步說有些人主張對於不設防的城市亦可加以轟炸但這也祇能以軍事目標爲限而現在日本帝國主義的殺人武器卻濫施轟炸，致我國的無辜平民死傷數千之多（單就最近廣州的轟炸而說）日本軍閥的殘酷行爲可想而知無怪要引起國際上嚴重的反響。不過各國單是外交上的抗議是沒有多大效力的，我們希望各國政府能進一步的採取實際的行動如切實抵制日貨禁止殺人武器以及軍用原料運往日本，祇有這樣才能阻止日本帝國主義野蠻的暴行。同時我們自己也須極力加強政治上經濟上與軍事上的抗戰力量以驅逐日本帝國主義的勢力出境，而替數百萬已死的同胞報仇。

六月十五日

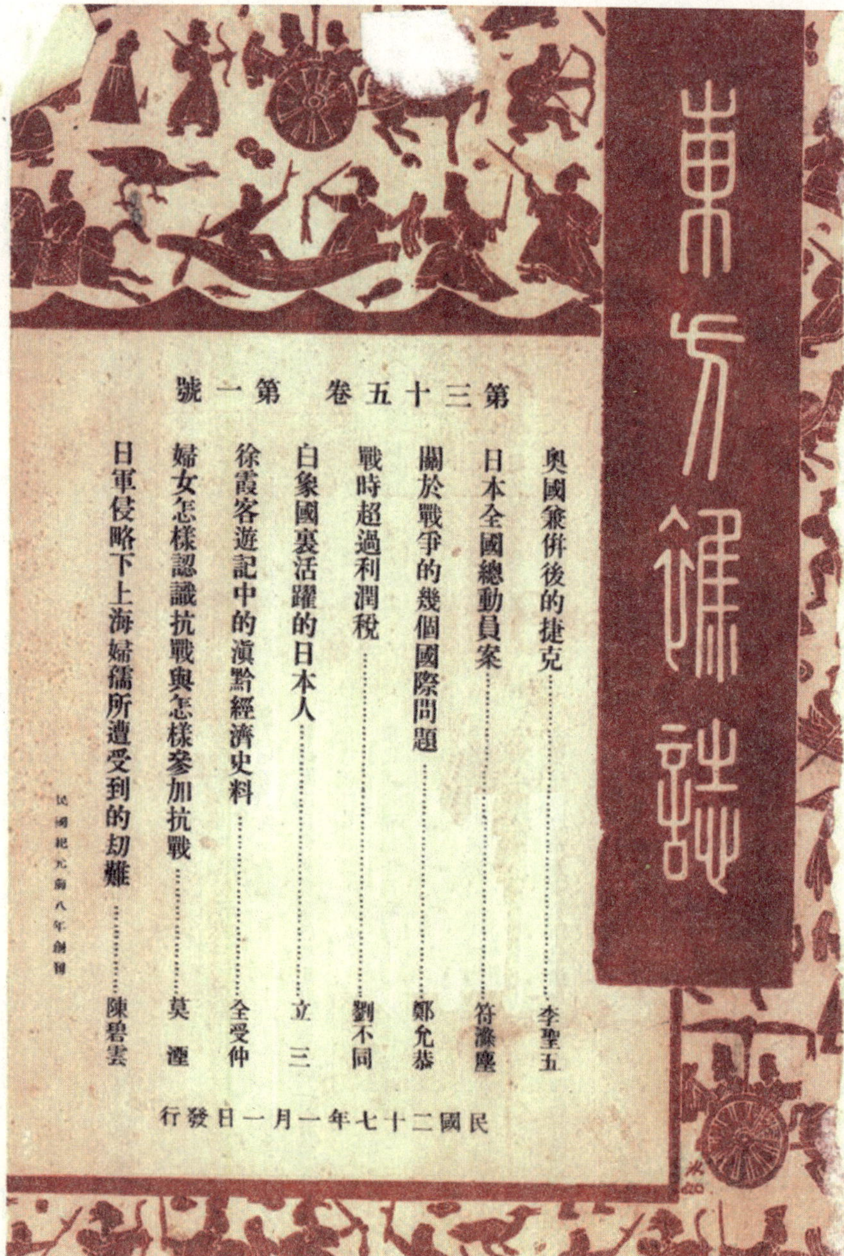

東方雜誌

第三十五卷 第一號

奥國兼併後的捷克	李聖五
日本全國總動員案	符滌塵
關於戰爭的幾個國際問題	鄭允恭
戰時超過利潤稅	劉不同
白象國裏活躍的日本人	立三
徐霞客遊記中的滇黔經濟史料	全受仲
婦女怎樣認識抗戰與怎樣參加抗戰	莫湮
日軍侵略下上海婦孺所遭受到的刼難	陳碧雲

民國紀元前八年創刊

民國二十七年一月一日發行

《东方杂志》封面

日軍侵略下上海婦孺所遭受到的刼難

陳碧雲

自盧溝橋事變發生尤其自上海虹橋事變發生，日帝國主義挾其全國的海陸空軍向我們猛烈地進攻以來，時間不到半載，我整個民族所遭受到的損失與犧牲，恐怕除了第一次世界大戰所造成的以外，這是絕無僅有的了。但這瘋狂的侵略還正在進行之中，由這侵略所造成的損失與犧牲究竟怎樣現時還無法估計。現在我們只就上海這一角的婦女和兒童所已受到的刼難來略一檢查，或者由此可以推測或想像到我們整個民族所遭受到的災禍之浩大吧！

上海的戰爭自「八一三」開始至十一月十二日上海完全被陷落，僅僅三個月，在這三個月中人民尤其是婦女和兒童們所受到的浩刼簡直不能以筆墨來形容。單就難民方面的情形來看，便已經夠我們動魄驚心了！據中華慈幼協會最近關於難民情形（牠主要是調查兒童的情形）的調查統計如下：

英法兩租界共有收容所一四二所，計收容難民成人七一、二四二人兒童三四、八〇四人

南市難民區共有收容所一二〇所，計收容難民：成人六〇、五四五人兒童二九、八二〇人。

難民區住戶要求食糧已登記者二五二〇戶，計：成人五一、二〇二人兒童二五、二一八人。

難民區未登記住戶約計三〇〇餘戶，約計：成人二三、五〇〇人，兒童一一、五〇〇人。

全滬現有難民總計成人二〇六、四八七人，兒童一〇一、三四二人。

由各同鄉會及各收容所已遣送回籍的難民計：成人二〇六、七〇八人，兒童一〇一、八二〇人。

英法兩租界難民死亡人數成人一三、一五八人，兒童二二、〇六三人。（此統計自八月十三日起至十一月三十日止。）

南市難民區死亡人數成人四〇七八,兒童三〇四八。(此統計自十一月十七日起至十二月十日止。)

道個統計對於難民的人數只是根據於難民收容所及各同鄉會遣送回籍的實際記錄。所以這個統計所載的數字,還不能包括由上海戰爭發生以來被難的難民。因爲還有無數的難民,特別是上海四郊的難民,都沒有經過上海而直接向內地各處逃難去了。至於難民死亡的人數,完全是根據於同仁輔元堂和普善山莊所施發的大小棺材數目統計起來的,所以也還不能包括全部難民中的死亡人數。因爲在上海四郊和日軍佔領區域的難民死亡者,是沒有經過同仁輔元堂和普善山莊兩個慈善機關的施棺掩埋的。

但我們只就上述的難民數目(六十餘萬)和死亡數字(卽英法兩租界難民收容所的三十萬人中死了三萬五千餘人)看來,就已經很夠駭人聽聞了。至關於難民的一般痛苦情形,我們在這裏不願多加描寫,大概人們都可以想像得到的。我們只就婦女和兒童方面來簡略說說。據慈幼協會負調查責任的人說『現有的三十餘萬難民之中,約有三分之一是兒童(卽一〇一、三四三人),其餘二十餘萬人中有·大半是婦女。所調查的三萬六千餘死亡者中兒童和婦女約佔三萬。爲什麽婦女和兒童佔難民全數三分之二以上呢?因爲壯年的男子們容易逃跑。只有兒童和婦女們是難於逃走的。至於婦女和兒童的死亡率所以特別高更明顯地是由於婦孺的抵抗力特別弱的原故。我們知道,在難民收容所中各慈善機關所分配的食糧已是十分不夠,但最令人痛心的,是一班辦難民收容所的負責者,還要從那十分不夠的難民食糧中尅扣一部分,因而使難民的營養更加不夠。這種情形特別對於喂乳的母親和兒童絕對不利。有許多乳母因爲營養不足沒有奶,便只有用最壞的稀飯甚至大餅和油條之類的東西來喂嬰兒,結果嬰兒因消化不良便十有九死。此外毫無衛生設備與醫藥缺乏,也是抵抗力較弱的婦孺所以死亡特別多之重大原因。至於未死的婦孺,大半都是臉無人色,十有九病的。這是凡參觀過難民收容所的人都可以親眼看得出的。

但是,中華慈幼協會的調查,僅僅只注意到兒童方面,對於婦女方面的情形是沒有注意到的。並且牠所注意的兒童情形,也只限於兒童的死亡率,很少注意到被難兒童之一般的情形。關於這方面十二月十七日的大美晚報晨刊上有一段『特寫』,我們很可拿來作一個補充的例子。該特寫的大意如下:

『自從上海淪爲戰區,已不知有多少市民遭遇了劫難。而一般無知孤嬰們亦同罹此禍。

『在一個偶然的機會中,記者昨天去參觀了天主教仁愛會所主辦的「戰時難嬰臨時收容所」……據負責管理該所的一個老媽媽告訴記者,仁愛會本來不收容嬰孩的,因爲自從戰爭發生以後各方面送來的難嬰實在太多了,起先還可設法送到南市普育堂去寄養，自華軍退出了南市，就沒有辦法了。這裏三十多個難嬰還僅是三星期內從各方面收集來的……

『接着，她領導着記者參觀那些難嬰，有的僅出世不過幾天，最多是一兩個月的。有幾個面頰尚稍帶有蘋果似的可愛色彩，但大多數却是顯露着營養不足的面容，有的簡直瘦弱得有些可怕。

『那些孩子，差不多都是從馬路角垃圾桶邊廁所裏等等地方拾來的。當拾來的時候，有的尚是剛出生，血淋帶滴地用蒲包裹着，有的僅用一塊爛碎的破布捲着，凍得已快半死了。也有是從他們中流彈或炸死的母親們胸懷中救護下來的。

『那老媽媽說着，她指着一個有一對令人愛憐的大眼珠的孩子說：「這孩子拾來還不到一週，發現時她是被綁在一個郵筒上面。救下來的時候，身上有他父親的一封信，字跡秀氣極了，想必是個有學問的人。信裏說孩子的母親給日人的飛機炸死了，他自己又決定從軍去，留下孩子無法處置，所以祇得忍心棄之，以求仁人君子的救濟……」

『她接着還告訴記者，她原是在南市普育堂裏服務的，當閘北戰事吃緊的時候，那裏還收留着一百多個難嬰，後來日軍佔領南市，育嬰堂臨時不及遷移，留下了七八個看護照顧孩子，後來該處有人每夜向該堂吵擾要「女人」，那些女看護們都嚇得不敢露面，最後沒辦法，還是由教會方面向法租界當局商量，派了一輛汽車把她們救了出來。而那一百多個難嬰，因爲交通關係，牛奶來源斷絕，自來水也沒有，都先後病餓死掉了。』

從這一段形容盡致的特寫中，除了南市普育堂一百餘嬰兒因敵軍佔領南市後活活被餓死的悲慘事實外，還告訴了我們以下值得特別注意的兩點：（一）許多孩子都被父母拋在馬路角垃圾桶邊和廁所裏；（二）孩子的母親有些在敵人的炸彈或流彈之下死亡了。由此我們可以推想在上海戰區內及全國各地有無數抱着或揹着孩子的婦女是被敵軍炸死了或流彈打死了。有無數孩子是被拋在馬路角，垃圾桶邊，廁所裏以及荒山曠野甚至河流溝壑中去了。

此外，最近上海南市難民區中更發生了一個極悲慘的活劇。就是自日帝國主義於上星期藉口搜查難民區開始綁架難民以後，便有好幾千男性壯年難民被日軍帶走，不知去向。因此幾萬已經受過極端痛苦的難民，更加陷於異常悲慘的恐怖狀態之中。據當時目擊的人說，差不多每個難民都長噓短嘆，神魂不定，每個難民都感到求生不得，求死不能。尤其是那些被架去的幾千難民的妻子及其兒女，一個個淚流滿面，臉無人色，有許多婦女竟因此發瘋了！現在日軍已經強佔南市整個的難民區，並且大批地繼續架走壯年難民，此後南市難民區數萬難民的命運，尤其是婦女和兒童們的命運，將更不堪設想了！

至於留居在英法兩租界的窮苦人民，他們的生活也完全陷於絕境。成千成萬的家庭日趨於破產。不用說這些破產家庭裏出來的婦女和兒童們，除了繼續作候補難民以外是很少有出路的。但現在的難民收容所已經感到不能維持，連已收容的難民生活都無法繼續供給。對於此後日益增多的難民將更沒有收容的餘力了。所以此後從貧民家庭日益破產出來的難民恐怕連進難民收容所的希望都沒有了！

我們從前面所述關於上海一區的婦女和兒童在日帝國主義侵略下所遭受的刼難，看來全國的婦女和兒童所遭受的刼難便可推想而知其大概了。現在北方如北平、天津、整個的河北、山西、察哈爾、綏遠和山東的大部分已全陷於日帝國主義之手。在南方除了上海外，凡是江南最富饒的城市如蘇州、無錫、松江、嘉興、常州、江陰、鎮江、宜興……亦先後被陷落；最近全國政治中心的首都南京也被踐踏在敵軍鐵蹄之下了！此外我們的武漢、長沙、南昌、廣州及其他內地無數的大小城市和險要地帶莫不遭受到敵機的殘酷轟炸。凡是經過日帝國主義的飛機所轟炸，牠的大礮所射擊，牠的軍隊所蹂躪的地方，人民的生命財產不知犧牲了多少，其中自然以婦女和兒童的生命犧牲為最多。我們可以想像當大同、太原、蘇州、無錫、常州、江陰、鎮江、松江、嘉興、蕪湖、南京等大城市被敵機猛烈轟炸之時，有多少人民，尤其是婦孺死於非命？當這些城市最後被敵人攻入之時，又有多少人民，尤其是婦孺被犧牲。據大美晚報本月二十一日的消息：『南京自被日軍佔領後，中國平民和已解除武裝的兵士被殺者約有五萬人左右。』由此我們便可以推測其他城市被敵軍陷落後人民遭受慘殺數量之鉅大了！就是未被日帝國主義直接慘殺的人民，除了最少數有錢的富人可以逃到安全區域躲避外，絕大多數的貧民是很少有出路的。在上海方面因為經濟力量比較富裕和國際慈善團體的幫助，還可以組織若干難民收容所來收容難民，但在內地的各城市中經濟力量既十分薄弱，又無慈善團體之援助，那成千成萬的難民那裏還有許多難民收容所來收容他們呢？所以無數的難民，特別是婦孺們，不是因飢寒交迫而死於溝壑中，便是輾轉流浪於荒村曠野之間等待死神的降臨！

此外還有我們在前敵上直接被犧牲的戰士，據最近當局所宣佈的有三十萬人以上。不用說，這些戰士們的妻子都從此失去了她們的丈夫，這些戰士們的兒女都從此失去了他們的父親了。這些失去了丈夫的寡婦和失去了父親的孤兒，都從此要陷於極端悲慘的境域了！

我們由上海的婦女和兒童在日帝國主義侵略下所遭受的刼難，便可以推想全國婦女和兒童乃至整個民族在日帝國主義侵略下所遭受的刼難之鉅大是如何地可驚可怕了！但這種希有的刼難和犧牲，我們將如何補償呢？我們補償的唯一方法，只有進行堅決的長期抗戰，直至獲得最後的勝利，將敵軍完全驅逐出中國，恢復我們的領土與主權，使我整個民族達到完全獨立的地位，最後走入民族真正復興的道路。

二十六年十二月

最近日本的侵華政策與國際形勢

樊仲雲

一

武漢陷落以後第二期的中日戰事有與以前大不相同者，即在過去以軍事爲主，而今則不然，以外交爲重。故當此時國際局勢的運用，在我們是尤有必要。至於日本，今後若欲繼續作戰，因爲愈入內地，山嶺重叠，守易攻難，其國力之消耗必將更巨，結果對華戰事愈陷愈深，更難自拔。故在此時，如板垣者亦竟唱「長期建設」之論，主以「治安第一主義」代「軍事第一主義」，這是抗戰到了第四期的特點。

由板垣的所謂「治安第一主義，」日本今日的對華政策大概有三個步驟：第一便是鞏固其所占據的點與線，即各都市與其交通；第二則肅清各地的游擊隊，從點與線的佔據擴張到面，藉以安定社會秩序；然後第三乃從事產業的振興與經濟的開發。而爲實現此政策，日本的應付可分爲二方面：即對中國方面，其方法在成立傀儡政權，以所謂「聯省自治」的形式，破壞我統一，而達到「分而治之」(Divide and rule)的目的。至對國際方面，則希望與德意兩國能更進一步，由空洞的共同防共協定結成三國軍事同盟，同時與英美諸國減少磨擦，成立協調，俾其對中國的經濟開發，不致缺乏資本。

對於中國，日本希望能造成一個佛朗哥政權，使中國成第二西班牙。蓋惟如此，日本始能由「不宣而戰」達到「不議而和，」並且惟這樣，日本乃可在表面上把中日二國的戰爭轉化爲中國的內戰；一方面求得德意二國的承認，他方面使英美採取不干涉主義；同時，中日戰爭既成爲內戰的形式，於是如今日的一般漢奸便可振振有辭的藉此來自辯其醜行了。這於我國的對日抗戰，是一個精神上與道德上的打擊。且若佛朗哥式的傀儡政權一旦成立，如肅清地方，安定社會等事，都可由漢奸訓練警察保衛團等任之，日本只要從旁助其不及，就是。這於日本帝國主義的統治我國，眞是莫大的便利。

二

明興會議以後的國際形勢，英法兩國爲求得暫時的和平，不惜對德意讓步妥協而置東歐於不顧；於是由蘇聯的孤立，益加促進了德國想實現東進政策的野心；這使日本認爲有機可乘。日本既利用英法外交的退却，悍然進兵廣州，繼着遂欲以東方的反共勢力自任，與德意二國訂立同盟，藉以强化其所謂防共陣線。這也正是德國的東進政策所希求的。德國自併有捷克的蘇台登區以後，捷克已事實上成爲附庸，使其東進更爲便利。於是如波蘭與匈牙利，爲恐受他日德國東進政策的犧牲，遂欲分割羅德尼亞與羅馬尼亞，成立共同的疆界，造成一德蘇兩大國間的緩衝地帶。但這對於德國却是東進政策的障礙，所以希特勒反對波匈二國的分割羅德尼亞。這使近年以來向惟希特勒馬首是瞻的波蘭，不得不深懷戒心，最後遂轉而與蘇聯相結，表示親善。波蘭的轉向，對於德國自是不利，而在蘇聯則從此減少了歐洲的恐懼，對付日本便可不致有後顧之憂了。這是國際現勢不利於日本者一。

由日德兩國的現勢，軍事同盟的締結本大有可能；但在此時，欲意大利參加此同盟，則至少時機尚未成熟。意大利之與蘇聯，原來並無何等利害的衝突，意大利之加入防共協定，用意實在反英。為了反英，意大利不惜與德國相結，形成柏林羅馬軸心。意大利之加入防共，蓋在德意軸心成立以後。當此之時，慕沙里尼為了收穫東非的戰果，求得資本以開發阿比西尼亞，中間媾淺幾至兩年的英意協定正告實施，他為什要加入日德同盟來引起英國的恐懼呢？況且，不久張伯倫就要親至羅馬，訪慕沙里尼商談一切，意大利此時決無反英的必要。雖然最近意大利因為對法要求取得突尼斯，致法意關係頗不見佳，而英國態度則顯然袒法，英意關係似有受其影響的可能；但由我所見，意大利此種姿態表示，恐非對英而為對德，因為由里本特羅甫之赴法，許多年來互相敵視的德法關係有告一總結算的可能。倘若德法不戰協定真告成立，那末意大利之在地中海，使將成為孤立無援，意大利的用意蓋在以反法的姿態詢問德國對於柏林羅馬軸心的態度，希望由德國的斡旋而獲得法國的讓步。這是日本三國軍事同盟計畫之所由失敗。此國際形勢不利於日本者二。

至日本與美英各國的關係，則自宇垣之去職可說為一大變；日本軍閥悍然不顧英法的利權，進攻廣州，這當然大大的激動了英美各國的感情。但自最近有田之繼任為外相，可知日本外交又有新的趨向。這便是妥協英美，專力對華。由現今改名為「興亞院」的這個對華機關的組織，原來關於中國一切，無論政治經濟文化等，都是所謂除外事項，非外交人員所得過問。換言之，所謂「興亞院」者乃如英國印度事務部模的一個組織，不過在政府內由首相兼任總裁，其地位更為重要而已。於是今日的有田外相，在其管轄範圍內者，將惟有對英美各國的外交，至對中國，由日本軍閥之意已是「內政」，而非外交了。因之，如近衛最近的所言，希望中國能與其傀儡組織合流，以不議而和的形式結束戰事，而對於英美的門戶開放主義，則承認其原則；但若各國欲享受經濟的機會均等，則必須以承認日本的政治的優越勢力為條件。最近其答覆美國的照會中，日本雖對九國公約並不正式宣言否認，卻公開要求各國應認識東亞的新事態。於是日本的對華獨佔主義與英美的門戶開放主義，遂漸次到了尖銳的決勝點。這是國際形勢不利於日本者三。

三

當此之時，國際形勢之顯然可覩者，英國為對付東方，一方面竭力拆散德意軸心，以四强協定謀歐局之小康，並進而離散日德意三國的結合；他方面則力事交歡美國，以一致的步驟成立彼此平行的政策。最近艾登的赴美，其意顯然為此。至於美國對於日本的答覆，其不能滿意自不消說。此時國務卿赫爾正出席汎美大會，行將明年一月新議會開會，共將有明白的表示，已為一般的意見。當前的問題若在英美對日的實際行動果將如何？經濟的壓迫雖足與日本以巨大打擊，使之不能繼續對華的侵略戰爭，但是日本果效困獸之鬥而訴諸戰爭，英美是否有實施武力干涉的決心呢？是否會像最近對德國侵略捷克一樣，以明興會議來犧牲弱國結束問題呢？則以我所見，英美的武力干涉雖不可能，明明興會議的前途恐亦不會。英美目前可能的對日方策怕還是外交的示威與經濟的壓迫，在其最初的時候，對於日本也許是不十分難堪的。

因爲國際形勢的不利是如此，所以日本頗想早日結束對華戰事，藉以減少消耗保全實力，並且不致以忙於戰事，無暇顧及外交。這便是日本及南北傀儡至再至三主張和平的由來。但是日本所高唱的和平，其方式是招降，這當然非我們所能承認。誠然，日本人中或者也有明白中日兩國眞正關係的人士，但當此正氣消沈，軍閥殺氣瀰漫全國之時，日本是難有退讓的可能。日本今日的形勢正如進既不能，退又不可；和戰俱非，勢成騎虎。於是乃有板垣所謂「治安第一主義」，這就是不和也不戰。

但是我們須知不和不戰的結果，若爲時長久，實足以動搖軍心，使一般兵士由厭戰而漸漸興思家歸國之念，甚至發生叛變。况且國際形勢的不利如此，而中國政府又仍在西部保其存在，兩國之間依然是在交戰狀態，後方又有游擊隊的擾亂，安定秩序至非易事。因此日本爲使戰事迅速結束，舍了國際壓力的未至，已有轉而再訴諸軍事行動的可能。這裏，値得我們注意是日本今後的行動是攻西北？抑是侵廣西？時當隆冬，黃河已冰，由晉侵陝正是時機。西安若一旦入日本手中，則西北交通，使將受其控制；就防共政策言，這似乎是日本應有的方策。但是中國今日最大的助力在英美而不在蘇聯，西北的交通究竟是太遼遠了，且如西南各省實中國抗戰的根據，故就日本軍閥之見解言，只有斷絕西南各省的國際交通，纔能困死中國。因之在政略上，攻取西南，似尚以侵犯廣西爲有利，這也就是日本悍然不顧英法利益而進兵廣州的由來。並且，西南的交通斷後，中國將惟有西北的國際路線，這使英美各國對之有中國將趨赤化的疑懼，於是日本乘之便可利用機會與各國講求妥協了。不過日本若進兵廣西，將更刺激國際的感情，這是日本軍閥覺得不能不審愼將事的。

總之，以後的國際形勢只有與日本愈趨不利，英美的準備建設若一旦完成，那末日本勢將不戰而趨屈服。我們的對日抗戰既是長期戰爭，就要與之爭取這國際形勢有利於我，不利於彼的時間。一年將半的戰事已過去了，在第二期抗戰，外交誠是重要，軍事究竟也是不能偏廢的。又如經濟設施爲支持長期戰的根本，亦我們所當注意。從日本出兵西伯利亞到退兵歸國是整整五年，從日本奪取青島到交還膠澳是歷時六年；我們的抗戰還止一年有半，第二期抗戰正是長期戰的開始，國際的形勢已向着有利於我的方面而展開了。我們是決無悲觀的理由。

（十二月八日）

新定戶注意

本刊周年紀念特價期間，定戶激增，惟中有來函向本社編輯部定閱者，致展轉周折，徒費時間；嗣後凡關於定閱及更改地址等，請逕函重慶東水門石門坎十八號本社發行部是荷。

世界展望

《世界展望》于中华民国27年（1938）3月5日在汉口创刊，由世界展望社出版，社址设在汉口交通路，发行人为张正宇。该刊系半月刊，逢5日和20日出版，是一份时事新闻刊物，刊登关于世界形势和中日战争的各种时政新闻和时政文章，多为译文，也有国内人士撰写的稿件。每期不足40页，但自称是“知识之知识·综合之综合·杂志之杂志”。民国27年（1938）4月25日，该刊迁往广州米市街亲贤里八号。

该刊第一次使用“南京大屠杀”一词，准确而生动，意义重大。惜乎《世界展望》发行量不大，到民国27年（1938）5月1日发行第4期后即停刊，因而“南京大屠杀”一词在社会上没有产生很大影响。

上海《申报》在民国34年（1945）11月25日第1版以《南京大屠杀罪行将公布》为题的报道，再次鲜明使用了“南京大屠杀”这一名词，影响深远。《申报》发行量大，传播面广，使这一具有特定意义的专用名词得到广泛传播和应用。不久，东京“远东国际军事法庭”在判决书中引用“南京大屠杀”一词作为篇章题目，南京“国防部审判战犯军事法庭”在判决书中多次使用“南京大屠杀”作为判词。

“南京大屠杀”一词终于成为具有特定意义的、被社会各界广泛应用和认定的专业术语。它将日本军国主义的侵华暴行与罪恶永远钉在了历史的耻辱柱上，也是日本右翼分子妄图否定日本侵华史、否定南京大屠杀永远无法抹杀的证据！

LIVING AGE
世界展望
知識之知識・綜合之綜合・雜誌之雜誌
中華民國廿七年四月五日
第三期
每冊一角
日本人民

《世界展望》杂志封面

南京大屠殺目擊記

South China Daly News
汪思夢 譯

鬼畜樣的日本軍隊在南京施行了人類有史以來最無赦的大屠殺。因所有的交通工具被官吏們獨佔而來不及退出的平民，和因司令官先行潛逃而被隔斷的軍隊，在這二十世紀的活地獄裏邊，被用種種最殘暴的手段轢殺。弟兄們，祖國的子民們，請把這裏的這幅地獄素描永遠銘刻在你們的記憶裡。

在三月上旬廣東省吳主席舉行的一個茶會中，一個最近從南京回來的美國人詳細地敘述了日軍佔領南京後的種種暴行。底下便是他說出來的，血寫的悽慘的故事。

譯者誌

一九三七年十一月二十八日以前，各大使已經和中國陸軍司令唐生智將軍辦妥了設立難民區的交涉。幾天以後，屈服於各國大使的壓力下的日本人在協定上簽了字，承認難民區的中立性。所有中國的軍事及政治機關都開始遷出了這個區域。

從十二月十四日起，砲彈開始落到城中來。這時候，唐生智將軍已經把軍事及政治機關都搬到這區域外而去了，城南受了很厲害的砲擊；難民區裏也落了二十顆砲彈，死傷了四十人。

日軍佔領後之中華四門

日本人進了城

十二月十三日，日本人進了城。美藉職員們，在難民區的邊界上碰到了日本軍隊，知道了在日本的佔領地圖上，難民區的確劃着中立的符號，可是，那個美國人剛回身想走開去的時，這些軍隊便向區內開了一排槍。二十個平民被殺害了。照整個情形說來，頭一兩天日本人的確放過了中立區。但住在城東南角，沒有搬到難民區裏來的一大批平民卻已全數被殺了。

南京防守司令在十二月十二日便退出了，防守的軍隊發覺他已經走了以後，也迅速地撤退起來。中國的退軍並沒有擾害和搶劫平民，只曾為了急需從米店裏拿了些糧食。有一部份散兵退進了難民區，向他們保証了繳械後可與平民一律待遇，他們便拋棄了武器和軍服。

屍體滿街山積

在城裏的別的區域以為日軍就跟在後面的中國軍隊，經過挹江門向下關撤退的時候，把運輸車和行李散棄了滿地都是。運輸車燒起來了，而許多擦塞在裏邊的人便被燒成了灰燼。日本人佔領了南京城幾天後，一個難民區的職員獲得到挹江門外去的機會和特許，可是在路上他卻不得不把汽車在堆得三尺高的屍體上輾過去。這是他的唯一的駛出城外去的方法。燃燒着的運輸車塞住了一部份的城門。有幾個難民被燒死，還有很多人被擠在裏邊窒息而死。有些人在跳出城牆去的時候跌死在城下。多數的人因搶登渡船而和渡船一起沉在江底。其餘的人沿長江上流逃亡，碰到了日軍，被他們用機關槍掃射。

就在江邊的國際出口公司的建築下面，堆積着二萬五千具這樣的屍體。

日軍燒毀秦淮河民房。

一千三百個人

十二月十四日那天，一個日本陸軍上校跑到中立區的辦公室裏來，要求負責者報告他逃在中立區裏的解除了武裝的散兵的所在。他的要求被拒絕了。不久，日本的搜查隊便在難民區管理處附近一間難民營裏發現了一堆軍服，睡在這堆軍服旁邊的一千三百人便被捉了去。管理處提出抗議，可是日本方面確確實實地答覆管理處，說只是要這些人去替軍隊做搬運工作而已。抗議書是送到日本大使館去的，可是送書人在傍晚時分回來的時候，在路上碰見了這一千三百個「囚犯」。他們沒有戴帽子，沒有帶鋪蓋，也沒有任何行李；他們的命運是很清楚的。他們向城外列隊走去，他們中間沒有一個人說一句怨憤的話，　而在江邊掃數死了。

明天又一千個

佔領後的第四天，另外又有一千人被從中立區的難民營裏拖了出去行刑。他們裏邊有五十個是從前指定在中立區裏服役的南京市警察，強硬的抗議又提出了，可是很明顯地日本大使並不能控制他們的軍隊。每一個短頭髮的，或者手掌上有繭的中國人都隨時有生命的危險。

景象十分悽慘

在那些人被日本搜查隊從他們的妻子手裏拖開去，眞是淒慘的景象。在難民營裏有一千婦人，她們的丈夫和兒子——都是平民——被拉了去，　永遠沒有下落。

日軍言而無信

中央大學附近有一間住了三千個難民的營房：這裏可以看到日本人背信的許多例子之一。佔領後兩星期的某天，日本人跑來把住在那裏的中國人的名字都註起冊來。他們宣布了三次，從前當過兵的人都不准把他們的名字註冊，如果他們被查出違背了這命令，將受槍決的處分。但如果他們服從了這命令，不把名字去註冊，而且從難民隊伍裏向前跨一步，他們的生命便可保全。這規則同時也適用於從前在中國軍隊裏服過勞役的人們。命令，威脅，和服從後赦免的應允是很清楚地說了幾遍的，於是二百四十個人緩向前站了出來。但是，結果，他們被拖出去縛了起來，而在那天晚上就被處決了。

這樣的大規模屠殺是時常漫不經心地執行着。有一個跑回難民區來的人，眼珠被燒去了，耳朵也燒了去，頭被燒黑了，燒成了一塊木炭。他說他是被拉出去的人裏邊的一個，日軍把汽油倒在他們身上，然後點火，問他有沒有受機關槍掃射時，他說記不起了。可是有一個同樣被火燒焦了的人，却有一粒子彈穿過他的下巴；他居然還能走到醫院來。尚有一個被燒成木炭，爬了不少路的人，則中途死在道傍。

大模規的刧掠

十二月十九日開始大規模的搶刧商店。運輸車裝滿了贓物，而空的商店則被放火燒毀。靑年會的建築被燒得什麼也不剩，雖然周圍的房屋一點沒有被波及。聖誕節前及聖誕節本日，留在南京的，二十二名外僑裏的四個人一同跑到日本大使館去抗議他們焚燒靑年會的舉動，大使館的解釋是軍士們已經失去紀律的拘束。外僑代表團通知日本大使館，說他們的團員曾經親眼看見日本軍隊在軍官的指揮下有計劃地焚刦。百分之八十的商店和百分之五十的住宅受到搶刦而且被焚燒。

外僑亦不能免

美國大使在一月六日回到南京，難民區的職員的抗議書現在是可以由官方用正式手續來遞送了。在這以前，日本大使館曾在外僑產業上張貼日文的通告以資保護。但這通告對於狂暴的日本軍隊並沒有効力。美國國旗曾被撕下來十四次。搶刦外僑財產繼續了三星期，到一月九日英德大使館才被允許從英國砲艦蜜蜂號遷到岸上來。

强姦案件無數

從十二月十三日，佔領後的第三日起，姦殺案越來越普遍。難民區的職員曾向日本大使館遞送抗議書及強姦案總數。

那天一個海軍官佐跑來，告訴我們巴納艦被擊沉的消息，同時預備把留在南京的美僑送往上海。難民區的職員情願冒險留在南京，只有兩個新聞記者跟着他

子子孫孫，勿忘之日！

們跨過屍堆，在陸軍部前受了檢查，經過挹江門，到了日本巡洋艦上去。

這以後，向日本大使館提強姦案抗議成為日常要公。他們時常向難民區職員保証將來再不發生同樣案件。可是，很明顯地外交官吏是一點權力也沒有。就像一個職員所說那樣地：『他們不服從命令』。日本的高級指揮官並不能使他們的軍隊就範。

暴行繼續了兩個月，最初兩星期最厲害，只有在這五萬名最先進城的，紀律蕩然的部隊由一萬五千新開來的部隊開來了以後才部分地緩和下來。

十歲到七十歲

佔領後的第三天起，每天有一千以上的強姦案發生。很多婦女被輪姦以後再被殺死——時常是被獸性地殘殺。這些女人的年齡從十歲起到七十歲為止。金陵大學變成了避難的地方，最初曾收容過一千名婦女。外籍的難民區職員每夜躺在門口以防止日軍破門而入。沒有喝醉酒的日本兵士不像什麼特別勇敢的人，當外籍職員發覺他們正在偷偷地從窗口裏爬進去，喝令他們「跑開」時，他們便慌忙地逃了開去。

很奇特的軍官

可是那些用刺刀來強迫婦女

的醉兵却不容易應付。日本軍官約束他們的士兵的方法是很奇特的。有一次難民區管理委員會的一個委員碰到一個日本士兵正在強姦婦女，恰巧有一個日本軍官也跑來，撞見了這件事。委員的該軍官提出抗議後，他便打了這兵士一個耳光。於是他便凶橫地責問有沒有任何美國人打了這個兵士。告訴了他並沒有人打這兵士以後，他又打了這兵士一個耳光，還預備踢他。還有一次，也是難民區的職員和一個日本軍官同時看見了一隊正在強姦婦女的兵士，那個軍官便向他們鞠了一個躬，請他們離去。他們也還了他一鞠躬，施施然而去；那軍官待他們走了才站直身子。

一張安民招貼

二月中，日本當局張貼了一種安民招貼。這是模倣基督教的宣傳畫的；日本人用一個日本兵士代替了原畫上基督的地位，手裏抱着一個中國的小孩。左面站着那孩子的父親，向他感激地鞠躬，右面那母親跪在一袋米旁邊。底下寫着這樣一行字。信任保護你們的日軍。』

減少了九千人

這時候，警備軍隊再從一萬五千人減至六千人。就是爲了這次駐軍的減少和松井將軍的出巡，秩序才逐漸恢復。在一支包含了這樣多的成份有犯罪，獸性，色情狂傾向的份子的軍隊裏，縮減人數是唯一恢復紀律的方法。二月十七日，街上第一次發現了十四輛黃包車。

難民區的成績

無論日本人怎樣詬病中立區，中立區的建立在保護了一部分中國平民這一點上總是有價值的。由一個美籍職員防守的金陵大學庇護了二千婦女使不受汚辱，難民區的廿五座營房裏住着七萬人。市政府在撤退前曾送三萬袋米到中立區裏做難民的給養。日軍進城前，難民區又運了一萬袋米和一萬袋麵粉進來。這些糧食把中立區裏的人養活了兩個月。

米·煤及汽車

日軍佔領南京後，封了所有的米店，搬了十三萬袋米去。他們封了所有的煤，還燒去了兩千噸。他們禁止運米和煤進難民區。米是用運貨車運來的；難民區職員一分鐘也不能離開運貨車，一離開，日本人就會把車開去。所有的汽車和運貨車，連停在使館裏的在內，常被日軍開了去；而在這些車用壞了以後，便當做廢鐵運回他們的回國內。

東京日日新聞

戰線の流行語

南京へあと何里

嬉しや元旦の雜煮

南京で祝はう

進軍の

百人斬り大接戰

勇壯！向井、野田兩少尉

マイクに聞く

皇軍の大行進

今晚、AKから放送

百人斬り超記錄

向井106—105野田

兩少尉さらに延長戰

百人斬り競爭の兩將校

在南京大屠杀时，日本《东京日日新闻》上报道的“南京大屠杀”杀人竞赛的新闻

南京大屠杀中，被日军砍下的我同胞的头颅挂在树桩上

日军在南京活埋我同胞

在南京大屠杀中，刽子手们正用刺刀将我同胞刺死

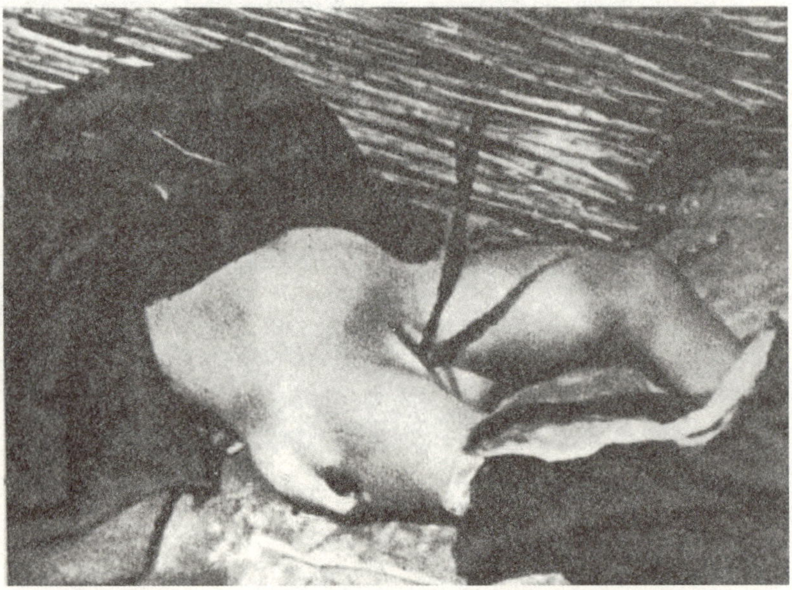

在南京大屠杀中，被奸杀了的妇女,下体中插着的是马鞭子

在南京大屠杀中，南京市民被日军捆绑刺杀

在南京大屠杀中，日军把无辜的中国人反绑双臂枪杀后，掷入城郊池塘

在南京大屠杀中，日军残杀中国平民时的情景

在南京大屠杀中，日军将大批南京青壮年捆绑后，押往郊外集体屠杀

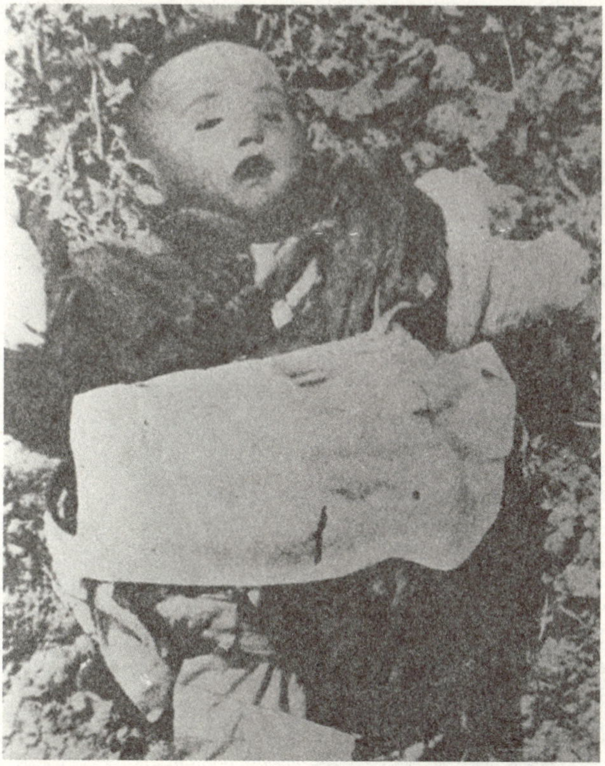

在南京大屠杀中，日军见人就杀，连3岁的儿童也未能幸免于难

在南京大屠杀中，日军用我同胞活人做刺刀训练

在南京大屠杀中，日军举刀刺杀我同胞

在南京大屠杀中，我妇女同胞被奸杀后的场面

在南京大屠杀中，我同胞被日军砍下头颅的瞬间

在南京大屠杀中，我同胞惨遭杀害后的情景

在南京大屠杀中，我同胞妇女被日军强奸后，再用刺刀挑开其阴部

在南京大屠杀后，南京郊外尸横遍野

战时知识

《战时知识》创刊于中华民国27年（1938）6月10日，半月刊，编辑人冯素陶。战时知识社编辑所、发行所出版，社址位于昆明市莱山南路第75-6号。朝报印刷厂印刷，各地生活书店经售。该刊出版至民国29年（1940）2月终刊。

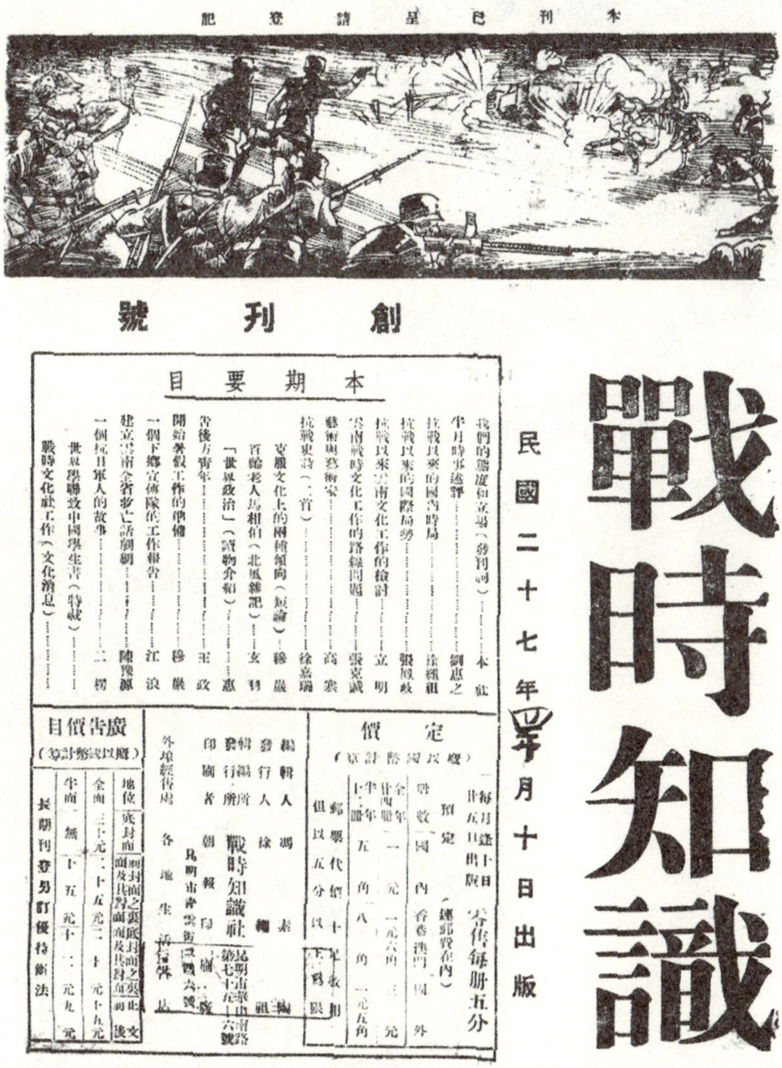

本刊已呈请登记

創刊號

戰時知識

民國二十七年六月十日出版

本期要目

我們的態度和立場（發刊詞）……本社
半月時事述評……劉惠之
抗戰以來的國內時局……徐繼祖
抗戰以來的國際局勢……張鳳岐
抗戰以來雲南文化工作的檢討……立明
雲南戰時文化工作的路線問題……張克誠
藝術與藝術家……高寒
抗戰史詩（二首）……徐嘉瑞
克服文化上的兩種傾向（短論）……穆嚴
百齡老人馬相伯（北風雜記）……玄羽
「世界政治」（讀物介紹）……惠
告後方青年……王政
開始寒假工作的準備……穆嚴
一個下鄉宣傳隊的工作報告……江浪
建立雲南全省移亡話劇網……陳豫源
一個抗日軍人的故事……二楞
世界學聯致中國學生書（特載）……
戰時文化社工作（文化消息）……

定價

廣告價目

《战时知识》杂志封面

對華侵略戰與日本內情

蘇聯耶·郁可夫著
王　烈譯

耶·郁可夫是蘇聯第一流的日本通，東方通。他在去年（一九三七）的「布爾雪維克」雜誌國際展望欄裏，發表了下例諸論文：日本對大戰的政治準備（第四號）；日本戰時的新政治機構與組織（第十二號）；日本在華北的冒險家（第十五號）；對華尖銳侵略戰的前夜（第十九號）。本文係載該雜誌第十二月份第二三·二四號合刊。全文分爲五大段，觀察正確，論斷精審，合其他諸作，俱爲抗戰論文中（就全世界言）水準最高的作品，文字技巧，尤爲譯者所欣感。可惜今春以來，郁可夫的論文，已不復得見於蘇聯諸雜誌，希望他能再供給我們一些優秀的篇章！

譯者附記

一

一九三七年七月，日本帝國主義對華強盜的劫略，開始了長久而血腥的戰爭。大中華民國許多重要的地方，都已遭受戰爭的破壞的行爲。飛機的轟炸，日人對中國和平的城市與人民的砲擊，及鄉村人民的成千成萬的死亡與創傷，已經樹立了新奇的紀錄，並且成爲司空見慣的現象了。日本軍隊憑藉着完全的戰爭技術，摧毀了武裝較劣不知若干倍的中國士兵的英勇抗戰，逐漸的遭受了重大的犧牲，却攫取了中國一塊一塊的土地。

對於已經正式宣布侵略完了的中國各省，日本軍閥，還不能便是實際的主人。實際上中國城市村莊鄉鎮的攫取，日本軍隊往往遺留下武裝的反抗者，雖是無形而却有威脅性。在日本軍隊的後勞方，充滿了中國人民的對抗：游擊隊的猛擊，各種日本軍用品的破壞，對混居在一塊的侵略者的那種神聖的難共戴天的怒視。所以日本的統治階級，不得不派大量的住軍到大陸來；在正式宣布佔領了的地方，有許多日本師團扼守着那鐵道沿綫的站驛路線，及重要的聯絡線交叉點。

日本侵略者，嚴正的喬裝着說，他們不是向中國人民對立，而是向爲共產黨所影響的人們對立，實際上他們却已碰着那妨礙他們戰勝的無限的民族反抗。

每一個月，戰事却證明無論如何，侵略者不能就把華北五省或上海區域，變成日本的殖民地。不但如此，日本人還得去苦思焦慮，怎樣把已經佔領了的東西——滿洲及內蒙古——把握在自己的掌中。日本向滿洲不斷的輸送軍隊，但却長成了滿洲山岳裏的游擊隊伍，發展了地方農民的武裝反抗，及他們對日本的壓迫者的仇視，及對中國大衆的緊密聯絡，以確保自己的自由。

在不久以前，日本政府爲保護地方移住民起見，新決定派遣三萬武裝移民到滿洲去，這些人都是已經達到了徵兵年齡的。這些移民去到了特別的堡壘裏，在其中所受的訓練，不是農業經濟的，而是關於怎樣在殖民地生活的。殖民地——充滿了威風凜凜的殖民官及準備對農民抗爭的殖民地。這個年頭裏，移民政策成爲擴大在滿部隊數量的方術之一。不過這些高明的方術，對於佔領者是沒有幫助的。

在幾種英國報紙裏頭，發展了一些（滿洲國）隊伍強力叛變的消息，這些隊伍原是由當地中國人組合成的，他們起而反抗日本的侵略，首先殺戮了日本的指揮官。在熱河及察哈爾邊境，日本人所統率的滿洲國部隊消滅了自己的軍官，反到中國的民族隊伍那邊去。

一九三七年八九月間，在滿洲軍隊叛變的事情，恰好就發生在日軍中心地不遠的區域——瀋陽附近，譁變人數，達於三千。在最後的一個戰鬥中，消滅了日軍官一百餘人。滿洲軍隊武裝突起的事情，旋波及到了北滿。

在疲弊窮困的朝鮮，處於日本的鐵蹄下，多年以來，也充分堆積了悲壯的事實。日本朝鮮總督南大將，在不久以前，不得不致文東京，在裏頭申訴自己的不安，原因是說日本的朝鮮駐屯軍以增強駐鮮部隊之故，而有所短縮。南大將力說爲鎮壓朝鮮的革命運動，顯然需要兩個師團以上的日本兵力。另一方面，中國民族，對日本侵略者英勇的鬥爭，引起了朝鮮的民族解放運動，在朝鮮獨立口號之下，增強了朝鮮農民及智識階級的抗日鬥爭。

中國新聞報道；不久以前的「朝鮮少女愛國團」，曾致書及送金於蔣介石夫人。書中說朝鮮的少女們，所以要集金而資中國者，爲的是對日抗戰，不僅給中國以最後的勝利，同時也確立了朝鮮民族脫離日本羈絆的可能性。

二

日本軍閥，把在中國所遭受的人力及物力損失，設法掩蔽眞相，以愛國思想轉換日本的空氣，以官報虛張勝利的消息。日本軍閥用檢查制度與恐怖手段宰制日本，凡反戰的傾向，便視爲不可宥的犯罪。在日本嚴禁人民去批評大本營的消息，所有思想都須導入對華戰爭，新聞所揭佈的也無非是改正過的前方情勢。

戰事損失的眞相，自戰爭開初，就照例隱藏起來，仿照意大利法西斯蒂的例，把阿比西尼亞的傷兵運到意德康尼斯島，使損失不爲意大利國民所見，日本軍閥也把傷兵列車悉數佈置到朝鮮。却因爲傷亡人數常常是這樣的多，日本軍閥，遂不能完全遮蔽日本國內的視聽。依照日本報紙的報道，所有日本紅十字會的病院都已經改爲傷兵醫院，停止收容普通病人。紅十字會的三千名女看護，已經動員到中國前綫。中外商業新聞，曾經報道，不久以前，日本警視廳發見了東京及全國各地的反戰傳單，係用打字機打出來的。傳單的大部分，係以致前線士兵的家書形式作成。

日本憲兵很嚴厲的看管反戰的犯罪，同時特別注意於彈壓接受了武器製造的各工場工人的反軍閥運動。近頃以來，工人罷工鬥爭的次數，雖因合法改造職業組合的領袖們幫政府的忙而逐漸減少。但是一九三七年十個月中的罷工總計，證明去年的罷工（總同盟罷工）還較前年的爲更緊張更有組織。日本去年十個月間登記了大約二千次的罷工，參加人數在廿萬人以上。前年有一千六百次的罷工，參加人數僅七萬五千人。

即使是活動力微的日本左翼職業組合都遭受警憲的摧毀。最顯明的例，如拘禁了東京輸送業組合首領之一菊池氏後，警視廳宣佈他的罪狀說：菊池氏結了卅個工人的小團體去散佈左傾刊物，又說這個小團體「形同人民陣綫的擁護者，在職業組合中，實屬不法」。日本的右派頂怕人民戰線梗塞了法西斯蒂軍人的暴行，及破壞日本帝國主義的軍事探險。

軍部的高壓政策，使許多旣非純粹左派也非革命的激急分子的自由派智識階級的領袖們也遭殃。例如矢內原，他是東京帝國大學教授，他在日本一個銷行頗廣的報紙上發表了一篇完全抽象與自由色彩的論文，其中不無一般的表示不願血戰之意。然而憲兵竟認爲按照治安法，這是一種對在華皇軍行動的危險諷示。這位教授遂被警告說他的和平態度與現實情況不相容，他遂不得不去職。

便是在日本政府自身以內，很明確的中立派也決不少，他們都在替從事積極侵華的冒險家焦心。

一九三七年的七八月間，日本軍事領袖曾經向資產階級提供保證，說華北的侵略與佔領，馬上就可以補償侵略中的軍費。實際上，華北各地的佔領不但不能遽告終畢，而附帶引起的，便是多數新駐軍的龐大軍費。然而這個軍隊，並不能抵當中國軍隊所展開的游擊戰術。

日本經濟情況，因受戰事之衝擊，呈現空前的惡劣。國際貿易完全阻滯；姑無論上海的「勝利」，對華貿易已短縮，還有對其他外國的貿易亦已相當縮緊，對荷屬印度與印度的貿易也部分的衰減。許多國家正興起排斥日貨運動。這個運動差不多不取什麼形式的組織，然而對日本的輸出銳減實有顯著的影響。

據報告，日本的國際收支的負數，截至一九三七年年底，已達到十萬萬元的鉅數，這可指示軍用輸入之激增及對於戰爭資源的狂熱堆積。非軍用的輸入，則以政治的方法，減到最小限度。工業品輸出的部門——紡織尤其是絲織品——因遭受經濟恐慌，殺減生產的昂揚。水門汀的產量減少到百分之六十以上。軍需工業飽嘗資金流轉的異常減少，尤其資源的枯窘。有鑒於日本汽油短少之故，許多都會減少汽車的開行，嚴禁夜間開營業汽車。列車也減少起來，以節省將罄的燃料。日本的債券市場總是停滯。然而當債券所有者據於騷動之際（例如布魯色拉的會議及成立大本營的勅令等），常足以使市價貶落。再如官方唯一情報之所示，就是日本先導的壟斷的合資會社，例如三井，三菱，住友，安田等的利潤成數，亦有漸減之勢，僅在百分之三．六——百分之三．八間。

日本經濟戰的唯一源泉，就現在說，便是發行公債。截至一九三七年年底，日本所發行的公債，爲數已達卅二萬萬圓。一九三八年度的預算草案，爲適應龐大的軍費之故，據說，連追加指定，已達八十萬萬圓。

日本企業界異常的不安，起於軍事預算必然的膨脹，稅擔繼續的增加上去。這個情態帶着要人命的性質，人民向政府伸訴，請其展緩稅制的核決，因爲有許多稅賞是不得不「改革」一下，若是說日本法西斯實際的獨裁，不能容許任何的反對表示，這適足以證明反戰傾向有絕對的廣遠的流傳。「臨時法」向企業所加的各種酷刻條件，以及戰時產業統制的結果，愈加使勞苦大衆遭受雇主的壓迫，而所謂「愛國」改造職業組合，對於此壓迫卻又表示無言的支持。在日本的雜誌上發見「經濟專家」的異樣的反常言論，主張擴大婦孺的生產工作，因爲這樣一來可以徵調大部男性勞工去入伍，而同時又可以使生產費降低。日本由侵略戰所伴着而來的資本家的窮贅，不法與橫發的狀態，由這些現象可以概見了。（未完）

對華侵略戰與日本內情

蘇聯耶郁可夫著
王烈譯

全文分五大段，一二兩大段已譯登本誌第五期。第一大段指出日本對華侵略的全面性及中國抗戰與朝鮮革命的關係；第二大段描繪敵國一般的不安情形，其中特別暴露法西斯軍閥的欺騙，橫蠻。關於敵國近二年來的罷工統計及大托辣斯的利潤估計，尤爲他處不易見到的珍貴資料，望讀者注意。本期譯登第三第四兩大段，其中材料，似乎祇有蘇聯方面的權威才能提供，讀者幸留識「稼穡之艱難」，第五大段事涉鎖屑，爲節省篇幅計，祇好從略。

三

這裏，我們不得不論及戰時日本軍閥無忌憚的獨裁及其工具。日本軍閥欲樹立一便己的工具，由來已久，及今始集成於所謂最高天皇大本營的樹立。用意是這樣的，軍閥可以集各種大權於一手，實際上與政府完全脫離關係。

日本史上天皇大本營的樹立凡有二次：(1)當一八九四——一八九五年的中日戰爭，(2)當一九〇四——一九〇五年的日俄戰爭。大本營執行職權之秋，政府便失了重要政務的指揮權，因爲藉口於戰略的特殊關係，實權已無條件的移轉於天皇之故。首相，閣僚，樞密院元老及高官甚都以參議員的資格，有參加大本營工作之責。一九三七年這些情形更是顯然。

據十一月廿九日日本某雜誌所載，爲維繫政府與大本營之連絡，將借舉行定期的協議會，但由首相，陸海兩相及參謀部與陸海兩部各課的首班代表出席。這種性質的會議，其中一文官與各軍閥對立，結果如何，不難想像，無怪乎大本營成立的消息一出，日本市場便起了新激動，公債更新貶價了。企業界也覺得現在軍部的恣行軍事冒險而染指經濟界事業，遂日擴大與陰狠。

大本營的樹立，還帶着一津津有味的俊趣。大家知道，日本海陸指揮權是分立的。在戰時樹立大本營，目的便是要撤銷這二元論而確保海陸的連合行動與指揮統一。日本直至今日還未對中國正式宣戰，爲的是當確定樹立大本營之際，海陸兩方軍閥，方嶄嶄然而爭論對華宣戰問題。

海軍方面，因爲隨時不能忘情怎樣去摧毀陸軍的專斷與政治獨霸，堅持對華宣戰爲大本營樹立的應有涵義。換其用意，大本營的樹立，正是爲遂行所遇的戰爭而已。

陸軍方面，因爲他們的軍閥很自負並以法西斯的冒險著名，對這個問題不欲打理。他們所抱負的日本遠大軍事計劃，不僅是現遇戰爭，尤其更重要的，是一個更冒險的企圖和探險。因此，他們堅持日本根本上無對華宣戰的必要，他們乃對共產主義宣戰；大本營的樹立所以「適應事態發展的可能性」與「擴大」軍部的活動範圍。這樣明火直照的追求惹動了企業界各部門的焦燥。

小資產階級的領袖們都一致覺得兩害相權取其輕，並確信陸軍在大本營的專橫不應得一般的支持，因之他們竭力擁護海軍對華宣戰的主張。他們滿以爲這樣一來可以使陸軍（通稱軍部——譯者）的慾壑得一限度，並且可以集中人力與軍閥的注意於僅僅中國舞台上去。

然而雷胆的冒險分子畢竟勝利。參謀本部放棄了設立大本營的自己的動機，這就毫無疑義的表證軍閥們除現有對華戰爭外，尚別有所圖。

由此觀之，日本的樹立大本營大有嚴重意味，象徵侵略者不管統制階級一致的呼籲，決不放棄自己的「大戰爭」計劃。

日本軍閥的得寸進尺，日本報紙的煽動挑撥，日本法西斯之瘋獼父荒木的積極反蘇出馬，這些都明白的指示，瘋狂的日本軍閥沒有忘懷於自己的侵入蘇聯與外蒙古共和國的老計劃。我們的論壇，已詔示最近荒木——他是侵蘇計劃的首腦——的再出，對日本政府是負有一定任務的，因爲荒木是法西斯人物——是十人「代表協議會」之一。

無疑的，在日本深以侵略及反蘇爲國策的當兒，爲虎添翼的更有日德「防共協定」及與法西斯意大利的協定。侵略者集團，以引起世界規模的戰爭爲目的，這倘與中國事變無關，是一向就爲日本參謀部所心願的。

日本軍閥並不因大本營的樹立（這就等於正式宣告中止獨裁），而局限其對勤勞大衆更大的壓迫與帝國主義的史演的侵略。陸相杉山正在擬議設立許多經濟機關，以便「肅正」戰時經濟。所謂「計劃局」者，意味無非是通籌日本各經濟部門總動員的程度。已成立了的「燃料局」，便可作爲軍事管轄的許多經濟支部之一種代表。最後，一九三七年十二月，發表了一通天皇勅令，曉諭組織特別的「裝備參議會」，該會對各經濟部門行權協進，實則管理而已。

現階段的日本政府點綴了許多人物濟濟的什麼外交局，參議會，委員會，都直接由首相領導着。內閣自身的重行改組爲五六個部門，也顯然是軍部開始設計的。實際上，所有直接間接與軍事有關的重要問題，都全由大本營，換言之，軍閥決定。與軍事有關的次要經濟問題，則由人員衆多的委員會決定。各種委員會裏頭必有軍閥的代表。現行行政制度必完全去滿足軍閥，而各部首腦却不能變更現行軍事計劃。

一九三七年十月創立了叫做內閣參議會的組織，十人參議員必須正式代表各政治黨派表白他們的政見。這個會的特徵，在於它的非集團性，各吹各擂，會議上得不到任何簽意。附和大名望的參議員的脚色，有坦白擁護法西斯軍閥的，也有以中和著名的，大概人數相等。軍部方面的代表是退休的大將：法西斯蒂荒木及其敵自由主義者宇垣。海軍方面的代表是法西斯蒂的現內相及安部，企業界代表是同情法西斯的銀行家池田（久與三井有關係者）與主張「自由經濟」的重工業家某氏。政黨方面的代表，民政黨是路田，（原名上字爲日本漢字，姑改爲路字以便印刷——譯者），政友會是前田。又爲「平衡」起見，還加入了幾名代表——其中秋田是法西斯政客，以否定議會政治脫離政友會。還有一位更大的標準的法西斯蒂，也是脫離了政友會的，其人便是前外交家，南滿洲鐵路株式會社總裁松岡。

這樣的參議員的組成，是極有意思的。這種組成，對於冒險的少壯派，不啻是一種雖微弱却極固定的反對。這樣反對，雖僅是在參議的機會，才有表示意思的限度可能性；然而反對的意義，可以在冒險者所率領的政策完全破產之時，大大開展出來。

四

大家忽視了一點，就是說在國際情勢上，侵略國的團結，資產階級——德讀克拉西政府的不欲阻止侵略反而與之成立諒解，這是最便宜了日本在中國的強盜行爲。日本軍閥與那常附其背的資本家與地主們，便覺得他們可以撕破國際條約，而毫不被膺懲。

資產階級——德讀克拉西政府的退嬰態度，使他們的國家在華有重大權益却不能免於日人之侵犯，已爲他們的社會輿論所不滿。最明顯的例，可以引證最有權威的紐約泰晤士報的議評，它說日本在華行動是世界和平的大威脅，同時也是美國權益的大威脅；然而赴比京會議的美國代表的偏倚的冲和的態度，在美國已引起了抨擊的反響，痛恨於美英法及其他國家的社會輿論，不能膺懲侵略者。

比京會議的流會，更加强化了日本軍事冒險者的國內地位；若是當比京會議之初，日本有心的各政治家曾看到大會對侵略政策將起勁反對，那麼却是因爲大會的無能，日閥纔狂呼日本「無比」，各國都怕她，無人敢阻她的路。所以，若是比京會議的發起人會提議給日帝國主義一些有力的壓制，那麼大會的最終結局却表明發起人無力對付日閥的任何狂妄實際行動。

日本對於美國潘尼艦的妄行轟炸，美國政府已提出嚴重抗議，其後日本十分抱歉。但一切不能無疑，因爲日本外交官的道歉，是否便動搖了日軍在華的海盜與劫匪一般的橫行。

日本帝國主義取法於法西斯的德意志與義大利，對英國備極喝脅，欲以希特勒拉之道底於成功；希特拉喝脅愈大，英國愈遷就。日本正是想在遠東試行這個外交喝脅政策。英國正是喝脅的最大對象。日兵不客氣的搜檢英國船隻，毀英國在滬的貨倉，侮辱與毆打英國人民。日本的「愛國分子」，在東京街市遊行，高呼「打倒英國」！日本的出版物，一致的刊載銳厲反英的論文。日本檢查的縱容，可以證明反英的挑釁及喝嚇運動乃由於政府的示唆。

這個運動的目的顯然是誘導英國迅速同情侵略，在中日戰爭中得到合乎自己之要求的仲裁。外國報紙上已披露過一些這類的要求，其中首先的要求，便是希望承認日本佔領華北，交換品是日本在上海完全非軍事區域的條件下，可以撤退駐滬日軍。

爲欲使英國人洞悉利害，日本飛機飛到香港示威，在英國領水內，轟炸中國人的船舶，擴張自己的軍事行動。駐滬日軍司令官松井的行事，完全抹殺外國人之權利義務，與公共租界工部局商談，如臨第三國際的支部。這位老爆動家松井還故意在日軍遊行租界時，製造出日本傳統的爆炸案。爆彈「顯然爲的是要藉爲口實，資備租界當局對日人的不注意，因之準備完全佔領公共租界。

日本軍閥的這串行動，顯然得了希特勒拉衣鮮的挑撥與喝嚇。英美法對日本的侵略中國果然容忍，並且此之以手，那麼局面更將如何壞呢！

典型的日本對華策略是撒佈各種挑撥的謠言，目的或在減弱中國的反抗，或在激動不安，或在離間中國軍政首領及機關。藉各種卑劣黨徒之助，例如白昔投效日本的軍人，扦派及其他匪徒等，日閥有系統的撒佈謠言，說稱中日政府間已成立「投降的秘密協定」，這種謠言，已經中國政府不斷闢除，對中國仍然有相當損害。

這種挑撥的工作，甚至流露爲日方刻意造謠德國作中國調人之說。（完）

宇宙风

《宇宙风》有颠簸流离且创且停且停且复云游四方的不寻常刊史。中华民国24年（1935）9月16日在上海创刊，出至第66期；民国27年（1938）5月迁广州出版67～77期；民国28年（1939）5月社址迁香港，同时在桂林设分社，出版78～105期(在香港排版纸型运至桂林印刷出版)，民国33年（1944）编辑部迁桂林，出版106～138期；民国34年（1945）6月迁重庆，出版139～140期；民国35年（1946）2月迁广州出版141～152期(终刊号)，发行时间长达12年。

《宇宙风》创刊于1935年9月，初办时由林语堂主编，此后担任编辑的还有林憾庐、陶亢德、缪崇群、叶广良和林翊重等。

《宇宙风》无“发刊词”，但林语堂在最前面的“无姑妄言之”栏中的两篇短文可视为办刊主旨，一曰《孤崖一‘枝花》，’一曰《无花蔷薇》。前者曰：“想宇宙万类，应时生灭，然必尽其性。花树开花，乃花之性，率性之谓道，有人看见与否，皆与花无涉。故置花热闹场中花亦开，使生万山丛里花亦开，甚至使生于孤崖顶上，无人过问花亦开。香为兰之性，有蝴蝶过香亦传，无蝴蝶过香亦传，皆率其本性，有欲罢不能之势。”后者曰：“杂志，也可有花，也可有刺，但单叫人看刺是不行的。虽然肆口谩骂，也可助其一时销路，而且人类何以有此坏根性，喜欢看旁人刺伤，使我不可解，但是普通人刺看完之后，也要看看所开之花怎样?到底世上看花人多，看刺人少，所以有刺无花之刊物终必灭亡。

从《宇宙风》杂志的目录上就可看到，《宇宙风》的作者阵容十分强大。除了林语堂本人，当时国内知名作家、学者郭沫若、周作人、老舍、郁达夫、谢冰莹、冯和仪、许钦文、徐舒、施蛰存等都是《宇宙风》的主要撰稿人，著名漫画家丰子恺也经常为《宇宙风》作画。

《宇宙风》言论放达、文笔洗练，杂志始终保持着较高的艺术水平和文化品位，这与创办人林语堂的个人魅力和影响是分不开的。从这些杂志身上我们不仅可以管窥当年国内外的政治形势和学术动态，也得以找寻当年林语堂先生的思想轨迹。

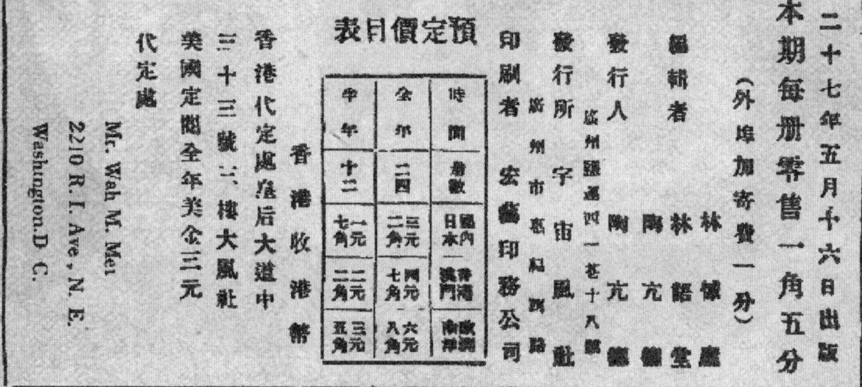

二十七年五月十六日出版
本期每册零售一角五分
（外埠加寄费一分）
編輯者 林憾廬 林語堂 陶亢德
發行人 陶亢德
發行所 宇宙風社
印刷者 宏藝印務公司

預定價目表

時間	全年	半年
册數	二四	十二
國內日本	三元二角	一元七角
香港澳門	四元七角	二元二角
南洋歐洲	六元八角	三元五角

香港收港幣

香港代定處 皇后大道中三十三號三樓大風社

美國定閱全年美金三元

代定處 Mr. Wah M. Mei 2210 R. I. Ave, N. E. Washington.D C.

《宇宙风》杂志版权页

《宇宙风》杂志封面

日軍在京暴行目擊記

South China Morning Post, March 16, 1938, "The Rape of Nanking"

郭鏡秋譯

這一篇講辭是一個美國人在廣東省政府吳鐵城主席邀請的一個茶會裏講的，地點是廣州迎賓館，時間是本年三月一日下午三時半。這位美國人原是宗教家，是南京難民區主持人之一，從日軍進城日起，一直都在南京，最近始來華南。是篇講辭乃由其本人每日日記中摘要講出，由在座外國通訊員速記發表。據座中人語，當女賓聽其講述日軍在京暴行時，俱泣不成聲云。原文載三月十六日香港英文南華早報。分題俱照原文譯出。

譯者附誌

九三七年十一月廿八日以前，駐京各國大使即已與守衛南京的總指揮唐生智商議在南京設立難民區事。數日後，日人因各國使領敦促，爲顧慮環境事實起見，遂勉簽訂尊重南京難民區的協定。該區位在南京城西北部，南北佔地二哩，東西一哩半。協定簽訂後，難民區內中國軍隊及行政機關即開始陸續撤退。

十二月十日，總指揮唐生智已將難民區所有中國軍隊及行政機關完全撤退。是日日軍砲轟甚烈，南京城南落彈甚多。至城西北之難民區，亦落彈二十枚，死四十人。想是時日本砲兵尚能顧及該段爲難民區，不然，落彈當尚不止此數。

日軍於十二月十三日進城，美使館人員遇日軍於難民區邊界，向日軍鄭重聲明，在日軍佔領區城內，此處必須劃爲難民區，惟使館人員話尚未說完，一排槍彈即已橫飛而過，斃平民二十人。概而言之，日軍於進城第一二日尚能尊重所簽協定，惟城東南區許多平民不及向難民區逃避者俱遭殺戮。

唐生智於十二月十二日離京後，中國軍隊即無人指揮調度，土崩瓦解。撤退時，軍隊除向糧食店取給糧食外，並未搶掠及騷擾民衆。其中有少數不及撤退，逃往難民區，自動解除武裝，俾可與其他難民受同樣待遇。

屍首山積

從下關撤退的中國軍隊，以爲日軍將接踵追至，遂將所有運輸車及其他障礙物悉數拋棄，惟車上擠滿難民，因偶着火，俱遭焚斃。日軍佔領南京後數日，難民區一辦事人因事出城，向日軍領得通行證逕出下關，到達時祇見屍骸堆積三尺多高，因除下關以外，別無他路可走，遂迫得將汽車在這些屍首上面，直駛而過。是時看見燃毀的車輛堵塞城門，車上躺着燒死或窒息死的難民，不計其數。又有踰城而逃跌下來死的，也有爭搶上船，船要翻過來淹死的。至於逃至江心那些難民，遇日軍用機槍掃射而死的又不知多少。情形之慘，不忍卒覩。

在下關江邊萬國貿易公司門前一個地方，就積有二萬五千具屍身。難民中有一組是往下關北面逃亡的，途遇日軍，全遭殺害，祇剩一人生還，追述其事。

十二月十四日有一日軍大佐到難民區，要求將已繳械的六千華軍交出。辦事人不允，日軍便派軍到處搜索，在一角落裏，發現一大堆除下的軍服，於是大發雷霆，將躲在軍服旁邊的一千三百人細縛起來，硬要拉出去槍斃。

這樣，難民區辦事人當然要提出抗議了，日軍却狡辯謂他們細縛這些人不過是捉去替日軍做工的。辦事人又去日本使館提出抗議，日使館又無答復。及夜，去抗議者回到難民區，祇見日軍將那一群人，細在一起，帽子蹧蓋，全被剝光，一應品物，不准携帶。用意爲何，不難想像而知。這班人被押至江邊全體槍決，嘴裏絕無半句乞憐說話。因爲明知在蠻不講理的日軍之下，必無倖免的。

日軍進城第四日又從難民區提了一千人去槍決，其中五十人，是南京市派出去維持難民區秩序的警察四百五十人中提出來的。難民區辦事人雖又向日使館提出抗議，但那裏有什麽結果，日使館在日軍控制之下，簡直就談不到行使權力。這時候的中國人，凡是剃平頭，或因牽船拉車做工致手紋粗硬的，都人人自危，都隨時有被槍殺的可能。

慘絕人寰

難民區裏有不少良民，被日軍生生從他們親愛的妻子或母親那裏捉去殺害的淒慘情形，就是鐵石人在場看見也要淚落。如果仔細一算，裏面丈夫兒子全被捉去了的女人，通通就有一千。

日軍對待住在金陵大學的三萬難民的殘酷手段，又可爲其蠻不守信的鐵証。日軍進城後兩星期，即到金陵大學強逼難民登記，並三次宣布謂凡是當過兵或替中國軍隊做過工的都不許登記，如敢冒認，一經查出，或被指出，便一體槍殺不赦。但在登記前自動從難民排列中向前踏上一步，以資識別的，當可貸其一死。這又是命令，又是恐嚇，又是明明白白應許赦免的說話，再三宣佈清楚以後，大家信以爲眞。其中有二百四十人遂自動向前踏上一步，怎知道日軍就將這二百四十人細在一起，拉出去，當夜槍殺了。

在這時候，日軍隨隨便便將一堆一堆的人拉去殺害已是司空見慣的事。有一次有一個難民逃回難民區，眼睛燒瞎，耳朵燒掉，頭也有一半燒成木炭般了，他告訴我們他是某一次被帶去處死的那班難民中之一個。他們被帶出去後，日兵就把汽油往他們身上淋，然後點火把們活活燒死。問他日兵有沒有用機槍先向他們掃射，他說已記不清了。又一個難民爬到一所醫院來的，已被日兵放火燒壞，他腮頰上又給他們打了一槍。又一個是受了五下刺刀而逃進來的。另一個是被日兵活燒至炭黑，遍體鱗傷，猶勉強匍匐，欲逃至難民區求救，但因受傷過重，中途斃命了。

日兵慣將中國人殺害後縱火焚屍，是以他們活燒生人，亦許不是故意的。

劫掠放火

十二月十九日以後，日軍即開始大規模的縱火焚燒商店。在放火以前，他們先用運輸汽車將貨物運走，然後把空店燒毀。青年會房屋全部被焚，惟左右鄰舍俱沒燒掉，這樣一來，就可知日軍之燒青年會顯然是有意的了。是時南京外僑，僅餘廿二人，其中十四人，因憤日軍火燒青年會，雖在聖誕之夜及聖誕日，亦親往日使館提出抗議。使館人員的答覆是日軍不受統御，無法制止。各代表便稱日軍之有系統的搶掠放火，既由軍官指揮，當有辦法好想。但抗議儘管抗議，無效終歸無效。經過連續一月的搶掠放火，商店十分之八，住宅十分之五，皆被刦掠和焚燒。獨政府機關則全未被火，祇有交通部是例外而已。本來放火焚燒，乃日軍普遍的行爲，但保全所有公署而獨燒去交通部，不知是何道理。也許是華軍在撤退之前，故意把牠燒掉，亦不無可能。

美國使館於元月六日遷回南京，難民區自美使館遷回後，向日當局抗議時，始有人正式爲其中斡旋。在美使館遷回南京以前，所有外僑財產，均由日使館給以日文紙條貼上，以免被日軍侵佔。但日文紙條全不濟事，日軍仍毫無忌憚地肆意搶掠。美國國旗已被強扯下來撕爛或燒去共十四次。外僑財產被日軍刦掠者一連三個星期。元月九日，始准英德兩國領館人員由英艦蜜蜂號同京辦公，是時使館准回南京者，祇美國一國而已。

強姦婦女

南京失陷後第三日（十二月十五日）起，日軍强姦婦女隨處皆是，日當局熟視無覩，難民區辦事人雖迭次抗議，但終歸無效。

是日一海軍官佐到來報告潘納軍艦被沉消息，並建議所有駐京美僑，即日撤退赴滬，惟主持難民區的幾位美國人，因任務關係不肯離開，祇有兩新聞記者隨行。他們經過軍政部時，見有無數被綑難民蹲着待斃，過下關時又見路上死屍，有如山積，情況之慘，令人目不忍覩，卒乘日艦離去。

自此以後，難民區之向日使館抗議强姦，已視爲日常慣事。每次抗議，答覆必爲：「我們希望以後不發生同樣事件」，所以總是不得要領。蓋事實上日本駐京外交人員，毫無權力。日使館一職員有一次更似歎非歎的告訴我說：「我們軍隊是不聽命令的」。可知日軍的無法無天，雖自己長官亦不能過問。

日軍的殘虐行爲，連續兩月來日夜發生。最初兩星期，南京全城在五萬虐軍蹂躪之下，暴行遂到極點。及後一萬五千的新軍調防後，秩序才見稍爲恢復。

由入城後第三日起，日軍强姦婦女，日在千起。女人被姦數次後，常被他們用酷刑詒死。被姦女人的年齡，從十歲到七十歲都有。（譯者按：美國紐約 Herald Tribune 某記者過港談話謂日軍姦污過的女人，在南京各醫院檢查，十分之九有花柳病。）金陵女子大學位在難民區西面，距日軍駐紮較遠，戰後改爲臨時女難民收容所，裏面最初共收容女難民一千人。難民區辦事人中，每晚必有一人在大門把守，以防日軍强行衝入。不渴醉酒的日兵，並不見得是怎樣勇敢潑子。有一次有幾個日兵斫破大門，剛想衝進，被那把門的外國人看見，馬上用日語喝他們，「滾出去！快滾出去！」他們不作一聲，掉頭就竄了。

但是碰到那些醉酒日兵，用刺刀示威，硬要强姦女人的時候，就難以應付了。至於日本軍官約束下屬方法的古怪，這裏也很可一述。有一次，幾個兵士又玩他們那套破門强姦的把戲，碰巧給幾位難民區辦事人撞見，同時也有一個日軍大佐經過，便向大佐抗議。那大佐奇怪得很，他把自己的兵士喊一個過來，一掌就是個耳光，便問美國人有沒有這樣打過他的人。答案自然是沒有了。他又照樣把他的人摑耳光，並且朝他們足脛用勁去踢，就算了事。另一次一班日本兵士又同樣的闖進難民區想强姦女人，這回却給管事的和一位日本軍官同時撞見，他們便向那軍官解釋恪守協定的重要。那軍官卽深深地向兵士鞠躬請他們馬上離開。士兵們也深深地還他一鞠躬纔退出去。那軍官又向他們鞠躬直至他們走了。

標語滑稽

二月裏，日本當局貼出安民標語，這標語是取材於一張基督教傳教標語的。原本上面是基督站在當中，手裏抱一小孩，另外一男一女站立兩旁正在虔心禱告的樣子。日本人的那張，是一個日本兵站在當中，手裏抱了一個中國小孩，小孩手裏拿了麵包及鹽和糖，左面是小孩的父親，向日兵鞠躬道謝，右面是小孩的母親，跪在一口袋米旁邊。圖的下面有這麼的幾個字：「請信仰日本軍隊，他們是保護你們的。」

大約就在這日本當局各處張貼標語的時候，駐京日軍又由一萬五千減至六千，日軍司令松井又於是時到來巡視，市面秩序，得以稍稍恢復。這些姦淫擄掠殘酷野蠻的軍隊數目減少後，無怪日軍當局認爲時機已熟，可出告示安民。日軍進城九個星期，人民無日不在水深火熱中生活，直到二月十七日，南京馬路上纔第一次看見有十四輛人力車。

南京的難民區雖在日軍恣意姦淫屠殺之下，但終可以保全一部分的平民，故還算值得設立的。金陵女子大學的大門，因有一位難民區辦事員美國人把守，裏面的三千婦女，得以免被淫亂。難民區裏共紮營二十五個，容七萬人。中國軍隊撤退以前，市政府會議決買米三萬包，救濟難民，日軍進城以後，共收到白米一萬包，麪粉一千包，這些糧食僅够維持兩月。

日軍佔據南京城後，將所有米店全部封存，十三萬包白米盡歸他們所有。燃煤亦悉數被扣，扣之不足，還將一處的二千噸煤付之一炬，却不讓難民區燃用。至於未發足的白米包數，再休想他們發下的了。

難民區每天施放飯粥，都是由難民區的外國人員，親自駕卡車送去的。粥飯未施放以前，那外國人不敢寸步或離，因爲一離開，粥飯就會給日兵偷去。京中所有大使館的汽車和載運車被盜一空，許多都是給日兵亂行駕駛，駛壞了就運回日本當廢銅爛鐵。至於紅十字會救傷隊，則一槪不許進城。

現在南京雖然漸漸有人回去，但總計起來，人口不過二十五萬而已。因難民區辦事人的請求，當局已允將數千包米買入。希望——但不敢置信——這新的政府(?)，以後肯發够米糧來接濟這些戰區的不幸人民啊。

民力周刊

《民力周刊》创刊于中华民国27年（1938）4月，民力周刊社编辑、发行。社址位于重庆机房街111号。重庆新生命书局经售，各地书局均有代售。零售四分。该刊出版至民国27年（1938）8月27日终刊。

民力

合訂本

由第一期至第二十一期

民力週刊社編印

《民力合订本》杂志封面

日本開發中國的計劃

——譯自The"China Weekly Review Vol.84 No. 10——

樊星日譯

日本開發華中及華北的計劃逐漸擴張；政治家因爲他們的經濟狀況漸形恐慌，而軍事進展遲緩國內呈不安現狀與大小商經濟常常的消耗，所以他們對擴大日本在華投資的計劃增加了新的設計。

在四月裏，東京，北平，和天津傳出來的消息，如果這些計劃實行起來，足以完全改造中國而有餘。新的計劃是從開鑿運河設立新的絲棉廠，鐵礦和煤礦、鐵道，航空路線，橫渡太平洋的無線電，直到煤油公司和漁業公司。

日本知道開發華北經濟，雖然努力從國外得到信用購買了機器和必需的貨物，但是仍需大宗資本，並且要從他們國裏取來。華北遠征軍的最高經濟顧問，華北經濟會議的主席和中日經濟會議的副主席Ha chigab luso, Hisao闡明日本的地位，發下列的言論；

「決定華北經濟發展的資本政策的，華北經濟會議和中日經濟會議，關於牠們的會員已經有個決議，一經華北開發公司正式組織成功，他們就準備採用具體的政略了。

所採取第一步驟

「同時，在華北開發公司範圍以外，關於將制的，農業的和其他部分的事業正在切實經營中。在農業上曾設立一個農業試驗場，聘請日本農業專家指導華北農人和提倡合作農村。華北開發公司的組織委員會不久即可成立，但主席人選尚未決定。最近在華中組織的行政機構遲早是要和北僞政府合作的。但是，照會議決議，經濟發展的工作却是分別的進行。華北開發公司組成的時候，在牠的統制之下，將要組織各種津貼的合作營業，如鐵道，交通、礦業，鹽，和電力是。

「關於製造工業，日本製造公司在華北進行各種的企業。這許多企業或在華北開發公司的統制之下，要有一個新的製造公司的出現。要開發華北需大宗資本。例如照礦業專家的估計，要充分開發大通煤礦，僅建築鐵路和海港的工程，就需要五六〇，〇〇〇。〇〇〇日元。所以從國外得到購買機器和其他應必需貨物那是很要緊的。現在已得到歐洲某某國家的信任，可是大宗資本仍須來自日本。現在希望僞政府的經濟情形改善，因爲加于華北人民的經濟担負就可因此減輕了。但是，僞政府在日本政府保護之下，必須發行公債以獲得公共事業上必需的款項。

煤的開發

「在華北開發工作的重要原則是拯救該區域內民衆的窮苦現狀的。增加棉花和麥的生產，是迫不待緩的救濟策略。我以爲這兩種大宗出產農品的每年輸出，在五年內很容易增加一倍。華北蘊藏的煤，應該在聯合的計劃之下，如以開發。有人主張在各處分別開發，但這是不成的。開發這種工業，一個公司就夠了。在華北開發公司正式成立以前。關於開發華北的具體計劃，無甚可言。……」

以下的計劃，有的是在進行中，有的是在籌劃中。

要成立上海與舊金山間的直接無線電交通，日本軍事當局正建築無線電臺二所，一在江灣，一在楊樹浦。無線電臺的大宗建築材料和工業專家最近已從日本到上海。

日本在河北開鑿運河

日本經濟專家已決定在河北省開鑿一道運河。此種計劃已獲得日本當局的許可，因為他們相信這運河很足以發展該省的經濟狀況的。照目下的計劃，日本經濟專家要組織一所河北省運河公司，開鑿運河。資本達一〇，〇〇〇，〇〇〇日元，總辦事處則設於天津。該運河起於石家莊而止於天津，可充分利用該區域內小河築成。據說這種計劃如果完成，每年由該省內地取道運往天津之貨物，為數有一五，〇〇〇，〇〇〇噸。實則對山西煤礦的開發，幫助不淺哩！

中國航空路線

日本航空股份公司和通惠公司（中日航空公司由日本當局和前冀察政委會所組織）正計劃開始通航下列八條航空路線：（一）上海至佐世保路線，（二）京滬線，（三）滬杭線，（四）滬平線，（五）津滬線（六）滬連（上海至大連）線，（七）滬青線，和（八）京杭線。但據消息靈通的方面宣稱，在現在情狀之下，日本的公司尚未能開始任何航線哩！

一百萬担的棉花改良種子已由高麗送往北平，將來由偽政府交發華北農人。經日本陸軍省，外務省和拓務省幾次討論的結果，決定將華北各省棉花種植的發展計劃，歸拓務省負責草擬。

一千萬日元的漁業公司正在計劃中

自中日事件發生以後，朝鮮總督即轉變注意方向而到中國沿海的海洋資源。因此，該總督特派遣附隻大船往中國沿海，調查此等地域內資源狀況若何。刻正籌設一所一千萬日元的漁業公司以為開發海洋資源的利器。

日本所築的承通鐵路

因為欲主宰華北并且欲深入內蒙以為將來進攻外蒙計，日當局已築有鐵路聯接熱河的承德與北平附近的通州。建築工程自去年九月，已經開始；今年四月一號，全程通車，此路對軍事上關係，很為重要。

據消息靈通方面的傳說，高麗棉紗廠決定在華北設立分廠。該廠得高麗總督的批准，已派代表多人到華北籌備開辦，分廠的資本達一千萬日元，其中五百萬日元為建築工廠及購買六萬隻紡錘和一千二百架紡織機器之用，據說照現在的計劃，該工廠要設在石家莊。

大通煤礦的開發

增加中國煤的生產，是華北軍工業開發活動中最重要的一種條目。根據日本煤的消耗的統計，到一九四二年底，連日本的消費在內，每年煤的生產數量大約有二〇，〇〇〇，〇〇〇噸，在五年內要增加到八〇，〇〇〇，〇〇〇噸，大通煤礦的開發顯然地主宰了中國增加煤的生產的計劃，在五年當中，每年可望增加生產一二，五〇〇，〇〇〇噸。就開發煤礦一項而論，即須經費一二五，〇〇〇，〇〇〇日元。

關於開發華北煤礦的事情，當地行政長官主張讓一家公司經營的政策，而東京政府則傾向於各家開發的政策。中興，邢臺，博山，灤河口等處的煤與日本鋼鐵左業的生產發展計劃有密切的關係，因為鐵的工業需要煤為製造焦煤的原料。主管人員很顯然地要使日本製鐵公司參與這次的計劃，除「煤」的資本外，更用日本煤礦業聯會等名義作為比例的投資。

交通和運輸公司

因為軍事行動的進展，日本陸軍曾委托人辦理交通及運輸事業，關於華北交通及運輸事業將來的經營，現在準備在中日公同經營之下，成立新公司，以為華北開發公司之津貼機關，此事尚在研研中。

日本煤油公司已決組成聯合公司，以控制華北煤油的市場。設公司資本達二〇，〇〇〇，〇〇〇，日元由日本煤油公司協會，滿洲煤油公司和高麗煤油公司聯合經營。煤油商調在北京及點津區域煤油內的每月消耗約二十萬箱，而此種數量大半都是以國外來。

蕪湖的新礦產公司

在由維持會統制的中日工業企業，在五月中旬即開始經營。此種公司名華中鐵礦公司，由中日投資者在上海組織而成，蕪湖南部礦產甚富，估計產量約一萬萬噸，開發工作，即在此進行。

公共汽車，火車公司

據南滿鐵路公司職員宣稱，在日本在亞洲最大公司中，經營華北鐵路，汽車業務和港口等，乃爲最大公司的一種，不久即根據日人利益組織而成，日本專家對此種計劃已略加修正，在五月裏即呈日本政府，敬候批准。半官方的華北開發公司受預定的四〇〇，〇〇〇，〇〇〇日元的限制，自身將集合資本達四五〇，〇〇〇，〇〇〇日元，其中二五〇，〇〇〇，〇〇〇日元在公司開幕時即如數籌足，一〇〇，〇〇〇，〇〇〇日元由華北開發公司和南滿鐵路共同籌，足而其餘款額則由發行股票湊成。

控制中國的絲業

日本絲業代表坡近從日本到上海，調查江浙兩省絲產物的情況（包括桑樹的種植在內），據說調查的結果作爲草擬控制中國絲織業的計劃，改良蠶種分散各農夫，在最近的將來，更有絲廠設立，中國在虹口和閘北的絲廠，在此次戰事中毀壞者，日人將加以修理，從行開工，儲藏於虹口和閘北廠蠶繭已全部充公。俟工廠開工時，即分散到各絲廠內，以便紡織成絲織物。

日本開設百貨商店

日商爲欲日貨暢銷市面，正籌備在南京路上開設大規模的百貨商店一所，據傳說大宗日貨已運來中國，儲藏在虹口。

據商界靈通的消息，在上海西部六所日紗廠及東部的三所，已恢復原來活動。因爲招收華工在工廠內作工很不容易，所以工廠內所有紡錘爲數有限。滬東棉紗廠已全完毀滅者，現在並不願再恢復原狀。據調查所得，日本在滬紗廠共有三十家。

杭州絲廠

恢復杭州絲廠已由杭傀儡組織與日本紗廠廠主聯合會部署完全就緒。照本計劃，人造絲不久即由日本運往杭州，作爲原料；工廠所出的絲則，賣與日商。此等工廠恢復營業後，城中居民入廠工作者有十五萬人。

新開中日公司

北平富商巨賈已決定組織一中日公司，作爲在華北買賣日貨及化學用品的居間人。這家公司資本達二十萬日元，由此公司作居間人而運往日本的貨物有羊毛和生紗。進口貨則有金屬用具，毛織物，棉布和化學物品等。

五月一日在北平成立了一所價值五十萬元商業公司，專門營房屋，店鋪，和田地的買賣。此外尚兼營不動產抵押貨款。據報紙宣稱，該公司又爲產業經紀人，繪建築圖樣及估計價目，爲建築房屋承攬人。

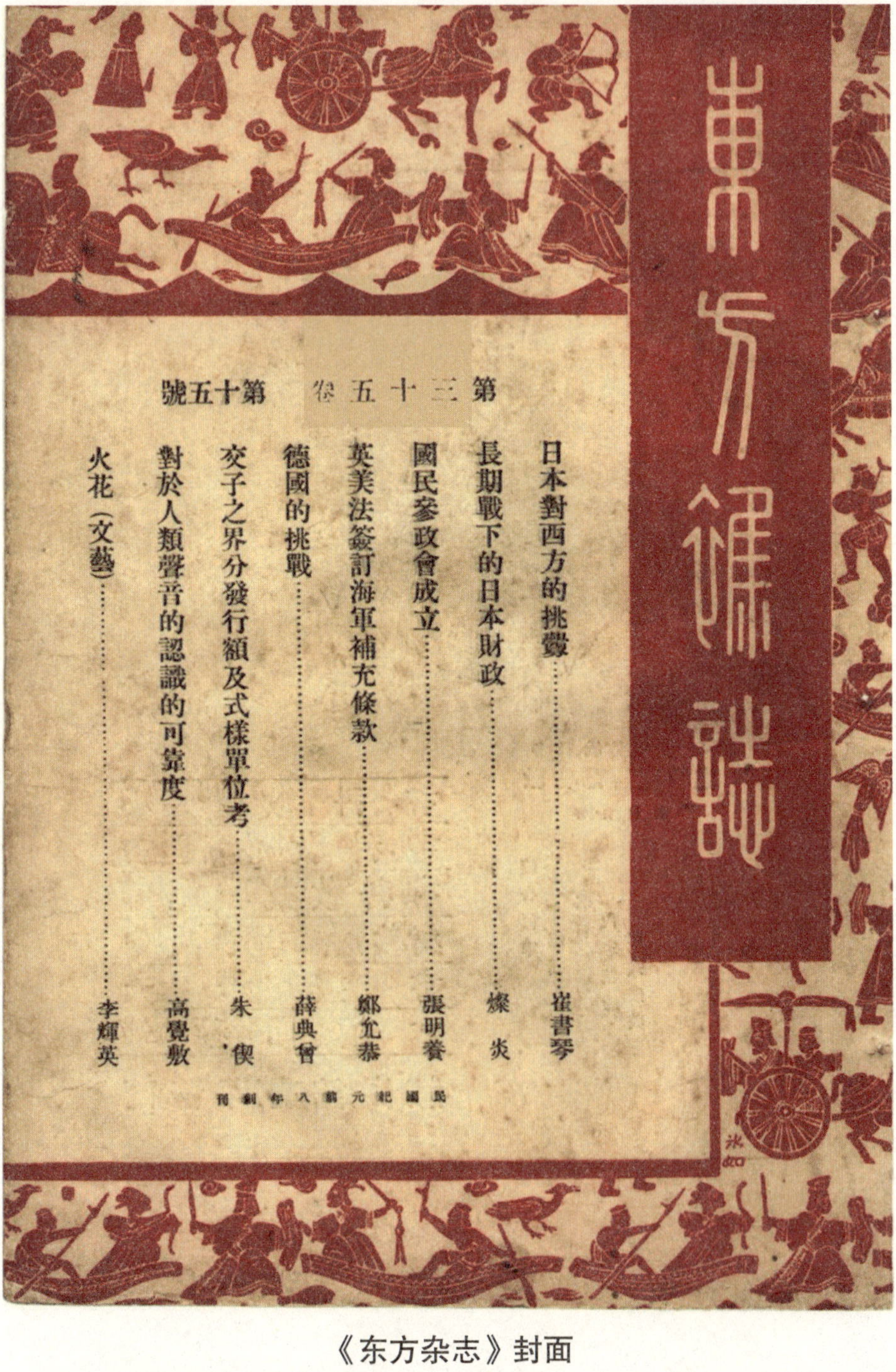
東方雜誌
第三十五卷 第十五號
日本對西方的挑釁……崔書琴
長期戰下的日本財政……燦炎
國民參政會成立……張明養
英美法簽訂海軍補充條款……鄭允恭
德國的挑戰……薛典曾
交子之界分發行額及式樣單位考……朱偰
對於人類聲音的認識的可靠度……高覺敷
火花（文藝）……李輝英
民國紀元前八年創刊
冰如

《东方杂志》封面

日本開發華北的陰謀

于 葦

『華北對於日本，是一個理想上的黃金國，它的廣大的富源，可以資助日本帝國種種的擴展計劃。』

——密勒氏評論。

一 計劃與陰謀

日本正在加緊推行着掠奪中國的計劃。『到華北去』的聲音，響遍『鬼土』的三島。淪陷在日本手中的華北，成爲它積極開發的對象。

日本開發華北的陰謀，不自今日始。遠在一九三五年的秋天，華北駐屯軍司令部即向冀察政委會提出八項開發華北經濟計劃。中國的抗戰粉碎日本開發華北的陰謀，『七七』的炮聲結束了日本開發華北的夢。最近由於日軍佔領區的逐漸擴大，日本又提出開發華北的計劃。五年前日本開發東北四省的一幕，重現於今日的華北。

貧弱的日本缺乏鋼鐵、煤、棉、羊毛等軍需資源，長期的戰爭加強日本的鋼鐵飢饉，對煤、棉和羊毛等的需要。爲挽救自身的經濟危機，支持進攻中國的戰爭和進一步布置進攻蘇聯的準備，日本都不能不加緊開發華北。而華北適足解決日本的需要。

日本內部關於開發華北的議論和爭執，都在日內閣的決議內解決了。去年十二月二十二日日內閣對華政策的閣僚會議，會通知廣田提交企劃廳的經濟開發大綱：

(一)基本政策將以日『滿』『中』（僞臨時政府）三國相互依賴與供應爲原則。各種工商業公司將由三方共同計劃組織之。

(二)外國資本將被邀請參加華北各種事業及開發工作，俾與門戶開放政策相符合。

(三)所有華北經濟及事業之發展計劃，必須與日『滿』之事業政策相一致，俾造成三國一元的經濟集團。

(四)在原則上許可私人的投資及經營，但基本工業及國防工業則全爲日本所控制而成爲專制事業，如鐵、煤、鹽、棉花、運輸、電氣、電報、電話等事業，均將由日本各公司分別經營。

(五)設立一高級管理機關，以管理及監督各種企業。該機關將代表各公司組合之利益，而所有各該公司之計劃，必須得該機關之批准。

(六)日本將採取種種步驟，使各方面得自由投資於各種企業，並提供保障此種投資，且予此種投資以種種權利。

吸收資金，控制華北和華南的金融，開發華北的僞『中國聯合準備銀行』早已成立了。

日本開發華北的計劃，已逐漸具體化。自設立『華北開發公司』於三月中獲得兩院通過後，建設委員會會員名單經日政府和各方面折衝的結果，於三月十八日在閣議上通過，由鄉城之助任委員長，同時由關係各省成立補助委員會。

華北方面的日軍當局，對設立『華北開發公司』問題，特提出六個提案：（一）開發公司應分爲七個分公司，分別設立統治華北的交通、通信、電信、電氣、鐵鑛、採煤、煤液化、製鹽、制城的公司，以一事業一公司爲原則；（二）資本總額約爲二十億圓，以一九四三年度爲期交納完了；（三）各公司皆爲日僞合辦；（四）股票由僞日「滿」三方募集，並招外資；（五）各公司之管理，以一事業一公司爲原則，例如以滿鐵管理交通，使一原有力之公司在技術及經營方面，佔重要之地位，在可能範圍內避免聯盟性質之共同經營；（六）首先創立交通通信鐵鑛採煤公司，以確立開發華北之基礎工作等，與日政府協議。

佔領華北與開發華北的財富，是日本征服全中國的『第一步』，日本帝國主義想把華北作爲戰爭的根據，從這兒向西北和華中開展它的軍事和政治的侵略。

與軍事動作相配合的日本開發華北的計劃，可以說是異常毒辣的。

二 交通的控制及整理

整個的華北交通，已完全落入日本的手中。日本並積極着手開改善和整理華北的交通系統。日本改善和整理華北交通系統的動作，含有十足的軍事和戰略上的意義。

我軍退出平津和河北後，滿鐵鐵路總局卽派出許多鐵路工作人員，伴着滿洲電話電燈會社的員工，隨軍出發，恢復河北的交通。日軍部原擬由興中公司主持華北交通，後因興中公司人員不敷分配和技術的關係，遂委託滿鐵包辦華北的鐵路。

南滿鐵道株式會社，於北平王府井街南口平漢路局和中央長安兩飯店內設立南滿鐵道會社北支那總局，統制華北的鐵路。總局下設五分局：天津支局管理北寧路，濟南支局管理津浦路，青島支局管理膠濟路，保定支局管理平漢路及正太路，張家口支局管理平綏路。

除北寧路外，各路局長的名義均取消，大權操於日人的手中。北寧路因爲日人視爲和平佔領，和跟陳覺生的關係，仍由華人爲局長，陳覺生死後由總務處長周慶滿代理局長。各路的員司重要的多更換日人，其餘的則由留日學生及華人充任。

對蘇對華的重要軍事交通線的通古路，於通州事件後，日人卽日夜趕修，於四月一日正式通車。通古路起於北平東的通州，止於古北口，路長一三五·○一公里，南與北寧平漢平綏相連，北接承古路而與東北熱河的鐵路網相通。不過因爲新路和遼山的關係，車行速度很慢。

日「滿」僞直達通車經過多日的籌備，於四月一日實現，由釜山經鮮北線，過安東換南滿線至瀋陽，改北寧路，直達北平。日本將所經四線的行車時間全部改訂，努力縮短行車時間，加快速度。北寧路與僞「滿」各路聯運，每天平瀋間的上下行車增至八次。

由石家莊到山西太原的正太路，因爲完全是小軌，一般車輛不能應用，日本爲開發井陘和陽泉的煤礦，已着手改造車輛。

由張家口至平地泉綏遠的長途汽車計劃確定了。日本還計劃把好久前就要修的津石線擴展到大沽，改修平綏路所經過的八達嶺，將膠濟路延長到順德。大沽與天津兩港，據說已動工改築。

華北的公路，正在加緊修築中，由僞建設總署負責。平津四郊公路縱橫，並向冀北冀中方面伸張。現平津中間的村落，北平西郊北郊的村落，津東各村，日人拉派鄉人修築鄉道縣道及國道，以完成其消滅抗日的遊擊隊的政策。

日遞信省令日本電信電話工作會社和滿洲電信電話會社派出大批技術人員深入各地，建立日文通信機，一面在天津用武力封鎖我國在法租界內的電話局，檢察電信，封鎖一切消息。

近來日本又利用官民合辦的名義，在天津投下一百五十萬的資本，開設自動電話，排斥英美各國的資本。

從上面我們可以看出日本對華北的交通的整理和控制，是怎樣周密和深謀遠慮了。周密的華北交通網的樹立，無疑問將增強日本的軍事輸送，和開發華北資源的力量。

三 軍事經濟根據地的建立

於整理和控制華北的交通外，日本開發華北的第二步便是順應軍事上的要求，成立各種開發華北產業的企業公司，把華北變成一個軍事經濟的根據地。

日本正在運用「對華北任何生產事業，均置諸統制之下，任何私人事業，分別予以收買或強制接管」的強盜手段，進行着開發華北的事業。日本的盟友德意法西斯的血手已伸入華北，助桀爲虐，想從開發華北中分一點潤。英美在華北的權益，遭到日本無情的排斥。

南滿鐵道株式會社，興中公司，和東方拓殖會社，特別熱心於華北的開發。這三個日本公司間，有着激烈的衝突，都想爭取開發華北的『霸權』。但結果它們的競爭失敗，大『康來命』和軍部獲得了勝利，組織華北開發公司，統制華北全盤產業的開發。

在『一事業一公司』的原則之下，許多的大企業在建立中。

南滿鐵道株式會社，伸入鐵路部門。

在電業方面，日本電力聯盟決以五千萬日金爲資本，組織中華電力公司，統一華北和華中的電力事業。

據四月五日東京同盟社電：「華北開發公司統制下的華北製鐵

公司，準備在華北建造熔鐵爐，在當地製鐵。日本製鐵會社爲華北製鐵公司的支柱。華北的鐵鑛完全受它的控制。日鐵利用龍烟公司及一九二二年在北平附近所建立的石景山製鐵所爲開發的基礎，已向龍烟鐵鑛投資一千萬圓日金。日鐵計劃開發河北灤縣鐵鑛，及魯大公司經營下的金嶺鎮鐵鑛，並擬於第二期在天津建立製造所。

關於煤的開發，現在除由興中公司擔任外，東拓也參加了這項工作。現在東拓已定開發河北省的長城煤鑛，興中公司承當了井陘煤鑛的德國股分，豫定每年增產至一百五十萬噸。其它如過去中日合辦的河北楊家蛇煤鑛公司，山東的魯大、博東、華領煤，和旭華等鑛煤公司，早就落入日本的手中了。德人所經營的津浦路臨城站東棗莊地方的中興煤鑛公司，通過德日的特殊關係，由僞政府接收，原礦總工程司師德人支列屈爾（Friedrich Klicker）主持各種事務，全礦歸日本掌握。英國經營的開灤煤礦務局，因爲日本的百般的破壞，垂涎這巨大的煤礦，僱用少數漢奸，威脅和利誘兼施，唆使工人罷工，弄得很難支持了。日本並於四月二十五日以二百萬資金，成立一個開灤煤礦販賣股份公司，統制開灤煤在日本、僞滿、朝鮮及華北方面的推銷。

日本煤油業爲統制華北的煤油業，決定由日本煤油會社，三菱煤油會社，和朝日煤油會社等組織成的日本煤油協會，建立一個定名爲華北煤油公司的新煤油公司。華北煤油公司歡迎滿洲和朝鮮的煤油公司投資，資本定爲二千萬日金。美孚公司等外國煤油公司今後不能自由地輸入和販買了，營業的活動將大受限制。新公司已從僞方獲得特權，統制華北煤油的輸入和出售額。

在四月八日天津華北鑛務公司創立人會議席上，華北金鑛公司產生了，公司的資本總額定爲二百萬日金，總事務司設於北平。同時金鑛公司在上海又開一次股東會議，選舉公司的重要職員，有三個代表三菱利益的日本官吏，和代表華北開發公司的利益的兩個人入選。華北金鑛公司當前計劃，是開發冀東一帶的金鑛。

興中公司和滿鐵，握住了化學工業上所必需的鹽的開發。從天津治安維持會手中，興中公司接收了長蘆鹽務監督局，合同滿鐵調查新鹽田，擬取消生產限制，厲行秋季製鹽，將每年的產額從四五十萬噸增至六七十萬噸。新鹽田由興中和滿鐵雙方出資開採，豫計將鹽的生產在不久的將來增產至百萬噸以上。

華北的紡織業，在盧溝橋七七事變以前，就爲不堪日本壓迫，相繼倒閉，爲日本紡織業所收買，到現在完全華北紡織業完全爲日本所控制了。最近日本並成立一個華北棉花公司，以促進棉花的生產，大規模地栽培紡織業和造火藥所必需的棉花。華北棉花公司資本三百萬日金，由中興公司，紡織聯合會，在華紡織同業的聯合投資而成。公司決獎勵增產，改良品質，建立新倉庫及其它設備，擴充運輸機關，以實現它在華北的植棉計劃。

華北的麵粉業，經日本麵粉業巨頭與華北各僞地方政權談判的結果，全部移人日本麵粉業巨頭日本製粉會社，日清製粉會社，和日東製粉會社的手內。日東製粉會社的勢力遍山西河北和河南方面，落在它掌握中的麵粉公司有石家莊的聚豐順德的電燈，邯鄲的拾豐和大和恆，榆次的魏榆平遙的晉生，臨縣的晉益，新鄉的通豐，縣定的乾義，日清製粉會社的勢力在北平濟南，它支配的公司有北平的思一和濟南的成記。日本製粉會社的勢力在濟南青島和天津三大市，它控制着濟南的成豐寶豐和豐平，青島的中豐雙蝶，濟寧的濟豐，天津的嘉端和壽豐。這三個巨大的麵粉會社，正在努力恢復的從我國奪取的各麵粉公司原來的生產額。

據最近的消息，興中公司因爲過去活動的失敗，已轉變方向，向察哈爾和綏遠二省進行活動，企圖掌握二省的煤礦牧業和商業。

東方拓殖會社，在日政府的鼓勵之下，打進機製棉花及羊毛和毛織部門中。

日本在華北所進行的軍事經濟根據地的建立工作，已逐漸具體化，雖然在現在還不過是一個開頭，對這，是不容我們忽視的。

四 困難與掙扎

日本開發華北的陰謀並不會像它所計劃的那樣順利實現的。抛開投資和其它的困難問題不談，我們知道，開發工作的進行，首先需要一個安定的社會秩序，而安定的社會秩序，正是日本在華北所沒有的。日本的姦淫擄掠的野蠻行爲，激起華北人民普遍地的反抗的洪流。成千成萬不願做亡國奴熱愛祖國的華北的人民大衆，和留在敵人後方活動的挺進部隊的英雄們，正在跟日本進行英勇的戰鬬。零星和整批的敵軍經常地被他們殲滅，給養經常地被刼擊，道路經常地被破壞。抗日的政權在敵人佔領區域建立着，我們的國旗堅挺地飄揚。失去的土地的華北的大部分的土地上。在這樣的情形之下，日本當然無法順利地進行華北的開發。

日本正在用着它的最大的努力，確立開發華北的條件，建立安定華北的社會秩序。日本建立了內蒙和北平兩個傀儡組織，替它確立華北的社會秩序，以進行開發華北的工作。彷效保甲的辦法的隣保委員會，已開始在各地創立，厲行聯坐，防禦抗日分子的活動。在東北推行已久的鐵路愛護村的組織，開始推行至華北，防禦游擊隊破壞鐵路。最近它們並用大批金錢，收買武裝土匪編成剿×第一軍，任命李福和爲軍長兼司令，李英，吳朝翰，于周分任第一，二，三師長，王槃村和劉龍韜分任獨立和特務旅長，由僞治安部協助軍款十二萬圓，充它們的清道夫，肅清游擊隊的活動。組織新民會等團體，替敵人自己進行無恥的說教，欺騙華北人民。

在華北淪陷一週年，日本用各種陰謀建立開發華北的秩序的今日，我們祗有積極支持我們在華北的抗戰力量，加強我們在各戰場的抗戰力量，使敵人得不到喘息的機會，才能擊碎日本開發華北，用中國的物力屠殺中國人的陰謀！

一九三八，六，一日於漢口。

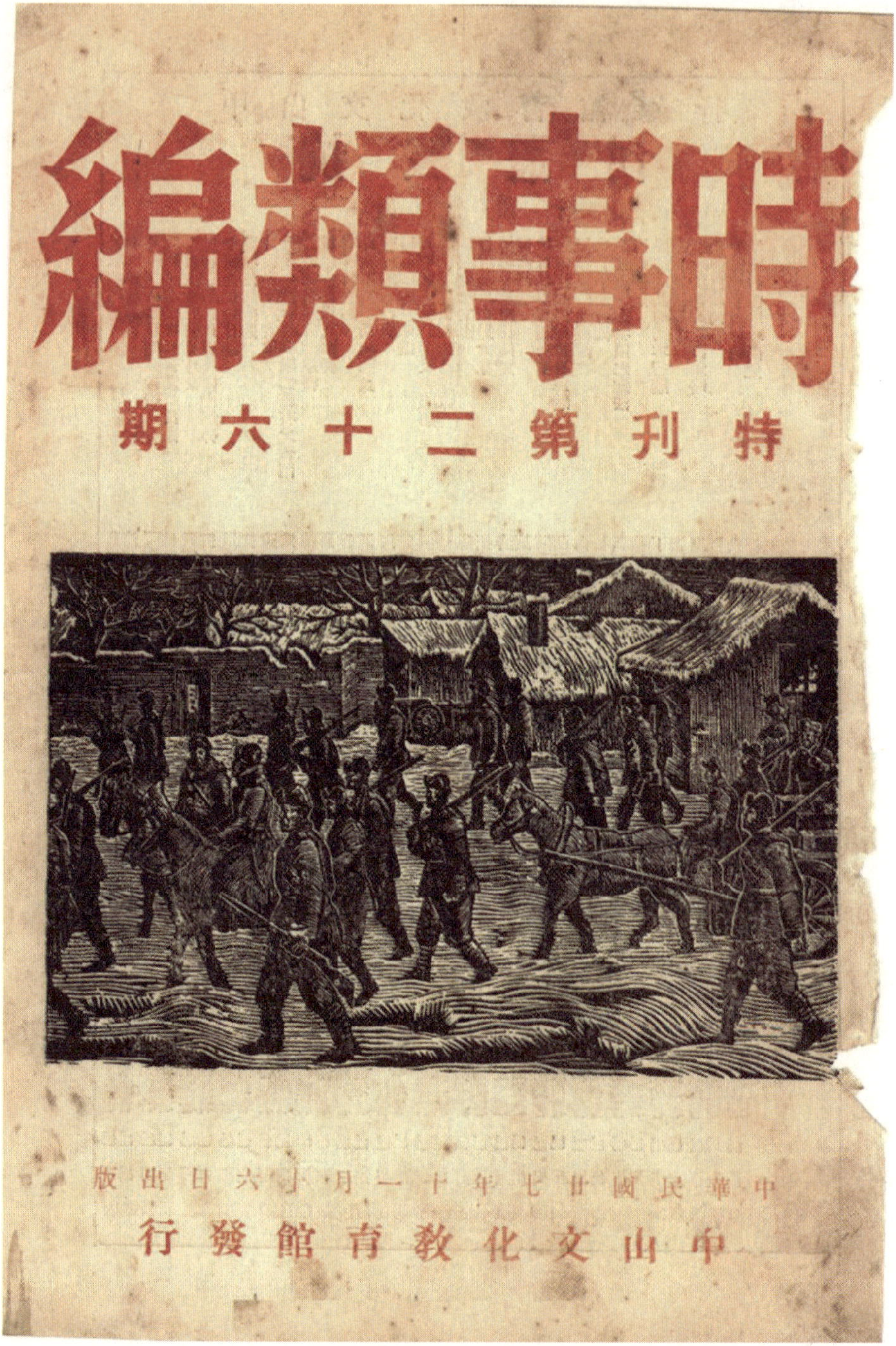

時事類編

特刊第二十六期

中華民國廿七年十一月十六日出版

中山文化教育館發行

《时事类编》杂志封面

日本侵華戰爭戰略的研究

黃操良

「速戰速決」，是一切帝國主義國家侵略弱小民族戰爭在戰略上的最高理想，特爲完成這一理想的唯一手段，便是「色當」戰略的採用。一年餘來中日戰爭的實際經驗與教訓，具體地說明了日本帝國主義對華侵略戰爭在戰略上的基本方針，并沒有亦不可能跳出這個範疇。

由於精神的、物理的、數學的、地理的、統計的——這一決定戰略的諸要素的限制，但日本不能「長期戰爭」來和中國作國力的比賽而戰勝中國。「所以速戰速決」亦同樣成了它在戰略上的不可動搖的信念了。

日本對華侵略戰的全部計劃，曾在松室孝良的秘密文件中清楚地描寫着，因爲這在瞭解日本帝國主義侵華戰的戰略上具有極其重要的意義，爲了便利我們研究起見，所以我們首先把這一計劃的全部譯出如下：

「帝國內部現正痛切體驗，戰時體制的諸多矛盾，生產力的不足，生產設備的不足，原料的不足，以及儲積資本的不足，所有這些，都急需要發動新的戰爭，俾有所補足，而國內不穩勢力的高漲，罷工的狂瀾，亦需發動內外舉國的戰爭以期平靖。特別由於今日中國內部統一方將告成……(刪去十餘字)故再度分化該國或在皇軍駐在區域內樹立親日政權，更急需新戰爭以扶持之，即日發動，已嫌稍遲，何況將等待彼國內統一完全成功之時呢？

「根據上述戰爭之需要，新戰爭亦應該特別注意下面的幾個特點：

(一)速戰。因爲無論從經濟的、政治的各場合，帝國對中國的戰爭決難持久，即從戰略言，亦沒有堅固的防禦地。

(二)控制軍事交通要道的集結戰。現在帝國爲佔取中國沿海沿江以及交通重要的都市，便利帝國在中國之軍隊迅速集中若干地點作戰，已從事種種準備，但尤須加緊進行。

(三)不僅在既佔領區域或正在進行佔奪的區域內，應努力建立并鞏固親日政策政權，而且須迅速恢復整個的外交關係，用來減少國際干涉并減輕帝國軍事後方之憂，而擁護皇軍的新進展。

(四)(全部刪去)

(五)爲減少北部方面的抵抗力，帝國應立即派遣多數精銳海軍進襲沿江沿海，使首尾不能兼顧，再繞西北採取包圍形勢，以分華北及沿海數區的兵力。

(六)對華侵略可分：(一)佔領華北之侵略：a.實線戰線，以重兵守平津，形成華北戰爭的支撐點，再以精銳沿津浦平漢二線南下，與青島登陸部隊會合於濟南濟寧或開封而遮斷隴海路，一面以重兵駐守保定或石家莊，待機進攻山西，同時阻截中國軍隊從河南北上，此外則須封鎖華北海口青島塘沽等地，并截斷中國與東北各匪賊(義勇軍)

之聯繫。b.西北戰線，以精兵開始運動戰，實行包圍戰略，進而搗毀內部各都市，如運動戰成功，則立即在綏陝寧甘青等省樹立親善政權，同時遮斷中蘇聯絡，然後直驅陝西與冀察戰線之皇軍會師鄭州，而巧妙地避免列强的干涉。c.青島及塘沽戰線兩者都爲皇軍佔領華北的捷徑，以佐世保爲中心而海陸軍登陸後，即從青島沿膠濟路與滄石線而直搗太原，或從塘沽沿津浦及滄石線挺进。(二)進攻華中及華南：a.揚子江戰線，皇軍應沿揚子江逆流而上，砲毁沿岸各重要都會，如南京，鎮江等地，并以飛機轟炸蘇州、京滬等地。此外，以佐世保爲中心之海軍，應在砲擊沿海都會時封鎖沿海數省以發揮其威力。b.福建戰線，以台北基隆爲中心之海軍，直搗福州，或封鎖之，或以飛機轟炸沿海都市。c.廣州灣香港戰線，以海南島爲中心而進搗廣東，或以飛機轟炸廣州及粵漢鐵路。」

從上面這個計劃看來，我們瞭解日本對華戰爭的整個戰略原則，決不是集中軍隊在一個地方來進行位置戰，使戰爭陷於一種堅持的，難於解決的僵局，來消耗我們的軍力而求取勝利，而是企圖以機動和敏捷的手腕，倚仗高度機械裝配，以迅速和運動，採取集中兵力突破一個弱點，并作兩面的包抄與夾擊來整個地殲滅我們的主力。

日本對華十五個月來的戰爭，顯然地與它的原定計劃相差很遠了，(這當然是由於我們英勇的抗戰粉碎了敵人的單想思)但盲目地採用「色當」以期完成其「速戰速決」的目的，無疑地仍成爲而且將繼續成爲日本侵華戰略的基本方針。

帝國主義侵略戰以「速戰速決」爲基本理想是一般的普遍的事。德國權威戰略家孔途夏夫曾說：「資產階級的軍事理論家，正努力在研究速戰的問題，即怎樣在極短促的時期內，很神速地戰勝敵人，以逃避因戰爭之嚴重而必然發生的經濟破壞和國內政治的崩潰。速戰的思想并不新奇，使敵人在極短的時期內屈服，這實在是許多將軍們從事研究的任務，但能很完美地來實現這一任務的人們却并不多見。」無疑地日本對華侵略戰的戰略，正落入了這句名言。

首先，日本對華的戰爭就以一種不宜而戰的姿態而出現，猶如英國速戰論的代表富列爾將軍所說一樣：「戰爭決不要宣佈，戰爭就好像熱帶的風暴一樣，要在太陽突然出現的瞬間，開始攻擊，……宣戰將要被認爲不智的舉動。」日本軍閥企圖在戰爭爆發之初，就想以突然襲擊的姿態一舉而擊敗中國的，但是這種幻想，爲一年餘的痛苦的經驗擊得粉碎了。

日本醉心於近代速戰論的戰略，但當決定於極短時期內結束戰爭的願望遭受到破產時，亦曾一度高唱「長期戰爭」來對付中國，但是自前陸相杉山親自來華視察結束後以及坂垣上台不久，又堅主對華戰爭須取「速戰速決」了。

在這裏我們還應該充分地瞭解，決定日本「速戰速決」的基本條件決不是有利性的，而是不利性的。日本軍閥很清楚地知道「長期戰爭」便是它們的失敗；所以決不能放棄「速戰速決」的戰略。決定日本這種戰略的要素是：(一)有形的要素，(二)無形的要素。有形的要素，主要的爲兵數，裝備，兵種編制，軍隊區分，地形經濟供應力等，日本帝國主義因爲人口較我國相差太遠，能動員的數目遠不及我們，同時又須集中一部份兵力來對付蘇聯，所以長期的消耗戰對於它是一種致命的打擊。雖然它在裝備方面是比較中國相當機械化了，兵種的編制也靈活和較有機械化，但這只是利於在中國強力的國防軍沒有建立起來時，就給中國以最後的打擊。從作戰的地形上講，中國廣大的土地，是使日本泥腿振拔不起來的泥沼，假使日本的軍隊，一步步深入到內地，而不能將中國的主力擊潰，不能消滅中國的抗戰實力，這將使日本軍隊陷於進退維谷的慘境，重蹈拿破侖在莫斯科的覆轍。加之日本經濟資源的貧乏和財政的枯竭，使在對華的戰爭上，不可能支付更大的戰爭消費。所以迅速地在交通要道及沿海沿江的都市上進行集結戰，吸引中國的主力，一舉而殲滅之，實是日本的最好的理想。至於無形的要素，主要的則為精神教育的訓練，以及人民氣質。幾十年來日本士兵在「皇道精神」「忠君愛國」「法西斯教育」的麻醉下，造成他們急躁好大喜功，性格中含有豐富的原始式的海盜的剽悍和冒險性，這是相當地是利於速戰，但如果戰爭一旦延長，由於日本侵略戰爭的反動性，這種「精神膏藥」就完全會失去時效，不僅不能得到廣大人民的支持，而經濟龐大支出之後的大眾生活的惡化，會使非戰思想和反戰運動極迅速地發展開來。所有這些，迫使日本不得不求取「速戰速決」。

在日本陸軍省頒發的日本陸軍作戰綱要上說得非常顯著：（一）以必勝的信念為主，求其訓練週到并充實指揮的統帥；（二）以傳統的忠君愛國的精神，加以砥礪，使即在慘烈戰鬥的窮境，亦能上下相信，確信必勝；（三）以攻擊的精神超越物質的威力而完成戰勝的願望；（四）由忠君愛國的至誠而發，并精練軍隊的志氣與武技，以期達到以寡克眾的目的，」這正是企圖用精神的煽動來求戰爭從速解決的最好說明。

日本軍閥自己說：「一朝有事之時，希望從速達成戰爭的目的，無論那一國都是一樣，不過，以我國的環境和國情論，這種必要都特別地大」這不是夢想「速戰速決」最忠實的自白！

根據上面的分析，我們明白了日本對華作戰戰略的基本意義，現在的問題是：日本作為吻合和完成這一戰略主要的手段和方法是怎樣的呢？明白地說，就是它運用了而且正在運用着怎樣的戰術和戰鬥姿態呢？從十五個月來各戰場上的實際的經驗與教訓中，我們可以把日寇對華作戰戰術和戰鬥姿態的主要特徵總結如下：

一、無恥的欺騙和各線上的各個擊破辦法——在日本的侵華戰中，最毒辣最陰險的戰術，便是運用着政略上的挑撥離間，在各線上進行各個擊破的辦法。日本侵略者窺知我國一部份舊軍閥的自私心重，國家民族觀念淡薄，在政治上派遣特務人員游說離間，伴示親善，在軍事上便陰施其各個擊破的辦法。抗戰中李服膺和韓復榘便是日本侵略者這種策略下的成果。同時中國軍隊過去指揮的不能統一，以及不能機動地採取新的戰略，使日本侵略者能比較便利地施行其各個擊破的辦法。此外，由於日本本身軍隊數量的限制，戰線的延長，亦迫着它不得不採取攻防兼施的各個擊破戰術。因為這種戰術，可以倚賴其機械化兵團，儘量發揮機動性，迅速的轉調和經濟地運用其兵力，以少勝多，以寡克眾，隨機應變，乘虛而擊。過去一年餘來的日軍作戰採取這種戰術的，以津浦平漢及同蒲三線的戰役最為顯著。當日軍向津浦線上各要點開始攻擊時，在同蒲線即停止積極的軍事行動，改為消極的局部牽制，當日軍轉用主力於平漢線時，而津浦線方面戰事就逐漸趨於沉寂。又迨至平漢津浦兩面戰事已逐見進展時，則立刻對晉省開始採取攻勢，而對平漢津浦兩面暫取守勢，即以一部確保漳河，并以一部固守徒駭河之線，以鞏固平漢津浦兩線而拒止我軍北進反攻。又如在徐州會戰時，日軍在津浦南北段經我軍迎頭痛擊之後，戰事遂致頓挫而呈膠着的形態，於是日軍又變更其作戰指導之策略，發動平漢同蒲兩面先期擊破晉南豫北之我軍，進而佔領黃河南岸，最後又在津浦北段繼續南犯，奪取徐州，這都是日軍在各線上各個擊破戰法的運用。

二、中央突破——中央突破計劃亦是日軍慣用的戰術。日軍在整個的戰略上講，是注重於包圍殲滅戰，但在戰役上，日軍經常企圖使用中央突破而以左右席捲之勢來掃蕩我軍。日軍自以為：（一）我軍裝備落後，火力不足，築城不講究，沒有堅固的防禦工事，（二）我軍防線延長，在雙方延翼競爭中，每易發現正面缺陷等情勢；（三）日軍步砲空聯絡較純熟，所以可以多量的轟炸機在突破點輪流轟炸；同時復以多量砲兵集中火力，破壞我陣地；（四）日軍戰車衆多，可以掩護步兵衝入我陣地，所以在每一次戰役中，首先以中央突破試探。但在一年餘來的戰爭中，日軍中央突破能獲得成功的却只有大場一役。目前日軍在加緊進攻武漢時，又企圖應用這一所謂中央突破的故技了。現在日軍進攻武漢的新的計劃是：（一）利用沿江躍進與山地迂迴配合的向我進攻，交互牽制，交替前進；（二）如果山地能吸引着我更多的兵力，則日軍便可以較多的部隊沿江突入；（三）如果我江防加緊，砲火加增，則日軍又可在山地力求深入，切斷粵漢，平漢，形成包圍大武漢，聚殲我軍的形勢。這種戰術，正是試探式的中央突破。

三、點綫佔領和面的控制的困難——日本對華戰爭中，最恐懼的便是我們眞正全民抗戰的發動，如果我們全國的民衆都能組織和武裝起來，協助和配合軍隊作戰，使四千萬方里國土以內，到處都形成堅強的壁壘，那麽日軍在我國土內，便會整個地被我們消滅。所以日本軍閥不能不以迅速的行動來進行控制軍事交通要道的集結戰，而圖擊敗中國的主力，消滅我們的抗戰力量。但是這在日本的戰鬥姿態上就呈現一種祗能佔領點線而感覺對面控制的棘手了。日軍在其戰鬥的過程中，已屢次以大迂迴包抄戰術來奪取主要的都市，但是他不能佔領廣大地區的小縣和鄉村。日軍進入我國國土愈深入，戰線愈延長，其兵力當愈不夠支配，不但對面的控制愈難，而且對線的控制亦無法保證。我們試一看日軍的佔領區域吧——在東北則有義勇軍的活躍，在冀察綏，則有我×路軍及挺進軍的深入，甚至最近北平天津都在我游擊隊包圍之中。日軍在山西建三條鐵道線亦不能掌握，在江浙兩省，日軍更只能固守若干據點，我青天白日國旗依舊飄揚在廣大區域內。這些事實，都可靠地證明了日軍的佔領將愈縮小在點上，其後方有整個變為前線的可能。

四、胆怯的士氣和白刃戰的避免——鬥志的旺盛是戰鬥過程中獲勝的主要條件，勝利的取得在於躍出陣地實行出擊。雖然，現代的戰爭，須倚仗火力的優越以壓倒敵人，但白刃戰依舊是最後五分鐘取得勝利的戰術。日軍士氣的日趨低下以及對於白刃戰的避免，已成為不可否認的事實。但是造成這一事實的主要因素是什麽呢？（一）我們知道日本對華的作戰，完全是一種反正義公理的最反動的侵略戰爭，它驅使到各戰場來當砲灰的士兵，大部份都是受着國內軍閥資本家的壓迫的勞苦大衆，他們在法西斯刺刃下强迫硬徵，戰到我國戰場上來，本來就無心作戰；同時遠離家鄉，拋妻別子，更增加其對戰爭的厭惡與不滿，因而反戰的情緒亦會逐漸地高漲起來，日軍俘虜的口供和家信，正是很可靠的說明。(二)由於日軍高級長官在佔領區域中放縱甚至命令士兵的奸淫擄掠，造成軍紀律的崩毀而使士氣更加低落和消沉，過去南京的日軍反對開赴前線作戰以及各戰線日軍在飽掠之後的化裝潛逃，這些都說明了無恥的奸淫擄掠是使日軍士氣一蹶不振的重要原因。(三)在日軍士兵中有着許多朝鮮，台灣以及我東北蒙古的人民，他們都不願意作戰的，雖懾於日軍的威脅，但他們不是對戰爭抱着消極便在期待着機會反正過來。(五)由於中國軍隊的壯烈犧牲，以及敢勇的肉搏衝鋒，震破了日軍的鼠膽而使他們不敢與我國軍隊實行白刃戰。所以在衝鋒的每役中，日軍終是先以飛機濫施轟炸我軍的陣地，再以大砲猛烈射擊；同時又以坦克車作為前鋒，最後才從戰壕中戰戰兢兢的躍出而躲避在坦克車之後。假使不幸遇到我軍衝去肉搏時，便會隨處隨地發現跪地求饒的醜劇，這給予了「皇軍無敵」多麼好的一個諷刺！

五、對夜襲的恐懼——由於士氣的不振，使日軍更感到夜襲的恐懼了。在各戰線上，日軍一到夜間，便伏在戰壕中不敢外出，同時經常地亂發槍砲而壯士氣。特別在冀察綏晉一帶的日軍，由於畏懼我游擊隊的夜襲，便常在他所佔領的一村一落，環繞九重鐵絲網，在屋頂的四週密架大砲和機關槍，終夜不停地亂放，并且把附近樹林全部焚燒以圖自保。這種對於夜襲的恐懼，如果我們能特別注意夜間教育，經常訓練夜間官長的指揮連絡，辨識方向與士兵的動作行止，對日軍施以夜間的猛烈攻擊，這無疑會予日軍以更巨大和嚴重的擊打的。

六、濫施轟炸和燒殺奸淫以圖振起「皇軍」的威名——總結日軍的戰術和戰鬥姿態，使我們知道日軍的確企圖以一種暴風雨的姿態來擊敗和掃蕩我國軍隊。本來，在日本軍閥的眼中，看作中國軍隊是不堪一擊的。它們以為我國軍事長官指揮不統一，武器窳敗，士兵老弱，總之，日本軍閥還是以日清戰爭時的滿清來估計目前的中國的。但日本軍閥的這種幻想終究被現實的教訓擊得粉碎了。中國軍隊堅強無比的抵抗不僅破毀了日軍的「速戰速決」，而且使他們遭受到了從來未有的損失和打擊。戰爭更無期的拖延下去了，士氣更日益衰落了，前線和後方的非戰氛圍亦更濃厚起來了。雖然在一方面，這一切，日本軍閥亦不能不承認「長期戰爭不能免」；但另一面，由於內外危機的嚴重，不能不使他們「早日結束戰爭」的心更迫切。在戰場上的勝利已毫無把握了，於是便不顧國際公法和人道主義，殘暴地對我無辜人民濫施轟炸和燒殺奸淫，企圖藉此振起「皇軍」的威名，恫嚇和威脅我國的人民，使他們懼怕戰爭，憎惡戰爭，甚至反對戰爭，而要求政府對日本的妥協和屈服。可是一年餘來的經驗，說明了日本這種策略，却招來了相反的結果，截至目前止，我國的平民受日本飛機屠殺的已在幾十萬以上，燒殺奸淫而死的已近百萬，可是無論老人和壯年，亦無論婦女和小孩，沒有一個不抱着同仇敵愾而誓將日寇驅逐出中國的決心的。

上面我們已經把日本對華作戰的戰略全貌分析清楚了，但是日本對華作戰的戰略會不會獲得成功呢？不論過去現在或未來，我們的答案始終是否定的，因為下面的兩個主要因素，決定了日本戰略的不會成功：

(一)由戰爭的越益延長，使日本在軍火與兵員的消耗上無法補充，而中國則愈打愈强，這造成了日本戰略上一個失敗的主要因素。日本經濟資源先天的貧乏，并且隨着國際形勢的愈向中國方面好轉，使日本對戰爭資源的獲得，愈感到空前的困難；同時由於戰爭的一無結果，使他們强徵硬拉的驅人民對華作戰愈不可能，相反的在中國方面，一年餘來的戰爭，消耗的不但立卽獲到補充，并且機械化的新國防軍正在建立和壯大起來了。部隊的統一指揮愈加加强了，軍隊的政治工作亦極完美的建立起來的，軍民合作的日益融洽，新戰略戰術的採用，部隊戰鬥力的愈益提高，這正和日本作了一個反比例的發展。

（二）由於戰線的愈益延長，使日本有限的兵力更難於控制和分配，使後方逐漸變成前線而遭受我們內外夾擊消滅的危險。在我們地大人多的條件下，日本軍隊企圖整個地控制和征服中國是完全不可能的。在作戰上講，日軍本來處在外線作戰和包圍進攻的地位，但由於其兵力的不足；同時由於我全國人民普遍地反抗，民衆武裝靈活地配合着正規軍，以擾亂，箝制和破壞日軍後方的心臟要害，使日軍的進攻變成防禦，戰略外線變成戰略內線，最終使日軍在我內外的夾擊下整個地瓦解。總之，日軍愈深入，控制能力愈不足，危機亦愈大，這造成了日本戰略失敗的一個無法挽救的困難。

最後，我們的結論是，日本對華作戰戰略的最高理想——「速戰速決」，將變成「速戰不決」，日本軍閥把過去了的，已經腐朽了的舊時代的殘渣，盲目地被接受，而且機械地被應用到目前新的歷史時代環境中來的「色當」——這一日本軍閥認爲取得勝利的唯一法寶——所能獲得的結果，不是「勝利」的「成功」，而只是可恥的失敗！

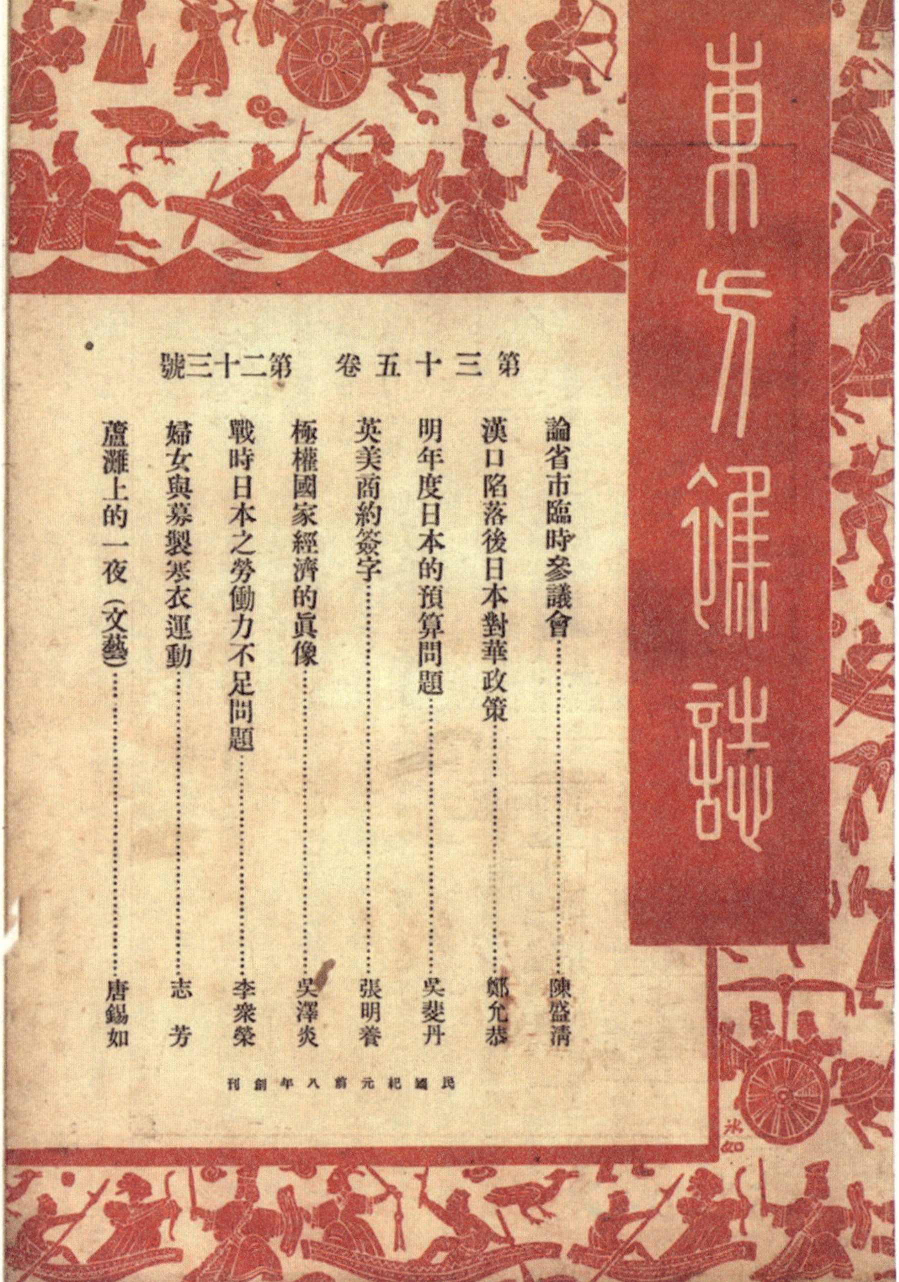

東方雜誌

第三十五卷　第二十三號

民國紀元前八年創刊

漢口陷落後日本宣言

運公

自漢口陷落後，日本政府於十一月二日發表宣言，謂如國民政府放棄其排日聯共政策，並作人選上之更動，則日本將不拒絕其參加樹立遠東新秩序之運動，又謂此項新秩序將根據中日「滿」三方之互助與合作。日本目前之軍事行動，其最後目的，卽在樹立此種之新秩序云云。玆譯錄其原文如次。

日人已占領廣州及武漢三城，已能控制中國最重要之地方。

國民政府現在不過爲一個省政權。雖然，倘國民政府依然堅持抗日容共政策，則日本帝國決不停止作戰，直至該政權覆亡而止。

日本所渴望者，在於建設一新秩序，由是而遠東得保永久之安定。日本目前之軍事行動，其最後目的，卽在於此。

新秩序之建設，第一在於日「滿」華間確立政治經濟文化及其他方面之互助合作關係，其次在東亞樹立國際正義，實現共同防衛，創造新文化及實現經濟提攜。此等皆是貢獻東亞安定及人類進步之最適宜的因素。

日本所要求於中國者，爲中國分負確立東亞新秩序之責任。日本帝國希望中國人民瞭解帝國之眞意而與帝國合作。

如國民政府放棄其既往領導的政策，更動人選，並參與新秩序之建設，以證明其態度之改變，當然日本決不堅拒。

日本相信對日有友誼之列強亦將注意帝國之眞意，適應東亞之新局面而行動。列強迄今對日保持良好之關係，日本玆表明感謝之意。

確立新秩序於東亞，其精神可遠溯諸帝國建國之初，此爲現代日本國民之光榮的大業。

日本應該實行改革內政，充實資源，並且不拘一切阻障，盡力完成目前之大業。

日本首相近衛於翌日廣播演說，以解釋前項之宣言，略謂日本已占領中國七大城市，已掌握中國之命運。日本誠欲中國發展，不欲其毀滅，欲與中國合作，不欲將其征服，欲與中國人民合作，以求安定遠東。中國人民現已覺悟彼等乃爲東方民族，需要自決。世界未有一個國家有如日本帝國希望中國成爲一完善之獨立國，並承認其民族感情者。又謂日「滿」有密切關係，必須密切合作，各發揮其個性，共同完成東方和平之使命。近衛以下之演辭，幾完全重申日政府以前之宣言，謂中國縱容共產主義之侵入，日、德、意三國必須聯合反共。又謂……拒絕改變態度，則戰事或將擴大至西南西北。日本絕對必須將……打倒。又謂世界目前必須在公平之均勢原則上建立和平，以前各項原則強迫在不均之狀態下維持現狀，國際條約，如國聯盟約之類，所以失去威信者，其主要原因卽在於此種不合理性。最後謂漢口陷落並不結束戰事，勸告繼續努力，列強應該明瞭遠東之新局面云。

我政府對於日本之宣言，曾加以駁斥。據四日重慶電，稱此間官方發言人對於日本所發之宣言：謂國民黨放棄其抗日容共政策，而參加遠東新秩序之建設，則日本亦不加拒絕等語，加以批評，謂：此可代表日軍閥之誇大與驕妄，該發言人謂，日方此種宣言，乃一種對於人類知識之重大侮辱。渠謂此項宣言乃在文字中最能鼓動中國人民堅決抗戰到底，並將第三國參加調解，使戰事早日結束之希望完全粉碎者也，日方謂漢、粵之陷落，是使國民政府降爲地方政權云云。實與事實不符，日本或須待其全部崩潰時方能悟此，然屆時當悔之莫及矣。日方聲言已獲得中國領土之半部，但彼忘記補充一句，卽距離交通線太遠之日軍難保安全，在佔領區內有四分三土地仍受中國政府有效的控制。卽以佔領區內之警衛而論，其消耗之巨大，已非日本人民所能擔負，遑論其打擊中國愛國份子之無效工作矣。該發言人又重復申述蔣委長新近對國民宣言謂。戰事已發展至對中國抗戰有利階段，中國抗戰至日本因消耗淨盡而崩潰時爲止。中國民族將作蔣領袖之後盾，蓋蔣委長在政治上與道德上之地位，與抗戰之時間俱增。蔣委長願接受日方之挑戰而奮鬬到底。該發言人對於日本之反共加以駁斥，渠謂，吾人從事實上觀察，可知中國人民本不是抗日者。戰事未發生以前，日本對華貿易極爲興盛。關於共產主義，該發言人謂中國之政治經濟機構，無一能表示有馬克斯主義之傾向者，且以思想爭論爲藉口而從事侵略，亦未前聞。關於日方謂根據兩國在政治上經濟上之合作以建設一新東亞秩序，該發言人謂全世界曾經看到在過去十五個月內日方如何以屠殺及轟炸一切戰鬬員與非戰鬬員，以及醫院病人，住宅內婦孺，與學校內學生，以建設所謂新秩序。中國對於與日本或別國平等合作，並不反對。但中國人民對於東京所提之政治合作則反抗到底。蓋其眞意欲中國將自由獨立之神聖權利放棄也。對於日本以暴力威脅中國之經濟與文化合作，中國亦同樣堅決反對，蓋日本之經濟合作。乃攫取中國之資源，所謂文化合作，乃給中國以奴化教育，準備將中國下一代國民供給日本充作進一步在太平發展時之炮灰。該發言人未謂，中國堅決抗戰，直至日本捨棄其侵略中國政策時爲止云。

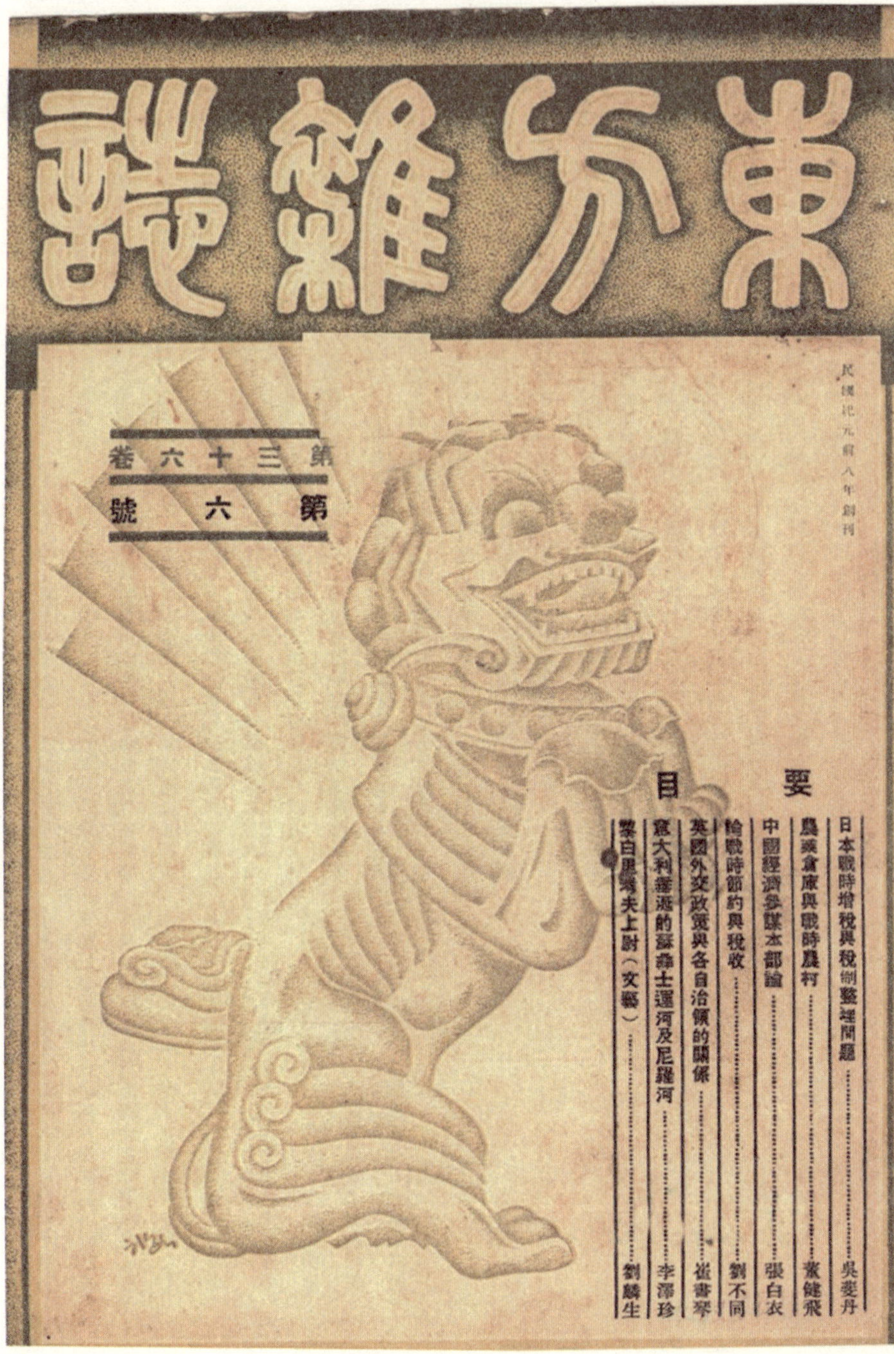
東方雜誌
第三十六卷
第六號
民國紀元前八年創刊
要目
日本戰時增稅與稅制整理問題……吳斐丹
農業倉庫與戰時農村……袁健飛
中國經濟參謀本部論……張白衣
論戰時節約與稅收……劉不同
英國外交政策與各自治領的關係……崔書琴
意大利蘇彝士運河及尼羅河……李澤珍
黎白里鳴夫上尉（文藝）……劉麟生

現代史料

日軍進佔海南島及國際反響

東序

日軍於攻下廣州、漢口後因兵力不足分配關係，即停兵不進，而無大規模之進攻。惟至二月十日清晨日軍又突在海南島西北部登陸，進佔瓊州海口，後又在南部登陸，進佔楡林港。觀日軍此次在海南島登陸似有久佔之意，其目的蓋在威脅英法等國不復援助中國抗戰也。

海南島爲我國第一大島，惟在目前，則於我國抗戰軍事上並無極重大之關係，反之，對於英、法、美之關係則甚重大，故蔣委員長於十一日晨應外國新聞記者之請，對於日軍在海南島登陸問題發表如下之談話。

（一）問：日本此次進窺海南島，其眞意究竟何在？

答：海南島日軍登陸問題，吾人應就遠東海洋整個局勢上觀察，乃可認識其意義與影響之重大。蓋海南島在東亞爲太平洋、印度洋及戰略上主要之重心，日軍若佔領該島，不僅能完全阻斷香港與新加坡間之交通，切斷新加坡與澳洲間之聯絡，而且使菲律賓亦受其控制，此不僅直接威脅法屬安南，實爲完全控制太平洋海權之發軔。該島若歸日軍掌握，則日本海軍向西可由印度洋以窺地中海，在東面即可以斷絕新加坡、夏威夷島、珠港、英、美海軍根據地之聯絡。故日軍此舉顯係對於去年美艦訪問新加坡之一種答復。

（二）問：何以日本此舉爲控制太平洋海權之發軔？

答：吾人皆知日本在太平洋上有三個最重要之戰略據點，在北爲樺太島，在西爲海南島，在東爲關島。日本欲取得整個制海權，對此三地皆不能忘懷，如三者皆落日本之手，則菲律賓與夏威夷即等於爲日本所佔領。現在樺太島日本已據有其半，今又企圖佔領海南島，以遮斷英國海軍向東與美國取得聯絡。苟此種計劃不受阻止，則日本進一步勢將更謀控制關島。如此不僅可阻止美國海軍之向西，且將隔絕與菲律賓之聯絡線。日本爲遂行其南進政策，且獨霸太平洋，其欲造成此三大據點之聯絡線，處心積慮，已有三十年之久。當民國二十五年（一九三六）日本製造所謂北海事件時，其用意即在作爲進窺海南島之藉口，終因顧忌各國，不敢發動。今竟毅然不顧一切，而公然進犯海南島，若非有意挑起世界戰爭，即爲其侵華軍事最後冒險之一著。以數十年躊躇不敢輕發者，一旦決然實行，此不僅爲中日戰爭開始以來第一件最大事件，實爲三十年來太平洋局勢改變之惟一關鍵。日本既已不惜揭破其野心，則凡與遠東關係最深切之國家，自不能聽任此種危險的企圖之橫行無阻。要知道在日本整個海軍形勢上說來，海南島是日本在太平洋西面第二道門戶，而關島則是其在太平洋東面之第二道門戶。

（三）問：然則日本在東面之第一道門戶即最前衛何在？

蔣委員長對此笑而答曰：此在歐美人士皆已明瞭者，美國人士必知之更審，無待贅言。

（四）問：日本佔領海南島，將影響遠東和平至何種程度？

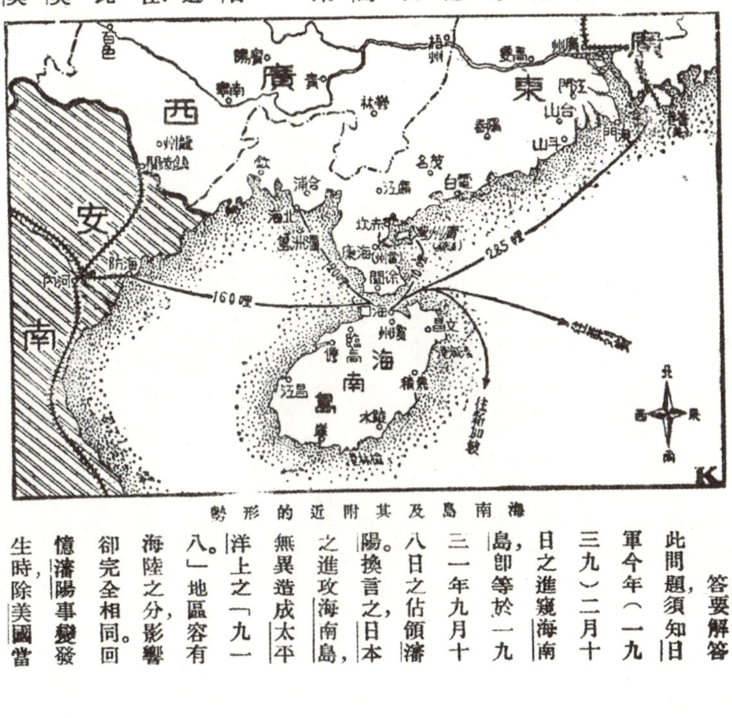

海南島及其附近形勢

答：要解答此問題，須知日軍今年（一九三九）二月十日之進窺海南島，即等於一九三一年九月十八日之佔領瀋陽。換言之，日本之進攻海南島，無異造成太平洋上之「九一八」。地區容有海陸之分，影響卻完全相同。回憶瀋陽事變發生時，除美國當時國務卿史汀生以外，其餘各國當局，均不予措意，日本乃得繼續擴大其侵略。迄今八年，竟造成其悍然獨霸東亞之形勢，增長其征服世界之氣焰。今日本又進攻海南島，如任其佔領盤據，吾料不及八年，其設計中之海空軍根據地，卽可初步完成。於是太平洋上之形勢，必將突然大變，法國縱欲在安南設置海軍根據地，美國縱欲從事關島之設防，亦將時不及待。故日本之決然南進，並非欲藉此以求中日戰事之結束，而實證明其不惜今後之冒險，以造成太平洋戰局之開始也。

（五）問：中國對於海南島方面有何佈置？

答：中國因無海軍，故不能專守海岸線，但早已準備一切陸上之佈置。在島上必與×軍盡力週旋，決不使其輕易佔領。至對於日軍進犯北海一層，我方早有周密佈置與戒備，必予以堅強之打擊。且此舉在×人侵華戰事之本身上，並無若何意義，祇有陷入於更大之不利地位，此在一般軍事觀察家均所洞悉也。

（六）問：日軍在海南島登陸，對於中日戰事有何影響？

答：日軍在海南島登陸，對於我國抗戰，並無多大影響，因中日戰爭之勝敗，必取決於陸上軍事行動，一島佔領與否，根本無關重要云。

海南島之地位，對於英、美、法之關係，旣如此重要，故日軍在該處登陸後，各國卽密切注意，尤以法國最爲關心，因海南島距法國租借地廣州灣僅七十哩，距法屬安南亦僅一百六十哩，且法國對於海南島曾於一八九七年與中國政府正式換文，聲明中國不得將該島讓與他國。一九〇七年日法代表又在巴黎簽訂協定，規定二國應尊重中國之獨立與領土完整，同時對於中國領土與二國鄰近之部份，二國應互相保障該地之安全與和平，文中雖未明言海南島，但其意卽係指明該地。同時英國因海南島位在香港與新加坡之間，故對該島之被佔，亦極爲注意。法國對於日軍之進佔海南島，首於十三日由駐日大使亨利向日外相有田提出抗議，英國亦繼之，依照外務部次官白特勤前於一九三八年六月二十七日在下議院所宣佈之政策，卽英、法二國密切合作一項政策，訓令駐日大使克萊琪爵士向日本提出同樣交涉。（按白特勤次官曾於去年向下院宣稱，日本若果佔據海南島，則英、法二國即當認爲故意引起不稱意的糾紛，英、法爲適應時局計，即當互相援助之。）日本對英、法之抗議，據云答復如下：（一）日本佔據海南島之舉，純係軍略理由，厥乃摧毀中國之抗戰力。（二）日軍當繼續佔據該島，直至達到目標時爲止，（三）日本政府無意威脅英、法二國所保有之利益。英、法政府對此復文，未能滿意，惟一時尚未見採取若何行動。至於英、法輿論，則一致主張英、法二國應密切合作，並對日採取強硬應付政策。英國保守黨議員格萊漠氏於二月十六日在議院中主張：「一切抗議既屬無效，則唯有採取報復行動，以獲得滿意之結果」云。

时代动向

《时代动向》创刊于中华民国26年（1937）1月，为时政刊物。创刊宗旨是“要使文化界成为救亡的大集团，使民众发挥伟大的民族自救的力量”，文章有“广东县政改革之商榷”、“苏俄最近外交动向分析”，民族革命和现代文化界应负的使命讨论，也发表民族伟人的传记。

時代動向旬刊
每逢「一」出版 每月共出三期
第一卷 第一期
中華民國二十六年元旦出版
編輯者 時代動向旬刊編輯部
出版者 時代動向社 廣州四牌樓十五號三樓
印刷者 培英印務局 廣州永漢北路一〇八號
總經售 上海雜誌公司分店 廣州永漢北路一三九號
代售處 各埠各大書局
本期特大號零售每冊廣毫六分
外埠酌加郵費

廣告價目表

地位	面積	一期	一月（三期）	半年（十八期）
裡頁	四分之一	四元	十一元	六十元
	三分之一	六元	十六元	八十五元
	半面	七元	十九元	一〇一元
	三分之二	十一元	三十元	一五〇元
	全面	十三元	三十六元	二百元
封面	半面	十元	二十八元	一五〇元
	全面	十八元	五十元	二八〇元

《时代动向》杂志版权页

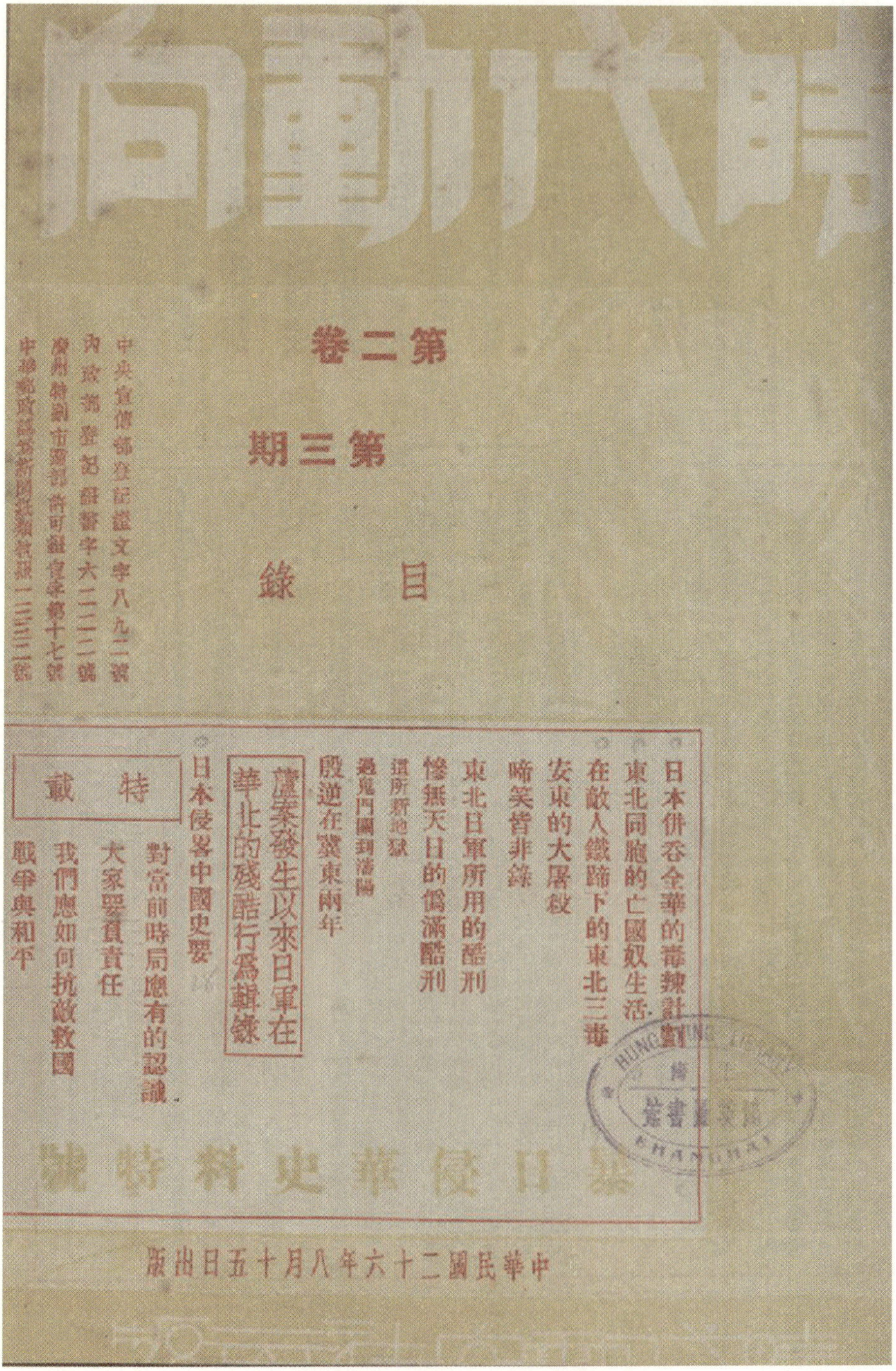

時代動向
第二卷
第三期
目錄
日本併吞全華的毒辣計劃
東北同胞的亡國奴生活
在敵人鐵蹄下的東北三毒
安東的大屠殺
啼笑皆非錄
東北日軍所用的酷刑
慘無天日的僞滿酷刑
道所新地獄
過鬼門關到瀋陽
殷逆在冀東兩年
蘆案發生以來日軍在華北的殘酷行爲輯錄
日本侵略中國史要
對當前時局應有的認識
大家要負責任
我們應如何抗敵救國
戰爭與和平
特載
暴日侵華史料特號
中華民國二十六年八月十五日出版

《时代动向》杂志封面

盧案發生以來

日軍在華北的殘暴慘酷行爲

盧溝橋日兵挑衅經過

（中央社北平八日電）盧溝橋在廣安門外西南廿里，爲平西名勝之一，扼平漢交通孔道，其東豐台，又爲平漢北寧兩路接軌處，四年以前，宛平縣始移治，盧溝橋縣府，在橋西，城垣不甚大，但尚堅固，自去年日本在華北增兵後，迭在豐台建兵營機場，進而謀在盧溝橋作同樣設備，縣長兼專員王冷齋，周旋應付，煞費苦心，卒能保持土地之完整，遂爲日方所痛恨，此爲事件之遠因，最近又以此間當局久滯桴鄉，交涉失其對象，而國民大會代表選舉遵令進行，復予以多少刺激，乃欲造成恐怖局面以達壓迫當局返平之目的，此爲事件之近因，邇來日軍頻頻在盧演習，且皆實彈露營，人民已司空見慣，但至七日夜間，人數忽增，至八日晨五時廿分左右，忽散開，成爲散兵綫，以宛平縣城爲目標，向西急進，至距離約百米時，竟發砲鳴槍衝鋒前進，於是事件之衝突遂開始矣，記者于八日晨，曾一度赴當地視察，因該縣城四門緊閉，東南城角，且有日兵甚多，故無法入城，據探悉當日軍向我進攻時，我方初猶疑係日軍演戰，及見其愈迫近，有意挑衅，始知係欲搶奪縣城，乃即起而應付，爲正當防衛計，予以還擊，因縣城甚小，苟不抵抗，卽將不保也，日方見我抵抗，更以小鋼砲，小過山砲轟擊，其目標在奪蘆溝石橋，進取縣城，自八日晨三時半起，至八日晨七時五十分，槍砲聲不停，我方死者約六七十人，附近大井村一農民無辜被日軍斬首，日軍方面，據傳死准尉一人，少尉負傷，自八時以至十一時爲雙方接洽調停之時間，其經過業已見前電，十一時，我方以日方所提先撤兵條件，不能接受，日方乃又開始攻擊，至十二時，始復停止，直至下午六時，雙方尚在對峙中，此關于日軍向我軍挑衅之經過也，至于我當局態度，固希望和平解決，但決不能接受日方先撤兵之條件，故交涉雖在進行，有無結果，則未可知，惟民衆憤慨，士氣旺盛，守軍咸抱與縣城共存亡之決心，北平市內，人心亦極鎭靜，雖八日晚八時卽宣告戒嚴，但道路行人絕無張皇驚慌之色，蓋平津民衆，已習于此等生活矣云。

日軍慘炸我宛平城

（中央社北平電門頭溝電話）廿二日下午二時，記者由平抵長辛店視察，經過盧溝石橋至宛平縣城內，視察所得結果如次：(一)石橋橋身未受大損，橋下河灘被砲彈所擊，炸痕累累，橋東頭「盧溝曉月」石碑，幸無損壞。入宛平縣西門城內，戒備緊嚴，由冀北保安隊駐防。廿日下午，日軍砲火密集，城內落彈五六百枚，民房被擊，殘瓦敗頹，一片焦土，景象奇慘。專員公署及警察局，亦全被炸毀。保安隊兵及縣民傷亡纍纍，屍骸枕籍。東門城樓，被擊全塌。通東西門馬路，被砲彈炸成無數大坑，彈炸處，兩旁商戶門面，均被摧毀。

(中央社北平廿一日下午五時五十五分電)二十日，日軍三次不顧信義，復于稍露和平聲中，于下午一時，以重砲猛攻盧溝橋城東北兩面，砲彈多落于城內，達五百餘發，居民死傷，血肉橫飛，慘不忍睹，殘酷行爲，超過前兩次。東門城樓與東北城牆悉被砲燬，至下午三時許，始息。我方正在救護傷亡時，日軍竟於下午五時許，復行開砲，比前二時尤爲緊密，低空揮射，略有損傷，陣地無變動。豐台街衢，表面沉靜，實際緊張，各大客棧課堂，多被日軍强佔。此次日軍進攻盧溝橋，我方損失甚鉅，城內被炸，慘痛情形，不堪言狀。

慘遭活埋的我宛平民衆

(中央社北平電)盧溝橋十九日來人談：無辜百姓，被敵槍殺者甚多，被拘者多被活埋，面頭在地外，並毀房屋無數，刻正作正式調查。

日機竟飛盧擲氣彈

(中央社北平廿七日下午五時四十四分電)，廿七日午，日架一機，飛盧溝橋擲兩彈，一爆炸，一未爆炸，經人檢拾，認係毒氣彈，又同時衙口方面，日機亦飛往擲兩彈，均爆炸，死傷未明。

日機掃射我客車

(中央社鄭州電)路訊：平漢路七十二次客貨車，十八日晨，至高牌店站時，(按該站距長辛店約八十華里)日機用機槍向該列車低飛掃射，傷亡十餘人。

(中央社保定電)平漢路七二次北上混合車十八日下午一時至彰德，發現日戰鬥機一架隨車偵察，並以機槍向車室內掃射，傷旅客數人，該機沿平漢路北返。至馬頭鎮一天偵察甚久始去。

(中央社保定十八日電)十八日下午一時日戰鬥機沿平漢線南飛偵察，聞曾在順德帶空機用槍向下掃射，下午二時，過保北返。

日兵破壞我農村

(天津電)連日到津日軍，沿平津公路開往豐台等地時，經過沿途各村田禾，竟縱軍馬任意食用，又有日軍認爲足以藏匿軍隊地方之青紗帳，均由坦克車入內壓倒，故各村農民損失甚鉅，尤以豐台爲最。

日軍勒索我縣長擄我女同胞

此而可忍孰不可忍！

（中央社北平十八日電）官方息據十八日上午，各方報告如次：（一）十七日下午三時，日部卅餘人，由懷柔方面，開抵昌平。八時又到騎兵步兵七八人。該日兵向縣長勒索洋一千五百元，作修路費；並令準備二百名騎兵草料，據稱：尚有騎兵二百餘名，已到東門外七八里。（二）大井村據調查現有敵兵三十人，附駝店地方，十七日下午被擄去婦女四名，中有一人逃回，敵兵復向該村長逼索青年婦女。

在日軍的毒辣手段下 天津的慘痛現狀

（中央社南京卅一日電）關係方面報告，卅一日晨一時津大雨，歷一刻始正，卅日晚，爲日軍所燃焚之各處火焰，因此已漸熄滅。截至卅一日晨零時五十分止，此間仍時聞斷續之槍聲砲聲，蓋日軍刻幾遍佈全市，不斷的開槍發砲示威也。全市交通，益形隔絕。茲續經調查，卅日晚七時，日軍在河北縱火，電話北局已完全被焚燬；鐵道外水產學校，亦遭燃燒彈之轟起火。東車站附近局民，被驅逐後，日軍亦隨之縱火；其他若東馬路，南馬路，火燄亦有數處；南關下頭，滙文及中西兩校，亦有一部被火；市立圖書館，聞亦起火。全市損失，異常慘重。並据日方宣稱，仍將調查保安隊所在地，繼續轟炸。

（又電）京中接津訊，卅一日晨，日軍繼續在河北黃緯路縱火，民房商號多被延燒。日機十餘架，亦在上空盤旋赴各地偵察。十時許，日軍並在四郊各發砲，各高大建築物，損失甚重。十一時許，大雨傾盆，日軍之殘酷行爲稍止。河北一帶難民數萬人，奔向租界避難；有一部被阻于特三區，現由謙信洋行舊址東天仙戲院暨各空房舍收容；但救濟無人，皆終日絕食粮，哭聲震天，爲狀極慘。据逃來難民談：日軍卅日晚到河北到處縱火，現在市立醫院收容難民，已有人滿之患。卅一日晨，法租界仍有大批難民越萬國橋而來，率多無處投奔；晚間多在路旁露宿。詢及避難情形，無不淚下。彼等率皆居於河北及河東鐵道外等處，日軍開到，即先行縱火；繼即以機關槍掃射，至逃避時，全家骨肉，東流西散，且有眼見妻子被槍殺後，趨前救護，亦即遭日軍毒手，極盡人間慘事，此種暴行，實世界所僅見云。

（又電）日軍卅一日午，在津市河北一帶逐戶搜查，任意殘殺；并飭各商號開業。市立醫院難民及受傷之保安隊，卅一日午，分別遷出，蓋盛傳日機於卅一午後前往轟炸也。卅一日午三時，日軍又在河北大經路中間架設大砲，瞄準造幣廠放射，現已被擊中起火、又日軍卅一日中午起，以大砲向河東鐵道外鳳林村一帶轟炸，迄午後五時未停；所有房舍盡成灰燼。現附近居民數萬人，沿海河岸逃避，欲渡河至英租界未果。大雨淋漓，投奔無處；徘徊河岸，狀甚悽慘！該村原爲貧民居住區域，其事先未及逃出者，爲數總在千數百人。經此次連續不絕之轟擊，倖免者恐爲數無多云。

（中央社南京卅一日電）關係方面據報，日軍卅一日下午二時半，又向河北鐵道外及東局子等地開砲，歷數十响未斷；民衆傷亡者甚衆，民房多被轟燬。

暴日繼續在津市轟炸屠殺

（中央社南京一日電）關係方面接津電，黑衣警察，一日雖陸續增加，但特三區東馬路河北一帶，日兵仍密佈未撤；遇有行人卽行搜查，其不幸遭槍殺者，亦復不少。全市難民益衆，多麕集於特一二兩區，約達數萬人，飲食極感困難，而救濟無人；各難民聚集處，無不痛哭流涕，爲狀至慘。

（中央社天津一日電）一日天氣晴朗，日軍昨在河北縱火焚燒之房舍餘燄，今日因以復起，大經路一帶烟雲圍繞，迄午後，始稍止。日軍在河北東馬路所慘殺之民衆，尸骸枕藉，受重傷者，亦呻吟於路傍，無人救濟。

（又電）日軍連日在津之暴行，顯圖消滅全市，卅一日下午三時起，發砲轟擊之地點、刻漸判明，計河東，郭莊子，鳳林村，沈家台數處，河北造幣廠前，大經路，及北鄉各村，三開附近各地，皆遭日軍大砲之轟炸。火燄毗連各處，皆是瓦礫場。東馬路河北一帶，日軍均架設機關槍，遇有行人，卽開槍射擊，死者無算。日機四五架，卅一日下午五時，在雨中出動，圍繞津市上空，歷時甚久，南開附近，卅一日亦有數村被炸，東馬路一帶日軍架設機關槍，遇人卽殺。無怪西人謂日軍此種行爲，志在滅種，非作戰也。

（中央社天津一日電）津市現有難民三四十萬人待救，同時槍砲下遭難而死者，亦不計其數；屍骸枕藉於途，爲狀極慘。津慈善事業委員頃組織臨時辦事處，辦理一切救濟事宜。一日，在銀行公會開會，計到士紳孟士臣王文典等十餘人，決定全市設立收容所五六十處，收容露宿各處之難民；至於詳細救濟辦法，將於二日續開緊急會議商討。又特一區現有難民約萬五千人，此間英法德各國僑民組織救護隊，施行救濟，亦定二日開始辦理。

（中央社南京三日電）京中關係方面息，津日軍二日仍在街上檢查行人，并續在河北東馬路一帶挨戶搜查。凡有被認爲可疑者，卽有遭槍殺之虞。日軍開到特一區后，開二日晚已將商品檢查局佔據；又聞河北方面，曾發現大批屍首，身上多帶傷痕；一般推測，恐係在北寧醫院醫治之保安隊被日軍發現槍殺者。

（中央社保定三日電）敵侵入平津後，對民衆非常仇視，除將天津工學院南開大學大事焚毀外，並在安次廊坊落俗貢村等處屠殺我無辜民衆，數達一二千人。津水上之飛馬海晏開海開鎮四小砲輪，已被日軍扣留，航業通明兩公司之天文新華兩小輪，亦被强迫徵發，與日輪金谷丸，共將我大沽造船所重要機件運走。

日軍蓄意毀滅我津市文化機關

（中央社南京電）日軍此次在津轟炸無武裝設備之文化機關，除南開大學各項建築犧牲殆盡外；其次爲河北省立女子師範學院。該院校舍廣大，樓房毗連，多爲最近二三年新建之大廈。十九日午間，卽遭日軍大炮飛機轟炸；片時間，沿天津路之大樓全部焚毀。該處本係職教員宿舍，院長各課辦公室陳列室，因是一切新件重要記錄，悉付一炬；數十年來學生各項成績，無一存餘。其旁之師中部大樓，亦遭波及。教室設備及理化儀器教材標本，皆化灰燼，是日下午二時至晚六時止，先後中大小炮彈炸彈；不下數十，各部燃燒，至深夜未熄。該院長齊璧亭，及教務主任胡君，欲設法挽救，終以火勢太大，至次日，率數各職工前往探視，忽逢十餘日兵，正坐該院各處，用機關槍射擊，將留餘各項破壞無遺；因此損失奇重，至今未能確實估計。河北工學院，亦遭日軍轟炸，惟損失不若南開及女師之鉅云。

日軍在北平的殘殺

（中央社北平路透電）路透訪員今日午後赴南宛視察，所見景象，至爲悽慘。由北平南三哩某點起，通至南宛之大路與溝渠，皆有死屍，至少五百具；其中不少爲兵士，而村民死屍，亦復不少。載重汽車等毀于途中者，約有卅輛之多；車夫大都爲手溜彈所炸死，來復槍，手槍，大刀，花彈，死馬，遍地皆是。南宛鎭現由日兵巡邏，日兵以日旗發給各家，囑其懸掛。約有日兵五百，駐紮飛行塲中；飛行塲以北之營房，損燬甚微；惟以東營房，則大受摧燬，有馬十餘，四處亂奔。飛行塲之東角，爲炮戰激烈之地；相距百碼處，猶有雙方對抗之砲數尊。飛行塲中，僅見死屍數具，蓋日人已於黎明時掩埋其同伴屍骸矣。南宛東北村民，述昨日晨日軍動員之狀，謂日軍囑其閉門勿去，旋將機關槍置於屋頂，襲擊華兵。各村中皆有死屍一大堆，自十八至六十人不等，綜計其數，約有五百人。

文汇年刊

《文汇年刊》创刊于中华民国28年（1939）5月1日。主编徐耻痕。文汇年刊编辑委员会编辑，英商文汇有限公司出版部出版、发行。社址位于上海福州路436号。

该刊在上海“孤岛”刚一面世，即被日军视为罪证而封杀。所以说该刊既是创刊号，亦是终刊号。

中華民國二十八年五月 日初版
西曆一九三九年五月 日初版

每部定價法幣伍圓
布面燙金加收六角

編輯者 文匯年刊編輯委員會
出版者 英商 文匯有限公司出版部
發行者 英商 文匯有限公司
總發行處 文匯報館 上海福州路四三六號 電話九七〇四〇
分銷處 全國各大書局

《文汇年刊》版权页

《文汇年刊》封面

日軍兩路進攻太原

忻口華軍既已後撤，日軍正面及西襲太原的局勢已形成，這對於整個山西戰局的影響，不用說是很重大的。

在這一戰役中，除了忻口正面的防禦以外，最値得我們重視的，是日軍從平漢路出正太路而向娘子關西進。

十月十二日，握着平漢路與正太路的支點的石家莊之失陷，一方面不但影響到平漢路的整個戰局，同時也影響到山西右翼華軍的陣線。因爲日軍既獲得了這一據點，即可以分兵兩路來進攻：一路由高邑、臨城直下邢

日軍沿同蒲直薄太原

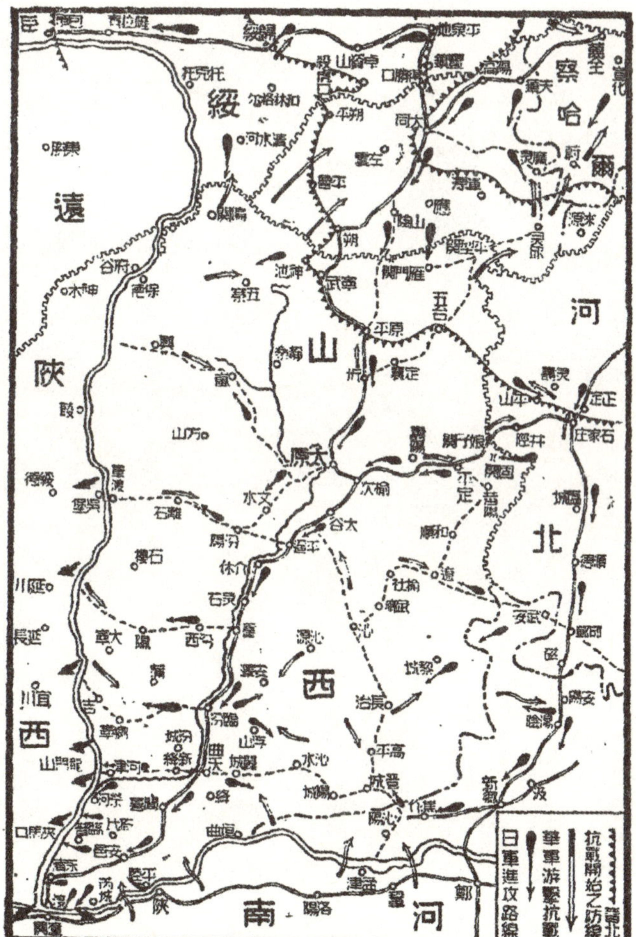

可是這時華軍的弱點，正因沒有以全力來保守這個天險的關隘，於是日軍便很輕易的來偷襲井陘關而猛撲娘子關來。

十月十四日，日軍向井陘進襲，這一帶守軍一部份是從平漢路退下來的部隊，另一部份則是山西的守軍。可是日軍這一進攻，都沒有遇到堅強的抵抗。及日軍出井陘，繞長生口直抵舊關，纔在舊關附近遇到華軍猛烈的反攻。

舊關與固鑰都在娘子關的南面，日軍之繞道取舊關，分明是知道娘子關屬天險，故避開正面而迂迴側襲。從十五日起，中日兩軍即在這一帶展開猛烈的血戰，激戰數晝夜之久，華軍在關溝方面與日軍肉搏七八次，連奪八座山頭，最後終至全團殉國，日軍死傷亦巨。激戰至二十一日，舊關之日軍，大部份均為華軍所消滅，舊關遂失而復得。

日軍於是增援偽軍一師團，由井陘西犯距娘子關十五里之核桃園與大小島苑，一方面迂迴至娘子關東五里之北峪。但是直至二十三日，雙方依舊在上述諸地相持，日軍並無多大進展。

二十六日之後，日軍迅速移平漢正面的主力來犯娘子關，特別是以重兵來壓迫舊關附近華方的右翼——固鑰，使其對娘子關華軍的後路，予以重大的威脅。至是正太路的戰局，頓呈猛烈。華軍的主力不及救援，固鑰即於日軍大砲及重兵的衝擊之下失陷。

固鑰既陷，娘子關的後路已受到重大威脅，於是華軍不得不向陽泉、壽陽方面撤退。

娘子關華軍之撤退，晉東已無屏障，太原的保守不用說是很困難的。同時，娘子關的失陷，又影響到忻口正面的戰局，使日軍形成了兩軍進逼太原，因之華方便不能不作撤退之準備；首先，是將省會遷往臨汾，而由傅作義率五千部衆來作最後的防禦戰。

這時華方兩路的陣勢是：正面從忻口退守石嶺關，東面則守陽泉與壽陽，而且也只這幾處稱為可守。但因日軍進展甚速，這處來不及加強工事，故也先後被突破。在同蒲正面，日軍越石嶺關而取大孟，直撲青龍鎮；在正太東面，則由壽陽折下羅家莊、西洛、以取榆次，再與正面的日軍會攻太原。

十一月三日，太原華方軍民已撤退完畢；四日，日軍前哨已由晉東進至太原十二哩之點，於是五日即會同由忻口南下的日軍聯合進攻。先由同蒲正面之日軍由北門進城，但是守城華軍仍與之血戰，直至九日，太原全城方入日軍手中。

晉南的戰局

日軍陷太原後，在山西方面的進展，仍然是以主力沿同蒲路直下風陵渡，企圖渡黃河以切斷隴海線。同時，一方面它也分兵來襲晉西，以圖越河套而攻陝北；一方面則協同平漢路的日軍以略取晉東南。但是牠主要的進攻方向，則在於以下三點：第一，沿太汾公路攻汾陽；第二，沿同蒲路攻太谷、平遙及離石；第三，從正太路南下，由和順攻榆社三者之中，尤其着重於第二點。

在平漢線方面，它則由豫北之武安入晉東，在這一線上，華軍會與之在東陽關發生激戰。

不過，自從太原陷落後，由於八路軍在日軍後方的活躍，所以日軍向南發展的計劃，幾乎停頓了三個月之久，直至一九三八年二月中旬，纔又展開了猛烈的進攻，十六日攻陷汾陽，西路的日軍也同時由交城攻離石；東路則圖越東陽關而取黎城，華軍堅持了很久，終於在東陽關擊潰了日軍，三月三十日，華軍就在這關附近的響堂鋪打了一次勝仗。

日軍進攻南京

華軍既放棄了這些據點，於是就在南京城東七十五公里之處，重新佈置新防綫，以抵禦日軍對南京的進攻；這防綫，從鎮江起，經丹陽、金壇、溧陽、而至浙贛邊境的郎溪，剛好成一個弧形。同時，華軍並且在鎮江與焦山一帶，重新佈置長江第二道封鎖線。

在右翼方面，華軍已開始猛烈反攻，以期抄襲日軍的後路，使牠首尾不能相顧。廣德方面的流動部隊，即於此時迭次出擊，太湖西岸長興方面已捷報頻傳，但是終於因爲溧陽正面被突破，日軍以重兵來猛撲丹陽、金壇和溧陽三據點，便使右翼的反攻不能盡很大的牽制作用。

丹陽到溧陽之線既被突破，戰局重心即移至鎮江、句容、溧水這三個南京外圍的重要據點來，同時，右翼廣德這個據點，也在經過猛烈的爭奪戰之後，於十二月二日棄守；川軍師長饒國華，且於是役殉國。

一般地說來，右翼戰爭的失利，多是受了左翼的影響，因爲在崑山與蘇州的防禦戰中，情勢相當的混亂，至兩個國防的要地都相繼淪失。蘇州以下，已變成急轉直下的形勢；日軍會攻了無錫，又把戰線轉移到武進與江陰，及至宜興繼之陷落後，日軍進攻南京的基礎已經完成了。

在南京外圍的保衛戰中，丹陽、句容與溧水之線的關係最大，因爲這是日軍進攻南京的捷徑。當時日軍的兩路進攻，一路即圖攻破丹陽以趨句容，及分兵取鎮江；另一路則越溧陽而分兵取天王寺出淳化，以及和丹陽一路會師句容，同時，溧陽正面仍由溧水以取秣陵關。日軍就這末地在佈置牠的戰略。

十二月三日，丹陽陣地被突破，華軍退守鎮江，於是南京的外圍已失去屏蔽了。日軍首先向句容猛進，得了句容，牠纔能够佈置三路的會攻。

句容離南京最近，大約只有四十公里的光景，由句容出溧水，繞着九華山的背面，就可以抄小路以攻麒麟門，那麼，紫金山畔的戰爭就爆發了。

同時，以天王寺爲根據的中路日軍，也猛攻光華門外十二里的淳化鎮。八日晚起，光華門外已經展開了戰爭，日軍由小路進攻光華門；溧水一路的日軍，則已突破秣陵關而趨雨花台；九日，東面的復興橋和老虎橋華軍陣地，也繼之被衝破；於是華軍就不得不準備巷戰，來保衛首都。當時由唐生智將軍任衛戍司令，日軍司令曾要求「和平」入城，均爲唐氏以堅決的反攻姿勢來拒絕，因之，南京城郊的戰爭就更形猛烈。

這時，日本的海軍亦已衝破了江陰的封鎖綫而直逼鎮江，於是日軍又企圖越鎮江出龍潭而向南京近郊的棲霞山進襲；守棲霞山至湯山這一線的，是四川軍領袖劉湘將軍，守光華門的則是五十九師俞濟時將軍。

十二月十日，日軍對南京下總攻擊令，當日即以飛機大砲猛攻紫金山、光華門和雨花台，光華門首先爲日軍的坦克車及步兵所衝破，十一日，日軍有一小部越過光華門。但是紫金山華軍陣地却兀然不動，日軍且大受紫金山華方砲兵所威脅，十二日起，日軍改變戰略，先行圍困紫金山的華方砲兵陣地，結果纔衝入紫金山；而忠勇的華軍，仍然有一部份直至南京陷落之後，方行撤退。

可是這時，南面的日軍又已攻破中華門，南京的巷戰已展開，所以爲了長期抗戰的實力，華軍的主力便不能不相繼撤退。

同時，日軍在未攻陷南京之前，先從廣德進攻宣城，而斷蕪湖（十二月十日失陷）南京華軍之歸路，也是促使華軍退出南京的又一原因。

南京華軍既相繼由浦口撤退，而政府所在地又業已西遷，所以誠如蔣

委員長所說：「南京在政治上軍事上皆無重要性可言，」華軍就在長江以北，重新佈置新陣地來繼續抗戰。

首都的保衛戰

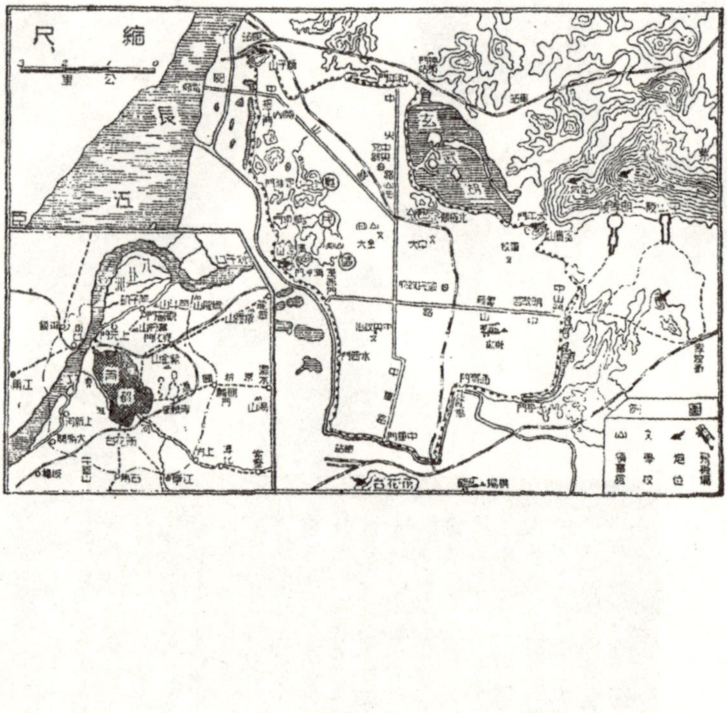

淞滬抗戰

一九三七年八月十三日，華北中日戰事方酣，在軍事上佔着華中沿海第一道門戶的上海，亦跟着燃起了偉大的抗戰火炬。當戰事發動的前夜，一列列的火車，把大批武裝着的戰士從京滬、蘇嘉各路向上海運來，給日軍一個莫大的威脅。戰爭既起，中國空軍差不多控制了整個的上海天空。十四日的大規模的空戰，恰是最精彩的一幕。

抗日戰爭，在上海已經是第二次了！一般人民對於這具有民族意義的偉大戰事，較「一·二八」時更覺興奮，並且更有把握地候着大時代的到臨。

雖然上海現在僅是一座孤島，但牠依舊蘊藏着不少人力、物力、財力，在相當的時期臨到，上海的一切國力，就會顯示在國人的面前。

擔任攻克台兒莊的粵桂軍，在前線作戰
台兒莊是日軍的墳墓。
野炮隊。
被華軍奪獲的日本鐵甲炮車。
站附近鐵橋炸毀

台兒莊在徐州迤東，扼蘇魯交界之要衝，在軍事上爲一重鎮。日軍攻佔後，即在該地集中了以精銳著稱的板垣師團和大量軍需品，預備利用作根據地，向其他方面進攻。

李宗仁將軍乘其不備，很迅速的調集大軍，星夜向台兒莊推進，舉行包圍式的反攻。日軍倉皇應戰，幾疑飛將軍從天而至。經過四晝夜的血戰，卒造成了華軍的空前大捷。

這一戰，日軍板垣師團幾乎全部被殲滅，而華軍所俘獲的戰利品，差不多可堆成一座山；並且在戰爭全局上，亦奠定了中國最後勝利的基礎，其意義之重大概可想見。

武漢會戰

抗戰第一期的中心地——武漢，會展開了一場壯烈的會戰，這會戰將永遠顯示在中國歷史中。

武漢的人民開始疏散，剩下了爲國效命的將士，將這抗戰的中心地築成了一所武裝的堡壘。威武勇猛的戰蹟，可從圖畫上見到一斑。

廣東是中國革命的發源地，而現在，正淪陷在異族的蹂躪下，使幾千萬同胞飽受水深火熱的痛苦。因此，中政軍事當局正在規劃着大規模的反攻，準備用血肉奪回自己的土地。

廣東有愛國的志士，也有善戰的勇士。就在眼前，他們定能披着榮譽的戰衣回到故鄉去，重新樹起青天白日旗。

後方還有許多的
壯士。
大炮在怒吼。
坦克車在疾進。

第八路軍

全面抗戰發動以後，國共兩黨就誠意的合作起來，紅軍編爲第八路軍，在華北擔負起神聖的抗戰責任。八路軍的游擊戰，曾消耗了日軍大量的人馬彈藥，更重重的打擊了日軍「速戰速決」的迷夢，全世界的軍事家，都將第八路軍看爲是一支神祕的軍隊。其實爲了生存鬥爭，誰都會下着大決心，何況八路軍全是志士的組合呢？

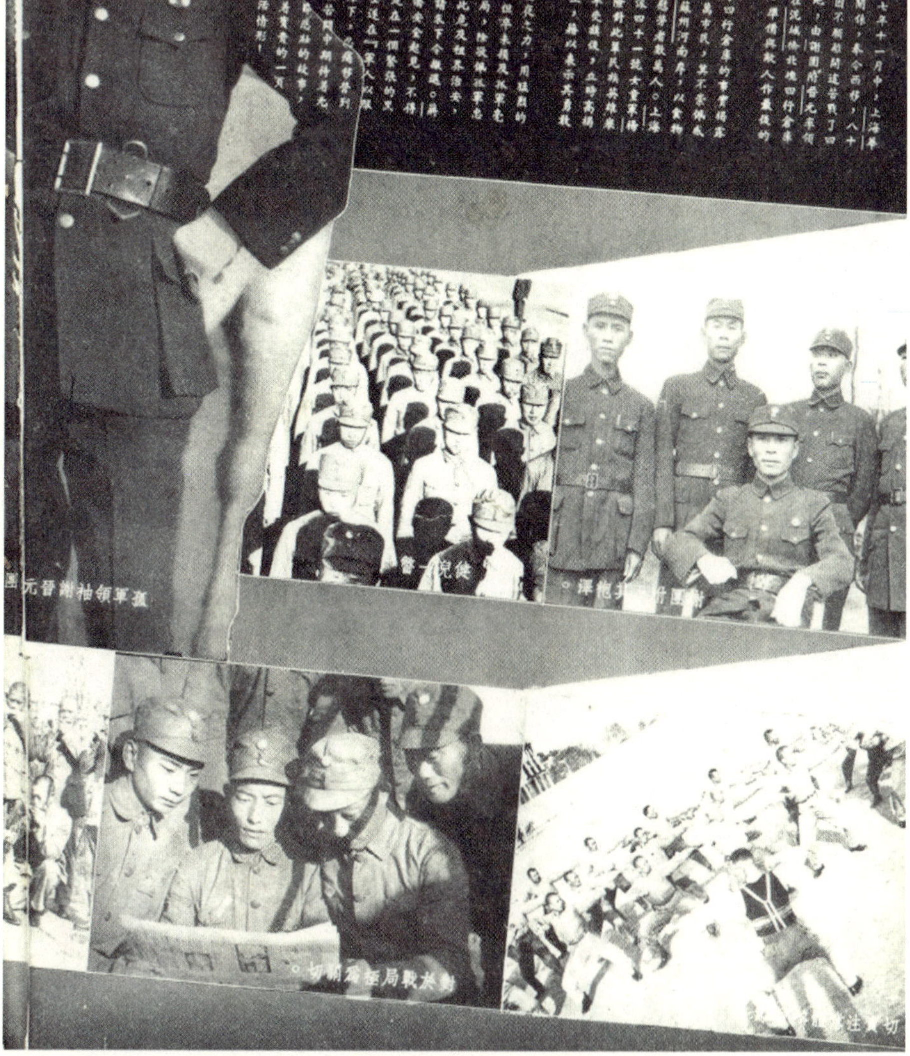
四行孤軍
一九三七年十一月中，上海華軍為了戰略關係，奉令西移，八十八師謝團，因不願放棄這苦戰了四個多月的陣地，由謝團附晉元率領八百壯士，在泥城橋北境四行倉庫內誓死堅守，準備與敵人作最後的一決。
謝團死守四行倉庫的事實傳露後，全滬數百萬市民，莫不欽佩感泣，一時麇集蘇州河南岸，以食物隔河遞獻以資慰勞者數萬人。上海市地方協會特派四十一號女童軍楊惠敏女士，冒險對此軍民族英雄舉行獻國旗禮。孤軍受旗後，立時高揭於倉庫屋頂之上，藉以表示其勇敢與威嚴。
日軍曾三晝夜之力，用猛烈的砲火向之轟擊，但都未損及孤軍毛末。當時租界當局，除欽佩孤軍忠勇而外，誠恐因此危及租界治安，乃請當時委員長請求下令撤退。蔣委員長為顧慮外僑安全起見，不得不允從所請。於是在一個緊張的黑夜裏，此八百壯士遂在『軍人以服從為天職』的訓條下，撤移到滬西膠州公園，在營房中期待著光明的來臨。但這一悲壯的故事，在抗戰史乘中卻佔著重要的一頁
下面為孤軍現在生活情形！
孤軍領袖謝晉元團
健兒一瞥
謝團附與其袍澤。
對於戰局極爲關切。

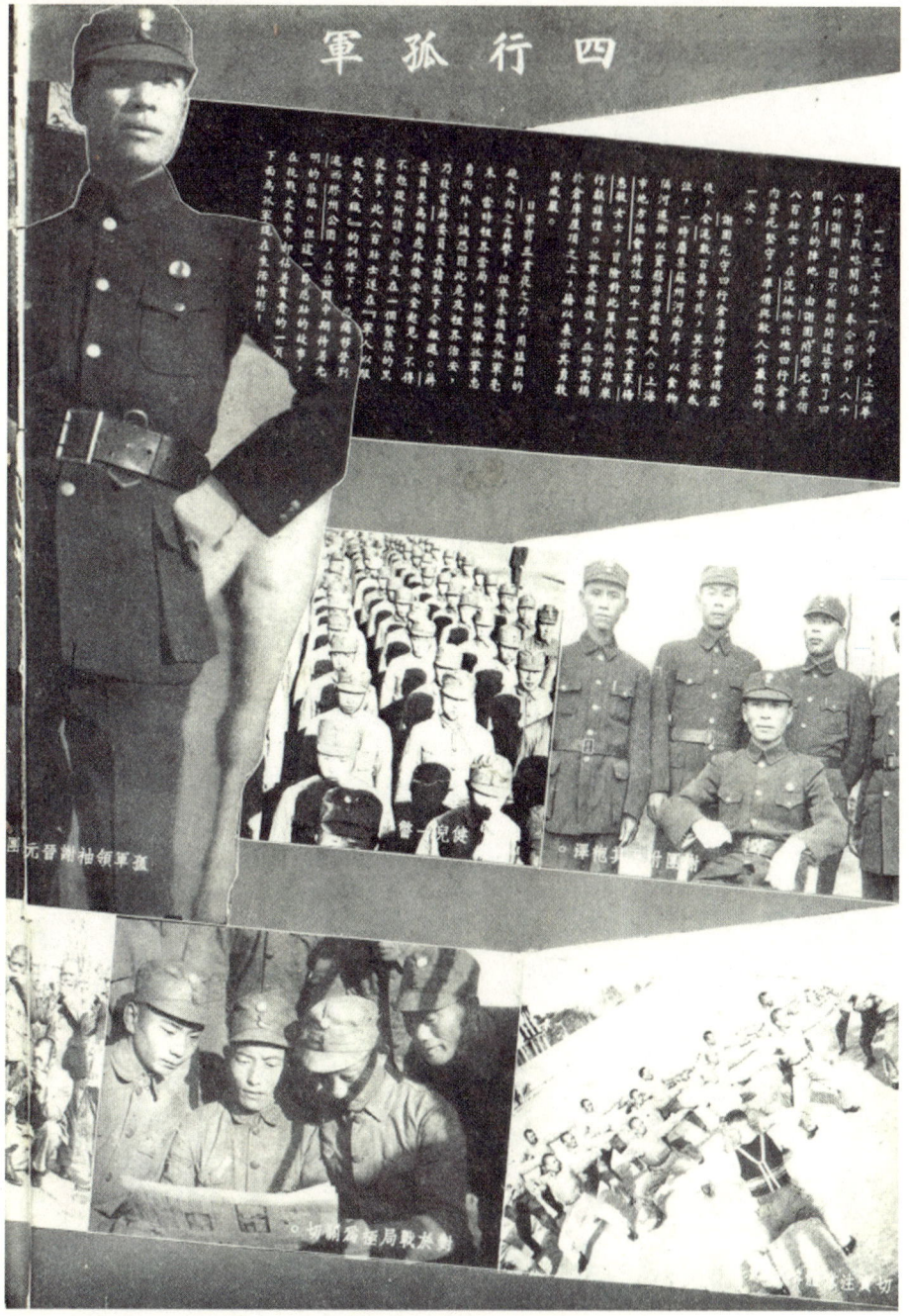

改进

《改进》于中华民国28年（1939）4月1日福建永安创刊，改进出版社发行。月刊。民国35年（1946）7月停刊，创办者是著名的左翼作家、原《申报·自由谈》的主编黎烈文。第12卷第2期迁福州出版。第8卷起有副题名《政治、经济、科学、文艺的综合月刊》。

《改进》是一份贯穿抗日战争的综合性刊物，透过它可以看到东南乃至全国知识分子为支持抗战建国所做出的努力。

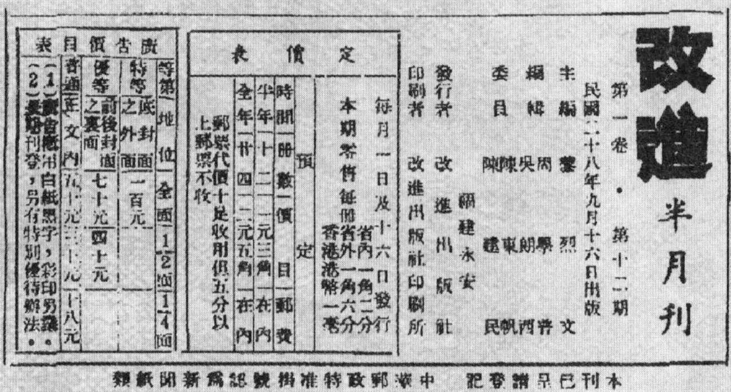

《改进》杂志版权页

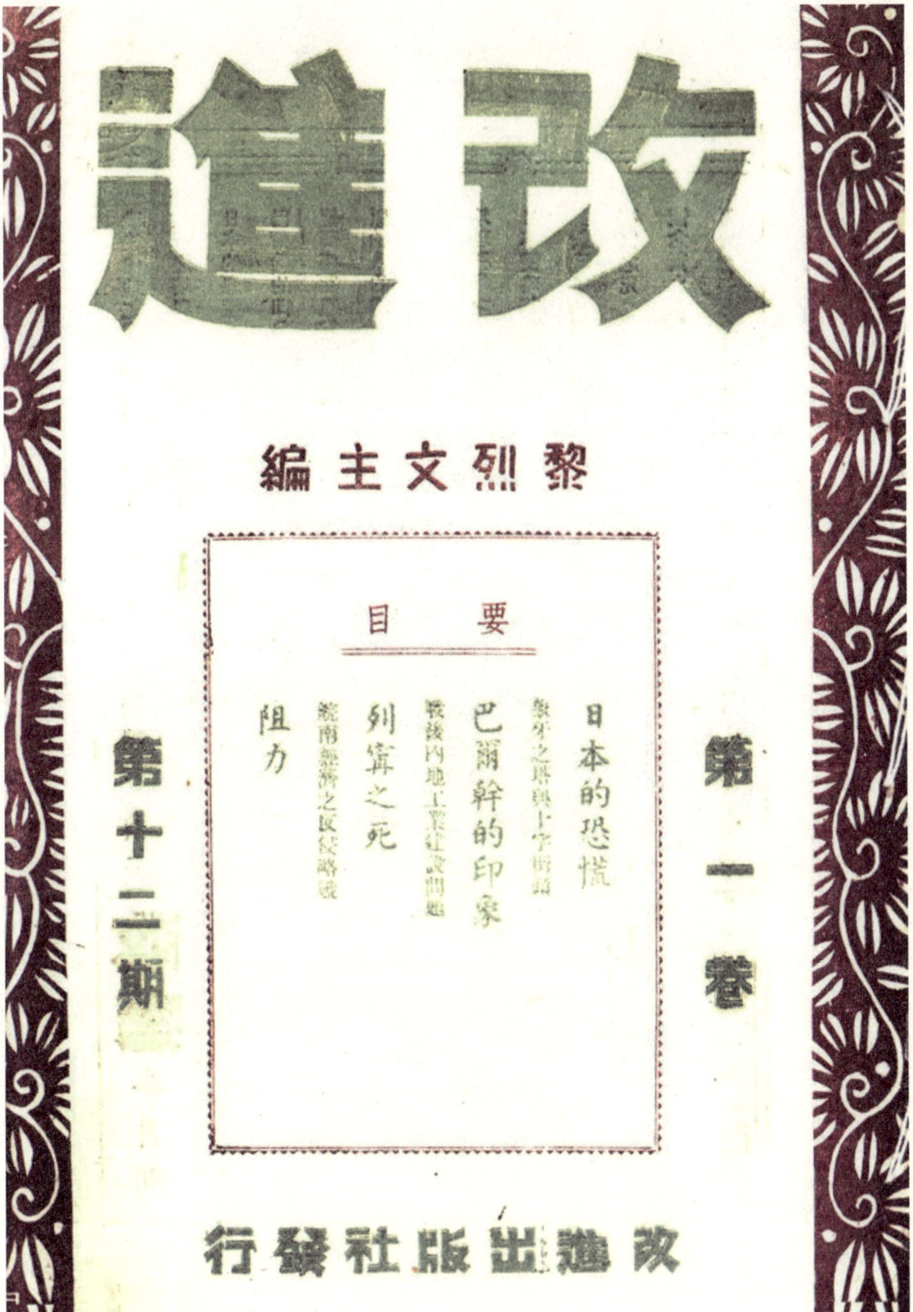

《改进》杂志封面

日本侵略華北之窘狀

美·F·M·斐雪作

日本的理想家和作家，總說日本所以侵略中國，並非爲利，而在創造所謂東亞新秩序。但不論日人如何否認爲利，或如何宣稱是爲創造所謂新秩序，或建立經濟的殖民地，而日本總思進一步的鞏固並永久的獲得經濟上的地位，而謀其商業上之進展，則是毫無疑義。

然而戰爭二年以來，進行不斷之所謂新秩序，和佔領已經十八個月之北方各地，所值得注意的，究竟日本人已經有何種經濟的措置？究竟日本在北方各地的經濟目的如何？對于此種問題如何解決，已有何種進行，有何種阻力和如何對付，作者曾經和日本在北方的公式非公式的人員會談，而獲得相當的回答。

第一、日本在中國北部所想獲得的，爽快的說是各種原料。其次希望獲得日人消費所需的商品。不過運輸原料和連絡商場，需要相當的交通設備。

日本對于這些問題的解決方法，本極簡單：第一、日本可以管理許多礦產，且爲軍事上容易達成的事項。因爲大多的礦和鹽場，有一定的地段，大部接近鐵路線。不過這些生產物，還須應用新方法和機器來增進。第二、日本可以量的質的統制農產物，使其適用于自己的工業。這種農業統制計劃，一般日本人極爲贊許。他們以爲同時可以增進中國農民的收入，購買日本的工業製成品，一面可以改善其生活。這種農業上的改革，一般以爲可以從教育着手，就是從日本人操縱的北京僞政府，和日人管理的農業試驗場模範農場等，而促其實施。

大規模的所謂中日合辦公司，已經設置，以進行此種經濟計劃。但我人假定詢問任何日本人，究竟計劃進行如何？他的回答，或者出你意料之外。因爲大部份的回答，是正式計劃還未開始，現在且不能開始，實情如何，則如次述。

中國北部資源受日人統制的，爲一個官長若干衛兵可以抵抗游擊隊的地方。所以四個鹽場，已經受日人統制，一個近天津的海邊，一個在青島，第三個在隴海鐵路海口的海州，第四個在山西南部；其中天津青島的鹽場，在戰前，已和日本交易，有多數船隻，滿裝鹽斤，裝向日本的化學工廠，戰後不過數量比較增加而已。海州附近的鹽場，係最近經過相當戰事而奪來的。山西南部幾個鹽湖，産量甚微，只能供給當地的消費，並且輸送至最近的港口，須經約六百哩的鐵路，均爲遊擊隊出沒之區。總之，在中國北部的礦產，只有鹽一種，或者已經多少嘉惠于日本的工業。

煤的出產，在中國北部，最爲重要，僅山西一部，已有極大的埋藏量。其他如河北、山東、河南都有。除第三國—英國爲多—所管，日本軍隊及半官的公司，已完全統制這些煤礦。但事實上產量仍極微少。因爲大部的礦，都在山裏，容易受游擊隊的攻擊。例如在河北、山西交界極大的晉興煤礦，經一年以上的攻戰，僅有少量的煤，到達市場。因爲舊式的機器不能工作，而新式的設備無着。山西北部的大同煤礦，爲亞洲有名的煤礦。經最近中國軍隊的攻擊，爲水淹而生產完全停頓。如上所述，各礦除必須避免攻擊而外，採掘方法，原來極其落後，必須添設大量的電氣設備和新式机械，以及相當的交通設備纔能改良，而這些都需要巨大的資本。像現在三百英哩的單軌鐵道，實在不敷應用。

幾個第三國管理的煤鑛，成績甚佳，在河北、河南、都是如此，尤其是英國管理的開灤公司，去年曾經增加資本約一百萬美金，預備在一九四二年，增加年產從四百萬噸至六百五十萬噸。第三國管理的鑛，不受游擊隊的襲擊，日本人已經統制全部的運輸，可以强制海關的進出口。但是對于第三國管理的鑛公司，並不顧慮他們向不利于日本的市場去銷售。事實上，某日本公司，已經向開灤接洽，預備銷售共產煤于僞滿和日本。

總之煤產量的銳減，由於抗戰及游擊隊與交通的破壞。中國北方的需要量，本來不多。而日本人軍運所需要的則數量甚大。因此北方已感煤的缺乏，難有餘力，去供給日本工業。

鐵在中國北方，還未成爲重要產物。距離北平約四十哩的龍煙鉄鑛，可以出產少量的好鐵。在北平附近的小反射爐，最近一度整理開工，不過這小量的鐵，要運到日本乃至大阪的工業地帶，其所費遠過于還從美國輸入熟鐵，或從別處輸入生鐵。還有山西自然鐵很多，但此種鐵塊的分佈狀況，係散在粘土鐵床之中，無法使用現代新式的採鑛法。以前閻錫山設置的二個小反射爐，現在日本軍事特務機關管理着，只能利用舊剩之鐵塊，進行精鍊。據日方的數字的報告，每日生產不及二百噸之低鉄。故充其量言之，在中國北方，最近數年內，至多每日能產鐵三百噸而已。

金的出產，尚無所聞。僅聞日人正在北平附近進行三個金鑛。

由此而論，可以補助日本工業的，應爲主要的農產物。例如棉花、羊毛、皮革、煙草、花生、亞麻、苧麻等，日本人也以爲眞正之富藏，應該是農地。因爲需要資本不多。不過他們明白地承認，因爲遊擊隊之故，未能積極進行。日本人所計劃的棉花及其他農產物生產統制，頗受挫折，係屬事實。沿日本人控制鐵路綫的各大鎮市，他的商業都受遊擊隊的指揮，只能在不使日本人利用而交換當地不生產貨物的程度，進行交易。

此項遊擊政策的影響，僞北京政府實業部長王蔭泰，和外國商人會見時，曾有數字的說明，謂棉花之禁止出口，係因中國北部的棉花產量，雖有銀行實業機關等配佈良種，但一九三八年和一九三七年比較，減少百分之六十。至于農民拒種的原因，據該僞部長說，大概是共產主義宣傳之故。

其他農產品，都有同樣情況。遊擊隊的指揮者，禁止通用日人統制的聯合銀行紙幣，依舊保持國民政府的法幣和其他聯絡。

日本人在北方銷售日貨，也遭同樣的困難。日本的政策，認定鼓勵日貨在華北的暢銷，可以緩和其戰時經濟的嚴重性。去年曾有大批日貨，運來天津，以前平津海關的記錄，日本貿易，不過百分之卅，而其他各國爲百分之七十。去年適成倒置。足見貨物數量的巨大。當時日本的堆棧，全部堆滿。但是無法銷售這些貨物。

到去年冬季和今年春季，這些貨物，逐漸輸入北平和沿鐵路各地。日本人說，這是中國貨。西洋貨缺乏而排斥日貨自然緩和之故。中國人方面，說有某一個奸商，宣傳匯兌上落不定，藏鈔不如藏貨，所以大家買日本貨，一般中國人則說，與其接受僞幣，不如接受日本貨。在貿易與金融，全受日人操縱之北方，日貨似可永遠佔據地位。但是除非日本人在其侵佔區域內施行專制的自給，否則對於日貨這種欲求，不僅不能解決其國家的財政困窘，並且還有問題。因爲日本人所需要的是外匯，用來購買兵器和其他的必需材料。在將來，這種材料的一部，或者可以在中國北方獲得。但是日本人不肯以在外國獲得的高貴原料所製的貨品，交換在北方流通而不能兌換外匯的貨幣。

中國北方之製造工業，在所謂新秩序中，還未呈現重要性。北方紗廠最多，但是在戰前已覺供不應求。麵粉廠和香烟廠，在數年之內，或許可以供給當地需要，但要看原料能否由附近供給而定。此較可以注目的，爲兩個中國洋灰工廠已經日人改良，擴充，不過出品只能供給日軍之軍用。總之，任何製造工業，都需要資本。日本人在僞滿實行的方法，就是利用中國廉價的工資，在中國設置各種工廠的計劃，或者就要實行，但是仍舊是漸進的，並且需要嚴格統制的計劃。

解決農業生產和零售商業的問題，日本人方面，主張第一步是軍事的，就是遊擊隊政治部和共產黨必須掃除。其次始爲政治和經濟動

（下文轉入九二二頁）

日本侵略華北之窘狀

（接五二〇頁）

作。日本人雖然已經侵佔若干城市，但是仍然不足表示遊擊隊的根絕，或者已經給予遊擊隊以致命的打擊。遊擊隊民衆的政治的運動，在政治的經濟的方面，已深入一般農民的心坎。所以日本人的軍事的勝利，僅能爲長期而商價的計劃之初步而已。

獲得北方鑛產交通及製造工業的計劃，實在較獲得農產品計劃尤爲困難。因爲需要大量的金錢物品和机器。日本人自認，如果戰事繼續進行，則凡此種種皆無法供給。有一個日本人說：卽使戰爭卽時結束，日本亦只能供給其一部—非全部—，因此，此種資本，必須來自外國。換言之，必須獲得外匯。日本既因購買戰爭用品而費去其外匯，則用以開發北方的資本，只有設法銷售北方出品於國外之一途。

對於此點，日人正面對二重的困難：第一北方生產上的輸出，必須換取外匯，再購買必要的機器等等來開發北方。第二此種用於輸出之北方生產品，大部也就是日本維持戰爭攻擊遊擊隊等軍用和其他工業所需要的。此種緊急需要，也就是日本人自認限制北方貨物出口的眞正理由。各國商業，因受極大之影響，或且釀成各國與中國通商之全部崩潰。而日人則說明這種辦法；在使物價低落到日本軍用方面可以支付的價格，同時保證其他一切，都依此爲標準之價格。

軍事上既需要此種北方的輸出品，而軍需品又復來自日本。所謂中國北部之開發，在遊擊隊未肅清，戰爭未能將中國完全佔領之前，已經自然停頓。在討論上述各項問題之後，某日本公務員說：「不必過慮，我們正準備着，我們預備十年二十年，必定使牠成功」。

（特）（龔積芝譯）

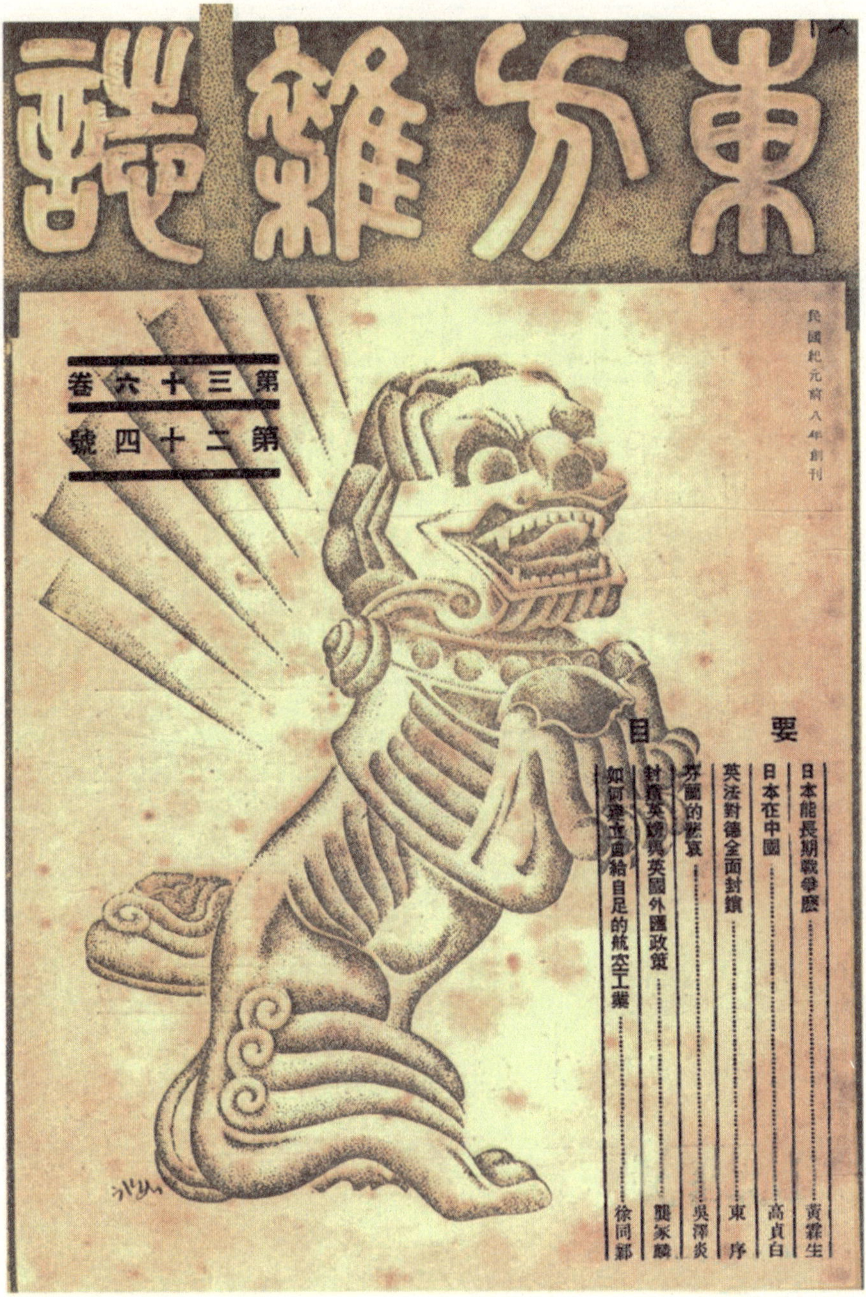
東方雜誌
民國紀元前八年創刊
第三十六卷
第二十四號
目要
日本能長期戰爭麽……黃霖生
日本在中國……高貞白
英法對德全面封鎖……東序
芬蘭的戰氣……吳澤炎
封鎖英鎊與英國外匯政策……龔家麟
如何建立自給自足的航空工業……徐同鄴

現代史料

日軍侵入桂境

君珠

自從日軍在長沙慘敗以後經過一個月的比較沉靜的潛伏時期於十一月中又開始在華南採取大規模的侵略行動這一次的進攻，在政治上的意義是用以挽救因長沙慘攻失敗以後所造成的頹勢在軍事上的意義，則又可以分兩點：第一、進攻廣西可以截斷廣西與安南間的公路交通如果形勢順利尚可威脅滇越鐵路的安全第二、在廣西獲得軍事的據點就可以希望截斷廣東的左翼進窺滇貴，擾亂我後方當然這只是日本軍閥單方面的希望，這種希望在我國的英勇抵抗之前當然也會同進攻長沙一樣的粉碎無遺。

日軍的進攻廣西在十月中便已開始，十一月初日本一部艦隊便有集中北海的模樣，潿州島方面的軍事準備也加緊進行。至十五日清晨六時零五分日艦四十餘艘，開始向防城企沙進攻，以大礮向我岸地轟擊，另日艦七艘則駛往北海，至下午三時許，日軍在飛機掩護之下，向防城屬龍門附近強行登陸。另一部分日軍向我防城屬地突出海面的企沙進犯，在兩處都遭我軍的猛烈抵抗，但因爲我軍地位都在日本海軍大礮射程以內，形勢極爲不利，不能阻止日軍後續部隊的登陸。十六日我軍因工事盡毀，在索取相當代價以後，稍向後撤，日軍卽以欽縣、與防城爲目標分兩路進犯。十七日午前十一時欽縣陷落，日軍沿欽邕公路前進，當日進至距廣西省境二哩的地點，是日之夜，防城亦告失陷，所以至十七日止，日軍侵桂戰事已自粵西南移轉至廣西省境了。

十八日晨犯欽縣之日軍，分數路向北推進，其一部分先遣部隊得越過廣西邊境，而犯防城之日騎兵，則沿防城與平吉公路，在防城北之大直圩附近，爲我軍所攔截。十九日在欽縣以北久隆墟發生激烈戰事，經過二十日一日夜的苦戰，我軍終於重創日軍，迫令退出桂境。自二十一日至二十二日雙方成爲相持的局勢。但至二十三日欽縣北之日軍經補充以後，又第二次突破桂境，向我進犯，至二十四日，已進至南寧以南之大塘、唐報、那馬一帶，距南寧約三十華里。

二十四日日軍方面雖已傳出南寧失陷的消息，但這個消息不久卽證明不確，事實上我南寧守軍抵抗極爲猛烈。南路日軍一部，於二十三日晨先後竄抵良慶圩、玉洞、同慶圩等處曾被我迎頭痛擊傷亡甚多。迄午日機磤向我城郊猛烈轟炸，掩護強渡鬱江，我戰士均能沉着應戰，與日軍肉搏，返復爭奪數小時，卒將日軍完全擊退，日軍棄屍如山，流血成渠，殘餘日軍，狼狽向南岸逃竄。旋日軍三個聯隊，陸續增援，並以大批飛機掩護，分路強渡，在日機狂炸之下，邕城東西郊展開激戰。我東郊守軍，雖傷亡相繼，仍屹然不動，咸抱與日軍俱亡之決心；西郊守軍陣地，得而復失者，計八次之多，戰況之激烈，有非筆墨所能形容者。劇戰竟日，雙方死傷均極慘重，迄二十四日午，仍在邕寧城郊混戰中。

至記者發稿時，戰爭的局勢尚在繼續推演中。就這十天來的戰事觀察，雖然在陽山山脈與十萬大山之中間地區，日軍一部得以冒險突進，但事實上日軍距海岸線遠一步，其困難也就深一度。我國在西南國防線上所取一切措置，基於兩種原則，即避開濱海地區點線之爭，與利用良好空間與時間，打擊日軍主力。目下由於「空舍清野」工作的徹底，在整個戰略上言，我方業已獲有相當成就，非但已經能夠壓制日軍，使其不得不放棄重兵器之使用，而且因爲所至之地，已無任何物資可供利用，即食糧供給，亦須仰賴於飛機。過去日軍在各戰場嘗得就地強迫用我方人力畜力，以任輸送或修築道路，今則絕無此可能，而不得不由日軍自己擔負。更有出日軍之意料者，即隨時隨地，均有遭受我民衆武力攻擊的可能。基於此種現象，日已種其覆敗之因，目前戰事，尚在我方預定計劃中之某一階段；在另一階段中，戰局必有嶄新的開展，而予日軍以致命的打擊。至於南寧的得失，尚是次要的問題。

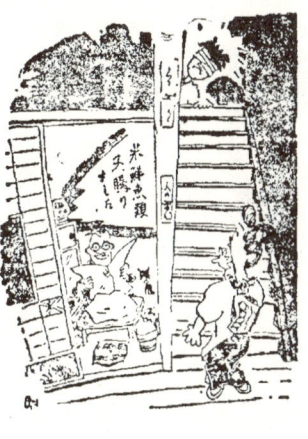

世界小諷刺

日本物價高騰，米珠薪桂，人民聞之極爲恐慌。

妇女生活

《妇女生活》于民国24年（1935）7月1日创刊。月刊，次年7月16日改为半月刊。生活书店出版发行。先后由沈兹九、曹孟君主编，编委有史良、刘清扬、胡子婴等14人。该刊声称做妇女的朋友，让妇女认识自己，认识别人，认识社会，认识一切丑恶，认识怎样做人，怎样携手走向光明大道。设有短评、论著、妇女常识、讲座、世界妇女生活等栏目。后迁汉口、重庆出版，民国30年（1941）停刊。

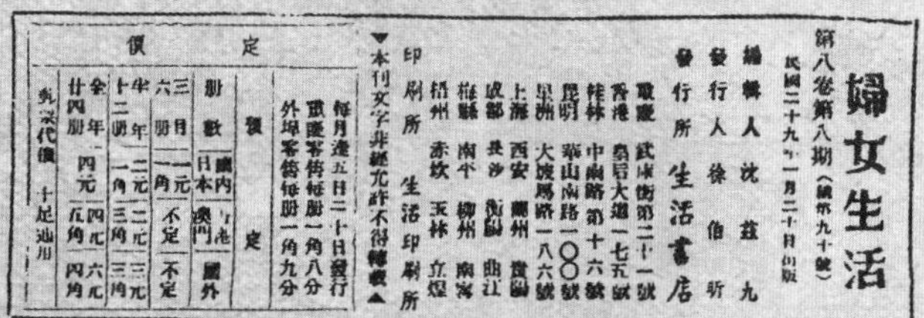
婦女生活
第八卷第八期（總第九十號）
民國二十九年一月二十日出版
編輯人 沈茲九
發行人 徐伯昕
發行所 生活書店
重慶 武庫街第二十一號
香港 皇后大道一七五號
桂林 中南路第十六號
昆明 華山南路一〇〇號
星洲 大坡馬路一八六號
上海 西安 蘭州 貴陽
成都 長沙 衡陽 曲江
梅縣 南平 柳州 南寧
梧州 赤坎 玉林 立煌
印刷所 生活印刷所
▼本刊文字非經允許不得轉載▲
每月逢五日二十日發行
重慶寄售每冊一角八分
外埠寄售每冊一角九分

定價

冊數	國內 日本	香港 澳門	國外
三月六冊	一元一角	不定	不定
半年十二冊	二元一角	二元三角	三元三角
全年廿四冊	四元	四元五角	六元四角

郵票代價 十足通用

《妇女生活》杂志版权页

《妇女生活》杂志封面

世界婦女之剪影

日本鐵蹄下的台灣婦女

劉敏夫

台灣婦女淪陷於慘酷的深坑裏，除朝鮮以外，比世界上任何國家的婦女處境都要惡劣些。台灣的婦女界，並沒有經過一般資本主義國家所經過的女權運動。日本帝國主義之殖民地榨取步驟，首先是把台灣農民的土地強買掠奪，使自足自給的台灣農村，急激破產，同時移民在他們殖民計劃下急激增加着。結果、一個日本農民的移居，便使十個以上台灣農民流離失所，這樣的土地掠奪，迫使台灣農民攜眷遠離可愛的故鄉，漂泊到生蕃的境地，祖國華南以及日本和南洋的勞動市場，或島內的都市去求生。就是勉強留在農村裏的除慘受日人的金融組合，水利組合，高利貸及地主等等直接榨取外，在消費市場和生產交易上，又難擺脫日本資本家及中間商人的剝削壟斷，再加以層出不窮的苛捐什稅，重重的高壓在她們的頭上，如果不能納足，那末衣服器具被沒收的威脅，就接着來了！

在這樣惡劣的情況下，農村婦女所身受的壓迫和榨取就是慘酷得難以形容的，她們不是攜帶子女跟隨丈夫流落到外國去，就是徘徊在十字街頭。不然的話，困守在家裏，除整年整天爲煩瑣的家務奔走外，還要養育子女，分担耕種的勞動，並被迫從事家庭副業、工廠、農場、手工業等工作。但不管怎樣勞苦賣力，仍舊糊口乏術，甚至於被煎迫落泊到深山番人境地用無數的頭顱和熱血換來草根樹皮聊以果腹。台灣婦女因厭世輕生，不甘喘留在人世挨餓，毅然緊縛親生小孩，跳河自殺的實在太多了。

記得當我民國二十六年重回祖國來的前夜，就在我的近鄰發生了如下的慘劇：一個冶金工人，因每天賺的工資差多不過四角八分錢，在百物騰貴，無法維持一家衣食的窘擊下，憂愁致病死了，丟下妻子和五個嗷嗷待哺的孩子，用什麼去喂他們呢？她一些辦法也沒有，只有隨着他男人與人間永別！六口一同忍氣吞聲的服毒自盡，類乎此的悲劇，在台灣農村是太普遍了！

其次，封建遺風殘存在台灣農村中使婦女喪失了她們應享受的一切自由。台灣的封建勢力是日本帝國主義所極力支持的，因爲台灣封建勢力能夠保持固有封建遺習，對日本帝國主義是有利的，在「賢妻良母」「男尊女卑」的封建思想籠罩之下，婦女的人格根本就沒有存在過，大家庭[illegible]，主從關係的存在，將農村婦女[illegible]。台灣婦女的無限痛苦，就是封建勢力及日本帝國主義的壓迫[illegible]，日本帝國主義的鐵蹄踐踏台灣勞苦大衆之半數的勞動婦女，不讓她們參加台灣民族的獨立解放運動，及勞動大衆爲自身利益的鬥爭。

日本帝國主義之政治的壓迫與經濟的榨取，不僅使自給自足的農民生活破壞無餘，而且把台灣人的工商業也破滅淨盡。如日本的資本不但在商品市場榨取台灣人的金錢，而且在原料獲得的過程中，也極盡盤剝台灣資源之能事，日本帝國主義統制國關以法令限制台灣民族資本的發達，使之窒息。自台灣被統治以後台灣人產業經營的自由。完全被剝奪了，殖民地台灣之工業，概以輕工業爲主，而在輕工業所需要的條件，就是長時間的勞動與低廉的工資，目前如罐頭工廠、製糖工廠、農場、以及都市小工廠裏大都已採取了單價按件工資制，一般工人們看起來倒像是有利的。爲了困迫的生活，女工們就得更需拚命一點，才可多得一點工資，「這是資本家們最惡毒的圈套」。

在這情形之下，台灣的女工一年增加一年，一九二五年的女工數不過爲二萬餘人，但到一九三六年已遞增至六万七千餘人，竟增加了二倍多，這樣她們是由飢餓的農村被日人地主與移民驅逐到都市中去，作爲「商品」出賣，或者變成了個飯店和咖啡館裏面的下女，厚顏地强自度日或做個日本資本家工廠和農場的長年奴隸，連她們的最後一滴血也被榨取了。而其勞動時間差不多長得駭人聽聞，卽其工資也低廉到不够換取最低限度的生活資料，這裏日本統治機關曾發表如下的數字：

成年女工　一日平均最低工資十錢（一角）

同　上　一日平均普通工資四十六錢（四角六分）

童年女工　一日不均最低工資六錢（六分）

工作時間，無論在工廠和農場平均都在十二小時以上，這樣低廉的工資及長時間的勞動，對她們的康健，不用說，是不堪設想的，所以不是因營養不足而致多病，就是因神經錯亂或衰弱而逃亡。

談起工作保障，她們的命運是完全決定於市場。僱主可以任意開除她們，對于她們的生命與康健，沒有保障，又沒有法律保障，更沒有關於姙娠與生產上所應予的方便及托兒所等的設備，如大規模的工廠，大概附有如監獄一般的寄宿舍，剝奪她們一切應享的人權，並嚴禁她們的外出和會客：使之不得與外界發生關係，以隔絕她們覺醒與接觸鬥爭的機會，在工廠與寄宿舍同樣有種種苛刻的規則，倘稍有干違，便要受罰金的處分，工資的無理被扣。除了忍受屈服而外，她們僅有的，便是失業的自由，如果爲要求改善待遇而罷工，那就是叛逆罪犯！台灣女工所受的痛苦，在全世界上任何國家裏是絕無僅有的。但，台灣婦女，就真的完全屈服嗎？不！台灣女工對日本資產階級的鬥爭，會幾次以工廠罷工和斷食同盟的形態出現過。

除上述工廠女工外，還有四萬五千人從事各種職業，如教師、醫師、看護婦、產婆，店員、電話交換手、打字員、司機、公共汽車售票員等，雖在同一的職業和同一的能力下，亦受男女差別和民族差別的待遇。而都市人口半數以上是窮小民（手工業破產者），這些婦女的生活，也同樣難逃出悲慘的厄運。

一般的台灣農村，一家七八口，一年的總收入不過五六十元，由此，可知她們的生活情形是如何悲慘。但遭最甚的是台北山地，那地方的人們太窮了，若干鄉農和礦區婦女，普遍的營養不够，而且種田與礦務的工作負擔太重，所以她們特別衰弱，每致得腰病，患肺病，沙眼，腸結病的人數真是怕人的多。尤其是近年以來，日本帝國主義侵略祖國，致使台灣的物價暴漲，更加以苛捐雜稅，搜取財物，徵工拉夫等等，竟使一般台民的生活愈趨低落，每致無可如何，便忍痛把她們的兒女，賣到台南新町寶和其他都市中去，丟了十三四歲的女孩，換取全家一年的吃用。自祖國「七七」抗戰後，情形又不同了，台灣女孩被無價征調爲「慰勞隊」隨迫來華，供應無恥皇軍發洩獸慾，這又是台灣婦女的新命運！

日本帝國主義者在台灣强征財物，不用說，也同樣惡臨到台灣婦女身上！廣泛的征求金飾品，所謂征求，實際是沒收的別名。

自然日帝國主義者對台灣婦女的壓迫，是多端的，最近又組織台灣各界比較有名的婦女，使之出組所謂「國防婦人會」担任各種戰時工作。使之麻醉台灣民衆。

所謂台灣婦女的新教育，於日本佔領台灣四十五年來，一律在台灣總督府嚴密監視下，受絕對統制。日本在台灣所施的教育，是所謂「同化教育」，就是奴化教育，學校的教科書須在這奴化教育主旨下絕對受統制，而且一切教授，用語及教科書一律使用日語，嚴禁教授台灣和祖國的歷史，而多數教員都是日人充任，就是一部分台灣籍的教員也必需受特別訓練，如果是革命份子的子女或有革命性的青年都在被排斥之列，男女學生在學校時，除一些宗教書籍及教科書外，其他書籍一律不准閱讀，並嚴禁參加一切集會。在這樣的日本帝國主義奴化教育摧殘下，台灣婦女所受的教育除治家、烹飪、育兒法、裁縫術等等外，絕對不許她們有進步及自覺的意識萌芽，所以中小學校都不許男女共學。

不過，在另一方面，台灣的革命志士，還是想盡方法，在民間爲勞動婦女，爲農民婦女辦夜校及各種講學所。雖然這種運動被日本帝國主義者爲革命破壞，動輒以宣傳革命思想的理由，逮捕監禁，並以種種造謠中傷挑撥離間手段，掀起爭端與離間之風波，但民間的識字運動，在日本帝國主義者阻撓和壓迫下，還是繼續進行着。反之，祇有一個台灣婦女界的解放曙光，雖然，如今在台灣一[illegible]個台灣婦女中受過教育的還不到[illegible]人

綜上所述，台灣婦女在這樣生活的環境，政治的壓迫，及社會上不平等地位的種種壓迫下，自然不免有自暴自棄而致自殺，或淪落爲娼，甚至趨向消極不求進步的現象，但也有覺悟的分子的覺醒，一般有自覺性的婦女雖在極端不利的環境中備受日本特務的野蠻壓迫，仍然不甘放棄其求民族解放的任務。兩種不同的現象，一方面是顯示殖民地日本之野蠻壓迫政策的一般，和亡國奴隸生活是怎樣慘淡，但台灣民族的反抗力是在這樣慘苦的環境中浸潤滋長了。在壯烈的，台灣革命史上，不容忽視的已存留着光輝的婦女戰績之一頁。

空讯

《空讯》周刊创刊于中华民国29年（1940）7月29日，空讯周刊编辑部编辑、发行。成都铁风出版社出版。周至柔题写刊名。该刊出版至民国30年（1941）11月终刊。

空訊 第六期

定價——每冊壹角

編輯者 空訊週刊社 成都莘字第七十七號信箱附四號

發行者 鐵風出版社 成都東城根街二十三號 成都郵箱第二十四號

中華民國二十九年九月二日出版

《空讯》杂志版权页

《空讯》杂志封面

記七·三一襲渝的敵人

子厂

小序

今年五月起，敵人企圖破壞我後方城市，屠殺我人民；摧毀我經濟資源，動搖我抗戰决心，使我屈服而便早日結束戰爭。其心極毒，其法則採取『杜黑主義』的戰略。

敵人採取『杜黑主義』的行動後，我們屈服與否？敵人想也知道罷！這，我且不討論，僅談其大轟炸的戰術吧！

他的空軍的戰術，時常變更，每次改進，這並非他有什麼高明的手段，而實際反映了他是屢次的失敗啊！敵人的奸險也還可以，敵人的暴力也還雄厚！但仍不免於失敗。到底這是什麼原因呢？自然，敵我的戰略戰術都有關係，而我們接敵的精神和决死的意志，實佔先一着，故我的實力雖薄，仍能取勝也！這問題我也不談，單研討七月三十一日敵人襲渝的戰術吧！

敵戰術的陳跡

敵人過去大都利用多批，等高或差高，同方或異方，在目標附近盤旋相當時間，相隔着距離，而後進襲，這就是以大的時間，使我驅逐機的油量限制，不能在空中如意巡還，同時也消耗我戰鬥員的精力，希冀最多祇有頭一批與我遭遇，被我攻擊，其他各批則集中力量，達到轟炸任務；更有多批等高或差高，不同方向，而同時進入，就是使我攻擊的力量分散，總有多批可以遂行轟炸的任務了。這等等的戰術，均圖避免我機攻擊，而達成目的和任務，但是屢次使用，屢次失敗，我們明知敵人之伎倆，總有方法加以突擊。前以才有七月三十一日的戰術出現，這也是敵人積多次失敗之經驗，乃不得不另作嘗試了。

敵戰術的轉變

那天我在空中巡邏了相當長久的時間，乃見敵機一大片自北南飛進入攻擊。其高度約比我稍低一些，其隊形不見得齊整和密集，第一層約爲二十七架乃至三十六架，此乃整個隊形中較低者，在這層約五十米的高處，又有一層，而這一層敵機却分開在第一層的左右兩翼的，左翼的機數較多，也有二十七架以上的機數，而兩翼各隊羣又分出高低來，顯像三層的隊形似的，還有少數的飛機在右翼的左上方，大約這是成隊時拉下而沒有趕上的，還有隊中的單機拉下距離超百米以上者。由其隊形看來，可以證明其技術的暴劣，或者在高空的敵機已使用及發揮其最後馬力了，或者是領隊者怕我機的攻擊，先顧自己的安全而迅速向前脫離火綫，而不顧隊形之良否？

—11—

這隊形是構成一個很大的很密的火網，利用火力爲其掩護，而思俾免我軍的攻擊，但是，這有可能嗎？中國的空軍健兒是怕火網嗎？我們難道爲了火網而不遂行神聖的使命嗎？事實在那裏，血跡在那裏，許多健兒在火網中犧牲和流血，但至今仍有不少的驅逐飛行員不斷的望火網鑽進哩！

當我們佔好位置，開始攻擊的時候，敵人也整好隊伍對我還擊，但他不願與我搏鬥，而是迫不得已的還擊罷了。他在那『免脫』爲第一的策略下，他不願投彈了，他不願還擊了，所以正好在我們的射擊距離時，他猛的來個三十度以上的角度俯衝，這就是增加速度和傾斜角度，使我射擊的時間少，並使我的修正量突然增大而無法準確射擊。

正是敵機猛的俯衝時，也正好是到達目標上空投彈時。自然這突然的動作，必使轟炸員瞄準困難。彈也投不準了，紛紛落於江中，這大約是敵人的戰略罷？我想大約敵人是以戰術而牽制其戰略吧！

敵苦心與戰果

我們的空軍，在空中警戒之部隊，怎樣的攻擊呢？攻擊之後，其效果又是如何呢？

敵人的大編隊羣，縱使是集一切戰術上利點的大成，也不是稍減我們戰鬥的精神，敵愾同仇的情緒，敵人雖以『苦心』的戰術，於我何有哉！戰果的收穫仍是可觀的啊！這一役的空戰，敵人被擊落五機，留在中國的安樂土，而我祇一機未曾歸隊，由此看來，勝利誰屬呢？並且我深信我們未歸隊的一機，那位飛行員素不信火網的有力，大約尾隨追擊而被創的！此外以我的坐機受傷的情形看來，敵人除被擊落五架外，一定還有許多受傷的飛機與死在機內的人員。

敵人的戰術，我們除已決定對策外，我願意更多的驅逐人員加以注意和研究，預防着敵人有這麼一套的戰術，不致臨時被敵脫逃。至於如何的對策，未可隨便亂談，可是我深信我們對此已有成竹了。

如此戰術

敵人使用這戰術，大約爲：

威脅，中國的空軍的驅逐飛行員，是不怕這一套的，這大編隊的戰術，不過是敵人的一種聊以自慰借之壯胆的手段而已！抗戰開始後，敵人的紙老虎已拆穿了，尤其是敵人的空軍。同時我們大家都明瞭固定槍的穩定，縱是少數，亦可戰勝多數不能迅速轉動自如的瞄準和飄忽無定的旋轉槍，況大家都有『不入虎穴，焉得虎子』的雄心！與言威脅，其可得乎？

構成盛大而嚴密的火網，相互掩護，相互聲援，是的，也許是學理上對的吧！或是在某種態勢下優良的吧！但是事實呢？火網的範圍到底是有限度的，如果避開火網，向其死角進入攻擊，火網又將何用乎？但是中國的驅逐飛行員却多祇願射擊位置良好，不顯危險的總鑽進火網，可稱勇氣可嘉。我們空軍是在戰鬪中長成的，過去的血，過去的經驗，增進了我們的戰術，如今，火網祇不過敵人自以爲嚴密而已！

躲避我們的攻擊，敵人集結八十餘架，加强聲勢，同時進襲，凡在我們攻擊開始而入有效射程時，敵乃突然俯衝，但中國空軍的驅逐飛行員的勇敢接敵，如蚊子見血一般咬住不放，敵人的氣燄被摧毀了，敵人的武力也失却雄厚之誇了！敵人的戰術也不如其意想的作用了！用心良苦的敵人，一樣被我們打下來，難逃其註定的命運。

希望我機不能升高到大高度，希望時間不久許我們升高到大高度，所以近來的敵人均採大高度進襲，企圖不與我遭遇。敵轟炸隊光注意自己的安全的徼倖，却不管高空不能準確投彈，白費敵人民的血汗的汽油和炸彈！這也是敵戰術之優良吧？

敵空軍受其軍閥的壓迫，不能不來敷衍，橫豎來了的敵機所載的炸彈總可擲於中國的土地，又何必計較其命中與否呢？所以胡亂的丟下炸彈就算了，而這次我們的攻擊激烈，猛然的俯衝，彈落江中，更可想見其敷衍的戰術了。

尾聲

中國爲情勢限制，不能有多量的驅逐機，但是我們時時改進我們的對策，把經驗作爲我們的課本，亦即少補我們的空軍的力量！我草這一篇文字的意思，也就在供大家的參考。

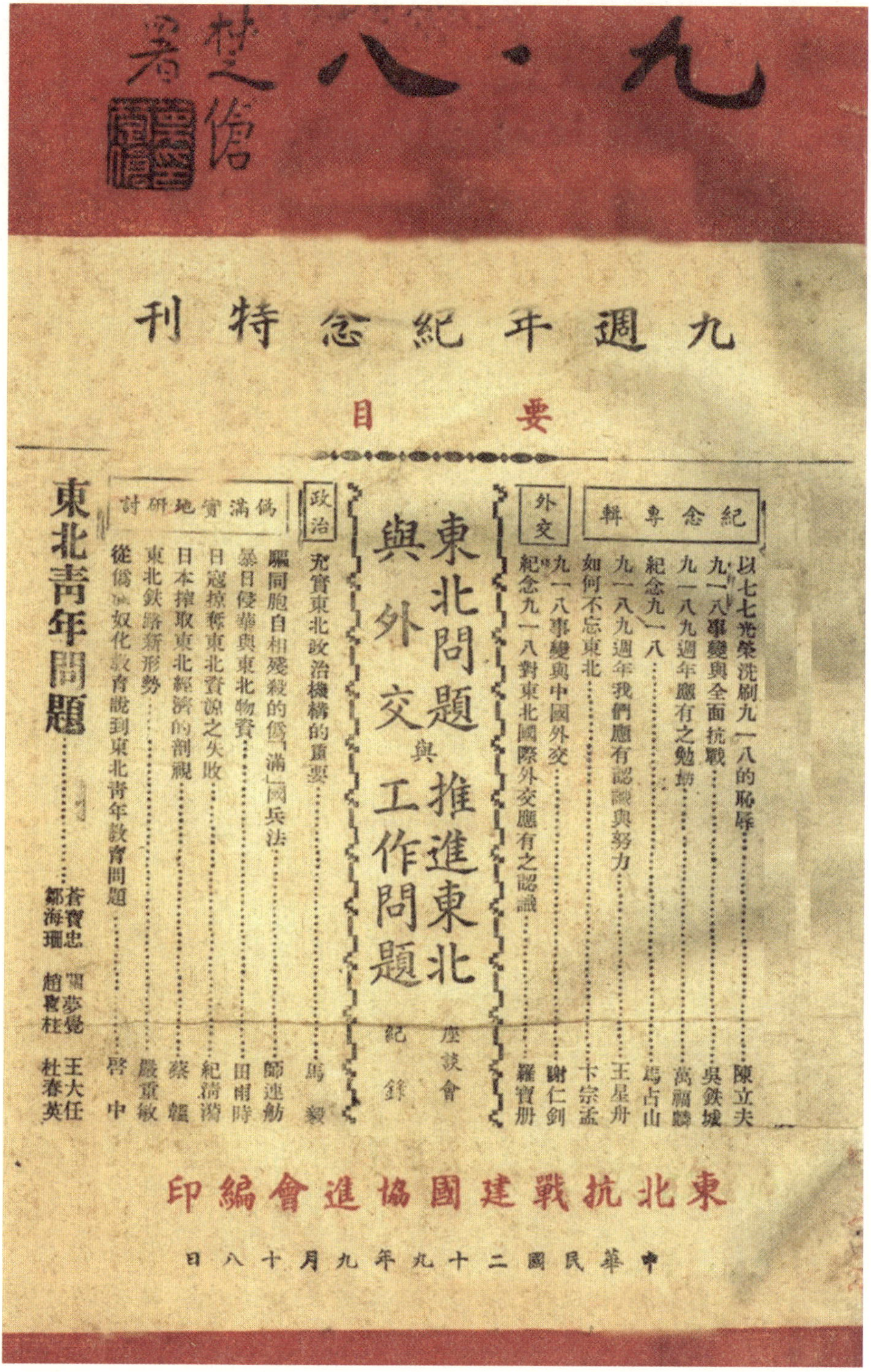
九·八
楚僧署
九週年紀念特刊
要目
紀念專輯
以七七光榮洗刷九一八的恥辱……陳立夫
九一八事變與全面抗戰……吳鐵城
九一八九週年應有之勉勵……萬福麟
紀念九一八……馬占山
九一八九週年我們應有認識與努力……王星舟
如何不忘東北……卞宗孟
外交
九一八事變與中國外交……謝仁劍
紀念九一八對東北國際外交應有之認識……羅寶册
東北問題與外交與推進東北工作問題
座談會紀錄
政治
充實東北政治機構的重要……馬毅
驅同胞自相殘殺的偽「滿」國兵法……師連舫
暴日侵華與東北物資……田雨時
日寇掠奪東北資源之失敗……紀清漪
日本搾取東北經濟的剖視……蔡韜
東北鐵路新形勢……嚴重敏
偽滿實地研討
從偽「滿」奴化教育說到東北青年教育問題……啓中
東北青年問題……蒼寶忠 鄒海珊 閻夢覺 趙寶杜 王大任 杜春英
東北抗戰建國協進會編印
中華民國二十九年九月十八日

「九一八」事變與全面抗戰

吳鐵城

在抗戰當中，「九・一八」又度過九週年紀念了。經過九年的「九・一八」益將該事變之意義明顯化，或說，將日帝國主義者的野心暴露得更透澈。到了今日，完全證實了「九・一八」是日本帝國主義大陸政策的號炮，「九・一八」是七七抗戰前的第一座烽火，九・一八」是報道太平洋安全受威脅的警鐘。但是當事變發生之初，一般人對侵略者的觀測，尚未如今日所見的明確，世界高瞻遠矚的政治家，雖已知此為「遠東之危機」，但短見的論者，仍只就東三省的範圍來討論。在敵寇本身則有意掩飾，自不待言。寇敵對外發言，當時一則僞稱在鄉軍人之單獨行動，再則曰其行動只限於保護鐵路，及該國僑民，以為搪塞之辭。其實田中奏章所謂『欲征服世界必先征服中國，欲征服中國必先奪取滿蒙』已把「九・一八」的侵略所投的巨影，繪畫得很清楚了。果然，六年以後，很急劇的擴大為「七七」事變，由遼河而蠶食到黃河流域，甫一月餘蔓延至長江出口之淞滬，再一年竟闖到珠江流域。這些狂舉都與「九・一八」事變成一綫的連貫，這連貫的綫索，就是日本帝國主義傳統的國策！大陸政策。這政策有很多因素，經濟上的帝國主義之形成，原料和市場之貪慾，加上倭國本身封建軍閥之野心，以及迷信盲目的傳統思想等：這合起來造成日閥代代相傳的大陸政策。這與中國革命之目的，與中國求生存求自由平等之三民主義完全對立。寇敵曾極力嘗試將他的國策化成為個別要求，為貌稱曰『經濟提攜』，『特殊化』之口號等，而其實不論是經濟的或政治的條件，不過是其國策之一支流，日寇所有的要求，都是以囊括整個中國為目的之大陸政策做出發點。我國不能容許如是條件之存在至屬明顯。蓋三民主義立國之中國，正從事於由滿清桎梏解放而出繼而謀解除其他束縛之運動。此與欲夷中國為附庸國，所謂加入其『國家集團』貶低中國國格，使僅成為原料供給地而已之大陸政策，絕不能相容，於是中日二國乃成為國策之對立。由於國策之對立，尤以中國正在　總裁領導之下，走上統一之路，走上近代國家之路的時候，敵人更為嫉視。乃至於不顧一切，提出諸種壓迫，製造諸種事變。但我求自由與平等之國民政府，屹立不為所屈，於是最後來到國策之決戰以求解決。

時至今日作此檢討甚為有意義。蓋必由此抗戰之基本出發點，以觀察抗戰期間所發生之一切，然後始能得正確之結論。必如

艱苦奮鬥靡所底止
嘗胆十季誓湔國恥

東北抗戰建國協進會
「九一八」週年紀

居正題

此然後明白抗戰之整個過程，必如此然後明白「九•一八」以來諸事變之關連性，必如此然後知抵拒日帝國主義惟有用全民族之力量，今日絕沒有局部的解決，必如此然後知抗戰之最終目標何在——即在使日本覺悟，改變其國策。由此引申出來重要的觀點•值得在此一提：

一、國策之決戰既已開始，除非敵人改變其國策，絕無局部的解決，既明上述，反過來說，全面抗戰勝利之後，就是整個中華民族的勝利，「九一八」既爲敵人大陸政策初步，我們爲打擊敵人之侵略的國策而抗戰，則「九一八」之雪恥工作，亦在抗戰之中。「九一八」以來東北同胞英勇的抗戰，是與「七七」「八一三」全面抗戰連成一條戰綫的，全中華民族只有在最後勝利獲得之後，始能一體獲得平等與自由。

二、既明乎「九一八」以來中日兩國形勢爲國策之對立，則漢奸之謬見，自可廓清。在漢奸方面的見解，每以「九一八」「七七」「八一三」諸役爲偶然性的，而不知道是國策對立之必然性所產生，漢奸既無視國策之對立，於是可以個別的問題，作零星的解決，怎知漢奸既一旦投了降就必然是整個投降。出賣中國，就一定是整個出賣，決沒有如漢奸所想像的可以把零星的殘餘保存幾分的。試看漢奸之所謂「不割地」，就是在全國重要城中駐兵，漢奸之所謂「不賠款」，就是寇敵將關稅，鹽稅，統稅等一概囊括，照理「部分不能大過全」，「全大過部分」，整塊地已佔據了更不必零星割地。整個收入已沒收了，就更用不着賠款，所以抗戰是要根本打擊敵人之整個政策，而不是在敵人的政策下來求開恩。

三、「九一八」的黑影投在東亞大陸上使我國同胞以及東亞人民發生切膚的警覺性，最近近衛政綱會提到所謂「國家集團」，但以日本帝國主義爲主的「國家集團」究竟若何呢？請看「九一八」後的東北便可瞭然。東北同胞，在敵人鐵蹄下的「集體村制」在敵人機器綫刑，活人飼犬等兇殘刑具之下，被驅去上自殺的戰場，暴露敵人的所謂『日本精神』所謂『皇道樂土』的無情的兇惡統治。又試看「九一八」以來，敵人驅使大批移民，以日本浪人第一，鮮籍浪人第二，台籍浪人第三的層次把我國原駐的農民排擠到無以自存的溝壑，由地下礦藏到天空航路，一概掠奪。就可知道敵人所謂「八紘一宇」的經濟侵略手段。這個警覺性首先排激起我國每個國民的熱心。知不抗戰則不能有人類地位，這也許使東亞諸民族認識，只有秉五千年文明以不侵略爲國策之中華民國纔是東亞之安定力。

四、「九一八」之黑影不止投於東亞大陸上，現此魔手已伸到太平洋上來了。自從去年二月敵佔海南島， 總裁即做醒外國人士，謂之爲太平洋的「九一八」，到了歐戰發生之後，敵人窺伺太平洋和侵略南洋的野心，給突來的利慾催到早熟。最近近衛組閣，松崗發出囂張的讕語，更較以前的態度爲露骨。我們毋忘以昔例今，瀋陽事變，曾稱爲『遠東之危機』的，到了如今，已演變成爲『太平洋之危機』了。我們要將「九、一八」的警覺性普遍到太平洋的每個島嶼上，實在爲此半球的安全的緣故，應該做的。

「九、一八」的烽火給與中國同胞，東亞人民，以至太平洋有關國家的意義是深刻的。東北同胞先「七七」六年而嘗到日寇非人的待遇，震警起全世界的耳目，激起了全中國國民的義憤，因此而有 七七」以後的怒潮般的敵愾，我們除了對東北同胞寄與深切同情之外，同時覺得東北同胞反抗的血不枉流——看吧，反抗的營壘遍了全國，與白山黑水之間的同胞們遙相呼應，我們必然取得最後勝利，就是全民族一體得到解放之時。

時事類編

特刊第六十二期

中山文化教育館編行

日本侵佔下的海南島現狀

任珊

海南島被敵人侵佔，已將屆二年，其目下狀況，自為國人所注意，現根據去年十二月的西朝新特派員西村上的調查報告，將敵人對於該島資源的掠奪情形，編述於後，以供參考

交通・電力方面

原始未開闢的海南島，完全未具有文明的設備，故開發海南島，必須先自其交通運輸與電力方面着手。至為改善其交通，與設置發電廠所需要的資材，則以在可能範圍內，不仰給於戰時下的日本，而取自該島本身為原則，此點自具有苦心，並亦非易事。關於道路方面，已於十月初，完成了環繞該島一周的公路，其全長達二千五百公里，並以此路為幹線，而正在進行敷設向其內部運出的支線，更務使這些公路，都可以容貨車及公共汽車，行駛自如，以便利該島的交通運輸。最近又劃着手敷設以其南部的三亞為起點，東抵陵水，西達崖縣的該島的最初的鉄路，其測量工程，亦已於今春完竣。還計畫在不久的將來，利用撫窩嶺的豐富的水門汀(Cement)資源，將海南島全島的公路，完全敷以三和土，當其完成之曉，在物資輸送上，自為便利。

其次，關於電力方面，現在其民間，僅在海口，南部的三亞港及榆林三地，設置有火力發電廠，而其電力，亦只足夠供當地電燈之用。目下正在進行的設計，是在流注於北黎附近的昌江的上流七十公里的地點，由日本窒素（Nitrogen）公司，構築水閘（Dam），而利用其水力，發動其有電力十萬瓩(Kilowatt)的發電機，以為開發海南島計劃的原動力，不過其前提條件，是在其下流十公里的地點，先築造小水閘，發動三十瓩電力的發電機，而以此電力，促進十萬瓩電力的大工程。若發動十萬瓩的電力，可告成功，則不特能供給海南島全島民的電燈之用，並可在環繞全島一周的道路上，行駛電車，至於開發用的電力，自亦無不足之感。記者（西村）曾去參觀過昌江水閘，計自三亞港乘汽車至北黎，一宿後，於其翌日，沿着昌江的南岸，乘汽車約上行四小時，於是下車，自其附近的黎人部落，尋找黎人嚮導，穿過叢林，而出於昌江上流地點，這裏便是水閘的所在地。那裏的山，為蒼鬱的樹木遮掩着，小鳥的鳴聲，不絕於耳，而江水清，流勢洶湧，白浪翻飛，想及海南島開發的原動力，即自此發出，於是更覺其景色的可親。離開水閘地點而去其東方的黎人部落則見着富於石灰岩的撫窩嶺，如在指呼間，這幾乎完全是一座濯濯然的黃白禿山，雖據說其全山皆是石灰，但其埋藏量，因無正確的調查，尚未判明，只是日本窒素公司預定在發電工程完竣後，使用其電力，着手大規模的水門汀製造。

二　鐵鑛的掠奪

日本在海南島發現了鉄的含有量，為世界第一的鉄鑛山，這座山，名曰石碌山　其道路尚不修繕成功，故登臨者聞云亦寥寥無幾　但記者（西村）抱着登臨的決心，自北黎乘汽車北上，渡過該島唯一的長木橋！勝閣橋（全長九百八十公尺，）而抵名曰大風草的部落，小憩後，再乘汽車前行，

縣邊一小時，適名曰瀏園的都務，在斯一宿，於翌晨拂曉，即起，乘汽車向石碌山出發，約一小時，抵實樸，更前進條六公里，即下車步行，因汽車路現只完成及此，惜在當地駐軍的援助下，日本窒素公司，正在監督二百名的黎人，加緊修築，每日約可修築二百公尺。據該公司云，「預定於來年一月底，完成可達山頂為止的道路。」當達到目的地時，已值正午，而山高不滿六百二十公尺。據嚮導日本窒素公司的今川保明云「全山由赤鐵礦構成，其表面土層極薄，含有量，達百分之六十一，若平均分之六十八，為世界第一，至其埋藏量，只以現已發見的計算，亦不下一千萬噸。」由登環繞着周圍的山，以與所踏過的處所看來，同樣的鐵石的預料如未經連綿，且及細當調查後，可一定為後來洗路過的處所，全部是漆黑的鑛石，要論之，堅硬如鐵，故即是完全的門外漢看來，也覺其確是優秀的鐵鑛，同行的松田部隊長亦笑著說：「若鐵是這樣好的打出，大概也可製成優良的本日刀。」不滿非當土，即晉日產公司，據說：「並不使用鐵鑛，而是設置鐵於平爐中，即以鑄鐵。」是見鐵有時可貴，原來中國曾開採過這石碌山的鐵鑛，而鐵鑛是在其礦脈的上部，含有量約百分之八。中國從前的鑄鐵爐，現還暴露在那裏。百分之八的鐵鑛，曾任意放下，而開採效率，但對於世界第一優秀的鐵鑛，卻並曾着手開採，這是因為在中國大陸，已有了豐富的鐵鑛嗎，也還是未曾注意嗎？頗有點令人尋味！

又現在石碌山，因為該山鐵鑛山的雙體而有名，並已在大大地運出其礦石的，那便是石原產業公司，正在着手開掘的檳林田獨鐵山，這座山，在楡林港的北方九公里的地點，是高不過八十五公尺的極平凡的赤土山，而簡其是產出足以誇耀於世界的優秀鐵鑛，卻未免令人驚訝！根據中國的文獻而獲得其端緒的當局，於去年三月使石原產業公司，着手調查，這即是該鐵山發現的經緯。據該鑛山事務所所長杉山周三云：「其鑛石，為磁鐵鑛與赤鐵鑛，含有量為百分之六十三乃至百分之六十五，並未含有燐及硫黃等雜物，故極適於製鐵，可說是在運往日本去的鑛石中，第一優秀的鑛石，其埋藏量，若不仔細調查，是無從知道的，不過就目下已經知道的而言，約五百萬噸。」當去參觀該鑛區時中國苦工，正在以手推車搬運赤土。「此赤土中，含有世界的鐵鑛，就是此種赤土，世界上亦不多見，平均含有百分之二十五乃至百分之三十的鐵分，可是現在已用不着了，只好丟掉……」所長一面說一面自其足下的赤土中，拾取纍纍的鑛石，「這若在八幡製鉄所，必認為過於優秀，而就放在普通的爐中熔煉，未免太可惜了。」該所職員，自所長以下，有八十五名的日本人，每日驅使四百名乃至五百名的苦工，從事採掘，予其說是採掘，毋寧說是如糊干後，補魚採貝，然掘土拾取鑛石，並不費力，故中國的婦女兒童，也參雜其中，而從事採取。其所採取的鑛石，以鐵索車(Cal le-car)運下山麓。據說：「中國苦工，最初對於此種車，殊不了解而不敢挨近，但現已馴熟，其勞動力亦不劣於日本人。」自山麓至楡林港為止的九公里，係以輕便鐵道運送，現因棧橋尚未造成，是以舢板(Sampan)運至船中，但在來年春，棧橋完成後，自可由輕便鉄道，直接運至船內。而跟着設備的完成，其運出量，明年必增加數倍。又田獨山鉄鑛的最初運出船，是於本年七七紀念日，自楡林港出發，迄至現在，已運出了相當的數量。

三　畜牧業・漁業的侵佔

海南島的畜牧業現在可說是由南方畜產公司，一手承辦，自三亞港乘汽車二小時半，至崖縣（八日約六千八）的街端，其處設有十二．三萬公頃（hectare）的牧場，目下畜有海南島特產的黃牛四千匹。這個公司，是林兼公司的分公司本年八月，由田中爾來接收此處的畜牧業，其主任正木逸次郎，以多年在林兼公司的滿洲海拉爾的牧場內。所積蓄的經驗爲基礎，正在逐步進行其事業。現其所作的工作，是在北黎感恩、黃流三縣，設置了駐在員，每月自該方面收買約七百匹的牛，一日平均屠宰三十匹，而處理其肉及皮。一匹牛的收買價格，約四十五日圓，其收買的範圍，固然將來會擴廣至全島，不過現僅在其豐富的南部收買，亦已充分夠了。其收買的牛，由駐在員驅至崖縣，其屠宰的牛肉，除供給島內的需要外，餘的，則在楡林的林兼公司的冷凍場內，予以處理後，裝其台灣的高雄；皮則以鹽醃之而運至日本國內。不過預定在來年春，將屠宰場移至楡林，而製造牛肉罐頭，皮亦在該島內製成熟革。當屠宰場移至楡林後，崖縣將成爲專門的牧場，而開始積極地致力於其增產與品種的改良。海南島的黃牛體態軀小，肉硬，不適於食用，此乃其缺點，不過尚具有營養率大體軀頑健，罹病率小的特徵。以此，自島外輸入其他種類的牛一點，很值得考慮，而將來在其品種的改良上，最爲得策並在計劃的，是東部與西部的交配與飼料的改革等，因爲體軀矮小，肉硬，未必不可認爲是由於多年聽其自然，近親交配與由於偏食所使然嗎？又牛一匹的放牧飼料雖需要三公頃的土地面積，但僅在崖縣的牧場內，亦可飼養四，五萬匹，何況由栽培雜穀類以爲其飼料，自可增加其單位面積的飼養匹數。此外，關於豚的飼養，亦正在大規模的計劃中。總之，海南島內的任何處所，皆有無數適於畜牧的空地，故該島的畜牧業前途，是非常的有望。

、其次海南島的的漁業，亦由楡林的林兼公司一手辦理。至於林兼公司的漁場，廣自北極，達於南極，並採用近代的漁撈方法，故其漁獲量既大，而其組織，亦復不小，即就其楡林的分公司而言，有經理金近英男以下，日本人五百名的雇員，與二百名的中國苦工，從事漁業。經常備有八十噸的漁船四隻，忙時，則自其台灣支店調來十二隻，自日本水產公司，調來四隻漁船，以助其工作，此外，常有數隻釣鉤船，在近海捕魚又其漁撈方法，分爲汽船底曳網式與釣鉤式二種，底曳網，係以二艘汽船行之，其漁區，在自楡林航行約三小時以上的海面，水深五十公尺乃至一百公尺的處所，若在比較水淺的處所，則因其海底藏有珊瑚礁，而有使網破壞之虞。其次釣鉤式，係自船中投繩於水面，而在其繩上，每隔數公寸吊以絲線，並於絲線的先端，裝以鉤與餌，使浮動於海面以捕魚。再其漁獲量，在底曳網航海一次十日間，可獲得三萬三千六百餘公斤，多的時候，可達四萬四千六百餘公斤。其捕獲的魚的種類，由那時的水溫，水深，底質而異，不過現在海南島，林兼公司是置主力於鯛的獲得，而鱺又有連子鯛，血子鯛，赤鯛，長鯛日鯛等種類，此外，亦能捕獲金絲魚，鯽魚，鯊魚，蝦飛魚等，若至遠海，並可獲得鰤魚與鰹鰆魚。總之海南島漁業的長所在於漁區近，魚族多，並無選擇時期的必要。當記者（西村）去參觀該分公司時，適第一海星丸第二海星丸二艘底曳網船，捕魚歸來曾見其自船中搬上連子鯛，赤鯛鰤魚，竹筴魚海鰻鱺等多箱。此種魚改裝入冷凍箱後，即以之冷藏於零下二十度的冷凍室內，而此種冷凍魚，則以公司內的冷凍船運往下關或東京。至於林兼分公司在該島捕魚，始於去年十二月，迄今成績斐然，一個月間，可自船上起貨八百噸，賣得五十乃至六十萬日圓。此外莊洋行的分公司內，一日可製冰三十公斤，自明春起，將更加倍擴張其冷凍庫，並預定設製罐頭工場，大大地製造魚肉及牛肉罐頭。

四　農業的動據

海南島的農業，從來極不發達，島民僅播種種子，既不施肥料，復不鋤雜草，唯待其收獲時的來臨。例如栽種甘藷一次，因該島一年四季中，無極寒期，自無枯死之慮，當甘藷長成後，則將其掘出，而其後，乃剪爲藤，插置土中，不施肥料，亦不再植新種，如此經過數百年而至今日，其甘藷的品質，自爲退化。又稻的品種，亦復惡劣，其收獲量亦少。不過（海南島的農業，因天惠其以高溫氣候與廣大耕地，由今後栽培技術的向上及品種的選擇改良等，將可獲得優秀的成績。記者（西村曾參觀過感恩的明治製糖公司，崖縣的南洋興發公司，陵水的台灣拓殖公司的各農場。明治製糖公司，在感恩有土地七萬一千四百餘英畝，自今年七月起，以石川四六技師爲主任，使用日本人四名的職員與二百名的該島農夫，開始試種麻，棉甘藷及羅蔔，及其蔬菜類，但其結果，由雨水不足，而有多少困難，不過其目下的發育狀態，是具有較之日本國內，而無遜色成績。此外，該公司又在東部的陽江，獲得面積十五萬三千餘英畝，在北部的十字路，獲得面積二十五萬五千餘英畝的大農場。其次，崖縣的南洋興發公司，有土地二十萬五千餘英畝，所長倉本茂技師與日本人十五名，台灣人三名的職員，使用一百七十名的中國農夫，，自去年九月起，試種各種農產物，其成績甚佳，據倉本技師云：「甘蔗只選定南洋種與台灣種，共計三十類，予以栽培，成績皆佳，覺較之台灣，殊屬有望。棉花亦曾栽培埃及棉，海島棉陸地棉，木棉等，共計八種類，其結果，各有一長一短，故今後擬由交配以圖改良其品種。米曾試種台灣的蓬萊種，成績頗好，惟雨量少，殊感困難。關於水流，據中國的文獻一年間，爲一千六百公釐，據過去一年的統計，則爲一千公釐，這因爲去年，是所謂六十年來未曾有的旱魃，故平均或許較多，若果爲一千六百公釐，自無問題，即假使不足，而由於崖縣的地下水高與流於其附近的富饒水的水量多，若加以人工的灌溉，此問題諒亦可解決。」至於陵水的台灣拓殖公司，自本年二月下旬以來，後藤所長與二十名的職員，應用在台灣所得的經驗，使用三百名的中國農夫，試種面積二十五萬五千餘英畝的農場。其蓬萊米的第一期收穫甚佳，據後藤所長云：「從來海南島的種稻，大體一年二回，十二月間耕種，四、五月間收穫，此爲第一期稻，這時期的稻的發育最佳，第二回，是利用，七八月間的兩季耕種，於十二月間收獲，此外尚有在五月間播種、七、八月間收穫的中間稻，這不過是極少的一部分。吾人於今年二月來此，於三月中旬播種台灣的蓬萊種，其時因無水，乃用水車自地下汲水灌田，迄至八月，每一町步（等於二．二五英畝）曾收獲三十六公石餘的糙米，這約爲海南島從來的收穫量的三倍，稻劣於台灣，而在八月間，播種的第二期稻，因水充足，禾苗極其暢茂，現預料每一町步，可收穫六十公石以上的糙米，較之台灣的上等田，更爲優良。總之，其氣候大體不變，無選擇時間的必要，一年可以播種三次，並全無害虫，是以肥料與灌溉的問題，若能解決，自可獲得相當的成績。」

再日本期待於海南島，農業方面的，尚有橡樹的栽培，不過栽培橡樹，絕對必需具備三個條件　第一，粘土質的砂地，第二，一年四季中，其氣溫經常在華氏八十度左右，第三空氣極其流通的處所，現即在台灣關於橡樹的栽培，亦尚求成功，海南島如何？這是給與該島農業開發者的重大課題。海洋橡皮，明治製糖，南國產業，帝國製糖蘇門答臘拓殖，山崎商房小川香料台灣拓殖等諸公司，各派遣專門家，去該島努力於調查開拓，其範圍，直及全島。而在該島西北部的那大(現由帝國製樹公司經營)與東南部的興隆(現由南洋橡皮公司經營)自十四、五年前起，即有中國人經營的橡樹園，現該園中的橡樹，幹粗約三公寸，其發育尚屬不劣。

至於興隆的南洋橡皮公司，其主任柴田浩一，以其多年在新嘉坡從事橡樹栽培事業的經驗，自七月起即開始工作播種海南島舊有的種，而致力於樹苗的育成，現其苗長約有二公寸，預定播種後，經過三年的樹苗可成為砧木，於是用接木法，接以南洋產的優秀品種的芽，迨樹齡達十三，四年時，可成為橡樹，而能採取其液汁。又在興隆與南橋的中間，曾有中國人經營的橡樹園，現已由南洋橡皮公司接收經營，而樹齡達十五年左右的橡樹，該園僅有一千一百株，該公司現每朝割其樹幹，而採取其液汁，計一日自一株橡樹，約可採取四十克((ロ)，全部可採取五十四公升，以之製成每塊二十七磅的薄板三塊，目下製成了九百塊，其橡皮的品質，較之南洋產者，毫無遜色，只是在南洋，樹齡達七八年，即可採取液汁，而在海南島，樹齡若不達十四五年，則不能採其液汁，即是其成長，非常緩慢。又一日一株的液汁採取量，南洋的，達六十克，而海南島的，則僅四十克，較少二十克，由此，足見海南島的橡樹栽培，較之南洋，具有相當不適合於其條件之點，惟將來由品種的改良，土地的選定，肥料的使用法等栽培技術的研究，諒可促進橡樹的成長，及其採取量的增加。總之，海南島的農業前途，充滿着很大的希望。

五　鹽的刼取

海南島，又是鹽的產地，在日軍登陸前為止，曾有大量的海鹽，自海口向廣東運出，可說華南的鹽，大部份是仰給於海南島。其主產地在南部、榆林，黃流，感恩，北黎附近，有大規模的鹽田、現在由三井接收經營，但仍僅製造迄今為止的粗製鹽，而未實行新的製造，從來中國人的製鹽，採用極其原始的方法幾是不加人工的粗製鹽，以此其鹽田，僅有導入海水的溝渠及藉天日以蒸發海水的沙地，並無工場的設備，故其製成的鹽亦是混有多量的不純物的大結晶體。不過縱其用原始方法以製鹽，而尚能成為華南的海鹽主產地，由此可見海南島是如何適宜於製鹽的地帶，故今後若具以近代的設備，大大地從事於製鹽事業，則海南島的製鹽業，定有飛躍的發展。

复兴关

《复兴关》创刊于中华民国34年（1945）5月1日，复兴关月刊编辑委员会、中央训练团编纂组编辑、发行。每月1日出版，零售每册60元，重庆正中书局总经售。刊名题写：蒋中正。该刊仅出版第5期即终刊。

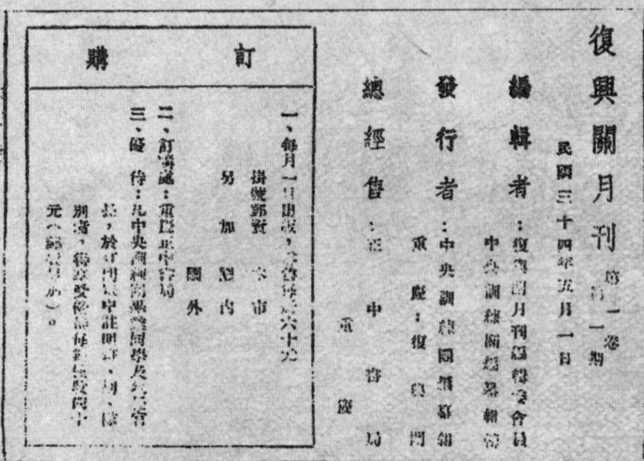

復興關月刊 第一卷 第一期

民國三十四年五月一日

編輯者：復興關月刊編輯委員會 中央訓練團編纂組

發行者：中央訓練團編纂組 重慶：復興關

總經售：正中書局 重慶

訂購

一、每月一日出版，零售每冊六十元

掛號郵費 本市 另加 國內 國外

二、訂閱處：重慶正中書局

三、優待：凡中央訓練團學員……

《复兴关》杂志版权页

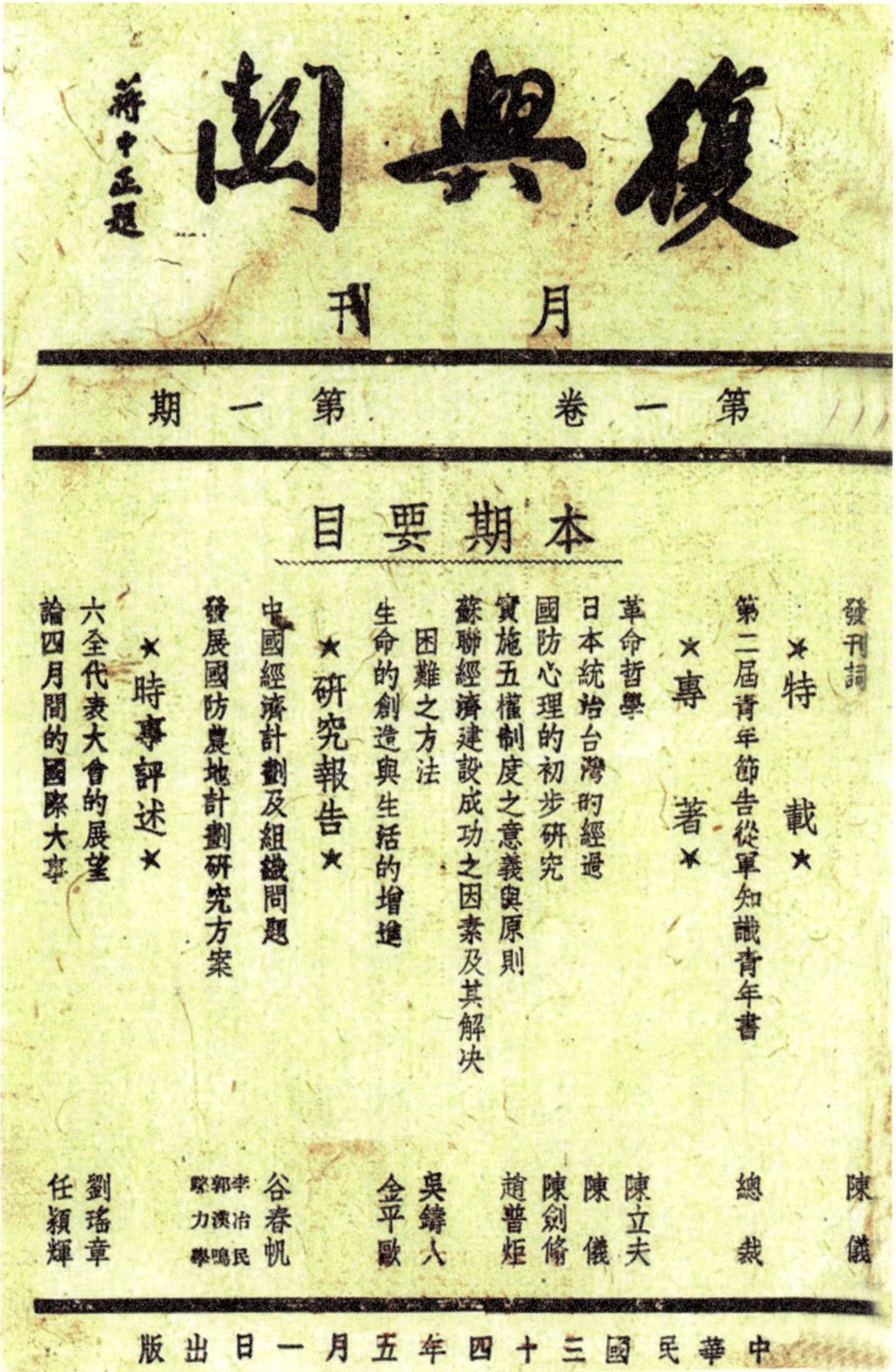

復興關

蔣中正題

月刊

第一卷 第一期

本期要目

發刊詞 陳儀

★特載★

第二屆青年節告從軍知識青年書 總裁

★專著★

革命哲學 陳立夫

日本統治台灣的經過 陳儀

國防心理的初步研究 陳劍脩

實施五權制度之意義與原則 趙普炬

蘇聯經濟建設成功之因素及其解決困難之方法 吳鑄人

生命的創造與生活的增進 金平歐

★研究報告★

中國經濟計劃及組織問題 谷春帆

發展國防農地計劃研究方案 李治民 郭漢鳴 陳力學

★時事評述★

六全代表大會的展望 劉瑤章

論四月間的國際大事 任穎輝

中華民國三十四年五月一日出版

《复兴关》杂志封面

日本統制台灣的經過

（本文係陳教育長對本團台灣行政幹部訓練班學員講演原稿）

陳儀

一 引言

諸位都是預備將來到台灣工作的。到台灣工作有許多必要的條件。現在開設台灣行政幹部訓練班，就在對于這必要的條件，作一種準備。許多條件中的一種，是知道台灣過去的政治，特別是日本占領台灣以後的政治。換句話說，是知道日本怎樣統治台灣。關於這個問題，現在我想對諸位說一說。但有幾件事，須先說明一下。第一，要知道日本統治台灣的經過，應先知道日本占領以前的台灣情形以及台灣的地理。這兩點，本班已設台灣歷史與台灣地理兩科，請郭李兩先生講授，我不再說了。第二，日本統治台灣的參考資料，非常的多，如法令，如報告，如統計等等，都是很重要的。不過這些材料，大多數將來到台灣以後，方可搜集。在重慶，搜集關於台灣的資料，太困難了。台灣調查委員會，曾購借一些關於台灣的書籍，但為數不多，又多是抗戰以前的。我現在講日本統治台灣的經過，根據的材料不多，又不是最近的。而且因為時間有限，事實，法令，統計等，都不能徵引。我只能就日本統治台灣的幾個重要問題，說述其解決的方針。我只能依據日本統治台灣的史實，說明他的意義與趨向。我只能為諸位提示研究日本統治台灣問題的綱領。希望諸位仔細地參考本班印發的各種關於台灣的資料。諸位仔細參考那許多材料以後，再把他們和我現在所說的相印證，更容易明瞭日本統治台灣這一個問題了。又我所根據的材料，雖有來源，但為省時間計，不及註明。其中錯誤和不一致的地方，恐怕難免，希望諸位於研究時注意改正！對於我的見解，諸位如有意見，亦可提出討論。

二 統治的目的

台灣被割讓的經過，「台灣歷史」一科，定會講及，我不說了。我們所應知道的，是日本統治台灣的目的。日本為什麼要割據台灣？割據究有什麼目的？割據於他有什麼利益？這問題的解答，實則很容易，就是日本要實行他的帝國主義。日本自明治維新以後，對外始終抱大陸政策，就是侵略政策，殖民政策，也就是實行帝國主義的政策。無論天皇換幾代，內閣換幾次，無論政治的口號怎樣變換，這政策，這主義，是決不變更的。割據台灣，無非大陸政策與帝國主義實施的一階段，一過程。但是什麼是帝國主義呢？它的解釋，雖不盡同，但他的要素，我想三種是不可缺的：一是強大的武力，二是強權的政治，三是略奪的經濟。我以為現在的帝國主義，與軍國主義，專制主義，資本主義三者是不可分離的。日本占領台灣，就在用專制政治的力量，為侵略他國的武力建立一根基地，為本國的資本家找一發財的地方。台灣總督兒玉源太郎，在日本第十六次眾議院委員會會議演說道：『台灣之於我國，在軍事上為我帝國勢力延及南方之一根據地。……要之開發此一地域之一切利源，使之不獨不增加帝國之担負，且使母國益為富裕。』日本代議士新井章吾演說過：『對於這種尚未開化之人，須以適用於未開化地方之特別制度統治之』。台灣民政長官內田嘉吉在日本第二十七次眾議院委員會說過：『此粵族，閩族，自古以來，即互相攻訐，實在是慓悍而很難施教的人民。……必須認為是自古有之的士人脾氣』。我們看看這三位日人的演說詞，日本割據台灣的目的，可以十分明白了。事實上『帝國勢力延及南方』，就是說台灣要作為日本南方的軍事根據地。開發一切利源「使母國益為富裕」就是說，開發台灣的一切利源，其目的並不在使台灣人民富裕，是要使日本富裕。換句話說，就是要掠奪台灣的一切利源以富裕日本。所謂『富裕母國』，是日本全體人民或多數人民富裕嗎？不是的，是日本國內人數至少的資本家的富裕。『這種尚未開化之人』，『慓悍而很難施教的人民』，『士人脾氣』，是把台灣人看做未開化人，看做慓悍而難施教的人，看做士人，因此以為要施行專制政治。所以日本佔領台灣的目的，是要延長他的軍事根據地，是要掠奪台灣的一切利源以富裕日本，是視台灣人為未開化人以專制統治之。換句話說，就是我以上所謂軍國主義，資本主義，專制主義的實施。無論日本政府，台灣政府的口號怎樣好聽，什麼建設台灣，什麼一視同仁，都不過是一種飾詞，一個幌子，藉以欺人耳目而已。他的根本目的，是決不變更的。我們要研究日本統治台灣問題，如果不抓住這一點，如果不認清這一點，不但不能得到真諦，看清線索，而且會錯誤的。認定了這一點，

再去看日本統治的經過，那末，我們可以很明白，統治的時間，雖然經過五十年之久，統治的總督，雖然換了十餘人，統治的施設，雖然條目多端，但是，統治的根本方針，——帝國主義，大陸政策——却前後一貫，始終不變。所謂堅固國防，所謂強權政治，所謂經濟略奪，只見其程度上的與年俱進，性質上絲毫沒有改變。因為這一點很重要，以後我的說話，多從這一點出發，所以不憚反覆的說明。

三 統治的過程

以後，我將很簡略地說述日本統治台灣的經過。我的說述，將從兩個方面，兩種觀點，一是縱的，時代的，二是橫的，事項的。

甲 樺山資紀

台灣政府，大權在於總督。所以施政的方針與重點，多隨總督而異。每一任總督，有一任的作風，有一任的成績。台灣被日本占領，至今已五十年了。在五十年中，總督換了十九個。任期至短的是兩個月半（南弘），最長的是八、九年。其餘一年，二年，三年不等。我將依總督任職的先後，就每一任總督，略舉其重要的施政。但任期較短的，沒有多大設施的，則略而不談。從各任總督的設施，可以推見統治的途徑與統治的發展。

台灣第一任總督，是海軍大將樺山資紀。於明治二十八年（清光緒二十一年）五月十日任命，明治二十九年（清光緒二十二年）六月二十日去職。在職時間，僅僅一年工夫。但是統治台灣的規模，差不多樹立起來，統治台灣的基礎，差不多打疊好，不能不說發展很快了。

日本割據台灣的時候，內閣總理大臣，是伊藤博文。當任命台灣總督之日，他給予樺山資紀一個很詳細的訓令。關於統治的大綱，指示很周密。以後統治台灣的大方針，可說已在這訓令中包括了。訓令中說及台灣是日本依據有名譽的戰勝的結果，使清國割讓給日本的地方。又說台灣是日本帝國的新版圖，尚未浴「皇化」的地方。又說須恩威並行，使當地人民，不生狎侮之心。又說到該島後，須用兵力以鎮壓不逞之徒。如果頑民抵抗，遭遇意外變故，速攻擊，膺懲，毫無姑息，對於順民，可愛撫之。從這幾句話語，日本統治台灣的態度，已十分明顯。對於台灣的土地，作為日本的「新版圖」。對於台灣的人民，要求其浴「皇化」，就是要使其愛戴日本的天皇。凡反抗者，不惜用威，用兵力。這幾點，五十年以來，始終沒有變。亦可見伊藤博文統治手段之辛辣了。訓令中所指示的，約有六大項。第一，關於接收台灣澎湖兩島並附屬諸島及砲台以及滿清文武官吏管理的官有物。除指示各種接收的手續外，並指示萬一清政府在限期內，不派全權委員，或拒絕引渡，或延緩引渡，因為條約上的割地，在條約批准交換後，當然屬於日本的主權，必要時可以兵力強制執行。有俘虜時，當作戰時俘虜處理。這就表示伊藤博文占領台灣的很堅固的決心。第二、關於總督府的組織，訓令中指示總督府設秘書官，參事官。又分治民部，財務部，外務部，殖產部，軍事部，交通部，司法部。第三、關於外交方面。對於在台灣的外國領事官，經認許後，可繼續執行職務。對於領事裁判權，在規定的限制內，仍可執行。對於外國傳教師，照慣例可自由傳教。因為當時日本在國際上，沒有什麼地位，恐因割台灣而引起外交上的問題，所以對外事件，暫維原狀。第四、關於中國人居住問題。訓令中指示居住台灣的中國人民，依據和平條約，二年間不變更國籍，照舊居住。一面調查戶籍及所有不動產。至於期滿後繼續居住問題，須企圖政治上的善良發達。台灣的人民，可說最大多數是中國人。這樣規定，使居民得暫時安心。第五、指示鴉片必須嚴禁，但施行前須定期限。處分商品，有與以猶豫的必要。此事與英國商業關係頗大，須慎重。一方面想以嚴禁鴉片，在國際上博好評，一面又怕和英國發生交涉，故有如此規定。第六、指示總督依據訓令的大綱，施行庶政。一方面要他詳細調查報告，俾日本政府依據報告派員制定適用於台灣的制度。這一點，表示制度的制定，須先有詳細的調查，而且須適合於當地的情況。又指示將來遇到不能預知的事情，性質急激，不及請示日本政府，雖然不合訓令的指示，亦可臨機獨斷。這樣給予總督以大權，為後　總督獨裁的張本了。訓令全文，約二千字左右。占領台灣後幾個重要問題，均已有確切的辦法。伊藤博文謀人國家之心，實在毒辣，其手段與計劃，不能不謂周密了。因為這個訓令是日本占台灣的第一項施政方針，關係特別重大，所以說得比較詳細點。

樺山於明治二十八年（清光緒二十一年）五月十七日由日本京都出發，隨帶民政，陸軍，海軍三局長官，及文武高等官二十九人，判任官（委任）五十六人，憲兵一百三十七人，其他人員百餘人，於六月二日午後十二時三十分，在基隆附近三貂冲海中一日本船（西京丸）上，與清全權委員李經方會見，完成接收台灣及澎湖列島的形式。總督府於五日在基隆辦公。六月十四日移入台北城內。六月十七日舉行「始政」的「祝典」。以後日本即以這一天為占領台灣的永久紀念日。

樺山接收形式完了，到台北正式設立總督府，以後重要工作，約有左列各端。

（一）消滅革命　樺山完全接收以後，即對台灣人民發布告，聲明台灣全島及其附屬諸島嶼並澎湖列島即英國格林威茲東經百十九度至百二十度及北緯二十三度至二十四度間的諸島嶼，日本皇帝有永久的主權。各島嶼的城堡兵器製造所及官有物，均屬有之。台灣總督執行一切行政事務。住居於日本「新領地」的人民，從順地從事於適法的業務，可享受完全保護。這布告中含有三件大事。一、台灣的土地及官有物，主權屬於日本。二、一切行政，由台灣總督執行，即台灣由台灣總督秉天皇之命統治。是台灣由日本占領以後，完全變為日本的「皇有」（帝皇治下，即天皇所有，天皇所治）了。至於當地的人民只須「從順，」須從事「適法業務」，才可受保護。所謂從順，當然是順從日本政府，所謂適法的法，當然是指日本政府的法。換句話說，就是不順從日本政府的，就不能保護了。從這短短的文告，就可以證實我以前所說日本統治台灣的目的並非虛語。五十年統治的人物，雖然變動頗多，但這些是絕無變動的。樺山除布告人民外，一面又通告駐台灣的外國領事，聲明日本皇帝領有台灣等島嶼，居住台灣的外國人，予以保護。當時台中，台南，仍為台灣共和國劉永福軍隊所統治。明治二十八年（清光緒二十一年）八月二十日台灣總督府派遣南進軍，以副總督高島鞆之助為司令官。十月二十一日，占領台南。十一月六日，解散南進軍，近衛師團和艦隊回日本。十一月十八日，樺山報告全島平定。但是這一次戰役，日軍死傷的，染病的，共達三萬二千三百十五人。而近衛師團長北白川宮能久親王且死於戰爭中。亦可見當時的革命軍抵抗之烈。自樺山入台以至於占領台南，為時計五月。革命軍抵抗的時間，亦可謂相當長久了。

（二）組織機關　樺山任內，總督府的組織有三種變更。樺山未赴任以前，在日本廣島以大本營名義公布台灣總督府「假官制」，規定總督府設民政、陸軍，海軍三局，陸海軍以外的政務，統屬於民政局。但當時除陸海軍以外民政局的組織頗狹小。當時占勢力，皆系軍人主張，可說是軍隊獨裁的時代。

治二十八年（清光緒二十一年）八月間，日本陸軍省通令公布台灣總督府條例，規定於總督之下，組織軍事官署，設參謀長，輔佐總督監督各局事務。民政方面，可設民政分部。這一種總督府的組織，可說完全以軍政統轄民政的組織。到明治二十九年（清光緒二十二年）三四月間，日本政府以勅令公布台灣總督府條例及民政局官制，軍務局官制，於總督之下，設官房（等於總督辦公廳），及民政軍務兩局。軍務局長之下，設陸軍部長。這時期，軍權較爲縮小了。

日本政府主管台灣的機構，在樺山任內，有兩種變更。明治二十八年（清光緒二十一年）六月十四日，於內閣設台灣事務局，由內閣總理大臣伊藤博文兼任局長。明治二十九年（清光緒二十二年）三月，新設拓務省，以台灣副總督高島鞆之助爲大臣，四月，廢止台灣事務局官制。

地方行政機構，亦有三種變遷。明治二十八年六月間，頒布地方假官制，設台北，台灣，台南三縣，澎湖島一廳，縣下設支廳。但當時除台北縣以外，其餘的縣、廳、不過一個名目而已。明治二十八年八月，依據總督府條例，台北縣與澎湖島廳照舊，其餘兩縣改爲兩民政支部，各設四、五個出張所。明治二十九年（清光緒二十二年）四月，日本政府以勅令公布地方官官制，設台北，台中，台南三縣，澎湖一廳。並設掌理番務的撫墾署。廢民政支部及出張所。

一年之間，總督府組織，地方組織，以及日本政府主管台灣的機構，有的兩變，有的三變，亦可見變更之多，制度創始之不易。其中的主要關係，還是在軍政，民政的混合與分立。最初是把民政隸屬於軍政，以後民政軍政漸漸分立。

（三）選任人員　由樺山時代的各機關高級人員，差不多於親赴任時由日本攜帶來的。民政，陸軍，海軍三局長官，在日本時已任命。各局長官以下人員，文武高等官二十九名，判任官五十六名，於明治二十八年六月間都已到台。凡是各局長官以下的部長，課長，秘書，參事，以及縣知事等，均派日人担任。至於憲警，憲兵，隨樺山同去的，有一百三十七人。警察於明治二十八年九月由日本到台灣的，計警部七十名，巡查七百名。明治二十九年三月，頒布文官特別任用令，以爲用人的根據。

（四）立法手續，機關組織了，人員選任了。不過機關與人員，都是用以執行政務的。執行政務，不能漫無依據，漫無準繩，那就需要法令了。法令怎樣產生呢？在立憲國家，是由議會議決的。日本雖不能稱爲道地的立憲國，但法律還是要經過議會決議。台灣的立法，是否要與日本本國經過同一的手續呢？還是假借委託立法的名義，以立法權付諸總督呢？對於殖民地，他們是當做奴隸看待的，那會顧及立法權，自然付與總督以立法大權了。明治二十九年三月三十一日，日本頒布法律第六十三號，共六條。第一條、是『台灣總督，於其管轄區域內，得發布有法律效力的命令』。第二條雖然規定第一條命令，須經總督，民政局長，財務局長，陸軍幕僚參謀，海軍參謀長，事務官六人以內，及參事官所組織的台灣總督府評議會的議決，拓務大臣奏請「勅裁」，但第三條又規定台灣總督，於臨時緊急時，得不經過前條第一項的手續，即第二條的手續，即發布第一條之命令。那就無異把第二條的限制取消了。照這一種法律，總督的命令，可以代法律，即與法律有同等效力。換句話說，總督可以頒布法律。在日本本國，法律須經議會議決，行政官尚不致濫用職權。台灣總督，既然可以命令代法律，那末，行政權，立法權集於一身，一點沒有限制，眞是大權獨攬，可以爲所欲爲等於專制皇帝了。台灣的總督獨裁政治，專制政治，就以這六條法律為基礎。這法律的第六條，雖規定「此法律從施行之日起，滿三年失其效力」，但以後延長復延長，在日本議會中，引起所謂「六三」事件（即法律第六十三號之意）的許多次辯論。我們要了解日本統制台灣，對於這一種法律，是很須注意的。

（五）司法與監獄，日本初占領台灣的時候，司法事務，由陸軍局法官部掌管。其裁判以軍事權執行。所依據的是軍法。明治二十八年（清光緒二十一年）十月，公布台灣總督府法院官制，並規定即行實施，於是於總督府設法院，於十一個地方設支部。但只有一審，不許上訴，且行單獨審判制。明治二十九年（清光緒二十二年）五月，解除軍政，於是以律令第一號頒布台灣總督府法院條例，規定地方法院，復審法院，及高等法院的三審制。地方法院取單獨審判制。其管轄區域，依照行政區，劃分為十五處。高等法院及復審法院，於總督府所在地各設一所。復審法院取三人的合議制。高等法院取五人的合議制。至於監獄，明治二十八年（清光緒二十一年）十一月，訓定台灣監獄令及監獄假規則。於翌年四月在台北及其他地方設置監獄十三處。

我們要注意一件事。台灣除普通司法機關外，尚有一種特殊的司法機關。明治二十九年（清光緒二十二年）七月，以律令第二號公布台灣總督府臨時法院條例，凡是（一）以顛覆政府，潛竊邦土，其他紊亂朝憲為目的的犯罪，（二）以反抗政府，從事暴動為目的的犯罪，（三）因政治關係，以加危害於任重要官職者為目的的犯罪，（四）關於外患的犯罪，總督府得於適當地方開設臨時法院，不依普通的裁判管轄。因此，凡是政治上的犯罪，含有革命性的犯罪，都不適用普通司法手續，以一審為終審。臨時法院，是台灣總督鎮壓抗日的革命運動的一種工具。這種辦法，雖然頒布於樺山去職一個月後，但可以推定是發動於樺山任內吧。

我要順便說明與臨時法院有關的一件事。根據六十三號的法律，台灣總督可隨便頒布法律。明治三十一年（清光緒二十四年）十一月，於是頒布一種嚴酷極不合理的「土匪懲罰令」。其第一條是『不論目的如何，凡為遂其目的以暴行或以威脅而集合聚眾者，依下列處決之。一、首領及教唆者死刑。二、參與謀議或指揮者死刑。三、附和隨從或為雜役者，有期徒刑或重懲役。』這土匪懲罰令，名為懲罰匪徒，實則完全對付革命。凡是從事革命運動者，概視為土匪，以土匪懲罰令處置。台灣政府所謂土匪則滅，實則包含消滅革命在內。凡是台灣政府所謂匪徒，多在臨時法院審判。所以臨時法院與土匪懲罰令，是台灣政府鎮壓革命的兩大工具。

當時的司法制度和立憲國家的司法獨立制度，完全不同，第一、所依據的法律，是總督的命令。第二、對于判決，總督有最後決定權。第三、法官，總督有任免權。

（六）其他設施　以上五者，可說是最根本的。至於其他警衛教育等等，也有相當設施　警衛方面，明治二十八年（清光緒二十一年）從日本派來警察八百名左右，作為陸軍省雇員，分配於各民政支部。並搜查民間武器，調查戶口。明治二十九年（清光緒二十二年）五月，撤廢軍政，縣設警察部，廳設警察課，重要地點設警察署及警察分署。七月開設置警部二百三十名，巡查一千三百八十七名，合計一千六百十七名。次年六月設警部二百五十名，巡查三千一百名，共計三千三百五十名。其餘憲兵一隊，計四千三十九名。關於交通方面　命令大阪商船株式會社，開始由神戶至基隆的航路。開通淡水，福州間電信。並施行郵政制度，發布關於郵便局，電信局法令。關於教育方面，發布總督府直轄學校官制，並於台北設「國語學校」，台北以外設「國語傳習所」十四所，以傳習日本語。關於醫藥方面，於台北、台南、台中，設置十餘所病院。關於會計，實行會計法，設置會計檢查院支廳。關於租稅，設地租調查委員會。爲顧給民心起見，發布關於鴉片的命令，聲明禁止鴉片輸入，鴉片只能作爲藥用品。一方面，準備以專賣制度，漸禁政策，爲禁絕鴉片的方法。爲劃一度量衡起見，頒布台灣度量衡販賣規則，編入日本式度量衡，並於殖產部內設度量衡調查所，準備度量衡改正的實施。爲確定時間標準，頒東經百二十度子午線的時間，爲台灣，澎湖，及八重山，宮古島的標準時，叫做西部標準時。此外又頒布測候所官制於台灣，製藥所官制，準備測候，燈台及製藥各種工作。

從左列各項工作看起來，凡是新興的殖民地所應有盡有，粗具規模。在秩序尚未安定，軍事尚未終止的短短一年之中，能夠做到如此地步，其動機，其目的，從中國與台人的立場看來，自然十分惡毒。但就工作本身言，其努力，其認真，卻是值得我們注意的。

乙 桂太郎 乃木希典 兒玉源太郎

第二任總督爲桂太郎，於明治二十九年（清光緒二十二年）六月二日任職。十月十四日，因入閣爲陸軍大臣去職，在任僅四個月。在所有台灣總督中，除南弘外，算是任期最短的。他就任時宣布施政方針，略謂地方行政官與被治者有密接的關係，政務的施行，務要寬猛適當。一面須以指導教養，使人民服皇化，一方面須以刑罰嚴命示威信。於地方官要達地方行政的目的，須謀警察與兵備分別處理，以寬猛適中。「服皇化」與「示威信」，以警察與兵備爲分擔，這是他的治台的態度。又因爲在職的時間很短，沒有新的設施，但他在日本本國開設爾後裁撤拓務省，又設立台灣事務局。那時在台灣允許設立公娼，日本的娼妓，紛紛移入台灣。這是日本統治台灣後，對於社會的惡影響之一。

第三任總督爲陸軍中將乃木希典，任職於明治二十九年（清光緒二十二年）十月十四日，去職於明治三十一年（清光緒二十四年）二月二十六日，在職一年四月餘。於日本占領台灣的第一年，曾率部隊攻擊南部革命軍，占領台南。他的施政方針，採取漸進的態度。以舊慣，故習，於施政有妨礙者，須自然要廢除。但如辮髮、纏足、衣帽等等，在改變與否，可一任本地人的自由。其他良習美俗，可保持之。鴉片煙亦須漸漸予以遏。乃木時代的重要施政，第一、地方制度方面於明治三十年（清光緒二十三年）五月改設台北、新竹、台中、嘉義、台南、鳳山六縣，宜蘭、台東、澎湖三廳。縣廳下設辨務署。辨理當地事務，設撫墾署六十五署。總督以當受內閣總理大臣的監督。於明治三十一年（清光緒二十四年）二月間，改受內務大臣的監督。台灣事務局，移歸內務省主管。第二，公布總督府特別會計規則。特別會計的性質，以台灣的收入與日本國庫補助金爲歲入，以支付總督台灣的各種經費。使台灣收入增加，則國庫補助減少。預期到明治四十三年度，經濟能獨立，不必國庫補助。明治二十九年度，台灣歲入九百六十五萬圓，其中台灣總督府的收入，僅二百七十一萬圓，其餘六百九十四萬圓。須由日本政府補助。第三，建立三段警備制。日本占領台灣以後，由軍隊，憲兵，警察共同負治安的責任，政令不統一，常發生衝突。乃木爲撤消這種衝突，建立三段警備制。治安最壞的地方，由軍隊負責，治安較好的地方，由憲兵與警察協同負責。治安最好的地方，由警察負責。此外，關於醫療方面，制定獨立的醫院官制，並於台北、新竹、台南、嘉義、鳳山、宜蘭、台東、澎湖設醫院，基隆的八個地方設分院。關於教育，於國語學校附屬學校設女子部，此為台人女子教育的嚆矢。關於金融，公布台灣銀行法。關於交通，台灣鐵道株式會社創立許可。日本郵船會社開始基隆、淡水、打狗，與福州、廈門、香港間的航路。關於調查，有台灣制度、文物、風俗、習慣的調查，有生蕃取締方法的調查。至於台灣居民居住台灣與否，依據日清媾和條件，在明治三十年（光緒二十三年）五月，已到決定的期間。其結果，願離台者，台北千五百七十四人，台中三百一人，台南四千五百餘人，澎湖八十一人，合計不過六千餘人，亦可見人數之少，以及當時離台的困難了。在乃木任內，有一事值得注意。高等法院院長高野孟矩，被總督免職。高野以法官是受憲法保障的終身官，抗不從命。以後雖然終於去職，但憲法是否適用於台灣，於是成為問題了。

第四任總督為陸軍中將兒玉源太郎。任職於明治三十一年（清光緒二十四年）二月二十六日，去職於明治三十九年（清光緒三十二年）四月十一日。兒玉當時曾兼任陸軍大臣，內務大臣，文部大臣，又曾為滿洲軍總參謀長，常常出入東京，所以有一個綽號叫做上京總督。可是當時的民政長官後藤新平（於明治卅一年三月二十日任職，明治三十九年十一月十三日去職）很能幫兒玉的忙。所以兒玉的任內，有不少的新設施。

兒玉到職以後幾個月，才發表施政方針。他的要點，第一、政治機構要簡單，政令要出於一途。第二、吏員要從台灣人中推舉。下級官吏，須從將官長，願在其生計。第三、對付土匪，須加以分別，不能一概目為土匪。三段警備，未必適當。治安之責，以由警察担任，較為適當。第四、財政方面，須求獨立。茲略舉兒玉時代重要設施如左。

（一）官制改革　總督府官制，有所改革。於總督下設官房、民政部、陸軍幕僚。（民政部設警察本署及總務、財務、通信、殖產、土木五局）。嚴令陸海軍幕僚，非經民政部的要求，決不可用武力。在總督府評議會，武官方面，除關於軍事外，禁止干預。於是軍事與民政，截然分開。軍人不能干涉民政，民政可以獨立。這在台灣的政制上，確是一種大改革。軍部方面，當時很有不平。一方面罷免敕任以下官吏一千八十人。關於地方制度，改六縣三廳為三縣三廳，減六十五辦務署為四十四。同年又廢辦務署，改三縣三廳為二十廳。裁減冗員，減少地方制度的階級（以前有廳、縣、辦務署三級，兒玉時代一律改為廳）是很對的。

（二）財政獨立　明治三十年的台灣特別會計，規定台灣財政，須於明治四十三年度獨立，即不再需日本補助。可是兒玉整理財政的結果，財政獨立，提早五年，即於明治三十八年（清光緒三十一年）已經做到了。從那時起，台灣財政，可以自給自足。整理財政的辦法，一面節省不必要的開支，一面施行專賣制度與整理土地。鴉片專賣辦法，於乃木時代頒布，但至明治三十一年（清光緒二十四年）兒玉時代才開始實行。食鹽樟腦，均於明治三十二年（清光緒二十五年）實行專賣。煙草於明治三十八年專賣。專賣局於明治三十四年（光緒二十七年）設立。五種專賣，除酒專賣於民國十一年（大正十一年）實行外，其餘均為兒玉時代所設施。土地調查，於明治三十一年（清光緒二十四年）頒布台灣地籍規則，土地調查規則，並設置土地調查局，於明治三十八年完了。日本佔領台灣時，且因號稱三十六萬六千九百八十七甲，（一甲等於十六市畝餘），調查後則為六十三萬三千六十五甲，約增加兩倍。於是田賦的收入，增加不少。兒玉又辦理縱貫鐵道，基隆築港，土地築調查，監督署改，官舍建築五大事，其費三千五百萬圓的事業公債。台灣的有公債，自兒玉始。

（三）調整金融　台灣銀行法，於明治三十年（清光緒二十三年）頒布，創立台灣銀行的宣言，是說要把台灣銀行，作為台灣的金融機關，以調和金融為目的。對於商工業並公共事業，融通資金，開發台灣的富源，以謀經濟的發達。進一步須把營業的範圍，擴充到南中國及南洋羣島，以為商業貿易的機關。又說日本人在台灣經營各種事業的頗少，要利用金融機關，與日本人以經營事業的便宜。而維持台灣的經濟獨立，整理台灣幣制，也是台灣銀行的責任。台灣銀行創立的目的，很顯明注重經濟侵略，什麼開發台灣的富源，什麼擴充營業到南中國及南洋羣島，什麼與日本人以經營事業的便宜，無非是經濟的侵略。台灣銀行於明治三十二年（清光緒二十五年）九月才開始營業。一面發行銀行券，一面發展存款、放款、匯兌、各種業務。各種事業的放款，尤其注重。明治三十九年（清光緒三十二年）一年中，對於砂糖，米茶、樟腦等借款，達二千六百九十八萬餘圓。對於台灣各種產業的發展，台灣銀行的贊助，確是一個要素。台灣儲蓄銀行，台灣商業銀行，台灣農商銀行，嘉義銀行，彰化銀行，均於兒玉時代次第設立。

（四）振興產業　交通方面，是敷設所謂縱貫鐵道，以工程費預算二千八百八十萬圓，十年時間，改良，新設基隆台北間，打狗台南間，台北淡水間，台北桃園間等等鐵路，又以七年預定時間，開始基隆築港工程，關於糖業方面，聘請新渡戶博士，從事調查。以後採取他的建議，實施各種改進方法。明治三十五年（清光緒二十八年）頒布台灣糖業獎勵規則及其施行細則，並設立台灣臨時糖業局。對於蔗苗、灌溉、排水、耕地、機械等際，減補助，或貸款。一方面輸入優良蔗苗，配給肥料，設立甘蔗試驗場，使銀行以低利息放款於糖業。與糖業發展很有關係的一件事，是獎勵製糖會社的設立。台灣製糖株式會社，明治製糖會社，均於兒玉時代創立。日本占領台灣的第一年，台灣糖的產額，只二千四百萬斤。到明治三十五年（清光緒二十八年）產額達九千八十七萬餘斤，幾增加四倍。台灣糖業的發展，可說得力於兒玉時代的獎勵政策。

（五）戶口調查　土地調查與戶口調查，為施政的兩大基本工作。這兩大工作，兒玉時代都已着手。土地調查前已說過。戶口調查，於明治三十六年（清光緒二十九年）準備。明治三十八年（清光緒三十一年）頒布臨時戶口調查部官制，實施調查。當時工作人員，計監督委員八百四十二人，監督輔助委員一千三百三十九人，調查委員五千二百二十四人，共計七千四百另五人。預備有兩年之久，人員又如此之多，可算是一大規模調查了。

除以上五件大事外，還有兩件事，值得一說。第一、關於教育，頒布小學校官制，公學校官制，及蕃人公學校規則。各地設官立小學校，及小學校分教場，只對於日本人，實施初等教育。其經費由地方稅支出。但台灣人須入公學校。又公布醫學校，師範學校官制。第二、關於治安，向來由軍隊，憲兵，警察共同負責，兒玉主張專由警察負責。一面兼用招撫的方針，一面頒布保甲條例，實施保甲制度。

財政、金融、交通、糖業、土地調查，戶口調查，為台灣的六大要政，也是台灣發展的基礎。可是這要政，這基礎，都是在兒玉時代建立的。兒玉在日本統治台灣的歷史中，可說占一重要地位，這一方面由於兒玉的有見識，有決心，有勇氣，一方面却由於後藤新平的目光遠大，計畫細密。有兒玉而無後藤，兒玉時代能否有此成就，是成問題的。

丙　佐久間左馬太　安東貞美　明石元二郎

第五任總督是陸軍大將佐久間左馬太。任職於明治三十九年（清光緒三十二年）四月十一日，於中華民國四年（大正四年）五月一日去職，在職期間約八年。

佐久間對於一切行政，主張不變更兒玉時代的方針。地方行政，改原來的二十廳爲十二廳。築港工程，除基隆方面繼續進行外，高雄開始興工，時間十八年，經費一千七百五十一萬七千元。水利方面 設立河川調査委員會，以每年十萬元經費，五年時間，調査淡水河等九大河川。森林方面，以四百九十萬元的預算， 經營阿里山的森林。教育方面，設立中央研究所。其餘的行政事業，多就以前的繼續發展，沒有什麽新設施。

佐久間特別注重理蕃事業。他以一千六百餘萬元的經費，擬訂五年理蕃計畫。自明治四十三年（清宣統二年） 起至民國三年（大正三年）止，預定平定所有蕃地。於總督府設蕃務本署，於地方廳設蕃務課，在五年內，共計討伐二十八次。到民國三年，討伐工作告一結束。清宣統二年所沒收的鎗械，計七千三百四十九挺。民國三年所沒收的槍械 ， 計一萬四千六百三十七挺。兩共計二萬一千九百八十六挺。自占領台灣以來，至民國二十年之間所沒收槍械，總數三萬二千三百四十三挺的三分之二以上。這五年的討伐的結果之大，可以想見。有人說兒玉總督是經濟總督，佐久間總督是理蕃總督，這話是有相當的理由的。

第六任總督是陸軍大將安東貞美。於民國四年五月一日任職，民國七年六月六日去職。安東任內的設施，只是經營八仙山，太平山的森林，開設勸業共進會，設立商業學校，醫學專門學校專門部，及台南台北高等小學校，派遣南洋觀光團，開闢南洋航路等，却沒有重大的改革。

第七任總督是陸軍中將明石元二郎。於民國七年六月六日任職，民國八年十月二十四日去職。明石時代的民政長官，總務長官，是海南下村宏博士。據說，明石的施政，有許多是海南計劃的。明石時代的新設施，第一、台灣總督府官制第二條「總督親任以陸海軍大將或中將充之」改爲「總督親任」。民政長官改爲總務長官。總督府的民政部，改設內務局，財政局，殖產局，警務局，土木局，遞信局，法務部，(原設財務局、通信局、殖產局、土木局、警察本署、地方部、法務部、學務部、）注重內務行政的革新。第二、公布台灣教育令，設立高等商業學校，工業學校，農林專門學校，商業專門學校，台北，台南師範學校，女子高等普通學校，公立農林學校，簡易實業學校等。第三、創設日月潭水力發電所，開始嘉南大圳工程，敷設中部海岸線。對於司法制度，亦有相當改革。清光緒二十四年（明治三十一年）三審制改爲二審制，民國八年，又改爲三審制。廢止清光緒二十二年設立的臨時法院，使屬於高等法院的上告部。又清光緒二十三年總督免高等法院院長高野孟矩事件，一般均不滿意台灣司法權的不能獨立，明石時代，將總督對於判官的休職命令權削除，於是法官的地位，有所保障了。

明石就職後，生病約三四個月，實際任職，不過一年。但是所有設施，却是十分重要的。總督以前限於陸海軍大將中將，自總督府條例第二條改變後，文官可以任總督。這在台灣，不能不說是一大改變。總督不能罷免判官，予法官以保障，也是重要的。中學教育，實業教育，專門教育，於明石時期，才算樹立基礎。至於日月潭水力發電與嘉南大圳，是台灣的兩大工程，都開始於明石時代。

丁　田健治郎

第八任總督是田健治郎。是台灣第一代的文官總督。於民國八年（大正八年）十月二十九日就職。民國十二年（大正十二年）九月二日去職。

日本占領台灣後，對於總督的人選問題，有兩派主張，一派主張武官，一派主張文官。伊藤博文代治，山本權兵衛是堅持用文官的。經過七任的武官總督，於第七任明石總督時代，終於改正總督府官制，總督可用文官。台灣軍司令官獨立。於是在制度上，才算軍民分治，才不算是軍治。田健治郎就職後，公布施政方針。他的方針是說台灣是從屬於日本帝國憲法的統治的區域，與歐洲各國的作為本國政治範圍的殖民地不同。台灣民衆，當然應作為日本帝國的臣民。他主張內地延長主義，即把台灣作為日本內地的一部分。他主張對台灣人，應與日本人一視同仁，不應有所歧視。田健治郎要實行他的主張，於是改正台灣教育令，撤廢以前台灣人日本人分別入學的辦法，台人日人，在同一學校入學。又是撤廢台人日人相互結婚的限制，台人與日人可以結婚。田健治郎時代的兩大設施，是六三問題與特別地方制度的改革。六三問題，我以前已經說過，就是與台灣總督以立法權的第六十三號法律。當這個法律提出於日本第九回帝國議會時，就有人反對。反對者以為會立法，是憲政的本義。委任立法，是違反憲法的。換句話說，總督可發布有法律效力的命令，是違背日本憲法的，是侵犯日本議會的立法權的。可是原案終於附有三年的有效期間通過了。期滿以後，延長延長，明治三十二年（清光緒二十五年）第一次延長計三年，明治三十九年（清光緒三十二年）將原案略加修改，又定有效期五年，明治四十四年（清宣統三年）第二次延長五年，民國五年（大正五年）第三次又延長五年。所定三年期間的法律，卻延長至五次，延長時間將近二十年，日本政府想維持台灣總督的特殊大權，不待言說了。延長案每次提出日本議會時，總有激烈的反對。反對者雖有充足理由，但是結果仍然通過。到民國十年（大正十年）第五次延長期限又過了。田健治郎於是另提出一案於日本第四十四次議會，當時雖然仍有許多反對者，也終於通過。民國十年（大正十年）三月十四日，以法律第三號公布關於施行於台灣的法令的規定。於是多年不曾解決的六三問題，暫時解決了。第三號法律的主要內容。第一、法律的全部或一部施行於台灣時，須以勅令定之。第二、因台灣特別事情，或臨時緊急，台灣總督得發布命令。但須事前或事後（臨時緊急時）經主務大臣奏請勅裁，而且不得違反於台灣施行的法律與勅令。這種法律，與六三法律不同之處，一則依據六三法律，台灣施行法令，以在台灣以律令制定為原則，日本本國施行的法律，在台灣適用的是例外。照第三號法律，日本法律可以勅令規定施行於台灣為原則。台灣單獨制定法律是例外。因此，日本本國的法律與台灣的法律，有許多是共同的。在法律方面，日本，台灣的差異，漸漸減少，於是日本的民法，商法，民事訴訟法，刑事訴訟法等，都施行於台灣。但民法上的親族，相續，財產等，須依據慣例。但是土匪懲罰令，台灣監獄令，犯罪即決令，仍舊沒有廢止。二則總督雖然仍有制定律令權，但受相當限制。

關於地方制度的改革，第一、廢西部的十廳，設台北、新竹、台中、台南、高雄五州。東部兩廳，因文化程度不及西部，暫維持原狀。第二、州設勅任（簡任）知事，以提高地方官的地位，並擴充其權限。第三、以前各廳設八十六個支廳，支廳長實際上全部以警官充任，成為警察政治。現在改西部各廳為州，廢支廳，設郡四十七，郡設郡守，予以警察權。普通行政，由行政官擔任。警官只管警察本身的職務。這是減少警察權力，由警察政治，漸變為普通政治的辦法。第四、市設[illegible]任（薦任）官的市尹，主管普通行政。別設警察署，主管警務。

第五、市街、莊設奏任或委任待遇的街莊長，市街莊一面是行政官廳，一面是地方的公共團體，有獨立的法人人格。民國九年（大正九年）頒布州制，市制，街莊制。第六、表面上為尊重民意，民國十年，設置總督府評議會，以評議員二十五人組織之。其中官選七八，日本人台灣人各九八，會長由總督担任，副會長由總督任命。

戊　第九任內田嘉吉至第十九任安藤利吉

自第九任的總督起，多半依據以前各任的計劃，逐步求其發展，沒有如何新的重大設施，茲先將各總督列表如左：

任次	姓名	就職年月	出身別
九	內田嘉吉	民國十二年（大正十二年）九月六日	上院議員
十	伊澤多喜男	民國十三年（大正十三年）九月一日	同右
十一	上山滿之進	民國十五年（大正十五年）七月十六日	同右
十二	川村竹治	民國十七年（昭和三年）六月十六日	同右
十三	石塚英藏	民國十八年（昭和四年）七月三十日	同右
十四	太田政弘	民國二十年（昭和六年）一月十六日	同右
十五	南　弘	民國二十一年（昭和七年）三月二日	同右
十六	中川健藏	民國二十一年（昭和七年）五月二十六日	同右
十七	小林躋造	民國二十五年（昭和十一年）九月二日	海軍大將
十八	長谷川清	民國廿九年（昭和十五年）十一月二十七日	同右
十九	安藤利吉	民國卅三年（昭和十九年）十二月三十日	陸軍大將

在第九任至第十六任十三年中，可以記述的大事（一）是伊澤時代的改正總督府官制，（廢遞信、土木兩局，設內務、[illegible]政、殖產。警務四局）創立台北帝國大學以及人事上的大更動，（二）川村時代的日月潭電力工程再興，高等工業學校的設立，基隆高雄築港工，及嘉南大圳工程的完成。（三）中川時代的地方制度的改正，州、市、街、莊設協議會，但實際上不過知事、市尹、街莊長的諮詢機關，不是自治團體，川村時代，廢止州市協議會，設立州會、市會，及州參事會。州會、市會，略帶議決機關，意思機關的性質，其會員半數由選舉產生。街莊仍設協議會，但議員半數由選舉產生。川村這一種改革，施用以[illegible]年的自治團體的。所示台灣的街莊制[illegible]街莊[illegible]協議會，議員[illegible]由[illegible]，並不由人民[illegible]，不過一個諮詢機關。台灣的街莊制，完全不是自治[illegible]，有一時期，曾經[illegible]。台灣[illegible]，台灣議會[illegible]。台灣地方自治聯盟等，都要求實施地方自治。川村這一種地方制度的改正，名為國地方自治行政的進步，實則離開地方自治，尚遠得很，甚是用以欺騙人民而已。[illegible]

第十七第十八兩任總督時代，正值中國抗日戰期。日本本國一切行政，都以作戰為主要目的，台灣亦受影響，於是文官總督制，又一變而改用武官。因爲台灣是海軍根據地，所以任用海軍大將。關於總督府官制，初爲統制糧食，增設米穀局。民國三十一年（昭和十七年）改稱爲糧食局，又增設總務局、國土局、外事部。民國三十二年（昭和十八年）添設了礦局、農商局，裁併內務、殖產、國土、糧食四局。糧食局稱爲糧食部，總局農商局，總務國土兩局業務，由總督官房主辦。官產裁減兩次。重要工作，是建設南進兵站，高雄海軍基地，發展航空，造船，鋼鐵等工業，擴充飛機場，實施特別志願兵制度，施行戰時各種法令。這兩任總督的政治，完全是軍政了。

己　統治經過的分析

從我以上所說很簡略的日本統治台灣的經過看起來，我們可就各方面加以分析。

從總督的出身看來，海軍人員三人，陸軍人員七人，由議員出身的文官九人。

論總督的任期，最初武官總督共七任，計二十二年，平均每任三年。其中最久的爲兒玉、佐久間，各任職八、九年。最短的是桂太郎，只四個月，南弘只兩個月半。其餘有一年的，三、四年的，文官總督，共九任，計十七年，平均每任不足三年。其中任期最長的，爲田健次郎與中川健藏，約各四年餘。其餘一年，二年不等。文官總督，受內閣的影響較多。內閣變動，總督多隨之更動，也有人稱台灣的文官總督爲政黨總督，因爲總督多隨政黨的入閣而變動。武官的兒玉，佐久間，文官的田健治郎，成績較多，任職亦較長。至於民政長官或總務長官，任期却比較長。後藤新平（兒玉時代）任職至八年餘。內田嘉吉（佐久間，安東時代）任職五年，下村宏（安東、明石・田時代）任職六年，賀來佐賀太郎（田，內田時代）後藤文夫（上山，川村時代）各任職至三年餘。有總督更換而民政長官或總務長官仍不更動的，如果說總督治台有成績，那末，民政長官或總務長官之功，是不可抹殺的。

如果要分時期，可分爲武官統治時期，文官統治時期，或軍政時期，民政時期，戰爭時期。

如果要分析統治的態度，約有兩種：第一，完全把台灣當作殖民地，以特殊方法去統治，與統治日本完全不同。第二標榜內地延長主義，標榜同化，將統治台灣的辦法，逐漸使與日本本國相同。文官總督第一任田健治郎，開始採取第二種態度。

如果論各總督的特別顯著的設施，那末，樺山的樹立行政立法，司法各機構；兒玉的發展產業，與調查人口，土地；佐久間的理蕃；明石的設立中等及專科學校；田的改正立法手續，把日本法律一般適用於台灣，都是值得注意的。

論到這五十年中爭論的大問題，第一是總督任用武人抑文人的問題。第二是立法的問題。（即六三事件，前已說過）第三、是地方自治問題。然而台灣終究是殖民地，連日本本國名存實亡的假憲政，都不會施行於台灣。所以立法問題，自治問題，雖經日本本國議會的主張，台灣人民的反對，但決不肯根本改變，就是不肯讓立法權自治權於台灣人民。雖然有幾次改變，不過粉飾，敷衍而已。

管、教、養、衛、是治國的四大要政。管的要點，是立機關，定法制，管理人事，管理財務，而人口的調查，土地的調查，尤爲一切行政的基本。因爲人口土地不清楚，施政就沒有依據。教有初等、中等、高等三種階段。養的要素，是經濟與金融及農工的生產。衛應以陸海空軍對外，以警察，司法對內，看看日本統治台灣，這四點，可說都在做到了。論他施政的次序，似乎先注重於「管」與「衛」，其次是「養」，其次是「教」，不過這是比較的相對的話。

日本統治台灣，在時間上的進展，以上已說一個大略。以後就統治的要素，約略提一提。

（未完）

專著

日本統制台灣的經過（續）

陳儀

（本文係陳教育長對本國台灣行政幹部訓班學員講演原稿）

四 統治的工具

統治的目的，最初已經說過了。不過如何達到統治的目的呢，那就需要統治的工具了。以後我將說一說統治的工具。統治的工具，約可分為三種。

（一）機關（1）台灣只有治權機關，沒有政權，民權機關。（2）台灣的治權機關，只有行政機關，沒有立法機關。雖有司法機關，但缺乏獨立性。考試，監察的機關，當然沒有。可以說，台灣的行政機關，是總攬五權的。從這兩點看，台灣的政治，完全是獨裁制。（3）台灣總督府的組織，與中國的省政府不同。他的各局，各部，不同於現在各廳處，略等於省長制的各廳處。不過總督權限之大，絕非中國的省主席所能比擬。（4）總督府內部組織，自占領台灣後七年（明治三十四年）起，直到現在，變更至十次之多。但只是職務上的分合增減而已，根本並無變更。其直隸機關，最少是六個，最多時是十二個。關於職務，離不了伊藤對於初任總督樺山所指示的治民、財務、外務、殖產、軍事、交通、司法、七項。官房，財務，警察，法務四部份，始終沒有變更過。交通方面，有時稱為通信局，有時稱為遞信局，有時稱為鐵道部，交通局。殖產方面，一直是殖產局，沒有變動，到最近才取消他，改為工礦局，農商局。專賣局，文教局，自成立以後，沒有變動過，變動最多的，是內務，土木二部分，有時取消，有時設立。該台灣總督府內部組織的畫分，和中國各省一比較，有四點值得注意。第一，中國建設廳主管交通、農、工、商，而台灣則分為交通、農商、工礦。可見他對於經濟特別注重。第二、警察處的名為警察本署，警務部，警務局，但始終有一單獨機構，第三、專賣單獨設局，可見專賣事業的重要。第四、土木、國土、糧食三者，都曾單獨設過局。特別是土木局，占領台灣初期即設立，可見其重視土木。（4）總督府設許多委員會，約有五、六十種。（5）地方行政區畫，雖然變更至九次，但是始終是三級制。第一級是州、廳、縣，民政支部。第二級是支廳，辨務署、市、郡。第三級是街庄。但是第二級的支廳、郡，等是區級，略等於中國的區。所以只有市制，街庄制而沒有縣制。（6）台灣的地方制度，完全是官治制度。州、廳、市不必說，街庄也是官治。因為街庄長由政府任命，而中國的縣與鄉鎮為全是自治體。這是兩者完全不同的地方。（台灣現在有五州、三廳，五十一郡、十一市、二支廳、五十六街、二百十三庄）（7）州知事，廳長得發布附有二月以下的拘留或七十圓以下罰金的處罰的命令，亦可見其權限之大，總之我們看一看台灣的機構，知道他是十足的專制型，離憲政的組織太遠了。

（二）法令「法令者治之具」。統治的重要工具之一，是法令。台灣的法令，我們須注意兩點。（1）手續方面由總督獨裁不由人民公決。自「六三」法律改正後，總督的立法權，雖然縮小一點，但台灣沒有立法機關，總督仍可自定法律。（2）內容方面，以維持日本統治地位爲主。苟於統治權有礙，即可制定十分嚴酷不合理的法律。以前所舉「土匪懲罰令」，即是一例。

（三）人員　機關要靠人去運用。法令要靠人去執行。日本統治台灣，當然要靠人去統治。我們先要看一看，日本統治台灣的所謂公務人員究竟有多少人。這，一時不易得一確實的數目。據民國二十一年(昭和七年)即十二年前的統計，總督府及所屬官廳，地方官廳，（包括警察、教育，交通等人員，）公務員，總計三萬八千九百八十五人。在民國三十一年（昭和十七年）台灣的公務人員，據說有四萬四千四百二十二人。民國三十二年（昭和十八年）因爲兩次裁員，尚有三萬九千一百三十六人。從這幾個數字看來，台灣的統治人員，可以說將近四萬。台灣的人事問題，我們要注意兩點，第一，高級人員由日本人擔任。領導者必須日本人。這是列強對殖民地一貫的作風，對台灣不能有例外，日本籍公務員究有多少呢，現在雖得不確數。但依據民國二十一年的統計，公務員官職別的百分比，判任官（委任）以上人員，占全數百分之五十。以那年的公務員人數三萬八千餘人計算，應有一萬九千餘人。而判任官以上是由日本人充任的。據民國十九年（昭和五年）職業別人口統計，日本人任公務員及自由職業者，三萬七千餘人。民國三十一年（昭和十七年）總督及所屬機關職員，據說是二萬五千另五十一人，台灣人約占總數百分之二十，計五千餘人，日人就有一萬九千餘人了。據以上各種數字推斷，日本人任公務員的，其數大約是有的，大約是二萬人。從這一點，完全可以證明日本人在政的心理，就是台灣人爲奴，日本人爲主。法院方面，台灣人不得任裁判長。這樣多的（二萬人）公務員，接收時如何去補充，那是頗成問題的。第二，對於在台灣服務的日本人，待遇比較特別。加俸，津貼，遺族撫卹金，卹金等等，都比日本本國優厚，這是鼓勵日本人到台灣做官的一種方法。

五　統治的方法

我將就統治的工具而談統治的方法。這可分爲三種。

（一）革命的鎮壓　一般人以爲台灣自被日本人占領後，即平安無事。實則台灣人很有反抗性，很有革命性。自宣布台灣割讓以後，台灣革命人士，即組織台灣共和國，以唐景崧爲大總統，劉永福爲軍務總統，發動革命軍。「共和國」與「大總統」的名詞，在辛亥革命前，已在中國的領土台灣產生了。台灣共和國的革命軍，日本占領以後，經過半年，才被消滅。可是自從共和國的軍隊，被消滅後，反抗的革命的運動，繼續不絕，幾乎無年無之，有的規模是很大的。其口號，是恢復領土，其行動，是毀壞官署，反抗官吏，其原因，有的是政治的，有的是經濟的。民政長官後藤新平說過，「所謂土匪，強盜，其目的類似國事犯」。但由於貧窮者不少。有因爲礦業條例而失去礦山者。有因爲樟腦規則而失去山林者。有因爲偵探的誣告，或親朋的牽連被捕，而憤恨者。他們迫得只好上山爲寇。

联合画报

《联合画报》为中国抗日战争时期和第三次国内革命战争时期出版的新闻性画报。中华民国31年（1942）9月，在重庆创刊。周刊。4开2 张。舒宗侨主编。 广泛发行于抗战“大后方”和各战区,并由同盟国飞机向敌占区散发。战时每期发行近5万份。在重庆共出版 154期。抗日战争胜利后，于1945年11月迁上海出版。改为10开本，月刊。主要刊登有关国内民主运动和揭露、批评国民党当局的新闻图片和漫画。到民国38年（1949） 4月，共出42期。此间还编辑出版了《第二次世界大战画史》、《中国抗战画史》及《二次大战照片精华》，保存了许多珍贵的新闻图片和文献资料。

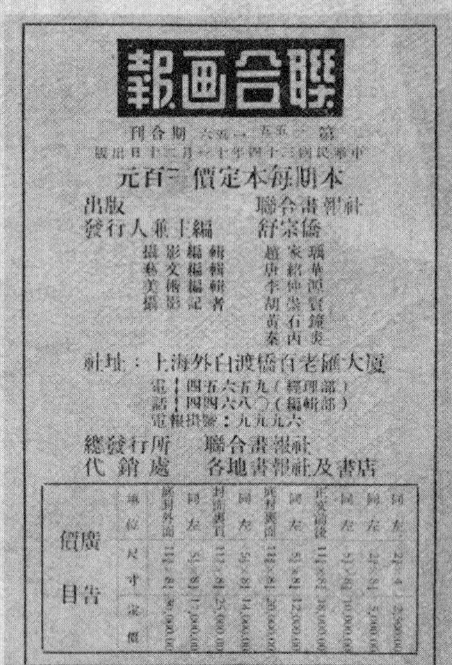

聯合畫報

第一五五—一五六期合刊
中華民國三十四年十一月二十日出版
本期每本定價二百元

出版 聯合畫報社
發行人兼主編 舒宗僑
攝影編輯 趙家璵
藝文編輯 唐紹華
美術編輯 李仲源
攝影記者 胡崇賢
黃石鐘
秦丙炎

社址：上海外白渡橋百老匯大廈
電話：四五六五九（經理部）
四四六八〇（編輯部）
電報掛號：九九九六

總發行所 聯合畫報社
代銷處 各地書報社及書店

廣告價目

地位	尺寸	定價
底封外面	[illegible]	30,000.00
同左	[illegible]	17,000.00
封面裏頁	[illegible]	25,000.00
同左	[illegible]	14,000.00
底封裏面	[illegible]	20,000.00
同左	[illegible]	12,000.00
正文前後	[illegible]	18,000.00
同左	[illegible]	10,000.00
同左	[illegible]	5,000.00
同左	[illegible]	2,500.00

《联合画报》版权页

《联合画报》之刊史与国家史与个人史一样，是曲折的，是难以完整复原的。《上海图书馆藏近现代中文期刊总目》号称“上图馆不仅是北京馆的两倍半，重庆馆的四倍，南京馆的三倍，而且它的馆藏总量约占整个近现代时期出版期刊总量的75%。”（按，上海图书馆总藏18508种）确实有这个实力，总出228期的《联合画报》上海图书馆只缺两期。

聯合畫報
刊合期 六五一 五五一 第
UNITED PICTORIAL
NOVEMBER 20 1945 No. 155-156

《联合画报》封面

東條自殺！

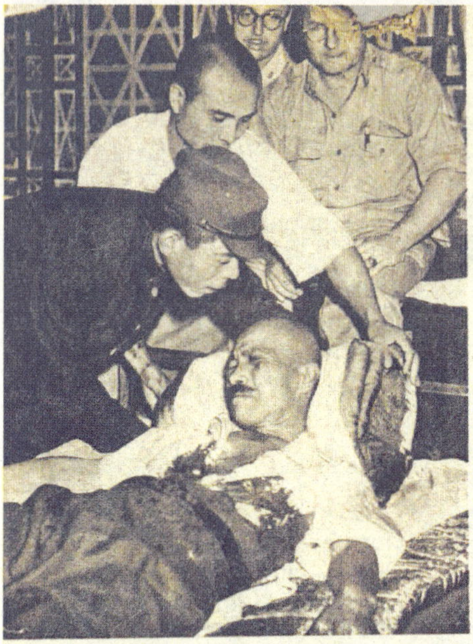

負責掀起太平洋戰爭之日前總理東條英機，於日本簽定降書後一週由麥帥下令逮捕，東條初尚拒絕，旋即轉入室內以手槍自殺，彈穿胸部，但未中心臟，經醫生救治後，已痊癒，正等待受戰犯審問。

TOJO SUICIDE

東條自殺前數秒鐘，在窗前向逮捕者索取證件，美軍令其出來，彼即轉身離窗，旋聞鎗聲，迨已實行自殺。

各地繳械工作積極進行，上爲南京繳收日方軍火之一部，由上而下：彈藥，步槍，聽音器，高射砲。

Japanese arms turned over to China.

撥給中國之日軍飛機。(中央社攝)

Military plane turned over to China by Japs.

日本空軍向中國空軍接洽繳械。(中央社攝)

Japanese Air Forces officers talking with Chinese Air officers.

侵華罪魁土肥原被捕

Gen. Kenji Doihara Arrested

土肥原爲發動侵華戰爭之禍首之一，九月十二日日本第一軍團長杉山正雄自殺後奉命繼任，二十一日爲美軍逮捕，將以戰爭罪犯審問。

日軍重返家園

Japanese Soldier Back Home

一解甲之日兵，仍着制服，幫同家人收穫，其妻女樂不可遏。

A demobilized Japanese soldier still wears his uniform as he helps harvest rice at home.

東京商店被炸後，商人沿街設攤買賣。

Japanese merchants who have been bombed out of their shops have set up sidewalk stores all along Tokyo's street.

東京車站上復員返家之日兵。

Japanese soldiers crowd a Tokyo railroad station en route to their homes after demobilization. →

朝鮮日軍投降

Japs Surrender In Korea

朝鮮日軍投降於九月十日在朝鮮京城總督府舉行。主持受降者爲美國第七艦隊司令金開德（後排曲身者之左）與第廿四軍團司令霍吉，前坐三人爲日方投降代表。

The ceremony of Japanese surrender was held in Seoul on September 10, 1945, under the supervision of Vice Admiral Thomas C. Kinkaid, Commander of the U.S. 7th Fleet, and Lieutenant Gen. John R. Hodge, Commander of the 24th U.S. Army Corps. Facing the U.S. Army and Navy officers are three Japanese military leaders.

美第七步兵師士兵搜索朝鮮日軍之武器。

A member of the U.S. Army's 7th Infantry Division searches Japanese soldiers for weapons in Korea.

日本屈膝了

近衛文麿曾經講過，一定要中國屈膝，但是現在在全世界人士之前，屈膝的是日本，不是中國。距橫濱十六英哩的一個俘虜營，美海軍戰俘解放，以前守衛該營之戰俘向彼等鞠躬行禮。據被釋之美俘稱，日衛兵對美俘諸多虐待，有因禁於汚穢之小室內患病無人過問者。日本簽訂降書後，盟軍最高統帥麥克阿瑟，飭令日當局將所有日軍俘虜營，移交於營中盟方最高長官管理。（美國新聞處）

Former Japanese guards at the Ofuna prison camp, 16 miles from Yokohama, bow low as liberated U.S. Navy men leave the camp.

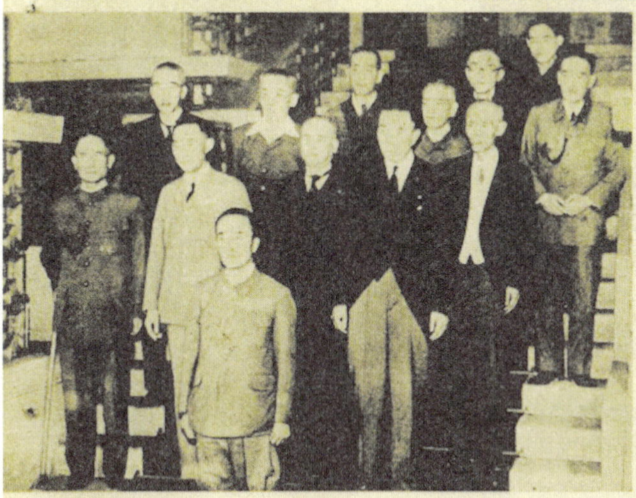

□東京新閣□

前排一人為日首相東久邇宮，第二排左至右：外相重光葵，海相米內光政，軍需相中島知久平，無任所大臣近衛文麿，法相岩田宙造。第三排左至右：文相兼厚相松村謙三，農相兼商相千石興太郎，內相山崎巖，藏相津島壽一，運輸通信相小日山直登，情報局總裁兼內閣書記官長緒方竹虎。此圖片係美軍自同盟社取得者。（美國新聞處播）

The new Japanese cabinet formed by Prince General Naruhiko Higasimi-Kuni, the Premier (alone in front row) includes: (second row, left to right): Foreign Minister Namoru Shigemitsu, Navy Minister Admiral Mitsumasa Yonai, Munitions Minister Nakajime, Minister Without Portfolio Prince Eumimaro Konoye, Justice Minister Dr. Opuzo Imata. Third row, left to right: Education and Welfare Minister Kenzo Matsumura, Agriculture and Commerce Minister Kotaro Sengoku, Home Minister Hamazaki, Finance Minister Muichi Tsushima, Transportation Minister Honiyama, and Minister Without Portfolio Taketora Ogata.

Japanese horses and mules concentrating in Nanking.
日軍騾馬交至集中地點。（中央社播）

Japanese troop in Nanking moving to concentrating areas.
南京日軍在指定地點集中。（中央社播）

大中

《大中》创刊于中华民国35年（1946）1月1日，大中杂志社编辑、出版。该刊物取名“大中”，旨在说明其“中立不倚，无偏无私”的态度。载文报道国内外时事述评，发布学术专著、科学论文，也刊有文艺、哲学、历史等方面文章等。每期开头都刊有弥南公发表的以“罪言”为题的论文，反映社会情况及自己的看法。该刊出版至民国35年（1946）8月终刊。

大中

第一卷 第一期

不許轉載

中華民國三十五年一月出版

發行人 李書春

印刷者 引得校印所 北平海淀碓房居五號

發行者 大中雜誌社 北平海淀碓房居五號

《大中》杂志版权页

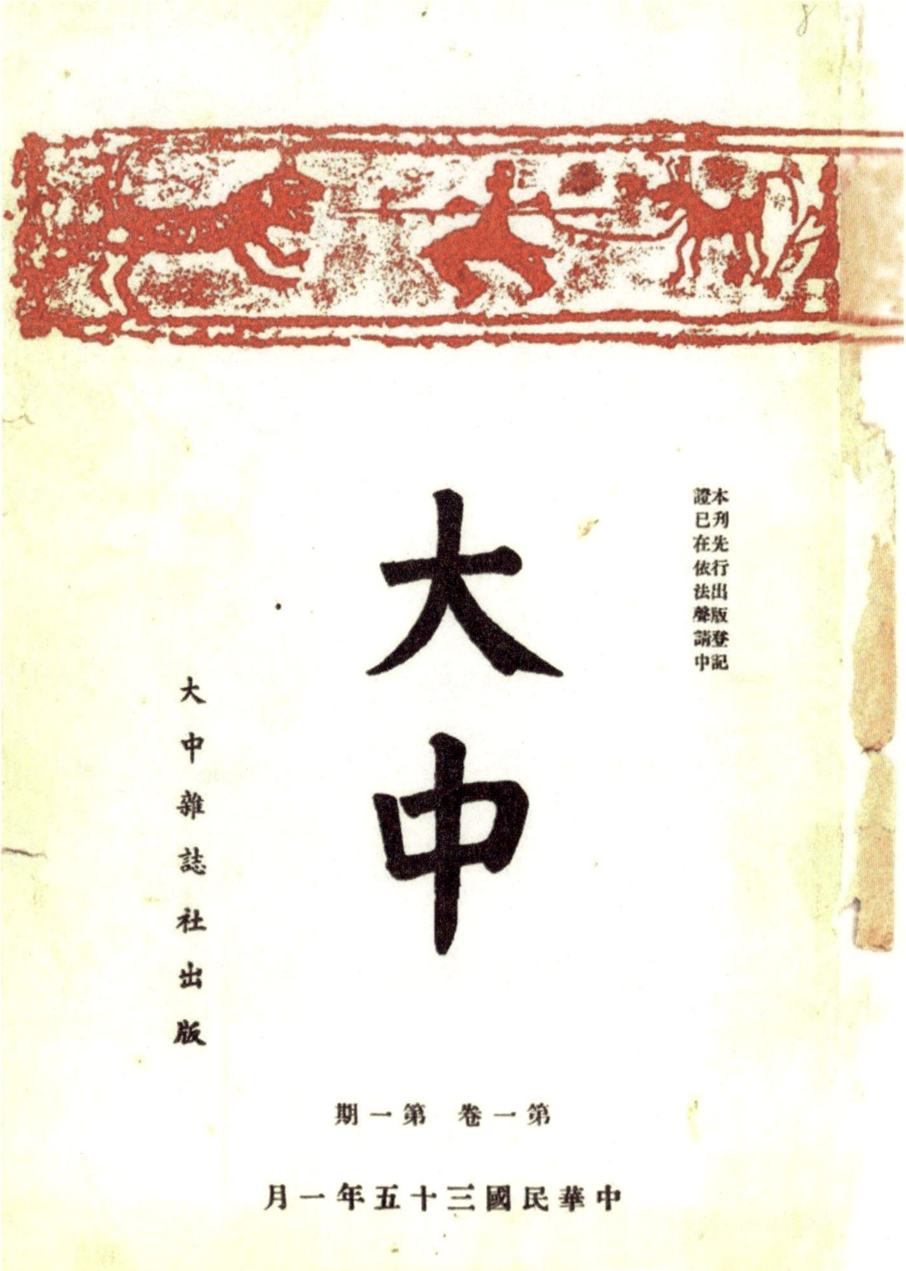

本刊先行出版登記證已在依法聲請中

大中

大中雜誌社出版

第一卷第一期

中華民國三十五年一月

《大中》杂志封面

九一八至雙九日寇侵華大事紀

筱珊

中華民國二十年九月十八日夜十時，暴日在瀋陽發動侵略戰爭，至三十四年九月九日上午十時在南京簽降，首尾經過共十三年、十一個月、二十一天、十二小時。幸賴領導得人，盟友協助，既得轉危爲安，復躋於所謂四强五强之列。吾人盱衡大勢，翥目時艱，本痛定思痛之旨，爰輯斯篇，用資警惕。

中華民國二十年

九月十八日

夜十時，日本無故大舉攻佔我瀋陽。

九月十九日

日軍佔長春安東營口，我外交部對日提緊急抗議。

中日代表在國聯聲明瀋陽事件。

九月二十日

外部對日提二次抗議。

九月二十一日

日軍佔吉林。

九月二十二日

蔣主席演說對日步驟。

我政府將日軍無理行動，正式提出國聯理事會。

日出兵延吉，佔領四洮鐵路。

九月二十三日

瀋陽日軍展至新民，由北寧路運兵。

國聯決議勸告日本退兵。

九月二十四日

美政府照會駐美日使，謂滿洲事件，責在日方。

日軍用機槍掃射北寧通車，並在通遼錦州乘機亂放炸彈。

九月二十五日

外部提三次抗議。日陸相非正式聲明，國際條約不能適用於特殊情形之地方協定。

九月二十六日

國聯各委員國，對日反對國聯調解東省事件，均表不滿。

九月二十七日

日代表芳澤謙吉在國聯聲明即撤滿洲日軍。

九月二十八日

京滬學生赴國府請願，毆傷外交部長王正廷。

九月二十九日

國聯大會閉幕，行政院續開數日，注視日軍撤退。

九月三十日

中政會外交組開會，對日交涉，將另闢新途徑。

十月一日

外部接中國代表自日內瓦來電，報告國聯最後之九項決議，請速恢復通常關係。

十月二日

外部接日內瓦電，施肇基等決留日內瓦，國聯決議限日本定期撤退犯遼日軍。

十月三日

日軍佔通遼，並派機在空中擲彈。

十月四日

日軍佔牛莊。

十月五日

外委會顧維鈞等會商結果，認遼事在現狀下無法交涉，對日人煽惑東省獨立積極向美及他國宣佈，促世界注意。

國府遵國聯決定，電張學良派隊接防，備日軍撤退後維持地方治安。

瀋陽日軍司令部宣言否認遼省政府，又令各銀行即日開業，並成立財實兩廳。

十月六日

日軍艦四艘到滬，陸戰隊武裝在各路馳驅。

十月七日

美政府對日突增艦來華甚注意，外委會訓令駐日公使蔣作賓抗議日艦來華。

日機沿北寧線偵察，新民日兵約增一倍。

十月八日

日軍大舉轟炸錦州，死傷損失甚大。

國民政府否認東北非法組織。

美政府允中國之請派員赴滿調查。

日人以大批軍火供給蒙人。

十月九日

總部訓令各軍事機關不得參加反日團體。

日軍以地雷炸斷通遼路，死人民甚多。

十月十日

英使館陸軍參贊傅瑞澤，奉命赴瀋調查日軍情況，備報國聯。

十月十一日

日政府抗議由日使重光葵送交中央。

外部接華盛頓電，美外部以滿案現狀險惡，望中國政府守國聯決議。

十月十二日

中政會臨時會通過，答覆日抗議照會。

十月十四日

日軍車兩列抵洮南。吉林日軍在門前挖壕。

十月十五日

日機又慘炸通遼。

國聯邀請美國參加，中國同意，日本不願。

十月十六日

外部電國聯請對日在東省暴行提出緊急制止。

蒙匪襲彰武，圖通遼。

十月十七日

日人改瀋海路為中日合辦。

日本認國聯邀美參加會議為不當，有人主張退出國聯。

國際行政會討論制止中日決裂。

十月十八日

國聯行政院答復日本質問美國參加會議。

日飛機到錦州，唐山，哈爾濱偵察。

十月十九日

國聯擬解決中日糾紛辦法四：限日本三星期撤兵，中日直接交涉。中日代表各電政府請訓。

十月二十日

非戰公約各國，各訓令駐南京東京公使，向中日政府通告，尊重非戰公約。

十月二十一日

日本堅持在撤兵前須中國承認根本五點。

十月二十四日

外部答覆非戰公約各國通牒，謂對日武力侵略，力避接觸。

十月二十四日

國聯行政院開會，表决日本所提對案，贊成者僅日本一國；嗣表决行政院提案，反對者僅日本一國。

十月二十七日

外部準備俟日軍撤退後，開始談判細目之前，由中日兩國締結一仲裁協定。

日軍進洮南。

十一月一日

日軍鐵甲車砲轟通遼城，死傷數十人。

日軍提營口鹽款。

十一月二日

國府令顧維鈞張作相等接收東北失地。

日軍續向通遼攻擊。

十一月三日

中國對日提議接收東北，日本拒决，軍擴大軍事行動。

日軍藉口修洮昂路橋梁，進兵黑省。

十一月四日

我向國聯聲明日軍圖佔北滿。

十一月五日

日軍猛攻北滿。

法外長白里安函日駐法大使芳澤謙吉催總商撤兵。

十一月六日

日軍增兵攻黑，我國通告國聯請制止，施肇基在國聯亦聲明，日軍危及北滿治安。

美國閱黑龍江戰，對日又提勸告。

十一月七日

嫩江黑軍苦戰，退至昂昂溪十五里處，日軍仍進迫。

白里安再勸告中日雙方避戰。中國答覆，責不在我。

瀋地方維持會，議决執行遼省行政權，與國府斷絕關係。

天津日租界溥儀宅，發現炸彈。

十一月八日

日軍通牒限馬占山本晚離黑，外部覆白里安請遏止。

天津日租界於夜間突有便衣匪進攻官署，公安局事前戒備，激戰徹夜，便衣匪與日憲兵竟佔第二區署第六所。

十一月九日

津便衣匪潰退，日軍竟向華界開砲，一彈落公安局門前，華界交通全斷。市長張學銘向日方提出抗議。

十一月十日

接收東北失地委員會組織規程公布。

十一月十一日

津便衣匪仍大騷擾，張學銘再抗議日憲兵佔我工[illegible]事。

十一月十一日

津變仍嚴重，國府向日提出抗議。

施肇基向國聯報告津變。

十一月十二日

日軍攻黑被擊退，外部向日提出抗議。

津便衣匪仍騷擾。

十一月十三日

土肥原賢二挾溥儀離津赴大連。

津事變，經中日雙方協定在交界處搜查便衣匪，公安局通緝指揮暴徒之張璧李際春等。

溥儀到大連。

日軍佔昂昂溪。

日軍司令本莊繁通牒逼馬占山下野，馬決堅抗到底。

十一月十四日

津市中日交界三百米內搜查便衣匪，無所獲，中途發現警察三名，日方藉口中止搜查。

十一月十五日

蘇俄致日政府覺書，請勿危害蘇聯利益之鐵路。

日仍猛攻黑垣，謀斷黑哈聯絡，我軍死守不退，我向日嚴重抗議。

日軍攻黑爲急，日領館人員由江撤退。

津市南關仍有便衣匪出沒，王樹常親至日營會商中日交界恢復常狀辦法。

重光葵向外部抗議，過我將天津駐軍撤退二十里外，外部駁復。

十一月十六日

國聯行政院在巴黎開會，巴黎空氣重視美國調停意見。

日攻黑更烈，張學良請任馬占山爲黑主席。

津中日雙方協定，我先撤防禦工事，日後撤，定十七日實行。

溥儀到瀋。

本莊繁又致馬占山通牒。

十一月十七日

國府明令馬占山任黑主席。

日軍增兵北滿，向嫩江江北前進。

十一月十八日

日軍向黑軍開始總攻，黑軍彈盡援絕，由齊齊哈爾北退。

日人決自築吉會長大鐵路。

津市除日租界外交通恢復。

十一月十九日

晨七時日軍佔黑垣，馬占山退克山，日軍仍追擊。

國聯執會，擬派視察團赴滿。

十一月二十日

馬占山抵克山，日機仍追擊。

四代會宣傳通告國聯，於武力壓迫下，不能與日本交涉，日本忽贊成中立調查。

十一月二十一日

津市西廣開又有少數便衣匪變亂。

國聯行政院正式會，僅提派調查團案，施肇基宣稱問題中心在撤兵。

白里安提議休戰，日本反對。

外部對日再提嚴重抗議，要求即撤退在東省日軍。

日軍追擊我黑軍甚烈，克山電訊不通。

台灣浪人陰謀擾亂福州。

十一月二十二日

日軍在黑大施破壞，並脅張景惠赴黑。

十一月二十三日

遼西危急，日軍在新民放地雷擲彈。

黑垣受傷官吏慘遭日軍殺戮。

國府令施肇基向國聯提出第十六條。

外部致日使照會，津變應由日負責。

十一月二十四日

日軍攻新民，威脅錦州，在龍江大殘戮，尤仇視學生。

馬占山到海倫，拒張景惠遊說。

津日租界恢復交通，二區六所日軍允交還。

十一月二十五日

日軍佔新民盤山。

外部抗議日軍在錦州行動，並駁復江省事件照會。

日接受派調查團案，但否認停止戰事一案。

津日軍交還二區六所，但不撤界內防禦工事。

十一月二十六日

白里安再請中日雙方停止敵對，我方緊急提議劃錦州爲緩衝區。

新民日軍增加，錦州愈受威脅。

津日租界便衣匪又出擾，被擊退。日軍徹夜開砲，轟擊我官署，二區六所又被佔。

十一月二十七日

津日軍猛烈轟擊津市，日租界宣布戒嚴。

國聯草新決議案。

日軍佔白旗堡，繞陽河，迫大虎山。

十一月二十八日

幣原對美保證，不攻錦州。

錦東日軍未進，本莊繁令日軍撤退。

津狀稍安，領團勸告，我方決心退讓。

十一月二十九日

錦東日軍自繞陽河撤退。

津日軍又砲擊我保安隊。

英法美武官奉令至錦視察。

十一月三十日

錦州中立地問題未決。

津市蕭方躋明速恢復原狀。

張景惠派英順接收黑政權。馬占山拒張景惠遊說。

十二月一日

日調攻錦日軍防黑，且否認劃中立地帶。

十二月二日

中國接受國聯議案，日本要求保留自由行動，各國代表反對剿匪要求。

十二月三日

日要求我撤兵至關內。

十二月四日

日軍集黑垣，馬占山備京告急。

十二月五日

日仍要求錦州我軍撤入山海關。

十二月六日

政府對國聯決提重要保留。

十二月八日

國聯主張錦東暫維持現狀，日要求我軍撤退事被拒。

本莊繁派板垣征四郎遊說馬占山。

十二月九日

我接受國聯決議案，但剿匪一項，必須刪除。

國聯開會，宣讀決議案及宣言，九日決議案有效。

日機炸營溝路。

十二月十一日

外部宣布施肇基在國聯發表宣言所述保留日軍剿匪及不承認南滿鐵路區域暨獨立運動等八點。

國府布告，於本月內召集國難會議。

十二月十三日

日軍在嫩江東岸，建飛機場，又修築吉會路，鑿哈巴嶺隧道。並强令四洮齊克聯運，洮克將通車。

十二月十六日

日飛機轟炸通遼。

十二月十八日

美再度通告日本，希尊重九國公約及非戰公約。

十二月十九日

美通知日本，稱美政府將認佔錦爲極不幸事件。

十二月二十日

國府急電國聯，請注意錦州嚴重情形。

十二月二十一日

日軍在昌圖法庫新民一帶開始總攻。外部電國聯，要求制止日軍行動。

十二月二十二日

日軍佔法庫及通江口。

十二月二十三日

白里安會見中日代表。胡世澤請其注意錦州問題，並言中國將取自衛。

日軍由營口向田莊台侵進，與我鐵甲車中山號砲戰，日軍佔據田莊台砲轟車站。

十二月二十四日

日軍用砲火及飛機威脅田莊台，中山號晚退大窪站。

駐日美使訪犬養毅，提出口頭通牒，喚起日本政府注意迴避與錦州中國軍隊衝突。英法兩使，亦有同樣通牒。

日軍將以打通路接修長大路，四洮齊克已聯運。

十二月二十五日

日政府對英美法復牒，謂日軍無攻錦意，望中國撤駐錦軍隊，請列國採旁觀態度。

營溝線日機轟炸大窪車站。

十二月二十六日

外部照會國聯，內述日本撤兵，係國聯決議，具有法律上効力，現日軍攻錦，請予以有効禁止，令日軍撤退南滿線內。

十二月二十七日

營溝線形勢緊張，我鋼甲車無畏號仍扼守大窪。

日軍飛機轟炸彰武黑山義縣。

日在天津增兵。

日艦抵青。

十二月二十八日

日政府由朝鮮調兵赴東北，在滿日軍達三萬之衆，已超過條約規定。

營溝線日軍進攻，大窪站一時失守，嗣民衆義勇軍襲取田莊台，日軍撤退。

十二月二十九日

我軍由錦州撤至灤州，遼省府仍留錦。

盤山縣陷落。

日機二十餘架，轟炸錦東各處，日軍三路並進，溝幫子危急。

十二月三十日

錦西日軍開始總攻，轟炸打虎山溝幫子一帶。

十二月三十一日

日軍佔溝幫子。

國府電國聯，報告日軍攻錦情形，請速取有效處置，對日提抗議，須負攻錦責任。

×　　×　　×

中華民國二十一年

一月一日

駐錦軍隊，向關內撤退，本晨已退竣。東北邊防司令長官公署，移駐灤縣。各國留錦觀察員返平。

一月二日

胡世澤訪晤白里安，請國聯採緊急行動，以防止事態再擴大。

日軍於下午二時入錦州。

德共黨為抗議日軍在滿橫行攻日使館。

一月三日

日軍佔通山。

一月四日

國府請求國聯行政院，立時召集會議，胡世澤赴日內瓦。

日軍前進綏中。

一月五日

國聯調查團人選確定。

日沿錦朝線推進。

一月六日

美國務卿斯蒂生與英法兩使討論滿洲事件，三國應作進一步合作。

英法駐日大使訪日外務省，請對滿洲問題與以注意。

日鐵甲車飛機在北票對我軍及義勇軍威脅。

胡世澤抵日內瓦，訪國聯秘書長，請制止日軍再西進。

一月八日

美國向中日聲明擁護條約權利，不承認侵害中國主權獨立或領土及行政之完整。

一月十日

日軍攻錦西縣，騎四旅及義勇軍應戰，日軍死傷頗重，軍官死二十餘人。

日艦八雲由旅順赴青。

一月十一日

日軍在錦西被我軍包圍，日方派重兵往援。

一月十二日

日軍分三路侵熱，大通線有激戰。吉林日軍攻賓縣吉林臨時省政府。

青島日僑暴動，搗毀民國日報館，焚市黨部，日水兵登岸。

一月十三日

錦朝大通線，義勇軍與日軍搏戰。義勇軍由新立屯進佔大虎山。

一月十四日

外部對青島日僑暴行案，向日提嚴重抗議。

一月十五日

日軍佔阜新，向新邱推進，經騎三旅及義勇軍擊退。

一月十六日

日政府覆美牒，由芳澤手交駐日美使福勃斯。

僞吉省府熙洽軍攻榆樹，與張作舟旅衝突。

土肥原賢二赴哈爾濱，任日方特務機關長。

一月十七日

日軍猛攻熱邊五頂山及新台邊門各地，被義勇軍擊退。

一月二十日

外部對日抗議，日軍阻礙北寧交通。

滬日僑搗三友紡織廠，死一華捕。

義勇軍佔領遼山，旋退出，與日軍在興城鏖戰。

一月二十一日

滬日領爲三友案，向市府道歉，允懲兇賠償。

一月二十二日

日內閣議決，派大批軍艦赴滬，日海軍第一艦隊司令鹽澤向滬市府要求解散反日團體。

一月二十三日

日艦續到滬。上海案通告國聯。

國府緊急討論對日方針。

國府敦聘國難會議人員。

一月二十四日

日本在滬示威。

東北僞國運動愈烈，日軍進圖熱河。

一月二十五日

國聯對滬局緊急討論。日本噸笑國聯調查團僅能旅行。

國府續聘國難會員三十八人。

一月二十六日

日領向滬市府提最後通牒，限四十八小時答覆。並勸各地日僑撤退。

國聯行政院開會，顏惠慶斥日破壞決議。

一月二十八日

大批日軍艦抵滬。日使重光葵返華。

滬市府覆日牒，日本要求，完全承認。

滬日軍佔淞滬路天通菴車站與我軍衝突。

美英在滬[illegible]。

一月二十九日

晨六時日機轟炸滬閘北，夜八時閘北激戰。
十九路軍通電誓死捍衛國土。
外交部宣言自衞，中政會決定對暴力抵抗。
日軍佔寬城子車站，北進佔東門南各站，日機飛哈投彈示威。
錦西日機轟炸醫巫閭山，義勇軍死千餘人。

一月三十日

國府宣言，暫移洛陽辦公，
顏惠慶在國聯行政院提出援用第十五條，日代表提阻無效。
蔣委員長通電全國革命將士，願與暴日周旋。
外部通牒各國公使，中國不得已自衞，望各國迅阻日本違法行爲。

一月三十一日

英美第一次對日抗議滬事。
滬英美領斡旋停戰未生效，日機十七架轟真茹國際電台，晚十一時，閘北又開火。
外部抗議日軍藉租界作戰。
哈爾濱大戰起。

二月一日

夜十一時，京下關日艦開砲，我未還擊。
日援軍到滬，仍攻閘北。
美對日再抗議，英美均派兵來滬。
丁超軍與日軍在哈長線雙城堡血戰。

二月二日

滬日軍於下午三時開砲轟擊閘北，晚十一時始止。
日海軍第三艦隊攻滬，野村任司令。
英美對日再提嚴重抗議，法義勸日停戰。
外部對日開砲提抗議。
李杜等成立吉林自衞軍。
大通線戰極烈，義勇軍退熱邊。

二月三日

國聯調查團自巴黎出發。
英美法對中日提議：停戰，撤兵，劃中立區，開具體交涉四項，德義亦照會請停戰。
日海軍轟吳淞砲台，日機炸閘北，砲戰竟日。滬市府對工部局及日領分別提抗議日軍藉租界作戰。

二月四日

我國對五國調停，全部接受，尤望國聯參加東北交涉。日政府覆五國牒，拒絕調停，反對干涉東北事件。
日軍砲轟閘北，衝鋒失敗，陸戰隊攻淞，遇伏大敗。

二月五日

日本答覆後，英美提第四次抗議。
英美義艦隊開滬。
日機轟吳淞真茹閘北，被我軍飛機擊落二架。
日軍抵哈，李杜丁超各部力抗巷戰。

二月六日

國聯行政院開緊急會，討論遠東形勢。
外部爲日陸戰隊殘殺華民，對日抗議，並通牒英美，禁日軍憑藉租界作戰。
日陸戰隊摸攻閘北被擊退，日機被我軍擊落一架。
滬市府對工部局抗議，日軍由租界登岸。
哈爾濱被日軍攻陷，李杜等退賓縣依蘭。

二月七日

日軍變戰略，攻吳淞江灣，淞鎮市場盡燬，竟日砲擊閘北，各部均敗退。
滬工部局覆市府對日方無力制止。
日機轟炸賓縣。

二月八日

日海陸軍總攻吳淞，受重創，日軍死傷千人，西寶興路殺傷日軍七百，爲滬戰第一次大勝。

英海軍提督凱萊，提議休戰，無結果。

滬市府又通告各領，禁日軍據租界作戰。

國聯已收到滬各領滬變調查報告。

日外務省擬就方案，提議在滬津粤青各通商口岸，畫不駐兵區，寬十五至二十英里，向各國探詢意見。外長羅文幹發表談話，駁斥日議。

二月九日

國聯行政院開全體會，我代表顏惠慶報告日軍暴行，主席宣布將成立緩衝區，晚特別會議討論滬領團報告。

美政府對日方各通商口岸及東北不駐兵提議，表示不能接受。

日本拒絕英美調停，用飛機砲火轟擊。仍不得逞。

顧祝同部出發援滬。

二月十日

閘北平靜，日軍砲轟吳淞，我軍仍堅守。

日軍在匯山碼頭屠戮華工百餘人，斬首級運日，證明勝利，滬商會請工部局禁止。

二月十一日

日軍仍砲轟吳淞，日機在各處擲彈。

英美法三使赴滬，將調停息戰。

吳鐵城牒覆日領，我方力求防止戰禍擴大，希日方勿重起糾紛。

二月十二日

外部覆令顏惠慶根據第十五條，請國聯召開大會。

英美領事提議，十二日晨八時起，停戰四小時，淞滬難民救出五千餘人。英美領事要求延長至晚七時，日軍拒絕。

晚八時起，閘北戰又起。

日軍司令向美領道歉永安被炸事。

二月十三日

顏惠慶依據國聯盟約第十五條，請求召開大會，討論中日糾紛。

日援軍到滬，仍在淞滬擲彈，晚敵三千進襲張華濱曹家橋。

二月十四日

第十九師團一萬二千人，由植田率領赴滬。

滬戰移重江灣，襲張華濱日軍，被我包圍，幾全滅。日艦對吳淞，未開砲。

二月十五日

外部第三次照會英美兩使，抗議日軍在租界碼頭登岸。

吳淞江灣終日砲戰，閘北夜戰。

二月十六日

滬日領對市府，提通牒要求我軍撤退三十公里。

滬各戰綫僅有小接觸，日軍在準備總攻中。

美政府對日軍依據租界作戰，再提抗議。國務部令上海軍事外交人員可自由作緊急處理。

府院及軍委會通電全國準備長期抵抗。

二月十七日

國聯十二國代表昨會議，照會日本，促其注意第十條責任，不承認日軍行爲正當。

晨江灣激戰，我軍大捷。日陸軍飛機十二架到滬，在楊樹浦闢飛行場。今晨日機十八架，飛眞茹南翔偵察，被我擊落一架，其餘各處，終日無何大戰。

二月十八日

日軍提最後通牒，要求我軍於二十日上午七時前撤退廿啓羅米達，並撤吳淞獅子林砲台守兵。

滬各陣綫無大接觸，僅閘北方面有小戰。

國聯警告日本，詞極嚴厲，日仍强辯。

二月十九日

外部發宣言，駁覆日方通牒。滬市長吳鐵城，十九路軍長蔡廷楷，亦分別函覆日領及日軍司令。

顏惠慶十八日將日牒報告國聯，要求召集臨時會。
美國聲明不承認滿蒙新國家。
在滬日軍集中，預備總攻。
延邊汪清王德林部起義抗日。

二月二十日

日軍晨七時總攻，自吳淞起，沿淞滬路區域，迄閘北天通庵一帶均起激戰，皆被我軍擊退。外部對日軍總攻，提嚴重抗議。
國聯不顧日本反對，定三月三日召開大會。
吉林自衛軍丁超李杜各部，出動討逆。

二月二十一日

日軍竟日總攻，仍不得逞，江灣戰仍烈。
外部宣言，否認東省偽獨立。

二月二十二日

滬激戰三晝夜我軍大捷，追敵進至租界內，因避攻租界，仍退原防。
滬日軍司令植田，電東京請增兵。
吉自衛軍克烏珪河，進展至一面坡。
日軍與王德林部在敦化激戰。

二月二十三日

滬無大戰，日軍正待援。日機飛蘇州炸死我商用機美機師蕭德，又飛虹橋，炸毀機場。
滬日僑退出上海返國。
張景惠等決擁溥儀爲僞執政，都長春。

二月二十四日

日用砲火轟擊各綫，無大接觸。
滬市府向各領抗議，租界優容日軍。又復美領牒，破壞商航業，責在日本。
英工黨宣言，援華抗日。
外部對日抗議日援助僞國。

吉林自衛軍占葦沙河，向哈爾濱前進。

二月二十五日

滬江灣大戰，我軍勝。
日援軍兩批到滬。
美國國務院聲明，反對破壞九國公約，擁護門戶開放。

二月二十六日

滬江灣正面日軍被我擊退。
日艦仍攻吳淞。
日機十五架飛杭轟炸。
李杜率部向哈推進。
英美法義要求日軍勿在租界登陸。

二月二十七日

敵援軍七千到滬登陸。
廟家宅激戰，吳王村敵軍大敗。
日艦至乍浦。
蘇俄抗議日本用中東路運兵，並質問東北僞國性質。

二月二十八日

江灣仍激戰，日援軍續到準備總攻。
美英法新提上海休戰案。英使到京，勸雙方後退待國聯大會解決。
中日軍事領袖在英艦商休戰辦法。
日機又襲擊杭州。

二月二十九日

日軍以主力攻江灣及閘北。
日援軍及白川到滬。
上海休戰運動，我方堅決否認日牒中之要求。
美國宣言否認一切違約舉動。

三月一日

吳淞形勢嚴重。

國聯行政院公開會議，協商上海休戰案。

乍浦海口日又增艦。

三月二日

我軍自滬撤退

三月三日

日軍通告保僑目的已達，實行停戰。

國聯舉行臨時大會。

我軍發表退兵通電。

三月四日

國聯大會下午開會，顏惠慶要求制止日軍行動以和平方策解決糾紛，大會決議請中日實行停戰，提停戰案三條。

三月五日

國聯大會開會，小國代表對日多主經濟制裁，美對滬案，表示與國聯合作。

三月六日

上海領團對國聯提出第四次滬案報告。

二中全會閉幕，發宣言及告將士書。全會決定對東北方針，否認偽政權，由國府以實力恢復領土。

溥儀由旅順赴湯崗子，張景惠等往迎。

三月七日

國聯大會下午續開，顏惠慶報告，中國已接受停戰決議案，英外長西門仍主調停。未有決議即散會。

三月八日

國聯續開會，指派委員起草決議案，提出十日大會討論，顏演說日本應即撤兵，各小國代表主張，擁護盟約。

日海軍大將安保到滬。

日機飛杭州，在乍浦海鹽偵察。

宋子文聲明東北關稅鹽稅關係債款擔保，不承認偽政權非法提撥。

溥儀抵長春。

三月九日

下午三時溥儀就偽執政，瀋陽各處大火，便衣隊活動。

三月十日

英使斡旋停戰，日使重光與郭泰祺交換停戰意見，我主張日軍無條件撤退。

顏惠慶報告國聯大會決議案內容，聲明擁護盟約，否認武力侵犯，由特別委員會，促停戰撤兵。

國府令四月一日召集國難會議。

三月十一日

國聯通過和平解決遠東爭端之決議案，授權特別委員會，監視撤兵及過去各決議案之實行。日本放棄投票權，我代表因訓令未到，未參加表決。

府院宣言，否認叛亂機關；一切非法行為，應由日本負責。並發表中日間往來牒文。

英使邀在滬中日代表商休戰事，日方不同意，會議未開成。

日機飛杭偵察。

蘇俄政府正式不承認東北偽政權。

三月十二日

顏惠慶通知國聯大會，表示我國接受決議案。休戰交涉，日方提軍事條件三項，無進展。

日援軍七千人又抵滬，在南翔築工事，在嘉定築飛行場。

日機又襲杭州及松江，開機關槍傷人。

蔡廷楷談，和戰關鍵，在日方有無覺悟，我軍決不再後退一步。

三月十四日

國聯調查團，晚到滬。

中日代表應英約，第一次會晤，商定基礎原則數項。

政府派蔣光鼐任和會軍事代表。

三月十五日

國聯調查團團長萊頓告報界，調查東方事出以公平。

齊齊哈爾附近白河軍舉義，討伐僞政權。

三月十六日

國聯調查團決留滬，展期入京，促進和會。

三月十七日

日方已允撤兵至租界內，仍堅持我軍不得駐滬。和會未定期。

三月十八日

國聯秘書長德留蒙，分函中日代表，請雙方向委員會報告，對決議案實行程度，準備採取之步驟。

三月十九日

晨十時在英領署開停戰會議，郭泰祺，重光，英法美布義代辦均列席，討論實行停戰及日撤兵具體辦法，下午六時始散。

三月二十一日

下午四時，中日代表及各使，在英領署會議，議定停戰三原則。

三月二十二日

國難會議改四月七日召集。

蘇俄在俄邊作軍事準備，加拉罕質問日軍行動。

三月二十三日

中日停戰正式會議，因日司令白川不出席，改期舉行。

英下院討論遠東問題，英外長西門有重要聲明。

三月二十四日

中日代表開上海停戰第二次正式會議，無結果。

三月二十五日

上海停戰會議因日本態度強硬，幾決裂。

三月二十六日

日軍宣佈退出國聯。

僞奉山路決進行葫蘆島工程。

三月二十七日

國聯調查團抵京。

三月二十八日

東北叛逆宣佈關稅獨立，關稅自四月一日歸僞國管轄。

三月二十九日

滬停戰會正式通過停戰。

四月二日

停戰會議續開，日仍堅持不撤兵期限，日方利用漢奸組織華北地方維持會。

日俄形勢緊急，沿海州俄軍達三十萬，日多門師團東進。

東北叛逆派日顧問要求接交郵政未果。

四月三日

蘇俄在海參威裝配潛水艇，中東路東段戰事激烈。

四月四日

國聯調查團抵漢。

四月六日

東北叛逆，承認外人土地租借權，規定租期三十年。

四月七日

國聯調查團乘車北上。

國難會議開幕，到一百四十四人。

俄機三十架抵綏芬。日機到烏吉密河站。

四月八日

國聯調查團到濟。

馬占山潛赴黑河，通電抗日，東路東段由海林至石頭河子均克復。

日本駐朝鮮第十九師團，開入東省。

四月九日

國聯調查團到平。

延吉附近激戰，日軍攻百草溝，黑省垣改懸青天白日旗。

四月十日

東北僞組織電京，拒顧維鈞出關，外部拒收退回。

俄空軍大隊抵綏芬河，東路第二江橋被炸。

日軍在綏檢間設警署，日鐵甲車掩護錦朝段通車。

四月十二日

馬占山通電宣布僞國證據。

四月十五日

日政府訓令日內瓦代表拒絕參加十九國委員會討論滬事。

四月十六日

國聯十九國委員會閉幕，小國堅主撤兵。

四月十七日

馬占山聲明東北眞象長電到國聯，

四月十八日

滬會候國聯決議再開。十九國委員會主由中立委員會決定撤兵日期。

四月十九日

國聯調查團離平赴秦皇島。

日本對國聯決案態度强硬。

四月二十日

十九國委員會決議請日軍速撤，混合委員會決定撤兵日期。

國聯調查團由秦皇島分水陸二路赴瀋，日方仍欲阻顧維鈞入瀋。

四月二十一日

國聯調查團抵瀋。

外部訓顏使完全接受國聯決議案，日方仍强硬。

四月二十二日

美國務卿斯蒂生與國聯特委會主席西姆斯晤商中日問題。

四月二十三日

斯蒂生與李德維諾夫，數日間秘密談判遠東情勢。

國聯調查團，拒絕叛逆招待。

叛逆發表日人駒井德藏等四人任國務院總務長官等要職。

四月二十五日

國聯調查團拒見叛逆代表。

四月二十六日

國聯特委會開秘密會，成立新妥協案。

四月二十七日

日軍三混成旅開吉東。

四月二十八日

國聯特委會開不公開會議，決定上海停戰修正決議案。國聯秘書廳接日代表國通知，日本已接受藍博森折衷案，拒絕再參加特委會討論。

國聯調查團起草第一步報告書，於五月一日提交國聯。

四月二十九日

國聯特委會開秘密會，按照三月十一日大會決議案，草具報告。

滬日軍在虹口公園閱兵，朝鮮獨立黨員尹奉吉擲彈，白川重光植田野村等均負傷。

四月三十日

國聯大會，通過特委會所提決議案，日代表棄權。

馬占山通電聲明，從未與日簽訂條約。

日軍兩師開抵海林以東，逼近俄境。

五月二日

國聯調查團初步報告到國聯。

國聯調查團抵長春，顧維鈞偕行。

五月三日

國聯調查團抵長春，五委員訪溥儀。

五月四日

國聯調查團初步報告全文，下午七時在南京發表。

顏惠慶向國聯報告顧維鈞受監視情形。

滬日軍闖入租界新關路，刺傷華人多名，與美陸戰隊發起衝突。

五月五日

滬停戰協定，午簽字，郭泰祺重光均在醫院簽署，我方代表發表重要聲明，共同委員會人選亦派定，協定全文發表。

國聯調查團赴吉林。

顧惠慶向國聯提備忘錄，對初步報告表示意見。

五月七日

日軍要求進駐榆關。

五月九日

國聯調查團抵哈爾濱。

榆關日軍半夜演習。

五月十一日

遞炸彈案韓人金九自承主使。

協定中日文本尚多爭執。

松岡洋右到滬運動設立自由市。

日本增兵前所，榆關緊張。

五月十三日

國聯調查團根據日方報告，作成另一報告書。

五月十五日

日軍增兵伊關，烏吉密河戰事仍激烈。

五月十六日

榆關日軍半夜演習，榆彈落我軍城樓哨所。

五月十七日

日駐巴西大使有吉明來京訪汪游說政治談判。

國聯調查團即赴黑，叛逆反對該團與馬占山會見。

五月十八日

榆關形勢稍形和緩，日軍官對我方表示維持秩序。

馬占山軍圍攻松浦鎮，日軍在哈佈防。

五月二十日

長春軍變，馬部克復中東路東段各地，綏陽撫遠兩公安局長謀反正未果，遂

東十四縣被義勇軍收復。

五月二十一日

國聯調查團由哈返長春。

日軍進抵湯源，攻伊關，馬部飛機轟炸哈北。

五月二十二日

榆關平靜。日軍一部回前所。

日本海軍大將齋藤實組閣。

五月二十三日

國聯調查團抵瀋陽。

外部對榆關日軍開砲及滬日軍捕安昌浩兩事，提抗議。

馬占山再攻哈。日軍過牡丹江，進向俄邊。

五月二十五日

日軍占呼蘭。

五月二十八日

日軍向俄邊移動進兵，馬占山在通北誓師。

五月二十九日

中央要人商外交自動新方針。

日軍佔綏化進攻海倫，黑砲兵團反正。

五月三十日

國聯調查團離大連反瀋，一部分職員過海道赴平。

五月三十一日

國聯調查團聲明，否認建議採用委任統治制。

俄報對日軍犯邊，致警告。

六月一日

顧惠慶將日軍進攻北滿詳情，報告國聯。

六月三日

羅文幹談，圓桌會議，純為日方片面宣傳。中俄復交在考慮中、

呼海路我軍退通北。

六月四日

國聯調查團晨六時離瀋，晚宿北戴河。

日外相齋藤令吉田告萊頓，反對調查範圍擴大及於日本及顧維鈞赴東北。

六月五日

國聯調查團抵平。

外部否認各國同意圓桌會議。

日外長齋藤對美記者談，日無合併滿洲希望。

六月六日

中政會決定對俄方針，第一步締不侵條約，第二步復交。

僞國對俄謀改訂舉俄協定。

六月八日

萊頓偕德義委員中日代表赴青島視察。

外部否認日方嗾使僞國派東路理事。

外部對日設關東都督案，仍從外交上應付。

萊頓等過濟赴青。

哈北哈東仍混亂，義勇軍占烏吉密河站。

駐日美英法義四使訪齋藤，申述對圓桌會議意見，反對在東京開會。

六月十二日

萊頓返平。

馬占山又迫哈。

六月十四日

日議會通過承認滿洲僞國。

六月十五日

廬山會議決定外交大計。

六月十七日

行政院及外交部爲日議會決議承認僞國事，分別發表宣言，通電決不停止收復失地努力。

六月二十日

財部對日本干涉東北海關行政事，發嚴正宣言。

日陸軍三長官會議，迫日政府承認僞國，將對國聯聲明，不受國聯決議案約束。

六月二十一日

東北海關問題嚴重化，美國對日提勸告，英國會質問。

六月二十二日

財部對日刼取東北關稅事，又發宣言。

駐日美使，在日美協會歡宴席上演說，美國決心維持世界和平。

六月二十三日

日軍抵滿洲里。

六月二十四日

外部對日抗議破壞海關完整，並通告華會九國公約簽字國。

六月二十五日

外部向日使抗議，僞國受日方指使，覬覦政權。

政府對東北海關決擁護，日本抗議免大連關稅務司福本事。

國聯特委會決議展緩討論遠東問題，待調查團報告書完成。

六月二十六日

僞國强占哈爾濱海關，北滿各關均易幟，大連關日員全體辭職，總稅務司對免福本職事宣言，駁覆日方抗議。

六月二十七日

日軍將再度總攻義軍。

六月二十八日

國聯調查團離平赴日本。

六月二十九日

蘇聯向大烏里增兵兩師團，日六個師團逼近俄境。

七月一日

國聯特委會開會，決議延長提出報告期限。主席西姆斯宣稱，凡違反條約之任何形勢，不應加以否認。

外部否認接受東北海關折衷辦法。

行政院決議，任李杜代理駐吉副司令長官，丁超代理吉林省政府主席，馮占溥爲哈綏警備司令，王德林爲寧安警備司令。
日拓務省派第二批移民指導團赴東北。

七月三日

重慶日租界期滿，日商繳租，民衆要求照約收回。

七月四日

國聯調查團抵東京。

七月五日

國聯調查團某委員非正式勸告日本，承認僞國爲抵觸條約。

七月六日

英外次艾頓在下院答覆日本封鎖滿洲門戶質問頗含糊。

七月十二日

國聯調查團訪日外長內田康哉，告以承認僞國爲分割中國。
日參次眞崎觀察滿洲返國，主緩承認僞國。

七月十三日

蘇俄增兵滿邊，日軍大捕北滿俄黨。

七月十四日

日軍要求在熱駐軍。
北滿日軍受重創。

七月十五日

國聯調查團由東京赴青島。

七月十六日

日閣協商新治滿政策，將以武藤信義代本莊繁。

七月十九日

日軍由錦縣向熱河進兵，日機五架，轟炸朝陽。
國聯調查團抵青島。

七月二十日

國聯調查團赴平。
日外相內田宣稱，承認僞國展緩至調查團提出報告以後。

七月二十一日

熱河情形稍緩，但日方續增兵。
國府通日會議，決積極守土。
日民政黨領袖若槻演說滿洲問題，主張中日直接交涉。

七月二十二日

佔據朝陽寺日兵已退回原駐地。
日政府非正式徵求我方同意，任有吉明爲駐華公使。
行政會議議決，封鎖東北海關。

七月二十三日

外部向日第二次抗議奪東省鹽稅。
郵總局奉交部令，封鎖東北郵局。

七月二十四日

瀋陽日電公然宣傳威脅平津。

七月二十五日

東北郵局全停閉，交部宣言，責在日本，僞國接收郵局，外郵由日代辦。

七月二十六日

顏惠慶將僞國刼奪郵權事報告國聯。

七月二十七日

日內閣通過在東三省設司令官兼全
日方在瀋辦日郵便所。

七月二十八日

駐日公使蔣作賓因日在東北設置變相統監，對日抗議。

七月三十日

財部宣布，停付日庚欵。

八月一日

日軍藉口石本案，派飛機轟炸熱邊村鎮。中常委談話會，討論處置熱事。

八月二日

日政府任武藤信義爲關東軍司令兼關東長官及僞滿洲國特派大使。

八月二日
日僞在瀋，平，津，青設郵政所。我提嚴重抗議。
八月四日
日機五架，飛綏中各村投彈，一機飛入榆關。
八月五日
義勇軍沿南滿路活動。
國府對日抗議破壞東省郵電事。
八月八日
美斯帝生演講非戰公約，明言日本爲侵略國。
八月十日
美國務卿斯帝生，會晤日使出淵又聲明反對日本武力侵略中國。
八月十一日
錦州日軍增加，日機又飛熱投彈。
八月十二日
美總統胡佛演說，堅決遵循非戰公約。法總理赫里歐表示，贊助斯帝生主張。
八月十三日
外部發現日本背向國際報告，稱我全國皆匪，政府決駁斥，並達國聯。
日軍各路增兵，反攻義軍。
八月十四日
日軍在榆關活動，日機轟炸關外永安堡。
八月十五日
日機飛熱境偵炸。
八月十六日
日政府照會國聯，任武藤信義爲駐滿全權，意在監督日領。
八月十九日
日內閣會議，討論承認僞國問題，外相內田康哉主締結基本條約，作爲正式承認之形式。
八月二十日
日軍鐵甲車隊，由胡陽寺衝入熱境，與我駐軍衝突。
八月二十二日
中央電華北將領，誓死守土。
八月二十三日
外部抗議日軍侵熱。
八月二十五日
日外相內田康哉在六十三屆議會演說，決承認僞國。
八月二十六日
內田康哉演說引起世界反響，美政府認日本違反九國公約，英報揭穿日本陰謀。
八月二十八日
日機炸開魯。
八月二十九日
日美關係尖銳化，日將派野村赴美游說。
八月三十一日
外部紀念週，羅外長演說痛駁內田，表示絕不因武力壓迫放棄寸土。
九月一日
中央令各省九一八紀念，停止娛樂。
俄艦集中同江，俄機赴北滿偵察。
九月二日
國聯調查團報告書全部完成。
九月四日
英美法義四國駐日大使詢承認僞國問題。
國聯調查團報告書簽字，團員分別離平。
日艦二十三艘集滬。
日本新任駐華公使有吉明到滬發表聲明。
九月五日

國聯調查團團長萊頓由滬返歐，希中日勿再生糾紛。駐法大使顧維鈞同行。

九月七日

政府否認將直接交涉。

日本反對調查團任何之建議。

九月九日

日內閣正式通過承認僞國。

日軍通知國聯對萊頓報告將發聲明書。

美國對日承認僞國案，置諸不理，企圖維持國際聯合戰線。

九月十日

日樞府審察承認僞國案。

九月十二日

日樞密院顧慮承認僞國國際形勢嚴重，內田謂決斥萬難，向前邁進。

九月十三日

日樞密院通過承認僞國案，日皇已批准。

教部通令紀念九一八。

九月十四日

日本制止在華日僑關稅承認僞國。

九月十五日

日本與東北傀儡在長春簽訂僞滿議定書，正式承認僞國，並發表聲明。

九月十六日

我政府爲承認僞國特對日提嚴重抗議，照會九國公約各國，致牒國聯，請採有效辦法。

僞滿洲國十五日聲明以中國爲外國，設關徵稅。

九月十八日

國府九一八紀念，葉楚傖報告，團結一致，長期抵抗。全國各地紀念九一八，普天同悲。吉林抗日將領發表九一八通電。

日本對抗議無表示，致十二國照會難遽得複。

日本政府首領協議國聯對策。

九月十九日

日本向東北大增兵，人數番號均秘密。

日本宣稱中日海關協定將交涉廢止。

我代表顏惠慶函國聯請採斂捷行動制止日本。

九月二十日

萊頓抵孟買謂日本占領東北，世界無和平。

東北叛逆宣布鴉片公賣。

國聯徇日要求，展期討論報告書。

九月二十一日

日增兵東北將總攻義勇軍。

美法兩要協商，法國將放棄其曖昧的贊助日本，堅決擁護盟約。

九月二十二日

僞國恫嚇列強。

僞國在榆關設關，定二十五日起徵稅，外部將再對日抗議。

九月二十三日

財宋宣言封鎖東北海關，東北進出口稅暫在內地徵收。

九月二十五日

榆關僞關開始徵稅，稅率極高。

九月二十七日

日本實業界計劃滿洲經濟統制，主由日政府限制設立紗廠。

侵佔東北日軍改稱駐屯軍。

九月二十八日

日本答覆承認僞國抗議，強詞奪理。

國聯調查團報告副本送日本，日本請緩發表。

東鐵護路軍蘇炳文反正，佔領滿洲里。

日使有吉明呈遞國書。

九月二十九日

有吉明談中日問題，直接交涉，殆不可能。

九月三十日

國聯調查團報告書晚七時由英使館職員梯萊送交我外部。

美國務卿斯蒂生演說滿洲危機，美海軍宣布艦隊留駐太平洋。

十月一日

十九國特委會閉會，一致抨擊日本。

滿洲里日領署被義軍佔領，蘇炳文就救國軍總司令。

十月二日

國聯調查團報告書在日內瓦，南京，東京同時發表。

十月三日

外部發表對調查團報告宣言。張學良認萊頓報告大體公正。

萊頓抵英京。

斯蒂生胡佛對萊頓報告有重要會議。英國對萊頓報告暫不表示意見。

十月四日

我行政院會議討論萊頓報告。

日內閣討論反對萊頓報告。

十月六日

我外交委員會開正式會議，審議萊頓報告。

十月八日

日本軍費預算激增。實行武裝移民。

十月九日

日本增兵熱邊。

十月十日

各地停止國慶典禮。

日人擬設立間島特別區。

顧維鈞告外國報界謂中國準備接受萊頓報告，但附條件。

美上議院議員李德返美，謂各國決不承認偽國。

十月十二日

日本醞議滿蒙聯合獨立。

十月十三日

萊頓報告全文發表。

滬傳汪精衛將出院赴法休養。

十月十四日

蘇聯機關報指摘萊頓報告書。

十月十五日

日政友會決行亞細亞政策。

十月二十二日

日齋藤首相宣稱現狀下不能直接交涉。

十月二十六日

美國務卿斯蒂生在畢次堡演說拒絕承認日本侵略所得結果。

十一月十一日

國聯擬另組織國際委員會，討論中日問題。

法使聲明決不承認偽國。

十一月十四日

熱邊日軍增兵。

十一月十七日

國聯行政院專議萊頓報告書。

中政會決議十二月一日政府正式遷回南京，建設陪都行都。

義軍蘇炳文拒絕與日妥協。

十一月十八日

日本意見書提出國聯秘書處。

十一月二十一日

國聯行政院開會，中日代表雄辯。

日軍計劃攻熱。

十一月二十三日

國聯行政院會議中，我代表顧維鈞痛斥日代表松岡洋右。

中政會決議國府遷回南京。

十一月二十五日
代理行政院長宋子文宴各國公使，否認與日直接交涉。
十一月二十八日
國聯行政院通過中日問題交涉大會討論。
日政府訓令松岡洋右勿退出國聯。
十一月二十九日
國聯全體大會，定於十二月六日舉行。
十二月一日
林主席抵京，國府回鑾禮成。
十九國委員會通過中日問題移交大會。
十二月四日
日猛攻海拉爾，蘇炳文通電撤兵，退入俄境。
十二月六日
國聯大會開幕。
日閣促溥儀復辟。
十二月七日
國聯大會中四國提案，謂日軍行動，並非自衛，小國代表指責日本。
十二月九日
國聯大會閉會通過主席團起草之決議案。
日鐵甲車擊榆關。
十二月十日
日鐵甲車退，榆關事件解決。
十二月十二日
中俄邦交宣告恢復。
十二月十三日
外部發表中俄復交宣言，並公布中俄換文。
十二月十六日
十九國委員會通過中日問題決議草案。
十二月十七日
我代表發表重要宣言，不滿國聯決議草案。
十二月十九日
日特使武藤信義剝奪偽國警權。
十二月二十日
日機偵察綏中。
十二月二十五日
日本軍部召開全國師團長會議。
日軍增兵榆關。
十二月二十七日
日軍聚熱邊。
十二月三十日
日軍部要求蘇俄承認偽國。

× × ×

中華民國二十二年
一月一日
政府授抗日將領青天白日章。
夜九時日軍無端砲擊榆城，我駐軍抵抗。
一月三日
日軍攻入榆城。
美方對榆事鎮靜，蘇聯無表示，德責日本，法報主張經濟制裁。
一月四日
榆城卒陷，民死數千，外部令顏代表報告國聯。
中政會開會，商華北問題。
我向日本提出嚴重抗議。
外部向國外發表宣言，述榆事經過。
北滿戰事緊急。

一月八日

朝陽阜新序幕戰。

一月九日

秦皇島日陸戰隊登岸。

我代表團通告國聯。

一月十日

日軍攻九門口。

一月十二日

九門口失守，秦皇島吃緊。

十月十四日

德留蒙修正案交中日徵求政府意見。日外務省表示對德留蒙案可接受。

日僞軍紛向遼西集中。

一月十五日

外部電代表團堅決反對新妥協案。

熱河形勢愈緊，朝陽頻聞砲聲。

一月十六日

顏代表質問西姆斯主席，何以修正案不通知中國。

美訓令駐歐外交代表否認日本在滿地位。

日機轟炸開魯。

美上院海軍委員會主席提議全部艦隊常駐太平洋。

一月十八日

西門勳議召集國聯大會。

十九國委員會討論修正案。

一月十九日

日騎兵向熱邊集中。

一月二十日

十九國委員會續開。

一月二十一日

國際大學聯合會致電國聯請保守盟約。

日軍向北票九門口增兵。

一月二十二日

國聯調解失敗，十九國委員會討論第十五條第四項。

外部對日二次抗議山海關事件。

一月二十三日

十九國委員會指派九國委員會起草報告書。

一月二十四日

國聯各小國堅持報告書應明否認僞國。

德國代表反對英法處理中日糾紛之理論。

一月二十五日

九國起草分科委員會開會。

日軍向山海關增兵。

一月二十六日

日機轟炸開魯。

日陸相荒木等向議會公言進攻熱河。

一月二十八日

英駐日大使林萊訪日外相內田提出打開中日糾紛難局案。

美芝加哥發生嚴重反日暴動。

一月二十九日

英外相反對國聯報告書中聲明不承認僞國。

一月三十一日

國聯各小國代表反對承認僞國。

日外相內田訪日元老西園寺商談國聯對策。

二月一日

羅文幹外長對國聯起草報告，發表強硬談話，反對承認僞國。

二月二日

日機飛承德偵察。

二月三日

日向山海關增兵。

二月四日

十九國委員會拒絕日本提案。

二月五日

日軍繼續向熱河集中。

二月六日

十九國委員會決定不承認偽國。

二月七日

日政黨聯合會開民衆大會討論對滿問題。

二月九日

十九國委員會開會討論日方提案。

二月十日

中政會開臨時會討論國防委員會組織條件及人選。

二月十三日

日內閣通過拒絕國聯質問萊頓報告第九章第七項原則之復文。

日軍總攻阜新。

二月十四日

十九國委員會通過建議案。

二月十五日

美國官方宣稱國聯處理中日問題之三步驟。

二月十七日

國聯公布報告書。

日本續向朝陽錦州增兵。

中日互惠關稅條約五月中旬滿期，政府無意續訂。

萊頓聲明國際制裁可用其他方式。

二月十八日

張學良等通電決心奮鬥。

日閣議決定拒絕國聯建議案。

二月十九日

英國國聯同志會建議各國禁止供給違約國軍火。

二月二十日

日繼向熱河增兵。

日閣議決定如國聯採取報告書，當即退出國聯。

萊頓在巴黎和平協會演說指責日閥未脫封建思想。

二月二十一日

日本開始總攻熱河，朝陽開魯發生戰事。

國聯特別大會開幕。

日代表團照會國聯，抗辯報告書。

二月二十二日

英勞工協會議決經濟制裁日本。

二月二十三日

日領上村面交經外長備忘錄一件，要求我軍退出熱河。我外部駁斥之。

日臨時閣議決定拒絕報告書，並電日代表投反對票。

二月二十四日

國聯大會通過報告書，日代表退席。

我軍撤出開魯。

二月二十五日

國防委員會正式成立。

朝陽失守。

國聯組織顧問委員會開會。

日代表團向國聯提出陳述書。

二月二十六日

凌南方面白石咀子激戰。

二月二十七日

美國正式聲明參加顧問委員會。
日軍由白石咀子猛攻紗帽山。
英西門在下院演說，禁運軍火，中日須同等待遇。
二月二十八日
中央印發告共黨政軍幹部人員書，勉其一致抗日。
三月一日
我外部電令駐英大使館轉陳禁運軍火之意見。
三月三日
湯玉麟棄承德。
三月四日
日軍迫喜峯口古北口。
三月六日
日軍主力攻我白拉子山一帶陣地。
三月七日
商震部黃光華師克復冷口。
三月十日
宋哲元部在喜峯口與日軍激戰。
萊頓在勞働人報宣稱應即向日本提外交勸告。
三月十一日
古北口我軍撤至新陣地。
張學良通電下野。
三月十二日
何應欽來平坐鎮。
三月十三日
英政府決取銷禁運軍火令。
三月十五日
喜峯口戰事仍烈。
國聯顧問委員會開會。
三月十七日
日軍總攻喜峯口。
三月十九日
日機轟炸遵化。羅文峪戰事激烈。
三月二十日
何柱國部自石河一帶撤至灤州。
三月二十一日
喜峯口戰事仍烈。
三月二十二日
日軍猛攻界嶺口。
三月二十三日
冷口外發生激戰。
三月二十四日
冷口外仍激戰。界嶺口日增援。
三月二十五日
界嶺口激戰，東線緊張。
三月二十七日
喜峯口界嶺口一帶仍戰，冷口方面兩軍相持中。
日本樞密院決議退盟，並通告國聯及各國政府。
國聯答覆日本退盟書。
三月二十八日
石門寨戰事激烈，撫寧附近有戰事。
羅外長關於日本退盟發表宣言。
三月三十一日
日軍分兩路進犯石門寨。
四月三日
日本迫我退出灤東。
日本青年國民同盟行結盟式。

四月四日

海陽鎮鬨戰，秦皇島緊急。

四月六日

我軍自海陽鎮引退。

四月七日

何柱國軍奪回海陽鎮。

日利用李際春等叛逆進攻灤東。

日軍進攻冷口喜峯口及董家口。

東邊義勇軍活躍。

四月九日

敵機轟炸遷安湯河一帶。喜峯口董家口激戰。

四月十日

日軍四路進攻長城，迫我退出各口。

四月十一日

冷口建昌營失守。

四月十二日

喜峯口激戰，東線緊張。

四月十三日

英國正式通告日本廢止印日商約。

四月十四日

我軍反攻建昌營。日機炸盧龍。

行政院長汪兆銘聲明國府決不變更抵抗政策。

四月十五日

遷安棄守，灤東勢急，敵機炸北戴河。

四月十六日

灤東我軍撤防，秦皇島軍奉命撤退。

四月十七日

昌黎形勢混亂，北寧車止灤縣。

察東吃緊，日偽軍集結椎子山。

四月十八日

日機轟炸唐山通州。

四月十九日

日佔灤東進行偽組織。

四月二十日

日增援古北口

吉會路通車。

日本恢復旅順軍港。

四月二十一日

日軍攻南天門。日機偵察唐山。

四月二十二日

日陸軍省宣布停止戰事與追擊。

宋哲元由平赴前方督師。

四月二十六日

古北口竟日血戰。

四月二十八日

多倫失守。

日軍總攻南天門。

五月二日

日陸軍省發言人言將擾平津。

五月三日

日機轟炸興和。

五月六日

日軍迫我撤退灤東部隊，否則大舉進攻。

五月七日

灤東日軍進攻撫寧。

五月八日

日僞軍總攻灤東。
日關東司令部發表荒謬聲明，誣我挑戰。
五月九日
外部關於中東路正式聲明反對任何一方處理該路。
五月十日
日軍圖渡灤河西犯。
日機轟炸密雲薊縣。
五月十一日
南天門血戰。
日機飛北平偵察，散荒謬傳單。
蘇俄否認出售東鐵。
五月十二日
日軍進犯灤西各地。
日機又飛北平偵察。密雲被炸。
五月十三日
日軍迫豐潤。
外部電顏大使向蘇聯抗議出賣中東路。
五月十四日
石匣鎮我軍後退。密雲縣發現日便衣隊三百餘人。
五月十五日
北平政務整理會委員長黃郛由京北上就職。
龍井關激戰，唐山我軍撤退。
五月十六日
豐潤撤防，龍井關撤防。
五月十七日
日僞軍入唐山。
五月十八日
我國接受美總統羅斯福宣言，羅外長聲明中美意見若合符節。
黃郛在平談，北來對外交問題，决秉中央意旨，在互相諒解下謀和平，絕不妥協，亦不求和。
日本唆使僞國購買中東路。
五月十九日
密雲我軍撤防。
五月二十日
日機飛平示威。
五月二十一日
日軍攻三河香河一帶。
五月二十二日
通州郊外激戰。
日關東軍部聲言進攻張家口。
中樞要人開重要會議磋商華北軍政問題。
五月二十四日
僞軍進入寧河城。
五月二十五日
北平軍分會重要人談和平運動大致可成。
五月二十六日
汪院長聲言在不喪權辱國之原則下談判休戰。
通州日軍撤退距城三十餘里。
五月二十七日
通州我軍移駐城西三十餘里。
日本陸軍省聲明已進行停戰交涉。
五月三十日
中日代表會集塘沽，談判停戰協定。
五月三十一日
中日代表在塘沽簽訂華北停戰協定。
汪院長談停戰爲局部緩和，無礙領土主權。

六月二日
汪院長通電申述停戰協定經過。
不承認「滿洲國」小組委員會修改通過秘書廳所草不承認辦法報告。
日政府決定改稱中東鐵路爲北滿鐵路。
六月三日
中政會通過停戰案。
僞軍李際春進佔蘆台以東小村落。
六月四日
日僞軍集中多倫。
六月五日
汪兆銘在中央紀念週解釋停戰協定並非放棄長城以外。
蘇俄以强硬態度抗議僞國封鎖綏芬河。
六月七日
國聯二十一國顧委會通過小組委會草成之不承認僞國草案
六月十四日
國聯再通函各國請堅決否認僞國。
六月十五日
北寧線日軍撤退，準備恢復通車。
六月十六日
行政院決議修正北平政整會管轄區域爲冀魯察綏晉五省及北平青島兩市。
六月二十二日
外部分電駐日俄使抗議中東路問題。
六月二十四
東鐵出售案俄代表等抵東京。
六月二十五日
外部對俄二次抗議，本日由駐俄大使館遞俄當局。
僞國東鐵交涉代表抵東京。
六月二十六日
中東路出售案，俄日僞三方在東京開始談判。
六月二十九日
戰區接收委員會人選發表，計于學忠，魏鑑，薛之珩，雷壽榮，李擇一，殷同，陶尚銘，劉石蓀，沈宗澤等九人，于學忠爲委員長。
七月一日
平津解嚴，接收戰區委員會在河北省府成立。
七月二十四日
日外務省聲明，反對國際與中國合作，認爲破壞東洋和平。
七月二十七日
日本駐僞滿大使武藤信義病故。
七月二十八日
日本新任關東軍司令兼駐僞滿大使菱刈將在葉山舉行就職禮。
八月七日
日機轟炸距沽源縣城二十五里之平定堡。
八月八日
日陸軍省發表聲明，關東軍撤回長城線。
日僞軍攻多倫，大隊飛機轟炸沽源。
九月十五日
日軍在張垣散「警告書」，謂宋哲元軍如不撤退接關張北以西，必取斷然處置。
九月二十六日
日兵佯醉挑釁，一度占領塘大公安局。
十月九日
內蒙錫林郭勒盟副盟長札薩克親王德穆楚克棟魯普在百靈廟召開內蒙自治會議。
十月十一日
國聯大會閉幕。
十月二十三日

灤東剿匪開始總攻。

十一月六日

日關東軍副參謀長岡村寧次抵平。

十一月十日

日關東軍副參謀長岡村寧次抵津，謁于主席談戰區問題。

十二月十六日

日僞軍進日窺伺察東到達豐城沽源一帶。

十二月十八日

薊密行政督察專員公署成立，殷汝耕到署視事。

× × ×

中華民國二十三年

一月十六日

日僞軍侵龍門所。

一月十七日

中政會通過內蒙自治方案。

一月二十日

溥儀宣布定於三月一日稱帝，並改稱僞組織爲滿洲帝國。

一月二十二日

內蒙代表請林主席請仍實施百靈廟原定自治辦法。

日本陸相荒木貞夫辭職，林銑十郎繼任。

一月二十四日

全蒙代表向四中全會請願。

一月二十九日

全蒙代表關於自治問題向中央各機關請願。

二月十日

接收山海關。

三月一日

溥儀稱帝，我發表嚴正聲明。

三月四日

接收古北口。

三月六日

行政院通過內蒙自治辦法。

三月七日

中政會通過蒙古地方自治委員會暫行組織大綱及蒙古自治指導官公署暫行條例。

三月十一日

國府爲傀儡改稱發告全國書，勸國民臥薪嘗膽牢緊教訓。

三月二十一日

日美互致交驩書，願以和平手段維持兩國友好關係。

三月二十四日

青島日本浪人潛組便衣隊，定本日圖謀暴動，經當局偵悉，捕獲七名，始得無事。

三月二十七日

日本林陸相召集陸軍會議，交換對時局意見，並着手研究改革軍制。

四月六日

中央電令各省市，嚴禁漢奸招募華工出關。

我致國聯之抗議溥儀稱帝之原文，在日內瓦發表。

四月十四日

日本外務省發表對華北謠傳之聲明，認爲無稽。

日關東軍副參謀長岡村返國，報告關東軍對僞國國防之主張。

四月十九日

外部對日方宣言發表聲明。

四月二十一日

外部爲日人散布謠言，闢爲荒謬絕倫。

四月二十三日

日本駐美大使齋藤，謂日本欲指導各國在華外交。
內蒙古政委會在百靈廟正式成立。
　四月二十四日
英外相西門照會日本，反對破壞九國公約。
日滬領須磨解釋日本政策，謂反對列國以共管態度臨於中國。
　四月二十五日
外部為日方之解釋再發表聲明，謂中國有獨立自主權，共管與獨佔均難忍受。
　四月二十六日
日外相廣田以修正之日外務省聲明書，送達美大使館。
　五月一日
美政府發表對日質問全文，聲明條約上之權利義務，非任何一國所能武斷。
　五月三日
日本駐法大使佐藤為中日問題訪法外長巴多，交換非正式之文件。
　五月十四日
十九屆國聯行政院會議閉幕，下午中日問題顧問會開會討論與偽滿洲國通郵問題。
　五月十五日
中日雙方派人在山海關舉行會議，商定通車辦法，及解決戰區糾紛。
　五月十六日
國聯中國問題顧問會，決定通郵三項原則，在否認偽組織方式下行之。
　五月十八日
蘇聯大使鮑格莫洛夫在平闢謠，日宣所傳中蘇訂立關於內蒙交通之密約說，完全無稽。
英外相西門，宣言遵守九國公約，說明各國尊重中國之主權，但未担任以武力保障中國領土之獨立與完整。各方認西門失言。
　五月二十二日
中美小國薩爾瓦多承認偽國。

　六月八日
日本駐京總領事藏本英明失蹤，行政院令首都警察廳及衛戍司令部加緊
訪。日派艦至下關示威。
　六月十三日
藏本英明在明陵洞中發現。
　六月二十八日
平瀋通車方案公布。
　七月三日
日本齋藤內閣因黑田受賄案判明，總辭職。
　七月四日
日前海相岡田啟介受命組閣。
　七月二十日
唐有壬，殷同，李擇一，有野在滬密談華北外交問題。
　七月二十一日
殷同赴大連會晤日關東軍代表。
王克敏抵莫干山謁黃郛，密談華北問題。
日關東軍藉口偽滿國境，干涉英軍在榆關演習，為英軍拒絕。
　七月二十三日
華南各地日領在台灣會議閉幕。
　七月二十四日
殷同，岡村，喜多，柴山在大連舉行會談戰區善後問題。
　七月二十五日
大連會議終了。
　八月十日
王克敏謁宋子文滬，商談華北財政問題。
　八月十四日
日本謂發現破壞滿洲國陰謀，捕東鐵俄員二十名。
　八月二十二日

日本逮捕中東路蘇俄要員十七名。

八月二十七日

我駐日公使蔣作賓訪日外相廣田，聲明中俄未有密約。

九月八日

蔣氏訪問日使有吉明，對於我國決定之華北問題交涉態度詳細陳述，以求日本諒解，並聽取日方意見。

九月十一日

日使有吉明謁汪兆銘談華北問題。

九月十四日

日本政府驅逐華僑，外部提出抗議。

九月二十一日

中東路逮捕俄員十二人。

九月二十二日

日使有吉明發表聲明，稱我國旅日僑民係自願回國，日方未加壓迫。

九月二十五日

僞滿洲國外次大橋由長春回東京，與蘇俄駐日大使繼續中東路談判。

十一月一日

華北戰區清理委員會成立。

十二月十日

日任南次郎爲駐僞滿大使兼關東軍司令。

十二月二十二日

日樞密院通過在滿機關改革案。

× × ×

中華民國二十四年

一月四日

日本關東軍要人在大連會議商對華問題。

一月十九日

日僞軍在察東活動，指沽源縣屬長梁烏泥河爲熱河地。

一月二十二日

蘇俄以中東路讓日交涉妥協。

一月二十四日

日機在獨石口擲彈。

一月二十七日

察東日軍佔據東柵子。

一月二十九日

駐平日武官高橋坦謁何應欽商察東事件和平辦法。

一月三十日

日關東軍佔據哈喇廟。

二月二日

中日雙方在大灘會議，察東事件和平解決。

三月一日

駐美英大使林賽與美副國務卿費列勃斯會商中日問題。

三月七日

日公使有吉明謁汪談中日關係。

三月十一日

中東鐵路非法買賣在東京簽定草約。

三月十六日

外部聲明不承認東鐵非法買賣。

四月二日

僞滿洲國皇帝溥儀赴日。

四月八日

駐華日總領事在滬舉行會議。

五月三日

日外相廣田演說中日關係好轉，政友會議員蘇沿等來華觀察。

五月十四日

日陸相林銑十郎發表中日使節昇格談話。

五月十七日

南京東京同時發表中日使節晉升大使。國府特任蔣作賓爲中華民國駐日本國特命全權大使。日本以公使有吉明晉升大使。

五月二十日

日軍開入灤化。

五月二十三日

中日負責人員在津商戰區問題。

五月二十九日

日軍參謀長酒井隆武官高橋坦向北平軍政當局質問戰區匪部，並有所要求。

六月六日

國府令調任河北主席于學忠爲川陝甘邊區剿匪總司令。

日軍部向京平日駐軍發出重要訓示。

六月七日

日武官磯谷廉介由滬到津，駐津日軍司令武官參謀等開會。

六月九日

日軍參謀長酒井隆訪何應欽要求答覆。

六月十日

國府頒睦鄰敦交令。

何應欽答覆日武官高橋承認日方要求，中央軍調離河北，平津各級黨部一律停止工作。

六月十一日

日關東軍特務機關長土肥原賢二由長春飛抵津。

六月十二日

日軍通知北平當局有飛機一隊將來平。

六月十六日

秦德純與日軍參謀武官商察北事件。

駐美英大使與美國務卿商討遠東形勢。

六月十八日

國府命令派王克敏代理北平政整會委員長。

六月十九日

國府命令免宋哲元察省主席職，派省委秦德純暫代。

六月二十一日

日本參謀本部課長喜多誠一到粵晤李宗仁陳濟棠。

六月二十二日

日軍關東特務機關長土肥原武官松井高橋等在平會議察事。

六月二十七日

張北事件解決，秦德純等與日軍代表土肥原賢二等在日使館武官室辦理書面手續。

六月二十八日

北平豐台站晨一時發現便衣隊，脅迫鐵甲車開永定門發砲，經駐軍擊退，北平頒佈戒嚴。

軍分會調二十九軍馮治安師開平。

日華北駐屯軍司令梅津美治及日大使有吉明發表聲明冀察事件結束。

六月二十九日

日陸相報告俄在「滿」邊配置重兵，俄國對日提出抗議，日軍侵入俄境。

七月二日

日大使有吉明提新生週刊侮辱日皇事件交涉。

七月五日

俄駐日大使優列尼夫訪廣田外相，商俄滿糾紛問題。

七月九日

新生週刊社長杜重遠判徒刑一年二月，並不得上訴。

滿鐵與關東軍部在長春作首次會商開發華北經濟問題。

七月十五日

日滿經濟協定在長春簽字。

七月十九日
日陸海外藏四省聯合會議研究對華北具體方案。
七月二十六日
日開四省會議商對華政策。
七月二十七日
殷汝耕繼任灤榆專員。
八月一日
日閣議決以松岡洋右繼任滿鐵總裁。
八月十一日
日以多田駿爲華北駐屯軍司令。
八月十七日
外部向日抗議日機縱意飛平津領空。
八月二十六日
日召開師團長會議。
八月二十八日
國府任命宋哲元爲平津衛戍司令。秦德純爲察省主席兼民政廳長。
八月二十九日
國府命令撤銷行政院駐平政務整理委員會，王克敏趕辦結束。
綏遠各級黨部停止工作，辦理結束。
九月四日
日陸相林銑十郎辭職，川島義之繼任。
十月七日
關內外通日文電報商妥。
十月八日
日本內閣閣議通過對華新政策。
十月十二日
日駐華武官在大連開會議。
日俄軍在伯力發生衝突。

十月十三日
蘇俄爲伯力衝突事件對日提出抗議。
十月十九日
汪院長發表關於中日問題關鍵談話。
日使領會議在滬閉幕，有吉大使及各地總領均出席。
十月二十日
日海軍武官在滬開會。
十月二十四日
河北省香河縣劣紳武桓等擅組自治政府，縣長被逐。
十月二十八日
香河事件解決，武桓出走，變民已散。
十月二十九日
日大使館對北平市政府抗議反日活動團體，天津日總領事亦向市政府提抗議。
十一月一日
天津取締妨礙中日邦交團體。
十一月六日
行政院會議，決議任命秦德純爲北平市長，蕭振瀛爲察省主席。
日使有吉明訪孔部長詢我國整頓幣制真相。
十一月七日
日領須磨及雨宮爲北平事分赴外部訪唐有壬談甚久。
十一月九日
日軍部非正式宣言，指摘我幣制改革。
日直接捕人，我外部照會有吉大使提嚴重抗議。
十一月十日
日水兵中山秀雄在滬被擊斃，日武官請市府緝兇。
十一月十一日
日松井石根大將赴津觀察華北情勢。

十一月十六日

日外相對駐日英大使正式表明反對共同對華借款。

十一月二十二日

日本閣議討論中日問題。

十一月二十四日

殷汝耕等在通縣組織冀東防共自治會。

十一月二十五日

天津發生請願自治事件，當日即平息。

十一月二十六日

國府令裁撤北平軍分會，派宋哲元爲冀察綏靖主任。何應欽爲行政院駐平辦事長官。令行政院飭河北省府對殷汝耕免職嚴行拿辦。

冀各院校宣言反對冀東自治。

十一月二十七日

宋哲元電京辭冀察綏靖主任職。

日外務省電有吉促再赴南京徵詢具體方案。

駐津日軍在總站阻津浦車南下，經交涉後放行，日軍在豐台阻平漢貨車南開。

北寧路電鐵道部請示冀東自治會干涉路政事。

英駐日代理大使訪重光質問華北自治運動日方予以援助是否屬實。

十一月二十八日

日領須磨赴外部訪唐次長對日軍佔用豐台影響車站有所解釋。

十一月二十九日

外交部照會各國駐華使節，聲明殷逆汝耕一切行爲應視爲無效。

十二月五日

殷汝耕被滬全浙公會開除省籍。

英外長在下院報告華北問題。

美國務卿發表華北問題宣言。

十二月六日

日領須磨訪唐次長，對我國駐外大使關河北問題言論有所表示。

十二月七日

國府照准成立冀察政委會。

商震電中央辭冀主席及軍長職。

日外省表示對華將行純經濟國策。

十二月九日

多倫李守信部突襲沽源，平日方允去電制止。

十二月十日

冀省委及廳長全體電京辭職。

沽源李守信部續增兵。

十二月十一日

國府令特派宋哲元萬福麟王揖唐等十七人爲冀察政務委員，並指定宋爲委員長。

十二月十二日

國府任命商震爲豫省主席，宋哲元兼冀省主席，張自忠兼察省主席，蕭振瀛爲天津市長。

十二月十四日

津日軍司令多田與喜多等開會討論擴充駐軍日軍數額問題。

十二月十七日

英駐日大使訪廣田重光談華北問題。

十二月十八日

日本當局論評莫斯科崇俄會議。

十二月二十日

張外長晤日使有吉詳釋外交方針。

十二月二十一日

日領須磨若杉訪我外交當局。

十二月二十五日

殷汝耕發宣言改稱冀省防共自治政府。

十二月二十八日

駐日代辦丁介假訪重光，提議舉行中日會議。

× × ×

中華民國二十五年

一月五日

北平日兵槍擊朝陽門我方守兵。

一月六日

蕭振瀛來津與日方商冀東問題。

一月八日

日外務省開會決定對南京會議方案。

一月九日

華北日軍武官在津會議。

一月十一日

日軍人磯谷板垣等到青島會商要事。

一月二十二日

日領須磨入京傳達日外務省意見。

二月七日

日大使有吉明返國。有田八郎繼爲駐華大使。

二月九日

美參議院外委長畢特門演說抨擊日本。

二月二十六日

日本東京發生暴力政變。

三月一日

日本岡田內閣總辭職。

三月三日

日皇命近衛文麿組閣，近衛拜辭。

三月五日

日皇命廣田弘毅繼任首相。

三月十日

日本廣田新內閣就職。

三月十六日

日大使有田訪我外長張羣首次交換中日外交意見。

三月十七日

日大使有田再訪張外長續談中日外交。

三月十八日

張外長與日使有田作三次談話。

三月十九日

中日外交談話結束，共同發表公告。

三月二十二日

日總領在滬會議。

三月二十六日

日俄邊境發牛衝突。

三月三十日

宋哲元訪津日軍司令多田談冀察問題。

四月二日

華北日本走私貨物充斥，津海關監督林世則到京請示。

四月三日

日大使有田八郎調任外相，津總領事川越茂繼爲大使。

四月十六日

日聯合艦隊六十餘艘開到青島。

四月二十二日

國聯十三國委會開會。

四月二十四日

冀察交涉移平談判。

日外海陸三相舉行首次會談商外交一元化。
四月二十六日
日武官會議在津開幕。
五月十五日
外部爲華北走私向日抗議。
五月十七日
美國務院發表聲明對華北情勢不能坐視。
五月二十八日
日增充部隊開到塘沽。
五月三十日
宋哲元發表關於談話謂將力保主權。
六月二日
許大使奉命向日抗議增兵華北。
六月十三日
蕭振瀛辭職，張自忠繼任津市長。
六月十七日
日關東軍代表與華北駐屯軍代表在津會議。
六月二十日
日兵車兩列由榆關開平津。
七月三日
日新大使川越茂呈遞國書。
七月七日
日二二六事件首犯十七人處死刑。
七月九日
日坦克軍隊在平遊行示威。
七月十日
大沽口日駐軍與我軍發生小衝突。
七月十一日
日各地武官在滬會議。
七月三十日
日機飛晉綏視察。
八月五日
日民政黨發宣言主張調整中日關係。
八月二十一日
日華北陸軍武官會議開幕。
八月二十二日
日華北總領會議開幕。
八月二十三日
日華北海軍武官會議開幕。
八月二十八日
綏東五縣宣布戒嚴。
九月七日
津日駐軍推舉趙川橋本任冀察政委會顧問。
九月十四日
日大使川越在京商調整中日國交。中日交涉開始。
九月十六日
日大使川越再訪張外長。
九月十七日
許大使訪日有田外相。
九月十八日
豐台中日軍發生衝突，北平臨時戒嚴。隨即解決。
九月十九日
漢口日警吉岡在日租界被殺。
九月二十一日
日外陸海三相舉行會議。
九月二十三日

張外長與川越第三度會談。

九月二十四日

中日外交停頓，滬日陸戰隊登陸戒備。

九月二十五日

日方准繼續外交談判。

九月二十九日

日軍集北平。

十月三日

許大使再訪日有田外相。

十月十九日

張外長與川越第四度會談。

十月二十一日

張外長與川越第五度會談。

十月二十三日

許大使三訪日有田外相。

十月二十六日

張外長與川越第六度會談。

平津日駐軍大演習。

十月三十日

外部對日駐軍在平津一帶演習提出抗議。

十一月一日

平津日駐軍擴大演習。

十一月十日

張外長與川越第七度會談。

綏邊發生小接觸。

十一月十一日

許大使四訪日有田外相。

十一月十四日

許大使五訪日有田外相。

十一月二十日

日方輸入大批軍械至商都。

十一月二十三日

綏東戰事移至綏北。

十一月二十六日

日機轟炸百靈廟。

十一月二十七日

日四相會商對華問題。

十一月二十八日

日關東軍對綏事發荒謬宣言。

十二月三日

匪僞反攻百靈廟，擾武川匪軍被擊退。

張外長與川越第八度會談。

青島日水兵登陸。

日軍召幹部會議。

十二月五日

日機轟炸百靈廟。

許大使六訪日有田外相。

十二月六日

外部聲明中日交涉經過。

十二月十二日

西安事變發生國府令褫張學良職。

十二月十三日

日機轟炸百靈廟。

十二月十六日

國府下令討伐張學良。

十二月十七日

許大使七訪日外相有田。

十二月二十一日

日大使川越訪張外長。

十二月二十五日

蔣委員長及張學良抵洛陽。

十二月二十六日

蔣委員長抵南京，張學良請罪。

十二月三十一日

軍委會審張學良判徒刑十年，蔣委員長呈請國府特赦。

× × ×

中華民國二十六年

一月四日

國府令特赦張學良，交軍委會嚴加看管。

一月二十三日

日廣田內閣辭職。

一月二十五日

日軍部表示反對宇垣成一組閣。

一月二十九日

日宇垣辭組閣命，林銑十郎奉命繼任。

二月九日

日大使川越訪張外長。

三月八日

日外相佐藤發表外交方針。

三月十二日

日經濟考察團將來華。

四月二十日

日本三相會議討論對華政策。

五月二十二日

日首相林銑十郎公開組織法西斯黨。

五月二十五日

汕頭日僑毆傷我警察。

五月三十一日

日林內閣辭職。

六月一日

日近衛文麿受命組閣。

六月六日

綏垣舉行防空演習。

六月十二日

日首相近衛談華北問題。

六月十五日

日閣通過日滿一體經濟方案。

七月七日

日軍午夜演習於盧溝橋，砲擊宛平城。

七月十七日

蔣委員長在廬山發表談話，明示維護領土主權完整，逾此即為最後關頭。

七月二十八日

日大舉攻平津。

七月二十九日

宋哲元率部退出平津。

八月九日

日海軍官兵在上海虹橋機場挑釁。

八月十三日

日向上海大舉進犯，我全面抗戰開始。

八月十四日

國民政府發表自衛宣言。

八月二十五日
日海軍司令長谷川宣布封鎖我沿海。
居庸關陷落。

八月二十六日
日首相近衛發表侮辱我國之荒謬談話。

八月二十九日
張家口陷落。

九月十三日
大同陷落。
外部令顧維鈞向國聯提出日本荒謬舉動。

九月十五日
日以寺內壽一爲華北派遣軍最高指揮官，松井石根爲上海派遣軍最高指揮官。

九月二十三日
中共軍改編之八路軍，奏捷平型關。

九月二十四日
保定平地泉同日陷落。

十月三日
德州陷落。

十月八日
正定陷落。

十月十日
石家莊陷落。

十月十四日
綏遠陷落。

十月十七日
包頭陷落。

十月二十三日
僞蒙古聯盟自治政府成立，易幟改元。

十月二十六日
娘子關陷落。

十一月三日
國際聯盟邀九國公約簽字國會於比京，譴責日本。

十一月六日
日德義防共協定簽字。

十一月十二日
上海太原同日陷落。

十一月二十日
蘇州陷落。
日大本營成立。
國民政府宣言移駐重慶，長期抗戰。

十一月二十四日
九國公約會議無期延會。

十一月二十九日
義大利承認僞滿。

十二月十二日
日在長江炸沉美艦巴納號。

十二月十三日
南京陷落。

十二月十四日
王克敏王揖唐朱深董康齊燮元湯爾和高凌霨江朝宗等逆在日本卵翼下組織僞中華民國臨時政府，並改北平爲北京，以五色旗爲國旗。

十二月十七日
蔣委員長發表告國民書，揭明抗戰不能中途屈服之旨。

十二月二十日
國民政府宣布北平僞組織爲非法，並通緝賣國降敵漢奸。

十二月二十四日
偽新民會成立。
杭州陷落。
十二月二十七日
濟南陷落。

× × ×

中華民國二十七年

一月四日
兗州陷落。
一月十日
青島陷落。
一月十六日
日閣宣稱今後不以我國民政府為交涉對手。
日召駐華大使川越茂回國。
一月二十日
我駐日大使許世英歸國。
二月二十日
德意志承認偽滿。
二月二十三日
我空軍轟炸台灣北部敵機場。
日以畑俊六代松井石根為上海派遣軍最高指揮官。
二月二十七日
臨汾陷落。
三月十七日
臨沂會戰。
三月二十六日
日與偽中華民國臨時政府成立日華經濟協會。
三月二十八日
梁鴻志陳羣任援道溫宗堯等逆在日本卵翼下組織偽中華民國維新政府於南京。
四月一日
國民黨臨時全國代表大會在漢開會，通過抗戰建國綱領，設置國民參政會，選舉蔣委員長為黨總裁。
四月七日
台兒莊會戰，我軍大捷。
四月二十九日
武漢大空戰。
五月十一日
廈門陷落。
五月十九日
徐州陷落。
五月二十日
連雲港陷落。
我空軍遠征敵本土，投傳單。
五月二十八日
商邱陷落。
六月五日
開封陷落。
六月十二日
安慶陷落。
六月三十日
日軍破馬當要塞。
七月七日
國民參政會在漢舉行。
八月八日

日犯俄屬張鼓峯。

八月三十日

日軍佔風陵渡。

九月二十七日

國聯行政院決議對日實施盟約第十六條。

十月十日

德安會戰，我軍大捷。

十月十二日

信陽陷落。

日軍在粵登陸。

十月二十二日

日軍陷廣州。

十月二十五日

日軍陷武漢。

十一月十二日

日軍陷岳陽。

十二月九日

日以杉山元代寺內壽一爲華北派遣軍最高指揮官。

十二月十六日

中美信用貸款成立，美貸我二千五百萬美元。

十二月十八日

汪兆銘潛離重慶。

十二月二十二日

日首相近衛發表所謂建設東亞新秩序之方針並調整中日關係之原則。

十二月三十日

汪兆銘在河內發表艷電響應近衛。

× × ×

中華民國二十八年

一月一日

中央決議開除汪兆銘黨籍。

一月五日

日近衛內閣辭職，平沼淇一郎繼任。

二月十日

日軍在海南島登陸。

三月二十九日

日軍陷南昌。

四月五日

汪兆銘與日首相平沼秘訂協定事洩。

五月四日

日機炸重慶，平民死傷數萬。

六月八日

國民政府明令通緝汪兆銘。

六月十四日

日封鎖天津英租界。

七月二日

日侵諾蒙汗，與蘇軍激戰。

七月二十七日

美國宣布廢止美日商約。

八月三十日

日首相平沼辭職，阿部信行繼任。

九月一日

德侵波蘭，挑動歐洲大戰。

九月二日

英法致德最後通牒，限期令德撤兵。

九月三日

德國不覆最後通牒，英法對德宣戰。

九月四日
美蘇日均宣布對歐戰中立。
九月十二日
國民政府明令通緝褚民誼，陳羣，梅思平，丁默村，林柏生等。
十月五日
日軍初犯長沙。
十一月十三日
日軍在北海登陸，侵桂南。
十一月二十五日
日軍陷南寧。

× × ×

中華民國二十九年

一月六日
日首相阿部辭職，米內光政繼任。
一月二十二日
高宗武陶希聖揭發汪兆銘與日本所訂日支新關係調整要綱及附件。
三月三十日
南京偽組織成立，國民政府照會各國，聲明絕不承認，並明令通緝陳公博，溫宗堯，梁鴻志，王揖唐，齊燮元，王克敏，汪時璟，潘毓桂，湯爾和，王蔭泰，殷同，朱深，董康，余晉龢等。
五月二日
國民政府任命萬福麟，鄒作華，馬占山，繆澂流為遼吉黑熱四省主席。
五月十六日
鄂北會戰，張自忠陣亡。
六月十六日
日軍陷宜昌。
六月十七日
法國貝當政府對德投降。
六月十九日
英日在東京簽訂天津協定。
七月十六日
日米內內閣辭職。
七月十八日
英國受日壓迫，封鎖滇緬路運輸。
七月二十二日
日第二次近衛內閣成立。
八月二十、二十一日
日機炸重慶，投燃燒彈，大火兩日。
九月一日
日入越南北部，我炸毀滇越路河口鐵橋。
九月十七日
韓國光復軍在陪都成立。
九月二十七日
德義日訂成同盟。
十月一日
國民政府明令定重慶為陪都。
十月十八日
英國重開滇緬路緬甸段。
十月二十八日
南寧收復。
十一月三十日
外交部聲明，日與南京偽組織之非法條約完全無效，倘有承認該偽組織者，我國即與斷絕國交。
十二月四日
美國宣布貸我信用借款一萬萬美元。

蘇聯向日聲明，對華政策不變。

十二月十日

英國宣布貸我一千萬英鎊。

× × ×

中華民國三十年

四月十日

蘇聯與日本訂立中立條約，有效五年。

四月二十二日

日軍陷福州。

六月二十二日

德蘇戰起。

七月一日

德義承認南京僞組織，我外交部宣布對德義絕交。

七月十七日

日第二近衛內閣辭職，近衛三次組閣。

七月二十六日

美英宣布封存日本資金，英國廢止對日商約。

日迫法越訂立聯防協定。

八月一日

美國禁油輸往日本。

九月三日

福州收復。

十月五日

第二次長沙會戰。

十月十七日

日第三近衛內閣辭職，東條英機以現役軍人組閣。

十一月五日

日派特使來栖三郎赴美，參加談判。

十一月十四日

美國下令撤退駐華美軍。

十一月二十二日

美京中英澳荷使節同意美國務卿赫爾對日要求日本退出軸心，由中國越南撤兵，及太平洋各國商務均等。

十二月二日

美國質問日本在越集中軍隊理由。

英巨艦多艘駛抵新加坡。

十二月八日

日機清晨偷襲美海軍基地珍珠港，事後始向美國及英國宣戰。

美英加澳荷先後對日宣戰。

十二月九日

國民政府布告對日德義宣戰。

十二月十一日

德義對美，美對德義相互宣戰，世界大戰局勢完成。

十二月二十五日

敵陷香港。

十二月三十一日

我軍入緬甸，協助英軍作戰。

× × ×

中華民國三十一年

一月一日

二十六國代表在美京共同宣言，以維邱宣言爲作戰目標，決不對敵單獨媾和。

一月二日

敵陷菲律賓首府馬尼剌。

一月四日
敵三次犯長沙。
二月九日
蔣委員長親訪印度，抵印京新德里。
二月十五日
敵陷新加坡。
二月二十一日
蔣委員長離印返國，發表告印度人民書。
三月四日
美國史迪威將軍抵陪都，就任中國戰區參謀長。
三月六日
敵陷荷印首府巴達維亞。
三月七日
敵陷緬甸首府仰光。
三月二十九日
國民政府公布國家總動員法。
四月九日
菲律賓巴丹半島陷落。
四月十七日
美機十六架自航艦起飛，初炸日本。
四月二十日
入緬我軍攻克仁安羌，救出被圍英軍七千人。
四月二十九日
入緬我軍自臘戍退却，滇緬公路阻斷。
五月一日
犯緬甸敵軍侵入滇邊。
五月七日
美日珊瑚海激戰四日，敵海軍首次挫敗。
五月十五日
敵犯浙東。
五月二十八日
敵陷金華蘭谿，我擊斃敵師團長酒井直次。
六月七日
美日中途島海戰三日，敵大敗，喪艦艇多艘，是為太平洋戰局之轉捩點。
六月十四日
同盟各國首次慶祝聯合國日。
七月四日
我空軍美志願隊改編為美國駐華空軍第二十三驅逐隊。
七月十一日
入緬我軍指揮官羅卓英率一部官兵退入印度。
八月八日
美軍在所羅門羣島開始對日反攻。
十月十日
美英兩國宣布放棄在華治外法權及其他特權。
十一月一日
敵閣設立所謂大東亞省。
十一月八日
美軍在北非登陸。
十一月十七日
史達林格勒蘇軍大舉反攻，蘇德戰事至此攻守異勢。

× × ×

中華民國三十二年

一月一日
中美新約在美京簽字，中英新約在陪都簽字。
一月十四日

泰國助敵犯我滇邊。

美總統羅斯福英首相邱吉爾會於北非卡薩布蘭卡，決議軸心國須無條件投降。

二月二日

史達林格勒全部肅清，德軍三十三萬覆滅。

二月五日

美總統羅斯福代表安諾德，英首相邱吉爾代表狄爾，由北非飛抵陪都，向蔣委員長報告卡港會議經過，並協商今後軍事聯絡。

二月九日

美攻佔瓜達康納爾島。

二月二十一日

敵佔廣州灣。

二月二十四日

我外部照會法國維琪政府，抗議縱敵進佔廣州灣，聲明廣州灣租借條約失效。

三月十日

美國駐華空軍改編爲十四航空隊。

四月？日

敵聯合艦隊總司令山本五十六在太平洋戰死。

五月七日

盟軍肅清全境。

五月十日

敵陷華容。

五月十八日

法國維琪政府與南京僞組織訂立交還租界協定。

五月十九日

我外交部聲明法國在華一切權益歸於消滅。

五月三十一日

犯石牌要塞敵全線收退。

六月三十日

北太平洋阿圖島敵全軍覆沒。

七月十日

盟軍登陸西西里島。

七月二十五日

義王囚禁莫索里尼，法西斯政權崩潰，巴多格里奧繼任首相。

八月一日

國民政府宣布對法國維琪政府斷絕邦交。

八月二日

國民政府主席林森病逝陪都，中央決議行政院蔣院長代理國民政府主席職務。

八月二十四日

美總統羅斯福英首相邱吉爾發表魁北克會議宣言，强力對日作戰，我國宋外長曾參加會議。

八月二十六日

英蒙巴頓將軍任東南亞盟軍總司令。

八月二十七日

中美英蘇承認法國民族解放委員會。

九月三日

盟軍登陸義大利半島。

九月七日

義大利無條件投降

九月十三日

一中全會在陪都閉幕，選舉蔣委員長爲國民政府主席。

十月十日

蔣主席就職。

十月十三日

義大利向德國宣戰。

十月十九日

美英蘇三國外長在莫斯科舉行會議。

十月三十日

中美英蘇在莫京發表聯合宣言，決成立國際安全機構。

十一月一日

我軍進攻緬甸以北之胡康河谷打通中印公路。

十一月二日

敵犯湘西。

十一月十日

西南太平洋拉布爾海空激戰，敵軍重創。

十一月二十日

蔣委員長會羅斯福邱吉爾於開羅。

十一月二十七日

開羅會議閉幕，發表宣言，三國必戰至日本無條件投降為止，東三省台灣澎湖歸還中國，朝鮮獨立。

十一月二十八日

羅斯福邱吉爾與史塔林會於德黑蘭，商定對德作戰計劃。

十二月九日

常德一度陷落，我軍奮力奪回。

十二月十七日

美國廢除限制華僑移民法。

×　　×　　×

中華民國三十三年

一月三十日

胡康河谷我軍攻佔泰洛。

一月三十一日

美軍登陸中太平洋馬紹爾群島。

二月四日

美太平洋艦隊砲擊敵本土幌筵島。

二月十六日

美太平洋艦隊突襲加羅林群島敵海軍基地土魯克。

二月二十一日

敵首相東條自兼參謀總長。

三月四日

胡康河谷我軍攻佔孟關。

三月七日

胡康河我軍與美軍會師。

三月二十日

中美聯軍完全佔領胡康河谷。

三月二十三日

緬甸西部敵侵入印邊。

三月二十九日

美太平洋艦隊突襲帛琉群島。

三月三十日

蘇日協定漁約延長五年，日以北庫頁島油煤權讓與蘇聯。

四月四日

蘇聯攻入羅馬尼亞。

四月十七日

中原會戰開始。我豫西諸縣相繼陷落。

四月二十九日

湘桂會戰開始，湖北敵軍南犯。

六月六日

盟軍大舉登陸法國北岸之諾曼第，歐洲第二戰場開闢。

六月十五日

美軍登陸西太平洋之塞班島。
中國基地超級堡壘初炸日本州九。
六月十六日
緬北我軍攻佔加邁。
六月二十七日
緬北我軍攻佔孟拱。
七月一日
粵境敵軍北犯，圖打通粵漢路。
七月二十九日
中國基地超級堡壘初炸瀋陽。
七月三十日
美軍登陸關島，敵東條內閣辭職，小磯國昭繼任首相。
八月二日
中美聯軍佔領密支那。
八月八日
衡陽我軍堅守達四十七日，因彈盡援絕陷落。
八月二十一日
戰後世界和平機構會議在美國頓巴敦橡樹開幕，美英蘇與美英中分兩期會議。
八月二十三日
法軍入巴黎。
八月六日
美總統代表赫爾利及納爾遜抵陪都。
九月九日
滇西緬北我軍首度會師。
九月十三日
美軍攻入德本土。
九月十四日
騰衝克復。
九月十五日
美軍登陸西太平洋帛琉羣島。
十月五日
敵又陷福州。
十月二十日
美軍開始返攻菲律賓，登陸雷伊泰島。
十月二十三日
英美蘇承認法國臨時政府。
十月二十五日
美日菲島海戰，敵大敗。
十月三十日
中國戰區參謀長史迪威被召返美，魏德邁繼任。
十一月三日
滇西我軍攻克龍陵。
十一月七日
美國戰時大選，羅斯福連任四度總統。
十一月十二日
敵陷桂林柳州。
十一月二十日
滇西我軍克復芒市。
十一月二十四日
超級堡壘初炸東京。
十一月二十六日
敵陷南寧，打通大陸交通線。
十二月五日
敵由桂北侵入黔邊，陷獨山。
十二月八日

我軍克復獨山。

十二月十五日

緬北我軍攻佔八莫。

×　×　×

中華民國三十四年

一月九日

反攻菲律賓美軍登陸呂宋島。

一月十七日

蘇軍入波蘭京城華沙。

一月十五日

緬何我軍攻佔南坎，滇印公路全線打通。

一月二十日

我軍克復畹町，滇西失土全復。

一月二十二日

滇印公路通車。

一月二十八日

敵陷曲江。

一月三十日

蘇軍攻入德境。

二月一日

羅斯福，邱吉爾，史塔林會於克里米之雅爾塔。

二月五日

美國入菲律賓首府馬尼剌。

二月十二日

克里米亞會議閉幕，聯合國對德發動最後攻勢，分區管制德國，定期在舊金山召開聯合國會議。並成立秘密協定，關於蘇在我東北等地權益事曾有諒解。

二月十五日

東京周邊海上大攻擊，美機千餘架出動。

二月十九日

美國登陸硫磺島。

二月二十五日

超級堡壘二百架炸東京，美機對日開始戰略轟炸。

三月六日

德境美軍佔領科隆。

三月八日

緬北我軍攻佔臘戍。

三月十日

敵在越南被備，解除法越軍警武裝。

三月二十日

美機炸香港敵海軍，毀其重型船多艘。

三月二十一日

鄂北豫南敵會犯老河口南陽。

三月二十六日

英太平洋艦隊開始作戰，攻先島列島。

琉球海上美軍登陸慶良間列島。

四月一日

美軍登陸琉球本島。

四月五日

蘇聯對日宣布廢止中立條約，敵小磯內閣辭職，鈴木貫太郎繼任首相。

四月六日

美日琉球海戰，敵艦船多艘沉沒。

四月九日

寶慶敵西犯。

四月十二日

美總統羅斯福以腦充血逝世，副總統杜魯門升任。

四月十三日

蘇軍佔維也納。

四月二十二日

蘇軍攻入柏林。

四月二十五日

聯合國會議在舊金山開幕，四十六國代表齊集一堂，我首席代表爲宋子文。

四月二十六日

美蘇會師柏林近南之奕爾高。

四月三十日

澳軍登陸婆羅洲之塔拉甘島。

五月一日

德方宣布希特勒已死，由海軍總司令杜尼兹繼任元首。

五月二日

蘇軍完全佔領柏林，義境德軍百萬投降。

英軍登陸仰光。

五月三日

英軍收復仰光。

五月四日

德國西北部及丹荷境內德軍投降。

五月七日

德國在法國里姆斯盟軍總部舉行投降儀式，歐洲戰事至此結束。

五月八日

盟國規定以是日爲戰勝紀念日。

五月九日

湘西會戰，我軍大捷。

五月十八日

我軍克復福州。

五月二十日

黔桂線反攻開始。

五月二十四日

盟軍解散德國政府。

超級堡壘五百架炸東京。

五月二十七日

我軍克復南寧。

五月二十八日

美軍佔領琉球首府那霸。

六月一日

美總統杜魯門咨文國會，重申日本必須無條件投降，一年以內準備以七百萬大軍對日作戰。

六月五日

美蘇英法在柏林簽定佔領德國協定。

六月十八日

我軍克復溫州。

六月二十一日

美軍完全佔領琉球本島。

六月二十六日

聯合國憲章簽字，舊金山會議閉幕。

六月二十九日

我軍克復柳州。

七月二日

美荷澳軍登陸婆羅洲否厘巴板。

七月十七日

杜魯門，邱吉爾，史達林集柏林，波茨坦會議開幕。

美英艦隊砲擊日本。

七月二十四日

美航艦機炸吳港，超級堡壘六百架炸本州。

七月二十六日

美英中三國領袖聯合對日公告在波茨坦發表，內稱予日本以最後抉擇機會，無條件投降或本土毀滅。並宣示條件：佔領日本，迄其自新，實施開羅宣言，完全解除武裝，銷毀作戰工業，裁判戰罪人犯。

七月二十七日

英國總選，工黨大勝，艾德禮繼邱吉爾組閣。

七月二十八日

我軍克復桂林。

美航艦機炸吳港。

八月一日

中國戰區美軍總部宣布，原駐印緬之第十航空隊參加中國戰區作戰。

八月二日

超級堡壘八百架炸日本，投彈六千噸。

八月六日

美總統杜魯門宣布以原子彈炸日本，第一枚投在廣島市。

八月八日

蘇聯對日本宣戰。

我軍克復興安。

八月九日

蘇軍攻入僞滿，佔滿洲里，炸長春哈爾濱。

原子彈第二枚投在長崎。

八月十日

日本政府以照會分託瑞士瑞典轉致中美英蘇，準備接受波茨坦公告條款，但附一項諒解，謂上項公告並不包括有損天皇治權之要求。

我軍克復全縣。

八月十一日

美國務卿貝爾納斯代表美英蘇中四國政府，託瑞士照覆日本，決定接受日本投降建議，但日本天皇須受盟軍最高統帥指揮。

蘇軍佔領韓境羅津港雄基港。

八月十四日

日本經由瑞士答覆中美英蘇，接受四國覆文。

八月十五日

日皇廣播投降。

中美英蘇同時公布日本無條件投降。

蔣主席對軍民及世界人士廣播，宣布抗戰勝利。

中蘇友好條約在蘇京簽字。

八月二十一日

在華日軍副參謀長今井武夫等抵芷江接洽投降。

八月三十日

美軍登陸東京區，佔領日本開始。

九月二日

日本降書簽字儀式在東京灣美戰艦米蘇里號舉行。

九月八日

美軍進入東京。

九月九日

中國戰區日軍簽降典禮在南京舉行。

——本文雖爲日寇侵華大事記，但國際動態與中日事變有關者，尤其在太平洋戰爭發生後之各項要事，亦附及之。——

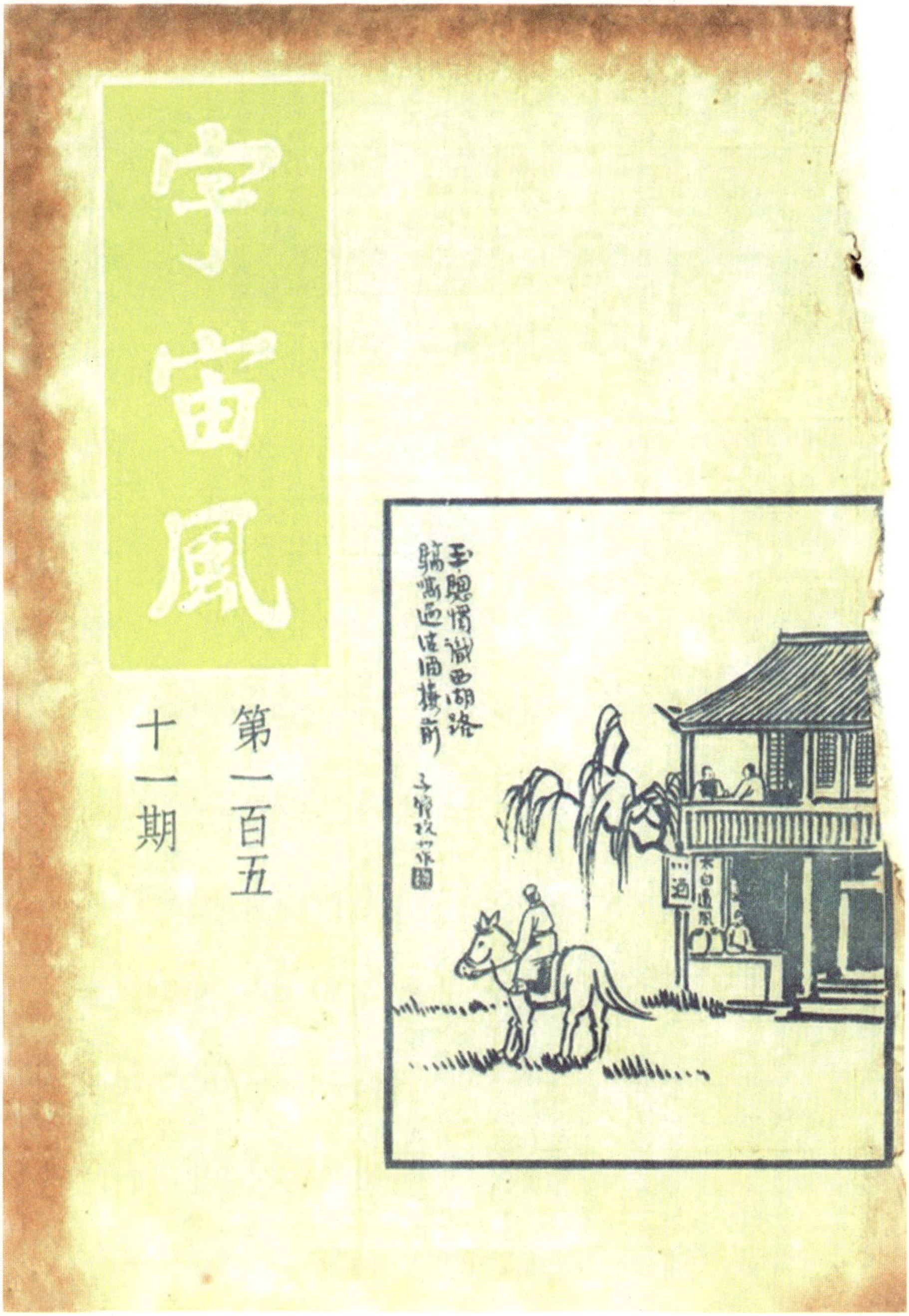
宇宙風
第一百五十一期
平生慣識西湖路
子愷戲作

李杜將軍談「九一八」秘史

張春風

一

十六年前震撼世界的「九一八」事變，到如今依然是個謎，它怎樣發動的？誰蓄意的？最初是誰計劃的？事到如今已經爲時十有六年，依然是一件國際上的秘密。自從盟國勝利後，在東京有戰犯審判的法庭，但是經了這麼久的時間，也沒有聽到關於一九三一年九月十八日夜所發生的詳細內幕，難道這件震撼中外的大變故，竟是神化莫測突然其來的麼？當然不會！

最近在南國的香島得遼鄉先进東北抗日名將李杜將軍。李將軍素來留心國事，尤其是近六十年來的東北史事最熟悉，對日本自從登上東亞大陸以後的種種行動，知道也最詳。至於近十六年來他的首先組織義勇軍抗敵的東北民衆抗拒暴日歷史，他自然更能抵掌縷縷以道，對此次「九一八」巨變的發生始末，也知道得最詳確，因此筆者特別拿了這個題目同李將軍談起來，結果一個驚人的秘密被揭開了。

二、

話說當「九一八」尚未爆發的時候，那一年（一九三一年）七月，在南滿鐵路上有一座二等的縣城，叫做遼陽，這是古襄平的舊址，在漢唐的歷史上，也是一個頗有名氣的地方，它離東北政治中心——瀋陽，只有一百二十哩，只消三小時的火車，就可由瀋陽直達。民國以來，這裏也曾出過幾個人物，如果翻一翻東北紳錄，遼陽所出的人物是決不弱過東北文化，政治中心的瀋陽的。

就在這一年的七月，在遼陽城裏的一條叫做「三道街」的孫宅的館裏，正舉辦喪事，孫公館是全遼陽城最知名的豪紳孫其昌的家，如今正是孫其昌爲他的封翁治喪，當然排場偉大，弔客盈門。尤其是孫其昌這人，會在東北的官場上活動過，並且即在此時，他也沒有對於他將來的宦途，稍抱淡然回避的心情，反而他卻趁此不可多得的機會，進行着更大的陰謀，以饜其做大官的野心。

就在這些弔客中，有幾位爲人所不注意的神秘人物，他們總是三三五五地促膝抵掌而談，外人決不會疑惑他們的，他們是來弔孫公館的喪啊！最重要的神秘人物就是來自吉林的政要熙洽，和日本駐遼陽的關東軍司令多門團長，孫其昌便是以主人的資格周旋二者之間。

他們有甚麼計劃？

「張家父子壟斷了三十幾年的東北政權，升官晉爵，全憑私意，長此以往，我們是不會有出頭的日子了！我們難道沒有轉動乾坤的大力來改變他一下麼？」

「朝鮮的華僑，曾被高麗棒子大屠殺一場，也不見政府有甚麼好對策。最近長春萬寶山的事件，張少帥又是支吾推諉，看看這該全托友邦人士的大力了！」

是的，當時東北的政局——切都成了凝固的定型，再沒有改變的餘地。所以孫其昌在弄遼寧財政廳長失敗之後，熙洽在吉林的宦海中再沒有高陞的機會後，他們都成了曠夫怨女，日夜都急盼望着有大改變的一天。他們看上了多門團長，他們想：「旋轉乾坤的動力，其在斯乎，其在斯乎？」

於是他們決定了這一計劃：

趁着少帥尚在關內的時候，請日本關東軍做改變現狀的資本，武力佔領東北，等到一旦「天下事大定矣」的時候，再請日本關東將由張家奪出來的東北政權交回熙洽等人，成立新政權，新政權成立後將以東北的經濟權益酬謝日本。

多門團長欣然同意了，他願意和他的首腦協商這一計劃。關東軍認爲自從吳三桂引清兵入關以來，再不易見此類便宜事，他們也倒願意效滿洲之師，弔民伐罪，至於後果如何，日本人是不顧先作逆料的。

熙洽回到長春，靜觀關東軍發動。當他回到長春的時候，李杜將軍會在長途電話中和他對談過，本來李將軍也想赴弔的，但是爲熙洽所阻，途不果行，此時熙洽在電話中告訴李將軍說：「你不需來，來了反倒不方便！」當然，這類的陰謀，李將軍若能預先知道，他們決不會進行順利的。

過了兩個月，果然震撼今古的巨變爆發了。關東軍的先頭部隊就是駐防遼陽的多門團長所轄的軍隊，臨時又從朝鮮抽調一部來，於是兵不血刃很快的就攻陷瀋陽、長春各地。遼寧吉林二省底定之後，就去攻略黑龍江，那時馬占山李杜等在黑省卻樹起抗日的義旗，馬占山退去蘇俄國境，只留下李杜一支孤軍，單身奮戰。

當李杜在珠河揭櫫抗日義旗的時候，熙洽特別從哈爾濱多次以長途電話和李將軍對談，那該是一個極大的誘惑：「你在冰天雪地的窮北，既沒有糧草，又無軍餉，還抗甚麼日？不如來哈爾濱共商國是！這方面不會薄待了你！怎樣？」

李將軍的回答：「我不要作官，我要為老百姓守土！」

「那麼，送給你八百萬，權作請你休息的禮金，怎樣？」

李將軍如今講起來，他還笑着說：「十六年前的八百萬，確是一筆了不起的數目，不比今日國幣毛得一文不值！」

可是這一巨型的銀彈仍沒有生效。熙洽卻不死心，他又以多年老友的資格，於電交涉之外，又特別坐了專車，親身到黑龍江珠河的李將軍前線上，準備用切身的方法，打消這一支抗日勢力。

專車開到車站，堅請李將軍上車晤談，李將軍拒絕了。熙洽最後表示：「既是決心如此，我也不能十分相強，可否上車小談幾分鐘，作為多年老友的生離死別的最後一晤？」

李將軍回答說：「必須將火車的機車駛離車站，那我再上車！」

熙洽遵照了，吩咐機車駛出車站外，李將軍也派了衛兵監視機車，表示火車不會突然開行了，於是李將軍上了熙洽的專車。

熙洽看了李將軍雖在窮北零度下的酷寒中，依然是被棉軍衣一襲，他不禁落下眼淚。他感慨地說：「這樣的艱苦，都不能回心轉意麼？同我一齊坐車回吉林去罷！」

李將軍堅決地說：「吾志已決，你回去幹你的罷！我一定要和日本人拼下去！雖九死亦所不悔！」

這時他察覺了火車要開行的模樣，熙洽的衛兵上來報告開車。李將軍勃然變色說：

「說了的話怎能不算？火車要開行麼？」

熙洽不好意思，才擔保不開車，並吩咐衛兵護送李將軍下車。從此以後他們就幽明永隔，一個回到長春，做了偽滿洲國的開國元勳；一個就成了誓死也不屈伏的抗日英雄，一直到兵盡糧絕，彈藥不繼，才由黑省退到蘇聯，轉道回祖國。

三

却說偽政權成立後，孫其昌，熙洽都做了金鑾大官，孫其昌做財政大臣，熙洽做宮內大臣，推倒張家父子的計劃只完成了一半。

起初他們並沒有想到請隱居天津的廢帝出關做偽皇帝，他們滿以為政權既經轉移，就該請日本人交出政權來，那知完全不是那回事！

日本人牽出溥儀來做了傀儡的康德皇帝，日本人的算盤打得也算周密了。在未投降之前，所以大建新都長春也者，就是想以交回政權為名，請溥儀入關，重做大清皇帝，國號叫後清，將南京汪精衛的偽政權，和華北王揖唐的小朝廷，一併收攤，交給溥儀，另立後清帝國，外面以「復清」交還政權為名，陰行以華制華奴役中國之實。至於東北則派昭和天皇的弟弟秩父宮，到東北做太上皇，以長春為京都，這都是東洋鬼子的如意算盤。幸虧老天有眼睛，兩顆原子彈炸毀了他的一切迷夢，這一切計劃也就歸於空。

熙洽等人對於日本人的不交出政權，起初也頗有氣憤。多門團長以功升師團長，他將當時在孫公館的三人圓桌會議上所承允的事，忘得一乾二淨。熙洽去問多門，多門竟稱不知，後來在康德二年溥儀訪日的時候，鄭孝胥，熙洽等人，也以此向昭和提出質問，昭和的回答：「關東軍知情，我全不知情！」於是又碰了一鼻子灰，這些鬼頭，卻也怕死，假若能效法古人，流血五步，昭和的狗命也就玩兒完！

三十四年八月蘇軍入東北，當然這一羣鬼頭們都一網打淸，作了蘇軍的俘虜。不過熙洽的下落到現在還不知道；如今孫，鄭諸奸，早成朽骨，大概能將這一段國際秘史淸楚道出原委的還帶熙洽這一個人了！

李將軍講到這裏的時候，他表示說：在民國二十六年避居天津時，他眞有個冒險的願望，就是熙洽等人旣明知受騙，爲甚麼不早日反悔，反正歸來呢？難道是沒有機會麽？若是有此想望的話，我眞願意設法子派人將熙洽救出來，使他有重新做人的機會，再爲國戴罪圖功。

四・

這一搖撼世界的巨變，難道就是這幾個小政客們弄出來的麽？一點都不是！

原來在進行這全部計劃之中，還有一位出謀策的「書生」，引狼入室的禍首！

提到書生，稍微讀過史歷的人都可以想起一些類爲謀滿足自己的慾望而禍害國家的「書生」。就如北宋時代的西夏，西夏歷次和遼人勾結侵來逼宋國，西夏元昊的謀臣不正是兩位姓張姓吳的書生麽？再如替遼國出計謀的，不又是一位叫做韓延徽的書生麽？更如當岳飛大敗烏珠於朱仙鎮的時候，烏珠正慌忙撤兵北歸，放棄汴京，不意竟出現一位所謂「叩馬書生」，對烏珠只寥寥說了幾句話：「自古未有權臣在內，而大將能立功於外者。」於是烏珠打消北歸之意，策馬再駐汴京，不久果有十二道金牌之召，岳少保就南歸了。結果有了秦檜之和議，南宋也因此苟延殘喘，後來見滅於元。

讀史至此的人，自然會有此一問：「這位叩馬書生，到底是誰呢？」可惜史宋沒有淸楚寫出。十六年前的瀋陽巨變，也是由於一位「叩馬書生」演成的，其人爲誰，就是以治甲骨文著名於世的羅振玉。他本是廢帝溥儀的先生，他完全是由於「忠心舊主」一念之差，而弄成巨禍。他頗認爲日本是他盡忠誠的好工具，更利用了東北失意的政客，於是他就成了導演的人。他起初向熙洽，孫其昌等人示意，又向日本駐防遼陽的關東軍刷目傳情，他又拉攏了一羣遜淸的奴才，滿洲貴族遺臣，於是這齣戲就完成十分之七八了，至於三道街孫公館的三人圓桌會商，那已是即將成熟的最後一幕了！

其實這「叩馬書生」犯了大病，他只見螳螂在前，却不見持弓人早已在後面等着了，他的計劃一經通過日本人的承允，於是天地都變色了，那裏還有顧到你「忠心舊主」的老打算！書生禍國，無過於此的了！

五・

這段秘史是得自李將軍親口講述的，他的眞確性是無可置疑的。聽說李將軍正在寫自傳，這一段秘史當然是他巨著中最精彩的一章。筆者希望李將軍能有更詳確的記述，將這段驚人的秘史，完全揭曉在世人之前。

筆者從李將軍處聽了他的娓娓長談後，才回家執筆記錄的，其中有何錯誤的小枝節，當然由筆者負責。

四月廿日，于九龍之城。

南京市政府公报

《南京市政府公报》创刊于中华民国16年（1927）9月，原为《南京特别市市政公报》，市政刊物。该刊为市政周刊与市政公报相衔接而发行，将民国16年（1927）4～8月间凡关于公牍，例规，会议，记录，工作状况，财政收支等辑为一编，庶使研究南京市政者，有所资焉。民国17年（1928）1月15日易名为《市政公报》，刊登南京特别市市政消息,公牍汇要,市政报告及会议记录等。民国17年（1928）10月15日又改名为《首都市政公报》，主要刊载市府法规、委任状、会议记录等。民国20年（1931）10月15日再次改名为《南京市政府公报》，主要刊载市府法规、委任状、会议记录等。

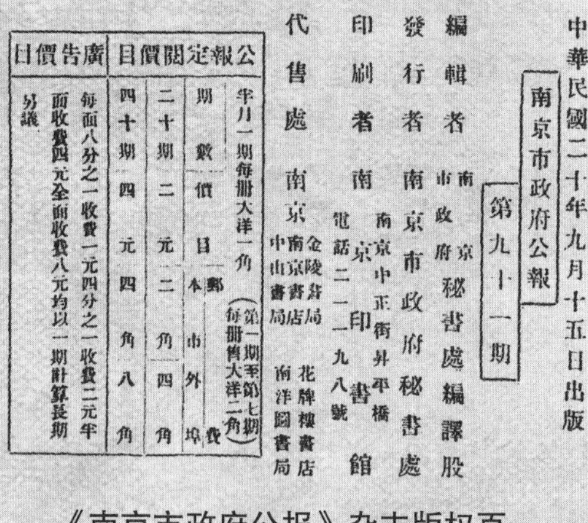
中華民國二十年九月十五日出版

南京市政府公報

第九十一期

編輯者　南京市政府秘書處編譯股

發行者　南京市政府秘書處

印刷者　南京印書館　南京中正街升平橋　電話二一九八號

代售處　南京　金陵書局　南京書店　中山書局　花牌樓書店　南洋圖書局

公報定閲價目

半月一期每冊大洋一角（第一期至第七期每冊售大洋二角）

期數	價目	郵費 本市	郵費 外埠
二十期	二元	二角	四角
四十期	四元	四角	八角

廣告價目

每面八分之一收費一元四分之一收費二元半面收費四元全面收費八元均以一期計算長期另議

《南京市政府公报》杂志版权页

中華民國三十六年十二月卅一日

第三卷　第十二期

南京市政府公報

南京市政府編譯室編

《南京市政府公报》杂志封面

十年前南京的大屠殺

南京的父老和諸姑姊妹當不會忘記十二月十三日，不會忘記十年前這個血和淚書寫成的歷史的日子，那一天，我們生於斯，長於斯的南京，淪陷敵手，我們成千成萬生於斯，長於斯的父老兄弟諸姑姊妹死於日軍瘋狂的大屠殺中。

從那天清晨開始，失却了人性的日軍，在江邊，在城頭，在行人必經過的地帶，開動了機關槍，掃射我們扶老攜幼倉皇逃死的人民，普通士兵更在城區，在四郊闖入民宅，搶刼財物，姦殺婦女，刺死平民；無數投江想泅水求登彼岸，逃避日軍瘋狂屠殺的男女，幾乎全部在江邊日軍機槍掃射下，葬身於紅浪紛翻的江水中。

無處不是死屍

這一場屠殺連續進行了好些日子，在下關，在中山路，在整個南京，無處不是死屍，無處不塗著我們同胞的鮮血，長江的水都變成了紅色。死於這次屠殺中的同胞究竟有多少，雖然還沒有正確的統計數字可稽，估計當在二十五萬以上，僅只紅十字會和崇善堂掩埋的屍首，已達十五萬五千三百三十八具之多，其由日軍投屍江中，或泅水逃生而遭機槍掃射死於江中，以及由家屬自行收埋者，還不在內，合計起來，只有比二十五萬多。

是誰殺的？

再查一查民國廿六年三月末，首都警察廳戶口調查的統計數字，南京市民共計一、〇一九、六六七人，只隔了一年，廿七年二月末，日本在南京特務機關的估計，南京人口只二〇〇、〇〇〇人，及至是年十月南京偽組織的調查，共計是三二九、四八八人，比較一下，在這場大災難中南京於死難逃亡中失去了多少生命，這是一個嚇人，使人不願意置信的數字。

主持這場大屠殺的劊子手是谷壽夫、脅板、中島、竹下、柳川、岡本保、長谷川、伊藤、拾皮、金谷等部隊，除了主犯松井石根和谷壽夫而外，橋本欣五郎也是大屠殺案中相當主要的角色。他本來是黃龍會七幹部之一，有老黃龍會之稱，其後又組織日本青年黨，其暴戾殘忍，實非筆墨所能形容。當日的屠殺雖出於松井石根的命令，但是士兵的屠殺狂，也有一部份是橋本欣五郎煽動起來的，任何人提起這兩個殘忍的代表者無有不切齒痛恨的。

屠手也抖了

從那個慘痛恐怖的日子到現在已整整十年了，但是那使人驚心，使人恨、使人怒的情景，在南京市民的記憶中，仍舊像是剛纔的事件樣鮮明，身歷其境的老百姓，刼後餘生，記起往事來，還會緊張，還會心悸，還會顫慄。有個日本士兵回述當日的情景，他說：當日他與同伴防守江邊，奉命遇人即開槍，當時有無數中國老百姓，如潮向江邊湧來，想渡江逃走，但是江上已經連船的影子都沒有了，因此有很多人跳下江，顯係想泅水而逃。當時他便照命令開動機關槍，不斷掃射，江水立即變成了紅色，當他看到其中老人、婦女、兒童，呼喊痛哭，慘絕人寰的景象時，心裏也覺得不忍，便停止了機槍掃射，在他旁邊的軍曹不以為然，強迫他繼續掃射，他以力絕推辭，那軍曹便自己動手掃射。還有一個日本士兵自稱：他在中華門外用刺刀殺死逃奔的老百姓，他說他是奉了長官的命令。後來自己也覺得心悸，手發軟發抖，他在事實上也不能繼續屠殺了，但是命令是不許停止。

算不清的屍

當時在南京市中街頭、巷尾、在四郊則溝渠、池塘、田埂、草堆中到處是屍堆，到處是死人，其中有八九十歲的老年人，有懷孕的婦女，有剛剛離母懷的嬰孩，有年輕的男女學生。南京紅十字會在十二月廿二日開始收埋城內各處屍體，直到第二年的夏天，工作還沒有完結，及至是年十月才得了一個數目，總計是四萬三千具。同時崇善堂也組織了四個掩埋隊，連續工作了四個月，共埋屍體十一萬二千二百六十七具。誰會相信這是眞的，誰會相信這是人間，這簡直是地獄，人間地獄！南京老百姓誰也不會忘記殘暴日軍的猙獰的面目，誰都該記得在幕府山下的村中，被圈在那裏的五萬七千四百十八個難民與俘虜，先絕其飲食，其後俟其凍餓將死的時候，再用鐵絲和繩索將兩個人的脚綁在一起，排成四隊，趕到下關草鞋峽，先用機槍掃射，再一一用刀亂刺亂砍，剩後再潑上汽油，燒之以死。

史頁的污點

這些這些還不過是日軍暴行的一部份，一個輪廓畫，其殘忍手段實罄竹難書，他們會在屠殺之前，先灌之以水，灌之以煤油，剜目、割耳，剔鼻，刺額，割舌，極盡殘忍之能事，然後始置之於死，這種勝於瘋狂的殘暴行爲，實在是人類歷史上空前未有的污點。

在五台山下，在雨花台，在下關，在長江邊，在南京其他數十百處地方，埋葬了中華民國多少子孫，埋葬着多少南京城的市民，今日當我們遙望着那些荒丘，當風憑弔時，我們得記着這慘痛的記憶。

一寸山河一寸血，我們不能忘記南京會受過的侮辱，我們不能忘記南京多少父老兄弟諸姑姊妹的慘死，我們不能忘記我們以無數萬千生命換來的勝利，我們要緊緊掌握着我們的勝利，永勿使歷史再度重演。（南京中央日報資料室）

中央週報第三一二期

日本侵華軍閥的末日

燕仁

經時兩年有半的日本戰犯審理終於得到了一個初步的結果。東條英機等主要戰犯二十五人分別處死刑及徒刑。

世界大势

我國八年抗戰中橫死的軍民最後得到了部份的昭雪。

由盟軍國組成的國際軍事法庭十一月十二日宣佈對二十五名主要戰犯判詞，判處死刑者計有七人，其名單如下：

東條英機—前關東軍參謀長，陸相，首相，爲侵華健將，並發動太平洋戰爭，絞死。

坂垣征四郎—曾參與瀋陽事變陰謀，率精銳師團參加台兒莊戰役（爲我國猛將張自忠擊潰），後任陸相。坂垣爲日閥中主張侵華最烈之一人，絞死。

土肥原賢二—日本侵華之陰謀家，精諳華語，熟習我國政情，扶立溥儀爲偽滿皇帝，佐助汪精衛成立南京傀儡政府。抗戰初期，徐州會戰中率兵偸渡黃河，與我國胡宗南部大戰蘭封，絞死。

廣田弘毅—日本駐華大使，外相，首相，中日戰前發明所謂「廣田三原則」，誘我國向日本投降。曾參與太平洋大戰前夕日本內閣重要會議。

木村兵太郎—東條內閣中之陸軍次長，曾參加侵華及緬甸戰役，絞死。

武藤章—陸軍省官吏並曾任駐菲日軍參謀長，絞死。

松井石根—日軍屠殺南京時之總司令，以此罪判處絞死。按南京內被殺死無辜中國人據戰後調查達十五萬。松井事後良心發現，進了佛教，做了和尚。此正所謂希望「放下屠刀，立地成佛」也。戰後，盟軍把他從廟裏捉回。

除以上七人處死刑後，十八人分別判處無期或有期徒刑。其中在我國比較知名的有以下各人：

荒木貞夫—無期徒刑，日本侵我東北時之陸相。

烟俊六—無期徒刑，侵華日軍之華中總司令。

平沼騏一郎—無期徒刑，平沼爲日本原老政治家，現年八十二歲，爲戰犯中最老一人，曾任首相。

木戶侯爵—爲日皇昭和之親信顧問，曾助成東條組閣，無期徒刑。

小磯國昭—曾任關東軍參謀長及首相等職，無期徒刑。

鈴木貞一—爲侵華軍閥之一，無期徒刑。

南次郎—曾任陸相，無期徒刑。

梅津美治郎—無期徒刑。一九三五年，使華北特殊化之「何梅協定」代表日方者即此人，中國方面是何應欽。日軍投降時，梅津已陞爲參謀總長。

重光葵—日本之獨腿外交家。一腿乃在上海被韓國革命志士尹奉吉炸掉。曾任駐華大使，代表日本向盟軍簽降。

分別判罪之日本主要戰犯之中以軍閥爲主，外有少數之依服軍閥的職業外交家，各人大都在六十歲以上。

東條之判決詞中謂，他在關東軍參謀長任內計劃進攻蘇聯，爲確保後方計，向政府建議侵華，中日戰起以後，屢次阻撓和議，主張全部征服中國。珍珠港事變時，東條任首相，負全部罪責。其他各人均以陰謀侵略，發動戰爭，或縱容軍隊暴行判罪。

有趣的是，東條在聽判時態度端詳，尙自辯說，他當時計劃打蘇聯，正如今日英美之所爲，何罪之有。

據最後消息，佔領日本之盟軍統帥麥克阿瑟業已拒絕干涉，並下令美軍準備執行判詞。如此，東條等之死業已成定局。聞其行刑之期將在十二月七日—珍珠港事變七週年紀念日。

【附录1】历史回顾:八年抗日战争中的重大记事

毛泽东在延安与“小八路”交谈

1937年

7月7日 日本侵略军在北平西南郊卢沟桥附近举行挑衅性军事演习，随后，炮轰宛平城，中国守军奋起抵抗，史称“七七”卢沟桥事变 。卢沟桥事变是日本全面侵华战争的开始，也是中国全国性抗战的起点。

7月8日 中共中央发出《中国共产党为日军进攻卢沟桥通电》，号召全国军民团结起来，共同抵抗日本侵略者。

7月9日 中国工农红军领导人毛泽东、朱德、彭德怀、贺龙等致电蒋介石，要求全国总动员进行抗日斗争，并代表红军战士请缨杀敌。同日，中共代表周恩来等前往庐山会见蒋介石，共商抗日救国大计。

7月15日 中共中央向国民党送交《中国共产党为公布国共合作宣言》，再次表明了中国共产党以民族利益为重，促成全民族抗战的诚意。在中国共产党的敦促和全国人民的压力下，蒋介石于17日在庐山发表谈话，宣称“准备应战”。

七七事变时主持华北军政的宋哲元将军

7月28日 日军猛攻北平南苑，守军将领第29军副军长佟麟阁和第132师师长赵登禹先后殉国。次日，北平失陷。30日，天津失陷。

8月13日—11月12日 淞沪会战 。在此期间，日本侵略军共约28万人，动用军舰30余艘，飞机500余架，坦克300余辆，大举进犯上海。中国军队先后调集70余个师，舰艇约40艘，飞机250架，投入战斗。经过浴血奋战，中国军队毙伤日军4万多人，坚守上海达3个月之久，粉碎了日本军国主义者速战速决的迷梦。

8月22日—25日 中共中央在陕北洛川召开政治局扩大会议。会议决定成立中共中央革命军事委员会，毛泽东任主席；作出了《关于目前形势与党的任务的决定》，制定了《抗日救国十大纲领》。会议指出争取抗战胜利的关键是实行全面的全民族的抗战路线和艰苦的持久战。会议要求我党我军应站在抗战的最前列，坚持抗日战争中的无产阶级领导权，成为全国抗战的核心。

115师师长林彪

120师师长贺龙

129师师长刘伯承

8月22日 国民政府军事委员会正式宣布红军改编为国民革命军第八路军（9月11日改称第18集团军）。并同意设总指挥部，下辖3个师，每师定员为1.5万人。

8月25日 中共中央军委发布命令，将中国工农红军第一、第二、第四方面军和陕北工农红军改编为国民革命军第八路军。任命朱德为总指挥（9月11日改称总司令），彭德怀为副总指挥（9月11日改称副总司令），叶剑英为参谋长。随后，八路军主力在朱德、彭德怀率领下相继挺进华北抗日前线。

9月13日—11月8日 太原会战。会战过程中，中国军民共毙伤日军2万余人。尽管由于国民党军事当局在作战指导上有严重失误，致使战役全局陷入被动，以至太原失守，但它仍不失为抗战初期华北战场上规模最大、战斗最激烈、战绩最显著的会战之一。

台儿庄战役总指挥李宗仁将军

9月22日 国民党中央通讯社发表《中国共产党为公布国共合作宣言》。次日，蒋介石发表《对中国共产党宣言的谈话》，承认中国共产党的合法地位，第二次国共合作正式形成。

9月25日 八路军第115师于平型关伏击日军，击毙日军1000余人，击毁其全部辎重车辆，打破了日军不可战胜的神话。

10月12日 国共两党达成协议，将南方8省14个地区的红军和红军游击队，改编为国民革命军陆军新编第四军（简称新四军）。中共中央任命叶挺为军长，项英为副军长，张云逸为参谋长。

12月13日 日军占领南京并开始进行惨绝人寰的大屠杀，疯狂杀害中国平民和被俘军人达30万人。

1938年

2月3日—5月19日 徐州会战。会战期间，双方均投入数十万兵力。中国军队在台儿庄取得歼灭日军1万余人的巨大胜利，给敌人以有力打击，鼓舞了全国人民的抗战意志。日军虽打通了津浦线，扩大了占领区，但其速战速决的战略计划被打破。

6月12日—10月27日 武汉会战。会战从日军攻占安庆开始到武汉失守为止，历时4个半月，中国军队共毙伤敌近4万人。武汉会战使日本的战略进攻被迫停止，以主力回师占领区对付游击战争，从此，正面战场压力减轻，敌后战场日显重要。以武汉会战结束为标志，中国抗日战争开始进入战略相持阶段。

在作战中牺牲的八路军副总参谋长左权将军

1939年

10月25日—12月8日 日军集中2万余兵力对晋察冀边区进行冬季“扫荡”。边区军民奋起反击，共作战108次，毙伤敌军4000余人，击毙了日军中将旅团长阿部规秀，取得反“扫荡”的胜利。12月 国民党顽固派掀起第一次反共高潮。这次反共高潮，以国民党顽军向山西新军、陕甘宁边区和晋冀鲁豫地区发动的三次大的军事进攻为主要标志。八路军被迫奋起反击，至1940年4月，先后击溃各路来犯之敌。随后，我军主动提出与国民党军谈判，并达成休战协议。至此，国民党顽固派掀起的第一次反共高潮被粉碎。

1940年

3月30日 汪伪“中华民国国民政府”在南京宣告成立。汪伪政权的正式成立，表明汪精卫集团完全沦为日本侵华的工具。4月6日 中共中央发出《关于瓦解敌军工作的指示》。此后，八路军、新四军在华北、华中敌后战场不断对敌开展政治攻势，仅据1942年至1945年夏的统计，就争取投诚反正的日伪军达18万余人。

朱德、彭德怀在山西武乡八路军总部

8月20日 八路军发起“百团大战 ”。这次大战经历了两个主动进攻阶段和一个反“扫荡”阶段，历时5个多月。在8月20日至12月5日的3个半月中，八路军共进行大小战斗1824次，共计毙、伤、俘和投诚日伪军46480人。百团大战粉碎了日军的“囚笼政策”，增强了全国军民取得抗战胜利的信心。

10月4日 黄桥战役开始。在历时5天的战斗中，新四军打败了国民党顽军韩德勤部，歼其主力第89军、独6旅等1万余人，从而打开了华中抗日的新局面。

11月29日 汪精卫在南京就任伪国民政府主席。次日，日本与汪伪正式签订《日华基本关系条约》。按照条约中的条款，将使中国完全由日本控制，彻底沦为日本的殖民地。同日，国民党政府外交部发表声明，宣布日汪所订非法条约完全无效。

叶挺将军

1941年

1月4—13日 新四军军部及所属皖南部队共9000余人奉命北移，在茂林地区遭国民党顽军7个师的围攻，“皖南事变”发生。新四军广大指战员虽经浴血奋战，但终因弹尽粮绝，除两千余人突出重围外，一部被俘，大部壮烈牺牲。军长叶挺与顽军谈判被扣，项英遇害。皖南事变是蒋介石密令掀起的第二次反共高潮。事变发生后，中共中央立即领导全党全军在政治上进行坚决反击，在军事上作了迎击顽军新进攻的充分准备。经过一系列的努力，终于打退了第二次反共高潮。

1月20日 中共中央军委发布重建新四军军部的命令。任命陈毅为代理军长，刘少奇为政治委员，张云逸为副军长。

12月8日 日军袭击珍珠港，太平洋战争爆发，美、英同时对日宣战。日军为巩固在中国的占领区，作为进行太平洋战争的后方基地，加紧对我抗日根据地进行“扫荡”、“蚕食”；国民党顽固派也加强对我根据地的封锁和围攻，使得我根据地日趋缩小，财政经济极端困难。为此，中共中央于17日发出《关于太平洋战争爆发后敌后抗日根据地工作的指示》，提出实行“精兵简政”。这对我党我军渡过难关，坚持敌后抗战起了重要作用。

中国远征军总司令卫立煌将军

1942年

2月25日 约10万人组成的中国远征军开始进入缅甸，协同英、缅军对日作战，使日军遭到沉重打击。

5月31日，远征军因战局逆转而开始撤退。至8月初，一部退到印度（改称驻印军），一部撤至滇西边境。

5月1日 日伪军5万余人开始对冀中抗日根据地进行空前规模的拉网大“扫荡”。经过两个月艰苦斗争，我军作战272次，毙伤敌1.1万余人。与此同时，我根据地也遭受严重摧残，仅在敌人“清剿”阶段，被打死打伤和抓走的群众即达5万余人。整个根据地被分割成若干小块，部队活动异常困难。

12月12日 《解放日报》发表《积极推行“南泥湾政策”》的社论，号召各部队学习359旅垦荒经验。大生产运动由此而全面展开。大生产运动为根据地军民长期独立坚持敌后抗战，奠定了物质基础。

1943年

交通破袭战

6月18日 胡宗南在洛川召开军事会议，调动部队准备进攻陕甘宁边区，掀起第三次反共高潮。我党我军坚持反顽斗争的一贯方针，在华北粉碎了李仙洲部对冀鲁豫边区和鲁南根据地的进犯，在华中全歼了进犯淮北根据地的韩德勤部，并沉重打击了进犯苏南、鄂豫皖根据地的顽军。同时，从华北抽调部分兵力增强陕甘宁边区的防御力量。由于我党我军态度强硬，措施有力，加之国内外的舆论压力，蒋介石被迫停止对陕甘宁边区的进犯，第三次反共高潮遂被粉碎。

9月8日 意大利宣布投降，并投入同盟国一方。从此，德、意、日法西斯轴心实际上解体，日本法西斯更加孤立无援。

10月24日 中国驻印军入缅对日军实施反攻。

秧歌剧《兄妹开荒》反映了大生产运动

1944年5月，驻守滇西的中国远征军也开始对滇西的日本占领军发起反攻。

1945年1月27日，中印公路完全被打通，两军会师于芒友。至3月，反攻胜利结束。中国驻印军和远征军在缅北、滇西反攻中，解放缅甸领土8万余平方公里，收复滇西失地8.3万平方公里，共毙伤日军4.8万余人。

1944年

1月1日 中共中央北方局发出《关于1944年的方针》。此后，八路军、新四军对日伪军相继发起春季攻势和秋季攻势，各根据地军民不断歼灭日伪军，攻克敌军据点，开辟了一些新的抗日根据地。

7月1日 中共中央发出《关于整训军队的指示》。我军经过练兵运动，进一步加强了组织性和纪律性，增强了团结，提高了战术、技术水平。

周恩来、朱德、叶剑英到南京参加国防会议

1945年

1月1日 延安《解放日报》发表题为《争取胜利早日实现》的新年献辞。此后，八路军各部为执行“扩大解放区，缩小沦陷区”的战略任务，发动春季攻势，为我军转入战略反攻创造了条件。

4月23日——6月11日 中国共产党第七次全国代表大会在延安召开。会议号召解放区军民实行军事战略转变和准备全面反攻。

5月8日 德国法西斯无条件投降。至此，欧洲战争结束，盟军作战重心迅即东移，全力对付日本法西斯。

7月26日 中、美、英三国发表《波茨坦公告》，促令日本无条件投降。28日，日本政府表示，对《波茨坦公告》不予理睬。

8月6日 美国向日本广岛投下第1颗原子弹。

梅兰芳抗战间蓄须明志

8月8日 苏联对日宣战，并于9日出兵我国东北，对日本关东军发起全面进攻。

8月9日 美国在日本长崎投下第2颗原子弹。

同日 毛泽东发表《对日寇的最后一战》声明，号召中国人民的一切抗日力量举行全国规模的反攻。

8月10日至11日，朱德总司令发布受降及对日展开全面反攻等七道命令。八路军、新四军、华南游击纵队遵照命令，展开全国范围的大反攻，取得辉煌胜利。据不完全统计，我军在战略反攻中，共毙伤俘日伪军35万多人，收复中小城市250余座，解放了大片国土。在朱德总司令发布命令，指示我军向被我包围之敌发出通牒，限期向我们投降之时，蒋介石却下达命令，要八路军原地驻防待命，令国民党军积极推进，令日伪军维持地方治安。

1945年9月9日，南京举行中国战区受降仪式。

日本派遣军总司令冈村宁次签署投降书

8月14日 日本照会中、苏、美、英四国，表示接受《波茨坦公告》。

8月15日 日本天皇裕仁以广播“终战诏书”形式正式宣布日本无条件投降。

9月2日 日本代表在东京湾美国“密苏里”号战列舰上签署投降书。中国抗日战争暨世界反法西斯战争胜利结束。新中国成立后，中央人民政府政务院于1951年8月13日发布通告：由于“日本实行投降，系在1945年9月2日日本政府签字于投降条约之后”，故规定9月3日为抗日战争胜利日。

9月9日 中国战区的日本投降仪式在南京举行。日本中国派遣军总司令官冈村宁次在对华投降书上签字，并向中方交出他的随身佩刀，以表示侵华日军正式向中国缴械投降。

【附录2】不能忘却的历史——日本侵华实录

1874年

5月，日本出兵3600余人入侵我国台湾，残酷杀戮高山族同胞。

10月，迫使清政府签订《北京专条》，承认琉球为日本保护国，并赔偿日本兵费50万两白银。

1894年

7月，日本军舰突然袭击在丰岛海面执行护航任务的中国军舰，重创“济远”号和“广乙”号；击沉“高升”号运输舰，造成700多中国官兵死亡，由此爆发中日“甲午战争”。9月，日舰队在黄海海面袭击中国北洋舰队，击沉4艘军舰。“致远”号管带邓世昌及全船250人、“经远”号管带林永升及全船270人壮烈牺牲。

10月，日军分两路侵犯我辽宁省。

11月，日军占领大连、旅顺。日军进入旅顺后，见人就杀，在4天3夜的大屠杀中，全市2万多中国人全遭杀戮，只有埋尸的36人幸免于难。

1895年

2月，日军从水陆两路夹攻驻威海卫中国海军。3月，日军占领整个辽东半岛，日军所至，烧杀淫掠，无所不为，仅在田庄台一地，就杀死我军民2000多人。

4月，日本迫使清政府签订割地赔银的《马关条约》。

6月，日军再度登陆台湾。

11月，日占领台湾全岛。

同月，日本强迫清政府同日签订《中日辽南条约》，中国向日本交纳3000万两白银，日本才交还辽东半岛。

1898年

日本强行将福建划为其势力范围。

1900年

5月，日、俄、英、美、德、法、意、奥八国联军进犯北京，镇压义和团等反帝爱国运动。7月，日军攻陷天津，在津抢劫白银200多万两。

8月，八国联军攻陷北京，在京烧杀淫掠。

1901年

9月，清政府与日、俄等11国签订《辛丑条约》。条约规定中国赔款4.5亿两白银，交出税务、使馆区管理权，并禁止中国人成立或加入反帝组织。

1905年

1月，日军再度占领旅顺。3月，日军占领奉天（今沈阳），并与俄为争夺中国领土在我东北进行大规模厮杀。

年底，日本迫使清政府签订《中日会议东三省事宜条约》，获得在我国东北南部之特权。

1906年

6月，日本成立了掠夺我国东北资源的大本营“南满洲铁道株式会社”。

1907年

7月，日本与法、俄签订秘密协定，把南满和福建定为日本势力范围。

1914年

8月，爆发第一次世界大战后，日本把山东黄河以南地区划为日本对德“作战区”。

10月，日军占领济南和胶济铁路全线。

11月，日、英联军攻占青岛。

1915年

5月，日本以最后通牒方式，迫使袁世凯接受日本灭亡中国的“二十一条”要求。

1918年

日军开抵哈尔滨，攫取哈尔滨至长春的铁路管理权。

1925年

5月，日本人开枪打死上海日商内外棉纱厂工人代表顾正红、打伤其他工人十余名。

后又伙同英国制造了震惊中外的“五卅惨案”，当场打死工人和学生71人，打伤数十人。

1926年

3月，日舰炮击大沽炮台，中国驻军死伤10余人，后日本调军舰于大沽对中国进行威胁。3月18日，北京群众举行集会抗议，遭到镇压，47人被打死，200余人被打伤，酿成“三一八惨案”。

1928年

5月，日军制造“济南惨案”，打死中国军民1000多人，并占领济南。6月，日本在沈阳皇姑屯车站炸死张作霖，阴谋夺取东北。

1931年

9月18日，日本在沈阳制造“九一八事变”，强占我国东北，在3个多月时间里占领我东北全境，使我3000多万名同胞沦为日军铁蹄下的奴隶。

1932年

1月，日制造事端，进犯上海。日军与奋起抵抗的驻上海十九路军激战33天，中国军民死伤达1.6万余人，财产损失达20亿元以上。3月，日本扶植成立伪“满洲国”。

1933年

1—5月，日军先后占领了热河、察哈尔两省及河北省北部大部分土地，进逼北平、天津，并于5月31日，迫使国民党政府签署了限令中国军队撤退的《塘沽协定》。同年，日本成立“关东军防疫供水部”（即731细菌部队），后来扩大成一支大规模的细菌战部队。该部队用中国人进行鼠疫、霍乱、梅毒等细菌以及毒气、枪弹等的活体试验，并大量制造鼠疫、霍乱等各种细菌，用飞机撒播在中国各地，残害中国人民。

1934年

5月，日军在天津南开八里台和吉林伊兰县强占民地修建机场，并动用飞机轰炸伊兰县，炸死我民众2万余人。

1935年

11月，日本唆使汉奸殷汝耕在通县成立“冀东防共自治委员会”。冀东22个县宣告脱离中国政府管辖，沦为日本殖民地，促使北平学生爆发“一二九”抗日救亡运动。

1937年

7月7日，日军制造“卢沟桥事变”，开始全面侵华，嗣后日以重兵三路进攻华北。8月，日军大举进攻上海。

11月，日军占领上海，在南市放火连烧9日，军民死伤无数，上海5255家中国工厂被占，损失超过8亿元。

12月13日，日军攻下当时中国的首都南京，进行惨绝人寰的大屠杀，在6周内烧杀淫掠，杀死30多万手无寸铁的中国人，烧毁南京三分之一的房屋。

1938年

5月，日军占领徐州。

6月，日军攻占开封，导致花园口决堤放水，豫、皖境内17个县成为一片汪洋，140万人无家可归，数十万人被淹死。日军还在苏北决运河大堤，致使苏北数县成为泽国。

9月，日军汇集5万余兵力，分25路进攻八路军晋察冀抗日根据地，连续烧杀淫掠两个月。

10月日军占领武汉、广州。

1939年

2—6月，日军相继攻占海南岛、南沙群岛和汕头等地。

7月，日军用14万兵力对晋东南抗日根据地进行长达两个月的9路围攻，打死打伤我民众15万余人，粮食被焚劫一空。日军还乘晋察冀边区淫雨成灾之机，决堤淹没1万多个村庄，使300万人沦为灾民。10月，日寇2万多人分12路围攻晋察冀抗日根据地。

11月，日军攻陷南宁。

12月，日本与汪精卫在沪签订把中国完全变成日本殖民地的《日支新兴关系调整要纲》，其主要内容为：将东北割让给日本；绥远、察哈尔、山西北部、华北、长江下游和华南岛屿由日军长期占领，中央至地方政府由日本监督；伪军警察由日籍教官训练；伪政府经济由日控制；一切资源由日开发；禁止一切抗日活动。

1940年

5月，日军对重庆城进行了20多天的轰炸，死伤者无数，半个山城被炸毁。

从1938年10月至1940年10月日军逐步把主力转移到解放区战场，动用50多万兵力对我华北根据地进行100多次千人以上规模的扫荡，实行杀光、烧光、抢光的“三光政策”，我八路军官兵伤亡10余万人。

1941年

1月，日军包围冀东丰润县潘家峪村，焚烧该村全部房子，集中屠杀和烧杀1340多名村民，类似的屠杀在各抗日根据地和游击区比比皆是。6月，日机夜袭重庆，在校场口防空洞内躲避轰炸的3万多居民窒息而死。

8月，日军集10万以上兵力，采用“铁壁合围”、“梳篦式清剿”等战术对晋察冀北岳区进行空前大“扫荡”，烧毁我房屋15万余间，抢掠粮食5800多万斤，残杀虏掠我国同胞2万余人。

1941年—1942年 日本把75%的侵华日军用来对付我抗日根据地，频繁向晋察冀等各抗日根据地进行“扫荡”，千人以上的“扫荡”达170余次，投入兵力共达83万。

1942年

春，日军在冀热辽区，自古北口到山海关约200多里的长城两侧，承德、密云、迁安等9个县内制造无人区，使大片土地荒无人烟，近50万中国人过着非人的生活。5月，日军5万兵力对冀中根据地进行了残酷的大扫荡。

1943年

秋，日军以4万多兵力在河北省阜平县平阳村一带疯狂扫荡87天，屠杀中国村民700多人，烧毁房屋5000多间。

1944年

4月，日本发动豫湘战役，至8月先后占领郑州、长沙、衡阳等地。9月，日军发动柳桂战役。

12月，日军攫取了大陆交通线。

从1937—1945年8月15日，8年中，除西藏、西康、新疆、陕西、甘肃、宁夏、青海、四川外，我国其它省份皆遭日军铁蹄蹂躏，伤亡人数达3500多万，直接和间接财产损失共达5620多亿美元。

跋

“高粱叶子青又青,九月十八来了日本兵!先占火药库，后占北大营！杀人放火真是凶!中国的军队好几十万，‘恭恭敬敬’让出了沈阳城!”每到“九一八”，我总想起老辈人经常唱的这首歌。80多年过去了，今天在编写这套《老报刊里的日本侵华实录》，一篇篇的“血泪大控诉”，让你对往事的再现有着深深的痛感!

我虽未亲历“九一八”，但从这些真实的史料记载中，可以看到：1931年9月18日这天晚上，北大营那边响起了枪炮声，震得房子直掉土渣，老百姓都不敢睡觉，天一亮，街坊四邻传递着小日本打了军火库、占了北大营的消息，全城人心惶惶。接着又听说少帅在北京叫东北军不要抵抗的消息，人们都不知怎么办才好。又有人说日寇最恨青年学生，要进城抓学生。还有人说，火车站日本人守着，不让学生走，认为学生进关就要搞抗日。于是很多青年学生都剃了光头，扮作关内生意人的小伙计，夹在逃难的人群中逃出了沈阳……

收藏领域包罗万象，我独钟老报刊的收藏。而战时遗物，更值得珍视!透过书案上摊放着陈旧而脆黄的近现代老报刊，我怀揣着敬畏之心，在茫茫报（刊）海中浏览，一行行细小而没有标点的繁体字在眼前闪过，将我带入似醉似痴、如梦如醒的状态。从而为这些老报刊中所提到的那些人、那些事、那些物，感到那么伤感，又是多么的叫人怀想!正是这民国的装束，使我等人不得不去爱她、动情地想要去亲她!如你也是这等人，就请收藏她吧!“娶”她回家吧!

我仿佛看到了一幅幅存废之争的画面，一篇篇声讨入木的檄文；好像听到了那久违的“我的家在东北松花江上，那里有森林煤矿，还有那满山遍野的大豆高粱……”“万里长城万里长，长城外面是故乡……”的歌声，“有亡国，有亡天下，亡国与亡天下奚辩？曰：易姓改号，谓之亡国；仁义充塞，而至于率兽食人，人将相食，谓之亡天下……保国者，其君其臣，肉食者谋之；保天下者，匹夫之贱，与有责焉耳矣！”的呼吁；似乎闻到了一发发炮火的气息，一首首良剂的芬芳。我感受到不屈不挠的战斗精神，力挽狂澜的英雄气概。

我向心仪的前辈们询问，曾最早使用“南京大屠杀”一词的《世界展望》杂志主编张正宇；作为了解中国的窗口，展现近现代中国社会的发展变迁、世界局势的动荡不安、中国军政学商各界之风云人物、社会风貌的《良友》主编梁得所；抗战胜利后最早发行的综合性刊物《周报》主编唐弢、柯灵，时过境迁，这些陈年过刊，已是明日黄花，究竟还有什么价值？

张正宇理理毡帽，唐弢微微颔首，柯灵捋捋胡须，梁得所缓缓启唇：此言差矣。老朽充实资料于此宝库，施洒肥料于此沃土，既映当世，又裨来兹，惜乎人多未识，视同弁髦。君若有志于此，不妨倡言开掘利用，吾等自可含笑于九泉。

黄粱枕失，南柯梦醒，四老之语，启我心扉。遂一一寻究，细细玩索。“既映当世，又裨来兹”之训，犹在耳畔，若有所得。

从老报刊里记录的“九一八”，再到北平听到“七七”事变的枪声，最后迎来抗日战争的胜利……我想，在历史的重要时刻，不论你是身居何处，是一种偶然；而在中华民族最危险的时候，作为普通的中国人，汇入全民抗战的大潮又是一种必然。

当下，出版资源的价值不仅仅体现在生产环节的当期，还体现在出版之后的再生产、再利用上，如何充分开发出版资源，延伸出版产业链，重新挖掘、组织并以合适的途径和载体再次送达给读者，不乏经营战略角度的考量。

新媒体、新技术、新平台的快速发展与普及，为传统出版和产业转型升级带来了前所未有的发展机遇。出版机构如何借助其参与出版资源的二次开发，怎样以资本力量撬动产业市场、以现代视野拓展产业规模、以多元运营提升产业效益，这样的大视野、大局观可谓重要。相较于过往稍显“粗放”、“单一”的经营理念，越来越多的出版同人更加看重出版资源的利用效率，甚至在业内形成一股出版资源二次开发的战略转变趋势。为此，老报刊价值的再利用，乃是一种必然的文化现象。

这些战时期间出版的老报刊其历史价值约有三端：一者，展示中日两国之间的交锋场面。它真实地记录了在三四十年代中国这个多事之秋，日本侵略我国的野蛮行径，奸淫掳掠、血腥冲天的场面，中国人民为驱赶倭寇所作出的不懈努力与抗争。二者，将这些的惨暴真实地挖掘、梳理展示给中国人民和世界人民，让人们永远牢记这段历史，以史为鉴。其现实意义在于针对当前日本右翼势力的否认、淡化和歪曲其侵华历史的罪恶行径，将有力地遏制日本军国主义反动势力的猖獗。三者，诸多老报刊及时报道战情，开设专栏，发表专论，刊载专著，成为文化界与敌人斗争的主要阵地。无疑还具有重要的学术价值和教育意义，其学术价值在于可为今后进一步深化研究抗日战争史提供坚实的史料基础，并有利于振奋国人的爱国热忱和实现“中国梦”的决心。

综观中国老报刊发展史的研究现状，对近现代学术发展的研究实在是一个薄弱的环节。造成这一现象的原因是多方面的，其中一个基本原因是近现代老报刊文本难得。因此，要想了解战时期间的真实状况，进而全面研究近现代日本帝国主义侵略行径，以及它对当代的影响与启迪，唯有望洋兴叹而已。因此，收集整理出版近现代老报刊无疑有着重大的学术价值。

为使近现代老报刊研究进一步拓展与深化，充分发挥它们的应有作用，我做了多年的近现代老报刊研究，饱受筚路蓝缕之辛，备尝爬罗剔抉之劳。《老报刊里的日本侵华实录》只是我编纂近现代老报刊的一种。

全套书分为战争篇、经济篇、教育篇、政治篇等四卷（6册）本。针对入编的老报刊，做了每种纸媒办刊目的、办刊人物、办刊内容，判为综合期刊、学术期刊、普及期刊三种类型，枝不旁引，井然有序；继者从全国研讨、地域交流、海派形成三个方面，阐发对学术的促进，中规中矩，有理有据。

近现代老报刊是一座资源丰富的矿藏，是一片尚待开垦的荒芜地域。今当这套丛书交与哈尔滨工业大学出版社付梓之时，或可改变近现代老报刊一向束之高阁人未识的困境，而出现一个研究近现代老报刊学术的热点，以告慰近现代出版界诸老。

在我眼里，一位思想家不在于他的著作有多么繁富，学说有多么缜密，如果缺少了独具慧眼的发现，缺少了照亮心灵的光色，那只能是平庸的再造或翻版。我们这么断言，是明代著名思想家、史学家、语言学家顾炎武用他独具慧眼的发现，照亮了我愚暗的心扉，给了我新的启迪。不要说他笔下那浩瀚的论著，就一句“天下兴亡，匹夫有责”便具有晴天霹雳的震惊效应。我知道这不是他的原话，这话是梁启超为之合成的。他的原话是：时光逝去数百年了，我坐在书斋轻轻掀动《日知录》，当字行里跳出这段话时，眼睛竟亮得如电光闪射，神魂竟震撼得如惊雷炸响！我把顾炎武尊为补天者，他要补的天是仁爱的苍穹，道德的星空。诚如那个阴沉沉的午后，我走进尚书浦畔的顾家宅第，顿觉阴霾四散，华光迸射，心胸亮堂得少见。是的，仁爱是天，一旦失去仁爱，人和兽还有何种差别？若是世道真的沦为“率兽食人，人将相食”，那可是最为恐怖的灾难啊！这灾难不是天塌，其危害甚于天塌；不是地陷，其危害甚于地陷。要免除这人为的天塌地陷有何良策？顾炎武已明确指出：“匹夫之贱，与有责焉耳！”是的，匹夫有责，匹夫履责，才会民风和洽，才会其乐融融，才会重现尧天舜日的美景。
顾炎武点起了一盏灯，一盏照亮人心的明灯！顾炎武就是一盏灯，一盏闪烁在中华大地的思想明灯！

《老报刊里的日本侵华实录》得以形成，这里由衷地感谢中国人民大学教授、中日战争研究史专家张同新欣然为本书作序；中国社会科学院研究员、教授李成勋为本书撰写了中肯的鉴评；军事科学院研究院岳思平，在审读全书后，给出了“深刻揭露了日本帝国主义自1868年明治维新后，积极进行大陆政策，以1931年至1937年间，中国东北为重点地区，在军事、政治、经济、思想和文化战线全面侵华的罪恶行径，使该书在一定程度上反映了中国军民抗战的历史。图文并茂、资料珍贵、内容丰富、具有重要的学术价值和现实意义。”人民日报社高级编辑王华兴为本书的编辑体例提出了宝贵的建议，还有中共黑龙江省委宣传部、黑龙江省新闻出版局联合组织众多专家对本书的审评后，最终给予了黑龙江省精品图书出版工程专项资金资助出版的支持，尤其感谢哈尔滨工业大学出版社的田新华编审在两年多的时间里，为本书的出版组织撰写材料报批、组织编审团队，并建议补充老报刊的历史出版信息，以便于读者按图索骥，付出了辛劳的汗水。

有了以上专家、学者及政府职能部门的肯定和支持，那么，让我在静夜里细细体味花开的声音，让一股生活的香甜顿涌心底。回忆不仅仅是为了铭记，更为了展望，我祝福我的祖国未来“春光尽十分”。当我们那燃烧的一代人的额头上皱纹愈来愈多的时候，我们的党和祖国却变得愈来愈年轻！

谢华

2015年1月25日 积宇斋

内容简介

《老报刊里的日本侵华实录》旨在通过对1931～1945年期间我国出版的诸多报刊系统的梳理，全方位、多角度地再现那段悲壮历史，揭露日本侵略者所犯下的滔天罪行，向国人揭开一幕幕鲜为人知的血腥史实，讴歌中国各族人民抗击日本侵略者的不屈精神品质。

本书既为专家、学者研究抗日战争提供了可贵的史料，又为进行爱国主义教育提供了生动的教材。

图书在版编目(CIP)数据

老报刊里的日本侵华实录. 第1卷，侵华战争篇/全2册/谢华主编. —哈尔滨：哈尔滨工业大学出版社，2015.10

ISBN 978-7-5603-5360-9

Ⅰ. ①老… Ⅱ. ①谢… Ⅲ. ①日本-侵华-史料
Ⅳ. ①K265.306

中国版本图书馆CIP 数据核字(2015)第083654号

策划编辑　田新华
责任编辑　唐余勇　尹继荣　田　秋　田新华　丁桂焱
封面设计　恒润设计
出版发行　哈尔滨工业大学出版社
社　　址　哈尔滨市南岗区复华四道街10 号　邮编 150006
传　　真　0451-86414749
网　　址　http://hitpress. hit. edu. cn
印　　刷　哈尔滨博奇印刷有限公司
开　　本　787mm × 1092mm　1/16　印张　58.5　字数 1170千字
版　　次　2015年10月第1版　2015年10月第1次印刷
书　　号　ISBN 978-7-5603-5360-9
定　　价　398.00 元（全2册）
(如因印装质量问题影响阅读,我社负责调换)

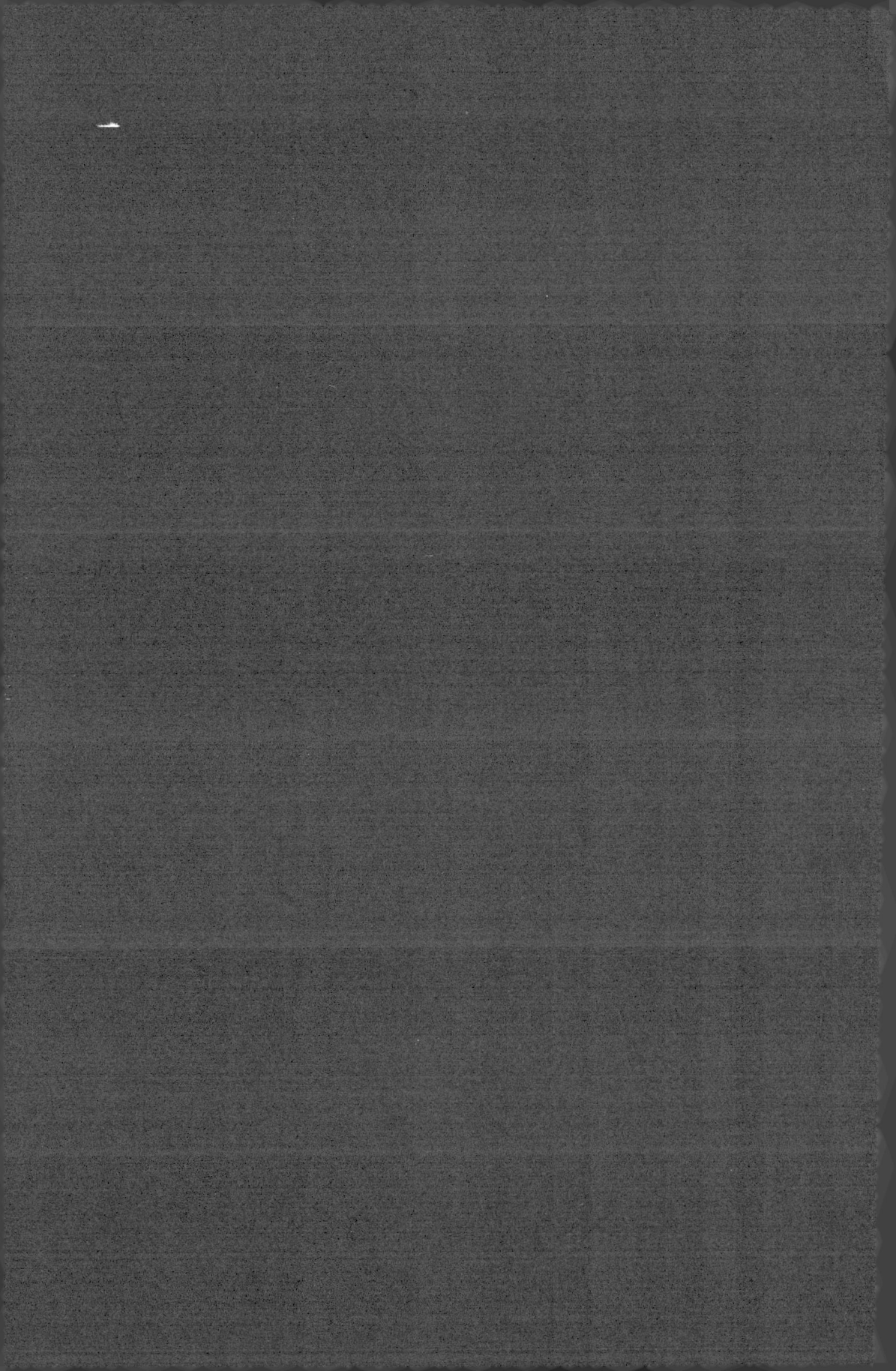

老报刊里的
日本侵华实录

第1卷·侵华战争篇：全2册①

谢　华　主编

哈爾濱工業大學出版社
HARBIN INSTITUTE OF TECHNOLOGY PRESS

序

■张同新

这套四卷本（6册）的《老报刊里的日本侵华实录》，分为(战争侵略篇、侵华教育篇、侵华经济篇、侵华政治文化篇），由哈尔滨工业大学出版社即将付梓出版。全书收录的文章全部是日本帝国主义侵略中国14年间的，也是中国人民与日本侵略者作殊死博斗的抗日战争14年期间，老报刊作者的当年之作。这套书的编者谢华先生将1931～1945年期间我国出版的诸多报刊刊载的记述、评论日本侵华罪行文章作了系统的梳理，全方位、多角度地再现那段悲壮历史，揭露了日本侵略者所犯下的滔天罪行，向世人揭开一幕幕鲜为人知的血腥史实，会让当代人真实感悟到当年的日本侵略中国的战争场景，了解中国的苦难，控诉日本人的野蛮行径，讴歌中国各族人民抗击日本侵略者的不屈不挠的爱国情操。

由于种种原因，抗战中留下来的资料较少，《老报刊里的日本侵华实录》选用二三百篇老报刊上的图文“原汁原味”地再现了当时日本侵华的真实记载，再现了二战期间日本入侵中国的罪恶行径。字字血、声声泪，让炎黄子孙义愤填膺。这些当年侵华日军吹嘘“战果”的图文，今天都成为其侵略的罪证。可以说，这是3500万中国冤魂的大控诉！

任何善良的人民都会为无辜人民的惨死而颤栗、愤怒！发生在二十世纪三四十年代那场腥风血雨的战争，日本军国主义的野蛮侵略，使我国陷入了前所未有的民族大灾难。从1931年策动的“九一八事变”侵占我东北三省，到1935年制造“华北事变”，日本鲸吞中国的野心日益膨胀，以1937年“七七事变”“八一三”对上海的侵略为标志，日本发动了全面侵华战争。

日寇铁蹄任意践踏我国的大好河山，以极端野蛮的方式进行侵略、掠夺、杀戮、奴役。他们屠杀中国军民，强行掠取劳工，蹂躏和摧残妇女，进行细菌战和化学战，制造了一起起灭绝人性的惨案，犯下了一桩桩令人发指的罪行。侵华日军在中国到处实行“烧光、杀光、抢光”的“三光政策”，已为中外人士包括日本人民所公认，也为大批参加侵华战争的日本官兵所证实。但冈村宁茨——这个曾经担任日本华北方面军司令官和中国派遣军总司令官等职的“它”，对自己所犯下的战争罪行不是悔过，而是厚颜无耻地吹捧，并公然矢口否认他指挥侵华日军实行的“三光政策”，还吹捧自己始终是信守“戒烧”“戒淫”“戒杀”信条的。更有甚者，日本还有人著书立说，“日本无罪”“日本不是侵略国”“南京大屠杀之虚构”等，否认日本在中国制造的屠杀惨案，否认他们所犯下的滔天罪行，并为被历史钉在耻辱柱上的战犯扬幡招魂。

而战后一些有良知的日本学者也到过中国进行实地考察，写出了符合历史事实的学术著作，如吉田光义先生多次到河北日本制造无人区的村庄考察，著有《华北无人区》一书，他赠送给我的那一本，仍然保存在我的书架上。这些中日友好人士的当代之作，与本书收集当年之作结合起来看，现在日本的右翼势力否认侵略历史，捏造历史，以他们的前辈的罪恶行径为荣，其用心之险恶，便一目了然了。

作者都是当年的历史见证人。我也在日本实行殖民统治下的伪满洲国生活过，亲眼所见日本大兵抓劳工、强征“国兵”“出荷”抢粮、摧残百姓的暴行，亲身体验了日本的奴化教育，后来我走上了研究中国现代史的道路。这套书的不少文章我都涉猎过，备感亲切。这套书的出版无论从学术研究看，还是从反对日本帝国主义复活，坚持中日友好，维护亚洲及世界和平等政治意义看，都是一个难得的资料。

谢华先生是多年来一直喜好收藏老报刊的收藏家，长期致力于报刊史的编撰整理工作。他编辑出版《老报刊里的日本侵华实录》(4卷6册)，正是对这段历史的最好见证，既有助于今人更好地了解二战的历史事实与细节，也进一步充实研究了这些珍贵文献，挖掘出其内在价值，为还原史实、推动相关研究发挥了更大的作用。

揭露与研究日本侵略中国的罪行，是中国抗日战争史的一个重要课题，也是中日关系史的一个重要课题，长期以来一直为中国人民和世界和平正义人士所关注。还在那场战争期间，中外众多报刊就对日本侵华罪行给予了特别的关注，进行了大量的报道和揭露。战后，国民政府和中国解放区救济总会对日本侵华罪行进行了大量的调查；远东国际军事法庭也派员来中国对日本战犯的罪行进行了调查、取证。这些，成为研究日本侵略中国罪行的重要的历史文献。苏联伯力审判，特别是新中国成立初期对日本战犯的审判，使揭露和研究日本侵华罪行提升到一个新的境界。1972年以来，以《中日联合声明》为基础，随着中日邦交正常化的发展，正视历史，妥善解决战争遗留问题，发展中日和平友好关系，成为强大的历史洪流。

但是，由于侵华日军销毁、藏匿其罪证，美国着眼于远东战略而掩护大批日本战犯逃脱国际法庭的追究，日本政府一直绝对保守秘密，因而，使日本侵华罪行的许多重大问题或被掩藏、或被阻断而未遗留下来。迄今尚未见有关全面、系统地研究日本侵略中国罪行的“文献性”史作问世。

今天，那场战争已经过去80多个年头了，中日两国正在《中日联合声明》等三个文件的基础上，致力于建立和平与发展的友好合作伙伴关系。但是，日本军国主义发动的那场侵华战争，造成中国3 500万人伤亡，6 000亿美元经济损失。我国人民的生命财产遭到历史上从未有过的空前大浩劫，千百万同胞家破人亡，或留下残疾而悲痛终生。这样空前的民族灾难，无论如何也无法抹去人们头脑中的记忆。

《老报刊里的日本侵华实录》一书，作为第一套系统地揭露与研究日本侵略中国罪行的史作，力图在吸收长期研究和积累成果的基础上，运用新的档案文献和调查资料，对日本帝国主义侵略中国的罪行做出较为系统、全面的论述。其主要特点是，把它作为日本侵华史和中日关系史的一个典型来考察，从历史、现实与未来发展的角度，来阐述日本侵略中国罪行的历史发展，分析其历史特点，论证其罪行、罪责，揭示其亟待解决的遗留问题，回击日本右翼势力否认侵华罪行、复活日本军国主义的图谋。

“以史为鉴可以知兴替”。日本侵华战争，是一个铁血写成的历史，正视这段历史具有很强的现实意义，在一定意义上影响着中日关系的走向，也影响日本人民的命运与日本国的前途。历史的教训值得人们永远记取。时至今日，日本朝野右翼势力猖獗，竭力美化侵略战争，鼓吹皇国史观，妄图复活日本军国主义，重温建立“大东亚共荣圈”的迷梦；日本司法机关还一直沿用100年前天皇宪法来审视中国受害者民间诉讼案，或者完全无视中国受害者的事实，或者不得不承认中国受害者事实，却自相矛盾地顽固坚持判决中国受害者败诉。因而，引起了中国人民和亚洲各国人民的忧虑和愤慨。“前事不忘，后事之师”。正视历史，才能更好地面向未来，防止历史悲剧的再演，使中日两国及亚洲各国沿着和平与发展的友好合作关系而稳定、持久发展。

《老报刊里的日本侵华实录》一书，不仅是详细记录日军侵华的滔天罪行，更重要的是让更多的日本青少年记住“军备亡国”的道理，从而也是对日本右翼势力有力的回击。日本长崎、广岛的居民，每年都纪念遭受原子弹爆炸造成的历史悲剧，这是很有意义的。希望长崎、广岛的民众在纪念这次灾难的受害同胞时，能想到造成这场历史灾难的罪魁祸首，正是供奉在东京靖国神社的法西斯恶魔，从而坚持日本要走和平发展，与中国、亚洲及世界各国和平友好的道路，防止与反对当初发动侵略战争的孝子贤孙们，妄图以新形式走复活军国主义道路。这些人的阴谋如果得逞，不仅是亚洲及世界的不幸，更主要的是日本人民的不幸。他们的阴谋如果得逞，日本人民受到的灾难将远远超过1945年的长崎与广岛。让我们牢记历史，中日两国人民团结起来，共同为建立中日友好、和谐世界做共同努力。

如果说这套书还有着美中不足之处，就是内容还有充实的空间，不少珍贵的文章尚未收入，相信此书会推动这项工作有更大进展。

2015年6月17日于北京西顶长弓斋

目录 CONTENTS

全2册①

老报刊里的
日本侵华实录

「九一八」事
一八事變

良　友

《良友》画报于中华民国15年（1926）2月创刊，一炮打响，创刊号初版3000册，两三天内售空，再版2000册不足应付，又再版2000册，总共7000册，在当年，是个不错的数目了。第一期封面是一幅套色照像——一个手捧鲜花、笑靥迎人的少女，这就是日后红极一时的电影明星胡蝶女士。

民国34年（1945）10月，《良友》停刊，20年间，以8开本刊行，共出172期。《良友》共载彩图400余幅，照片达32000余幅，近现代中国社会的发展变迁、世界局势的动荡不安、中国军政学商各界之风云人物、社会风貌、文化艺术、戏剧电影、古迹名胜等等无不详尽记录，可称为百科式大画报。当年就有评论说："《良友》一册在手，学者专家不觉得浅薄，村夫妇孺也不嫌其高深。"《良友》在世界五大洲都有销路，当年凡是有华侨居住的地方都有《良友》，赢得了"良友遍天下"的美誉。各国大图书馆也竞相收藏《良友》，作为了解中国的窗口。

本報廣告價目另刊

版權所有不許轉印

中華民國十七年五月三十日出版（每月一期）

實價每冊大洋叁角 外埠另加寄費三分

編輯者 梁得所

發行者 良友圖書印刷有限公司 上海北四川路B二十號

印刷者 良友圖書印刷有限公司 上海北四川路B二十號

分發行 香港大道中良友公司支店 廣州永漢北路良友公司支店

本報定閱價目

國內連郵費		國外連郵費	
全年十二冊	半年六冊	全年十二冊	半年六冊
三元六角	二元	四元二角	二元四角

郵匯不通之處以郵票代洋九折計算自一分至五角為限餘其如滇省吉黑新疆以及汚損等郵票概不收用

日本朝鮮均作國內新疆蒙古香港澳門及南洋羣島概作國外

《良友》杂志版权页

30
第二十六期
號月五
№26
May, 1928.
良友
THE YOUNG COMPANION
Published by Liang You Co., 11. Szechuen Road, Shanghai, China.
T.K.ZIA
上海良友圖書印刷公司印行

《良友》封面

山東督辦公署被日兵占領

Tupan-yamen, office of the military governor, occupied by the Japanese troops

北伐軍入濟南城之情形

Nationalist Expeditionary armies arriving in Tsinan

五三濟南事件實況

(由第十頁至十四頁)

THE TSINAN INCIDENT

(Page 10 to page 14)

北伐軍方振武所部千餘人被日兵繳械綑縛如囚徒

Disarmed, and bonded some thousand soldiers of Fang Chen-wu's Army, fell prisoners to the Japanese

如临大敌之日军在济南向北伐军扫射情形

A glimpse into Japanese force, ready for any emergency

攻城目的既达日军举枪庆祝

Saluting to their own work

日军攻破济南城之缺口

Walls of Tsinan as bombarbed by the Japanese troops

日军戒严之沙包

Sand-bags put up by the Japanese troops

散在城基上之北伐軍屍體
THEY DON'T DIE IN PEACE
Corpses lying everywhere.

北伐軍被慘殺者之一（眼鼻均被割去）
Nose and eyes were badly done with

（此項照片原爲日軍所禁攝○攝者乘無人察覺迅速攝得）

市民被害者之一
One of the victims

北伐軍慘死者（被用火油燒死）
Greased and burned to death

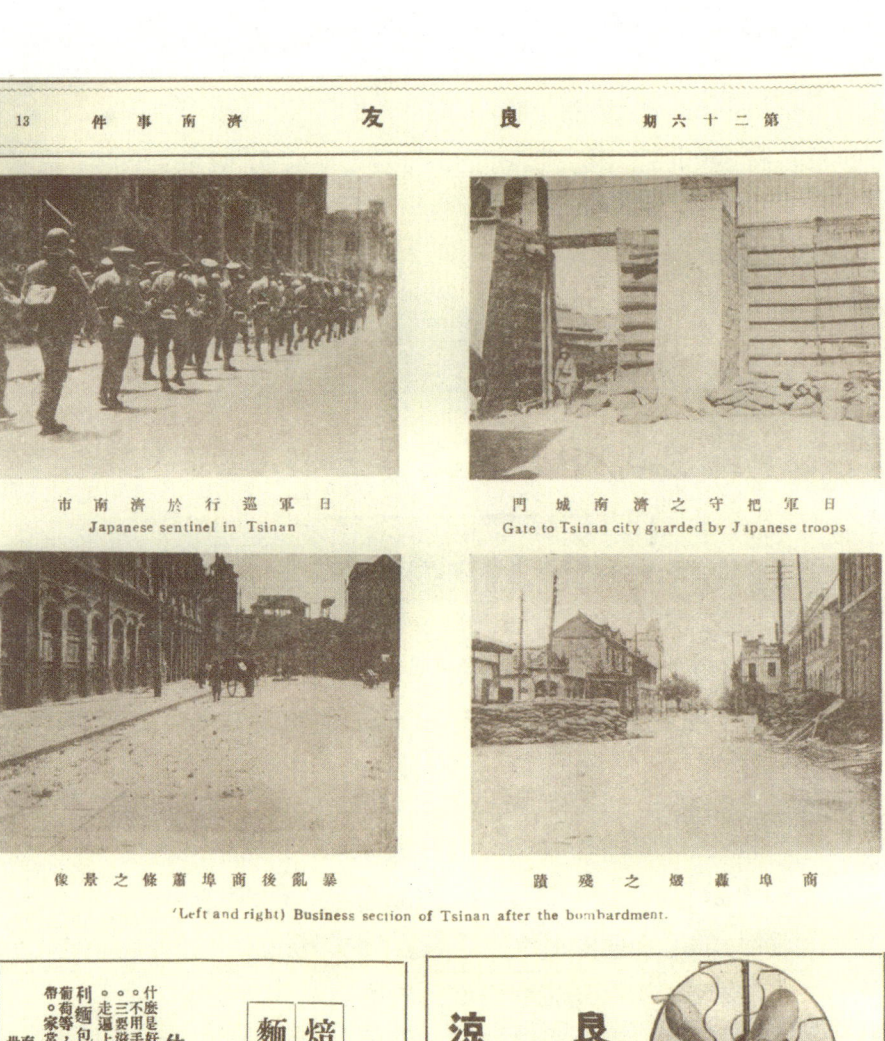

日軍巡行於濟南市

Japanese sentinel in Tsinan

日軍把守之濟南城門

Gate to Tsinan city guarded by Japanese troops

暴亂後商埠蕭條之景像

商埠轟燬之殘蹟

(Left and right) Business section of Tsinan after the bombardment.

师大附中校友会会刊

《师大附中校友会会刊》创刊于20世纪20年代（具体日期不详），由北平师范大学附属中学校友会主办、发行。不定期出版。主要登载时事论评、教学方法、师大附中校史、短篇文作品，也登载校闻以反映学生生活。继承《京大附中校友会会刊》。

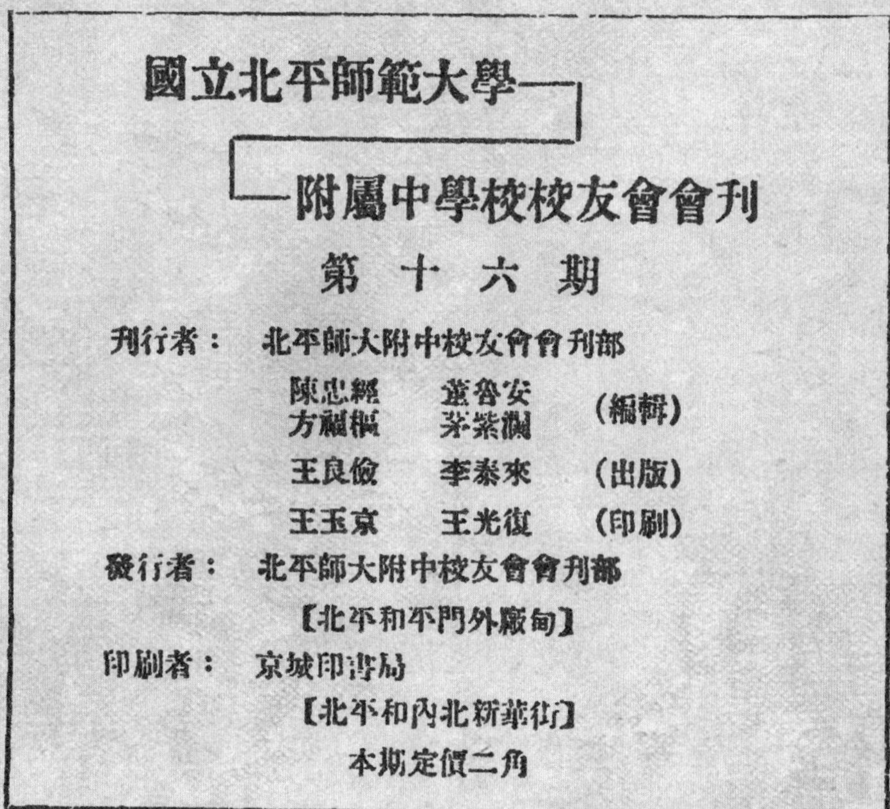

國立北平師範大學——附屬中學校校友會會刊

第十六期

刊行者：北平師大附中校友會會刊部

陳忠經　董魯安
方祖楨　茅紫瀾　（編輯）

王良儉　李泰來　（出版）

王玉京　王光復　（印刷）

發行者：北平師大附中校友會會刊部

【北平和平門外廠甸】

印刷者：京城印書局

【北平和內北新華街】

本期定價二角

《师大附中校友会会刊》版权页

师大附中校友会会刊

報告及會務紀要

九一八之回憶
—瀋垣陷落—

張恩溥

(一)是夜

說起來也難怪，這一夜的槍砲聲，始終未斷，而同學們仍還在安心睡覺，絲毫沒有介意；這大概是住在日本租借地附近，聽慣了的緣故。

時候約莫有四五點鐘，天方微曦，有重砲的響聲，把我從睡鄉裏捉來；聲音的大小，我沒有法用單位來測定牠，光記得窗戶振動的時間，足有一分又十餘秒鐘的工夫；像這樣的砲聲，接二連三的，響個不休。同時心弦的緊張，和兵變？倒戈？兵工廠的火藥庫爆炸？日軍演習？但日軍演習，何以到現時還未停止？的種種猜疑和疑問，一齊在腦中湧現出來。同學們跟着就七言八語，莫衷一是。起床的時間，也打破了以往的記錄。這時東方微明；幾片朝霞，飄浪在空間；明滅的晨星，好像中國的命運，在那顫動；一陣一陣的淒涼的風，搖動了人的恐怵的心弦。

平時威嚴莊重的訓育先生，現在換了一副恐慌和青白色的面孔，來告訴我們：『日軍現在已經佔領了瀋陽，我軍遵照長官的訓令，抱定無抵抗主義，已全部撤退。現在北大營兵工廠，和各軍事機關的大員，都逃空了，……』我聽了這些話以後，心中充滿了失望，怨艾，恐懼，悲憤，……可是最後想到日本這樣的暴戾，自然可以被「公理」淘汰；中國長官的「無抵抗」自然有最後的妙策；所以心裏還可以略得一點安慰。

(二)噩耗

『可憐哪！』走讀的同學〇君冒險來到了學校說：『街上無故被日軍刺

殺的無辜民衆多極啦！還有沒逃走了的警察，也全被日軍刺殺了！不信；請看校門的左側，還有一個被害的老者，現在尙在血窟裏頭滾轉着呢！』我們被好奇心的驅使，正要出校去看一看，但是黃洋洋一片的日本兵圍上來了；這時的心臟，停止了跳動，呼吸也屏息起來；同學們都瞪着大眼呆立着。幸運的很，日本兵不久就開走了，原來他們的目的；並不是包圍我們的學校，乃是在佔據學校右側的省黨部。我們碰了這個釘子以後，好奇心消滅淨盡，惟有恐怖驚慌支配了全身。

(三)傳習亡國奴

「本校不顧外界一切變動，仍須照常上課，以維秩序。此佈。」這是學校的訓令，同時訓育先生，指令將各人所有之黨義報紙，以及有反日嫌疑的書籍文件，均須焚燬。同時墻上的總理遺像，也就同歸於盡了。

上課了，功課表也改了。黨義和本國史地的鐘點，改上了七點鐘的日文；可是日文敎員，還沒有請來，而黨義敎員，却無故的自動辭職，這也是怪滑稽的事。敎員來的敎室，學生們還照例把書本放在書棹上，可是敎員所講的並不是書，乃是訓練新亡國奴。他敎導我們如何馴服，如何動作，見着日本兵作何態度，日本兵要檢查時，作何姿式。作亡國奴有了以上的技能，或者可以少減被妄殺的禍患。幸虧我們的頭腦淸楚，一點鐘就畢業了。以後的先生們上課時，都不約而同的講了一些亡國的痛史。現在想起來，在我心地上，還有一些深刻的悲痛痕跡。

(四)脫出學校

學校方面，費了九牛二虎的力量，好容易維持了不足四個鐘頭。及到了午間，聽見種種的謠言，人心大亂。忽然某方傳來一個最切心的消息，就是「省立一師的全部學生，被日軍捕去。東北大學的校舍被焚。」我們登高瞭望時，果見東北方有黑煙冲天，着實是着火了！這時候才想到日本對於中國學生，向來是恨之入骨；要是落在他們手裏，再想活是沒有的事了

○這回才要想法脫離開學校○當這個時候，宿舍裏頭，已經熱鬧到了極點，細皮箱打舖蓋，歸束書籍換衣服了；可是愈收拾愈是紛亂，一直鬧到一塌糊塗，還沒有停止○同學們急忙的，甚至於亦抱着僅僅兩個枕頭往外邊跑的；也有脫下學生服來，忘記了穿上便服，就跑到街上去了的笑話○可惜那時候，我已經沒心去統計這個：但是我相信當時如果在兩個日本人在旁邊看見這樣光景，足可以笑死他們一對○我那時並沒有顧東西，只是沒有便服可換：成了唯一的問題○不過還幸運的很，借了不到半小時，居然借得了，雖然不很𠋫體，但是已經萬幸了○記得我穿上的時候，袖長及膝，下襟拖在地上的，也有一尺來長○當我挽袖提襟溜出校門的時候，我想總比Rip wan Winkle的兒子那種神氣，還要十足些呢○

(五)暴行種種

我跑到家後，總算脫離了學校的危險界○就我在路上走着所見縱橫躺在馬路上被慘害的同胞，悽慘情况，不忍目覩○現在我把我回家後一天的空閑內，所親見的而現在能記清楚的三件暴行寫在下面○

(一)　一個無抵抗換了八粒衛生丸——在我們住宅東邊，有一個警署○事變後，他們大都要逃，只留下八個警士看守，署長令他們相機行事，絕對須以「無抵抗」爲「主義」，該署的武備齊全，尙有機關槍四架，即有一百，二百的日本兵來，也足可以和他們抵抗一氣○誰想到只來了四個日本兵，他們就表示無抵抗，棄槍舉手，畢竟不客氣的被日本兵槍決！

(2.)　聾子的死——這是一個老頭，在城根近走，日兵在城牆上喝令他站住，他沒有聽見，就被射死了○

(3.)　何來狗吽——這是我們西鄰的厨役，無故被日兵刺死，我去往看的時候，忽然聽見後邊『on』的一聲，我以爲是惡狗的吽聲○那知後面來了兩位雄糾糾的日警，舉槍作射擊狀，我們不得不各自散去○——原來日兵殺死中國人，還不許中國人看看呢○

以後我們因爲久在那裏總是不死不活，才想法逃出他們的鐵蹄下的○

认　识

《认识》半月刊创刊于中华民国19年（1930）11月，由中国国民党上海特别市执行委员会宣传部编辑、发行。该刊以阐扬三民主义，谋求中国民族之自由平等，并作为解决救国问题的方针，刊有最近大事述评等。该刊出版至民国20年（1931）7月停刊，停刊原因未详。

編輯者　中國國民黨上海特別市執行委員會　宣傳部

發行者　中國國民黨上海特別市執行委員會　宣傳部

印刷者　新新印刷公司　地址　老西門內蓬萊路中洵沙場口　電話　南市一六一號

代售處　本埠各大書局

本刊價目表

每月二冊全年二十四期

零售每期大洋四分郵費在內

預定時期	期數	書價連郵費 本埠	書價連郵費 外埠
全年	二十四期	八角	九角
半年	十二期	四角	四角六分

郵費代價不折不扣

（附註）凡各地黨部機關學校團體（以蓋有各該黨部機關學校正式團體之圖記爲憑）函索本刊者每期附郵票一分預定亦照此價計算

《认识》杂志版权页

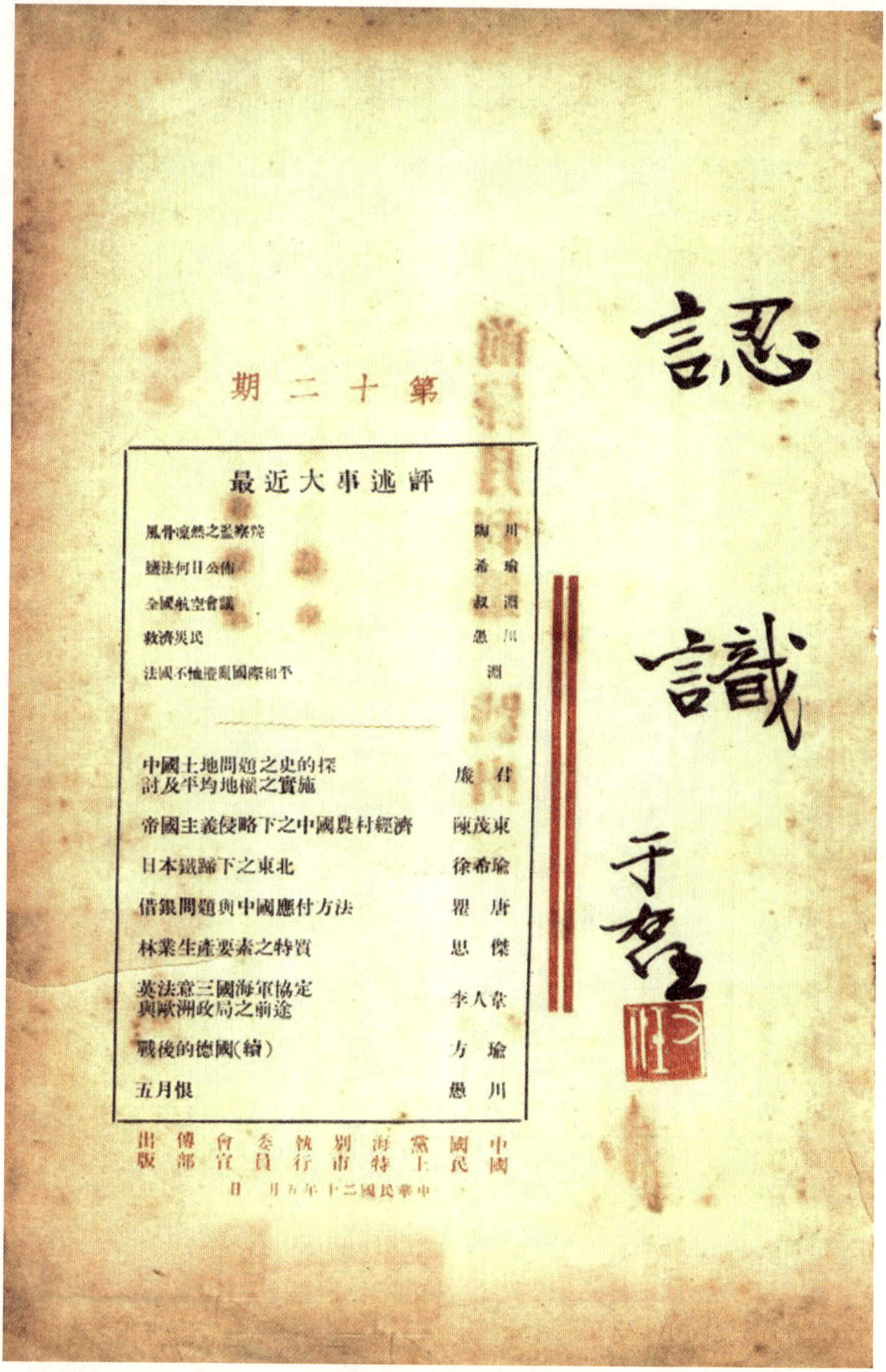
認識

于右任

第十二期

最近大事述評

風骨凜然之監察院　陶川

謎法何日公佈　希瑜

全國航空會議　叔泗

救濟災民　愚川

法國不憚擾亂國際和平　泗

中國土地問題之史的探討及平均地權之實施　庵君

帝國主義侵略下之中國農村經濟　陳茂東

日本鐵蹄下之東北　徐希瑜

借銀問題與中國應付方法　瞿唐

林業生產要素之特質　思傑

英法意三國海軍協定與歐洲政局之前途　李人章

戰後的德國（續）　方瑜

五月恨　愚川

中國國民黨上海特別市執行委員會宣傳部出版

中華民國二十一年五月一日

《认识》杂志封面

日本鐵蹄下之東北

徐希瑜

一　緒論

東北跨有遼甯，吉林，黑龍江，熱河，四省及灤河以東之地，幅圓廣闊，幾佔全國四分之一，物產豐饒，幾爲全國財富之冠，徒以僻處邊壤，人口稀少，國人曾非注意及之。迨至中日戰爭後，朝鮮淪爲亡國之奴，而滿洲亦岌岌可危，天然富源，遂爲各國所垂涎，寖假而釀成爲國際問題化，幾經門戶開放機會均等之主張後，更進一步爲國際問題之表見，而有一九〇五年之日俄戰爭。於是列强乃明目張胆以東北爲侵略之對象，尤其是日俄爲主角，美英法意等國副之。故有人說，滿洲是亞洲之巴爾幹，乃爲一含有危險性之火藥庫，蓋滿洲爲列强必爭之地，某一强國得滿洲，即某一國能控制亞洲，操縱太平洋之霸權，恰似歐戰前，某一强國能得巴爾幹，即可控制歐洲，操縱地中海霸權一樣。巴爾幹爲第一次世界大戰之導火線，於是滿洲亦含有第二次世界大戰之隱憂。又有人說　滿洲是日本的印度，日本之南滿鉄道株式會社，即如英國在印度之東印度公司，滿鉄社長恰如代表英王之印度總督。英國征服印度，以東印度公司爲策源地，軍事與外交皆以此爲中心，而完成其經濟侵略，卒爲英帝國主義生命之寄託地。而日本之征服滿洲，亦如英國征服印度同出一轍，則滿洲將爲第二之印度乎。自日俄兩國締結樸資茅斯和約後，日本在滿洲之勢力遂得寸進尺，其侵略之急進，無所不用其極。

日人之宣傳滿蒙問題，其實所謂「滿蒙問題」者，涉及蒙古則微乎其微，而日人必以「滿」與「蒙」相提並用者，則顯爲日人預定之野心也。日人侵略滿洲之計劃，得能逐漸實現，且大部亦得如願以償，然不能不有進一步之企圖，則爲計劃侵略中之蒙古也。同時，日人「滿蒙問題」之混合名詞，以淆亂國際間之耳目而蔑視滿洲蒙古土地之主權，恰如世界之遺物也。日本政客學者，對於滿洲問題，更多片面之論調，其大意不外乎如是說：「徵之史實，滿蒙並非今日漢民族之國土，滿洲於軍事上政治上外交上，成立一種分立的單位，與本部各省懸殊。且日滿關係極古，近世劃期的事實，卽爲日俄之戰　日本賭國運民命，驅逐俄人，當然與滿洲發生合法的關係。基於此種關係，爲一切之施設經營。滿蒙有今日之發展與隆昌者，實爲二十餘年之長歲月，二十數億萬之投資，日鮮人百數十萬之努力，所生之結晶品也。如對於日滿關係，不察已往之歷史，忽視現在之事實，僅以抽象之理論，及普通之觀念評議日滿之利弊；不獨對於太平洋問題調査會，無論在任何場合，此種無法無理解之暴論，均宜努力打倒。」云云。此種狂妄之瞎吹，爲日本各學者一致之主張，雖間有同異之處，而視滿洲非中國之領土，蓋中國之滿洲已亡於俄國，而今日之滿洲，係　本驅逐俄國而得之也，乃爲日人異口同聲之口吻。一九二九年太平洋會議中，滿鐵副社長松岡氏，竟坦率而言曰：「滿洲使日本帝國海陸軍之威力，於以有今日滿洲安甯之秩序，與繁榮的經濟；當一九〇五年，日俄戰後，南滿洲本已割讓日本，徒以三國干涉不得已善意退還中國。日俄戰爭時，中國不特不爲日助，且由李鴻章與俄代表羅柏諾夫締結中俄密約。使此密約而早自發見，則今日沃壤千里之滿洲，固早已爲日本之領土，當復有中國代表刺刺爭辯之必要。玆姑置歷史於不論；今日北滿塞外，非不赤騎縱橫，足予南滿以重大之威脅乎。斯拉夫氏（指俄國）旋向西失敗之結果，必然的向東發展而無疑。使中國而有自衛滿洲之能力，則日本政治軍事勢力，儘可放棄，試問中國人果有自衛滿洲之能力乎？能保無第二李鴻章復現於今日乎？如果不能，則日本作有斷然確執滿洲合法之權益，以保障東亞之安甯」云云。言辭咄咄，旁若無人，不知國人對此作何感想也。攷其詞鋒逼人，對我國似猶有存忠厚之心，內有數點：（一）中國自己無防止俄國南下之力，乃與俄勾結，故日本不得不取自衛的活動；且活動之範圍甚狹，一若日本之干預滿洲，由我國人自召，而日尙不爲已甚。（二）滿洲統治，自昔以來，卽離中國而獨立。其能發展繁榮，皆賴日本保障之力；一若東三省非我中國領土；非我中華民國政府所統治；日本則有保障之功，而應享其權利者。（三）中國勾結俄國，排斥日本在東三省之勢力，而日人犧牲鉅大之心血，而取之於俄國；一若中俄不應私結密約；且密約若早日發現，滿洲早爲日本之領土，毋須中國人有今日之爭辯；今日滿洲猶成爲問題者，日人寬大爲懷，不究既往。如上反復推究，日人之侵略滿蒙，情見乎詞。然吾人以爲日人擴俄而取得滿洲，則日本不啻爲俄國第二；其與國際間之和平及道德，將何以自解？若謂發展滿洲之功績自居，亦不能以侵佔領土爲報酬；若俄國之發展北滿，卽可將北滿領土獻諸俄國乎？至於把持滿洲，保屬自衛，則姑無論國爲防，於理不通，中國國防固不勢他人越俎，且得隴望蜀，不難藉詞擴張其自衛之範圍，其界限將何所屆？苟其條約上有正當規定之權利，吾人決不至主張立即推翻，然二三十年來，日人在東北之種種設施與經營莫不超越條約之行為。我國人為保全領土之完整與主權之獨立，決不允日人強詞奪理，而能泯除我民族意識之覺醒，一致以力爭之也。

日人動輒曰：滿蒙問題，然滿蒙竟以何地為界限。而滿蒙問題之發生，在一九一五年最後通牒迫我承諾之二十一條也，所謂南滿洲及東部內蒙古，其範圍之大小，至今當局亦莫知其究竟，全為日人預定之影詞。故本文名之曰：「東北」，較切近實際而立論也。

二　東北問題之國際化

在歷史上觀察，東北各省介乎日俄兩帝國主義之間，就十九世紀末葉以來，即開始其利害關係，中日俄三國間就發生不斷的外交問題，而英美各國，亦相繼旋入漩渦，而成為太平洋問題。自日俄戰爭後，於是有滿洲鐵道中立提議，有愛錦鐵路問題，有新法鐵道問題，有藍辛石井換文，有九國遠東公約等。在地理上觀察，東北各省為歐亞交通之樞紐，俄國得之為出海口，軍事政治上可有長足之發展，日本得之乃登大陸，國民經濟上可有深厚之基礎，而各國對之大抵為商業之關係，因東北各省貨藏於地之一寶庫也，俄之中東鐵路與日之南滿鐵路，不僅東北各省工商業為之壟斷，而軍事上之腰變，尤為國人之痛心疾首也。茲把東北問題國際化，分縱的橫的兩方面加以敘述如下

甲　東北國際化縱的認識

自琉球斷送於日本，滿清之昧於邊疆，已為世人所揭破。日人目滿清之優游可欺，每遇交涉卽持果決處分。中日之戰，雖由於清廷拙於外交，不暗國際趨勢以及各種積弱所致，然日人之先發制人，事前有籌謀有計劃，未始不是一部分原因。自此役，日本侵華遂完成其蝎形政策，南有台灣，北佔朝鮮，台灣為南進政策之張本，後來有鑒於南洋逐鹿之多，知非可與歐美為敵，乃集中全力而實行其由朝鮮進一步的大陸政策，東北問題遂為事實上之演進。在馬關媾和條約中，奉天省南部；卽自鴨綠江口溯江至平安河口，從該河口劃至鳳凰城海城及營口而止，所有折線以南地方，及遼東灣東岸黃海北岸屬於奉天省島嶼，概為割讓地。及在該地域之城壘兵器工廠及一切官有物，永遠割讓與日本。事實上東北之日禍，已引狼入室矣。然馬關議和時，日本曾將遼東東岸與黃海北岸之諸島嶼，均劃為割讓區域，事問於俄國，遂引起三國之共同干涉，俄恐日本佔據遼東，足以妨礙其經營遠東而求太平洋出口之希

望；法因有俄法二國同盟之故，不能拒絕俄國之要求；德國則見日本大肆張工商業於中國，已非德國遠東貿易之福利，且欲見好於俄；於是日本不能不退還遼東以示屈伏。我國雖見挫於日本，未嘗不思欲以報復，故有親俄派起，有一八九六年之中俄密約，其約文六條，中國爲防日本之侵略，而有類此中俄攻守同盟，俄國亦利用此名義，使西伯利亞大鐵道，得由橫貫黑龍江吉林兩省直達海參威，不僅滿洲經濟上爲之壟斷，而軍事上之影響尤大，滿洲處在俄國勢力範圍之下，國際形勢亦爲之一變。據當時世界所喧傳之中俄密約，即所謂喀西尼密約者，其主要者如左：

一，俄國西伯利亞鐵道，得由布拉郭威什臣斯克，渡黑龍江，經愛琿 齊齊哈爾，伯都拉，吉林，琿春，接海參威。

二，俄國經黑龍江吉林兩省之鉄道，全由俄國出資築造，準用俄國鐵道規則修理，中國不得干與，滿三十年之後，中國得出相當資金買收。

三，自山海關至奉天之鐵道，俄國代中國出資築造，滿十年之後，由中國買收之。

四，自山海關，經牛莊，盖平，金州，至旅順之鉄道，雖由中國自修，爲謀兩國通商便宜起見，準用俄國鉄道規則築造。

五，俄國爲保護鉄道財產起見，於各處車站，得駐屯步兵騎兵特別大隊，以資防守。

六、黑龍江吉林兩省，及長白山脈之礦產，中國雖禁止開採，然此約批准後，准中俄二國人民開採。

七，滿洲之中國軍隊，聘俄國士官將校訓練。

八，俄國於東洋方面，尙無不結冰良港，爲防近時有戰爭，便俄國太平洋艦隊自由運動之故，中國以膠州灣租借於俄國，十五年返還。

九，旅順大連及其附近地方，爲軍事上之要害地，中國須速築堡壘，嚴防戰備，俄國爲保護此二港灣，無論何國侵略，必竭力援助中國，若事勢切迫，中國爲使俄國易於攻守起見，准俄國海陸軍得於該二港集中。

此約確實與否 ，全由傳聞而來 ，然中國有鑒日本之氣燄轉盛，惟俄足以當之，東清鐵道於焉築造，華俄道勝銀行於焉成立，次年而結旅順大連租借條約，旅順大連租借續約，由此兩條約締結後，旅順大連遂爲俄國在太平洋之海軍根據地，而三國干涉返還之遼東半島一變而爲俄國所有，俄之强暴橫奪反有甚於日，中國亦無奈他何。義和團之亂，滿洲軍隊首先發難，俄國遂乘機而佔東三省，即締結中俄第一次滿州密約十二條，日英美德奧意六國，先後提出抗議，中國因有各國反抗爲辭，而俄國遂中附放棄，惟佔東三省之軍隊，仍未撤退也。繼爲中俄第二次滿州密約，旋因中國全權李鴻章積勞逝世，而日美兩國政府之反抗，終未成立。同時，日英同盟醞釀成，蓋日本有恨俄國干涉遼東而反取而代之，而今置滿洲於俄國勢力範圍之內，對日更有所不利；而英國對於遠東政策，素採有二國以上之均衡主義，不願有任何一國之獨佔，故對於俄國之囊括滿洲，而又積極經營西北，對英亦有所不利，於是而有一九〇二年之日英同盟條約六條，共同以防俄也。俄國感覺及此，乃將本爲歐洲政略而出之俄法同盟，擴張範圍於遠東方面，顯示與日英同盟相對也。

先是中俄結滿洲撤兵條約，至第二次撤兵之期，俄國終未遵約實行，反向我國外務省提出新要求七款，直將滿洲置於俄國保護之下，非第三國所得染指，日英美三國，同向中國警告；結果開奉天大東溝爲商埠，而俄國猶提出新要求五款，日本人民譁然，日俄戰機伏焉。俄得志滿洲，而勢力侵入朝鮮，日本迫於切身利害，乃開日俄交涉，以解決兩國在遠東實際問題。初次交涉即移東京，日本提出日俄瓜分韓滿利益，而俄國之提案，不僅不尊重中國之獨立與保全其領土，且欲侵略朝鮮，對於日本在朝鮮之權利益，反加限制也。然至第一次各提出相對案時，終格於兩國利害衝突，日本持東亞霸權主義，當不願放棄日本在滿洲於範圍之外，而俄國更有太平洋海權之雄心，正在壯氣發人之候，一九〇四年兩國即斷絕國交，開始宣戰。

迨波子瑪斯和議締成，俄國在南滿一帶之利益及特權，全割讓於日本，再與中國締結中日滿洲善後協約，滿洲附約，更擴張權利於俄國所獲利益之外，如安奉鐵道經營權，實爲滿洲政治上之後患也。

俄國在南滿失勢後，日本政府，一方對朝鮮設統監以爲合併之初步，一方在滿洲設立南滿鐵道株式會社，又設立關東州都督府，以爲實行經營滿洲之中心。於是中日間題之糾紛起，遂爲滿洲諸懸案。如第二辰丸事件，採伐鴨綠江森林問題，撫順炭礦問題，間島問題，新法鐵道問題，營口支線問題，安奉鐵道問題，新奉，吉長，兩鐵道借款問題等等，而含有國際重要性者，則爲新法鐵道問題，蓋英商有憾日本在滿洲貿易勢力之日增，乃勸中國政府借英款建築新民法庫門間鐵道，且延長至齊齊哈爾，以挫日勢，爲我國政府所歡迎，方在交涉中，而日政府提出抗議，據北京會議錄，有與南滿鐵道不得建築競爭利益線之語。後美商又持議錦州至齊齊哈爾鐵道借款，皆未成功。我國以條約之義務，要求日本撤去營口支線，竟拒絕而不許。日本欲囊括遼河以東之鐵道，一九〇七年日公使林權助與中國締結兩鐵道借款條約，吉林長春間，及奉天新民間。至此更欲延長吉長鐵道而達延吉廳之南，以與朝鮮會甯鐵道相聯絡，爲我國所不承認，遂爲懸案。適安奉鐵道事作起，北京又值政變，日政府乘間要求同派委員，踏查改是安奉鐵道之新線路，旋要求實行收買地基。政府委東三省總督錫良辦理，詎料錫良，不察當時國情，底知熱心收回利權，遂引起日本政府嚴重抗議，終乃自由行動，强行動工。再後通牒中，有云：防於不妨害該工事，仍應談判。但其他懸案，希望同時以妥協之精神解決之，蓋知中國斷不敢與日本開戰，必依妥協了結，欲利用此事機，使滿洲諸懸案，皆依日本之要求解決之也。至此所有滿洲五懸案，悉以安奉鐵道自由行動之壓迫，除間島問題外，盡以不了了之。嗣後而起，有渤海漁權問題，渤海領海問題，鴨綠江架橋問題，滿鐵附屬電線公用問題，日本軍用電線收買問題，旅順芝罘間海底電線問題等。

當滿洲懸案協約發表後，美國以日本違背開放門戶主義，與波子瑪斯條約之精神，其國務卿諾克斯，致通牒於中，日，英，法，俄，德，提議共同出資，收買日俄在滿洲之鐵路，由國際管理，以絕日俄之壟斷，且確保列國機會均等主義，然日俄拒絕最力，而後有日俄第二次之協約，共同霸佔滿洲；且附結密約，其中規定，無異日俄瓜分滿洲。英法以同盟之故，不加贊同，德國勢孤，而美國提案遂歸失敗。是時歐洲國際風雲，日趨惡劣，英國無暇遠顧，而俄國有滿洲協約遂銳意西進，德國則又欲聯結美國，以牽制英國之計，因此英國不敢得罪於美，日美因滿洲問題之惡感，英國處於旁觀地位，而英日同盟遂不得有第三次之變更也。時清廷無力保存皇統，各省先後光復，蒙古受俄國之慫慂，西藏以英國爲背景，先後宣告獨立，日本又乘機而訂結日俄第二次密約，由南滿而侵入東蒙矣。民國元年遂提出滿蒙五鐵道之建築權，爲承認民國之交換條件：（一）開原至海龍城；（二）海龍城至吉林；以上係完備南滿之勢力。（三）四平街至洮南府；（四）洮南府至熱河；（五）長春至洮南府；此三線爲經營東蒙之開端，所謂滿蒙問題，日人遂極力混合宣傳也。故四國借款團招日俄加入，日俄即共同提出：

「借款團不加危害於滿蒙特利殊益，則日俄兩國加入借款團。」

歐洲大戰起，列强無暇顧及遠東問題，日本遂假對德宣戰之名，以逞其單獨侵略之野心，美國曾注意及之。時袁氏稱帝心熱，日政府遂於一九一五年一月十八日，買通袁氏左右，逕向中國元首袁世凱提出五號二十一條之要求，其關係於滿洲蒙古者議訂條款如左：

（一）兩訂約國互相約定，將旅順大連租借期限，並南滿安奉兩鐵路期限，均展至九十九年爲期。

（二）日本國臣民，在南滿洲及東部內蒙古，爲蓋造商工業應用之房廠，或爲耕作，可得其需要土地之租借權，或所有權。

（三）日本國臣民，得在南滿洲及東部內蒙古，任便居住來往，並經營商工業等項生意。

（四）中國政府，允將南滿洲及東部內蒙古各礦採權，許與日本臣民，至擬開各礦，另行商訂。

（五）中國政府，應允左開各項，先經日本政府同意，然後辦理：

一、在南滿洲及東部內蒙古，允准他國人建築鐵路，向他國借款之時。

二、將南滿洲及東部內蒙古各項稅課作抵，向他國借款之時。

（六）中國政府，在南滿洲及東部內蒙古，聘用政治對政軍事各顧問教習，必先向日本政府商議。

（七）中國政府，允將吉長鐵路管理經營事宜，委任日本國政府，其年限自本約劃押之日起，以九十九年為期。

日本政府祇求達到目的，而不計手段，威迫利誘並至，而英美政府，雖亦質問日本向中國所要求條約之內容，而日政府竟摘其較輕之款以通知之，並作欺騙友國之宣言；惜中國政府未曾將全部真相披露也。五月九日袁氏承認最後通牒，五月十一日美國即通牒中日兩國政府，聲明美國不能承認有損害關於開放門戶，商工業均等之任何條約上之利益。此種消極之論調，毫不足動日人之心，滿蒙之特權由是而兆胎焉。同時日軍已實行侵入東蒙，勾結蒙匪，擾亂中國，而有鄭家屯事件。一九一六年之日俄同盟協約，以為二十一條中日協約之保障，且結日俄第三次密約，以對抗美國之實際干涉，幸而次年俄國二月革命起，而帝俄時代所訂帶有侵略性之條約，完全宣告無效。於是而有巧詐騙成之藍辛石井協定，代日俄協定而起，日嫉俄故而誘段政府締結中日陸海軍協定，日本軍隊遂得通過北滿與外蒙，滿蒙侵略次第貫徹。

自勞農政府統一後，日本陽為防止過激派陰圖吞併滿蒙之計不得售，遂老羞成怒大逞亂於北滿與外蒙，及破壞黑龍江之航權。琿春事件交涉之結果，益見日政府在滿蒙任意駐兵設警之自由行動也。美國新銀行團之提議，乃有鑒於中國領土無自主之權，特倡中國鐵路統一論，以廢除各國在華勢力範圍之弊，故主張由新銀行團共同協助中國政府，供給款項，俾能推行要政，發展經濟，而日本則不願放棄在蒙滿之勢力範圍，乃提出二項之條件，日本可加入新銀行團：

一，滿蒙地方不在新銀行團之內。

二，一千萬元之小借款，不在新銀行範圍之內。

此種提議，顯將滿蒙與中國其他領土，劃而為二，英美當不能承認，卒以英美法之同意，使日本讓步而屈服，至華盛頓會議，對於滿蒙之勢力範圍，仍為不追溯已往事實之議決。

（未完）

日本鐵蹄下之東北（續）

徐希瑜

乙　東北國際化橫的認識

東北之彊域，在東與俄屬東海濱爲界，南臨黃，渤，二海，東南與日屬朝鮮接壤，而以鴨綠江爲分水線，在北則以黑龍江而界俄屬西伯利亞，惟西接蒙古與河北省，而不能固定其範圍，因其有若干之伸縮性也。但是一般研究東北問題者，均知東北是包括東三省及東部內蒙古，其表示如左。

類別	平方哩人口	（千位）	每方哩人口密度
遼甯	九〇，三三六	一四，五九六	一六一，〇
吉林	八一，〇二九	七，五九六	九三，七
黑龍江	二一一，三九〇	四，一二九	一九，五
內蒙東部	六〇，五五一	四，三六六	七三，一
總計	四四三，一八六	三〇，六八七	六八，三

東北之山脈，東有長白山脈，西有陰山山脈及大興安嶺；北有小興安嶺；而南方則爲廣大之平野，直向渤海而開展；且諸山脈均富于蓊密之森林。東北之河流，在黑龍江省有黑龍江，松花江，嫩江；吉林省有烏蘇里江，圖們江；遼甯省有遼江，鴨綠江等。湖水亦有淡水鹹水兩種，除興凱湖之外，約有十個，既多自然風景，又便於水運。東北之氣候，爲大陸氣候，晝夜冬夏之氣溫，相差甚大。在冬季，非常寒冷，尤以黑龍江爲甚；一到夏季，南北都有相當之高溫，雨量亦頗足；就全部而觀，尙稱適合衛生，而以遼甯省爲最溫和，故南部一帶，爲天然之農產地也。從歷史方面而認識東北問題之國際化，而此中國際化之演進及嚴重，不能不歸諸東北在政治地理上所造成。東北問題，在歐美各國觀之，則爲遠東問題；加以日本，則爲太平洋問題。爲現代國際政治學者所注意，亦佔國際外交問題上之重要事件，玆就國際政治地理上，國際經濟地理上，分別敘述之：

(一)國際政治地理上之關係，以日俄美英諸國爲主角，而以鐵道政策爲中心問題，試舉例說明如下：

一，東清鐵路：自俄國西伯利亞鐵道之拉布郭威什臣斯克起，渡黑龍江，經愛琿，齊齊哈爾，伯都拉，吉林，琿春，接海參威。橫貫吉林，黑龍江兩省。準用俄國鐵道規則建造或修理，各處車站，并得設置警察，旋變警察爲軍隊。

先是俄國與中國締結愛琿條約，而黑龍江北岸之領土，遂爲俄國所有；不數月增訂北京條約續約，復舉烏蘇里河東九十萬三千方哩之地，全行讓於俄國，乃設阿穆爾，東海濱兩省，經營海參威，創設西伯利亞鐵道，以期伸足於太平洋。其路線本須繞行黑龍江之東，以聯烏蘇里江鐵道，經此大半圈而達海參威。若由赤塔直入中國境域橫貫吉黑而達海參威，可由九百二十五邁爾之距離，減縮至五百二十五邁爾。故東清鐵道，爲俄國與太平洋間距離最短之路程也。俄國自彼得大帝稱雄後，深苦鎖於黑海以北之地，西不得出波羅的海，南不得出地中海及印度洋，落落寡合，不得不向遠東之太平洋發展，而得一海洋交通之海口。當中俄雙方會晤之時，値中日戰爭後，中國已感覺日本野心之不宜輕視，而有以夷制夷之外交政策，於是給俄國以可乘之隙。時俄國衛特秉政，與中國大使李鴻章談判，衛氏常說，要使中國領土完整，必以兵力幫助中國。衛氏又向李氏指出中日戰爭時，俄國雖曾由海參威出兵吉林相助，可是缺乏鐵路之故，致進兵遲緩。故欲求軍運上之敏捷，必需有鐵路，由蒙古與滿洲北部而達海參威。然俄國陽爲共同防禦日本之侵略爲口實，而陰則圖佔滿洲而握取太平洋之霸權。所以旅順大連租借條約：其一，旅順口作爲俄國海軍港，祗准中俄兩國船舶出入，大連灣開爲商港，各國船舶皆得出入。又其一，俄國自備經費，於大連旅順建築礮台營壘，中國軍隊，不準在界內居住。其續約中則說：金州城之行政權及警察權，雖歸中國所有，然中國舊屯軍隊悉撤退金州之外，代以俄兵。中國民無使用海岸之權。由東清鐵道之支線而達旅順之南滿鐵道，建築竣工，而滿洲遂全落於俄國勢力範圍之內。俄國積年所企求之東洋不凍港，得全達其目的。可知俄國之侵略滿洲，不在於移殖過剩之人口，不在於刼取廣大之財富，而全部之利益集中於政治上與軍事上也。

(二)南滿鐵道：自由哈爾濱至旅大，爲中東鐵路之支線，故名中東鐵路南滿支路，全線長九〇二公哩。日俄在滿洲因利害衝突而引起戰爭，結果俄敗而締結波子瑪斯條約：其中第五條：

俄國以中國政府之承認，將旅順大連及附近領地領水之租借權，與關連租借權及組成一部之一切權利特權及讓與，及租借權效力所及地域之一切公共房屋財產均讓與日本。但在該地域內俄國臣民之財產權，受安全之尊重。

第六條：

俄國以中國政府之承認，將長春及旅順間之鉄路，及其一切支線，并同地方附屬一切權利特權及財產，與其所經營一切炭坑，無條件讓與日本。

日本更與中國締結滿洲善後條約及附約，大擴張權利於俄國所獲利益之外，一面迫東三省開十餘處商埠，以壟斷南滿洲經濟上之霸權。而予我國政治上之重大威脅者，則為安南至奉天間之鐵道。安南與朝鮮接壤，僅鴨綠江一水之隔，即為新義州與漢城之鐵道，若安奉鐵道建造成功，日本可由釜山至漢城達新義州，連接安奉鐵道，可控制滿洲全部之勢力，且可由此深入中國本部內地，如軍事上之便利，則朝令而暮至焉。先是俄國恐日本伸勢力於滿洲，故拒絕滿韓鐵道之聯絡，而日本則欲囊括滿洲，則不可不使滿韓鐵道聯絡。故乘俄國失敗之時，日本即乘機趕築安奉軍用鐵道，以為異日要求中國許可之基礎。其後光緒三十四年，日本乘我國兩宮崩御，北京政變之時，要求改良安奉鉄道，由軍用路而變成寬軌路也。我國因激於愛國心，不願一誤再誤，日本遂取自由行動，強制開工，且海陸軍一時皆有所警備。然此鉄道建築權，並不在波子瑪斯和約內，與俄國無關係，則與日本亦何涉，然蠻橫之日本政府，一至於此。

(二)國際經濟地理上之關係，亦以美英日俄等國為最密切，而以金融政策為中心，試舉例說明如下：

一，哈利門氏之滿鉄收買計劃：在日俄波子瑪斯會議談判之際，哈利門氏受美國駐日公使格里康氏之召，決定遨遊遠東，乘機擴張美國在遠東之商務。於是乃計劃一環繞世界轉運路線，統一於美國控制之下。路線須經日本，滿洲，西伯利亞，及歐境俄國，故在日本美公使招待席上，發表由紐約至太平洋之鉄道，與由太平洋岸到日本海路，如由同一公司經營管理，則客商諸多便利云。哈氏在日大施活動，一九〇五年十月而成立所謂預備覺書。

(一)組織銀公司，收買日本政府所獲得南滿洲鉄道。

(二)契約兩當事所收買之財產，有共同及平等所有權並從該鉄道之復舊，設備。改造擴張，及大連灣之完成。

(三)煤礦開掘，另立協定，另設公司。兩當事者，對此公司有共同利害關係，由雙方舉出代表。

(四)在滿洲所有企業，兩當事者，有平等權利。

(五)南滿洲鉄道及其附屬物，鉄軌，枕木，橋梁，地上建築物，車站房屋，月台，倉庫，船塢，埠頭等，雙方舉代表核估格價。

(六)以下各條從略

覺書交換後三日，小村男爵即攜媾和條約歸，見覺書提出如左兩理由，極力反對：

（一）對日本之滿鐵讓渡，須得中國同意，此媾和條約第六條所載。故日本渡在未與中國交涉以前訂此約，實失法律根據。

（二）即置上述形式論於不顧，覺書內容，實不能贊成。國民經二年戰爭流血結果，所獲之報酬若何？償金全無，對媾和條約之不滿，已見諸暴動。其戰爭結果所獲一半以上價值之滿鐵，賣却，將滿洲作爲各國自由競爭場所，實國民之所不能忍。

幾經各方面之反對，哈氏世界一週交通計劃即遭挫折，然哈氏並不灰心，迭經籌謀，而有一九〇八年之新計劃，呈請政府，投資滿洲，與奉天巡撫唐紹儀商妥訂立覺書，在滿洲設立銀行，借款美金二千萬元。由此銀行，敷設齊齊哈爾，愛琿間之鐵道，以備與寶林公司攜手，與新民屯，齊齊哈爾銜接，俾成世界一週之幹線焉。不圖清光緒帝崩，而此謀亦遂寢，哈氏雖繼續努力，與日俄交涉，竟齎志而歿。

二，新法鉄道：日本在南滿商務日盛，且實行壟斷之策。營口英商，勸中國政府借英欵修新法鉄道——新民府至法庫門——且延長至齊齊哈爾，以實行開發滿洲，且以抵制日本南滿洲之壟斷。爲我國政府所歡迎，一九〇七年夏，遂與英商寶林公司訂約，新法一段鉄道，准由該公司借款並包工修築，將來更展至齊齊哈爾，與西利亞鉄道銜接，南方則在秦皇島尋覓海港出口。日政府提出抗議，以新法鉄道與滿鉄平行，即南滿鉄道之競爭利益線。據一九〇五年之中日滿洲善後條約附屬協定第七條：

中日兩國政府，爲增進交通及運輸謀便利起見，應速令南滿鉄道與中國各鉄道規定連運事宜，另訂定妥約。

又其善後條約祕密附約第三條：

中政府爲保護南滿鉄道利益起見，在中政府未收回該路以前，不於該路附近或與之平行，敷設任何幹線，或損害南滿利益之支線。

當時中政府有英國爲背景，日本雖向清廷抗議，置之不理；而中英輿論均攻擊日本閉鎖滿洲政策。次年，日本向中國提出左列兩款，以圖和平解決：

一，中國拋棄新法路，而自建一路，由法門庫門到達滿鉄線之一站。

二，准日本由滿鉄一站敷設至法庫門，再北展至齊齊哈爾。

如取用前者，由法庫門延長線路北上時，須得日本同意。

中國政府，對日本提案，當即表示拒絕，且提議付海牙平和會議仲裁裁決，日本不允，遂爲懸案之一。

後來英國因某種利害關係，仍與日本攜手，各維持某項之利益。於是中國又失後援，再無能力抵抗日本，於一九〇九年交換覺書，一切承認日本之要求，而所謂滿蒙五案之解决也。其關於法庫門鉄路之第一條如次：

清政府如欲敷設新民屯與法庫門之間鉄路時，須先商得日本同意。

至新法鉄道問題，在表面上雖爲中，英，日三國間之問題，而當時美領斯屈勒特，竭力慫恿哈利滿，加入斯議，已如上述。

三，滿洲諸鉄道中立問題：美國中立案之提議，一九〇九年通知各國，而英俄與日本之提示，時間相差一月以上。美國務卿諾克斯氏一九一〇年一月所發表之宣言書中，其大意如左：

（一）美國之傳統政策，爲中國領土保全及機會均等主義之實現，爲此泰西諸强國須協力一致，以妨互相之傾軋。

（二）美國最近已决定供給中國兩大鉄路（按指川漢及粵漢）之建築費，加入英，法，德財團，不外實行上述理想。其結果得使領土保全之實舉。嗣後廢止釐金，增加關稅，貨幣改革，整理財政諸端，亦由四國財團協力以助厥成。美國對於資金，材料，人物之供給，於是有參加四份一之權利矣。

（三）美國之提案滿洲中立，不外實現中國領土保全機會均等，比諸加入三國財團，尙有重要意義，其結果可使：

甲，諸鉄路立於經濟的及無私的支配之下。

乙，在滿洲之中國主權，可以確立。

丙，各國貿易上可享機會之均等。

丁，日俄亦可藉此免去煩瑣義務責任及無用經費。

至其實行，必須左開條件具備：

甲，滿洲各鉄路，統由中國收買之。

乙，中國收買鉄路所要經費，由希望參加及保護均等各國供給之。

丙，在借款期中鉄路之經營及材料供給，資金供給，美國有優先權利。

丁，實行此政策，非獨必須中國同意，在滿洲已有廣汎鉄路權利之日俄，尤須徵得其同意合作。

（四）近時中國與英，美兩國財團代表間，已成立錦愛鉄路經營及敷設之覺書，乘此機會，美國擬：

甲，對英提議滿洲諸鉄路中立案，該國已主義上贊同。

乙，俄國中國確信其忠實贊成。

丙，德國亦必無議。

丁，據 Japan Mail 之論說，日本亦有贊成之可能云各國對於本案之態度，而英則格於英日之同盟，不願有意同日爲難，一則曰主義贊成，再則曰非其時機，三則曰當說伏中國。泰晤時報則明摘實行不可能：(一)經費需三四千萬鎊，四國資本家，能同意乎？(二)中國無自治能力，勢非列國共管滿洲不可。共管則從此多事。(三)中立案僅訴諸商業以外無利害關係之列國，中國以自己無能力，故由滿洲撤退流血而得之日，俄兩國，果肯贊同乎？若俄國則以確保東方既是權爲責務，不肯稍行放鬆。法國則以觀望態度出之。而德國對於原則上則十分同情，而實行須待日俄之確定。至於日本則明白反對，以違反波子瑪斯條約爲最大理由，且不應獨於滿洲施行管理制。美國提案遂無形消沉矣。繼之而起有：

三，錦愛鐵路問題。自錦州至愛琿間之路線，銜接中東路，不僅經濟上予日俄之不利。而軍事上政治上亦有莫大之影響，故日俄共同反對之，而英法亦附和其議。

四，新銀行團之成立與滿蒙除外問題。亦爲美國所發起，共同對華投資，滿洲實業當歸新銀團範之內，而日俄自不願放棄在滿洲既得之特權與利益，故日俄反對而英法亦隨之。

五，二十一條欵問題。日本無理提出，美國亦曾提出反抗。

六，石井藍辛協定問題。乃日本誘美國承認其滿洲之特權，後美國知爲日本所欺，即設法取消。

七，南滿鉄路借款問題，日本欲由日本海達滿洲內地之捷徑，乃由滿鉄會社向美國銀行團借欵，建築吉林經敦化渡圖們江以達朝鮮之會甯間鉄路，美國因中國人民之反對，未予批准，然日本猶念念不忘也。

總之，東北無論在軍事上政治上經濟上之各項問題，均有連環的關係，各國對之不過有比較輕重明暗之不同而已。

三 東北天然之財富

甲，農業　東北有未開發之廣大土地，而河流縱橫，灌溉便利，故土壤肥沃，農產物豐富。據最近之調查，耕地可耕地之面積約如下表：

類別	耕地 畝	耕地 總數百分比	可耕地 畝	可耕地 總數百分比
遼甯	三，六六一，五九三	三•〇	一九，一〇四，一五九	三三•〇
吉林	八，五五九，九二五	一六•五	一五，三四五，六九八	二九•六
黑龍江	七，二四〇，三三三	五•四	二〇，四五八，〇四四	一五•〇
內蒙東部	三，九〇三，三五四	一〇•〇	八，一三七，五六一	三一•〇
總計	二三，三六五，二〇五	二一•四	六三，〇三五，四六二	三三•〇

其主要之農業出產品，據日人所調查，其類別有如下列幾種：

(一)食料作品——高粱，粟，玉蜀黍，黍，大麥，小麥，陸稻，稗，水稻。

(二)菽荳類——大荳，小荳，蠶頭，綠頭，菜頭。

(三)蔬菜類——白菜，葱，芹菜，韮，蘿蔔，葫蘿蔔，茄子，馬鈴薯，甜薯，南瓜，胡瓜，甜瓜，蒜，山芋，甘薯。

(四)特用作物——大麻，茼麻，荏，蓖麻，落花生，胡麻，烟草，棉花，苧麻，瓜子，亞麻，甜菜。

(五)果樹——梨，葡萄，蘋果，棗，杏，桃。

其中以大豆出產為最多，據一九二六年統計滿洲大豆產額佔全世界百分之五十八，幾可操縱全世界之豆業。但因本地求過於供，故輸出要佔全部出產百分之七十七，其餘之百分二十三供給本地之消費。在近幾年來，單就大豆對外貿易，其統計如左：

歷年輸出價值，單位海關兩，包括豆，油，餅。

	滿洲全年出口價值	豆、油，餅出口價值	
一九一七年	一五三，五三三，七六〇	七〇，〇四四，三三四	四六%
一九一九年	二〇三，七五二，七二九	九九，七七八，一四七	四九%
一九二一年	二三八，三二四，四八五	一二三，五四三，〇六二	五二%
一九二二年	二六九，一九五，四六五	一三四，八七二，五七八	五〇%
一九二三年	二八八，八六〇，〇二四	一五一，四九五，三三六	五三%
一九二四年	三二五，二四六，〇三七	一五六，一九六，五五七	四八%
一九二五年	三〇九，四九七，六三九	一六八，六四一，六〇一	五五%
一九二六年	三六五，〇〇三，五三九	一九八，三九三，三三三	五四%

大豆之產量既如此之多，則不能不從貿的方面加以製造，以推擴大豆之效用，以增加國外貿易之發達。今東北各省有一部分人民注意及此，乃從事於豆餅與豆油之製造，由農業而發展到工商業，則將來更有不少之希望。

其次高粱亦為最重要之農產，其發達早於大豆，乃為牲畜主要之食料，今因大豆銷塲日廣，而高粱耕地，自難免其縮小，然亦不失為東北之重要農作物。但依一九二六年滿鐵之調查，高粱之耕作面積與生產額，有如下表所示：

地方別	作植面積	收獲額(單位反及石)
奉天以南	三，八四七，四〇〇	四，三三九，一〇〇
奉天以北	五，六七三，四〇〇	七，〇二〇，五〇〇
京奉線	二，三三六，三〇〇	一，八六六，一〇〇
四洮線	一，四二三，六〇〇	一，五七五，九〇〇
中東南部線	四，八七六，四〇〇	六，五五三，七〇〇
間島	二三六，七〇〇	二三四，六〇〇
中東東部線	一，七二五，一〇〇	二，五九八，九〇〇
中東西部線	三，八五六，一〇〇	五，二一八，六〇〇

其他黑龍江	七三，一〇〇	六九，四〇〇
合計	三三，九七二，一〇〇	二八，九七六，八〇〇

其用途極廣，除為人畜之食品外，可釀為酒，其幹可為燃料，造紙原料，圍籬等，其包皮，可織為蓆，出銷外地。據一九二六年之輸出狀態而言：

	數量	價格（單位担及海關兩）
南滿三港輸出數	四，九二三，八六一	二，九五九，九〇五
綏芬河對俄輸出數	一，四八七，五六八	二，三六一，一〇五
合計	六，四〇一，四二九	一四，三三一，〇〇八

最其次為粟玉蜀黍及小麥，亦農產物之大宗。粟，除為主要食糧外，且可釀酒，幹株可為牲畜飼料。玉蜀黍，其用途與粟同，且有製為麻劑品者，小麥則一如中部南部之米也。一九二六年滿鐵之調查，粟，玉蜀黍，及小麥，其耕作面積及生產額，其表示如下：

類別	種植面積	收穫數（單位反及石）
粟	一九，二六二，三〇〇	二四，八八八，六〇〇
玉蜀黍	一一，〇八七，三〇〇	一二，六八一，八〇〇
小麥	九，〇二一，八〇〇	七，三二七，〇〇〇

其粟與玉蜀黍之輸出狀態：

類別	數量	價格（單位担及海關兩）
粟	五，七八一，九三九	二四，八一五，八九〇
玉蜀黍	三，三七九，〇一三	九，七六八，二六三

粟之輸出額，朝鮮佔四，四四二，九三五．價值二一，一八九，七〇五．海關兩。因米比粟貴，朝鮮產米，將米輸往日本，而自食中國之粟；粟比高粱貴，中國人自己食高粱，而將粟輸往朝鮮。至於小麥，因受歐戰後市價之搖動，與外國麥之壓迫，甚形衰落。其輸出輸入有如下之變動：（單位擔）

	小麥輸出	小麥輸入
一九二一年	五，二一三，二三六	七三六，一〇九
一九二六年	四，〇七一	三，六七四，九三六

五年之中，其退步至此，近乃極力在研究中，將來必有不可限量之進步。

其他如大麥，米，麻，烟草，野蠶絲，甜菜等，產量均不少，此處從略。

乙，礦業　東北有大量之礦產，埋藏地下，而為世界各國所垂涎，我國人雖注意於開採，而苦於資本，囿於舊法，致莫大地下之富源，先後為日俄二國所佔領，依滿鐵會社產業統計，東北四省煤炭埋藏量之推定，有如下表所示：

類別	煤炭埋藏量（以噸為單位）
遼甯	一，一六三，四四九，〇〇〇
吉林	一三，一五〇，〇〇〇
黑龍江	二五六，〇〇〇，〇〇〇

熱河　一三二，〇〇〇，〇〇〇

合計　一，五六四，五九九，〇〇〇

據我國官廳之調查，東北礦產，以遼寧吉林二省計，凡有六百處，內屬於煤礦者二百十三處，鐵礦二十六處，金礦二百三十四處。依日人所調查，其礦產有如下之類別：

(一)金屬礦物——金，砂金，銀，銅，鐵，錳，亞鉛，鉛，硫化鐵礦等。

(二)非金屬礦物——石炭，菱苦土礦，白雲石，硅石粘土，石綿，螢石，滑石，長石，曹達等。

其中最有希望爲鐵與煤，黑龍江亦爲金之名產地，佔全國產額之第一。分別約略述之：

A煤礦　在東北各省，極爲富饒，如南滿之撫順煤礦，本溪湖煤礦，烟台煤礦等；北滿則曾經調查而極有把握者，共七處，即中部褐煤層，鶴立崗煤田，札賚諾爾煤田，穆稜密山煤田，東寧煤田，中部株羅紀煤層，與拉法河煤田是也。

撫順煤礦，爲我國萍鄉，六河溝，臨城，井陘，開灤，中興，本灣湖等八大煤礦之一。其面積，東西長約三十里，南北寬約六里。一九二六年度之產額，已有六百十三萬九千一百十噸，降至近年已達八百五十萬噸之譜。當初本爲國人所辦之華勝利煤公司經營，日俄戰後，南滿劃歸日本，於是撫順煤礦權遂爲日本所佔領，現爲南滿鐵道株式會社所經營，因資本充實，而產額亦旺盛。最近更發見價值貴重之岩油，已判明可供三百年之採掘。一九二六年撫順炭販賣株式會社，其輸出炭處理如次：

日本內地	一，四五四，六六三(單位噸)
海外	一，三六七，五五五
滿蒙各地	一，五〇六，五八〇
船舶用	六二三，二七五
合計	四，九五二，〇七三

本溪湖煤礦，爲中日合辦之本溪湖煤鐵有限公司所經營，其面積亞於撫順煤田。每日可產煤一，二〇〇噸，年約四〇〇，〇〇〇噸左右。

烟台煤礦，亦爲國人所開採，日俄戰爭時，爲日本所佔領，設立煙台採炭所，旋歸南滿鐵道株式會社所經辦，現在可採掘年額十一二萬噸。

北滿七處煤田，總儲煤量達三，〇五〇，〇〇〇，〇〇〇米突噸，而開採有成績者，則有如左之三礦區：

一爲鶴岡煤礦，初爲商辦，後爲官商合辦，今又爲商辦，定名曰黑龍江鶴岡煤礦公司，計有資本一百四十餘萬元，工人約有一千五百至二千左右，自備車輪，銷路亦廣遠。據聞每年純益金有一百餘萬元之多。

二爲穆稜煤礦，開始於民國十年間，俄商請求開採，顧投資三百萬元，作爲基本。吉林省政府，以礦區作股，亦爲三百萬元，合計資本六百萬元，定名曰中俄官商合辦穆稜煤礦公司，工人不下二千餘名，據聞每年營業純益金，平均不下一百餘萬元。

三爲札賚諾爾煤礦，本爲中東鐵路公司所經營，民國十一年，中東鐵路公司收回自辦，而煤藏辨界，尙未確定。煤質不甚優良，其用途全恃東省鐵路之需要而定。

B，鐵礦　東北之鐵，以遼寧省爲盛，吉林省次之，而採掘成績優良而銷路亦好者，爲遼甯之廟兒溝與鞍山站二處。據地質調查發表者，全省產鐵額，共有二八七，五八〇，〇〇〇噸，該二處竟佔二三八，二二〇，〇〇〇噸，茲分述於後。而吉林省之鐵礦，曾經開採而歸失敗者，爲鑛洞子鐵礦與大猪圈鐵礦是也。

一爲鞍山之大鐵山，其經營爲中國與滿鐵所合資創設鞍山製鐵所，其時爲歐戰物發期間，以期供給戰時工業之需要，不料進行至第二計劃，而歐戰忽告終止，鐵價驟然跌落，致原來希望化成泡影。後來增加資本，努力鐵質之改良，始逐漸復活。而新法應用益見廣大，而成績猶有顯著之增加。一九二六年之上半年調查，職員百九十八人，傭員二千另八十六人（日本人六百九十三人，中國人一千三百九十三人），徒弟五十二人，合計爲二千三百二十八人。其投資額已達四千六百萬元之大。

二爲廟兒溝之鐵山，高於海面二，八〇〇尺。宣統三年八月，經中日雙方協議，加入本溪湖煤礦公司之製鐵部，並改名爲本溪湖煤鐵有限公司，僅就地表上一部分開採計算，藏量已達八〇，〇〇〇，〇〇〇噸。其初期經營，一如鞍山製鐵所，近亦增加資本，擴張設備，而有極大之進步矣。

C，金礦　以黑龍江省爲最有名，礦區有百數十個，其中尤以漠河金礦局爲最。該局成立於光緒十五年，宣統二年移交黑龍江省政府經營，設分局於各重要地點，而開採之成績亦甚佳。其餘從事開採者雖多，均苦於資本而遭失敗，而比較有成績可觀者，如：

蓮源金廠股份有限公司
德源金廠股份有限公司
裕邊金廠股份有限公司
興安金廠股份有限公司
呼瑪金礦局
觀都金礦局
邊業金廠股份有限公司
大成金廠股份有限公司

其中以蓮源爲金礦中之巨擘，民國七年，資本三〇，〇〇〇元，至民國十三年，鑛夫增加至三萬餘，全年產金額，達三〇，〇〇〇，〇〇〇元。呼瑪金礦局爲官督商辦性質，資本約一〇〇，〇〇〇元，成立於民中二年，倘有發展希望。裕邊資本有五〇，〇〇〇元，成立於民國十三年多，辦理得法，殊多利息。

吉林省之金區，據最近吉林採金局發表者，共有四大區：

一，延邊區

二，輝發河流域區

三，松花江流域區

四，三姓一帶區

其中以第四區爲最多，間有含金量百分之六十至八十，地下五六尺，即見金屑，土人開採，頗多利益，目下爲官商合辦，倘稱發達，遼甯省產金甚少，茲不多述。

丙，森林　滿洲俗有「樹海」之稱，自北至東，猶有千古未加斧鉞之大森林在焉。林區之廣大，種類之複雜，尤爲我國內地冠。其森林地面積與木材蓄積量，有如左表所紀：

森林地區別	森林面積(單位町及千石)	木材蓄積量
三姓地方	五，一四九，三三二	一，三九五，六一〇
松花江流域	一，四〇五，九四七	九三七，六九〇
中東路東部	二，三三八，八一八	八〇二，〇二〇
中東路西部	二，〇六七，三〇〇	五〇〇，〇〇〇
鴨綠江右岸	九〇三，一九一	四四五，九五〇
牡丹江流域	三四七，八七二	二六四，六八〇
圖們江流域	二一四，〇四五	一一三，一五〇
合計	一二，四二六，五〇五	四，四五九，一〇〇

林木之種類，據調查所得，有三百餘種，就中最有用者不過二十餘種。屬於針葉樹者，如紅松，杉松，白松，沙松，黃花松，油松，紅金松等。屬於闊葉樹者，如柳，楡樹，紅楡，胡桃樹，橡樹，白楊樹，樺樹等。今滿洲三省之林業，在交通便利之境，則放墾濫伐，絕少培養與保護；而採伐權大半落在外人之手。在交通阻塞之處，則未經斧鉞之處女林，蔽連天日，尤爲國內外者所注意。三省之國有林已全部開放，如鴨綠江流域則有新賓，保昌，新公司，爲官商合辦。鴨綠江採木公司，爲中日合辦。此外在吉黑兩省，有鐵嫩公司，通原公司，鏡波公司等，皆領有林塲，從事採木事業。僅鴨綠江森林之調查，據安東通訊：

鴨綠江之森林，爲吾國著名之富源，但因地處邊疆，天然及人事之窒礙，所在多有，故關於此著名森林之調查，甚屬困難。茲據中日合辦鴨綠江採木公司某負責云：其森林面積共九八〇，九一三町，其森林之蓄積可如次表：

種別	蓄積
散生地	一，三〇五，七四四(石)
擇伐地	三〇，七八五．五五六

原生地	二〇二，九九〇，三八〇
合計	二三五，〇八一，六八〇

上表僅係指鴨綠幹流右岸，自二十四道溝至帽兒山爲止。若將其他各部及支流渾江之森林合算在內，共爲四三三，三五一，六八〇石。

（一）針葉樹，一，海松，二，魚鱗松，三，白松，四，沙松，五，黃花松，六，油松，七，赤柏松，八，崩松。

（二）闊葉樹，一，水曲柳，二，楡，三，檀木，四，椴木，五，胡桃楸，六，刺楸，七，柞木，八，黃蘗木，九，楊木，十，樺木，十一，色木，十二，暴馬子。

上述之樹種，以海松最佔重要，分布最廣，用途亦多；其次卽爲魚鱗松等，黃花松多生於低濕地，而成單純林。

闊葉樹中，柞樹分布最廣，椴木則處處可見，水曲柳多生於水谷之地，他如暴馬子等，多不見大材。

老鴨綠江森林，在昔日封鎖時代，江岸尙悉爲原生狀態，沿江各地，均屬針闊葉混合林，闊葉樹爲其主木，稍遠則針葉樹爲其主木，距江數十里之地，全爲針葉樹之純林，其後移民漸多，凡距江較近，交通稍爲便利之處，良好之美林，多因放火墾地，而不復存在，僅見童山與田畝而已。卽或偶有遺留，亦均散生各地，不中斧斤之稚樹而已。

今日欲一識鴨綠江原生之狀態，非深入各道溝，已迄除松花江之分水嶺不可。是以現鴨綠江之森林，屬於溫帶者已甚少，多屬於寒帶之範圍以內。

散生地之林木，以柞木，椴木，楊木最多，混合林中，有紅松，杉松之類，原生林中，則針葉樹占十之六，闊葉樹占十之四，且時有黃花松紅松之純林存在。此種林相之分布狀況，爲事理所必然，蓋森林旣經破破，林地荒廢，優良之樹種，不適於生存之故也，鴨綠江林相之變遷，可分下述之四期：

期別	林相	地帶
第一期	針葉樹林	分水嶺附近
第二期	針闊混林	各道沟內
第三期	闊葉樹散生林	近溝口
第四期	荒山及墾地	溝口江岸

昔日鴨綠江森林蔥鬱連綿之時，非但采伐！木，用之不竭，且因有蓋水之效。故下游永無水患，今試一察沿江林相之分布狀況，則森林已日漸荒廢，林地裸出，下游各地，三年之內，必兩遭水災，似此日益濫伐，不加制止，卽將來國土保安上，亦必受重大之影響也。

玆依日本之報告，日本與滿洲在五年間之林木需給狀況如左：（單位海關量）

輸出額		輸入額	
一九三二年	五，四六二，〇二七	一九三二年	一，二四五，一七九
一九三三年	三，二〇〇，〇〇〇	一九三三年	一，三九五，二〇六
一九三四年	四，六九三，二四七	一九三四年	一，三六八，五三四
一九三五年	三，三五六，三三三	一九三五年	一，九八〇，八六八
一九三六年	四，八二四，五三八	一九三六年	一，一七五，一五五

军事杂志

《军事杂志》创刊于中华民国17年（1928）7月，国民革命军军事杂志社编辑，每月1期，每年12期，每期80～258页不等。其创办总旨，一是为了团结国民革命军的精神，二是为了引起学术研究的兴趣，三是供给青年军官研究材料，四是宣传国家在军事上的意旨，五是研究国家的重要问题，六是普及全国公民在军事上的知识。

自第46期起由国民政府军事委员会军事杂志社编辑发行，第109期起改为国防部军事杂志社。1950年7月复刊后，改为军事杂志社编委会。该刊曾先后在湘潭、武昌、衡阳、重庆、南京、台北出版。

日軍侵掠東北之前一段記事

（齊之）

一　文明歟——獸性歟

日本自明治維新以後、挾其戰勝中俄之餘威、於國際間嶄然露頭角、遂強附於歐西列強之林、實則不脫原始時代獸性之行爲、數年以來、日本執政者、無不以『中日親善』相標榜、但事實上所表現者、無一不是狂暴殘酷的行爲、最重大者、如一九一五年之二十一條件、一九二八年之出兵山東、其居心之陰險、手段之毒辣、在國際帝國主義中、確堪首屈一指、近更變本加厲、慘殺我人民、佔領我領土、朝鮮慘案、死傷者之衆、貨財之損失、以千百萬計、我國方忍痛抗議、力圖補救、而倭奴乃竟悍然入寇、佔瀋陽、陷營口、奪長春、略吉林各要地、近更大舉動員、陸海空軍、一齊發動、等中國爲屬土、視和平若弁髦、試問此等行爲、文明歟、抑獸性歟。

二　日陸相對滿蒙之狂囈

日本臨時軍司令官師團長會議、時金谷參謀總長、武藤教育總監、及白川井上鈴木各大將、各發揮其對於軍制改革及滿蒙問題、茲記南陸相之演說要旨於次：

陸軍方面、雖應對其編製裝備、力謀充實之道、而以鑒於國家財政現狀、不得不暫時僅對於其緊急必需者、依陸軍當所計畫之經費、以期實現、故此次之軍制改革、雖有未能徹底之憾、但就其大體言、則信其在確保全軍武力上、已盡最善努力、惟在門外漢、及不關於國防者中、仍多有妄事鼓吹軍縮者、故今後尚希諸君與當局協力糾正此種誤謬也、關於國際聯盟之軍縮會議、刻正由準備委員會講求決定適切主張與態度之道、又滿蒙在國防上、與政治經濟上、實爲與我國存亡有關之地、乃近時滿蒙情勢、殊有重大化之象、誠屬一大憾事、而其驅致此種情勢原因、則在中國之排外的國權恢復思想、與新興經濟之向滿蒙發展、故吾儕軍人、於此際應預作能盡其職責之準備也。』

南陸相於師團長會議席上、竟打破從來之傳統、而特就軍制改革與滿蒙政策、吐露其積極的意見、其對軍制改革問題、則作門外漢等類言辭、以示其將主張擴張軍備之態度、關於滿蒙政策、亦暗行攻擊幣原外交、而隱示陸軍方面、須作重大的決意、且採取由正面向政府挑戰之態度、是誠可謂爲陸相之大膽的表示。

三　由全滿日人自主大同盟

日本僑居我東北之僑民、爲擁護其不正當之利益、與夫積極侵略我東北起見、乃由荻原彥昌奔走各方、倡議組織全滿日人自主同盟會等情、已見前報、該同盟會於五月二十四日在瀋陽日本附屬地大和旅館、開創立會、到會者南滿沿線出席者三十二名、瀋陽四十五名、由上田統氏主席、報告組織之經過、及該會之主旨、並討論今後之方針、討論案件、議決數項、茲分別詳譯於左：

一、同盟會之工作　一、基礎工作：（甲）滿蒙與母國之政治經濟關係、日隔於非、須將現下之實况、徧告知母國朝野人士及各團員之鄉中先進同學、與有爲之青年等、其方法：（一）團員各個日常歸讀在滿蒙發行之新聞雜誌、閱覽後、可分贈予母國盟友、(二)對排日排貨、以至侵害我權利等事、宜特加注意、(三)中國方面發布之排日標語、及教科書中之排日文句、與新聞所載之排日記事、可翻譯之、送與母國同志參考、(四)團員等日用之信箋、於空白處簡明的印寫關於滿蒙深切之記事、及對母國同胞之詩句、(五略)(六)與同志之新聞雜誌社、互相提攜、募集滿蒙骨于裏之現況實事、(七)求內地各人同窗會所發行之機關雜誌、及地方新聞等、揭載滿蒙之狀況、(八)歡迎母國來滿之參觀團、努力予以介紹、該會定於以上之數端外、並再講求適當之方法、將滿蒙之事情、力爲廣汎之宣傳、以促進日本臣民之奮起、此關於其基礎工作者、至對於政治的運動、則爲下列數項：

二、政治的運動 (甲)誘導在滿蒙之同胞、以自治自覺之精神、繼續進行父兄之遺志、使早達成其目的、促開滿洲議會、(乙)誘導促進公開的組織出現、以充實本同盟、並設置自發的決議機關、(丙)注意內外之政情、苟有侵害權益時、考察其侵害之態勢、以講求善後之處置、及復活之進展、(丁)檢討滿蒙之歷史、鑑察人種之交涉、求世界諒原日人在滿蒙之傳統的關係、(戊)注意鐵道之交涉、使滿鐵不至陷於意外之危境、(已)關於傷害帝國威信之暴言暴行、力行促進斷然之處置、以發揚國威、求國益之進展、(庚)關於其他理事會、認爲必要時、力爲政治的運動、以收國民外交的實效。

三、同盟之組織

第一條 本會稱爲全滿日本人自主同盟、本部設於瀋陽、支部設於必要各地。

第二條 本同盟以確保帝國在滿蒙之權益、及圖民族之發展爲目的。

第三條 本同盟以贊同前條目的之在滿邦人組成之。

第四條 爲達成第二條之目的、力行一切要務。

第五條 本同盟置左記之職員、任期爲一年。

第六條 本部長一名、常任理事若干名、理事若干名、支部長各地一名。

第七條 部長常任理事、於職員會上選舉、支部長在支部選舉之。

第八條 職員會、以本部長支部長及常任理事組織成之。

第九條 本同盟之要務、由職員會議決、由常任理事負責進行。

第十條 經費由同盟員及其他之寄附金充用之。

四、議決現行案件 一、中國鐵道借款不還本利時、用強制手段執行之、二、遮斷北甯路之交換點、三、中止打通線之運輸。以上爲大石橋伊藤提出者、長春神崎所提出者、爲反對中國撤廢領事裁判權、瀋陽菊池所提出者、爲反對違反國民本意之幣原軟弱外交、安東新田所提出者、爲反對中國之現行營業稅。

綜觀以上之記事、可知日本臣民、對我東北之野心、究爲何如矣、尤可注意者、即爲檢討滿蒙之歷史、求世界公認其在滿蒙之傳統的關係、按日本對於亡清之王公遺臣、及蒙古之盟旗王公、亟思拉攏、以作其侵略滿蒙之口實、今且公然作出此種怪謬之主張。

四 日滿鐵地方委員聯合會議決案

日本滿鐵特別地方委員聯合會、專爲領導日僑侵略我東北而設者、近鑒於最近之萬寶山事件與韓民暴殺華僑風潮、認爲有機可乘、曾在瀋開聯合會議、推定鹽尻、大津、大口、伊藤、佐藤、勘崎等六名代表、以侵略滿蒙之七事、特來旅大、向滿鐵會社、關東廳、關東軍司令部三處請願、請速確定滿蒙政策、以安日民、而遂行國策、其七事爲：

一　陳敍滿洲之現況。
二　不正當課稅問題（反對中國之營業稅及撫順煤納稅）。
三　關於領判權問題（堅持維護領事裁判權）。
四　在滿鮮人與寶山問題（早行土地商租權）。
五　關於對滿之政策（壓止中日親善共存共榮之標語口號、揭開新面目、實行大陸政策）。
六　鐵道交涉問題（速設吉會路、停止打通路交通等）。
七　擁護權益及保護現地。

五　日滿蒙研究會建議增兵防守滿鐵沿線

日本帝國主義者、收買土匪、騷擾滿鐵沿線佔用地、俾便藉口增兵、以施其侵略我東北計劃各情、已屬明瞭、大連日本滿蒙研究會、本其侵略滿蒙意旨、以沿線治安警備力量空虛爲詞、特向若槻首相、幣原外相、南陸相、關東軍司令官、駐豪多門第二師團長、吉林遼寧總領事等、建議兩項：一、請求增兵防守沿線、二、請與我國交涉、負其被害者之責任、茲將該建議書照譯如左：

由於滿鐵沿線胡匪與年激增、本年據奉天省府發表統計、於七月中有二百七十件之多、騷擾慘狀、難以形容、本年八月間、每日被害事件、數與日增、慘報頻來、吾人戰慄、近來常發現者、有自三十名至於五十名之團體組織、若任中華官憲置責領壓、難不生何效果、迄今勢益猖獗、而最可惡者、爲公然侵入我附屬地內襲擊邦人、此大會組社員山田氏、海城小林氏、鞍山滿銀支店僱員之被綁、襲擊泉頭驛邦人會社、搶劫公主嶺正銀支店等、附屬地居民不安、已達極點、今次胡匪、非爲一二之中華強盜而已、實爲一種有組織之暴徒、微弱之中華官憲、無力消滅、或竟有受中華官憲唆使之傾向而排日、因此爲擁護帝國在滿洲之權利起見、益須擴充鐵路守備、堅固附屬地、防禦及維持治安等等也、仍望實行下記建議：

（一）取守備鐵路及保護邦人之自衛手段、速向當地派遣新軍、以求胡匪之徹底解決。

（二）對中華政府交涉、明白表示對被害者之責任。

觀該會之建議書、滿充侵略計劃、日人爲收買胡匪有所藉口起見、而竟移花接木、嫁禍於我、誣胡匪有受吾政府唆使之傾向、俾便將來作爲根據、得遂其發展外交目的、且既建議增兵沿線、復請向我國交涉、而負其附屬地治安責任、誠屬滑稽無理之極、居心叵測、可見一班、蓋向我國交涉、令負被搶之責任者、乃一種手段耳、考附屬地治安、本在日軍維護之下、我方雖欲參與、亦不可得、何有保護之責任耶、交涉若無結果、卽於此時可得增兵之名矣、日本關東廳、派駐旅順口警官教練所中之警察五十名北上、藉保護沿線治安爲口實、而關東軍司令部、亦派土肥原特務機關長赴日京請示軍部、作增兵準備云。

六　盤踞東北日軍之數目

日本在東北駐軍、以關東軍司令部爲最高級統帥機關、有旅順要塞司令部、駐紮師團、獨立守備隊、旅順重砲隊、關東憲兵隊、陸軍倉庫、衞戍病院等各機關、儼然一有組織之設備、與我國國防上、均有重大關係、茲分別論之於下：

（一）關東軍司令部　司令官陸軍大將本莊、直隸日皇統率、在東省及關東租借地之日本帝國陸軍諸部隊、且擔任關東租借地、及南滿鐵路沿線之防軍、司令部內有參謀、副官、兵器、經理、法務等部。

(二)駐瀋師團　師團司令部設遼陽、分駐長春、公主嶺、鐵嶺、瀋陽、海城、旅順等地、司令官爲第二師團長多門次耶。

(三)關東憲兵隊　隊本部、設旅順、大連、遼甯、瀋陽、鐵嶺、長春、安東、柳樹屯、大石橋、營口、海城、撫順、開原、四平街、公主嶺、連山關。

(四)日本駐屯軍　日本在關東租界地內日僑、有徵兵制、年在十八歲至四十五歲之男子、均編列軍籍、其平時陸軍兵力支配如下：第六師團司令部在遼甯、第十九旅團司令部在鐵嶺、第九聯隊駐長春、第十九聯隊駐鐵嶺、第三十六旅團司令部駐旅順、第三十八聯隊駐瀋陽、第五十三聯隊駐旅順、騎兵第二十聯隊駐公主嶺、砲兵第二十二聯隊駐海城、工兵第十六聯隊駐遼陽、輜重兵第十六大隊駐遼陽、獨立守備隊司令部駐公主嶺、第一大隊駐公主嶺、第二大隊駐瀋陽、第三大隊駐大石橋、第四大隊駐聯山關、第五大隊駐新義州、第六大隊駐安東。

七　更改各軍駐滿編制

日本軍人以實現大陸政策、爲其軍界傳統一貫之夢想、故歷任陸相對於現行兵制、極主改革、以便擴充、然因世界軍縮呼聲甚高、及日政府極感經濟困難、終未實現、成爲多年懸案、而現在俄國之五年計劃、係爲國防、及其成功、日恐不利於己、且我國收回滿蒙主權、漸有可能趨勢、日軍人素昧於世界情形、只知武力侵略、見此情勢、大起恐慌、頗有滋擧侵兵以滅中俄之野心、則久懸之軍制改革、始乘此機解決矣、此次改革恢復中俄戰前之狀況、完全爲戰爭之準備、縮小內地編制、曾加朝鮮及滿蒙之師團、並廢止滿洲駐軍交代制、改爲常駐師團、雖然以我國滿蒙爲其第一之目的地、然在日軍人腦筋中、久以滿蒙爲日版圖、故現任朝鮮總督宇垣有鮮滿一元論之提倡、此可代表日軍人一般之思想也、茲將其移駐鮮滿師團編制之內容及軍制改革案、分誌於下：

(甲)移駐朝鮮及東三省之師團　(一)第十四師團司令部、步兵第二十七旅團司令部、步兵第五十九聯隊、騎兵第十八聯隊、野砲兵第二十聯隊、及工兵第十四大聯隊、皆駐於宇都宮、(二)第十六師團移駐朝鮮。

(乙)軍制改革案之內容　(一)改善設備：(1)步兵機關槍隊增加機關槍、(2)步兵逐漸增加新式遠射及平射砲、或臼炮砲若干、(3)騎兵師團增設鐵甲車一隊及機關槍中隊一隊、(4)各大隊中增加輕榴彈砲若干門、(二)、刷新外地兵備：(1)東三省駐劄師團、廢除交代制、改爲永久常置師團、並取消東三省駐劄師團之留守部隊制、(2)移駐東三省師團、以第十四師團爲諸部隊之中心、(3)第十四師團移駐東三省、增加騎兵及工兵若干、以充實內部、(4)以普通師團三分之二兵數編制經師團、移駐朝鮮、(5)五台灣增加守備隊一個中隊、並增加內外普通兵若干名、(三)改編近衛師團、變更從前之近衛師團性質、選拔優秀兵士、編成步兵四個聯隊、及騎兵一個聯隊、(四)整理飛行隊及飛行學校、增加隊數：(1)增加飛行聯隊、(2)採用飛行隊幼年兵、(3)縮小飛行隊及飛行學校之教導隊、(4)增加戰車隊、鐵甲車隊、高射砲隊、及照空隊、(五)設立養成戰士機關：(1)設立化學戰學校、(2)設立騎兵工兵及砲兵各兵士學校、(3)各師團及各聯隊內設立幹部候補生養成機關、(4)新設機械化兵團之研究機關、(五)整理重砲兵隊、工兵隊、鐵道隊、及電信隊、(6)改善各種軍事學校。

八月間日陸軍發表、保護滿鐵之軍費、每年計一千五百萬日元、明年決增一千萬日元、改良兵備、修築兵營及滿鐵沿線碉堡、日人侵略東省之急進、於此益見。

八　越境示威之影片

(A)圖們江上日工兵實彈射擊

吉林東部琿春縣境與朝鮮一水之隔、對岸為慶源、日工兵第十九大隊、近值外交緊急之秋、竟隔江架橋習戰、其對象隱然以我國為目標、較諸已往日兵、在我東北地方之實習情形、尤為激烈、自八月十日、即開始野外演習、并練習架橋工作、初尚在朝鮮境內、僅以我方作為目標而已、繼竟越境跨圖們江而入、在我領土之內、日軍任意用架橋手段、架至我方江岸演習、琿春縣政府以國家主權攸關、乃呈延邊行政監督公署、向日方嚴重交涉、詎琿邑西江口對岸日境川地方、忽又由會甯發來日本陸戰隊約四百五十名、攜帶軍用江船三十二艘、在圖們江內實地演習、搭設行軍浮橋、更在該地築有帳房數十餘架、連日迭在片通(圖們江附近、即日人所謂之柳多島)等沿江地方、大行演放水雷二十一響、地雷二響、沿江居民、驚惜異常、紛請省府速為交涉。

(B)安奉路越界舉行警備大演習

韓案碧血未乾、接踵而來者為中村事件、青島事件、日軍越圖們江事件、皇姑屯演習及包圍本溪公安局事件、在在表示將與吾人總決戰、自八月二十四日起、二十八日止、日本駐連山關第四大隊、又越界舉行鐵道警備大演習、茲將經過詳情錄之於下：

參加軍隊　參加主力軍隊、為連山關日本第四大隊所屬之駐連山關第二第三兩中隊、雞冠山第一中隊、安東第四中隊、及機關槍隊、步兵砲隊、警備團、鐵路人員、退職軍人、及安東日本中學生一百二十名云。

作戰計劃　戰綫自安東起、至草河口止、長二百八十里、北端由連山關之第二第三兩中隊備防、南端由安東第四中隊雞冠山第一中隊擔任備防、在此長二百八十里之戰綫中、共有砲台約二十座、安奉綫在演習期內、各站均設有裝甲列車、鐵甲車、鴿車(傳信用)、兵士所用武器、除機關槍隊步兵槍隊所用之機關槍砲外、並有化學新兵器。

示威情形　原訂示威期間、自八月二十四日起至二十八日止、歷時五日、唯二十六日及二十七日、因有大雨、故暫行停戰、二十四日及二十五日、為連山關之第二第三兩中隊演習期間、二十六日、二十七日、二十八日、為雞冠山第一中隊、安東第四中隊演習時期、二十六七兩日因雨暫停、二十八日天甫晴朗、即由安東出發。

越界情形　二十八日、安東日軍出發後、第一步即率領全軍越界而進、直趨市內元寶山(安奉鐵路即繞元寶山而至瀋陽、故日人雄據於此)、示威時間、自正午十二時起、至過午三時止、所有機關槍砲、均放置我界以內、一時彈如連珠、槍聲密布、鐵路上並有鐵甲車、互相響應、參加學生、均騎腳踏車、據云係傳遞消息用者、事前并未通知我方、故市民驚懼異常、秩序為之紊亂、過午三時後、始相率乘鐵甲車北上演習、第安奉路鐵路佔用地、久未有一定界標、在安東越界、固有目共睹、若在鄉間任意踐踏、又誰知耶。

(C)龍多島任意演習

駐朝鮮日軍第十九師團、派[illegible]留羅南工兵兩大隊集中慶源城川間、沿我圖們江面及左岸、水陸聯軍、架橋演習三星期、並侵佔我領域龍多島嶼及我圖們領水、我方抗議無效、茲將調查詳情、分述於後：

日軍在龍演習　駐鮮日軍第十九師團、奉新任總督宇垣命令、調集會甯羅南工兵第十八十九兩聯隊、在慶源城川間會合駐軍、水陸聯軍、演習野戰、其陣地戰線、指定在我龍多島地帶、慶源軍原定八月四日準備、七日開始架橋演習及水地野戰、至十三日止、甫經演畢、又奉師團電令加入城川水陸聯軍演習、行軍期改爲二十一日、城川軍自七日準備、十五日開始至九月六日止、將我龍多島嶼、圖們江面、完全佔據不退、查龍多島係在慶源城川間之北部、乃在我圖們江正流之北岸、島嶼面積、計二方里許、在我琿春縣境內、又在我領水界中、確爲我國領土無疑、不料日人因我政府對於龍島素不重視、亦未派員經營、故密謀侵佔、改名曰柳多島、暗中劃入日本版圖、且抱定狡嗣抵賴主義、故我延吉市長兼交涉員張書翰、據琿春縣長崔龍藩報告、即向龍井村日總領事、提出嚴重抗議。

日領狡賴答覆　延吉張交涉員向龍井村日總領事四次抗議、日總領事竟妄指柳多島(日人改稱)係屬朝鮮屬地、認爲日本版圖、並云前經江水氾濫、支流變爲正流、地方變遷、尚有舊跡可證、至第四次交涉時、日總領允分電鮮總督及日政府、俟奉訓電、再定體屬等辭、八月二十四日午後一時、張交涉員據日總領覆牒、略稱案奉政府及鮮督電訓、查柳多島係在朝鮮北道慶源郡、安農面新開洞境內、確爲日本領土、駐鮮會羅南慶源城川等郡之第十九師團、在日本領土內、實行三週水陸行軍架橋演習、無關中國治安、華方以不明該島所屬之故、迭提抗議、實屬誤解、既非中國領土、且無干涉權限、自不能撤軍中止演習、又據駐鮮軍司令部電稱、柳多島周圍不過二方里許、祇有鮮民十五戶、並無中國民戶居住、確與鮮境毗連、又與中國圖們江岸之領土接壤、雖云島接琿春境內、地屬朝鮮領土、與華領間隔距離遠、屬地分明、中國無權干涉日本行軍、查明治二十九年八月、圖們江水暴漲、江流橫氾、從華領東岸下起、水向鮮境注流極大、當時水分兩股、中間形成島嶼、又當時幅員約二十間（一間合中國營造尺長五尺寬三尺）左右、嗣後江水又數次暴氾、幅員逐漸擴大、橫流浸溢、無所制限、原有江身土岸、頓生變化、因之淹沒無存、至大正八年、洪水又漲、地又變遷、圖們支流變爲正流、現在本流雖已乾涸、但有舊跡存在、尚可指認、由此證明柳多島確在鮮境、乃爲日本領土無疑、日軍在本國領土內、架橋演習、豈無理由、不但軍隊不能撤退、且中國方面要求在該島設置警署、日側絕對堅拒、事出誤解、不成交涉問題等語、上述雖非覆牒原文、大致罔識不差、張據日領答覆後、以日軍侵我吉水、佔我領島、確係預定陰謀、有組織、有計劃、存心抵賴、豈偶然哉。

我方抗議理由　八月二十五日張交涉員電琿春崔縣長、速派專員往查勘報、以憑根據交涉、崔奉電令後、當派外交科長黃子蘭、寧警爵往勘查、不料被日軍阻止而歸、張聞報頗憤慨、二十六日早十時許、親赴龍井村日總領館、而提第五次抗議、大致云：貴方覆牒已悉、所稱柳多島係屬日本領土一節、毫無根據證明、查柳多島即是龍多島、圖們江正流、確爲我國所屬、中日以江心分界、南爲鮮境、北屬中國、載在界約、尚可覆按、前因江流水漲、此島早已沉沒無存、形跡消滅、但圖們江前經水患變遷、移向鮮境、嗣水消岸現、在江中正流北岸、隆起一大沙阜、四週各約二方里有奇、島現於江心正流之北、又位在俄屬江岔支流之中、當然島屬我中國領土、並有舊址指證、非鮮境日領域可知、惟沙阜隆起後、我官府命名龍多島、歷有二十餘年、人所共知、詎貴方不明界、亦名該島曰柳多島、以取音叶字異、俾作爭奪領土之謀、惟查該島面積及位置、完全與我領土相接、又在我琿春縣境內、並在江心正流迤北之中、由此各界證明、貴方不能以水後新陸隆起之沙島、而誤認爲柳多島、且爲日本領土所有、貴方此種誤解、有如間島、查間島本在鮮境、距延四五十里、日人命名延吉日間島、和龍曰南間島、汪清曰北間島、琿春曰東間島、查間島至今尚在鮮境、何以搬到延琿四縣、柳多島已經水沉有年、今又何以遷至琿春、貴方誤解間島、亦猶以龍多島而爲柳多島、同一例耳、大錯特錯、未便鑄成、故暫口頭抗議、並面交抗議文書、其餘理由圖證、請求保留、一俟查明、當爲正式送達查照、雙方爭辯二小時許、日領仍狡詞摇頓、哓哓不休。

九　結論

綜上所述、是日人於事先早有充分之準備、故於一二日間、集中重兵四五萬衆、佔據城邑十餘處、略地數千里、殺傷及萬人、今日人一則揑稱中國軍隊炸燬皇姑屯鐵橋、再則妄謂中國軍隊拆毀北大營附近之南滿鐵路、日軍因『自衛』故、乃實行『保障佔據』、欲以一手掩盡天下人之耳目、又於事後認爲地方事件、俾謝絕第三者之干涉、自欺欺人、旁觀者聞之好笑、身受者聞之心痛、國民政府對於此等重大事件、自然有其方針和步驟、吾等惟有沉毅果敢、備爲國家之後盾也。

互助周刊

《互助周刊》创刊于中华民国18年（1929）11月，由国民革命军第二十四军学友互助社互助周刊社编辑，成都日新印刷工业社印刷，该刊以号为卷，第1号出20卷，从第2号起每号出10期。该刊出版至民国21年（1932）终刊。

《互助周刊》封面

政治消息

日本最近在東省暴行記事

白君編

日本突然強佔遼甯

日本帝國主義，久已覦我滿蒙領土，為其特殊勢力範圍，故最近萬寶山慘案，大肆屠殺華人以開其端，復於九月十八日藉口我軍擾亂南滿路秩序，即由關東軍司令官本莊，命令駐東北日軍，於半夜十時左右，開槍向我攻擊，於十九日晨早六時，已將我瀋陽，北大營，兵工廠等地佔據，所有中國軍警，全被繳械，茲將南京國府所接公私各種報告彙誌如下：

一，副司令行營十九日來電——衛路鈞鑒，密，頃接瀋陽臧主席邊署營參謀長十九日午電稱，日軍自昨晚十時開始向我北大營駐軍施行攻擊，我抱不抵抗主義，日兵竟致侵入營房，舉火焚燒，並將我駐軍驅逐出營，同時用野砲轟擊大北營，及兵工廠，該廠至現時止，尚無損失，北大營迫擊砲庫被炸，迫擊砲廠亦被佔領，死傷官兵待查，無綫電報台亦被侵入，向日領迭次交涉，以軍隊之行動，外交官不能直接制止等語相告，顯係支君，並云我軍攻壞南滿路之橋梁而起，實屬捏詞，截至本日午前五時，尚未停止槍擊，以上等情，均經通知各國領事，旋又接瀋陽無綫電公報，日軍已於今早六時三十分，大隊入城，將各機關佔領，現各通詢電報電話一律不通，北寧路皇姑屯站，已爲日軍佔領，交通只通馬三家子，最後情況不明，僅先電聞，餘容續陳。

二，天津北寧路局來電——玆據報告迄今晨四時止，所有長春以南至營口各要地，均經日人强使佔領，兵工廠飛機廠均被破壞，北大營糧秣廠，至今尚未息火，東北大學以學府亦橫被佔領，警察及無辜良民，傷亡甚衆，已有記者出發調查，日兵車輛開到營口，强佔本路車站，營口站警務長及站長均被日軍綁去，新修之營口碼頭巳被破壞矣。

三，瀋陽兵工廠，自被日軍佔領後，內中尚存有新式步槍八萬枝，存儲子彈可供五十萬人作戰三月之用，其他損失新式軍器，不可勝計，瀋陽天津大旅社，東北大戲院，海軍司令部，及鮑文樾，王以哲，陳興亞，張作相，萬福麟等住宅，與北市塲黄封一帶，皇姑屯車站機車廠，電報房，及一切交通機關，均被日軍佔據，瀋陽教育局保存之四庫全書亦被日兵運往南滿車站。

吉林又被日軍霸佔

據北平二十二日電——東北日人繼續向遼吉各要地進軍侵佔，形勢益擴大，二十一日下午三時，又突然進兵佔領吉林長春，混亂已否停止，迄無報告，記口口口一帶聚集難民甚多，均候車離省，男女老幼不慣步行者，多立荒野啼哭，狀至淒慘，日軍沿南滿路佈防，如無通行證者，概禁止通過，并可任意槍殺，城內盤查尤嚴，又電，日軍所過各地，即將沿途建築物，全部破壞，使華方受重大損失，無法恢復，以增長日人在東北之勢力。

吉遼失陷以後，東北各機關銀行及東北要人私宅，均遭蹂躪。

據天津二十二日電——榮臻，陳興亞，鮑文樾等同乘專車於二十一晚十時抵津，十一時開平，張副司令弟妹等四人係同車來津，日軍禁各要人出城，榮等係化裝小販，繞道皇姑屯登車，副張弟妹等，亦扮裝貧民，繞行十數里逃至皇姑屯，瀋各要人住宅悉被抄，副張宅亦被抄，翟文選被扣，迄未釋，朱光沐，臧式毅榮臻等住宅均被抄擄一空，瀋滯者困在瀋參觀，極受限制不能自由，官銀號及各銀行悉被查封，現金運赴日，各機關被抄後，文件完全焚燬。

又天津二十三日電——遼寧省城，華人食品被日軍斷絕來源，餓死者甚多，路車被日軍拆毀，火車只能通行營盤朝陽鎮兩地之間，吉林省城附近，日軍飛機，并在天空放散傳單，謂此次出兵，以中國學生抗日所致，倘有反抗者，格殺勿論，同時打虎山營房，二十一日被日軍飛機炸毀，死傷數十人，錦州空中日飛機滿佈，時以炸彈轟擊，人民死傷甚多。

日軍北上佔領黑省

據皇姑屯二十三日電——日本第二師團長多門中將奉關東司令官本莊命令，昨日向四洮路急遽出發，已將全綫佔領，所有護路警察護路軍全被繳械，四洮路局被日軍佔據後，作為第一師團司令部，四平街一帶，日軍增至一千五百名以上，對地方商民任意搶掠燒殺，聞第二師團今晨繼續向哈爾濱出發，預定今日佔領哈埠，日本屯駐朝鮮軍隊，本日亦奉命出發一部開赴巨流，一部開赴通遼，新民屯每日有日本飛機數至，向下擲投炸彈，日軍強佔各地，強迫三省商民一律懸掛日旗，不准閉市，并佈告遵守頒佈軍令，敢有違反者格殺勿論，中國軍隊完全向西撤退，難民不及登車者，多徒步擁擠，狼狽逃至封子溝，流離呼號，厥狀至為慘痛。

現在瀋陽地方，已由日本本莊中將所派之瀋陽市長土肥原爲就任，瀋陽知事李德新已將一切文件交出，瀋陽邊業銀行之基金一千五百萬元，現已移入日本旭銀，中國中交兩行金庫，亦被日兵搶掠一空。

同日天津電——二十二晚，日軍官二人，訪北寧駐瀋辦事處胡處長，商洽借遼陽站至巨流河一段路車百五十輛爲運兵之用，胡婉謝謂無權接洽此事，二十三日午日軍官率武裝日兵數人再訪胡，胡謂北寧路有英借款關係，請向車務處長英人商洽，當時胡拘赴皇姑屯訪該英人未遇，適有段長英人某在，日兵即令該英段長簽字於預先擬定之四條件，彼日兵數人以刺刀圍逼該英段長，迫令簽字，該英員一面簽字，一面指天宣誓，謂此條件係被迫簽字無效，旋胡亦被逼簽字，日兵兩列，遂於二十三日午後由北寧路開抵新民，其被迫簽字條件，係用南滿車開至北寧路繼續運兵，一概免費，北寧路電話電報由日軍隨意使用等條。

日軍暴行繼續擴大

據北平二十二電——日軍強佔東三省後，日本軍艦向東北艦隊所在地前進，意欲擊沉我東北艦隊。

又電日本艦隊駛入渤海，橫衝直闖，將我肇興公司三北公司商輪擊沉甚多。

又電日本艦隊海軍由葫蘆島，秦皇島，烟台，龍口等處登岸把守，實行佔領華北各要塞。

又天津二十四日電，東省事變，波及冀魯，日軍開抵青島後，登岸游行示威，青島市長連電向張告急，并報告日軍將向膠濟移動，有進佔濟南模樣。

又電，原駐天津日租界之日軍突有數連開赴北平，現在朝陽門一帶逡巡，并不時鳴槍示威，附近居民驚恐異常，多紛紛逃避。

又電，日軍二十三日由津運軍用品三百箱來平，有機槍數架，交駐平日使館應用。

又電，日飛機二十四日晨在皇姑屯以機槍向一零二次車掃射，死傷乘客多人。

二十八日專，日兵強佔東省後，東北官署均遷往錦州另行成立，日兵俟東北邊署及遼省府成立後，即將派飛機前往轟炸，在錦州日韓僑民，均已奉令退至天津。

南京鐵道部亦迭據北甯路報告，日軍飛機連日轟炸行車，暗放機槍，幷唆使大股匪徒，折毀毀車，破壞交通，危害中外旅客安全，已造成恐怖現象。

日本迫我滿蒙獨立

據北平二十九日電，日軍佔領瀋陽後，卽施行自治制度，各方面均暗中進行滿州獨立運動，幷擬制定憲法，以期在日本保護權下，實行新組織，其內容係使東北四省與蒙古脫離中國本土而另成一獨立國，主其政權者有三派，一，擁護溥儀而復探帝制者，二，擁戴張宗昌者，三，其他。

又天津二日電，日軍司令强迫熙洽改組吉林省府，宣佈獨立，一切聽日人指揮，人民集會結社全被禁止，一切郵電亦受日軍檢查。

傳日英俄秘密謀我

此次日本帝國主義，敢於破壞世界和平，突然進兵佔領東省，據聞事先日人確與蘇俄及英國有秘密之協定，其內容係

一，日本出兵滿州，佔據東三省，

二，蘇俄出兵蒙邊，佔領內外蒙古，

三，英國出兵佔據西藏。

由日本先行發難，佔據滿州，然後英俄繼續出動，劃據蒙藏，同時幷聞日本與英俄商議此種協定之時，幷曾向英俄兩國特別要求，俟日軍佔領滿州後，准其勢力伸達平津及山東，此項要求當被英俄兩國否認，未予同意，現日軍佔領東省後，復在天津市內演習巷戰，市民異常驚恐，同時北平東交民巷及崇文門一帶，日軍邀界佈防，情形亦異常嚴重，復證以英俄近日調動軍隊情形，亦頗近似，如此說果屬確實，則我國已至列强直接瓜分之時期，亡國滅種，禍切燃眉，望我同胞急謀挽救焉。

政府只向國聯告哀

日本帝國主義，久欲吞併滿蒙，其處心積慮已如上述，最近實行佔領東省，其橫暴殘酷行爲，有加無已，我國政府當局，於事前旣無防範，事變發生以後，旣無何種準備，更無絲毫補救辦法，惟有向國際聯盟，乞憐告哀，其精

塗昏瞶，尤甚於亡淸官僚，言之令人髮指，玆將南京政府各種言論文件彙誌如下，

蔣介石在京對黨員大會之演說——此次日軍在東北之暴行，凡屬血氣之倫，莫不痛恨，値此危亡關頭，國內國外，正可作兩種試驗，一，試驗國際間有無正義公理，（國際強盜的公理還待試驗嗎？）各國有無裁制橫暴保障世界和平之決心，日本此次舉動，不僅亂我之國，違反國際道德，且極端破壞國際聯合會規約及非戰公約之規定，而此規約皆各國負確保世界和平之責任，余信凡國際聯合會之參加國及非戰公約之簽字各國，對於日軍破壞條約之暴行，必有適當之裁制，（眞在夢想）二，此次事件，可以試驗我國是否能全國一致，舉國一心，我記得日本有一書，名滿蒙問題之重大化，其中大略述及中國人散漫不關心國事，如甲午庚子之戰，北方有事，南方人旁觀而不關切，南方有事，北方人民亦不感覺，大意如此，所以日本敢於公然侵略，實在已視我國民如蠢物，（其實視我政府爲蠢物）深可痛心，此次嚴重之國難，中國國民是否能全體一致，舉國一心，發揮眞正之愛國精神，以救國難，亦一重大之試驗，余深信凡我國民，値此民族根本存亡關頭，今日必能一致奮起，共救危亡，以挫日本之野心，而證明其觀察之錯誤，惟國家當重大事變發生時，國民之精神，固不可消沉散漫，行動上尤切忌輕浮，（鎭靜，鎭靜，還是唱着濟南慘案的老調）力量從組織而生，必須動作一致，步驟一致，（什麽叫步驟一致，只求你少打些內戰，少買些外國軍火殺中國人，）守嚴密之紀律，服從統一之指揮，始能發生效力，斷不可人自爲戰，以陷分裂，（你要恭順日本，難道不許別人抗日，）現在日本暴行發生已將五日，中央政府已有嚴密之研究，決定應取之步驟，此時世界輿論，已共認日本爲無理，我國民此刻必須上下一致，先以公理對強權，以和平對野蠻，忍痛含憤，暫取逆來順守態度，（如此馴服，眞不愧爲帝國主義孝子，）以得國際公理之判斷，（夢囈，胡說）我全體同志，服從三民主義，革命救國，自當有不顧生死之決心，以保民族之生存，但國家存亡關係重大，各地黨員民衆，嚴守秩序服從政府，務

重紀律，勿作軌外之妄動，而為有秩序有步驟之奮鬥（所謂有步驟，就是向國聯告哀嗎，）此刻暫且含忍，決非屈服，如至國際條約信義一律無效，和平無望，忍耐無可忍耐，且不應忍耐之最後地步，（難道這還應該忍耐）則中央有最後之決心與最後之準備，屆時必領導全體民衆，寧為玉碎，以四萬萬人之力量，保我民族生存與國家人格，中正許身革命，生死早置度外，值此危急存亡之際，自當國存與存，國亡與亡，必站在國民之最前線，為國民之先鋒，共赴國難，以盡我之天職，（這些空頭支票早聽够了）尚望全體同志知此意而普告於國民。

國府三十日復令國人嚴守秩序，云近今國難方殷，時機日迫，政府當負其全責鞏固國基，完成革命之大任，惟安危定難，周折至多，況國內之紀律秩序不辭任何犧牲，必須保持政府威信，稍有失墜，無異毀滅國家，助長寇燄，如有違反革命紀律，擾亂秩序者，政府當懲其罪。

除一些空洞言論與政府嚴守秩序的命令以外，王正廷廿四日晨接見記者，談日軍暴行，違反國際聯盟非戰公約及華府九國協定，故國聯及簽約各國要求公平處理，國聯行政院昨已議決三點，由主席勃樂正式通知，我國業已答覆，表示接納，并說明中軍隊毫無侵占對方土地行為，所有軍隊移動，不過奉命不抵抗之行動，仍請國聯繼續辦理，昔希臘與保加利亞，巴拉圭與波利維亞，波蘭與立陶宛衝突，第一步均由國聯停止雙方軍事行動，第二步派員調查，第三步公平處決，故我方要求，即進行二三兩步，對日第三次抗議昨晚已送出。

我們看了這篇可憐的報告，再接着看下面一段新聞：

南京十一日電，十六日晚，外王突遇刺，連發三彈未中，兇手當場拿獲，聞係一中學生，當被捕時，該生大呼王正廷辦理萬案喪權辱國，誓除此國賊以光我神州等語，俟機將該生押赴警備司令部待訊，政府對外則極力否認其事，并禁報章刊載，因恐激起民衆排日風潮也，其實喪權辱國，罪不再在外王，不過彼為喪權辱國之一工具而已，現在中央一九一次會議已議決王正廷辭職照准，看蔣介石又有什麽辦法。

截至此刻至（七日晚），南京政府對東省事件，除戢國民鎮靜而外，毫無一點辦法，據三十日電：蔣接見外報記者所談對中日案之態度，謂

一，中國政府決取鎮靜政策，聽候國聯解決。

二，中國暫不對日宣戰，因恐倭奴乘機造謠，在國聯席上誣我爲戎首。

三，中國只能從事軍事之準備，國防之佈置，中國軍隊極力與日軍避免衝突。

北平二十八日電，副張接見民衆代表，亦謂：此次東北軍不抵抗係事前命令，足徵我方酷愛和平。按副張全調東北國防軍隊入關內戰，這叫酷愛和平嗎？東三省全被日兵占領，中國軍警全被繳械，機關銀行，人民生命財產破日軍擄殺一空，還說不抵抗係事前命令，眞罪該萬死！

『

尤可怪者，中國一般濫名流，平時專擺臭架子，大禍臨頭，亦全無主張，惟有向帝國主義者叩頭告哀。

茲錄上海二十三日電：中國名流二十餘人，前日在滬召集會議，電達美國政府，宣告日本甘心破壞世界和平，要求友邦主持正義，（無異請强盜講理），略稱：日無端襲擊中國，是違反公法及非戰公約，倘該約不能制止强國侵略弱鄰，則無保險世界和平之效能，（名流先生，還以爲分贓條約，可以保障弱小民族與世界和平，眞是腸肥腦滿，全不省事），世界人類將永久淪於戰禍，同歸滅亡，非戰公約，已經各國簽字生效，日政府甘心破壞，不啻對各國簽字信義，加以蔑視，盼望贊助該約之美政府人民，爲世界和平主持公道，簽字者，張嘉璈，胡適之，顧維鈞，顏惠慶，郭秉文等二十餘人。

國聯對中日之態度

中國政府與中國名流，既經抱定一部公約的聖經，苦苦向國聯哀求，想國聯多少會給中國一點安慰！可事實上，恰恰和這般人的頭腦相反，茲錄南京二日電如下：

1.外部頃接日內瓦電：國聯行政院理事會開會後，日本代表團芳澤吉謙等，定今日起程反日，向該國政府報告此次會議經過，中國代表團施肇基等決留日內瓦，對國聯決議，限日本定期撤退侵犯東省軍案，逐日將所得中國報

告，轉呈大會，以後處理，大約須俟十四日理事會再度開會後，始能決定行蹤云。

2.又日內瓦電：施代表星期三於國聯行政院開會後，對新聞界譚話，略謂日本政府既宣言對於滿州土地無侵略之野心，并撤退大部分日軍，且將近而將所餘部隊從速撤退，而國聯方面，又謂其自身已深悉此次爭議之原委，并繼續開會，至日軍完全撤退，且於我方請求時，可即時再行開會，故對於國聯延期至十月十四日一節，事實上雖爲時効之意議，即在日軍全撤退，前此狀況恢復之後，中國政府仍當繼續請求國聯，對於九月十八日以後之責任問題，及賠償問題，協助中國予以解決云。

但據東京二十五日電：日政府於二十四日通過閣議，并電令芳澤向國聯通告，謂國際盟約，不能適用於有特殊情形之地方協定，日本決不能接受國際聯盟決議之調停及裁判，否則日本退出國聯亦所不辭云。

上海二日電：并謂日政府覆文到國聯盟後，國盟認爲日方答覆滿意，故國際會議即將閉幕，并向我代表施肇基正式答覆，謂中日事件，只好由中日直接交涉評判，歐洲列強對我不利之勢，至爲明顯，我政府向國聯宣告之念頭已完全失敗，不知政府又將何以圖處。

列強對中日之態度

日兵强佔東省以後，列强在華均勢失其平衡，必然因利益衝突，將發生極大之變化，其中尤以美俄兩國，與日本在經濟上政治上之衝突最爲劇烈，將來是否因此釀成世界第二次大戰，則視各國是否分贓得其平允以爲判斷，茲就各國對中日案態度一般，彙誌如下：

一，俄國

莫斯科廿四日電：蘇聯工人視日本佔據滿洲，爲帝國主義之侵略壓迫，并謂中國工人流血於帝國主義鐵蹄之下，全世界工人莫不表示同情，蘇聯人民對於華盛頓之態度，及美將援用華會條約消息，頗爲注意。

又天津廿二日電：俄國以日人霸佔東省，將赤俄遠東政策封鎖，甚爲憤怒，據哈爾濱電稱，赤俄於二十日由赤塔進兵十團，向滿州輸進，計劃集中哈爾濱後，向中東路襲日。

又天津二十四日電：日俄戰事恐難避免，俄軍陸續由滿州里開往哈爾濱集中者，前後約有四五萬赤衛軍。

又天津廿九日電：蘇俄對日侵佔東省，態度最爲激昂，以日本侵佔其已得之權利，刻急極調兵東進，現聞赤衛軍已開到滿州里者約有七萬之衆，在赤塔者有五萬之衆，確有軍事準備，日俄形勢嚴重，俄方表示同情我國，并聲明進兵無仇華意。

又上海卅日電：日兵佔哈爾濱後橫蠻已達極點，隨時開槍向市民示威，并對俄軍作相當警戒，傳日俄兩軍已小有衝突，日兵仍繼續向哈爾濱推進中。

北平二日電：日俄前綫步哨，已在烏蘇里江東岸正式接觸，日俄戰爭，恐因此擴大亦未可知。

上海四日電：日俄仍逐滿州甚力，各懷鬼胎，勾心鬥角，俄外交委員長李維諾夫，與日使廣田，在莫斯科開始談判滿事。

天津六日電：哈爾濱俄領使接得第三國際及俄外交委員長李維諾夫密電，對滿蒙事有所指示，連日召集會議，商議對日問題。

又電：俄李維諾夫，與駐俄日領事廣田談判滿事結果，日允退哈埠，日對俄抱合作主義，其外交政策，聲言極力避免日俄衝突。

二，美國

北平廿二日電：美使館傳出消息，謂非戰公約不容破壞，日本竟敢欺凌中國，爲國際所不許，侵佔遼省，先未致最後通牒，即採取宣戰式壓迫華軍，實開國際未有奇觀，若日本居心破壞世界和平，我美國當不能坐視。

上海廿三日電：美國輿論多主持正義，以此次日本無端襲擊中華，實違國際公法，及非戰和平公約，苟任日軍橫行，不僅欺凌中華民族，且世界和平亦將同歸於盡。

舊金山廿四日電：該地中國商會，已向美總統胡佛要求召集中日會議，解決滿州事變，據華盛頓確訊，美政府已於廿四日正式照會日本駐美大使，略稱根據美政府所得之各方報告，此次滿州事件，日本應負完全責任。

上海廿九日電：美國通牒日本，謂其破壞華府九國協議，違背非戰公約，擾亂世界和平，認爲不容忽視。

天津廿九日電：日本態度强硬，確無退還東省意，并答覆美國，謂此次出兵滿州，係保護滿蒙利益而來，既非破壞遠東局面，更與美國無干，美對此覆牒甚表示憤慨，據從各方面觀察，日美似已惡化，將來世界二次大戰，恐將由日美衝突而起。

南京二日電：華盛頓消息，美國務卿斯汀生已撤回駐日美大使福培斯回國，詢問滿州問題。

上海四日電：美國軍艦一艘駛來滬，二艘往海州，長江美艦，繼續增加在五艘以上，尾隨日艦之後監視其行動。

又電：今晨接漢口電，日佐世保艦隊，對美國此次軍艦來華甚注意，蕪湖海州日艦已他去，地方甚爲安靜，漢口日水兵突中止登岸，我國商輪因受美艦保護，已能自由行駛。

上海五日電：美艦駛來華後，舊金山菲律濱美海軍亦有動員勢，日人對此次美艦大調動甚爲注意，并有相當戒備。

又電：美總統胡佛表示，決以武力援華對日，以維持世界和平，聞此次行動英國亦贊同。

三，其他

上海廿四日電：日本霸佔東省後形成世界二次大戰導火綫，英國爲維持遠東利益起見，突調新嘉坡軍艦十艘駛抵香港。

上海五日電：英遠東海軍司令克利來平晤張洽商援華對日事件。

又電：英陸軍參贊現往東省監視日軍是否撤退。

北平五日電：英美法意各國公使，接得本國政府電令，組織調查團，入滿調查日人暴行事件，各公使正會商組織調查團問題。

又電：聞華盛頓會議之非戰公約各國，以中日兩國亦曾加此簽約，此次日兵突然闖入中國東北各地，深恐世界和平有因此發生破裂之虞，對中日問題極爲注意，各國駐華使館，皆派員視察東北情形，分別電告本國政府，同時尤注視日本在限期內是否撤兵，俟各國政府復電到華，然後再正式派遣參贊赴瀋陽等處查察實況，再行報告以定辦法云。

民衆紛起反日救國

南京廿三日電：首都各界反日救國市民大會，二十三日晨九時召集大會，中央黨部，國府各部院，市黨部各區黨部，各民衆團體百餘，民衆十餘萬人，莫不悲憤激昂，會場懸天下興亡匹夫有責，國亡無日，同胞快醒等標語，開會行禮如儀，為東省被難同胞哀默三分鐘，繼由各團體代表演說，慷慨悲憤，反日救國空氣，異常濃厚，旋討論提案，通電全國，一致團結誓死反日，通令全國同胞，勿雇用日人，勿受日人雇用案，請中央嚴懲貽誤外交之王正廷案，通電全國停止娛樂案，請中央恢復民衆運動以振民心案，請政府通令全國國民一律武裝案，赴國府請願對日宣戰案，均經全場一律通過，高呼口號後，全體整隊遊行，沿途高呼打倒日本帝國主義，全市均懸半旗誌哀。

杭州三十日電，杭市反日救國聯合會，決定雙十節舉行對日經濟絕交總宣誓，違反或破壞對日經濟絕交者，一律以賣國罪論。

上海三十日電：滬各校學生到京請願者，已到二萬餘人，昨蔣介石午後四時召見，全體堅請中央即日出兵對日宣戰，并願為義勇隊，赴最前線與倭奴決鬥，蔣謂中央尚無軍事準備，且國聯又在調解，宜聽候國聯裁判，決不能輕易宣戰，蔣語畢全體大譁，大呼中國軍隊拿來何用，并罵副張擁兵三十萬人，坐鎮北方，此次日本僅二萬餘人，將東三省要地完全佔據，又以兩聯隊佔據北平朝陽門，中國兵不敢與決鬥，究竟政府是何居心云云。

漢口二十四日電：武漢軍校學生，二十三日繼續在武漢示威遊行，秩序整肅，沿途高呼口號，反日救國空氣，極為緊張。

重慶廿九日電：此間昨全體市民罷市一日，絕食一餐，車輪斷絕二小時，街面遍貼誓死反日標語，各界午前在夫子池開市民大會，到二萬餘人，通過永遠對日經濟絕交，請中央宣戰，請川中各軍合編爲十師兵力赴日出川討日尋案，由九時至十二時，鵠立淒風苦雨中，衣履盡濕，然不稍動，午後出發沿街演講，空氣至悲壯云。

成都九月二十九日：在少城公共體育場，開四川各界民衆反日大會，到軍政機關各學校各民衆團體，共二百餘，參加人數約五萬餘，通過反日各案，全體出發遊行，沿途高呼口號，情景悲壯異常。

附記：這不是一篇文章，是日本帝國主義在東省暴行的一些零碎消息，不過是分類加以整理，把日本帝國主義兇惡的面孔，暴露在國人之前，使國人知道這是一些實際的消息，而不是一篇做作的文章，更望國人打破希望政府，哀求國聯的夢想，大家急起猛省救國

均十月八日於成都

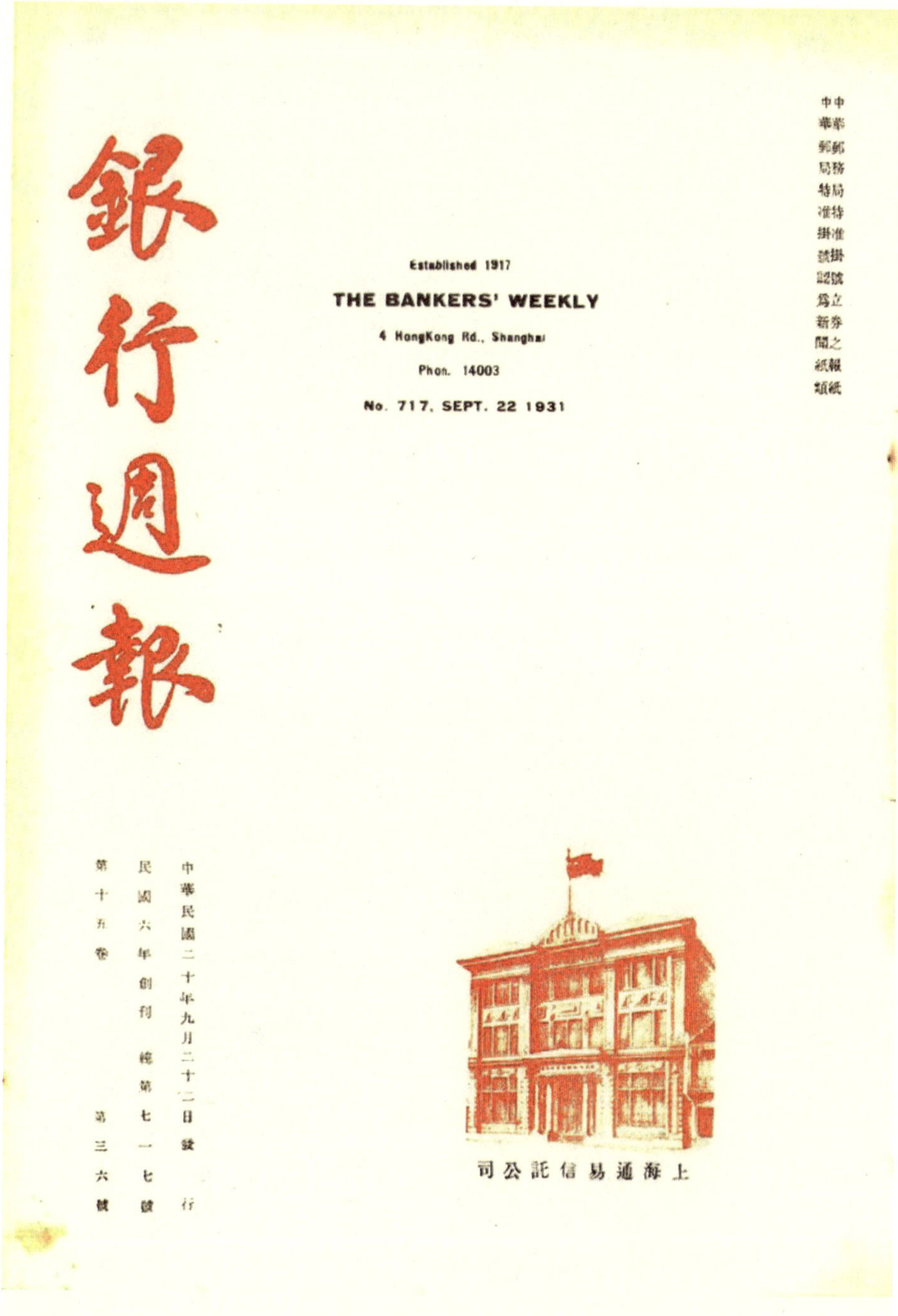
銀行週報

中華郵務局特准掛號認為新聞紙類
中華郵局特准掛號立券之報紙

Established 1917

THE BANKERS' WEEKLY

4 HongKong Rd., Shanghai

Phon. 14003

No. 717, SEPT. 22 1931

中華民國二十年九月二十二日發行
民國六年創刊 總第七一七號
第十五卷 第三六號

上海通易信託公司

《银行周报》杂志封面

日軍侵略東省痛言

藹盧

記者執筆時。綜合所得日兵對我在東三省挑釁之侵略消息。爲十八日晚十時半日兵開始軍事行動。卽行占領瀋陽城外之北大營。旋卽開始攻擊瀋城。所有城內各機關悉被占據。當時遼省當局電詢張副司令。復電我國軍隊。取無抵抗態度。此路透社之報告。此外我方官私電報完全不能拍發。日軍嗣後如何進行。除彼片面宣傳吾人殊難得其眞相矣。就事論事。日人之暴戾行爲。侵略野心。已昭然若揭。較諸濟案之無理侵占。尤有甚焉。玆事體大。將來結果如何。驟難斷言。我國最近內憂外患層出不窮。竊嘗論述之矣。國難臨頭。惟有警惕自勵而已。

顧此次日兵暴行。其近因不外乎萬寶山案。朝鮮慘殺華人案。以及所謂中村大尉殺害案。叢脞而生。乃釀成釁端。蓋中日雙方之憤慨。有以促成之。而其間更以國民對於外交政策之不滿。有以致之。我國處於弱者地位。中俄一役。受挫已甚。決無向日挑釁之理。此次日本之向我起釁。可無待於證明。縱令彼宣傳者之鼓簧。一手斷難掩盡天下目也。蓋中村事件。卽屬眞確。不過地方問題。以鮮案等殺害數百人之問題。尙且延宕。今竟以中村被害尙未完全明瞭。以前。卽藉端開釁。觀夫日人褊急之國民性。而尤以其軍閥之好鬭性。遂造成今日之局面。他方且因政爭關係。民政黨之幣原外交。爲彼軍閥所深致不滿。重光日使甫發宣言。謂決不致發生軍事行動。而消息傳來。已實行開始暴行。彼邦外交。已失重心。日本於竭力憲政之改進時期中。曩昔所謂二重外交者。今後又將實現。日本國民程度。殆可知矣。日本之侵略滿蒙。當不自今日始。惟近年以來。東北形勢略變。在日本視之。已將無操縱之餘地。故不憚爲直接之行動。以威嚇我東省之當局。並以之示威於我國中央政府。其目的卽在於藉此解決滿蒙一切懸案。故中村一案。可以擴大醉翁之意。固不在酒也。

是以吾人對於此次日兵暴行。以爲由來已久。決非一朝一夕之故。蓋其遠因不一而足。日本之處心積慮於滿蒙者。甲午中日戰後。卽有所謂大陸政策者。繼之以日俄戰爭。遂視滿蒙爲囊中物。以旅大及南滿鐵路附屬地爲其根據。爲種種無理之要求。政府對於東三省。向不過問。而以辛亥革命以來。爲尤甚。蓋在昔猶爲滿淸朝廷之故鄉。於封疆大吏遷賢與能。嗣後則爲日人所操縱。於是二十

一條之苛求。旅大租借年限之延長。皆其顯著者。且以朝鮮人爲前驅。爲種種經濟侵略。近年以來。我國於鐵路計畫。逐漸實行。致日本所經營之南滿鐵路。受致命傷。同時我國本部移民於滿蒙者。日見增加。於是與日本之殖民政策顯然有所衝突。最近東北鐵路交節完成。南滿鐵路發生三千萬元日金之減收。又因東省當局與中央政府有相當聯絡。日本在滿蒙所施行之愚民政策。乃有破壞之可能。故在日本方面視之。其滿蒙政策。將不能行。表面上惟以經濟的立場爲言。而聲稱日本在滿蒙有生存權。其實皆其經濟的侵略政策也。顧彼以經濟政策來。我方亦可以經濟政策往。爲日愈久。則其接觸亦愈密切。在此狀況之下。日本乃不得不揭破其假面具而實行其軍事的侵略矣。彼外交當局倘欲以緩進的交涉。蠶食權利。乃其軍閥則急不及待。故對於幣原外交肆意攻擊。欲推翻民政黨之憲政內閣。而重建軍人政府。此次日兵在東三省之暴行。據彼外交家之談話而觀。事先似未黨有所接洽。非俟其委所欲爲之後。不能辦理交涉也。顧弱國無外交。有强權而無公理之今日。將來交涉不免終於悲觀耳。

要之我國今日處於四面楚歌之中。而國內之糾紛。不惟不能爲急速之解決。且從而擴大之。近年以來。統一既成夢幻。和平且將絕望。物必自腐而後虫生。人必自侮而後人欺。日本之侵占瀋陽。乃乘機而動者也。我國在今日情勢之下。對外似無抵抗能力。況又自顧之不暇乎。所謂一致對外。實爲最要之事。此非僅就軍事國防而言也。蓋我國今日之所以使財政枯竭。經濟窘迫者。究其根源。無一非由於內爭之所致。若能合力一致。肅清匪共。然後徐圖發展。未始無望。日本侵略滿蒙。乃乘人之危。即在我國匪共未除。洪水泛濫之際。占領我東省要地。以爲種種要挾。使我絕無迴旋餘地。日兵占據濟南。俄軍侵我滿里。我國人民之逆來順受。教訓猶新。此次事變。諒復如是。惟情勢略有不同。滿蒙問題。醞釀已久。中日間懸案纍纍。窺彼目的在於解決一切未了問題。而於彼軍事行動之後。必將更進一步。非迫我爲城下之盟不可。彼之暴戾行爲。或難持久。而將來交涉。至爲緊要。若我國缺少一致精神。依然內鬨不已。則其解決更難。處茲危急存亡之秋。我國除出以鎮靜態度。同時更非力求國內之和平不可。兄弟鬩牆。外禦其侮。此其時矣。

二十、九、十九

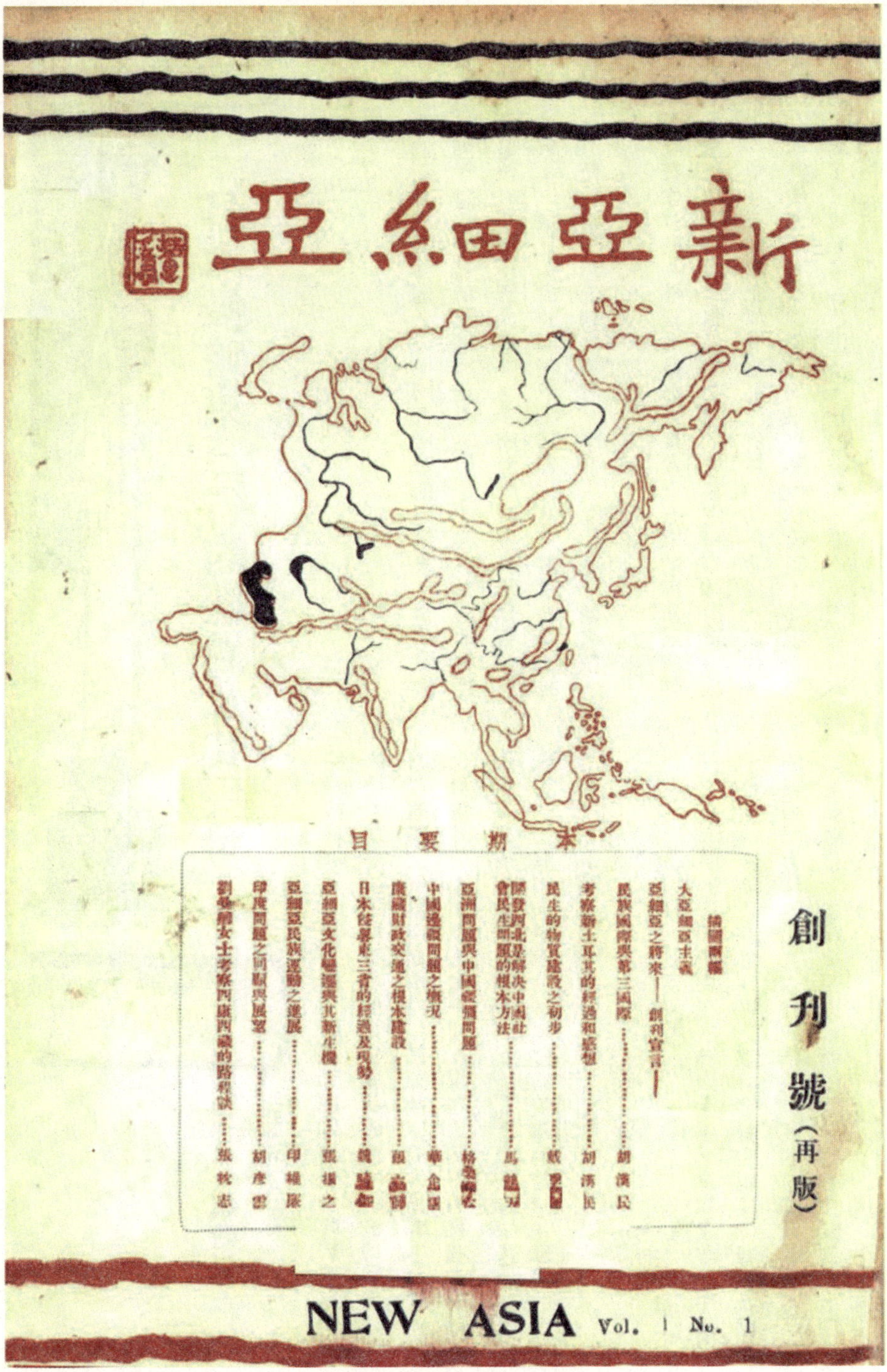
新亞細亞
創刊號(再版)
本期要目
插圖兩幅
大亞細亞主義
亞細亞之將來——創刊宣言——
民族國際與第三國際……胡漢民
考察新土耳其的經過和感想……胡漢民
民生的物質建設之初步
開發西北是解決中國社會民生問題的根本方法……馬鶴天
亞洲問題與中國邊疆問題
中國邊疆問題之概況……華企雲
康藏財政交通之根本建設
日本侵略東三省的經過及現勢
亞細亞文化變遷與其新生機……張振之
亞細亞民族運動之進展
印度問題之回顧與展望
劉曼卿女士考察西康西藏的路程談
NEW ASIA Vol. 1 No. 1

《新亚细亚》杂志封面

日本侵略東三省的經過及其現勢

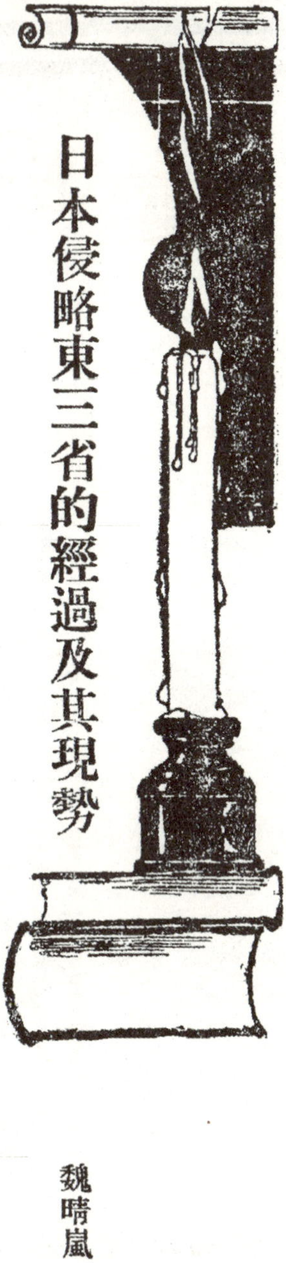

魏晴嵐

（一）

我們在現在的外國人或中國人所著的圖籍裏，常常還看見『滿洲』這一個名稱，這種錯誤不但是不明白中國的事實，而且是沒有看過中國的地圖。中國的版圖裏，只有吉林黑龍江遼寧——就是從前的奉天——三省。這三省因地理上的關係，有時候也可以簡稱東三省，至於『滿洲』這個名稱，就絕對尋不出來，東北地方建省的事實，已經快到三百年，並不是現在才有的。外國人特別是日本人有意的稱東三省作滿洲，再把滿洲分爲南北兩部；關於遼寧省和吉林南境的稱爲南滿。關於吉林省北部及黑龍江省境的稱爲北滿。這種稱呼正有他們的作用，我們自己如果也不設法改正，那就未免糊塗到底了。我寫這一篇稿子，是想介紹一點東三省被日本侵略的情形給大家，但是這裏所搜集的只是關於遼寧一省的材料，這是因爲實際上現在日本的政治的經濟的勢力幾乎完全在遼寧（日本所謂南滿）的原故，日本所謂『滿蒙政策』包括內外蒙古和東三省全部。現在她的勢力已在遼寧築起堅強的基礎，更藉此基礎積極的想『北進』以完成她的『新大陸政策』。我們如果明白日本侵略遼寧的情形，就可以知道蒙古和吉黑兩省的危險了！

（二）

日本明治維新到現在不過六十年，這六十年當中，前三十幾年的歷史是說明日本急激的把封建制度破壞；把壓迫她的列強勢力驅逐出去；在政治上採用了立憲政治制度；在產業上漸漸建設起新式工業，而確立了資本主義制度的基礎。

後二十幾年是繼承前者的隆盛，因生產與資本的發達和集中，積極的要求向外發展，遂正式的步入帝國主義的大道，這種轉變的劃分，很明白的是以一九〇四——一九〇五年的日俄戰爭作樞紐。要明白這種理由，先要知道日俄戰爭的結果。日俄戰爭的結果，概括的說就是俄國『東進』的野心受一大頓挫，被迫着把她在東三省的勢力向北撤退，而讓日本的勢力侵入滿蒙。這樣一來，不但日本的資本有了出路而且原料的供給，也突然得着無限的永久的保障，因之日本產業的發達，更是一日千里。試看下列一表即可明白近二十幾年來日本的產業發達情形：

會社資本總額	一九〇三年——八千萬元	一九二六年——二七、三千萬元	一四倍
石炭產額	一九〇三年——一、〇〇〇萬噸	一九二六年——三、一〇〇萬噸	三倍
鐵產額	一九〇六年——一四、五萬噸	一九二七年——八八、四萬噸	六倍
紡錘數	一九〇三年——一三八、一萬個	一九二七年——五七三、六萬個	四倍
鐵道	一九〇三年——四、二三七哩	一九二六年——一〇、八八四哩	二倍半
船舶噸數	一九〇三年——九九、二萬噸	一九二五年——四八一、七萬噸	五倍
貿易額	一九〇三年——三、二〇〇萬美金	一九二六年——二一一、七〇〇萬美金 holf-dollor	七倍

上列表中，其在東三省所經營的產業數額實佔重要，例如『南滿鐵道會社』便有資本四億四千萬元，再把其他的合起計算，共有八億一千三百餘萬元，東三省炭鐵等項的產額，更有驚人的數字。貿易一項，只就大連一港來說，已達七

億餘萬元。由這些數字，我們不難看東三省產業的發達，實在是日本帝國主義膨張的一個緊要的重心，別的在中國長江和各省所得的利益，都是其次罷了。

東三省對於日本的關係，不僅是經濟，在政治上日俄戰爭以後，她已經握着交通的命脈，而造成堅固的統治勢力；在軍事上爲日本對俄對美和控制中國的重要地域；在地理上又爲其解決過剩人口的最適宜的移民地帶。由這些關係，我們更可以看出東三省對於日本帝國主義的重要。所以我們可以說明治維新是孕育了日本帝國主義這個胎兒，日俄戰爭好像是臨產期施行一番助產術，這個胎兒就順着產婆的手產生下來，日俄戰爭以後的日本帝國主義所以激急的展開，其關鍵就在這裏了。

（三）

東三省與外國發生關係，最早的是俄國。一六八九年的尼布楚條約以後，俄國窺伺東三省的野心，便從此開始，一八六〇年的北京條約，和一八七〇年的伊犁事情，俄國的勢力，更實行侵入東三省，至中日戰爭以後，俄國聯合德法兩國共同干涉，強迫日本退還遼東半島與中國，俄國的勢力，遂全握得蒙古和東三省。這可以說是東三省被侵略的第一時期。

日本與東三省的關係，中日戰爭以前，因地理上有朝鮮的間隔，所以尙不甚緊，後來日本吞倂朝鮮，日本與東三省直接接壤，兩國的關係才一天一天緊張起來，所以我們考察日本經略東三省的經過，是以這次事件爲起首。（一）中日戰爭後，兩國締結馬關條約，我國除喪失台灣朝鮮外，並割讓遼東半島及附屬諸島嶼與日本，這是日本侵入東三省的開始，但後來因爲德法俄三國的干涉不得已退還我國。（二）義和團事件，各國共同出兵，俄國就藉此進兵，佔據東三省各要地。後來義和團事件解決，各國相約撤兵，惟獨俄佔據東三省的兵遲不肯撤，日本看見自己垂涎已久的這塊肥肉，就要落入別人口裏，如何不急，日俄衝突的結果，俄國戰敗，兩國締結樸資毛斯條約，其重要是：一、俄國承認日本在朝鮮的特別權利；二、旅順大連轉租日本；三、所有俄國所經營的南滿鐵道本支各線及一切附屬的產業完全割讓給日本。這種條約，本來關於我國的主權，他們既經約定，我國自然也不敢不予承認。這樣一來，日本的勢力，就在東三省築下了堅固的基礎。（三）安奉鐵道的強制修築，日俄戰爭的時候，日本自動的建築安奉輕便鐵道，戰事結束以後，日本更不待我國允許以武裝強制改築廣軌鐵道，經我國提出抗爭，日本亦不理會，築成以後更於沿路設置警察，屯駐軍隊，名曰護路。滿清政府無可如何，也只好承認。（四）二十一條的要求。歐洲大戰期中，英法俄美各國，正在歐洲戰場角逐不暇顧及東方。日本乘此機會，出兵佔領山東，並於一九一五年五月向我國提出二十一條毒辣的要求，用盡種種誘騙和威嚇的手段，強迫袁賊政府承認，這條約的很毒，不但想把山東蒙古和遼寧省吞併，並且要將中國的軍事財政法律等國家機關，全部『日本顧問』的手裏。其中關於東三省的：一、旅順大連的租借期限和南滿鐵道安奉鐵道的期限均延長為九十九年；二、日本人得在東三省任便居住往來，並經營商工農等一切事業，且因經營各項事業而需用土地時得向中國商租；三、吉長鐵道借款契約的改訂。

上面只是舉出幾件比較重大的經過，其他隨時隨地，日本無不有侵略東三省的事實，用不着細細地列舉，近年來表面上日本對於東三省的侵略似乎讓步一點，實際上不過是轉換一個方式。我們要明白『滿蒙政策』是明治天皇時代傳下來的對外政策，六十年的外交，完全以此作中心，無論什麼時候都不變的。

（四）

日本侵略東三省的事實，可以分成兩項來說：

A.經濟的事實

日本對外投資的總額中，有百分的九十以上是投資於中國，計有一八億元。但在此數目中，屬於中國本部的投資不過三億多些，其餘的都在東三省。日本在東三省經營的主要事業有下面幾項：

1.運輸業　與東印度公司具有同樣作用的『南滿鐵道會社』，在東三省擁有七〇〇哩長的鐵道，佔東三省所有鐵道的長度的四分之一，實際上握東三省交通樞紐。這條鐵道，本是俄國想建築起來侵略東三省和朝鮮的，日俄戰爭的結果，才移於日本的手裏。日本取得以後，積極的經營，除用偉大的經濟力量外並借政治和軍事的勢力，節節開拓，到現在不但是交通的主幹而且是日本進攻蒙古和東三省的最大武器的鐵路而外，還有附屬的各種企業會社五十八所。其中有三十四會社完全受『南滿鐵道會社』的支配，其他二十四社是由『滿鐵』投資。這些會社都是以吸收東三省的豐富原料為其主要任務，所以『南滿鐵道會社』名義上，似乎只是經營鐵道運輸事業，實際上牠是日本政府的一個機關，由政府直接派遣來作侵略東三省的大本營的。南滿鐵道的終點，還有良好的大連港銜接，作海道的運輸，爲東亞最有名的吞吐港。蒙古和東三省特產物的運輸，實以此爲中心。每年出入船舶噸數在一千一百萬噸以上，一九二七年且達一四〇〇萬噸，佔蒙古和東三省貿易總額的七成。故東三省的海陸交通，實際上完全操在日本手裏。日本對於這樣還不滿足，自從一九二一年和一九二七年完成吉長路與洮昂路以後，近更要求修築吉會鐵道，預備侵入北滿。這是値得我們特別注意的。

2.鐵　鋼鐵事業，關係現代國家的盛衰，沒有一國不特別重視的。日本缺乏鐵鑛從來全靠由我國長江流域及南洋等地輸入，近來日本在漢冶萍所獲的權利漸漸失敗，於是乎轉變方向，專力向蘊藏最富的東三省進取。據日本人密査的估計，散在蒙古和東三省各地的鐵鑛，至少有十二億萬噸，僅在遼寧省的，也有三六億的巨量，日本於鞍山設有巨大製鐵所，即由『南滿鐵道會社』所經營，鞍山和本溪湖的採鑛，平均每年(一九二二——一九二六)有二七萬噸，近來因技術與機械的改良，更有顯著的利益。

3.石炭　日本經營東三省的重要對象的一個，就是石炭，東三省的煤炭埋藏量據日人推算，約有二十五億萬噸，而在遼寧省的一二億噸中，最有名的撫順即佔九億五千餘萬噸；炭與鐵的生產有重要的連帶性，日本得此兩項，於軍事上經濟上均有莫大的利益。日本帝國主義的生命，一大半是建築在這上面。

4.石油　石油是國民經濟上不可缺少的燃料，但日本對於這種東西，最感缺乏，國內所有的石油產地，大半已經利用，故不能不積極的向外而找尋出路，以補償每年向外購入的六千萬元的耗費。北樺太的石油利權既由俄國手中取來，更進而經營東三省。據日人估量撫順炭鑛的層岩，含有油岩的量共有五十二億噸。一九二七年的試驗的採油量有五萬噸，將來設備完成後，豫算每年可產五〇萬噸，這於日本所需要的液體燃料，確是一很重要的保障呢！

以上僅舉幾種重要的，除此而外，還有硫安農肥和曹達及食物類的大豆與鹽等項，都於日本有充分的供給，所以東三省不只是日本所依賴的原料根據地，而且是資本輸出的最大市場。現在再把日本對東三省的資本輸出及其各項產業分類列表如下：

百萬元　　對總額的百分比

運輸	七八二	五六
農，鑛，林業	一一八	八
電氣，瓦斯	三七	三
銀行及其他金融設施	二〇五	一五
商業	一一八	八
一般產業	二六〇	一八
其他	三七	三
總計	一、四〇二	一〇〇

B政治的事實

用大砲機關槍掩護着自己的商人前進，是帝國主義侵略弱小民族慣用的方法。爲要鎭壓弱小民族，使他們服服帖帖的聽她宰割，不起一點反抗，就不能不造成帝國主義自己的統治勢力，作有計劃有步驟的進攻。所以經濟的侵略和政治的侵略必定是相輔而行的，我們不能說那一種是那一種的附屬。日本口口聲聲的說她們對於東三省只希望經濟的提攜並沒有過分的野心。她這種話的不足信自然不消說。下面便是她侵略東三省的政治的事實：

1. 鐵道附屬地　所謂鐵道附屬地，就是鐵道所經過的地方劃歸鐵道所有者管理，不屬中國的統治。這種離奇的名稱是由俄國修築中東鐵路時所擅自規定，後來就成了先例。現在東三省內日本所有鐵道的沿線，日本在內行使行政權，設置警察，駐屯軍隊；郵電交通完全由其辦理；界內土地，只有日本人民才有永租的權利。故鐵道附屬地實際上已變成日本的殖民地了。

2. 鑛山附屬地　除鐵道附屬地外，更於日本所據的各鑛山附近六十里以內配置警察及軍隊，行使統治也像鐵道附屬地一樣的辦法。

3. 租借地　旅順大連及其附近一帶地方，中國租借與俄國的時候原定二十五年爲期，後來由俄轉租日本，日本希圖久佔，民國四年以二十一條的要挾強迫延長爲九十九年。

4. 領事裁判權　按各國在中國享受領判權，只限於通商口岸。自日本提出二十一條的要求，按照其中第二款至第五款解釋日本人在東三省及東蒙古雜居的均得適用領判權辦法，這是日本單獨的進一步的侵略。

5. 殖民　日本土地狹小，近年以來，人口繁殖頗速，故向外移民，日本竭全力以進行。但日本可以移民的地方，從種種方面打算都沒有比東三省更外適當的。查日本向東三省移民有兩種辦法：一是驅使朝鮮人；一是勸誘本國人。現在移住東三省的鮮人有一百餘萬，日本有二十餘萬。下表，卽表示日本人向東三省移殖情形：

一九〇五年	五、〇二五人
一九一八年	一二四、三五五人
一九二六年	一八五、二八四人
一九二八年	一九八、〇六四人
一九二九年	二〇四、四二九人

在向東三省移民中，日本所認爲最大的困難問題是土地的獲得，故民國四年日本提出的二十一條中，特別地要求商租權的取得。日本的處心積慮，我們不難概見了。

由上所述，日本帝國主義對於東三省實有生死的關係她的『滿蒙政策』無論如何不會放棄，這是我們敢斷言的。但所謂『滿蒙問題』已成了遠東問題的中心，北邊的俄，西方的美都睜起眼睛監視着這『亞細亞的巴爾幹』。故日本的行動如果稍有一點不審慎，這塊地方很有變成第二次世界大戰的舞台的可能，這是日本侵略東三省的第一個障礙。其次最近中國民族革命的抬頭，已使各帝國主義在華利權根本動搖，尤其近年來中國自動的開發和關內人民陸續不斷的向東三省移殖，又作了日本侵略的一大障礙。這當前的兩大難關如何打破，正是目前日本朝野朝夕研究的問題。

微音月刊

“五四”运动以后，思想界空前活跃，文化战线上出现了“百家竞起，异说争鸣”的繁荣局面。全国各界志士仁人，为了探索救国救民的真理，纷纷组织各种社会团体，出版各种书刊，传播新思想、新文化。中华民国12年（1923）创刊的《微音》月刊，便是异军突起的一支。月刊由程本海主编，出至第35期停刊。

《微音》月刊，是一个综合性刊物，栏目有言论、研究、通讯、纪事、特载、调查、文艺、杂感、社务报告等丰富的内容，为各界所欢迎。

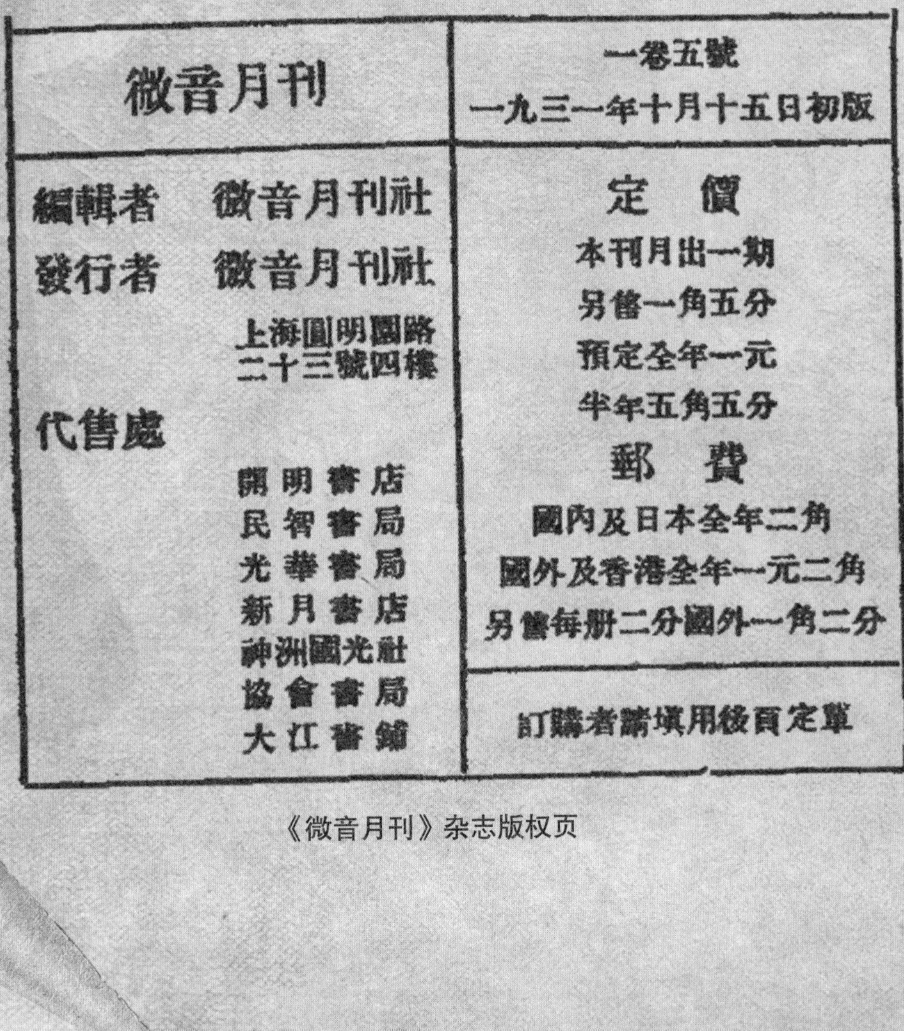
微音月刊

一卷五號

一九三一年十月十五日初版

編輯者　微音月刊社

發行者　微音月刊社

上海圓明園路
二十三號四樓

代售處

開明書店
民智書局
光華書局
新月書店
神洲國光社
協會書局
大江書鋪

定價

本刊月出一期
另售一角五分
預定全年一元
半年五角五分

郵費

國內及日本全年二角
國外及香港全年一元二角
另售每册二分國外一角二分

訂購者請填用後頁定單

《微音月刊》杂志版权页

《微音月刊》封面

日軍暴行實況

希明記

十月一日下午，因出席婦女救國大同盟成立大會，得親聽閻寶航先生報告他自己親眼看見的日軍種種暴行，當時因爲沒有帶紙筆，不能記錄。十月二日下午，同事們又約了閻先生來談話，就匆匆記下這一點。因爲閻先生急於要到北平去，無暇請他看一看所記有否錯誤，殊以爲憾！

問：閻先生是幾時離開遼寧的？

答：日軍是九月十八日晚十時卅分開始攻擊的，那時我還在夢中，家人將我喊醒，就聽見大砲聲，機關鎗聲轟轟不絕。因爲聽見日人搜索稍關重要的中國人，逼迫他們簽字辱國，或加以鎗斃，我就離開家人藏躲起來。後來聽說日人到我家

裏去查了好多次。我又覺得在未死之前還有對國人應盡的義務，就於二十二號早晨潛行赴平。

問　中國人事前一點都沒有聽見消息嗎？

答　十五，六，七那幾天，謠言是有的，而且是與日人有來往的工商界傳出來的，但無人相信。十八日午前十時，午後五時，日本領事亦曾打電話給我地方當局，說中村事件如果不從速解決，恐怕會發生變故。不料這天晚上十時半就會發生慘劇，那樣迅速，又那樣横暴！日方宣傳說：中國軍隊十八晚十時半拆毀南滿鐵路，故意尋釁，所以日本不得不作臨事保護佔據。這話是無論如何不能使人相信的。第一，當日軍進攻北大營時，我軍方大夢沉沉，豈有故意尋釁而不加準備之理？第二，如果十時半拆毀鉄路的是中國兵，日本兵怎麽能在十時半全體動員。而且佔據東三省官庫，銀號存款，兵工廠彈藥等等舉動，亦不是臨時佔據的表示。如果沒有國際干涉，他們一定要一口吞下東三省去，不管吞下去的是不是有爆發性的炸彈。有許多人懷疑日人爲什麽炸毀鐵路，我疑心是日兵要在同時起事的信號。

問：爲什麽東北軍毫不抵抗？

答：當日軍初攻北大營時，就有人打電話去問張副司令。副司令以爲事前旣無準備，臨時對付必闖大禍，所以命令全體軍隊不許抵抗。兵士們旣不能抵抗，自然是逃走，但是繳械後之赤手軍士，也被日人射殺了不少。日本軍屠殺的對像不但是軍士，見了一切穿西裝，學生裝，中山裝的人都要殺。因爲佈哨太密，人民都藏着不敢

出外。就是在城外繞行的人亦大都被射殺。更殘忍的，是二十號那天，許多貧民因爲家無粒食，忍耐不下飢餓，結隊向米店索糧，也被全體殺死。總而言之，日人的暴行實在是慘不忍聞。

問：日軍擄掠可是真的？

答：無論私產公物，日韓浪人都公開擄掠。東北軍隊的二百多架飛機，也都被日人刼去。當我乘車赴平時，看見車站上面飛翔示威的飛機都是我軍的，不過日人已在外面塗上另外的顏色，使變爲日本的產業而已。當時有些初次見飛機的難民，恐嚇得大聲叫喊，情景非常可憐。

問：這次大難東三省損失如何？預料結果如何？

答：我剛才說：據日軍開始時的行動看，確是想永久佔據的。但經國聯的一番挫折，日本就覺得一口吞不下東三省了。現在他們已轉換方向，專門利用中國的敗類賣國賊，用利誘或用威迫，使他們去運動東三省獨立，使國聯不能再加干涉，喪心病狂的熙洽之流，已在吉林組織獨立政府了。遼寧方面，臧主席是很有氣節的人。日人强迫他簽字承認中國兵炸毁南滿鐵路，他就以絕食方法對待。我們臨走時曾打電話問他，他說"我臧某頭可斷而志不可屈，諸位儘管放心好了。不過，日方還在用種種方法運動獨立。說到損失，東三省的精華已經盡毁了!"

問：閻先生對於救國辦法有何主張？

答：我以爲我們應該向多方面進行。國聯雖無實力制止日本，但日本對它却還有幾分畏懼。我民衆應該督促政府，將東三省的真相，每日詳告施肇基，先生囑他向國聯力爭。以經濟論，雖有人說絕對抵制日貨會使中日兩害俱傷，但我們爲促進日方覺悟起見，實不能不奮勉進行，作大規模極徹底之對日經濟絕交。說到宣戰我們民衆也須有相當準備，以作政府後盾。總之祇要我國民有志氣，政府誓死不簽辱國條約，則或早或晚，我們必能恢復失地，並取消日本在華歷年來享受之一切違法權利。我以爲我們或從事於國際宣傳，或努力於經濟絕交，或鼓吹着武力抵抗，都有他的相當貢獻。總而言之，不論用何種方法對付日本，都要靠我民衆自己努力。有人專想依靠外國勢力，但我以爲外國人決不會因爲中國人善於無抵抗而加援手；中國民衆如顯出憤慨激昂的精神，別人倒會因敬重民氣而出來主持公理！所以我們必須自己努力！！

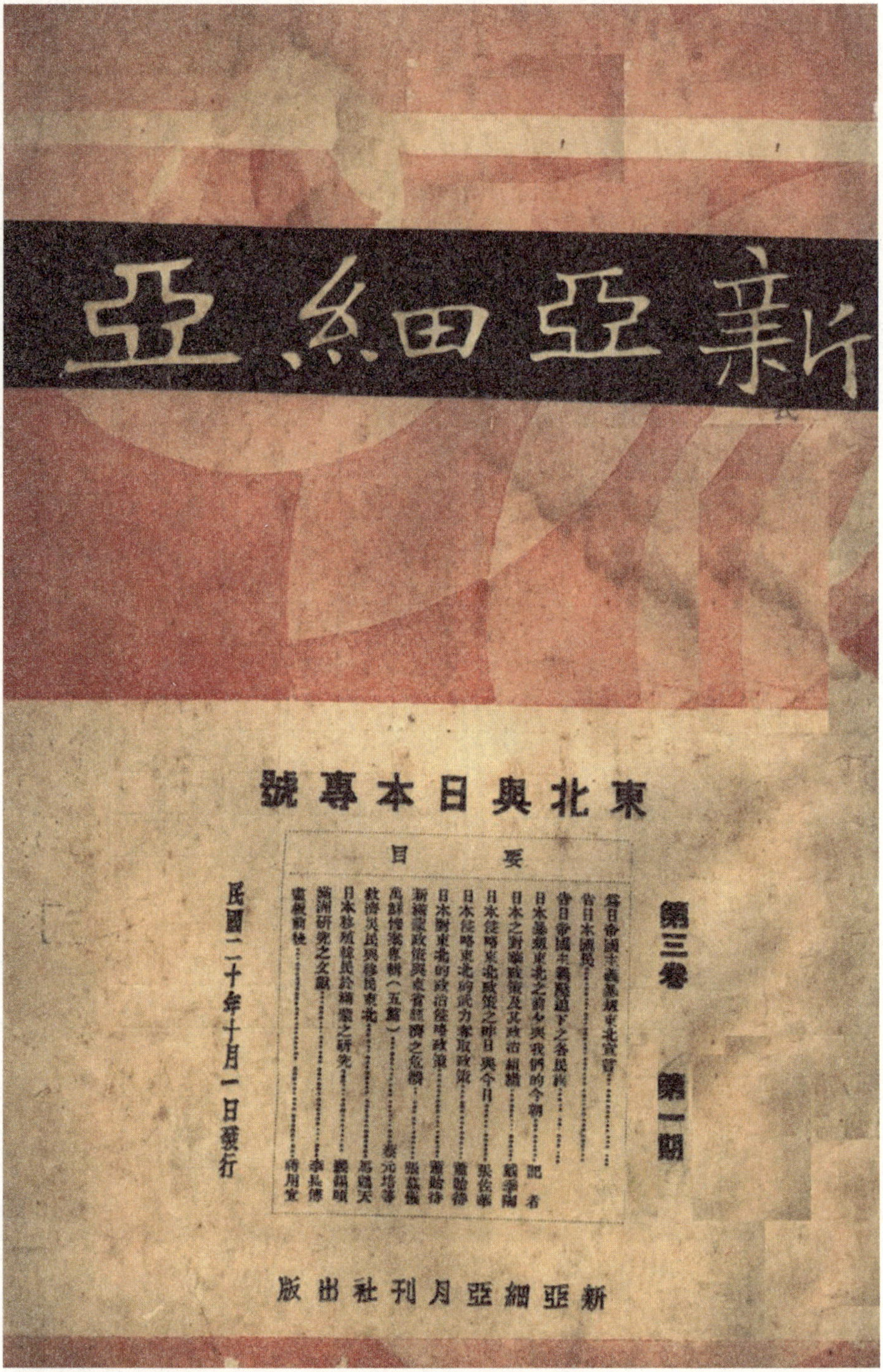
新亞細亞
東北與日本專號
第三卷 第一期
要目
告日本國民
日本之對華政策及其政治組織……戴季陶
日本侵略東北政策之昨日與今日
日本侵略東北的武力奪取政策
日本對東北的政治侵略政策
萬鮮慘案專輯（五篇）
日本移殖韓民於滿蒙之研究
滿洲研究之文獻
民國二十年十月一日發行
新亞細亞月刊社出版

《新亚细亚》杂志封面

烽火連三月

日本暴趣下的華僑商店與住宅

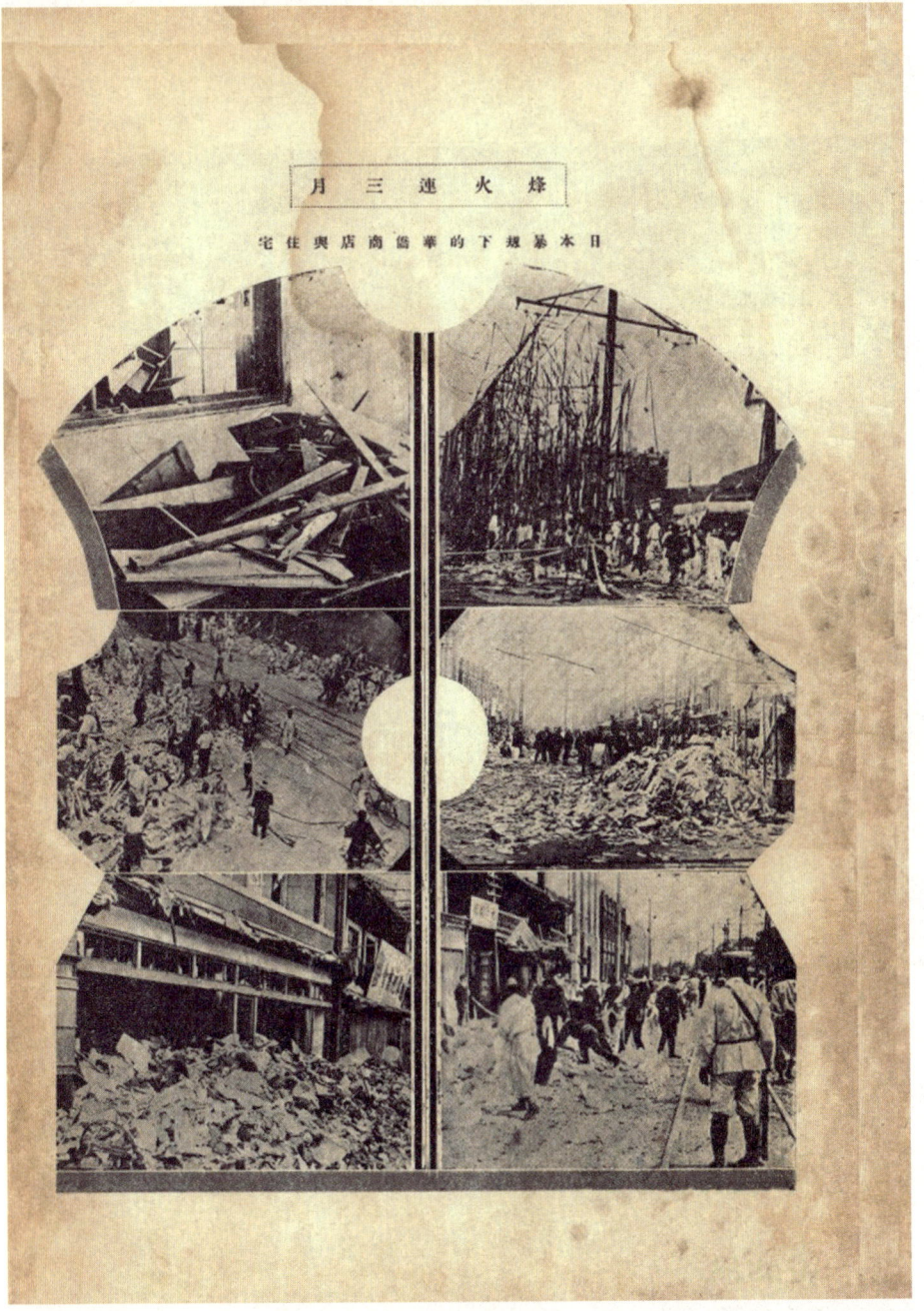

國破山河在

韓人圍築壩時之情形

日警在馬家哨口之帳棚

水溝一瞥

日警保護下之韓人以柳枝築壩

韓人砍伐柳枝為築壩之用

日本對東北的武力奪取政策

蕭貽待

一 導言

本來帝國主義的武力政策，不是一件大驚小怪的事，這是因爲我們見慣了聽慣了的。現在我國統一告成，帝國主義在我國勢力行將崩潰的時候，不惜利用其慣技來破壞我國的統一，攫取我國的領土。赤色帝國主義的蘇聯之對於我蒙古，英帝國主義之對於我西藏滇邊，日帝國主義之對於我東三省，昭然的事實擺在我們的前面。現在尤其在東三省有所謂「特殊地位」的日本帝國主義，盛倡武力奪取我東三省了。玆爲使國人明瞭起見，特將日本在我東三省的軍事實力，作一概括的說明，希望國人注意。

二 關於正式的軍備方面

第一、軍事侵略之歷史沿革 一個獨立國家的領土內面，容許他國軍隊任意往來，任意駐屯，這實在是帝國主義者壓迫弱小民族一種最強暴的行爲，是違反國際公法的一種行爲。考日本派遣軍隊屯駐我東三省，實沒有什麼條約的規定，僅根據間接的日俄戰後的朴次茅斯條約 (Portsmouth Treaty) （即日俄休戰條約）附約第一條之所規定，該約保俄日兩國爲保護南北滿鐵道，私相約定每基羅米突駐兵多至十五名，然此私約未經主權國之中國之同意，則中國當然不受其束縛。一九〇五年十二月二十二日（遜淸光緒三十一年十一月二十六日）中日會訂東三省條約附約第二條，規定中國政府希望日本撤兵，日本政府承認願撤，其條約爲：

因中國政府聲明極盼日俄兩國將駐紮東三省軍隊暨護路兵隊從速撤退；日本國政府願副中國希望，如俄國允將護路兵撤退，或中俄兩國另有商訂妥善辦法，日本國政府允即一律照辦，又如滿洲地方平靖，外人之生命產業，國為能保護周密,亦將護路兵共同撤退。

觀上條文的精神,日本允撤兵無疑,其撤兵的辦法,亦規定有三條:(一)俄國將護路軍隊撤退之時;(二)中俄兩國另商有撤兵辦法之時;(三)滿洲地方平靖中國能保護外人生命產業之時,此三條件後一步步的實現了。即日本供給東省境內馬賊的餉械,而中國猶能保護外人的生命財產,第日本匪獨不守約,且因我國內政不寧,乃藉口種種,更乘機增兵,以行其侵略威嚇的手段,迄於今日,我東三省遂隨處有日本的軍隊,因此屠殺我東北民衆,擾亂我東北治安,以及種種作惡的行為,層出不窮,究其用意,無非行其侵略的目的。倘我們不設法挽救東北的危機,眞不堪言了。

第二、侵略東省日軍的編制與防區 侵略我東三省的日本軍隊極其複雜,據千九百二十八年份的滿蒙年鑑,(該書係日人編輯,其中調查自然有些不確實,但由此亦可看出日本在我東北武力的大小,姑從之。)約如下列的編制:

(一)關東司令部 以前關東都督府中有陸軍部,都督由陸軍大中將中選任,為日本在我東省的軍民最高長官。後廢都督制,設置關東廳與關東司令部,軍政民政互相對立。關東軍司令部司令長官,以陸軍大臣或中將中選充,而直隸於日皇。其任務在統率日本在我東北的各種陸軍部隊,并担任守備關東州及保護南滿鐵路。軍事方面,軍司令官直接受命於陸軍部長;關於作戰及動員計畫,受命於參謀部長;關於教育方面,受命於教育部長。軍司令內分七處,即參謀、副官、兵器、經理、軍醫、軍法等處。參謀處長以補助軍司令官參畫機要,其他各處處長分掌各該處事務。

(二)駐劄師團 即日本屯駐沿南滿鐵道各要隘,如長春、公主嶺、鐵嶺、瀋陽、海城、旅順六處部隊,設司令部於遼陽,每隔二年則與其本國內各師團陸軍換防(近來換防不一定二年,有一年者或數月一換,且日本藉所謂換防而行增兵之實)。其目的在使其軍隊對於我東省的地理人情加以認識,用心至毒。

(三)獨立守備隊 該隊任務在担任南滿鐵路保護電線交通事業,其司令部現設公主嶺,全部六大隊分駐於長春、普蘭店、瀋陽及安東間各處。

(四)關東憲兵隊 設隊本部於旅順,其部隊分布於南滿路沿線旅順、大連、遼陽、鐵嶺、瀋陽、長春、安東、柳樹屯、大石橋、營口、海城、撫順、開原、四平街、公主嶺、連山關等處,受軍司令官的指揮執行一般行政上司法警察職務。

(五)旅順要塞司令部 其任務專在担負旅順要塞之防禦計劃,與管理配置於要塞上之兵器、器械、材料及防禦造物等,受關東司令長官直接的指揮。

(六)旅順重炮兵大隊 該隊亦直屬於關東司令長官,當旅順要塞警備之任,以補助步兵。

(七)北滿派遣隊　該隊係在南滿駐劄師中派一聯隊，分佈於春長哈爾濱之間，隊本部即設哈爾濱，其任務美其名曰保護中東鐵路沿線之日本僑民，其實在發展勢力於我黑龍江，以奪取我中東路。

(八)衛戍病院　收容各地日本病傷士兵，保管衛生材料，其本院設於旅順、遼陽、鐵嶺、柳樹屯、大石橋、海城、瀋陽、公主嶺、安東、連山關各地。

(九)關東陸軍倉庫　管理日本在我東北各地日本部隊應用之被服、糧食、衛生材料、醫藥材料等等之貯藏，前設本部於旅順，設分庫於大連、鐵嶺二處，千九二十一年改設本部於大連，旅順改為分庫。

(十)旅順鎮守所　此為統率旅順之海軍而設，以當要塞防守之用，除炮位外，其無線電信聯絡極為完密，現有海軍武官常川駐此港，內常停多量之軍艦，以保關東州海面之防務。

(十一)衛戍刑務所　設於軍法會議所在地之旅順。

第三　最近軍事侵略之急進　日本帝國主義因急想奪得我東三省，故對於政治、文化、經濟、軍事種種侵略的進行，無不具一種積極侵略的野心，而尤以對於軍事的侵略更為努力。前年中東鐵路問題發生，日本乘機調兵遣將，幾有將我東北佔據之概；當中俄軍事吃緊的時候，更大膽阻礙我國對俄軍事的進行，實在可恨可恥已極！

前年中東路案件發生，日本政府與日本國民天天喊增兵東北，且實際的增兵東北之後，迄於今日，到底日本在我東三省的軍隊有多少呢？這個問不是容易回答的，何以故？(1)日本增兵東北行動極詭秘，不易發覺；(2)國人不留意調查，所以未有明確的報告。有了這二大原因，日本在我東北的軍隊所以不知多少，不過我們以各方面的事實看日本在我東北的軍隊，可斷言有二萬到四萬人，這樣巨大的數目，真使人驚駭，而且南滿沿線各地，尚有在鄉軍人數千名，現日政府擬將其編為一個師團，用以警備南滿沿線現入軍之不逮，將來有事，至遲十小時可成軍。又為使僑居我東省的日僑備具軍事素養起見，特於各地設立在鄉軍人會與分會，及青年訓練所等，每屆各種紀念日，該會及分會即招集所轄之日民指導訓練，以備養成侵略的先鋒隊，現關東司令部為謀嚴格的訓練起見，於各學校、於各團體配置現役將校，以作軍事訓練之指導，并且規定日期，不使久曠，更訓令關東廳、滿鐵學務科、各民政署、各青年訓練所長、各地在鄉軍人會與分會、各警察署長、各憲兵隊長、及分隊長、滿鐵各地之事務所長、及瀋陽郵便局長，實地蒐集行軍資料，以便轉授於各學校各團體，俾他日行軍之用，雖入我腹地，亦洞悉其地理也。觀此可知日人侵略我東省野心之一斑。

究竟上面所述還不過幾件小事，據客歲十月安東通訊：日本在安奉(安寧)線新築炮台四十六座，合舊有的三十一座，共七十七座，茲爲明瞭起見，將所云錄之如次：

「安寧路線，自安東至瀋陽，長凡六百五十里，急行車於四小時內即可達到，對於軍事上效用不下於吉會路，若一旦有事，則日本屯駐朝鮮新義州之十餘萬大軍，不需一日即可完全佔領我瀋陽以南之地，其危險之程度，可想而知矣。總理嘗言「日本在十天之內便可以亡中國」，信非虛語，是以日本雄據安寧路，關於軍事之佈置，積極經營，不遺餘力，去歲中俄戰事緊張之際，復大事興修炮台，時至今日，安寧全線所有之炮台大小已達七十七座，茲將其所在地列後，望我同胞切勿閒視。

計安東縣屬安寧路線內，修有炮台七座：自高麗門至陽山城中間，築有炮台一座，由陽山至五龍背共有炮台五座，由五龍背至哈蟆塘築有炮台一座，以上計共七座。

鳳凰城縣屬安寧線內修築之炮台，較安東縣屬尤多，計鳳凰城車站北大河東岸橋台及二台子河流南岸橋頭各修築炮台一座，三台子河流北岸橋頭及西豐口河流南岸各修較大炮台一座，又鷄冠山車站至秋木莊車站中間修有大小炮台共七座，自劉家河至林家台子車站中間共修有炮台二座，自林家台子至通遠堡兩站中間修有大炮台一座，較小者一座；由通遠堡至草河口兩岸中間，修有大炮台二座，由草河口至祁家堡子兩站間，共大炮台三座，較小炮台兩座；自祁家堡子至連山關兩站間，共大炮台三座；由連山關至下馬塘中間，共有炮台五座。以上計由林家台子下馬塘中間所經車站，共有大小炮十六座。

自下馬塘至南坟中間大小炮台共十二座，由南坟至橋頭中間共大炮台五座，自橋頭至宮原中間共大小炮台五座，由宮原至本溪縣中間共大炮台三座。計自下馬塘至本溪縣五車站中間，共有大小炮二十五座。

又本溪縣位於安寧縣之中部，地勢頗佔重要，日人在此一縣，共築有炮台十九座之多，其所在地計本溪縣境第一區共有炮台三座，一在大堡北頭道崗子，一在大子河南鐵路西，一在二道崗子；本溪縣第六區共有兩座，一座上平子村南鐵路東，一在高程寨村南鐵路北；第七區亦有兩座，一在細河鐵路橋南，一在河南堡子鐵路南；第八區共十二座：背陰汀洞子南北各一座，五道溝洞子兩座，扁滴洞子南北各一座，道札子洞南北各一座，六道門洞子南北各一座，南台子橋一座，分水嶺洞門一座。

上述本溪縣內之炮台，除有六座與由下馬塘至本溪之二十五座相重外，(即由橋頭至宮原內有三座及宮原至本溪之三座與前述之十九座相重)尚共有十三座，再加鳳凰城縣境內之十六座，安東縣境內之七座，由林家台子至下馬塘之十六座，由下馬塘之本溪縣之二十五座，共計七十七座，故安寧線內，現有之日本炮台已達七十七座之多。

至於炮台之形式，均係用方石嵌成圓形，內外滿塗洋灰，上下分為二層，密佈方孔，炮台大者高約兩丈，以外周圍約三丈，吾人觀乎以上所述，不能不驚日帝國主義者野心之大矣！最近日人復有增修炮台之消息，甚望我當局隨時調查，與以制止，并望全國同胞皆加以注意，則國家幸甚！』（見一九，十，二日，湖南中山日報）

觀上通訊，真使吾人不寒而慄！日帝國主義武力奪取我東北，事實昭然若揭。此外復於長春建築規模宏大的步兵兵營一所，建築費計算為百萬金元，約可容納七萬大軍，其內容及所佔地士為：

（一）聯大隊本部佔地三、三七六、六六米坪；（二）四個中隊兵舍佔地七、五〇四、四四米坪（三）樓走廊三九、六〇米坪；（四）廚房一、七八五、四四米坪（五）衛兵所佔地二〇七、七六米坪（六）厩舍佔地五〇五、〇〇米坪（七）彈約庫佔地二八、〇〇米坪（八）汽鍋室佔地三〇〇、〇〇米坪（九）大佐宿舍（一所）佔地三〇五、〇一米坪（十）中佐宿舍（二所）一六九、八〇米坪（十一）少佐宿舍（三所）佔地四三九、八〇米坪；（十二）大尉宿舍（四所）八七二、九三米坪（十三）中尉宿舍（七所）一、三九四、五五米坪（十四）又中少尉宿舍（三所）六〇〇、四二米坪（十五）又中少尉宿舍（一所）五四三、六六米坪；（十六）准士官宿舍（二所）三一七、三二米坪（十七）又准士官宿舍（二所）佔地六七五、六〇米坪；（十八）下士宿舍（一所）佔地二、六四四、七五米坪（十九）又下士宿舍（二所）五二九、四六米坪（二〇）兵營種雜工若干。（見一八、七、二〇日，湖南中山日報）當該營舍於去年九月（十九年）落成時，滿鐵社總裁仙石氏親赴參觀，同時駐鐵嶺之日軍第三十八聯隊第一大隊官兵五百名，及駐鐵嶺之日軍第三十旅團師司令部移駐於此，并運有大宗武器與軍需品，其時對於前往參觀者，只許觀看兵營之一部分，其腦密處軍械庫等一律禁止參觀，并備有軍用汽車數十輛（一九，九，三日，新京日報）由此亦可知日帝國主義侵略我東三省的毒辣。

又據客歲底瀋陽消息，日本再在馬蓬溝建築兵營，（按馬蓬溝屬鐵嶺縣，在瀋陽之北百數十里，又名馬蜂溝）對於我國防上主權上極有關係。遼寧國民常識促進會曾派員往該地實地調查，據其報告有四點，錄之如次：

（一）日軍建築的實況　在馬蓬溝北部之高地，距遼水水面約里許，已有日軍在該地新建築的營房二十餘間，尚未完全竣工，將來確有大肆擴充的趨勢，四周豎有鐵絲網欄，範圍約數十畝，欄內東側并建有守備兵士住所數間，門前豎有標識，上書「日本軍要塞司令部標界」。

（二）建築前日人之措詞　在未建築之前，日人聲稱為存儲兵船之處所，查日人對於我國之政策，向抱蠶食鯨吞主義，今日倉庫，明日即兵營，來日即炮台了。如南滿沿線的各個兵營設立，安奉線各個炮台的落成，無一不先由數間的倉庫而起。況馬蓬溝的建築，範圍較他處為大，即以日人所稱存儲兵船的處所而言，兵船係海軍的戰鬥品，亦為侵略之表現。

（三）建築後日人的橫暴　前年（一八年）七月間，日本海軍在馬蓬溝一帶演習時，其炮聲隆隆，兵船橫駛，將我方民船衝沉及損傷者不勝枚舉，民衆含冤莫訴，只有忍氣吞聲。然日軍毒謀未已，并欲在馬蓬溝的對面養馬堡、西木廠、紅岸、康家山一帶高地，作其陸戰的演習；并擬以馬蓬溝的兵營完成後，即以對岸的十數村作其永久試戰區。

（四）馬蓬溝與鐵嶺的關係　鐵嶺縣城已處於日軍包圍之下，城南一帶如八里莊、柳河溝等村，均有日軍兵營布置，分為南北兩大營，共有房舍四十餘間，約可駐兵五千名以上。城東一帶，如帽峰山、龍首山等處，均有日軍隨意遊行，習演戰鬥的場所，附近居民受其蹂躪者不可勝計。去年（十八年）三月間，日人又集資建築龍首山馬路，以攫奪龍首山之實權。幸黃菊珊、於文川、胡靳凡、鄧之傑等努力拒絕，始未得逞。刻下日人野心未已，仍欲在馬蓬溝兵營落成後，以強硬手段在龍首山的右方建築炮台，利用山峰，實行其居高臨下的設備。查此山與馬蓬溝遙遙相對，一旦有事，北則可保護其鐵橋，並可以控制柴河，西則可以掩護馬蓬溝的兵營，堵斷遼河的交通，南則可保護其八里莊一帶的日軍房舍，城西一帶，有日人的南滿鐵路，道旁設有有高壓電機，平時可以操縱我的電業經濟權，戰時利用此機可以裝設電網電話，甚至發散毒瓦斯等。已入於日軍的掌握，所有一線出路者，即馬蓬溝的一隅。考馬蓬溝位居遼河要衝，交通便利，一有事變，上可占趨遼源，下可直走營口，設此處再為日軍所佔，則水道為其壟斷，陸路為其把持，扼我吭而拊我臂，我東北必受其威脅了。（見一九、十二、二十一日，湖南中山日報）又日人在我延吉附近中韓交界處，挖有三十餘里的戰壕，大連與新義州則建築規模宏大的飛機場，至本年一月十九日，即有日本駐平壤的飛行第六隊，在新義州作耐寒攻防演習（見二〇、二、六日湖南中山日報）以窺測我邊境的情形。二月關東司令部在旅順大連勘定宏大的軍用地，旅順經勘定為五百五十四萬八千三百九十二坪，（內要塞佔六十萬一千六百九十二坪，陸軍佔百十萬八千七百七十五坪，海軍佔三百八十一萬七千九百三十五坪。）（見二〇、三、六日湖南中山日報）此外最近關東廳與關東司令部又有畜養十萬匹軍用良馬的計劃（見二〇、三、二六日中央日報）與瀋陽日軍無故包圍強繳華警的槍械的事實（見二〇、四、二日及四、五日的湖南中山日報）凡此種種，日帝國主義不外欲永遠保持在我東三省所謂「特殊地位」，必要時得隨時以武力奪取，望國人注意注意！

三 關於變形軍備的警察

日帝國主義者以我東三省爲發展的第一綫，且其歷任內閣，背抱其傳統思想的所謂大陸政策（按所謂「發展的第一綫」即本於該政策），故對於我東省的侵略，日益積極。其侵略之方式，除文化經濟外，而警察亦佔其最要之位置。（按警察爲政治侵略最重要的工具，而他的武功力量又不下於正式軍隊，以事實上看甚或有過於正式軍隊，侵權奪利較任何利害。）

蓋日本在我東省所設的警察，皆係全副武裝，其職務與管轄，固屬行政與行使行政，倘我國一旦與日本有事，該班警察即可完全化爲軍隊。日本對我東三省積極遍設警察，其最大用意也就是這一點。緣日本政府爲避免我民衆的注意，故對於殖民的計劃，乃用消極與積極兩政策：消極政策，大半用於我延吉邊境各地，但以形式在東省腹部亦常運用，該政策的最大用意，即爲使警察誘掖朝鮮人在我東省各地耕種稻田；積極的政策，即爲利用警察的壓迫力，以強迫收買我東省農田，（以收買我遼東半島——日人稱關東州——農田爲最利害，我國農人莫敢如何，只得任聽其強暴處置而已。）而廣施移殖日本之農民故也。故其經濟文化侵略固可畏，而其警察權的膨脹，尤可怕了。茲將其警察在我東三省設置的經過及其組織，并在我東省各地警察的實力，分誌於次：

第一、設置警察之經過 日本於日俄戰爭，奪得我旅順大連後，即在金州設立軍政署；軍政署直隸於軍部，用以保護戰後的治安，由軍隊內抽二百名兵士，充當警察，以校官任署長；戰事告終後，軍政署改稱民政署，在署內設置警務課，從事於維持治安（？），後又改組，設立獨立警務署，遂脫離民政署。其後日人在我東北所及之處，即設立警務署，置我國交涉於不理。此種事件，即如民國九年三月間朝鮮獨立事件，日本又藉清亂名義，派遣軍警多名，自由侵入我延邊各地，及事定後，軍隊雖撤，而警察則留駐如故，幾經交涉，毫無効果。此輩日警利用朝鮮墾民中的無賴，作爲爪牙，以偵察墾民的動靜，凡不肯爲日本順民者，輒藉端逮捕，數年以來，我延邊統治權，利剝奪幾盡，現猶得寸進尺，野心未已。（見一八、六、十一日湖南國民日報）吾人須知凡一國主權所到之地，即有警察設立，亦可謂警權所及之地，即該地主權已完全喪失，故最能代表政治侵略者，莫如警察權若也。警務署迨民國十七年又將改爲警察署，至今無變。

第二、警察組織的概況 日本在我東省各地設置的警察，其組織與日本國內迥乎不同，一爲警察武備，一爲軍警聯絡，倘一旦有事，其警察皆嫻習軍事，即可整隊衝鋒，且在警察力不敷分配之時，即可由警察署頒發命令，而調用當地駐紮的日本軍隊。吾人細察此二項，當可知日人用意的所在了。散布我東省各地的警察，其最高統治機關爲關東廳的警務局，該局局長爲敕任職，係經日鐵道會社亦有指揮調用的權利，這原是日本人特具的用意。關東廳所設的警務局，下分警務課、保安課、衛生課三項，次爲各地的警察署，再次爲派出所。警務課的職務，大概有下列數項：（一）關於警察區域劃分及配置事項，（二）關於警察服務規程及規律的事項，（三）關於警察官教習及監督事項，（四）關於警察及警備事項，（五）關於警察賞罰的事項，（六）關於巡查巡捕進退及其身分的事項，（七）關於巡查隱退金及遺族扶助金的事項，（八）關於警官給與及貸與品事項，（九）屬於警務局中他課主管的事項等。保安課的職務也有數項：（一）關於高等警察的事項，（二）關於行政警察的事項，（三）關於司法警察的事項，（四）關於犯罪判決事項，（五）關於消防的事項等。衛生課的職務則爲：（一）關於保護健康的事項，（二）關於防疫的事項，（三）關於醫務的事項等。警察通常可分爲二種，一爲司法警察，一爲保安警察：司法警察扶助當地的法院，執行民刑訴事的審理；保安警察則秉承署長及上級官吏的命令，執行保安衛生諸事宜。其階級分監視、警部、警部補、部長、警察五級，此外有翻譯生、刑事及我國巡捕；警察署則分爲警務、保安、衛生、司法、高等五系，系置主任，主任以警部及警部補充任之，而署長則以警視或警部充任之。至各派出所，則設所長一人以統御之，而從事於警之警察，大率爲退伍兵士；警務當局拔取警察的標準，亦我東省各地服務的警察，皆爲富有侵略性的軍隊。

第三、警署所在地　日本在我東北的警察署，既隨日人所至之地而分設，故分布極廣，大別可分爲四區：（一）關東州內的警察署，數共爲八，即金州、旅順、普蘭店、貔子窩、大連、小連市、小岡子、大連水上、大連市、沙河口等；（二）領事館附設的警察署，數共爲六，即牛莊、遼陽、瀋陽、鐵嶺、長春、安東等；（三）附屬地的警察署，數共爲十四，即瓦房店、大石橋、營口、鞍山、遼陽、瀋陽、撫順、本溪、鐵嶺、開原、四平街、公主嶺、長春、安東等；（四）延邊（即延、琿、和、汪四縣）日警署，數共爲五，即六道溝總領事館警察署、局子街領事分館警察署、延吉頭道溝領事分館警察署、琿春縣領事分館警察署、汪清縣領事分館警察署等（汪清日警爲民國九年二月間設立）。統計以上的日本警察署，爲數竟達三十三個之多。

第四、派出所之分布狀況　在我東三省的日本警察署既如此多，故其分布的派出所更爲嚇人而可怕。據調查所得，其分布狀況爲：（一）關東州內的日本警察署所轄的派出所，數共爲百五十九所，即大連警察署所轄的三十四所，大連小崗子警察署所轄的十所，大連沙河口警察署所轄的十三所，大連水上警察署所轄的三所，金州警察署所轄的十六所，普蘭店警察署所轄的二十三所，貔子窩警察署所轄的二十二所，及旅順警察署所轄的二十四所等。(二)南滿鐵道附屬地日本警察署所轄的派出所，爲數共二百另二所，即瓦房店警察署所轄的十三所，大石橋警察署所轄的九所，營口警察署所轄的五所，鞍山警署所轄的十四所，遼陽警察署所轄的十所，瀋陽警察署所轄的二十一所，撫順警察署所轄的二十五所，本溪警察署所轄的十三所，鐵嶺警察署所轄的八所，開原警察署所轄的十三所，四平街警署所轄的十二所，公主嶺警察署所轄的八所，長春警察署所轄的十九所，安東警察署所轄二十九所等。(三)牛莊(即營口)領事館附屬地警察署所轄的派出所，數共爲四十二所，即遼陽警察署所轄的二所，瀋陽警察署所的十二所，鐵嶺警察署所轄的十二所，長春警察署所屬的六所，安東警察署所屬的十所等。(四)延邊日警署所轄的派出所，數共爲十三所，即延吉頭道溝領事分館警察署所轄的五所，(即延吉二道溝派出所，延吉八道溝派出所延吉天寶山派出所，延吉依蘭溝派出所延吉銅佛寺派出所等)。琿春縣領事分館警察署所轄的六所，(即琿春黑頂子派出所，琿春頭道溝派出所和龍縣街派出所，和龍縣釜銅派出所，和龍縣八道河子派出所。和龍縣傑滿洞派出所等。)汪清縣領事分館警察署所轄的二所（即汪清涼水泉子派出所，汪清縣嘎呀河派出所等)。等總計日本在我東三省各地的警察派出所數共達三百七十四所，日人侵略我東北的凶猛又可想而知了。

第五　警察人數的統計　警察人數，從沒有明確的統計，其原因有二(一)增添無定，例如客年延邊事件，該處日警除原有的不計外，數日之間，先後增達五百餘之多(見十九、十一、七日湖南中山日報)(二)日警行動秘密不易使外人明白。有此原因，要知道我東三省境內日警的數目，確乎不易。現在據各方面的統計，且言其大概的數目；(一)關東州內共有之巡查千二百九十一名，別其種類爲視警五人，警部十八名，翻譯生七名，技手七人，警部補四十五人，囑托十八名，巡查八百另七名，巡捕三百八十四名。(二)附屬地內共有巡查一千四百八十五名，別其種類爲視警六人，警部二十三人，翻譯十三人，警部六十八人，囑托二十七人，巡查千另十名，巡捕三百四十一名。(三)領事館警察署所屬之警察人數未詳。(四)延邊日本警署十八處共有各種常駐警察四百餘名(一說有五百餘名)這裏吾人須留意因日警的增減迄無一定，大概據我的觀察，我東三省的日警係有增無減的。總計上面的日本警察爲三千二百名左右，加入領事館警署所屬的警察，何嘗祇此數呢？(見十八、六、十一日湖南國民日報及二〇、一、九日湖南中山日報)我希望國人對此留意，要有詳細的報告才好。

第六、日警的兇暴　日人在我東省各處設置警察，其目的既在侵略，(美其名曰保護僑商)故日警的舉動總是野蠻的兇暴的，無故兇殺我人民，侵奪我主權，兩年以來，已不下數百件了，如民國十七年十二月十七日無故捕殺橘頭去職區官苑首春兄弟十八年一月十六日擅囚我國民劉巨寶等六名，同月二十八日日本軍警携機關槍及手提機關槍無故圍攻我本溪縣縣署刼虜一縣行政首長（見十八、二、十二上海新聞報暨日同報）侮辱之甚眞莫若此了！客歲我延邊當共匪韓匪猖狂之際日警深夜侵入我國軍事防區，探取我軍事行動且首先開槍。我國守備兵爲防禦起見亦不得不還擊事後得知爲日警日方則調大批日軍示威恐嚇擅搜民房，如臨大敵一般實深痛恨（見一九、十、十七日新京日報與十一、七日湖南中山日報）希望我同胞努力覺悟滅此朝食！

第七、堪注意的日警秘密會議　日警旣係侵奪我東北利權一種最好的工具故對於其侵略計劃時有商酌的必要，計劃又須保守秘密於是有秘密會議這種會議是以環境的需要而召集，的出席爲派出所所長以上警察官吏外籍人一律不許參加或旁聽該會議前年（十八年）冬有一度舉行討論事項均甚秘密但以公布之決案看來亦堪吾人的注意茲錄之如下：（甲）關於警察自身者（一）提高優待（二）規定勤勞者表彰辦法（三）武道警加給津貼（四）組織共濟組合（五）廢止長靴改良防寒帽等（乙）關於公務者（一）各區各分所間架設專用電話及無線電（二）演習聯合警備（三）添募司法交通武裝警察（四）各地設置保護韓人機關，（五）各地添設刑事課其編製爲警視警部二名技手二名翻譯生一名肅查七名巡捕三名司法警三名等（十八、十一、二六日中央日報）上項議案最可注意者爲（乙）項各條，此數條實含着吞併我東省的野心近來我東省各地屢發生華韓互鬥情事，察其原因皆係日人暗中鼓惑祖護所致事發以後各地日警藉端凌辱我國人民因此韓人更肆行無忌今日各日警署又特設韓人機關，是無異予各地韓人以極大之助威令也。

綜觀上述日本在我東三省警網的重重設備，殊爲驚人且此大多數的警察非特引誘韓人之侵略我耕地與扶助日人的剝奪我國東省的經濟而其最大的目的在探聽我國虛實以補助其外交的進行研究我國的言語而進行同化的工作所謂關東州於去年（十九年）舉行警官的華語考試分爲等級補與薪金以爲獎勵其用心的苦可想而知。

四　結論——今後武力侵奪政策的觀察

日本旣無理的在我東省屯軍隊與設置警察更藉口乘機增兵添警或不顧國際公理硬行增兵置警迄於今日我東三省隨處布滿着日軍與日警日本增兵設警的陰謀前面已有說及概括起來無非以奪取我東三省爲目的。如果我中國人稍有血性對於這點應有絕大的覺悟與決心認識口喚「中日親善」「共存共榮」而實利刀殺人的日本帝國主義者近來我國和平統一告成日帝國主義尤抱一種忌嫉的態度故最近對於我東省無不採取積極的保護所謂「特殊地位」客歲十一月底其拓殖省與外務省（外交部）開協議會密議對我東省的侵略問題，其結果一致議決所謂「新滿蒙（日人對我東省的謬稱吾人應注意）政策」，其詳細內容秘不宣佈，據揣測其內容約有五端（一）東三省華方各鐵路的建築，違反中日協定條約者殆占其半，（按不知違反係從何處說來，我國領土有我獨尊的主權，唉！帝國主義的口吻可謂滑稽而潑辣矣。）對於應起斷然手段，（所謂斷然手段者武力手段也。）積極阻止之，至於與滿鐵成平行線之昂濟鐵路之動工，及縱斷日本既得預定線之建築，尤應嚴厲阻止。（二）增派警備隊，分駐滿州各地，制止中國方面武力行動，（這是日帝國主義武力侵略先發制人的辦法。）幷慎重保護日本之既得利益，（所謂出師之名。）（三）中國各鐵路運貨待遇不同，此與條約大相違反，（眞不值一笑）我國（日本）商人莫不受打擊，應向國民政府提出嚴重抗議，使其立即取消特別待遇。（四）張學良入京與蔣氏會晤，協議澈底壓迫滿鐵，從速設立東北各鐵路，及防止日本資本三項政策，結果蔣張兩氏之間成立攻守同盟式的諒解，此應有實力（武力）的對付方針。（五）張學良氏對於日本感情，近來大爲惡化，（不解）有事輒以廻避政策對付之，使日本陷於困境，今後應力求相當方針，使彼諒解日本態度（注意）（見十九、十二、十二日湖南中山日報。）

吾人觀上日帝國主義所謂「新滿蒙政策」，不外是田中義一內閣時代的武力積極政策，而濱口內閣的所謂「經濟主義的滿蒙政策」一（實與田中政策同一原則）將更變爲「更積極的武力的主義的滿蒙政策」，國人應急起注意。最近又有日本參謀本部當局，向其政府提議奪取我東省的政策，其提議的要旨有謂：『中國方面，驅逐日本的態度，迨至現在，無可諱飾，（這是日帝國主義忌嫉我國統一的眞憑實據）其破壞條約（？），及國際慣例（？莫此爲甚（？），關於當面問題，將由滿鐵理事木村氏，向東北當局交涉，而當此之際，政府應取斷然態度，如遇必要時，應以威力解決之，不可再取和緩態度，否則滿蒙利權，必受其蹂躪（？）。至於具體方案：（一）對於奉天（遼寧舊稱）應拋棄從來友好態度；（二）增設駐軍，在奉天應增一個旅；（三）對東北方面之不對行爲，及鐵路敷設計劃，應以實力阻止；（四）張學良氏如採取廻避態度，應付日本，則應嚴重警告，促其警省；（五）中國民衆有反日運動，應促中國當局斷然彈壓。（可見帝國主義怕我民族的醒覺。）』（見二〇、一、六日湖南中山日報）吾人以此侵略我東省的所謂提議，與上述的所謂「新滿蒙政策」一比較一下，可知日本帝國主義對於我東三省今後的侵略政策，是一種積極的「武力侵略政策」，願吾國人本革命的精神，齊起來打倒日本帝國主義，以救我民族的危亡！

二〇年一月十二日初稿
二〇年勞働節改作

日本強佔東省之解剖

時先

一緒論

若有人謂此文爲「激發內心衝動」而作，我必答曰，是。假如再有人問我底內心爲什麼要激發衝動？那我只好叫你去找一兩個朝鮮人或者台灣琉球人問問，你便立刻知道我內心激發之原因了。我并希望目前的全中國的民衆，多多問問朝鮮，台灣，琉球人，也許使全中國民衆的內心，與我同樣的「激發，衝動」。朋友！你們多多了解日本壓迫朝鮮的慘狀，多多聽台灣琉球人民痛哭的哀音。這些聲音雖然沒有摩登米斯與情人談心的「燕語鶯聲」能使你沉醉消魂，却能使你興憤，熱血高漲。

自日本帝國主義強佔瀋陽的惡耗傳出後，每個中華國民，每個世界被壓迫者，無不熱血沸騰，義憤填膺的。前幾天我在一個閱報室內看報，內中有兩個老叟，架起關邊眼鏡，一望而知爲冬烘老頭。當他倆見着拳大木刻字的日本強佔瀋陽的消息後，情緒也興憤起來，并罵道：「他媽的，中國人那裏去了，還不如滿清呵！」真的，當日本强佔瀋陽消息傳出後，就是情緒冷到零度以下的人，也要狂跳起來，尤其是見了我國政府及東北當局對日之態度，更有令吾人立刻「寢其皮而食其肉」之恨。但是我們如果要來分析日本此次暴行，又不得不冷靜我們的頭腦，拖制我們興憤的情緒。

在目前資本主義社會快要崩潰的時期中，全地球的被壓迫民族，弱小國家，被帝國主義征服，榨取，這是必然的，而且是很猛烈的。中國是東方地大物博產業落後的國家，自然脫不了這個公例，所以近八十年來，中國完全失去獨立的國際地位：而成爲東方極弱的國家。

帝國主義對於落後殖民地的侵略，雖然採用經濟侵略，文化侵略，政治侵略三種方式，但最終目的是在達其經濟方面的極端榨取。因爲帝國主義是資本主義發展的最後階段，而資本主義的特點，必須在國內榨取勞動階級的剩餘價值，在國外必須掠奪殖民地，開發市場，吸收原料。所以資本主義國家對殖民地實行經濟的侵略，這是每個資本主義國家必然採用的手段。但經濟侵略又必須與文化政治侵略合作幷力。沒有鴉片戰爭之役，英帝國主義的經濟勢力也不能侵入中國，同樣的沒有中日戰爭之役，日本在華的勢力也不致更加擴大。可是英日兩帝國主義如果不向中國實行經濟侵略，那也不一定用武力壓迫中國，而會發生鴉片戰爭，中日戰爭。這個步驟，不特英日帝國主義如此，一切帝國主義侵略殖民地皆是如此。

明白以上所說，則日帝國主義此次出兵强佔我東三省，用橫蠻殘酷之手段，貫澈其侵略中國之大陸政策，這也是我們早所預料必然會發生的事實。

二　日本侵略中國之歷史

日本爲中國東邊一小島國，版圖之大，尚不及我四川一省。維新前，國內幕府專橫，分封割地，互相爭權，有如今日之中國。國外又受列强之壓迫，一時之國防論，紛然以起，然當時之日本幕府，仍力主「鎖國政策」拒絕與外人通商。維新以後，遂極力刷新內政，振興工商業幷與外人通商，數十年後，日本遂爲東亞第一强盛國家，與歐美列強并立。

日帝國主義的繁榮，可說完全是侵略而成的。沒有中國原料的獲得，工業決不能有今日之暢旺；沒有中國廣大的市場，供其消售過剩之物品，則商業決沒有今日之發達。反之日帝國主義沒有如中國這個大富源，不特失去東亞的美利堅地位，而且有整個國家崩潰的可能。所以日本對中國的侵略，非常積極，更非常猛烈。

日帝國主義侵略中國，是從庫頁島交涉開始。原庫頁島為中華版圖，約在康熙時代；雖然對之甚忽略，尤其是庫頁島南邊，更漠然置之，故隸屬中國版圖，實也不過羈縻而已。嘉慶以降，不逸遠略，庫頁島之主權。至是遂茫無所屬。一七八五年至一八〇六年，日本曾三次遣使偵察。及到俄皇尼古剌一世即位以來，即根據璦琿條約，與日本交涉，自此庫頁島遂為日俄所共領了。

一八七一年（同治十年）十一月，日本政府藉口台灣生番虐殺日本漂民，其實是琉球人派兵侵入台灣，同時清廷亦以台灣番屬之關係，派兵援救台灣，兩國幾乎開戰，後來經英使之調停，訂條約如左：

（一）日本此次征台灣，係保民義舉，中國不得干涉；

（二）中國賠償撫恤難民銀十萬兩，賠償台灣修道建屋費銀四十萬兩；

（三）約束生番，自後不得加害航民。

條約上認琉球人為日本人，清政府并不反對，於是日本遂憑此條約佔據琉球。一八九四年（光緒二十年）因朝鮮問題，日本進兵朝鮮，因而有中日之戰，結果中國大敗，訂立馬關條約。

（一）朝鮮脫離中國，歸日本所有；

（二）台灣，澎湖所有附屬各島嶼，完全讓與日本；

（三）奉天省南地方，從鴨綠江口，溯該江口以抵安平河口；又從該河口劃至鳳凰城，梅城及營口止，劃成折線，以南地方，所有前開各城皆包括在內，該縣抵營口之遼河後，即順流至海口止，彼此以河中為界，遼東灣東岸及黃河北岸，在奉天省所屬島嶼，一併割歸日本；

（四）開重慶，沙市，荊州，蘇州，杭州，等處為中日通商口岸；

（五）賠款二萬萬兩。

自中日戰後，日本在華勢力遂大張。至一九〇〇年，義和團事起，日本參加八國聯軍，攻陷北京，訂立辛丑條約，日本在此次條約中，又着諸大的利益。不久日俄戰事又起，日人更乘戰勝俄人之威，迫中國訂立中日滿州善後協約三款，除將俄國在遼東和東清鐵路的權利完全佔去外，又向清政府提出下面五個問題：

（一）撫順煤礦問題；

（二）間島問題；

（三）新法鐵路問題；

（四）營口支線問題；

（五）吉長新奉路借款與吉會路問題。

以上五個問題，因與滿洲主權關係甚大，清政府十分注意，一直到一九〇九年，日本乘我國政變之時，突然提出最後通牒，迫我政府承認，清政府無力抵抗，不得已締結間島條約，滿州五項條約。自此，日本在滿洲的勢力，便根深蒂固了。

一九一三年，日本政府又向袁世凱提出滿蒙五鐵路建築權的要求：

（一）開原到海龍城；

（二）四平街到洮南府；

（三）洮南到熱河；

（四）長壽到洮南府；

（五）海龍城到吉林。

這五鐵路建築權的要求，日本完全勝利，於是日本的勢力又由滿州伸張到蒙古了。

一九一四年，歐洲大戰發生，日本政府乘歐洲各國不暇東顧之際，提出最苛刻之二十一條，迫我政府承認。二十一條大意，關於全國者六，關於山東省者四，關於南滿者四，關於蒙古者三，關於福建者一，關於長江流域者三。（詳文見史冊）

無論大小交涉，都是日本恃强無理，我國吃虧。一九二八年五月三日的濟南慘案與這次的事件，更是中華民族的奇恥大辱。

從日本侵略中國的歷史方面觀察起來，日本對我是如何的橫暴無理，是如何的積猛烈呵！日本帝國主義所以如此對我，無非是在完成牠的「積極政策」同時我們還可看出日本歷次侵略我國，一次比一次猛烈，長此以往，我中華民族必爲大和民族消滅，我全國人民，必被萬惡滔天的東亞屠夫——日帝國主義殘殺淨盡！

三，日本近年在中國勢力之發展

我們從上述日本侵中國之歷史中，便可知道日本在華的勢力早已有了相當的基礎。至於滿州三省，不用說是日本侵略中國的大本營，也就是日本在華勢力最宏厚的地方。

自然日本無時無刻不準備猛烈地侵略中國，進攻中國，但自歐洲大戰以後，世界情勢大變，日帝國主義對華的侵略榨取之烈，更萬倍於前，因而近年來，牠在中國的勢力也有日益千里之發展。我們只舉出重要幾項，就可以看出日本近年來在中國勢力之發展情勢

1. 對華貿易

A 日本對華貿易的趨勢表(單位日金千元)

據日本大藏省發表，一九二八年中日本對華貿易計出超一億五千萬五百一十八萬五千元。

輸出

地方別	一九二八年	一九二七年
滿洲	六八，七四八	五五，〇八六
北部	一〇四，一二九	一〇四，六八三
中部	一九〇，九七七	一六二，七四一
南部	一，四五九	五，一五六
合計	三六五，三一三	三二五，六六六
關東州	一〇九，七〇一	九〇，九二九
香港	五五，九一二	六五，八五九
合計	一六五，六一三	一五六，七八八

輸入

地方別	一九二八年	一九二七年
滿洲	六〇，三〇九	四三，三四〇
北部	六七，一五九	七三，八六一
中部	九〇，九八三	七六，八二四
南部	一〇，三四七	七，二九一
合計	二二九，一二八	二〇一，三一六
關東洲	一四五，五〇六	一二九，九二五
香港	一，一〇七	一，五八三
合計	一四六，六一三	一三一，四〇八
輸出超過	一五五，一八五	一五一，六二八

（注）另表統計一九二八年日本對華貿易輸入爲三一九，二九三，一九二七年輸入爲三〇九，五四〇

上表就可以看出日本對華貿易額的增加，是如何可驚：不僅如此，而中國對日貿易的入超，也年年增加。

B日本對華貿易入超表（單位海關兩）

	一九二六年	一九二五年	一九二四年
對日貿易入超	一一九，八一〇，〇〇〇	一〇九，九〇九，〇〇〇	二八，六一五，〇〇〇

以前在中國貿易最佔勢的，要算英國，現在英國的勢力已被日奪去，列表於下：

C日英美在中國對外貿易上所佔的百分比

年份	日	英	香港	美
一九二五	三〇，五一	八，一二	一六，七〇	一六，三五
一九二六	二七，六〇	八，八一	一一，五八	一六，九〇
一九二七	三〇，六〇	七，四〇	二一，二〇	一六，五〇
一九二八	二六，四〇	九，〇〇	一八，七〇	一七，〇〇

上面三個統計表，很明顯的可以看出日本所掠奪中國的，爲數已非常可驚了。

2日本在華經營的銀行業

銀行是工業的生命要素。因爲工業須有雄厚之資本，所以無論最大的工業也必須有賴於銀行之援助，不然便會倒合。一切帝國主義侵略殖民地，首先把持金融機關，其原因即在此。

日本欲進行中國經濟侵略，也必須利用銀行。計日籍銀行共四十四家，其資本總額大約爲日金五萬八千五百八十萬元。（註）正隆銀行，名雖爲中日合辦，而實際中國僅有其名，完全爲日資本所操縱。（銀行統計表從略）

（註）據另表統計資本總額爲四萬九千一百七十四萬四千元。

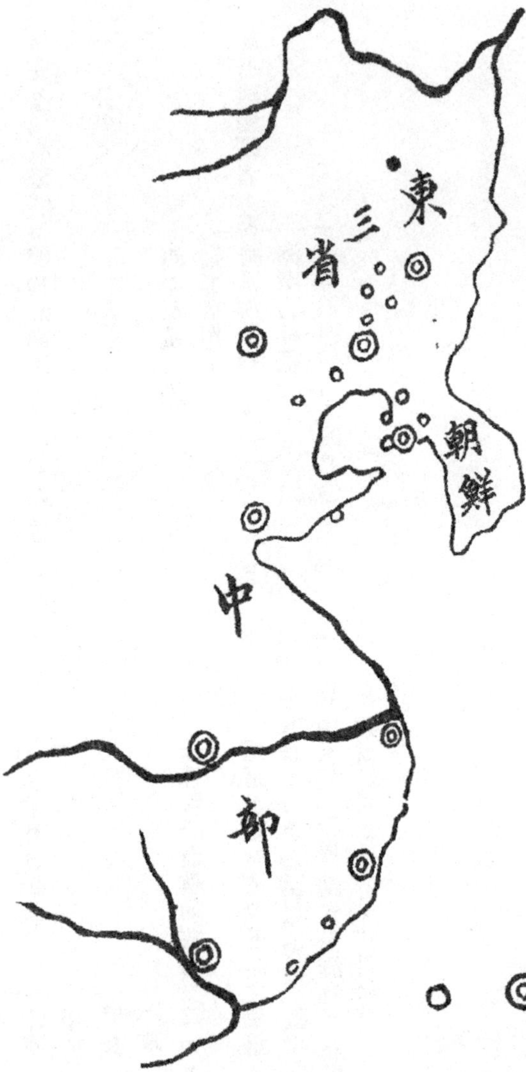

日本在華銀行分佈圖

◎ 日本在華銀行較多地

○ 日本在華銀行較少地

3 日本在華經營之交通業

交通事業在近代工業發展上的重要，是不用說的，所以日本開始侵入中國後，即努力於交通事業，現時日本在中國的交通勢力也非常之大。

交通事業最主要的，即為鐵路與航業，茲分述列表如下。

A完全所有權者：即為南滿路，長一•六一二•六〇公里。

B有建築權者：

四平街洮南線	二三〇哩
長春洮南線	一八〇
開原海龍線	一二三
海城吉林線	一一二
洮南熱河線	四七〇

C借款中國鐵道者：

四鄭鐵路	吉長鐵路
膠濟	四洮
平漢	濱黑
津浦	南潯
平綏	
武長	
平奉	

上述鐵路借款額共為一二一，六七〇，五八七，七三〇。

最近又强行要求五路之建築。五路者，即長大（長春至大賚）吉會（延吉至會寧）洮索（洮南至索倫山）吉五（吉林至五常）延海（延吉至海林）是也。日本之滿蒙鐵路政策，以南滿路為主幹，其圖如下：

其次是關於航業。日本航業在中國更是佔重要地位，除英國外，意法均不能敵。主要公司船隻數有日清公司，二七隻，共四八，一四一噸。大連公司，三隻，一一，〇五二噸。大阪汽船公司，三隻，共七，六七三隻。

4日本在中國開採之礦業

礦業爲近代工業之基礎。歐戰告終，法國收回亞羅二洲及抗奪沙爾礦區後，德國工業受其打擊，實爲不小。所以要發達工業，必須開發煤礦。中國是產煤極富，而日本恰相反，因而日本對於中國的煤礦也十分注意。日本佔據中國最大煤礦區，首推南滿鐵道會社經營之撫順煤礦。此外强佔經營之大小煤礦區，布滿東三省，可以說東三省所有煤礦區均爲日人所强佔經營。茲列表於下：

礦質	礦區數	資本或礦區面積
煤	八	一二，〇〇〇，〇〇〇元（內有五處資本未詳）
煤	九	二九方里又二二一三七畝
鐵	一	一，〇〇〇，〇〇〇元
鋼	一	一，〇〇〇，〇〇〇元
銅	一	一八二〇畝

日本在華煤礦區分佈圖

5 日本在中國經營之紡織業

輕工業方面，日本在中國最有勢力的，即是紡織業。

中國是著名的產棉國家，但因機器生產不發達之故，中國的棉紗并不發達。最可笑的，近年來，國內所用的棉紗，不是日本的，便是英美的。茲將上海青島漢口三處中日紗廠勢力比較如左：

	上海	漢口	青島
華商廠數	二三	五	一
錠數	六七七·〇〇〇	二五七·〇〇〇	三二·〇〇〇
日商廠數		一	九
錠數	九三九·〇〇〇	二二·〇〇〇	一九五·〇〇〇

再將最近日商在華紗廠之錠數織機數如下：（日本紡織聯合會調查）

（一）上海

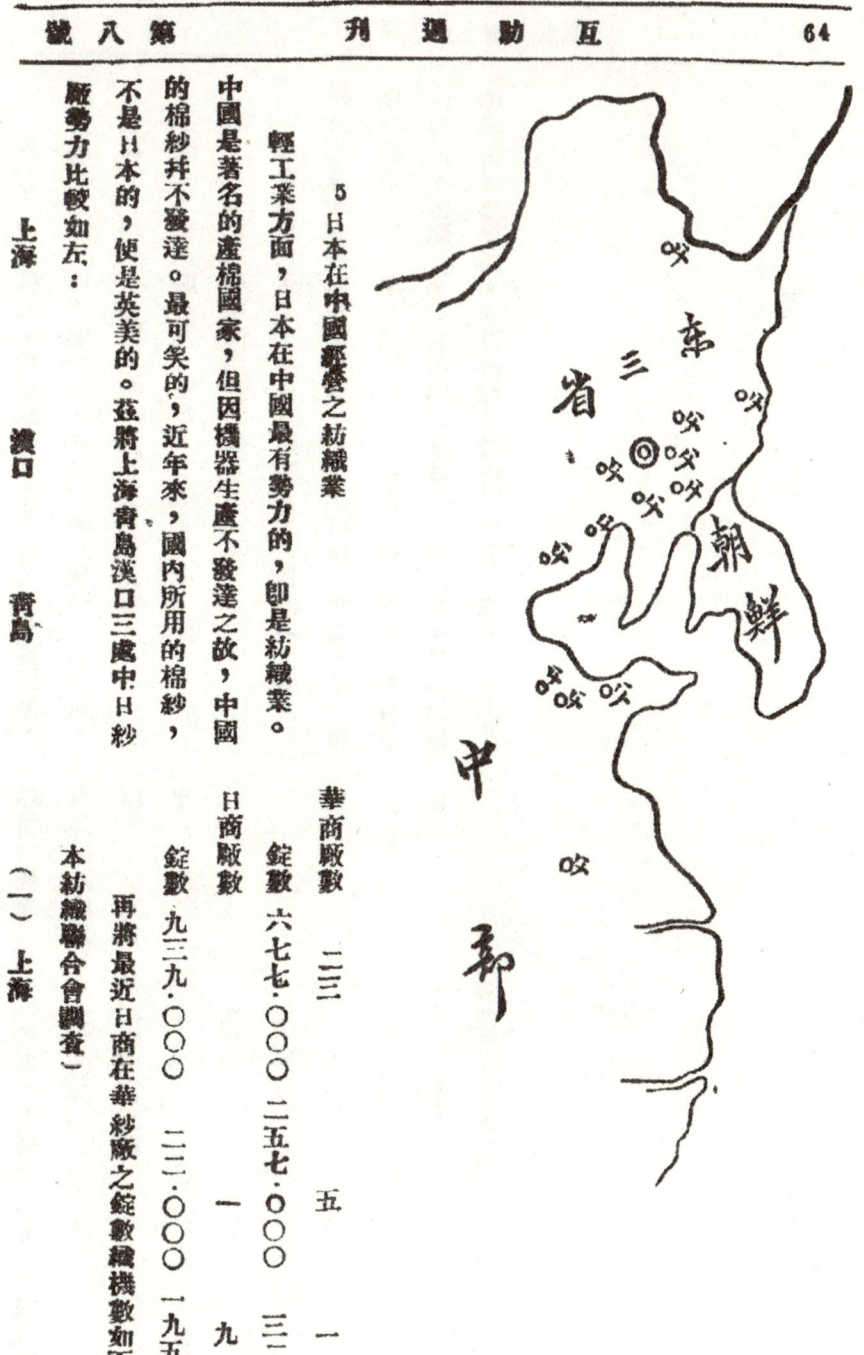

	錠數	撚絲錠數	織機架數
內外棉	二八二，一二〇	八六，三〇四	一，六二五
日本紡	七六，七九二	一六，〇〇〇	
上海紡	一九三，七二〇	一六，一二〇	三，〇四八
日華紡	二四四，八三二	二五，四四〇	五〇〇
裕豐紡	八四，〇〇〇		
東華紡	四一，五三六		
豐田紡	八一，五三六		一，三七八
上海製造絹絲	九〇，三四四	二二，〇〇〇	二，二六四
同興紡	七四，〇二四	一九，七六〇	一，一二六
合計	一，一六九，一〇四	一八五，六四二	九，九四一
（二）青島			
內外棉	九〇，〇〇〇		
日本紡	三八，〇〇〇		一，〇四四
富士紡	三一，三六〇		
上海製造絹絲	九一，〇九六		二，一一〇
長崎紡	三二，七六八		
日紡清	四二，六六〇		
合計	二四六，八八四		三，一五四
（三）旅大東三省漢口			
內外棉	九三，二〇〇		
滿洲紡	三一，三六〇		五〇四
滿洲絲紡	一九，九六八	一，〇二〇	
泰安紡	二四，八一九		三〇〇
合計	一三九，三四四	一，〇二〇	八〇九
總計	一，六五五，三三二	一八六，六四四	一三，八九四

試以右表與去年下半年底比較，錠數增六萬二千三百三十二錠，紗機錠數增一萬四千零八十錠，織機架數增一千零五十四架。

除了紡織業外，還有製油業糖業，烟草業也無不有相當勢力，數字統計姑從略。

日帝國主義在中國的勢力自然超過其他各國，尤以滿洲為最雄厚。茲將日本在東三省投資額數表列於左：

省別　投資額數

遼寧	一，一五二，四四二，〇〇〇元
吉林	一〇二，五八九，〇〇〇元
黑省	三九，〇九九，〇〇〇元
總計	一，二九四，一三〇，〇〇〇元

上表所列之數，以年利平均二分計，每年日資本家，用此十二萬萬九千四百一十三萬元，可淨剝我東三省人民脊血二萬萬五千九百四十餘萬元。東三省人口爲三千萬，平均每年每人應爲日本繳日金八元六角餘。

日本侵略東三省，以南滿鐵路爲根據，其經營該路之成績，據該路局報告，自一九三〇年至本年三月止，全年之總收入爲日金一八八，一〇四，〇六二，六六元，純益金爲二一，六七三，四六一，九五元，其公司債在歐美市場發行者數額爲三九，〇五二，〇〇〇，〇〇元，日人即用此巨款以擴充南滿之支路，更作有力之剝削。

四　日本強佔東省之國際意義

我們對於每一個中國問題，無論其大小，都應該在國際立場上去認識與分析。這次日本強佔我東三省，有無國際意義呢？有的，很有充分之國際意義。歐戰後，世界帝國主義衝突最劇烈的，是英日美。而英日美衝突的主要地又是我們中國，所以說中國將成爲第二次世界大戰的巴爾幹，一點也不錯。日帝國主義之存立，既是建業於侵略中國，榨取中國人民之血汗，因而牠侵略中國也隨之而猛烈，極積，更由此推論下去，凡是防害牠侵略中國的反對勢力，牠也必盡力抵抗，其衝突程度也就特別劇烈化，尖銳化。

中國大革命後，美帝國主義的財政資本勢力突進中國長江流域，并蒸蒸日上，不久便獲得了中國國內一部新的政治勢力，作爲牠在華已有勢力的堅固保障。由此以來，美帝國主義使成了英日兩帝國主義的公敵，所以處處卽與英日兩國發生猛烈衝突。

美帝國主義爲要完成其統治世界的迷夢，當然要排斥英日兩帝國主義在國際上的勢力，所以美帝國主義一方面抓着歐洲的德國，一方面又拘着中國，以與英日兩帝國相對抗。

今現美國的財政資本的洪流，不但在國際各處橫衝直闖，在中國更有一日千里之勢，美國這種財政經濟勢力之咄咄逼人，早已令橫暴的日倭奴恐無可恐；爲要維；其在華固有勢力及本國生命計，不得不發揮其野蠻的禽獸行爲，一則貫澈「大陸政策」對中國作更進一步之侵略，再則可以予美國一個很大的反抗。所以我們對於此次日本強佔東三省，在國際立場上，應該認是與南方英國聯合一致的反美動作，也卽是世界第二次大戰的導火線。

附英美日三國勢力範圍圖

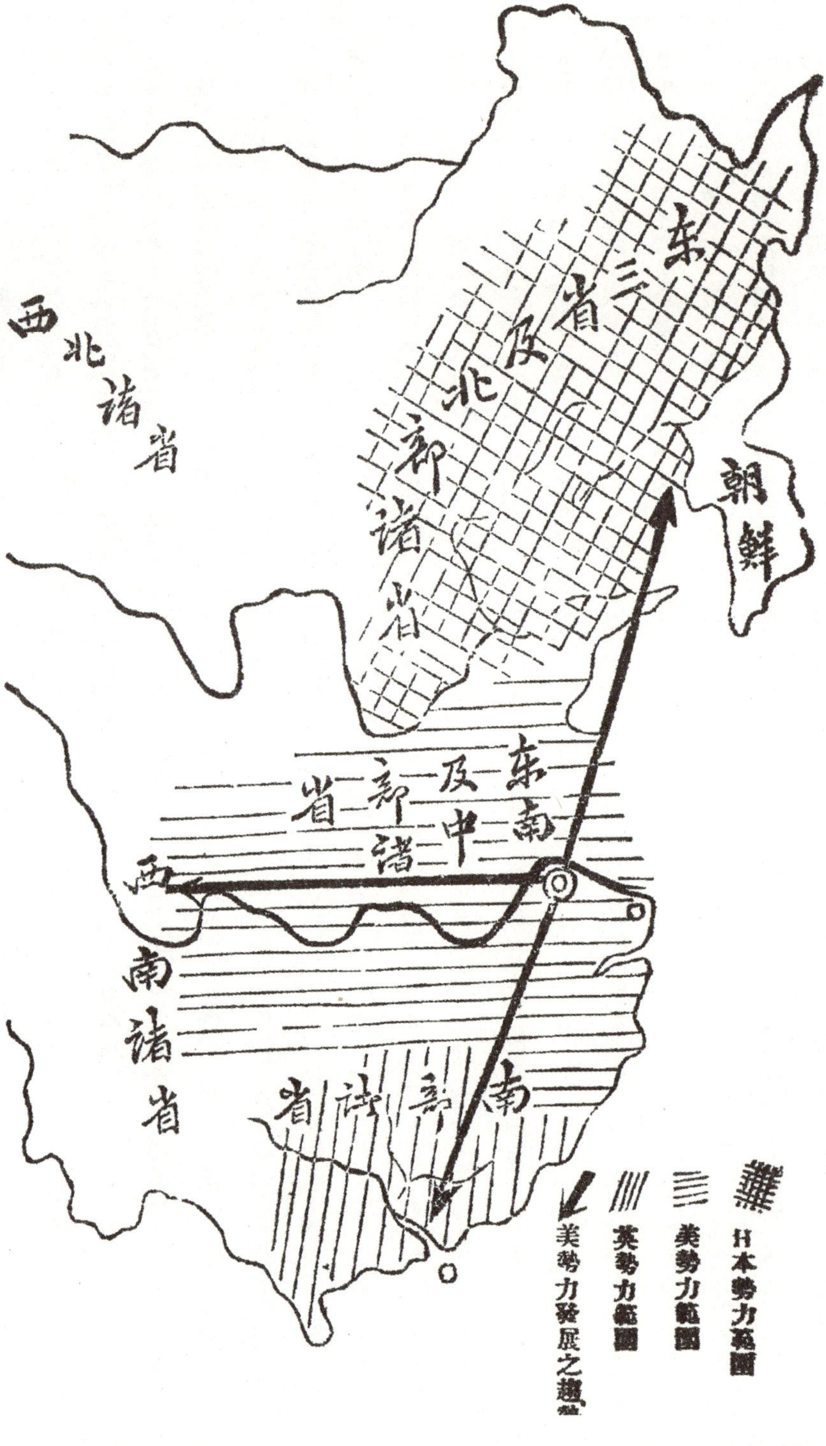

五　日本強佔東省與中國內戰

歐戰後，不但世界經濟發生變化，帝國主義在華的勢力範圍也從新分定；這個新分定的事實表現，即是英美日三帝國主義在華勢力的消長。因為世界經濟權威發生變化，根本影響中國內的政治。所以美帝國主義插足中國後，即北拼日本南逼英國，很自然的將中國的社會經濟組織劃分兩個大營壘，而使中國政治發生劇大的變化。（見作者著「廣東政府之觀察」一文）

此次廣東政府毅然出師北伐，無問題的是英日共同聯盟的政治作用—其對象，在國內說是討蔣，在國際說是英日聯合抗美，實際是侵華方式相同的英日兩國聯絡中國大部分封建勢力與一小部分買辦階級反抗新興資產階級及其老板美帝國主義這兩個敵壘的劇烈衝突。我們不要離開事實瞎吹，反們不要如象某派過於偏袒某方，這樣的觀察完全失去其政治立場，只可是「干獎罵詳」。我們應該站在正確的政治立場上來觀察，此次日本暴橫行為，與廣東政府的北伐實有密切關係，廣東政府應該負大部的責任。朋友，你們如不信，請看看。

英日帝國主義聯合對美，必然促成廣東政府與日本勾結以發起北方之反蔣軍隊理論不僅如此，事實更甚顯明。據報載陳友仁劉紀文之東渡赴日，與弊原外相及外務省諸內閣大臣商借款，聞所借為日幣三千萬元，以粵漢鐵路廣韶段担保，連日在東京與弊原外相協商保條約已有端緒，其交欵步驟是：以二千五百萬日幣現金，撥回作軍費，五百萬訂購軍備，計戰鬥艦六艘，潛艇四艘，戰機十架，山砲二十門，機關砲一百門，機槍二百架，炸彈十箱，三八彈五百萬發。又載閻錫山在日借欵一千萬，此項借欵，時間在閻未返晉時。閻欲利用此欵以作回晉東山再起之活動費。

美帝國主義的金圓勢力夾帶着中國資產階級向北方發蹤的進展，這是很明顯的。資產階級的意識能全買了北方一部份政治首領，最顯著的，即是蔣張合作告成。自然張學良投降資產階級，不是單純的個人問題，最低限度張能代表一部勢力投降資產階級，這部份勢力即是北方的擁護派，其中包含奉軍新派與西晉軍一小部份。北方軍隊很明顯的分化，即在張嗣由南京返北平後不久，奉軍新舊派之爭，晉軍內部之分化，因而有常軍驅逐商震的行動，關外反張的醞釀。張學良自從投降南京，對於日本在關外的經濟勢力予以嚴重的打擊，如南滿路營業受損，吉會路建築權受阻，種種都予日人有切膚之痛。同時北方屢次反蔣軍興起，如石友三部以及西晉軍各部，都被張鎮壓克服，這樣對於南方的反蔣軍北伐的進展，真是個致命傷。廣東政府為要使反蔣工作順利進行，事實上不得不勾結日本帝國主義以武力制裁北方投降南京政府的勢力，而使北方的反蔣軍隊迅速起來。附帶的日本對於侵略東省的障碍物已剷除了。

日本在東省暴行發生後，南京政府曾電粵方，息爭對外，（南京政府電粵方息戰對外，當然是一個手腕）而廣東政府對此通電，置之淡然，湘南戰事，仍然劇烈。同時廣州反日還不如反德努力，這更證明了上述的論證，一點也不會錯。

六　日本強佔東省與蘇俄

蘇俄是世界反資本主義的領導者，所以牠與各帝國主義處於絕對相反的地位。全世界帝國主義國攻蘇俄的計劃雖已失敗，但是對於蘇俄的壓迫并未曾一刻放鬆，時時都在準備着圍攻蘇俄。近年來蘇俄國勢日固，五年計劃的成功，更促成各帝國主義國攻蘇俄計劃十分迫急。

日本在滿洲的勢力範圍與蘇俄有直接關係，蘇俄自革命成功後，自動放棄前帝國時代對華的一切既得權，同時又在外蒙及北滿活動，這樣對於日本的「大陸政策」至少有相當的不方便，因而日本對俄的忌恨，也較英美為甚，加緊進攻蘇俄的準備，自然的日本便成了東亞反蘇俄戰線中的領導者了。可是帝國主義間的相互衝突，始終不可免，因而日帝國主義領導東亞反蘇俄的聯合戰線也始終未成功。

日本之大陸政策，其對象當然不僅限於中國的滿洲，自少有更進一步侵略西伯利亞的野心。所以去年日本幫助中國東北當局以武力接收中東路，其目的即在利用此路以進兵攻蘇俄，造成東亞反蘇俄的一道弧線。今年日俄的漁業糾紛，禁止俄國商品輸入東三省，改革軍制，由日人造成的萬鮮案，都是此次事件的信號。那麼這次日帝國主義强佔東三省又不是準備進攻蘇俄的計劃嗎？又不是世界資本主義反非能資本主義的導火線嗎？

七　日本强佔東省與日本國內情況

日本是個小島國，物產不豐，生產又少，所以財政上十分困難。挽救財政困難的方法，卽是實行過十二年的「金禁」與近兩年來所採用的「節儉政策」。「金禁政策」由日皇御詔於一九二九年十一月二十一日正式公佈廢除，繼續著又有所謂「節儉政策」的產生。自然日本採用此兩種政策對於國內財政的困難幫助不小，但終不是根本辦法。所謂根本辦法，就是極積向外發展，或者强奪一塊土地。

資本主義經濟組織逐漸崩潰，是世界第一個很普遍的現象，勞動者農民逐漸激烈，社會思想日新，是世界第二個很普遍的現象。日本國內近年來社會思想的激變，也隨其經濟恐慌程度而進步。只就此一點，也可以證明日本近年來革命運動的渤興，不是「信口雌黃」的。馬克思資本論的日譯本，約消二千萬冊（？）帝國大學，簡直成爲馬克思主義的研究所。他如各種社會科學書籍，凡是世界有的，日本無不有之。近來我國譯本多用日文本，卽可證明。

再者日本國內階級鬥爭日趨嚴重，政府雖高唱勞資協調政策，實際則擁護資本家利益，對勞動者，不過予以口惠而已。勞動組合法，因資本家之反對，未能在五十九次國會上，收得若何效果，但爲欺騙勞動者計，可不得不有此勞動立法。惟政府徵前毖後，深恐再受前次相同之打擊，自不得不屈服於資本家而另設法以聯絡勞動階級。在日本的合法無產政黨中，社會民衆黨爲最右傾而接近政府之黨。於是政府乃委託該黨任聯絡勞動階級的工作，因而該黨所領導之六大勞動團體：日本勞動總同盟，日本海員組合，日本海員協會，海軍聯盟，官業勞動組合，造船聯盟等，十二日在總同盟本部舉行代表協議合。同時資產階級自上次勞動組合法案提出國會後，深感其所指揮之政府，亦有對彼反抗之勢，非資產階級一致聯絡起來，不足以壓迫政府，使發無反抗之可能，遂發起全國產業團體聯合會。其組織分子，包括關東，關西，中部，西部，北部。執全國產業團體之牛耳者，爲三菱三井之代表人。該會成立之後，資產階級聲勢大張，當時櫻內商相曾致辭曰：「當茲國難之際，統一之實業家團體成立，誠爲有意義之事，實業家諸君指導當局，官民一致以從於國難之打開，決無困難。」政府是如何的恭順資產階級呵；自後各工廠便實行解僱工人及減少工資，工人生活，益陷於水深火熱之中。勞動階級，除社會民衆黨此所領導者外，其鬥爭之情緒，隨日生活之苦，日益高漲，是日本階級戰爭之尖銳化，殆不可避矣。

由以上所論諸方面觀察出來，日本近年來國內眞是不景氣象，惟要維持這個殘局，不得不以武力强佔我東三省。

八　日本强佔東省與中國革命

中國革命自一二九八年遭失敗後，雖然表面消冷低落，但其實社會的潛勢力仍是不小。各地民衆的反帝運動，反封建勢力運動，都像雨後春筍般的發展起來。致於反日運動。更是深刻猛烈，最嚴重的地方是東三省，京滬等處日本强佔東省，自然有其他的政治作用，但吾人却不能忽略日本出兵是在鎮壓中國的革命這一點。前幾天日本派兵艦到上海，不是很明顯的嗎？關於這點，我不能多說，只要是我們具有耳有眼的人，大概都能知道吧。

九　國人對於强佔東三省應有之認識

此次日本以武力强佔我東三省，是我中華民族的生死關頭，是世界第二次大戰的導火線，其情勢之迫切，意義之深遠，超過中日之戰五三慘案萬倍以上。世界第二次大戰中首當其衝的中國人，對於此次日帝國主義之橫行，自少有下列幾點的認識。

一此次日本强佔東三省與國內混戰有密切之關係，完全是各派軍閥混戰所造成的，所以這種責任由參加混戰的軍閥們負。

二此次日本强佔東三省無問題是世界第二次大戰的導火線，是英日美三國在華衝突的頂點，更具體點說，卽是英日聯合一致抗美的表現。

三美帝國主義站在扶助中國的立場上，自然要壓迫日本屈服，自動撤兵。但是如果日俄衝起來，美國一定會放棄對日的壓迫轉而幫助日本進攻蘇俄，這卽是由帝國主義間的世界大戰轉變到階級間的世界大戰，這個轉變的可能是一定會的，不過有時間的快慢罷了。

四此次事件決不僅是個中國問題，而且是整個東方被壓迫民族生亡問題，因而我們反日工作，並不只是老古懂所談的「國家將亡，匹夫有責」的愛國運動，這個工作應該擴大而成為東方被壓迫民族求解放的運動，不然便會孤立無意義。

國人們：看看今年世界的情形怎樣？看看今年中國的情形怎樣？我們還能永久睡覺不起來麼？

一九三一，九，三〇。

良友
40c
十月號
六十二期
The Young Companion
Oct. 1931 №62
上海良友圖書印刷有限公司印行

暴日橫行

日本蹂躪東北兇殘情形之一瞥

JAPANESE BARBAROUS DEEDS

被日軍佔領之東北航空署

The Shenyang år office occupied by the Japanese

←東北空軍飛機二百餘架爲日軍掠去並改塗日本國徽

The northern airplanes, over 200 in number, seized and repainted by the Japanese

日軍將官及大隊進瀋陽市之情形↓

Japanese officers and soldiers entering Shenyang

瀋陽被佔後日軍在街市俘擄中國官吏及軍警之情形

瀋陽街道滿佈日軍

Streets in Shenyang filled with Japanese s ldiers

Chinese officials, soldiers, and policemen captured by Japanese soldiers afte the fall of Shenya g

瀋陽大西門被日軍把守禁止行人出入↓

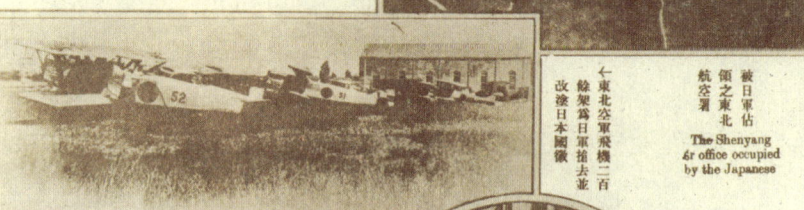

The west gate of Shenyang guarded by Japanese soldiers

繁盛之街道變爲一悽慘之屠場

Busy streets turn into a scene of slaughter

暴日侵佔瀋陽經過

日人謀我東三省，苦心積慮。非止一朝。自萬案鮮案相繼發生後，其挑釁及強暴行爲日漸顯著。最近竟乘我舉國水災，救死不遑之時

東北人民逃難情形之狼狽

The sad plight of the refugees

日軍屠殺遼甯人民逃命之擁擠

People of Liaoning fleeing from being slaughtered by the Japanese soldiers

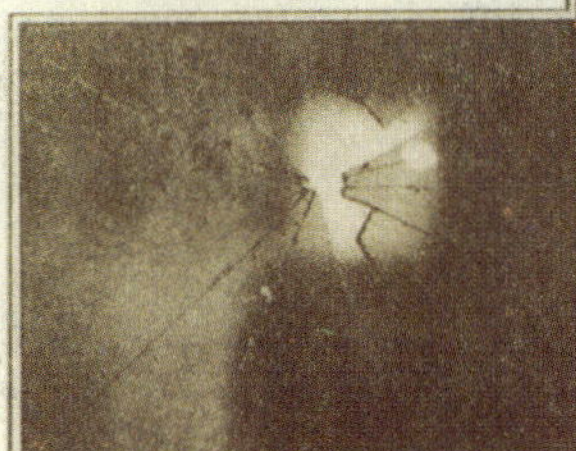

A window pane of the train shattered by bullets from Japanese airplane

↑車窗玻璃被飛機槍彈擊碎

Passengers wounded when the train window is shattered by bullets

在火車上被日軍飛機射斃之旅客李豐年。——遼甯省政府財政所秘書

車窗玻璃被彈擊碎旅客受傷

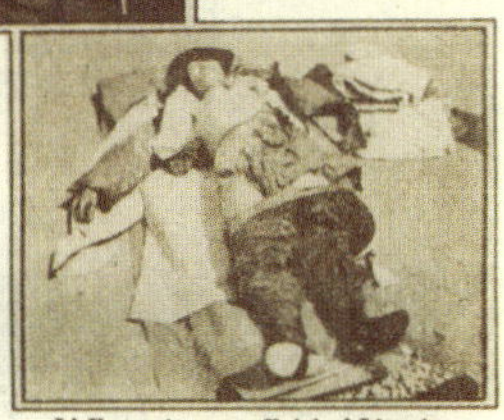

Li Feng-nien, an official of Liaoning aboard a train, is shot dead by Japanese airplane

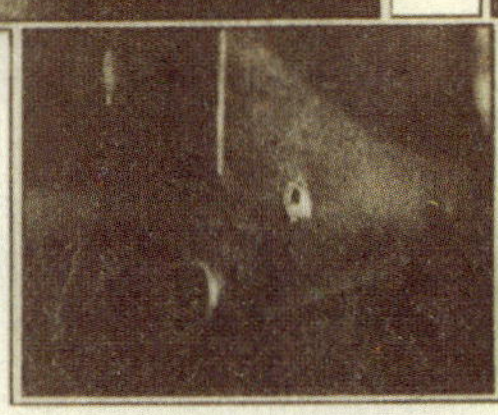

↑日軍飛機擓射後車上之彈痕

Train bearing scar of bullet from Japanese airplane

由瀋陽化裝出險之東北邊防司令參謀長榮臻氏

Gen. Yung Chin, chief of staff in North, fleeing from Shenyang in disguise

，捏造其所謂中村事件者，實行武力侵略，佔吾東省。自九月十八夜在瀋陽發難入寇，輾轉用重軍佔領安東，遼陽，長春，營口，烟台，鐵嶺，撫城，海城，鳳城，及滿鐵沿綫各地。蹤蹄到處，河山易色，東北半壁，蹂躪殆遍。其中尤以瀋陽受創最巨，生命死亡之外，財產損失，無從計算。茲將暴日侵佔瀋陽經過，略述如次。九月十八夜十一時，駐南滿綫之日軍突將皇姑屯北寧路拆毀，開始軍事行動。遂用大砲轟擊瀋陽，約五分鐘一發。徹夜不絕。其軍隊配置，係分數路進攻。第一隊直攻北大營，砲兵立陣於昭陵東面高阜上，用大砲向目標轟擊。砲彈落於營內，火起數處，步兵則乘炮火猛烈掩護中，進逼營門，並用機關槍掃射。營內駐軍，因遵署嚴令各軍鎮靜，咸取不抵抗態度，死傷甚衆，紛紛沿瀋海綫東退，途中被日兵截擊傷亡尤多。日軍遂於十九晨三時，佔領北大營，營內之火藥子彈，用重車悉數運走。然後縱火焚燒，付之一炬。東北十餘年來所築之唯一兵營，遂成灰燼。在北大營附近之東北無綫電台，同時被佔領，重要机器悉遭損壞，於是電訊交通完全斷絕。第二隊日軍向瀋陽城東東山嘴之東大營進攻。因地處稍僻，孤立無援，營內雖有大軍駐紮，亦不抵抗，完全陷落於日人之手。日軍攻入營內後，大肆搜索，一切軍械子彈緊要用品，咸被搶掠淨盡。第三隊日軍直迫省垣，商埠地，工業區，航空處，海軍司令部，兵工廠，迫擊砲廠，長官公署，以及其他軍政机關均先後被佔。當時係分三路進攻。第一路攻商埠地南市場，首先襲入公安局，割斷電綫，強迫繳械。公安机關佔據後，即佔據一切官廳機關。第二路攻商埠地北市場，與公安局警察發生衝突，互有死傷，結果仍被繳械，居民四處奔避。第三路日軍攻擊省城，佔據電話局，有綫電局，無綫電台，所有電話電報完全不通。然後侵入東北邊防署，省政府及一切重要機關，中交銀行，官銀號儲蓄會等均遭殃及。日軍到處尋釁，焚掠極慘。至十九日晨，城關各地大小街巷，遍布日本軍隊，人心惶惶，恐擾萬狀。瀋陽城被佔後，日軍關東軍司令部即組織奉天市政公所，委陸軍大佐土肥原爲僞市長，由軍事動作一變而爲政治侵略與經濟掠奪。一面復欲實現其東省獨立之陰謀，以遂其併吞野心。日人用心可謂因狠之至。日軍自佔瀋陽不但視殺人如草芥，並公開掠奪，明目搶劫。兵庫軍械子彈地方珍品銀錢，可搬者盡行運走。東北航空處飛機二百餘架，迫擊砲廠中已經造成之迫擊砲及材料，亦皆被取去。庫存砲彈四十餘萬發，火藥四十餘萬磅，毀者毀，運者運，全部損失在二千萬以上。瀋陽附郊之名勝，如建築壯麗之北陵清宮遺跡，及藏書頗富之北陵別墅等，均毀於暴日砲火之下。吾國文學上富有價值之四庫全書，亦被日人運走地方精華，摧殘無遺，言之痛心！

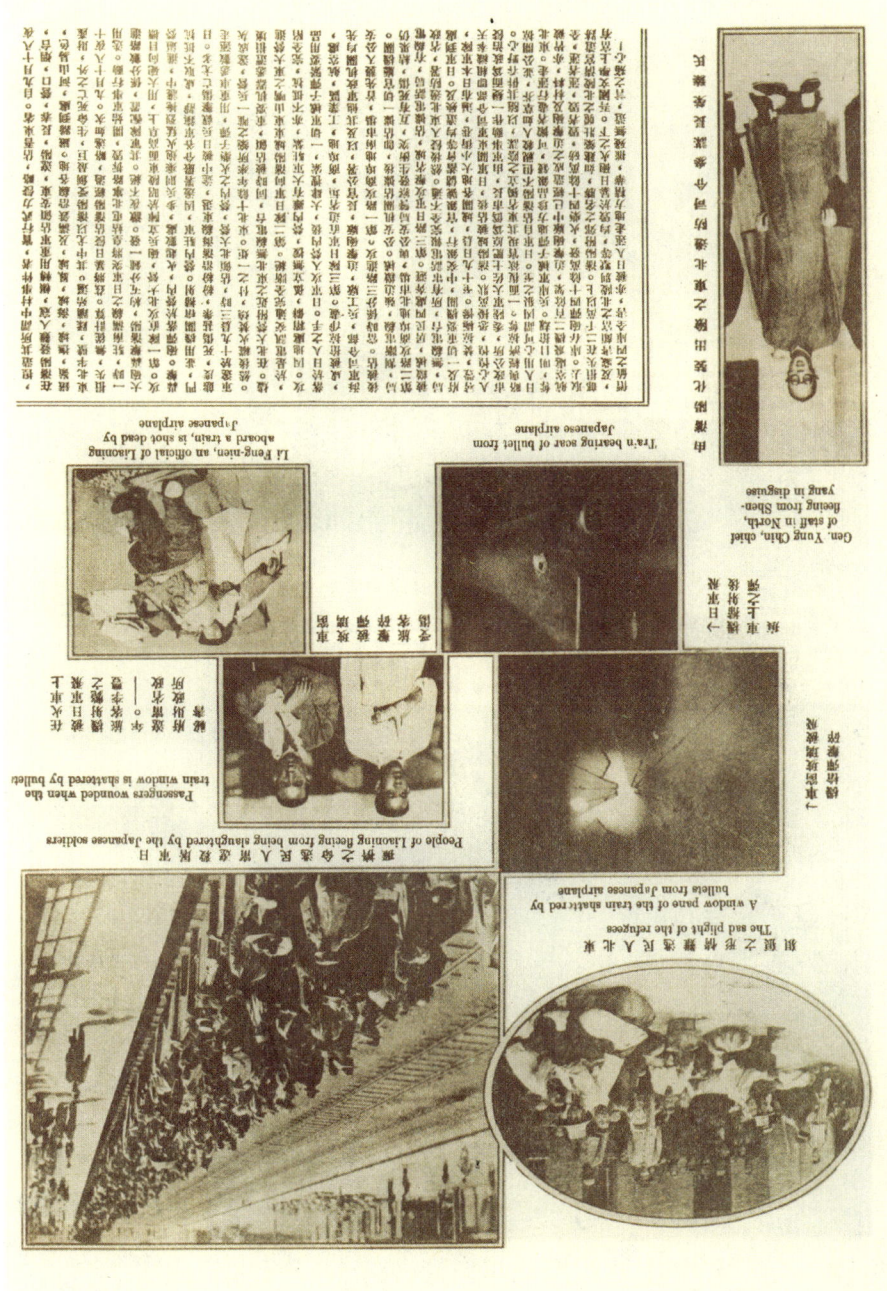

9

日本佔領東北兵工廠：
門口大書『非日本軍出入此門者射殺』
Japanese troops capturing the Shenyang arsenal; posted on the door is a statement promising instant death for anyone but Japanese who attempts to enter

Japanese Occupation of Shenyang

瀋陽城內日軍在街道上任意射擊行人

Picture showing Japanese machine gunners ready for action in one of the main streets of Shenyang

日本野心之表露

Japanese Ambition Unmasked

戈公振寄

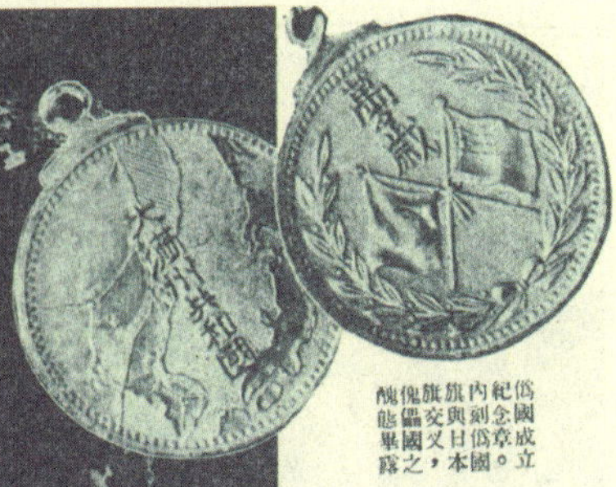

僞國成立紀念章。內刻僞國旗與日本旗交叉，傀儡國之醜態畢露

Medals in commemoration of the fake Manchukou

Articles of Japanese made

上：日人所製之絲手帕（請參看下角文字）

(Above) A handkerchief

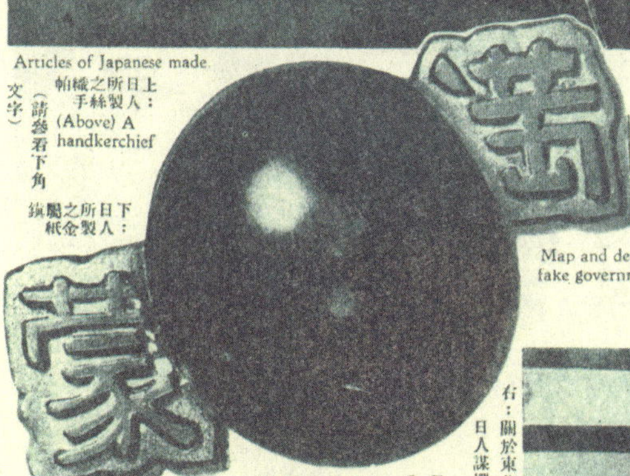

下：日人所製之金屬紙鎮

(below) A writing desk ornament

Japanese ambition is clearly seen in pictures of this page

日人謀奪東北，舉世所知，上刊手帕紙鎮二物，係中國代表處秘書李蔭覃先生自關外調查歸來時帶回，手帕上印滿蒙僞國地圖，滿蒙一覽，僞國國旗，日本國旗，溥儀肖像及萬里長城之攝影，而環以日軍艦與飛機，金屬紙鎮則上爲日軍鐵盔覆蓋滿蒙兩字上，兩物皆示其武力征服滿蒙之野心，活躍紙上，咄咄逼人！

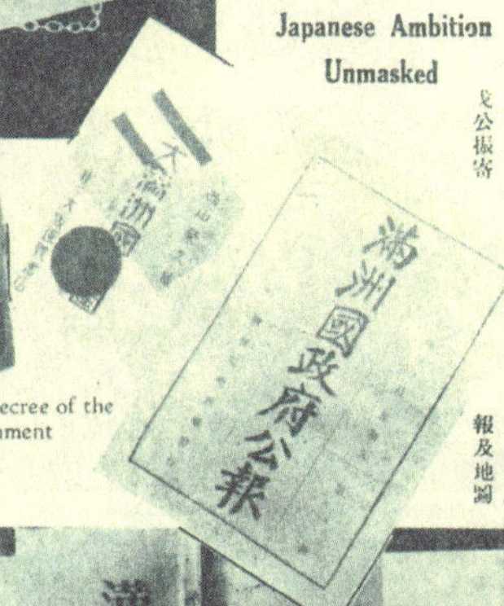

僞國政府公報及地圖

Map and decree of the fake government

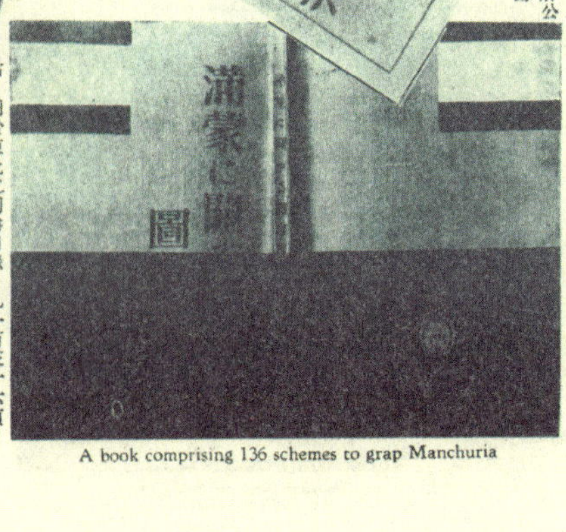

右：關於東北之圖書目錄，凡一百三十六頁，日人謀攫東北之心血之結晶，可恨可畏！

A book comprising 136 schemes to grap Manchuria

因九一八事件而起之種種事端

Events arising out of the Japanese occupation of Manchuria on September 18, 1931.

熱河邊界之日本偵查機（東北社）

Japanese scouting plane flying over the frontier Jehol

日軍在榆關外左近演習陸空軍（東北社）

Maneuvers of Japanese military and air forces outside Shanhaikwan

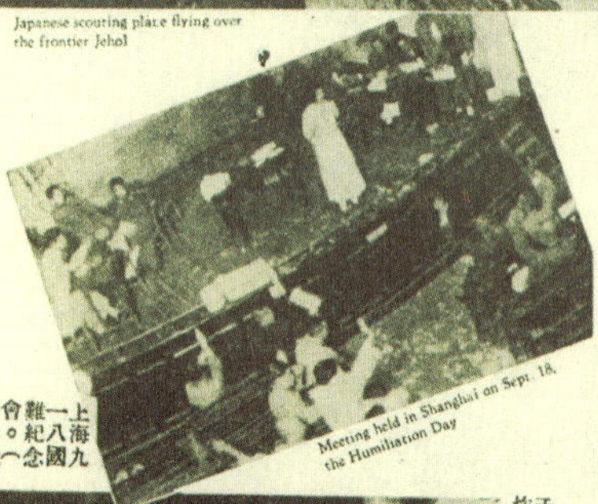

上海九一八國難紀念會。（新聲社）

Meeting held in Shanghai on Sept. 18, the Humiliation Day

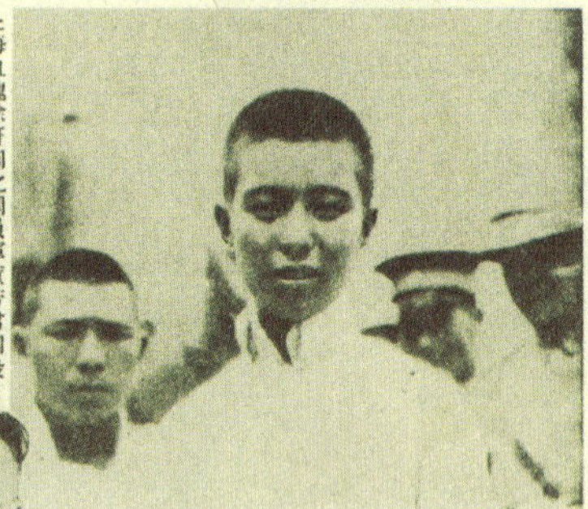

上海血魂除奸團之團員惲蕙芳君因投彈某販賣仇貨之商店，事後被捕，與情大嘩，被捕後聯名願爲保釋之商店凡千數百家，幸被判處徒刑二月，法律不容救國，可勝浩嘆！（申報）

Yun Wei-fang, member of the Shanghai Bloody Group, after release on jail

天津北馬路商會門前被鐵血鋤奸團所炸之汽車。（東北社）

Motor car exploded by the "Iron and Blood Group" in front of the Chamber of Commerce in Tientsin

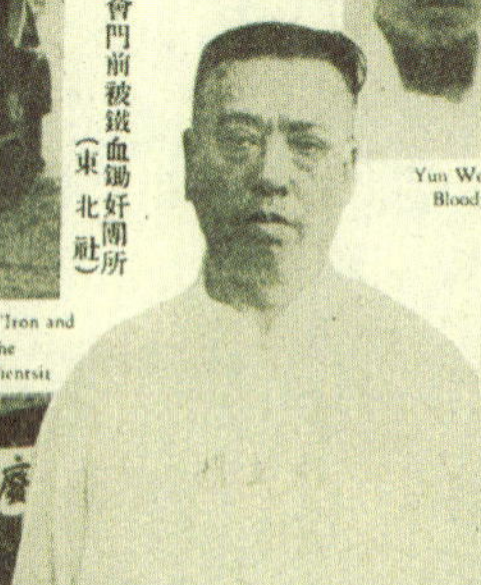

一二八上海事件之漢奸胡立夫，甘作日人傀儡，在閘北設江北司令部，專事破壞我軍，及組織治安維持會等，最近爲我政府緝獲，人心大快。

Hu Li-fu, traitor and Chapei puppet head

下：內戰頻仍中之廢止內戰大同盟全國代表大會在上海市商會開幕（申報攝影部）

Meeting of the delegates to the Anti-Civil War Alliance

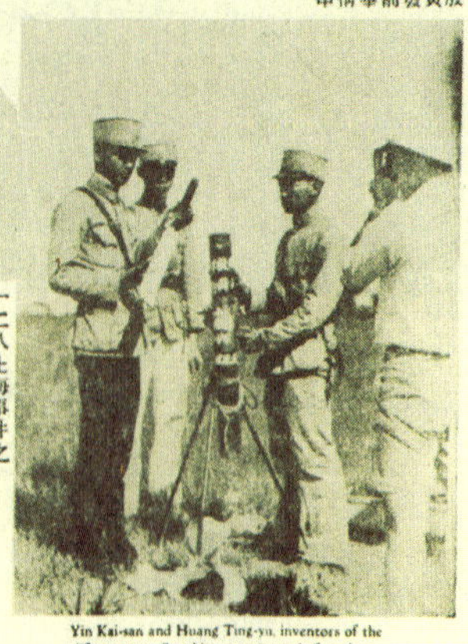

下：殷開三黃廷埸發明飛箭在龍華試放情形（申報）

Yin Kai-san and Huang Ting-yu, inventors of the "flying arrow," making experiment in Lunghwa

3

瀋陽海城之義勇軍 （東北新聞影片社）

Volunteers in action near Haicheng

秦皇島日本營盤之軍用無線電台（東北社）

Japanese military radio station in Chingwangtao

遼東義勇軍所挖之戰壕，避炸彈而使衝鋒（東北社）

Trenches dug by volunteers in Liaotung

我國之新戰具一甯海艦（申報）

The new cruiser "Ninghai"

國際調查團工作完竣，在離北平前與張學良作最後一次之會晤（申報）

Members of Inquiry Commission arriving at Shanghai

日本新近派任之駐華公使有吉明氏及其夫人（申報）

Mr. A Ariyoshi, the new Japanese minister to China, and his wife

調查團自平飛滬，即準備返歐。（申報）

Members of Inquiry Commission arriving at Shanghai

中学生

《中学生》杂志创刊于中华民国19年（1930）1月，是一本有悠久历史的国家名牌刊物，由我国著名教育家夏丏尊、叶圣陶创办。它曾是我国语文教育改革与传播的中心阵地。

该刊自创刊以来，一贯坚持正确的政治方向，质量不断提高，影响不断增强。它所传播的知识，紧跟时代并且注重读者的全面发展，它寓思想教育于生动感人的故事之中，坚持德育与智育相结合，读书与做人相统一，强烈地吸引着广大中学生，已成为共青团组织和教育部门在中学进行素质教育的得力助手，为中学生健康成长做出了积极的贡献。

党和国家领导人对《中学生》杂志十分重视，呵护备至。毛泽东同志于1964年秋为《中学生》题写刊名；胡锦涛同志在团中央工作期间，特在《中学生》杂志撰写文章，希望我国广大中学生“珍惜青春时光，树立远大志向”。董必武、徐向前、薄一波、王任重、康克清、任建新等同志先后为该刊题词或撰稿；我国许多著名学者或知名人士如郭沫若、严济慈、巴金、茅盾、周谷城、胡愈之、高士其、冰心、叶圣陶等同志也都先后为该刊题词或撰稿。

在新的世纪里，《中学生》杂志与时俱进，坚持“以知识为本，与时代同步，为校园剪影，和青春作伴”的办刊宗旨，肩负着造就时代新人的历史责任，成为全国中学生最知心的朋友。

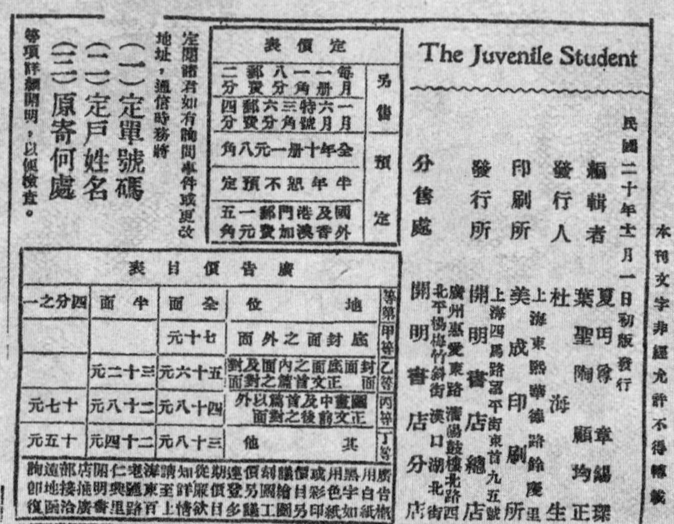

The Juvenile Student

民國二十年十一月一日初版發行

編輯者 夏丏尊 章錫琛 葉聖陶 顧均正

發行人 杜海生

印刷所 美成印刷所 上海東熙華德路餘慶里

發行所 開明書店總店 上海四馬路望平街東首九五號

分售處 開明書店分店 廣州惠愛東路 漢口湖北街 北平楊梅竹斜街

本刊文字非經允許不得轉載

定價表

零售	每月一册一角八分 郵費二分
	一月六月特號三角六分 郵費四分
預定	全年十册一元八角
	半年不預定
	國外及港澳門加郵費一元五角

廣告價目表

等第	地位	全面	半面	四分之一
甲等	底封面之外面	七十元		
乙等	封面底面之內面及正文首篇之對面	五十六元	三十二元	
丙等	圖畫中及首篇以外正文前後之對面	四十八元	二十八元	十七元
丁等	其他	三十八元	二十四元	十五元

廣告概用白紙黑字如用色紙或彩印價目另議繪圖刻圖工價另議連登多期價日從廉欲知詳情請至上洋東首堂臨路仁與里阴明審店搖廣部接洽遠地函詢部復

定閱諸君如有詢問事件或更改地址，通信時務將（一）定單號碼（二）定戶姓名（三）原寄何處等項詳細開明，以便檢查。

《中学生》杂志版权页

《中学生》杂志封面

瀋陽事變目擊記

周滏卿

我於九月廿二日由瀋陽逃到大連，在瀋陽目擊日人強佔瀋陽殘暴之手段有爲報紙所未及登載者，爰記之如下。希望熱心愛國的青年勿忘此奇恥大辱此作者區區之微意也。

日人偷襲北大營

北大營在瀋陽城外，離東北大學不遠，爲張學良駐防之大本營。面積甚廣，築有營房，可容一二師兵。數月以來日人藉中村細故，私自將南滿鐵道暗中炸毀一小段，用以陷誣我國人民，早有出兵東三省之說。張學良聞風卽將駐防北大營之軍隊陸續調到北平，尚有一師左右留守北大營。九月十八夜十一時許，我忽聞大砲隆隆之聲，砲彈飛過東北大學理工學院學生宿舍，嘶嘶的聲響很可以聽出。大約每隔二三分鐘一砲，半小時後砲聲漸緊，間雜以機關鎗聲。一小時後，北大營火光燭天，一切營房遂被日人付之一炬。當時我國駐守之兵全數退去，並無抵抗。在日人開大砲以前一小時，尚有一段日人偷營之事，係某軍人在大連告我者，述之以見日人陰險之一斑。日軍於十時許派兵一連到北大營，乘我國兵士夜中不防，實行偷營之策。先由一日兵翻牆入北大營偵察情形，該日兵不知營房位置，誤入廚房，被廚役暗中看見。廚役情急智生，遂奪邊門而出，跑到司令部報告所見。司令部令兵士屏息，不許聲張，即將機關鎗佈置就緒。此時日人猶以為我國兵士正在酣睡，乃一齊翻牆而過。我兵士遂用機關鎗掃射。日人見勢不佳，大砲之聲即隨之而起，我軍死亡甚多。次日北大營即見有日本國旗飄揚矣。

兵工廠及迫擊砲廠被佔

日人於十八號夜同時向兵工廠開大炮，炮彈落地而不炸，據說是一種警告之炮。見我國並無抵抗，遂不用炸毀彈。所以兵工廠並無焚毀。日人毫無犧牲而得此規模宏大之兵工廠，真可為我國痛惜。瀋陽兵工廠規模之大，設備之完全，要算國內第一。平日有工人三萬人，有中外技師數百人，據說內有日本技師二十六人之多，大半係瀋陽日本領事介紹給張學良的。兵工廠為國防最重要最秘密之機關，何以任用外人，尤其是日本人，實在糊塗之至！聽說兵工廠及迫擊炮廠之被日人奪去，即由內中一日本技師名松井者領導。既奪去之後，松井更帶領日兵將二廠內重要機器，螺絲，機關等拆毀，以後即使日本退兵，兵工廠與迫擊炮廠內之機器都沒有絲毫的用處了。我在大連遇到第二兵工廠廠長洪先生，據說除製就之手榴彈二百六十箱，鎗數萬枝，子彈無數外，僅就廠內之機器論，已值價一萬萬金。現在被日本人收沒的收沒，毀壞的毀壞，東北軍數十年之精華已盡去了。作者所不能了解的是——張學良抱了無抵抗主義，難道連手榴彈，鎗械子彈都不能早早搬到北平去嗎？此次張學良之失防與忽略實不能令人不加責難。兵工廠之損失既然如此之大，說起航空處之損失來，尤不堪設想了。

航空處之被佔

瀋陽飛行場及航空隊之設備也屬數一數二的。張學良歷年從歐洲（一大半從法蘭西）美洲購來飛機二百六十餘架內有戰鬬飛機數十架偵察飛機數十架運送飛機數十架。現在全被日本人將我國的國旗塗抹改爲日本國旗了。作者有個朋友在瀋陽航空隊服務，據他說，戰鬬機多係購自法國，較日本之戰鬬機好得多。至於偵察機數十架，都設有無線電收發機及照相機，甚爲完備，現在這樣化了民脂民膏向外洋去買來的飛機也都落在日本人手中。這且不說，作者所不能解釋的是——張學良既抱無抵抗主義，難道連二百六十餘架飛機也不能退飛到北平，而願意白白奉送於日本人嗎？

瀋陽城警察之被殺

十八日夜日本兵分作無數小隊，每隊攜帶機關鎗，逢警察便殺，逢警察派出所便毀。警察人數多，或略有抵抗，日兵即用機關鎗掃射，故瀋陽城內外翌日警察之尸體在街上觸目皆是，一切各要道之派出所之門戶窗檽全被日兵打個粉碎。這種殘暴的行爲，就是對付交戰國也不能再甚了。日本現在各報紙還要辯護說日本的出兵東三省，目的在保護權利，並無交戰時之行動。這種欺人的話，原是倭奴的慣技。總計此次被殺的我國警士不下一千多名，被毀的警察所不下數百，這筆賬必須與日本算個清楚，方不負這一千多爲國捐軀的警士。

市面之情形

瀋陽城內最稱熱鬧之街，首推四平街及鼓樓一帶。各大商號如商務書館，開明書店，中華書局，吉順絲房（百貨店）銀行等皆在此處。十九日晨，大西邊城門及小西邊城門緊閉。每一城門口皆有日本兵把守，他們臉上殺氣撲人，鎗上插上刺刀，作預備放姿勢，看了真令人怒髮衝冠呢。我那時若身邊帶有手鎗，一時血湧心頭，就會開一手鎗，與他們拚一個死活。日本兵又在城牆上安置機關鎗，在鼓樓旁還埋了地雷，預備炸毀全城，他們的手段真正兇毒到了萬分。城內的中國銀行，交通銀行，邊業銀行，及東三省官銀號等早有日本兵進內搜刮一空，將賬簿收沒，使我國日後無從和他交涉。各銀行的現款被日本搶去的其數現在尚沒有統計，但必在千萬左右。到二十號城門開了一扇，別處還是緊閉，祇能由一門出入。我進城時，看見街上橫着尸體，血肉糢糊，並非軍裝，那一定是被日兵屠殺的我國人民無疑了。在這種情形之下，一切店鋪當然不能開門營業。可憐幾十萬自食其力的工人和苦力，一切工廠被日人搶去之後，一切交通斷絕，身邊沒有分文，而各米鋪麵粉鋪又有非日本金票不售米與麵粉之勒索，遂引起搶米店之事。日本兵士乘此機會，亂開其鎗，被打殺的苦力也有數百。同時在瀋陽城內外的一種流氓式的日本浪人勾結了朝鮮人扮作中國人模樣，到各商號趁火打劫，實行搶掠。北陵第三中學及城內同澤中學的被搶，都是日本浪人和朝鮮人所做的。東北大學的前後面都是水田，由日本人租與朝鮮人耕種。日本人何以弄到這許多水田，來歷也沒人知道。據我想也一定是日本人早年在瀋陽用強盜手段霸來的這些耕水田的朝鮮人平日就常有搶掠華人之事，到了此時，當然大膽敢爲了。東北大學的儀器書籍及各教授住宅之傢具等也被這等無恥的亡國奴搶掠一空。東北大學爲東北最高學府，日本人到北陵參觀必經過東北大學，他們眼見東北大學規模宏大學生衆多設備完全，早知道這種文化機關是於日本大不利的，到了此時那有不摧殘的道理。北陵原是清朝皇陵，古柏參天，廣袤數十里，實是一個良好的公園。張學良的別墅也在那面，這個別墅內一切珍貴之物品也都被日本兵搶去。除張學良的別墅住宅，遼寧省主席臧式毅住宅，榮臻住宅也皆被日兵抄沒淨盡。

皇姑屯之擁擠

瀋陽居民遭此大變，飽受驚嚇，沒有一個不想早脫虎口。二十號遼寧總站既被日兵佔據，北平開來之車僅能達皇姑屯，於是男女老少莫不紛紛向皇姑屯車站逃難。此時車站已不能買票，大家望車上亂擠，只要在車上有立錐之地，就好像得了性命似的。我攜妻子及三個月的嬰兒到皇姑屯，只見車道兩旁鵠立着上萬的難民，行李堆積如山（這些行李那裏還能帶上車，想必都拋棄了被朝鮮人拿去）爭先恐後的搶上車，車中無地可進，便爬上車頂，車頂上坐着，那裏還容得我們上車，只好折回家中。

日人佔皇姑屯及操縱金融

皇姑屯的火車大約開了四五天，到廿五日日兵又把皇姑屯佔據，北平開來之車因此又不能到皇姑屯了。逃難者就無路可走。日人見機會可乘，乃將日本租界之鐵網取消一部分，准華人到日本租界南滿站上車。同時將日本金票兌價提高。於是囊中還賸下一點錢的人都到南滿將邊業銀行鈔票及東三省官銀號之奉票兌換金票，邊業之票以二元六角兌得日金一元，東三省官銀號之奉票不收。日本之南滿站因之大賺其錢，瀋陽人民囊中之錢又被日人無形中刮盡，你看日本人的計畫惡毒不惡毒！到南滿站華人都須受日本警察檢查，此時日本警察故意刁難，翻箱倒篋，無所不為，若有反抗，立遭行李被收沒之危險。我有一個朋友，身邊帶了不過數十元金票，日本警察就在他的錢袋內取了三十金票，放在他自己的軍服袋內。這種偸竊的行為恐怕只有日本警察做得出吧。旅客的銀錢這樣被日本警察搶去的甚多甚多。豈但銀錢而已，聽說有金錶的華人，一受日本警察的檢查，他們的金錶也就沒有了。上了南滿火車，即有日本兵手中拿了手鎗，以第二手指按着鎗機，不絕的在車上往來，怒目而視，令人見了真像已做了朝鮮人第二似的。同胞呀！可愛的青年同胞呀！此仇不報，此辱不洗，此恥不雪，吾們尙得算為中國的國民嗎？

土肥原組織日本市政府

廿一日就有土肥原等及在瀋陽久住的日本小鬼出來組織瀋陽市政府，儼然當瀋陽為已割據之土地了。表面上還要拉了四個華人參加，做他們的傀儡。說也可恨，也居然會有四個華人去加入。土肥原在中國多年，熟悉東三省情形，他們事前原有計謀，早將日本兵佔據瀋陽後市政府組織計劃書寫好，所以一等開了炮，他們立刻可以成立所謂「瀋陽日本的市政府」就這一點看來，也可以指出此次日本出兵東三省是早有併吞之計劃的土肥原還派了一個南滿中學校長某日本人到東北大學來調查，並對東北大學教授說，「日本對文化機關不加摧殘你們儘管上課以後教授的月薪由日本市政府每月發給不欠一文我們日本的政府不比中國的政府決不會使教授餓肚皮的。」這種口氣簡直把東北大學教授當亡國奴看待，此可忍孰不可忍東北大學的教授同學生大家開了一個會決定全體退出瀋陽決不讓日人以亡國奴視我。瀋陽還有一個馮庸大學係馮庸一手創辦注重軍國民教育，學校有百餘枝鎗備學生兵操之用。日本恐馮庸學生有抗日之舉即派兵到校將鎗械收沒，並將馮庸捉去，現在他的生死，外人不得而知。

餘談

總之日本自北寧鐵路完成，瀋陽總站（規模甚大，建築為中國第一）落成，加以南滿鐵路因我國之四洮支線，通遼支線成立，生意大減；日本每年虧百萬左右，早已銜恨在心。近東北交通委員會又有開發葫蘆島之計劃，則大連將來亦要受一重大之打擊。年來關內移民關外日見加多，國人對於南滿日益注意，日本人對此情形，頗有戒心，亟思剷除此種勢力，所以陰謀多端，急思併吞東三省。中村事件，南滿鐵道炸毀等，皆日本人自己做的事，乃誣陷我人，藉口出兵，此種鬼計，英美人之在東三省者莫不知之。現在日本見各國及國聯輿論對之不利，始允表面撤兵，實則在瀋陽，吉林之日兵仍未撤去。日本見併吞東三省之計劃不克實現，乃謀東三省獨立，以便脫離我國，就範於日本此計較之用武力併吞尤為狠毒。我等必以全力與之對抗，必使日本兵完全退出我東三省賠償此次我方所受一切之損失而後已。此後並永遠不買日本貨，以示決心，而給日本國民一個重大的教訓。

十月五日作。

苏俄评论

《苏俄评论》创刊于中华民国20年（1931）10月，王新衡主编。苏俄评论杂志社编辑、发行者。社址位于南京新荣街31号，新京书店发行。始为月刊，后为不定期出版。该刊出版至民国26年（1937）7月。

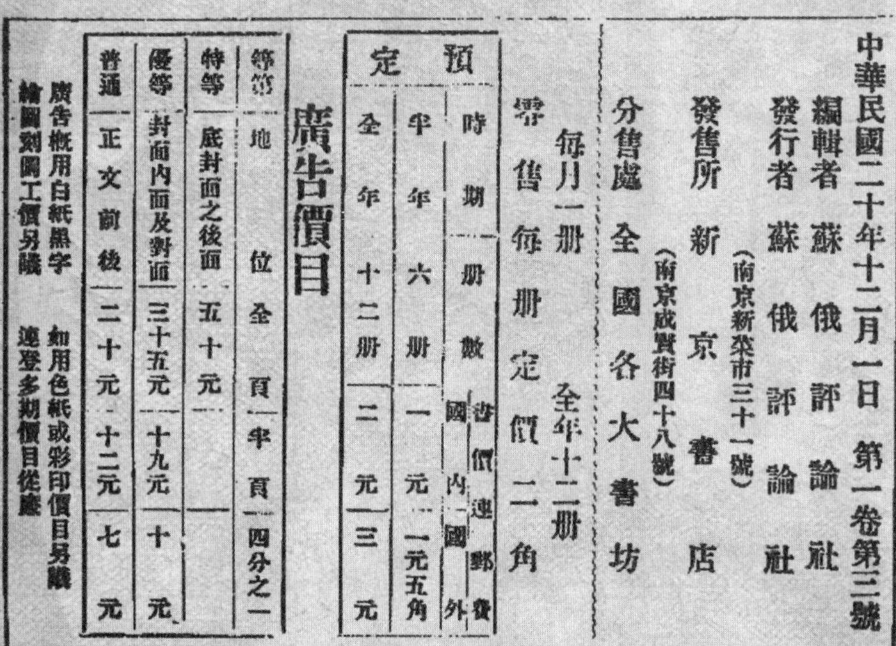

中華民國二十年十二月一日 第一卷第三號

編輯者 蘇俄評論社

發行者 蘇俄評論社

（南京新菜市三十一號）

發售所 新京書店

（南京成賢街四十八號）

分售處 全國各大書坊

每月一册 全年十二册

零售每册定價二角

預定

時期	册數	書價連郵費 國內	國外
半年	六册	一元	一元五角
全年	十二册	二元	三元

廣告價目

等第	地位	全頁	半頁	四分之一
特等	底封面之後面	五十元		
優等	封面內面及對面	三十五元	十九元	十元
普通	正文前後	二十元	十二元	七元

廣告概用白紙黑字 如用色紙或彩印價目另議

繪圖刻圖工價另議 連登多期價目從廉

《苏俄评论》杂志版权页

蘇俄評論

于右任

РУССКОЕ
ОБОЗРЕНИЕ
3

蘇俄評論社出版

中華民國二十年十二月一日發行

《苏俄评论》杂志封面

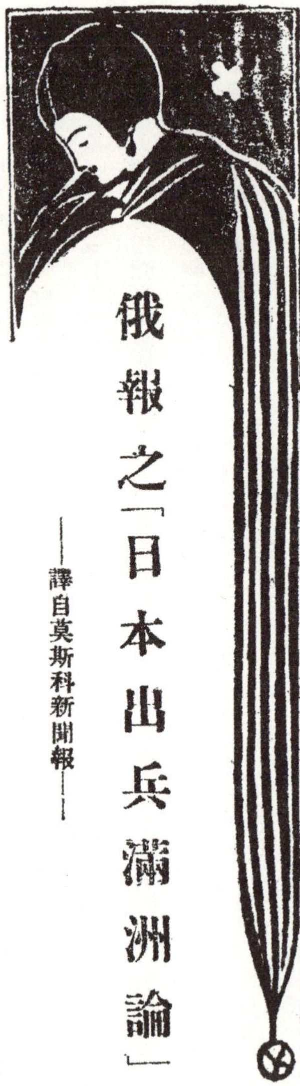

俄報之「日本出兵滿洲論」

——譯自莫斯科新聞報——

鳳兮

滿洲事件正在有極重要意義之發展，日軍占領中國城市港口及沿南滿鐵路地帶人口繁盛之各地，卽滿洲首府之瀋陽，安東，牛莊等重要商埠，及中東鐵道接連南滿路之寬城子地方，均被占領。依各方來電，吾人所得知之占領區，已如此其大，其他荒僻各地，亦被占領，實有完全之可能，不過消息尙未傳到而已。

瀋陽政府事實上已不能行使職權，軍隊解除武裝，武備根基之兵工廠被占領，卽各重要之滿洲銀行，亦爲日軍所據。日人方面傳來正式聲明，謂佔據事竣，談判之時已屆。又據日方正式消息，武力佔領滿洲，係因華軍攻擊及企圖破壞日本戍軍防衛之南滿鐵路，始有此舉。然實際上在此事件之先，日方着着準備，已有數月，且已顯然表明日方重要舉動之將有軍事性質。世人均知日本深表不滿於中國內地（卽十八省）事態之發展，及南京政府極端接近英美，與日人競爭之影響。

至廣東反南京政府之組織，日本亦頗佔有相當重要之地位，無可諱言。該政府曾聯合一切反國民黨之份子，其外交部長之急於赴東京，爲長時間之訪問，豈徒然乎？

在其他方面，日本軍界亦曾公然表示不滿於瀋陽與南京結合之政策。然而日本積極派注重之地，仍係滿洲問題。日本在滿洲二十五年來急進政策之結果，其所佔之地位，大有殖民地獨佔式統治特權之慨。且依關東租界地南滿俄報之「日本出兵滿洲論」

鐵路之巨大運輸，實業聯合公司與其讓與及駐兵之治外法權地帶，加以各項專約，訂明及未訂之非常特權，爲之根據，實已成左右滿洲問題之一大主體。然日本猶以爲未足。更圖擴充其勢力範圍，使其地位得最後之穩固。近年來中日兩國在滿洲之關係，被此雖謂相安，然種種衝突誤會懸而難決之案，日積日多。數月前已覺日本對此種種問題，擬力圖爲利己之解決。此次佔領南滿之軒然大波，使中日關係已急轉直下成爲極嚴重之形勢。

攷其發動之始，改派積極派政治家爲滿鐵首領及朝鮮總督，然後開始中韓人民衝突，以其遍佈於滿洲之警察干涉之。其最重大者，則爲萬寶山案，更因之而屠殺華僑一百八十四人，驅朝鮮華僑九萬餘之大部份回國。嗣後日本在滿洲之法西斯蒂團體，大形活動，日本報紙亦多公然唱對華壓迫之論。本年五月間，滿洲法西斯蒂式之日本青年聯合會，於大連議決種種軍事性質之提案，向其政府要求保持日本權利及對滿蒙採堅決之辦法。七月間日本閣議通過增加滿鮮駐兵各一師之案，并在大連附近設立軍用飛行根據地。八月間日報評論華北開始軍事行動，意謂對各懸

二

案堅決的提出要求之時機已至。八月四日陸南大將於師長會議演講中，曾作極有意義之聲明，謂「滿蒙狀態已感威脅」。八月末，大連新聞已直接要求占領滿洲，以保障其不可侵犯之權利，並促使談判各項懸案。

適於此時，日本軍官中村旅行（參謀部派往收買蒙人，不然，胡其重視之甚也？）東蒙僻地被害事件發生，滿洲及日本內地各輿論調，亦因之愈趨激烈。（並派炸張作霖案中主角之士肥原大佐，爲關東軍特務機關首領，顯示將不利於張學良，因土肥原爲最恨張學良者，視爲張學良之仇人亦可。）九月間情形日加緊張。（日本各報一再揭載其各黨首領演說之堅決表示，及屢次閣議議決之強硬辦法，並言及出兵。）結果軍事當局竟有出兵滿洲之舉，何得有毀路之藉口乎？

日本如出而談判其具體大綱之中心問題，必爲建築鐵路無疑，日本欲求得在滿洲投資修築鐵路之權利，並歸日本之監督所有新築各鐵路，連結中日已成各路，成一日人所計劃之新路線，與中東鐵路並行，而出口處即在鮮北，現正趕急擬補充修建之各日港，該路線不但在經濟上即在

軍事上亦有極重要之意義。另一方面，日人早已反對華方自築圖與南滿路競爭之鐵路，要求華方放棄建築接線之計畫，因該路一成，足可鞏固現在中國之鐵路網，以對抗日本之路線。日本更欲對所有建築各鐵路綫之日債，彼此發生連帶責任，並使各該路完全受日人之監督，日資本家對此要求極爲注意。日本之必須出此者，蓋以中國現在鐵路網相當程度，將與南滿路發出相當之競爭。其尤要者。則爲中國鐵路建築計劃，將使外國（中美國等）易於投資，日本獨占統治之權威，極受威脅。

然築路不過爲衝突問題之一，其尙有不能免於衝突者。則爲日人在滿之長期租地權。（二十一條之商租，夙爲中國所否認者。）及日貨納稅問題，貿易問題，鮮民問題等。鮮民在滿數約百萬，日本利用之以爲進展工具之藉口，不獨在經濟上依之爲伸入滿洲之政策，卽在政治上行政上亦以爲舍此殊鮮方便之途。

上述各項，雖係日本提出談判要求之骨幹，而瀋陽既被占領，其乘危而要求者。將更不止此也。況中村被害之洮南區域，空曠待墾，日本之垂涎，已非朝夕。從令暫置軍上及鐵路銜接上之重要性於不論，而日本恐該區吸入英美資本，亦必於此際提出特別要求。然則滿洲今日之事件，已成爲中日間長期衝突發展中非常顯明之一階段。若僅就中日關係研究，此事件實屬大誤，日在滿洲向取避免衝突步驟，今決然訴諸武力，擴大其範圍，佔領全區中之精華，不能不使世人皆知中國國際關係，一般狀況之嚴重進展。

其尤奇者，日內瓦之國聯會議，及創制非戰條約之華盛頓各方面，對於日本此種行動，竟無如華人所預期之反對聲浪。甚而日內瓦方面且有以滿意的態度，接受日本代表之宣言。美國外交部且公然解釋彼對日軍佔領滿洲，幷未覺有何抵觸非戰公約之處，不得不使一般人感想日本已與各帝國主義國家接洽妥切，然後始出此舉。惟中國希望各國聲援，雖招失效，而仍不能謂列強對於日人繼續伸入滿洲行爲求不思爲自利而對抗之也。蓋帝國主義各國既受經濟恐慌之禍，對華侵略之野心，當然隨之日增，各國互相利益衝突，勢所難免，且或日趨嚴重。蓋中國乃各帝國主義國家之最好市場，夙已窮困不堪，而又益以經濟恐慌

三

俄報之「日本出兵滿洲論」

之壓迫，更無由滿足各國之貪慾，勢非日加其利益之衝突不止。故日人此舉，在國際間爲一極關重要之事件，不獨使僞談和平者，多演一番戲劇，日內瓦舞臺上之俳優，多捉一次傀儡，且必成爲國際情形，即無日人此舉，亦已極緊張，況又興波逐浪乎！環境如此，足使蘇維埃社會輿論

四

及全蘇聯勞動羣衆，以銳利之眼光，督視此事件，於兵凶戰危之遠東新洪爐中將若何推移。蓋帝國主義者爲掩飾其侵略政策，尙將另圖反蘇維埃之挑釁，以助其餘也。至於中國勞動羣衆，其國受空前之奇恥，愈足使之了然於中國陷入深淵筋疲力盡，不能爲任何之抵抗也。(完)

《东方杂志》封面

日本強佔遼吉在歐美之反響

朱偰

一 導言

日本此次無端稱兵強佔我遼寧及吉林，用槍礮飛機，掃射我無辜之民衆，在國際法上開空前之惡例；自我國方面視之，則此次事變，直爲千百年來未有之奇變；清季以來，外患之迫，未有如今日者。在此國難日亟，國家命脈繫於旦夕之際，世界輿論對我如何，誠爲我國人所亟欲知之者。作者因旅德華僑對日救國後援會有彙集歐美各國報紙輿論之工作，因就其所搜集英，美，法，德，比，意，瑞士各國報紙，及歐洲各國外交當局之言論，博爲搜羅，草成是篇，以見國際輿論之可以聯絡，國際宣傳之宜於努力，而國際公論之雖可結以爲援，而不可終以爲恃也。請分陳如左。

二 歐美輿論之反響

（一）德國　德國各派報紙，自左迄右，關於此次事變，大都對我表示同情。蓋德國今日之國際地位，與我國有多少相同之點，德國自大戰以還，受和約限制，常備軍限於十萬，而環顧四鄰，則競事軍備，自波蘭，捷克以至法國，多者數百萬，少者亦有數十萬。德人嘗言，設歐洲一旦不幸發生戰爭，則波蘭之航空艦隊，可於數小時內粉碎柏林。若軍備上強有力之鄰邦，可以無端來襲，強佔重要城鎮，蔑視國際公法，違反非戰條約，則此種惡例一開，德國將根本感受危險。再東西之情形，有若干相似之點，法國欲支配歐洲，日本欲稱雄東亞，首當其衝者，在歐洲爲德國，在東亞爲中國。故德之萊茵省相當於我之東三省，一九二三年法國之進兵佔領盧爾區域，相當於此次日本之強佔遼吉，而東亞之高麗，則歐洲之亞爾薩斯洛特林也。德國各報紙，對我最表示同情者，則更推左右兩極端派。蓋右派向主張民族主義，對外仇視法國，不自然而然表同情於中國之民族抗衛呼聲；而左派報紙，則非社會主義即共產主義，向來抗強權而表同情於弱小民族，以打倒帝國主義爲其共同目標。至於中黨報紙，都爲資本家所操縱，資產階級之論調，因對外有銷路及種種關係，一向持重，雖不直日本所爲，然不願過形於辭色。此中尤以猶太人所辦報紙，專以實利爲計較，以爲德國對於中國之貿易，已受銀價暴落及水災影響，損失極鉅；此次又不幸發生中日事件，德國對二國政府皆有友好關係，不宜輕於偏袒任何方面云云。其論調唯利是圖，毫無一言及於是非曲直大義，殊令人失望。茲先就政府方面之態度言論述起，再及重要各報。

德國政府方面，對於日本強佔遼吉，一向持鄭重態度；又以德國自身政局不穩，內閣更動，外長辭職，故對於東方事變，亦無暇顧及。惟此次事變發生之初，德國外交總長柯休士博士，在國聯行政院中，曾有下列之正論：

W. T. B. 九月二十二日電訊（第一九九七號）德外長柯休士在中日代表辯論以後，首先發言云：國際聯盟當此種經濟恐慌之時，發生如此危難之調解工作，我人希望行政院不致放棄其任務及使命，不可但求一臨時解決方法爲已足，而須進一步完全擔當解決之責任。我人在通過主席提議以後，即須與兩國代表謀切實解決辦法，希望行政院能於此種危難之際，充分表現其能力……

……云云。

柯休士此種論調，尚不失爲正論；翌日柏林德意志公報，至批評爲錯誤太露，易於引起日本反感，可見發言時態度之正大，所可惜者，德外長柯休士因德奧關稅聯盟失敗，被迫辭職，遂致十月十四日國聯再開會時，無復仗義執言之人，殊爲可惜耳。

國際聯盟初定十月十四日在日內瓦再行集會，後因時機緊急，於十三日即行集會，討論遼吉事件。此次德國方面外長由白呂寧自兼，致國聯方面無人出席，僅遣一無名小卒 Mutius 充數出席而已。當時柏林各報對於德政府僅遣 Mutius 出席，均表不滿。柏林日報謂至少亦應派外交次長出席（指 von Bülow）；前進報謂此次事件之重大，英法外交當局皆親自出馬，而德國則遣一素不知名之 Mutius 出席，不啻自己放棄其解決此和戰攸關問題之重大責任云云。此外德意志公報 (Denische Allgemeine Zeisung) 攻擊尤烈，謂目今國會戰爭已過，外交次長仍安坐柏林，不往出席，眞令人百思不得一解；現在德國代表在國聯成爲絕對無足輕重之人。白里安至少爲國聯之前途權威奮鬭，英外長至少爲裁軍及滿洲門戶開放政策奮鬭，美代表至少爲維護非戰條約奮鬭，此次意外長雖有要事，亦撥冗前來；獨柏林則毫無注意表示，若謂外交部中無人才，則當於外交部外求之，在如此重要會議之中，豈可遣一無名小卒與會，仰人鼻息已耶？……

國聯十月十五日秘密會議中，關於討論邀請美國加入討論中日問題時，日本始終表示異議，表決時僅德國代表附和日本；據德方解釋，謂此爲法律問題，德國在國聯中地位弱於法，若法國動以秘密會議表決，不經大會通過則德國將受其影響，故關於程序法上之法律問題，同意於日本之提案云云。德意志公報對德代表此舉甚表不滿，評爲『不可理解』，提出兩點懷疑：（一）何以德國附日，而自處於孤立地位？（二）何以德國脫離五強團體之外？此外他報紙對於德代表此舉，亦多少加以批評云。

德國報紙方面，對於中國輿論，可分左列各派觀察：

（1）右派各報紙，大多對中國表示同情，各著社論申斥日人之不當。此中又可分爲三派。（一）屬於民族主義社會黨（卽所謂德國法西斯黨）者，如 Friderieus 如 Völkische Beobachter，雖在民間勢力較小，然對我頗表同情。（二）屬於德國民族主義黨者，如德國日報 (Deutsche Tageszeitung)，如新普魯士十字報 (Neue Preussische Kreuz Zeitung)，如德意志報 (Deutsche Zeitung)，如柏林地方導報 (Berliner Lokal Anzeiger)，如日報 (Der Tag)，如民與最新新聞 (Münchener Neueste Nachrichten) 皆對我極表同情，此中尤以柏林地方導報，新普魯士十字報，德國日報，與我互有聯絡，凡由中國來之重要電報，均由我方直接電送，卽日披露，此外該各報對於我之招待新聞記者及演說辭，均詳爲記錄。（三）屬於德國人民黨者，爲柏林交易所報 (Berliner Börseuzeitung)，德意志公報 (Deutsche Allgemeine Zeitung)，前者與我亦有聯絡，後者對我尤表親善；在此次事變發生之初，該報卽著有社論，大聲疾呼，指斥日本之幸災樂禍，乘人天災，不顧國際公法，違反非戰條約，在和平之中，無端進兵，強佔城池等等事後又屢著社論，特別注意東三省消息，對於我國來電，亦儘量披露，環顧德國各報，實以此報對我最表同情。又該報主筆 Strewe 氏，向與中國公使館及中國人士往還，前德國實業考察團來華之行，氏卽其後台重要人物，故此次對於日本強佔遼吉，獨能仗義執言，爲我國盡力云。

（2）中黨各報紙，爲資產階級之喉舌，資本家之前提，唯利自圖，故對於日本方面因銷路種種關係，不肯輕於發言，以免開罪任何方面。此中又可分三派：（一）屬於中央黨者，如日耳曼 (Germania)，對我尙表示同情。（二）屬於國家黨 (Stratspartei) 者，又可分爲二派：一以 Ullstein 出版公司爲中心，最大者如服西報 (Vossische Zeitung)，如柏林晨報 (Berliner Morgenpost)，如柏林交易所新聞 (Berliner Börsen-Courier)，此派報紙，大多爲猶太人所把持，惟以利之所在爲前提，曾無一言及於是非曲直及世界公理；服西報之編輯 Katz，自命爲『東方通』，其所著論說，對於我國頗多侮辱，尤爲可恨。屬於國家黨之報紙，除 Ullstein 一派以外，又有 Mosse 出版公司所印行之柏林日報 (Berliner Tageblatt)，此報爲柏林最大之報，雖以歷史久長，不受外界任何影響，但因其爲首都第一報紙，自知其地位之重要，故亦能發爲正論，注重東方消息，對於旅德華僑之招待新聞記者及舉行演講，亦頗表同情，視猶太人主辦之報紙，唯利是圖者，相去遠矣。

（３）左派各報紙，對我甚表同情此中又可分為二派（一）屬於社會民主黨者，如前進（Vorwärts）及晚報（Der Abend）對我甚表同情前進於其所著社論逕直斥日本為強盜行為此次出兵為『寇盜之舉』（Raubzug），簡截了當令人稱快。（二）屬於共產黨者，如紅旗報（Die rote Fahne）對我自亦表示同情惟該報一向謾罵在社會上流傳亦少故無足輕重。此外如自由工人（Der Freie Arbeiter）亦能發為正論詆德國人民之以金錢本位替代倫理及道德勢力雖小其論調亦有足多者。

在報紙以外，定期刊物如東方輿論（Ostasiatische Rundschau）全為日本人宣傳其編輯如 Linde 如 Mohr 平日皆與中國使館來往，此輩與中國商會及對外輸出業皆有聯絡自命為對於東方專有研究者而此次事變發生，則完全為日人宣傳，Mohr 受使館及此間外交後援會警告後雖來謝罪而第二期中仍有偏袒日人之論調竭力為日人宣傳得出兵至一萬五千人以上之條約上根據。（按日人在歐美竭力宣傳謂根據條約，日本得在南滿鐵路沿線出兵至一萬五千人此種片面宣傳，擾亂是非，為日人之最深毒計。實則中俄中東鐵路合同明白規定，所有鐵路僱用人員受中國官廳保護發生民刑案件亦歸中國法庭審判。日本南滿鐵路權利，係繼承俄國而來，是則鐵路人員尚受中國保護及法律管轄，遑言出兵？Mohr 僅言日本出兵至一萬五千人以上係根據日俄協定，而不提日俄協定之不能拘束及於中國，其用心陰險，與日人如出一轍。）我國人對於此種日人奸細應深惡痛絕，而中國對外貿易及輸出事業尤宜立即與 Linde 及 Mohr 斷絕至少在東方輿論上撤回廣告以示決絕彼輩恃東方商業為生，一旦在中國方面失去聯絡必大受損失可斷言也。

此外德國各種團體，如人權保障會（Liga für Menschenrechte），婦女協會（Frauenliga）及國際聯盟協會（Liga des Völkerbunds）皆對於中國深表同情此種團體背後皆有相當勢力在國際亦有相當聯絡縱使只能發電報舉行講演以為聲援然必可以引起反響此種潛勢力一旦造成亦未始非我國之利也。再如和平維護會（Friedensbund）係一小政黨組織此次事變發生，即電國際聯盟請注重責任問題以明過失所在，又請中國學生到會講演再電國聯催促團體雖小其能仗義執言，不後他人則殊有足多者。

（二）法國　法國各報對於東方問題極為注意，凡關於東三省消息及國際聯盟爭辯皆在第一張披露且在日本方面所傳消息以外又注重中國方面之路透電訊。茲以"Le Petit Journal"，"Le Matin"，"Le Temps"，"Sxcelsisr"各重要法文報紙為根據簡單敍述如左：

法國各報態度，較為一致縱觀各報論調，不無偏袒日人之處。至於其動機如何，據推測可分為二種：（一）法日國交向稱親密尤以往歲日本皇弟訪巴黎之後更趨密切。在日本方面則以英日同盟既已廢棄在歐不能不自結於另一強國；而法國方面，則對東方利害關係較淺與日本衝突較少，而安南之獨立運動，又與法人以深切之憂慮，故亦樂與日本結納，以互相提攜。(二)法日之間，或已成立何種諒解，惟此種推測，尚須證明。法國各報，對於白里安在日內瓦之言論，固詳盡登載，但彼等所注重者，初非中日兩方之利害衝突及其代表之態度言論，而為國聯自身之前途權威問題。於此可令人注意者，為十月十二日"Le Temps"之社論，全為日人辯護，甚至抹殺事實，謂日人已撤退其軍隊之大部，謂中國民衆之激昂，並無正當理由，不過為煽動性而已。又此報對於法國外交當局及外交政策之內情，知之最審，故其論調更堪注意。

至於法外長白里安在國聯之努力，不過為國聯自身前途之權威奮鬭，初非對於我國有何特別好感。觀於其提案中之七點，僅提日本撤兵至鐵道區以內，不言損害賠償及責任問題，可見並非為正義公理奮鬭，不過為國聯前途計，維持其向來『和事老』之地位已耳。

近十日來，遼吉事件愈趨愈重，歐洲各大報紙，都自派專員，赴東北調查真相，法國報紙，亦派有專員前往。惟此等外國記者，多下榻大和旅館，一切消息來源，全由日人供給，聞大和旅館中歐美特派記者，至有七人之多，受日人蒙蔽，亦可惜已！

近二週來，法國報紙之論調，不改往昔，仍然偏袒日本。對於日本之挑戰，及暴虐行為，稱之為對中國民衆反日之報復，且謂當今東省土匪及遣散軍隊橫行之時，日本之軍事行動，實有必要（本年十月十五日Figaro報）。甚者且謂近日情形之嚴重化，及國際聯盟調解已得之結果又歸失敗，皆因中國方面堅持所致（十月十五日 Le Journal）。至於對華稍表同情之報紙，則又被極右派報紙（十月十五日之Figaro）攻擊；惟有十月十六日之 Ami du Peuple，鑒於國聯調解之不生效力，曾警告日本方面，亦須遵守條約。而日本在日內瓦態度之強硬，亦曾引起法報之不滿（十月十七日 Le Journal），然卽此亦被認為一種誤會而獲得諒解（十月十九日同上。）政府各報紙，對於白里安之不用強力干涉政策，全然贊同（十月二十一日 Le Temps）；而對於日人所宣傳之陳友仁將與日本直接交涉一項，法報極表歡迎，因此將減輕國際聯盟許多困難故也（十月二十一日 Le Temps 及 Le Matin）。

（三）英國　英國各派報紙，對於此次遼吉事件，態度不甚分明。英人對於此次國聯之調解工作，認為自來國聯最重要最困難之工作，最足以試驗國聯前途之權威（十月十一日 Times 及十月十一日 Daily Mail）；而 Lord Reading 日內瓦之行，各報評論甚多。對於 Lord Reading 與印度部大臣 Sir Samuel Hoare 極長之談話，美報 Chicago Tribune（十月十三日）曾表示注意。英國深懼中國民族運動之膨脹，足以影響印度，雅不欲對中國方面，與之援助，故英報對於中國方面，曾無一言正論，表示援助，可想見矣。

近二星期來，英報對於國際聯盟之工作，極為注意，十月十五日"Daily Telegraph"社論，謂為國際聯盟之尊嚴起見，列強應表示必要之堅決與審愼，故十月十五日該報中，當日本態度分外強硬之時，曾在社論論中國抵制日貨之策略，殆非偶然。此外各報對於日本雖無偏袒之處，亦無明白責難之詞，不過略表不滿而已（十月十九日 Manchester Guardian）。綜合觀之，英報對於東省及國聯詳盡之記載，殊少表示意見及態度云。

（四）美國 美國政府及人民，對於此次遼吉事變，均深注意，美國輿論攻擊日本之激烈，不亞於中國。惟美國政府當局，一向慎重，良以美國國內金融恐慌，已達極點，銀行相繼倒閉，甚至美金價格有不能維持之勢，故美國雖應國聯之請，參加討論，而自始至終以旁觀者自居，未嘗作有力之發言。於此可見第三者之不足恃，所可恃者惟我國民之民氣與鐵血耳！

美國各報紙，持論激昂，已如上述，茲再分析視之：十月十一日 Chicago Sunday Tribune 社論明白表示，謂依目前緊張嚴重之狀況而論，中國方面之行動，全然可以獲得諒解，且全然遵守條約，毫無越軌行動。該報對於國聯是否可以貫徹到底，則表懷疑態度。十月十二日 New York Herald 社論中對於日本在東省之侵略主義，嚴詞斥責，並用歷史說明其動機，而以下句作結論：『蓋日人僅用抗議，不足以表示證明於世界，所謂日本此次在滿行動，純爲自衛之動機而已。』其反面之意思，殊有足耐人尋味者。

近二星期來，美國報紙，對於日本之態度，雖未更改，但對於國際聯盟，則已改其往昔懷疑之態度。在二星期前，美報對於國聯調解前途，多抱悲觀，今則因美國代表已正式參加討論，各報對此都表示滿意，對於國聯前途，亦驟改變其論調（十月十五日，十六日，十七日，New York Herald 及十月十六日 Chicago Tribune）。最近美報持論亦漸趨冷靜，與美國政府之態度若出一轍。

（五）瑞士 瑞士各報因國聯在日內瓦關係，其論調如何，頗有注意價值。日內瓦重要報紙，如 Journal de Genevo，對於日內瓦之談判，自十分注意，對於當地外交家之行動言論，自儘量記載；此外對於日本之延宕政策，亦加以相當攻擊。十月二十日該報中載有『當地重要人物』（當爲英代表 Lord Cecil）論文一篇，對於日人在東省之行動，及日人在國聯之掩飾，不欲使與相暴露而託詞辨護之，深致不滿，該文發表後，頗受一般注重云。

（六）意大利 意大利各報對於東省事件，較德報尤爲注意。米蘭重要報紙 Corriere della Sera 已遣派專員赴華，調查一切。各報對於東方及日內瓦之記載，亦甚詳盡。各報態度，力求避免明白反日或袒日之嫌，但對於日本之外交手腕及政治背景，則全然明瞭，論列頗爲透徹。惟吾人宜注意者，意大利各報皆與法西斯黨政府一致，而法西斯黨之基本原理，則崇尚武力，對於國際法上之爭執，則尚在其次，此由法西斯主義之一向懷疑國際聯盟，目爲一種理想，可以說明也。但意大利各報對於日內瓦之爭辨，卻並不因此而減少其注意。十月十五日 Corriere della Sera 社論中，有倘在航行中之記者一文，以民族心理論此次爭執，結論中謂今日中國別無他法，只有向日內瓦求助使代表民主政治及人道主義之歐洲出而干涉，然中國抵抗及排斥歐洲帝國主義，則尚不過昨日之事，故在中國失勢之歐洲今日須反而援助中國……其論調刻薄不利於我，可以概見矣。

此外對於美國加入國聯討論，各報亦有討論。十月十五日 Stampa 謂日人之眼光，以爲美國欲利用國聯，以維護其自身在中國之利益云。同日該報謂美國加入討論，使聯合行動之觀念得一強有力之促進力，爲昔日我人所未料及者。意大利對於國聯之包有世界各國觀念，一向贊助，今亦極端表示贊同。此外各報論調不及備舉，總之爲中立的態度，可以概括其餘也。

縱觀各國輿論，除美德兩國對我表示同情外，法則明白袒日，英則態度曖昧，逡巡兩可之間；意則全然中立，有時尚不免冷嘲熱諷。所謂世界公論，究竟是否存在，殊令人發生疑問。彼弱小民族，固多對我表示同情，然弱小民族，於國際政治舞臺上向少勢力，亦屬愛莫能助。而美，英，法諸國，或因自身利害關係，或因經濟恐慌及財政困難關係，皆難毅然以實力相助，遂使一意孤行，強暴之日本橫行跋扈而莫敢誰何，世界公理人類正義，至此殊令人不能不發生疑慮矣！

三　留歐中國學生之國際宣傳

此次事變發生，旅歐國人，無任憤慨，惟旅歐學生，身居海外，默念祖國國運飄搖，山河殘破，既不能回國共赴國難，亦祇有盡力之所能，在國際宣傳方面努力工作，將日本處心積慮強佔暗奪，以謀吞併我東三省之陰謀，暴露於世界。因此日本強佔遼吉之噩耗傳來，不出數日，全歐洲中國僑胞到處組織抗日救國後援會，已不下數十處：

（1）旅德華僑對日救國後援會以柏林爲中心，於九月二十日旅德僑胞大會正式產生委員會。此次事變發生，旅德學生，宣傳最爲努力，除發表二次宣言，印行日本侵略中國年鑑(Chronik der Chinesisch-Japanischen Beziehungen)，遍送全德各報館學聯團體及英，法，比，瑞士，奧國各著名報紙外，並招待柏林新聞記者，舉行講演會，又於民興(München)全德新聞界協會聯絡，舉行大規模之講演會。因此全德報紙，受吾人國際宣傳影響，翕然從風，完全對中國表示同情。又中國使館向不與外國新聞界聯絡，所謂『新聞隨員』一職，使館中向付闕如，因此對外宣傳，大受影響，彼日本方面，自此次事變發生，日日有印刷品及電報發出；而中國使館方面，則毫無宣傳品發出。對日救國後援會成立後，便替代使館宣傳職務，凡黨部及使館國內來電，均交該會翻譯，轉送德國最大通信社 W. T. B. 及 T. U.，此外並直接與柏林各重要報館接洽，遇有重要電報，直接分送。於是日本強佔我遼寧，長春，吉林及礮擊長春，彈炸錦州之種種殘酷舉動及野心背景，乃得暴露於世界。又旅德奧學生遍於德奧全境，此次事變發生，各地紛紛組織分會，如下列各處：

Braunschweig, Breslau, Darmstadt, Frankfurt A. M. (佛蘭克府,) Freiburg i. B., Genf (日內瓦,) Hamburg (漢堡,) Jena, München (民興,) Wien (維也納。)

此外各地因留學生人數不多,不能成立分會,而與柏林總會互通聲氣者,有下列各處:

Bonn, Freiberg, i. S. a., Göttingen, Hannower, K tlien i. Anh., Kiel, Leipzig, Mittweida i. Sa., Remagen a/Rh.

(2)旅比華僑反日救國聯合會 旅比方面中國學生,對於此次事變,極爲激昂,初有列日學生會宣言,繼更組織旅比華僑反日救國聯合會,發表法文宣言,積極進行工作。

(3)留英學會 留英中國學生,人數本不甚多,此次事變發生,柏林方面屢寄宣傳品前往;至十月初始接到留英學生會中文英文宣傳品各一種,近亦已積極進行對外宣傳工作。

(4)日內瓦華僑對日外交後援會 日內瓦方面中國學生,因近國際聯盟地位異常重要,雖人數聊聊,而工作非常努力,除發表宣言外,與該地新聞界聯絡甚力,因此該地輿論,對中國甚表同情。

(5)法國方面因中國留學生人數較多,平日黨派紛歧,情形異常複雜,故此次事變發生,亦因各派意見不同,集會不成,至足令人惋惜。惟各地中國學生,有能單獨行動,成立反日救國大會者,頗不乏人,且宣傳方面,頗著成效。如 Toulouse 方面早已成立集會,發表法文宣言,進而與德國方面同人聯絡。此外如里昂亦於十月二十一日發出法文宣言,Dijon 方面亦於十月五日發表宣言,向德比各處聯絡。此外各地有組織者,常亦不在少數。

此次事變發生,旅歐中國學生,以身在國外,有一公同觀點,即專力注重對外宣傳。是綜計自九月十八日日本強佔瀋陽至今日,旅德華僑對日救國後援會所發出並接到各處西文宣傳品,有左列各種:

(1)九月二十三日柏林旅德華僑對日救國後援會對外宣言。

(2)九月二十三日 Braunschweig 旅德華僑對日救國後援會分會宣言。

(3)九月二十四日柏林中山駐德支部宣言。

(4)十月二日柏林旅德華僑對日救國後援會第二次對外宣言。

(5)十月三日耶納(Jena)旅德華僑對日救國後援會分會宣言。

(6)十月中民興(München)旅德華僑對日救國後援會分會宣言。

(7)十月十日柏林旅德華僑對日救國後援會印行日本侵略中國年鑑二千份,羅舉日本侵略東三省之歷史事實,及統計圖表,附地圖二張,分送歐洲各報館及名著學術團體,作永久宣傳之計。

（以上德文）

（8）九月二十日國民黨駐法總支部對外宣言。
（9）日內瓦瀋陽時報記者對於此次事變之法文說明書。
（10）九月三十日留比列日中國學生會宣言。
（11）留法 Toulouse 中國學生會宣言。
（12）留英學會長篇宣言。（九月二十四日發表。）
（13）九月二十八日美國哈佛大學中國學生宣言。
（14）十月二十一日留法里昂中國學生宣言。
（15）九月二十九日旅比華僑反日救國會宣言。

（以上英法文）

國際宣傳之效果在於無形之中，轉移國際之輿論，以製造一種國際的反日空氣，而對於暴日有所制裁。試就以上十五種宣傳品，每種以二千份計算，即有三萬份，此三萬份之宣傳品散放於歐洲各重要報館及學術團體之間，至少必有一種影響，可以斷言。試觀柏林各報輿論，在宣傳前後截然不同，即此亦可見一斑。

此外旅歐同人工作，即注重公開講演，以喚起世界各國注意。就德國方面而論，迄今已舉行者有九月二十五日之柏林招待新聞記者席上講演，有德國和平維護會所舉行之講演會，有民與全德新聞界聯合會所舉行之講演會，有人權保障會十一月三日在柏林所舉行之講演會，每次皆有討論，報章上皆有詳細記載，以此掀動社會觀聽，最爲得計云。

旅歐中國學生，雖努力進行國際宣言，犧牲一切，百折不撓，但噩耗頻傳，總令人髮指；而歐洲與東方遠隔，大城市中報紙，猶知注意此事件外，小城中報紙，則略而不詳，不甚注意。由此可見國際公論，終不過如「秦人視越人之肥瘠」，最後之勝利，足以救危亡挽回國運者，惟有國人之鐵血而已。

四　結論

今國際聯盟調解工作，已因日本單獨反對，強硬到底，完全失敗，日本所提出之對案，要求即刻直接交涉，及在恢復平時國交及情形穩定以前，不能撤兵，已由國際聯盟全體否決（除日本一國外）。但國聯毫無實力，所謂「制裁戰爭」（Sanktionskrieg）全然係一好聽名詞，決無實現可能，下月十六日國聯再行集會，亦不過重演舊戲，所謂國際正義，世界公理，吾人已謹敬領教；此後我中國之出路，惟有完全信任自己，依賴自己，或出於決死之一戰，或隱忍持重，含垢忍辱，期以十年生聚，十年教訓，二十年之後，以報我數世之大仇，湔滌我數十年來之奇恥大辱，而後可以立國於世界，而後可以有面目再見世界各國。至於所謂正義公理等名詞，僅能爲強暴作點綴，不足爲弱國謀生存，我國人亦可以從此覺悟矣！

一九三一，十二，二十七，柏林西郊。

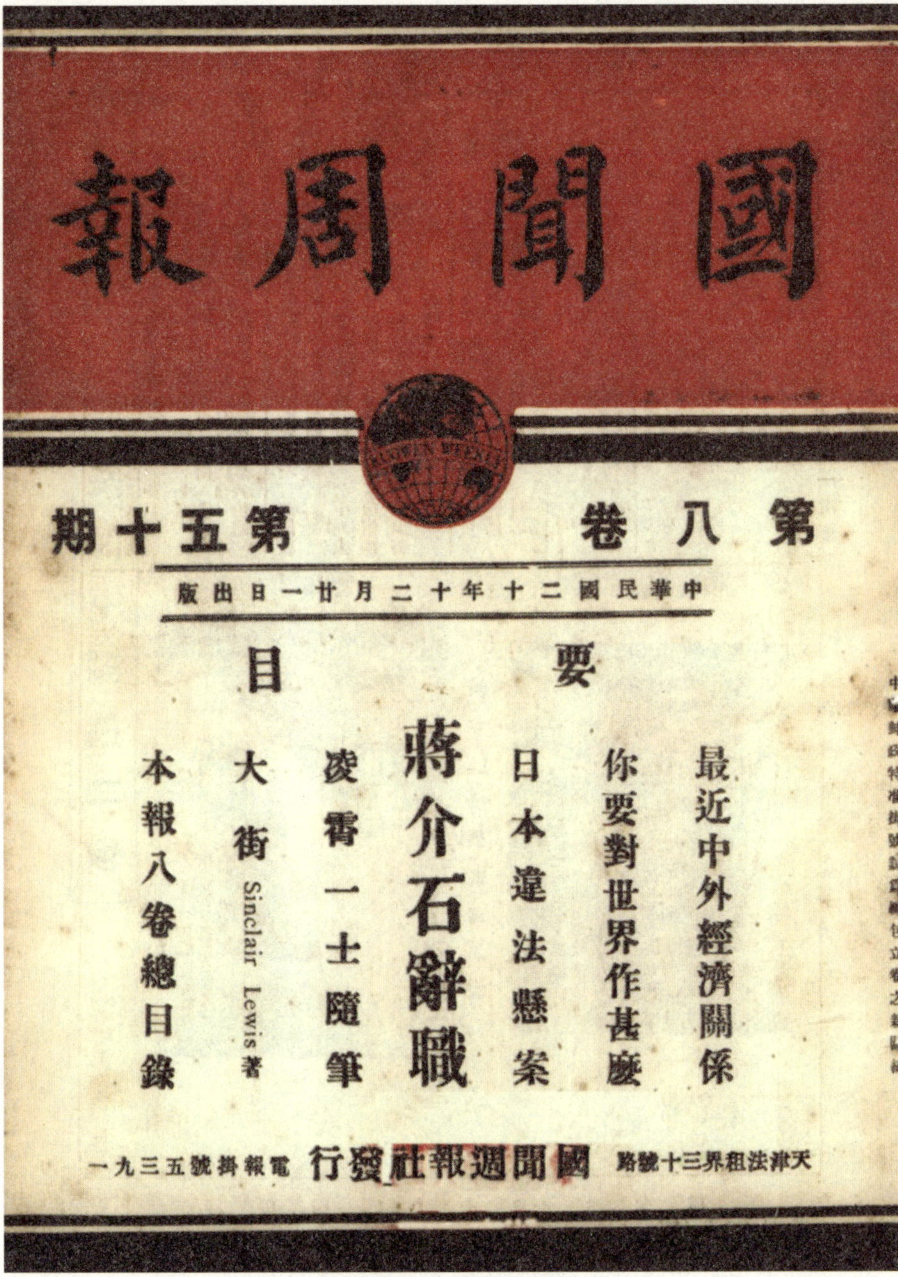
國聞周報

第八卷 第五十期

中華民國二十年十二月廿一日出版

要目

最近中外經濟關係

你要對世界作甚麼

日本違法懸案

蔣介石辭職

凌霄一士隨筆

大街 Sinclair Lewis著

本報八卷總目錄

天津法租界三十號路 國聞週報社發行 電報掛號五三九一

中華郵政特准掛號認為新聞紙類 包立卷之新聞紙

《国闻周报》封面

暴日鐵蹄下之東北

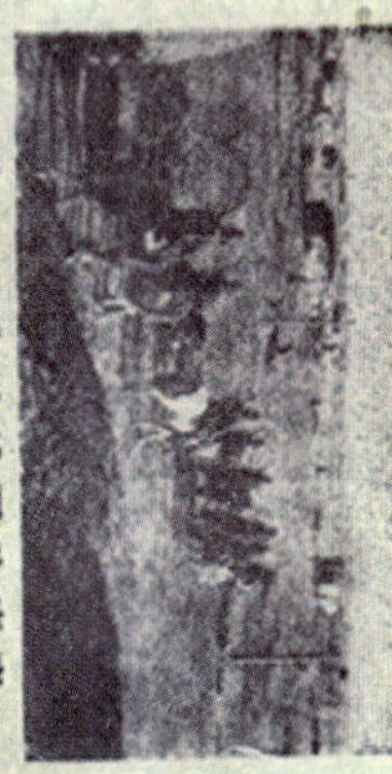

齊齊哈爾城外之日本騎兵

前在綫陽河攻衆之日軍

齊齊哈爾城中之日軍

屯駐四平街之日軍

暴日鐵蹄下之東北

(上)日軍進攻黑垣時在湯崗附近之野砲隊

(下)在鐵石山偵察我軍之日本軍官森司令

日本對東北鐵路自由行動

自遼吉變作，日本幣原前外相，迭向世界聲明，無領土野心，願與中國直接交涉，我方惡聞直接交涉之名，而日本實際亦無眞開交涉之意，且實具有領土野心。試觀彼邦在東北之自由築路，任便攫取，即可証明彼稱希望直接交涉，純是欺騙世界，而自由行動正以表現其有領土野心也。夫從前之東北問題，質言之，鐵路問題耳，日本軍閥，近來挾其强橫之武力，做盡猙獰之面目，縱橫馳驟於我遼吉江三省，其最後目的已超鐵路問題而上之，乃欲盡攫三省之土地人民，永置諸日本併吞之下。前日美國上議院外交委員長波拉氏語人；「日本軍閥，當走到可走之路而後止。」意謂日閥野心無限，任其所之，不知所屆。波拉快人快語，此言極合乎實際。蓋充彼軍閥之意，儘量前進，即彼自身當亦不知將何所底止。然而，其理想中之鐵路問題，今固用全力自由行動，期於解決，此至堪注意者也。日本之於中國東北部，本自慾念無窮，迄今爲止，所謂「南滿洲」之權利利益，幾已盡量吸收。次之則東滿西滿，亦復著著進展。此次暴行，最大著眼點，實在北部。幸而馬占山將軍，人天協佑，頑强抵抗，使彼方競一南北滿，斷遼僞政權之毒計，爲之頓挫。然而，就鐵路政策言，經彼厲行急進，殆已償其暴慾。蓋黑龍江之洮昂齊克兩路，先後入於日本人之手，擴開兩路聯運，業已實行，更由四洮路以與南滿路銜接，將北滿物資，吸收而南，實現其爲南滿路培養線。彼所爲摧毀打通路，防止葫蘆島築港，破壞北寧路發展之大目的，固已明明實行矣。顧實際猶不止此；查從前日本在東北計畫鐵路，往往偏重軍事眼光，如四洮洮昂吉會諸路，大率如此，近年則論者多以軍事經濟，雙方併重，故一方面可作日本之國防鐵道觀，一方面實其拓殖經濟之進展線。往歲瀋海鐵路，由王永江決策興修，日本執開海路之成約，表示反對，幾經磋議，始以洮昂路包工建築爲交換條件而承認。當時我方尙自以爲外交得手，而不知彼邦權衡利害，固別有見解。蓋以洮昂一線，實爲日本勢力深入「北滿」之發軔，而瀋海路沿線，富源啓發，別無出口，舍以大連尾閭，東滿貨物，莫由發洩，是不啻以華人之資金，爲滿鐵建一培養線，囊中之物，本屬隨時可取，以此易彼，有得無失。果也，九一八之後，瀋海路完全爲滿鐵所併吞，日本人執路政之實權，而洮昂路則因些須關係，遂成此次進兵黑龍江之唯一口實，幾年一著閒棋，到今竟發揮效用，此國人所宜深切認識者也。吉會鐵路爲日本軍事上極有重大關係之計劃，蓋所謂兩港兩線之政策，實平時戰時同樣有利之企圖。然而該路自清季以來，兩見條約，一度動欵，終乃僅以吉敦路完成其原計劃之大部，此非盡中國反對之力也，南滿鐵路關係方面之阻撓，實與有力焉。良以就經濟政治眼光觀察，中東路之勢力尙在，北滿洲之富源未闢，吉會若成，打擊中東路不足而分南滿線之利益則有餘。易言之，從前東三省情形，尚不能養活此兩港兩線是也！而今則不然。洮昂齊克合作，足以支配北滿一部分經濟力固矣。如吉會路以自由行動而完成，更進而自由建築長春大賚線，吉林五常線，延吉海林線，再進而與呼海鐵路相聯絡，則日本勢力，伸入北滿富源之中心地，縱橫連貫，由吉會路以入朝鮮，足以使海參崴失其繁榮，中東路陷於絕地，同時與南滿路平分春色，各各發展，不虞碍及滿鐵之利益，而一旦國際有事，利用吉會路，出入日本海，保持無限之資源，便利用兵之運轉，真可謂和戰兩稗，海陸合拍，在此軍事占領之下自由無礙之時，自日本觀之，其機會殆已成熟，故各方前曾一再傳說吉會路動工，據本報所得確訊，最近實確已著手，蓋彼邦固認此時吉江兩省，已受支配，真乃爲實行三十年來大計劃，水到渠成之時也。吾人觀日本對中國東北鐵路自由行動之猛烈，聯運布置之急進，益以知其從前用心之深遠，今後侵略之亟辣，而其無意於交涉，醉心於攫地，尤足顯示其玩弄世界輿論，蔑視國聯信義之罪惡，此誠國人所應警惕猛省，大聲疾呼，喚起國際社會注意，全國一致，決心抗爭，救東北，救各路，凡非經中國國家正式承認而擅築之各路及對於各路擅自變更管理之事，中國一日存在，一日不能容許之也。

（錄十二月十五日天津大公報）

※ ※ ※ ※ ※

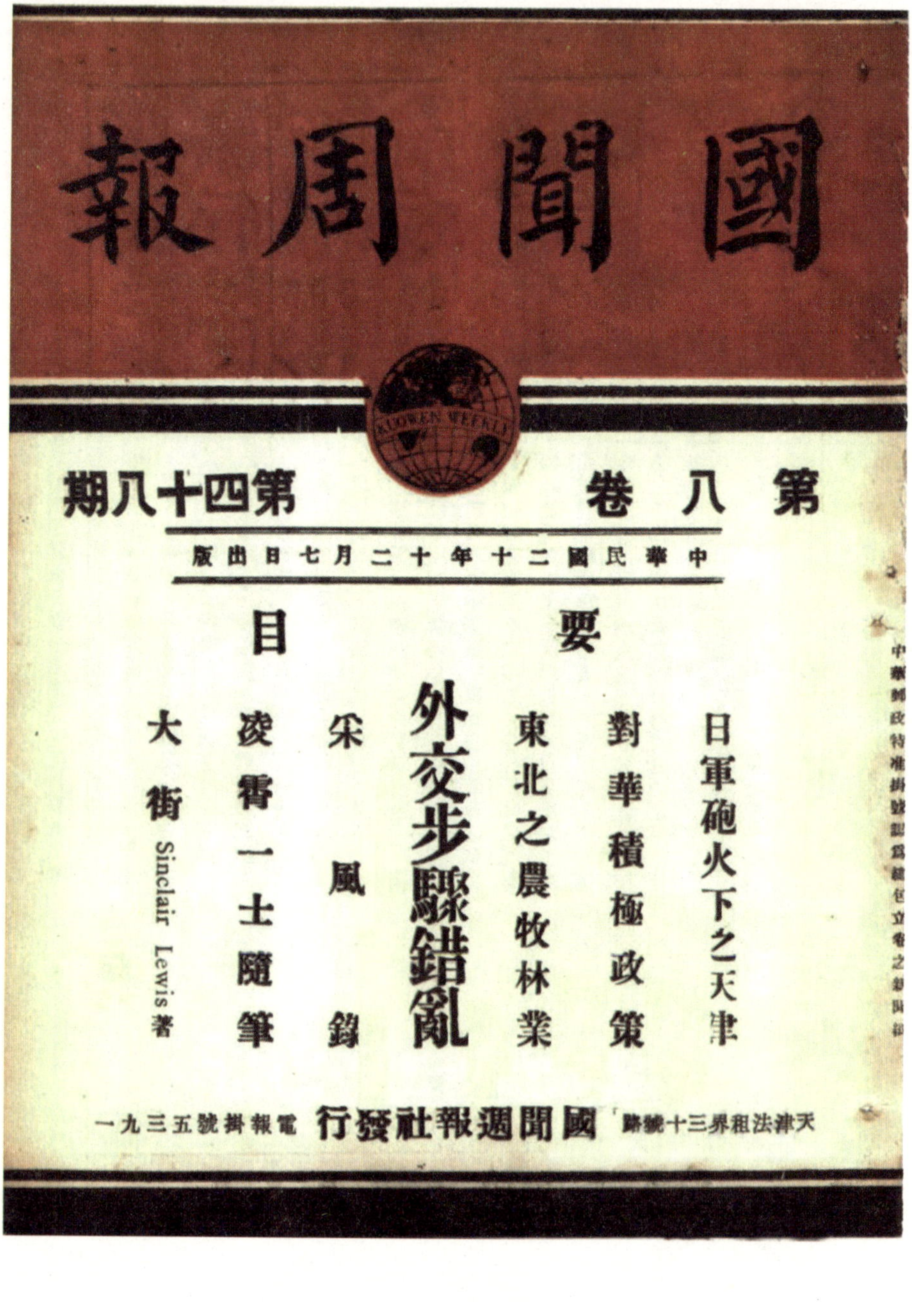

國聞周報

第八卷 第四十八期

中華民國二十年十二月七日出版

要目

日軍砲火下之天津

對華積極政策

東北之農牧林業

外交步驟錯亂

采風錄

凌霄一士隨筆

大街 Sinclair Lewis著

天津法租界三十號路 國聞週報社發行 電報掛號五三九一

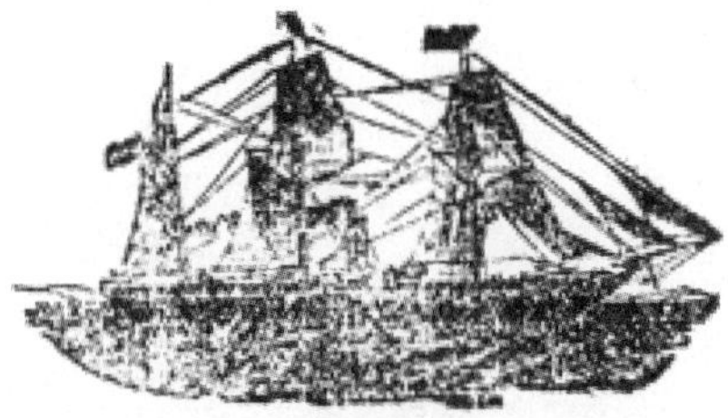

日軍砲火下之天津

記者

十一月八日日軍在津掩護便衣隊暴徒等，擾亂華界，幸地方當局早有防範，未釀大亂。然津市處於紊亂狀態者已七八日，居民已大感痛苦。近日軍十一月十八日侵占毫無日本既得權利之黑龍江後，更積極於東侵進攻錦州聲中，駐津日軍在二十六日晚又掩護便衣隊，擾亂華界，用大砲機關槍轟擊全市百萬華和居民，損失傷亡甚巨，中外人士，對日軍此種暴行，忿慨異常，莫不詆為人道之蟊賊！我地方官吏，因職責所在，曾有相當防衛，不意竟因此招日軍之大忌。後徇各國領團之請，不忍視天津糜亂，乃又自動後退三百米達，所有搶滅暴徒之保安隊皆於二十九日退至河北，情形略見和緩。但日軍仍不時放槍，擾察居民，不惟防禦物絲毫未撤，十一月三十日及十二月一日等，且增兵約三百人，天津何日能恢復常態，殊不可知。茲續述日軍轟炸津市之慘狀，以誌哀痛。

（一）二十六日以前情形

十一月八日津變以來，至十六、十七等日情形較佳。中日官方會商結果，華方自十六日實行將中日交界三百米達外，華方正對日本租界之臨時防禦工事，先行撤除。中日交界三百米達，恢復普通警察崗位，日本租界之防禦工事，俟華方既撤，然後撤之，我方自十八日起，實行將防禦工事撤除，恢復警察崗位，日軍見不得逞，亦未再事騷擾，情形頗現安定。天津市府於二十三日下午三時半，由市府代表寧向南，沈迪家等，會同日領後藤及三浦參謀，吉田翻譯官，在東馬路作撤防後之覆查。秩序甚佳，日租界之防禦工事，亦有撤除。結果雙方均甚滿意。

二十四日雨中東南城角日方檢查行人寫真

華界防禦工事，自經次第撤除後，市面景況，逐漸恢復。雖仍戒嚴，惟解嚴時間較長。市面大體形勢已趨平靜。商界因已無顧慮，故均自動的決於二十四日一律復業。至於法義兩租界，及特別一二三區界內市面情形，均已復常，電車亦恢復通行。日租界戒備雖較前稍鬆，但中日交界處防禦，仍未撤除。中原公司前福島街附近戒備，仍復嚴厲。

日租界，日法交界處，仍由日警署日警察及華捕把守。凡赴日租界行人，均經一度搜查。二十三日晚，日警署發出布告，二十四日起，每日午前八時至下午四時恢復交通。黃藍牌電車，日租界准許通過，惟在日租界中間，不准停留。且電車經過梨棧時及東南城角時，須受日軍檢查後始放行。至日租界各重要華商則紛紛遷至法租界矣。

被日軍侵佔之二區六所(距海光寺日軍營甚近)，經津市政府迭次向日方交涉，議定於二十四日上午十一時由我方接收，詎我代表沈迪家甯向南二氏，至日領事館，會同日人交接時，日方突稱，爲保衛租界計，須保留現下佔領中之二區六所轄境之一部。第允先將六所所址交還。其接近日租界之一部，仍暫保留。吾方以此次交涉，雙方應相見以誠，六所所址本極近於日租界，既允交還所址，則應將附近地面一並交還，故當時我方亦未即接收。嗣經於再度交涉，日方始照我方要求，並改於二十五日上午九時實行交還二區六所及其所轄地面。惟萬德莊一帶至南關大街南頭之若干街巷，尙在日軍占領之中。砂包電網，亦仍舊狀。並斷絕一切交通。二十五日津市府改派一區五所所長閻家琦前往協同接收。半月來津市騷擾之局面，較爲平定。不意平靜未及數日，二十六日晚日人又作祟矣。

(二)二十六日日軍徹夜開砲

天津二十六日晚八時又發生便衣隊暴徒之擾。暴徒數目，據不及上次之多。而日軍發砲，勢如連珠，則較之八日晚，尤嚴重甚之。最初之槍聲，在八時十四分。越半小時後，全市開砲，十時後益密。十二時左右稍息止片時。後又大起，徹夜砲聲未息。便衣隊係分兩股，一股約二三十人，在砲台莊先發現，旋被擊退。一股約有百餘人，由閘口方面，欲撲公安局，亦被擊退。初八時十四分西廣開懷慶里以南有便衣隊三四十名持槍向我方射擊。八時二十分突由日租界長榮發砲一彈，震動全市。八時二十四分二區六所海光寺附近砲台莊東吉祥里一帶又發現便衣隊約二三十人，向保安局之警士射擊。保安隊以手溜彈還擊。（因避免槍彈之射落於他處。）事變發生後，市府沈迪家當即將上述發現便衣隊情形，通知日本領事。九時十四分，日租界電燈忽然全熄，法租界亦因之臨時熄燈。十時二十六分突由中原公司屋頂發出槍彈，向華界射擊。九時四十九分有日本軍隊自閘口方面用機槍及砲向華界發放。十時射落電話局電話一個，電話綫打斷一段，電話機亦有被擊損毀者，但當局職員，並未受傷。十時二十四分，閘口方面日本軍隊，復用小鋼砲向華界射擊。同時海光寺亦發砲。砲彈落東馬路十餘，炸死警士一名。又河北省政府附近落砲彈三。一在省府門前，一落黃緯路，一落元緯路。二十七日晨零時十五分日領後藤約沈科長赴日租界官邸會商，日領對日軍開槍開砲，認為係因華界有槍聲之故。經沈科長說明中國警士以手溜彈擊便衣隊之用意，旋日領與沈約，雙方應各制止勿輕易開槍開砲。但無效力。斯夜便衣隊之暴動，其目的在謀攻公安局。特先在西廣開一帶滋擾，圖轉移保安隊防禦目標，乘機以另一股向公安局襲擊。故該局附近，曾一度發現暴徒，幸防範周密，得以無虞云。

斯夜華界所落砲彈，除前述省府及東馬路等處外，尚有下列各地點。（一）一區五所，落三砲彈，該處係電燈公司發電廠所在。（二）四區五所落兩砲彈。（三）南斜街（閘口）保安十五中隊部院牆被打壞一段。（四）鐵窗大樓，落十餘彈，傷一警士。（五）南關下頭障地落兩砲彈。又當日軍由海光寺射擊懷慶里一帶時，保安隊並未還擊。二十七日晨二時，李家大樓落有砲彈，保安二十中隊二等警士李化五被擊斃。另一警士受傷。二時零七分，砲台莊日軍開放機槍，我未還擊。二時零九分南關大街下頭，日軍攻擊烈，落砲彈二，南門內亦落一彈。

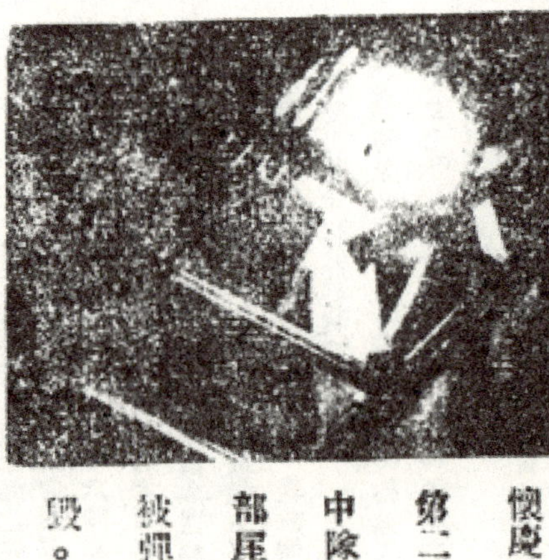

懷慶里第二十中隊隊部屋頂被彈炸毀。

二十六日夜，日軍徹夜以大砲轟擊華界。

(三)二十七日情形益為嚴重

二十六日晚日軍司令官香椎浩平，發出宣言，責中國背信暴戾，謂決定行使自衛權，對中國方面嚴懲。日租界從二十七日起，正式戒嚴。完全受軍部控制，入於戰時狀態。據香椎浩平布告，「依戒嚴令，指定日本租界為合圍境地。」其意即指我方有攻擊日本租界之企圖，宣布戒嚴，加重警備。

日方戒嚴

二十七日日租界情形，驟加緊張。各街口遍貼此布告，依據戒嚴令，指定日租界為「合圍區域」，明示戰時狀態。一面向中國官方，提出嚴重要求，對各國駐津軍部領館亦分別通知。指中國有收回天津各租界之企圖。謂天津附近華軍有五萬之多，藉口辛丑條約，喚起各國注意。中國官方得日本通牒後，業經逐條答覆。決定忍耐持重，任令挑動，斷不釁自我開，以期保全津市中外百萬人之生命財產。各國駐津文武官吏，於中國之不至輕舉妄動，觀察甚明。從人道主義上，亦極端注意日本之行動。

日方要求

駐津日軍司令官香椎浩平於二十七日上午十時三十分照會河北省政府主席王樹常氏，提出五項要求。請於斯日正午答覆。其譯文云，「第二軍長河北省主席王樹常閣下，前者十一月十五日貴軍提為中國方面之敵對行為，特來表示陳謝之意。然昨二十六日夜貴國軍隊及保安隊突然向日本軍及日本租界射擊後，至二十七日仍未制止。此明係以敵對行為對日本軍承認毫無誠意，足證日本軍司令官為保持中日和平起見，特對貴軍提要求左列之件，至二十七日正午為止實行，並希回答。㈠即時中止敵對時之行為。㈡中國軍隊確實退出距各國駐屯軍地二十華里。㈢武裝之保安隊，自南運河及金鋼橋起通過鍋子河，向運河以北撤退。㈣在河北省內之軍隊(無論武裝與便衣)中止移動。㈤絕對取締排日及侮日行為。」

我方答覆

王主席接得日方上述之要求後，當即通知日軍司令官，以尚須翻譯，故口頭商准於二十七日下午六時以前答覆。至下午四時，即致書香椎司令官。略謂貴司令官本月二十七日照會，已經譯悉。茲依照關各項答覆云云。其答覆大意如左。

(一)現在我方係防禦便衣隊，絕非對於貴方有敵對行為，經迭次聲明，想能諒解。貴我兩方，素敦睦誼，尤望以後互相努力制止類似敵對行為。

(二)我方為尊重一九零二年關於天津條約換文之意旨，已將臨時駐在天津之少數中國軍隊，撤退距天津二十華里以外，業經答覆貴國總領事有案。

(三)天津市保安隊有保護天津治安之責，現在既有便衣隊擾亂，倘將保安隊依照來文撤退，則撤退區域內，中外人民生命財產，勢必無法保護。遽行撤退，實感困難。此種事實，想荷貴方諒解。但如能聯合駐津其他友邦當局，另謀得保護治安有效方法，則此條亦可商量辦理。

(四)現駐在距離天津二十華里以內之中國軍隊，已如前述，業經撤退。至於其他軍隊，亦無向天津移動之事。

(五)排日及侮辱行爲，早經取締，今後更當注意。

炸燬成績

二十七日晨以來，日軍槍炮斷續轟擊，迄未停止。至晚七時半，砲聲復起，截至九時左右，共發二十餘砲，其後暫歸寂靖。但俄而又砲聲隆隆。截至斯日傍晚止，已查明者共計三十餘彈，且證明都係十二生的口徑之過山砲彈及七・五生的口徑之榴散彈。省政府附近共落十二生的過山砲彈十一枚，在省府對過之民房一所全被炸燬，損失極大。東馬路警察所置防禦土袋之前方落彈二枚，警察死二人，傷一人，閘口方面則落下榴散彈十餘枚。南關下頭落下砲彈三枚，傷警察二名，死一名。又一區一所附近民房亦爲日軍砲彈射中，死居民五人，傷十一人。

德隣里七號顏宅所中十二生的巨彈之炸痕

中外震驚

自二十六日晚津市砲聲隆隆，徹夜不絕，中外商民，莫不震動。二十七日午前津市銀行界領袖卞白眉等，訪問領團首席之德國總領事，希望對於日軍開砲轟擊無防禦都市，傷害無辜民衆之舉，向日方加以勸阻。同時因日方砲彈，落於比商電車公司發電廠左近，比總領尤爲關切。比領約某國駐津領事，特赴華界及日租界交界一帶視察。此外又有某國武官對於二十六日夜情事亦極注意，親往上述地區視察。據謂日軍所放砲彈極猛烈，其殺傷力極大，射放此等砲彈，殊不人道，故在外國尤其在城市區域禁止使用云。

日軍增加

二十七日晚十時許，有日本海軍陸戰隊五十名，由塘沽軍艦換乘小輪抵津。同時更有小輪一艘由塘沽駛津，載日本海軍陸戰隊一百二十名，機關槍四架，在英租界碼頭上岸，由日軍司令部派大汽車十輛前往接運，此外該小輪又運來大宗軍火，亦經日軍部以大汽車八輛運至日租界。東京十一月二十七日路透電，日本內閣召集緊急閣議，考慮軍方提案，擬派遣一師團之一部赴津，增加天津駐軍實力。又電閣議決定，尚未有增派軍隊赴津理由，但將採取觀望政策，如遇情勢惡轉時，將再召集緊急閣議，重新考慮此項問題。

(四)二十八日各國勸告

抗議日軍暴行

日軍在津如此肆無忌憚，以大砲機關槍，轟擊平和居民，實屬殘暴已極，我外部二十八日致日使重光照會一件，抗議日軍在津暴行。原文如下。爲照會事，茲據天津地方長官報告，本月二十六日晚八時許，天津海光寺日本軍營附近發現便衣暴徒數十人，向我進攻。九時許一區六所界內房上，亦有便衣暴徒襲擊，中國警察即採正當防禦，並通知日本領事及日軍部。而日方依然藉口流彈落於界內，日軍營突向中國管轄境內發砲，前後計四十餘響。開口方面日軍進攻甚猛，經交涉直至十二時始見緩和。而二十七日晨一時許，暴徒與日軍又復繼續攻擊。五時許懷慶里地方

電話局窗上之彈痕

槍彈等射擊與砲擊甚猛。六時半南關下頭竟有用機關槍向我放射者。八時許日軍在東南城角用機關槍掃射。此次中國警察，已經查明被砲擊斃者四名，傷者二十餘名。九時許日軍迫我警察退出二區六所，現在情勢仍極緊張等語。查前此天津日本租界方面，協助暴徒攻擊中國管轄區域，經中國政府迭次嚴重抗議在案，今復有上項情事發生。且日軍出發之砲彈，計有四十餘發之多，同時又用機關槍掃射，而暴徒發現之地，均與日本租界接近或毗連。日本政府對於天津發生如此嚴重之局勢，自應擔負重大責任。茲特再爲嚴重抗議，應請日本政府轉飭天津日本租界當局與日本駐軍，絕對不得向中國管轄境再開放槍砲，並不得再任暴徒利用租界襲擊中國警隊或行政機關。中國政府同時保留提出正當要求之權，相應照請貴公使查照辦理爲荷，須至照會者。

各國勸告日軍

日本租界自二十七日宣布戒嚴令，完全入於戰時狀態。斯日下午接得王主席答覆五項要求後，香椎司令官即發表聲明，謂中國無誠意，一切責任應由我方負之云云。自廿八日晨一時五十分忽猛烈用機關槍及大砲向華界轟擊，其緊密爲前此所未有。砲聲隆隆，震動全市。約接連攻擊四十分鐘始稍止息。便衣隊亦即出動。我方遵守「鎮靜」主義，概未還擊。然各國官商則愈益增加其不安之心理。二十八日重要外商，紛紛動議，希望第三者作有力之干涉，以維商業，以重人道。因津市自時局不靖，商業本已停頓，各國僑商，同感苦痛。如再因日本軍隊之砲擊華界，勢使全市商場，化爲灰燼。外商應收之賬，亦將同歸烏有。此爲各國僑商重視津局之真因。其各國駐津司令官并領事等，亦感於日軍行動擴大，各國權益，胥受威脅。在勢與理，不能坐視。除令本國僑民，不得進入華界以及接近中日交界各地，免致危險外。二十八日併集合開會，僉以日軍行動，太欠穩健，不應以流彈侵入租界之故，竟爾開砲轟擊中國官署及街市。因議定對雙方再爲誠摯之勸告，向日本姑作友誼之干涉，請其行動，勿再超過現在狀況。更有就中國人民苦痛悽慘立言者，尤主勸阻開砲，以維人道。

斯日之會，日本司令官未到，桑島總領事則出席。已接受各國公意，願向日本軍方，轉達商辦。中國方面本無敵視日本之行爲，更無在津市作戰之準備。因諒解各國維護商業之意旨，原則上決定將保安隊撤至相當地點，以避衝突。免使市民遭受日軍大砲轟擊之危險。

中日商洽辦法

二十八日中日雙方商洽，先請日方二十八日夜勿再開砲，中國則擬再退三百米達。斯日外間傳說日軍預備晚七時開砲，當局聞知，即派周龍光參事赴日領館交涉，表示一切可商。爲顧全和平計，我方防線可後撤，雖已曾撤退三百米達，如認爲太近，還可再撤。日領答不能作主，須向司令官商洽。晚九時許日領電周云，爲時已晚，請於二十九日再行詳商。同時要求我方不向日租界放槍，則日軍亦不放砲。南市之一區六所則爲匪人佔據。

據外人聲稱，駐津日軍司令官香椎浩平於二十八日正午通知領團，謂中國方面行爲違反條約，日本不能忍耐，將執行「懲罰」手段。日軍司令官該項通知書全文長約一千言。日本駐津總領事桑島亦於二十八日下午二時以書面通知各國領事，轉令各國僑民限於是日下午七時以前離開華界，以免危及生命。據聞前晚若果華方對日本或放一槍，則日軍必不惜以巨砲實彈，轟毀中國街市。幸我方當局早有準備，未中詭計也。

（五）我保安隊撤退河北

天津危險之局面，自二十八日極度緊張之後，二十九日夜，驟見和緩，固由中國爲保全中外商業利益計，自動撤退保安隊於河北，以避免日本之挑戰與藉口，亦由錦州天津之軍事行動，原本互相呼應。錦州進攻，既惹起對美國之危機，若槻幣原，入宮陳奏，日皇乃諭退兵，勒馬懸崖，稍紓戰禍。天津地方，遂亦連帶受其影響，藉中國撤退保安隊爲下台之機會，雙方表示和好。二十九日晚便衣隊果未出動。

撤退河北

二十八日下午我已決定將保安隊自動撤往河北，以弭迫切之危機，各國領事聞知此事，僉表滿意，故領團會議，對日方作友誼之干涉。其他方面亦有向香椎司令遞致忠告之辭者。於是中日相約須度一平和之夜。實際斯晚雖未能絕對平靜，幸較前數夜爲可以滿意。祇於午夜十二時十五分有槍聲數響，自海光寺發出。槍聲之後，中國官方，即向日領館通知，以明並非出自華方。至五時五十六分從閘口到懷慶里對中國防線有機關槍聲，並有鋼砲聲八響。我方迄依命令，絕未還擊一槍。二十九日早我當局親向各國當局，說明我方委曲退讓，保全津市中外商業之意，一方面則派寧向南主任代表王主席與日方接洽。午前九時在日軍司令部與日本參謀及三浦高級參謀晤商。張副司令派來之周龍光參事亦列席。當經表示，我方爲保全地方，消弭危機起見。從二十九日下午四時至六時，擬將南市一帶保安隊，完全撤退河北，工事亦概行撤除，惟留四百八十名協同警察，維持秩序。該隊士兵等祇許携手溜彈，以備在近處應戰。日方對此辦法，甚爲滿意。接洽既有結果，我方即下令撤退。王主席親電王一民隊長，諭令嚴飭準時撤退，不得違忽。一屆六時，果已全部遵令撤出防地，退往河北。王主席據報後，立令寧主任向日方通知，至是我方節節退讓之誠意，已表示到十二萬分。

照會日領

天津市政府爲保安隊已撤回本隊，一面飭令崗警恢復原定之崗位，並照會日總領事。照會云，爲照會事，査本市自十一月八日，發生事變以來，貴我兩方時有糾紛，本市長爲避免雙方誤會起見，特再自動將所有保安隊分別逐漸撤退。除由王主席派員與貴軍部接洽，並於本月二十九日下午四時起實行外，相應函達，即希査照爲荷。須至照會者，右照會駐津日本總領事桑島。此外並布告中外商民，一體週知。

恢復秩序

各地駐守之保安隊，奉令於下午六時以前撤至河北。七時許，即由公安局派員，親赴一二兩區，分派崗位。南市一帶，立時完全恢復，南關大街，已有交通警察，南馬路亦全體復崗。防禦物亦完全撤去。最關重要之東馬路崗位，亦恢復至馬棚胡同。戒嚴司令部二十九日晚已通令自三十日起重行縮短戒嚴時間，上午七點半至下午四點半之間，交通完全恢復。電車亦恢復一部分。

【下圖說明】南斜街五十三號杜宅所落之槍榴彈及被炸毀窗戶，日軍暴行，對近距離戰鬥多使用該彈，按該彈吾國軍隊使用者尚少，乃歐戰中發明之武器一種，體積不甚巨，可代手溜彈之用，如欲投射較遠，即套於普通步槍之上，該彈一端有一桿，可插入槍筒，用步槍子彈將其送出，藉該彈桿部之衝力及步槍所與之力，可投射至數百米達之距離，以入於敵人戰壕，如敵人已釋接近，即用手力拋擲，

效力與用槍發射相等，彈體上之方格，爲易炸裂，每彈可炸成百餘小塊也。

搜查增兵

天津緊張情形，因我方十二萬分退讓之故，日方無所藉口，情勢略爲和緩，惟日租界不惟防禦未撤，三十日下午一時，武裝日兵七名，由海光寺至舉家大橋之敦厚里一帶搜查，事先鳴槍二響，遂即挨戶搜索，用槍刺挺袴搜之人，詢是否藏有保安隊。二時三十分又到武裝日兵八名，至砲台莊一帶，二時五十分日兵三名至天青里，均藉搜查保安隊爲名，挨戶搜索，其勢洶洶，居民均極驚恐。該處保安隊全退，日軍無所獲，悻悻而去。在中國保安隊撤退之後，日本反向租界積極增兵。二十七八

日來，日本海軍陸戰隊由塘沽來津。十二月一日上午，日輪播陽丸●比治山丸●和興丸●安吞丸●惜馬丸等，外汽船一隻，載日兵三百名，軍官十五名，機槍十六架，子彈三百四十箱，小鋼砲十九門，軍馬十九匹抵津，在英租界大阪碼頭登陸，抵日租界，所携軍火分裝汽車二十五輛，馬車十輛，分配担任各處防務云。居心何在，無從揣測。

津市和平，商民不知眞相，或因保安隊之撤退，益感恐慌，或聽無責任之謠言，認爲必戰，故華界搬家者較任何日爲多。貧家小戶，扶老携幼，携囊背筐，在人山人海中，狼狽逃向租界者肩踵相接。其在交界地方，爲租界巡捕攔阻者，狙窺之狀，見之痛心。即住在日本租界之尚未搬出者，近亦紛紛遷移，爲狀之倉皇悽慘，彌復可矜。

（六）砲火區域慘况視察

天津德華日報主筆克賚懷納氏，於二十八日先後赴日租界及華界視察，並記其所得印象，題爲「在前線」其言曰『吾人在和平的天津能作戰地記者乎？在數星期以前如想及在天津充當戰地記者，必將被人非笑，但現在則竟成爲事實』，『今日許多大人物正在巴黎絞其腦汁，以期解决中日間之衝突，而此間「世界的歷史」竟對巴黎及國聯毫無顧忌的演進，自最近一二日以來，又有便衣隊從日本租界衝出襲擊，被警察擊退，且又有流彈落入日租界，於是商業再度停頓，而城市又成戰區。』又曰『今茲造成紛亂，引起各領事間嚴重之照會往來，並欲使一個民族受另一民族之蹂躪者；豈眞所謂便衣隊乎？』其意義頗爲深長。德記者云『被導往所謂最危險之線「南開線」視察，吾人從日軍防禦工事，向外探望，毫無可注意之事物，蓋直接陳於吾人眼前者爲日軍之防禦工事，』『其後日軍又請吾人從望遠鏡中向南開中學之左角視察，並稱該處爲危險之窟，而吾人所見，則該處萬籟無聲，絕未發現所謂危險。』『日兵營廣場上有海軍陸戰隊之營幕，並有大砲二，其大門外更有鐵甲汽車一輛。吾人歸途經福島街，在每一十字路口向北視察，充滿日軍防禦工事，並有陸戰隊架機關槍駐守。』『離日租界時，遇日日新聞記者某氏，正携一龐大之照相器，請求在該處站崗之日兵作種種姿勢，擬攝取可以顯示十二分危險與緊張之相片，吾人爲和平的文人，不願援其製造危險景象之工作，乃即速離日租界焉。』

三十日十二月一日天津大公報記者，隨外國記者四人作日軍

東浮橋搬家者之擁擠

砲火裏出視察。

鸞家大橋

該記者於三十日下午一時，往受害最鉅之懷慶里德鄰里一帶視察。同行者尚有外國記者四人。至鸞家大橋南端，已入日軍槍彈有效距離，乃下車依房簷前進，該處防禦工事已撤盡，尙有戰溝一條未填平。乃躍由溝內俯身而過，以避免日人之射擊。同行諸人均覺此行饒有趣味，在通商鉅埠之內，作戰地視察工作，所履者爲曾經激戰之壕溝，所見者爲被十二生的巨彈轟毀之民居，記者等雖非戰鬥員，而行經此處猶須預防敵人之射擊，此種暴戾殘忍之行爲，實非二十世紀文明民族所能出此。記者乃躬遇之，悲憤可知。循戰壕達德鄰里，曾中兩彈，死一人傷一人，雜貨舖一彈中於屋簷，將門窗均擊碎，傷鄰友一人。同行德記者速記者即離該處，謂彼前日應日軍之招，由欒家大樓觀察華界，日軍指此處爲危險之區，如在此處久留，難免日軍不開槍射擊也。由此往南，均在日軍砲火界內，無法前往，乃折回。往看中砲最多之擊紫垣住宅，住宅稀者免之美。宅內共中九彈之多。懷慶里四條胡同，貧民徐雲卿之孫十三歲，於二十六日午間被日軍槍彈射斃。該里九號落砲彈一枚，南房頂被壞。十八號內爲保安隊二十中隊隊部之臨時住所，一彈從西房頂落下，炸裂之聲甚強，隊長溫廉和適由外歸，被震後兩耳全聾，神經錯亂。十九號彈落院內，傷二人，六十七號夏宅庭心落一彈，其傍耶蘇教之毓化女學，兩教室屋頂均被貫穿。該里三條胡同一號落二狙擊彈，一炸一未炸。該里對過吉慶南里三號陳宅被炸毀房屋一間，德聚里三號李華甫母子均被傷，其母已五十餘歲，傷後不久即死。

閘口一帶

十二月一日記者復往閘口中日交界附近視察。該處因接近日租界之故，被害情形亦烈。而電話局及附近民宅所中日軍機關槍及步槍之彈，則較任何處爲多。數十條街巷全落於日軍彈雨之中，幾於每一處之墻壁及電桿，均留有彈痕。電話局之技術改進會面向日租界，戶外及室內彈孔有如蜂巢，門板儼若千百兵士射發之靶，每個彈孔均洞穿而過，室內墻壁之灰粿，被彈後紛散滿地，玻窗無一不碎，被槍彈擊碎十居七八。被砲彈震碎者十居二三。而該局員工則始終未曾離去。在彈丸橫飛砲聲震耳欲聾之中，依然忠於職務。該局右鄰即爲保安隊第五中隊隊部，亦爲日軍最注意目標。第五中隊後門門樓被一砲彈洞穿而入，院內留有彈痕亦不少。後門對過有杜姓住宅，爲南斜街五十三號門牌，中三彈之多。其南二十七號孫姓宅內落一彈。小紅橋一號醫生周鳳化樓上飛入一彈。該處乃中日交界之地，對面即日租界大和街，日兵在樓上用砂袋堆積，向外放槍。居高臨下，被害情形，備極慘酷。

津市情形，截至十二月二日止，雖有日兵到來。尙係中國撤退保安隊以前所增派之兵。故不能遽以日方增兵而認爲津局又復緊化。我方撤防以後，海光寺一帶我方防禦工事，陸續撤完。東馬路一帶及閘口之工事，亦經撤完。公安局前之工事，則限於二日下午四時一律撤盡。我方爲證明撤防誠意起見，一日下午特由寧向南謝如川兩主任，以友誼邀約日本軍部吉田縉譯官井上小隊長同往海光寺欒家大橋砲台莊等處視察。吉田等完全釋然，甚爲滿意。惟視察途中，日人曾稱據聞中國馬廠道地方，尙有中國砲兵陣地，當經寧主任等導其親往該處，一視虛實。至則毫無所見，惟見水蕩中有放鴨者據籬地養鴨耳，日人亦自失笑。津市前途如何，仍視中日交涉之進展爲轉移，何時能恢復原狀，未敢斷言。

（完）

天津日軍及其暴行

(上)爲十一月二十六七等日日軍以大砲轟擊天津華界之十五生第溜散彈

(下)爲天津日軍在日租界中原公司大樓屋頂之軍事工作二十六七日即由該處發大砲向華界射擊者也

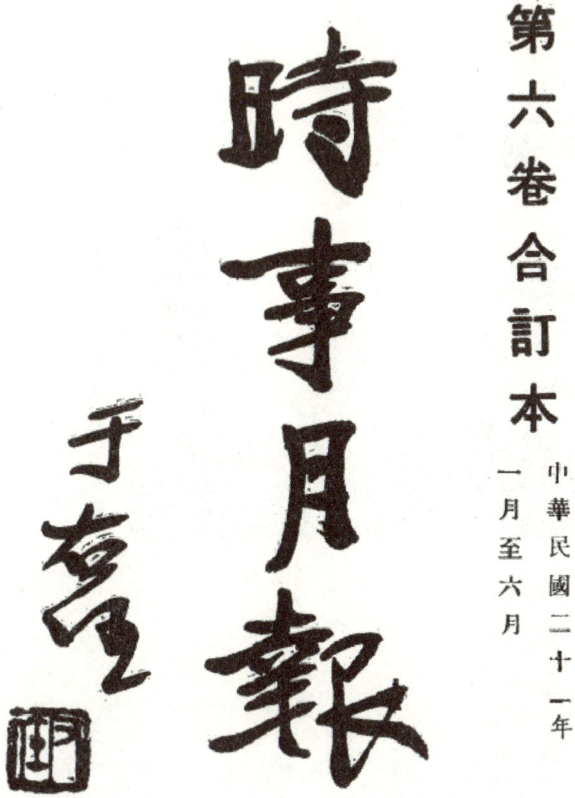

《时事月报》封面

倭寇統治下之東北

記者

一、叛逆集團之傀儡劇

東北叛逆集團之傀儡劇，爲日人一手造成，幕後牽綫者，厥爲日本軍閥，此人所共知者也。所謂「理想的大理想」，日閥固已志得意滿；而日本政府對『處理滿蒙新事態之方針』及其根本原則，亦早經決定。其主要目的，即自中國實質的割東三省而去。最近日本對中國政府指斥其援助滿洲僞組織之抗議，完全否認與彼有關，對僞組織截留關鹽稅，更諉爲不知，且以中國爲此事對其抗議爲不可解云云，此種狡猾之狀態，適足以暴露其奸詐詭辯之伎倆而已。近日二千萬借款問題，尤爲日本扶植其所創造之僞組織，冀圖永久割裂中國領土，達到併吞滿洲目的之鐵證。東三省自九一八以後，完全在日本軍閥統治之下，軍警大權，直接爲日本所操，三千萬人民之生殺予奪，竭關東軍之自由！最近東三省實狀，所謂僞政府行政院之權，集中於所謂總務處，而總務處之權，則操之日本官，一切政務，均由日員指揮之。各省政府之各機關亦然，日員爲指揮者，立案者，監督者，即起稿辦文，亦莫不由日員支配。降至各縣，情形亦同，縣之權在地方自治指導部，而指導部之權在日人；縣知事，公安局，皆直接受自治指導部之命令者也。僞國務院總務廳廳長日人駒井發表，日本軍部將來擬以日人充僞政府官吏之半數，及各省政府之實權，既在日人之總務廳長，而其他半數官吏，復爲日人，此非日本直接組織指揮之政府而何？是以現在東三省之官吏人民，實陷於亡國無告之境遇，絕無所謂「獨立建國」之任何權能，所有表現，均由日人策動，此蓋千眞萬確之事也。

明乎此，則東北叛逆集團之一切荒謬措施，莫不爲日本陰謀詭計之暴露。東三省今日，即爲日本軍閥政治之表演場！茲將一月來日閥統治下之東北現狀及各方面有關係之實情，擇要折述之如次：

1. 二千萬大借款

此項借款，係由犬養內閣秘書長森恪斡旋，經三井三菱兩財閥承認借出，惟因日本國內本軍人反對財閥爲攫取利權而投資，故不願由三井三菱直接貸付僞國。日政府又因國際法上尚未承認『滿洲國』形式上未便承認其斡旋借款之請求，致遭世界物議；幾經協議之結果，決由兩大財閥各出一千萬元，經南滿鐵道出面，分期貸與『僞國』，期限五年，以鹽稅爲担保。據三井三菱兩財閥談：「金額雖不大，而新國家之行政費問題，得藉是而解決；着着進行建設理想國，吾人希望即可達到矣」。日人借款之用心固如是。

日本一方面否認與偽組織有關，一方面輾轉設法，於財政上扶助「滿洲國」，此種掩耳盜鈴之狡計，決不足以欺騙世界也。

2.破壞郵權統一

日人慫恿叛逆集團接收東北郵政機關，爲最近一大事件；郵政本有國際性質，偽國由日本手造，世界週知，承認問題，無從說起。日人乃唆使接收此項國際交通之重要機關，逼使各國不能不與爲事實上之接觸，以爲法律上正式承認之引誘，其計蓋亦狡矣！九一八後，東北郵局受日軍任意摧殘，郵費損失每月三十餘萬元。日本軍方對東北郵件檢查，異常嚴厲，凡關內遞到郵件，概須在日本檢查員面前開拆。但郵政乃國際性質，有萬國郵政公約爲之保障，日人既如此任意摧殘，歷時既久，中外交責，日人不無顧忌；乃指使偽交通部長丁鑑修下令收回郵政電報各局處，原期於四月一日將瀋陽哈爾濱兩處接收完竣，以便改組。日人操其實而偽國尸其名，方法殊巧！此次偽交通部接收哈爾濱郵局，係派日人田中前往，該局郵務長司密司氏以郵政係國際交通機關，中國與各國訂有郵務協定，偽國並未經各國承認，自無加入郵盟之可能，日本亦不能公然爲之代辦，乃拒絕移交。瀋陽郵局抗議無效，乃聽其查點賬目，討論接收條件。在此種嚴重形勢之下，交通部郵政總局竟有令瀋局與偽國商妥協條件，且令哈局問題亦歸瀋局解決之舉，此實爲嚴重之錯誤處置，大有承認偽政權之嫌，東三省全體郵務員工於四月五日發出代電，反對與叛逆磋商條件，主張引用國際郵政公約第二十七條，通告停止東三省一切郵務，以爲封鎖之計。

惟日人用心深遠，一面假手偽國，攫取郵權，一面更派員赴日，研究「日滿」郵電交通聯絡問題。此次接收郵政，如果妥協成立，則「日滿」聯合之郵電新組織，不久必成事實。現在中央政府除用政治力量設法制止外，并以此事雖爲東北叛逆所爲，實則完全爲日人主使；且郵政聯絡運輸，與國際間有密切關係，特將此事報告國聯，請採有效方法，加以制裁云。

3.企圖關鹽獨立

日年既以二千萬借款扶植叛逆集團，其担保品卽爲鹽稅，故日本必嗾使叛逆截留關稅，宣布鹽稅獨立。偽國財政部於三月二十八日對大連，營口，安東，哈爾濱，松花江，滿洲里，綏芬河，琿春等海關通告：自四月一日起歸「滿洲國財政部」管轄，并遵照該部新訂法規執行關稅事務；同時宣佈鹽稅獨立，允許償還以鹽稅担保之外債。日人永田現任南滿路材料課長木村自衡浮等五人，竟通知營口鹽務稽核所，定三月二十八日前往接收。

日本報紙於三月三十日發表滿洲偽國對海關問題之聲明三點如下：

（一）凡在滿洲境內之海關，應受滿洲政府管轄；（二）海關稅收已抵借外債，滿洲新政府仍可將海關交總稅務司管理，總稅務司應隨時將職員之更調，稅務之增減及稅則之修正報告新政府；（三）滿洲國政府仍繼續負責償還應担任外債之部分。對於鹽務之聲明如下：

滿洲國茲已成立，在領土內之鹽務行政，均應獨立施行，照左列各項處理：（甲）原來設置之鹽務機關中，除鹽運使署，鹽稅稽核所，並鹽務處外，均撤銷。其一切職權，由政府另派員接收辦理。(乙)從前以鹽稅爲担保之外國借款，當然應承認其慣例，直接可負其責任，並已準備。故關係各國有要求時，滿洲政府即將開始交涉。(丙)現在稽核所及其所轄機關之職員，仍然希望繼續任職者，須首先與中華民國政府脫離關係(以上三聲明係由日文譯意)。

安東牛莊兩關，自東北叛逆宣佈截稅後，據財界估計，該兩關去年度稅收計爲七百五十萬，財外兩部每月平均約爲六十萬海關兩。日人既指使叛逆集團聲明關鹽自主，則在偽組織勢力下之哈爾濱與大連兩埠稅收，終將被迫繳偽國。哈爾濱，大連，安東，牛莊，每年共計稅收在二千五百萬海關兩以上。

中央政府財外兩部，現正設法阻止截留大連關稅，因照一九〇七年中日北京協定規定，凡由口岸，所有日貨經日本邊界運輸至華經過大連者，均照進口稅率納稅。中央擬根據條約，俟日方助偽國截留大連關稅時，提出正式抗議。

4. 對國聯調查團之阻難與掩飾

日人因國聯調查團行將出關，深恐數月以來，各種措施，爲調查團所聞所見，揭開黑幕，即不利於彼；故預定步驟，意存恫嚇，對外即以拒絕陪員顧維鈞代表爲藉口，多方阻難；叛逆偽外交部長謝介石，竟於四月五日以「滿洲國」外長名義，致電外部，明白反對顧維鈞以中國代表資格，隨同國聯調查團赴東北調查。對內即百計奔忙，偽造民意，進行掩飾工作，冀圖朦蔽調查團耳目。故近來本莊指揮下之漢奸于冲漢，吳恩培，闞澤等輩，忙碌異常，于冲漢所擔任爲總務及政事部份，臨時將自治指導部總機關取消，招集書手數十名，趕造擁戴名册，包刻圖章，起草請願呈文，送存本莊繁處，備交調查團閱看，作偽國成立係民意之證據。吳恩培担任金錢供應包辦商界等事。闞澤担任迎接調查團來瀋陽之任務，已將由瀋陽至山海關各站所用之日本人數百，一律改穿中國衣服，冒充順民，一切佈置，均極盡周密之能事，總指揮則爲士肥原，正忙於巡視各站，宣傳訓練，俾於調查團到達時，不致滲漏，亦可謂無微不至矣。

至軍事方面：本莊繁秘令偽奉山路沿綫日軍，於國聯調查團東來時，暫退至鐵道外一英里；楡關軍隊則暫撤至南滿路附近，各日人顧問亦暫離職，並極力掩滅暴跡。

拒顧出關事，完全出自日人意旨，偏日政府見調查團堅決反對，有拒顧即拒全團之表示，當即轉風使舵，假意調解，並獻改道之議。四月十五日日政府電囑國聯調查團日陪員吉田，轉告李頓勳爵，從大連入東三省，請先視察南滿鐵路區域，該處日軍能予調查團員及顧維鈞以完全之保護，並囑吉田說明，如調查團乘火車經山海關入東省，則難以担保調查團之安全云云。是日本將拒顧之責，卸諸偽組織，迴避責任之陰謀，昭然若揭矣。

5. 其他

東北各地自被暴日蹂躪後，社會秩序，迄未恢復。東省工業，原極幼稚，半年以來，則以大局劇變，完全停頓。各大城市商業，亦均停滯，毫無活氣，社會經濟，完全破產。即以瀋陽而論，城內各大商號，至今未復業者，猶占十分之八以上，日人操縱下之偽市府，因市面蕭條，收入不能維持政費，乃任意增稅，人民負担驟增，困苦不堪言狀。

日閥爲麻醉東北人民，決定鴉片公賣制。叛逆承日意旨，實行毒害人民政策，獎勵民間廣種鴉片，飭令各縣傳知鄉民，凡在距鐵道線六十里內，一律禁種高粱，改種罂粟，并即日實行烟土專賣，已訂獎勵法，由日人包運銷關內各處；其運銷內地者，仿蘇聯國營專業法，由偽政府組機關委日員辦理，贏利與日方平分，現已向台灣鴉片公賣局調大批熟手日員，從事辦理。預計專賣純税，種土税，販運贏利三項，年可收入三千五百萬。

又如自偽府成立後，關內報紙，即不許自由閱覽；閱者如被日方檢查員發覺，竟處徒刑八年，誠爲世界空前殘酷之禁令！

二、暴日吞佔之急進

日人任東三省，專以武力干涉政治。此次傀儡政府之成立，意在用中國奸民作招牌，欺騙世界；而日本則潛匿其後，操持實際政權，換言之，長春機關，特日本關東軍司令派之傀儡；偽國尚不啻受東京政府之指揮，特受關東軍司令部所派顧問等之指揮而已。觀夫日本向東北增兵，由五萬人增至七萬五千人，一方固在防俄，其目的乃在於久佔。日本官方表示：「滿洲新國成立後，形勢已完全改變，在新國未能證明有獨立之維持安寧之能力以前，日軍必須援助新政府，維持各地治安；故日軍或將長期駐紮南滿路區域以外之地點」。此即日軍將無限期的駐紮東北之表示。

四月五日日內閣決議，通過陸軍省東北陸軍換防計劃，名爲換防，實即增兵。決將在滿部隊警備地域擴大，派第八第十師團之全部及若干特種部隊赴滿，軍隊出發之命令已下：第八師團於四月十四十五二日出發赴大連，第十師團亦於十五十六二日由宇野出發，該師團抵東省後，日軍之總軍力增至五師團。日本陸軍省預測東北將在本年春夏兩季發生延續之戰爭，故認爲有派遣援軍進駐東北各城鎮之必要。近日綏中，農安，方正，海林等處，日軍用飛機，裝甲車等猛向義勇軍襲擊。

自東北偽政權開始運動以來，日軍在東三省者，即大行調動，其配備之目標傾向北滿方面；計哈爾濱有多門師團及村井混成旅團，黑龍江有鈴木混成旅團，並將獨立守備隊之警察區，延長及於吉長，吉敦，四洮，洮昂路線。及長春偽組織告成，日軍更分佈其兵力於中東路東西兩區線之各要站，實行其進一步之野心；除天野旅團已由哈爾濱向一面坡，海林，寧古塔等地節節推進外，又於四月十九日分遣相當兵力，進發呼蘭安達等站，以充實東鐵西線之力量。現日軍以哈埠爲中心，所有中東路東西兩線，已成武裝密佈之勢矣。

其次即爲大規模之屯墾移民積極計劃，日拓務省設置殖民機關，決採集團主義，使一村一團，全移東省，以謀文化之傳播；並使未成年之青年，來東省與我國未婚女子結合，以便使其久留；更將數十萬失業工人移來東北，從事鐵道及開礦工作。計劃每年移民百萬，所移之民，組織自衛團，由日政府供給槍械。日本在滿軍政當局，已將移民計劃案決定，其概要如次：

一·物色適當土地，區劃的建設日本村，作集團移民。

二·對於集團的農業移民，一家（平均四人）借予二千元之低利資本，數年以後，分期歸還，此二千元之內，以千元購土地，二百元建中國式住房，二百元充雜費，二百元購農具，其餘四百元爲一年內之生活費。

三·移民事務，由各省縣及公共團體主持辦理，衛生及文化施設，由在滿各日本機關，經營一切。

四、第一次移民，由在鄉軍人中募集。

五、低利貸本，與政府交涉設輸。

農業方面，日本決將東三省之未開地，以開發殆盡爲宗旨。其大體以遼寧省爲農業集合地帶，經營農作物及園藝；吉林省爲採伐森林地帶，設置採木公司及造林局；黑龍江省爲農業粗放地帶，設立大規模之畜牧場。

工商業方面，日本各大工商業團體，已分派專家前赴東省調查，以便在滿建立工廠或分設分店，下列公司，已決定擴張計劃：

帝國電氣會社　在瀋陽建工廠及分店
東京電氣公司　擴張大年在大連設立之工場
日本電氣會社　日本滿洲間電傳照像計劃
大倉組及古河電氣　擴充大連分店，發展建築貿易，古河電氣會社亦謀擴張銷路
電氣社　擴張電動機銷路
內外綿會社　擴張錦州工廠
日本佛特　擴張奉天工場及馬家屯分廠，謀壟斷中國汽車銷路
加硝子（玻璃）會社　輸出鹽化石灰
日本塗料　新設大連及瀋陽分店
日本，第一，明治，千代田，帝國等生命保險公司　增加貿易，
滿洲棉紡在大連設分工場
日本麥精　在瀋陽設新廠
日立製作所　擴張大連分店
合邑造酒會社　在各處設廠造酒
富士製紙公司　在滿洲設工廠

其他如：（一）日軍近在濱梨子灣北地方，勘量田地三千畝，地價由傀儡政府代出，每畝按洋六角，強行收買，闢爲廣大飛行場，強拉附近民夫千餘名，興工建築。（二）遼西各縣，日軍嚴令村民將存糧輸運入縣城，以資操縱民食。（三）叛逆依照日方所擬計劃，擬劃興安區屯兵境爲南北東三省區，預定興安北省以海拉爾爲省會，南省以達爾汗王府爲省會，東省以甘西爲省會；關於各僞分省公署之官制，亦完全經日方制定。（四）日人又慮路警之不爲己用，在瀋陽招考大批警察，規定者取日人十分之五，華人十分之三，朝鮮人十分之二，考取警察五千，日人竟佔半數；此項警察，分配於瀋海，吉海，吉長，吉敦，奉山各鐵路，原有路警，一律撤去。（五）瀋陽兵工廠經日方改爲滿蒙軍器製造廠，直轄於關東軍司令部，廠長則爲日人守田。（六）指使僞政府頒發對我國內部糧運輸出禁令，以實行壟斷東北特產，而打破東北農村經濟主力，僞奉山路業於四月十五日遵令停運。

凡此種種，均爲日人積極經營滿洲之事實也。

三、三千萬人之掙扎

日人亡我東三省，但決不能亡我三千萬之民衆！半年以來，處於水深火熱之東北人民，莫不悲憤填膺，誓與暴日及叛逆作殊死戰。觀夫各地義勇軍風起雲湧，前仆後繼；民間之因反抗暴日而殉國者，比比皆是，如吉林之蓋文華等十三人，秘密運動反日工作，被日軍槍殺，則尤爲壯烈。「恢復領土及國權」，「武力對抗日軍」，「打倒僞政府」，「實行三民主義」，此四種決心。蓋爲東北三千萬民衆臥薪嘗膽所不能忘者。東北同胞救國大會，發表否認叛逆僞組織宣言，具見真正民意之所在也。

一月來義勇軍大有進展，叛逆軍隊紛紛反正，日軍首尾不能兼顧，疲於奔命；今後義軍實力，只有日見擴大，叛逆集團固極度不安，而統治東三省之日閥，亦未見其能暢所欲爲也。茲將義勇軍近日情況，分述如後：

【綏中】　綏中方面，我十三路義勇軍，聯合十七路進攻綏中，三月十九日佔綏中站，旋於二十日退出，二十二日重復佔領。日軍用坦克車進攻，但義軍浴血死戰，卒獲全勝；近日瀋陽綏中間義軍活動甚力，各路分向預定地點集中，以便聯合進攻瀋垣。

【農安】　農安方面，東北民衆自衛軍約三千名，三月二十八晨攻克距長春約三十五里之農安縣城，城內原有駐軍熙洽部一團反正，加入自衛軍，採取一致行動。現農安義軍與東南方面各軍聯絡，取大包圍漸進形勢，進襲長春。日軍及熙洽等逆軍反攻農安，均不得逞。長春形勢危急，宣佈戒嚴。

【方正賓縣】　丁超李杜所部自衛軍約三千人自方正攻賓縣，與熙洽逆部激戰甚烈，日軍亦在熙軍後方督戰，沿綏線石頭河子一帶，已被自衛軍包圍，下城子亦經克復。自衛軍因得民衆協助，頗佔優勢。

【中東路東段】　吉自衛軍兵力約三萬五千人，集中中東路東段，該地形勢非常嚴重，所有中東路東段之日軍及日僑，已完全撤至一面坡，最近該地發生數次激戰，結果自衛軍已將日軍退出之區域完全佔領。

【海林】　在海林方面救國軍王德林部，在海林與日軍激戰，日軍敗退一面坡。該方救國軍與自衛軍，人數極衆，軍火亦甚充足。四月六日佔領和龍，汪清二縣，劉延邊二縣，已全入該軍掌握。

【齊克線】　敦化，扶餘，一面坡等處之義勇軍，集中於齊克線，決於最短期內度過訥河進攻黑垣。

其他如錦縣，打虎山，滿站，帽兒山，石頭河子一帶義軍，均起而與日軍及叛逆軍隊作戰；又延吉一帶鮮民，亦聯合東北民衆自衛軍，奮起抗日，形勢極爲緊張，同時間島方面反對叛逆行動，亦日趨嚴重。

此外尚有足堪爲吾人極端注意者，即馬占山於四月十二日通電反正，並對日本製造僞國眞相，宣佈無遺，刻馬部集中，準備與日閥激戰。

馬占山文電，不啻代表東三省官民，以呼籲陳述於世界輿論之前，使對於東三省現狀更得到鮮明確切之認識，爰亟錄之於次：

(銜略)溯自暴日以武力侵佔遼吉後，雖其代表芳澤，屢向國際聯盟聲明，決不破壞中華領土之完整，但其事實積極進兵，併吞江省之志，日益迫切。初則利用張海鵬部進攻，繼則竟公然以修護江橋爲名，調集大隊日軍，逼迫省垣。我方以尊重國際聯合會決議案，及非戰公約，竭力避免衝突，冀以保持世界和平，免地方之糜爛。並屢電我施代表，提出國聯，作彼反省。乃封豕長蛇，得寸進尺，狼子野心，貪婪無饜。占山守土有責，遂不得不實行我國家自衛政權，以兵戎相見。當時我軍義憤塡膺，人懷死志。晝夜戰守，絀薄營晉，卒以軍械不敵，益以敵方飛機，日向省城內外居民擲擲炸彈，占山因重人民之籲請，并尊重國聯之公決，始將所部撤退海倫一帶。此已往與敵戰爭經過之事實，業經迭電宣佈，諒邀共鑒。迨撤退海倫後，正在積極籌備軍實，作最後之奮鬥，而哈爾濱之戰事繼起，遂一面派隊堵截，駐江日軍攻哈，一面以主力軍隊援助丁李，計從此兩軍銜接，東西堅握，庶使暴寇軍力，咸不得逞。不意我軍甫抵松花江北岸之馬家船口，而丁李各軍已不支而退卻。日方或知我軍援哈舉動，決計由齊克呼海兩路用重兵夾擊，以期消滅我軍實力。當是時也，前有強敵進逼，後無要隘可守，內而械彈缺，外而孤懸援絕，危急存亡，間不容髮。占山自幼從戎，歷經戰陣，生死二字久已置之度外，顧念死或重於泰山，或輕於鴻毛，若賜一軍忠義，以與強寇銳利無情之砲火相搏，結果徒供一時之犧牲，快敵人之心願。恢復之機，益將絕望。反覆思維，欲解決目前難關，惟有相機應付，緩敵進擊，庶可保存我軍現有之實力。俟時機一到，再圖反攻，并可藉探日人侵略我方之真確計劃。故不惜冒險赴哈，會晤日本多門中將，本虛與委蛇之宗旨，揣摩其間，而東北一線之生機，庶得保留，此占山應付日人經過之曲折苦衷也。夫國際尚尊重信義，道德，未有徒恃暴力欺詐而可以得世界文明各國之同情者。乃日本不顧一切，甘冒不韙，其計劃之毒，出人意表。茲者，國際調查團，不日東來，若不將占山四十餘日親見親聞之日人種種陰謀揭破，宣告於世界，誰復知日人之鬼蜮技倆，更誰知我東三省三千萬民衆處此萬劫不復之地獄耶。當二月十六日占山爲明瞭日人製造滿洲僞政府之真相起見，又因日方邀請復冒險赴遼審會議，翌日晤日本關東司令本莊。據稱東三省大部已被日軍佔領僅吉黑一小部份，諒難抵抗，希與日方合作等語。是晚又強迫在趙欣伯宅會議，凡占山所提取銷僞國案所出之方案，咸被日方拒絕。十八日託病返回海倫，據趙仲仁報告，十九日日軍部竟強迫張景惠成立僞國，籌備委員會，并令張景惠趙仲仁率日方所收買遼吉黑三省之僞代表十二人，同赴旅順，敦請溥儀爲僞國執政。並由日方授意溥儀，三次推辭，代表三次敦請，始完使命。三月九日爲僞政府成立之期，占山本擬托故不從，但爲避免日方猜疑計，不得不去長春一行。

十日日方，現充僞國務院總務廳長之駒井及僞高等顧問松垣，以軍政部命令開國務會議，發表僞政府設總務廳，掌管各部。一分實政，凡有政令，不經該廳蓋字蓋章，即不能執行。十一日松垣駒井又在國務會議發表日本軍部擬將由日人占充僞政府官吏之中數，及各僞省府官吏十分之四。現暫經減少停派加新政府百數十名，旋經議及日人入籍問題，繫治曾有審愼之提議，當被駒井松垣等嚴詞申斥。並謂凡居留東省之日人，均由鐵血換來，自應定爲新國國籍無愼審之必要。至於是否脫離日本國籍，日人自有權衡，豈容他人過問。復又當衆述吉黑三省各設總務廳並警務廳，均由日人充任。總攬各省全權，惟江省總務警務兩廳，以占山極力反對，故暫允緩三月後再由日人採充。迨至十六日本莊來江視察大興陣地，曾謂月本，已具決心無論如何犧牲，決不放棄東三省。如有反對新國家者，即由日本軍隊完全擔任掃滅責任。縱有第三國出而干涉，亦必與之宣戰。至於政令自可按步進行，惟須經駐在日軍部之許可乃可。又駐哈特務機關長土肥原及駐江鈴木旅團長擊稱：日本得東三省後種種軍事材料充足，將北從蘇聯東抗美國，胥於此次立基礎焉。又復於土地交通金融教育爲積極之侵略，僞國務院議決：(一)凡東北土地已經出放者，若地主爲官吏舊軍閥，則全數沒收，若民戶畝數較多者，則以官價收買其半數。其未經出放者悉數收歸僞國所有，以備日政府實行移民之用。(二)呼倫鐵路，爲我國江省精運之樞紐，日人與張景惠之約，以三分之一代價三百萬元，強迫抵押。雖訂期五十年，實無異於永久佔領。又恐占山不能承認，商補簽字，當被嚴詞拒絕。近聞又向僞國交通部進行矣。(三)籌備滿洲僞國家銀行仿朝鮮銀行辦法，以爲操縱金融，吸我脂膏之企圖。乃摧殘我學校，侵略我文化，凡學校除駐兵外，將我原有部定各級學徒僞國之教科書，悉加删改，參以親日意旨以達其消滅我民族性之能事。而於言論尤極摧殘，甚至假造輿論，淆惑視聽，抑且慘殺我智識階級。凡曾受教育具有愛國心者刺殺活埋。如前財政廳長孫廷瑞，光泰路局長張魁恩等，均遭慘害。

綜觀以上事實，是日人併吞東三省之野心，及破壞世界和平公約，已屬骨表現。乃對國際鬨狰譯稱滿洲新國之成立，爲東北民衆自決之行爲。而實則迫勒威脅，無所不用其極。所謂民意，純出日人僞造而已。語云，一手掩盡天下人之耳目，此之謂也。占山一介武夫，愧乏學問。惟上承國家倚畀之重，下受人民付託之殷，故近月以來，冒險忍辱受謗，以與漢賊不兩立之國仇虛相周旋。所以然者，不過欲俟農民春耕之時，所部稍事蘇息，再圖大舉，以竟全功。現在日方假造之僞國眞相已明，調查團不日東來，業已覰此正其時。爰將所部軍隊，暗中分布要隘，於四月七日急來黑河。所有黑龍江軍政兩署重要人員，先已悉遣到黑。關防印信，一併攜來。即日照常工作，進圖規復。雖明知勢蹙力薄，難支大廈，然救國情殷，義無返顧。蒔河焚舟，早具決心，成則爲少康之一旅，敗則效田橫之五百。一息尚存，誓與倭奴周旋到底。成敗利鈍，在所不計。嗚呼，國家不造，竊起强隣，白山黑水，同罹浩劫。此後不斬樓蘭，誓不生還。惟委曲求全之苦衷，恐不爲國人所見諒。故將中間經過之詳細情形，電達左右。昔日壯繆歸曹，心在漢室。子房輔劉，心切存韓。占山庸愚，心竊慕焉。知我罪我，惟在邦人君子，臨電悲憤，不知所云。黑龍江主席馬占山叩文印。

★　★　★　★

總之，東北叛逆集團，完全爲日人直接組織指揮之機關，中國決不認有「滿洲國」之發生，此種破壞中華民國領土之行動，責任完全在日本。易言之，日本軍隊如果撤退，則此種鬼影組織，立可刻滅。抑尤有進者，日本之强佔滿洲，固有其更遠大之企圖，北侵蘇俄，東抗美國，破壞中國完整而促進世界戰禍，此誠非中國一國之問題，凡各國國民均有深切之利害，不容忽視，觀於蘇俄對日態度日漸明顯，且作軍事準備；美國艦隊集中太平洋；而大批日軍向北滿出動。此皆不可諱言之事實，則知感受重大威脅者，絕不止中國已也。

一悲壯熱烈之各種抗日組織

右為濟南學生來京請願團抵浦時之一瞥，（西玲）

首都女生為援馬向路人勸捐之情形（中華）

上為廣州女生為援馬在馬路上向汽車乘客募捐之情形

上海青年組織之援馬抗日團三百餘人已於十二廿六日出發，圖為團長張少傑向歡送者致訣別詞

海外華僑之抗日組織圖為南美智利華僑組織抗日救國會附宣傳會議之情形

濟南學生請願團之一部份女生（西玲）

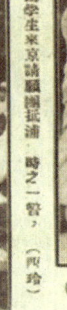

日人對滿洲侵略狂熱之一班

下爲遼寧日僑一萬餘人舉行反對撤兵之大遊行

左爲東京青年團以葡萄酒慰問侵佔我滿洲之軍隊。

下爲日本第二師團補充隊準備向滿洲出發！

東京日人組織之慰問駐滿洲日本軍募捐隊

日東京學生對侵滿軍慰問之狂熱

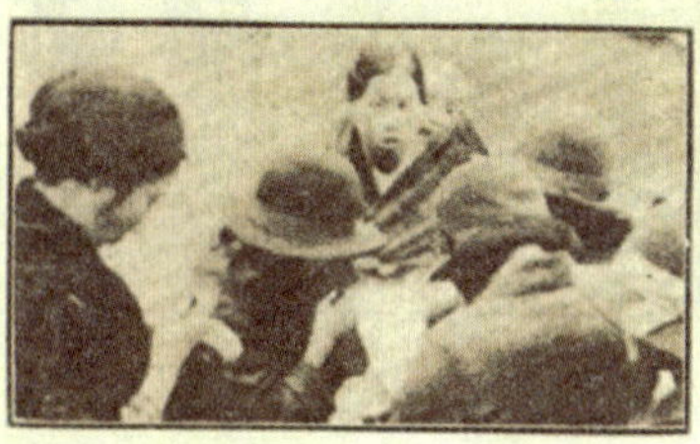

日婦在街頭縫避彈肚帶之狂熱（日俗謂千人一針之肚帶可避彈丸云）

日本青年募款補助侵滿之日軍謂爲國防費

孤軍抗日馬將軍——日寇在東省之暴行

十一月十六日國聯開會討論東北事件之情形

孤軍抵抗暴日之黑省主席馬占山將軍

暴日於上月間突出騷擊唐家窩舖上圖為我方抵抗最力之中山號鐵甲車

日寇在饒陽河一帶之砲隊正在向我方射擊之情形

日寇在饒陽河一帶暗襲我方之情形

勵家窩舖被日寇破壞之路軌

饒陽河32號橋破壞之情形

進襲齊齊哈爾之日騎兵

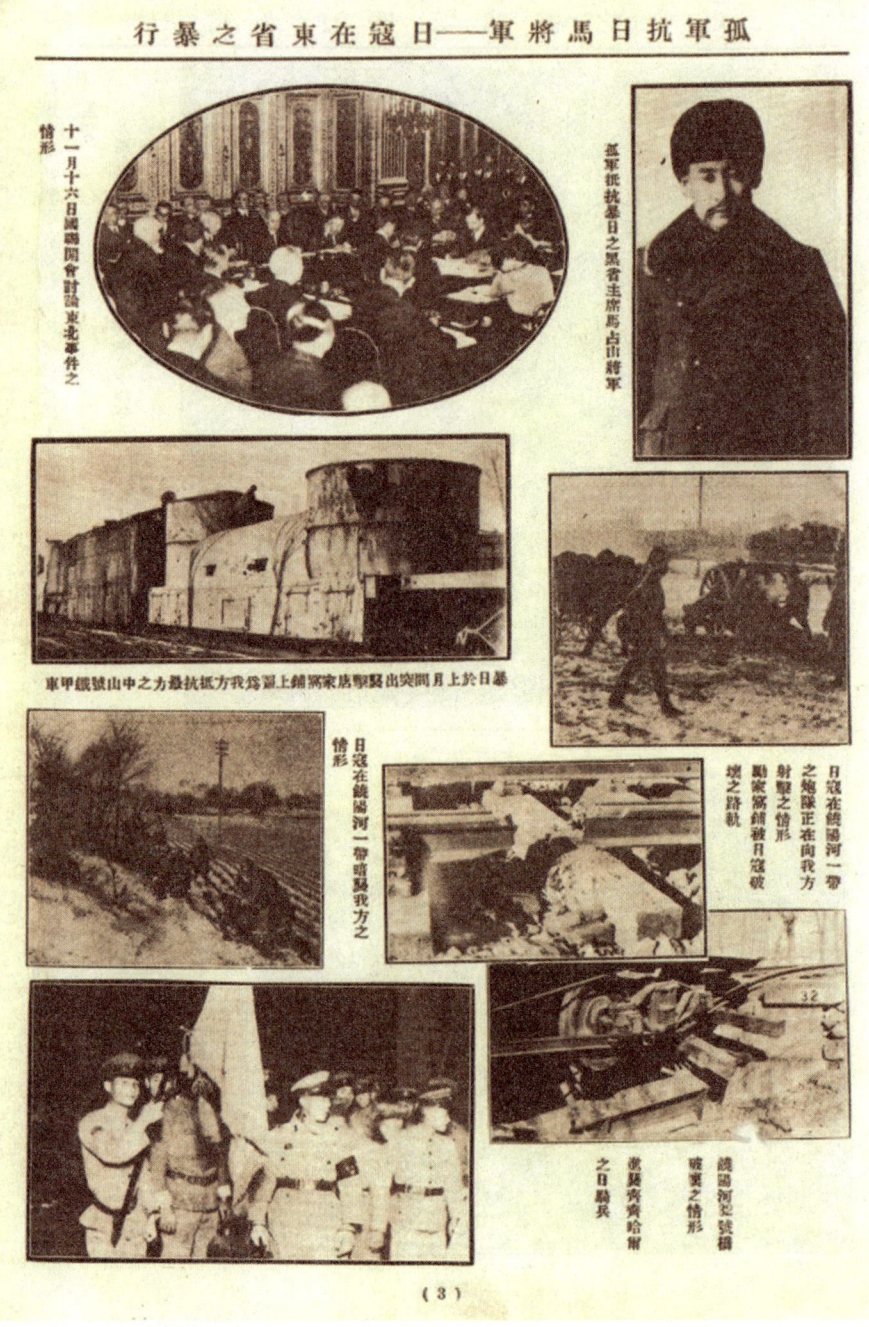

日機轟炸閘北市區之一斑

日軍自開始襲擊我國駐軍後每日必派大批轟炸機向閘北各市區擲彈

左圖爲投下之重磅炸彈深入泥中幸未爆炸

下圖爲被炸燬之會文路湖州會館殯舍

(10)

深入我國腹地之日本軍艦

滿佈長江沿岸之日方戰艦

下爲停泊上海日領館前之出雲旗艦（日軍司令野村植田白川等均在此艦辦公）

左爲停泊黃浦江口之日本軍艦

（下一）爲停泊楊樹浦公大紗廠（日軍司令部）前之日本戰艦

（下二）爲楊樹浦江面之日本戰艦

（下三）停泊蘇江江面之日本戰艦

災後之閘北——日軍施用達姆彈

我軍因戰略關係退却後，日兵與漢奸對本各處縱火，乘機規掠，圖爲在租界遙望閘北，火光亂沖雲漢之慘狀

閘北戰後之殘跡

上爲上海北站被日機轟燬後之情狀

上左爲虬江路一帶之商店民居，均被焚燬

左爲寶山路商務印書館工廠被焚後之情狀

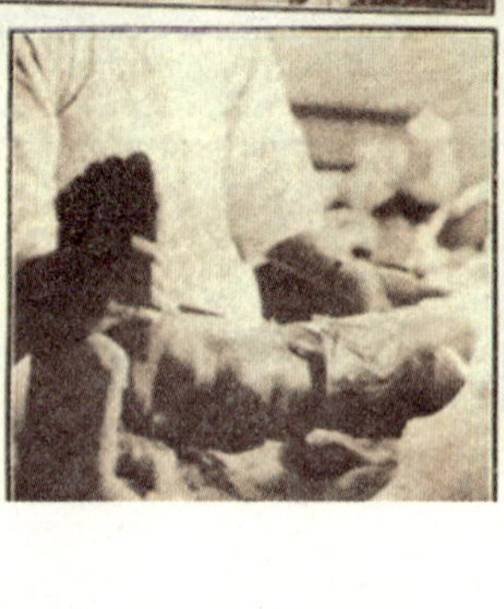

日軍此次作戰以屢戰屢敗，遂不惜用慘無人道之達姆彈圖爲我軍士中彈後傷口潰爛之慘狀

下爲區民紛紛遷避情形，骨肉有由此流離。

——接收闸北失地——

淞戰協定成立後，我方于五月十五日視察閘北四區，十六日實行接收。左圖爲視察閘北警察教練所之情形。

1. 公安局[illegible]強
2. 公安局大隊長王明
3. 日海軍副官小[illegible]四雄

（李尊庸）

我方接收委員自閘北日軍憲兵司令部前往各處視察之情形

（李尊庸）

公安組視察閘北維持會之情形

（李尊庸）

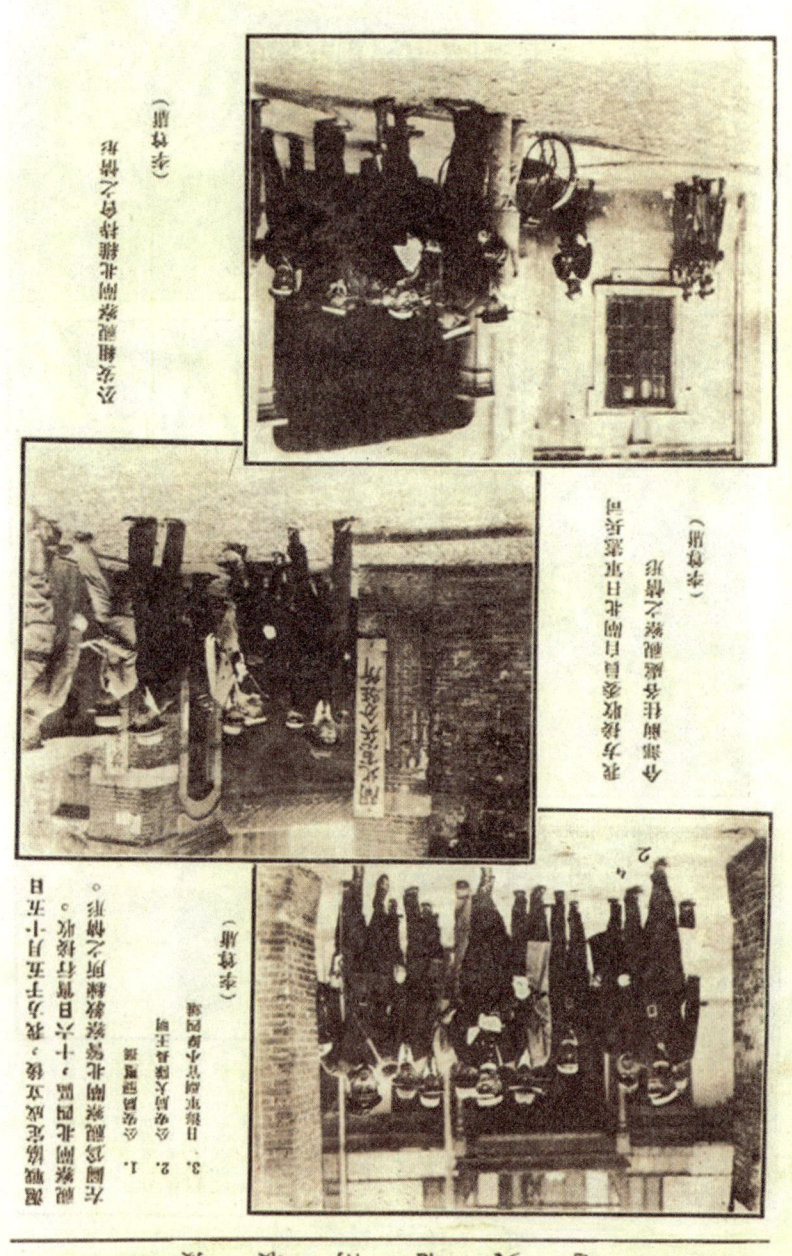

抗日健兒

自滬戰發生後，我方在前線奮勇抗日者爲十九路及第五兩軍，惟社會人士以報章紀載，多屬十九路之戰報，而對于第五軍則每多忽略，故本刊特覓得曾在戰事最烈之廟行，蘊藻，朱家橋等役中作戰最力造挫強敵之第五軍攝影以饗閱者。

右爲第五軍八十七師二五九旅旅長孫元良氏

下爲我旅奮獲之戰利品

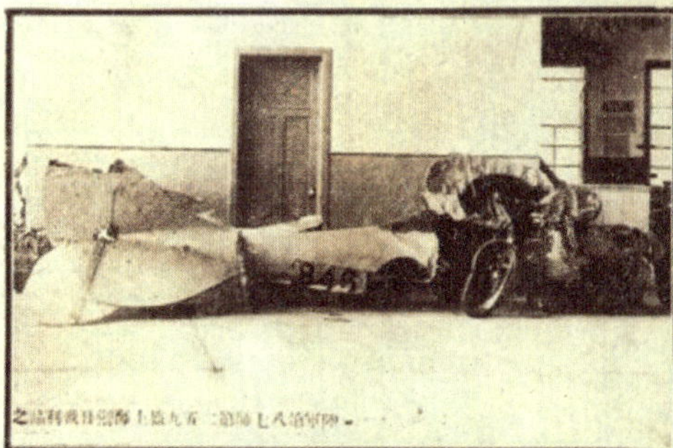

陸軍第八七師第二五九旅上海繳日戰利品之一

下爲二五九旅奪獲戰利品之一斑

馮大義勇軍于滬戰發生時由馮庸氏率赴前綫服務

上圖爲在我軍未退出淞滬時副總指揮戰鍇氏在楊林口監督工事之情形

左圖爲馮大義勇軍之女飛行隊

午攝贈

遼寧義勇軍戰報之一斑——閘北漢奸之通告書證物之一斑

東北遼寧義勇軍之戰報與函件

(下)爲新台門義軍第四路指揮部戰報

(左)爲大屯義軍司令金德曈之函件

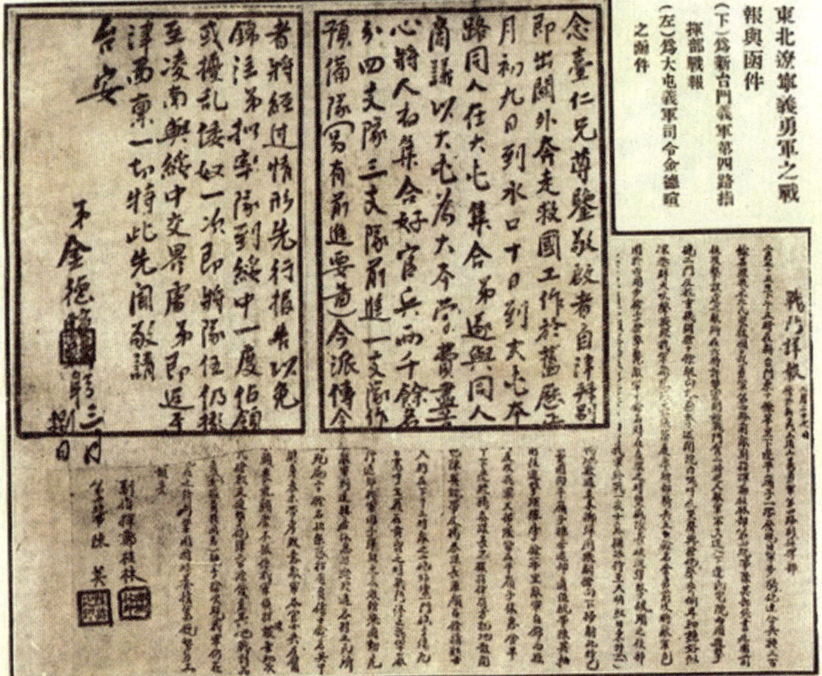

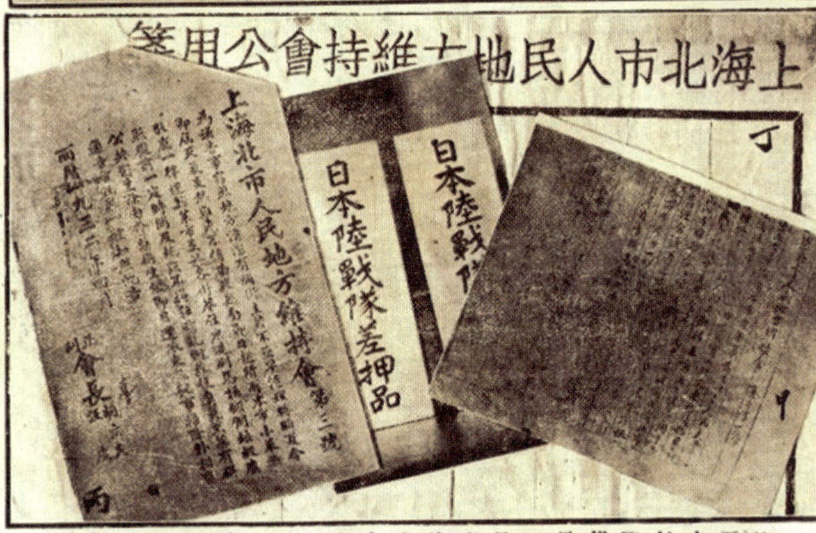

日軍佔據淞滬後，閘北少數漢奸，在日兵卵翼下組織地方維持會，以供日軍驅策。下圖爲五月十五日我方實行接收後在該僞會內檢出物品之一斑。

(甲)漢奸胡立夫親筆起草之第一號通告

(乙)日軍役使漢奸運輸之證物

(丙)僞會張貼之通告

(丁)維持會公用箋

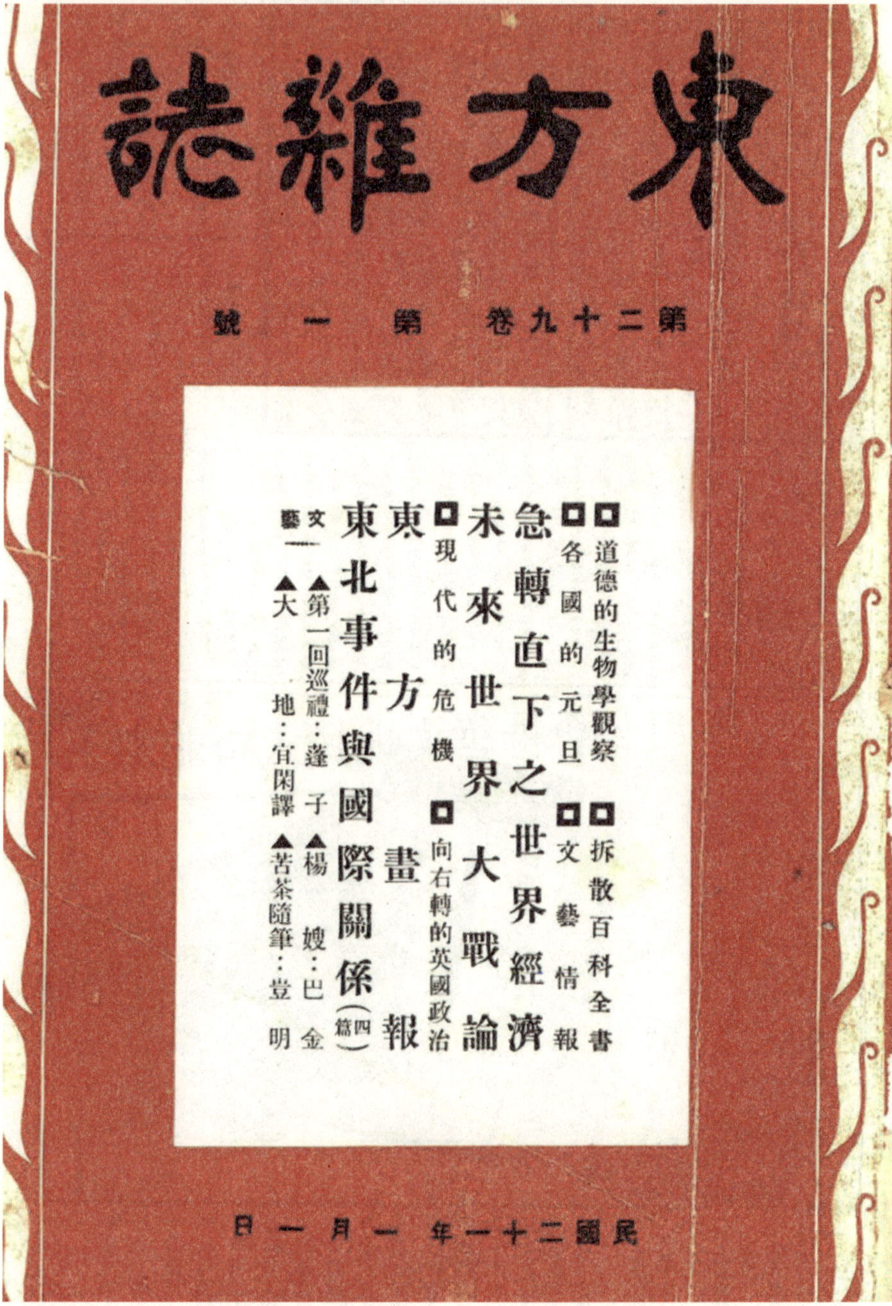
東方雜誌

第二十九卷 第一號

□道德的生物學觀察 □拆散百科全書

□各國的元旦 □文藝情報

急轉直下之世界經濟

未來世界大戰論

□現代的危機 □向右轉的英國政治

東方畫報

東北事件與國際關係(四篇)

文藝一 ▲第一回巡禮：蓬子 ▲楊嫂：巴金

▲大地：宜閑譯 ▲苦茶隨筆：豈明

民國二十一年一月一日

日本擾亂天津事件

天津於去年十一月八日，突有便衣隊之亂。該便衣隊係由日租界集合衝出，所用武器亦由日軍借給。幸公安局警士極力奮勵，始將便衣隊擊退。拘獲多人，均有徽章，所用手溜彈註有大正年號。故此事件可斷爲日人所指使。其後日軍一面砲擊華界，爲便

（上）天津日租界總街日軍之警備

（右）中日交界處日軍鐵甲車之防備。

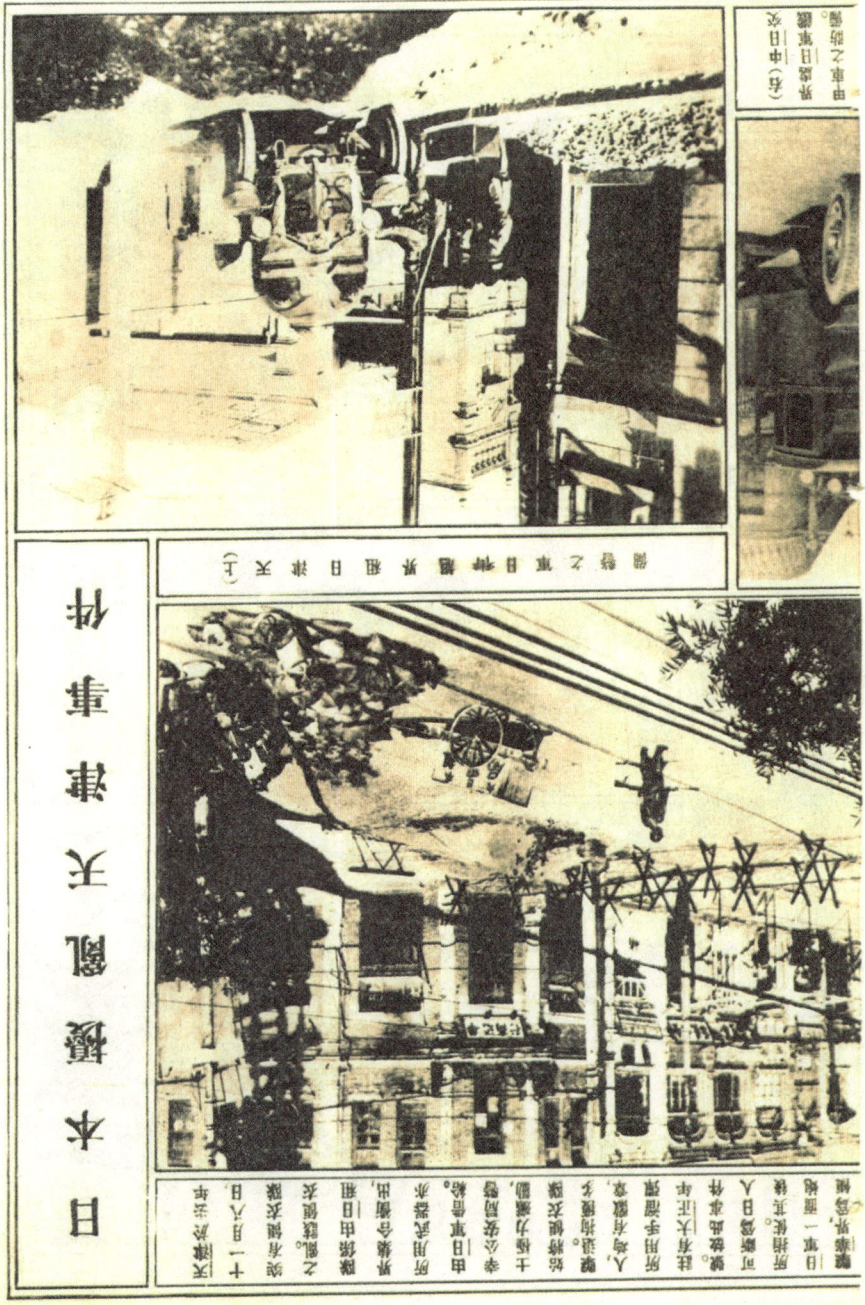

衣隊助勢一面防守租界，極爲嚴重，如臨大敵。

（上）天津南開中學附近保安隊之防守。

（右）便衣隊所用之手溜彈，有『大正十五年製』之字樣

（下）被拿獲之便衣隊均有白底藍邊之徽章。

（上）便衣隊輸運武器之北洋汽車。車前槍械卽便衣隊所遺留者。

—五三—

石室学报

中华民国10年（1921）11月，综合性刊物《石室学报》在文翁石室创刊。原由留京成都联合县立中学校同学会编辑部编辑。民国25年（1936）至民国31年（1942）停刊，民国32年（1943）12月复刊，编辑者改为北京旅外石室同学总会，并由历届旅外石室同学总会编辑部编辑出版，被民国政府“中华邮局特准挂号认为新闻纸类”,在国内外发行。凡旅外石室同学会会员及母校教职员均可获赠一册。东京石室同学会及北京石室同学会则设有代售处。从1921年始，除少数例外，《石室学报》基本上每年一期。

旅外石室同學總會發行

要目

正統派之三大經濟學家及其代表作	嚴　肅
國際間原料品的操縱	劉心銓
羅素論『性與個人的福利』	李惟遠譯
複數	樊懷義
人造絲　劉拓博士講演	蔣錫智記
我國蠶業概況	蔣錫智
科學流變的史料	任壽彭
未來的詩(論文)	非
她要兒子(散文詩)	非
影	李惟建
我們坐在漁家	賀麟譯
澤畔野薔薇	賀麟譯
致大公報主筆書	徐用儀
國立大學介紹(附二十年度入學試題)	編　者

第八七合刊

石室學報

《石室学报》封面

九一八事變回憶

師 進

作此文的動機

在這內憂外患天災人禍的中國，更加上這次亙古未有的奇恥大辱的東省事變，誠國難多事之秋矣！我生不辰，而更親罹事變，這是我萬萬夢想不到的。虎口餘生得慶安返故都的我，現在回憶起來，還有餘痛呢！遠在西蜀的朋友，時有來函，詢問當時事變情形，我因眼見大好河山，淪亡異族，悲憤之餘，更感愧無以對我故人，所以對於很多朋友回信，都是隨便的告述一些，現在藉石室年刊的機會，將我所能回憶的，照實寫出，也許夔門內的朋友，和一般要想知道當時事變情形的讀者，或可更略知一些，同時也可作爲我生命史中紀念的一頁。不過，因爲種種事實上的困難，不能任意的跑到各處，見聞一切，所以這些零碎不完的回憶，大都偏向於東大學生生活的寫實，這是不能不表示抱歉的！

赴東北的原因

久聞東北最高學府的東北大學，經費充裕，設備完善，而且不受任何政潮影響，環境很好，可稱是個安靜的唸書地方。加以赤白色帝國主義兩面夾攻下的東北，國防上的危迫和重要，自不待言了。但日俄勢力的進展，和侵略併吞的種種行爲，事實上究已怎樣呢？恐怕在關內的人們，大都坐而論道，未曾實地的去考察過，因這兩種內心的趨使，所以在這暑期中應考東大幸蒙錄取後，便同石室同學蕭君毅然決然的前往了。可惜我去不久，計算起來，從北平到瀋陽，一直到九一八事變發生，再由瀋返平，其間恰只一個月，在這短促的時間，更非人地兩疎的我，對於一切願望，所能馬上滿足的。

事變前的醞釀

日人所謂滿蒙者：包括奉天吉林黑龍江及內外蒙古，廣約七萬四千方里，人口約三千萬人，其出產蘊藏之富，早令日人垂涎百尺了。日人朝野上下所謂的大陸政策，自然是以我國爲對象。他們在這二十年中，對東北侵略併吞的計劃，是不因內閣的變動而有變動，不過有緩進急進的不同罷了，其一貫精神，却是始終如一的。至其用心的深遠，手段的毒辣，請看田中義一奉奏日皇的所謂對滿蒙積極政策，眞令人不寒而慄。我到東北時正逢中村事件發生，鬧得烏煙瘴氣，日人小題大做，借題發揮，在全國各地大開其追悼之會，及盡宣傳之能事，猶以爲未足，更從事於銀幕上表演，再加以新聞報紙的鼓吹，羣情激動，大有不可一時之概！這是以後藉口保護僑民，實行出兵的預定計劃；同時瀋陽已可見日人各處挑釁的舉動，而城內日軍巷戰演習也，更是家常便飯。時東大校內相傳；謂日軍近派有偵探在學校附近偵察一切，如有軍事行動時，第一步即佔領東大，以爲兵營，當時有些同學俗疑參半，有些以爲神經過敏，捕風捉影罷了。又在事變前幾天，日軍由南滿路運到瀋陽的大礮不少，同時又飛來不少飛機下降日軍停機場，所以當時全市人民，總覺有些不安，大有一種不可思議的恐怖快將臨頭的樣子。

事變的發動

砰的一聲，便在這黑暗籠罩下的瀋陽暴發了，全市人民大都由醉夢中驚醒起來，約在一點鐘的時候，而九一八的奇恥大辱，便如此開始了！我因身體不好在九點鐘的時候便去睡了，幸好住的大寢室，同學約有二十人，所以我便在這人聲噪雜中把我驚醒起來，室中電燈，早已熄了，只聽着大約不遠地方傳來的隆隆礮聲，有時更夾雜些大礮聲音；同時，室內各人的聲音中帶着一種非常驚恐的音調，我便問問傍近的一位同學是怎麼一回事？連他也莫明其妙的回答我，所以我便以爲是東省素所著名的胡匪來搶學校了；不久，便聽着一種消息說是日軍打起來了，無原無故怎麼會打起來呢？大概是日軍的夜間行軍吧；這是我當時的猜想；俄而，有位同學告述我：說城內打來電話，謂日軍攻打北大營（是奉軍在瀋陽住兵的大兵營離東大約十來里）這消息當然比較可靠了，但爲甚麼呢，便無下文了，我自信的解答：大概是日軍在這夜間行軍同奉軍發生誤會的衝突罷？莫明其妙的羣衆，在這黑暗中各處摸索，大概也是忙於探聽消息；我因身體感覺不安，仍然回到床上睡下，此時噪雜的聲音漸漸沉靜了，大概是因過度緊張後，不免有些疲弛了罷？但是大小礮聲還是繼續不斷的傳達我的耳膜裏，長夜還是綿綿的在那恐怖中前進着啊！

瀋陽全部被陷

十九日晨由城內電話傳來消息更嚇人聽聞了！謂日軍大隊於六時三十分自大西門入城，將全城維持秩序的警察完全解除武裝，並全部驅散，所有各機關門前，貼上大日本帝國佔領幾個字，再站着幾個日兵看守，便算完了！其他兵工廠，迫擊礮廠，又那能倖免呢！離學校不遠一夜攻打的北大營，此刻已無槍聲了，但見火燄四起，一直燃到下午方息，大概是日軍以焚燒的威風，更表示他們的勝利罷？聽說該處東北軍第一旅旅長王以哲因奉邊防司令長官命令，採取不抵抗而退，同時瀋陽附近的中國軍隊也都不抵抗而退走，恐發生衝突呢？咳！國家養兵，專爲內戰的嗎？所謂關東軍司令部的布告也貼出來了，大意是說：日本在滿蒙的特權，世界各國所公認而不敢加以危害的；好膽大的東北軍公然在昨晚將瀋陽站至皇姑屯站間南滿鐵路之一段炸燬並且進攻日軍，他們爲擁護滿蒙特權和保護僑民起見，所以毅然決然的採取自衛行動。與中國軍一種警告？並且還說證據確鑿呢？咳！眞是冤哉枉矣！我們貴大國軍隊，敢於爲害他們，日人以幾小時而佔領瀋陽開全世界空前絕後的創例，我想便不會這樣容易了！這些惡劣的消息，連續不斷的傳來，除令人驚恐中而又充滿着無限的悲憤外，只有聽其自然變化了！

全校混亂狀態的一般

學校各處電話大有應接不暇之勢，都是在打聽城內的消息，有些沒有親友在城內的，也站在傍邊探聽；秘書長的通告貼出來了，召集學生訓話，同學們爭先恐後的來到理工大樓，大概都想聽點甚麼消息似的，在這人聲嘈雜中，秘書長來了，除了一番安慰的話，再加上一些鼓刺的言詞後，勸大家仍然上課，不要誤信謠言，我們應當鎮靜以待才是；話是講完了，大家都表示出一種失望的神氣，聲音漸漸的又嘈雜沸騰起來了；至於以後如何？果眞一有不測，校中各種困難發生時，如何辦理？學校負責人，不知道顧計到這些沒有？同學三五成羣的分散各處，議論紛紜莫衷一是；大都已成驚弓之鳥，心情不安，那有心到講堂上去聽課呢？各班上課的同學，眞是鳳毛麟角，唯有一年級化學班人數較多，教授是位石室同學陳行可先生，大講其毒氣和士氣的重要，鼓勵學生一番。有些班次，不是教員不到，便是學生太少，敷衍了事；我當時想起曾看過的胡適先生所譯的最後一課，在邪敵兵迫處下的法國小學校，還作最後一次的奮鬥；又當歐洲大戰，法人是處於如何的危急狀態，但全國學校，始終在這槍林彈雨之下掙扎，他們的那種奮鬥偉大精神，所以終能戰勝橫蠻無理的强敵德國呢！下午不知從何處傳來消息，謂日軍將佔領學校，屠殺學生，所以全校空氣頓時緊張起來，有些同學早已不知去向，有些四五成羣，手挾小包，東奔西竄，這種傳染病馬上遍及全校，都往附近村莊所謂逃難是也；我曾勸過同寢室的幾位朋友，日軍縱然開來佔領學校，總不至屠殺兩手空拳毫無抵抗的學生，而騰笑世界；並且教育機關不比其他，可以任所欲爲；如此三五成羣的逃往鄉村，難免不招胡匪的光顧，要想安全反而不安全了。結果同寢的二十人走了一半，全校約二千人，至少也走了四分之一，號稱東北最高學府的東北大學，士氣如此，眞堪痛心！日人之敢於不顧一切，也就可想而知了！我理想中强鄰迫處下的東北民氣，反抗的精神如此，怎不令人失望呢？

學生紛紛離校

這夜晚算是平安的度過了，不過由遠處傳來礮聲，還可時而聽着，大槪是日軍的示威和各處搶劫罷？第三天(二十日)學生紛紛逃走更多了，學校陷於混亂恐怖狀態，無形停課了，一片驚恐悽慘的現象，更是觸目傷心！校門內大馬路上只見來來往往的馬車和人力車，大有車如流水馬如龍的盛況；加以校中糧食供給，城內無法運送，行將發生問題，同時，校中某教授的日本朋友，來校慰訪，也許是來偵察一切，但是日軍行將派人接收東大的消息，更甚塵上，所以比較沉靜的同學，在這走風之下，也動搖起來，形不自主的走起來了，直到二十一日，計算起來，未走的，恐不過全校四分之一，我住的寢室，此時只有四五人了。

市長就職城內搶刼

二十一日所謂關東軍司令部委的日本人土肥原爲瀋陽市長宣佈就職矣，佈告的內容，除一套官話外，末尾，還叫人民安心守業，勿自驚擾，聽說市府組織，市長之下分若干科，一切職員可說是靑一色的日本人，瀋陽各學校則屬於教育科辦理，這是某教授的日友來校曾談及的，並且還說學校如有困難可直接與該教育科接洽市長是宣佈就職了，還叫人民安心守業，但城內維持秩序警察旣被解散，所以各處的日本浪人和朝鮮無賴，便趁火打刼起來；雖迫令各商店開門，但商人旣無保障，並且也無生意可做，所以仍然關門大吉；而一般米麥店商人，因恐中國鈔票以後發生問題，可算眼光深遠，所以非現洋和金票不賣，一般貧民，平常都是通用的中國鈔票，一時那有現洋金票，人集多了，其中自然不少一二勇敢朋友，與其餓而待斃，不如挺而走險，於是各處同樣搶刼的消息，紛紛傳來，同時日軍所謂維持秩序，而死於槍刀下的貧苦同胞更層出不窮也！

關內同學相商離校

事變以後，校中報紙，除日人所辦之報和親日報（東省民報）外，外如關內報紙，完全絕跡，這是日人封鎖輿論和斷絕消息的政策，所有關內一切消息完全不知；日本報紙除揑造事實亂載消息，別無所長，就如二日某日報所載，謂事變發動，日軍佔領瀋陽時，全市人民都以爲是日軍演習，大家站在門外觀看；無怪日軍以前常常演習巷戰呢？關內的幾個朋友，一面見於關內的消息斷絕有如聾子一般痛苦，同時都覺得以人地兩疏的我們，萬一事變擴大了，平奉鐵路不通，難道徒步而返不成，加以經濟不接，語言又生阻隔，那時將如何辦呢？在二十日的晚上，大家便在一塊兒商定辦法；我當時的意思，主張從緩稍待，我們關內朋友固然有很多不得已的苦衷，但是那種鼠匿而逃的行爲，總不是受過高等敎育的我們所宜有的，其實，果能稍待於此作一種關於日軍一切横暴行爲的實地觀察，也非沒有相當貸價呢？在關內有志之士，聞風興起，冒險前來不顧一切，而從事於實地調查或實地抗日工作的，定有人在；並且東省三千萬同胞難道都走不成？如此，那眞是日人夢昧求之不得呢!?再看看我們校內已有部分同學和一二敎授們，從事於嚴密抗日的組織，果日軍來校佔領的話，他們這般抱着犧牲一切的決心的愛國志士，無非爲表示東大尙有良心未死的愛國青年，給敵人一個猛烈的警告，這種偉大的精神，是多麼令人欽佩呢！我們這般關內朋友至低限度，也不能見我中華民國的東北大學尙未被敵人的旗幟招展頭上，就忍心的棄而逃回關內！最後相商結果，有些朋友就是聽說火車不能直達北平也決意返平；我同四川的一位同鄉劉君暫緩離校，二十一日晨早，他們都在宿舍前面會齊，各人手挾小包一個，正待人力車來直到皇姑屯站，準備拼命的强上火車，（因爲聽說車站上候車的難民太多了）不多一會，大家便在這生命前途不可思議的瞬間，由心的最深處壓迫出一種不約而同的一聲請了！

城內銀行關閉學校辣手

城內銀行由張學良主辦的有官銀號邊業銀行二個，在十九日二個銀行裏的所存現洋，都被日軍提去了，當然關門，他如中國，大陸，等銀行也都關門了，所以市面金融完全不能流通；東大在各銀行裏的一切存欵，也無法取出，不但學校一切開支發生問題，就是學生伙食費，也發生恐慌了，幸好以前收的出存欵還可維持幾天，因此每天三頓也減少爲二餐了，四五大碗的菜也減少爲頓頓一樣的二碗了，如此，是很經濟，或可多延幾天。但教授們有內顧之憂的，更感困難了，學校薪水不但不能發領，而在銀行裏的存欵，也無法取出，不但要走路費沒有，就是日常費也生問題，學校負責人在情况之下，有甚辦法呢？所以全校由恐怖而更陷於恐慌了！

女同學化裝表演

全校女同學約有百數十人，自事變以後，學校當局因見於女同學之恐怖非常，爲謀安全起見，在二十日便用汽車送至城內某外國醫院，但在第二天該院以人數過多，斷絕供給，不得已再遷往某教會女學校，因感種種不便，所以有部分女同學仍然返校度其恐怖生活；但在過去男女間有若鴻溝的校風，現在也無法維持其尊嚴了，食堂內也可同桌，路上也可同行，晚上也可同宿舍，但不同室，大不拘了，她們的服裝，的確是比從前樸素而不華麗了，聽說還有些女同學曾化裝表演過，大概也是過於驚恐的表現罷!?

胡匪猖獗學校受驚

素以胡匪世界著稱的東省，現在再加上日本浪人朝鮮無賴，更利害非常，所以搶刼之事，遍地皆是，離城十餘里的東北大學又那能倖免呢？雖有數十校警也無濟於事，尤其夜間，更是息不安枕，所以全校工人也都組織起來了，教授和學生也都棒棍起來，每夜輪流警戒，教授們則擔任巡視工作，眞是全校動員了；二十三日下午附近第三中學被搶消息傳來，更是人心恐慌，大有朝不保夕之勢。教員們因開大會决定明日全體離校，並派人與路局交涉，請備車輛返平；時學生方面，人數本已不多，全校不過一百多人，加以教授全體離校，更形孤弱，眼看還可維持二三天的伙食，行將發生問題了，所以多數同學也决定明天走了，伙食負責人同時便宣佈明日起斷炊，也許廚工也不幹了。在這全部混亂驚恐狀態之下，大約是八點鐘的時候，消息傳來，據偵探報告，謂有匪人百餘人向學校進攻，已與我校警界發生衝突，請同學準備；在理工宿舍同學頓時緊張起來，各人手裏都有棍棒一根以防萬一，當時我找遍各處，一無害得，後在校工室內，發現長約尺五的鐵棍一根，以爲武器，乃偕同學數人，問好口令，出外探聽消息，匪徒約五六十人，來勢凶凶，我方鳴槍射擊，彼等見我們已有準備乃還槍數下而退，同時我方捕獲匪人前導一名，係校中工役，至以後如何處罰，則不得而知也；眞是禍不單行啊！

最後一批離校

我同劉君見此惡劣環境，着着迫人不容稍待，難道不死於敵人槍刀之下，而竟死於胡匪手中嗎？或效夷齊採薇不成？未免太無代價了，全體都走，難免不蹈第三中學覆轍，所以也決定明日同教授們搭車返平，苟全賤命以待來日耳！二十四日晨早，校門內大馬路上早已充滿人力車和馬車正準備待發了，全校教職員約有六七十人但同他們的家眷和用人，那就不少了，學生搭車的約有數十人，共約三百人，七時動身，浩浩蕩蕩，魚貫而出校門，延長約二三里，直往皇姑屯車站進發；我在馬車上，回顧我親愛的東北大學，眞有些依依不捨之感！八年來經營的成績，一切設備，雖不能説是完善，但在全國各大學中能夠同他品衡的，恐怕是不可多見；在過去每年經常費百五十萬，現在核減爲百二十五萬，假如過去辦事得人，恐怕還不只現在這樣成績。行將完工的大圖書館，工作已半的化學館以及理工院，文法院，教育院的各種規模宏大的建築物，都漸漸的由近而遠的看不清楚了，只有高聳着的水塔和工廠裏的煙囱，還遠遠可見，同時，在我的腦海中，眼見蠻横的日軍，開進東大，佔領學校，殘毀學校，更見一切的儀器，被日軍搬運出校，一幕一幕的在我腦中幻演着啊！十餘里的行程，不知不覺的來到皇姑屯了，眼看人海人山擁擠得水洩不通的月台上已無法再插入其間了；當付車費三元還以爲未足，平常只需三角就够了，這也是車夫們的發財機會，一生難逢一次呢!?

登車的經過

路局的車子本是預備好的，但因爲月台上的難民太多，如果車子開出車房，他們一定捷足先登，一般斯文人自然落後，而教授們的家眷更是望車興嘆了！所以本定九時開車的預定計劃，現在是無法實現了，大家只好站在月台外失望的等候着；經幾度交涉結果，段長洋大人(英國人)大力維持，乃於午後三時在車站的偏僻處紛擾擁擠狀況之下、算是拼命的登上車了。路局的特別優待，所謂教授車雖然車少人多，擁擠非常，但比之於後面連掛十餘輛不能蔽風雨的一切難民專車，那就好得多了；然而高高乎在我們天棚上的同胞，對於那般站在載車裏的同胞，不知又如何的羡慕呢!?在四點鐘光景，這一大批難民車漸漸的離開月台了，但看那在此已一二天的男男女女還在那車站上無限期的等候着，他們一定自恨命薄啊！

日軍飛機射擊火車

東大教授和學生全體離校的消息，被日人知道了，他們對於覺悟的智識份子，尤其最高學府的東北大學，早已注意及了，恨不能一網打盡，所以在九鐘鐘時候，日軍飛機便在皇姑屯站空中盤旋，待九時的火車開出車站，牠便相伴前進，直到新民過去不遠地方，飛機更飛得低了，最後竟在火車左右以機關槍掃射起來，因火車速度太快，不易射準，竟傷及棚上難民數人但因火車的振動太大，加以驚恐萬狀，所以棚上難民不被槍擊而墮落於車下慘死者，更不忍言也！我們原定搭九時火車，那知臨時變動，禍及他人，日人之手段毒辣，於此可見！待我們的火車開抵錦州，聽聞之餘，大家都失色驚惶而相告曰，好險呀！車抵都門，正中秋夜半，皎皎明月，高懸天空，徒令人不勝今昔之感！行經六十多小時（平常只需二十四時）開平奉路未有之新紀錄，也可謂不可多得之事也！

最後感及

事變至今，業已三月，試看我黨國諸公是如何的煞費苦心呢!?所謂對外必先一內的和平統一會議，在上海整整的開了十多天，還是同床異夢的無結果；所謂黨國的外交方針，除依賴國聯主張公道，別無二法，國聯有沒有力量呢？這是很明顯的事實，請看國聯兩次限日兵撤退，有絲毫的效力麼？不但不撤兵，而且天津暴動，錦州告急的消息，更是繼續不斷的傳來，最後，簡直連撤兵問題都不提及的決議案，宣布通過聊以塞責了事；所謂忍辱含垢的黨國外交，難道永久的忍辱含垢嗎？大概還是有一定限度呢？唉！黨國革命外交，就是如此這般！真令人由希望而至於絕望！要知，國家是全中國人民的國家，不是一黨一派少數人的國家，我們既是中華民國的國民，就當盡點國民一份責任，再不能坐視少數人之爭奪權利，弄得國破家亡，我們的敵人此時正向着我們斷殺前來，難道還是不抵抗主義嗎？忍辱含垢嗎？依賴國聯和他國嗎？完全聽任黨國諸公嗎？看呀！日軍不但不接受撤兵要求，反而有限令我駐守錦州軍隊撤回關內的進攻準備！以便早日實現日人心理中的東省一統！朋友！我們要救我們危急的國家，要救陷於敵人鐵蹄下的東省同胞，只有本自强自救的主張，馬上集中全國人才，共赴國難，積極對日備戰，否則不足以打開目前難關而闢未來永久的新生命啊！

安徽教育

抗日救國

國難專號

第二卷第九期

安徽省政府教育廳秘書處發刊

【九十兩期合刊】

日軍突然寇我東北

天外傳來一聲霹靂，日本對我東北已不宣而戰。昨晨四時許，我瀋陽城已被完全侵佔。並及長春安東營口各地。關於日軍暴行之種種電訊，與當前之嚴重情況，已如本報今日所載。有血氣之國民，聽此噩耗，究將如何？究應如何！

日人之侵我東北，自清日戰後，即突破東北之藩籬；日俄戰後，即進而扼東北之生死。積數十年來經濟之侵略與政治之迫害，其勢力已根深蒂固，山河已無形易色，獨是今日之變，日人乘我大災，無暇外顧，幸災樂禍，實施武力侵略，是爲背棄公理；不宣而戰，無故而侵犯鄰國疆土，是爲蓄意擾亂和平；乘人之危爲不義，擾亂和平爲黷武，爲違犯國際公法。吾信維護公理與和平之世界列國，於此決義無坐視。

吾人試取最近日本朝野之言論而加以分析：如六月二十四日日陸軍三長官會議，討論增加駐屯台灣及朝鮮軍隊問題，金谷參謀總長說明增兵理由謂：「現在我國防作戰，以大陸作戰爲基本，是以一朝有事，對滿蒙方面能迅速輸送有力部隊，制敵機先，始能使戰局爲有利之展開。應乘宇垣總督就任伊始，决行增加朝鮮駐軍，最爲得策。」而南陸相亦謂：「將來如有戰事發生，由朝鮮立派有力部隊，進出滿蒙，較由內地派遣，其迅速與作戰效果，不可同日而語。且際此時會，增加朝鮮駐軍，各國所感，亦必與前不同，故將內地一部軍隊，移駐朝鮮，務宜努力從速使其實現。增加駐鮮軍隊，並非以維持朝鮮治安爲目的，乃因國防上所必須之用兵作戰

，不得不爲如是之計劃也。」如八月十四日南陸相在師團長會議席次演說；「滿蒙之地，於國防的，政治的，經濟的，與帝國之生存發展，有極密接之關係。乃近時此方面之狀勢，於帝國有極不好之傾向，使人深感事態之重大化，眞所遺憾。蓋所以馴到如此狀勢者，乃國際政局之變化，與夫長年月宣傳培養之隣邦排外的國權囘復思想，並新興經濟力之滿蒙方面發展有其根底之力，決非一時的現象，而不可不認爲永續的現象。當此之時，奉職軍務者當益固其奉公之誠，於教育訓練盡其熱忱，期於完成本分之準備，無所缺欠。」如政友會森格等視察「鮮滿」歸國報告謂：「蒙滿中日官民之對立形勢，極形嚴重，此問題不解決，則難保不再發生第二第三之萬寶山事件，或較重之事件。而其理由不外滿蒙人口因避內亂之難民而激增，中國權力階級之政治自治策，大形變化，而固有之文化傾於頹廢，換言之，目下完全入於模倣時代：卽教育軍事則倣效日本，政治外交則倣效蘇俄，無望解決之交涉案件達三百餘件，無論日本如何協調讓步，中日關係亦難望合理的展開。」綜上述各人言論而分析，則日本此次武力侵犯，實爲有計劃有準備之動作。其調換朝鮮總督及滿鐵正副總裁，增兵朝鮮，改置滿洲常設軍團，以至最近之萬案韓案，接踵發生，及借口中村事件增兵我東北一師團，皆爲今日正式犯我之前哨戰。至其所以不惜冒天下之大不韙，而決然作戰者，則不外擁護旣得權益，與鞏固國防。所謂擁護旣得權益，本報旣已屢次予以嚴正之辯正矣。至其所謂鞏固國防，則極顯明的爲對美國與蘇俄挑戰。蓋英國刻正忙於自謀，無暇及外，法意諸國，亦與日無直接權益之衝突，惟美與蘇俄，爲日所大忌。自美國宣告禁止日本移民入境，日人卽憤激萬狀，敵視之言論，朝野沸騰，自美人宣稱「滿洲權益機會均等」，日人更視若眼中之釘；至於蘇俄，近處咫尺，革命而後，軍力大張，爲目前世界第一陸軍國，漁權之衝突，海參威朝鮮銀行之查封，以及蘇俄五年計劃之着着進展，皆使日人如芒在背，旦夕不安，日前內閣田中義一曾有言：「將來欲制支那，必以打倒美國勢力爲先決問題，與夫日俄戰爭之大同小異。」又曰：「我日本爲欲自保而保他人(？)，必須以鐵與血方能拔除東亞之難局，然欲實行鐵與血主義，而保東三省，則第三國之美國，必起而制我，斯時也，我之對美角逐，勢不容辭。」又曰：「因北滿之富源，我國再與赤俄一度角逐於滿蒙曠野者，實爲國運之發展上勢所難免。」又曰：將來之日俄日美戰爭，我國非蹂躪滿蒙，必不爲功，且我國欲實行新大陸計，不得不破壞滿洲之中立地爲戰場。」就田中之言證之，今日之事，日人之所謂鞏固國防央非變相的對美對蘇俄宣戰而何？又如日人有西野雄治者，著「眼前之遠東大戰」一書，更公然指明美國與蘇俄爲其假想敵，則日本此次之武力發動。其目的更不問可知。當全世界共謀縮減軍備。永固和平之際，而日人竟決然蹂躪我東北，以向美國與蘇俄挑戰，向世界挑戰，我國目前新遭水災，正力謀拯生恤死，固無力以抗强暴之來臨，然而此種橫蠻無理，目無世界之暴行，吾人敢籲請爲維護和平與公理正在舉行常會之國際聯盟及世界各國予以有效之裁制。

於此，吾人更敢以血淚之言，爲國人告：日人此次暴行，實爲我國家之生死關頭，東北半壁山河，今已淪入日人鐵騎蹂躪之下，國人慎勿誤認日人之暴行，純爲對美國與蘇俄挑戰，而忘自身處境之危迫，實則日人所爭者，我東北也，所蹂躪者，我東北也，鐵蹄到處，山河易色，其大陸政策實現之日，即我國家我民族滅亡之時，臺灣朝鮮，鑒在前車，「第二期滅亡滿蒙」之計畫，日人籌之熟矣。數十年來經營籌謀，今日乘我危難，決然作戰，其欲實現其所大欲，益昭然若揭。國難當前，生存所繫，有血氣之國民！應急起共謀所以自救。

吾人認爲國人目前應持之態度：第一爲持以鎮靜，勿輕舉妄動。以一致之團結，謀積極有效之對付。第二爲準備犧牲。國家存亡，民族生死，千鈞一髮，繫諸此時，必人人抱犧牲之决心，作有效之爭持。第三爲一致對外。外患當前，內爭亟應泯滅，共赴國難，萬不可再豆萁自煎，陷國家與民族於萬刼不復。第四爲不放棄原有之剿匪救災等工作，拯生恤死，一面安內，一面對外。總之大難當頭，徒焦急無益，輕舉妄動尤無益，以鎮靜積極之態度，犧牲决死之精神，共挽危局，共抗强暴，國庶有救。「天助自助者」，國人其急起努力！（申報）

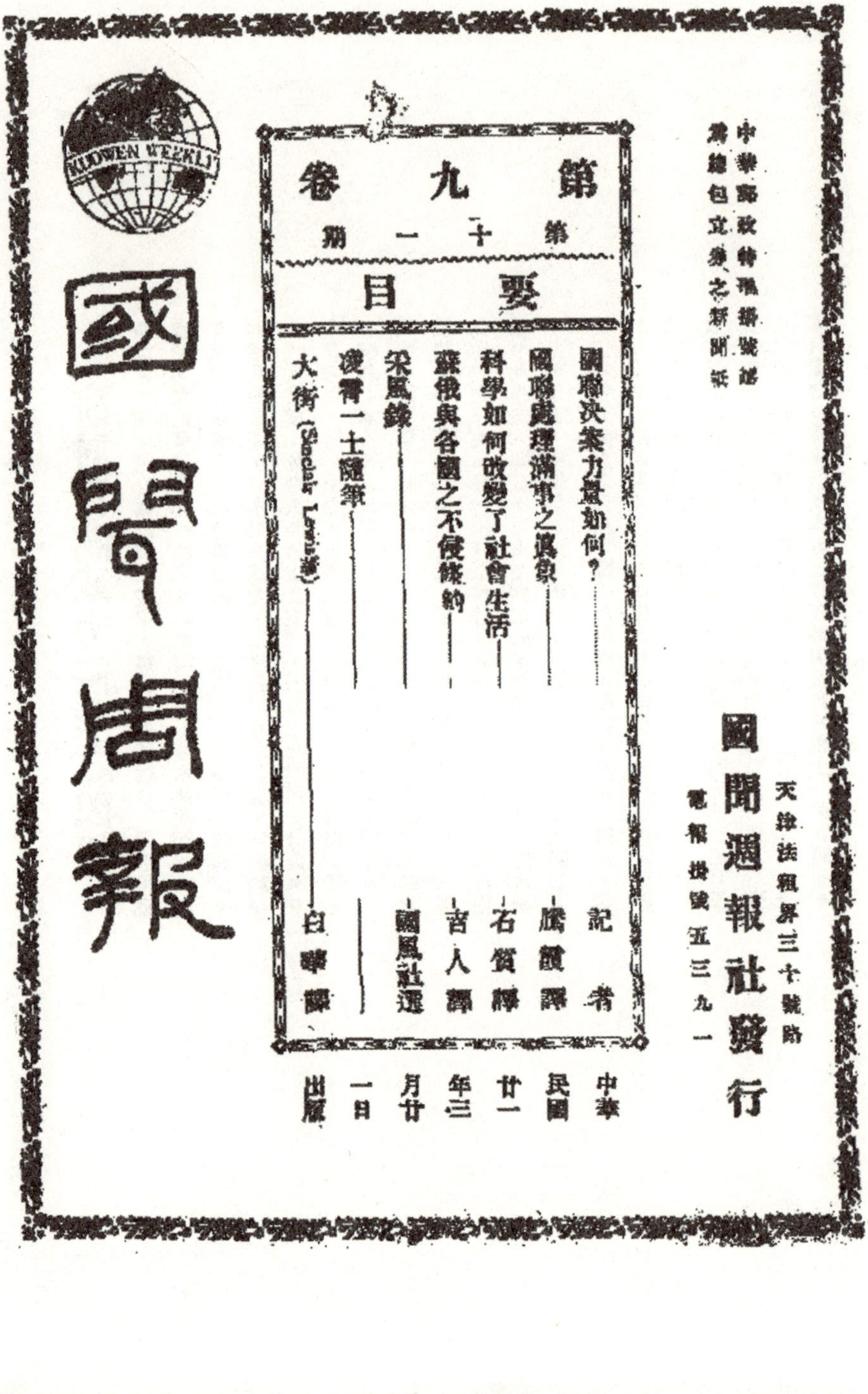
KUOWEN WEEKLY

國聞周報

第九卷 第十一期

要目

國聯決案力量如何？……記者
國聯處理滿事之眞象……騰霞譯
科學如何改變了社會生活……右賢譯
蘇俄與各國之不侵條約……吉人譯
采風錄……國風社選
凌霄一士隨筆
大街（Sinclair Lewis著）……白暐譯

中華郵政特准掛號認為總包立券之新聞紙

國聞週報社發行
天津法租界三十號路
電報掛號五三九一

中華民國廿一年三月廿一日出版

研討日閥武力侵華之因果

據滬電，國聯調查團已接受邀請，將在滬多留數日，促進停戰會議，使滬事早得和平結果。本來滬戰係由日本進攻而起，現在祗須日本撤兵，我方接收地面，則所餘不過賠償損失問題，其事比較單簡，日本果有誠意，不爲範圍外之要求，回復和平，或當有望，故吾人所嚴重注意者，仍爲東北問題。查此次日本在國聯，曾出全力，求將上海與東北事件，分劃處理。據日本消息；本月九日日本代表團全體出勤，分訪提案各國代表，說明滿洲問題分離之必要，與上海問題之特殊，作諒解運動之最後努力。英國外相西蒙氏，是時曾明告日本松平大使：『滿洲問題之分離處理，依目下情勢，頗覺困難。』至是日本乃絕望。此事最大關鍵，實由小國之公論激昂，三五大國，爲國聯本身前途計，不便過於抑制輿論。吾國旣得世界輿論之同情，更宜乘機爲充分之運用，除上海問題，歡迎國際調解以外，其於日本武力侵略東北之因果關係，利害癥結，猶有盡量向世界說明之必要，本文之作，即此意也。

日本侵略滿洲，爲四十年大陸政策之總結晶，吾人昨已略有敍說，至於九一八暴行之突發，則又爲日本軍閥急進功名之所致。此種行動，自有其思想的背景，現任陸軍大臣之荒木氏，最能代表之。荒木嘗於本月三日在師團長會議席上，發表訓示，

十一

中有語云：『帝國國民之大部，晚近爲功利的歐美思想所毒，失卻對於大和民族本來使命之自覺，貪於苟安惰眠，將近沒落之階段，此際忽然喚醒神國日本之正氣，開始躍動，此即今次事變之眞相。約言之，事至今日，遠因實在於民族精神之惰眠，其使之更生者，即可謂爲此次事變之直接的動機也。』荒木之爲此說，殆非無因。蓋自日俄戰爭以後，日本政治，漸爲資本主義所支配。歐戰期中，生產發達，利潤豐厚，金權政權，結托益近，而政治腐化，亦與年俱進。近年隨世界經濟不景氣之洪潮，社會生活愈困難，既成政黨愈腐惡，思想變化，左右傾並極其甚。共產黨之細胞組織，遍及各界，而極右的團體，亦動輒以暗殺手段，實施兇暴，如本年二月九日前任大藏大臣井上氏被人狙擊而死；本月五日三井會社理事長團男爵又遭暗殺斃命。二人皆爲金融資本之代表，一月之中，受同一右傾團體之殺害。此與往年政友會總裁原敬被刺及昨歲憲政黨總裁濱口幸雄死於兇手之創傷，如出一轍，此誠足爲日本思想惡化，社會不安之反映。軍閥之流，驚心動魄，謂將藉對外之武功，振作國民之意志，遏止內亂之狂濤，此東北暴行之所以與上海進攻，連演而下也。憶九一八以前，日本各軍隊，紛開滿蒙展覽會，先之以滿蒙富源之宣傳，繼之以日本人口過剩之危言，終則以中國排日，壅塞日本人出路爲激發軍人敵愾心之口實，此際凡中國所有反日之標語，詆日之議論，無不被其收羅，作爲煽動國民之工具，九一八之事，即在此空氣緊張中突發，益可證爲日本軍閥有組織有準備之行動，其動機一方爲對華侵略，一方實藉武力外競以消弭內憂，此皆有事實可指，證以荒木陸相本月三日所說，尤可洞澈日本之內情也。

日本對華用兵，既有對內作用，故在上海遇第十九路軍之頑強抗戰，大出意外，極現周章，增兵赴滬，至再至三，對於出征軍人之優遇撫慰，無所不至。凡被徵入伍者，原有職業，概不停辭，而於傷亡將士之撫卹，軍人家族之慰問，更以全國總動員式行之，凡此皆所以提倡士氣，亦即爲一般的鬬志不揚之反證。其在東北，則第一步不料得之如是其易，第二步又不料經營之如此其難。五個月來，遼省義軍四起，吉黑兵鬨時聞，日本軍隊，疲於奔命久矣。近來擁溥儀爲傀儡，以爲藉華人之手，外則間執國際公論，內則減輕中國反抗，不知建國運動，出自軍部包辦，各國官商報界，豈無聞見，欲蓋彌張，適昭其醜。昨日路透社瀋陽電，謂本莊所受之禮與溥儀同，本莊爲人民注意，又在溥儀之上云云。可謂謔而虐矣。中國方面則更載鬼一車，軋轢已見，溥儀赴東，出自金梁運動，乃溥儀出台，金梁隱遯，此其一。趙欣伯與于冲漢皆甘心爲李完用者，趙以暱近軍部，身任多官，于則並自治指導部亦不能保全，將來此鬩內部之暗潮，必且層出不窮，此其二。此外吉林派意存復辟，奉天系贊成共和，羣魔鬥法，亂作一團，日本人深入其中，除非完全吞併，否則將無以自拔，此其三。此尙就中國關係方面言也。其在日本方面，既以武力占據三省，將欲努力經營，自須多投資本；乃日本軍部，爲迎合下級將士心理，亦頗反對財閥，自詡此次之戰，乃爲日本民衆求出路，非爲財閥圖利藪。本莊繁且自向東京各大學招致農工各項專門學者到東考察，準備經營，而不知帝國主義與資本主義之關連，本如車之兩輪，鳥之兩翼，無可分割，既以武力侵略他國而又排斥資本家之進展，此大矛盾也。且查日本從前投資滿洲，除南滿鐵路會社關係事業外，皆失敗而止，所以然者，爲地方不安等等原因所致也。今既硬令東三省脫離有中央政府之中國，拂逆民意，反乎自然之正道，强將地方政權，投諸內訌暗潮漩渦之中，則秩序之不安不定，當視歷來任何時代有加無已，在此情形之下，即使日閥迫於大勢，甘以武力作鷹犬，歡迎大資本家投資，亦終無以奏急效。縱有效矣，而工業移民，以榨取式之殖民地經營，更加緊勞資鬥爭，一循資本主義末流之軌道；若農業移民則必兼併土地，提前促進貧農爲生計而革命。蓋東三省本爲農業社會，大部土地，悉在土著封建勢力之下，貧農階級占百分之七十以上，於非人生活中苟延性命。日本如以帝國主義與資本主義之力，夾攻農村經濟社會，獨占生產資源，則土著封建勢力，或與日本合作，或被日本吞併，結果要使中農益爲貧農，貧農益陷絕地，其勢不挺而走險不止。日本軍閥，侵略東北，嘗自謂爲防遏蘇俄東進，抑知以彼所爲，正代蘇俄助長勢力，此事或非日閥所能見到，吾人則敢爲預言。要之，日閥武力侵略中國，意在振作國民之精神，增進日本之財富，而不知將適得矛盾之結果焉。東三省爲中國完整的領土之一部，中國固不願放棄，爲東亞大局計，尤不願見日閥冥行盲動之失敗，貽禍於中國與世界。中國對於日本在東三省合理的經濟合作，向不反對，日本果欲爲過剩人口求出路，爲生產事業求原料，即不必走入歧途，亦儘可協商方策，吾人所爲剖析日閥武力侵略之因果，指陳其利害者，一以供友邦準備調解者之參攷，一以喚起日本有識者之覺悟，果能使東北問題，一如上海問題之有和平曙光，則豈止中日雙方之幸也哉？

（錄三月十七日天津大公報）

朝　晖

《朝晖》创刊于中华民国21年（1932）5月，朝晖社编辑、发行，社址位于广州永汉北路，半月刊。图书消费合作社总代理，培英印务公司印刷。曾易名为《朝晖半月刊》，该刊出版至民国21年（1932）11月终刊。

編輯者　朝暉社

發行者　朝暉社

總代理處　圖書消費合作社　廣州永漢北路

分代理處　各大書局

印刷者　培英印務公司　廣州永漢北路

定價表

每半月册零沽大洋一角

預定

時期	册數	國內	國外
半年	十二册	大洋一元一角	大洋三元二角
一年	廿四册	大洋二元	大洋四元

各埠代理價格另訂

《朝晖》杂志版权页

《朝晖》杂志封面

日本侵畧滿蒙的考察

葉森

(一)日本帝國主義的傭兵

日本帝國主義誘導出來的帝國主義的侵畧戰爭，是獲得法國之全部的默許，英國之部分的支持，美國之暫時的承認，及日本與各國的社會法西斯蒂的協助而爆發出來的。這是直接犧牲日本朝鮮中國滿蒙的民衆，攻擊蘇聯，壓殺中國革命勢力的戰爭。是帝國主義者強姦國際民衆之最惡的犯罪，所以日本朝鮮中國滿蒙的民衆，及全人類都厭惡而且紛起反對她。雖然日本在某範圍內能完成了佔領滿蒙的政策；然而日本之佔領滿蒙，却不是戰爭的終局，也不是戰爭的中止，而是戰爭的開始。爲什麼呢？因爲這次戰爭是帝國主義諸國在政治危機中干涉中國革命與蘇聯之最初的手段。

日本爲什麼要首先佔領滿蒙呢？蓋因日本資本從來都占著獨占的地位；但是恐慌的深刻化，滿蒙的民衆極度窮乏化，中國革命的發展，與及帝國主義特別是美國資本之侵入滿州，威脅了日本資本之獨占的地位。而驅使日本完全佔領滿蒙。重要原因，却是想搶奪滿蒙爲他侵略蘇聯瓜分中國的軍事根據地。無論誰來探討這次事變都不能忘記這一

點。日本佔領滿蒙，建立一傀儡政府（是叛逆中國的集團）是奪取滿蒙之最容易的方法，搾取滿蒙民衆之更巧妙的手段，國際帝國主義之競爭的形式，對蘇聯挑戰的新戰術，完全殖民地化滿蒙的新政策。日本帝國主義雖然高叫「劃時代的滿蒙新國」「滿蒙民衆的自由，平等」，「新興國家的滿蒙獨立國」，事實恰恰與這相反，那兒所施行的政策，不過是以欺瞞搾取蒙滿民衆之最後假面具能了。我們試看十二月十一日，發表的「新國家」根本方針的內容，更証明所說的不錯。

（一）滿蒙自由國要日本担任國防；

（二）滿蒙自由國因無組織抵禦蘇聯，日本與中國的國防軍的能力，故把國防委以日本負責。鐵道航空等與國防有重大關係者也交日本統制，在可能限度內內政不受干涉。

（三）主張機會均等，門戶開放主義內外人民一律平等看待；

（四）略；

（五）略；

（六）國內法，設日本人顧問府，以監督指導滿蒙自由國，兼有參與條約提結，重要

法令公布，及其他類似的重要事項之權。

由上述的新國家根本方針看來，所謂新國家，完全是替日本帝國主義做殖民地化滿蒙的政策之執行者，是一個壓迫滿蒙民衆反抗之傭兵。我們試往下去看現在日本帝國主義在滿蒙的勢力地位，與滿蒙成了怎樣的區域。

(二)日本帝國主義之滿蒙的經濟侵畧

(甲)獲得原料資源

日本估了滿蒙之輸出貿易總額之三八·三%。若從日本之輸入貿易總額中來探討日滿貿易所占的地位，在一九三〇年時爲一〇·五%，從日本輸出的多是工業製品，但，由滿蒙輸入的，則全是原料品

滿蒙的主要產物是大豆，豆粕，豆油，粟，高粱，石炭，鐵，鹽，蠶絲等。在滿蒙的輸出貿易中，這些物產各占着很重要的地位，特別是輸往日本的比率尤堪令人注意。

（一九二九年）

種別	全滿的總輸出	對日輸出的比率
大豆	四〇、九%	二一、四%

豆粕	一六、一	五七、三
石炭	九、三	五七、五
豆油	五、三	〇、三
粟	四、一	九四、二
高粱	一、九	二九、八
鐵	一、八	八九、五
玉蜀黍	一、〇	四九、七
其他	一九、六	五一、四
總計	一〇〇、〇	四〇、〇

日本是後進的工業國家，但她們本身因缺乏原料品的緣故，時時有缺乏原料恐慌的危機，因此日本爲要維持本身帝國之繁榮，必須爭奪原料的出產地，爭奪的最妥辦法，是設會社於原料出產地。

1. 石炭與鉄及其他鑛產物

石炭及鐵是日本資本主義維持他的工業，特別是現在爆發了的戰爭所不可缺的原料。

石炭是滿洲的豐富的資源之一。爲著日本的礦業卡德兒的利益起見，到現在還沒有充分的採掘。日本的炭層的地位雖然已經繼續採掘，同時，猛烈的搾取工人，但是生產費年年增加，越使日本布爾喬亞的採算困難，所以滿洲石炭，對于日本資本主義的重要性也次第增大了。

茲將滿洲的主要炭坑，資本統系，埋藏量，每年生產量，輸送產炭的鐵路列表于下：

主要產地	資本系統	埋藏量(千噸)	年產額(噸)	備考
撫順	滿鐵	九二六、七〇〇	七、三一四、五八二	在撫順線到滿鐵本線、
煙台	滿鐵	四二、八〇〇	二〇八、五九〇	滿鉄本線
本溪湖	中國、太倉	一〇〇、〇〇〇	五二一、〇〇〇	安奉線
大疙瘩	中國、滿鐵	三二、〇〇〇	一〇〇、〇〇〇	瀋海鐵道
穆稜	吉林省俄商	、五、〇〇〇	三五〇、〇〇〇	在穆稜鐵道，到東支路
札賚諾爾	東支鐵俄商	二〇〇、〇〇〇	一八六、〇〇〇	東支路
鶴立崗	官、商	四〇、〇〇〇	一二〇、〇〇〇	在鶴立路往松花江

新邱	中國、滿鐵	一、000、〇〇〇	三三、七七五	沒有鐵路近打通線
北票	北寧鐵路局 開灤煤礦公司	二〇、〇〇〇	四五二、〇〇〇	在北票支線往北寧路錦州
其他共計		三、七二一、二四三	九、九二四、九四七	

以上除了幾個及不重要的礦山外，很明白其他全部的礦山都在日本資本的支配下的。一月廿七日報知新聞載過「日本要求現在的新政府給與新規鑛業開發權與整理官營鑛山的統制權。滿鐵則加緊採掘新邱炭以供給滿州的需要，撫順炭則全部向日本及外國輸出的方針。」這是什麼意思呢？這不過是閉鎖許多中小炭坑，開除作業的工人，減低全礦山工人的工資，強化勞働能了。所以滿洲的鑛山工人的勞働條件非常惡劣的。試以撫順為例來看。撫順炭坑，日本人從業員(事務員或管工)二千六百人，中國工人四萬四千四百人。依一九二五年的統計，工資如下。

工人的種類	一日平均
採炭夫(中國人)	七〇，四錢
其他工人(中國人)	四九，三錢

日本人管工　　二九〇，四錢

日本鑛山工人平均　　一七二，二錢

以上統計雖舊，但這是滿鐵所發表的，想也離眞實不遠了。現在更從（Chinese workers Correspondences）中引此事實來看。

「撫順炭坑勞動者每日作工十四小時，每日工資由八個仙至廿五個仙，而這些還不是通貨而是單，在會社的食堂才能通用的支票。所以每日的工資不能果腹時，爲着再買八個仙食券，就不能不再作四小時的勞動，失業的勞動者時見，餓死的失業勞動者也屢出。染了病的勞動者若到醫生那裡去診治，恢復後將在勞動貨銀中扣回診金。因事變而死亡者，只給八十墨弗作家族的卹金。炭坑完全沒有衞生的設備。衣服什麽時候也破爛不堪，有時還要裸體。當日本人幹部在新鮮的空氣與明亮的日光中快樂地遊玩的時候，中國勞働者則在洪水爆發的危險，與暗黑中勞働，雖或不爲水火所殺害，也恐怕爲坑內的毒瓦斯縮短了他們的生命了」。

日本的布爾喬亞們是這樣殘忍的　取殖民地勞働者的超利潤的。把利潤之很少的一部給與少數的日本人幹部的勞働者。這是布爾喬亞們在勞働者中養成自己的走狗，使

背叛勞働者的共同利益的政策。日本的布爾喬亞們現在想更把這巧妙的政策適用於滿蒙了。

日本產鐵很少。日本內地鐵鑛埋藏量爲四千萬噸。連朝鮮台計也不過八千萬噸，所以大部分需要不能不依存外國的了。這是日本資本主義最大的弱點。然而滿州的鐵礦非常豐富，因此日本帝國主義便不顧一切而施行其侵畧的政策。玆將滿州的主要鐵山，資本系統，牠的埋藏量，每年生產量，輸送產鐵的鐵路列表於後：

主要產地	資本系統	礦質	埋藏量（千噸）	每年產額（噸）	備考
鞍山	日支合辦 （鞍山鐵礦振興公司）	貧礦(三〇—四〇%) 富礦(四〇—六〇%)	三〇六、七七〇 一、三〇〇	七三九、九五四 九七、〇七一	滿鐵本線
廟兒溝	日支合辦 （本溪湖煤礦公司）	貧礦(三五—六〇%) 富礦(六〇—六五%)	二五〇、〇〇〇 三、〇〇〇	— 四八、六四六	近安奉線
弓彌嶺	＊日支合辦 （弓彌嶺鐵礦公司）	貧礦三五—六五% 富礦六五%以上	一〇〇、〇〇〇 一、一二〇	— —	滿鐵本線與安奉線的中間
歪頭山		三〇%以上	三二、〇〇〇		安奉線
其他			六七九、八三〇	九八五、六七一	

卽全部鐵山爲日本所支配著。滿州的鐵礦在質上雖不十分好。但是泡製牠的所謂還元焙燒法之新的貧礦處理法已經發明了。又一九三〇年二月，鞍山製鐵所，新新完成了一座五百瓲浴礦爐，與從來那兩座三百瓲的熔礦爐合計每年可以增加了生產四十萬瓲的銑鐵的能力，若今回占領滿蒙，有二十二三萬瓲的鋼材生產能力的昭和製鋼所設置案眞的實現出來，日本的重工業也許有飛躍的發展的。

勞働者的種類			實銀
甲種傭人（事務員）	日本人		二、七〇圓
	中國人		〇、六六
乙種傭人（製鉄勞働者）	日本人	工頭	五、二七
		定傭工	二、七四
	中國人	旋盤工	一、四五
		洋煉瓦工	〇、六〇

這裡所舉的勞働條件也與炭礦勞動者的塲合同樣悲苦的。

在滿蒙之重要鑛產物之外在松花江東部流域與鴨綠江上流等地方還有金礦床數百，

埋藏量約四十五億圓，撫順炭田有煤油礦量五十四億噸。滿鐵本線大平山，大石橋，分水海城各站東方一帶還有世界無比的菱苦土礦等。煤油礦產是重油的原料，是瓦斯原油，亞麽尼亞等的要素。撫順的煤油礦床含油量平均有六%，所以埋藏着三億噸的重油。這也爲滿鐵所獨占的。菱苦土礦是製鋼用鹽基性材料及瓷器的原料，也是日本現在在滿州計劃着的製鋼業與瓷器工業所不可缺的。關於金採掘方面最近東拓已佈告金礦業資金貸出。日本的大小投機家已出頭商借了。

滿州埋藏著這樣豐富的礦業資源，那有不惹起日本的野心與暴行的呢？

(2)木材大豆及其他農產品

滿州的森林資源也是非常豐富。牠的蓄積量豫測有百五十億石，而三姓地方大興安嶺，小興安嶺等地最多。日本資本之東滿州的採木公司如下：

公司	所在地	資本(單位千元)	資本系統
鴨綠江採木公司	安東	三、〇〇〇	日支政府
鴨綠江製材公司	安東	一、〇〇〇	鴨綠江採木公司大倉
富寧公司	吉林	一、〇〇〇	三井

興林公司	吉林	五、〇〇〇	大倉
黃川公司	吉林	四、〇〇〇	三井
華林公司	吉林	二、〇〇〇	大倉
豐林公司	長春	五、〇〇〇	大倉
中東海林公司	哈爾濱	三、〇〇〇	東拓
中東製材公司	哈爾濱	五〇〇	—
兎札公司	哈爾濱	六、〇〇〇	滿鐵

雖然有這樣豐富的資源，且投下二千萬元的資本，但滿蒙的木材生產却完全停頓。這是世界恐慌的結果，所形成莫大的木材滯積，如滿蒙的森林似的，因運輸不便，多需生產費，勢必至使木材等生產完全被壓迫。滿州木材的主要輸出地，也是日本，約佔全體之七〇%，日本的恐慌給滿州林材與一大打擊。以上幾家公司中，除鴨綠江採木公司外差不多全部都瀕于破產。數千的木業勞働者被革了職。

現在日本帝國主義，爲救濟採木公司的資本起見，正計劃著如何完成輸送機關，如何完成吉會路。以增加自己的收入。但是牠不能克服恐慌。雖然有多少勞働者有工做，

然而恐怕也只是以極低工錢强制著工人作長時間的勞動，又那能從恐慌找到出路呢？

大豆占滿州的產物中之第一位。滿州的大豆，爲世界產額的六三%大豆及其他製品豆粕，豆油之主要賣出圖如下

	日本	中國	歐州	美國
大豆	一九・三%	九・九%	六七・五%	——
豆粕	七六・四	一六・七1/4	——	——
豆油	——	四一・五%	四一・〇	一六・九

一九〇八年，三井把大豆輸送到利物浦去，滿州大豆才開始與世界市場連結。近來以三井爲首的日本之有力的貿易業者，外國商人等爭著以輸送滿州大豆來獲利了。運到歐州去的大豆之平均的價格，每噸百圓，所以滿州農民除去運費之外的收入每噸僅得五十五圓。但事實仍不是這樣。帝國主義的走狗，而在中國橫行的軍閥們，奉承帝國主義的意旨而互相戰爭自然需要莫大的軍費。因此這些軍費取了重稅的形式，加在農民的肩膀上了。所以滿州農民，栽培獨占世界市場的的大豆所獲得的利益之大部分，盡爲日本走狗張作霖掠奪了去。雖然那樣，若果農民自己直接與外國商人交易還可賺回若干利錢

。但是張作霖濫發不兌換紙幣使農民受至莫大的打擊。政府看著農產物要上市的時候，便濫發紙幣。政府指使官商拿著這些紙幣去買大豆。個人商人因不能競爭所以把大豆的價格降低，賠本的賣出去，這樣，官商將集于一手的大豆用低廉的價錢賣給帝國主義，還取得莫大的利潤。握在農民手中的少許紙幣，當他想買點東西時，紙幣的價值已非常低跌了。自己有相當土地的農民還好。被奪去五成地租的佃農，如何過活呢？除借貸又借貸之外的確再沒有路可走了，到僅少的自作地被奪去，耕作權被沒收時，就不得不做流氓或馬賊了。

世界經濟恐慌，使大豆的市場非常狹隘，大豆之輸出，在一九二九年為一億四千萬海關両，但在一九三〇年却激減至四千四百萬海關両了。油房工場之休業的，在一九三〇年六十個。因此農民油房勞働者又更受大大的打擊了。滿洲之主要的農產物大豆之受到這樣的打擊，則其他農產物當然也陷入同樣的運命了。為日本帝國主義之食糧政策所驅使而耕田的在滿鮮農，也因高價的田租，米價的低落而墜入貧乏的海底去了。

現在日本帝國主義，對於滿洲農民的現狀所計畫的殖民地化政策如下？

(1)增進滿蒙農民的購買力，以擴大日本商品的市場。

（2）解決朝鮮內地的失業問題；

（3）確立日本食糧的自給政策。

總之日本資本企圖沒收土地，移入資本主義的大農經營，是强化滿洲農民的搾取；而另一方面在世界農業恐慌的漩渦中，徒然使矛盾激化，什麼日本及朝鮮農民的救濟只是謊話與欺騙能了。

（未完）

日本侵畧滿蒙的考察（續）

葉森

（二）日本帝國主義之滿蒙的經濟侵畧

（b）獲得商品市場

一九三〇年日本對滿輸出貿易爲一億二千二百四十萬元，占滿蒙全輸入額之四〇%，當然保持著第一位。而還不過占日本全輸出貿易中之八、四%。所以從來日本帝國主義以滿蒙爲原料資源比爲商品市場更爲重要。

滿蒙市場消費之主要商品如下：

（單位千海關兩）　（一九三〇年）

商品	輸入額
綿織物	五二、六三七
麥粉	一七、九五五
機械器具	一四、八七三
煙草	一三、一四六
鐵及鋼	一二、七七五
綿系	一〇、九二一
砂糖	九、六三七
石油	六、〇八一
其他共計	二八四、七七五

滿蒙之綿布消費量，在一九二九年度之一七六·五四八捆中，土產貨爲一四·二四〇捆，大部分都是從外國輸入來的，而又幾幾乎全部都是日本輸進來的，一九二六年以後，日本完全獨占了運往滿蒙的綿布輸出了。

滿蒙同中國都是日本機械器具製品的唯一市場，這點也十分重要。日本機械器具製

品之輸出，在日本全輸出貿易中，一九二九年爲〇、六五%，一九三〇年爲〇、九七%，一九三一年爲一、二%，而滿州及中國本部每年總占八成左右。最近日本在滿蒙又建設紡織，製紙，製油，瓷器等的工場，更計畫著設置昭和製鋼所，擴大滿鐵沙河口車輛工場，而企圖開拓這些商品的獨占市場。

因中國南部時起戰爭與革命的發展，使這方面的市場漸漸狹隘，所以爲商品市場之滿蒙的重要性，日大一日。三井三菱及日本的大貿易商正企圖一方面開拓原料資源的滿蒙，一方面則開發爲自己商品之獨占市場的滿蒙。敷設到人口稀薄的北滿去的鐵路，例如吉會線，吉林——延吉，長春——大賚——洮南，洮安——滿州里線，建築北鮮的三港，用以住移農民到北滿去幷關稅同盟等等。

但是滿蒙的民衆生活狀況，既如上述那般惡劣。在日本帝國主義的殖民政策，頂多也僅能使民衆生活將來更惡化？完全爲日本的殖民地之滿州的民衆，將比較以前更受到徹底的剝削。因爲農民一和資本主義接觸就會使他受着二重三重的剝削的緣故。又要是販路稍微擴張則惹起苦于生產過剩的其他資本主義諸國拚命競爭，結果也只是加增各國民衆的苦痛。所以反抗的呼聲，就一天一天高漲起來了。

（C）投資

據一九二八年滿鐵調查課所發表的全滿營之外國投資統計，日本占七三，二%，蘇聯占二二，五%，美國占一，九%，英國占一，三%法國占一，〇%，而日本之滿蒙投資則占日本對外投資總額二八億五千萬圓中之五四%。非將日本投資於滿州各種事業的一覽表列後（單位千元）

事業別	資本額	百分比
運輸業	四四八、一八六	三〇%
農礦林業	二四一·〇四五	一六
工業	一四七、四〇四	一〇
商業	一一七、七五三	八
金融	二〇四、三三九	一三
其他	三五二、〇二七	二三
合計	一、五一〇、七五四	一〇〇

滿州投資，大概是担保確實些，政治的借款較少，企業投資較多，所以比投到中國

本部去的一一億九千萬圓（占日本對中國投資中四二%）所獲的利潤更大。

日本資本家在運輸業方面除東支路與北甯路外，差不多投資于全部的鐵路，大連和安東兩港。日本帝國主義自佔領滿蒙後，直接獲得了敦化——會甯間，長春——大賚間的鐵路敷設權了。這兩鐵路即是從前爭執的吉會線與牠的延長，和北鮮三港之築港同爲日本帝國主義侵畧蘇聯的捷徑。在工業方面，則投資于蠶絲，麻絲綿紡，火力電氣，瓦斯硫安，窯業士敏士，油房，製紙，製粉，製糖，火柴等工業，在金融方面有安田的正隆銀行許多間，朝鮮銀行與正金銀有發行紙幣的特權。

這些日本企業公司盡量牢取滿蒙的民衆以獲取法外的利潤。但是企業間的競爭，滿鐵東拓二三大資本之强力的統制，民衆的窮乏化，與反抗的增大，使多數的企業陷于慢性的不振，恐慌的激化更促進不景氣的加甚，使資本較少的公司頻頻破產了。到一九三○年，製紛工場的三分之二關閉，無數的油房工場崩潰，除滿鐵外所有的鐵路，收支不能相償，各鐵路都陷于半休業的狀態，連滿鐵一九三○年的總收入，也比前年度減少了二○%，東拓（——即東洋拓殖會社）對滿投五千五百萬圓中據稱三千萬圓不能收回。要是資本家愈把這些負担轉嫁在民衆的肩上，則牠的反抗亦愈大。招致馬賊的襲來，使投資發生恐慌。

這次戰爭，把滿蒙完全殖民地化了。以日本帝國主義軍隊維持滿蒙治安，不過是使日本無數的大小資本家安甯，開始猛烈的競爭的。滿鐵打算在六月增資二億元，以設置當面最重要的事業之昭和製鋼所，開始經營瓷器工業，大豆製造品工業，開發新邱炭坑，擴張製造新鐵道建設用材料之沙河口工場，探索石油，敷設諸鐵道，統制中國經營的鐵路之營理。東拓則活用從來的投資，想侵入土地森林金鑛電氣事業等。三井的川村，大倉的大倉喜七郎已經調查南北滿州及蒙古完了。三菱的大連支社長還在繼續調查中，住友也想派員去擴張製鋼電線等的販路。日立製作所也想與滿鐵本社移到奉天同時把大連的支行移往奉天，正金銀也使大連奉天哈爾濱三支店動手統制滿蒙金融，鮮銀也欲統制官銀號，拼命活動。此外還有日本經濟聯盟，日本商工會議所，日華實業協會等之視察團來滿，內外綿富士，福紡等的上海工場移往關東州的計劃。其他中小資本家也準備出動到滿蒙去。

政府及軍部對於這般的投資熱，高叫「排擊強侵利權，向民衆招股，機會均等。」但是這不過是想在大衆面前，承認佔領滿蒙爲合理的卑劣政策罷了。蓋因政府雖然好意向

民衆招股，但優先股早已入于大財閥之手了。將來又那有公正分配利潤的可能呢？總之這是金融資本家的統制政策，而歸根結底只是他們獨占利潤的政策。這種的政策，對於日本的國民什麽利益也沒有的。反之滿蒙的工業要是在日本的獨占資本下創立起來，日本勞動者的失業漸漸將因此而更惡化。又如有大農的經營則更使日本的國民受著比現在更甚的壓迫。

此外金融資本家又採取統一幣制與關稅政策。現在滿蒙所發行的鮮銀之金券，正金之銀券，不過是强固貨幣的統一，是日本布爾喬亞們大家所企圖的。但這不外是想統一的强力的剝削滿蒙的民衆的政策，決不是想滿蒙經濟狀態的轉好的企圖。關稅政策是日本帝國主義阻止其他帝國主義者侵入滿蒙的對抗策，這些政策將招致輸入滿蒙的物價之騰貴，輸出價格的低落，使滿蒙的民衆生活更加惡化。

日本帝國主義之侵佔滿蒙，完全是爲少數的金融資本家的利益，一些也沒有爲日本朝鮮滿蒙的民衆利益。但是政府與軍部還宣傳着什麽救濟失業者，什麽農民的新天地，什麽改善鮮農的地位，什麽救濟中小商工業者，什麽知識階級的新職業等之大嚷特嚷，想使佔領滿蒙的暴行被認爲正當。日本的法西斯蒂，社會法西斯蒂也同聲合調的說「滿

蒙是爲國民而佔領的」，「滿蒙是爲社會主義日本之不可缺的條件。」（這眞是無恥的宣傳）因此，上川口鑄物工想完全搬往滿州，農民移住方面，則岡山村，福山村等建設計畫，由在鄉軍人進行，中小商工業者數百名已起程赴滿視察。這樣的移民計劃也不過是使滿蒙的民衆更陷于無底的悲慘地位。不錯現在的滿蒙之少數日本工人的工資，比起中國工人的工資要多三倍或四倍。但是那只限于極少數的熟練工人，頂多也只是實現了日本帝國主義的收買政策。現在日本三百萬失業者已不能再以這樣的工資被招到滿洲去了。農民想到那裡去過活，也要携帶著伍百元去的必要，這樣日本的貧農也到底沒有什麽希望的。日本帝國主義說「要是不那樣辦必會淪爲佃農」。這是不打自招的强盜口吻。朝鮮的農民也受著同樣的境遇，在朝鮮失去土地的他們，在滿蒙也不能獲得半寸土地。爲什麼呢？因滿蒙也和朝鮮同樣，所有的土地俱爲地主們所獨占，不過現在却更集中到日本的資本家之手罷了。日本帝國主義移殖鮮民到滿蒙去，不過是使在滿蒙耕種爲自己謀利，提起自己所占的地價，企獲暴利而已。現在世界恐慌的尖刻化，他們的政策已經不能再作無恥的欺騙了。

而所謂「爲建設社會主義日本的」的口號，不過是社會法西斯蒂想陰蔽金融資本獨占

殖民地的政策及由此而產生戰爭的政策之卑劣的欺騙而已。他們決不是肯掉了自己的利益爲別人去著想的，看看他們每日行動就更明白了。實際上爲民衆謀利益，不一定要剝削殖民地的民族方才以實現，倒是殖民地完全獨立使那兒的民衆得到經濟條件的充分時，自國的民衆更獲到許多利益呢。

(D)軍事的支配

日本帝國主義想徹底的剝削滿蒙的民衆，派遣五個師團的軍隊到滿蒙去駐劄，用野蠻的手段以壓殺滿蒙民衆的反抗。不僅這樣，日本帝國主義爲要建設攻擊蘇聯與中國革命的城堡，又急促地作軍事的設施。如北鮮軍港羅津之築港，吉長線之打通，其他許多北進的鐵道之敷築，石油，鐵，石炭等軍事的重要的鑛產之採掘，製鋼業，化學工業之振興，驅使鮮民開發水田，飛行場之設置，關東軍司令部之軍事的產業管理，都督制之採用等等。

誰負担著這些軍備呢？就是被日本資本家地主所剝削的日本，朝鮮，台灣，滿蒙的民衆！

(三)佔領滿蒙與戰爭的擴大

日本帝國主義佔領滿蒙後，用上述的方法，加緊剝削滿蒙的民衆，想在日本的國民上鞏固他自己的地位。但是現在的恐慌已拒絕了日本帝國主義的希望了。日本武力佔領滿蒙不是排除在滿蒙各帝國主義間的對立，而是國際帝國主義利用日本軍隊壓殺滿蒙民衆的反抗，使滿蒙成爲列强安穩的投資地。英國好早已注意北滿的金鑛，美國也努力於自動車網的獨占了。然而，日本之獨占的殖民化政策與美國之機會均等主義之尖銳的對立到現在還沒有消除反而加激。

又滿蒙之民衆生活的悲慘决未能使帝國主義安心下去，他們處在窮乏飢餓的苦海，滿胸不平不滿的鬱積，要是帝國主義加緊搾取一下，說不定會惹起震天撼地的反抗力量的。現在他們已經開始對挾有優良的武器之日本軍隊作游擊戰爭了。

日本帝國主義佔領滿蒙不是這回戰爭的計劃之全部，而是一種手段破壞蘇聯，掠取西伯利亞，壓殺中國革命侵佔中國中部北部才是牠的主要目的。日本早已攻擊長江流域，佔領哈爾濱了。當日本佔據了哈爾濱與上海的時候，國際帝國主義不置一詞，默許日本的暴行爲正當行爲。又派遣自國的軍隊雲集中國，希圖從中分一杯羹。法國與日本計劃軍事同盟想從安南侵入雲南，廣西、英國調動在中國北部的軍隊到上海，美國呢則派遣太平洋艦隊到東洋來，使駐在北平的軍隊演習巷戰，這些顯明是國際帝國主義者瓜分中國的準備，而上海的停戰會議及在傳說中之圓桌會議更是國際帝國主義之實行瓜分中國，協助日本進攻蘇聯的表現。

戰爭擴大了，日本朝鮮滿蒙及其他列國的民衆，受苦受害也愈利害，而特受切膚之痛的是中國的民衆。我們現在這樣困厄，都是國際帝國主義，給與我們的禮物。但我們不要忘掉出賣中華民族利益簽訂忘國滅種條約官僚的軍閥，也是國際强盜的協助者，所以我們要首先打倒了家賊再聯合世界一切被壓迫民族來打倒國際帝國主義中華民衆才脫出困厄，中華民族才能滋長發榮。（希望讀者參看日雜誌產勞三月號，支那革命問題講話）

日本侵略政策的擴大

董顯光

最近日本的外相廣田，陸相林銑，駐美大使齋藤博，駐德大使永井，和日內瓦總領事橫山，發表談話，把日本帝國主義的眞象，已經很露骨地表現出來了。現在日本當局，似乎對於侵略「滿洲」所得的結果，還以爲未足，所以又計畫向南發展。

他們不但把整個的中國，劃歸他們自定的責任範圍以內，並且對於其他的亞洲部分，也要求保護。我們看到四月二十四日橫山在日內瓦所發表的談話，就可以明瞭。他說：「日本四月十七日的宣言，最重要的意義，在確定日本的堅決意志，負担遠東事件的責任，與亞洲各國密切合作」。他的意思，着重在包括日本，中國，印度，暹羅，「滿洲國」和菲律賓羣島。

林陸相在四月二十五日，接見記者，發表談話，很澈底地要求，在日本以外的亞洲領土，日本都有行保護權。他宣稱：『日本將責備任何國家，在遠東有「非法行動」。日本對於此項事件，正在準備。』他這話的意義，就是說，日本有權可以決定什麼是「非法行動」，所有遠東的事件，都由他管理。

假如現今日本干涉中國事件，不遭人反對，那麽無疑地會擴展到亞洲的其他國家。譬如今天齋藤，永井，關於中國，發表什麽意見：那麽明天就會有別的外交家對於印度，暹羅和菲律賓，發表同樣的意見。各國對華進行任何事件，必須預先和日本商議，假如日本這樣的要求，得到各國的默認，那麽日本一定以爲別的亞洲國家，也在她的勢力範圍之內。

橫山的話，不過是響應荒木陸相一年前關於印度和其他亞洲國家的談話，去年四月荒木陸相在「皇道協會」成立大會時演說，他講：「印度三萬萬人民，生活在災難困苦之中，受英國的壓迫，前途至爲危殆。日本自己以及其他各國，都以日本爲遠東領袖，她的神聖使命，就是傳播皇道，保護她的鄉人，像遠東事件，在這樣情況之下，日本還可以袖手旁觀嗎？遠東國家，是白種人壓迫的目的物，但是，已經覺醒的日本，不能再容忍他們的虐待和壓迫」。

國聯決議日本爲違法國家，暹羅拒絕投票，這表示暹羅恐懼日本的侵略，她現在極力想離開日本，可是日本人利用一切的機會，使暹羅人覺得，他們兩國人民，發源於同一的種族。有幾位日本學者，甚至於確說日本與暹羅，血統相同。東京吾妻教授在暹羅發現日本殖民的遺跡，據說，這些遺跡不過是二百年前的事，但是日本僑民，已經和暹羅人同化。這件事，令我們想起，一九一四年日本人證明他們自己和墨西哥人同種，同樣情形，他們自以爲和蒙古種，馬來種，亦有關係。

從橫山總領事的口裏，很明顯的，可以看出日本對於菲律賓的計畫。普通人意見，以爲日本人不喜慣熱帶氣候，這句話，是靠不住的。在菲律賓和亦道很靠近的部分，日本人經營有四十四個農業公司。在這些地帶的菲律賓人，反美的情緒，異常高漲。無疑地，日本人是幫助造成菲律賓人的對美敵視態度。

日本不僅只覬覦印度，暹羅和菲律賓。永井拓相，曾經在一九三三年三月發表一篇文章，在那篇文章裏，他把滿洲和馬來羣島相提並論，並且使這兩個地方的氣候理論，互相矛盾，他說：「日本人血脈裏有一點馬來血統，所以比較歐美人民，很能夠忍耐熱帶和半熱帶氣候。這是在歷史上已經充分證實的」。

他繼續着說：「從地理和人類學上講來，馬來羣島在最初和日本是這樣的接近，就好像滿洲之與中國。所以這些地方，到現在，和帝國依然維持着親密的接觸。我們日本人對於南洋何以有特殊聯絡，無疑地是因爲這個理由。雖然這些地方天然富源，是很豐富的，但是人口非常稀少，所以對於日本財政家，是一個很好的投資場所，也是發展企業的理想出路」。

永井又用問話的口氣說：「日本是世界漁業的領導者，那麼靠近新加坡，爪哇，婆羅洲，海峽殖民地一帶的漁場，日本人到那裏去捕魚，這不是自然的事嗎？馬來聯邦上未開發的富源，應該歸日本人利用。」實在講起來，日本人所謂「漁場」，不僅只是字面上的含義。

澳大利亞，和新西蘭也是遠東的一部分，日本現在自稱維持遠東和平的責任，完全在她一個人的身上，倘使對她這句話採取冷淡的態度，那麼氣候上的理由，以及別的理論，都不能夠保障澳大利亞和新西蘭的安全。日本報紙時常登載新聞和社論，充分的表示：日本政府對於這兩處龐大的尙未開發的地域，有特殊興趣。一位剛從日本回到上海的遊人，告訴作者說：「四月初旬，他在日本，走到每個地方，都聽到日本方面負責任的人說：「我們現在正在剪削英國在亞洲的所有物，菲律賓羣島照理也應該屬於我們的」。

倫敦大學世界史研究教授，兼皇家學會研究指導員湯比博士(Dr. Arnold. J. Toynbee）在三月號太平洋時事月報上，發表一篇文章，關於這個問題，他警告澳大利亞和新西蘭說：「既然日本征服滿洲，對於受重稅壓迫的農民，沒有減輕痛苦，所以她的軍閥，現在正要尋求征服新的地方」。

湯比博士又說：「澳大利亞和新西蘭似乎還沒有看到這些事實，因爲自從一九三一年九月，日本好像一隻猛虎，一躍而起之後，澳大利亞和新西蘭人，公然表示怪僻的滿意。他們說：「好極了，日本這隻虎已經向北跳，不向南跳了。他既然得到中國的血，消解飢渴，那麽就不會貪我們的血了」。這句話，或者是對的，但是一般人的意見，都以爲已經飲過血的虎，好像喝過酒的醉漢一樣，他已經瘋狂了。第一個犧牲者變成一堆皮和骨骼之後，他還沒有滿足，那麽相隔一水，那些血肉豐富的生物，怎能不引起食肉獸的饞欲。當然，我們很希望在遠東所看到的悲劇，只扮演一幕，日本征服滿洲成功後，就是這個戲劇的終止。但是，不幸得很，似乎將來還有許多幕要繼續演着，並且最後必定是在寬闊的劇場上達到悲慘的結局」。

湯比博士所預測的一部分，現在已經成爲事實。四月十七日日本的談話，表示日本這隻虎，在消化滿洲食物之前，已經發出通知，要吞食其餘的中國土地；並且保留着這個要求，就是印度，暹羅，和菲律賓羣島，是他下一次的食物。任何國家，反對他的驕橫，他表示決心，願與之一戰。現在國際對於他的「中國不許染指」的政策，表示憤慨。在這種憤慨的波浪消沉之後，日本這隻虎一定要求澳大利亞和新西蘭，做他的未來的食物，這種恐懼，是很合理的。

日本政治家，似乎相信，假如反復地對外解說他們侵畧政策的不得已的苦衷，世界上一定以爲是眞實的。日俄戰爭之後，他們吞併朝鮮，征服滿洲和熱河，是用同樣的陰謀。譬比吞併朝鮮的時候，第一步，加重地聲明，他在朝鮮，有特殊地位和利益，後來這個印象，已經深入世界的意識之中，於是就宣布朝鮮爲帝國的一部。

對於滿洲問題，他的技術，稍微有點改變。世界的耳鼓裏，時常喧嚷着日本在滿的特殊地位和利益，關於這一點，是相同的。但是日本避免吞併的粗笨政策，所以他製造煙幕，自稱創造一個獨立國家，事實上完全依賴他自己，而實際的效果，等於吞併。

現在日本的野心，因爲獲得滿洲，更加增長，他通告世界，日本在華有特殊地位和利益，無疑的，倘使世界容許他的爲所欲爲，歷史又將重複一次。

我們暫時假定他對於意想中的龐大食物能夠消化下去，可是還容易料想到，他的食慾依然旺盛。所以日本將來着機會，伸展他的手臂，一直達到君士坦丁堡，崑崙山，印度，檀香山，澳大利亞和新西蘭，像這樣的預測，絕不是隨便的空想。

本文英文稿，曾載四月份大陸報。

东北月刊

《东北月刊》创刊于中华民国21年（1932）5月30日，社长王之相，编辑纪清漪。东北月刊社发行，社址位于北平地安门外后海广化寺。京城印书局印刷（后改为北京书局）。该刊出版至民国22年（1933）4月终刊。

編輯者　東北月刊社
北平地安門外後海廣化寺
發行者　東北月刊社
電話東局一二二〇
北平南池子飛龍橋
印刷者　北京書局
電話東局三五七七號

《东北月刊》杂志版权页

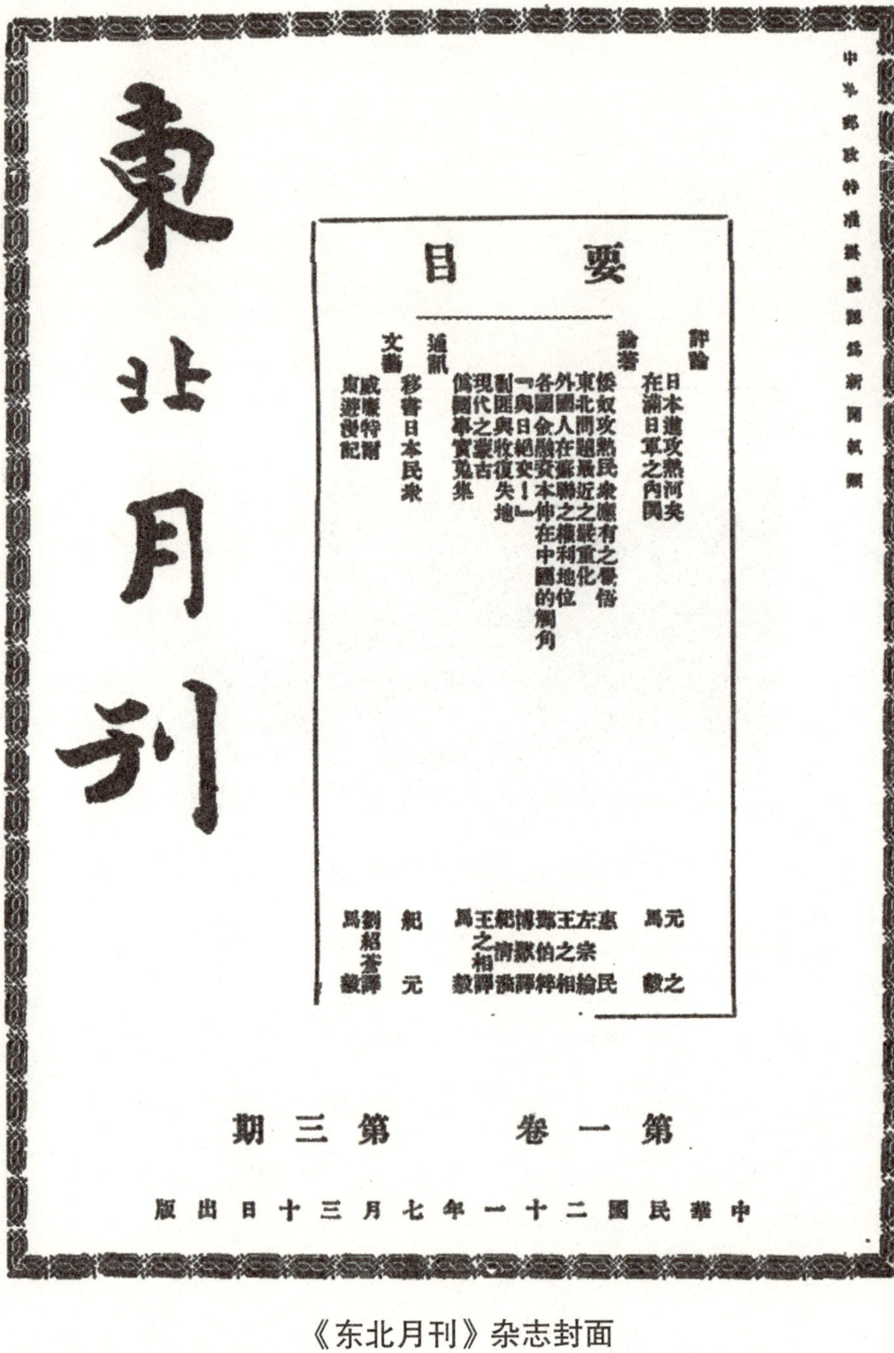

《东北月刊》杂志封面

——日本之移民東北——

在鄉軍人四百零二人除長崎縣十名外餘概爲鹿兒島縣所選拔。均曾受充分軍事教育，年齡由廿四歲至三十八歲，爲農業移民之武裝先鋒於本月二十一日抵大連上陸。

偽國傀儡交通部長丁鑑修，及最高法院院長林棨二叛逆渡日宣傳後歸國。

——十八日攝大連——

偽國軍艦靖海

——本月廿一日由大連向營口出航艦長爲日人松田中尉——

日本進攻熱河矣

元之

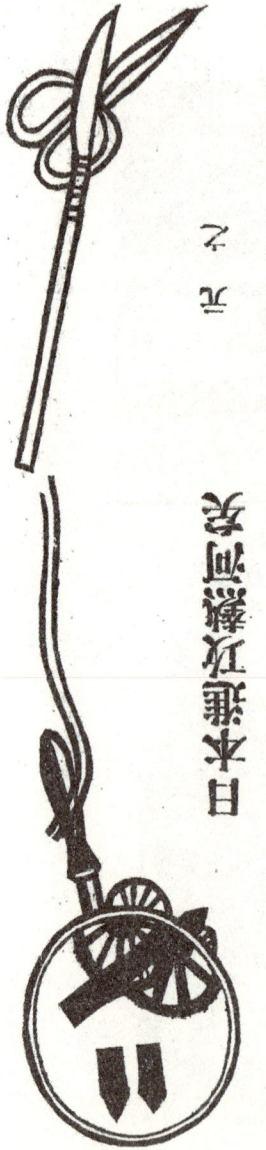

日本果然進攻熱河了！這不過是完成牠「滿洲國」之製造，開始攪亂華北之企圖。雖然與炮轟天津，焚毀上海情形不同，而都是系統的一貫計劃。他們看穿了中國軍隊之無能；他們清楚中國各軍事領袖之勾心鬥角不能一致抵禦外侮。所以他們敢任意橫行。人爲刀俎，我爲魚肉，敵來則緊張，敵去則苟安。瀋變的巨炮聲震全國，政府便天天說有辦法，辦法就是無抵抗。日匪炮轟上海，政府便匆匆一夜逃到洛陽；上海陷落，又籌畫西安陪都。滬戰正可堅持與東北義軍搖應，牽制牠的兵力，却又屈服的簽了密約，使日本把主要軍隊開去東北打義勇軍。手慌脚亂，宣言，抗議，報告國聯，開國難會議，開專家會議，這就是政府十個月以來的應付國難的全盤計劃。而僞國却接收了海關郵政。侵略之實質，逐步進旋。現在日本軍隊又進攻熱河了！在九一八後十個月後的今日，政府仍無計劃，大公報二十日南京專電羅文幹語記者云：「中央方面現正在積極籌劃應付辦法」。這是多麼不可思議的政府啊！僞國領土早就宣稱包括熱河，僞國傀儡列湯某之名，日本早已明白告訴我們熱河是僞國領土。爲鞏固僞國國防，爲消滅義勇軍，以及軍事的形式上，勢在必取熱河。乃政府竟因循泄沓，必至日機轟炸朝陽才想要積極籌畫應付辦法。政府諸公的誤國誤民一至如此！這次熱河事實上，某方似乎不好意思再不抵抗，並不是輿論促動了他們的良心，也不是民族危亡衝動他們的覺醒。只是逼到自已家門，已至生死關頭，再退無可容身，無處吃飯。到了誰家門口，誰就打一仗，這就是中國「零碎的抗日」，終于零碎的一個一個被日本擊破。調查團自滬歸來，蔣介石在廬山招集軍政要人會議，相傳于軍事外交皆有整個確定計劃，汪兆銘以行政院長當茲國難，政務鞅掌的時候，竟乘飛機來平滯留二日，與張學良相議者，云為外交問題，張羣專使繼至，報載仍然為的是外交。對外交問題如此嚴重，我們國民以為收復失地必有整個方略，絕不成為問題。乃竟此熱河的應付計劃尚未確定，還須從今天起才積極的籌劃。嗚呼政府直以欺吾小民敷衍縻位為唯一之手段耶！日兵果不相諒，如日前諸傳擾平津，攻武漢，則諸位南有赤匪走投無路，亦唯有携欵逃往外國耳！三數人留連把持地位，遺此無窮禍患，尚復何言！小民的最後一滴血，都因為養兵納稅榨取淨盡，而帝國主義者携著武器來要求通商，來劫掠，當局竟不肯稍加抵禦，而民衆無可奈何之唯一抗日苦痛戰策，抵制日貨的經濟武力，又因為軍餉不足，各抗日會被迫停止工作，于是各處日貨充斥，為籌些少之稅，為養此無用之兵，竟不惜解除民衆對日武裝，直接為日本張目。所謂軍閥與帝國主義立在同一戰線，不過就是仰人鼻息，吸飲這些少餘瀝而已！鴉片害人之深，足以亡種滅國，目前之黑籍病夫，觸目驚心，鴉片戰爭的傷痕，依然在鮮血迸流，而為籌此些少之稅，為養此無用之兵，竟公然買賣，誘人種吸，這種飲酖止渴毀滅民族的毒患，全無心肝的軍閥竟毫不顧及；談到禦侮，那是與自己痛癢不生關係，只要有槍，只要實力完存，當然還可以維持自己的勢力，有地方去剝削。他們又何嘗不知道守土是軍人天職，平日享盡富貴，此時應該盡些天良，你看一篇一篇的通電宣言，何等痛切！「誓以最後的血以與敵人相見」的軍人，結果都是保全實力的悠閒的活着。他們的全盤計劃，只是在自己的利害；他們的全幅精神，只是槍刀對着國人屠殺。據大連日文滿洲日報十六日所載上海通信員岡本之中國時局分析，看了之後，目眥盡裂！他說：「日本毫不費力，即可掃滅中國，頂多也不過打到誰，誰抵抗而已。」他說：「無疑的中國今日巨頭軍閥是蔣介石，全國民衆也仰仗他策劃抵禦日本，實際他一直都在對付廣東，重用陳銘樞，收買孫科，陳策，來實行分化詭計，他絕不肯剿赤，赤匪的氣燄，他們都曾領略過，保存他的兵力，預備解決動搖的某部下，汪羅的北來，張羣的滯平，都是與張學良商議將軍權財權讓與蔣氏。條件是畀張以中央行政院長職，各部長盡量採用東北系人物，張氏如聽此言，則蔣將再取山東，勢力仍可保持一時。又利用上海反對內戰的一般人來組織非戰運動，……」日本人善於造謠離間，這話我們並不十分相信，但是十個月來的國難期中，所準備所計劃的除了一篇一篇的通電宣言究竟是些什麼？願當局拿事實來告訴我們無知小民。這次熱河就是政府與東北軍的試金石，你抵抗就是與民衆一致，人民當然擁護你。因此一戰，籌劃長久抗日方策，重整全國反日氣餒，團結各軍事領袖一致抗日，這已是最後的時期。中華民族的存亡，就繫此一戰，如仍爲自己打算，敷衍對付，民衆已忍無可忍，不能不起來謀反了！歷史告訴我們，沒有一個軍閥會永久存在，不要欺小民手乏斧柯，他們能組織起義勇軍來抵抗堅甲利兵的蠻横日本軍隊，怎見得不能反抗軍閥？日本進攻熱河了！！政府是不是真在極積籌劃應付辦法呢？

现代学生

《现代学生》于中华民国19年（1930）10月在上海创刊，民国20年（1931）9月至民国21年（1932）6月曾停刊，终刊于民国23年（1934）11月3卷5期。由刘大杰、周邦式等编辑，曾任主编为孟寿椿、刘大杰等，大东书局发行。月刊。该刊属于学生刊物。

该刊主要撰稿人有蔡元培、胡适、沈从文、徐志摩、石民、李心平等。

《现代学生》主要介绍国外教育现状和世界文艺思潮以及现代学生的地位和责任；介绍青年运动和各类科学知识，传授读书方法。

現 代 學 生

The Modern Student

第四期　二十一年十月

No. 4. October. 1932.

編輯者　孟壽椿　劉大杰　范鳳源

發行人　上海北福建路二號　沈駿聲

印刷所　上海北福建路二號　大東書局

發行所　上海四馬路中　大東書局

分發行所　各省　大東書局

《现代学生》杂志版权页

《现代学生》杂志封面

日本侵略滿蒙之經過

覃厚仁女士

所謂滿蒙者，卽滿洲與蒙古之簡稱也，滿洲區分爲三省，其西北爲黑龍江，東南爲吉林省，遼寧則位於其西南，蒙古在中國之北部，該地中央有一大沙漠横分蒙古爲二，因名漠以北者爲外蒙古，漠以南者爲內蒙古，民國建立，將內蒙古改爲熱河察哈爾綏遠三省，惟外蒙古仍爲舊制也，日本國因欲侵佔該處，特創滿蒙之特殊名稱，但日本所稱之蒙古，則偏重南滿洲及東部內蒙古，日本侵略滿蒙之動機，始於甲午中日之戰，當時吾國海陸軍皆敗，遂締結馬關條約，除中國承認朝鮮爲自主國外，并允割讓遼東半島與日本，該約第二條之文如下：

奉天省南部，從鴨綠江口溯江至安平河口，又從該河口，折綫至鳳凰城海城及營口而止，所有折綫以南地方，如上開各城市邑，皆包括在內，及遼東灣東岸黄海北岸，屬於奉天有諸島嶼爲割讓地，所有在該地域之城壘，兵器，工廠，及一切官有物，永遠屬於日本。

是爲日本旣欲攘得朝鮮，復更謀進窺我滿洲之始。

惟日本之欲中國割讓遼東，大遭俄國之妬恨，蓋俄國欲在東方覓一良港之志願及計劃，已存多年，今日本若將遼東佔領，則其南下路斷，關係而干涉，俄且遣兵派艦不惜以武力貫其目的之勢，日俄本不敵，又新佔中國，焉能抗俄，因卽忍痛將遼東退還中國，惟日本之欲侵略滿蒙，實為其朝野一致之主張與計劃，雖受此挫折，決不肯卽此放棄，然欲貫徹或達到此目的，非將俄國在滿洲之勢力剷除不可，故十餘年來，均以如何打倒俄國為其國家第一要務，適値俄國侵略滿洲過於猛進，致觸美國之忌，於是英日兩國以同一對相而締結同盟，英日同盟旣成，日本對俄國卽無所畏懼，卒於一九〇四年（光緒三十年），日俄正式宣戰，俄國海陸軍皆敗，後經美國之調停，雙方始於一九〇五年九月五日，由俄國徽德，及日本小村締結和約十五款於樸斯第賓，其關於滿洲之條文如左：

一、日俄兩國相約左之各事

（甲）遼東半島租借權以外之滿洲地域，雙方同時撤兵。

（乙）除遼東半島外，現時日俄兩國軍隊占領之滿洲全部，還付中國，全屬中國行政，俄國不得在滿洲有侵害中國主權，及妨礙機會均等主義之領土上利益，又優先權及專屬之讓與亦不得有。

一、中國為欲使滿洲工商業發達，為共通一般之設置時，日俄兩國互不阻礙。

一、俄國以中國政府之承認，將旅順大連及附近領土領水之租借權，與關係租借權及組成一部之一切權利，特權，及讓與，又租借權効力所及地域之一切公共房屋財產，均讓與日本。

一、俄國以中國政府之承認，將長春旅順間之鐵路，及其支綫，并同地方附屬一切權利特權及財產，與其所經營之一切煤礦，均無條件讓與日本。

一、日俄兩國於滿洲之各自鐵道，相約限於商工業之目的經營，決不爲軍略上之目的經營，但遼東租借地域之鐵道不在此限。

除上列和約外，另於附約中規定，「兩國爲保護滿洲鐵道，於每吉羅米突得置守備兵二十五名」.

中俄間之滿洲關係，既經日俄和約而讓與日本，則中國新生之滿洲關係，勢非從速協定不可，故日本卽派小村壽太郎來北京，與中國全奕劻袁世凱等締結中日滿洲善後協約，除承認旅順大連及長壽旅順間之鐵道，由俄國讓與日本外，並締結附約十一條，玆將要者錄如下：

一、中國政府承認將奉天省內之鳳凰城，遼陽 新民屯，鐵嶺，通江子，法庫門，吉林省之長春，吉林，哈爾濱，寧古塔，琿春，三姓，及黑龍江之齊齊哈爾，海拉爾，愛琿，滿洲里等地開爲商埠。

一、安東奉天間軍用鐵道，仍由日本接續經營，故爲專運各國工商貨物鐵道，自此路改良竣工日起，以十五年爲限，屆期請他國評價人一名 規定該鐵道價格售與中國。

一、准南滿洲鐵道與中國各鐵道銜續聯絡。

一、南滿洲鐵道所需各項材料，應豁免一切稅捐釐金。

一、在營口，安東，奉天各處，劃定日本租界。

一、設一中日木植公司，以採伐鴨綠江右岸之森林。

夫日俄之戰，俄雖敗於日，而所受之損失，亦不過在中國已得之利益，我國爲中立國，乃竟受如是之損失，尤以安奉鐵路之建築爲最著者，是誠可謂無辜受累也。

自此約訂立後，日本在南滿洲之勢力，遂形穩固，一九〇六年（光緒三十二年），日本卽設立南滿洲鐵道，株式會社及關東都督府兩機關，關東都督府設立於關東州（卽遼東半島租借地，日本取名關東州），府內設關東都督，都督由陸軍大將或中將擔任，管理軍民兩政，民國八年，變更制度，將都督府名義取消，改稱關東軍司令部及關東廳，關東軍司令部專管日本在滿洲之軍政，爲日本在滿洲軍政之最高機關，關東軍司令部之下，尚有滿洲駐劄師團，獨立守備隊，旅順要塞司令部，關東憲兵等，此外尚有佐世保之海軍，防備關東州之海岸海面，關東廳爲日本在滿洲最高民政機關，設置長官一，長官之下，設有內務局，警務局，民政署，法院，專賣局等，其設備均極爲周到，南滿洲鐵道株式會社之性質，與英國之東印度公司相同，專爲拓殖滿洲爲務，其所經營之業務，爲鐵道，鑛山，海運，製鐵等項是也。

日本之在滿洲既如是猛烈進行，故中日間紛爭之事件，亦隨之與增，如鴨綠江伐木問題，撫順煤礦問題，新法鐵道問題等均次第而起，玆分述於次：

（1）一鴨綠江伐木問題 光緒三十一年之滿洲協約之附約規定設一中日合辦林木公司，以之採伐鴨綠江右岸之木植，惟地區，年限 及資本等則幷未規定，直至光緒三十四年四月十五日，始由我國外務部會辦那桐與日本公使林權助訂立採木公司章程十三條 其要者如下：

一、自鴨綠江右岸帽兒山至二十四道溝之間，距江面六十華里內之林木，由兩國合資公司採伐。

一、本公司資本定三百萬元，中日兩國各出其半。

一、本公司營業期限定爲二十五年，期滿時，如中國政府認爲營業尚稱妥當，准予延長期限。

（2）新奉吉長兩鐵路問題　關外鐵道初僅築至奉天之新民而止，日俄戰爭時，日本曾由新民至奉天敷設輕便鐵道，及戰爭終了後，日本屢要求我國借滿鐵路之資本，正式建築，尚在商議間，而吉省有自築由吉林至長春間之鐵道計劃，日本遂更要求兩路俱由滿鐵公司供給資本，至光緒三十三年（一九四七年），始由中國代表那桐唐紹儀等，與日本公使林權助締結新奉吉長兩鐵道包借款契約 其要者如下：

一、中國以新奉鐵道爲自營鐵道 其遼河以東部分所需資金，由南滿鐵道會社借其半額，（其後借款爲日幣三百二十萬）。

一、中國以吉長鐵道爲自營鐵道，所需資金由南滿鐵道會社借其半額（其後借款爲日金二十五萬元）。

一、借款期限，新奉鐵道十八年，吉長鐵道二十五年，借款期中，以兩路之收入及財產擔保。

（3）安奉鐵道問題　安奉鐵道，係日俄戰爭時，日本由鴨綠江左岸之安東縣，敷設一狹軌軍用鐵道直達奉天，日俄戰爭終了，本應撤去，惟締結滿洲協約時，日本要求仍許其繼續經營，載入附約內，并限兩年爲改築之期，乃日本延至光緒三十四年，仍未着手工程，及宣統元年，兩宮崩御，北京政府變後，日本乃忽然提會勘路綫之交涉，當新政府所派之委員，不明情形，悉依照日本預定者勘定，後東三省總督錫良以新勘路綫損失甚鉅，祇承認依照舊路綫改築，相持至宣統元年六月二十一日，日本政府宣言如中國政府不承認，彼將取自由行動云云，同時并命海陸軍皆作準備，錫良不得已，乃悉依日本之要求，於宣統元年七月初四日，與日本駐奉總領事小池締結安奉鐵道協約，其要者如下：

一、中國承認前次兩國委員勘定之路綫。

一、安奉軌道與京奉鐵道同様。

一、本約調印之日，即須協議購買土地及一切細目，翌日即行急進工事。

（4）間島問題　康熙五十一年，清政府時正與朝鮮劃定以鴨綠圖們兩江爲兩國國界。清政府以吉林東部長白山一帶爲發祥之地，禁止人民移居，故該處居戶不多，圖們江中有通江灘，面積不及二千畝，四圍帶水，故以間島呼之，同治間朝鮮大荒，其民移居間島者甚衆，後朝鮮政府意．認該島主權屬於彼，日俄戰後，朝鮮受日本之保護，光緒三十三年七月，日本竟派兵入該處佔領，經清政府抵抗，其後一再折衝，始締結以下之間島協約。

一、中日兩國協定以圖們江爲中韓兩國國境，其江源地方，以界碑爲起點，依石一水爲界。

一、中國准外國人在龍村井，局子街，頭道街，百草溝等地居住貿易，日本得於該地置領事館或領事分館。

一、中國仍准朝鮮人在圖們江北之墾地居住，服從中國法律，歸中國地方官管轄及裁判。

一、朝鮮人訴訟案件，按中國法律辦理，日領或委員可出席聽審，惟人命重案，則應先行知照日領到堂，如領事能指出不按法律判斷之處，可隨中國派員復審。

一、中國政府將來將吉林長鐵道延長至吉南邊界，與朝鮮會寧鐵道相聯絡，其一切辦法與吉長鐵路同。

（5）滿洲五案問題　所謂滿洲五案，卽新法鐵道案，營口支綫案，撫順煤礦案，安奉南滿洲沿綫礦務案，京奉車站延展案是也，特分述如下：

（甲）新法鐵道案　自新民府至法庫門之鐵道，營口英商曾勸中國政府借英款修築，且延長至齊齊哈爾，用以打破日本壟斷南滿洲之政策，日人以新法鐵道係南滿鐵道并行綫，卽南滿鐵道之競爭利益綫，表示極端反對，雙方相持，遂成懸案，

（乙）營口支綫案　東清鐵道社會爲築造哈爾賓旅順間之鐵道（按卽南滿鐵道），規定得營口支綫，以便運輸一切材料，一俟幹路築成後，卽行撤去，日俄戰後，主張移轉日本，日本不肯踐約，以此相持不能解決，遂亦成懸案。

（丙）撫順煤礦案　撫順煤礦炭田延長三十餘里，炭層之最厚者

百八十尺，最薄者，亦也有八十尺，平均約百三十尺，炭質之佳，日本炭礦無與倫比者，日本取得南滿鐵道後，指該礦爲東清鐵路附屬事業，應歸日本所有，我國以該礦在東清鐵路三十里之外，不認爲附屬財產，雙方相持，亦成又一懸案。

（丁）安奉南滿洲沿綫礦務案　該兩路幹綫沿綫礦業，日本要求中日兩國合辦。

（戊）京奉車站延展案　奉天省城之京奉車站，在南滿車站以西，距城極遠，前清郵傳部屢與日本交涉，架一鐵橋跨道南滿洲，達於城根，久未定議，遂成懸案。

以上五案亦於間島協約訂立之日，另締結滿洲五案協約，其內容如下：

（一）中國政府如築造新民屯至法庫門路線時，允與日本政府先行商議。

（二）中國政府承將大石橋至營口支路爲南滿洲鐵路支路，俟南滿洲鐵路期滿，一律交還中國，并允將該支路末端展至營口。

（三）撫順煙台兩處煤礦，現經中日兩國政府和平商定如左：

（甲）中國政府認日本國政府開採上開兩處煤礦之權。

（乙）日本政府尊重中國一切主權，并承允上開二處煤礦開採煤觔，向中國政府應納各項稅率，惟該稅率應按照中國他處煤稅最惠之例，另行協定。

（丙）中國政府承允上開兩處煤礦開採煤觔出口外運時，其稅率應按他處煤觔最惠之例徵收。

（丁）所有礦界及一切詳細章程，另行派員協定。

（四）安奉鐵路沿線及南滿鐵路幹線沿線礦務，除撫順，煙台外，卽應按照光緒三十三年東省督撫與日本總領事議定大綱，由中日兩國人合辦，所有細則，屆時仍由督撫與日本總領事商定。

（五）京奉鐵路展進至奉天城根一節，日本政府允無異議，其應如何辦法，可由該處兩國官憲及專門技師商定。

（6）其他糾紛問題　除上述各案外，其後又有滿洲鐵路中立問題，錦齊鐵道問題，渤海漁權與領海問題，鴨綠江架橋問題，三電綫問題等次第發生，今分別畧述於下：

一、滿鐵中立問題　自滿洲諸懸案，以安奉鐵道問題自由行動之壓迫，悉依日本之要求而解決，奉天吉林兩省路權鑛權全爲日本所壟斷，中國在南滿洲之主權，亦遂失其完整，美國輿論大爲不平，以爲日本違反門戶開放主義，破壞機會均等原則，宣統元年十二月，美國突向中，日，英，法，俄，德六關係國，提出滿洲鐵路中立之議，主張由各國共同出資，使中國政府爲債主，以收買滿洲鐵路，管理權歸投資各國共有，以保列國機會均等主義，此種提議，日本之堅決反對，固不待言，俄雖失南滿，然北滿固猶其勢力範圍，亦不願甘放棄，英日爲同盟，俄法協約國，故英法二國對此提議，亦惟俄日二國之馬首是依，因此美國此種提議，不但不能得各國之援應，反以促日俄兩國接近之機會，宣統二年（一九一〇年）七月四日，日俄兩國締結維持滿洲現狀之協約發表，其內容如下：

1. 兩締約國尊重現時雙方所結之條約，及雙方對華所結之一切條約，以維持滿洲之現狀。

2. 前紀之現狀，有發生侵迫時，兩締約國爲取必要辦法，得相互隨時商議。

上約發表後，英法德首先承認，美國次之，中國不得已，乃附以不侵害中國主權之宣言而承認之，於是日本在南滿，俄國在北滿之特殊地位，遂以確立。

二、錦齊鐵道問題　美國主張滿洲鐵道之議旣歸失敗，於是又竭力計劃設錦州至齊齊哈爾鐵道，由英美出資建築，蓋卽變相之滿洲鐵道中立也，日俄又聯合抗議，此議遂仍如滿洲鐵道之歸於失敗。

三、渤海漁權與領海問題　自前清光緒三十二年我國課關東漁業團漁稅起紛爭後，日本領事迭次抗議，光緒三十四年住關東之日人，又獲滿洲沿岸之漁業權，爲避稅之故，全出距海岸三海浬以外之海面捕魚，當時東三省總督錫良主張三海浬以外之海面爲中國領海，應照章課稅，日本反對之，於是領海問題雙方遂起糾紛，其後調査渤海灣口最狹處，在國際法領海距離之外，於是我國競爭領海問題遂歸失敗。

四、鴨綠江架橋問題　鴨綠江架橋問題，因滿韓鐵道聯合而生，日本領事迭與東督要求架橋，卒以下列方法解决之，「自鴨綠江中心至西岸鐵橋之一半，准安奉路契約十五年賣還中國，照各國國境汽車接觸之例辦理」此橋於宣統三年竣工，而滿韓遂直接連絡矣。

五、三電線問題　滿鐵附屬電線，原爲俄國所設，無公用之約，乃日本佔有之後，卽以作公衆電報之用，我國抗議無效，卒定公用權利，此其一，日俄之戰時，日本於南滿設有軍用電線，戰後雖歸中國收買，實際則日人仍可使用，此其二，旅順至芝罘之海底電線，原爲俄國所設，戰後日本要求該線直通芝罘之日本電線局，我國拒絕無效，卒以該線距芝罘海岸七浬半以內之部分，歸中國，依中國電信局上陸，由中國電線局另設一線，使接續該海底電線，以通於芝罘之日本電線局，使日文電信無障礙。

日本既得特殊勢力於南滿，更圖伸其勢力於東蒙，宣統三年，我國革命軍起，清廷失其所有統治力，英俄乘機唆使蒙藏獨立，日本遂乘機於民國元年派桂太郎遊俄，與俄訂分割滿蒙之密約，劃長春以南之滿洲及東部內蒙古爲日本勢力範圍，長春以北之滿洲及其餘蒙古地域爲俄國之勢力範圍，約定互相援助，幷得英國之承認，民國三年五月，日遂實行其與俄密約之第一步，先與我國訂減輕滿韓國境關稅章程如下：

一、由滿洲依鐵道輸出新義州以外之貨物，又由新義州以外依鐵道輸入滿洲之貨物，中國海關稅率，減三分之一課輸出入稅。

二、自新義州取鴨綠江水路，爲欲輸送他處，再由滿洲鐵路輸出之貨物，又由該水路到新義州，更由鐵道輸入滿洲之貨物，不在前項減稅之例。

三、已經減稅三分之一之貨物，輸入於滿洲者，海關稅率，減三分之二，課通過稅，

四、已經減稅三分之一之貨物，輸入於安東，更由安東輸出滿洲以外之各通商港，或中國本部之各省者，若不補課三分之一之減額，不得照普通稅關辦理。

先是中俄陸路通商章程，俄國經滿洲鐵道輸入之貨物，中國照海關稅則減三分之一課稅，爲日本人所疾視垂涎，故中日滿洲善後協約之附約，特規定滿韓交界，陸路通商，彼此以最惠國之例待遇，卽日本欲滿韓商務援照俄人減稅之例也，其後中國主張滿韓國界，有鴨綠江隔斷，不能適用陸地通商之條文，日本不得已俟鴨綠江鐵道架成後，再開交涉，及宣統三年十月，鴨綠江鐵道竣工，日本遂主張滿韓鐵道聯絡，與陸地接續無異，再三要求，至此始見諸實行也，日本於滿洲之貿易，早有壟斷獨得之勢，玆復獲此利益，更不難驅逐他國之商品，故此約於滿洲經濟勢力，關係甚鉅也。

未久二次革命軍起，日人多有暗助南方軍者，以是頗爲北軍所惡，民國二年八月，張勳攻克南京，誤殺日商三名，日本遂派戰艦六艘，欲藉南京事件，實行日俄第二密約，以解决滿洲問題，遂向中國提出五鐵道建築權之要求：（一）開原至海龍城。（二）四平街至洮南府。（三）洮南府至熱河。（四）海龍至吉林，值中國政府，欲於十月六號正式大總統選舉後，即求各國之承認，日本隱以此五鐵道之建築權，爲承認民國政府之條件，袁世凱乃一一承認之，該五鐵道除開原至海龍與海龍至志林二綫爲完備南滿之勢力外，其餘三綫皆爲實際經營東蒙古之鐵道，實爲異日二十一條之階梯。

自日俄戰爭後，日本對於滿洲之所獲，不可謂不多，然日本猶未以爲足，民國三年八月，歐戰暴發，列強無暇東顧，日本乃以迅雷不及掩耳之手段，於民國四年一月十八日，由其公使日置益向中國政府提出二十一條件，第二項關於滿蒙者共七條，其內容如下：

日本政府及中國政府因中國向認日本在南滿洲及東部內蒙古，享有優越地位，兹議定條款如左：

一、兩訂約國互相約定，將旅順大連租借期限，並南滿安奉兩鐵路期限，均展至九十九年爲期。

二、日本國臣民得在南滿洲及東部內蒙古爲蓋造商工業應用之房廠，或爲耕作，可得其需要土地之租借權，或所有權。

三、日本國臣民得在滿洲及東部內蒙古任便居住來往，並經營工商業等項生意。

四、中國政府允將南滿洲及東部內蒙古各鑛開採權許與日本臣民，至擬開各鑛，另行商訂。

五、中國政府應允關於後開各項，先經日本政府同意而後辦理；（一）在南滿洲及東部內蒙古允准他國人建造鐵路，向他國借款之時，（二）將南滿洲及東部內蒙古各項稅課作抵，向他國借款之時。

六、中國政府允諾如在南滿洲及東部內蒙古聘用政治財政軍事各顧問教習，必先向日本國政府商議。

七、中國政府允將吉長鐵路管理經營事宜委任日本國政府，其年限自本約劃押之日起，以九十九年爲期。

該項條件提出後，日本於五月七日午後三時，對我提出最後通牒，限我國於五月九日下午六時止，作滿意之答覆，我國不得已，於五月九日完全屈服承認之，茲將關於南滿東內蒙之協約及照會錄如下：

一　南滿東內蒙協約

一、兩締約國，約定將旅順大連租借期限並南滿安奉兩鐵路之期限，均展至九十九年爲期。

二、日本國臣民，在南滿洲爲蓋造工商業應用之房廠，或爲經營農業，得商租其需用田畝。

三、日本臣民，得在南滿洲任便居住往來，并經營商工業一切生意。

四、如有日本臣民，及中國人民，願在東部內蒙合辦農業，及附隨工業時，中國政府可允准之。

五、前三條所載之日本臣民，除照例將所領之護照，向地方官註册外，應服從中國警察法令及課稅。

民刑訴訟，日本國臣民爲被告時，歸日本領事官審判，中國人民爲被告時，歸中國官吏審判，彼此得派員旁聽，但關於土地，日本國臣民與中國人民之民事訴訟，照中國法律，及地方習慣，由兩國派員共同審判，將來該地方司法制度完全改良時，所有關於日本國臣民之民刑一切訴訟，卽完全由中國法庭審判。

六、中國政府允諾爲外國人居住貿易起見，從速自開東部內蒙合宜地方爲商埠。

七、中國政府允諾，以向來中國與各外國資本家所訂之鐵路借款合同規定事項爲標準，速從根本上改訂吉長鐵路借款合同。

將來中國政府關於鐵路借款事項，將較現在各鐵路借款合同爲有利之條件，給與外國資本家時，依日本國之希望，再行改訂前項合同。

二　南滿租期展長之照會

本日畫押，關於南滿及東部內蒙約內，第一條所規定旅順大連租借期限，展至民國八十六年卽西曆一千九百九十七年爲滿期，南滿鐵路交還期限，展至民國九十一年卽西曆二千零二年爲滿期，其原合同第十二條所載，自開車之日起，三十六年後，中國政府可給價收回一節，毋庸置議，安奉鐵路期限，展至民國九十六年卽西曆二千零七年爲滿期。

三　南滿開礦之照會

日本國臣民於南滿洲左列各鑛，除業已採勘或開採之各鑛區外，速行調查選定，中國政府卽准其採勘或開採，但在鑛業條例確定以前，應倣照現行辦法辦理。

屬於奉天省之礦區　本溪縣中心台之煤礦　本溪縣田什村溝之煤礦　海龍縣杉松崗之煤礦　通化縣鐵廠之煤鑛　錦州暖池塘之煤鑛　自遼陽至本溪鞍山站一帶之鐵鑛

屬於吉林省之鑛區　和龍縣杉松崗之煤鑛并鐵鑛　吉林縣缺窰之煤鑛　樺甸縣夾皮溝之金鑛

四　滿蒙優先權之照會

嗣後南滿洲及東部內蒙古需造鐵路，如須外資，可先向日本資本家商借，又中國政府嗣後以南滿洲東內蒙之各種稅課作抵，（除中國政府業經為借款作抵之鹽稅關稅等類以外之稅課。）與外國借款時，可先向日本資本家商借。

五　南滿聘顧問之照會

嗣後如在南滿洲聘用政治財政軍事警察之外國顧問，可儘先聘用日本人。

民國六年，我國對德宣佈絕交，國內以政見之不同，遂引起南北分裂，日本即利用此機會，組織特殊銀行團，借款與北京政府，以延長中國之內亂，其關於滿洲方面者亦復不少，茲錄如下：

1. 吉長鐵路借款　民國六年十月十三日，交通總長曹汝霖，財政總長梁啓超，與南滿鐵路理事龍居賴三締結吉長鐵路日金六百五十萬元借款契約，以本鐵路之財產及收入為擔保。

2. 吉會鐵路墊款　民國七年六月十八日，交通兼財政總長曹汝霖，與日本興業銀行代表直川孝彥締結吉會鐵路預備借款契約，款額日金一千萬元，以屬於本鐵路現在及將來之一切財產為擔保。

3. 金礦森林借款　民國七年八月二日，農商總長田文烈，交通總長曹汝霖，與中華滙業銀行總理陸宗輿，理事柿內常次郎締結金礦森林日金三千萬元之借款契約，以黑龍江吉林兩省之金礦并國有森林，及此等金礦森林所生之政府收入為擔保品。

4. 滿蒙四路墊款　民國七年九月二十八日，駐日公使章宗祥，與日本興業銀行副總裁小野英二郎締結滿蒙四路預備借款契約（開原海龍至吉林，長春至洮南，洮南至熱河，洮南熱河內一地點至某海港）。款額日金二千萬元，以屬於滿蒙四路現在及將來之一切財產及其收入為擔保。

除上述借款外，日本為欲攫奪俄國在北滿之權利及侵略外蒙，又有中日軍事協定之締結　緣俄國自列寧執政，無條件與德國議和，各國不聯德之勢力及俄國過激黨之勢力侵入亞洲，因之有聯合出兵西伯利亞之事，日本即藉此與北京政府當局締結軍事協定，以達其侵略北滿及外蒙野心，其協定中關於滿洲之條文如下：

一、關於作戰上必要之建設，如軍用鐵路電信電話等項，應如何設備，由兩國總司令官臨時協定之，戰事終了後一律作廢。

一、軍事行動區域內，設置諜報機關，并相互交換其軍事所要之地圖及情報。

一、爲軍事運輸而使用北滿鐵路時，該鐵路之指揮保護管理等，尊重原來之條約，其輸送方法臨時協定。

以外尚有陸軍軍事協定細目，其關於滿洲之條文如下：

一、中日兩國各派一部軍隊，對於後貝加爾及阿木爾，取軍事行動，其任務在救援捷克斯拉夫軍，并排除德奧及援助德奧者。

期指揮統一及協同圓滿起見，行動於該方面之中國軍隊入於日本司令官指揮之下。

爲與自滿洲里進後貝加爾之軍隊相應援，中國軍隊之一部，應由庫倫進至貝加爾湖方面，如有中國軍之希望，日本軍亦可派遣兵力一部，入於中國軍司令官指揮之下。

一、由南滿鐵路輸送之中國軍隊及軍需品，由中國自行運至大連營口或奉天，此後至長春之運輸，由日軍擔任，日軍自庫倫白貝加爾湖行動時，該軍隊及其軍需，由日本運至大沽，秦皇島或奉天，此後之輸送，由中國軍擔任之，由北滿鐵路之輸送，使該路當局任之，爲謀輸送調度有方起見，中日應設協同機關，俾與該局交涉，但將來聯合各國之軍隊，行動於此方面時，亦可參加人員於該機關內。

自此項協定後，日本即可任意闖入北滿，既可建設軍用電信電話鐵路等，又可取得軍事地圖，以資索驥，外蒙古且更宣佈獨立，是皆受日本人之煽惑也。

美國對於日本積極侵略滿洲，深爲不滿，曾提議滿洲鐵道中立之議而歸失敗，淸末欲向各國大借款，美國乃招集英法德組織銀行團以應，額定借款一萬萬元，而以滿洲諸稅作擔保，是爲銀行團與滿洲發生關係之始。民國七年，美國再約同英法日三國組織新銀行團，以辦理中國借款事項。民國八年五月十二日，四國銀行代表在巴黎議決組織綱要，其中規定之「凡關於實業及鐵路借款，除已爲各國旣定之權利外，凡現在及將來，此項借款優先權，由本團承認」，如此，則日本在中國已成之事業，如南滿，安奉，吉長，四鄭，撫奉，新奉等各鐵道，與撫順，煙台，本溪湖，天寶山等處煤鑛，固不受影響，未成鐵路如吉林至會寧，吉林至海龍，海龍至開原，長春至洮南，鄭家屯至洮南，洮南至熱河，熱洮內至海岸之各擬築鐵路，均須讓渡與新銀行團，故日本大起反抗，遂由日本銀行團名義，向三國銀行團提出：「滿蒙地方不在新銀行團範圍之內」之條件，始承認加入。然英美兩國表示反對，以其與門戶開放主義相違背也，其後幾經磋商，始於民國九年五月十一日，協定滿蒙調解法如下：

一、南滿鐵路與其現有之支路，連同爲鐵路附屬品之鑛產，不列入新銀行團範圍之內。

二、議築之洮南熱河鐵路，自洮熱內至海岸之鐵路，歸入新銀行團範圍以內。

三、吉林會寧鐵路，鄭家屯洮南鐵路，開原吉林鐵路，吉林長春鐵路，長春洮南鐵路，新民屯奉天鐵路，四平街鄭家屯鐵路，皆在新銀行團範圍之外。

由上條件，可知三國對日本讓步甚大，事實上與滿蒙除外無甚差別，是則滿蒙仍爲日本所封鎖，而不容各國染指也。

民國十六年，日本以軍閥兼政友會領袖，而素對華抱強硬政策之田中義一氏爲內閣。田中氏就職後，即召集有名之東方會議，凡駐華公使，關東都督，滿鐵總裁皆列席，議決對中國之重大方案如下：

乘中國革命戰爭之際，用強硬政策，將滿蒙劃出中國領土之外，令其實際隸屬於日本，爲達此目的，須出大兵於山東，阻止北伐成功，扶助張作霖擁有直魯豫各省，而迫其將滿蒙管理權讓渡與日本。

同時更決定對滿蒙之積極政策，政策中最重要者爲鐵路問題與商租權問題，田中對滿蒙鐵路之計劃，有五大鐵路爲最重要，茲列表如下：

（1）吉會綫　由吉林至會寧，計長一四〇哩，需建築費日金二千五百萬元。

（2）長大綫　由長春至大賚，計長一三一哩，需建築費一千五百八十萬日金。

（3）延海綫　由延吉至海林，計長一六二哩，需建築費日金二千九百十六萬元。

（4）吉五綫　吉林至五常，計長一五〇哩，需建築費日金一千二百六十萬元。

（5）洮索綫　由洮南至索倫，計長一四〇哩，需建築費日金一千二百萬元。

除上列五路外，日本更擬計劃收買中日合辦之圖們江天寶山間之輕便鐵道，（天寶山可以聯絡吉林至敦化之吉敦鐵路，更南延而聯絡朝鮮會寧鐵路後，吉會鐵路即可成功矣）。

商租權起源於二十一條，二十一條中第二號第二條之要求曰：日本國臣民得在南滿洲及東內蒙古，爲蓋造商工業應用之房屋，或爲耕作，可得其須要土地租借權或所有權」云云，其後又規定：商租二字須了解含有不過三十年之長期限」，然日本猶未能滿足，其意蓋欲確定日人有土地所有權也。

'田中內閣政策旣決定之後，一方出兵山東以阻止北伐軍，一方以阻止革命軍之成功，要挾張作霖承認上列之鐵道建築權，及商租權，幸張氏以輿論反抗之激昂，堅不承認，而革命軍亦進展迅速，有直趨京津之勢。日本乃採取更強硬政策，發表覺書，稱無論何方軍隊，如有擾亂滿洲地方治安者，日本將採取適當之手段云云，是日本直認滿洲爲其領土，而忘其爲中國主權也，

此次日本藉口偵待調查之中村大尉被殺害案，而用武力佔領東三省，此蓋其一貫之政策，而非出於一時之策劃也。國人不察，倘希其撤兵退還佔領地，是無異與虎謀皮也，國人須知公理二字，不過爲文明國家之裝飾語，不足賴以爲國家之保障，彼旣以武力來，我卽以武力應，庶或可挽救於萬一也。否則持不抵抗主義，則無異引頸受刃，亡可立待也，幸國人其猛醒焉。

FOREIGN AFFAIRS
外交
九一八事變週年紀念號
第一卷第三期
外交月報社發行
社址：北平府右街運料門裡中海實光門側

《外交》杂志封面

深宵烽火變生叵測

敵軍佔據瀋陽後城墻上之警備⇨

敵軍夜襲瀋陽城⇩

東北要塞相繼淪陷

敵軍佔據齊齊哈爾南大營

敵軍進佔錦州城

馬占山將軍據以抗敵之嫩江橋

敵軍進佔齊齊哈爾城

日本武士道與九一八事變眞相

金岱峯

閱者偶讀此題，不免覺感不倫不類，因爲這兩句話，寫在一塊，好像不甚連貫似的；其實是很好一個題目，因爲九一八事變，確實證明出自日本，所謂武士道的精神是了。日本武士道，音讀爲Bushido，如用意釋，則爲Samurai，係武士之意。此武士，在昔，日本視爲特殊階級，立於高級地位；因其忠長官，守信義，有豪俠之風，爲一般人所景仰。簡單說：輕死重氣，誠實不欺，實爲武士道的特殊精神。

可是自九一八事變以來，日本所謂武士道的精神，被這航流氓式的軍人糟踏苦了！謂予不信，請看實例明證之。本莊繁曾致函張學良，請其返瀋，處理善後事情，最後尙有『余（本莊自稱）忝故張作霖之知遇，雖與君立於敵人之地位，然以日本武士道之精神，故作此一函云云。』實則本莊此時，擬欲誘騙張氏歸瀋，因之使降；然後挾張氏以號令三省，而另立溥儀以代之。固然人各爲其國，然本莊曾爲張作霖顧問多年，私人知遇，感情不爲不厚，既轟炸張作霖於前，復誘騙張學良於後，可謂天下殘酷險詐之能事者矣；以殘酷險詐之手段，而竟引用武士道之精神，吾於此得日本武士道之眞相矣。然此猶不過其小焉者耳。

當九一八事變未生以前，日本陸軍三長官（陸軍大臣，參謀總長，教育總監）屢次磋商，土肥原等，更往返計劃，竟於九一八爆發，尤可謂極人間刻忍險詐之能事，足令談者齒冷，聞者酸鼻，蓋實人類史上之大奇變，而世界侵略史上之新紀元也。日軍原擬九一八夜拆毀鐵軌，使由長春開往大連之快車出軌，然後發送最後通牒，以便開始軍事行動，不料僱工僅將雙軌中間兩條狗釘拔出，左右各留一條未動，列車通過時，因有一條軌可循，又加以物理上慣力性支持，通過未倒，目的未達；乃由承辦之中隊長河本獨斷，再令工人着華軍服携彈轟炸，炸後工人即向日方返奔，被日兵即按預定計劃實彈迎射，死十餘人，拍照作爲僞證；惟屍骨均向日方，且離路軌過遠，日軍再三研究，認爲不合情理，故僅留最後跑之一屍倒臥道旁者，作爲僞證；乃提前攻北大營，不及發最後通牒，此當日確實秘密情形也。而日軍竟大張佈告，謂東北軍憲，破壞其鐵路，自欺欺人，何其厚顏乃爾；欲以此厚誣中國，欲以此欺蓋世界。彼輩既陰謀計劃於前，復實行僞宣傳於後，上自陸軍三長官，下至中隊長，無不得意忘形，背棄信義，驕揉造作，掩蓋世界耳目。今則更進而公然承認其一手包辦之滿洲僞國矣。原來日本武士道與武士盜發音同爲Bushido，然則所謂日本之武士道者，即武士盜歟？大盜盜國，此之謂武士道!!!此之謂武士盜!!

再　生

《再生》（The National Renaissance）于中华民国21年（1932）5月在北平创刊，至民国26年（1937）7月出版至4卷9期；新1期出版于民国27年（1938）10月，民国34年（1945）8月出革新2期即新103号，停刊于民国38年（1949）4月251期。再生杂志社编辑并发行。本刊原为月刊，自民国26年（1937）3月4卷1期起改半月刊，抗战期间迁汉口、重庆发行，民国29年（1940）改为旬刊，民国35年（1946）3月迁上海出版改为周刊，民国37年（1948）至1949年同时发行广州版。属于综合刊物。

主要撰稿人有张君劢、张东荪等。主要栏目有论著、思潮、文艺、书评、通讯、附录等，

该刊是民主社会党的机关刊物（早期是张君励等人所组织的国家社会党的机关刊物），诞生于中华民族国家内忧外患之际，愿就建国问题，以具体方案，谋真正建设，指出新途径，与国人商榷。该刊主张国共团结、一致抗日，宣传国家社会主义，反对一党专政，主张抗日救亡。本刊内容有中外政治、军事形势、欧美与日本形势比较、中国军队、苏联军队报道及理论著作、哲学著作、文艺作品等。

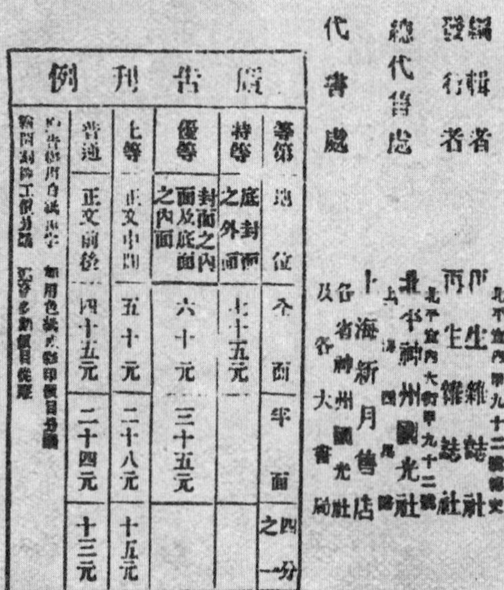

《再生》杂志版权页

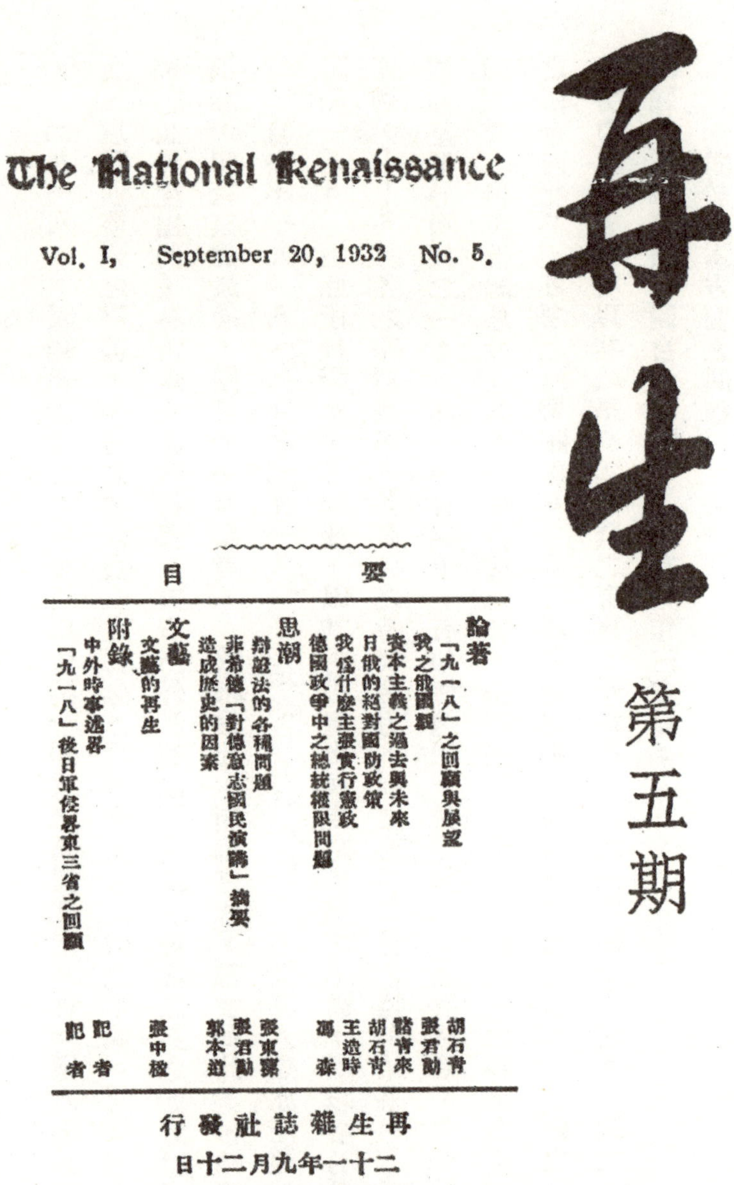
再生

The National Renaissance

Vol. I, September 20, 1932 No. 5.

第五期

要目

論著

「九一八」之回顧與展望 胡石青

我之俄國觀 張君勱

資本主義之過去與未來 諸青來

日俄的絕對國防政策 胡石青

我爲什麼主張實行憲政 王造時

德國政爭中之總統權限問題 馮一森

思潮

辯證法的各種問題 張東蓀

菲希德「對德意志國民演講」摘要 張君勱

造成歷史的因素 郭本道

文藝

文藝的再生 張中楹

附錄

中外時事述略 記者

「九一八」後日軍侵略東三省之回顧 記者

再生雜誌社發行

二十一年九月二十日

《再生》杂志封面

「九一八」之回顧與展望

胡石青

「九一八」，國難紀念日也，自海通以後唯一嚴重之國難紀念日也。國人應如何椎心泣血，以臥薪嘗膽之堅苦，作過去喪失疆土之紀念，爲將來恢復河山之準備。而故都人民在各校禁止學生出門，各街森立成隊警察，天安門外滿布或排列或巡邏之憲兵之低氣壓中，風平浪靜，鴉雀無聲渡過，儼若太平無事者。　故都如此，新都可知，都會如此，村鎭更可知。

自去年「九一八」到今年「九一八」，地球已繞日一週，全世界人類亦隨地球旅行太陽系一週。　在此段行程中，各國族，因其過去歷史與現時環境之不同，所以各有各之特別經過，——各有各之特別遭遇，各有各之特別努力，因之亦各有各之特別結果。　吾中華民族亦全世界國族之一。　此一年行程中，有如何遭遇，如何努力，如何結果，尤值得吾人之回顧。　但現世國族並立久成聯雞並棲之勢，任何國族政策之成敗結果之利害與全球各國族之離合向北具不可解之連帶關係。　故吾國之遭遇必有此遭遇發動之動力，吾國之努力必有此努力之對象，所以其結果不爲突發之事實，而爲各方面過去原因所決定。　因之，吾人之回顧亦不能專向我國自身著眼。　現在分作三方面：

一　對於日本方面之回顧

日本以侵略滿蒙爲蠶食中國之第一階段，久爲其全國一致之政策。 在外交方面或主緩進，軍事方面皆主急進。 但日本今已陷於軍人專政狀態下，故外交政策完全隨軍事進展之狀況爲轉易。 今分別時期各述其進行及轉變情形如下：

甲、軍事方面，可分爲三期：

一，軍事爆發時期。 自去歲九一八至十二月終。 在此時期內，其主力軍集中東三省，九月十八日夜，日軍在瀋陽突然向北大營及兵工廠進攻，天明佔領全城。 同時在長春日兵亦向中國軍隊及警察攻擊，遂日佔長春。 二十一日即進犯吉林，參謀長熙洽賣國迎賊，省垣遂陷。 繼則東佔安東一帶，以保其由韓入遼之孔道，西佔遼源通遼一帶，以阨由遼窺熱之咽喉。 又繼則北略龍省以擴其勢力於北滿。 天津之變不過此大規模侵略中之一別動隊耳。 故此一段軍事行動，實日本吞併滿洲整個計畫之逐步實行也。 二，軍事擴大時期。

自本年一月至三月。 日人既得全滿以中國人乏抵抗之力，思大舉以擾內地，冀其大陸政策可以早日完成。 天津便衣隊之肆擾已爲進犯關內之張本。至一月廿八日上海事件爆發。當時日本借口三友實業社風潮，對於上海市政府爲下列之要求：一懲兇。 二道歉。 三賠償。 四全國抗日排貨團體一律解散，此條須即刻實行。 市政府秉承中央已全數予以承認，照會日本領事。 乃日方於收到此滿意答復之後，竟不通知我方而向閘北襲擊，連日失利，最後乃調其全國海陸空現役軍三分之一，集於滬上一隅，以與我兩萬人之孤軍決勝負，血戰兩月，僅乃勝我。 此時期中，彼之原來目的，實欲以極短時間，佔領上海，繼乃以兵艦入長江，隔離南北以實現其對中國之澈底分化政策。 幸而十九路軍死戰不屈，挫其兇焰，故此軍事擴大之局面，乃得收束。 三，軍事集中時期。 自四月至現時。 日本軍人既知現在征服吾全國之不可能，乃專集中軍力於東北。 彼之所謂東北，東三省以外包括熱河在內。 在天然地理上此四省實爲一經濟區，同時亦爲一軍事區。 萬山環抱，正中爲一極大平原。 此大平原爲全國第一農產區，中畫一斜十字形，便爲遼吉黑熱四省之界。 其周圍山地爲全國第一森林區。 礦產尤多，毛革產亦富。 故日人必犯熱河以貫達其囊括東北之目的。 七月來警報疊傳，其未釀成大戰者，以我方已略有準備，彼方亦揣量而後進之戰略，決非從此可以平安無事。 故現在日本對我東北，戰事準備之對象，一爲堅苦奮鬥之義勇軍，一爲準備守熱之軍隊。

乙、外交方面亦可分爲三期：

一因襲時期。 在軍事爆發時期，其外交大員，一因過去中日糾紛均有一定範圍，成案俱在，不能一筆抹殺，二因國際情形看不真著，不敢一意孤行；故不能不採因襲政策。 此政策已經確實表現者有兩事：

A日本政府及其代表在去歲九月三十日第二次大會前對國聯正式聲明云：「日政府向國際聲明日本對中國之東北絕無任何領土之野心，其代表芳澤聲明日本政府決繼續儘速撤退在南滿路線外之軍隊」。

B.日本代表在十月二十日國聯行政院開會時提出中日交涉五項基礎大綱：1.中日互相締結關於對方領土完整之條約作不侵犯之表示。2.一切反日方式包括排貨在內永久停止。3.保證日人生命財產之安全。4.償還用日欵修路之債務並承認現行之滿蒙鐵路協定。5.承認現行條約權利包括日本在滿洲土地商租權在內。

吾人無論如何反對過去條約之不正當，要不能謂絕無其事。日本在當時亦尙以此等過去條約爲可寶貴。

二，轉變時期。在軍事擴大時期，日本方面外交家已漸變爲軍人之傭役，同時國聯之無力亦完全爲日人覷破。故滬戰結束時之中日協定，祇能作爲上海善後辦法，於東北事不置一字。國人爭之，友邦助之，迄未邀日本之允可，蓋前此五項基礎條件在南京方面已有接收之意，蔣雨岩之使日實有某此五點交涉之企圖，而日本方面已擱置不理，轉瞬數月，情殊勢異，日本人已將此條件自發自收食言而肥矣。

三，揭開假面之積極時期。軍事集中期內，日本已逐漸將僞國造成，對於東北各省公然向各國宣言決不容認其再與中國政權接觸。同時卻派有吉明爲公使至南京預備與中國直接交涉，據聞其關於交涉之甚礎條件，矛盾無理，極人間之滑稽。其用心之狠鄙，蔑視中國人格之甚，均堪髮指。其大概：1.中日互約各不干涉滿洲國之內政。2.滿洲國應容許中日兩國向其境內移民。3.對滿洲國之關稅應有一種合理解決。4.滿洲國應發還中國要人在其境內之私產。

此項條件，因南京外交部現在拒絕直接交涉，有吉未能正式提出；吾人亦無從得見原文，然證之有吉在日本起程前之談話，謂：「隱忍自重以待中國之反省，達到日華滿三國相倚相助以確立遠東之和平。」其在滬存奪之談話，則謂滿洲之獨立出於其人民之自動，日本之承認不能謂之不正當，以後中國應從事實上著眼，速恢復中日之親善，云云。又日陸軍大臣荒木在東京對中國公使云：滿洲國之成立乃數月前既定之事實，中國應在尊重此事實上，與日本謀兩國之親善。至其爲承認僞國之對外聲明書其態度顯然不顧國際公法，不顧一切現存條約，而惟以「既成事實」四字爲立場，雖全世界反對，亦在所不顧。

合綜以觀，此一年中，日本在軍事上由浮面的變而爲沈著的，由散漫的變而爲集中的，在外交上由因襲的變而爲革命的，由條約上權利之確定與否變而爲刼奪品之承認與否，由尊重國聯的態度一變而爲漠視的，再變而爲反抗的，著著進逼，不爲吾國餘絲毫餘地。此一年中波譎雲詭變本加厲之情狀，皆一一如在吾人目前。 倘繼此更進展不已，吾中國尚有立國餘地否耶！

二 對於國際方面一年之回顧

現在國際有三大勢力：一爲歐洲之國際聯盟，二爲美國，三爲俄聯。 國聯以英法爲之骨幹志在持盈保泰以維持世界現狀，雅不願日本掀動巨大風波，至有引起第二次大戰的可能。美國生產過賸，金錢過賸，方欲在遠東謀和平宣洩之市場，尤不願日本壟斷滿洲以碍其發展，此美國三十年不變之政策也。 蘇聯初上建設之途，岌岌以增加生產培養實力爲要務，雖不願在此時輕啓戰端，而日本以武力統一北滿，威脅東路，實予蘇聯以難堪。 故在日難初發時，此三大國際勢力無一同情於日本者。 然此三勢力者具各別之立場，缺共同之利害。相互牽掣，莫敢先發；故皆消極的反對日本之暴行，並不能積極的提出裁制之方法，日本得寸進尺，益無忌憚，而三大勢力反退縮不前，奄奄無生氣，以若東亞大局應聽日本之任意宰制者。 此一年來變遷。 顯著之跡，猶時縈吾人腦海。 舉其著者：

子、國聯方面 當九一八事變傳到國聯時，全體震動，九月廿四日及三十日有兩度議決，皆係『令兩國各撤退其軍隊以恢復「九一八」前之狀態。』 兩度議決以後，並議有詳細辦法九項，正式通知中日兩國政府履行。 中國方面皆奉命惟謹準備履行。 日本方面視若無物，迄置不理。　國聯不得已乃乞助美國，行政院會議於十月十三日以十三對一（一即日本）通過邀請美國參加，於十月二十二日以美國之贊同又議決更爲詳細之方案，重申九月三十日之議決，但其效果不但仍等於零，且激起日本之反抗。　自十一月大舉向東三省進兵，至於陷錦州，壓榆關，擾天津，國聯既乏軍事裁制之實力，又無經濟封鎖之勇氣，威信全失，顏面掃地，不得已一會再會，乃有調查團之提議議決，於是而選派委員，決定權限，商議進行程序，以英人李頓爲領袖之調查團乃聯袂東渡；而上海，而南京，而武漢，而北平，而瀋陽，而哈爾濱，而日本，又返北平直至九月五日方離華返歐。　其報告內容如何？　至今尚未正式發表，然吾人敢大膽推斷，決非擁護去歲九月三十日及十月二十二日之原案，令日本將軍隊撤入附屬地內，令中國接收失地同時負護日僑之責也。　關於此事日英兩方面所傳出之消息如下：

日本方面本月七日東京新聯電消息謂該報告提出之意見爲：『對滿洲國與以極廣泛自治，一方於極微弱之程度承認中國宗主權之原則下，中日直接交涉，以謀最後的解決，並隨時以交涉之經過報告國聯。

英國方面本月十一日倫敦合來社電稱倫敦觀察報稱：『黎頓報告書內之提議，爲希望保日本之經濟權利，與中國之政治權利，以造成與遠東危機有關係各方之調停案，並設法勸阻日本勿退出國聯。 其要點如下：1日本在滿洲一九三一年以前合法之利益所受之損失不致發生嚴重問題。 2.中國在滿洲主權，雖不致引起問題，但不幸中國當局不能証明其能完全履行其責任。 3.解決滿洲問題之最善方法，爲在中國主權構造之下，規定滿洲自治方式。 4.爲保護日本在滿洲之經濟及軍事利益，須設法使一九三一年所發生之事件（按即九一八事變）不至重演。 5.爲實現上述三四兩原則之眞實機器起見，應於明年初，由中日兩國及與遠東最有關係之列强代表，舉行會議。

倫敦觀察報之消息自謂出諸有力者之口，又謂其與東京方面之消息相反。然吾人細爲尋繹，覺此兩消息大致相同，實無重大之出入。 今揭其要點如下：1英方消息謂中國主權雖不發生問題，然當局不能証明其能盡履行之責任，故主張在中國主權構造下規定滿洲自治方式。云云，與日方消息所謂在中國宗主權下承認滿洲廣漠之自治權者，僅語氣上有輕重之別。蓋云主權構造下，其不能具主權之實質自無待言，且其下可以有自治 Autonomy 方式則其去宗主權之程度 Suzerainty 實不甚遠。 2.英方消息既要保護日本在滿洲軍事的利益又要設法使九一八的事變不致再演是否含有承認日本可以駐兵滿洲而有限制中國駐軍的意義。吾人試執此項消息以與去九月三十十月廿二之原案相較，不能不使對國聯生前倨後恭之感。

丑、美國方面。 美國自主張中國門戶開放滿洲鐵路中立以後，即對日本之侵略滿洲持不劣協之態度，三十年來未嘗或變。 然自九一八事變以來，其所表現於外者，不過三端：一，援引九國條約，及非戰條約，向中日兩國送達同樣尊重盟約之勸告。 二，由政府當局發表談話不承認破壞九國條約及非戰條約之一切行動。 三，承認派代表參加國聯行政院之會議，並派委員參加調查團。

然總其所生效果，不過使國聯理事會表決時十二對一之結果變爲十三對一，在前一段所述之調查團報告書上多一委員之署名。 此外實未發見有任何之效果 蓋美國如無掀起太平洋大戰之決心，則對於遠東問題之發言皆爲費詞！

蘇聯與帝俄在本國之治政上經濟上皆已改頭換面，判然兩物；然自中俄協定實行後，在北滿仍承襲帝俄舊有之殘餘權利，與日本之在南滿仍成平分秋色之局面。 當九一八之變動初起時，俄對日本在長春舉動以爲妨害其權利，日本亦卑詞以求其諒解。 繼日本漸入松花江北，俄人有嚴重抗議，日仍婉覆以免直接衝突。 又繼日入侵越中東路，又繼侵佔齊齊哈爾，又繼奪取哈爾濱，終乃干涉中東路之行政，至今日日本對北滿已絕不尊重蘇聯之既得權利，而中東路上俄蘇應有之條約上權利，事實幾等放棄。 彼之五年經濟計劃，論者往往擬以爲國防計劃，實則此計畫重要祇三點；一爲農產，二爲礦產，三爲重工業。以此爲軍事計畫，未免周納太甚。 但此計畫完成，繼之必將有與輕工業交流並進之真正軍事計畫，在軍事計畫未完成前，蘇聯實不願對任何國出於戰事。 此點爲日人觀破，故乃大胆闖入北滿，綏芬境外俄軍之集中，僅爲防備日人奪取海參威於萬一，非真欲向中國境內與日本作戰也。 故蘇聯爲擁護其在北滿之既得權利除接二連三之抗議宣言外，實毫無動作。此事有極大原因，後段再及。

總觀此國際三大勢力，幾於在過去一年中皆爲日本之蠻橫强暴所征服，實不能不使人咤爲奇蹟。然其中亦大有原因，國聯怵於前度大戰犧牲之巨，創夷未平，談虎色變，故以避免戰事徐圖恢復爲唯一之目的。 美國對日積怨已深，雖有爆發戰端之可能，然非先得國內各方之同意，再得歐洲大國之援助，不能作輕率之舉動。 蘇聯既苦實力尚未異充，又恐對日開衅，引起歐美各國資本主義對共產主義國之共同戰爭。 故吾人如不自尋出路而希望國聯，希望美國，希望蘇聯，皆爲自絕之道。並非吾人故爲高論，此過去一年中之國際變化，實予吾人以重大之教訓。

三 對於中國自身一年的回顧

自本年「九一八」至去年「九一八」，此一年之歷史皆吾族之血之淚所染成，吾人所一回顧而三流涕者。 但現在可痛可哭之歷史皆爲過去一切原因所制成，過此未來之歷史之如何，則完全受現在各方面之各別行動之總力所構成之總因而決定。 吾國雖極弱疲，然誠能決定吾自處之道以周旋於此難局之中，終不失爲構成此總因之重要因素。懲前方可毖後，此吾人所以對於過去之一年不能不忍痛回顧者。

第一，東三省之淪喪。

東三省在經濟上之價值，軍事之重要，前曾略述之，然未盡所欲言也。中國開化最早者，爲黄河流域，蓋藏久空，百業凋敝，在今日已成經濟退化之區域。次之，爲長江下流，所謂三江之富甲天下也。然近來民習奢華，舍本逐末，國際貿易入超之數，半爲此數省之漏卮，外强中乾，積重而難返。又次，爲珠江流域，樸辣之風猶存，堅梗之氣未化，又能溝通遠洋，生產貿遷挺然卓立于近代經濟潮流中，不爲所汨沒，然其在中國偏于一隅，不足以登高臨衆，控御全國。東三省者，其地舊屬我國，劃州設郡爲時甚古，然荒野未闢，視同化外，勝清末葉，移民之潮始由山東直隸澎湃以向東北，故三百五十萬方里之沃土，不過五六十年間爲吾族三千萬人民所繁孳。吾本農國，內地農家終勞動常不足以贍五口之家，東三省則一夫力田，足供二十人之飽煖有餘，地擴而土肥也。吾國對外貿易入超總數每年嘗至六七萬萬元之多，而東三省分計，則每年皆爲出超，且其數皆在萬萬元以上，有時且超過二萬萬元，蓋此萬山環抱之大平原，有農產，林產，礦產，毛革產，以裕各種製造之原料，而其富力又足以購機，建廠，利交通，便運輸，以資其發展。故東三省者，吾國建立新式經濟之基礎地盤，所以長養吾全國族改進其生活狀況，而將之于現代人生境界中者也。吾嘗民國七年夏秋，曾經遼入熱渡北遼水至黍克斜山脚下以攻察熱遼經濟之關係，又折轉至北滿以察吉黑之土壤與物產，早對東北有深切之認識。　吾愛中國，吾即愛東北，吾時時欲爲吾全國人謀生養游息之樂，吾即時時不忘東北一大片土，實爲吾全國人謀生養游息之最重要之資源。　民國十七——十八年吾教學東北，嘗與學友云：廣東以財力富，東北以原料富，交資互用，足以福被全國。」　吾嘗睥睨歐美政論家之一切理論，而自作世界改造方案矣，又嘗擬縮小範圍而作建設新中國計畫矣，以謂：欲改造世界必先建設中國，而建設中國當以東三省爲之基礎。　不料民國二十年九月十八日，霹靂一聲，日本吞併東三省之陰謀急遽發動，著著進行。　攻取北大營！攻取兵工廠！　攻取飛機廠！　攻取迫擊砲廠！　攻取糧秣被服等廠！　佔領全瀋陽城！　此種種劇烈印象想仍歷歷在吾同胞之腦海中！　吉林之淪喪！錦州之不保！黑龍江之失陷！此種種之劇烈印象亦必仍歷歷在吾同胞之腦海中！此外海關之奪取也！　鹽稅之奪取也！　郵政之奪取也！　一切鐵道及其他交通機關之奪取也！亦無不仍歷歷在吾同胞之腦海中！

吾今年九月十八日回顧東三省，除非河山還我全甌無缺，吾年年九月十八日無不回顧東三省，吾全體同胞想此日亦無不同時回顧東三省。　縱然有回顧而發喪失地位之痛者，有回顧而發喪失財產之痛者，有回顧而發家室分散骨肉仳離之痛者。　吾人皆非為此痛，乃為吾東三省三千萬同胞痛！　乃為吾全國族四萬萬同胞痛！　緬甸之喪于英也，伊黎河北之地，黑龍江北之地，烏蘇利江東之地之喪于俄也，吾人痛！　然痛未至也，以其地非吾族之所寢息生長也。　安南之喪于法也，朝鮮琉球之喪于日也，吾人痛，然痛亦未至也，以其地之人民雖吾同種而支派尚遠也。　東三省之同胞吾四萬萬同胞中之一部，攫奪我東三省不啻分割我家族斬斷吾支體也！　吾回顧！　吾痛不能成聲。

第二　滬戰之經過

九一八事變之後，越一百三十二日至本年一月二十八日，又有滬變發生。　吾適以一月三十日到滬，故滬戰中之炮聲彈影，吾耳聞目睹者凡二十日。　每日戰事經過皆于晨晚兩次中外報紙所登載，一一辨其眞僞，窮其究竟，以與所見所聞相印証。　吾人皆向來深知日本在世界上為頭等强國，其器械製造與軍隊訓練之精，為各國所驚服。　吾人以謂十九路軍之抵抗，之應戰，蓋盡吾國民之天職耳，非謂吾之軍隊足以與彼頭等强國之精銳相周旋也，乃以之敵彼頭等强國之海軍陸戰隊及義勇軍而勝！　以之敵彼一師之陸軍（戰時一萬八千六百人）而勝！　以之敵彼兩師三師以上之陸軍而仍勝！　乃至以之敵彼頭等强國全國三分之一之海陸空軍之三面夾擊而亦無不勝！此不但為彼頭等强國之軍人始料所不及，各國觀戰者幾無不目呆舌橋，咤為奇蹟。　吾當時曾考其事實求其原因，以為此奇蹟之事實的說明：

一，在吾國方面。　砲不及敵人之鉅，彈不及敵人之烈，防禦工具亦不及敵人之堅固適用，然要非根本上無近代戰具，無近代防禦。　敵砲之來也，吾砲威力不足以敵之！　空軍炸彈之擲擊也，吾砲不足以禦之！　但砲彈不能盡吾士卒而擊斃之也，吾之士卒亦非無畢命彈火下化為煙塵者，惟其未遭彈火之劫者，無恐怖，無畏縮，各持所有戰具以禦敵也如故。　炸彈非能盡吾之防禦工程而破壞之也，吾之防禦工程亦非無被破壞而海內士卒同時化為青煙碧血者，惟其未罹破壞之數者，其中之官長士卒，無恐怖，無退縮，扼守以待敵人也如故。迨砲聲停，炸彈止，敵軍衝鋒，來陷吾陣，吾彈火劫餘之軍隊，以短槍，機關槍，手溜彈，迎戰，其勇氣乃百倍！　而敵人敗退矣！　甚或最後兩軍相混，白刃肉搏，吾兵士出其最後利器——大刀，齊聲呼殺！　手起刀落，白肉片片，赤血淋淋，刀刃斷骨骼，格格作響。敵人喪胆落魄，乃乞降，乃南無手，乃下跪，乃交械，乃自解戎裝而作白斬雞。（滬士語）而敵人大敗矣！　吾當時對滬戰真實事跡有確切考查，決非故作壯語以悚吾同胞之聽。

二在日本方面。　第一，彼國之徵兵制兵役二年，每年退伍一半，故軍隊中常有半數為新兵，其他之一半亦不過曾受年餘之訓練。　視吾方兵士戰鬥技術，相差甚遠。　第二，彼國經濟發展已至階級對立程度，無產階級之被徵作兵者，攜其階級意識入伍，根本上不願拚命代他階級爭利益。 此二弱點皆在滬戰中完全証實。 決非故作輕蔑語以洩吾人之憤氣。

然吾最後終不能免於一敗，言之最堪傷心！ 其原因：

一，因吾軍應敵之人數太少，死傷之後不易補充，臨時補充亦不足應敵。

二，因後防空虛，敵人自瀏河登陸抄襲後路，前方不能不急遽退卻。

吾政府糜全國收入十之七八，養兵至二百萬之多，而國難當頭，强敵壓境，迎敵衞國之軍隊乃僅爲百分之一之數，其餘百分之九十九之軍隊果何處去?! 而使前線人數太少不足作持久戰爭！ 後路又空無人守聽敵人自由登岸耶！ 當吾在滬時，曾言之於救國各團體，謂：日人將利用海運內線作戰，今必調東三省之兵來滬。滬若得利，又將移滬戰之兵再至東三省，或他處，故吾方既已抵抗，應同時並舉，以分其勢。 不幸滬上代表爲反攻東北故都呼籲之日，正上海日軍瀏河登岸之時。 嗣有自濟陽來客謂爾時日兵恐慌甚，若關內軍乘機大舉反攻者，日軍實有崩潰之可能。 天耶？ 人耶？ 時機坐失，遂釀成今日局面！

第三義勇軍與自衞軍

吾國未嘗無政府，然若問政府一年來對國難所作何事？ 實爲吾人所不能答之問題。

吾國未嘗無人民，然若問人民一年來對國難所作何事？ 吾人更慙悚萬端無從作答。 所可以爲人民稍壯體面者，尙有義勇軍與自衞軍。

義勇軍多在東三省南部，前後攻入瀋陽者三次，威脅長春偽都者二次，撫順發電廠之炸毀也，南滿鐵路之折斷也，在在表現吾人殺敵致果與國存亡之決心。自有義勇軍以來，日本人雖在其佔領城內，不敢奴視吾同胞，以吾同胞之敢於與之敵對也。寧為玉碎，勿為瓦全，三千萬居民之少壯者人人皆可作義勇軍，即人人皆可殺日本人，少壯者尚存，決不使日本人得一朝安！

自衛軍者，東三省北部衛國之健兒也。數次圍攻哈爾濱，曾光復吉林省垣而守之。日本軍為所梃者不知若干次，其不敢入東路東段者，自衛軍扼之也。最有力者為馮占海部，孤軍懸數萬里外，百戰不撓。然其望吾關內大軍早日反攻，會師殲敵，光復疆土，實較任何人為切。數日前有友人自北滿勞自衛軍歸，謂：彼處報紙絕跡，消息隔絕，常臆計關內大軍何日可出山海關？何日可克錦州？何日可達瀋陽？見勞軍者，至狂喜，問：某某軍現時至某處耶？某某軍何日出關耶？告以俱未發，則失望而哭！全軍皆哭！此何如境象耶！吾每回憶之，皆欲與之同哭！何擁兵者不能對之稍動同情耶？

吾前數段之回顧，皆為過去事實。自衛軍與義勇軍，吾敢斷言其過去之歷史甚多，其將來之事業正長。吾期望義勇軍與自衛軍，使吾奮然向前展望。

四 吾人向前途之展望

現代國家皆合全國族各部分全國家各機關爲一體系；故國有大事，其政府居中策應，百體之效命也，如身之運臂，臂之運指。又現代國際形勢，利害互倚，向背時變，國際發生大事，每足以使各大國變其政策，轉其方向，易其仇友；故一國之事嘗不決於其自身，而決於國際關係之變化。

由前一義言之，日本佔我東北，捏造僞國，以分裂吾疆土，此眞國之大事也，故必有居中策應百體效命之政府，言戰則徵發令下，富者輸貲，強者輸力，四萬萬人舉國一致，以作守土固圉之戰，未有不勝者。否則政府無人民爲後援，其疲輭痲木也如故。人民無參政之機會，其消極旁觀也如故。大軍人其權勢非中央所授予，其地位非人民所選戴，故裂土自封互爭雄長也亦如故。內爭永無已時，國難將置腦後。則前所述義勇軍自衛軍者，極其量不過爲國民爭人格，爲政府壯聲勢，爲敵人增隱憂耳。如責之以恢復失地，銷滅僞國，驅逐敵虜，吾知其必不能濟也。

由後一義言之，日本人強佔中國領土之一部，自製一僞國而自承認之，以變更許多國家間相互之利害關係。此眞可稱爲國際大事也。故此事之解決，吾國但立在本國利害之立場上以卑詞乞憐，決不能買得國際之同情。倘吾能奮發有爲，造成一遠東新形勢，則各國各爲其利害計，轉不能不諸事皆與吾商，而國際大問題之解決，乃不能不有利於我。

吾基此二義向前途展望，分爲四方面：一，日本內部；二，日俄關係；三，歐美各國關係，四，吾國自身。分述於下：

1. 對日本展望中可能之變化

日本譏吾國爲無組織無系統不具近代國家之形式，吾誠無詞以辯。但日本國家之組織是否健全？吾人所應急爲研究者。

A經濟方面。其封建形態尚未盡脫。大地主徧地皆是，自耕農之創造成效甚鮮。都市中畸形發展以致資本家暴富，無產階級激增。而帶有封建頭銜之資本家，尤足引起無產者之階級意識。近來其知識階級失業者日多，受軍閥財閥雙方之夾擊，皆走入無產階級隊伍中，以宣傳階級鬥爭之思想；故日本出版界較之英美法德等國，特具左傾之色彩。產業普化之最新經濟潮流，日本似尚未感到，且在日本亦不易實行，此其經濟組織，隨時可以發生變端者一也。

B. 政治方面。日本在過去二三十年似有趨於二黨更替秉政的傾向。但彼國資本主義之進展，暗中皆賴政治力量以扶持之，故其政黨常求資本家以金錢的援助，遂變成政治上貪瀆之惡習，致政黨根本腐化。同時其軍閥又自創軍人團體，收無賴青年爲之張目，暗中形成政體上之無名腫毒。因之，軍閥與財閥暗鬥，而一般人民對之均無同情。萬一對外有持久戰，爭，其國內必生不可防止之政變。此其政治組織，隨時可以發生變端者二也。

近代戰爭，舉國動員，實全國族之戰爭也。覘國者欲預定兩國之勝負，第一觀其軍事之組織，第二觀其政治之組織，第三觀其經濟之組織。三者皆健全者，必勝。日本之所可自詡者，軍隊之組織耳。自吾人深切視之，其政治經濟之組織既隨時有解紐之虞，其軍事上亦殊多缺陷。倘眞有長期勁敵，未見其國家不根本崩潰耶。

2. 對日俄關係展望中可能之變化

蘇聯在今日已事實上自認爲世界上國際間一個單位，其有外交政策，有縱橫捭闔手段，一如他國，雖其理論上之終極目的，一切資本主義國家皆爲敵人，在現在事實上與他國訂約，與他國同盟，皆爲昭著之史事，近且一再求與日本訂立互不侵犯之條約。日本則既欲與蘇聯避去實際之衝突，又必須利用防制蘇俄赤化中國之名詞以欺歐美。故此二國之關係微妙，少有人可以斷言其將來。而日本外交家近方欲以「滿洲國」尊重蘇聯奉俄協定之權利，以誘蘇俄承認僞國，（余推其如此，請懸余言以待。）可謂想入非非。依吾人推之：在蘇聯方面願與日本訂立互不侵犯之條約，而不願近時承認僞國；蓋互不侵犯爲有期限的，而承認一國家則爲久永的。且彼方以援助弱小國家爲號召，承認僞國無異承認帝國主義者，可以宰割弱國，以後第三國際更以何詞向弱國爲宣傳之資；至互不侵犯則和平之美稱，且在國家的立場上與彼最有利益。

在日本方面則願以輕微之北滿權利，交換蘇聯之承認僞國，則北顧無憂，然後可以專心作侵略關內之準備；至互不侵犯之條約，如經成立，俄方必公布，以示蘇聯地位之鞏固，反之日本則失去所以欺騙歐美之面具。

此二國各爲其單方利益相周旋，縱能暫得一時之妥協，終久必歸破裂。其原因：

一 俄國對歐洲有新近東諸暫充甌脫，急切無用兵之處，對美國更遠。

二 俄國對中國清共之怨雖尚未忘，但中國之不能有害於俄，總爲彼所深信。且東三省既歸日本佔據，則對中國頗少啓釁之機會。

三 僞國縱以奉俄協定之權利餌俄，而所謂「滿洲國」者爲日本人一手壟斷，在俄國隨時隨處俱感威脅，疑忌日多，戰端易啓。

由此以推，日俄關係日益惡化殆可斷言。有謂日俄購油合同業已成立，足徵其關係日善，此實囈言，毫無價值。俄之巴庫石油產量過多，且彼厲行國家資本主義，準備將來戰爭，出口市場之擴大即爲入口機器之增加，日本，但知此項合同足以抵制美貨，而不知此日付出之油價，可化爲他日互轟之砲彈。日本既欲以防俄爲目標引誘歐美人移轉其視線而又欲暗中使俄爲已用，雙方取巧，不能得到好果不待智者而決也。

3.對歐美各國關係展望中可能之變化

國聯中大國，未嘗無以中國爲無防俄能力而任聽日本在東北弄鬼，犧牲我之領土以達彼防俄之目的者。但此旨實不能對各小國公開，而各小國在國聯中亦往往具舉足重輕之勢力。數月前美國務卿赴歐，吾人早疑其秉有妥協法國以貫澈其東方政策之運用。比來事實更予吾人以甚多之暗示。英對東方，誠不欲開罪日本；然爲保持其帝國統一之局面，尤不敢與美背道而馳。倘美能利用軍縮問題，使法國確切放棄袒日政策，則日本在國際上，將處透骨的孤立之地位。

4.對吾國前途的展望

吾人一面詳察日本及各國間過去之關係，揣測其可能之變化；吾誠絕無自立自救之圖，則他國間無論有如何變化，終不能有裨吾國於毫末。至此，吾乃向吾國自身前途展望。

第一，軍事方面。吾之軍事準備，誠不及日本遠甚，然數年來中央及各大軍人向美德等國所購之新式戰具，較之前數年亦煥然改觀。故吾國軍備之不整齊，其爲害小；各軍各有歷史，各有主腦，各有其自身之利害，故極不易爲協同動作，此弊實大。此大弊不革，決不足以對外。故欲言對外，當先除此弊！

第二，軍事與政治的關係。各大軍人皆以實力撑持自身之政治地位，故軍人不干政之說在中國實無從說起。 惟其如此，各大軍人各不肯拋棄其政治地位，故必須保持其不相統屬之各別軍權。 且地方政權在現制度，名義上屬於中央。 地方軍人若放棄政權，則其政權即屬之中央軍人。 同為軍人主政，何以我必讓彼？ 又安見彼之必勝於我耶？ 故中央政治與地方政治，若不澈底實行民治，由人民選舉，組織各級政府；則政權一物，將永為各軍人競爭之目的物，而政權永久隨軍權而分裂，政象永久隨軍事而紊亂。 禍變相循，如環無端，莫有已時。

第三，政治如何改造。 中國號稱民國二十有一年。 國民黨既標民權主義，即不能取民權一名詞而廢之。且汪精衛也，孫哲生也，每當下台莫不揭櫫民主政治以為再起之號召。 汪氏之言，尚涉模棱；孫氏則居然公開主張以真實選舉行真實憲政。 吾人敢斷言：無論何人逆此潮流者必身敗而名裂。 故今日當局而果聰明也，應立即以斷然之態度公布憲政，以與民更始，俾縣人治縣，市人治市，省人治省，使各省縣市皆得自選議員，自組政府。 而中央政府之組織，則由全國選舉之議員再選委員成立之。 如此則全國一體，各省民政既已還之地方，地盤為物，根本不存，軍政乃有收歸中央之可能。 吾人又敢斷言：倡此議主此事者，在新政府中，必為人民所愛戴而膺高選。反此議尼此事者，終必為人民所顛覆而斷送其政治之生命。

第三，經濟如何改造。　產業普化雖爲現代經濟最新起之潮流，最合理之制度；然非一二年內所可舉其業，亦非今日國難回顧中所能畢其詞。　但此在中國推行確非甚難。　日本既因資本勞動階級對立之尖銳化，醸成經濟恐慌之空前現象。　將來在持久戰爭中，必由此弱點陷其國家根本組織於崩潰。　則吾人於此對日抵抗百年大計之開始，必當對於經濟立國之根本計劃，和盤托出，以昭示吾國人將來在生產享用上共存共榮之大道，庶此後經濟發展，絕不能再蹈日本之覆轍，國內永無階級之分立。　則國族方眞爲一整一之體系，而國家之組織，亦易臻於健全穩固之域矣。

吾對吾國自身之展望，略如上述。　論者疑吾借國難爲名目，以謀內政之改革爲不愛國乎？吾竭誠語疑吾言者！　竭誠語吾國人！　古今中外未有不整理內政使入於適當軌道中而可以對外者！　在今日之中國而言對外，尤非先整理內政無從作對外準備！　事實俱在，非可枉飾。　吾痛九一八！吾希望吾國能恢復九一八之所喪失！　吾竭誠作斯言。　吾望回顧九一八者均作一猛省！

探讨与批判

《探讨与批判》创刊于中华民国21年（1932）4月5日，探讨批判社编辑部编辑，探讨批判出版部发行，探讨批判印刷部印刷。该刊为不定期出版。社址位于北平齐内南弓匠营17号。国内外各大学校各大书社分售。该刊出版至民国21年（1932）11月终刊。

編輯者　探討批判社編輯部

發行者　探討批判社出版部

印刷者　探討批判社印刷部

通訊處　北平西單白廟胡同五號

分售處　北平　大華書局　新亞洲書局
　　　　　　　佩文齋　楊本賢廣告部
　　　　天津　天津書局　大生書局
　　　　南京　民智書局
　　　　廣州　南華書局　正中書局
　　　　成都　現代文化社
　　　　國內各大學校號房暨各大書社

中華民國二十一年十月一日出版

《探讨与批判》杂志版权页

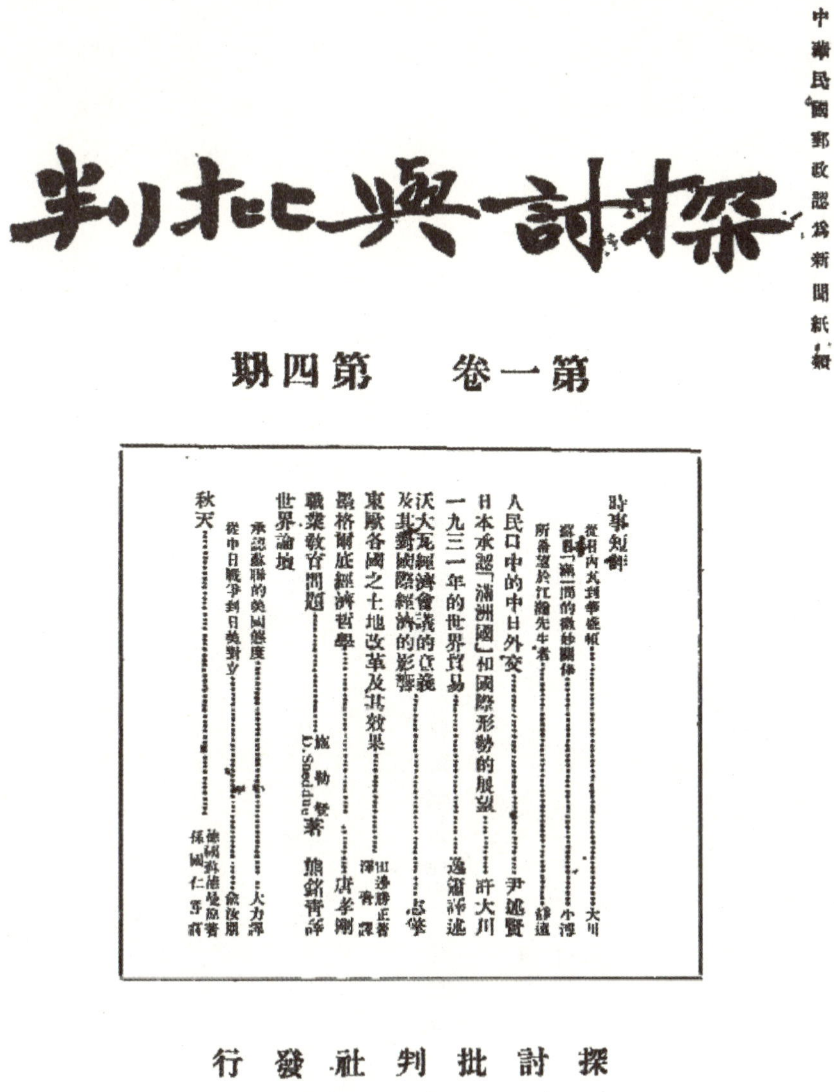
中華民國郵政認為新聞紙類

探討與批判

第一卷 第四期

時事短評
從日內瓦到華盛頓……大川
蘇日「滿」間的微妙關係……小溥
所希望於江翰先生者……靜遠
人民口中的中日外交……尹述賢
日本承認「滿洲國」和國際形勢的展望……許大川
一九三一年的世界貿易……逸簫評述
沃太瓦經濟會議的意義及其對國際經濟的影響……志學
東歐各國之土地改革及其效果……山邊勝正著 澤青譯
羅格爾底經濟哲學……唐孝剛
職業教育問題……D. Snedden 施勒登著 熊銘青譯
世界論壇
承認蘇聯的美國態度……大力譯
從中日戰爭到日美對立……俞汝明
秋天……德福爾斯德曼原著 孫國仁譯

探討批判社發行

每月一期一日出版

《探讨与批判》杂志封面

日本承認「滿洲國」和國際形勢的展望

許大川

一　日本承認「滿洲國」的經過

日本帝國主義者毫不顧慮地悍然于本月十五日正式承認其一手造成的傀儡「滿洲國」了！這一個野蠻的卑汚的表演，在人類歷史上是具着莫可倫比的嚴重的意義，今後數十百年間，整個的世界將要被這個序幕所支配而形成絕大的悲劇！我們現在已經被作成了劇中的主角，勢不得不把這個發展與以深刻的把握，正確的陳述。

本年三月一日，所謂「滿洲國」者發表『建國宣言』，公然聲述建立新國家。十日，僞外交總長謝介石通文各國要求國際承認，除日本外，全世界俱置不覆。十二日，日本閣議討論對僞國應持之態度，決定以承認「滿洲國」爲確定方針。二十一日，日本政府復照會僞政府表示歡迎。在此時期中，日本國內立即承認「滿洲國」之空氣，雖已異常濃厚，究尙未能具體化。殆後日本法西斯底運動高漲，「憲政之神」的犬養毅橫遭槍殺，承認論遂得一大進展，而無人敢公開反對矣。五月二十六日，得軍閥諒解而甘願供彼等之工具之齋藤內閣組成，施政方針的第一項，即爲「外交之刷新，確立新滿蒙之積極的政策」，蓋此後日本之政府及議會已完全在軍閥之指揮支配下而積極實行其侵略政策。在第六十二屆臨時議會開會中，由政友會民政黨共同提出「政府應迅速承認滿洲國」之提案，而于六月十四日得滿場一致之通過。但此僅係原則的決定，承認時期及手續等項尙未顧及。齋藤于議會終了後談稱；「關于匡救時局及承認「滿洲國」之決議，因鑑于問題之重要性，當局將磋商的進行，即「滿洲國」亦在準備與以承認，然何時承認，現在不能具體的發表」。其所云不能具體的發表者，即尚未顧及之謂也。七月六日，受軍閥驅使之內田康哉就外相職後，遂着手于承認之實際問題，而進行尤毫不稍爲鬆懈。在此承認「滿洲國」具體化期間，國聯調查團適在東京，深知此事一旦實現，影響極爲重大，並因本身之立場關係，遂企圖使承認不致成爲事實，而表明反對之意思。調查團所持反對之理由爲：

一 日政府曾向國聯聲明尊重中國領土主權，故若果出於斯舉，必將遭受世界各國輿論之反對。

二 此實無異于自行承認侵害中國領土主權，而違背九國公約。

三 失却中日直接交涉之機會，而使中日關係成爲對峙的。

調查團于七月九日，訪實際之日本政府主持者陸相荒木貞夫對東北問題作種種之質問，荒木對承認「滿洲國」問題，答謂：承認「滿洲國」爲日本之既定事實，當然之措置云。十二日，調查團復與外相內田康哉作正式會談，交換東北問題意見，議論焦點，集中于「滿洲國」承認問題，調查團各委員對于「滿洲國」承認之手續及時期，暨與九國公約法理的關係，提出深刻之質問，並表示意見，以爲將本問題移交國際聯盟處理最爲合法。但內田毅然表示日本政府意見：

一 「滿洲國」之獨立，固可認爲藉日本因滿洲事變發動自衛權之機會，但日政府關于獨立運動，始終堅持嚴守中立之態度。

二 「滿洲國」之成立，乃在滿三千萬民衆之民族自決，乃爲華盛頓九國公約及其他既存條約所未預定之新事態，對于此項既成事實，不能律以既成條約。

三 「滿洲國」既尊重日本之既存權利，且誓言負責確保機會均等，門戶開放原則，故日本政府對于「滿洲國」不惜與以好意的援助，在日滿相互關係上，實爲當然之措置。

四 日本政府認爲「滿洲國」獨立之完成，爲確保遠東和平之先決條件，故希望「滿洲國」早日備具國際團體之資格。

五 根據以上理由，日本政府已辦妥承認「滿洲國」之一切手續。本來對于一新國家，國際法上之正式承認，事親與該國之特殊關係如何而定，不能受第三國之掣肘，且不受既存條約之拘束，應作自主的裁斷，此爲一般國際觀念之原則，故關于「滿洲國」之承認，日本政府自有其特獨之見解，毫無移交國際聯盟之意云。

國聯調查團與荒木內田會見之結果，打消或延緩日本承認「滿洲國」之企圖完全失敗矣。日本帝國主義至此蓋已決心不顧一切，蠻幹下去，調查團之勸告固不能動彼等之耳膜，而只知積極準備承認之手續。在日本政府認爲承認之先決問題，即所謂滿洲四頭政治之統一問題至此遂急遽得以解決。原來日本在東北侵略之主力軍有四，即關東長官，關東軍司令官，領事，滿鐵四機關是，此四機關對外雖取聯絡行動，但對內却各不相屬，日人認爲此種分立在侵略上究難收徹底之效果，而企圖打成一片俾收指臂之用。但因歷史及各不相下關係，解決頗爲困難。在六月中旬日本第六十二屆臨時議會通過承認「滿洲國」提案時，統一四頭政治即已爲原則的決定，此後有若干解決方案提出俱未得成立，直至七月二十六日，始經閣議決定統一方案如下：

爲期促進駐滿帝國諸機關，暫依現行政治之運用，根據左記綱要，以謀其事務之統一。

一　關東軍司令官，關東長官及派遣滿洲之特派全權大使，事實上以一人充任之。

二　關東長官制無特別變更，仍照現行。

三　特派全權大使受外務大臣之指揮監督，掌管外交事項，並與駐滿帝國領事以指揮監督。

四　特派全權大使附有隨員，現任官吏而任大使之隨員者，得以其爲額外隨員，其薪俸與必要之事項，另以勅令規定。

五　關東軍特務部仍舊存在，部員得由特派全權大使之隨員兼任。

六　滿鐵之教育衛生土木等事項，仍照舊由滿鐵施行。

當閣議通過統一滿洲行政機關決議案後，同時議決任命武藤信義爲駐滿特派全權大使。至此日本侵略東北之陣容一新，而承認「滿洲國」之進行亦更力矣。

八月二十五日，內田更在第六十三屆臨時議會中，對于承認「滿洲國」問題大發其詭辯，並表示其決心。其言曰：

帝國政府認承認新國家一事，爲安定滿蒙事態，進而招致遠東永久平和之惟一解決方法。故政府已具從速正式承認「滿洲國」之決意，現在着着準備中，預備一俟準備妥貼，不日實行承認。

關于解決滿蒙問題，帝國政府所最置重者有二點：第一、爲滿足其居民之正當要望，且確保帝國之權益，防止舊來排外的施設之再現，于該地方築成內外安住之樂土，以謀滿蒙自身之安定，進而期遠東恒久平和之到來。第二、爲離開感情論或抽象論，以滿蒙現實之事實，則問題之解決是也。

然或似有考慮，使中國本部政權依何等形式，與滿蒙有關係，以敷衍一時之解決案者，如是結局，不過終于重演九月十八日事件以前之狀態而已。此自吾人長年經驗視之，殆無何等疑義，日本國民對于如此解決案決不贊成也。又中國本部政權之伸及滿蒙，無論其形式如何，均與「滿洲國」政府建國宣言及對外聲明所表示之政治信條，全然不相容，在「滿洲國」人不能容納，則洞若觀火，若對于滿蒙而強制其人民之所不欲，則不惟正義之觀念所不許，且不外于該地方撒播新紛亂之種子耳。要之，如中國本部政權欲伸及滿蒙之企圖，其類似之不澈底之考案，則有背前述以滿蒙爲內外人安住樂土之目的，且與以滿蒙現實之事態爲基礎之主旨不合，而非所以招滿蒙自身之安定與遠東恒久的平和者也。……以故對于該國，予以承認，更援助之。

內田全篇演說，幾盡爲荒謬絕倫之詭辯，事後大招世界輿論之攻擊，但彼絕不稍爲顧慮也，日本之決心破壞國際盟約，九國公約，背棄正義公理，亦以此而爲世人所確識矣。

九月九日，日本閣議決定承認「滿洲國」之一切準備的基本條項後，即請樞密院予以審查通過。樞密院以茲事關係重大，即組織審查委員會負責審查，由倉富議長指定以平沼副議長爲委員長，另以富井政章河合操荒井賢太郎石井菊次郎鎌田榮吉有馬良橘原嘉道栗野愼一郎等人爲委員。審查委員會關于承認案曾對政府作如下之質問：一、承認「滿洲國」及于國際間之影響？二、政府對其及于國際間之影響所採對策如何？內田當答以雖似難免遭受衝動，但可不至發生重大影響，且縱即有加以抨擊者，政府亦決意力排萬難，向前邁進。次更就各國態度說明如下：在英國方面勞工黨大體尚持好意的態度，德則有贊否兩說，尚未決定；美之哈斯特系報紙雖表贊意，而其他方面則倡反對論調；又法政府雖表好意，而第三國際在俄滿國境活動情形，須加警戒；要之，就大體情形言，實無足憂慮也。內田既持如此自信之樂觀論，故樞密院大會遂于十三日在日皇親自出席參與之下而通過承認案矣。十五日，日方代表駐滿全權大使武藤，「滿洲國」國務總理鄭孝胥會同在長春簽定日滿議定書，而承認之一幕滑稽劇於以告終。議定書之全文如下：

日本政府因確認「滿洲國」係根據其住民之意志而自由成立一獨立國家之事實，而「滿洲國」又宣言中華民國所有之國際協定，凡可適用于「滿洲國」者，概與以尊重之事，故日本政府及「滿洲國」政府為使日滿兩國間永遠鞏固其善鄰關係，幷互相尊重其領土權，以期確保東洋和平起見，乃訂立左之協定：

一、「滿洲國」除將來日滿兩當局另締結協定外，對于「滿洲國」內之日本國或日本臣民，根據從來中日間之條約協定，及其他公私契約所獲得之一切權利利益，應與以確認尊重。

二、日本國及滿洲國對于締約之一方其領土及治安，蒙一切之威脅，確認為締約國之他方之安寧及存立亦同時受威脅之事實，故約定兩國共同以任國家之防衛，為此所需之日本國軍乃駐紮于滿洲國內。

本議定書自簽字之日起發生效力，本議定書作成日本文及漢文兩份，日本文與漢文本之解釋相異時，則依據日文本解釋。本議定書署名者均係奉各本國政府正當之委任者也。昭和七年九月十五日大同元年九月十五日于新京訂立。日本帝國特命全權大使武藤信義，「滿洲國」國務總理鄭孝胥。

上項議定書在文字上雖皇皇為兩獨立國所簽訂，但一考其實際則不啻為「滿洲國」合併于大日本帝國之賣身契，蓋任何獨立國家絕不容許另一國家獲得如議定書第二條所載之廣汎的軍事行動權也。「滿洲國」既自甘步亡韓之後塵，而日本帝國主義獨占東北之企圖遂得完全成功。

二　日本為什麼要採取承認政策

日本帝國主義既甘冒世界之大不韙以武力奪去東北三省，不立即公然宣布合併，而憑空製造傀儡組織復自己予以承認。實為一種烟幕作用，企圖欺騙整個世界。蓋現在國際形勢，若日本公然宣布吞併東北三省，則必引起絕大之糾紛，一般預料之第二次世界大戰亦必然因之爆發。日本對此形勢有明白的認識，但又具有決心獨占此廣大之殖民地，故採避名取實政策，製造一「滿洲國」，名爲獨立之國家，用以應付國際形勢。分析言之，則採取承認政策，實有下述三種必要：

第一、掩飾侵略行爲　九一八事變，日本藉口爲中國侵犯其在條約上所應得之權利。迨至北攻龍江，南取錦州，則又謂爲自衛權之發動。屢次宣言聲明絕無侵占中國領土主權之野心，用以和緩世界輿論，並可減少利害衝突國家的反感。此種欺騙政策，已收相當之效果。美國和蘇聯，固未被此種欺騙所蒙蔽，而減少其懷疑和恐懼；但在歐洲却收不少之效果，英，法，意等國對日本並無領土。野心的聲明，表示信任，而認九一八事變可以用和平交涉的方法解決，不肯採取積極態度。因此陷美國于孤立，除採用「不承認」政策外，不能再作進一步的干涉。而日本之侵略，遂得步步成功。今若一旦公然宣布吞併東北三省，則歐洲各國之信任必立即消滅，而因對華均勢關係勢必轉趨積極，于有國際對日戰線自然形成。國際戰線形成以後，日本即成世界之公敵而必歸失敗。故日本絕不願拋棄其既得之收獲，而置自身于絕地。所以繼續採用欺騙政策，而使「滿洲國」獲有名義上的獨立。

第二、抵制國際聯盟　九一八事變發生後，國際聯盟即于去年九月卅日決議請日本軍隊撤退滿鐵附屬地內，日本雖未曾遵行而反擴大其行動，但此後國聯屢次開會俱努力企圖上項原則之實現。日本于每次開會時極盡詭辯之能事。殆後國聯組織調查團來東實地調查眞像。至本月四日已作成報告書，提交預備於十月初開之國聯大會。日本深知詭辯將無濟于事，而有與國聯正面衝突之形勢；故採承認政策，造成新國家，以便脫離國聯決議之拘束，使國聯無法再行干涉。試一讀日本軍部對此問題所作成之具體方案，即可得一明白的了解。此項方案的要點爲「關于滿洲之日本對外方針，當以新國家成立之現狀爲準繩。蓋去年九月卅日經國聯行政院決議之日軍須向滿鐵沿線撤退一節，係以華方須負使日僑生命財產安全之責爲條件，現滿洲既依新國家之成立，而使該地爲華方實權所不及，且「滿洲國」之國防，又與日本國防相一致，則日政府自確受新國家成立前之國聯決議的拘束」上述之日政府所持之意見，固屬毫無理由，但承認「滿洲國」後，確使九一八事件另入于一新階段而變其性質，國聯對此問題之處置更加困難。

第三、應付九國公約　歐洲大戰後　各國爲維持在華均勢起見，召集華盛頓會議，簽訂九國公約。其主旨爲「採定一種政策，以鞏固遠東之狀況，維護中國之權利利益，並以機會均等爲原則，增進中國與各國之往來」。日本亦爲簽字國之一，今若公然吞併中國領土，則因違反公約必召致重大之反對。故製造一「滿洲國」而指爲係東北三千萬人民自動的公意，爲民族自決之結果。決非日本對中國之侵略，而係中國內發的分離運動，並促使僞國發表聲明維持門戶開放機會均等原則，而自加解釋謂爲絕不違反九國公約云。

統而言之，日本之採取承認政策，完全是一種欺騙烟幕的作用，在外交策略的運用上，不失爲一種巧妙的手段，故得收相當之效果。「滿洲國」在日本政府之心目中，不過是應付目前國際形勢的工具而已。一旦國際形勢變化，不再需要這個工具，則「滿洲國」將立即變爲歷史上的名詞了。

三　日本對承認後國際反響的對策

日本帝國主義既決心採取承認政策，以爲變相的獨占東北三省。但亦自知承認「滿洲國」後，國際間將生重大影響，深恐因此引起重大糾紛，陷已身于不利的地位，故對于承認後預料所發生的國際影響，籌種種之對策：

第一、虛僞宣傳　在日本準備承認「滿洲國」期間，極力掩飾其本身對東北獨占的野心，而宣傳「滿洲國」之成立，可以作東亞中日俄三國競爭之緩衝地，使遠東之巴爾幹，一變而爲和平之樂土，中日俄競爭之接觸點既然失去，則東亞和平便可永遠保持。此種虛僞宣傳，竟被一般對東北問題無正確認識的人們所接受。日本更宣傳中國無阻止赤化之力量，若東三省在中國之手中，蘇聯勢力極易南侵而亞洲有被赤化之虞，「滿洲國」一旦成立，對于蘇聯勢力之南侵，必予以甚大之打擊，而亞洲赤化亦可免除。此種詭辯，英法等國之右黨頗爲衛動。

第二、强硬表示　虛僞的宣傳，究不足以掩蔽全世界，而對於東亞關係深切之美國和蘇聯更不發生絲毫之作用。故日本政府更採取示威運動，屢作强硬表示。荒木陸相會言：話不投機，結果只有打架。而政府負責要人亦屢次公開聲明有阻礙其政策者，不惜一切犧牲以赴之，處處表示强硬態度，大有雖與世界爲敵亦毫不顧忌的氣慨。示威之結果，英法因欲維持和平，時或屈從日本意見。美國和蘇聯亦不敢單獨採取積極政策，而蘇聯更惟恐觸怒日人甘于退讓。國際聯盟當然更一籌莫展，極力敷衍。但日政府對下月中開之國聯大會，已決定其對策之根本方針：一、成「滿洲國」之獨立與其承認，並未違反國際條約，且屬既成事實，故國聯縱即以五十三對一之決議，反對此事，亦礙難施以取消或變更，蓋國聯若出于取消日方承認行爲之舉，則屬抑制日本主權，故當絕對反對。二、絕對反對適用國聯盟約第十五條于中日紛爭，故決竭力反對召開國聯大會，惟爲顧慮從來情形起見，當仍令日代表出席聲辯，以免在日本與國聯間發生最惡之結果，三、國聯方面若無視日方主張，否認滿洲獨立，而以五十三對一之決議，壓迫日本生命線，則日方將撤回其代表部，自不待論，且縱即因是而退出國聯亦非得已，而其責任則應由國聯方面負之。日本上述之强硬表示，蓋爲暗示國聯不得作不利日本之決議案。

第三、壓迫中國　日本知承認僞國後，中國民衆必將有劇烈之反抗運動，而不買貨運動更將有普遍的開展，將予其本身經濟以一絕大打擊，故決定對此開展採取壓迫政策，此種壓迫政策之運用亦頗爲巧妙，即恐嚇中國政府對謂設再不壓制反日運動，則日本將必採自由行動，事態擴大將無所止。中國政府及地方當局只知顧忌自身之權益，遂被嚇倒，而甘作本日之工具，對民衆反日運動處處加以摧殘，救國都無自由！而日本「獨占滿蒙，維持中國本部之市場」的計劃，遂得完全成功。日本壓迫政策的另一方面，即施用威嚇利誘手段，壓迫中國政府使日本侵略東北的事實，予以法律上的承認。此種政策，至爲毒辣。蓋一日中國自己予以法律承認後，則其他國家對此事件將無從干涉，而日本便可安然享受寶藏無量之廣大地域矣。日本公使有吉此次來華，實秉有此項使命，中國政府是否忍受壓迫而甘于拍賣國家民族，實不容輕爲忽視者也。

四　世界輿論之一般

日本帝國主義一年之橫行蠻幹，早已引起世界輿論之攻擊。而其自造承認僞國理由，如維持東亞和平，「滿洲國」之建立係民族自決等虛僞宣傳，輿論亦與以有力反駁，當內田在議會發表關于滿洲問題之演說後，上海「字林西報」即加以斥責，該報評稱：

內田氏所持之意見，謂上年日本武力干涉，以及以後建立似是而非之獨立國家「滿洲國」之舉，係代表滿洲人民願望一節，吾人不能贊同。由滿洲事變之演進觀之，內田張大其詞，意謂滿洲新國家已臻于穩固强健，吾人亦不能深信。日本一再過于信賴武力，彼之使用武力，並非因一切和平勸服之手段，均歸無效時，始作最後之制裁，乃係于事端發生之初以武力代替勸服手段之工具也。內田演說將國際協定之效力減輕，爲一方具體的福利計，而將國際協定全然推于一旁，竟置誓言之神聖于不顧，內田狂熱聲明謂「滿洲國」獨立之成功，係出于滿洲人民之情願一節，足徵該演說包藏無量之詭辯。內田反對意氣用事之提議，及抽象的理想，而贊成所謂完全事實，乃不啻宣告日本自知不配與世界合作，按照合理的討論，及寬宏的妥協，與忍耐的談判，而共同企圖世界問題之實際解決。

倫敦「每日前鋒報」亦著一論說，其標題爲「日本之傀儡」內稱：含有世界悲劇一切可能性之一齣滑稽劇，刻正在遠東開演。並稱日本之承認「滿洲國」乃公然侮蔑世界道德意義之最後步驟，足使戰禍四佈。

迨至九月十五日，日本正式承認「滿洲國」後，世界輿論更加以痛斥抨擊並深覺此後遠東形勢之險惡。倫敦「紀錄日報」稱：「從國際德義上着想，今日遠東局勢之惡劣，已達極點，英德外交進行遲鈍，以致日軍閥氣焰益壯，迨目前則日人之態度，幾視國聯美國以及萊頓報告爲無物。日軍閥之狂恣一日存在，則世界之前途一日未容樂觀，和解仲裁，既不足解決中日問題，則當前之任務，自爲援助中國之國家主義，打破日本之帝國主義云」。又「曼哲斯德衛報」稱：「日本之鬼蜮技倆，姑置不論，日本業從中國有生命之體魄上，割去一塊，日本假暴力以取得之，雖確實爲戰爭，日本則不肯稱爲戰爭，將中日兩國共同簽署之條約，破壞無餘，彼之行動，予整個國際秩序以打擊，此種秩序，自大戰以來，東西各國皆力謀建立者也」。

美國方面則「華盛頓郵報」稱：「日本在長春樹立之傀儡政府，自日本加以承認，已變爲日本以外各國之笑柄」。「紐約世界電訊報」謂：「日本已完全破壞九國公約，並對一般未採取步驟，制止日本侵略中國領土，表示遺憾」。

法國方面則「巴黎時報」于其社評中聲稱：「去年九一八瀋陽事件發生以後，中日問題即帶有重大之危險性，時至今日，對此初係地方性質之事件，可一談其解決方法，俾爲中日當局謀一妥協諒解之途徑，國聯派遣調查團馳赴肇事地點，調查其真確事實，固爲當然應取之步驟，中日雙方之最初主張，即謂在調查團正式報告書公布以前，暫不採取新行動，以免中日關係更受嚴重之影響，在東京政府協助之下，滿洲諸省脫離中國主權，而宣告獨立，在法理固有可議之點。唯滿洲新國尙未受列强承認，而日本遽興之訂立同盟條約，則其情形全然不同。蓋所謂日滿軍事協定，性質上無以異于日人單獨攫取滿洲地盤，實際即為破壞權利均等原則，遠東現行之政治條約，中日問題既經提出國聯，今未得國聯解決，即行簽定此種條約，實難調和。道路傳言，日本最後有退出國聯之意思，日本與國聯之關係，將自陷于萬劫不復之境地，為慎重計，日本應努力避免造成無可挽救之局面，世界之反響，一時正未可預料也。日本者世界之大國也，政治上業已成熟，應自知其對于促進世界和平所負之道德上責任，條約上之權益，東京政府固有盡力維護之權，其一舉一動，應審慮周詳，而不得危害國際合作及其先前自己所忠實締結之條約」。「新聞報」宣稱：「以日本滿洲之權益不能證明其所採姿態之具有理由，此種姿態不能改善遠東之情勢」。「勞動報」表示意見稱：「日本此次承認滿洲國實形成對美俄之直接威脅，並破壞九國公約，或須引起嚴重結果」。「民衆報」發表意見：「此種議定書係為遮蔽軍事吞併之一層薄膜」。

德國方面則「伏錫時報」社評，標題為「日本保護國之滿洲」，申述「滿洲獨立，自傀儡政府藉日本槍刺成立時，實際已經存在，叛立各省現時自國際觀點言之，頃已成為一能要求一切文明政府權利之單位。日本以滿洲為保護國，將可築成一有利的作戰根據，進行不可免的中日岐見之清算，日本現時可以不損礙本身，而施行其手腕。因將來之戰事，可目為中日滿戰爭，此後當日軍侵略中國中部時，日內瓦與華盛頓將感遺憾，蓋廢戰各種條約，留有一致命的漏罅，即滿洲國未加以批准是也」。民主黨「交易所郵報」論稱：「欲打倒日本立場，惟有使用殘酷優越的武力」云。

世界輿論對日本之破壞條約，固屬一致加以責斥；而對于國際聯盟，亦因其採取敷衍政策，深表不滿。如倫敦「曼哲斯德衛報」著文論日本承認「滿洲國」事，視「滿洲國」為日本一手造成，該報將其對日本不滿意之點，一一說明後，謂「國聯及列強對日行動，袖手旁觀，毫無舉動，其影響特別嚴重。國聯機關對遠東問題無所舉動，將使該機關威望為之大減。日本之行動，足使吾人對太平洋問題之恐懼，再行發生，固不待言，然其影響尚不止此，緣歐洲之國家，亦有侵略者與受威脅者，中日事變發生以來，歐人咸集其視線于國聯，觀其究竟能否阻止侵略國攻擊中國。然最後目的，仍在由此窺見國聯畢竟有何精神上威權，保護弱國，及使強國勢力縮減」。該報結論謂：「萊頓報告書發表以前，國聯應有舉動，對日本表示不贊成，更以美國之反對為之聲援，務使日本知曉，日本應承認該國已簽字之條約，不應承認滿洲國」云。又國聯同志會會長穆萊教授投函該報，指陳國聯不能因懾于日本退出國聯之恫嚇，而舍其主張公道之正路，以偏其方向。穆氏發表意見，今有一區域于此，包括漢，滿，韓三千萬人口，幅員等于法、德兩國之大，即以最强大國家，欲加以統馭，亦非易易。氏又表示意見，日本倘不得其他大國之援助，即欲謀局部及暫時之成功，亦不可得，彼相信日本目下所持政策，必歸崩潰，乃推免之事實。

此外更有認爲中國應該自己努力者，實爲一針見血之言。如美人在大阪發刊之「日本紀事報」曾于其社論中謂：「懷氏——懷德爵士 Sir Frederick Whyte 新著有「東西方之將來」The Future of East and West ——又說，中國如果想人家尊重文是一個有主權的國家，必定先要把自己的內部整理好了。誠然，中國在目前的國難裏面，應該獨自打開一條出路，因爲列强當中沒有人願意替中國阻擋日本，不許他達到他慾望中企求的解決方法」。

在上面的敘述中，我們對于整個世界的輿論當然可以把握到了。概括說來，世界輿論對于日本承認「滿洲國」事件的認識和態度，實如下列各條所示：

一 斥責日本的侵略行爲，認識前途開展的危險性。

二 對于國聯採用的敷衍政策，表示不滿。

三 對于英法等國政府的應付遲緩，態度模棱，加以指摘。

四 希望中國自己努力打開出路。

五 美國和英法等國應切實合作，採取積極政策，澈底解決東北問題。

五、列强之態度

日本正式承認「滿洲國」後，與遠東有關係各列强政府，頗乏公開之表示，而極乎緘默。但此種緘默態度，決非對于日本之舉動，予以默認。蓋日本之決心承認「滿洲國」，數月以來，固早爲各國所認識，九月十五日長春扮演之滑稽劇，不過一種手續之履行，各國政府固不因之而起新的衝動；一方面更深切了解此後局勢之嚴重，故採取慎重的緘默也。在過去數月中，各政府曾正式或非正式發表對此問題之態度，就中以美國爲最積極，蘇聯爲最沈默，英法兩國則顯然採取觀望態度。

九一八事變發生，直至最近之日本承認「滿洲國」，與自身有密切直接利害關係的蘇聯，一向沈默；但亦曾非正式表示其中立態度。近日以來日本極力宣傳蘇聯將繼日本而承認「滿洲國」，此種無意義之宣傳，不值識者之一笑，在現在國際情勢之下，蘇聯決不予「滿洲國」以承認，是敢斷言。又蘇聯自行表示之中立，其真實意義固另有所含蘊；而絕非袖手旁觀之謂也。蓋蘇聯以其自身立場之特異，及國際情勢之複雜，時在今日，固尚不許可採取積極政策而公然表示其真實態度也。

英法兩國則對九一八事變的態度，自身陷于矛盾，故迄在觀望徘徊裏而未得解決。蓋一方面固不願坐視日本獨立之成功，但另一方面又不願單獨對日本採用壓迫手段。故雖對日本之橫行，迄無積極表示，但對美國之擁護條約神聖主張却又贊同。當八月八日，美國國務卿斯梯生公開演說表示擁護國聯盟約和非戰公約後，法總理赫里歐氏即發表談話謂：對于斯氏觀點，認該約于必要時，應包含國際協商一節，表示歡迎，並謂法國爲和平利益計，亦相信不能認該約僅係表示一種虔誠意嚮，而不得不認爲一種負義務的條約。氏謂：除和法自衛外，簽約各國不能不接受該約，認爲有效，並不應帶有任何限制。又謂：現時須解決之問題，即謂阻止一般違犯此項莊嚴擔保之辦法云。但有效辦法如何採取和運用，至直今日，亦尚未見若何之決定。總之，英法因種種之情勢，固不願首當其衝，只得觀望形勢，再決態度，故對日本正式承認「滿洲國」並無積極表示也。

美國當九一八事變發生後，即予以嚴重之注意，蓋其自身利實關係使然也。當本年一月，日本進佔錦州後，侵略野心暴露無遺，美政府遂于一月七日對中日兩國發出照會，聲明美政府不能承認任何屬于事實的現局爲合法；此即所謂「不承認政策」是。（請參看拙著遠東局面之開展和我們正確的外交政策載本刊第三期）。美國的不承認政策，實可反映其積極的態度。在日本積極的準備承認僞國的與高采烈中，八月八日，美國國務卿斯梯生于紐約外交調查會席上演說，表示決心擁護非戰公約，極爲世界所重視，斯氏以堅決之語調謂：「凡採用違反國聯盟約與非戰公約方法所得之條約權利，凡屬國聯會員，均負有不加承認之義務」。又謂「精神上之不承認，成爲全世界之不承認，其意義重大，爲迄今國際法上所未見」云。但美國一國採取不承認政策，日本固未曾加以重視，而依然進行其正式之承認「滿洲國」之手續。日本承認「滿洲國」後，美國自知單獨採取不承認政策，雖發生有效結果，遂更進行擴大不承認運動，企圖造成國際聯合戰線，對日以共同壓迫。美國共合黨上議員李德現已在歐活動，勸導英法與美國合作，其結果如何實堪注目。

至于其他各國之態度，當無一一述敘必要。但一般認日本承認「滿洲國」爲違反九國公約非戰公約，並破壞國聯盟約之惡行，而表示反對或不滿之意思。絕無一國將如日本之宣傳繼起而予「滿洲國」以承認，是可斷言者也。

六　我國政府的對策——繼續無效的「抗議政策」和「申訴政策」

九一八事變發生後，我國政府即採取「抗議政策」和「申訴政策」，在此種「抗議政策」和「申訴政策」之下，陸續斷送吉林，龍江，錦州。直至今日，日本公然正式承認「滿洲國」，完成其吞併東北之決心。我國政府仍毫無善策，一籌莫展，依然繼續無效的「抗議政策」和「申訴政策」而已。當七月二十六日，日本任命武藤信義爲駐滿全權大使，爲承認僞國吞併東北之初步準備後。我國外交部即電令駐日蔣作賓公使，向日政府提出抗議；同時並電令顧惠慶顧維鈞及駐外各使館，分別向國際聯合會，國際調查團及各駐在國政府，喚起嚴重之注意。迨至九月十五日，日本正式承認僞國後，我國政府即行向日政府提出嚴重抗議，並向國聯及九國公約當事國送出照會。

致日本政府抗議書，首述日本侵略之着着進展及違反國聯決議和九國公約，次即對于日本之行動，加以嚴厲之斥責，列舉爲：

一　日本已違犯國際公法之基本原則；

二　日本已違犯法律之初步原則與人物觀念；

三　日本已違犯國際聯合會盟約；

四　日本已違犯非戰公約；

五　日本已違犯民國十一年簽訂之九國條約；

六　日本已違犯其自爲之誓約；

七　日本已違犯國際聯合會歷次訓誡；

最後聲明：所有一切侵略行爲及其發生之任何結果，中國政府當令日本政府擔負完全責任，中國政府並保留其在現狀下國際公法與條約上所付與之權利。

致國聯牒大意則謂：一、日政府之承認僞組織，實係對歷來在東省侵犯中國領土完整之一切行爲自畫招供，自承責任，而國聯盟約第十條固明白規定應尊重並保持所有會員國之領土完整也。二、日本與僞組織間之所謂議訂書，純屬片面性質，僅爲日本圖遂其在東省建設保護國之野心而已。三、依照日本僞國所訂議定書，日本不啻有擔任僞組織國防之權，其對中國及世界威脅，至爲嚴重。四、日本承認僞組織，蔑視國聯之權威，已達極點。在上述情形下，應即請求國聯加緊工作，採取最有效之方法，以應付目前之局面。

九一八事變以來，政府對國聯申請之牒文，幾爲對日本侵略加緊照例之反應，即日本侵略加緊一步，中國必有一申請之牒文。此次則除致牒國聯外，更向九國公約當事國遞致申訴之照會。計簽約國爲美，英，法，義，比，荷，葡；加入國爲挪威，瑞典，丹麥，墨西哥，玻利維亞，共十二國。照會內容極力指斥並證明日本侵略中國土地主權，製造「滿洲國」作其傀儡，違背九國公約。並謂「如日本之行爲不受相當制裁，九國條約當事國坐視該公約之成爲廢紙，其結果誠有不忍言者」。「其慘酷不僅限于中國，即世界和平亦受不祥之威嚇」。最後聲明：「中國政府認爲嚴重局勢業已發生涉及九國條約之適用問題，特依據該約第七條之規定，以充分坦白之意見，通知九國條約當事國政府，並請其對于日本自去年九一八轟擊瀋陽城以至于今年九月十五日正式承認滿洲國所有種種之侵略行動，因是而造成之事態，採取正當及有效之應付方法」。

中央政府對于日本承認僞國之對策，除如上述之抗議和申訴外，固未見有其他應付方法和步驟，彷彿一經抗議和申訴，政府之職責已盡。而此種「抗議政策」和「申訴政策」之無效，已由過去事實完全證明矣。

七　沈悶的醞釀和打開的方策

著者僅將日本承認「滿洲國」事變，和關係各方面，予以正確的把握。而此次事變今後之發展如何，實更有探討的必要。

著者觀察，在今後一個短時期中，國際形勢將陷入沈悶狀態，但此種沈悶僅爲表面的，而內裏則在積極醞釀。在醞釀未成熟之一日，沈悶狀態不能打開。醞釀之中心，則一方面爲以美國爲領袖之企圖形成國際反日戰線，另一方面爲日本積極破壞反日戰線的形成。美國之企圖形成國際反日戰線，與日本以實力的壓迫，在本年春間即已發動；迨至最近日本承認「滿洲國」後，進行更爲積極，其具體計劃即設法使英法贊助自己，共同合作；現在巴黎倫敦活動之李德氏，蓋負有美國務院之特別使命，進行此項工作。設若此種企圖一旦成功，則以美英法三強國之實力，與日本以壓迫，日本雖不欲退步而不可得矣。但日本自身亦深知此種情事，故極力與以破壞，對英法兩國政府，威嚇利誘，務使美國陷于孤立不敢施行強硬政策。現在雙方幕中之鈎心鬥角，正在各竭全力，以致表面上反形沈悶。故現在國際情勢，實爲異常複雜微妙。美國企圖之能否成功，關係今後世界者甚大，而與中國尤有密切之利害。國際反日戰線之形成，所以遲遲未成功者，蓋有三大障碍：

第一　中國自身不採取積極政策，

第二　英法持觀望態度，

第三　蘇聯持「中立政策」，

第二第三兩個障碍，完全因爲中國自身不採取積極政策所得的結果，因爲中國不採取積極政策，英法當然只好靜待形勢開展，而蘇聯更須待國際壁壘鮮明以後，方肯表示眞正態度。故中國一日不採取積極政策，雖有美國之活動，亦不易形成反日聯合戰線。我國政府負責者，每以英法持觀望，蘇聯太曖昧，認爲國際形勢不利于我，以致一籌莫展；此種認識完全錯誤。故現在國際形勢之沈悶，惟一責任厥在中國。而打開之策，亦惟有立即採取積極政策，與美國切實合作。一方面以中國爲中堅，使蘇聯和美國聯合成功，形成中美蘇聯合戰線。一方面聯合美國壓迫英法放棄觀望態度，轉而反日。如此則國際反日戰線形成，而日本帝國主義之侵略，終必得最後之裁判矣。

一九三二，九，二十二，

日本爲什麽要侵略我東三省

管琳生

我爲討論便利起見，將本問題分爲‘日本起初爲什麽要侵略我東三省’與‘最近爲什麽要以武力侵略我東三省’的二問題。本文是注重後者，所以將前者的原因，僅擇要地作個簡單的說明：

日本自維新後，以資本主義的逐漸發展，而感資源缺乏，市場狹隘；加以土地狹小，人口激增；於是乃力圖向外侵略。但其向外侵略的一條海洋政策的路，因與先進的資本主義國家相衝突而不通；乃轉而採取大陸政策，——向產業落後地大物博的中國，尤其是向地廣人稀蘊藏極富的東三省侵略。

日本最近爲什麽要以武力侵略我東三省？對這個原因，我是分內在的與外來的二方面來探討：

（一）內在的卽日本自身的方面　這方面可分經濟、政治、軍事三項來談：

經濟方面　資本主義的生產與消費的不均衡地發展，釀成了第三期的恐慌。爲資本主義體系中的小弱弟日本資本主義，以美國極力擴張勢力於遠東，戰後英法德意重整旗鼓而東來，蘇俄在東省的活動，中國幼稚工業的發展，與耕地狹小、人口激增，（日本內地僅有六萬餘方公里耕地，而人口於一九三〇年已有六千六百四十餘萬，且最近每年平均增加有一百二十餘萬。以此，而致食糧非常不足。近七八年每年食料——包括肥料——輸入總額均在五萬萬元左右，這自有牠的一大損失！）更使其恐慌陷於深刻化：

A. 產業部門——

1. 物價的跌落

一九一三——三〇物價指數表：

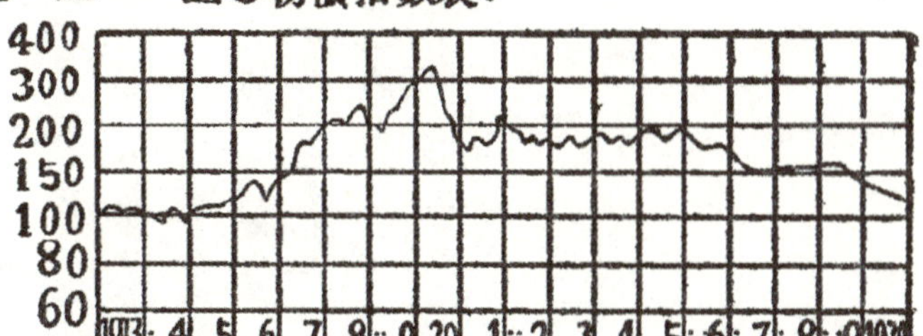

2. 企業利潤的減少

事業別 / 期	八紡社平均	五化學社平均	五精社平均	八造船社平均	五煤油社平均	三製紙社平均	三肥料平均	十八電力社平均	六洋灰社平均	四礦社平均	機械工作	六食糖社平均
1930 年上半期	102	9 3	109	1 2	8 0	9 5	106	9 7	196	8 2	9 5	8 8
1930 年下半期	5 2	6 0	8 6	5 5	6 4	5 5	7 9	7 9	6 3	4 7	8 3	5 0
減少比例	4.9	3.6	2.1	5.0	2.0	4.2	1.9	1.9	6.8	4.1	1.1	34.3

3. **貿易的收縮**

	1930 上	1929 期	減少率	1930 下	1929 期	減少率
輸入	955792	1299257	2 6 %	100607	321594	3 8 %
輸出	732229	1016852	2 1 %	244404	405949	4 0 %

4. **農業的恐慌**　日本農業，也是構成日本資本主義的社會經濟的重要的一環，(如其本部投資，卽以農業居首——佔47%.)近因經濟恐慌的結果，遂使農產品的價格銳減，農業資本的純利亦隨之大減，而釀成了農業恐慌。同時，農業旣爲其社會經濟的重要的一環，那末，牠的恐慌，又必增加其社會經濟恐慌的程度。如此地輾轉相乘，自然要釀成巨大的損失。(單一九三〇年，已有十億之巨。)

B. 金融部門——此部門的恐慌，因金解禁之實行，(以此一九三〇年一至十月現金流出有三億八千元)外國金融的資本之壓迫，與獨佔金融資本之形成，使恐慌的振幅，益加增大。至於其恐慌的程度，我們由下列幾點很可看出：(一)從前年下期到去年六月，倒閉銀行有二十左右。(二)一九二九年六月至一九三〇年十月，股票總指數由九〇·五減至四四·六。(三)國家財政截至一九三〇年止，虧有四三七八五九三千元。

上面的敍述，雖不是整個的，但我們已可看出牠經濟恐慌一般的深刻化了。

政治方面　經濟恐慌深刻的結果，勢必引起政治上發生重大危機：(一)使勞資與農民地主的對立激化，(去年上季，'勞資爭議'有一七九〇件，鄉村中的'小作爭議'有一五二三件。）使失業羣衆與無業可就的畢業生激增，（失業者據關西總同盟調查有六百七十萬人。）而致國內思想界與勞動界均日趨左傾。（二）加殖民地以極度的剝削與高壓，而易引起激烈的反抗運動。（一九三〇年六個月內，朝鮮農民鬥爭有四八八件。）（三）因軍人日益專橫，及政府以（一）（二）兩種情形而需要絕對的統制權力，遂使政治日益法西斯化。

日帝國對這深刻的經濟恐慌與政治危機的兩重致命傷，自然是極需向外侵略以圖醫治了。但在牠看來，是祗有積極地以經濟侵略有'世界最膏腴之一區'之稱的東省，才足以醫治牠的致命傷；是祗有牠已佔有外資73％已佔貿易總額10％的東省，才有牠侵略的根據。（這也許就是牠視東省為'生命線'的理由之一吧！）由此，可知日帝國為欲解除深刻的經濟恐慌，消滅由經濟恐慌的深刻所生的政治危機，唯有積極地以經濟侵略我東省之一法了。

軍事方面　東省位中日俄之間，為東亞最要的軍事根據地。日佔此，西可控制俄國；南可逼壓中國；且日將來無論對任何國家作戰，亦需與東省聯絡，形勢方不致孤單；戰中一切軍需原料食品，如佔有東省，亦無缺乏之虞。東省對於其軍事上既如此重要，在世界風雲日趨險惡的現在，蠻橫的日本軍人，安得不舉其爪牙，據為己有？

（二）外來的方面　此方面最要的原因，為英美的競爭，蘇俄的活動，與我國的反抗其經濟侵略：

英美以壓制蘇俄及日本在東省的勢力與救濟國內的恐慌，在東省競爭，頗為激烈。據調查結果，日對滿貿易現在逐漸減少，而英美對滿輸入則逐漸增加。英美在東省投資，亦各有二六四〇與三九五九萬日金圓。一切對東省投資事業，非常踴躍。日之烟草與石油均為英美的烟草與石油所壓倒；美對滿輸入之砂糖，亦僅次於日本，且仍爬高。這些，對日在東省的前途，自然是大的阻礙。因此，日爲消滅英美的競爭而得順利地進行其經濟侵略，就非以武力侵略我東省使其獨佔化不可。

蘇俄五年計劃的成功，自必盡量地輸出貨物，換來工業機械的資本。在歐洲，各帝國有堅固的關稅壁壘，其貨乃不能暢銷，而有中東路的便利的，佔有僅次於日的巨額投資及貿易的東省，自爲其最好的活動市場。蘇俄貨物，以其各業之國有化，使生產消費減少70%，與運輸費、佣費和私人利益的完全消滅，故物價自然較低，而況牠正欲與各帝國競爭呢？茲將英美日俄的物價略加比較，便知孰貴孰賤了：

1.石油	美產	二罐一箱	17.0元
	英產	二罐一箱	17.0
	俄產一等	二罐一箱	16.4
	二等	二罐一箱	16.2
2.蘋果乾	美產	一磅	.9
	俄產	一磅	.7
3.面盆	日產	25×18	21.2金元
	俄產	5×8	11.0

又據傳說，自一九三〇——三一年之間，在北滿市場的俄貨總額竟由九百三萬五千六百元增至三千餘萬元。其對東省投資，也極踴躍。這些，對於日自是個很大的威脅，况蘇俄的赤化宣傳與援助韓國革命，更時時使日帝國主義嫉恨、恐懼。因此，日爲肅清蘇俄在東省的勢力、及防衛蘇俄種種政治上的陰謀而保障其經濟侵略，亦非以武力侵略我東省不可。

我國爲反抗日經濟侵略我東省，乃從事於鐵道網與葫蘆港之建築，可使一切東省熱河的貨物必以距離短（註）運費低捨南滿鐵道——日經濟侵略東省的大本營，而取中國鐵道，由葫蘆港出口，滿鐵與旅大，必陷於絕境。更加以我政府礦業法的規定，東北火柴的專賣，對外貿易爲壟斷，與要求收回旅大及南滿行政權，要求日撤退南滿駐兵，及拒絕日的許多無理要求等等，均不但使其不得積極地以經濟侵略，且使其固有的地位，大爲動搖。彼視東省爲'生命線'的日本，覩此情狀，寧不心慌！因此，日爲阻止我國的反抗其經濟侵略，又非以武力侵略我東省不可。

【註】

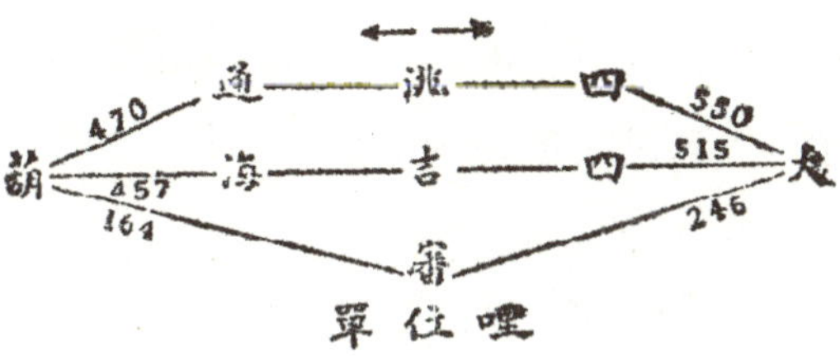

（此表雖僅舉三處，但我們如看看東省鐵路的詳圖，便可知道前面敍述的不錯。）

總之，日帝國除以其深感東省對於軍事的重要而欲侵佔外，更以其欲消滅英美在東省的競爭、免除蘇俄在東省的活動、阻止我國的反抗其經濟侵略我東省而得穩固其在東省的地位，保障其經濟侵略積極地進行，以圖醫治他的兩重致命傷——深刻的經濟恐慌，與由經濟恐慌的深刻所生的政治危機，非以武力侵略我東三省作牠最後的掙扎不可。

最後，我還有一點題外的淺說 想在這裏順便地至誠地供獻給讀者們，就是我們已知道日本此次的侵略，固有上述的原因，但我們如果問問自己：我國爲什麽讓外國尤其是日本侵略？日怎敢侵略我國？我國爲什麽讓日這樣順利地佔據東省？由這樣地一問，我們就可知道：所謂'怎樣對付日本'的問題，乃是'怎樣對付我們的國家''怎樣對付我們自己'的問題。——是不？　　　　（八，十五）

附註：篇中所有統計，均有根據，惟以篇幅關係，故未書出。

日本為什麼要侵略我東三省

袁依曾

一緒言

二日本方面:

A. 中日日俄兩戰的勝利決定採用了大陸政策

B. 解决土地人口物產問題

C. 經濟的恐慌和法西斯蒂的抬頭

三中國方面

A. 政治不能統一軍閥各自為政

B. 災害時起國民生計日艱

C. 東省方面

四世界方面

A. 利用各國仇俄的形勢以防俄

B. 世界經濟的恐慌

C. 對付美國

五結論

(一)緒言

民國二十一年九月十八日，二十年來空前未有的悲慘命運突然降臨了！

東北半壁河山，而今全淪於暴日鐵蹄之下。豈僅我國邊疆藩籬喪失一面；國家的生存，種族的生命，也是危在旦夕呀！

我們知道，侵略我們東北最利害的除了日本還有一箇俄國。很顯然的日俄無時不在東北角逐，無日不在東北鬥爭！東北一切的權利，都是操縱在日俄手中，東北的生命完全沉淪在日俄兩國的手中了！

這一次的事變，無非乘各方無暇顧；及利用機會罷了！他利用了些什麽機會，爲什麽要侵略東三省？我們必須要明瞭，要準備收復我們的失地——東北，尤須要知道他的原故。

（二）日本方面

A.中日日俄兩戰的勝利決定採用了大陸政策

自中日甲午戰爭以後，日本得到勝利，於是他的大陸進圖的野心從此就開始地蠕蠕前進了 此役以後，我們東北的勢力遂完全握在日俄兩國的手裏；我們的東北竟完全成了日俄兩國角逐的中心了。俄國在中國東北既然是有了中東鐵路的旣得權，又得了旅順大連兩港的租借權，當作他們遠東的根據地，這時東北的勢力幾乎全部在俄國的掌握中。日本知道了俄國在東北的勢力，蒸蒸日上，眞有一日千里之勢，終久不是日本的福利。因此，日本是非常嫉恨俄國，終於產生了一九〇四年和一九〇五年間的日俄大戰，結果俄國打敗了，把俄國在中國南滿洲的一切勢力，都通盤讓給日本；俄國在中國北滿洲的勢力，雖然勉強保持着。這次大戰，日本得到勝利，在世界更是占著頭等強國的地位，而和世界各列強並駕齊驅。這就是日本大陸政策的發展時期，侵略東北的開始。

日本爲著在國外謀生之路，而施行所謂帝國主義侵略的野心；至於他們所恃的侵略外交政策呢，自然不外乎海洋進攻政策——南進政策——和大陸進攻政策——北進政策——兩端了。至於他們採用海洋進攻政策，還是採用大陸政策呢？在他們自然要經過詳細周密的考慮和觀察，然後才能夠施行他們的侵略的政策。他們考慮和觀察的結果，就是採用大陸政策，理由是若採用了海洋進攻政策，自然是要有強大的海軍作先鋒，但是是時的日本是沒有的，又加上南洋一些地方，都是牢牢地握在白種人的人裏，當時日本是抵抗不住的，不能給完成達到他們所以施行帝國主義侵略的目的，所以日本絕對沒有海洋政策進攻的可能。但是，回過頭來看看中國呢，中國的內政不良，外交失敗，滿清政府的昏愚，種種都有絕妙的好機會，可以施行他們的大陸政策，因此他們決定採用了北進的大陸政策，以我國滿蒙為侵略的中心。

B.解決土地人口物產問題

我們知道日本帝國的總面積不過二十六萬英方里，拿這箇數目和中國的面積相比，那更顯得日本帝國國土的渺少了，僅合中國的面積十六分之一；人口呢，日本本國再包括朝鮮台灣在內，一共有八千多萬人，和中國人口相比，差不多有中國人口的五分之一。由於日本帝國的土地人口和中國的土地人口相比，我們很顯然地知道日本是一箇土地少而人口多的一個國家。在那樣少的國土裏，還有許多的火山，因此日本的地震是時常有的，又加上國內的平地是很狹隘的，山脊是很削峻的，全國可耕種的土地合計起來不過$\frac{2}{100}$本國所出產的主要糧食，不用說不足本地人的需要的；其他工業上的原料，那更不用說是缺乏；而煤鐵尤其缺乏極了。並且日本在明治維新以後，日本特別獎勵生育，改良人種，結果日本的人口一天比一天增加起來了。日本的區區三島顯然地有人滿之患。回過頭來看看我們的東北呢，廣袤七萬四千方里，足給日本九十年七八十萬剩餘的人口移殖。東三省的米穀又可以補足他們不足的數目。工業上的原料，可以說樣樣都有。原動力的煤鐵，單就撫順本溪新邱等大煤礦又日本勢力範圍以內而言，（九一八以前）鐵卽有十二萬億噸，煤炭亦有二十五億萬噸，此可以解決日本七十餘年日本煤鐵恐慌，並且撫順礦之層岩含有油岩五十二億萬噸，木材單吉會路敦化方面產額也有二億萬噸之巨，此可給日本二百年木材飢饉之危。其他流硫，農肥，及曹達，與曹達灰，飛行機上必須的鎂，鋁等等物產都有。人口食糧和物產之不能解決本爲日本致命之傷，今既有好大的東北，那有見肉不吃的狗子呢？由於上面的那些原因，造成侵略東北的原動力。

C.經濟的恐慌和法西斯蒂的抬頭

世界的經濟恐慌不振各工業國的失業人數，總有幾十萬幾百萬之多。日本是世界上主要工業國，這種洶湧的波潮萬無被免的可能。因此，銀行的倒閉，工廠的停工，小工業不能維持，農村的破產，造成二百餘萬的產業豫備軍；議會政治的腐敗，不能解決這種問題，於是日本軍閥，及在鄉軍人想越組代庖，但他有什麼能爲呢？維有能出他軍人的本能，依照他的鼻祖田中向外侵略，第一回他們在暗中指導就造成萬鮮慘案。且利用人民的心理，造成了許多法西斯蒂的政治的團體，其氣燄有霸據日本，雄視世界之勢。如大日本國粹會，關東國粹會，建國會，國本社，大日本護國會等等的法西斯蒂，做向外侵略的工作，作國家的後盾，只也是日本向東省侵略的一因。

(三)中國方面

A.政治不能統一軍閥各自爲政

決心來滅亡中國的是日本，但是給日本可乘之機的還是中國；因此，我們自己應該檢查自己的失策。

侵略的總原因，可以說中國人事事不爭氣，但是以前滿清的不爭氣猶不足責，軍閥的不爭氣也不足責，爲什麼到了國民黨造成了統一局面以後，日本帝國主義反比以前更來得凶惡呢？這不能不歸於政治的表面的假統一，和軍人的各自爲政。溯自國民黨統一全國後，黨裏的軍人，互相殘殺，和投機到黨的軍人，一有機會又作反叛。連年不息，以致造成現在不可收拾的局面。

B.災害時起國民生計自艱

日人乘我國天災人禍，不顧人道向我侵略。我國西北連年受了巨大的旱災，去年又受了空前未有的大水災，鄂湘閩等省均匪災，全國富庶的江浙兩省農民向以絲茶維持生存，亦以世界經濟的恐慌，銷路全無。加以各地的疫癘蟲生，蝗蝻遍野，那能抵抗強暴的日本呢？這也是侵略我國的主因。

C.東省方面

（一）中國在東北鐵路網的計劃，葫蘆島的建築，及一般實業計劃的設施，依次完成。與滿鐵及大東以極大威脅，引起日本之嫉恨，不能不採暴力侵略。

（二）東省的政治不能與中央合作，且內部派別紛歧，不聽長官的指揮。

（四）世界方面

A.利用各國的仇俄形勢以防俄

蘇俄五年計劃的積極進展，已成爲國際形勢變化的中心。日本利用各國仇俄的形態，暗中與法國波蘭等對俄積怨最深之國協議對付蘇俄之方，而其焦點即欲乘五年計劃尚未完成以前，在軍事上作一共同對俄之準備。日本於此遂著手於北攻進兵滿蒙之計，且以取得滿蒙爲對俄軍事根據地作理由，向各國進行祕密之諒解，同時波蘭因素得法國之援助，亦積極整軍經武，準備將來與日本協同動作，對付蘇俄，形成東西夾擊之局勢。

B.世界經濟的恐慌

歐洲各國經濟情形的僵化，已到不易解決的地位。最顯著的是歐洲各國互相施行其排他性的關稅政策，已造成互相抵制的一種壁壘，結果各國的生產均陷於停滯，而失業之普遍，與信用之慘跌，皆相因而來。英國是遭受此種經濟打擊最重要的國家，到了去年九月甚至不能保持其向來所處的經濟優越的地位，而不得不宣布停止金本位制。日本看到歐洲這種經濟情形的僵化和衰落，認為趁此歐洲各國自謀不遑之際，加兵於中國，則歐洲各國無力足以干涉日本之行動。加以日本已與法國波蘭成立對俄之聯合戰線，若日本起而加兵於中國，結果不特法國波蘭可以暗為日本之助，而且他國亦將無力出而阻抗。

C.對付美國

太平洋上的霸權祇為日美兩國角逐，兩國戰爭的聲浪佈滿全日，關於對美戰爭的出版物，亦公然刊印出售。日當局亦認美為其假想敵，擴充海軍，不外對美。關於太平洋上戰爭的計劃，早已籌劃妥當，惟最担憂者食糧之接濟，及大陸之後顧而已，今滿蒙入自己之手，將來萬一日美戰事發生，日本可有恃而無恐。

（五）結論

日本看見有這麼多的許多機會，他又不是獃子，那有不拿來利用他。且第二次世界大戰發生，就是那號稱為太平洋的火藥庫，東方的巴爾幹，第二次世界大戰導火線的東北。日本在這次大戰中，他是一員主將。他想戰勝必須要有充分的準備。大戰的一切原料那火藥庫裏一切都有。既然在他手邊，他本國又缺乏，為什不拿他。

同胞們！你如要阻止他的這種動作，必須要自己振作，尤須要本革命的大無畏精神，拿出來打倒日本帝國主義，救我民族的危亡，作收復我國故土的準備。

完成於廖仲愷紀念日

FOREIGN
AFFAIRS
外交
十一月號
華民國廿一年十一月十五日出版
第一卷第五期
外交月報社發行
社址：北平府台街運料門裡門中海寶光門偶

卷頭語

眞的「九一八慘變眞相」

燃犀

在這人相食的社會裏面，我們時常可以發見許多不合理的壓迫，和慘酷無情的悲劇！若是你能冷靜地分析那些離奇光怪的現象，觸到人心的機微，更只有醜惡，狠毒，暴慢，虛僞，卑鄙，會使你憤怒，壓惡，激昂，悲憫，在消極人們，便失望厭世；積極的人們，便奮起救世，尤其是在現代的國際社會裏面，這種威觸，更加厲害而深刻！希望大家積極奮起來救世！

許多弱小民族，婉轉呻吟在帝國主義者的蹂躪宰割之下，每每受了慘痛，還不知道這禍水是從那方發來？被人誣栽，也不知那眞象究竟怎樣，所以外交史上疑案很多，就像美西戰爭，被指稱爲直接起因的那顆炸彈，究竟是西班牙所投？或是美利堅幹的？雖然可以就當時的情況，下一個想像的推定，然而眞實的情況，和確切的證據，在外交文獻上，還是一個謎？不過西班牙也是一個過去的侵略者。算自作自受；身食其報就是了。

九一八慘痛的紀念，已逾週年了！我們不能像新亭名士，徒然悲泣，應當努力去雪恥！要去雪恥，固然應努力的方面很多，需要的時間也很長，但是我們當着這悲痛的紀念日，已過一閱月，第一應當知道的：就是去年九一八慘變的眞像，究竟怎樣？我敢大膽地說：在本報揭穿那黑幕以前，除掉直接動手的日本軍閥和得到密報的少數首領以外，連許多局外的日本人都不曾知道，中國人和別國人更坐在悶葫蘆裏，因爲日本軍閥要掩飾牠的罪惡，不獨諱莫如深；並且想藉此欺騙世界，煽動國民，便僞造證據，顚倒黑白，硬派說是中國正規兵破壞柳條溝鐵路而惹起的大禍，日本不過是自衛，這就是牠們所謂『滿洲事變的真像』。這一類昧着良心，自欺欺人的日閥宣傳，和盲從附和，吹影吠聲的日人胡說，無論像幻想家編劇本，渲染着多麼逼真，畢竟完全是揑造的『假像』，而非『真像』。身受其痛的中國人怎樣呢？可憐！那些所謂『人爲財死，鳥爲食亡』被日本僱去僑裝華兵幫着毀路的苦工窮人們，已登時被日兵射死，作僞證而滅口了。他們雖然是最知道真像，却早已不能說話，其餘的中國人們雖明明知道是日本自己毀的鐵路，但究竟如何毀的？毀過幾次？却無從得到真像』，不過按着日軍前後的徵兆和行動，可以找些傍証和反証』，來證明是日軍自毀鐵路，得到『雖不中不遠』的推定，然而這畢竟仍不免是殘缺不全的印像。別國人們，更是難得弄清楚，不是受着日本的宣傳，以『僞像』爲『真像』；便也只有參証推定的殘像了，真正整個的『真像』，依然不明。

因此：日本軍閥，自鳴得意，毒曷地本着牠自己揑造的假像，來作掩飾犯行和擴張犯行的口實，於是攻北大營說是自衛，攻錦州，嫩江，哈爾濱，佔據東三省全土，乃至擾亂天津轟炸上海，窺伺熱河，也都算自衛了，所以我們不能不努力去拆穿牠的西洋鏡，提到『整個的真的真像』，暴露牠徹頭徹尾，完全是一個侵略戰爭，自毀鐵路，不過是侵略戰爭的發端，其餘都不過是構成侵略戰爭的一部分動作，這就是本文忠實的任務，可以昭告全世界人們的！能拿美西戰爭那個炸彈，『亘古是謎』來比照我們不到一年，便鑿開混沌，緊握住那日閥狠心毒手的犯行真像了，也算是我們萬端痛中的一點自慰，但這點自慰，不是對於過去的滿足；是激勵以後的奮發！因爲『知耻僅是「雪耻」的動機，不是結果，必達到『雪耻』，這『知耻』才有價值，這更是我們應當共勉的！我且把九一八的奇耻大辱，和牠們的狠心毒手，很誠實而赤裸裸地披露在下面：

原來日本欲佔據東三省，是牠們多年『大陸帝國』迷夢的一幕，最近給牠一個世界經濟恐慌，歐美自顧不暇；蘇俄建設未就，不欲對外多事；中國勇於鬩牆，弱於禦侮……種種便於侵略的環境，於是藉着間諜中村事件，鮮農萬寶山事件等，欲實行所謂『武力發動』，已非一日，觀於事前東三省日軍之移動，土肥原之回東京，與南陸相及參謀本部之書論等，更有狂風驟雨，不可終日之勢，其事前預兆，至多且顯。

土肥原離東京回瀋時，日參謀本部原令其『商承本庄便宜行事』，彼到大連後，即轉赴旅順與本庄計議，『先僱苦工，使拆毀南滿鐵軌，顛覆火車後，即以中國破壞鐵路為詞，提出最後通牒，預定於次晚開始軍事行動』，這是他們原定的計劃，於是密令南滿鐵道守備隊中隊長河本中尉率兵士，督同所僱苦工，於九一八晚去拆毀瀋陽附近之柳條溝鐵軌，意在使由長春赴大連之列車通過時顛覆，作為中國破壞鐵路的口實，不料當夜係陰曆初八，黑暗無光，作偽心虛，指示亦欠周到，致所僱苦工，未如河本所期……將一邊之兩軌拆毀，乃誤將雙軌中間之兩條拆毀，而左右各留有鐵軌一條，被拆處只拔去道釘，長亦不過二米達許，所以由長春開往大連之列車，通過柳條溝時，因仍有兩條鐵軌可循，加以物理的惰力關係，竟直駛而過，沒能顛覆，是出於河本意料之外的，這是日軍頭一次自毀鐵路，未達倒車目的，不能作為口實的失敗史，全是世間一般人聞所未聞的。

河本因為目的未達，幾乎要貽悞日軍全般的預定行動，責任重大，乃獨斷專行，即作第二次毀路的計劃。因為當晚再沒有像倒車那樣容易發動聽聞，便於栽贓藉口的好機會，情急智生，不得不利用炸药的爆聲，以駭世藉故，於是復令苦工着預製之中國兵服，携炸藥再往毀路，預定炸毀後，即將苦工射死，作為正規華兵毀路的假證據。可憐那些苦工們，為着得幾個造孽錢飽肚子，不知是自赴死地，竟隨命携炸藥再往，轟然一聲後，即向後返奔，被日兵按預定計劃射死，拍照擬作為偽證。不料作偽心勞，弄巧反拙，匆忙中，忘囑苦工偽裝之所謂中國正規兵，於炸毀後，應向北大營方面逃遁，所以苦工們既是日本所僱，自然只知向日兵方面反奔，雖被射死，竟不能利用作為證據。因如果真係中國兵毀路，則應向北大營奔避，至少要向與日兵相反的任何方向逃走，萬不會向日兵方面反奔。因此被射倒斃在日兵方面，離鐵路稍遠的苦工屍首，雖喪失一條苦命，竟不能得他僱主的憐憫，只有逃避稍遲的一個笨工，而鐵道而倒的一具屍首，可以被他們利用留作偽證的，這就是日軍第二次毀路的真像，也就是他們張大其詞，硬指為華兵毀路的一個偽證，已經轟動全世界的了！他們兩次作偽，都幾乎大露馬腳，畢竟日本帝國主義者，還算慣於作僞的老手，第一次拆路失敗了，會想出第二次的炸路；並且能自己察覺僑兵苦工向日方反奔的不合情理，會知道移滅一些死屍不用；所以仍能造出一個……以僞亂眞，似是而非的僞證，不然，若將那炸後的全景，不經改造，而和盤托出，便用不着寫這篇文字，已經足够證明他自己毀路的情形了。

路既轟毀，便一面報告，一面獨斷提前夜襲北大營，連預定要想提的一個最後通牒，都來不及告總領事館去奉行故事，便手忙脚亂地，橫衝直撞地，去闖下一塲震駭世界的大禍。一向日本人作僞，是狠像名角做戲，蹻脚亭步，沒有不周到的，而九一八事變，竟一個照例的最後通牒都沒有，我們始終覺得狠詫異！現在得到當時的眞情，一切都恍然釋然了。

所以第二日本庄等趕到瀋陽，下午在總領事館會議，總領事林久治郎，含憤抗言：『行動之先，外交官毫不使預聞，是直以非國民相待。昨夜予方與某國領事宴飲，遽聞礮聲，茫然不知所自來……』語未竟，一青年軍官直前痛批其頰，立紅腫，另一軍官出佩刀擬之，謂：『汝輩只知長夜縱飲，那裏配有資格預聞帝國興亡大計？吾今殺汝國賊！……』嘗被本庄制止，饒他一命。林即電請辭職，從這以後，領事館人，許久都不能出進於關東軍令司部的大門，僅有森島副領事以和日憲兵隊長三谷有私交，時得到城內憲兵隊本部，間接探尋些軍部消息。可憐！那時的東北留瀋官人們，一面制止着不抵抗；一面還向日領署詰問，想得些甚麼辦法，那曾知道日本軍閥對華的狠心毒手，和對內的專橫傲慢，完全是上面所述的那麼回事呢？唉！

諸位呵！明白了麼？這裏至少要得到幾條教訓：第一，日閥是那麼狠心毒手，絕不會饒我們的。第二他們甚麼時候要發動，隨時隨地都可以揑造一個口實，不必要有甚麼理由，履行甚麼手續的。以前中國人聽着日本必闖禍的警告，總以爲他會顧慮甚麼國際輿論，履行甚麼外交手續，現在這迷夢可以猛醒了麼？第三，日本爲甚麼不敢向別國這麼做，而偏敢把中國欺負到底？第四；中國的不能抵抗和日本軍閥獨斷專行的胡鬧，恰巧都是犯着無組織的毛病，不過眼面前，他總是占便宜，我們總是吃虧的，那麼以後的中國人總會痛定思痛，棄私怨而赴國仇，團結禦侮，努力建國了吧！元氣是已經凋傷斲喪凈盡了，僅剩了一點最後爭扎的微力和弱息，不要老是向着自己人閱墻私鬬了吧！不然外面猻虎張牙舞爪撲來，而裏面老是狗咬狗骨頭，甚至爲虎作倀，剝去自家人衣服去喂虎，眞太不爭氣，也太便宜猻虎們了！那不獨九一八慘痛的紀念，永遠不能雪耻，恐怕連紀念都不容許我們。要像高麗人，只好逃到別國去躲着做紀念，但是別國裏恐怕沒有像上海一般地租界。容我們去紀念吧?!眞要弄到同歸於盡，才甘心麼？

我不能再往下說了！………………

日本侵略下的華北

方秋葦

甯爲玉碎，毋作瓦全！

又道是：覆巢之下，豈有完卵？

長痛不如短痛。

今日中國形勢之嚴重，可謂已達非常時期了。環中國而觀之，錦繡河山，今日實質尚存而瀕於危亡的，已經是三分天下有其二了。東北陷於日本，關內一片壞土，魑魅魍魎亂舞於白骨荒塚之間，平津軀殼託庇敵人而存。新疆雲南康藏在異族環伺之下，瀕於岌岌可危之勢。從內部的情勢和外來的隱患觀察；今日之中國，實已陷於危亡的關頭。雖然，憂國之士疾額蹙眉以求救，聲嘶力竭奔走呼號，仍然是不能打破這個緊急的關頭。

東北四省淪亡二年餘，不獨失地無收回的希望，日軍且進犯我關內各地。塘沽停戰協定成立以後，日軍表面上暫時放棄領土攻擊戰爭，實際上乃轉以內蝕，利用僞軍盤據灤東平北，造成華北的離心局面。直至今日，僞軍尚焚掠姦搶於灤東，平北在方吉殘軍威脅之下。這些都是停戰協定所孕育蒼黃反復，變動無常的禍根。政府當局因受協定的束縛，折衝樽俎，窮於應付；而僞軍乃爲虎倀，又得日方之指援，盤據戰區，糜爛地方。雖烏合之衆不堪一擊，但當局既有所憚，自不敢發；以致這般日人的爪牙，穩坐灤東，寖成尾大不掉之勢。

日本的企圖，不僅要造成華北的離心局面；并且要指揮這般寡廉鮮恥的僞軍，如何攫取整個的華北。日本侵略中國是無止境的；如果中國退一步，日本必進兩步。目前日本對華北的新企圖，已有具體的進步。她是要利用這般寡廉鮮恥的僞軍，作爲「第二溥儀」，企圖將華北建設成日本的完全殖民地之「第二滿洲國」。關於這一點，我可以提供很多的事實來證明。

從表面上看來，日本對華之經濟侵略勢力，已由南而北；準備奪取整個北部的市場，排除英美。并且日本政府及資本家也認定：爲展開「亞洲門羅主義」與建立「日滿經濟體制」，對於中國新市場之拓發，是有不可分離的關係。所以說，日本對華北侵畧的陰謀，是不會放棄的。據六月二十七日莫斯科眞理報論評，認爲日本對華北，企圖對黃河爲界，建設類同「滿洲國」之新國，故對山東不能放鬆。日本目的有三：（一）使滿洲變爲日殖民地；（二）在華北設立管理權，謀逐漸擴充至中國全部；（三）最後藉中華帝國，以消滅中國革命。該報又稱：日本最注目的，爲逵津平張包頭等鐵道之控制。此類鐵道，如與瀋陽釜山鐵道銜接，則於日本軍事上經濟上意義的重要，可想而知。此項鐵道之南，爲中國兩大鐵道網（平津及平漢）；其西爲自新疆至北平之要道。日本據此，不特可廣採中國全部利源，且可爲深入中國及蒙古之根據。

以上俄報所載，決非無根據的造謠。事實上，日本自東北軍事佔領成功以後，已在祕密中進行其第二步之大陸政策，積極侵犯華北。原來東京日日新聞，與軍部勾結甚深；其消息多出於軍部，自然是有幾分可靠。玆將其所載之侵略華北計劃大綱，略述如次：

（一）由青島入手，侵入華北；以青島市爲上海及大連第二。

（二）爲欲以青島爲華北貿易的中心地點，延長山東鐵路至甘肅蘭州。此項工作分爲兩段計劃：第一步先延至陜西省西安，第二步延至甘肅蘭州。

（三）關於此種計劃，採用機會均等主義，欲與比利時之借欵鐵路（道口鎭至晉城關）及英之借欵鐵路（開封至潼關）取連絡。

（四）以外交手段，與英比接洽共同經營。

（五）對英比兩國提醒此計劃之意義，目的不但限在開發華北，將三國之政治經濟勢力延及甘肅。以此地爲侵入西北之根據地，并可以截斷赤俄之勢力。

（六）如英比能同意，日卽願以三國共同借欵形式，進迫中國同意。

由此上述的計劃看來，可知日本對華北之處心積慮：第一步是要在華北建立雄厚的經濟侵畧勢力，然後謀政治勢力之發展。現在日本對華經濟勢力之由南而北移，卽是此計劃之具體說明。以日本最近對華數字的觀察，卽可看出此種趨向。如棉布一項，輸入上海者，本年較去年減少九七•六四七•〇八九（平方碼），而輸入天津者則驟增二四•七五五•七七七，青島市增四六•二一四•〇〇三。其他貨品向華北輸入，均有增無減。

總之，日本對華北的侵略是在進展中。現在，她正要學習帝國的殘忍課程。雖然其結果是要走向「自己毁滅」

的道路，可是她仍舊一步步地繼續侵畧下去。由東北的佔領，到熱河的征服；由熱河到長城內的灤東，由灤東更要到平津，以及整個的華北。無論時間的遲早如何，中日間有沒有形式的休戰協定或日本政府的保護，以及中國屈服政策下的「妥協」，然而日本對於華北，必要有一個强硬的軍事統治。卽使這幕「第二滿洲國」的醜劇不能立刻實現，那麽，將來華北各省之屬於中國，也有待於日本的默許。因此，目前的華北已陷於一九三一年以前的東北狀態；正如東北未被日軍佔領以前陷於朝鮮的狀態一樣。退一步說，日本不以軍事攻擊佔領華北，充其量中國只能治理一小部分日本視爲不重要的事務。

這樣的結果，便使華北變成日本的保護政治，形成整個中國的離心局面。從失却「民族統一性」這一點上來說，今日華北之局面，已使中國立於比任何時期都更爲危險的地位了。究竟將來，長痛下去呢？或是短痛下去？這是需要大家有堅强的意志，鐵的心腸，剛勇的毅力，英雄般的行動，來決定應付目前這個非常局面。

行健月刊

《行健月刊》创刊于中华民国21年（1932）9月，东北行健学会编辑，精华印书局发行（后改为北平民友书局）。月刊。该刊每期有一专题，如《计划经济专号》、《日内瓦外交战专号》等。该刊出版至民国24年（1935）6月终刊。

行健月刊 第二卷第三期

民國二十二年三月一日發行

版權所有不許轉載

編輯者　東北行健學會　北平和平門內西半壁街

總編輯　卞宗孟　北平西城興盛胡同二號

發行者　蘇上達　天津北馬路東口

印刷者　精華印書局　天津北馬路東口

發行所　精華印書局

《行健月刊》版权页

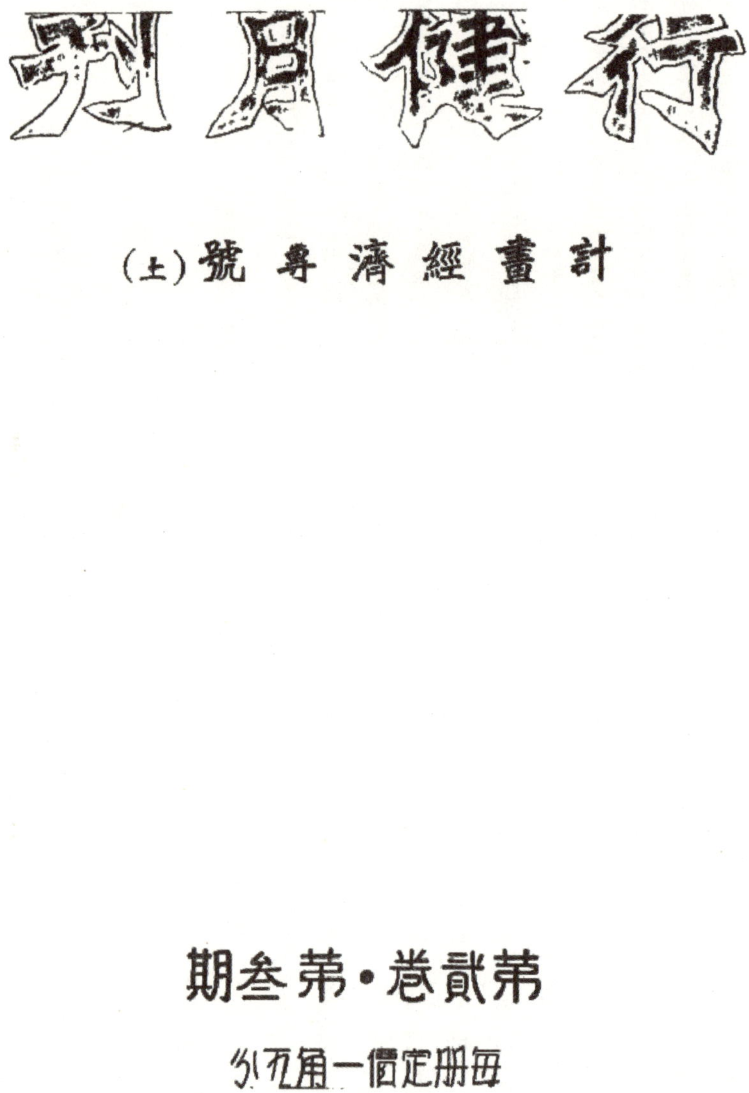

《行健月刊》封面

一月來之東北與日本

于固

暴日併吞東北最近計劃

日本之企圖併吞東北，處心積慮，已非一日，自九一八後，更亟圖猛進，以期完成其向來所抱之大陸政策。雖屢經義軍之牽制，未能暢達其目的，但其野心未曾稍戢。據最近所傳，暴日擬定併吞東北之計劃頗多，茲就犖犖大者，舉述如左：

增加侵略預算

日本政府去年之侵略軍事費，除間接軍費不計外，僅直接以滿洲事作費爲名而要求之款項，已逾一萬九千六百十五萬元。茲據華聯卅十二日東京電稱，今次又以進兵費爲名，決定並提出追加軍事費二千五百萬元。如此則一九三三年度侵滿洲直接軍費，將爲二萬二千一百十五萬元，軍費增加，可謂無限矣。

除上述日本國內軍閥，力爭預備增加外，即在東北之關東廳所製之預預，亦較上年度增至五百餘萬日金。此種預預較之日本國內之預算，對於併吞東北之效用尤爲強大，實足以值吾人之注意也。此預預案首由該廳財務局編成後，復由局長西山與各部協商作最後之決定，乃呈報於該廳長官武藤信義，得其承諾，於十一月間由經理課松崎課長齎赴東京矣。至增加預算之理由及其特色，據西山財務局長稱：「此預算僅爲適應滿洲事變後關東廳轄區內之新形勢而編製；故其歸果，自關東廳以迄滿鐵附屬地，均多新事業經費之計入口如交通方面，有電報電話之改修增設，郵政儲金機關之新設置，以及遞信局局長昇格爲勅任職，與關於日本航空公司事業發業之監督費等；在產業方面，則首爲管區內資源調查，次爲鹽及棉花之設備費，伴隨航空事業發達之上層氣象觀測機關之增設及其他之警備，土木營繕等費普蘭店海務支局等之增設，皆屬當前急務。惟舉辦此項新事業，非僅未加公務人員，且復力闢財源，此爲八年度預算之特色云云。」試觀上述增加，預算擬辦之新設施，何一非侵略我東北之政治經濟者乎．

積極進行移民

移民一事，乃日人侵佔東北之主要原因，故九一八事變後，日本對於移民之計畫，舉國籌議，不遺餘力。其已見諸事者，則爲十月間移往松花江下游佳木斯之五百武裝移民，現正在該作準備工作，一俟春融時節，即將開始農耕之事業矣。但以東北義軍之襲擊，與種種環境之不適合，致使其移民政策，一時未能暢所欲爲，特以日人貪婪性成，始終未肯棄其主觀之迷夢，據聞其大規模之移民，當在今年開始。現日本拓務省及南滿鐵道公司所委託之東亞勸業公司正在雙方分別籌備，編制預算中。但其所最顧慮者，則爲我義勇之攻擊，故其主要移民地點，不得不先限於南滿沿線及其他鐵路附近，茲據日方報載，九月間拓務省曾派中村技師等五名來東北，會同東亞勸業公司之齋藤社員等，赴北滿鐵路沿線各地，實際調查，迄于十一月間已將吉敦沿綫調査竣事，回國報告，旋即向安奉沿線出發，着手調查，對於移民區域等項已有精密之具體計劃，茲將其計劃之地點戶數田地各項探誌如次：

第一區　鳳凰城附近（安奉線）

預計移民地域

第二區　湯山城附近（安奉線）

第三區　大榆樹附近（南滿線）

第四區　拉拉站附近（吉敦線）

第五區　俄蘭附近、松花江下游）

移民戶數及耕地面積

	戶數	水田（町）	陸田（町）
第一區	一五〇	六〇〇	一〇〇
第二區	一五〇	四〇〇	一〇〇
第三區	一五〇	五一〇	一五〇
第四區	一〇〇	一〇〇	二四〇〇
第五區	二〇〇	二〇〇	四四〇〇
	七〇〇	一八一〇	七一五〇

此等移民之組織，以五戶乃至十戶爲一組，以五組乃至十組爲一區，是爲部落，以兩區以上爲村，村爲行政之單位，凡警衛，教育，衛生等機關，悉附於村，凡移住者，每組均須行共同耕作，俾將來易成爲自耕農其用心亦良苦矣。

又據日報載，朝鮮總督府計劃於下年度決將鮮民十萬移殖於東北，建設一安樂村；同時對於現在住居於日本內地之鮮人五十餘萬，亦擬使之轉移東北。此種意見，刻已高唱入雲，茲將向坊東亞勸業社長之談話，譯錄於下：『對於鮮農移住之具有重要性，前已言之屢矣，今總督府又有建設安樂村之計劃，不知將來能否實現。吾意對於鮮農之移殖，縱或可以緩圖，而對於日本內地之勞動鮮人之移殖，實不容有所忽視，蓋日本之勞動爭議，其原因固屬甚多，但受鮮人廉價勞動之影響，尤非淺鮮。若果將此五十萬之鮮人勞動者，移殖於滿洲，則內地之失業人口，或將減少一大部云。』

日人不僅對於東三省之移民為此大規模之計劃，同時對於侵略內蒙之念，亦未嘗一日忘懷也。前曾派滿蒙殖民協會會長杉浦，赴內蒙調查，今該民調查竣事，回國報告，並決將此次在蒙調查情形，向全國宣傳，徵求赴蒙移民及有志赴蒙經商者，於今春一月即將入蒙。據杉浦談：『內蒙天然富源，不亞於東三省，日本近來對移民滿洲，頗見進行，此後宜更派赴內蒙或外蒙國境方面，所得效果必不見遜，此次徵求赴蒙志願者，頗希望各方面之援助云，』。此實暴日侵略內蒙之先聲。

力謀發展工業

日本對於東北之工業，素抱侵略之野心，此次事變之後，更欲乘此時機，亟謀進展，茲將其較著者，舉述如下：

（1）硫安工廠之設立。日本國內所用之肥料，除豆餅多，以硫安為大宗。硫安一物在日本並無出產之地，往年所需，率皆仰給於英德等國，歷年購買，所費不貲，日本久思抵制，苦無良策。現在既將東北攫取在握，設立硫安工廠，自為當前急務。現已由南滿鐵道公司製定方案，擬在大連設立，資本總額為日金一千五百萬元，預計每年產額，可達十萬噸以上。此方案即將賫送東京，請求批准施行云。

（2）豆油新式工廠之設立，豆油之製造，為東北三大工業之一，在世界市場上素佔重要之地位，惟製造方法守舊，殊為可惜，近聞南滿鐵道公司擬設立新式油廠，採用最新式之製油方法，企圖壓倒土法，以遂其壟斷之野心。

（3）石炭液化工業之進行，石炭液化為燃料界未來之大革命，尤以關於海軍者至巨且重，各國莫不汲汲研求。日本住山海軍燃料廠，近與南滿鐵路公司共同研究結果甚佳，業經發表。據謂石灰液化已可望其有相當成功，惟實際的工業化，則尚有待，因在技術上及經濟上，尚須有精密之探討。果能實際應用於工業，則將造成燃料界之新生面矣。

自訂所謂商約

日既承認偽國。在軍事上取得任意在東北駐兵之特權矣，近更為進一步之侵略，欲在經濟方面再行攫取通商特權，日外務省乃決與偽國締結日滿通商航海條約。由關東軍顧問藤齋良衛起草案文。齋藤於十月赴東北，實地調查，同時與滿洲國首腦部商洽一切，旋即歸國，聯絡外務省之通商條約亞細亞局首腦部及滿鐵調查部，起草條約案文，現已大體完畢，將與軍部大藏，農林，拓務，商工省等關係方面，開聯合協議會，對案文爲最後之審議，然後與滿洲國開始交涉。交涉開始之期，約在今春。條約案文，刻尚不詳，茲悉其原則大致如左：

一，滿洲國銳意改善裁制權制度爲條件，日本對滿洲國所有之領事裁判權，俟五年期滿，即行全廢。

二，以中日通商條約，尚未實現之條欵爲規準，制度關稅制度。

三，遵守滿洲國建國宣言所公約之門戶開放機會均等諸原則，日本並不規定或締結享有特殊利益之關稅制度等。

籌設拓殖金融機關

於十一月二十二日至二十四日，日本全國商議聯合會在東京開會，哈爾濱商工會議所提出在滿設立大規模拓殖金融機關建議案，當經大會，一致通過，塡具建議文及說明書送呈政府當局，現在各關係方面正設法進行中。

建議文

開發我國生命線之滿蒙之事業，爲一日不可忽視者也。（中略）吾人認爲此時政府積極籌設一半官半民之大規模之拓殖金融機關，實爲國家當務之急，至於內容詳細計劃，則希望各關係方面，愼重考酌可也。

拓殖金融機關之內容

1 以政府爲股東資本金總額二億圓之股份有限公司。

2 在日滿經濟關係之下與滿洲國協同開發滿洲資源，促進或助成產業貿易之振興，以及供應移民之需要與經營土地之用。

叛逆向日舉借鉅債

僞組織自成立以來，財政狀況，日趨恐慌。按僞國預算，自十月起，截止本年六月止，歲出總額爲一萬萬一千三百餘萬圓，而歲入總額僅一萬萬零一百萬圓，不敷達一千二百餘萬圓，叛逆爲打破此種難關，乃向日本舉借鉅款，以爲飲鴆之計。當由僞中央銀行副行長山成喬六及僞財政部總務司長星野賢赴日，與日本銀行，三井，三菱，橫濱正金，台灣，朝鮮，安田銀行等各關係金融代表，在東京磋商借欵條件，嗣經數次之討議，遂於十一月九日正式決定條件如次：

名稱　「滿洲國建國公債」，總額　三千萬圓，

利率　年息五厘，價額　發售九十六圓五，償還　五年償還

担保　以「滿洲國」鴉片專賣利益金五百萬圓，鹽專賣利益金四百三十六萬元爲担保，

名義　以國債投資團日本銀行團承受引，

幹事　興銀，副幹事　正金，朝鮮，

關於此次僞國建國公債僅在日本公募之事，有一部份發生疑義，即此單獨公募，與往年成立之日英法美四國新借款團規約是否不相抵觸是也。僞政府對此問題，特於十一月六日，通牒各關係國，聲明並不抵觸，大意謂：『新四國借款團係關於中國借款之規約，不與獨立之滿洲國相關。此次建國公債係在日本金融市場一般公募，並非由日本承受發行，故無論從何點觀之，不違反任何規約云。』

又僞國政府於七日以僞外交部長謝介石名義，向美法三國外部宣發達聲明書如左：

『滿洲國政府爲改善治安維持機關，建設一部新路，充當北滿水災復舊資金之故，決借款三千萬圓。鑑於款額之不大，及事態之急迫，決於日本市場公募。將來如有借款之必要，苟能以有利條件提供，不僅在日本，並有向世界各國市場募集之意，即此次借款，苟歐美資本家與日本銀行團，圓滿協商之後，自然歡迎其應募云。』

此項借款決定後，僞國務院於十一月十九日以第十七號敎令公布建國公債發行規定如左：

第一條，依政府建國公債條例，發行日貨公債三千萬元。

第二條，本公債之元金延償於大同四年一月十日，其後五個年間分部償還，其辦法如左：

自大同四年一月十一日，至五年一月十日，二百萬元以上。

自大同五年一月十一日，至六年一月十日，四百萬元以上。

自大同六年一月十一日，至七年一月十日，六百萬元以上。

自大同八年一月十一日，至九年一月十日，殘額

本公債之一部償還依抽籤方法行之。

政府勿論何時得將本公債買入或銷却。

第三條，本公債之元金，如欲償還時，除於買入銷却之場合，其金額期日及其他必要事項，於東京市及大阪發行新聞紙上登二種以上之廣告，

第四條，本公債之發行價格，額面金額爲百元，作爲九十六元五角。

第五條，本公債之利率一個年作百分之五。

第六條，本公債之利子，每年於六月一日及十二月一日得支

前六個月利息金。發行及償還時，未滿六個月者，以折日計算，但於大同二年六月一日支拂之利息，金一百圓作利一元九十五錢九厘五毛。

第七條，本公債付以無記名利，一百元，五百元，一千元，五千元，一萬元，等五種。

第八條，本公債之元金利金之支拂事務全於日本興業銀行本店支店等處取扱之。

第九條　本公債之加入期間由大同元年十二月一日，迄至三日，過期無效。

第十條，本公債之應募者及應募額及住所氏名全記載之加入書其應募額一百元外添證據金五元，向取締銀行提出之。

第十一條，本公債之應募總額超過發行額時，必對加入，以適宜入額定之。

第十二條，本公債之應募者，作募入者，依左列區分，對募入金之拂入，其第一回以證據充之。

第一回決定募入時

募入額一百元者五元。

第二回本年十二月二十日。

募入額百元者九十一元五角。

第十三條，本公債以吉黑権運署益金及鴉片專賣益金，爲担保其元利金，由該益金中支與。

第十四條，本令自大同元年十一月十九日施行之。

暴日僞造民意之一斑

自調查團報告書揭破日本製造僞國之陰謀後，日閥復在東北施其僞造民意之故技，誘脅東北民衆，組織各種僞團體，作成種種反對國聯，擁護僞國之僞意見，以表示東北民衆對於僞國之熱烈贊成。茲將一月以來，僞團體活動之情形及其所發表之荒謬意見，擇其要者，彙誌於次，以燭照暴日之詭計。

假藉名義　謬妄聲明

暴日假借僞國各省區民衆代表團於十一月十八日，在僞都長春舉行大會，集議結果，決向國聯發表聲明，擴責報告書之認識不足，並闡明滿洲國獨立之意義。原電大意如下：報告書第六章斷定滿洲國之獨立，非基滿洲民衆之意思，係出於他國之干涉，此實由於調查團認識不足之所致。茲以滿洲國全國民衆之名義，根據左列之理由，要請予以修正。(一)滿洲民衆於國民革命之後，鑑於中國政局之紊亂，爲維持地方之安寧起見，乃由三省人民總意，共推張作霖張學良等，相斷爲保安總司令，以謀保境安民之實，不圖張氏取得政權之後，不顧民意，一意孤行，故一般人民對於張氏之虐政，早已非常不滿。(二)自去歲九一八事變發生，推倒張氏政權，三省人民得以恢復自由，當時對於設立政權問題，即加以考慮。且自民國革命以來，迄今二十餘年，軍閥之紛爭如故，國家之破碎如故，對於人民生計並無絲毫進步，因此之故，基於民族自決主義，以建設獨立國家之意向，遂逐漸濃厚。(三)於是，由三省各縣推舉代表，集議建設新國問題，乃決定基於第二項後半段之理由，建設獨立國家，共推林鶴皋爲建國人民總代表，組織建國促進會，要求組織獨立政府。又鑑於歷來選舉總統之流弊甚深，遂共推遜帝溥儀爲新國元首，滿洲國至是設立完成矣。以上所述之建國經過，在調查團來滿之際，業由建國代表林鶴皋等四人向調查團提出意見書，說明無遺矣，乃調查團不予採信，竟以私人之諞信爲根據，而否認滿洲國之存在，其用意安在，實令人不可索解。爰依上述理由，茲以滿洲國民衆之名義，向國聯調查團請求對於報告書第六章所述之誤點，予以更正。

拉攏蒙旗 同一作用

蒙古民衆代表於去年十一月九日至十一月三日，在鄭家屯召集蒙各旗民衆代表聯合會，出席者有蒙古十三旗之代表，議決向國聯發表聲明，說明贊成滿洲國獨立建國之宣旨，大意謂，蒙古民族之在滿洲者，向受中國苛政之虐待，今幸滿洲民衆有建國之舉，吾民得以稍蘇，且自建國以來，國本日趨鞏固，現已具備國家之形態矣。不圖國聯調查團沒視滿蒙民衆之意思，總取張學良一人之私言，作成與事實不相符合之解決辦法，使吾等重陷於中國政權統治之下，再受其苛政之虐待，不知號稱維持正義之國聯亦將出於此途耶？吾等七十萬蒙古民衆今後誓服從王道政治，作滿洲國民，以圖生存。貴國聯若能尊重人道與正義，予蒙民以逃出苛政之機會，使不致再陷於中國虐待之中，則是七十萬民衆代表之所馨香禱祝者也。

何來回教徒？

回教徒之在東北者，總數不下五百餘萬，日閥見其勢力偉大，以爲大可利用，遂有全滿回民協進運動之提倡。十月間，有回民四百名，在哈爾濱組織大滿洲國哈爾濱回教協進總會。該會於十一月十八日，舉行常務會務，議決下列兩種僞宣傳事項：(一)印製傳單一萬張表示贊成製新國之出現，願以民衆力量維持其存續與助成其發展，先向當局要求諒解，然後以飛機在空中向市內散布。(二)致電國聯，說明滿洲國之建設純係出於民意，如有違反民意而加以干涉者，絕對反對云云。

十一月二十六日，東北一部韓僑在濟舉行臨時全滿朝鮮人民會聯合會、表明對於黎頓報告書之態度，致電國聯，發表下列之聲明：(1)對於與事實不符，僅以中國政府之情報爲基礎之黎頓報告書，絕對反對，(2)對於因接受報告書否認滿洲國之意見，致形勢轉變，使吾等之住居感受威脅之國聯行政院及國聯大會的一切行動，絕對反對

朝鮮白俄當然利用

又日人進佔哈爾濱後，對於住居北滿之三十萬白系俄人，鼓惑利誘，不遺餘力，黎頓報告書發表後，一部白俄亦表示不滿、且有報告書抗議委員會之組織、徒事攻擊報告書之工作，近對國聯調查團提出抗議，摘責報告書之認識不足云。

據東北日文報載，稱此僞民意之文電及意見書、不下三萬餘通、僞政府刻正整理翻譯準備拍發中。在過去一月期間，僅此項拍發電報費，竟達一萬數千元之鉅、其文電之多，可以想見。以上所舉、不過寥寥數則、亦足以窺見暴日作僞心勞之一斑矣！

毒民政策之鴉片公開

僞國鴉片公開之計劃，醞釀甚久，現在『鴉片法』二十二條及「施行令」三十四條，已同時正式公布。其內容，凡屬鴉片之栽種，製造，批發，零售及煙具等權益，均爲僞政府所專有，其經營機關爲專賣公署與分署，即將在各省成立施行。考其所以促成此項計劃實現之主因，不外二端，一則圖爲叛逆撲取飲鴆止渴之政策，以濟救目前之經濟恐慌：一則因爲日人再用統治台灣之方法，來對付我東北民衆。行見黑禍流毒於三省，東北同胞滅亡無日矣。茲將叛逆所發之佈，『公告』及『鴉片法』，『施行令』原文照錄於左。

『公布』

鴉片之吸食，由來已久，習以爲常，浸潤日深。不惟耗財傷身，且遺外人之譏，常此以往，與建國精神，實屬違背，鴉片制度之當否，有關國家之隆替，茲值我滿洲國建設始伊，庶政革新之秋，若不乘此機會，樹立根本方針，講求禁烟之策，則將來弊害，行將益形蔓延，而終至不可圖矣。然舊時之制度，置多數之癮者於不顧而一律禁止之，恰爲治水者不斷其源而往遏其流，不得不謂爲失策也。欲矯此積年之宿弊，須基於斷禁主義，對於癮者採用漸減方策，對一般之人則嚴行禁止，僅限於已成癮者許其因救療上之吸煙，并爲特設救療機關，努力救濟；同時更依其他社會上之設施以教化之，喚起人民之自覺，防止新癮者之發生，以期積弊之漸減根絕；斂之各國制度之實績，此爲最有效之禁煙方策也，基於以上之確信，以『大同』元年十一月三十日第一百十

一號，教令所公布之鴉片法。以達成所期之目的；至期一般民衆、深體立法之至意，勿背去舊生新之大業，切切此佈。

「大同」元年十一月三十日

「鴉片法」

第一條　本法所稱之鴉片係指生鴉片鴉片煙膏及藥用鴉片而言

第二條　鴉片不准吸食但已成年而有癮者救治上有必要者不在此限

第三條　出售鴉片以及製造鴉片烟膏與藥用鴉片均由政府專行之但依第五條第一款及第三款所規定製造鴉片煙膏者不在此限

第四條　鴉片或供吸食鴉片之器具均不得私行輸入或輸出但有左列各款形之一者不在此限

一，由政府輸入或輸出鴉片者

二，依命令所規定販賣藥用片人輸出藥用鴉片者

三，依命令所規定批發鴉片人輸入供吸食鴉片之器具者

第五條　鴉片或供吸食鴉片之器具除有左列各款情形之一并依命令所規定者外不得私行製造買賣授受所有或持有之

一，批發鴉片人製造供吸食鴉片之器具或買賣授受所有或持有生鴉片以及鴉片烟或供吸食鴉片之器具者

二，零賣鴉片人製造鴉片烟膏或買賣受授所有或持有生鴉片以及鴉片烟或膏或供吸食鴉片之器具者

三，依第二條但書之規定吸食鴉片人製造鴉片煙膏或受讓所有持有生鴉片以及鴉片煙膏或供吸食鴉片之器具者

四，經栽種罌粟之批准者製造讓與所有或持有生亞片者

五，取買鴉片人收買授受所有或持有生鴉片者

六，製藥人受讓或所有或持有生鴉片或藥用鴉片者

七，醫師醫士牙醫獸醫藥師藥商或販賣藥用亞片人買賣授受所有或持有藥用鴉片者

八，以醫師牙醫或獸醫所開藥方受讓或所有持有藥用鴉片者

九，依前各款所規定所有或持有鴉片或供吸食鴉片之器具者致不能所有或持有時或致無人所有或持有時本人繼承人或管理其財產是讓與或持有者

第六條　批發鴉片人或零賣鴉片人不得將專賣公署所售之鴉片烟膏加工或混合他物而販賣或讓與

第七條　不得意圖營利而供與他人吸食鴉片之處所或設備但零賣鴉片人經政府之批准者不在此限

第八條　非經政府之批准不得以製造鴉片或其代用品爲目的而栽種罌粟

第九條　不得以前條之目的買賣或授受罌粟種子但對於經政府批

行健習判之

准之栽種罌粟人販賣或讓與者不在此限
第十條　經政府批准之栽種罌粟人所生產之生鴉片應繳納於政府
一但暫時得賣交由政府指定之收買鴉片人收買鴉片人所收買之生
亞片應繳納於政府
第十一條　民政部總長爲矯正抽食鴉片之習癖起見得對於抽食亞
者明爲必要之處分
前項處分所需費用之負担依民政部總長所定
第十二條　政府關於認爲有必要之事項得令第五條各款所列之人
呈報
第十三條　政府認爲有必要時得隨時令該管官吏入第五條各款所
列人之製造廠店舖或其他處所檢查原料製造品器具機器帳簿又
件暨其他物件或爲取締之必要之處分
第十四條　有左列各款情形之一者處五年以下之有期徒刑或五千
元以下之罰金但徒刑與罰金不妨并科
一，意圖販賣關於亞片違背第四條或第五條之規定者
二，違背第七條或第八條之規定者
第十五條　有左列各款情形之一者處一年以下之有期徒刑或一千
元以下之罰金
一，違背第十條之規定者
二，意圖販賣關於供吸食鴉片之器具違背第四條或第五條之規
定者
三，違背第六條或第八條之規定者
法院對於未成年犯前項第一款之罪得按其情節爲緩刑之宣告而
移交第十一條之處分
第十六條　前三條之未遂罪罰之
第十七條　有左列各款情形之一者處拘役或二百元以下之罰金
一，依第一條但書之規定吸食鴉片者吸食政府出售以外之鴉片
者
二，非意圖販賣而違背第四條或第五條之規定者
第十八條　有左列各款情形之一者處二月以下之拘役或一百元以
下之罰金
一，不遵第十一條規定之處分者
二，無正當之理由而懈怠第十一條規定之呈報或爲虛僞之呈報
者
三，無正當之理由而抗拒妨害或忌避第十三條規定之檢查或對
於訊問不爲答辯或爲虛僞之陳述以及其他不遵該管官吏之
處分者
第十九條　違背不法之規定者其犯罪物件之鴉片罌粟或其吸食鴉

片之器具問不屬於犯人與否均沒收之不能沒收前項之物件者追徵其相當價額

第二十條　依第四條第二款或第三款之規定輸入或輸出藥用亞片或其吸食亞片之器具或第五條第一款第二款或第四款乃至第九款所列人如其代理人或家長家屬雇人以及其他從業人關於其業務違背本法或依據本法所頒布之命令時雖不出於本人之指揮亦不得藉口卸責免除處罰

第二十一條　法人之代表人或其雇人既其他從業人關於法人之業務違背本法或依據本法所頒佈之命令時處罰法人之代表人

第二十二條　施行本法之期以日教令定之

鴉片法施行令

第一章　吸食鴉片

第一條　依鴉片法第二條但書之規定吸食鴉片人應攜帶由該管警察官署長發給之證明書

第二條　吸食亞片人非提示前條之證明書不得受讓亞片或供吸食亞片之器具

第三條　吸食亞片人不得零賣亞片人以外受讓亞片或供吸食亞片之器具

第二章　製造及販生鴉片鴉片烟膏及供吸食鴉片之器具

第四條　生亞片亞片烟膏或供吸食亞片之器具應由批發亞片人讓與於零賣亞片人再由零賣亞片人讓與於吸食亞片人

批發亞片人不得由專賣公署以外受讓

第五條　批發亞片人由專賣公署長指定之零賣亞片由該管署長指定之

第六條　批發亞片人及零賣亞片人不得於指定地址以外營業

批發亞片人開設營業分所時應呈請專賣公署長批准

第七條　批發亞片人輸入供吸食亞片之器具時應開具該出貨人之住所姓名輸入數量及輸入路徑詳報專賣公署長聽候核准

第八條　政府所售之亞片烟膏應以政府所指定之價額販賣之

批發亞片人不得將亞片烟膏開罐讓與

第九條　零賣亞片人除提示第一條所規定證明書之吸食亞片人外不得讓與——或供吸食亞片之器具

第十條　製藥人因製藥需用生亞片時應連同民政部總長所發批准購置亞片証書呈請專賣公署長或專賣分署長請求出售

第十一條　批發亞片人及零賣亞片人應具備帳簿於收付生亞片亞片烟膏及供吸食亞片之器具每次記載其種類數量價額年月日及收付人之住所姓名

批發鴉片人及零賣鴉片人關於收付生鴉片鴉片煙膏及其吸食鴉片之器具應於每月十日以前將上月份分別彙報該管省長及專賣公署長

第三章　生產及收納生鴉片

第十二條　栽種罌粟區域及其面積每年由專賣公署長指定之

第十三條　欲栽種罌粟者應得具左列事項每年呈請該管省長批准其有變更或廢止時亦同

一，住所姓名生年月日

二，栽種地址　面積

第十四條　經前條之批准者須於栽種地址樹立標木記載其地址面積栽種人之住所姓名

第十五條　栽種罌粟人應於該管省長指定日期以前將其生產鴉片數量分別彙報該管省長及專賣公署長

第十六條　栽種罌粟人應將其生產之生鴉片提出專賣公署長指定之處所或賣與於收買鴉片人

第十七條　收買鴉片人限於必要人員由專賣公署長指定之

第十八條　收買鴉片人應將其收買之生鴉片繳納專賣公署

第十九條　前條繳納鴉片由專賣公署長鑒別之依其品位付給補償金

第二十條　對於收買鴉片人及其從業人照後揭式樣發給收買鴉片人之証或從業員人之証

收買鴉片人及其從業人人在從業中應携帶前項之証票

第四章　販賣藥用鴉片

第二十一條　藥用鴉片應由販賣藥用鴉片讓與於醫師牙醫獸醫藥師藥商或製藥人

第二十二條　販賣藥用鴉片人就藥師或藥商中由該管省長指定之

第二十三條　藥用鴉片人有左列各款情情之一者外不得買賣讓受

一，藥師或藥商讓與於藥師醫士牙醫獸醫藥師醫商或製藥人者

一，藥師按照醫師醫士牙醫或獸醫所開藥方作為醫療用共給需要人者

三，醫師醫士牙醫或獸醫作為醫療用共給需要人者

第二十四條　販賣藥用鴉片人輸出藥用鴉片時應開具其輸出目的地及輸出數量連同該目的地之該管官憲所發批准輸入証呈請民政部總長批准

第二十五條　販賣藥用鴉片人藥師及藥商應具備帳簿關於收付藥用鴉片應每次記載其數量用途年月日及收付人之住所姓名但藥師因藥師配藥使用者不在此限

前項所列人關於收付藥用鴉片應於每年一月底以前將上年分彙

報該管者

第五章　雜則

第二十六條　收買鴉片人批發鴉片人及零賣鴉片人受其指定後應即依省長或專賣公署長所定繳納保証金

第二十七條　依本令受指定或批准者或吸食鴉片人戒煙廢業或死亡者自該事實發生之日起三十日以內如係收買鴉片人及批發鴉片人則對於專賣公署長或專賣分署長如係其他之人則對於該管省長由本人繼承人或管理其財產人具報於現存鴉片罌粟或供吸食鴉片器具之處分者應受指示

在前項情形欲受保証金之付還者應由本人或繼承人請求省長或專賣公署長付還

第二十八條　零賣鴉片人對於他人欲供與吸食鴉片之處所及設備者應開具左列事項呈請該管省長批准

一、住所姓名生年月日

二、處所及設備

第二十九條　依本令呈遞民政部或省長之文件應經該管警察官署轉呈呈遞專賣公署長之文件應經附近專賣官　轉呈

第六章　罰則

第三十條　違背第六條及第八條之規定者處拘役或二百元以上之罰金

第三十一條　違背第十一條第十四條或第二十五條之規定者處一月以下之拘役

第三十二條　依本令經辦鴉片或供吸食鴉片之器具者或經栽種罌粟之批准者關於其業務上有不正行為時得停止其業務或撤消其指定或批准或沒收保証金

附　則

第三十三條　本令所稱民政部總長在興安省則為興安總署總長其所稱該管省長者在東省特別區則為東省特別區長官在新京及長春縣則為首都警察總監在興安分省則為該管分省長

第三十八條　本令自施行鴉片法之日施行

最近兩月東北義軍之苦戰

（思白）

過去一年間義軍之血戰，以最近兩月的犧牲比較重大，同時，亦以這兩月間的犧牲，而結束了一年戰鬥的偉績，在形式上，目前義軍之氣勢，彷彿有點後難為計的模樣，斯概由於唐聚五部失利之後，接着蘇炳文部也退入俄境，所以，一砰悲觀論調也就同時而起，初不知唐蘇之後，正復有若干之唐蘇在也，尤其近來檢關緊張，熱河告急，義軍之奮鬥抵抗，更將趨於白熱化，且等待這一幕有利的形勢，是如何展開。

北滿戰爭，是在十一月初旬初步接觸，西部有蘇炳文張殿九等部屢庫勒之役，東部爲馬占山將軍以訥河爲根據地，向齊克線進展，有拉哈站克山諸役，曾經過數日苦戰，哈昂線爲李海青部，哈海線爲才鴻猷部，也在屢戰了許久，是月十六日蘇馬會晤於扎蘭屯，完成一大包圍線，日義兩軍的主力戰，遂在廿九日開始，敵以五師團之衆，二百架飛機，猛施壓迫，直至上月初旬，因犧牲過重才敗退俄境，北滿勁旅，至此削弱了一大部分，實是至堪婉惜之事。吉境救國軍，上月克復樺川，進佔佳木斯，丁李之實力，愈加雄厚。王德林部依據天然險要，更屢給倭軍以重創，使敵人感到萬分苦惱，近來倭寇限令年底探伐吉敦沿線森林，很顯然的，是準備掃蕩王軍，將見吉東烽煙起處，又免不了一番血戰。遼寧境內義軍更是徧地潛伏，鄧鐵梅在安奉線上依然活躍，遼西各部更準備進攻錦州，遼北賈秉彝高文彬等部之猛烈犧牲，摯動得敵人屢向熱邊增兵挑釁，一二，八榆關暴舉，倭寇是更有挑起大規模戰爭之決心。時光易逝，義軍之長期抵抗，又迭到民國二十二年的歲首，我們恰在此時敍述兩月來義軍之戰功，却覺得更有其深長底意義。

遼境義旗東西輝映

遼寧義軍，以遼西遼南遼北各地最爲活動，遼北遼西更能互相呼應，控制倭軍首尾不能相顧，故曾有數度激烈接觸，北寧關外段大凌河鐵橋，在十月杪被義軍炸毀七次，十一月初錦州城北亮蓮子村，義軍二千餘人準備攻錦，敵方派飛機多架，轟炸附近村落，民衆死傷很多，同時錦朝支線，義軍將路軌破壞數處，並將該線之中心義州包圍，敵方急派兵往援，義軍遂退。五日救國軍數百人襲入綏中大石橋站，將僞保安隊包圍，擄獲械彈甚多，十日某部又向石山站進攻，倭軍不敢應戰，將僞公安隊之槍械完全繳獲，現下該路沿線，敵方非常恐惶，熱邊義軍與此方均有聯絡，修紹明蕭法章等人，積極訓練民國準備進攻義州，朱霽青部在義北屢著戰功，日方宣傳兩路攻熱，一取杜里馬營子解決朱部，一由鐵路進佔北票，解決朝陽等地國軍，因是，熱邊情勢之緊迫，眞是與日俱增。遼北是以開魯爲中心，各部惡戰苦鬥，慘烈無比，十一月二日義軍第二軍軍長劉桂堂部，進襲開魯通北之高麗坡，蒙古王公二人及蒙軍三千人反正，得槍一千五百枝，馬三千匹，圍攻洮南，未能得勢。康平瞭榆一帶，爲劉劍人包克剛等部所盤踞，並與胡寶山部聯絡，曾一度攻取昌圖，稍有損失。十一月十八日救國軍第八路司令賈秉彝第五軍團總指揮高文彬等部，在康平法庫彰武與敵接觸，逆軍薛羽欣同倭軍三路齊攻，並携飛機十餘架助戰，激戰甚烈，倭軍陣亡三十餘名，逆軍四十餘名，我方四面受圍，傷亡極重，高總指揮及兵士數十人，被敵俘去，據聞高君等近有殉國之傳說，謂就刑前，高君大駡倭寇之兇殘暴虐，並高呼中華民國萬歲義勇軍萬歲而死，亦云烈矣。遼南義軍，安奉線上人數較多，十一月一日苗爾農部進攻鳳城，日方傷亡數人，十二月初旬倭逆兩軍，向我義軍五路進攻，十八日鄧鐵梅部在黃花甸子與敵相持五晝夜，我軍傷亡一百餘人，遼陽海城方面，我軍李子榮王全一顧冠軍李純華閻華三等部亦同時接戰，自北滿戰事結束後，敵方急欲消滅我東邊義軍，利用野砲飛機同時轟炸，我軍形勢極感不利云。

松江下游七日血戰

吉省救國軍，丁李扼松花江下游，聲勢浩大，一日三道崗二道河子之役，鏖戰七晝夜，勃利縣城幾爲敵人攻下，後以邢占清之增援，敵乃退歸三姓。十四日周萬清部進佔佳木斯，官兵冒彈衝鋒，惡戰兩晝夜，斃敵一百餘人。翌日克復樺川，繳逆軍一團槍械。十五日破壞高嶺子鐵路，敵兵車一列脫軌，死亡七十餘人。又駐拉哈蘇之砲艦『順利號』反正，士兵殺死甘心附逆之長官，樹起義旗，兩月十九日利然艦反正，將予敵人以重大打擊。三十日富錦敵軍，襲擊我軍寶淸陣地失敗，十二月七日敵機兩架，出現於九站一帶，被我軍轟走。近來敵軍集結哈綏線者不下數千人，似有大舉進攻之情態，我軍苦戰經年，經驗豐富，刻正嚴陣以待。王德林部出沒於吉敦哈綏之間，屢挫倭軍，近亦與丁李聯絡完成，十一月十四日王部孔憲榮曾攻入寧安，旋即退出，另一支隊，上月進佔烏都，吉哈動搖。我軍非常得勢。王部共約萬餘人，分散於延邊各縣，丁駐勃利，李駐穆稜，共有國防軍九混成旅，計五萬餘衆，並在後方組織保安隊三萬餘人，根基穩固，敵人欲期消滅，定非易事。

塞北寒天孤軍挫敗

北滿戰爭，要屬齊克和中東幹線最稱劇烈，十一月中旬以前，因敵方多所顧慮，屢造和平空氣，淆亂視聽，其實它底猙獰面孔，却在和平的假面具之下早已暴露，它一方調集重兵，一方派人跑到俄境講和，這種鬼把戲，眞不值識者一笑。所以，蘇炳文將軍洞燭敵人的陰謀，才有日人宣傳和平會議是虛妄虛造的闢謠通電。戰事初起，我軍首攻富拉爾基，張殿九謝珂金奎璧均到扎蘭行營督戰，十一月一日敵機轟炸拜泉，義軍即着着進攻，東鐵濮炳珊率領五旅，野砲四十門，進攻泰安鎮，李海青部橫斷哈昂，馬占山將軍親到訥河，與蘇部取得聯絡，西部接觸之前，義軍三萬人已將安達站包圍，逆軍一旅反正，拉哈克山均次接觸，克山一地義敵兩軍互相奪取兩次，雙方均有損失，九日敵在富拉爾基增援，向我陣地腰庫勒緊逼，飛機大砲，通宵應戰，我軍一以當十，肉搏衝鋒，殲敵甚多，十一日敵兵屍體運回三百餘具，可見我方將士用命萬衆一心了。斯時敵方駐哈特務機關長小松原，飛入俄境馬蹄貝爾站，猶求蘇將軍議和，被蘇嚴詞拒絕，賊人至此技窮，接着就大舉進攻，十六日蘇馬會晤，二十日前後，敵方又由國內調來一個師團，大批飛機隊，亦陸續到來，及至二十九日遂向我軍開始總攻，將士忍饑耐寒，與敵人肉搏，敵方飛機砲火壓迫過甚，並擲彈炸毀我軍後方鐵路，彈盡援絕，死傷枕籍，三十日敵軍佔領扎蘭屯，我軍遂節節後退，十二月三日殘部多逸入濮炳珊部收容，尚有四千餘人集結滿站，四日晚間退往俄境大烏里，西部敗後，齊克呼海各軍，頗受影響，近均化整為零，向敵誘逗奇襲，並以士兵衣褸單薄，後援不繼，明春當有大規模之發動云。

大中国周报

《大中国周报》创刊于中华民国22年（1933）1月9日，大中国周报社编辑、发行。周刊。社址位于上海西门方斜路三德里。上海印刷所印刷。每期售大洋一角，全国各大书店均有代售。该报出版至民国22年（1933）10月终刊。

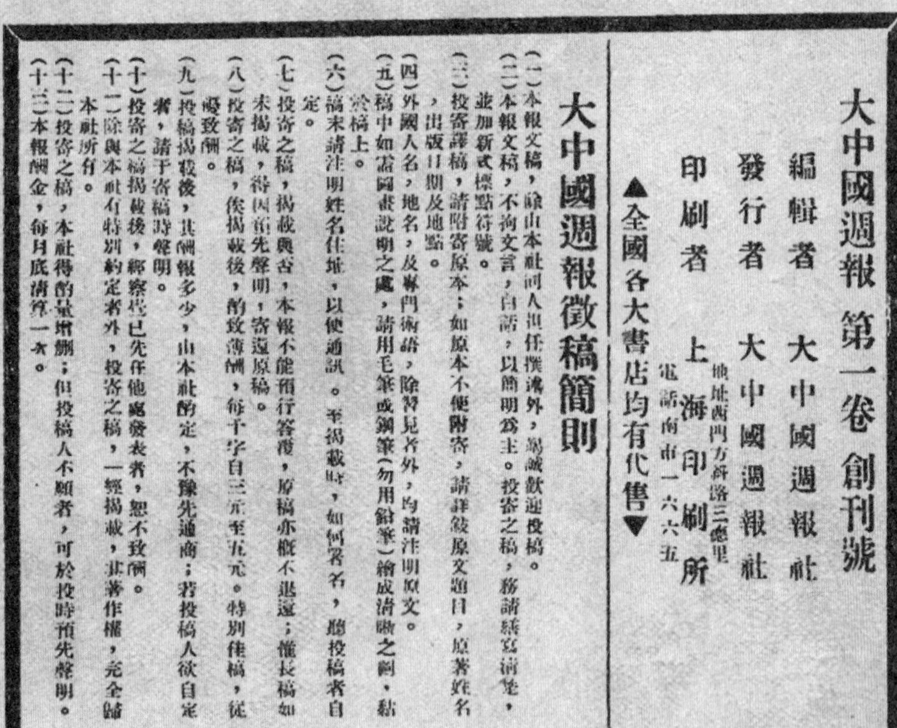

大中國週報　第一卷　創刊號

編輯者　大中國週報社

發行者　大中國週報社

印刷者　上海印刷所　地址西門方斜路三德里　電話南市一六六五

▲全國各大書店均有代售▼

大中國週報徵稿簡則

(一)本報文稿，除由本社同人担任撰述外，竭誠歡迎投稿。

(二)本報文稿，不拘文言，白話，以簡明爲主。投寄之稿，務請繕寫清楚，並加新式標點符號。

(三)投寄譯稿，請附寄原本；如原本不便附寄，請詳敍原文題目，原著姓名，出版日期及地點。

(四)外國人名，地名，及專門術語，除習見者外，均請注明原文。

(五)稿中如需圖畫說明之處，請用毛筆或鋼筆(勿用鉛筆)繪成清晰之圖，黏於稿上。

(六)稿末請注明姓名住址，以便通訊。至揭載時，如何署名，聽投稿者自定。

(七)投寄之稿，揭載與否，本報不能預行答覆，原稿亦概不退還；惟長稿如未揭載，得因預先聲明，寄還原稿。

(八)投寄之稿，俟揭載後，酌致薄酬，每千字自三元至五元。特別佳稿，從優致酬。

(九)投稿揭載後，其酬報多少，由本社酌定，不豫先通商；若投稿人欲自定者，請于寄稿時聲明。

(十)投寄之稿揭載後，經察覺已先在他處發表者，恕不致酬。

(十一)除與本社有特別約定者外，投寄之稿，一經揭載，其著作權，完全歸本社所有。

(十二)投寄之稿，本社得酌量增删；但投稿人不願者，可於投時預先聲明。

(十三)本報酬金，每月底清算一次。

《大中国周报》版权页

大中國週報

中華郵政特准掛號立券認爲新聞紙類

第一卷第七期

民國二十二年二月二十七日出版

本期要目

時論 侵略戰與防衛戰

國際大事
國聯大會前之日本態度
意械運奧案之軒然大波
美主禁運軍火出口
戰債之僵局有打開勢
羅斯福新閣人選
法國新預算所引起之糾紛

國內大事
日軍擴大侵略範圍
肅清江西殘匪剿撫兼施
救濟絲業之大計劃
蕭伯訥來華
中央政訊

文藝 萌芽（續）

參考資料 一二八戰役上海市工廠損失統計

總發行所上海福開森路三九三號

電話七〇〇三〇號 七〇〇三九號 電報掛號有線無線一一〇四

《大中国周报》封面

國內大事

日軍擴大侵略範圍

宋張等飛機赴熱河

日人既悍然不顧，侵犯熱河。吾政府亦深知其然，決計力抗。代理行政院長宋子文於十二日由飛平。與軍政界，金融界外交團，分別接洽，籌備應付策略。十七日宋子文張學良張作相等，分乘汽車，前往熱河。熱河軍民，驚其『自天而降』認爲七十二年來至可紀念之一日。因之益明瞭京平各方，確有一致抗戰眞誠。宋在熱河歡迎會中演說，略謂『此次北來，與地方人士接談，益信華北地勢，全恃熱河爲屏障，保熱河幾得保華北。即對已失之東三省，亦有收復之希望，熱河若有疏虞，不惟華北動搖，其影響及於全國。頃來承德，觀察形勢，更感熱河之重要。而前方士氣之壯盛，後方民衆之憤激，足使子文感奮有加。現在國際聯盟十九國委員會經極詳細之研究，完全主張擁護中國立場。日本軍閥雖强暴，終不能以一國抗全世界。故最後勝利，必屬於我。但仍須自己努力，斷不可全賴他人，日本軍閥，不久進攻。我軍械軍備，雖百不如人，但以我全國政府與人民政策一致，國論一致，我武裝同胞，犧牲寶貴之生命於前，我全國人民，輸財輸力於後，最後勝利，必屬於我。』全場咸爲感奮。士氣民心，倍增努力抗敵之慨。宋張等既檢閱前線軍隊，并商定抗日計畫後，十九日相率返平。二十一日宋院長乘機返滬。

東北軍人誓師抗日

宋張等在熱，與各將領一再會議。除由宋代院長聲明軍費有辦法，完全負責外，並公同決議統一國軍義軍制。十七日，東北各將領張學良張作相湯玉麟等，通電各方，誓師抗日。詞極愈壯。原文略謂：『溯自瀋變發生，轉瞬已十六閱月。國土淪胥，民衆喪亡。損失之大，幾難數計。日擧時艱，憂憤曷已。當事變之初，我爲尊重盟約，維持和平起見，不惜含垢忍辱，根據盟約，提請國聯裁判。冀以正誼之主張，期獲公理之實現，不圖日人貪婪，得寸進尺。我講公理，彼恃强權。我愈讓而彼愈爭，時愈久而變愈烈。邇來且復肆其兇燄，侵榆侵熱。揆其用心，非第以我民衆忍爲懦弱，直視一切盟約如具文。時至今日，我實忍無可忍。惟有武力自衞，捨身奮鬥，以爲救亡圖存之計。學良等待罪行間，久具決心。現已遵照中央確定方針，簡率師旅，積極進行。只要有利於黨國，詎敢計及於髮膚。誠以時急勢迫，至此已極。舍奮鬥無以求生，舍犧牲無以救死。但有一兵一卒，亦必再接再厲。幸而成，固可復我山河，雪莫大之恥辱。倘不幸而不成，亦可振我軍譽，揚民族之精神。此次陪同宋院長來熱檢閱部隊，並力曉軍人捍國衞民之大義。我袍澤忍辱已深，含憤已久，及經誥誡之後，皆憤慨異常，涕泣圖報。惟茲事體大，關係全國存亡。熱河倘有疏虞，勢必牽及華北。華北動搖，尤必影響全國。一髮千鈞，莫此爲甚。尙乞海內賢達，全國同胞，共體時艱，一致奮起。俾作有力之聲援，期收最後之勝利。臨電迫切，諸惟鑒察。張學良，張作相，湯玉麟，萬福麟，孫魁元，沈克，馮占海，李海青，鄧文，檀自新，彭振國，劉震東，馮庸，劉桂堂，丁紀廷，劉月庭，邢殿譜，崔新五，張從雲，董福亭，劉香九，富春，石文華，孫德荃，于兆麟，王永盛，繆澂流同叩巧』。

決心抵抗對外通告

張學良既抵熱河，發電致日內瓦中國代表團，譯送國聯秘書處，電文爲：『中國政府與人民，因決定抵抗日本侵略，現已集中兵力，保衛疆土。余與宋院長已抵熱河省城。此行目的，在完成防衞計畫，俾中國領土完整，不致受日本侵犯不斷的威脅。中國政府前曾忍辱負重，長期努力。欲以誠意避免時局增於嚴重，俾援助國聯會，覓取合於盟約及其他條約之調解基礎。但調解希望，已爲日本所斷絕。和平希望，已爲日本在熱河軍事行動所毀滅。雖國聯會提出鄭重異議，亦無所顧忌。日本所提出似是而非之理由。謂欲維持權利，爰乃佔據滿洲。但日本侵略熱河，未可以此爲口實。則以任何條約，均未涉及此一省區故也。余等奉有中央命令，對於日本侵略，與以抵抗。負有守土之責，實爲北方人民所贊助。請將余等所處地位，所採態度，向國聯會及全世界，加以說明。』國聯各方，認爲中國抗日，確具決心。宋張此行，蓋甚爲國聯各方所重視也。

馬相伯章太炎宣言

暴日進窺熱河，踵稱熱河爲滿洲之一部份。馬相伯章太炎二氏，特聯名發表宣言，根據史實，證明熱河與滿洲無關。而高麗乃我國箕子之後，日人生命線，不應伸至熱河，且應退出高麗。該宣言電達日內瓦，昭告世界。原文云：日人認我東三省爲其生命線，國人曰此線是橡皮性質，有伸縮力。請看下文。熱河不得爲滿洲之一部分，較東三省更易明白。蓋熱河在明時，本朵顏等三衞之地。朵顏種類，卽古之山戎，漢之烏桓，唐之奚。與契丹種類甚近，而與滿洲種類相遠。其後淸人奪取其地，本非滿洲人之舊居。至于今日，則熱河所有漢人幾四

百萬，而滿洲人無幾。更不得謂熱河爲滿洲人所應有。若謂曾經滿洲人奪取，卽爲滿洲之一部分。然則北之樺太，(中國名庫頁)南之台灣，何嘗不經滿洲人奪取。日人何不以樺太台灣歸之滿洲僞政府乎？日人又稱湯玉麟曾署名于滿洲建國宣言，是眞是僞，無可證明。假令有之，但可名爲個人私約。豈中國政府中國人民所承認乎？此尤不值一笑者也。世人公認高麗乃箕子之子孫，生焉息焉，具有歷史。最近韓國志士，對國聯有表示，卽要求光復舊物。因此可斷言曰：上述橡皮線不但不應伸至我熱河，按公理應縮出高麗外。謹請擁護人道者，一致爲公理努力。二十二年一月十八日，馬相伯章太炎宣言。

外部駁覆日本節略

二十三日下午五時，日本使館祕書上村伸一，以節略一件，面交外交部羅部長。內容包含三點，措詞頗爲荒謬。外交部當卽起草復文。痛加駁斥。聲明一切責任。應由日本擔負。該項覆文，已於二十三日深夜送出。玆分錄日方節略及我方復文如下：

(一)日本節略　(一)熱河省內張學良及其他反滿軍隊之存在，不但與滿洲國之主權抵觸，且與熱河省治安之恢復，不能兩立。故此次滿洲國，實行肅淸該省內之匪賊及兵匪餘黨，日軍乃在日滿議定書之關係上，應與該國軍隊協力之立場。而滿洲國常向上述張學良軍等要求撤回關內，未能容納其要求，故因實行上述熱河省肅淸事業之結果，而引起與滿洲國軍協力之我軍與張學良軍及其他反滿軍隊之衝突。此乃因張學良軍等留駐熱河省內不得已而出此。且其責任，應由不接受上述滿洲國要求之中

國方面負擔之。(二)惟以肅清上述熱河省為目的，而與滿洲國軍協力之日本軍，在熱河省之行動，其目的在於確保該省之治安，此外並無他意，原則上僅留駐滿洲國領域以內。惟張學良軍以及其他反滿軍隊，如堅欲出於積極的行動時，則難保戰局不及於華北方面，若因此發生任何事態時，其責任悉在中國方面。(三)至滿洲國對於反滿洲軍之歸順，向以寬大之態度待遇。湯玉麟軍等若於此時歸順滿洲，則仍將照從來之方針，予以寬大辦理。

(二)我方復文　(一)自民國二十年九月十八日以來，日本以其武力侵佔東三省，設立偽組織。茲又不顧一切，調集大批軍隊，進攻熱河。熱河為中國之領土，與東三省於中國領土相同。中國政府派兵往熱，防禦外國之武力侵略，乃係行使其固有之主權。日本政府，竟要求中國軍隊，退出熱河。顯係擴大侵略範圍，破壞中國領土主權。日本政府自應絕對負攻熱之全責。至東三省偽組織，日本一手造成之傀儡，為舉世皆知之事實。其所為之一切非法行為，日本政府尤應負其全責。中國政府因東省偽組織後所謂日滿議定書，業經迭向日本方面嚴提抗議，概不承認。茲不復贅。(二)日本應負攻熱全責，已如上述。乃日本不惟欲攻奪熱河，并稱日本軍隊之行動，或將及於華北。足證日本方面蓄意侵略，毫無覺悟。中國軍隊，在熱河抗禦日本及受日本指揮之軍隊，或在中國領土其他部分內為必要之防禦，均屬正當。如果日本軍事行動，侵及華北，中國軍隊，自必行其自衛守土之權。其因此發生之事態，應由日本政府負其全責。(三)熱河省政府主席湯玉麟，為中國地方軍事長官。在熱河指揮軍隊，自有守土之責。日本政府對湯主席所稱各節，殊屬有意侮辱。中國政府特予抗議。

錦朝線戰事益嚴重

日偽軍合攻熱河，業已於二十一日開始。計分四路進攻。即(一)由通遼攻開魯。(二)錦州攻北票朝陽。(三)綏中攻凌南。(四)自榆攻秦皇島，包抄我後方。惟此路尚未積極行動。偽組織軍政部長張景惠，任命張海鵬為攻熱北軍總司令，程國瑞為攻熱南軍總司令。聽命關東軍司令下之指揮。錦朝線戰爭近日最為吃緊，吾軍主力，集中北票，預備與敵決戰。茲將湯玉麟馬日通電錄下，以見戰況一斑。

『自一月下旬以來，敵以陸空聯合，迭次圖攻，幸經我軍將士用命，迎頭痛擊，均未得逞。敵自開釁失利，創劇痛深。乃變更攻擊計劃，轉攻北票。因此朝陽方面，日趨緊張。二十日午前十時，敵機一架，飛建平之業柏壽。投彈四枚，炸斃商民三名，炸毀房屋數處。午後三時，日機一架，飛至北票，投彈五枚，炸斃淦旅之運輸騾馬七匹，民女一名。旋至南嶺陣地，投彈五枚，幸無損傷。二十一日午前六時，朝陽寺之敵步砲連合，附裝甲車七輛，唐克車四輛，飛機四架，向我董旅南嶺陣地猛衝，同時對我蛘牛營子陣地，迂迴攻擊。與我南嶺二百十四團之張營，及向南嶺接防南進中之二百十三團王營，正激戰中。至二十一日午刻，敵軍增加至三千餘，砲甚多。我軍就口北營子附近陣地，死力抵抗。查錦義之敵，主力甚厚。確有總攻熱河企圖，決非局部之衝突。現在大戰既已開始。玉麟謬膺疆寄，守土有責，誓與國土共存亡。除嚴督所部，拚死抗戰外，尚希全國人士，羣起聲援。既望精神響應，遙壯軍威。復盼物質協助，以勵士氣。定必勝之戎機，端資羣力。禦橫來之外侮，尤特同心。敬佈下忱。佇候明教。臨電不勝翹企之至。』

黑白

吳鐵城

半月刊

第一卷 第三期

上海東北協會刊行

民國二十二年十二月十五日出版

◻日軍迫令女生裸體

——劉校長爲民族吐氣——

劉校長，賦性義勇，有俠士風。曾長遠陽某小學，人多以劉校長呼之。去秋日守備隊過該校時，倨慠凌人，不可仰視，校長抑怒，虛與周旋之。旋日軍迫學生列隊，男女各一行，都七八十人，日軍環而觀者不可計數。已令女生裸上體，將衣置於地上，女生相視泣，從之，於是皚皚肌膚，畢露於倭奴視線下矣！日軍喜笑欲狂，鼓掌如雷動。蓋倭俗侮辱女子，裸上體較重於裸下體也。有頃日軍去，回顧校長已面無人氣，衆慰之，校長復甦，憤然當衆宣誓曰？『吾不殺倭奴，誓不爲人』。言已揮衆去。旬日後，聚衆廿餘人，到處遇倭則殺，倭軍畏之如虎，聞校長至，莫不望風而靡。鄉人嘉其行，爭與餉械，慰藉有加。王君嫻穆新自東北歸來，盛道其事。

黑白

半月刊

吳鐵城

第一卷 第六期

東北協會成立週年紀念號

上海東北協會刊行

民國二十三年[illegible]月三十日出版

日僞蹂躪人權及壓迫商工近況

■殘殺華人之毒策

——手段日趨嚴酷——

東變以後，東北軍雖以「不抵抗」退往關內，然東北各地之反抗日「滿」活動，迄未少殺。其間受倭僞軍隊所殘殺之華人，不可計數，而其慘狀，亦可想而知。雖然此種軍事的殘殺華人方法，每爲人司空見慣，無足希奇；其最令人驚異者，厥惟政治的及法律的殺人方法是也。

據東北來人談，倭僞方面用政治方法殘殺華人，極爲毒辣。倭僞對于親日之華人，多利用之充當「密探」，或「巡捕」。該「密探」及「巡捕」等滿佈城鄉，遇有反抗日「滿」之思想，言論及行爲者，經查知後，即予以逮捕。許多華人，往往遽然不知去向，此皆被日僞秘密逮捕後予以殺戮之故也。倭奴除利用漢奸殘殺華人外，更自行派員，直接管理地方庶政，從而對於反抗日「滿」之華人，予以調查，逮捕及殺害。在每縣中有日人指導官，參事官及各科局員司等。每村中擬任日人村長雖未推行，但每區區長由日人充任，勢在必行。一切地方庶政掌於日人之手，於是限制及殘害華人之措施，遂與日俱增焉。

現在僞國各地，實行鴉片公開吸食。墮落民衆因吸食鴉片，而蕩產戕生者，不知凡幾。尤可怪者，倭奴用鴉片殘害華人猶以爲未足，更派遣大批日女充當煙館招待。此種作用有二：其一，該日女偵察華人之密秘行動；其二，該日女一方伴吸鴉片，一方操神女生涯，使煙客顛倒於溫柔鄉間，促速其死。

在僞方供職者，必須俯首帖耳，聽倭奴之驅策，方可得免於難。然倭奴對於華人在僞組織謀事者流，更設有不可思議之陷阱，以圖快意。僞方關於任用職員一項，向皆操之於倭奴之手。其愚弄謀事之華人，每慣用兩種方法：其一，採迅速更替主義，在任事之刹那間，視其人平庸無長，即行停職，以故謀事者視易而實難也；其二，採斷然暗殺主義，在視事之相當期間，查其人英毅幹練或具有反抗日「滿」思想或行動者，即秘密暗殺之。

他如用警察方法或調查戶口方法等等，實行催殘華人者，尤爲更僕難數，本報已有另題闡述，茲不贅載。

至於法律的殺害華人方法，散見於本報者，如戶籍法，指紋法等，即是此例。又如僞方婚姻法，規定早婚及納婚姻稅等，其陷害華人處，可想而知。

最近僞方軍政部長張逆景惠，又頒布所謂「暫行懲治盜匪法」。此種法律，即爲反抗日「滿」之華人而設。該法凡九條。第一條，意圖以強暴或脅迫手段，強取他人財物，而聚衆或結夥者，爲盜匪。盜匪依左列各項，分別處斷：（一）首魁或參與謀議，或指揮羣衆者，死刑或無期徒刑；（二）其他者無期徒刑或十年以上之有期徒刑「幇助盜匪者以正犯論，祇爲盜匪執役，或附和盜匪隨行者，七年以下有期徒刑」，犯本條之罪者，褫奪公權。第二條，盜匪犯左列各項之罪者，處死刑：（一）公衆危險罪，（二）殺人罪，（三）強盜及海盜罪，（四）強姦罪，（五）恐嚇罪，（六）脫逃罪。第三條，盜罪除前條各項之罪外，犯刑法，及其他刑罰法令所定之罪者，加重各本條本刑三分之一。第四條，盜匪受緩刑之宣告，於其期間內，再爲盜匪者處死刑。第五條，關於盜匪案件，不准上訴。第六條，地方法院依本法爲刑之宣告時，應明附具全案卷宗，呈報高等法院長，俟得核准執行後，始得執行死刑，並應適用刑法第五十三條，及刑事訴訟法四百八十一條之規定，「高等法院長，應對於前項之星報，特別認爲必要者，得命提審」一，依前二項，予核准或命提審之期間，不得逾十日。第七條，軍隊當勦討肅清成股盜匪時，除得臨陣格殺外，當由該軍隊司令官，依其裁量，斟酌措置。第八條，高級警官所指揮之警察隊，當勦討成股盜匪時，除得臨陣格殺外，當場拿獲盜匪事態，急迫有不能猶豫之情形時，得由該高等警察官，依其裁量，斟酌措置。第九條，本法自公布之日施行。

說者謂，日僞殘殺華人，日趨嚴酷，反抗日「滿」之思想及行爲者，在此種壓迫情形下，不將趨于淩替乎？詎知壓迫愈甚者，則反動亦愈力。現在東北民衆之受壓迫者，祇限於少數之反日「滿」分子而已，其他多數民衆因受日僞之羈縻，尚未受極度之壓迫，此反日空氣之所以銷沉也。吾人以爲整個東北民衆致於極度艱困之時，則東北民衆之抗日或抗「滿」者，必形成極大之動力。印度台灣朝鮮等民族之獨立運動，即是好例。吾人對倭僞殘殺華人而餒氣者，似不必要矣。

顏唱門戶開放主義以謠惑世人觀聽，乃曾幾何時而外商倒閉如此其多，事實勝於雄辯，世人當可瞭然矣。

四海半月刊

《四海半月刊》创刊于中华民国19年（1930）4月，天津海事编译局办事处编辑，社址位于天津英界三多里2号，大公报社印刷、发行。月刊，曾易名为《四海》。该刊出版至民国22年（1933）8月终刊。

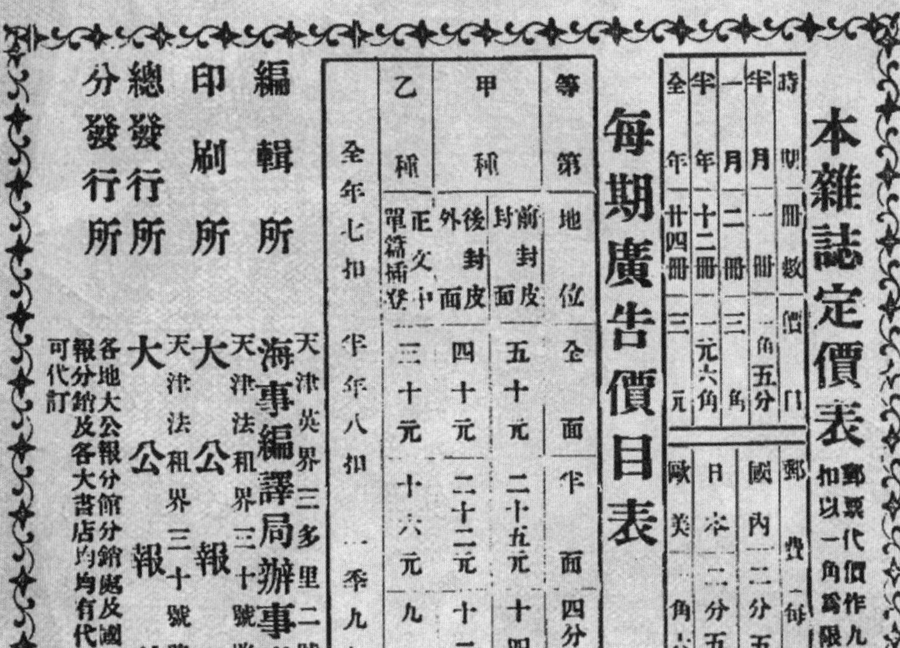

本雜誌定價表

郵票代價作九五扣以一角為限

時期	冊數	價目
半月	一冊	一角五分
一月	二冊	三角
半年	十二冊	一元六角
全年	廿四冊	三元

郵費（每冊）	
國內	二分五厘
日本	二分五厘
歐美	一角六分

每期廣告價目表

等第	地位	全面	半面	四分之一
甲種	前封皮 封面	五十元	二十五元	十四元
甲種	後封皮 外面	四十元	二十二元	十二元
乙種	正文中 單篇插登	三十元	十六元	九元

全年七扣　半年八扣　一季九扣

編輯所　天津英界三多里二號　海事編譯局辦事處

印刷所　天津法租界三十號路　大公報社

總發行所　天津法租界三十號路　大公報社

分發行所　各地大公報分館及國聞週報分館及各大書店均有代售均可代訂

《四海半月刊》版权页

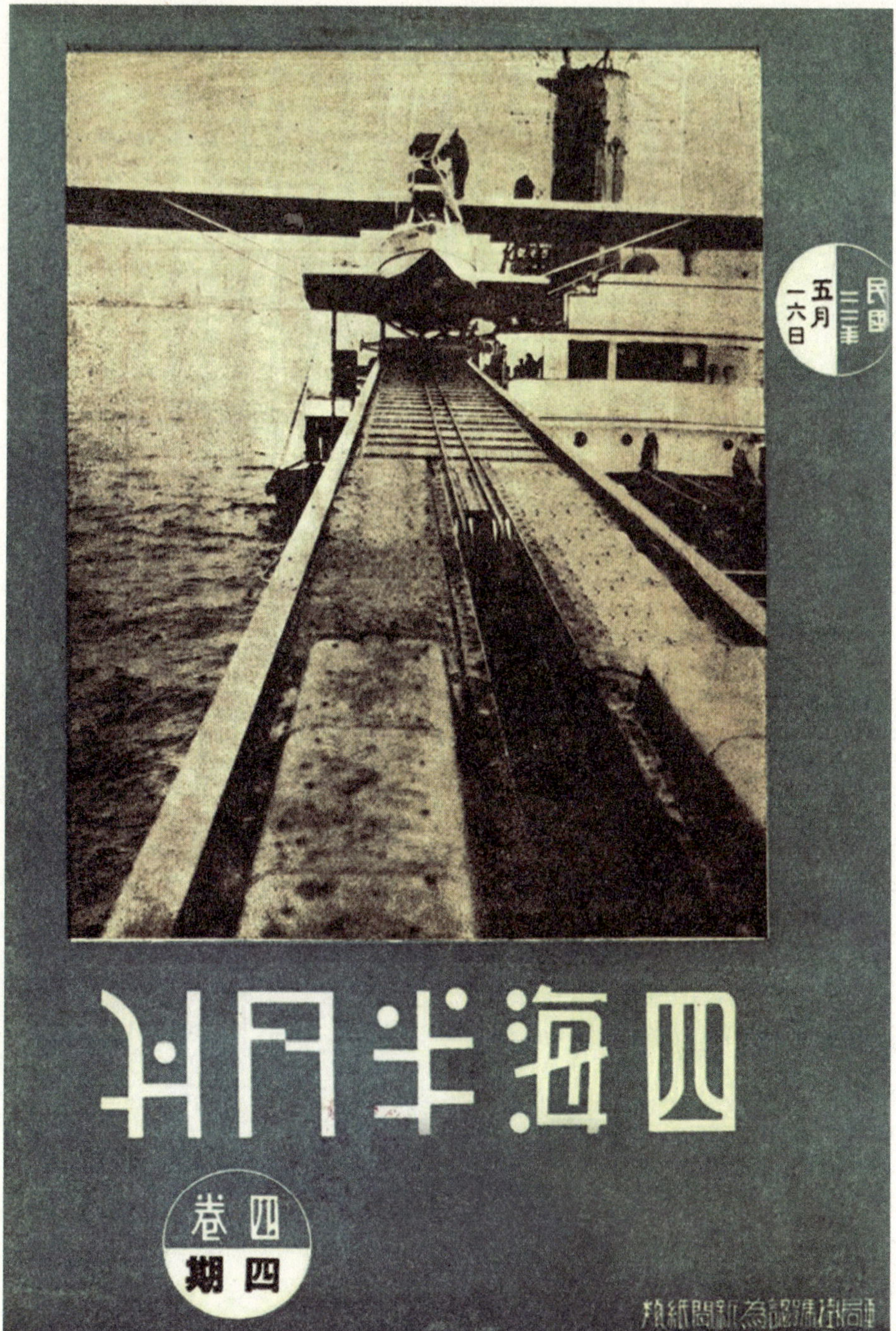

《四海半月刊》封面

日本海上新形勢壓迫下之我國

杞賢

嗚呼，我國其憊矣，以日本一島國，越海而侵我，我之與周旋，不與之戰于海上，而與之相搏鬥于長城險砦之間。近且險阻失憑，昔日之郊畿纍卵，入寇之囟烽在望。又我之與日戰，不以艦，不以艦砲，不以其他之海軍兵器，以及沿岸要塞之砲火等，而乃以白刃，兼其他之殺敵力微之兵械，以禦敵之飛機，坦克車，以及裝甲車等，是之謂人多方以乘我，而我以單弱應之，人自遠來攻，而我近保亦不能。噫，此其故何哉。曰此我國之外防既失，而內守有莫能自鞏之勢，則有以致之，其遠因有不可不深長思也。

則竊以爲一國之外防，其在海國與有海岸線國，每當以所謂海者當之。蓋海者，其效用在戰畧上言之，積極的可循之以攻人，消極的則亦易設防以防人之來攻。故海非惟爲富源，抑亦爲天險。海因其險而防之，人每攻之不易克。此其原因，無待煩言。惟反之，脫海之天險，而如或被人所制，則即可謂國之外防已失。故自來欲由海上攻人之陸者，未有不先扱其海。因之欲防之人由海上攻我陸者，亦未有不先防其海。海失則陸及，陸及而日蹙千里，蓋至是而海非復爲我用，轉爲敵攻我之通途，循是以效其後繼聯絡之用。斯其事例，又無待舉。惟有一事，吾人不妨略及之，以徵海陸相關之切。即上次世界大戰之既爆發，德之與英以海軍相持于北海方面，英軍勢力，實有以凌駕德軍。顧英以恐德之襲入其本土，運兵上陸，每愼重以將事，未敢稍疏于防範。夫如此，則亦足証失海而設及陸，其危險性之重大爲何如矣。

頃者吾人如環顧我國海岸，蓋無處不呈海全失而陸已及之現象。所異者其之所有切•弛•程度，稍有不同。要之外防藩弛。嗟蚕食之頻來，實鯨吞爲之始。而致之日本之在我國，早已臻捨海就陸之程度。蓋所謂日之捨海者，非云其之侵我，不須再須利用海，爲其通途。第謂其對我，其之以其全力競海之時期已過。至今者且憑其就陸已厚之基礎，大逞其吞噬。譬之于盜，蓋如日者，非第爲入奪門之俵，而業爲祛篋之雄。且其祛篋，非云先入自室外，而早已在室內。此証之日之歷來早有其駐兵于南滿鐵道區域以內者可見。設曰不然，吾人試思設日之爲其九一八案之暴變，而必須借兵于其本邦，其海事寧能如彼其易。再者，吾人夙昔恒思，倘日而果欲進犯平津者，其所循之途或且由海。良以我國于平津，向海之門戶大敞。日艦如來，其兵登陸匪難。此爲共知之事，無用諱言。顧乃揆之近日形勢，彼倭如再西侵，則循陸而進，雖當遇抵抗較多，但其的亦非不能達。此又戶曉，不待闡知。嗚呼，日之踞陸已深，故我國之有海，轉覺防敵無用。因以可云我國在今日，已無事于防海。轉不如棄之，倒爲直截痛快。此爲自九一八事變以還，我國人士戒于海之無可防，且防之亦無其方，因以盛倡棄沿海岸各地之說，乃吾人仍曉曉于海防之當重，且欲借國難日急之機，以向國人申其當頭捧喝之警，誠竊自嗤其執，而滋爲達者所笑。吁，寧不痛哉，寧不痛哉。蓋竊嘗謂日本在我國，其所有制海權，除在我國南部（台灣海峽以南），其輩固程度之如何，仍成爲問題外，其在我國北部，則確已達到極鞏固之地位。此其爲說。乃即使日本在滿洲陸上有相當力量之陸軍，其侵我必不能若今日之甚。蓋彼誠恐雖得逞于陸，或有以見阨於海。見阨于海則陸絕，雖得而仍復失。吁，以我國海之既被彼制，故彼遂肆行無忌于陸。然則寧非失陸自失海始，而我國今日陸之相繼被攘，其遠因遠種于數十年前海上覆軍之役。曰，我國外防之既失，則內守有莫能自鞏之勢，斯就海陸相關之勢言，亦寧非其切不磨之至理哉。亦寧非暴日西犯，而我國不能戰于海，無力戰于海，因以白刃與殺敵力微之兵器，與敵之飛機，坦克車，以及裝甲車等相周旋于長城巉巖間之所由哉。蓋我方張皇于外，而彼已長驅于內。若此亦寧非陸失而海在相當情形下，已無可爲禦，而陸之失，實由于失海在先哉。吁，爲禍益烈，其患方張。日之淩人，勢其迫矣。雖然，亦詎能如目前之局面，而即足止其貪心哉。席捲宇內，爲日人所抱無厭之求。夷我爲縣，惟三島伸張之的，吾人申之至再，茲不贅詳。綜之則曰，若中日戰役，若日俄戰役，爲其在高麗與滿洲兩地，爭其上陸權之戰。同時亦即爲其爭環此二大陸之海之戰。迭戰而勝，陸海均得。自此以還，日本于我國北部，于海顧慮蓋寡。(尤以自德退出膠洲灣，英返還威海衛後爲然。)蓋雖中日戰後，遼東半島，曾還中國，一時日本在滿洲陸上基礎動搖。然我國之海軍固已喪敗無遺。此爲日本于我國海上，仍收全勝之效，有以斬我國海軍之命脈，使我國海上實力無存。次之敗俄，俄之遠東艦隊，至今未能再復，致俄不能再控制遠東。斯爲日之在我國北部，乃至在西太平洋北部，有其獨霸自雄基礎之所由。其結果，是惟日有以制亞東之海，故有以攘亞東之陸。尤惟有以制我國之海，故有以攘我國之陸。自非然者，使我國而存有力之海軍，乃至或使俄國在遠東，而存相當力量之海軍，吾敢決定日之在亞東，其凶燄決不致若今日之張。雖其進行，或當有階段停頓。要其野心大慾，非經一次世界大懲創，似不足警其冥頑。而其所謂海上新形勢者，近且乘乘以成矣。蓋日人近者嘗中言停止進攻，似猾貓之對鼠笑慰曰，吾不欲噬爾，爾毋恐，其可信哉。日人之心忍，忍則遇事之無論如何艱難挫折，輾轉莫前，亦必竭其所能，務求遂其所望而後已。且其心警，警則善于應變，每有以乘各方之弱。日人具有此二長，故其在國際局面，每能于迂迴百折中，求出其一條奔赴目的之途。此可徵之于日本對外攘地往事而可見。尤徵之于滿洲問題之有無數變更往事，以及此次利用世界各國，莫如彼何之機會，以全力困我，而因以躊躇滿志，爲更可見。嗣後我國如不認明日人之具有此二性，則其受害，將終無已。茲者吾人請申論日人之改造海上新形勢問題，即吾人以爲日本在我國，其多得陸固矣。且更有睡手可得的大陸，無窮盡的展布在彼之面前，以供其攘取。其或取之無已矣乎，此固彼之所大願。然同時彼于海之方面，頓發生有新問題者。即日本隨最近在亞東大陸所得陸地之增大，其在亞東之海上勢力，乃至在西太平洋上，以至在全太平洋上之海上勢力，非重行增厚不可。良以自昔由海以得陸，而自今則漸入鞏海以保陸之時期。至少亦爲海陸兼張之時期。蓋鞏海所以保陸，張海亦所以張陸。此後日本在最近之將來期間內，或採取保陸主義，或採取張陸主義，吾人暫不予斷定。要之張海則兼足以收鞏海之效。此爲日本在滿洲事變發生後，其國人之主張增厚海軍勢力者，日見增盛之由。且已多見之事徵。謂余不信，請徵之如下二例。庶立論之有証，非徒託之空言而止。

一　自來在日內瓦裁軍會議，各大海軍國多有提案，對於海軍裁減，關于質，雖多有意見之相出入。但關於量，則多半主張從減。其著者，可以胡佛提案爲例。

至如日本，以所處地理特殊爲理由，主張其國之海軍，關於量亦須從增。獨自外于衆議，中自利之偏見。此徵之日本所提出于日內瓦裁軍會議之裁軍案可見。斯非張海，其義云何。日本迺邇以至最近，其國代表之將應美邀以赴美，日前海軍當局，有往訪代表石井者，商譚關于華盛頓會議日本海軍之立場，申述下列三點。曰，一，日海軍對于世界和平事業，雖願予以贊助。但對於以歐洲爲本位之裁軍案，則礙難贊同。二，因是日海軍方面，現特根據倫敦條約第二十三條關于保留權利之規定，主張在一九三五年之世界海軍會議中，立于完全自由之立場，並將提出新主張。三，關于空軍問題，因日本方面之發展，較列强爲晚，故礙難接受以歐洲爲本位之軍縮方針。如是云云，固益見日本主張張海之說，甚爲積極。反世界之趨勢，以逐其獨尊之願。其所云日本海軍，礙難贊同以歐洲爲本位之裁軍案，則其所主以爲日本裁軍案之本位者維何。曰，亞洲。亞洲者維何。曰，亞洲者日本之亞洲。日本海軍之裁軍案，以是爲本位。而方今之亞洲，正圖以盡括入日本之貪囊中。依情度勢，應此雄圖，日之海軍，固惟愈張愈好，云何其裁。蓋照此解說，實爲日本對于海軍裁軍案之眞確見解。但此非曰裁軍案，實可曰日本海軍張軍案。而顧日本輒自付以理由，曰，此以亞洲爲本位，而成立日本之海軍裁軍之對案者也。雖曰非裁，本位則宜。吾人今問日本之欲以亞洲爲其張海軍單位，則其土將誰荐食。而遭其荐食者，其在海上，尚有對日存在之餘地哉，抑此語非當，吾人宜問，日本之欲以亞洲爲其張海軍單位，則凡在亞洲與日本在海上對立者，其尙有餘海哉。夫凡若此，爲世界各國之與亞洲有其利害關係者之所大忌，而我國首當其衝。而顧日本不顧。曰，主張在一九三五年世界海軍會議中，立于完全自由之立場，並將提出新主張。是徵日本觀察，謂目前裁軍會議，必無所成。故以遠推想夫在一九三五年世界海軍會議中，其之所宜主張者維何。使其所觀察而中，吾人固將見一九三五年之世界海軍會議，將呈一種不可思議之現象。總之，日本因主張張海，兼主張張其海軍，斯其事勢，萬無可免，爲今日可預知之事。

二 近者日本既于滿洲國設立海軍部，以司指揮滿洲國海軍事宜。而滿洲國從事創與海軍之說，又時有所聞。是皆徵日本在滿洲方面關於海軍有乘機動作之象。（近接東京通信，日本政府有以其舊戰艦，撥歸滿洲國，爲其國防之用。而自行造新戰艦以替代之之說。其事尙待證實，故暫略之不論。）夫按事理言，日本之是否欲滿洲國自有其海軍，係一疑問。蓋臣藩之有其軍力，初非屬宗主者之利。是故最近日本設法消滅滿洲國陸軍之說，亦已有所聞。推之海軍，寧非同例。故吾人竊疑日本或不許滿洲國自身有海軍。惟有另解者，即日本自身，以亞洲爲單位，欲張海，兼張其海軍，其在倫敦海縮條約效期未滿以前，則固不能破約以張軍。因託滿洲國與海軍之名，以謀遂其自身張軍之實，亦未可知。蓋日對滿洲國，固有以指揮一切。滿洲國之有其海軍，初無異于日本之自有之，之自張之。至夫滿洲國與日本之經濟力，能否勝此，係屬另一問題。因憶前者倫敦報紙有爲論者，曰，如滿洲國爲一獨立國家，如日本所要求者，則應有權編練陸海軍。如日本在倫敦條約限度之外，以軍艦供給受彼保護之國家，將發生極嚴重之情勢。若斯云云，有以符吾人之觀點，亦即爲日本海軍，託滿洲國名義以張之之說。夫託滿洲國之名義以張日本海軍，則日本海軍，在當前與將來，寧尙有限制可言。故云情勢嚴重。顯言之，即日本在實際上與精神上，係無限度的破壞海軍限制。寧尙須待至一九三五年舉行世界海軍會議時，日本始有機立于完全自由之立塲，並提出新主張以張其海軍哉。蓋至彼時，爲時已晚，且其法亦拙。而日本之圖謀託滿洲名義，以張其海軍，此其爲禍之烈，吾人在本刊，亦曾已論及之。所冀倫敦海縮條約簽字國速加注意。否恐日滿議定書之存在，將使海縮各約，失其效力，頓成廢紙。而據日來外電所傳，稱因日本恢復旅順港，已引起國際注意。英國擬向九國簽字國諮詢意見，並料國聯十九國委員會，亦將調查日本舉動。尤以英國海軍界，對于此事，深切注意等語。吁，如此事朕，露之極早。各國至今始見張皇，頗覺見事之晚，日已狡辨有詞。尤異者，各國胡不據日滿議定書，而切實責日以精神上破壞海縮條約之罪，而乃僅着眼于旅順恢復爲要港之一節，寧非以旅順恢復要港，其事爲日方所公佈，故咸實之有據。而滿洲國興海軍，其事爲尙未現實，故不妨緩之。若然吾人誠望簽字海縮條約各國，有以注目察其後。至於日之恢復旅順港，其關於我國海上利害最大，自亦兼含有威脅世界和平之義，故各國注意及之。日之恢復旅順要港部公告，其理由有曰，『爲保護滿洲及華北沿岸居留民及擁護通商航海之權，……一方且鑑于位置于滿洲國之發展與增進日滿貿易之門戶之旅順大連之重要性，故于旅順設置要港部，以任關東州沿岸之防衛。』縱如其所言，對我似甚和緩。然項莊劍意所在，誰則不知。其理由又云，『此乃確立維持極東治安與和平之進一步之表現，』吁，此和平威脅進一步之表現耳。是其張海張海軍之方法，其語復得誰欺。

蓋綜論之，日本今日之在海上，自其大者遠者言之，其所營逐者，已遍在太平洋之各處。故欲扣印度洋之門戸，攫取戰略上有重要性之各島，而猶逐逐不已，如鷹四瞻。至就其近者切者言之，則欲就其勢力所已奠之處，而益加厚力量，以益銳利其利爪，以之攫人，使莫能免。其之方法，是在擴其海軍，而益積其海軍根據地。南于南洋委任統治地、北于旅順皆然。是可總名之曰張海，而其志自在覇西太平洋岸上之泱泱大陸。亦可稱之曰張海以張陸。乃若此種決心有，日本早。惟自佔有滿洲後，明目張胆，言之不諱。故敢當此世界競言裁軍之日，而彼敢公然主張增加海軍力，以亞洲為單位。其增海軍之途，自身為之，或兼促滿洲國從事。雙方並進，其禍為足以破壞世界和平之前途，而所謂世界之裁軍運動，為之根本無效。循此不變，縱太平洋上之大海戰，不致一時爆發。而英美顧瞻，觸目警心。波濤猶是，激盪則增。此之謂日本最近在海上所造成之新形勢。

因乃終謂，吾人前云日本對我之競海時期已過者，此僅就其謀攫滿洲大陸之時期而言。至今而目的已轉進，其競海之一新時期又生。蓋我國至今對日，其關于海，其所謂日之遠大之謀，其成足以覆我全國。以日在海上遠大之謀如告成，則世界列強，莫奈彼何，將聽其沿我海沉我陸而無能為之救之故。如若不然，則如日之關于海之切近之謀，其成功尤足以困我，使我在海上無稍轉動之餘地。有如旅順要港部之恢復，有如著一鐵爪于我國海軍，使之逃遁不得。而更或培植偽國海軍以掣我，則彼力益厚，而我應付更難。儻長圖之既合，誠水洩之不通。以云更築我國外防，其事寧再易易。若或日在海上，兼遠大切近，交以困我，則我國失海，萬劫不復，我國之失土，亦復萬劫不復，吁，我國至今日，其關于海，遠須肩承甲午一戰而敗之遺禍，而近須抵抗日本所改造甕成之海上之新形勢。重重壓迫，前後相望。蓋所謂日本之海上新形勢者，其大之固在反抗全世界，而究之則實所以加緊壓迫覆亡我國。換言之，即日本蠍之競海其對于陸，其之重要目的在滿洲。今之張海，其對陸之重要目的，延張至我全國，乃至全亞洲，而爲其亞洲本位說之所由來。我國于疆土日蹙之餘，如不認明此新形勢，而關于海，仍是放棄不顧。或苟陋以從事，而無深澈力奮之圖謀，以抗視昔有增之高壓，作大奮鬥，挽大劫運，吾恐失土無已，我之與日周旋者，永不能戰于海，永不能以艦，以艦砲，以及其他海軍，兵器等，以與日作軍海以保陸之戰。寧第如今日之嗟寇之已深，爲無可抵禦而已哉。蓋我國今日處勢之危，過于甲午之役萬倍。失地無限，海患之增更無限。日本海上新形勢壓迫下之我國，所願國人鑒之，有以救亡，斯爲我國海幸，且爲我國陸幸，既滌甲午之恥，更復九一八以來版圖所已變之顏色。吁，海哉，吁，日本海上新形勢壓迫下之我國，之我國之海。

二二，四，二六。

應用飛機推進器之淺水快艇 （海）

如圖爲英國小艇之具有飛機推進器者，能在極淺水中得極高之速。所須之力，得之於小汽車之機器，艇雖能只有三吋之吃水，因推進器在水面以上，故能在淺池中，以全速力進行云。

民众周刊

《民众周刊》创刊于中华民国19年（1930）12月，山东省立民众教育馆出版、发行。社址位于济南贡院墙根街。每星期二发行，全年五角，每期一分，邮费在内。该刊每半年有分类索引，出版至民国23年（1934）12月更名为《小学与社会》。

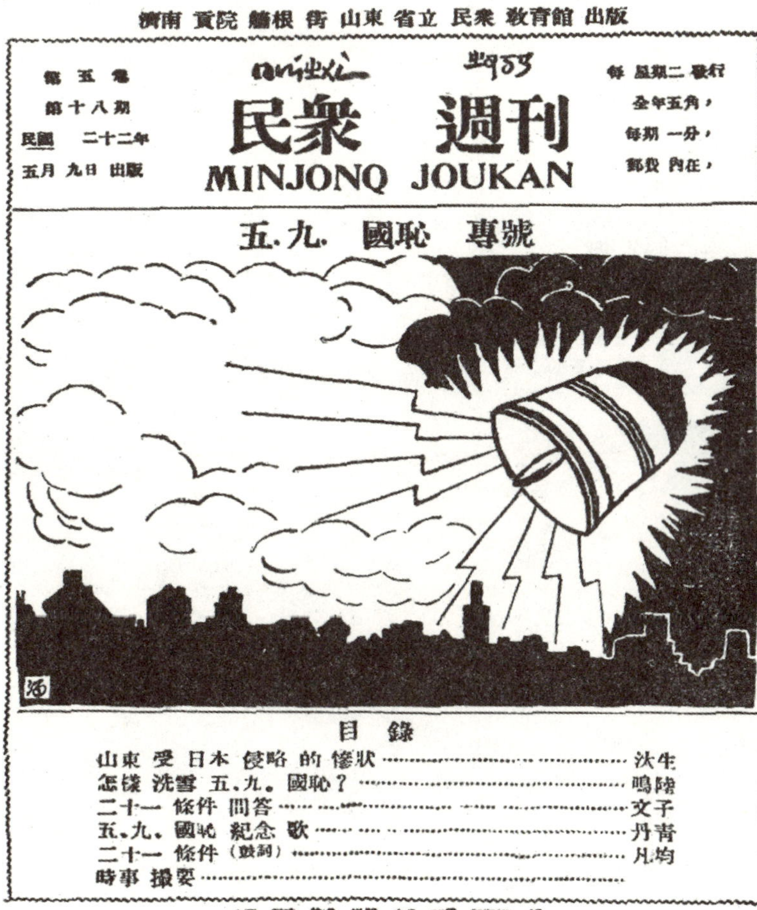

濟南 貢院 牆根 街 山東 省立 民衆 教育館 出版

第五卷
第十八期
民國 二十二年
五月 九日 出版

民衆 週刊
MINJONQ JOUKAN

每星期二發行
全年五角，
每期一分，
郵費 內在，

五.九. 國恥 專號

目錄

山東 受 日本 侵略 的 慘狀……汰生
怎樣 洗雪 五.九. 國恥？……鳴陸
二十一 條件 問答……文子
五.九. 國恥 紀念 歌……丹青
二十一 條件（鼓詞）……凡均
時事 撮要……

《民众周刊》封面

（1）

山東受日本侵略的慘狀

汰生

（一）日本侵略山東的嚴重性

日本帝國主義者的"大陸政策"，是以全中國爲侵略對象，不分畛域；不過各省因地理上的不同，所受的侵略程度，有輕重和時間上的差別罷了。東三省毗連已失的朝鮮，所以首先被日本武力佔領，而熱河繼之；福建省接近已失的琉球，台灣，所以爲日本侵略華南的中心點。山東半島突入黃海，與遼東半島，朝鮮半島遙相對峙，膠濟路由青島直達濟南，與津浦路相啣接，在地形上，交通上予日本以最大的便利。而且山東的物產人口，比較滿蒙更爲富庶，並可由山東直達黃河流域各腹地。日本更鑒於歐，美列强在華南的勢力根深蒂固，認爲從福建圖發展，必有若干阻力，不若圖謀山東比較容易。因此日本人心目中視山東爲其饞吻下最可口的肥羹，垂涎已非一朝。歐洲大戰爆發，日本以爲時機已至，對德宣戰後，即以全力奪取青島並佔據膠濟路全綫，竊爲己有，積極的移民山東，開發商業；廿一條件中，關於山東方面的無理要求，不但想把山東的富源囊括無餘，而且想把鐵路網擴至順德，徐州等地，進而竄食內部各省，扼津浦，平漢兩大幹綫之中樞在軍事上，經濟上均足以制我死命，所以日本侵略山東的嚴重性，實較侵略滿蒙，福建爲尤大！

（二）政治經濟雙方並進

日本佔據青島膠濟路的企圖，遭遇着華盛頓會議的打擊，不得已而放棄；但是侵略山東的野心並未稍戢。日帝國主義者侵略山東的手段，和侵略滿，蒙的手段是一樣的，是政治，經濟雙方並進的，經濟力量如感不足時，則輔以政治力量，政治力量感受壓力時，則專從經濟上努力，兩者互相爲用，如左右手。所以日本退出山東的時候，不但對膠濟路要求到四千萬日金的代價，而且把沿綫的鑛山等大企業，幾完全壟斷到手裏。魯大公司和四坊一帶的紗廠林立，就是日本人拿山東的低廉原料和勞工，吸收山東骨髓的代表機關。到了革命軍將到濟南的時候，日本深恐中國革命成功，人民有了覺悟，影響她在山東的特殊地位，悍然出兵，濟成"五三"慘劇，除濟南遭受日兵殘殺外，日人並利用直魯軍閥餘孽。擾亂膠東各縣，焚殺刼掠，廬舍爲墟。日軍盤踞濟南經一年之久，見我國南北統一，破壞不能收效，始行撤退。這都是日本侵略山東政治與經濟雙方並進的顯著事實。足證明日本決不會忘情於山東；而在這國難嚴重的關頭，山東的地位更感覺格外危險！

（三）經濟侵略甚於武力

當着濟南慘案才發生的時候，山東人民在驚悸之餘，也曾悲憤號呼，一度熱烈的從事抵貨工作；可是殺人的兇手剛退出門去，就消沉了。雖然'九一八"事變，較"五三"更嚴重，更擴大到不知若干倍；但東北的砲聲並未震動到山東，東北同胞的鮮血並未流到濟南，所以山東人民僅可漠不關心大購日貨，這眞是麻木不仁，奇恥大辱！我們須知日帝國主義者侵略的目的，是側重經濟方面的，能以貿易投資的方法吸我膏血，填彼慾壑，便不汲汲於佔領土地，等到我們膏血旣竭，自會滅亡，她便毫不費力的把我們的土地吞併了。那末，她爲何還用武力呢？前面已經說過，她感覺經濟力不足時，才用政治力去輔助。日本襲取東北的原因，大半起於鐵路獨占政策受中國競爭的打擊，所以才拿暴力侵略的手段，來遂行經濟侵略的計劃。日本侵佔東三省後，積極完成吉會等路綫，並增加滿鐵會社及拓殖經費，就是明顯的例證。日本對中國內部也是一樣，因爲國際關係，明白的吞併中國領土，是不易辦到的。若用經濟力量剝削中國，使其日趨貧弱，自然消滅，這是極可能的。因此日本侵略中國是，拿經濟作主體，而以武力和外交以濟其窮；不過山東因地理關係首當其衝罷了。奈何山東人民光看見當地的，一時的政治侵略，而忽略了普徧的，永久的經濟侵略，這是何等痛心的事啊！

（四）山東所受的侵略痛苦

山東所感受的日本侵略的痛苦，在政治方面如五三和廿一條無理要求，這是人人知道共同切齒的，而且這些國恥，都是日本爲遂行經濟侵略的一種手段，故不贅述。獨日本對山東的經濟侵略，民衆所蒙受的痛苦，實較濟南屠殺更爲深刻而普徧。我們不應該因爲是慢性的屠殺，就不圖自救。試舉山東所受經濟侵略的痛苦，略述如下。日本在山東傾銷的商品，如人造絲，棉織品，蔴織品種種的布疋，充斥市場，致濰縣，周村一帶固有絲業一蹶不振。青島日商的紡織工廠，利用中國低廉工資的勞工及中國原料，把各縣的手工紡織業盡行剝奪。膠濟路沿綫的煤礦，不是日本商人經營，就是暗中有日人的大宗

（3）

資本，壟斷我國的鑛產。他如魚類，海帶，大米，水菓，瓷器，電料，火柴，紙張，以及玩具等類，無不普偏深入鄉村，致各地農村經濟日即破產。貧民挺而走險，流爲盜匪，日本浪人則藉領事裁判權爲護符，販賣軍火，接濟匪類，製造亂源。鄉村稍有資產者紛趨城市，就軍警之保護，農村經濟益告枯竭，而岌岌不可終日了！此外如包賣毒品，影響人民健康，社會安甯尤爲重大。我們如不注意到這些地方，光知道日本的大砲，飛機厲害，我們的痛苦將日甚一日，結果必陷於萬刼不復的地位。

（五）抵貨是自救不是報復

五三的國恥仍舊，東北淪亡，我們要採取報復手段，當該從積極方面以鐵和血收復失地，打倒日本軍閥，昭雪國恥。中國人——尤其山東人對日經濟絕交，是談不到報復的。因爲我們所感受的經濟侵略，其痛苦已到最大限度，不能再忍受了。我們如再不覺悟，一任仇貨之依舊暢銷，則山東的經濟必先破產，用不着日本的大砲，飛機，就自會崩潰滅亡。事實顯示在那裏，並非記者好說驚人的話。同胞們！敵人正進攻冀北和察東的當兒，我們不必再高談湔雪"五三""五九"國恥了，我們應該先行排除目前的國難。我們在積極方面，是當該奮勇殺敵，而在消極方面，應該先謀自救。自救的唯一辦法，就是抵貨，因爲必須抵貨，才能解除經濟侵略的慘痛，才能避免經濟破產，才有餘力作積極的奮鬥。倘若我們仍執迷不悟，則膏血被敵人吸吮淨盡，自存尚不可能，那能談解國難，雪國恥呢？故我認爲抵貨僅係自救，並非報復。

日本飛機軍艦侵入我國領域之限度

李伯芹

一、日本現用之飛機

日本現用之飛機，約百分之九十，爲本國製造，而陸海軍用者，全係自造。其新標準飛機，屬於陸軍者，爲中島九一式戰鬥機，川崎八八式偵察機，川崎八七式重轟炸機等；屬於海軍者，爲中島九〇式戰鬥機，川西九〇式偵察機，海軍八九式轟炸機等。日本軍用飛機所冠之數字，係以日本開國紀元表示其出廠年期者，如中島九一式，係日本紀元二五九一年，卽西曆一九三一年之出品，八八式爲一九二八年出品是。茲將各種新標準軍用飛機之性能，記述如左：（參照航空雜誌第三卷第十期第十一期與本雜誌第五期）

（A）中島九一式戰鬥機　此機係日本政府舉行日本設計戰鬥機飛行比賽，得優勝獎而採爲軍用者。

製造所	中島飛行機株式會社
型式	單葉、金屬製
發動機	中島Jupiter星型氣冷式四五〇馬力
搭載重	四、二〇公斤
全備重量	一、五五〇公斤
上昇時間	三、〇〇〇公尺——三分二〇秒 五、〇〇〇公尺——八分四一秒
上昇限度	八、〇〇〇公尺
最大速度	每小時三〇〇公里
續航距離	九〇〇公里
乘員	一名

（B）川崎八八式偵察機　此機係一九二八年日本航空本部舉行飛行比賽，得優勝獎而採爲軍用者。

製造所　川崎造船所飛行機部

不忘

型式	雙葉、金屬製
發動機	川崎 B,M,W 四五〇馬力
自重	一、七六〇公斤
全備重量	二、八九〇公斤
最大速度	每小時二〇〇公里
着陸速度	每小時九五公里
上昇時間	一、〇〇〇公尺——四分五〇秒 三、〇〇〇公尺——一五分四五秒
實用上昇限度	五、八〇〇公尺
續航時間	四小時

(C)川崎八八——二式偵察機　即前述八八式加以改良者，爲愛國第二號（按愛國號飛機係九一八事變以後日本民衆捐與其陸軍者，共近百架）。

製造所	同前
型式	雙葉、金屬製
發動機	同前

二〇

搭載重	一、一〇〇公斤
全備重量	三、〇〇〇公斤
最大速度	每小時二二〇公里
上昇速度	一、〇〇〇公尺——三分 五、〇〇〇公尺——一五分
續航時間	五小時
乘員	二名

(D)川崎八七式重轟炸機　此爲川崎造船所僱用之技師 Dornier 氏所設計者，命名 DO,N'其中N'爲Nippon之略字。

製造所	川崎造船所飛行機部
型式	單葉、金屬製
發動機	川崎 B,M,W.二個，各四五〇馬力
自重	四、四〇〇公斤
全備重量	七、六四七公斤
搭載炸彈量	一、〇〇〇公斤

最大速度　每小時一七〇公里
著陸速度　每小時一〇六公厘
上昇時間　一、〇〇〇公尺——十五分五五秒、
　　　　　三、〇〇〇公尺——四四分十秒
實用上昇限度　三、五五〇公尺
續航時間　五小時
乘員　五人

(E)海軍八九式轟炸機　此機係一九二九年造成，載有十八吋魚雷一個，其內容不甚明瞭。

製造所　三菱航空機株式會社
型式　雙葉、金屬製
發動機　Hispano-Suija 六五〇馬力
續航距離　一、二〇〇公里
乘員　三人

日本現有軍用飛機數目，陸軍有八個飛行聯隊，飛機

日本飛機軍艦侵入我國領域之限度

八百架，海軍陸上約有四百五十架，配備在航空母艦及其他軍艦上者，約三百五十架，總計約一千六百架，（據 Aviation 雜誌一九三三年七月號）。

二、日本之航空母艦

飛機向海外作戰時，若距離較大，必需憑藉艦船輸送，與目的地接近後，或直接飛航，或運至陸上後再行飛航。海軍所屬飛機，以航空母艦載運爲主，但其他軍艦亦多備有飛機若干，如日本主力艦備有飛機三四架，一等巡洋艦二架，二等巡洋艦一架是。日本現用航空母艦，共有四隻，以赤城加賀爲最大，能各載飛機八十架，前者爲赤城號巡洋戰艦之改造，後者爲加賀戰艦之改造，其次爲鳳翔與龍驤，可各載飛機二十架，茲將各艦之排水量等，列表如左（第一表）：

第一表

艦名	排水量(噸)	速力(浬)	備砲	吃水(呎)	裝載飛機(架)
赤城	二八一〇〇	二八、五	二〇公分－十門 十二公分高射－十二門	二二、一四	八〇
加賀	二八一〇〇	二三、〇	同	二一、三三	八〇
鳳翔	九五〇〇	二五、〇	一四公分－四門 八公分高射－二門	一五、〇〇	二〇
龍驤	七六〇〇	二五、〇	一二、七公分高射－十二門	一四(?)	二〇

此外陳舊者，有若宮號，排水量五八七五噸，速力十一浬，能載水上飛機約六架，此艦曾于一九一四年海軍飛機赴青島，作轟炸青島要塞之用；能登呂號，排水量一五、四〇〇噸，速力十二浬，能載水上飛機二十架。

由上述以觀，日本向海外作戰時，其航空母艦，可共載飛機約二百二十六架，但若獲得陸上根據地時，所需飛機，可自由運到，其數目不受限制。

三、日本飛機侵入我國領域之限度

日本新標準軍用飛機之性能，前已敍述，茲將其速度續航時間或距離等，列表如左（第二表）：

第二表

飛機名稱	馬力	最大速度（公里）	續航時間或距離
中島九一式戰鬥機	四五〇	三〇〇	九〇〇公里
川崎八八式偵察機	四五〇	二〇〇	四小時
川崎八八－二式偵察機	四五〇	二二〇	五小時
川崎八七式重轟炸機	九〇〇	一七〇	五小時
海軍八九式轟炸機	六五〇	—	一、二〇〇公里

假定各機之航行速度，為其最大速度之百分之八十，則各種飛機由沿海各港口侵入國土之距離如左：

中島九一式戰鬥機　四五〇公里（八一〇里）

川崎八八式偵察機　三二〇公里（五七六里）

川崎八八－二式偵察機　四五〇公里（八一〇里）

川崎八七式重轟炸機　三五〇公里（六三〇里）

海軍八九式轟炸機　六〇〇公里（一、〇〇〇里）

日本飛機軍艦侵入我國領域之限度

假定海軍八九式轟炸機，由航空母艦載運，停泊于我國沿海各要地，向各方施轟炸，則以航空母艦為中心，以千里為半徑之圓內各點，均有受此項飛機轟炸之危險，如附圖所示。此種飛機之續航距離，在目前因為日本飛機中之最大者，然最近之將來，倘有增加之可能。由附圖觀之，我國東南東北各主要區域，均在危險範圍內，目前僅衡山，湖口，鄭州，太原，歸綏一帶以西，可稱為安全地帶。為防獲起見，惟有建設有力之空軍，并於各要地，設備充分之防空兵器耳。

日本飛機軍艦侵入我國領域之限度概略圖

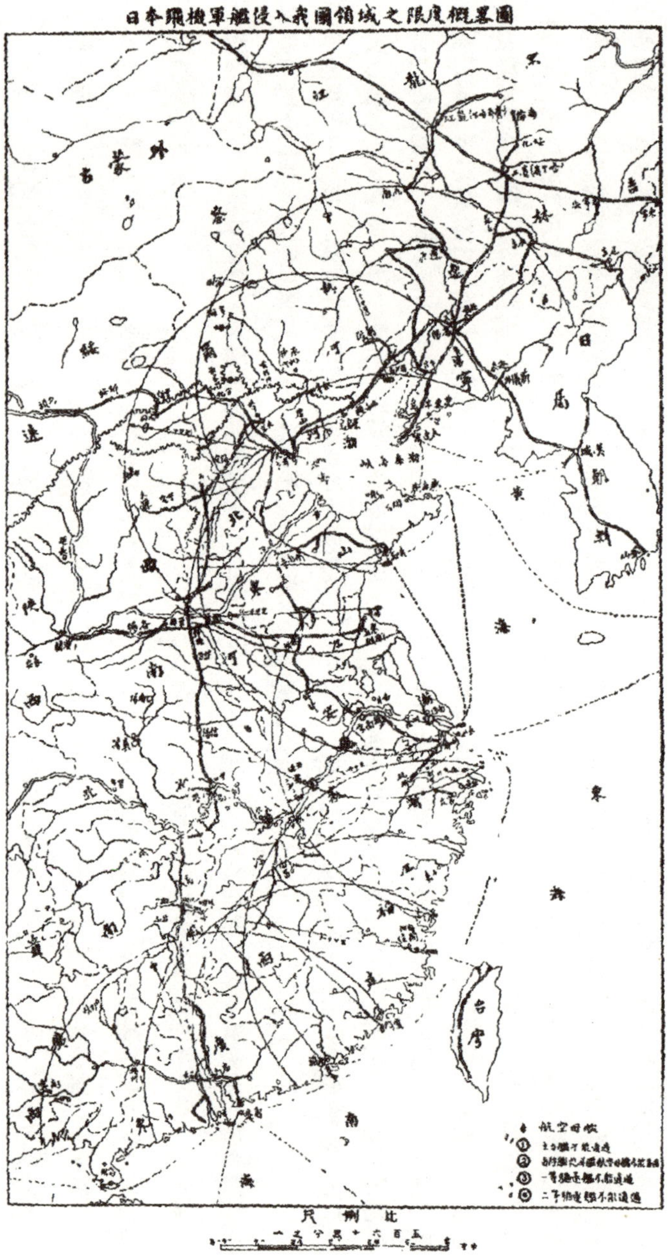

四、日本海軍之現狀

日本海軍，現有軍艦，共計二七五隻，一百十餘萬噸，（見第三表據一九三三年朝日年鑑，）其實力次於英美，居世界第三位。主力艦共有十隻，計二九八，四〇〇噸（華盛頓協約規定為三一五，〇〇〇噸），其主砲十六吋者十六門，十四吋者八十門共九十六門，平均艦齡十六年半，平均速力二四・四浬。茲試與美國海軍比較之：美國主力艦共有十六隻，計五二三，八〇〇噸（華府協約規定爲五二五，〇〇〇噸），其主砲十六吋者二十四門，十四吋者一二四門，十二吋者四十四門，共一九二門，平均艦齡十六年四個月，平均速力二一浬，日美主力艦隻數，爲一比一，六，噸數，爲一比一，七六，砲數爲一比二，但速力日艦遠優於美艦。

一國之海軍，除主力艦外，補助艦亦甚關重要。日本有一等巡洋艦十二隻，均係最新式，平均艦齡約四年九個月，二等巡洋艦十九隻，航空母艦四隻，皆屬日本海軍之精銳；又有驅逐艦百餘隻，潛水艦六十餘隻，在補助艦中，亦占重要之位置。

日本海軍，平時設第一，第二，艦隊，第一，第二遣外艦隊及練習艦隊，第一遣外艦隊，配置於我國長江及華南一帶海面，第二遣外艦隊，配置於華北一帶沿海，遣外艦隊，概由二等巡洋艦以下次要或陳舊之軍艦而成，配置於長江各處者，多爲二等驅逐艦與砲艦，如一二八上海事變發生時配置於上海南京等處日艦之種類名稱噸數列於第四表（參照黎天才氏著中國國防問題一三二頁），表中軍艦，計巡洋艦五隻，驅逐艦十一隻，砲艦十一隻，共二十七隻，其總排水量爲三七二〇〇噸，已超過我國所有軍艦之總排水量三六，五八九噸（據海軍部二十年總計）者六一一噸，事變發生以後，日本陸續增派來滬之驅逐艦等十八隻，故當時長江流域共有日艦四十五隻，其總排水量當不下五萬噸，（上海事變以後，曾以第一遣外艦隊爲主幹編成第三艦隊）

五、日本軍艦侵入我國領域之限度

日本遣外艦隊平時之任務，據稱爲「保護中國沿海地方及揚子江流域之日本現有條約上諸種權利，及居留民之生命財產及航業漁業」。若兩國宣戰，我國沿海要地，必有相當防禦，長江立至封閉，江內各處之日艦，一旦聞警，必迅即駛出長江，因停泊各埠之日艦，雖能以其砲擊，與我城市以損害，然其燃料給養有限，兵員人數不多，無陸戰大砲，終難持久，而至降服。兩國開始交戰以後，日本或由陸地進兵，或以艦船運兵，在軍艦掩護之下，至適宜地點登陸，我國海軍若將來具有若干實力，勢必發生海戰，若海軍依然微弱，則只好禦敵於海岸，而以要塞備砲或以臨時配備之野戰砲轟擊之，敵艦亦必以全力破壞岸上之阻礙，而期達到登陸之目的。

我國海岸線甚長，沿海各地便於登陸之處極多，如葫蘆島，秦皇島，大沽口，天津，龍口，烟台，威海衛，青島，海州，淞滬，澉浦，乍浦，鎮海，福州，汕頭，廣州等等，不遑枚舉。此等地點，早爲日人所注意，其第二遣外艦隊之旗艦，常泊青島，其他各艦，則遊弋於北方各要港。海州之墟墈，在昔爲防禦倭寇著名之地，白雲嘴與孫家山，曾築有砲台，遺跡猶存，淞滬戰爭中，曾有日艦窺伺。淞滬爲滬戰日軍大舉登陸之地。澉浦屬海鹽縣管，黃道關常山之上，尚有同治十三年建築之舊砲台（砲已不存），滕安橋附近，有明代砲台遺跡，淞滬戰中，幷有日艦一隻載飛機數架至長川壩外之白石礁附近。乍浦屬平湖縣管，附近尚有靖安南灣舊砲台，明代倭寇曾在葉岐港登岸，淞滬戰中，有日艦二隻經外浦山，萊壽山外，至南灣砲台前面測量水深，鎮海爲寧波門戶，有砲台山烽火台等，爲明代防禦倭寇遺跡，道光二十一年鴉片戰爭，英軍由此登陸，光緒二十一年中法戰爭，法艦亦遊弋於此。福州非常接近海岸，與日本台灣相距不及二百英里，易於受敵人之進攻，爲東海沿岸最危險之國防重鎮。汕頭爲潮州之屏障，若敵人由此登陸，必向潮州進攻，潮州若失，則粵閩之交通完全斷絕。廣州爲華南全部之政治軍事經濟中心，香港澳門喪失以後，廣州第一層門戶已經失去，容易被敵人侵入。

上述各地，均便於上陸，然目前多無永久防禦工事，故敵人運兵登岸，只需有二等巡洋艦或驅逐艦之掩護已足。若我將來建築有相當力量之要塞，則敵運兵所需之掩護亦較大，或需用一等巡洋艦，亦未可料，查各地海岸情形，均可以一等巡洋艦充分駛近，而對於岸上之防禦，施以有効之射擊。如遇有強大之抵抗時，則敵可用較多數之飛機以轟毀之，此時仍可以二等巡洋艦以下之軍艦掩護登岸，蓋有力之軍艦，係作海戰之用，必不輕易駛近敵岸而遭意外之損失，日本海軍，須常努力與美國海軍保持平衡，當尤愼重也。

長江爲我國之命脈，關係最大，其沿岸重要城市甚多，而各重要城市所在之江面，靡不有日艦一隻至數隻之配置，一旦有事，卽有遭其砲擊之虞，如一二八事變中，南京僅遭日艦射擊數彈，而人民紛紛遷徙，秩序大亂，當時其他各地之日艦，亦使人民恐慌不置，可爲殷鑑。日艦停泊江中而向江岸之城市砲擊，假定有較大之二等巡洋艦，停泊下關，其主砲爲六吋（十五公分）砲，有効射程達一萬五千公尺，在下關江中射擊時，以輸渡江心爲中心，其威力圈包含南京全城，東至烏龍山，堯化門，靈谷寺，孝陵衛，南至雨花台，而至江心洲，北至浦口。又假定有一等驅逐艦或砲艦，停泊于漢口江面，其主砲口徑，爲四七吋，卽十二公分，有効射程，達一萬二千公尺，以江漢關江心爲中心之威力圈，包含武漢三鎮全市，東至諶家磯，南至粵漢路車站，洪山，蛇山，西至鸚鵡州，龜山，漢陽火藥廠，北至平漢路車站，在此等威力圈內之建築物人民，有遭毀壞殺傷之危險，而無形之威嚇，影響尤大。但江中敵艦向江岸施行砲擊，毀我要塞還擊，或以野砲，步兵平射砲等，由江岸要擊，卽以我精度不良之砲，亦不難以若干發而與以致命傷，而日人敢于出此者，係估量我政府始終不願輕動，且當時日艦之數目頗多，深信我萬一抵抗，彼亦堪與我周旋而操勝算也。

長江流域，爲東南財賦重地，全國菁華薈萃之所，而武漢在交通上，當長江之中心，爲平漢及粵漢鐵路之終點，若將來川漢及其他各鐵路完成，其地位更爲重要，武漢實爲指導全國之中心，將來中日交戰，其戰場必爲我國北部與中部兩處，中部戰場以長江流域爲主，敵人必運重兵於適宜之地點登陸，先行取得根據地，而後計畫西進，逐漸占領大江南北，以達武漢。我國旣以長江爲命脈，武漢爲中心，必須有確實之防禦計畫，是則爲我軍事當局之責任。

顧日人侵入長江流域，將採用何種方式。查長江下游，水田水地甚多，行軍極不容易，京滬鐵路，如我放棄，必先行破壞，將車輛調至我軍後方，卽爲敵所利用，其運輸能力，亦甚微弱，故大部隊，必須利用水道，以船舶運輸，以軍船掩護前進。我沿岸自有要塞及臨時配備之部隊，予以阻礙，必至發生要塞戰。

長江水深，在高潮或漲水季節，艦船之通過，幾不受何等限制，惟每年一月至三月水面最低時，則頗受限制。茲將日本各種軍艦之吃水深度，列于第五表，長江由上海至漢口各處年中最低水面之水深，列于第六表，兩相比較，某艦可上駛至某處，即能判斷，其結果，於上述兩表及附圖中表示之。

由此較結果，知主力艦在年中最低水面之三個月間，不能通過通州水道之狼山沙北，海防艦航空母艦（赤城，加賀），不能通過蕪湖上遊之黑沙洲，巡洋艦不能過蕪湖上遊之舊縣河南，一等驅逐艦，不能過安慶上遊之三女沙北，二等驅逐艦，不能過湖口下遊之八里江口，僅砲艦（除一等砲艦淀）可達漢口。

要之：日艦在長江之活動，不過掩護軍隊之進行，以上僅敍述長江每年數月間最低水面時，某種軍艦不能通過某處，以備防禦之參考，實際在水面最高時，其情形自大有不同，如主力艦可駛至蕪湖水道上遊之舊縣河南附近，一等巡洋艦可至漢口。但此等軍艦，係與有力海軍在海上作戰者，不至以此掩護陸軍運輸而深入長江，故長江之防禦之要點，在整備原有要塞，使具有相當實力，更于適宜地點（長江口，或通州水道附近）建設有力之要塞，付以封鎖長江之重任，使各種軍艦不能通過，同時應建設陸地防禦工事，或陸地要塞，以阻止陸軍由陸地通過，并以鞏固江岸之要塞。

第三表日本軍艦之隻數及噸數（一九三二年六月調查）

艦名	隻數	噸數(既成基準)	備考
戰艦 巡洋戰艦	六 四	二九八、四〇〇	
一等巡洋艦	一二	一〇八、四〇〇	
二等巡洋艦	一九	九〇、二五五	
航空母艦	四	六一、二七〇	内未成一
潛水母艦	四	二一、〇一五	
敷設艦	五	一五、二三〇	

艦別	艦名	排水量（噸）	駐在地	備考
巡洋艦	大井	五一○○	上海	二等巡洋艦或補助用舊式巡洋艦
	平戶	四四○○	上海	
	常盤	九八八五	上海	
	天龍	三二七○	南京	
	對馬	三一二○	南京	

第四表 一二八事變發生時上海及長江各埠之日艦

艦別	艘數	噸數	備考
海防艦	八	六二、五三○	
砲艦	一三	五、三○○	
一等驅逐艦	六八	八五、三二○	內未成立
二等驅逐艦	三五	二七、二九○	
掃海艇	一○	七、二九○	
一、等潛水艇	二七	三八、○六四	內未成三
二等潛水艇	三六	二九、七○四	
特務艦	二四	二六一、六一七	
合計	二七五	一、一二一、六九○	

艦別	艦名	排水量	駐在地	備考
驅逐艦	浦風	八一○	上海	除浦風為一等外，餘皆為二等
	荻	七七○	上海	
	蔦	七七○	上海	
	藤	七七○	上海	
	薄	七七○	上海	
	桃	七五五	漢口	
	柳	七五五	漢口	
	樫	七五五	漢口	
	梅	七七○	漢口	
	柿	七七○	漢口	
	檜	七五五	漢口	
砲艦	勢比保伏二熱宇安安堅 田多良津見見海治宅達田	三○五 三○五 三○五 一五○ 一七○ 一七○ 五四○ 七二五 三○五	鎮江 長沙 蕪湖 蕪湖 大冶 宜昌 九江 漢口 上海 上海 上海	

總計 三七、二○○（勢田及安達兩艦不在內）

第五表　日本軍艦之吃水深度

艦種(隻數)	吃水呎	主炮、吋(公分)	裝甲厚、吋	年中水位最低時不能通過之地點	備考
戰艦(6)	27.9—62.5	14—16(36—40)	12—14	黃浦江；通州水道之狼山沙北。	主砲口徑在括弧內者為日本現用之名稱其與英美相當之名稱則于括弧之外
巡洋戰艦(4)	25.5	14(36)	8—10		
防海艦(8)	22.0—22.6	8(20)	6—14	蕪湖上遊黑沙洲	
	14.9 (一隻)	6(15)	2—4		
一等巡洋艦(12)	15.3	8(20)	3		
	13.7 (四隻)	8(20)		蕪湖上遊舊縣河南	
二等巡洋艦(19)	15.5 (二隻)	6(15)	$2-2\frac{1}{2}$		
	14.7 (十五隻)	4.7(12)			
	11.3 (二隻)	4.7(12)			
一等驅逐艦(68)	8.65—9.05	4.7(12)		安慶上游三女沙北	
	7.45 (一隻)	4.7(12)		湖口下遊八里江口	
二等驅逐艦(35)	7.15—7.45	4.7(12)			
砲艦(13)	10.2 (一隻)	4.7(12)		水深10.2者不能過三女沙北	
	7.0 (一隻)	4.7(12)			
	6.7 (二隻)	4.7(12)			
	6.4 (一隻)	3(8)			
	3.1—1.8 (八隻)	3—2.2(8—6)			
航空母艦(4)	22.14	8(20)		蕪湖上游黑沙洲	
	21.32	8(20)			
	15.00	5.7(14)		隆興洲	
	14(?)	—(12.7)			

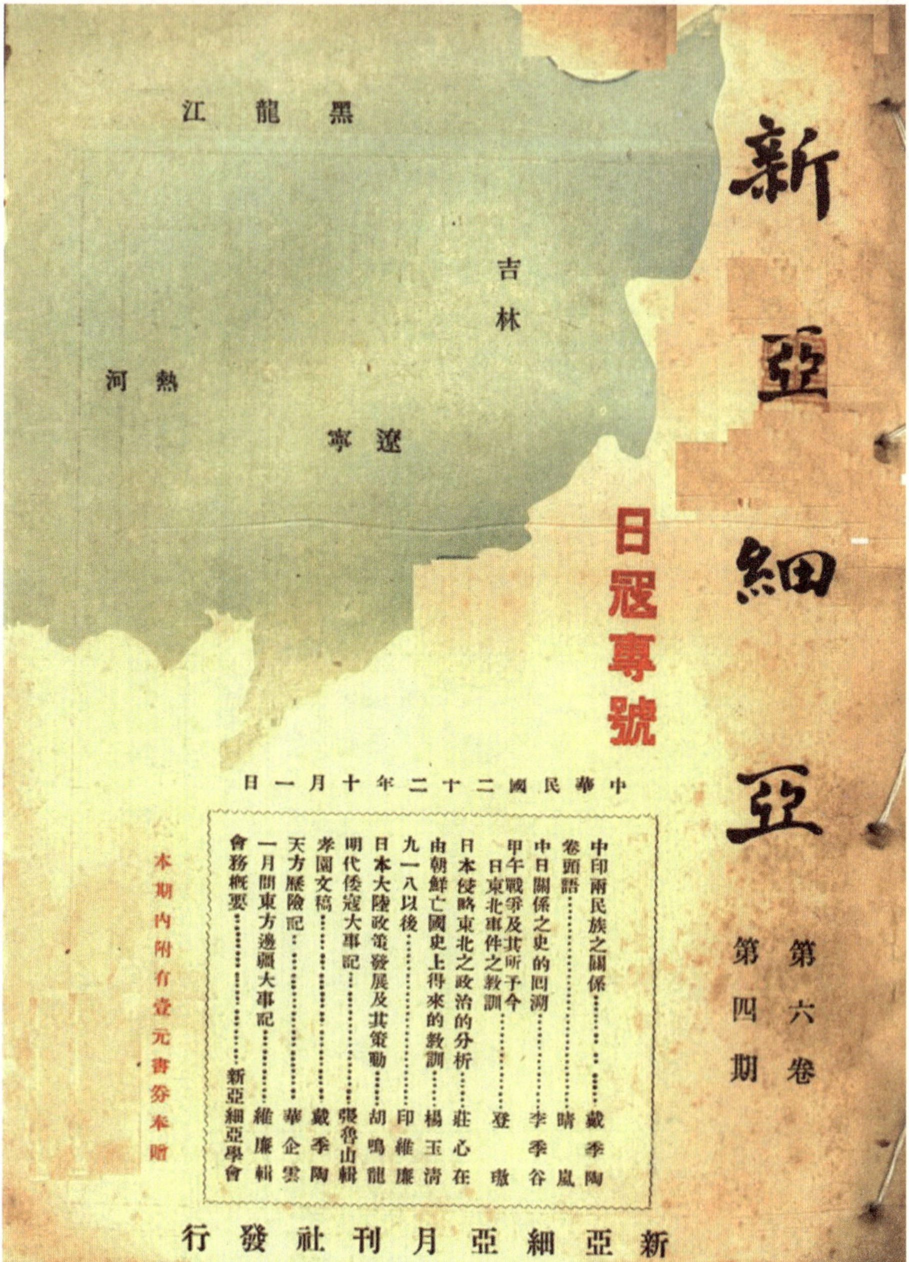

新亞細亞

第六卷 第四期

日寇專號

中華民國二十二年十一月一日

本期內附有壹元書劵本贈

新亞細亞月刊社發行

九一八以後

印維廉

兩年來國難的回顧與前瞻

一、慘痛紀念日的開展

九一八事變，是我國歷史上永難磨滅的慘痛紀念日。自從這天起，我三百九十餘萬方里土壤，二千九百餘萬兄弟姊妹（含遼、吉、黑、熱、四省計算），相繼陷落於日寇手中，度其亡國奴的悲哀生活；藩籬被撤，河山易色！而且暴行的擴大，由遼寧、而吉林、而黑龍江、而熱河、而天津、而吳淞、而上海、而南京、而嘉定、而太倉、而山海關、而秦皇島、而古北口、而喜峯口、而冷口、而多倫、而灤東一帶；計城市被城者凡數百，人民被殺者數十萬！這種鉅大的創痕，不獨是中國民族史上的致命打擊，舉凡人類福祉社會進化所維繫的和平與正義，盡爲日寇的暴力所摧毀。追維往事，心痛如擣！爰將過去兩年來受侮的經歷及國人所得的教訓，提要彙述於后，用資警惕，而圖雪恥。

原來日本處心積慮，謀我東北，已非一日。陸奧宗光蹇蹇錄即有「占領遼東半島」的建議；田中奏章更露骨的高呼「欲征服中國，必先征服滿蒙。」自經濟不景氣現象波及全球後，資本帝國主義的日本更陷入岌岌不可終日的危急狀態中。為求打破難關計，除厲行大陸政策向中國猛撲鯨吞，剮他人心上肉補自己眼前創外，別無更經濟更取巧的辦法。殘横成性的軍閥更從而推波助瀾，磨拳擦掌，躍躍欲試。老百姓吃了麻醉藥後，也就瘋狂一般將整個的國家生命交給軍閥去蠻幹。在這緊張空氣下，萬寶山慘案于焉發生；未幾，朝鮮排華慘案又發生。雖我當局一再忍辱退讓，而日本軍閥箭在絃上，勢在必發。所以曾幾何時，又有莫須有的中村失蹤案轟傳於新聞界，我外交界正斤斤於法理公道的合與不合，而暴日的砲口已經對準東三省猛轟了。當日寇猛轟東北的那天，就是中華民國二十年九月十八日夜。這一天，是我們每一個中國國民銘心刻骨永遠不忘的國難紀念日。

事變既作，日寇的暴行急轉直下；我東北當局緊抱所謂「不抵抗主義」，所以一日夜的時間，壓地數千里，失陷重要城市二十處。這種駭人聽聞的記載，不但是中國亘古未有的恥辱，也為世界亡國恥辱史上開一新紀元。

繼着，遼吉兩省的主要城市，日寇因受我方「不抵抗主義」之賜，也在短短的十餘日內，如秋風掃葉般的相繼佔領了。同時更派遣飛艦威脅我沿海各地，以與在遼吉暴行的陸軍相呼應；又遣飛機轟炸我邊防司令長官行署及臨時遼寧省政府所在地的錦州！帝國主義的猙獰面目，至此暴露無餘。

二、塞外孤軍奮起抗日

得寸進尺的日閥，既垂手佔有遼吉兩省後，更啟侵黑的野心。在它以為遼吉兩省既已如此順利得手，荒瘠貧乏的黑省，當然要心驚膽裂，用不着「皇軍」親征，祗要派幾個漢奸前去，就可囊括而歸了。所以有日寇御用張海鵬犯黑之舉。豈知事與願違，張逆軍隊才到嫩江，就遭黑軍迎頭痛擊，殺得潰不成軍。自馬占山於十月二十一日正式就代理主席職後，黑省的抗日空氣緊張到極點。

日寇覺得遼吉兩省駐有幾十萬大兵，尚且束手繳械；黑龍江一隅軍隊額數既少，械餉尤感不足，雖具有抵抗決心，終不難一鼓蕩平。所以調集大軍向黑省猛撲而來，而我驚天地泣鬼神爭回國家人格的嫩江血戰，就在十一月四日開始。我軍奮勇當先，皆存必死之心，所以日寇自四日迄五日猛攻十餘次，無不被我軍擊潰，祗得退守待援。六日，日援軍到，大戰又發生；我軍用誘敵深入計，使日方空陸並進，渡過江橋，深入紅房營子；陡然喊殺一聲，大舉反攻，裏應外合，直殺得倭屍遍野，狼狽潰退；江橋第一道防線，又為我奪回。我軍人數既少，械彈更竭，敗不堪，前線將士，全憑一腔孤忠，以空拳當白刃，所以犧牲的也很多。日寇退到江橋南六十里待援，我軍也佈置新防線。自八日到十一日，前線無主力戰。十二日起，大戰又發生，敵雖以數萬之衆，飛機、大砲、坦克車、鐵甲車、全付武器，向我猛擊；但我軍皆視死如歸，喊殺震天，日寇倉皇辟易，武器亦失其效力。從八日到十五日，大小戰爭凡百餘次，日寇無一次倖勝。我中華民國的人格，從此予世人以正確的認識。

寇首本莊繁以日軍每戰必敗，士氣極餒，不能再用；乃一再電催前駐朝鮮的第八混成旅團，迅速開往東北援助。十六日，本莊致馬主席最後通牒，要求黑軍撤至齊齊哈爾，馬嚴詞駁覆，悲壯的第三次大屠殺遂又開始。大戰情況，馬占山報告：『敵以飛機十餘架，坦克車多輛，重砲八門，晝以繼夜，向城猛攻。直至十八日晨，我軍援盡兵單，加以兵器不利，被將陣線一部衝破，我軍誓死反攻，肉搏多時，始行恢復原防。又於午後二時，日人以坦克車重砲猛攻急撲，以致全線動搖，幾不能支，幸我軍心振憤，以一當百，尚在撐持期間；彼復驅兵四出，到處擾亂！』當是時也，士卒雖有戰心，無奈彈藥告罄；若再堅守空城，則全體士卒非全數嘗敵砲火不已。故在十八日下午，於萬分惱痛下陸續退出黑龍江省城。十九日上午，黑龍江省垣上就高懸太陽旗了！

這次黑省將士，以一隅孤軍，當日寇數萬精兵；日寇再三增援，而我則扶創肉搏，這種忠貞的舉動，磅礴的正氣，豈僅可歌可泣的資料，是直昭示我漢族尚有人在，一洗九一八不抵抗的奇恥大辱。

自此以後，馬主席退守黑東，輾轉抗日，而吉林遼甯各省的有心軍人皆紛紛樹抗日的旗幟；人民也組織義軍抗日。最顯著的如吉林的自衛軍，救國軍，遼甯的民衆自衛義勇軍和國民救國軍。參加的戰士達三十萬人。苦鬥的時間展一年有半！一直到現在，這如火如荼的東北義軍救國運動，還是日本併吞東北的一個致命打擊。可惜我國既無統籌計劃，又乏援助力量，所以坐視我東北愛國力量，相繼犧牲於日寇銳利砲火之下！

當日寇犯黑時，又使便衣隊一再擾亂我天津，並乘亂挾清遜帝溥儀以去，用作排演傀儡劇的主角。二十一年一月二日，錦州又以戰敗陷落寇手！

三、震動全球的上海大戰

日本陸軍之佔奪東三省既如是其輕易，於是海軍也看得眼紅了。海軍不願讓陸軍專美於前，且想毀滅我全國經濟文化中心的上海，威脅我國民政府，以簽訂城下之盟。如果成功，則日寇對東北幾十年來的貪慾可以一旦如願以償；同時看到東北軍人不抵抗，便聯想到全中國的軍人都不能抵抗，所以幾千個陸戰隊，竟敢大言「四小時內完全佔領閘北」！而租界當局也就深信不疑。

民國二十一年一月二十八午夜，日寇突然向我閘北猛攻，我防守閘北的第十九路軍一五六旅奮起應戰；震動全球的上海大戰，于是開始。時日軍分五路進攻，配以大鐵甲車七輛，汽車二十輛，向閘北各路口衝出；我軍猬膺切齒，義憤塡胸，旅長翁照垣，亦在最前線指揮，所以未及數小時，日軍全部潰退。翌日，派機轟炸閘北各稀建築物以洩憤，商務印書館及東方圖書館皆被炸焚。

開戰後日本援軍陸續而來，連日皆有激戰；但是狡猾的日寇，每當戰事失利，靜待援軍的時候，就佯請各國領事出面調停，一俟軍事佈置就緒，就立刻背信猛攻，冀圖倖勝；可是我神聖英武的十九路軍早已洞悉其奸，無時無地不在嚴密防範之中，所以日寇始終未得一逞，而且我軍防禦工程的鞏固，戰壕的變化無窮，就是身經百戰的歐美各國軍事專家及首領也驚異嘆賞不置。

總計自一月二十八迄三月一日共一月又五日的上海大戰，日本先後參與戰鬥的軍隊，由三千餘人增加至十三萬人；兵艦由十七艘增加到三十餘艘；飛機由三十架增加到三百餘架，把北大營所刼掠來的炸彈，揣數運到上海來射放，而結果呢，先後大小戰爭凡數百次，無一次不潰，無一次不敗，所謂帝國皇軍的紙老虎，完全被世人識破。就戰略方面說：日寇初以全力攻閘北，不得逞；又以主力攻吳淞要塞，又大潰退；更以全力攻江灣，也無結果；最後則猛攻瀏河。我方以戰線延長太甚，而且兵力過於單薄，退守第二道防線，就主帥方面說：最初認爲鹽澤不中用，免職，以野村代；依然不中用，又換植田，又不中用；敗訊傳到東京後，惶駭萬分，乃遣其國內資格最老聲望最大的白川與菱刈隆挾十一師十四師來華，使孤注一擲。而我國方面，自從開戰以來，自始至終，僅有十九路軍和第五軍兩軍，第五軍還是後來加入的，合計人數尚不滿五萬，器械更窳敗不堪，以步槍擊飛機，以徒手奪坦克車，此種驚天地泣鬼神的壯烈戰跡，造成世界戰爭史上的空前紀錄。祇因後援不繼，呼應不靈，而卒不免退守第二道防線！但中國國際地位，因此提高，全世界的輿論界，一致讚美中國爲一有自衛能力的國家，中華民族是有生存力的民族。而日寇方面，不獨欲威脅我作城下之盟，席捲四百州的陰謀歸於泡影，並且弄得滿目創痍，聲名狼藉。

在四月二十九的所謂天長節那天，日本的軍閥政客又受朝鮮志士伊奉吉一擊，結果白川送命；河端拖腸；重光刖腿；野村剜眼；植田和村井，也炸得遍體傷痕！

日寇自上海戰爭大敗，受了教訓以後，深悔此舉過於猛浪，所以很順利的舉行上海停戰會議，允許撤兵，不敢放刁。

四、傀儡劇之一幕

一九三二年三月九日，在亞洲東北部的舞台上，突然表演一幕滑稽的傀儡劇。傀儡劇的主角是遜清廢帝溥儀，配角是鄭孝胥張景惠等一羣國賊；導演人是本莊繁土肥原等；編劇是荒木貞夫。劇名爲「滿洲國」，登場人物爲元首各大臣及來賓。元首由溥儀扮演，各大臣由鄭孝胥，張景惠，熙洽，臧式毅等扮演，來賓則由導演人衆充。這一幕傀儡劇自三月九日開場，一直到現在還未閉幕，而且愈演愈緊張，導演人現在已取得主角和配角的地位而代之，由牽線的隱在幕後的後台老板，一變而爲掀簾露面加入前台的主角了。

原來日本遠在九一八事變發生前，就早已打算把東三省一口吞進；但是這個大炸彈，一時不容易吞；所以就運用亡朝鮮的故技，製造一個傀儡國做過渡辦法。伴着九一八事變而發生的，就是首先摧毀我國的主權。一方面唆使漢奸袁金鎧等假借維持委員會的名義而作組織僞國 活動，另方面由土肥原發動津變而擄帶溥儀到大連去同時更叫溥偉先在瀋陽做一幕跳加官式的祭陵怪劇。第一幕「維持委員會」演過後，接演第二幕「自治 導部」，接着又乘舉世矚目於上海大戰時排演第三幕「全滿洲會議」，第四幕「東北行政委員會」；第五幕成立新國家的怪劇也就正式開場了。

傀儡劇開幕後，也有所謂獨立宣言，所謂通電，所謂組織法，但是除了日本承認僞國外，中國乃至全世界各國沒有一個不是竭力反對的。國聯調查團報告書和國聯大會更明顯的揭穿日本的陰謀及傀儡劇的內幕。

五、日寇橫行下的東北

兩年來處於日寇鐵蹄蹂躪下的東北，因爲消息隔絕，所以很難得詳細的日寇暴行的記載，但是從斷簡殘篇裏，我們還可以找出一些驚心動魄的消息。

九一八以後，東三省海關、鹽款、郵政先後爲日寇奪去，那是過去的事情了。現在呢，東三省的鐵路也由傀儡僞國手中轉送給日本了；傀儡僞國的軍隊一概屬於關東軍司令官指揮，東北的經濟產業完全在日寇統治之下。日寇還覺得不放心，一方面厲行其集團移民政策，把三島的莠民紛紛往東北輸送，一方面施行其滅我種族的奴化教育，使我中華民族精神喪失無餘！蓄其處心積慮，無時無刻不想永遠的把我天府之國的東北佔爲己有。

傀儡劇開幕後，在幕後牽線的日寇時常伸出頭來大言不慚的說：「我的把滿洲從糟糕的中國人手中拿來，使他成爲世界公共的樂園。」現在我們來看看這樂園的內身，

自從武藤繼本莊繁來到東北後，他統治東北的方針，舉其要者是：

一、對付傀儡官吏——以利益和權威驅使他們，使他們變成一個純粹的木偶；一切的大權都是操在日人手中。

二、對付人民——實行清鄉，清鄉的方法有四：第一爲清查戶口，如有抗日行爲的，則家長親族隣里都遭屠殺；第二收查民槍，如有隱藏不繳者也是殺毋赦；第三收買漢奸，分佈各地，專門調查各

縣各鄉的抗日行爲和計劃；第四利用漢奸組織各地民團，使與義勇軍相殘殺。對各鐵路沿線及工業區、煤礦區防範尤緊，各區分段責成人民保護，如有一處鐵路或礦區被毀，則附近的人民無一倖存！

三、開放烟賭——失陷後的東北，鴉片烟和賭博是加速度的進展，因爲日寇提倡最力，蓋既可以獲得厚利，又能毒害我民衆，使其逐漸毀滅。誠一舉而兩得。

四、摧殘教育——東北的大學和中學，一律爲日寇的砲火所轟毀了；小學則容許其存在。不過教科書是由日人改訂的，並且要添授日語。同時更派許多的宣傳員，分頭到各村各鎮，宣傳日本天皇的德政，指摘我國軍隊和政治的缺點，使人民不作反抗運動。

這樣看來，日寇橫行下的東北，到底是「樂園」呢？還是「魔窟」呢？請國人語我來！

六、山海關和熱河是怎樣失守的？

伴着蹂躪更新的一九三三年而俱來的，在中國便又發生山海關和熱河失守的悲劇。山海關和熱河是怎樣失守的？作者那時候身在前線，見聞比較確實，現在把本人所看到和聽到的傷心材料，摘要的報告讀者。

山海關是怎樣失守的？一言蔽之曰：「失守於假抵抗的政策下！」山海關是多麼重要而雄偉的一個要塞，日寇以海陸空三方面的武力共一萬四千餘人環攻，而我國防守前線的士卒，僅僅有第九旅的石世安一團人，據放棄山海關的石團長自己說：「先是，日寇於廿二年一月一日派三四十名便衣隊，要求進城遊覽，我因爲他們不過是要來遊覽，所以就允許了；但是在每一個日本人後面，跟着四位弟兄，監視他們的行動；誰知便衣隊進城，在各方遊覽一遍以後，突然各人從懷中取出手溜彈來亂拋，於是就老實不客氣的把他們一個一個的捉住。翌日，日軍派代表來要求釋放便衣隊，並磋商和平辦法，約定第二天（即三日）上午八時在山海關附近某鎮上開和平會議。當時我和幾位主要的下級軍官及政府人物，準時到達某鎮。誰知我們剛抵某鎮，日軍就以猛烈的砲火向山海關轟擊；這時關內雖然有防守的士兵，但是羣龍無首，各自爲戰；加之兵力單薄，決難固守，所以就在那一天山海關是爲敵人奪去了！」

山海關失守的真相如此。

山海關失守後，日寇即以全力猛攻我熱河。熱河的嚴重性，是任何人都知道的；日寇聲言進攻熱河，已有半年之久；我國當局「但有一兵一卒，亦必再接再厲」的表示也不止一次。日寇攻我熱河的軍隊，計1。茂木騎兵旅三個聯隊，附機械化兵團一部，高田旅田全部，張海鵬逆部數支隊共約四萬人；2。松田旅團全部，附程國端逆部共約三萬五千人；以上兩路，計有日軍二萬餘人，逆軍五萬餘人，以攻赤峯爲目的。3.日軍第八師團全部約一萬千千人；4.日軍第七師團主力約七千人，附逆軍一萬人；以上兩路，以攻承德爲目的。共計日方動員者十一萬人。

至於我國在熱河的守軍，綜合起來，除僅僅保持形式的東北義勇軍外，僅有熱河軍二旅守開魯及凌源，東北軍四旅人守朝陽一線，此外就是一些脆弱不堪的義勇軍和雜色軍隊了。本來義勇軍其沒有受過訓練的非正式軍隊，輾轉流亡到熱河後，更是凋落不堪，往往有軍官多於士卒的現象。加之熱河軍與義軍感情又不融洽，不能相互幫助。至於東北軍呢，又是各自爲戰，不與熱河軍及義軍合作，他們與日軍稍一接觸以後，就撤隊開回喜峯口去了！其中最苦的就是圍困在赤峯的孫殿英軍。孫軍原駐山西，因奉命援熱，跋涉三千里，剛到圍場，就陷入四面楚歌之中；祇好扶創苦戰，輾轉退入察省。「義軍不義，友軍非友」可以想見當時各軍不能合作的情形了。

敵我兩方的陣線如此，成敗之數早已決定了。

戰事發動後，我軍不戰而退，二十一日北票失守；二十四日開魯失守；二十五日朝陽失守；三月二日赤峯失守；三月四日上午，以一百二十八個日本兵，竟佔領熱河的省會承德！擁有重兵的熱河主席湯玉麟，早已於失陷前二日逃匿爲蹤。如此天險的熱河，竟在旬日內完全失陷！緬念往事，心痛如焚。

熱河失陷後，湯玉麟逃至甯興一帶，後又投逆；張學良自劾辭職，蔣委員長北上指揮。自此以後，中日民族大戰遂在長城一帶開展。

七、華北抗日戰爭的回顧

華北的抗日戰爭，最悲壯慘烈而令人感泣的，一個是東北義勇軍的抗日戰役；一個是長城各口——尤其是喜峯口、冷口、古北口、南天門的抗日戰役。茲分述如下：

東北義勇軍戰役——東北軍人抗日戰爭，導源於馬占山嫩江血戰，馬氏退至海倫克山後，各縣民團及綠林豪傑，紛起響應，投奔馬氏，請求改編，形成黑省強有力的抗日幹部；同時丁超、李杜、馮占海、王德林、宮長海等奮起於吉林，組織吉林自衛軍與救國軍；黃顯聲、唐聚五、朱霽青等奮起於遼甯，組織東北民衆自衛義勇軍及東北國民救國軍。東北民衆，痛於當局的不抵抗政策，日寇的專橫，故土的喪失，亡國奴生活的悲痛，所以奮不顧身，有進無退，此蹶彼繼；或避實擊虛，或迎頭痛擊；雖夕有不繼之糧，槍有不繼之彈，夜無安席之枕，冬無蔽體之衣，但能忍飢血戰，冒寒搏敵，血染版圖，氣吞山河！窮日寇一年餘的應付，調十五萬以上精兵，（計第二、第六、第八、第十、第十四、第十九、第二十各師團全部，近衛師團一騎兵旅，第三師團一騎兵旅，第七師團一混成旅，及守備隊六個大隊與若干特科隊，合計約七師三旅六營兵力。）並挾有野山砲二百五十二門，重砲四五十門，坦克車三四十輛，飛機一百餘架，我義軍周旋。我既少接濟，又無援助的塞外孤軍，於冰天雪地中，轉戰一年有餘，才忍痛退出白山黑水組成的東北沃野，悵望着故國的河山，向熱河蘇俄邊境撤退。我東北義軍動員殺敵的計三十萬人，犧牲生命者約五萬人，傷者約八萬人，退入熱河、俄境、及華北一帶的約七萬人，其餘十萬人則潛伏各地，待時而動。

沉湎在象牙之塔上的朋友們，何常想到衣不蔽體食不得飽以整個生命獻給國家的東北義軍啊！彼此都是一脈相承的黃帝子孫，彼此都是處於最恥辱的劣等民族的地位，而人家為什麼要如此含辛茹苦捨身為國？一言以蔽之曰：一線良心未死，民族精神猶存耳！願我同胞，永永勿忘東北義軍的壯烈殺敵，並且要自己負起這個責任來。要知自救自助的民族，才能獲得真正的解放。

長城各口戰役——長城各口戰役是一二八以後最令人興奮鼓舞的壯烈大戰，長眠地下的中華民族魂，為數萬烈士的碧血所濺醒。統計長城各口的抗日戰爭，自今年三月五日起迄五月二十五日止，前後九星期中，我國參加戰鬥的將士三十萬人，傷亡六萬以上！戰線延長數百里，而最光榮慘烈的是喜峯口、羅文峪、冷口、南天門諸役，茲略述如下：

承德失守後，萬福麟部整隊退入長城內，日軍第十三十四兩旅團乘勝追擊，佔了喜峯口；我駐在遵化的宋哲元部聞變後，於九日晨下令向喜峯口開發，一百五十里的羊腸山路，竟在幾小時內趕到；下午四時，前鋒已到喜峯口。傍晚，前鋒部隊馮治安師，挑選精銳壯士五百名，持大刀赤臂衝鋒；日寇倉皇辟易，不及還擊；守城的一千餘人，掃數為我砍斃，而我忠勇壯士生還者，也不過二十餘人！是夜襲敵第二道防線，又殺敵千餘人；喜峯口遂完全被我奪回。翌日天明，日寇以猛烈砲火向我陣地掃射，我軍退出防線，匍伏不動；晚，又急進原防綫；敵軍以猛烈炮火向我陣地轟了一天，想我軍一定死亡枕藉，無力抵抗，故夜間衝入我陣地，我軍不慌不忙，等到逵眼前時，則取密擊式的猛烈襲擊，又殺得倭寇大敗而歸。十日及十一日，日軍被我大包圍，在喜峯口的日軍完全被我解決，計俘日軍六千四百餘，韓兵一千八百餘，蒙兵二千七百餘！這是中日戰爭發動以來最光榮的一役。

日寇偵知我喜峯口附近羅文峪守兵僅一營，兵力單薄，就以全力猛攻羅文峪；我軍得報告後，急調劉汝明師兩旅暗中增防；三月十五日，日軍及偽軍五千餘人猛襲羅文峪，被我軍迎頭痛擊，死亡枕藉，狼狽而歸！這兩場血戰，殺得日寇膽戰心驚。敗後的日本將領，向東京報告說：「自明治維新練兵以來，未嘗受過如此重大的損失。」日寇受了這教訓之後，深知喜峯口是不能再犯，便調集大軍向我冷口猛攻，而冷口大戰遂發生。

日軍由熱河長驅侵入長城喜峯口、古北口、冷口後，不久，喜峯口爲宋哲元軍奪回，古北口雖經我關麟徵、黃杰各師血戰，但終未收回。冷口於三月五日失陷時商震部駐防灤東，聞警後派黃光華師趕向冷口接防，六日克復冷口。後來日寇以全力攻喜峯口，未能攻冷口及喜峯口方面一再潰敗，乃改變方針，於三月二十日以全力攻冷口，又屢爲我商震軍擊退。我軍以戰線過長各小口軍力分配未免單薄，日寇就利用僞軍從小道偸入對我軍取包圍形勢，我軍不得已於四月十一日放棄冷口一帶！冷口放棄後，日寇又從後路包抄喜峯口，我忠勇善戰的宋哲元軍，知大勢已去，祇好也忍痛放棄腹背受敵的喜峯口，而退守遵化一帶。

冷口、喜峯口相繼失陷後，日寇就以主力攻我南天門、石匣一帶，自四月二十一日起，迄五月二十日止，大小數百戰，肉搏十餘日。南天門化爲焦土，雙方死亡枕藉，我徐庭瑤軍共計傷亡一萬七千餘人，損失實力百分六十五！而南天門終委敵手，傷哉！

自長城各口爲日寇侵佔後，敵居高臨下，猛撲平津，形勢危急，不可終日。自此中日間，遂由軍事轉入外交途徑，黃郛銜命北上，不久，華北協定遂在塘沽簽字。

原來我方長城對日抗爭政策，始終是抱個別抵抗政策，就是敵人來猛攻我甲地時，甲地防軍奮起抵抗，乙地防軍袖手旁觀；及敵人轉攻乙地時，甲地防軍又置之不理。所以我雖有三十萬精兵，而終不免爲日寇各個擊破！這種政策的錯誤，使長城各口最精銳的三部抗日力量（中央軍、宋哲元軍、商震軍）玉石俱焚，陷於無代價的犧牲！遠望長城血跡斑斑，眞不禁令人淚滿襟也。

悲壯絢爛的華北抗日戰爭已告一慘痛的段落了！以後如何呢？這就看我們的努力和奮鬥了。

八、九一八以後的外交

九一八事變發生後，我國外交部於十九日及二十一日曾一再對日提出緊急抗議，同時更急電我出席國聯新理事會的施肇基代表，訓令「要求國聯根據盟約十一條，召集理事會，採取最有效方法保障國際和平」。兹將經過情形，分述如后：

（一）國聯兩次會議的經過——先是國聯新理事於九月十九日開第一次會議，我施代表聞瀋變消息後，即提出此事，當時事態未明，日代表一再狡辯，遂無結果。迫我代表接到政府訓令後，即根據盟約申請開會，二十二日舉行第一次會議，決定：1.避免事態擴大；2.雙方撤兵；3.通知美國三項。我國認爲滿意，而日本卻不贊成，口口聲聲叫着「不受第三國干涉」！然而同時又說「無領土野心」。第一次國聯會議於十月三十日又議決令日政府迅速將鐵道線外的軍隊，撤退至鐵道線內；並決定行政院於十月十四日再度召集。

日本不但不接受國聯議決，且擴大暴行，轟炸錦州，國聯鑒於形勢嚴重，乃提早一日（十三日）舉行第二次會議，以十三票對一票通過邀請美國列席會議，並限日軍於十一月十六日以前完全撤入鐵路區。結果呢，日本仍不遵從，且更加跋扈，除一再扣留我鹽稅關款，且進兵攻打黑垣！

十一月十六日因解決東北問題而召集的巴黎會議開幕，國聯對暴日既一再失其權威，現在也不得不軟化，一再委蛇，希望不與日本發生正面衝突，而對我國請求則採取延擱的辦法。故巴黎會議的成績，僅僅是決定派遣調查團來東北調查實況而已。

（二）上海大戰後的國際形勢——及一二八震動世界視聽的上海大戰發生後，國際形勢也豁然開朗。國聯會議頗呈活潑氣象，各國對我皆表示熱烈的同情和友好，雖結果不能如我們願望的制裁暴日，但中國的國際地位和外交界的地位，皆因此抬頭。滬戰前一日，英美即共同對日提出警告，三十日又共同提出抗議，二月一日又作第三次抗議，四日又提第四次抗議，十五日復提第五次抗議。日本知事態嚴重，非一味狡賴即可了事，便提出劃上海為中立區的辦法，以餌英美等國。其居心陰毒，可想而知。

同時太平洋的風雲陡呈緊張，美國人民盛唱對日經濟絕交論，美海軍又舉行空前的大會操，操後又不回防；一時美日大戰之聲，轟傳宇內。但不幸我淞滬方面因後方援兵不及，退至第二道防線，滿天星斗也跟着中國退敗的消息而逐漸消沉了！「人貴自助而後人助」觀於一二八後的國際形勢，益信此言的不謬。

上海大戰的結果，表面上日本還喋喋不休的自稱為戰勝國，但是它到底色厲而內荏，所以在停戰會議席上，並不敢有過分的放刁，所以淞滬停戰協定很順利的在不喪權不辱國的條件下簽字。

（三）國聯調查團與國聯會議——國聯調查團是根據一九三一年十二月十日國聯行政院會議的議決案而組成的，由英、美、法、意、德五國各推一人為代表，去年一月成立，人選為李頓等五人，推李頓（英代表）為主席。調查團於二月二十九日抵日本，三月十四到上海，二十七到南京，其後轉往漢口，四月九日抵北平，二十一日分水陸兩路往東北實地調查，六月四日由瀋陽東返，次日抵北平。後又一度到東京與日當局磋商，結果廢然而返。在北平草報告書，九月四日完畢。這個報告書不獨為中日問題的重要文獻，也是世界舞台上一頁重要史料。

報告書確定九一八事變的責任屬於日本，又揭破東北傀儡組織的內幕，所以引起日寇的竭力反對，而同時因其逾越東北事件範圍，而涉及中國內政，很為中國輿論界所不滿，蓋因其欲以圓滑手段達到國際共管東三省的目的。而國際方面，則大致表示滿意。

調查團報告書既不能使中日紛爭便利解決於是國聯行政院會議又把報告書及中日問題全案移交十九國委員會十九國委員會又移交特別大會特別大會於十二月六日開會後又把全案重複推到十九國委員會十九國委員會正在組織小組會從長研究對策時霹靂一聲山海關失守的消息傳到歐洲接着熱河又失陷長城發生大戰國聯正在騎虎難下之時突然日本又發生如此嚴重的暴行于是把中日問題全案暫擱一旁放下工作伸長頸項靜觀遠東局勢變化而我國的外交界也深知國聯這個沒有用的偶像已到山窮水盡所以也就不去多麻煩他了。

（四）華北協定成立 ——長城大戰失敗的結果我國外交方針由依賴國聯一變而為對日交涉正當各路慘敗平津危急的時候新任行政院駐平政務整理委員會委員長黃郛奕衔和平使命於五月十五日翩然北上黃氏到平後華北頗呈安定現象幾經嚴重交涉後決定五月三十日在塘沽舉行正式停戰會議簽定華北協定五條。這雖是軍事失利後僅限於軍事方面不得已的停戰協定但總是我們中華民族傷心史料的一頁啊！

自此以後我國對日外交力求振拔所以派行政院副院長兼財長宋子文氏前往歐美作種種外交活動。如今宋氏已載譽而歸，廬山會議又正開幕；今後的外交方針如何現在我們還未知道。有許多人很怕當局對日屈服，但這是過分的疑慮，我相信現在的衮衮諸公決沒有誰敢挺身而出斷送中華民族生命而做永遠跪在西子湖邊遺臭萬世的秦檜啊！

九、幾筆傷心賬

現在我再把兩年來日寇給予我們的幾筆傷心賬，實報如下，使大家看一看計開：

一、土地門（據申報年鑑）

省名	平方英里
遼寧	九六、八三九里
吉林	一〇九、〇〇八
黑龍江	二三三、一五一
熱河	六七、一六六
共計	四九六、一六四

備考拿東北失地和中國全面積相比較則：

全中國面積 四、三一四、〇九七英里

失陷面積 四九六、一六四

除開河北察哈爾上海被蹂躪的區域不算共損失土地九分之一強。

二、人口門

省名	人口數

遼寧	一四、一五七、六三一
吉林	七、六四二、九〇一
黑龍江	三、四六九、一八七
熱河	四、一六八、〇〇〇
共計	二九、四三七、七一九

備考：拿東北損失人口和全國人口相比較，則：

全中國人口	四七四、七八七、三八六人
失陷人口	二九、四三七、七一九

除開河北察哈爾上海損失的人口不算共損失人口十六分之一。

三、死傷門（據黃震遐抗日戰爭之問題）

一、東北義勇軍戰役　十二萬人（最少限）

二、上海戰役	戰鬥員	一萬三千人
	非戰鬥員	三千四百人
	民衆遭難者	三百萬人以上
三、長城戰役	戰鬥員	五萬五千人
	非戰鬥員	一萬人
	民衆遭難者	二百九十萬人以上
四、熱河戰役		一萬五千人

四、鐵路門

中東鐵路	北甯鐵路	吉長鐵路
吉敦鐵路	四洮鐵路	洮昂鐵路
金福鐵路	奉海鐵路	吉海鐵路
呼海鐵路	齊克鐵路	洮索鐵路
穆稜鐵路	鶴立鐵路	通裕鐵路
齊昂鐵路	洮城鐵路	天豐鐵路
開豐鐵路		

共計　六、三六〇、一一公里

備考：

全中國鐵路	一七、八〇四、〇〇公里
已失陷鐵路	六、三六〇、一一

損失鐵路三分之一強。

其他如資源上、金融上、貿易上、移民上、財政上、工業上種種的物質上的詳細賬目，因篇幅關係，不能一一列舉。至於精神上的損失，那更非數目字所能形容了。

十、九一八國難給予我們的教訓

恥辱和碧血漬染成的九一八國難痛史，我們檢閱一遍，實覺欲哭無淚。自鴉片戰爭以來，我國就天天在恥辱悲哀屠層壓迫下討生活；國際地位本已降到可憐的次殖民地位！但是恥辱之重，損失之大，犧牲之鉅，從未有過於這次九一八國難者。我延綿數千年享有絢爛光榮歷史的中華民族，受了這次致命打擊之後，都凍於大難臨頭，非自救不可；所以東北人民，自馬主席登高一呼後，投袂而起者，二十萬人；軍人抱不抵抗主義，祇有民衆奮起自救！然而年來東北義軍為自救救國血犧牲生命者，祇少有十二萬人；但這種慘烈的犧牲，決不是無代價的。他是顯明的告訴我們第一我們要圖民族的生存，生命的延續，除了濺自己的熱血和良心外，什麼都是不可靠的，靠軍人，靠政客，靠國際，結果沒有不失敗的；第二我們要挽救危亡，務須及早努力，若大錯造成，而欲起死回生，實在是千難萬難！譬如一個病人，在病未沉重時就醫治，並不覺得困難，等到病入膏肓，然後再藥石亂投，已經是危險萬狀，存亡莫卜了。日本謀我東北，籌劃已數十年，國人非不自知，明知其岌岌危險而仍苟安嬉戲，這就是我國亡國的根源了。九一八以後，使國人得到「要圖存非自救不可」的教訓，這種覺悟，可以說是中華民族的回生湯。例如幾十萬人民的武裝殺敵，幾千萬捐款的募集，航空建設的進行，抵制劣貨的永久性和普遍性；這都是中國近代民族革命史上空前的收獲。這是九一八國難所給予我們的第一個教訓。其次，軍人的衛國的能力在九一八以後也是造成最光榮的地位。如馬占山部的孤軍抗日；十九路軍和第五軍的痛擊倭寇；宋哲元、徐庭瑤、商震部的血戰長城各口；丁超、李杜、馮占海、唐聚五部的轉戰遼吉諸省；吉鴻昌、方振武部的克復多倫；都炳標青史萬古流芳的偉績。都是照示我中華民族有自衛能力，有生存之權；而令世界各國，不敢輕視我，侮蔑我，而啓共管瓜分的慾念。這也是近百年來中外戰爭史上空前的收獲。這是九一八國難所給予我們的第二教訓。

十一、今後民族生存之路

雖然，以如此重大的犧牲，僅僅獲得如上所述的兩個虛浮的教訓，這是我們認為不但不能自滿，而且更覺痛心的。因為我們的民族沉疴，並未因此打擊霍然而愈。揆諸史乘，「無敵國外患者國恆亡，」憂患本足以興邦，任何銳利的武器，決不能使民氣煥發，民心一致的民族屈服。大戰後的德國、意國、土耳其、俄羅斯，當時的危急情形，與我國現狀較之，有過之無不及；但是曾幾何時，人家都一個一個的復興了。反觀我國則如何？我近百年來，國恥不可謂不多，國難不可謂不深，但是舉國人民，仍無警惕，偷安苟且，得過且過。幾不知人間有羞恥事。而且每經一次國難，民族的自信力必墮落一次；政治、經濟、文化、軍事各方面，不獨未有進展，且反如江河日下之慨！九一八事變發生後，我國頗負盛望的權威學者胡適之先生等也很悲觀的說：「中國不亡，是無天理！」誠然，中國亡國的條件是已具備了。不過我們假使一德一心，努力自救，勒馬懸崖，痛悔前非；恢復民族自信力，努力生產教育，革除奴隸性根；一洗僥倖浪漫的頹風，因循怠惰的積弊，而造成一種剛毅耐勞，刻苦奮鬥，堅忍不拔，冒險進取，忠公忘私的新的民族精神。這種新的民族精神，就是今後民族圖存的基礎。我們必須持之以恆，行之以毅，久而久之，到磅礴之氣，沛然勃發。這樣，也未嘗不可𨕖我四萬萬優秀民族於復興之途。而今而後，我們不應牛衣對泣，不應長吁短嘆，不應徒喚奈何。我們要咬緊牙關，毅然決然，負起復興民族的重大責任來！

朝鮮人以好清談亡於日；安南人以柔懦隸於法；緬甸人以不誠懇忠實併於英；希臘亡於缺乏科學，猶太亡於私利觀念，印度亡於宗教迷信，菲律賓亡於怠惰性根；有一於此，就可亡國，而我國民族的重痾，較以上各國爲尤重，亡國的條件，已兼收而並蓄。我們曉得，這次東北的失陷，並不是突然而來的，乃是整個中華民族積弱象徵的總暴露，也是我國民心日趨頹廢的總結算。東北已陷於敵手，來日大難方興未已；雖欲求短時間的苟安僥倖，亦不可得。現在正是我民族處於生死線的分水嶺上，而今而後，我們將效法美利堅、德意志、意大利、土耳其、俄羅斯、波蘭的前車呢？還是步武印度、猶太、希臘、菲律賓、安南、朝鮮的後塵呢？何去何從，幸國人慎審而自擇之。

附九一八以後國難日誌撮要

——錄上海時事新報——

二十年九月

十八日 夜十時，東北日軍突將皇姑屯北甯路拆毀，砲轟瀋陽北大營等處。

十九日 日軍佔領瀋陽長春營口安東等處。

二十日 日軍進佔延邊等處。

二十一日 日軍佔吉林。

二十二日 國聯理事會決議，要求日軍撤退。

二十三日 日軍佔通遼。

二十六日 日軍趕築吉會路。

二十七日 日機在哈爾濱示威。

十月

七日 日軍在新民開砲，內蒙匪受日軍指使陷洮南。

八日 日機飛錦擲彈。

二十日 日人強制吉長吉海吉敦等路接軌。

二十四日 國聯理事會決議限日軍十一月十六日以前撤退。

二十七日 日進兵洮南，助張海鵬。

二十九日 日軍在遼吉就地籌餉，注重鹽稅烟稅鐵路三項收入。

十一月

四日 日軍闢至洮昂路江橋站修江橋，猛向黑軍攻擊，被黑軍擊退。此後數日激戰甚烈。

八日 日人煽動我國失意軍人，在天津組織便衣隊，發生暴動。

十日 日人又猛攻江橋黑軍。

十七日 日軍對黑軍總攻。

十九日 日軍入佔黑垣，馬占山部退克山。
二十五日 日軍續佔新民，

十二月

四日 日軍集黑垣，砲轟營口。
五日 日軍攻泰安鎮。
十日 國聯決議組織調查團。
十四日 日軍攻富海，林甸，被黑軍擊退。
二十三日 日軍由營口進佔田莊台。
二十八日 日軍佔大窪站。
二十九日 日軍陷盤山，進攻溝幫子，遼軍由錦州撤退灤州。
三十一日 日軍佔領溝幫子。

廿一年一月

二日 日軍於下午二時佔錦州。
三日 日軍佔連山。
十一日 日軍攻錦西縣。
十九日 義軍克復錦西。
廿七日 大批日艦開滬。
廿八日 滬市府下令取銷抗日會。晚十一時後，上海日本海軍陸戰隊，向華界閘北進攻，北四川路迄江灣一帶，均激戰。
廿九日 晨六時，日機轟炸，滬閘北大火，商務印書館全燬。夜八時，閘北又激戰。日軍佔寬城子車站。
三十日 國府宣言暫移洛陽辦公。
卅一日 晚十一時閘北又開火，哈爾濱大戰起。

二月

一日 晚十一時，京下關日艦開砲。
五日 日軍抵哈，李杜丁超各部，力抗巷戰。
七日 日軍攻吳淞江灣，淞鎮市場全燬。
十四日 日軍第十九師團萬二千人，由植田率領赴滬。
十八日 日機到蘇州，向飛機場開放機槍。
念二日 滬激戰三晝夜，我軍追敵至租界，因避攻租界，仍退原防。
念五日 日援軍兩批到滬。
念六日 日機十五架，飛杭擲彈。
念九日 日大將白川到滬。

三月

二日 上海我軍撤退第二道防線。
三日 日軍佔真如南翔，我軍放棄吳淞。
五日 國聯大會開會，小國代表對日多主經濟制裁。日軍進犯嘉定太倉黃渡。
九日 溥儀在長春就偽執政職。
十一日 國府宣言，否認叛逆所組織之偽「滿洲國」。

十四日　國聯調查團抵滬。
十六日　東北義勇軍一度克復錦州，旋以失援退出。
十九日　中央統計局發表滬戰損失在十五萬萬以上，受害人民逾八十萬。又發表東北損失，概計官方財產損失一百七十萬萬。
二十三日　日軍扣留東北關稅。
二十七日　調查團先後抵京。
二十八日　東北叛逆宣布鹽稅獨立，關稅自四月一日歸僞國管轄。
二十九日　滬停戰會正式通過停戰。

四月

一日　調查團離京赴漢。
七日　國難會議在洛開幕，
八日　調查團到濟。
馬占山潛赴黑河通電抗日。
十七日　馬占山聲明東北眞相長電到國聯。
十九日　調查團離平過津赴秦皇島分水陸兩路赴瀋，
二十一日　調查團抵瀋。
二十七日　馬占山軍恢復海倫拜泉克山。
義勇軍克復通化。
二十九日　滬日軍在虹口公園閱兵，韓獨立黨員尹奉吉擲彈，白川重光植田野村等負傷。
施肇基辭職。

五月

一日　外部訓令郭泰祺簽字滬停戰會議。
三日　郭泰祺被毆傷額。
五日　滬停戰協定今午簽字。
六日　陸渡橋、黃渡、瀏河日軍撤退。
八日　瀏河、嘉定、南翔日軍全撤。
山海關形勢趨嚴重。
十八日　依蘭陷，吉自衛軍退富錦。
十九日　江灣廟行均接收。
二十一日　眞如日軍撤退。
二十三日　眞如及閘北接收。
二十四日　吳淞砲台接收。
白川在滬傷重而亡。

六月

六日　中政會決定對俄方針，第一步締不侵犯條約，第二步復交。
十四日　日議會通過承認僞國。
十九日　汪羅與調查團五委在外交大樓會談。
二十八日　調查團離平過山海關赴日本。

九一八以後紀

七月

一日 行政院決議任李杜代理駐吉副司令長官，丁超代理吉林省政府主席，馮占海爲哈垣警備司令，王德林爲甯安警備司令。

四日 調查團抵東京。

十七日 滬第四警駐區接收完竣。

十九日 日軍由錦州義縣向熱河進兵，日機五架轟炸朝陽。

二十七日 日內閣通過在東三省設司令官兼全權代表。

八月

二日 日政府任武藤信義任關東軍司令，兼關東長官及滿洲特派大使。

廿九日 義軍夜襲瀋陽，燒日飛機場巷戰終宵退。

九月

一日 調查團報告書全部完成。

東北三省義軍同時大舉抗日進攻瀋陽，襲擊撫順包圍長春。

四日 報告書簽字，調查團離平。

九日 日閣正式通過承認僞國。

十一日 馮占海部進攻吉林。

十五日 日本與僞偏在長春簽訂日滿議定書。

廿六日 義軍佔大窪灘。

廿八日 遼東義勇軍進攻錦西，耿繼周部克復錦西。

十月

一日 蘇炳文在滿站就救國軍司令職。

九日 日復向熱邊增兵，錦州日飛機場被炸毀。

十日 蘇炳文軍張殿九部佔嫩江橋。

十二日 義軍截斷南滿路線。

十五日 馬占山攻克泰安鎮。

十六日 馬占山蘇炳文軍包圍齊昂路。

二十日 李杜電告堅守吉林十二縣，馮占海部在興龍山擊退僞警衛軍，進攻長春。

廿五日 遼東義軍唐聚五部與日軍激戰。

廿七日 馬占山督師攻黑垣。

十一月

一日 王德林克復甯安，蘇炳文進攻齊齊哈爾。

四日 僞組織新預算，列鴉片稅收入五百萬元。

十六日 張殿九部克復富拉爾基。

十二月

一日 中央國府舉行回京典禮。

六日 蘇炳文通電彈盡援絕率部退俄境。

八日 夜十時，日軍鐵甲車向楡關開砲尋釁。

十二日 中俄正式恢復邦交。

二十二年一月

一日　夜十時，榆關被日軍轟炸，我方駐軍五百八本還槍。

二日　下午三時，榆關火車站被六百日兵佔領。

三日　日陸海空軍總攻榆關，下午四時半佔領。

十日　日軍晨攻九門口。

念六日　日軍進犯熱河之開魯。

二月

十一日　國聯報告書草案完成，態度硬化，尚主持公道。

十四日　日對國聯聲明不能取消偽國承認，對建議案準備提出駁斥。

日外務省派松岡投反對票，最後將撤回代表，退出國聯。

念一日　日軍開始向熱河進攻。

念七日　朝陽附近發生激戰。

三月

一日　熱河危急。

三日　湯玉麟不戰放棄熱河省會承德。

七日　日軍向長城口外進逼，在赤峯之孫殿英部死抗。

國府嚴緝湯玉麟，任萬福麟代熱主席。

八日　蔣介石北上督師。

十五日　宋哲元部在喜峯口殺敵，日軍慘敗。

十九日　宋部與日軍激戰十日，大敗日軍。

念一日　喜峯口正面發生激戰，宋親督師。

念七日　日本正式通告退出國聯。

四月

五日　灤東形勢益見危急。

十二日　日軍飛機隊轟炸遷安盧龍海陽等處，冷口戰事激烈。

十五日　我軍放棄秦皇島。

十六日　偽軍李際春部佔秦皇島。

十八日　日軍進佔昌黎，喜峯口失守，北戴河爲敵所佔。我軍扼守灤河。

十九日　灤東各縣全陷，長城各口，日軍共達六萬，企圖大舉進犯，威脅平津。

念六日　日軍忽全部撤退至榆關。

念九日　多倫於本日下午六時被陷。

五月

三日　日軍進犯灤東。

七日　灤東戰事今晚突起。

十日　遷安、撫甯、盧龍均陷，昌黎在砲火中，灤縣形勢甚危。

十一日　敵軍飛平示威。

十六日　唐山被敵機轟炸，灤河、開平、石匣盡陷，平津危。

十七日 唐山我軍全撤退，集廬台等處，遵化密雲，均陷敵手。

念三日 我軍退至離北平東北二十五公里牛欄山以南，通州以東，北平危在眉睫，和議進行中。

念四日 北方停戰撤兵辦法，初步已定。

念八日 中日軍隊決定各撤三十里。

三十日 於下午四時停戰談判，在塘沽日本陸軍運輸部樓上舉行。

六月

五日 馬占山蘇炳文到滬，民衆歡迎。

七月

十一日 馮玉祥自任民衆抗日軍總司令職。

念日 予李際春以編遣委員長名義。

念二日 馮部克復多倫。

八月

二日 廬山會議閉幕。

五日 馮玉祥表示和平，通電下野，軍權交宋哲元，察事解決。

九日 日本舉行防空大演習，參加者三十萬人。

十三日 僞軍進佔多倫。

九月

九日 日內田外相決擬今年底與我國進行直接交涉，外省擬對華外交十年計劃。

十四日 日外相內田辭職，由廣田繼任，廣田宣布對華方針不變。

九一八二週紀念日軍於南京

国民外交杂志

《国民外交杂志》创刊于中华民国21年（1932）9月，以宣传抗日救国主张，抵抗外国帝国主义的侵略，维护民族独立为主要内容。并大力提倡的：“全国人民，应速不恤一切，誓死抵货而屏绝之以致敌人之死命也。凡属商人，尤应激发天良，莫图私利。其有冥顽不灵，甘为虎伥者，是明明已自外于民族生存之战线，人人皆得而诛之，虽陷于犯法牺牲而有所不恤。此乃国民爱国应有之权利，断不能因政府之干涉而终止。”

该刊出版至民国24年（1935）1月终刊。

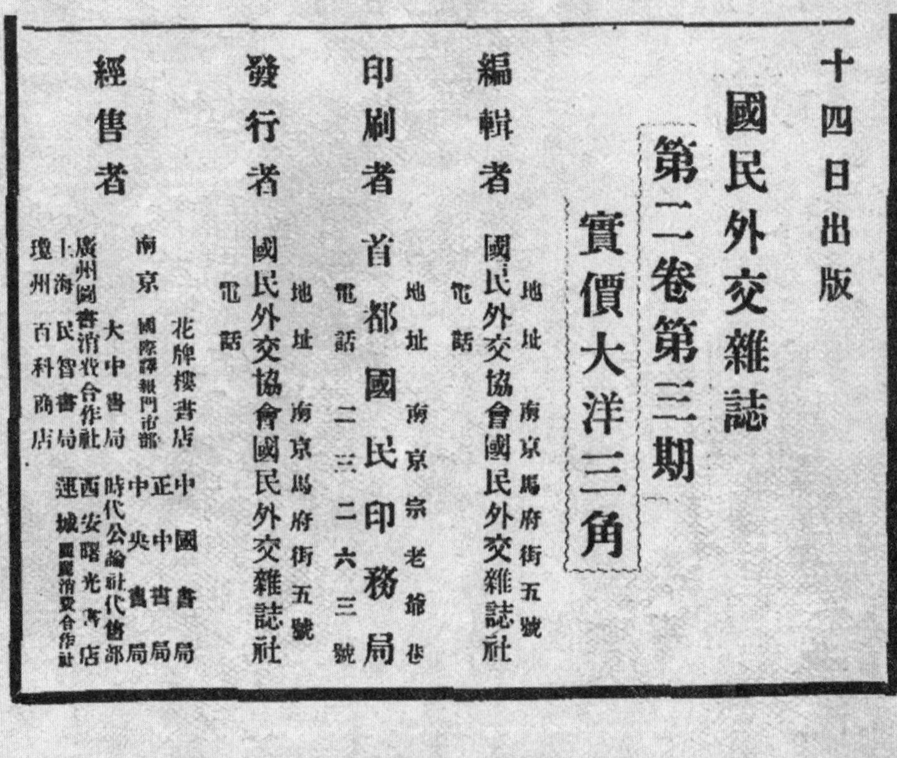
十四日出版

國民外交雜誌

第二卷第三期

實價大洋三角

編輯者 國民外交協會國民外交雜誌社 地址 南京馬府街五號 電話

印刷者 首都國民印務局 地址 南京宗老爺巷 電話 二三二六三號

發行者 國民外交協會國民外交雜誌社 地址 南京馬府街五號 電話

經售者 南京 花牌樓書店 國際譯報門市部 大中書局 中國書局 正中書局 中央書局 時代公論社代售部 廣州圖書消費合作社 西安昭光書店 上海民智書局 運城圖書消費合作社 瓊州百科商店

《国民外交杂志》版权页

本雜誌登記證 中央宣傳委員會中字第六二八號
內政部警字第八〇六號

中華郵政特准掛號認爲新聞紙類
中華民國二十二年六月二十四日

第二卷 第三期

國民外交雜誌

國民外交協會國民外交雜誌社發行

《国民外交杂志》封面

日本侵略中國之演變

劉宇光

當內憂外患同臨之中國，確如貧病交加之病夫，祗有呻吟牀榻之間，豈有奮臂抵抗之力，又似孩提受辱，被打時自然喊吶，不打時却遂忘記痛苦，證之過去事實，班班不錯，中國之受日本侵略，不僅九一八事變起也，盡人皆知，中國受外人之宰割，亦不僅日本而已，披閱世界列強殖民史，中國受列強之宰割，縱橫俱露，早無完膚矣。

政府之責任，保守領土，爲唯一天職，國民政府係革命政府，其責任更屬重大，不但保持現在領土，並且要收回從前喪失之領土，對於職責稍能克盡，對於民衆庶幾無愧，今日政府對於上述條件，不但無一以證明之，自九一八事變後，不數月而失三省，未周年而華北半壁，盡告淪亡，土不能守，民不能保，如此政府尙何言哉。

嘗見報載某要人游興甚濃，或某要人赴滬就醫，此種矛盾怪象不一而足，政府置官，專以責重，既無事作，不應設官，既有疾病，理應辭職，平時應當如此，何況國難乎，作官而不負責，謂之尸位素餐，不能負責而戀棧，乃食祿之罪人，民膏民脂，豢養民罪者，國人可殺之，所謂國民政府者，係全國人民之政府也，須以全國人民之意志爲意志，始謂之眞正國民中樞，否則，係一人或數人把持之私窟，焉能取信於民衆乎。

當國難益深之時，政府當局，應卽革洗過去之錯誤，深切認識當前之禍變，由於過去之錯誤而讓成今日之劇惡，惟有捐除背於國家利益之爭執，以民族鬥爭爲中心，朝野上下，齊一步伐，縱背城力戰，亦所甘願耳，近日和戰問題，甚囂塵上，其中似有懷疑之處甚多，既不和於東省失却之時，又不和於熱河放棄之初，突聞和於兵臨平津之際，是否爲城下之盟，難釋愛國者之心，政府日以『長期抵抗』宣示於世界與國民之前，若此時與日本和議，則政府欺騙民衆，事實甚明，政府時以『收復失地』昭示於全國，言猶在耳，或未健忘，試問收復尺土寸地否，既未收復尺土寸地，突與日本議和，其前後茅盾，何以自解，此次中日和議協定，宣稱祇限於軍事範圍，可見收復失地之言卽成過去，而飼養數百萬之軍隊，作何利用，頻聞各地軍事長官，藉抗日救國之名，剝刮民財，中央並未制止，既不能禦外侮，又不能除內姦，中央之威信，尙存幾何，湖南省政府，徵募救國捐五百萬，强民捐納，無異趁火打劫，若真係救國應將軍隊開赴邊區(東北)並將捐款用於肉搏衝鋒之時，始符事實，現湘省軍隊未離湖南一步，所捐之款項，用途早已支配，此種殘民誤國之新軍閥，外國人視之一笑，中國人只有一哭而已。

此次日本代表石井，在美國廣播無線電台講演，謂『中國紀綱廢盡，以亂政爲政，以枉法爲法』，雖係唾駡之辭，然我國應當效日本自强之後塵，以免國際輕視漫駡，回顧國內當局，徒唱高調，不負責任，僅多開會議，而無事實表現，自欺欺人之舉動，何以取信民衆重視國際耳，吾國處列强宰割之中心，若圖自存，必須早定悠久大計，所謂悠久大計，即如何自立自强之計劃，在此範圍內，無論環境困難與犧牲，不能因便改圖，自毀立塲，更不能存妄倖之心以偸苟安，前中俄復交，一班無計之徒，即希望俄國援助中國共力制裁暴日，或希望日俄直接衝突，我國避免其侵略之急進，或可乘機收復失地，現今事實，完全相反，真相畢露，不但無上述之情形，且俄國助桀爲虐，迎合日意，不顧中俄邦交，將中東路出售於日，我國雖經抗議，而俄仍未中止，此種手段，無異同日本取一致變相侵略行動，可見吾國存妄倖之觀念，貽害之深，莫過於此者也。

日本外交政策，分出中與幣原兩派，田中係政友會之軍閥，幣原係民政黨之財閥，其出發點，均以侵略中國爲目的，田中政策在領土，幣原政策在經濟，觀田中之奏章及幣原之計劃書，形骸俱見，然因列强關係，則侵略中國之行程，時有改進以應轉變，但其原則毫未變更……自中日戰後，日與俄國勢不兩立，乃訂英日同盟，以制俄國，戰勝俄國之後。即思聯德制英，驅逐其亞東勢力，希圖自爲盟主，後因受美國新移民律及華盛頓會議之打擊，又變爲親英仇美，所以日本「戰俄」「聯英」「仇美」之演變，無非爲侵略中國而產生也。

日本最近又提倡亞洲門羅主義，因過去日本在亞洲之侵略政策，每受歐洲各國之干涉與阻撓，致不能一意孤行，妨礙甚大，如中日戰後，成立馬關條約，規定中國以遼東半島讓諸日本，後因德法俄三國之干涉，强迫日本將遼東半島還諸中國所以提出門羅主義以相抵抗，現在日本退出國聯，卽實行門羅主義之表現。

日本乘世界經濟恐慌之時，歐洲列強無暇東顧，加之軍事協定「四強公約」拘心鬥角，預料歐洲多事，不減於昔日，兼乘中國內亂未平，天災頻繁，卽以武力侵略，確乃事半功倍之機會，以少兵力佔領東三省復陷熱河幾及平津，此種事實，有目共覩，我國完全屈服，日本逐步實現其田中計劃：『欲征服世界，必先征服支那，欲征服支那，必先征服滿蒙』。他不僅以取得東三省與熱河爲滿足，必定滅亡我整個中國，卽爲歐洲盟主，參閱日本對滿蒙國防計劃意見書「本雜誌二卷一期已錄載」，其計劃周詳，罕與倫匹，可見日本之侵略中國，履霜結冰，由未久矣，陰謀毒計，非一朝一日之功，乃吾國尚在醉生夢死，躭暫時之苟安，忘百年之禍根，瞻念前途，隱憂殊深。

上述各種眞實情形，世界列強雖屬各個藝策不同，但掠奪強小民族利益之方策，則並無二致，尤其日本帝國主義者，對侵略中國之急進步驟，硬柔政策，雙管齊下依照預定之計劃，以期滅亡中國，蘇俄放棄滿蒙權益，無異於代日本鞏固進攻中國之堡壘，而齎寇以糧，九一八事變以還，中國迭遭嚴重國難，對暴日應洒全民熱血以爭生存，對國內宜實行強力政治，防止亂民政治，先公利後私利，以總理「天下爲公」之主張作中心，或能挽救此僵局，重納國家於正軌之上，若僅「苟且偸安」，「各守原防」，如是，我國大好河山，將都送於「長期抵抗」之中，我國國民寗戰敗而亡國，不願屈服而投降，保持國家人格，唯有積極對日反攻，收復熱河及東省失地，乃國家應有之責任，卽四萬萬同胞一致之要求，政府當局希速圖之。

社会主义月刊

《社会主义月刊》创刊于中华民国22年（1933）3月，由社会主义学会编辑、发行。发行人顾修坚。社址位于上海赫德路元福里282号，新光书局总代售。该刊出版至民国23年（1934）6月终刊。

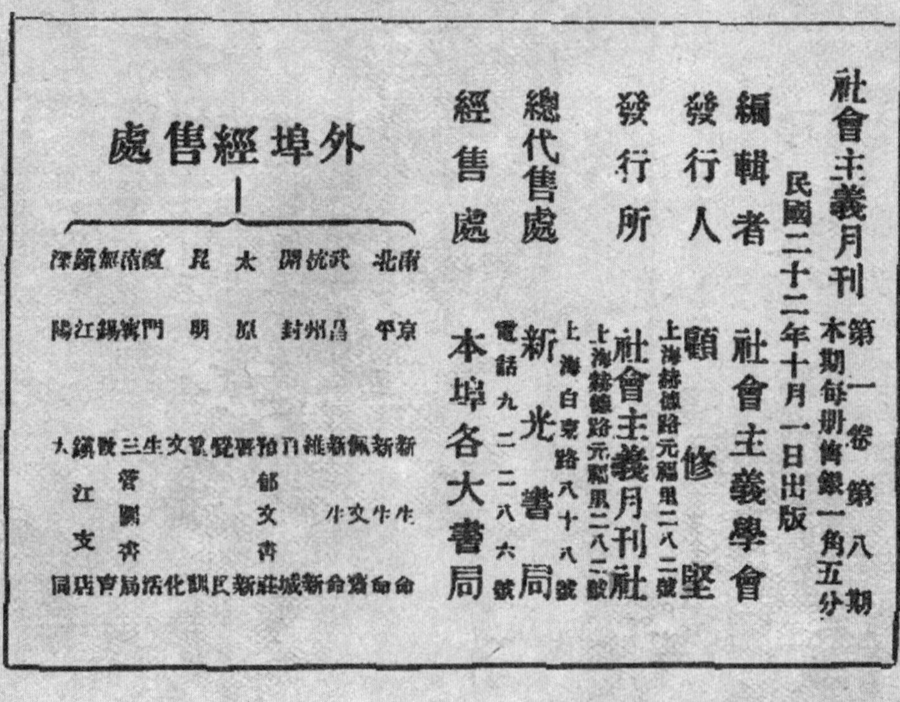

社會主義月刊 第一卷第八期

民國二十二年十月一日出版 本期每册售銀一角五分

編輯者 社會主義學會

發行人 顧修堅 上海赫德路元福里二八二號

發行所 社會主義月刊社 上海赫德路元福里二八二號

總代售處 新光書局 上海白克路八十八號 電話九二二八六號

經售處 本埠各大書局

外埠經售處

南京 北平 武昌 杭州 開封 太原 昆明 廈門 南通 無錫 鎮江 溧陽

新新佩新維自強書覺貿文生三教鎮大

生生文生 文 鬪 江

齋 齋 支

命命齋新城莊新民訓化活局寶店同

《社会主义月刊》版权页

九一八事變的前夜

盛　凌

一　引言

中華民國二十年，（西歷一千九百三十一年，日本歷爲昭和六年）九月十八號東北事變的發生，不僅是中國而且可以說是全世界的和平秩序安寧的保障，爲之受一大打擊。非戰公約，九國條約，國聯盟約的具體條文，爲之宣告失效。尤其是那報章上的標題大字：『日本軍隊於十八日下午十一時採取軍事行動，十九日上午六時完全佔領瀋陽』的新聞，使每一個有血氣的中國人讀了之後，會悲憤激昂到坐立不安，一種强者壓迫弱者的不平鼓勵着中國人，一種本能的民族意識支配住中國人，使這些不幸的中國人，眞不勝其處於次殖民地地位的痛苦。現在東北問題未見解决，滿洲僞國依然存在，華北停戰已成事實，我們能將九一八問題發生的原因和當時的事實加以淸算，仍屬必要。

二　因水災而提倡移墾東北

在九一八問題尙未發生的六七月間，中國的中部江浙皖贛鄂湘等省，洪水氾濫，財產損失達兩萬萬以上，人民流亡死傷，達五千萬以上，於是國人都提倡『移墾東北』。因爲東北非但沒有大水災中的波浪的凶險，而且也沒有什麽『大雨傾盆，狂風倒山』的狂暴遭遇。這未嘗不可以說：居住在東北方面的民衆，算是全中國區域範圍中生活比較幸福的一部份。因此之故，東北方面那年的收獲是特別的好，豆的產品亦是特別的多，除了被收買販往歐州賺錢以外，其存餘數量，尙還能夠賑救中國中部的水災難民。

東北民衆，得天獨厚，無怪乎上自政府，下至災民，都主張『移墾東北』了。

三　强鄰早已窺伺

正因爲東北的富饒，所以早就引起强鄰的覬覦了。鄰邦日本他們雖然知道東北並不是日本的領土，可是他們却處心積慮，時時刻刻都想將東北攘爲己有。因爲這種緣故，他們便諱東北而不名，而以滿蒙兩字代替之，意思是以爲滿洲，蒙古，乃係獨立區域。不能和中國之內地行省，相提並論。日本當局用心之毒，從這一點小事上就可以觀察到了，至於他們對於東北方面的種種的情形，調查的周到，詳盡，正和中國之不注意東北情形者相反，田中義一秉政時代，呈給日皇的奏章，主張對於蒙滿，應當施行積極政策，開宗明義便說：

『廣袤七萬四千方里，人口二千八百萬人，較我日本帝國國土（朝鮮及台灣除外）大逾三倍，其人口只有我國三分之一，不惟地廣人稀，令人羡慕。農鑛森林等物之豐，當世無其匹敵。』

日本人對於東北的情形，知道的又是何等周詳！？

以一個東北本屬自己的主權領土的中國，但尙不知東北的情形怎樣，兩相比較之下，不知道中國人民該作何種感想！？

★　★　★　★

料之中了。東北事件的發生，在日本是有準備，有佈置的，決不能說是中日軍隊衝突的偶然結果。理之當然，種因得果，在這樣的局面下，東北之將爲中國所失，而被日本所得，早已在事實的人逆

雖然是這樣，可是日本軍隊之所以要佔領中國領土，究竟又是用什麼理由做藉口呢？

在這裏，我認爲在東北未被日軍佔領以前的萬寶山案件，朝鮮案件，以及中村案件，亦均有敍述一番的必要了。

四　萬寶山案件朝鮮案件與中村案件

關於萬寶山案件，中日雙方的口詞各異，但比較公允者要算駐日公使汪寶榮歸國的報告，現將其摘錄如下：

肇事之原因

華人郝永德組織稻田公司，租妥三姓堡蕭姓張姓之荒地五百嚮開種稻田。郝用朝鮮人爲之工做，訂有契約，呈請長春縣政府批准。縣政府對以事尚可行，須將章程界圖呈請核奪後，方能照辦。又諭令雇用之韓人，不得過二十人，乃郝永德認爲已得官府允准，又轉租地於韓人沈連澤等九人耕種。招集韓人一百八十餘名，邊行開工。挖溝引水，破壞民田，經過二十餘里，直至伊通河岸，人民起而反對之，阻止鮮人工做，日本領事田代派日警前往，保護韓人，不令停止工做。我方亦派警前往，保護華人，此交涉之所由起也。

交涉之經過

長春萬寶山人民，既起阻止韓僑挖溝引水，韓人持有日警勢力，不肯停工。當時由長春市政籌備處周處長玉柄，與日本田代領事，提起交涉。斯時駐遼寧日本林總領事來謁吉林張主席，報告此事，張主席斯時尚未接到吉林省政府關於此案之報告，乃與林總領事口頭約定，兩方先將警撤退，而日本迄未撤退，且督飭韓人進行挖溝益急。經周處長玉柄據理交涉，口頭書面，往返辯論，始終無效。

日本方面之現狀

現在韓人挖溝引水已竟工，業引水入田，日警存馬家哨口，佔據民房兩所。架設軍用帳房三十九架，上懸日本國旗。並架設機關鎗四架。又派馬警三人來往巡查搜索，在馬家哨口附近四五里內，不准華人行走，萬寶山附近之現狀，已似入於日本佔領地帶內之狀態。

中國方面之現狀

萬寶山華人曾經一度聚衆，爲之填平所挖水溝，經日警開槍射擊，幸無傷亡。（一說傷亡多人。）又經我方警察勸止，靜候交涉，華人已盡散去，斯時吉林張主席由北平返遼寧，林總領事亦由東京返遼寧相晤後，林願將此案詳細研究，再進行交涉。張主席乃電調交涉特派員鍾毓來遼，林亦電請吉林石射領事來遼，使鍾與石射當交涉之責任。現在鍾與石射，均返吉林，約在吉林或哈爾濱談判此案。但石射前曾自願調停此事，曾提出四個條件：（一）賠償韓人損失，（二）文給韓人本年生活費，（三）許可韓人在長春自由居住，（四）省政府認可明年使韓人種稻，但此四條已經省政府表示不能接受矣。林總領事亦曾聲明所提條件，應作罷論。……

此案發生之后，政府方面，屢次向日本交涉，但日本方面對於中國外交部照會，置之不理。於是國內輿論譁然，天津大公報社評尤中肯綮。

「……吾人始終以爲此案；就事論事，實際異常簡單。韓僑租地，未經縣府批准，直截了當，租約作爲無效可也。嚴懲奸民，以儆將來，韓民果不肯退，日警果不肯撤，此乃強權行爲。我不認許，夫豈無法對待？如曰縣官諒解允許，謂爲手續早竣，則嚴懲縣官，以明責任可也。事關國土國權，豈能任人混賴？蓋本來無效之契約，根本無取消之可言，取消云者；對未來之效力宣告喪失：無效則自始卽未發生法律行爲之效果。此案租約原卽無效，迭經交涉，節外生枝，反爲對方張目矣。次則築壩一事，尙有一要點，爲自來當局方面所漠視；卽姑無論租地不生效力，開渠並無契約，藉曰有之，事關河道交通，影響公衆權益，亦非由行政官廳主持查勘，明白核准，民間斷不能擅行動工。……』

該報社評，結論對於中央之交涉，實際上是『拖』『推』，表示不滿。認爲應該重新確定『對外立場。』否則『勝利固不可期，』而敗固亦不知何在。但「拖」「推」並非屈服，對方亦不能認爲滿意，結果一波未平，一波又起，朝鮮同胞在惡意的宣傳挑撥之下的排斥我國僑民案件，又跟蹤着萬寶山案件的後面發生了。

朝鮮案件　關於朝鮮案件，其經過情形，我更認爲當時中國駐日本公使汪寶榮氏歸國後的調查報告，頗爲周詳，且屬重要了。特轉錄如下：

（汪氏歸京後密呈外部之原文）

『爲密陳事，本年七月九日奉部電，朝鮮事件政府甚爲重視，請執事前往調查慰問，事畢並希來京一行等因，當卽電請酌帶隨員一名，館務交江參事暫行代理。並陳明在鮮事畢，取道遼燕順便調查。

接洽一切，即行回京。經奉復電照准，旋即訂期會晤幣原外務大臣，面行通知，即於同月十三日由東京啓程。道經神戶，即調該館領事任家豐隨行，幫同辦理一切，當經遍赴朝鮮滋事各地釜山，京城，平壤，鎮南浦，仁川，新義州等處，所有大略情形，業經先後電陳在案，嗣於二十三日離鮮，在安東停留一日，瀋陽停留二日，逼晤該地方重要官吏，將所謂萬寶山事件始末調查明晰，即由北寧線直接赴平，順謁張副司令，因探悉津浦南段阻水，立即購買船票，改由海道南行，於本月五日抵滬，本日抵京，查此次被難各地情形，自以平壤爲最重，仁川次之，其餘各地防範較早，未致釀成巨變，茲將各處情形分別臚陳如左。

平壤鎮南浦　七月四日晚鎮南浦徐隨領因悉京城仁川發生仇華暴動風潮，因於五日晨正式專電平南，黃海兩道廳警察部長，平壤警察署長，又面晤鎮南浦警察署長，切託對於華僑妥爲保護，並與當地商會商議預防辦法，至平壤事件，據該處華僑各界代表聲稱，五日上午十一時許，接平壤警察署電話，請商會主席往署談話，其時因主席適回安東，即由常務委員張景賢偕同羅翻譯前往，由安藤高等系主任接見，謂本地倘有暴動發生，本署必切實保護，苟遇有鮮人尋釁，望特別容讓，並從早閉門，一切可請安心云云，歸會後，即通知各僑，謹慎防範，迨至下午七時許，驟然發生暴動，暴徒蟻集，不計其數，手持棍棒刀斧石塊等凶器，並攜帶電筒，對於華僑家屋，不問農工商賈，分隊輪流襲擊，遇我華人，不論男女老幼，恃凶毆打至死，毀掠財物，焚燒帳據，且帶有引火燃料，隨處設法放火，指揮均用警笛，組織頗爲完備，直至翌晨，仍未停止，殘忍慘酷，世所罕覩，而各處警察不佩武裝，徒手制止，何補于事，及至九日，知遭難慘死者百餘人，傷者二百餘人等情，査此次全鮮仇華事件，以平壤爲最烈，當地官廳事前接領館電而不加嚴重警戒，道廳漫無防範，警署徒託空言，各處暴動既起，猶不斷然處置，當晚警察既未武裝，軍隊亦不出動，致暴徒全無畏懼，得逞凶頑，其疏忽怠慢，玩視職責，以及藐視我僑生命財產有如此者，至平壤僑民事務，向歸鎮南浦分館管轄，因分館於六日晨知悉其事時，鎮南浦方面亦有不穩風聲，除與當地商會及日官廳商議緊急處置外，旋由徐隨領乘車直赴平壤，詎料抵站時，驛長及道廳人員候接，據謂我國僑民業經妥爲收容，武裝警察軍隊消防隊等均已出動，此後可以無虞，如對於僑民以及官廳有所囑事，當代傳言，現在徒見亦屬無益，況鎮南浦形勢亦甚緊急，務請速回主持云云，徐隨領不得已允其所請，卽時乘車趕回鎮南浦，果已於下午二時左右，鮮人到處羣集，武裝警察隨時解散，各僑民紛紛到領館避難，至僻地農園商鋪僑民，亦與警署交涉，派警尋査護送前來，然稍緩者已遭毆打，六時許全部收容竣事，及七時許，暴徒愈聚愈衆，警察雖加鎮撫，究因人數太少，顧此失彼，我僑農園及一部分商店，仍被投石搗毀，搶掠放火，翌七日起，竟有襲擊領館之說，蓋有平壤一部分凶徒來浦，從中助勢，情形益爲險惡，幸六日晚臨時裝置電話，直向道廳交涉，加派軍警，故得陸續應援，羣情以安，雖財產上不免損失，然以收容較早，未成慘劇，八日由徐隨領赴平壤視察慰問後，又派定臨時調査員會同商會調査員，調査平壤鎮南浦及其他地方損失，據査除回國未能査明者間接損失未報者尚未記入外，共計平壤損失約在日金二百五十四萬五千餘元，鎮南浦及其他地方損失約在日金十一萬七千餘元，至平壤死傷人數，據道廳發表爲死九十五人，而我方調查則死一百〇九人，傷一百六十三人，生死不明者六十三人。鎮南浦傷十九人，榮寶於七月十六日抵京城，以平壤受禍最爲慘酷，當晚赴平壤，於十七日晨抵達，卽分赴各處視察慰問，先到醫學講習所內慰問收容之被難華僑，該所收容最多時達五千餘人，除繼續回國者外，截至十七日收容尚有千餘人，該收容所內有便所浴所病舍茅棚廚房等設備，當經與商會會長孟憲詩商定，由各團體推舉代表，於午後赴旅館與榮寶談話，嗣又往道立醫院探望負傷僑民，是日尚有百人左右留院療治，內中大多數均將痊愈，可卽出院，此外有一星期或十日亦可見愈，一般病者見榮寶到院探視，均甚欣喜，榮寶慰問時，均稱已無痛苦，可卽見痊等語，惟有王姓因妻兒被難身死，嗚咽不已，情極可憫，嗣往長山墓地予祭死亡僑民，該墓地計分五條，每條據道廳發表葬二十八人，每人一棺一穴，惟內有嬰孩二人，則合葬一棺，最前一條較短，據稱共爲九十五人，嗣又往被毀各商店巡視情形，至四時晤中華商會代表孟憲詩、王紫宸、張景賢、許維敏、中華料理同業公會代表王澤國，中華農會代表劉文智等，據稱現在僑民婦孺有數十人，願回中國，懇請設法，當經與官廳交涉備車送回安東，至收容所僑民亦作出所之準備，由華商特選定較大之僑商商店四處，分別收容，其餘僑民有仍回菜園耕作者，有歸國者，無業之人日方仍允供給食物，約計十日，如到時尚不能謀生，則暫由各處華商商會接濟，榮寶並於在東京時向華僑發起急賑，朝鮮被難僑民，業由大阪神戶等處捐給國幣萬餘元，現在各處尚在繼續籌募中，當可陸續匯至朝鮮，同時日鮮團體等亦有寄贈慰問現金物品者，因係救濟性質，均經收受分配矣，嗣經鎮南浦徐隨領呈報日警察部長查明平壤華僑死一百〇八名，漢川三名，勝湖里一名。

仁川　七月三日午前二時，有鮮人數十名在仁川外里地方向華人理髮料理店等投石，打破玻璃及電燈泡等，及至天明，鮮人暴動風聲愈急，僑民紛向中國街避難，八時由仁川分事務所蔣主任到警署交涉制止，並一方報告總領館，至晚八時，鮮人忽羣集約有三千人，大舉暴動，全市頓形混亂，華僑男女均逃避，華商商店門窗被鮮人搗毀，警察不能制止，又由蔣主任與商會傅主席赴警署要求派警武裝出動，該署長以未奉道廳命令，未便照辦，後暴徒結隊復向中國街進攻，幸僑民共同協守，未能攻入，遂結隊退回，在沿途向華僑店鋪飛石亂擊，並分頭搶掠，是夜僑民雖受傷多人，尚無死亡，華商較大商店，亦尚無十分損失，至天明，暴徒雖散，而風聲仍緊，由仁川事務所電話總領事館，請向總督府要求加派武裝警察，同時又赴警署質問，午後張總領事到仁川視察，並往警署交涉，署長稱完全負責，迨張總領事返京，是晚九時許，據報鮮人復在外里地方鳴鑼聚衆，集成五千人左右，大舉暴動，手持木棒鐵棍刀斧等，到處搜索，擊毀內外里方面所有華商商店，多被暴徒用貨物將門撞開，即以斧劈碎，割斷電話電線，搶掠撕毀貨物，拋棄街心，最後將布疋綢緞或繫樹幹，或繞電桿，警察無力保護，旋分事務所據報，急電張總領事，向總督府交涉，立派大隊軍警來仁援助，同時電知仁川警署，切實保護全府華僑生命財產，至五日上午三時，京城武裝警察及憲兵十七名趕到，警察亦服武裝，見形勢不佳，鳴空槍二響，暴徒始退，至中國街警備森嚴，幸未衝入，查僑民被毆身死者，計連魁山李俊吉二名，重傷者盧煥信王有智二名，經送入醫院療治，一方急賃載貨汽車，將遠近僑民送中國街避難，計約一千五百人，另輕微傷者二十餘名，五日晚暴徒在中國街四周聚衆數千，希圖攻入，幸警察以馬隊衝散，乃至府外放火，被焚者二處，查分所及商會曾收容約三千六百僑民，六日起漸見平靜，僑民紛紛乘華商利通號輪船日商共同丸歸國者，計達八千人，此次華僑直接損失，約在日金九萬左右，尙有間接損失，正在詳査中也。

京城　京城鮮人暴動，於七月三日午後十時左右發生，僑商處多有鮮人投石擊毀門窗玻璃等事，途遇華人，卽施毆打，當由總領事館電話憲兵隊及各警署切實取締保護，四日未明，京城府內外華商農工人等紛來領館報告，各處暴動愈演愈烈，損害已不少，張總領事屢經往總督府請速派武裝軍警保護，一方由中華商會及各團體代表分訪各機關各報館，請其緩和華鮮人情感，並由總領事函請朝鮮政務總監，迅籌萬全保護辦法，並酌派武裝軍警，其時華僑來館避難者已達千餘人，五日晨避難來館者絡繹不絕，是日星期，復由總領事館向總督府提出應急辦法四項，旋據電話復稱，京城內外鄉僻靜處華僑，可由警署送至總領館暫避，各處警察已命充分戒備，京城華僑較多區域，已飭就地切實保護，總領館當卽通知中華商會，派汽車分往龍山麻浦等載運僑民來館，是日統計僑民避難人數已達二千數百人，六日張總領事往訪總督府警務局長，請通令各道，加派武裝軍警取締制止，旋該局長來館答稱，已嚴命各道警察警備，是日華僑到館避難約三千六百人左右，七日又由各警署派警護送僑民到館避難者，亦有多起，截至是日前後，統計達三千六七百人，七八九日繼續由張總領往總督府交涉，詰問各地暴動尚在續發，據報僑民家產被毀者，有徐文昇等六十餘家，僑民被傷被毆者，有上緒吉等百四十人左右，財物受損失者，有孫君集等二百四十餘人，京城府內外僑民其損失傷害之數，據前述報告，至爲酷烈，至確實數目，正在詳細調查中。

釜山　自七月四日午前，駐釜山領館因聞仁川京城發生鮮人暴動事，當日即與警署接洽防範，並於五六兩日要求警署道廳，電飭各郡警署竭力保護華僑，七日朝鮮政務總監經釜山赴京城，由陳領事與總監面商嚴厲取締暴徒，總監答稱自應完全保護，至八日釜山風聲，亦甚緊張，各商店雖照常營業，惟市面各處華僑婦孺，均避難領館，數約六十餘人，是日中華商會玻璃窗被暴徒擊毀二面，晚間領館園內亦有小石投入，至夜九時，鮮人集衆領館左側空道，人數約三百餘，勢將進攻領館，時館外街上早已派警駐守，斷絕交通，天雨而鮮人仍不分散，嗣由署長親至領館指揮馬隊，向羣衆驅逐，惟鮮人竟向馬隊投石，該隊不支而退，情形危急，遂致電憲兵隊，旋由憲兵到場，鮮人始散去，時已深夜，九日晨三時，市內牧之島吳服僑商劉振年料理商孫振樹被暴徒三十餘人，投石擊毀門窗，並將店內貨物悉數拋至街心，僑民奔避日人住宅，經警捕獲暴徒八名，拘往警署，僑民由警護送領館避難，是晚停業僑商[illegible]難[illegible]領館者約達一百六十餘人，十日晚領館右側街路鮮人續集衆六七百人，旋經憲兵驅散，十一日形勢較平，經領館與道廳切商保護辦法，並決定恢復華僑營業日期，旋由道府各廳答稱，已嚴飭各處竭力取締暴徒，並召集各民間代表，轉諭鮮民，務須安分，十二日大致安穩，至避難領館商會及各商號華僑人數，男約三百二十餘人，女約六十餘人，至十五日晨，榮寶抵釜山視察，尚有少數人存留領館，開店營業者有四家，尚無事故發生，相約於次日無問題，即全體開店，照常營業，而釜山以外所轄各境，據各方報告，除慶北大浦里華商元生東門商貨物被毀外，其他各處祗擊碎玻璃，至華僑因毆致傷者計五人，直接重大損失，現正詳細調查。

元山　元山鮮人仇華暴動，係於七月四日夜發生，當事起之初，由楊副領事電請各道廳暨各郡警察認眞保護華僑生命財產，一面通知僑民，至危急時可將財產交託警察，迅投元山，至六七等日情形緊迫，元山市內外華僑，搬至領館避難者，驟達千人，截至十四日止，收容人數達二千三百餘人，查僑民因鮮人暴動受傷較重者計二十一人，此外有被凶徒追襲阻河無路赴水溺斃撈獲尸身者，元山川內里各一人，此係元山之暴動經過情形也。

新義州　七月七日晚十時，鮮人暴動麕集五六百人，襲擊眞砂町華僑，幸各大商店事前得有消息，早已閉門，僅碎門窗玻璃，貨物未受損失，領館於事前經與道知事及警署交涉預防，及至發生暴動，即電知警署，派多數警察鎮壓，旋即散去，華僑均到領館，所有商會重要帳據，亦運至領館，八日晨，謠言更甚，暴動蜂起，行路華人受傷者頗多，朱領事因風聲緊急，即馳至道廳及警署協商，借用汽車，將市外僑民運至安全地方，一時來領館及商會避難者一千二百餘人，赴安東者三千五百餘人，又以領館及商會房屋狹小，復將老弱婦稚，送往安東，計六百餘人，安東縣政府商埠公安局總商會等，指定戲園二家，電影院三家，設立收容所五處，妥爲安置，是夜新義州領館及商會嚴重警備，僑民所遺商店空家，均有警察巡邏看守，商品家財，尚無重大損失，次日調查受輕傷者十四人，此外，中之島於七日夜被暴徒擊破華商商店門窗玻璃木板者四家，惟東生福商店損失較重，約達百元，警官聞訊，出而彈壓，暴民又轉向市外襲擊荒川組工人宿舍，破門闖入，將工人于福京胸脇毆傷致死，尚有五六名負傷者，凶手被捕，連同其他暴行者，共拘留四十六人，又有義州郡三成金礦會社工人，被暴徒毆死一人，其他地方，如雲山北鎮大榆洞宣川定州南市龜城楊市郭山博川寧邊義州等處華僑，亦有被毆受傷及商店被襲擊者，惟情節尚均不重也，查此次事變之發生，其直接原因，由於日本朝鮮各報，就萬寶山事件，揑造事實，擴大宣傳，對於朝鮮無知羣衆，肆行煽惑，仁川事變發生最早，即因京城朝鮮日報所發行之號外，謂萬寶山事件，中國與朝鮮人衝突之結果，朝鮮人被殺者數百名，（始則謂二百餘名，繼則以誤傳誤，謂至八百餘名）以致羣情憤激，遂起暴動，我駐鮮各地領事，一經得信，立即要求該地官吏派警彈壓，並要求加派武裝軍警出動，而其時朝鮮總督及政務總監正當新舊更迭之際，總督府絕無負責之人，再四要求，不肯及時下令武裝或派憲兵制止，以致各地辦法參差，號令不一，而平壤地方，遂成亙古未聞之慘殺，日政府無論如何辯解，決不能辭其責任，而朝鮮總督府及一般日本新聞，尚藉口於萬寶山事件中國壓迫鮮農激成此舉，一似此次朝鮮暴動，其責任當由中國官吏負之者，其顛倒事實實出情理之外，故欲研究此項事件責任之所在，第一，不可不精查萬寶山事件之眞象，茲將在瀋所查寶萬山事件始末摘要臚陳如左：

看了上文，當然會明白朝鮮案件的眞相，以及和萬寶山案件的因果關係了。

中村案件　關於中村案件，是繼續朝鮮案件之后而發生的，八月間東京大阪各報都有披露，最負責者自然要算日本參謀本部和關東司令部的全文了，茲特節錄如下：

『(一)參謀本部部員陸軍步兵大尉中村震太郎（士官學校第三十一期陸大第四十期生，曾隸高田步兵聯隊，新瀉縣人）率領關東軍司令部騎兵曹長井杉延太郎，俄人西羅可夫及蒙古人一名，領得中國官場所發護照，以遊歷爲目的，於六月中旬由中東路西線博克圖站附近出發，經濟沁河上流地區札賚特府西方蘇鄂公府向洮南方面旅行，六月二十七日達洮索地方蘇鄂公府（民安鎮）即在該地飯店休息，進餐，該地奉軍興安屯墾隊第三團官兵受上司命令襲之，中村氏雖曾示以護照，終受拘禁，所攜護身手槍金錢物品皆被刦掠，以軍事偵探嫌疑於該團代理團長關玉衡及其他將校監視之下將一行四人全行槍斃，（團長趙冠伍時在奉天。）

(二)據當時目擊事實之人云，中村大尉曾謂日本陸軍何苦必要探察如斯不毛之地，且中日關係頗爲圓滿之際，毫無窺探無力屯墾軍之必要，終不爲蒙昧之彼等所信，大尉遂從容就死，中國兵於其死後尚割去其耳鼻，切斷四肢，摘出口口，慘狀不忍卒睹。

（三）事後該地公爺府官及憲兵力圖消滅證據，乃於七月一日在東方山地中將屍身燒毀，並發緘口令，以防洩漏，對於親日之華人蒙人，加以壓迫，致私逃者密告於日本官憲，七月上旬以來日方面極力調查，已知其眞相，痛憤不止，將更徹底調查，提出抗議。

（四）查中國蹂躪日本正當權益，在洮索地方修築洮索鐵路，其延長達百八十華里，又深恐該地蒙古族苦中國官憲之抑壓，將行蠢動，依賴日本而構事，猜嫉日本，蔑視日清通商航海條約正文，阻止日人之入境，遂有此舉動，而英美德等國工程司可以自由出入該地。

該地公安局長公然收賄，日人贈與少者則要求其離境，以威脅其生業，中國不僅不肯將該地開作市場，且曾驅逐日本領事館之巡查，此爲人所周知之事實，何以言中日共存榮耶？

（五）公安屯墾隊共三團，以鄒作華爲督辦，自應以鎭壓土匪開發地方爲任務，而今竟爲匪賊所不敢爲之慘事，官憲又復予以庇護，如斯則日本內地居住之安全將由何人保障乎，對於此次之不祥事件，日本自不能默視，應報告中外，喚起朝野注意，訴諸世界萬國之正義，以責中國之無信，一面迅速澈底調查眞相，以便解此案，此實急務中之急務也』

這公佈是眞是假，中國方面尚在不可知之列。因爲（一）日本報紙披露中村大尉係由哈爾濱出發，而軍部又說是由中東路西線博克圖站出發，這是自相矛盾。（二）申報八月九日哈爾濱電，五月間日領館曾送一名中村商業者遊歷東三省護照，請求鍾毓簽字，失蹤之中村，或卽此人。而今日本方面又宣佈其爲現役軍人，這是令人懷疑之處。（三）公佈中說日方極力調查，已知其眞相，痛憤不止。而又說，『將更徹底調查』這豈不是不曾徹底明白眞相嗎？這又是日本方面自己露出破綻之處。（四）六月二十七早槍斃的人，至七月一日才毀屍滅蹟，擱置四天，華兵雖愚，決不至此。這也是理由欠充足之處。……

然而不問他是否令人感到矛盾，懷疑，破綻，理由欠充足。可是中國方面，爲了避免紛糾起見，姑且擱下證據具在的萬寶山案件和朝鮮排華案件不提，而將屯墾軍第三團團長扣押，解往瀋陽審判，這本來足已平日本方面的憤怒了。但日本方面却不能認爲滿意，認爲是不得了的事，認爲中國是一個最野蠻的國家，非將中國的『新軍閥』和『政治小兒』懲治不可。他們主張外交應當强硬，軍人尤其主張對中國宣戰，公開演講，報章登載，都是這樣的主張。甚至新聞記者，跑到中國東北視察之後，還更說出不堪入耳的話，

『從前中國人稱日本人爲「大人」，爲「老爺，」革命以後則稱爲「先生，」現在，在東北的華人，對於我們的日本國民，遂直稱之曰：「您！」卽此一端，可以想見中國人反日情形之一般。』

中國的民衆看了之後，不知以爲可笑，仰係可恨？

跟蹤着這三種案件的後面，九月十八號的東北案件，便隨着爆發了。

黑白

半月刊

吳鐵城

第一卷 第三期

上海東北協會刊行

民[redacted]二十二年十二月十五日出版

專論

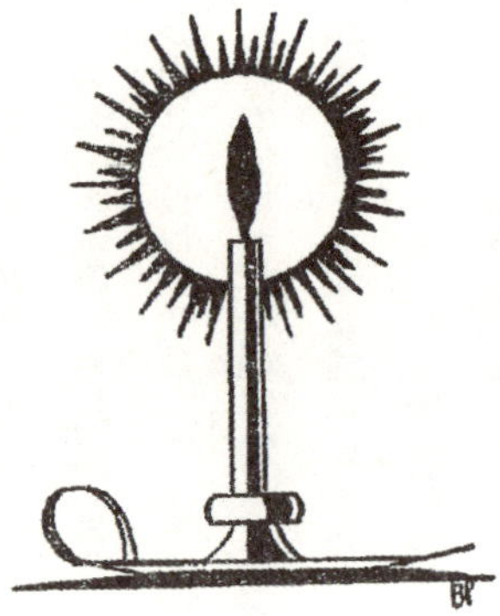

日本侵略中國毒辣手段之史的觀察

石竹

一 引言

提到中國人的性格，眞正是一種「難破之謎」，他們彼此間爭權奪利，確是看得非常清楚，想的特別周到，可是到了爲民族及國家的利益，和外國辦起交涉來，有些人便昏瞶萬分，特別對於日本人，並不是不知道他們的奸狡險惡，但是日本人給什麼虧，吃什麼虧，擺什麼當，上什麼當，一而再，再而三，……連旁觀的人，都弄得過意不去了，中國人偏不醒悟，你說怪不怪！現在眼看又走上日本人的另一個圈套了，我們爲「民族僅有的一線生機」和「國家僅有的一點國際地位」着想，罔憚陳腐，願把日本侵略中國的手段，擇要敘述一番，用促大家的覺醒，俾吃虧上當，能有一點限度，而不致陷於萬刼不復！

二 本論

日本人爲的實現他們的大陸政策，造成大陸國家，獨霸亞洲並征服世界，不但對於東北，就是整個中國，他們也是要設法能夠統治起來的。不過因爲國際勢力對峙的關係，他們不能不有所顧忌，所以在侵略上特別偏重於東北，我們叙述日本的毒辣手段，當然對於日本侵略東北，也要多說一點。

日本侵略東北，是爲吞併我們全國獨霸亞洲和征服世界作準備。因此，首先拿出設法獨佔東北富源的手段；不但排斥破壞別的國家的投資插足，並且阻撓妨害我們自己的開發建設。例如：英美兩國的新法錦齊和錦瑷鐵路計劃，美國的四國銀行團「滿洲」鐵路中立和新銀行團策略，全因遭日本破壞而失敗；十七年中國統一後，英美資本家要在東北投資的有十數團體，也因日本阻撓而作罷。我國修築打通路，日本謂爲南滿鐵路的平行線，橫加干涉；洮海吉海接軌，日本認爲南滿鐵路的包圍線，極力破壞。東北鐵路網及葫蘆島築港計劃，更百般設法阻其實現。這些不過是幾個最顯著的例子。此外，爲的達到獨佔的目的而使出來的惡勾當，更是屈指難數。

日本一方面排斥別國投資和阻撓中國建設，另一方面，當然是積極攘奪權利。所用方法要先說的，便是狡賴借端要挾趁火打刧和威迫的手段。下邊舉出幾件事實作證：

（一）狡賴撫順煤礦在瀋陽東六十公里，日俄戰後，日本主張：「該煤礦爲東省鐵路附屬事業，依條約應爲日本所有」，向我國提出交涉。我國認爲在東省鐵路支線三十公里以外，絕非該路附屬財產，因此相持不下，日本不容分說，硬行開採。後來在宣統元年五案協約中，强迫中國承認。可是協約所講，祇是煤礦，至於煤油礦，中國旣未表示讓與，自然不能說是旣得權，乃日本亦竟擅自霸佔。圖們江中有一沙灘，向屬吉林延吉管轄，日本人硬把牠叫作間島，在光緒三十三年派兵到那個地方，公然和中國抗爭領土主權。後來雖和平了解，承認該地仍屬中國，可是因爲這一類，中國又讓與了好些權利，作爲讓步的交換條件。

（二）借端要挾民國二年，中國發生第二次革命，袁世凱地位動搖。日本最初借端向袁氏要求承認「滿蒙五路」建築權，表示不得要領，便助革命勢力發展，後來袁氏派張勳率個軍隊攻打南京，部卒誤殺幾名日本人，日本明知張勳有功，袁氏絕不肯把他罷免，偏向袁氏提出那種要求，用促袁氏對於五路交涉讓步，正在沒有方法解決，北京政

府到了選舉正式總統之期，日本遂又乘機牽承認袁氏地位作條件取得袁氏許可五路建築權的要求了，

(三)趁火打刼民國三年七月，歐洲大戰爆發，列强全都捲入漩渦，無暇東顧，日本認爲侵略我國的極好機會，便實行起來趁火打刼的手段了。在那年八月，假名加入協約國，對德宣戰，進佔膠濟鉄路全線和濟南等地。戰事已了，我國要求日本撤兵，日本反罵我國的要求，是污辱日本的舉動。次年一月，提出二十一條要求，其苛酷的程度，直淪我國爲被保護國。民國十七年革命軍北伐，勢如破竹，奉魯軍一敗塗地，無法收拾，張作霖在六月三日從北平乘車出關，次晨車抵皇姑屯南滿鉄路道口，被炸身死，日人以張氏死後，東北各省，羣龍無首，必定陷於紛亂，日軍便可趁火打刼，沒料想到張氏死後，部下處置得宜，未釀變亂，使日本無藉口生事的機會。近幾年來，世界發生經濟恐慌，物價低落，生產凋弊，失業增多，稅收減少，各國急謀復興，自顧不暇，歐戰時各國不能監視日本的情形，又來到了。同時，我國糾紛靡已，水旱成災，更沒有抵抗的實力，所以日本便又有了乘機奪取我東北的決心，九一八事變就是因此造出來的。

(四)威迫光緒三十一年，中日東三省善後條約，雖承認日本繼續經營安奉鉄路，但規定日本在二年內改爲商用鐵路。屆期，日本並未改築。宣統元年，日本提議兩國會勘新路線，中國未予承認，祇許照舊約改築。六月日本提出最後通牒，以自由行動威脅中國，同時一方面命滿鐵公司卽行起工，一方海陸軍皆作準備，其勢洶洶，大有用武力解決的形勢。中國不得已，才和日本締結安奉鐵路協約。再有上述日本的二十一條要求，在提出後，我國輿論鼎沸，十九省將軍通電反對，日本則連派海陸軍，向我國壓迫，預備要求不遂，卽將武力解決。五月七日，向我國提出哀的美敦書。聲明中國如不承認日本要求，將於四十八小時以後，執行必要手段。袁世凱迫於威脅，竟違反民意表示接受了。

上述那四種侵略的手段，前邊三者，要先有可以利用的口實和機會作前提，否則，縱使百般設法，也無計可施。威迫一端，似乎可以從心所欲，但是容易引起中國的反感和各國的嫉視。因此，日本又採取引誘和欺騙的法子。

(一)引誘日本的引誘，不僅對中國施展，對各國也用。對于中國，不但在產業開發方面下手，在私人利益方面

，也用力。日本在向袁世凱要求滿蒙五路和二十一條的時節，在暗中曾表示袁氏如果接受，日本便承認北京政府，並幫他完成帝制。袁氏為維持優越地位，才應允日本的要求。安福系當國時，日本拿金錢為餌，誘使締結吉長吉會滿蒙四路和金礦森林借款契約，前後達五萬萬元。張作霖生前，日本人知道他有向關內擴張地盤的野心，乃資以款械，使一再帶兵入關，藉以要求報酬。這統是對於中國中央和地方當局，拿假誠意代作有利的打算，以便從中取巧。在產業開發方面，高唱「中日親善」和「共存共榮」，假借中日合辦的名義，侵奪各項產業。例如東北的最大鐵礦是本溪湖，最大的森林採伐事業是鴨綠江採木公司，形式上都是中日合辦，實權却操在日人。前者，每年產額，向不發表，祇准售與日方，後者，從公司成立後，鴨綠江上游的森林，都入日人手中。再如九一八事變前，日本亦曾一再誘引東北當局把東北鐵路同南滿路合辦起來，其用意是平時給南滿路增加培養路線，有事則無論何時，可藉合辦名義，自由佔用。此外，日本於破壞阻撓我國自資築路之餘　又就已侵奪到手的權利，擇其損失輕微的，表示放棄，以交換比較重要的利益。例如：為完成吉會路，不惜以交還天圖鐵路為餌，幸當局洞燭其奸，加以拒絕。至對其他各國，在形勢未許獨佔以前，每誘與分贓，以待時機到來，再肆鯨吞。例如：日俄戰後，日本與帝俄劃分在東北的勢力範圍，『南滿』屬日，『北滿』屬俄；九一八事變後，為緩和英美敵意，一再聲明在東北仍維持門戶開放政策，歡迎各國投資。各國受其愚者，不乏其人。

（二）欺騙　日本人的欺騙手段，那更多了，可以說和中國的外交折衝，沒一次不帶一點欺騙性。舉幾個重要的說：日本對於鐵路的侵略，為掩人耳目計，改用操實權的借款和墊款承築形式。例如：（1）吉長鐵路在借款期內，局長雖由中國政府委任，而工務運輸會計三主任，均係南滿鐵路公司選派。名義上雖屬我國所有，其實權則操之日人。（2）四洮鐵路，實權也把在南滿鐵路公司所派會計主任和總工程師之手，我國徒擁空名。（3）吉敦鐵路在工程期中，聘用日本工程師一名，助理員若干名，至正式通車後墊款全償還時止。另請日人充會計主任，總理一切會計方面事務。此外，日人更到處運用陰謀，俾路局債台高築，無力償還：（1）吉敦鐵路照收入講，如能節約開支，每年應償的三十萬元債務，早可還清。惟因路權操在日人手中，開支任其自由，其中有不少浪費處，以致陷於困難境地。(2)吉敦鐵路，工程異常惡劣，總工程費反逾二千四百萬元，計浮冒八九百萬元。蓋以弊端百出，且對於開支方面，亦未有精密計算，以致浪費過多。日本這種欺騙手段，不過爲達到永久把持路權的目的。至於其他欺騙事項，最顯著者，有如：(1)光緒二十年日本驅令中國出兵代平朝鮮內亂，日兵隨之而至，後來又約中國各勿增兵，中國照約履行，日本却在暗中增兵不已，中國受騙，兵數相差甚多，以致一戰敗北，(2)辛亥革命之時，日本暗中援助革命黨人，反向清廷一再表示日本願以實力援助平定內亂。(3)民四國年，日本知袁世凱欲改帝制，特在提出二十一條之時，暗向袁氏表示，如允日本要求，日本願助袁氏高升，袁氏因此野心日益堅決。後來袁氏宣布實行帝制，日本政府忽又正式强硬警告袁氏不可稱帝。(4)去年上海戰役之前，日本駐滬海軍，經駐上海總領事向中國提出最後通牒，要求解散反日團體及其他數項無理條件，以爲中國決無允許之理，屆時便可藉口佔領上海。孰料中國完全承認，日本駐上海總領事亦表滿意，日本海軍見藉口失敗，無故竟向中國軍隊挑釁，釀成慘劇。日本對於歐美各國所施的欺騙，其著者如光緒三十一年中日會商東三省善後事宜會議紀錄裏，有「中國爲維持東三省鐵路利益起見，於未收回該路(南滿鐵路)以前，允於該路附近，不築並行線及有損於該路之支線」的語句，實係日本代表的要求，未經我國代表同意，故僅將日方聲明，記入會議錄而未列于正式條款。日本竟私自編成條款形式，一面通告英美，謂有密約，一面據以妨害我國自行築路；這是無中生有的欺騙。至於隱埋侵略眞相，不使各國聞悉，則有下列兩事：(1)民國四年，日本向中國提出的二十一條，其第五項不啻淪中國爲被保護國，日本一面壓迫中國保守秘密，一面向各國宣稱並無嚴酷條件，卽對其同盟的英國，亦祇通告十四條，第五項之七條，概行隱蔽。(2)民國七年，列强進兵西伯利亞之役，日本擬乘機完成其獨呑東北的野心，主張中國旣爲參戰國之一，亦應出兵，並根據此旨，誘迫中國當局締結中日軍事協定，因此獲得中國的保護權，當時雙方嚴守秘密，外間罕有知者，各國報紙，雖有所傳，日本政府却一再極端否認。他如歐戰時日本派石井赴美游說，與美國國務卿藍辛以地理接近自然發生特別關係爲詞，成立藍辛石井協定。在藍辛之意，認爲所謂特別利益，僅領土接近所生工商業上的特殊關係。乃石井返國，則言包括政治上軍事上的特別利益。于是，日本舉國歡忭若狂，咸謂日本侵略中國，已得美國諒解。美國自是始知受騙，因發表宣言，予以否認的說明。九一八事變，中國提交國聯處理之始，經議決限令日本退兵，日本一面逐步擴大軍事行動，一面欺騙國聯，謂已漸將軍隊撤至鐵路附屬地內。其後由關東軍嗾使並協助漢奸，造成僞國，日本政府偏一再聲辯，謂係出於「滿洲人民自決」。經調查團揭穿眞相，各國始燭其奸。

日本又早知道：假使中國國勢强盛，上邊那些侵略手段，絕難順利進行。因此，又積極從事助長中國內亂和破壞中國統一的工作。這兩事，差不多已經變成了日本侵略中國傳統的中心政策。在中國無事之時，分別向中央或地方政治領袖及各野心軍人挑撥離間，不惜費以大批金錢及武器。其用意總以使中國發生糾紛爲快。而遇中國行將統一之際，每設法勾結二三不肖軍人從中作梗。其計不售，則更直接出兵，橫加阻撓。事例孔多，不暇枚舉。最顯著者，例如：(1)辛亥革命，使有日本的力量參加。當時日本幫助革命，並非歡迎中國改建共和政治，實在希望中國新舊勢力衝突，陷於紛亂。(2)民國二年，中國政治將上軌道，唆使民黨反對袁氏。二次革命爆發，勢聲煊赫，日本深恐其成功後不能如袁氏之易受指使，乃又幫助袁氏摧殘革命。(3)我國南北分裂，日本特組織銀行團，貸款北京政府，使擴大內亂。(4)直皖和奉直各次戰役，亦莫不有日本在暗中教唆或資助。(5)民國十七年，黨軍北伐，勢如破竹，直魯各軍，望風潰退。日本深懼中國統一，于是不顧一切，擅行出兵山東，希望造成重大衝突，得阻統一完成。(6)國民政府統一關內以後，張學良深感全國有統一必要，決定易幟，表示服從。日本政府令奉天總領事林權助向張氏一再當面提出警告。(7)民國二十年，中國內戰停息，在形式上，已經得到統一，日本遂又造出九一八事變。其後，利用漢奸成立僞國之外，在華北，不斷企圖利用第二傀儡登場，在新疆內蒙，則挑動回漢之爭，和唆使王公樹立自治政府。

日人還以爲不足，又想出一種心理征服的手段。就是到處設法恐嚇或逼累中國人，使心驚膽戰，根本喪失了和日本爭鬥的膽量。例如：(1)日本屯駐東北的軍隊，時常武裝游行或野戰示威，其用意在表露日本兵多且强，使中國人發生畏懼的心理。(2)民國八年長春事件，民國九年琿春事件，和民國二十年萬寶山事件，全是日本軍隊無理取鬧，藉端騷擾，肆意屠殺，昭告日人之不可輕惹。(3)最近上海戰事，日軍不顧犧牲，一再增援，得勝而後已；在華北亟力威脅平津，迫中國軟化；中國灤東勦匪，日人更暗中阻撓破壞，造成非央求日人幫助無法解决的局勢，也不外是促使中國人全都懾服。

日本侵略手段，積極方面已經知道是那樣，消極方面，對於各種條約或協定，當然難望其能夠絕對遵守。違約背信，食言自肥，亦儼然成了日本好用的侵略手段。舉例子說：(1)日俄樸茨茅斯條約規定，南滿鐵路限於商業使用，日本聲明願與俄國同時將軍隊撤退。中日會議東三省善後附約，亦復定明日俄兩國軍隊及護路隊伍，應儘速撤退，如俄國承認撤退，日本亦願同樣照辦。俄國軍隊撤退以後，日本本應履行條約，竟乃置之不理，並積極作軍事上的準備。(2)非戰公約規定國際間的爭端，應用和平方法解决。國聯盟約規定會員相互擔任尊重領土完全和政治的獨立。九國公約更特別著明締約各國協定尊重中國之主權獨立及領土與行政之完整。日本竟悍然不顧，擅予撕毀。

綜觀日本侵略行動，雖然着着前進，步步加緊，橫衝直撞，得寸圖尺，可是倒有好多地方，表出來欺弱怕强和軟進硬折，這也幾乎成爲日本侵略手段之一。最顯著的事例，是(1)中日戰後，日本對中國提出苛酷條件，並迫令割讓遼東半島，經李鴻章百般哀懇減輕，未生分毫效力。帝俄聯合德法，出而干涉，日本乃自動交還遼東半島。(2)去年上海戰事，日本初意在攻下上海之後，直取南京，兼據長江各埠，迫令中國降服，承認放棄東北。經中國軍隊的奮勇抵抗，飽受犧牲，知難而退。

三　結語

根據三十年來日本侵略中國的史實，我們可以得到幾種認識：

(1)日人進行侵略，是到處尋找可以利用的機會。所以和他們辦交涉訂條約，應該萬分詳審，以免發生出來可以被他們取巧狡賴的地方。中國自家一切的事，也要格外愼重，不可陷於紛擾，好讓日本一點抓不着借端要挾或趁火打刼的機會。

(2)日本人慣用詐欺手段，對於我國更是一點不講信義？外交道德，在日本辭典中絕對找不到的。所以日本人的話，無論是對中國或其他列强所發表的，不要全都信以爲眞。「中日親善」和「共存共榮」等類的論調，更要加以戒懼。因而條約協定自然也要切忌和日本簽訂，免招喪權辱國之譏。

(3)日本侵略我國，本來是貪得無厭，得寸進尺的，絕不可過於畏縮退讓，因爲示弱足以增强日本的野心，他們看中國愈退縮，是越要進逼的；亦卽對於日本的威迫，絕不可屈服，否則，就要上日本征服中國人心理的當了。假使中國態度堅强，兇狠抵抗，日本是莫可如何的，因爲我們知道日本有怕强欺弱的毛病。

(4)日本人隨時隨地敎唆或資助中國軍人互相火拚，並非厚愛他們，不過利用中國長期混亂積弱不振，以便肆行略侵而已。因此對於日本不可不像待盜賊一般的防範。而中央或地方當局想要藉日本的助力統一全國以達政治上的大慾，那更是一種妄想。就個人利益說，日本旣是慣於雙方勾結到處利用，爲保持地位或擴張權勢，而求助日人，小之所謀不成，大則禍招殺身。你看日本助袁欺袁助段倒段助張殺張便是幾個好例子。

現在中國經日本人的誘惑，又發生內部的糾紛了，也許有人受了脅迫欺騙相信和日本簽訂協定，或者能相安一時，得以埋頭建設，以圖復興。可是日本自始是不懷好意的，有了紙面的諾言，能約束日本此後不妨害破壞中國的建設統一嗎？當然不能。一切折衝，不過多受一次的騙罷了。爲愛護國家和民族，在創鉅痛深之餘，中國人似乎應該有一點覺悟吧！

補白

東北淪陷將屆三載，沉溺日深，光復無日，迴首河山，愁生白髮，以雪和墨寫詩五章，用補報尾。

倭奴殺盡滿江紅，勒馬長白第一峯，奠定河山安父老，男兒纔是人中龍。

長白山頭采鹿茸，遼河之水沃心胸，寧敎血染川原徧，總使山河屬阿儂。

川原喋血徧腥紅，無復人煙遺老農，有子從軍沒消息，一家八口死衝鋒。

蹎尾流離儘可憐，家山淪陷近三年，丈夫第一快心事，殺敵還家先着鞭。

風雲險惡海山排，祗待雷聲雨點來，親美聯俄協取日，救亡雪恥莫徘徊。

癸酉玄冬遼東杞元稿

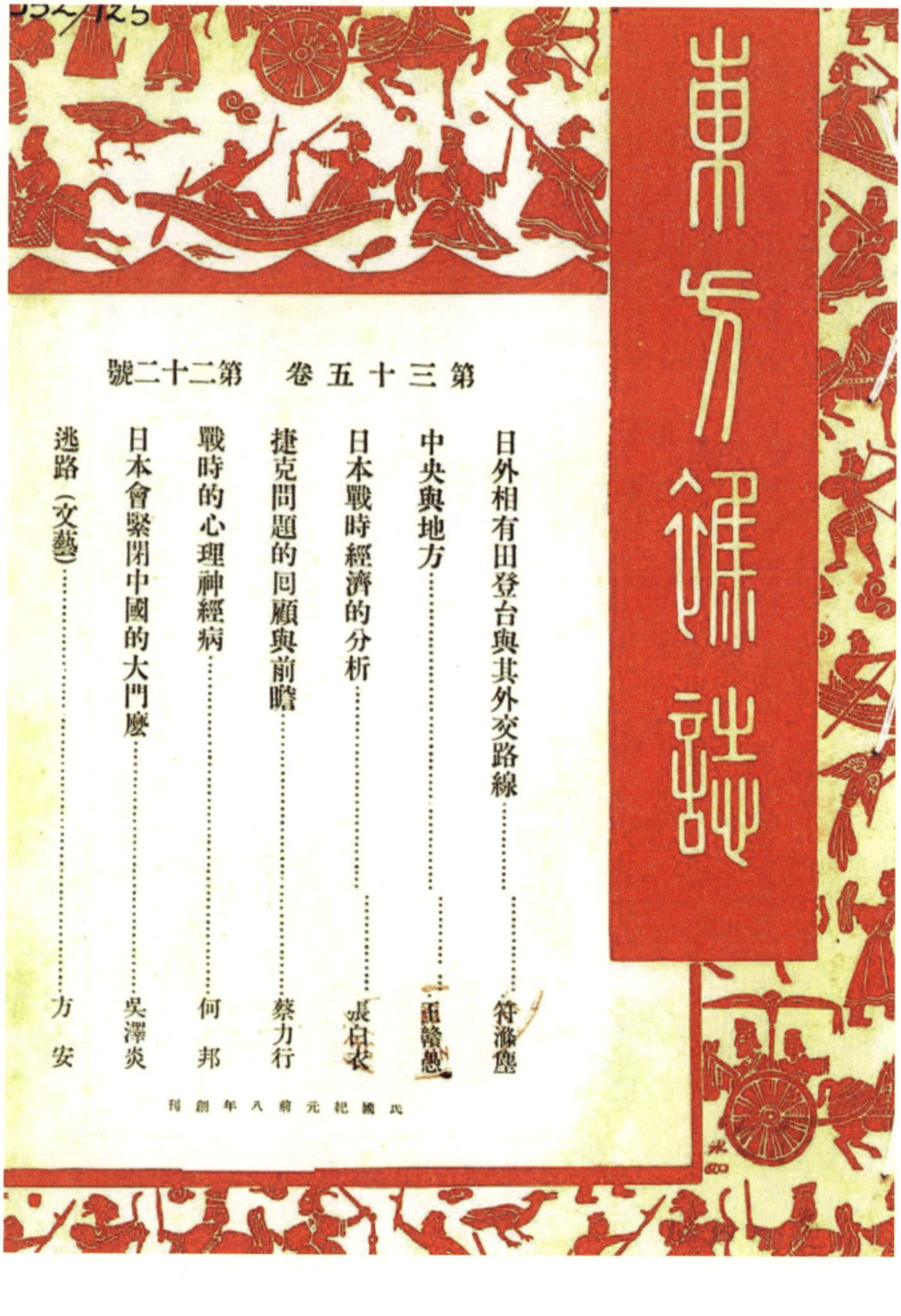
東方雜誌
第三十五卷 第二十二號
日外相有田登台與其外交路線……符滌塵
中央與地方……王贛愚
日本戰時經濟的分析……張白衣
捷克問題的回顧與前瞻……蔡力行
戰時的心理神經病……何邦
日本會緊閉中國的大門麼……吳澤炎
逃路（文藝）……方安
民國紀元前八年創刊

日本進攻華南

一九三八年十月十二日晨，日軍終於在廣東惠陽屬的大亞灣強行登陸，展開了侵略華南戰爭的序幕了。日方所以毅然決然拋棄「七·七」後一年餘來對國際關係的顧忌，正式實行大規模的進攻，一般說來，有著如下的原因：

第一、在中日戰爭上，日方對武漢的進攻，並沒有達到預期的目的。日方屢次揚言攻下武漢的日期，最初定爲七月中旬，及後又改爲八月中旬、九月中旬，以至雙十節，結果完全失敗，不得已又改爲十一月三日，所謂「明治天皇誕辰節」，然而日軍閥對此項預定，亦缺乏自信；而在共沿江躍進的速戰速決戰略上，雖然儘量利用共優勢的海陸空軍的密切配合，甚至蔑絕人道，施放大量毒氣，依然不能順利進展，反而於十月十日在德安吃了一次空前敗仗，而先後對華軍消耗的兵力亦達三十餘萬人以上。日軍閥爲着掩飾敗績，並圖牽制華方保衛大武漢兵力，於是決定向華南作冒險的進攻。

第二、在日本內部的政治上，十月初，日外相宇垣被迫下台，近衛池田也再進一步向坂垣屈膝，同時所謂對華中央機關——「興亞院」亦遵着軍部的意旨決定設立。日本法西軍閥少壯軍人氣焰愈高，決心放棄宇垣等所主張及執行的親英外交，而冒險發動侵略華南的戰爭。

第三、在國際外交上，歐洲慕尼黑會議中犧牲捷克的殘酷方式，和英法對法西國家的繼續讓步，給日本軍閥一個有力的鼓勵。日本軍閥遂乘着歐洲糾紛疊出不絕之際，利用英法不惜犧牲弱小求得「和平」的弱點，決定向英法擁有重要利益的華南進攻。

日軍之進犯華南，絕不是一種偶發的舉動。九月初，日方在華南的特務人員曾在台灣舉行會議，策劃進攻華南；後來陰謀家土肥原亦由上海南下，至台灣廈門一帶，祕密商洽。而當歐洲因捷克問題弄得烏烟瘴氣的時候，日海軍突然駛進北海，並佔領傍近廣州灣，在軍略上居重地要位的潿州島，由這已可以看見當時日軍躍躍欲試的姿態。所可惜的，是華南軍事當局，警覺不够，未能認清宇垣下台，台灣會議，以及北海日艦佔領潿州島等等事件對華南局勢的影響，且對於英法存着某種幻想，不信日軍敢進攻英法各國擁有重大利益的華南，以致廣東防務過分空虛，沿海一帶簡直陷於無警戒的狀態中，終於鑄成了十日間喪失廣州的大錯。

日軍侵犯華南的經過是這樣的：

十一日，惠陽平海口外發現日驅逐艦十一、運輸艦三十餘，在海外往來巡游，各艦離海岸約一百五十華里，全部熄滅燈火，同時復放烟幕，致共蹤跡殊難明瞭，這是當晚日軍登陸前之準備。此外澳頭之三門灣以及海陸豐潮汕一帶都發現日艦。當晚香港各外國通訊社已發出大亞灣日艦雲集的消息，但廣東省政府還發電否認。

然而這是事實。十二日晨四時二十分，日方先集中各艦大砲，猛轟大亞灣北的下涌及附近小島，然後派兵強行登陸。據傳登陸時並未受到若何阻礙，於是事先調來之日軍，紛紛由運輸艦改乘小艇登陸，致當天登陸之日軍爲數甚衆。下涌本是惠陽最大漁業港之一，與平海、澳頭成品字形，有公路可通稔山及淡水。當時該處華方守軍是莫希德的一五一師，事先疏於防範，所以一遇日軍登陸，致倉卒間未能充分加以迎擊。莫部士兵雖然英勇異常，但因爲日軍力求速戰，砲火十分猛烈，且大批飛機到處轟炸，華軍損失頗重，陣地漸漸內移，十三日晨，日軍便佔領了淡水。

正當日軍在下涌登陸成功的時候，又有日軍分別在東涌和平海的小鑵山登陸。日軍登陸未久，便佔了稔山，同日更由稔山沿公路北犯平山。十三日，又和從淡水北犯部隊佔據惠陽東南的白芒花。同時日機百餘架成隊飛往淡平、惠淡、惠海、惠平、惠樟、莞樟等公路，廣九、粵漢等鐵路，和惠陽、博羅、增城、石龍、新塘等城鎮殘酷轟炸。惠陽一日遭炸八次，全城已被炸毀。

十四日，中日兩軍已移至平淡公路以北作戰，日軍分爲兩路，一路沿樟惠公路攻廣九路，一路由白芒花攻惠陽。十五日晨，日軍已迫近惠陽，當地自衛團和壯丁隊配合正規軍隊勇敢作戰，阻擊日軍，但當晚惠陽終於失守，不過侵粵日軍在這裏終於遇到比較有力的打擊。同日，淡水日軍又向德隆推進，向廣九路進撲。而佔領了惠陽的日軍，又復分兩路進犯，一路開始向博羅推進，一路向北進展，偷渡東江，直趨從化東面的龍門。

十六日，日軍已越博羅，樟木頭華軍自動退出，因日軍已在石龍東南處切斷廣九路了。十七日，西犯日軍南路已佔石龍，北路則越過禤田圩進攻增城。十九日，增城又告失守，而由博羅北犯的日軍，亦佔領石龍。此數日間，戰事消息非常混沌，至今仍無詳細記載。不意二十一日早，廣州竟起大火，當日午後二時，日軍坦克車隊和機械化部隊已開入廣州，佔領城東，綿繡羊城，終告棄守，財產損失不可數計，至可痛心。綜計日軍自大亞灣登陸起至佔領廣州止，前後僅十日而已，開抗戰後失地未有之先例。

爲甚麼廣州失陷得這樣快呢？除我們上述廣東軍事當局警覺性不夠外，未曾發動廣東所有力量應戰；對抗戰指導原則的了解不夠，僅知道保全自己，而不知道消耗敵人這幾點，亦爲重要原因。然而廣東民衆仍是英勇抗日的，三灶島壯丁之偷渡襲擊日軍；南澳島民衆之配合政府軍作戰，收復該島；惠州陷落後市民要求政府發槍，使能實際參加抗戰，廣州青年男女報名參加爲保衛廣州而戰的，達四萬餘人；中山縣農民在㘵頭沙擊退登陸日軍等，都是明顯的例子；但因爲廣東當局，事先並不能充分組織發動，事後又未能充分給予武裝，使其有機會作戰。誠如十月十八日大公報評論所說：『政府中兼職過多，效率不足，組織動員民衆武裝不夠。』以致日軍一自登陸之後，如入無人之境，教訓實在是非常嚴重的。

但廣州失陷之後，軍事最高當局對廣東軍政，則大加整頓。同時，多數勁旅亦趕調至廣東助戰，中日兩軍遂漸次形成對峙的局面，民衆力量亦比較稍能發揮。於是華南戰局，又轉入一新的局面。

華軍退出廣州後，即在三水、從化、花縣設防，並在白沙、軍田、三水之前衛線加強工事。粵桂軍隊阻截日軍於西江，另外中央增援部隊，亦由江西沿公路入粵，開抵和平新豐各地，分路向日軍壓迫。但虎門、龍門、從化、三水，又在華軍站足未穩時先後失陷。而西江日軍，又圖向肇慶進犯，北江日軍則圖窺佛岡，侵粵日軍在這時候，已達到了牠的活動的頂點。到了十二月初華軍一經站穩，日軍在軍事上便已漸漸失去了牠的優勢，而轉入華軍活躍反攻的時期了。

十一月初，西北東三方面之華軍，取得密切聯絡，向日軍作斷然之反攻。六日攻克西江之三水、佛山，八日收復東江之博羅，十日反攻從化，十一日順德亦告收復，而前死守淡水、大鵬山、佛子嶺之華軍，亦已組織山民，練成勁旅，向淡水日軍進擊，終將淡水克復。十二日反攻從化華軍，又將縣城佔領。於是華軍反攻廣州之聲勢極盛，東面由博羅、北面由從化、南路由佛山、西面由三水，連成向廣州合圍之包圍線，華方小部挺進隊更迫近廣州，襲擊江村一帶，因此日軍紛由台灣增派援軍。十八日華軍且有限期攻克廣州之說，而反攻廣州之聲勢愈盛，華砲隊不斷猛轟廣州西南郊之黃沙車站（粵漢路之終點）；粵漢路向南推進之部隊，則已越過小坪，進攻西村。鐵路線以東之華軍一縱隊，則由花縣南下，抵距廣九路十華里的白雲山，直至二十二日，華軍砲隊已直接轟射廣州。此爲華軍反攻廣州最劇烈的階段。及後，日軍增援反攻三水，又一部日軍進犯東莞，向深圳推進，另一隊則進犯虎門南之寶安，企圖肅清該地之華軍。而東北江之博羅、從化，亦重爲日軍佔領。

十二月，戰爭又趨猛烈，華軍亦獲有顯著之勝利。一日深圳已被華軍克復。而東江之重要據點惠陽，經華軍張瑞貴及自衛團圍攻之後，日軍被迫退出，九日當即克復，繼又於十一日再度收復博羅，進迫增城，在此數役中，日軍死傷在一千人以上。十五日起，渡越增江的華軍，與增城日軍

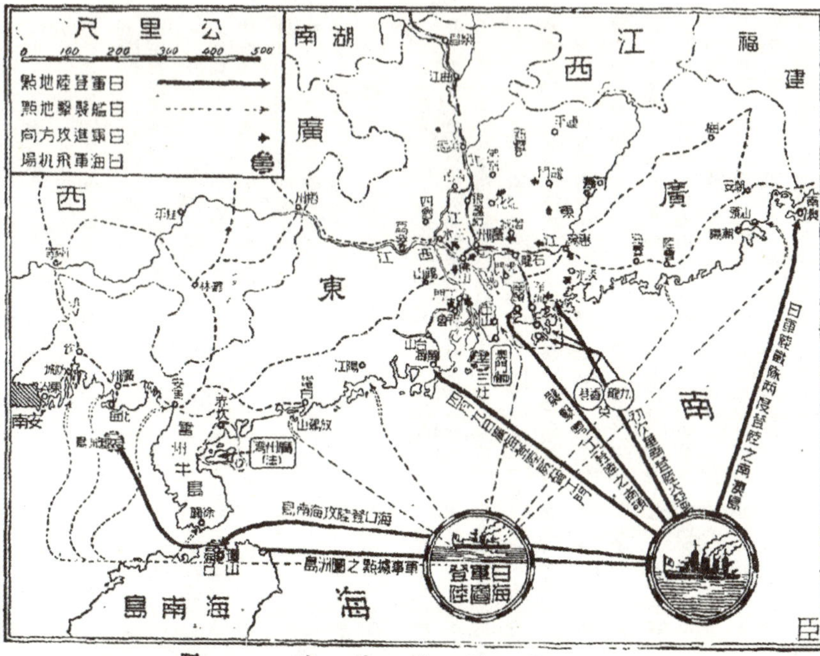

日軍偪促於羊城一隅

對戰，一直到十二月月底，兩軍仍在相持中，而二十六七等日，華軍幾次衝入增城巷戰，日軍傷亡尤大。當東江戰事正在增城相持的時候，西江日軍又開始西犯，目的在進攻肇慶。蘆苞、馬房、九江、古勞等地，於一月初激戰甚烈，當地民衆自衛團在阻截日軍西犯上，曾建立非常英勇的戰績。及至五日，西江形勢非常緊張，南路日軍已佔江門。華軍勁旅配合民衆武裝部隊當即拚死反攻，高明、三洲、海口、鶴山、河坪等地遂先後奪回，進而圖攻江門。但西犯日軍又轉犯崴利、馬房，戰事之激烈，爲侵粵以後所未有，直至一月中旬，西江一帶，仍不斷發生戰事，自後日軍屢屢受挫，毫無進展，始退返三水一帶。廣東戰事於是又恢復原有之對峙狀態。而日軍之佔領區更形縮小，僅由東江之東莞起，經增城、從化、花縣而達西江之三水，形成一半圓形之陣線，與華軍對峙。

從這近三個月的戰事中，我們已可以看到侵粵日軍的鋒芒已漸漸減弱了。跟其他各戰場一樣，華南華軍已經爭取了戰略上的主動地位。日軍幾次企圖進犯北江、西江，都被華軍逐退，而日軍侵桂的企圖，目前雖不能說業已放棄，但經了華南軍事當局幾月來積極的準備，各地民衆之逐漸動員武裝，即使以後日軍敢於冒險西犯，其困難的程度，已較去年增加多多。而不可侮的兩粵民衆，其抗日積極性的不斷增長，尤爲侵粵日軍致命的打擊。兩粵自明末以來，因爲「洪門會」「三點會」等含有民族意識的組織，在民間有廣汎的散佈和發展，再兼粵民最早到海外經商，身受目睹，反抗外族壓迫的民族意識非常堅強。且自太平天國到北伐到「一·二八」，或以兩粵爲其根據地，使粵民最先受革命精神的薰陶，或因當地部隊在淞滬立功，震動全國民衆，使廣東廣西民衆大受激勵，由此而歷史的造成了兩廣民衆的堅強戰鬥力和英勇犧牲的戰鬥精神。「七·七」之後，兩廣軍民担負重命，轉戰全國，亦是一例。如廣東軍政當局能善爲領導，廣爲發揮，我們相信兩廣必然到處都是長城，南侵日軍，以後當無立足之地。華南的戰事，猶如全國的戰事一樣，在目前是極可樂觀的。

边　铎

《边铎》创刊于中华民国23年（1934）3月。原为半月刊，第1卷共4期，自第2卷起改为月刊，又出2期。社址在大石桥25号。后因编辑部内部分歧而改组，并于民国23年（1934）10月15日改刊名为《大山》月刊，刊期另起。该刊侧重于研究新疆史地及现实问题，在改刊名启事中，曾提出将“侧重新疆问题，其解决之道，则以民族平等，共荣共存，扶助边民，脱离黑暗统治，解除帝国主义之羁绊，实现国策为宗旨”。

邊鐸半月刊

第一卷第二期

不許轉載

編輯者　邊鐸半月刊社　大石橋二十五號　電話三一三七一號

發行者　邊鐸半月刊社

印刷者　國民印務局　南京宗老爺巷四號　電話二三二六三號

代售處　各大書局

中華民國二十三年三月二十日出版

徵稿簡例

一、本社取公開態度，投寄之稿，凡關於邊疆問題之政治，經濟，軍事，外交，文化，宗教等類之論評；記載，調查，其他之小品文字及對於邊政之建議與方策等，或創作，或譯述，均所歡迎，文言白話不拘。

二、來稿篇幅不限，但以三千至五千字為原則。

三、來稿務須繕寫清楚，并加標點符號。

四、投寄譯稿，請附寄原本，否則須將原題及著者姓名，出版日期與地址註明。

五、寄來稿件本社有修改增删權，如不願修改增删者，請預先聲明。

六、稿末請註明姓名，住址，以便通信，揭載筆名得由投稿人自定。

七、來稿如經刊登，酌致薄酬如下：

(甲)每千字酬以三元至七元之現金。

(乙)酌酬本刊若干期。

(丙)特別稿件，酬資另議。

八、登載稿件，如在他處發表者，概不致酬。

九、來稿刊登與否，概不退還。

十、投稿請逕寄南京大石橋二十五號，邊鐸半月刊社編輯部，萬勿投寄本社任何個人。

《边铎》杂志版权页

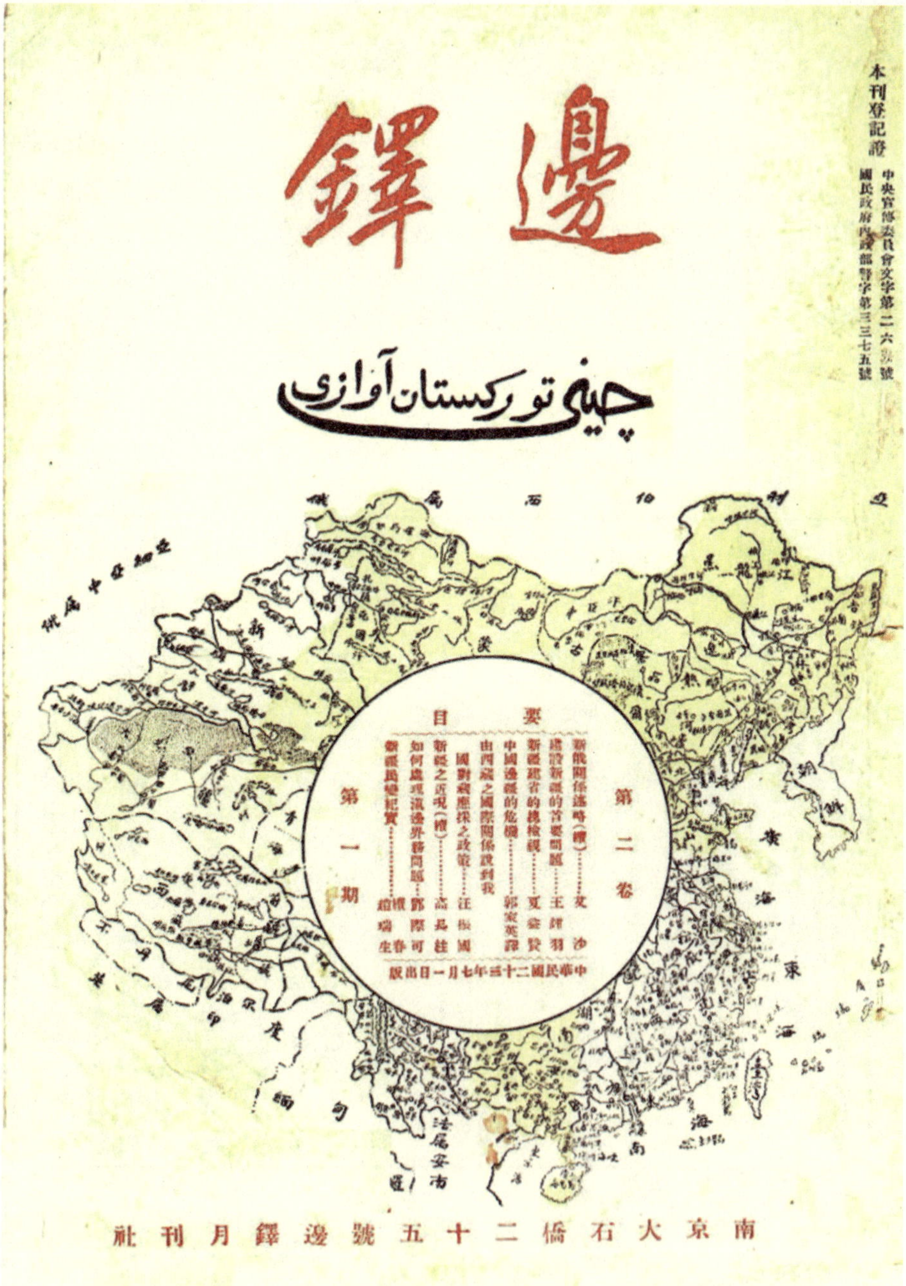
邊鐸
چینی توركستان آوازی
本刊登記證
中央宣傳委員會文字第二六號
國民政府內政部警字第三三七五號
第二卷 第一期
要目
新俄關係述略(續)……艾沙
建設新疆的首要問題……王辟羽
新疆建省的總檢視……夏鑫賢
中國邊疆的危機……郭宗英譯
由西藏之國際關係說到我國對藏應採之政策……汪振國
新疆之近況(續)……高長柱
如何處理滇邊界務問題……郭際可
新疆民變紀實……懷春 趙瑞生
中華民國二十三年七月一日出版
南京大石橋二十五號邊鐸月刊社

《边铎》杂志封面

日本鐵蹄下之間島

周璣璋

緒言

延邊間島不特爲東北四省之鎖鑰，亦我國國防上重要門戶之一。在整個東北未亡以前，延邊早已名存實亡而爲日本帝國主義者之囊中物矣。惟該地遠處東陲，孤懸塞外，交通梗阻，消息不靈，故國內人士以向對於該地之危殆情狀，知者甚少。延邊之於日本不獨在政治經濟及移民方面，佔有極大之重要性，在軍事方面，尤爲重要，橫貫延邊之吉會鐵路，即爲日本侵略滿蒙制服蘇俄之武器，一旦戰事發生，則可供日本軍旅及食料運輸之便利。同時北滿富源可經該路與清津，羅津，或雄基三港銜接而運至日本敦賀新瀉港。此外，尤可大批移民，開拓稻田等業，以解決日本人口與糧食問題；並開發該地多量之森林，煤礦，金礦，以供日本之消用。故三十年來，日本無時無刻不在如何圖謀侵吞中。九一八事變前，延邊在名義上雖爲中國領土，實際，則政治，經濟切權利，幾全操於日人之手。並利用入籍韓人爲其先驅，到處收買華人土地，以爲直接搾取東三省土地利益，間接完日本農民移居朝鮮之舉；同時於政治上組織朝鮮人居留民會，在中國領土內施行日本之內務行政；在教育上以稚厚之本設立學校，霸佔教育權，養成日本在東省之根本永久勢。

九一八事變後，延邊隨整個東北之運命以俱亡，大好山，無辜同胞，已爲日本鐵蹄下之踐踏物矣！雖然，亡羊牢，未爲晚也。吾人既未甘東北之淪陷，則對此有關東北防之延邊，自有研討之必要。爰就延邊之人口，面積，出，氣候，及其他關於政治，經濟，交通，教育等等，根據查所得，摘以錄出，並將事變後日本在延邊之措施情形，以介紹，藉供關心邊事及準備收復國土者之參考焉。

一 沿革

延邊一帶在古時爲肅愼，挹婁，勿吉，靺鞨之一部，至唐睿宗先天元年，靺鞨族強盛，驅逐附近外族，建設渤海國，疆域包括現今之東三省。延邊一帶，當屬其版圖。至南宋度宗咸淳三年，女眞殘部盤踞延邊。明太祖洪武二年，李成桂即朝鮮王位，乃置慶源府於孔州地方，太宗之世。並慶源府于鏡城，遂虛其地，清康熙五十一年，烏喇總管穆克登與朝鮮軍官李義復，趙台相等，同登白頭山頂，劃定境界。境界既定，朝鮮政府下圖們江封禁令，嚴禁人民私自渡江。清政府亦以神州以外爲塞外之地，人不可居，荒廢放置，於是延邊一帶成爲飛禽走獸之自由天地。清穆宗同治八年，朝鮮咸鏡北道大饑，咸鏡人民不顧國禁，求生於江北，此爲最近六十年來朝鮮人移居延邊史之初頁。

光緒八年，吉林將軍銘安爲開墾圖們江東北地帶，奉命查邊，見韓人移居情形，大驚，行文朝鮮政府，令圖們江以西以北佔領之朝鮮貧民，一律退回，於是兩國境界交涉又復開始 遂開數次勘界談判會議，卒不得要領，中國政府乃訴之於武力，新設延吉廳於間島中央，駐屯軍隊，課韓民以租稅。朝鮮政府亦在圖們江岸設置邊界警察署，並派間島視察使，着手保護韓民。當時韓民之入華籍者，二萬七千四百餘戶，男女十餘萬口。至日俄戰後，韓日間成立保護條約，日本政府代行韓國外交，駐韓統監伊藤博文派遣齋藤季治郎爲統監部間島派遣出張所長，在延吉六道溝設置事務所，由光緒廿三年八月廿三日開始辦公。同時聲明間島爲朝鮮領土之一部，幸由吳綬卿將軍據理力爭，得未被日本強佔爲領土。安奉鐵路問題發生，日本政府決採自由行動，於是間島問題亦在此時應日本之要求而解決；宣統元年七月，中日兩國在北京締結間島條約。（間島條約附後）同年十一月日本在間島設置龍井村（六道溝）間島總領事館，局子街分館，及頭道溝分館，翌年三月又設置百草溝分館。

二 間島名稱之起因

今人多稱延邊一帶爲「間島」，考其名稱之起源，衆說紛芸，莫衷一是。然概括言之，不外下列諸說：

一，由地理的考察而言，延邊一帶，南有圖們江，北有牡丹江綏芬河，東有紅旗河包圍四縣周圍，宛如海洋中之島嶼，故因以爲名。

二，由歷史上考察，間島地方位在中韓境界，在封禁時代，成爲兩不相屬之中立地帶，故有斯稱。

三，間島係「幹東」之訛音，朝鮮歷史有李成桂高祖由慶源郡龍堂，移居幹東之事，依其註解，幹東為圖們江東一帶之地，則幹東二字又為「江東」之訛音無疑，因韓音「江」「幹」相似。

四，和龍縣光霽峪與其對岸鍾城之間，有一小島，因其在江心，所屬不明，曾有爭執，稱為「間島」，蓋今之間島係此小間島之擴稱。

綜核以上四說，第一說似甚有理，唯在「間島」名稱發生之當時，尚無勘察四縣周圍之事，則此說不過為有理之推測，不成為真正之原因。第二歷史說亦與第一說相同，只能證明「間」字之來源，「島」字亦無以說明。第三說更與事實不合，蓋韓人之稱「間島」，即指圖們江北部延吉，和龍，汪清，三縣而言，「幹東」在江東（即今琿春）則位置上並不相合。第四說亦無成立之可能。於此吾人可以斷言間島二字之起由，乃由於朝鮮人有不承認延邊為中國領土之心理，遂決定以「間島」二字表示為兩不相屬之中立地帶。

三 境界與面積

延邊一帶，日韓人統稱為間島，係指吉林東南部延吉琿春汪清和龍四縣而言。其位置南以圖們江與朝鮮咸鏡北道相對，西以英額嶺與遼甯省之安圖縣及吉林省之樺甸縣相接，西北以哈爾巴嶺及松義嶺山脈為界，北與甯安縣相連，東北以荒頂子與烏拉草頂子山脈接隣東甯縣，東隣俄領沿海洲，長白山脈包圍東西北三面，南面臨河，形成天然之特殊區域。

延邊四縣面積，向無精密之測量，惟據日本官方之測量：延吉縣二五九〇〇方里，和龍縣一八九〇〇方里，汪清縣二四九〇〇方里，琿春縣一三一〇〇方里，合計延邊四縣總面積為八萬二千八百方里。（中國方里）

四 水系

長白山脈，包圍延邊東西北三面，故地勢以南面為低。所有河流，皆自高原南下，灌入華韓境界之圖們江，形成圖們江之支流區域。河源之大者，有海蘭河，布爾哈通河，嘎呀河，密占河，琿春河等。

海蘭河有三源，北源出於船渡房子，東南流至延吉縣頭道溝市面，與正源相會。正源出於英額嶺東麓，東北流經蜜峯溝至二道溝西南，與三道溝會合。南源亦發源於英額嶺東麓，東流經三道溝出土門子至二道溝西南與正源合流，經頭道溝東流貫延吉至龍井村始稱海蘭河，曲折成S字形，轉向東流，直貫延吉南大平原，至許洞會布爾哈通河，東北流更會嘎呀河，注入圖們江。

布爾哈通河，發源於哈爾巴嶺南麓，南經甕聲鎮出七門子轉向東南流至銅佛寺，正東流經延吉縣街東會海蘭河。其支流之大者，有朝陽河，延吉河，天寶山河諸流。

嘎呀河上源，有大荒溝，桶子溝，二道溝，阿馬達河，蛤螞塘河等，皆出源於老松嶺南麓，南流經百草溝地方注入海蘭河。

琿春河發源於大麗嶺之南麓，南流至四道溝轉向西南經琿春縣街及高麗城南，注入圖們江。

以上各河流域，土味肥沃，適於農墾，且各河上源地帶，森林茂盛　多出木材，夏季利用水力，運至下流都會，每年輸出總額，達一百三十餘萬元以上。下流地帶，溝通水道，頗宜耕種水田。

五　氣候與人口

延邊屬大陸氣候。據龍井村氣象觀測所報告：一年平均氣溫爲攝氏五度五，最高三十八度五，最低零下廿六度四，有時亦降至零下三十度，寒暑之差，如斯之遠，而晝夜氣溫之差亦極大，一年平均溫度爲十三度左右。下霜始於九月中旬，止於四月初旬。降雪始於十月初旬，止於翌年四月初旬。冰期約爲六個月，十月中旬結冰，翌年四月上旬解冰。雨期約爲一百日左右。風位西風最多，東北風次之。晴天多在冬季，夏日多陰，一般農作物，依盛夏最短期間之溫熱，急遽生育成熟，若無意外之旱霜侵害，收穫上尚無若何障礙。

人口　全境人口，約共四十餘萬，延吉二〇八八七五人，和龍二六四五八，汪清四八〇四三，琿春七一〇四四。其中華人爲八六一二一，韓人三五六一一〇，日人一九六一，其他外人一二八。

以上係依日本總領事館民國十七年之調查結果，據民國十九年春之調查則：華人九四九六〇，增八八三九；韓人三六八八二七，增一二六一七；日人一九六三，增二；其他外人九六，減三二　合計四六五八四六，增二一四二六。由此可知延邊人口，大有累年增加之趨勢。

六　延邊資源

（甲）農產　我國官方，對延邊農產之收穫，向無確切之調查。據民國十七年日本間島總領事館之調查，四縣農產總收穫，爲二百五十七萬一千六百四十九石。各項產數，大約如下：

高粱	一五四七二六	粟	九八六七四七
大豆	七一〇〇二二	大麥	八七六一二
小麥	一一四九五三	稻	一二二四八八
玉蜀黍	二四四一六三	黍	八〇八四四二
白豆	三六五〇四	小豆	二〇一四二
稗	一三四四九	其他	（不詳）

(乙)礦產　延邊礦產有砂金，銅，銀，石材，煤，陶土，鉛，鐵，錫，石灰等，然以該地居民，不知注意，故多未開採。現已開採者，有天寶，之銀銅礦，老頭溝之煤礦，及其他十餘處之砂金礦。

天寶山銀銅礦山先由華人程光第着手開掘，後日人飯田延太郎組織中日合辦南滿洲太興合名會社，繼續開採。老頭溝煤礦，亦由太興會社採掘。夾皮溝之砂金礦，為華人開採。

老頭溝之煤礦，每日出產量，為四十五噸左右，品質尚屬優良。餘如銀礦，砂金礦等，產量若干，尚無可靠之統計。

(丙)林產　延邊四縣原係荒蕪地帶，且在長白山脈之懷抱中，開闢又不過五六十年之歷史，故森林面積頗廣。茲將森林之所在地及主要之樹種，分述於下：

1.圖們江流域　會甯上流約百里之地為森林地，朝鮮松最多，唐白松次之，面積約一百五十九萬九千六百畝。

2.海蘭河流域　由咸朴洞嶺附近起，至天寶山西方之老嶺山脈俱為森林地，而針闊混合之有望林地，約為一百〇四萬九千二百畝。

3.布爾哈通河流域　可觀的林地，有天寶山西方至哈爾巴嶺之區域，與哈爾巴嶺北方至朝陽川上流地方之二大區域。第一區域內之森林樹種，多檜木闊葉樹，面積有二十七萬五千二百畝。第二區域內之樹種，有闊葉樹，針葉樹。闊葉樹中以白樺，楸木最多。針葉樹中以樅，唐檜，朝鮮松為主。而松及唐檜多有直徑二尺餘，高一百二十尺以上者；梢木及樺木亦多良材，直徑一尺五六寸，高七八十尺者頗多。夏日樹葉鬱蒼，不見天日，總面積約為五十二萬六千三百二十畝，

4.嘎呀河流域　自吉清嶺附近之中麓，至老爺嶺之左岸北高麗嶺山脈一帶之地域，全為最美之林地。其在右岸之有望林約有一百二十二萬一千二百畝。其在左岸者為三百八十七萬畝。

5.綏芬河流域　沿老爺嶺一帶山脈，面積約二百六十八萬三千二百畝。其中二十四萬〇八百畝為闊葉林，其他多為

白楡林帶。

6.琿春河上源地帶　由上河口逆行二百五六十里，至水源地爲森林地帶，面積六十萬二千畝。近年琿春方面輸出之木材，多由此地採伐者。琿春河右岸，由土門子附近，至圖們江岸，有一百四十八萬六千四百畝之森林地及平原。其中疏林地占二十萬二千九百六十畝，深林及平原，占二十七萬九千〇四十畝，大部分爲闊葉林，琿春河左岸，二道溝附近至東北深山，約有七十萬八千六百四十畝之針闊混合林。

7.密占河流域　連亘汪清東甯兩縣之大森林地帶，而有一百十萬〇八百畝之森林。其中六十七萬〇八百畝爲密林，七成爲針闊混合林，現今盛行採伐者在大荒　之左方一帶，而平均樹齡爲一百三四十年，直徑多有一尺五六寸者，樹種多朝鮮松及樅樹。

七　對日貿易概況

延邊貿易可分三路：一爲北路，即由旱路北經敦化向吉林甯安貿易。二爲東路，亦由旱路向俄領沿海洲貿易。三爲南路，由鐵路向朝鮮及日本貿易。但北路內地貿易，因交通不便，二因沿路稅額過高，不能與第三路相抗。第二路中俄貿易，亦因交通困難，貿易總額不及南路九分之一，故均無一述之價值。玆所述者，爲對日貿易之情況。對日貿易，因交通上及關稅上關係，貿易總額年有增加之勢，民國十四五年前輸出總額不過四百萬元，十八年度一躍而爲八百七十七萬七千四百五十兩，九一八事變後，更爲增加，輸出總額已達一千一百六十萬七千四百餘兩，同時輸入額亦隨之增加。民國十九年以前，輸入總額爲四百五十八萬八千五百餘兩，九一八事變後，輸入總額則爲九百八十四萬五千二百餘兩，一二年間，竟增加一倍有餘，實足令人驚慄！而輸出品又全爲原料，輸入品皆爲工業製造品，更十足表現帝國主義者對弱小民族之搾取關係。據龍井村與琿春海關之統計，輸出品多爲精米，小麥粉，大豆，牛皮，生絲，棉織線，麻袋，石灰，銑鐵，鐵條竿及板，牛，烟草，藥材化學藥及製藥，木材，煤油，蒸溜酒，豆油等類。而輸入品則爲砂糖，麥酒，罐頭食物，火柴，酒精，人造絲，漂白綠布，白木棉，其他棉織物，棉織線，棉線氈子，朝鮮紙，紙卷烟草，鐘表，學術儀器，化學藥品等。

八　日本經營下之鐵道事業

延邊之有鐵路，始於民國十二年十月之天圖輕便鐵路，該路公司之組織，有中日總辦各一人，主持路務，上有督辦統制之。此路原爲運煤鐵路，長六十九英里：圖們江岸至六道溝三六哩，六道溝至老頭溝二六哩七，朝陽川至局子街六三哩。

去年八月間，日本將此輕便路改爲寬軌，以與吉敦路聯絡，自敦北至朝鮮邊境，計長二〇〇啓羅米突。俟日本新關商港羅津建築完竣而與朝鮮鐵路取得聯絡以後，則日本至滿洲交通，益形便利，於經濟上榨取與軍事上之威脅，及移民政策之實施，均有莫大關係。

此外尚有正在計劃建築中之延琿延依兩鐵路，該兩路可視爲一線，再接朝鮮之雄基鐵路，直達南端之雄基港。此線之最大任務，雖仍在軍事上可與俄國抵抗，而在經濟上可開發依蘭三姓方之大森林，並開穆陵，密山，寧安，勃利，三姓等地穀類對口輸出之門路。同時縱斷中東路，以減其重要性。

日本在東三省建設採伐地方，共有七區，而延依鐵路負有運輸之使命者，共有二區，即三姓地方之大森林及牡丹江上流沿岸之大森林。此線計劃南起於朝鮮，咸鏡北道之雄基港，北經慶源渡圖們江至琿春，西沿圖們江岸經延吉縣街曲折北行，經汪清，寧安，海林，順牡丹江岸至三姓，西與南滿鐵路幹綫平，形成吉林全省之縱貫線，與南滿鐵路及四昂鐵路成爲東三省三大縱貫綫。

九　日人踐踏下之教育與新聞事業

(甲)教育　延邊教育，異常複雜，除我國設立之學校外，尚有朝鮮人經營之私立學校，日本人設立之朝鮮學校及日本學校，以及其他外國人經營之私立學校。據民國二十年延邊民聲報發表之統計：

中國學校計師範一，日語專修學校一，縣立小學校一二九，縣立女子小學校十，公立小學校二七，私立小學校四，其他附屬小學校二，平民夜校一八，合計一九二。學生數目，計師範一八五，日語專修學校一二〇，縣立小學校六，九八八，縣立女子小學校六四四，公立小學校一，五八五，私立小學校一九五，平民夜學五四〇，其他附屬小學校六二，合計一〇，三一九。惟其中韓人學生，占據半數有奇。

朝鮮私立學校　計在延吉設立之小學校一一六所，學生數爲六，二二三名。和龍三一校，學生一，七三九名。汪清三三校，學生一，一一七名。琿春二六校，學生一，〇二七名，合計學校數爲二〇六校，學生總數爲一〇，一〇六名。

日本設立之朝鮮學校，延吉一四校，學生數爲二，七〇七名，和龍一〇校，學生數九三二名，汪清四校，學生四五六，琿春四校，學生數六三〇，合計學校數爲三二校，學生數爲四，七二五名。

日本學校　延吉三校，學生數爲二〇五，汪清一校，學生一五，琿春一校，學生二九；計學校總數爲五校，學生總數爲二四九名。

其他各國教會學校　延吉一五校，學生八六一，和龍一校，學生六八，琿春三校，學生九〇，計學校總數一九校，學生總數爲一，〇一九名。

由上項統計中，則可知日本及各帝國主義在延邊之教育勢力，如何雄厚，自九一八事變後，日本更強令延邊教育當局縮減教育經費，裁併學校至六十餘所，且各學校均派日教員一人，嚴加監視，不特黨義在嚴禁之列，即中國史地亦不准學習，奴化教育成功之日，即中華民族覆亡之時，瞻念前途，曷勝浩嘆！

(乙)報紙及通信社　延邊之有漢文報紙，始於民國十二年延吉縣街出版之延邊日報及吉東日報，但爲時不久，即告夭亡。民國十六年冬，由關俊彥方泳之等在龍井村創辦民聲報社，日出中韓文各一大張，實爲延邊唯一之言論機關，亦我國東邊之唯一國防報也。因此，日人恨之刺骨，故九一八事變後，日本即迫令停刊，沒收報社，經營四年之生命，遂告終止！

去年春，日人復將故民聲報改爲延邊晨報，主編者先爲周東華，後爲張抱一，均日人豢養之忠實華狗也。報紙內容，可別爲六種：(一)僞機關日本官吏交派之新聞或僞首領無聊之談話。(二)僞建國思想普及委員會之講演稿件。(三)特務機關發表之日軍軍事行動消息。(四)僞協和會發表之宣傳消息。(五)剪取之外報消息。(六)繙譯之日本報紙新聞。富有愛國熱情之民聲報，一變而爲無靈魂無生氣之日本僞留聲機，良可慨也。

此外尚有間島日報，間島新報，間島通信社。間島日報與間島通信社，均爲親日韓人所創辦，由日本領事館補助經營。間島新報，爲日本總領事館及日本居留民會之機關報。

十　日本操縱下之金融事業

延邊金融機關，分中日韓三種。韓人方面之金融機關，有龍井村之間島興業株式會社，民國八年三月以資本金十萬元成立。日本方面之金融機關，有朝鮮銀行出張所，東洋拓殖會社間島出張所，間島商業金融會社，及分佈於日領所在地之金融部。朝鮮銀行出張所，於民國六年三月設立，當時金票之在延邊流通約三十萬元，至今其流通額已達三，一六二，六三五元，貯金總額爲七三四，八三〇元。東洋拓殖會社出張所，於民國七年開設，基金二萬五千元，至今其投資總額超過二百三十餘萬元，經營土地五萬八千餘畝。間島商業金融會社，於民國七年由韓日人合辦，資本金十萬元，迄今資金總額達一百七十六萬八千五百四十三元，貯金總額九十八萬二千七百六十七元，現已改爲正式銀行。金融部，爲民國九年日本出兵延邊時，由日政府支出十萬元，作爲朝鮮人居留民會之附屬事業，由總領事監督，分設於領事館所在地五所，現今貸出總額已達二十四萬一千九百元。

中國方面金融機關，在九一八事變前延吉縣街有東三省官銀號分號，吉林永衡官銀號分號，其營業僅限於各本行所發紙幣之兌換，及其他放利匯兌等項，對一般民衆別無特殊之影響。去年五六月間，日本爲統制東北金融起見，將東三省官銀號，吉林永衡官銀號等改爲滿洲中央銀行，延邊原有之東三省官銀號分號改爲滿洲中央銀行延吉奉字支行，原永衡官銀號分號改爲滿洲中央銀行延吉字支行，發行以東三省官銀號及邊業銀行等四行號所發之現洋兌換劵，流通市面，與『新國幣』有同一行使之效力。日韓人亦可通用，且其價格猶在日金以上，約『新國幣』一元，可折合日金一元二角左右。以、流通延邊之吉大洋，官帖等雜色貨幣，完全廢止，是則日本統制延旁金融之國企圖，已告成功。

十一 結語

綜上所述，吾人可知在九一八事變之前，支配延邊之實權者，已非擁有三十萬以上軍隊之張學良；現今掌握延邊國防實權者，亦非擁有虛名的傀儡之『滿洲國』；實際把持支配者，仍日本帝國主義。說者或謂整個東北既非我有，而區區延邊，何足道哉？詎知延邊乃東北四省之鎖鑰，國防上之重要門戶，門戶不保，國焉不亡？是日本年來對延邊之所以處心積慮而終不放鬆者也。同胞乎，亡羊補牢，未爲晚也，其不欲收復失地則已，如欲收復國土，則對此國防門戶，實有注意之必要。延邊值得敍述之事，當不止此，如日本移民問題，華韓民族雜居問題，土地商租權，朝鮮居留民會等等，然以篇幅所限，未能暢所欲言，容後續述可也。

北　　强

《北强》创刊于中华民国23年（1934）4月，北平北强学社编辑，社址位于北平景山西营池1号，北平民友书局发行。民国24年（1935）9月曾出版《国学专号》，月刊。该刊出版至民国24年（1935）6月。

廣告價目表

等級	地位	每期刊費：全面	半面	四分之一
特等	底封面外面	五十元	三十元	十五元
優等	封面裏頁	四十元	二十五元	十三元
上等	首篇正文前	三十元	二十元	十元
普通	正文中正文後	二十元	十五元	八元

北強

第一卷

第四期

編輯者：北強學社　北平西城興盛胡同四號

發行者：北平民友書局　北平和平門外南新華街

定價郵費

	國內及日本	國外
每期	二角 郵費二分	二角 郵費二角
半年	一元一角 郵費一角	一元一角 郵費一元二角
全年	二元 郵費二角	二元 郵費二元四角

《北强》杂志版权页

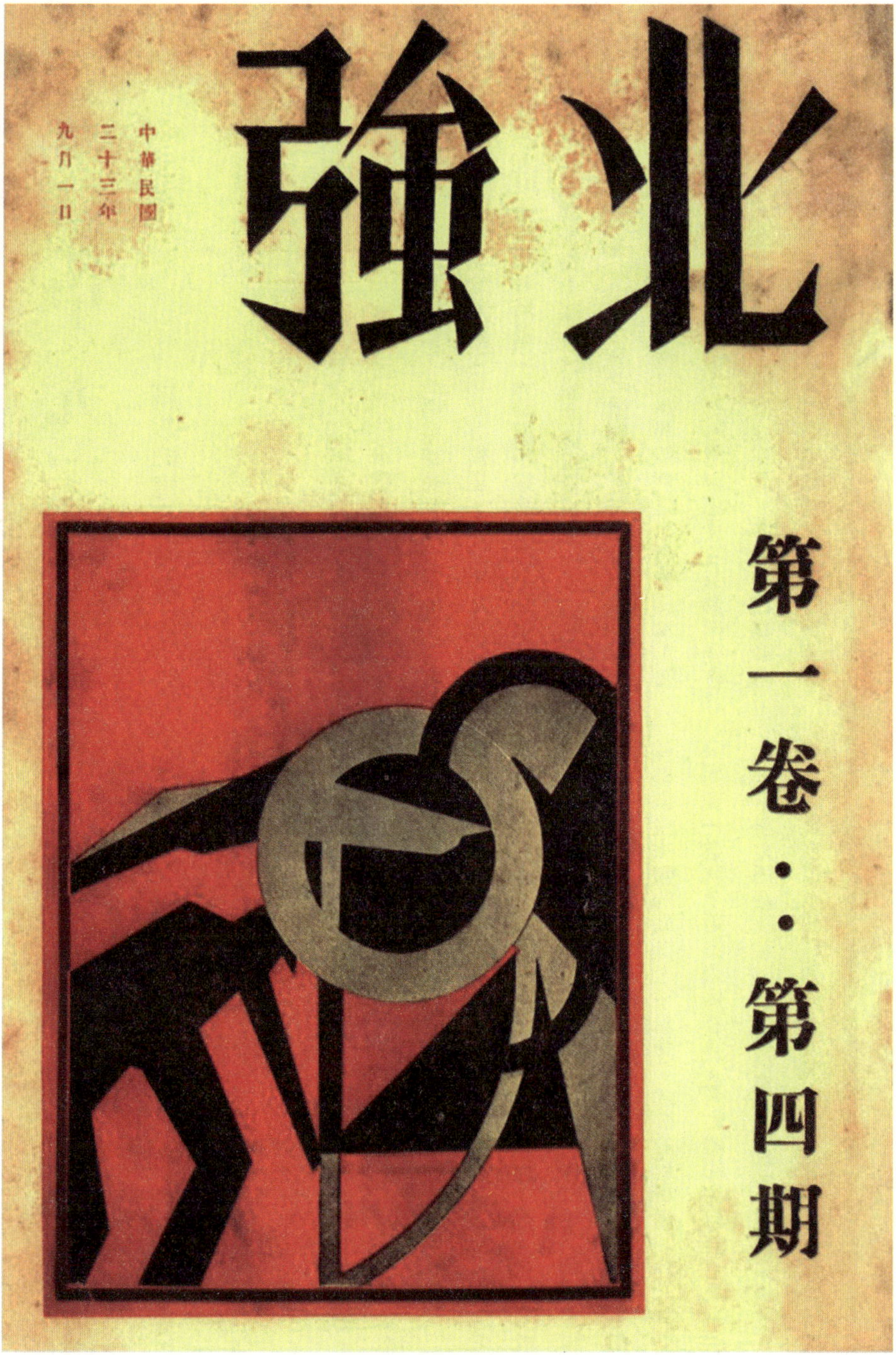

《北强》杂志封面

日人眼中「九一八」事變的遠因

——滿蒙問題的檢討——

杜幼陵

一 引言

三年前的九月十八日夜半，瀋陽附近之柳條溝一聲霹靂，遂造成了震動全世的『九一八』事變。柳條溝之一聲巨響，並非真正起事的原故，不過是事實促成發動的號砲而已。其原因實孕於未解決之滿蒙各問題，據當年九月廿三日東京朝日新聞號外所載：『滿洲事變的遠因，是中國之不擁護其正當條約上所載的滿蒙諸權益所致』。由這一點，我們可知『九一八』事變之激起，不在乎柳條溝炸彈之一響，主要是在歷年想消滅日本各種利權，而予日本人以極大的打擊，日本受創日深，勢不能再忍受，每思藉機會以逞其暴行，如中村事件，萬寶山事件，和朝鮮之屠殺華僑，在在都是尋釁的手段，但都以我政府之讓步，致都未能釀成事變。及至『九一八』前夕，日本以我國屢次讓步，未能如願以償，頗為不愜，故有『九一八』深夜之巨響，雖國我拱手讓步亦不可得，日本一味蠻進，非囊括滿蒙不休，以致演成今日之局面。

東北地方於事變前幾年來，曾努力於阻止日本勢力之澎漲，是不可諱言的。如葫蘆島之築港，國營鐵路之敷設，這種消極的抵抗，都與以日本之致命打擊，其中尤以瀋海吉海兩路之聯運，滿鐵收入受了空前的大影響。號為侵略滿蒙主體的滿鐵，一旦受了這樣的致命傷，日人怎能不拚死一幹呢？可是最痛心的，是當時的當局們一味的阻止日本勢力的發展，卻沒有注意鞏固國防，以為後盾。日本知道當時我國武力之不足恃，所以才有勢如破竹的進佔東北各地，現在回憶起來，是怎樣的痛心啊！

我們不否認：『九一八』事變的起因是我們給日本人的生命線要上死刑前所激起的。我們試看事變乍起時，日本各報章的論調，那一個不以『我們的權益受侵害，生命綫沒有保障，將置之於餓死綫』等口號，聳動衆聽。這底確是日本全國動員的唯一好口號。這種口號，在日本言之成理，在我國，則不過認為日本人侵略的藉口而已。究竟日人怎麽言之成理，有什麽根據，日本都有專書討論；可是我們對於人家侵略的口實，是否有深刻的認識？兵法云：『知已知彼，百戰百勝』。中國無論知彼，即連知已也談不到，如此，怎能不失敗呢！下文就是一篇日人侵略我們土地的口實，也是他們目為『九一八』事變的遠因。

二　日本滿蒙政策之危機

美國前大總統羅斯福曾唱『人類歷史已入了太平洋時代』。世界外交大舞台，現已離開歐洲而移向遠東的太平洋了。今日之國際關係，莫不與太平洋問題有關，太平洋已成了國際關係的中心。究竟這重大的太平洋的重心在什麽地方呢？那無疑意的是號為亞洲之巴爾幹的中國，和動不動陷於孤立的離境中的日本為中心。更顯明的說，不外世界學者所稱之『遠東的危險地帶』的滿蒙問題。

滿蒙對於日本，有生死的利害關係，滿蒙政策的成敗，與日本的國際外交互為消長，因之，日本能否伸長或保持在滿蒙的特殊權利和特殊地位，是日本國家生存的至大關鍵。因此，日本的國際外交以對華外交為中軸是無疑問的，可是在對華外交中，尤以滿蒙外交為緊要。日本以滿蒙政策之根軸為滿鐵為中心的計劃，最近因受中國取攻勢的壓迫，而新國際環境，或默認之，或援助之，致使日本的滿蒙政策，不能不說陷於空前的危機中。

滿鐵受中國鐵路的壓迫，日本輿論界也曾感覺有喚醒國民之必要，所以在民十九年秋至二十年春，日本的言論界全體執筆高唱『滿蒙鐵道政策之危機』。以喚起年來未有的沈悶現象，在第五十九次議會中，亦曾以此論戰，後來日本僑在滿蒙滋事，其亦鼓吹之影響也。

前滿鐵副總裁，政友會代議士松岡洋右氏曾指摘的說過：『滿蒙是我們日本的生命線，』其重大性不問可知，可是今日的滿蒙政策之危機，也算頂天了』。又滿鐵社長，貴族院議員川村竹治氏也說過：『我國自領有滿蒙二十年以來，滿蒙政策之不滿，和不安定，再沒有甚於現在的了。』由這兩個人所說的話，也可以證明他們對政府的不滿意。

「九一八」事變前，日本在滿蒙的勢力，確受些壓迫，正如上兩氏所言。因之，日本經濟界頗感不安，在當時議會中，有某代議士曾以『滿蒙問題現已重大化，滿鐵因受中國鐵路之壓迫，而陷於空前的大減收。若是事態愈行惡化，無論滿鐵受了多大損失時，日本也不退出滿洲嗎？』質問政府。當時主管大臣，松田拓相答道：『縱即滿鐵受極大的損失，斷然不能退出。日本與滿蒙的關係，一時利害的打算不足計，而有超過一時利害打算的不可分性。因此，滿蒙政策縱有了危機，日本也不能撤手退出』。究竟日本對此空前的危機，將何以處之？為研討此問題，非進一步看看滿蒙對於日本有怎樣重大的實質關係。

三　日人之滿蒙觀

滿蒙問題在日本外交上佔着如何重大的位置，滿蒙中心問題的鐵道問題，在國際上有何重大性？日本人的結論是：『日本發展滿蒙，是日本國家存立上的必須條件。』這個結論是有來歷的。前美國大總統他佛托氏著之"Japan and the Far East conference"中有一段日本論如下：

『日本國僅產生國民生存必需的食糧，都不可能，又維持工業界所必要的原料，非仰給於外國不可。不特此也，人口是按着幾何級數增加，而日本的耕地有限，雖施行世界稀有的集約農業法，可是食糧仍是不敷用。所以日本為供給國民食糧，和獲得必需的原料起見，日本的產業勢力範圍延至亞洲大陸，是絕對的必要。』

這正是美人所觀察的日本侵略滿蒙的必然性。

世界某著名政治家有言：『現代國家的真勢力，並非武器一種，實際原料和食糧是更重要的因素。歐戰之德國，非敗於武器也，乃食糧問題也』。缺乏食糧和原料的日本，她能不求供給的政策嗎？所以日本之侵略滿蒙，不外為日本民族求一生路而已。

現在日本目前的兩大問題，即人口和食糧問題的解決。日本想解決這個問題，不外照他佛托的話，把「日本的產業範圍延至滿蒙大陸」而已。

日本解決人口問題的對象地，是移民滿蒙。當初滿鐵總裁後藤新平伯有言：『不出十年，若能移住五十萬國民於滿洲，俄國雖倔强，亦不敢輕易與日本開戰。』當時之西園寺首相，和林陸相，山縣元帥等，都贊助其壯言，可是自日俄戰後，日本之進入南滿，業已二十七八年，其移殖滿蒙的日本人不過二十一二萬人，和八十萬的朝鮮人而已。這不能不算是日本移民政策之失敗。其後，雖然在二十一條約中似乎獲得土地商租權，但中國誓不承認，堅不履行，尤其在事變前取締鮮人辦法頒佈後，日本移民政策益陷於悲境。據日本調查所得，滿蒙的經濟之潛勢力非常的可驚，他們拿下列的事實喚起他們國民的注意！

滿蒙—遼，吉，黑，熱—的面積有四十六萬八千方哩，大於日本全國三倍有餘。人口在過去二十五年間，僅東三省已增加二倍以上，現擁有三千萬之衆。每平方哩之人口密度爲四百三十六人，較之日本內地每平方哩爲二千五百九人—據昭和三年度調查—，還有七千五百萬人口之收容力是無疑意的。昔日數間茅屋之荒涼漁村的哈爾濱，今竟成四十萬人口之大都市。還有許多的地方，若能移民開發，也不難成爲第二哈爾濱。

現在滿洲經濟界之臺柱的大豆，在一九零八年，不過僅由三井物產會社輸出英國百噸而已。現今大豆之輸出額，僅大連一港已超過二百七十萬噸。大豆和其他農產物，及畜產物，其總輸出額已達二億海關兩。外國貿易額，昔年僅二千萬海關兩，激增至七億三千萬海關兩，二十年間有三十六倍之大增加，這種驚人的滿蒙之經濟潛勢力，是個適宜的食糧和原料的產出地，日本已經垂涎了二十年！

滿蒙之耕地面積約有四億五千萬畝，即擁有大於日本四倍半以上的可耕地。現在業已開懇者不過一半。此外還富有强國要素之鐵和石炭，僅就滿鐵沿綫而言：撫順石炭有十億噸之埋藏量，鞍山之鐵鑛有四億噸。日本全國一年之石炭消耗量爲三千萬噸，僅撫順一處，即可足供日本三十年之用。況新的炭坑還正在陸續的發現呢，將來是更不可限量。

再就滿蒙的貿易與日本關係而言，滿蒙之重大性更顯而易見。南北滿之貿易總額，約七億三千萬海關兩，其中百分之六十，輸入値約百分之四十。中國全體貿易額總是入超，而滿蒙之貿易，却是年年保持着出超的好調。這表示滿蒙的財政經濟有優越性，這一點，最惹日本人注意。在上面滿蒙貿易額中，有百分之五十二是對日貿易，以百分之五十二數字，相當於日本對華貿易之百分四十。原先以對華貿易的重心在上海，現在不能不改在滿蒙了。滿蒙輸入貿易總額之三分之一，是由日本輸入的，也就是滿蒙是日本唯一的好顧客。

滿蒙現擁有如此驚人的經濟潛勢力，日本怎能不想染指呢？若把日本擠出滿蒙之外，即等於置日本於「餓死線」上。日本敢公然侵略滿蒙，是持其有特殊的權益所致。這不能不說是中國外交之失敗，同時也是中國人賣國之結果，給了日本許多的護身符，以致其橫行無阻。現在談談日本所謂特殊權益的內容。

四、特殊權益內容，

滿蒙對於日本，無論是在國防上，政治上，都有死活利害的關係，所以滿蒙雖爲中國領土，而日本不惜有十五其所以如此，無非是想握得滿蒙各種權益，和變成日本勢力範圍。可是日本所以斷然開發經營，而中國政府不能公然阻止者，何故？這是日本根據着幾個條約，協約的規定，而無所忌憚，今日的塘沽協定，何嘗不是將來日本進佔華北的根據！

日本自日俄戰後，才獲得滿蒙特殊權益。因爲當時除了定朴資茅條約（一九〇五年九月一日）以外，還有日滿滿洲善後條約，和其附屬條約（一九〇五年十二月二十二日），根據這些條約，日本才繼承了滿鐵，關東洲租借權，和其他南滿一切俄國所有的權益，民四又以二十一條件追我承認，雖經我國人民一致反對，但元首受武力之逼迫，不得已而簽字，這也不能全視爲無效。日本竟欣然自認爲侵略計劃完成。現在把日本根據的幾個條約略記在下面：

（一）日俄朴資茅條約——依此條約，但以中國承認爲條件，日本得繼承在滿洲的（a）關東洲租借權；（b）長春以南的鐵道幹支綫，和其附屬的財產權；（c）以（b）項鐵路的利益所經營的炭坑權；（d）一粁有駐守十五名鐵道守備隊權；(e)有設立中立地帶權，及繼承俄國在南滿其他一切權利。

(二)日清滿洲善後條約及其附屬條件——此約爲中國承認日本繼承俄國在南滿的一切權利而定。其中還有(a)東三省十六都市之開放；(b)安奉綫之經營及改築；(c)鴨綠江採木公司之設立及經營；(d)滿鮮國境互惠關稅之設立；(e)劃定瀋陽，安東，營口爲日本居留地。在本條約的諒解事項的第九條中還曾栽有併行線問題，大意是：『清廷爲保護南滿路利益，在未收回南滿路以前，不築南滿路附近的併行綫，和損害南滿路利益的其他路綫。』

(三)在一九〇九年九月四日，日本與清廷締結有滿洲五案件和間島條約：

(A)滿洲五案件條約——(a)法庫門至新民屯之鐵路敷設豫先商議權；(b)滿鐵之營口支綫敷設權；(c)撫順及煙臺煤鑛之採掘權。(d)撫順煙臺以外的安奉南滿兩路沿線的鑛山中日合辦權。(e)日本承認京奉(北寧)路延至瀋陽城根。

(B)間島條約——(a)以圖們江爲滿洲與朝鮮之國境；(b)開龍井村，局子街(延吉)，頭道溝，百草溝(汪清)爲商埠，有日本設領事館或分館之權；(c)允許鮮人在間島——圖們江以北——雜居權；(d)雜居地帶之鮮人土地建築物與華人財產受同樣保護權；(e)吉會路敷設開辦日期，應先通知日本以確認延至朝鮮國境爲先決條件。

(四)二十一條中之關於滿蒙問題者——(a)關東洲租借權延明九十九年，即至一九九七年始行期滿；(b)南滿及安奉兩路延期九十九年，即南滿之歸還期至二〇〇二年，安奉至二〇〇七年；(c)日本國民在南滿一帶爲建設各種工商業建築物，或經營農業所必需之土地，有商租權，以三十年爲期；(d)日人在南滿有居住來往及經營各種工商業之自由權；(e)在內蒙東部(即熱河)之農業及附屬工業有中日合辦權；(f)南滿之牛心臺，田什付溝，杉松崗，鐵廠，暖池塘，鞍山站，紅窰，夾皮溝等九處鑛山採掘；權(g)關於吉長鐵路之各協約之改訂。

自上項條約觀之，很顯明的日本在滿蒙得着特殊權益，以中國反帝國主義之抬頭，以致未能容易的施行。除了條約以外，還有鐵道問題，也是日本侵略滿蒙的一個原素。

五　日本目爲滿鐵致命傷的鐵道計劃

滿鐵是日本侵略東北的經濟策源地。我國久欲收回，奈以條約攸關，遂不能不變更方針，設法抵制。故年來積極敷設自營鐵路，以示消極抵抗。自民十五年至二十年，五年間東北築自辦鐵路九條，長約千三百五十粁以上，不但此也，還有許多正在着手的工事，即在事變前未竣工者——，東北交通委員會更有遠大鐵道網計劃，擬築三大幹綫，第一幹線已漸完成，第二幹線豫定路長二千五百粁，建築費爲九千萬元；第三幹綫預定二千四百粁，建築費爲一億二千九百萬元。如此巨額之計劃，以致滿鐵受空前的打擊，而陷於極不利的難境。在這五年中，日本僅完成了中日合辦之洮昂路（一九二六年七月），和吉敦路（一九二八年十月），此外欲築長大和敦圖（敦化至圖們江）而不可得，以中國民間反對太強烈也。茲附九鐵道如下：

鐵路名	路長(粁)	通車年月
鶴立崗	五六	一九二六年十一月
開拓(輕便)	六四	一九二六年五月
打通	二五二	一九二七年十月
瀋海	三一九	一九二八年八月
呼海	二二一	一九二八年十二月
吉敦路奶子山支綫	一一	一九二九年二月
吉海	一八三	一九二九年八月
齊克	三七〇	一九三〇年二月
洮索	三〇四	一九三一年八月

註：齊克，洮索兩路的延長里數也包括在內。

六　鮮農問題，

鮮農在滿蒙，與鐵道問題，同樣爲日本侵略滿蒙兩大方式。日本以間島條約爲口實，極力慫恿鮮人開懇水田，鮮農到處，即爲日本警權伸張地，中國農民不慣水田，且每當種水田處，掘溝挖濠，爲害農田頗甚，故各地農民咸誓死反對鮮人之種水田。延邊以中國農人較少，荒涼之地，多被鮮人開懇爲水田，總計鮮人共耕地有一二七四三〇町，產米收穫額約二百五十萬石。事變前鮮人極力向滿鐵範圍以外的長春左近發展，農民以誓死反對，而釀成萬寶山事件，此為當年繼中村大尉後之第二大事件。也是「九一八」事變的導火線。

七 結論

總觀上文各點，日人所目為「九一八」事變之遠因，我們只好看作中國方面應行的抵制外侮的殷鑑。否則，如清廷之昏懦，簽定許多賣身契約，雖設法抵抗，亦無能為力也。九一八事變之爆發，厥為中村大尉及萬寶山兩事件。而兩事件之發生，則為敵人入我堂奧之後，我國民覺悟一致抵抗外侮之結果也。因日人的奸計不得逞，不能不出以暴力之壓迫。試察其能於一二日內，即行佔領瀋陽，長春，吉林各埠，可斷定其為有計劃的行動，也可見中國在國防上太無準備。惜吾國於當時，仍作和平迷夢，致以不抵抗主義而斷送東北山河，痛哉！

一九三四・八・十八日・

20¢
良友
半月刊
SEPTEMBER 15. 1934
九十四期 • 九月十五號出版
THE YOUNG COMPANION
No 94.

⑭

除非我們忘記

紀念九一八的三週年

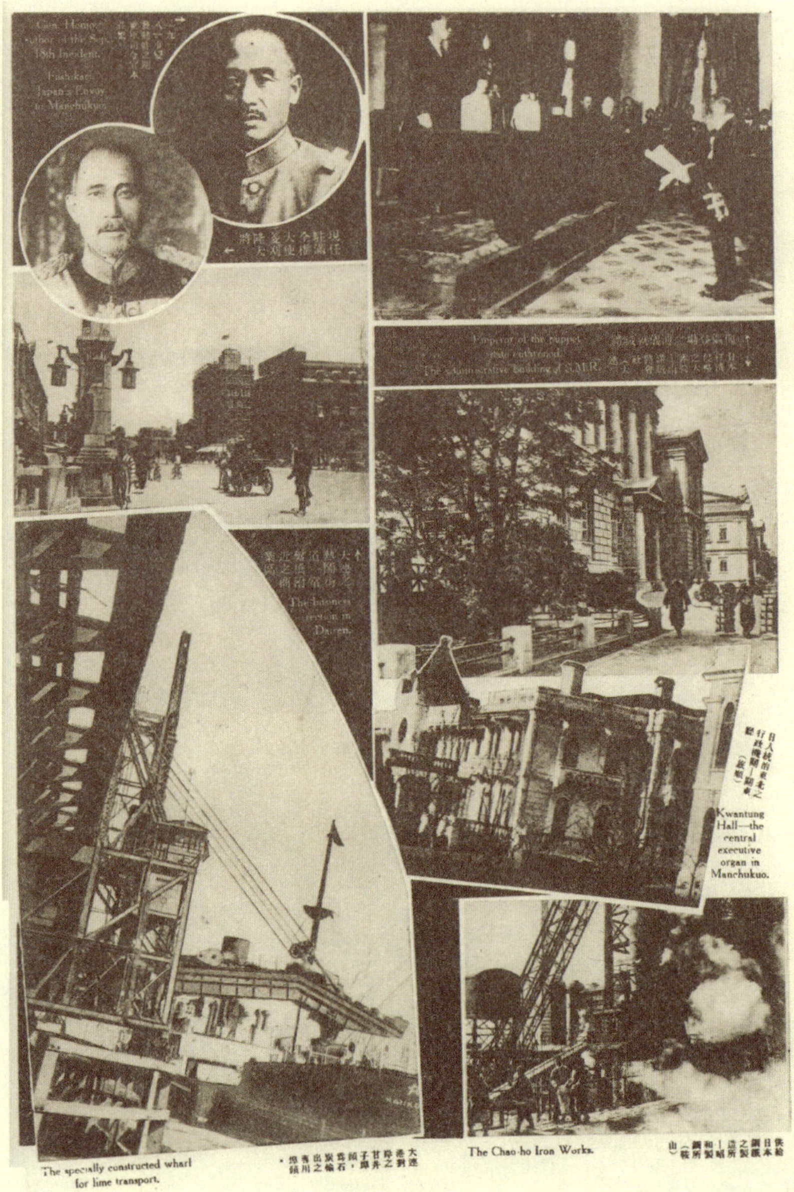

LEST WE FORGET

Car-loads of beans for market. 大豆之輸送 Bean fields. 大豆田之展望

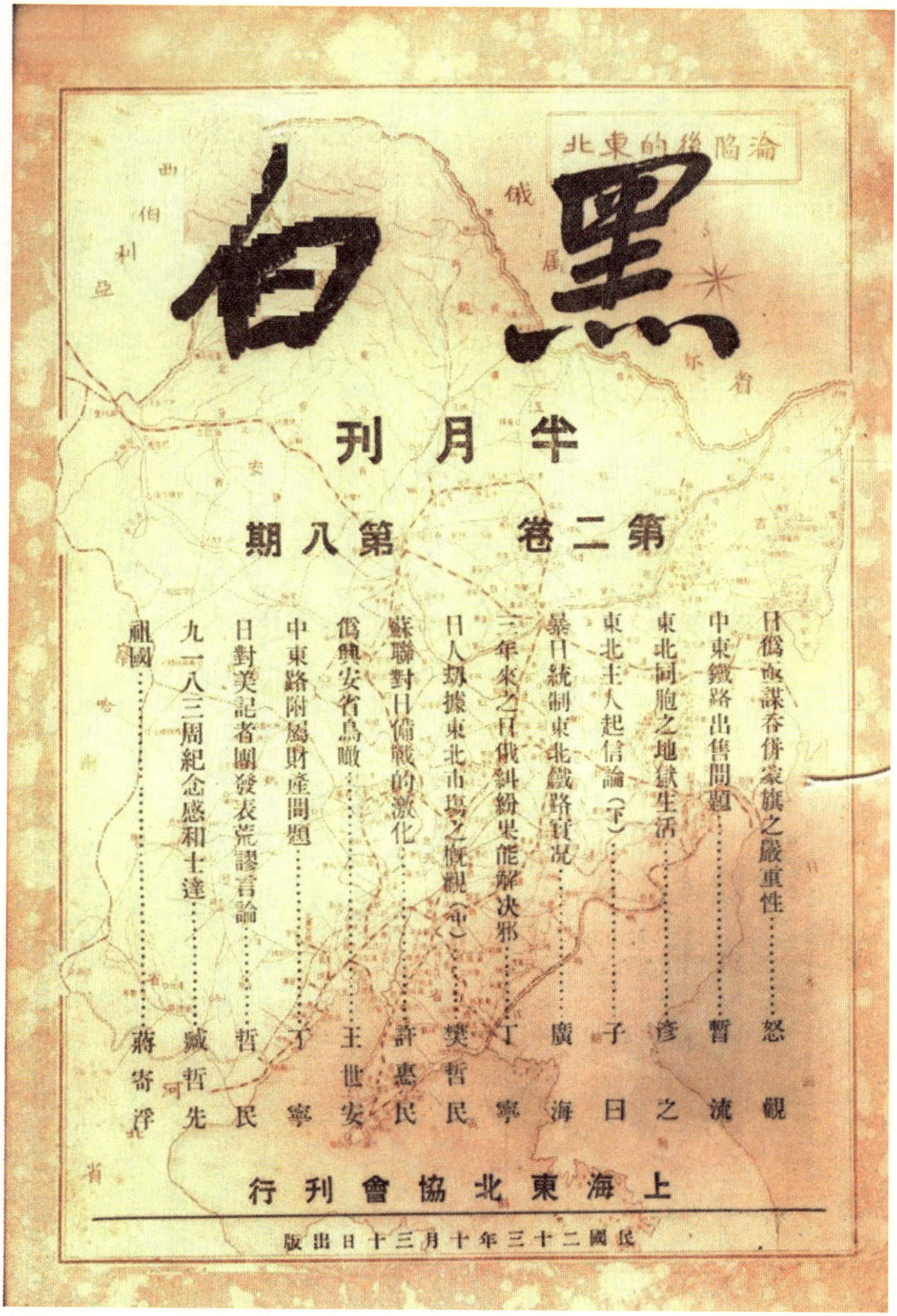

淪陷後的東北

黑白

半月刊

第二卷 第八期

上海東北協會刊行

民國二十三年十月三十日出版

東北同胞之地獄生活

自暴日刼據我東北領土，挾溥儀建設傀儡組織以來，於今已屆三載。在此三年內，舉凡我東北同胞均陷於地獄生活之中。而日人反在國際間妄肆宣傳，不謂東北爲「王道樂土」，即謂其爲東北三千萬民衆之「樂園」。揆其用意所在，不外眩惑世人耳目，以掩飾其不齒於人類之暴行耳。惟是言語道斷，聞者痛心，日本帝國主義者在東北一切之殘暴壓榨行爲，無待言辯，已爲世人所洞見矣。

據近日東北通訊稱：我東邊一帶之義勇軍，向受當地之居民接濟，用能長期抗敵，日僞軍隊引以爲憂。乃近來日人施其毒辣手段，强迫各縣居民，移於所謂國道（即日人在東北興修之汽車路）五里以內之地居住。如有抗違，即採斷然之處置，不惜殺其居民，便焚毀其村舍。以爲必如此方足斷絕義勇軍後方之資援，而剷除此心腹之患也。按此種辦法，今春於鳳城之帶，早已施行，今又厲行於東邊，則向以東邊爲根據地之義勇軍，必受重大之打擊，自無待論。惟以各僞汽車路沿線五里以內之地方，村落既少，廬舍自屬無多，一般被迫遷移之民衆，牽多穀哭於路，無投居之處。而其中之最堪憐者，即爲移住東邊之魯籍同胞。彼等因無充分之經濟能力，可轉他處以求居，又不堪日鮮僑民殘刻之壓迫，祇有拋棄產物，泣返魯籍而已。

據上述之事實，不禁使吾人發生以下三種感想：

一 就日人言，東北土地得之雖易，而東北民衆治之則難。三年來，日人之所以顧此失彼，無力維持東北治安者，正爲英國黎頓爵士所謂：『日本以兩萬軍隊，絕難統治東北三千萬民衆』之事實左證。故對於東北一地，日人縱可如其所想像而得之，終難如其所想像而治之也。

二 就東北同胞言，自事變以後，東北同胞即陷於地獄生活之中，及至現在，其生活之苦，益形不堪設想。收復失地，拯救東北同胞，實爲國人之急務。

三 就中國言，日人向稱東北爲彼之「生命線」，而國人忽之。及東北淪陷後，事實所示於吾人者，不獨華北一帶，不能再向東北移民，即其已往移住之民，猶且被迫回籍。在舉國農村破產，無以挽救之今日，始知向爲日人所目爲「生命線」之東北，實則爲我整個中華民族之生命線也。所以收復東北失地，實爲保持我整個民族生存之要圖，豈僅拯救東北同胞於地獄之生活而已哉?!

（彥之）

晨　光

《晨光》杂志于中华民国11年（1922）5月在北京创刊，于民国13年（1924）3月第2卷第1期停刊。北京中国大学晨光杂志社编辑并发行。双月刊，属于学术性刊物。

该刊设有论著、评论、小说、诗歌、杂记等栏目。并以提高思想，研究改造现社会方法，输入可供研究的资料为宗旨，从政治、哲学、教育等多方面探讨社会现象，刊登由北京中国大学的学生与教授的学术论著，刊有多篇王统照的译著和论述。

中華民國十一年十一月三十日　初版發行

編輯者　北京中國大學晨光雜誌社

印刷者　京華印書局

總發行所　北京中國大學晨光雜誌社

代理發行所　北京南池子新知書社

《晨光》杂志版权页

晨光

第一卷　第四號

北京中國大學晨光雜誌社印行

（中華郵政局特准掛號認爲新聞紙類）

《晨光》杂志封面

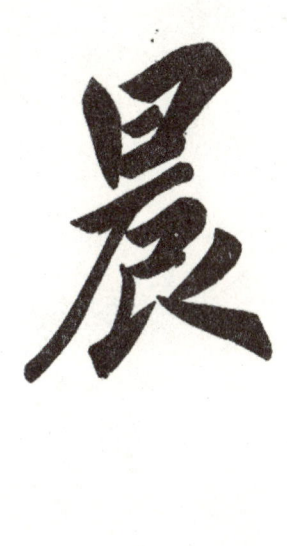

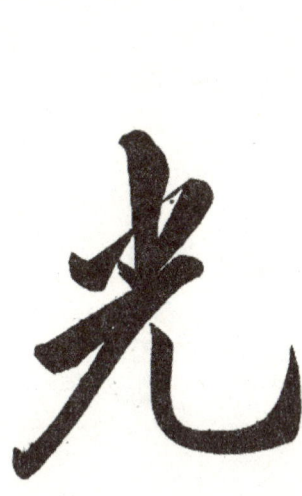

日本對閩之野心

桦子

日本眞可惡極了，自從民國二十年九一八事變後，不但佔據了東三省全部，並且佔據熱河全省，察哈爾的東部也控制於日軍鐵蹄之下，灤東一隅雖仍屬我，而日本的浪人，出沒無定，日本的軍隊，增減無常，也只是名義上的事，但是這樣還未滿足牠的慾望，最近佔領福建省的陰謀，又在着着進行了。可知日本人最後的目的要整個兒的中華民國，讀者諸君，苟安幸存的思想，是存不得的！

打開地圖一看，福建省東面是海，西南是廣東省，西面是江西省，北面是浙江省，所以福建並不如東三省蒙古新疆西藏雲南等與外國爲鄰；可是因爲地位的關係，福建早被外國人注意了，五口通商，福建獨佔其二，便是很明白的證據。外國人注意福建省的，不是英國人而是日本人，日本人對於福建省的野心，不始於今日，而始於割取台灣之後，台灣與福建相距不過百哩，實有脣齒相依之勢，台灣亡而福建之門戶開，日本人的侵略福建，實意中事！

侵略福建，爲日本南進政策之一端，其根據地即爲台灣，光緒二十三年，德國教士被魯人所殺，德人藉口取我膠州灣，旋即定爲租借地，山東遂爲德之勢力範圍；於是英租威海衛，更以長江流域爲其勢力範圍；法租廣州灣，更以雲南廣西爲其勢力範圍，其時日本已戰勝我國，國勢蒸蒸日上，適伊藤博文第三次組織內閣，即於光緒二十四年三月初二日命其駐華公使矢野向清政府送達公文，謂福建與台灣相距甚近，利害關係甚大，要求我總理各國事務衙門以公文向日本申明。福建省及沿海一帶，永不租借或割讓與他國，總理衙門允其請，自是福建遂成日本之勢力範圍，日人遂視福建爲囊中物了。

日人以福建爲彼之勢力範圍得清政府之承認後，遂作積極侵略的工作，牠的方法，是從建築鐵路入手的，先是日本政府欲於福建浙江江西三省，建築鐵道，以聯絡長江與外海，在我中明福建不割讓予他國之前，早已派遣工程師查勘路綫，至光緒二十五年，復派小川資源切實查察，確定四路路綫如下：

一、起廈門對岸沿海岸至福州、湖閩江左岸，經延平入江西，下撫江至南昌，更沿鄱陽湖西岸，以達九江。

二、起杭州之拱宸橋，沿錢塘江至常山，越朝侖關至江西，循錦江至南昌，更沿鄱陽湖西岸以達九江。

三、起杭州沿浙閩粵三省海岸線達廣州。

四、杭州至福州綫，復分四種：

1. 沿海岸行；
2. 溯錢塘江而上折入福建，經浦城建陽延平至福州；
3. 杭州西南至常山折入江西至

河口鎮，再行折入福建，經崇安延平至福州；

4.自杭州西至南昌，折東經撫州建昌光澤邵服延平而至福州。

右述諸路綫，日本政府認爲自九江至汕，一綫最關重要，此爲日本投資於南潯路與潮汕路之動機：

路綫既定，遂即進行交涉，當日本公使向我要求不割福建與他國時，對於福建省內鐵道興築時之經濟人才的優先權，倂作口頭要求，時李鴻章任總理大臣，未予承認。二十六年四月，日使西德次郎復提前議，并提附會云：

日本政府深願中國政府允日本在福建江西浙江興辦鐵道，自廈門對岸經福州邵武撫州南昌至漢口作爲幹路，自福州經羅源漢至三都澳，自南昌經衢州至杭州二線作爲支路，由兩國商民創設公司，承攬開辦，對於鐵路所過附近之處，一併准其開採礦產。

蓋路綫已少變更矣，總理衙門以『現無建設該處鐵道之意』覆之。其後日使小村向慶親王交涉，日使林權助與外務部交涉，民國三年日使山座更與交通部次長葉恭綽，國務總理兼外交部長孫寶琦交涉，更遂總統府秘書長梁士詒至日使館談判，日使館參贊小幡更至交通部詢問，均無結果，民國四年遂有二十一條之提出，二十一條第五號第五款云『允將接連武昌與九江南昌之鐵路及南昌杭州間南昌潮州各鐵路之建築權，許與日本國』。又第六款云『福建省內籌辦鐵路礦山及整理海口（船廠在內）如需外國資本時先向日本國聯協議』。可見福建的鐵路交涉，至此已至短兵相接的地步。幾經交涉的結果，中國政府作如下之申明：

中國政府，玆特聲明，並無在福建省沿岸地方，允許外國建造地所，軍用貯煤所，海軍根據地及其他一切軍事上施設之事。又無借外資欲爲前項施設之意事。

此處所謂外國，日本並不在內，所以日本人對於福建的野心，到了民國四年以後，總算如願以償了。可是天有不測風雲，日本人的一肚子希望，終究沒有實現，這是爲了我國民全體反對二十一條，而且英國出而干涉之故。這一番交涉，關於福建的命運很大，讓我把牠介紹一下：

我們不要忘記了日本提出二十一條的要求，正在歐洲大戰英法無暇東顧之時，所以大戰告終，巴黎和會開幕，我國提出撤消二十一條的要求，向和會提出陳述書，共分三章，主要宗旨，即以利害動英國之心，冀得英國之助力，達撤消的目的，如對於日本承繼德國在山東之權利云『……試取山東地圖觀之，與旅順口遙遙相對者，威海衛也。英之租威海衛，在中國人視之，雖與其他〻國之租界，同爲侵蝕中國領土之完全，然以威海衛軍事上之價值而言，卽中國人亦頗爲英人寒心，蓋龍口烟台，同爲威海衛之後門，假使已得旅順之國，復得龍口或烟台，則威海衛岌岌可危矣』。得旅順之國爲日本，此蓋以威海衛之利害，慫恿英國之干涉。又如關於福建事件之陳述云『又關係鐵路之要求，則與一九〇八年滬杭甬鐵路合同，一九一四年甯湘鐵路合同，一九一四年南昌至潮州鐵路歸英商經辦之合同，均相衝突，中國政府以前述理由，嚴拒要求，然日本公使猶敦促中國之承認不已也』。由此可知中國在巴黎和會中縱橫捭闔之一斑。

巴黎和會中，中國代表之活動，雖然未有成功，然而英國人的心，確是被打動了，所以民國十年華府會議之結果，武昌潮州間之鐵路，日本被英國所迫而放棄其他權利亦以國際視線嚴密注意之故，未能暢所欲為，福建之得以安穩至今。未有若何危難者，亦華府會議之所賜耳！

由此可知日本對於福建，處心積慮，已非朝夕，華府會議，英美聯合戰綫，壓迫日本，結果訂立九國公約，確定中國的領土完整，門戶開放等原則，造成了列強對中國的新均勢。九一八事變，把九國公約，打得粉碎，把均勢的局面，變成日本獨佔的局面，普徧全世界的經濟恐慌，給日人以好機會，正同歐戰給日本人的機會一樣，前車之覆，後車當防，日本人知道英美日利害之衝突，也頗知中國人的手段，深悉世界經濟恐慌稍為弛懈一點的時候，事情不會沒有變化的。為了這一點，日本人便為快鞭先着之計，積極布置軍事，以應付前途的風雲，察哈爾東部的被佔，灤東的被蹂躪，都是這一貫的政策造成的。到現在福建和廣東的東部，又被日本人視為目的物了。消息頻傳，驚心駭目，真有防不勝防之慨！

日本人這回侵略福建，着重在軍事根據地方面，去年閩變的時候，日人雖仍動過經濟侵略的念頭，想壟斷全閩的糖業，然而竟如曇花一現，計劃又是落了空。又鑒於福州廈門，均為通商口岸，易惹國際注目，所以這次也不從這一方面着手，茲所認為第一目的物者為三沙灣，三沙灣在閩江口之北，為一海灣，由拓洋甯德二半島合抱而成，口狹而內廣，水亦甚深，更有牛脚坡虎尾山，對峙兩岸，形勢險要，實屬天成。口內有長腰島（即馬祖）三都島等皆擁形勢之勝，尤以三都島西南方面之港灣為佳，山岩四合，水深波穩，實為軍商兼宜之良港，清季闢三都澳商港於三都島南岸，並擬築船塢於馬祖，築砲台於牛脚坡虎尾山，使成要塞，為馬尾之後盾，以庚子拳亂而輟事，日本人侵略福建，自始即注意此地，今舊事重提，更為着重，蓋日本自割取台灣澎湖後，即以澎湖島上之馬公為軍港，築海軍根據地於台灣海峽，控制東海與南海之交通，惟澎湖列島當太平洋颶風之衝，風力之強，致使樹木不能生長，不無缺憾；且馬公孤懸海上，又與香港馬尼剌相密邇，設無依輔之地，一旦發生軍事，不能有充分把握。三沙．與馬公成犄角之勢可以作侵略閩浙粵之根據地，聲援馬公，可以抗衡英美，以固東海之門戶，以爭南海之霸權。日本如能在三沙灣築成強固之海軍根據地，則北有旅順葫蘆．（最近改為軍港，已可停泊艦隊），南有馬公三沙灣，更有佐世保舞鶴二港，策應其間，軍事上之聯絡，極為便利，日本慣以七成海軍，破人十成，中日俄兩戰，便為顯例，今日本補助艦已達平等之地位，又益以軍事根據地分布之適宜，太平洋西岸附屬海（至少日本海黃海東海）之形勢，已成磐石之固，試問，有何國，可以有問鼎之權？未來的世界大海戰在太平洋，英日二國，必站在兩方面，美國態度，舉足重輕，惟與日本聯絡之可能頗少，英美聯合以戰日本，日本將處於必敗之地位，惟其控制東海黃海之能力，使三沙灣軍事根據地之夢想成功，則雖在大戰過程中，必無可以輕視之理由，恐讀者諸君，也不能不作如是想罷；聞日人於三沙灣，有建設空軍中心之議，是其目的所在，豈東海之霸權已哉！

我人既知日人最近侵略福建之目的在三沙灣，又已知三沙灣在未來世界大戰中之地位，今更當略知日人圖閩之陰謀，日人陰謀之大堪注意者如下：

1.獎勵台灣人向閩省移居，凡台灣人欲移居福建者，免留護照，移居地點，先在廈門，以次及於內地。

2.改組在閩之台灣公會及青年團，派退伍軍人予以充份之訓練，經濟槍械，予以充份之接濟。此項青年團在廈門者已有二千人，在福州者已有百餘人，最近擬擴充至一千人，日人桑原即其總指揮也。

3.收買閩省民軍，其總機關在廈門，分機關設於華安惠安，已被收賣者有吳賜等部一千餘人，現尚在積極進行中。

4.引誘下層民衆，使入台灣籍，以避苛捐雜稅。

5.組織西麗協會西洲同志會等，鼓吹中日親善，更以經濟物質，引誘智識階加入，供其利用。

日人伎倆，層出不窮，右所述者，不過略舉其大者著者，可知日人對閩，正施其陰謀詭計，我有人民，供其騙策，人勅無良，甘心為此；茲所急者，首在防止台灣人之混入輿漢人之被利用，口岸嚴其稽查，苛稅多予取消，事簡易為，尚非大難，所可患者，福建交通，常特海道，萬一我方防備僻防，日人難圖一還，勢必重演武劇，則福建山嶺重疊，與鄰省之聯絡，頗為不便，前途命運，又將陷入悲境。欲圖挽救，宜積極建築京粵與昌福綫，以利運輸，即將三沙灣築成軍港，以保海疆之安全，然後可保無虞，最近報載福建省政府主席陳儀，有建築環省鐵路之提議，其留閩人鑒於福建形勢之緊張，竭力促其實現，更望我政府當局與民衆，深明福建與國家命運之關係，力謀挽救，時機不再，稍縱即逝矣。

1.他們把那惡果種下去，大談其和平；
2.這惡果居然萌芽了，
3.他們在樹蔭下大談軍縮，
4.瓜熟蒂落，他們化為灰燼了！
（柏林報）

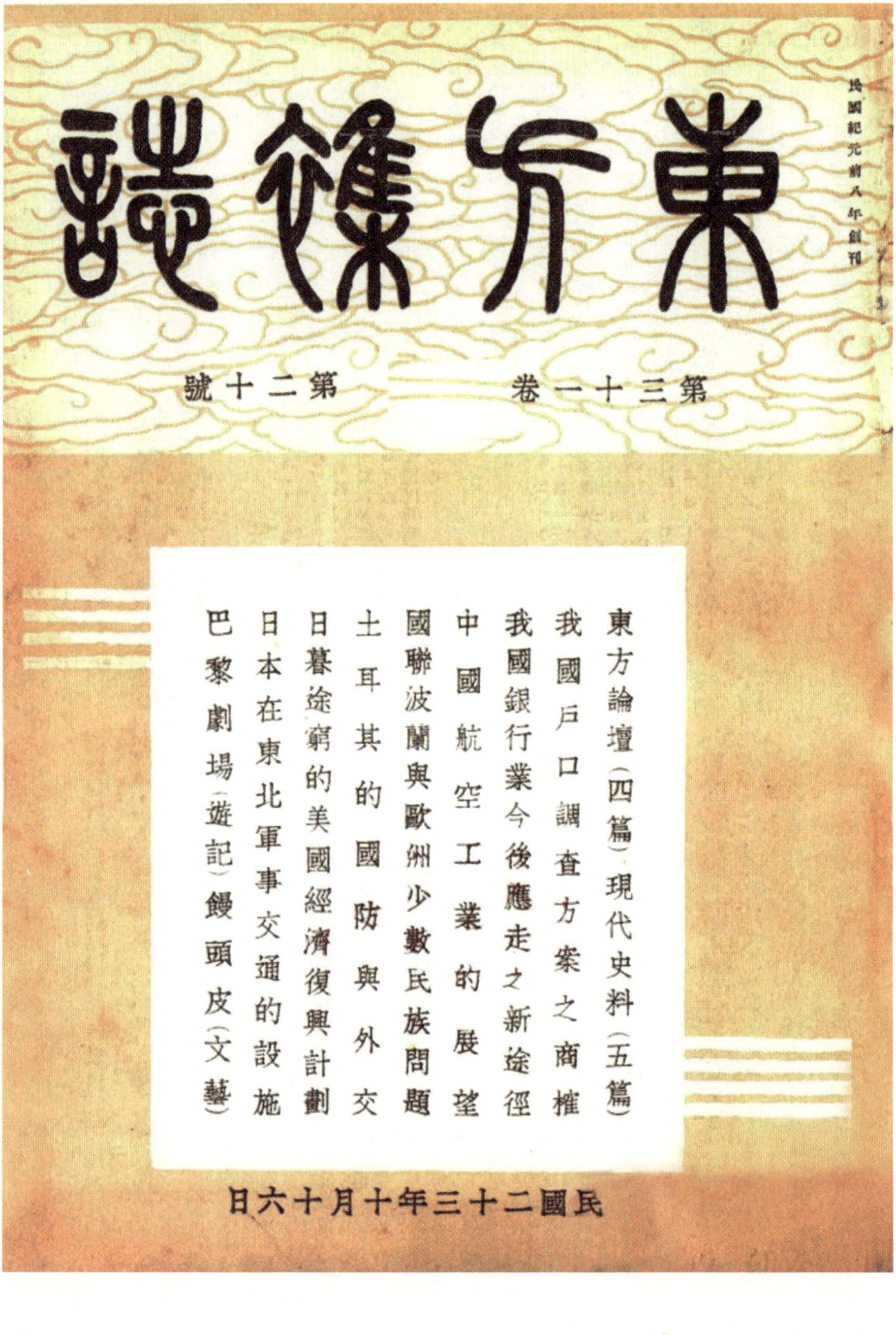

民國紀元前八年創刊

東方雜誌

第三十一卷 第二十號

東方論壇（四篇） 現代史料（五篇）
我國戶口調查方案之商榷
我國銀行業今後應走之新途徑
中國航空工業的展望
國聯波蘭與歐洲少數民族問題
土耳其的國防與外交
日暮途窮的美國經濟復興計劃
日本在東北軍事交通的設施
巴黎劇場（遊記） 饅頭皮（文藝）

民國二十三年十月十六日

日本在東北軍事交通的設施

李維真

一　小引

『九一八』事件及往後日本的侵略行動使太平洋的形勢——尤其是日俄日美間的關係，更形緊張了起來。在遠東第二次世界大戰的風雲已瀰漫到了海洋與大陸的全部。遠東的戰爭已進入於一觸卽發的危機階段。

日本為要積極的繼續其侵略政策及割據行動，為要積極的應付未來的大戰它就竭力的擴充其軍備，鞏固其軍事根據地。

東北不僅擁有極大的財富，可供未來戰爭的資源，而且在地理形勢上，又卻卻居於未來戰爭的要衝——更可成為繼續日本侵奪政策的根據。因之，日本在強佔了東北以後，便以極迅速的速度實施其建造軍事根據地的計劃。

日本在東北所實施的一般經濟，工業及農業等政策，實質上都由建造軍事根據地的總計劃為依歸的。其中尤以交通事業的設施，為最重要。因為交通事業實為建造軍事根據及施行侵略政策的命脈。

二　新鐵路網的建造

新的戰略鐵路網之建造，是日本在東北經營軍事根據地的主要成分。日本在東北掌握的南滿與安奉二鐵道幹線，已被日本侵佔的全部中國鐵道，事變後二年半來日本所建造的新鐵道，以及正積極準備奪取的中東路等等，所有這些鐵道，已形成了一個戰略上鐵路運輸的體系。

東北舊有的鐵道網（『九一八』以前，）僅僅與南滿的港口——大連，安東，營口——相連接着。如果日軍由本國經過這些鐵道輸送軍隊到北滿邊境去，則就須遼遠的繞過高麗半島而沿着二條鐵道幹線向北滿進發——一條是沿着南滿鐵路，中東路南段，再經呼海路而達海倫，或者經過哈爾濱而沿着中東路東段而至綏芬河；一條是由營口經打通四洮等中國鐵路（這些鐵路的運輸能率甚爲薄弱而且距離亦遠，）而達到齊齊哈爾。這樣的軍用幹線（戰略鐵道網，）使日軍在北滿的軍事設備及對俄備戰上發生極大的困難，因此，日本在侵佔東北以後便積極的建築新的鐵路網，以期消除上述的缺點，而造成未來的日俄戰爭中日軍所必需的鐵道運輸體系。

日本在東北新建的鐵路網的方向，其主要者有二：一爲使高麗北部的新港口（雄基清津等港）與東北的全部鐵路網相衔接，而使日軍由本國至東北的運輸因此而縮短了路程（同時，日軍如有大量的運輸必要時，則可與上述二條戰略幹線並用，所以這條東北與高麗的聯絡線，可稱之爲第三條戰略幹線；）一爲造成邊境——尤其是北滿邊境——鐵路直貫線及支路線，俾日軍能迅速的集中兵力於邊境上，並開展軍事行動。

新鐵路網的主要路線，爲：一，自延吉至密山——這條鐵路乃包圍蘇俄沿海州的軍事要道；二，完成海克路，再由該路分二線直達蘇俄邊境：甲，由訥河經嫩江直達璦琿縣之大黑河；乙，由通北經龍鎮而直達邊境（至大黑河，並建支線至奇克；）由洮安至索倫的鐵路，以直達外蒙邊境。

上述鐵道幹線如全部完成，則日軍在日俄戰爭中所必需的軍用運輸，就不至於發生困難，同時，我們也可以從新鐵路網的計劃中窺見日軍的戰略一斑。

現在，我們把日本在東北一九三三年年底前所完成的鐵路，列舉如左：

（A）海克路（自海倫至克山）——共長一百九十一公里。該路貫通了齊克路（自齊齊哈爾至克山）及呼海路（自呼蘭至海倫。）

（B）自敦化經延吉鐘城至清津的鐵路——共長三百四十五公里，自延吉至海林鐵路——共長九十公里。這些鐵路，聯絡了高麗與東北，並使日軍能以最短的路線由日本內部輸送軍隊至東北大陸的邊境。

（C）拉濱鐵路——共長二百五十公里。這條鐵路，聯貫着吉會鐵路，打通了北滿與高麗的直接運輸。由此可知該路在軍事上及經濟上的重大意義了。

此外，已興工而尚未完成者，有：（A）自寧年（齊齊哈爾以北）至訥河鐵路——共長五十公里。該路並計劃延長至嫩江（墨爾根）而直達大黑河。這條鐵路，是純粹帶着軍事性質的。（B）自通北經龍鎮（龍門鎮）遜河而直達黑龍江岸之奇克鎮。這條鐵道因所經之地均爲人稀希散的荒漠地帶，所以其爲純粹軍用運輸路線，實不能置疑。以上是在江省興建的鐵道；在吉林者，尚有（C）自延吉經寧古塔而達屯河（中東鐵路東線之海林站以東）的鐵路——共長二百公里。這條鐵路在軍事上的意義，實極重大，蓋日軍可用之（該路爲從高麗北部港口到牡丹江及松花江流域之最短線）而迅速的集中軍隊於松花江下流同時更可協助進攻沿海州的日軍。

以上列舉的鐵路建築乃是日本在事變後二年十個月來所經營之重要者。如果我們把日本在這一時期內所興建的已成鐵路之總長度合計之（不僅限於上述的幾條主要幹線其他如支線等都合計在內）則已幾乎達到一千公里——一九三一年東北所有鐵路的總長度爲六千八百五十七公里，一九三四年五月底的總長度已達七千七百八十四公里。

三 公路建設

日本侵佔東北後，爲要加緊掠奪民衆及征剿義勇軍，爲要準備進行大戰，於是除建造新鐵路網及攫取舊有中國鐵路的管理權外，更努力於公路的建設。蓋公路在現代戰爭中之汽車運輸及坦克車砲車行動上，實有非常重大的意義。

東北的公路管理權與經營權，與鐵路相同，都操縱在日人手裏。所謂『官道管理局』名義上雖由僞國總理直轄，然事實上卻完全由日本公路專家所掌握。官道管理局屬下更設立官道建築處於瀋陽（管理瀋省及熱河公路的修理及興建事務）長春（管理吉林省公路）及齊齊哈爾（管理黑龍江省與興安省的公路。）這些機關同樣是由日人操縱的。

日本制定了僞國公路的十年建設計劃，並準備撥付一萬萬元僞幣爲建設費（每一公里之建築費按照各地的實情而規定爲一千二、百元至二千元。）在公路建設計劃中把公路劃分爲三個等級自省城至港口或鐵路大站以及在『國防上有重要意義者』爲第一等公路；縣城與工商業中心區構通連絡者爲第二等公路其他如縣境內之交通運輸公路爲第三等。

按照上述公路建設計劃，則十年內應完成以下各等級的公路：

等級	長度（以公里計算）	寬闊（以公尺計算）
第一等	一五・二〇〇	一四
第二等	一五・二〇〇	一一
第三等	二九・六〇〇	八

以上各等級的公路，合計爲六萬公里。最近二年內預定建設公路九千公里，其中在一九三四年六月前應完成四千公里，一九三五年五月前應完成五千公里。九一八事變後至去年（一九三三年）十月底已經完成之公路，爲二千五百公里。

上述的公路建設計劃，對於邊境上的公路特別加了注意。此外，對於義勇軍出沒之地帶及附近地更是在積極地修建公路。

與公路建設同時並進者，乃是汽車運輸事業的增進。然而這一事業，自然又免不了握在日人手裏——日人已把東北所有的汽車運輸業完全集中在『國際運輸』的統制中（國際運輸株式會社實際上是南滿鐵路的一部份且與日軍有直接連絡者）以備在軍事上必需時可有計劃地加以動員。

現在，把東北所有的汽車分類統計如下：軍用汽車二千五百輛，商用載貨汽車二千六百輛，公共汽車七百輛，輕便汽車五千七百輛，共計九千五百輛。從這個統計中，我們所應注意者有二：一，軍用汽車佔四分之一以上；二，其餘的汽車（除外人所有的少數輕便汽車外）都掌握在日人的統制管理中，故很容易爲日軍所動員，而變爲軍事運輸工具。

四 航空事業

日本對於東北與高麗，東北與日本本國以及東北內部的航空交通事業，在事變後是更加積極了。

遠在一九二九年四月間日人即已完成了高麗與東北的第一條航空郵遞線。至一九三〇年九月一日，這條航空線即加擴充了，其路線爲：自東京經大坂，岡山，馬關，漢城到平壤。這條航空線上的全部飛行人員均爲日人，而該線航空站則完全設立於軍用飛機場內。

在『九一八』事變後不久，這條航空線即延長到瀋陽——而後更向南沿着南滿鐵路而達大連。同時，向北則直達長春——哈爾濱。一九三二年六月初，這條航空線更達到了齊齊哈爾（黑龍江省城）。此外，並建立了自瀋陽經打虎山至錦州的航空線（該線完全應用軍用飛機。）

日本在東北侵佔空領權的第二步，即設立東北內部的郵遞旅客航空線。現在已開始飛行者有：一，自哈爾濱至寧古塔；二，自哈爾濱經佳木斯至富錦；三，自哈爾濱經綏化，海倫至克山；四，自長春經吉林，敦化至龍井村；五，自齊齊哈爾至大黑河；六，一九三三年四月開闢了自大連經瀋陽，長春，哈爾濱，齊齊哈爾，海拉爾至滿洲里的連絡航空線；七，一九三三年七月中旬日人設立了在熱河的航空線：自錦州經朝陽，凌源至承德，以及自錦州經朝陽，赤峯至林西。

今年春季日人更建設了由長春經敦化，龍井村，漢城直達東京的夜間航空線——先前存在的東京經漢城而直達東北的日間航空線，因夜間不能飛行之故，而延長飛行時間至二晝夜之久。

日本爲要發展並統制東北全部的航空事業，在一九三二年九月間成立了滿洲航空株式會社。該會社的資本金爲三百八十五萬元日金，其主要的參加者爲南滿鐵道株式會社（握股票三千二百七十股），日本株式會社（二千一百三十股）及僞國政府（二千一百八十股。）

除了上述各段所謂郵政及商用的航線的建立外，日軍更公開的建設軍事航空的根據地，飛機場及飛機升降站等空軍飛行網。

在事變以前東三省僅僅有幾個設備不完善的飛機場，而現在（一九三四年五月前）日人已在東北設立了六十五個飛機場與升降站。其中規模宏大及設備完善者，有哈爾濱，齊齊哈爾，長春，瀋陽及錦州等的飛機場，有些甚至設有地下藏機室及地下燃料保藏庫等設備

（如齊齊哈爾與瀋陽的飛機場）然而一般的說起來日人在東北所已建設的飛機場及航空根據地對於能容納大量飛機（能夠大戰時應用的）的庫房油棧炸彈儲藏庫及後備庫等等建築目前還沒有全部完成所以現在日人除了積極增設新飛機場外對於已成立的飛機場也正在竭力地擴充範圍並完成其必需的工程。

日本在東北的航空建設中我們所應注意者有以下數點：一，造成日本經高麗直達東北各地的晝夜大航空線以備於必要時派遣大量飛機至東北；二，東北內部的所謂郵政商用的航空設備不僅超過了一般的需要而且在實際上完全是軍用航空的另一形態；三，飛機場網的建設特別在所謂僞國的邊界上（如俄僞邊境及熱河等地）加了注意，這裏日本的用意當然很明顯。

五　水道運輸及內河海軍

日軍對於利用東北水道於軍事目標上，其注意力差不多都集中在松花江。

日人爲要統制松花江的水運，爲要使該江的水運完全適合於日人在商務上及軍事上的需要，就成立了所謂航務局。航務局實際上握住了松花江的全部船隻的支配權（松花江上共有旅客輪船四十一艘，貨輪六十隻，共計一百十一隻。）這在軍事運輸上實有極重大的意義。

至於松花江的江防艦隊則日軍除了恢復舊有的艦隊以外（當日本佔據哈爾濱時，因江凍尚未開，所以全部江防艦都在哈爾濱船塢裏，以致全部被日軍所獲。但丁超李杜退出哈爾濱時，已將艦上主要武裝拆卸了。）更將幾隻輪機比較堅實的商船改裝鐵甲武裝而變成爲小型砲艇。

一九三二年七月間，哈爾濱到了大批的日本海軍士兵與官長，同時，便成立了日本河川艦隊司令部。一九三三年春季由日本運到了五艘現代式的砲艇及十五隻鐵甲小汽艇。此外更在哈爾濱本埠及大連造船廠趕造幾艘砲艦，大概在今年夏季已可造成下水。

按照上述，則在日軍掌握下的松花江江防艦隊，雖尚不能與蘇俄的黑龍江艦隊相抗衡，但實已具有雄大的力量。這種力量在日軍指揮之下，正在兇暴地攻擊東北的英武義勇軍。

六　統制郵電

因爲郵電機關（郵政電報電話無線電）在軍事上有極重要的作用，所以日軍在侵佔東北後當即攫取了郵電機關。在一九三二年夏季日軍不管其他列強的抗議而形成這個攫取的形態——『滿洲國政府之郵電監督』實際上郵電機關的一切權力都把握在日軍手中了。

去年（一九三三年）九月間，在日軍的控制之下成立了所謂『日滿電報電話株式會社。這個株式會社』的首要任務便在把東北所有的電報電話事業，都集中在日軍的支配中。

日滿電報電話株式會社，規定資本金爲五千萬元日金，共發股票一百萬股。現在把股票的分配，列舉如下：

日本遞信省——三三〇、〇〇〇股

三井三菱等會社——三〇〇、〇〇〇股

南滿鐵路——一〇〇、〇〇〇股

僞國政府——一二〇、〇〇〇股

僞中央銀行——五〇、〇〇〇股

在東北的其他日人企業——一〇〇、〇〇〇股

合計 一、〇〇〇、〇〇〇股

根據上述各點，則東北的郵電機關已完全在日軍統制之下了。日軍既統制了東北郵電，則往後的郵電發展的趨向，自然能隨其需要而左右之了。日軍在郵電方面首先須達到的，便是擴展日本本國與東北大陸間的郵電，日軍在滿各重要駐紮地間以及戰略上各中心地區間的郵電連絡——這在未來的日俄大戰上及繼續其侵略行動上，都包含着重大的意義和作用。

七 結論

日本在東北交通事業上的經營，不過是它的整個割據政策的一部份，同時，也卽是日本積極備戰上的有機部份。日人控制了東北的一切交通事業後，它的侵略政策及割據行動，便有了更進一步實施的工具，這實使吾人不得不加以嚴格的警惕。同時，吾人復須加注意者，乃日軍之在東北如此積極的經營軍事交通事業，另方面實爲對俄的準備；然而，日俄大戰的主要戰場，無疑義的，將在我東北地域，如此，則吾人由日本在東北所經營的交通事業而應連想到的日俄大戰中吾國的態度和地位，實爲一個急待解答的重大問題，尙希國人能加以積極的注意。

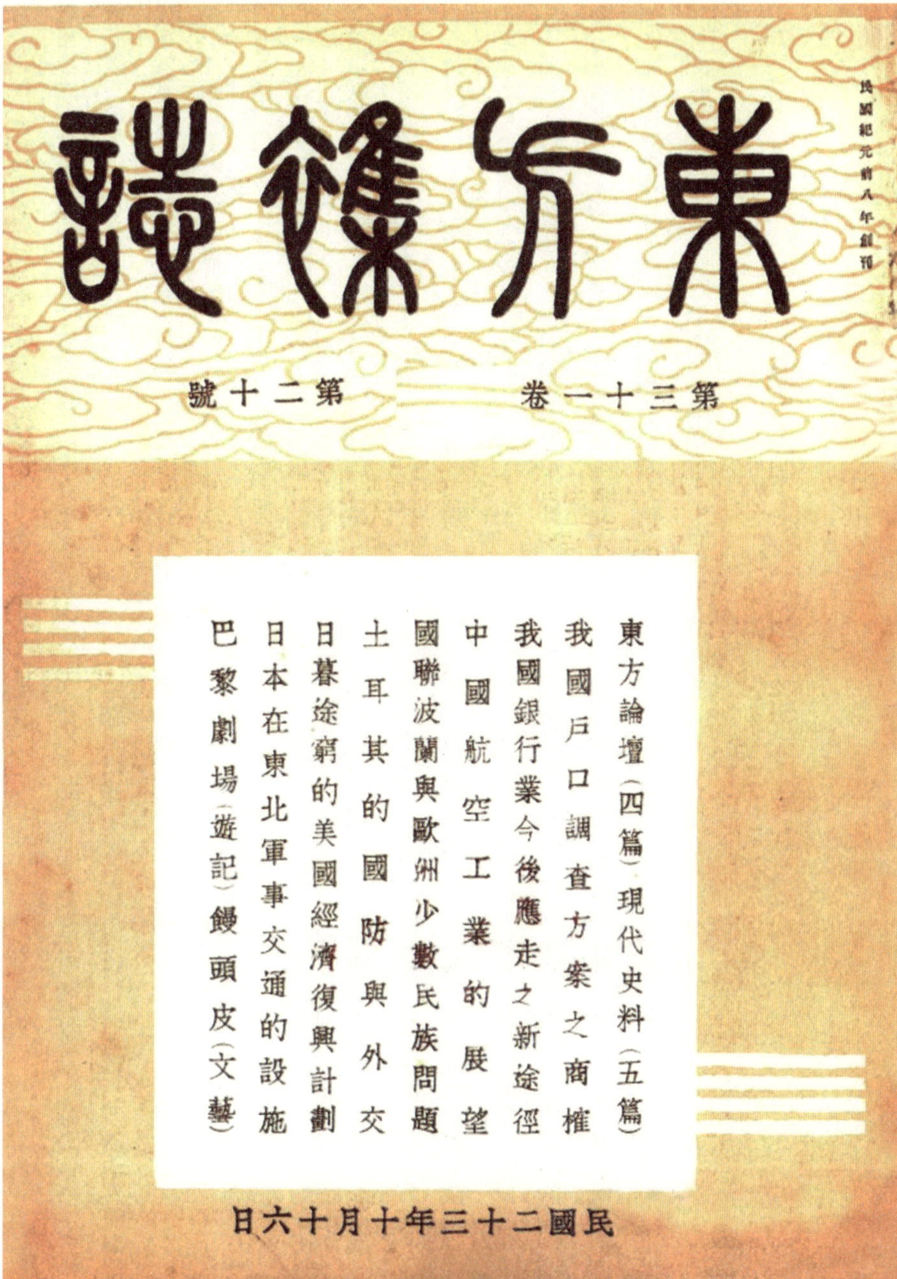

民國紀元前八年創刊

東方雜誌

第三十一卷 第二十號

東方論壇（四篇）現代史料（五篇）
我國戶口調查方案之商榷
我國銀行業今後應走之新途徑
中國航空工業的展望
國聯波蘭與歐洲少數民族問題
土耳其的國防與外交
日暮途窮的美國經濟復興計劃
日本在東北軍事交通的設施
巴黎劇場（遊記）饅頭皮（文藝）

民國二十三年十月十六日

日軍佔領下之滿洲

沈越石

引言

光陰荏苒，九一八事變迄今快三載了！在這三載的過程中，日本帝國主義者安然的把那一百四十五萬方公里的地面及三千二百萬的居民列入自家的版圖。這種收穫的迅速，實在是出乎日人意料之外。

在具歷史嚴重性的資本主義世界的經濟恐慌危機深入的當兒，日本帝國主義者的奪得東北，實在對於日本資本主義的前途彷彿得了一服興奮劑。

但興奮劑的功能，我恐亦只止於興奮作用而已。我們只要看一看日本軍閥當其奪得滿洲之後，馬上宣傳日人是能夠把滿洲變作『人間的天堂』，可是這人間的天堂現在究竟怎樣？這在日本軍閥口中，也許會說滿洲是很景氣的。比方荒木他本人就說過：『滿洲雖然還有土匪，但其他各方面的進步是很迅速的。』日本資本主義的代言者朝日新聞，亦曾重述過荒木的話而廣爲宣傳。可是事實勝於雄辯，荒木雖狡，終亦不能不承認滿洲之有土匪。實際上滿洲豈止僅有土匪而已？因此作者爲使國人明瞭在日人鐵蹄下蹂躪的滿洲民衆實況和滿洲危機而草是篇。

日滿經濟統制下的日資在滿勢力

所謂日滿經濟統制政策，其實亦即是謀把滿洲經濟置於日本國民經濟的範圍內，而美其名曰經濟提攜。換言之，即是謀以滿洲經濟爲日本國民經濟之一部。而所謂(一)日滿完全結合也。(二)日本工業化，滿洲原料化也。(三)日滿雙方分業化也。都不外第一將滿洲作爲日本之商品輸出地，第二將滿洲作爲日本之資本輸出地，第三將滿洲作爲日本之原料供給地。日滿兩地的工商業在統制政策下都不互相衝突。

在過去日本軍閥與日本資本家，因爲對於滿洲的投資問題，亦各懷有不同見解。在軍閥方面則把滿洲當作一個冒險得來的新戰爭根據地所以極力主張在滿發展戰爭所必需的各種財源。不論與國內的資本家利益衝突與否他們的首要目的是在計劃軍用道路之建築。換句話說,日本軍閥是要把整個的滿洲作爲反對蘇聯的礮台。所以在去年的春季,日本政府曾預備以十萬萬日金投資滿洲,以進行各種軍事意義的企業。但日本資本家則無論工業及農業,都把滿洲當作一個競爭者,所以很不熱心投資。在滿洲佔領後之兩年內私人投資之總額,不過三萬萬日金。總之日人的投資到滿洲工業農業者,實在少數。茲爲明瞭日本在滿的資本活動勢力與剝削中國民衆略爲探討如下:

（一）收買土地與投資農業——日人在滿洲農業政策其第一個任務爲收買土地。因土地所有權獲得後,乃能用封建的剝削方法來敲榨農民。一九三二年四月滿洲政府所頒佈的『外人租用土地章程』和成立了所謂『日滿土地開拓公司』都是用來剝削農民爲對象的手段。比方他們在外人租用土地章程裏,規定了外國人在滿能獲得永久的承佃權,這樣,日本資本在滿的胡闖就得到了無限的憑藉。沒收,強奪,銷燬地契,因債務而佔取土地,無代價的把土地分給日本人及高麗人。而所謂日滿的開拓公司也者,則簡直是一個大規模的高利貸。他們用着二三百萬公畝的土地,租給中國的農民,而必要農民們取得十個人的連環保。這樣的使農民羣衆,跳不出日本高利貸的掌中,而滿洲的農產品,從而落到日本資本家的手裏。

日人對於滿洲的農業政策的第二個任務,那便是所謂武裝移民。在過去曾移來三批,每批五百人。日本政府願對於這些移民每人津貼一千五百圓之鉅款。此外復從而大批的移殖高麗人。據可靠統計,則此際滿洲已有八十萬高麗人。又日人劃下正在預計再移殖十萬人。日人都把他們組成保衛團而由日人指揮。他們並且竭力的挑撥中國人與高麗人之衝突。在這樣的情形之下,中國人卻減少了許多。從前在一九三〇的年頭,滿洲尚有二十三萬五千的新移民。到了一九三一年就只有六千人了。一九三二年就不同了,到滿洲者爲四十一萬四千人,離滿洲者卻有四十九萬八千人,反而流出八萬五千人。

日人對於滿洲農業政策的第三個任務就是設法使滿洲的種植成爲日人所需要的。特別是軍事上所必需者,例如因爲棉花的種植而成立了『日滿棉花栽培協會』,資本一百八十萬日金。米的種植則從十萬公畝增至七十萬公畝。此外日本現方在積極計劃牧馬和提倡種植鴉片。在這樣日人的設施之下,最痛苦的那當然就是下層的農民!

（二）關於工業方面——日本在滿之工業政策爲奪取中國人的企業,或把這些企業適應於日本的需要,並發展有軍事意義的工業。例如中國人的大煤礦西安,鶴立崗,北票,奶子山,已經落到了日人的手中了。一九三三年十一月,日本拓殖省曾計劃組織一個『滿洲炭礦公司』,資本一千六百萬日金,同時又成立了『滿煤油公司』,資本五百萬日金。最大的金礦亦在日本人的手中,成立了『日滿採金公司』,資本一千萬日金。此外還成立了『日滿化學工業公司，』『製鉛公司，』『日滿製鎂公司，』『林業公司』等，其資本都在幾百萬以上。

在軍事方面，則瀋陽兵工廠已入日人手中，並且從而擴大了。哈爾濱的施高德木材公司，被日人買去了。東北大學的機器廠被日人接收去了。日本在滿之最重要工業建設：(一)爲鞍山製鐵所，年出生鐵四十八萬噸，鋼十八萬噸，精鐵二十萬噸。(二)爲硫酸廠，年出十八萬硫礦。(三)爲大石橋鎂之開掘與製造廠，年出六百萬噸。(四)爲在瀋陽建築的橡皮製造廠，已將完成了。以上列舉的，都是日人在滿積極擴張軍事計劃的犖犖大者。

(三)關於交通方面——日人的在滿建築鐵路，是要把滿洲所有的鐵路都歸日人支配。並且他的目的不在經濟建設，而在軍事運用。這是在反蘇的戰線下必然的手段。同時他的附帶作用，是在乎包圍中東路而把它變成死路。

自從日本佔領滿洲以來，已完成的鐵道，計有七百五十公里，汽車路則有四千公里。在日本方面，還有個十年的築路計劃，其最終的目的，將使滿洲有二萬五千公里的鐵道。此外對於航空事業，亦很注意。不但開了許多飛行路線，同時又在瀋陽成立了一個航空公司，以統制民間的航空事業，其資本爲五千萬。

(四)關於商業方面——日本佔了滿洲之後，其商業之所以能夠長足的進展者，無疑地他是握有滿洲的完全支配權。約言之，則不外下列原因：(一)日本在滿完全獨占了定貨權，(二)日人享受完全的關稅優待權，並能無限制地進行偷運商業。還有日本政府資本家，造船家，軍隊，「滿洲國，」都在努力給日本商業一些便宜。因此日本商業在滿的發展，這是必然趨勢。例如日人的紡織品，一九三二年輸入關東者爲一萬零四百碼，一九三三年則爲一萬七千八百碼。同樣絲織品及日本麵粉，都得到劇烈的激增。可是在這種情形之下，滿洲人民，日見貧困，其購買力大爲縮減。

同時日人不僅僅壟斷滿洲的商業進口，並且從而壟斷滿洲的糧食出口。他一方面建築了許多新鐵路，以奪取中東路的商運。又利用土匪攻擊中東路之沿線，以妨害中東路的貨運，阻止滿洲的貨物由海參崴出口。

(五)關於金融方面——具有三千萬資本的滿洲中央銀行，代替了從前的中國半官銀行，東三省官銀號，邊業銀行，吉林銀行，齊齊哈爾銀行，以及交通中國之東三省分行。其作用爲節制貨幣流通，並發行紙幣。截至一九三三年夏，中央銀行已發行了一萬一千二百三十萬元的紙幣，而現金與現銀的準備，據官方宣佈，則爲七千六百一十萬元。此中央銀行尚承受了過去各銀行的舊紙幣，但新銀行在收回舊紙幣時，官價較市價爲低。因此新紙幣又趨於跌價。

由是觀之，日本的金融貨幣政策，是不在整理過去的貨幣，而反以滿洲的貨幣制度，還就其本身的利益，而所謂滿洲的預算也者，則無定額，這是因爲他無法計算日本軍隊之消耗與開支的緣故。總之日人用武力奪得滿洲以後，瘋狂似的擴張軍備，他們對於農民是繼續的加強了封建剝削與壓迫，他們的投資勢力無論在何方面都是使滿洲變成了完全殖民地。

所謂滿洲的景氣？

在上面我們已把日本資本在滿勢力分析了一陣，然後知道了日人的在滿投資是不顧滿洲的死活，而是遷就其本國的利益。然在日人口中尤其是在日本軍閥口中，卻在謳歌着滿洲現在是怎樣的繁榮。我們在這裏爲闡明滿洲的危機，再把滿洲經濟的畸形性，探討如下：

所謂滿洲景氣的徵兆究竟是表現在產業的那幾部門呢？只消我們略一檢討，則從昭和五年至八年（一九三〇年至一九三三年）水泥的生產額增加由一九一、三六三噸至一九二、三三三噸，石灰由一三、四八九噸至三、七八七噸，磚瓦由九四、四二二千塊至一二〇、三一七千塊，製材由四一七、二二〇石至八八四、八五八石，銑鐵由三四八、〇五四噸至四三三、五二三噸，鋼鐵由一一四至二八一噸。這些生產部門一見顯然的是土木建築材料和軍器材料的生產最爲顯著。

其次在貿易方面則爲輸出入的增加。在輸入上，鋼鐵及製品由一六、〇七〇千僞海關兩增至二五、六三九千僞海關兩，車輛由七、五七七僞海關兩增至一四、五四二千僞海關兩，木材由三、三六六僞海關兩增至六、一七八千僞海關兩。在輸出上：銑鐵從三、六八八千擔增至八、一二五千擔，石炭從四、三四七千噸增至四、五三八千噸，硫酸阿莫尼亞從二五九千擔增至五五九千擔，白臘從八九千擔增至二八三千擔，油脂從一七千噸增至五〇千噸，鹽從二六一千擔增至四四〇千擔。這亦都是充分表現在輸入方面是土木建築材，在輸出方面是軍事原料的增大。

更就物價來看，則爲水泥，鐵，磚瓦，等建築材料騰貴最甚。

根據上面具體分析以後，我們可以得到一個結論，那便是滿洲的所謂景氣，是以軍事的計劃爲中心，無論生產，貿易，物價，等各方面增多騰貴，根本上都是建立在軍事的基礎之上。由於這樣畸形的發展，決定了滿洲農業的衰落！其實不僅是衰落，現在已經是廣汎地恐慌。這種現象實在不僅是農民的自身問題，而且成爲了僞國的政治危機，直接影響着那些榨取農奴的地主寄生階級及高利貸的死活。龐大的滿洲農業社會，此際已經從基礎上發生動搖！

誰都知道滿洲所依爲根據的農產物是大豆，而這大豆的最重要市場是德國。本來滿洲的大豆已經是受着半殖民地的限制而發達，是以殖民地的農產物資格而負着成爲國際商品的運命。然而在殖民地的農業恐慌和一九二九年美國交易所恐慌爲發端而發生的世界工業恐慌合流。滿洲大豆遂受着德國油房需要量減少和油料子實價格下落的兩重壓迫，加以一九三三年德國公佈賦課豆粕內地稅的命令，更使這種壓迫加甚。連輸出荷蘭的豆油，以日本市場爲中心的豆粕需要都減少了。因而促成了大豆的價格下落。茲假定昭和四年滿洲的大豆，豆粕，豆油的輸出額爲一〇〇擔，可是昭和八年的輸出大豆已降至八五擔，豆粕則降至七六擔，豆油則降至六八擔。在百分比上，近幾年來已經減少了百分之十五以至百分之三十二。

同時在這種輸出的減少，卻亦反映到特產或其他物價的價格下落。大連的躉賣物價指數，假定昭和四年都爲一〇〇，昭和八年的大豆則跌至七八·三，穀類則跌至七二·二，調味嗜好品則跌至八八·五，肉類跌至九九·三，衣料跌至八七·九，夠了夠了，不必列舉大多。由此看來，即穀類的價格下落比較其他商品爲最大。入了慢性恐慌階段以後的價格下降，這是農民們的致命傷。即就上面說過的豆粕豆油輸出減少相關聯的油房方面亦可看出這些情形來。豆粕價格在昭和四年十月至八年十月，下落百分之三十八，豆油價格在同一時期，下落了百分之五。而豆粕的生產額的減退，全體減低了百分之二十四。

其次就土著工業中主要部門之一的麵粉業（磨坊）來看，也和油房同樣的處於衰落。麵粉業在國際上原有着競爭，加以昭和七八兩年的水災和原料品質的不良結果，不獨北滿的麵粉不能夠向南滿發展，卻反使外國商品在南滿市場上橫行闊步的侵入北滿，尤其是失去中國市場的日本麵業，這樣一來，以長春爲中心的麵粉業，遂致呻吟於外國商品壓迫之下。結果北滿在昭和四年至八年減少百分之三十四，長春減少百分之九十五強。

隨着農村疲憊而引起棉紗布工業的沈滯，尤其是棉紗布方面的沈滯，不僅是因爲農村購買力的減退，同時還有日本品的極大威脅。

上面所述的雖然都概括記載，然我們於此亦可從許多的數字中去看出滿洲在日本的鐵蹄下，顯現着經濟的畸形和農村衰落的嚴重性，決非是日人所能以一手掩蓋的。

滿洲的危機

農業是滿洲的基本，所以滿洲的居民差不多有百分之八十是業農的。在沒有被佔領之前，滿洲之耕種面積爲一千六百萬公畝，糧食收穫爲二千二百萬噸。而一九三二年的耕種面積則減少了百分之十五，收穫量則減至一千五百五十萬噸了。一九三三年的耕種面積更減少了。據日人的統計，謂減少百分之三，但實際上恐減少了百分之五六。因爲耕地的減少和滿洲經濟的畸形，農民們的生活，越發恐慌。在這裏我特地摘錄關於滿洲農民痛苦深刻的幾段新聞，根據滿洲官報：

『呼海路沿線居民貧困萬分，所有的牛羊與狗，都吃了精光！大多數的馬都瘦得不成形，幾乎不能再耕田了。許多村莊已無人住，海龍一帶常有易子而食者。』（大北新報，一九三三年三月十日。）

『黑龍江省富庶之區如綏化，青岡，望奎，拜川，等縣之飢饉很厲害，居民以草根樹皮爲食。春荒時餓死甚多，以致許多地方沒有人煙。』（滿洲報一九三三年六月二十七日。）

上海字林西報在一九三三年六月十一日亦曾登過了一篇關於滿洲的文字說：『黑龍江之因飢餓而死者已數萬人，每日常有數百人自殺，甚至有吃人肉者。』

黑龍江省的日本顧問說：『各種事件破壞了黑龍江省的農民，恐怕三年內還不能恢復原狀。』（哈爾濱新聞同年六月二十四日。）

滿洲國官辦的工業月刊說：『到處的糧食與牲畜都被搶刼一空，居民所遭損害甚大。農村工人之工資降低了一半。去年收穫較好的地方，倘足自給，其餘各地多不能恢復其原狀了。』

瀋陽商會發表：『因海外需要的激減，大豆行市慘落得不成話。北滿的農民，把大豆作爲燃料，較之把大豆送到市場者爲有利。』

夠了夠了，這就是所謂『人間樂土』的「滿洲國」!!

在這種情形之下，各處的農民叛亂成爲必然趨勢而無可遏止。舊軍官所領導的抗日軍，雖在一九三二年被日人擊散，而另外的抗日軍，卻依然存在。日人都稱這些抗日軍士爲土匪或『紅鬍子』。當然，哪，這許多的抗日軍裏頭，也許有些變成紅鬍子，這因爲他們是沒有政治的目的。更有些遥受了日本關東軍司令部的指使，在各處刼掠，並在中東路東段殺害並擄奪蘇聯國民。然有許多抗日軍則確是爲反對日本帝國主義而組織的。這不僅是保持了他的政治意義，同時亦實踐了階級鬬爭。

日本軍閥爲着粉飾太平，在內閣會議時，祇說滿洲有匪七萬。然據官方消息，則謂有十萬。實際上滿洲的抗日軍，像熱河一省已足夠七萬，總數當在二十萬左右。

這些抗日義軍常常大肆活動，但我們還要知道這些抗日義軍參加者多爲貧苦農民，不堪壓迫，至於地主和富農多半是不敢參加或反而受了日人的利用。

其次在農民的戰爭中，共產黨的作用亦頗值得注意。在間島地方，雖日軍未佔領滿洲以前，共產黨與高麗聯絡，勢力已經很大，年來又有許多救國軍如王德林等部及大刀會。據日本報登載，現在這些軍隊已經完全成了紅軍。總數約有七萬人。其中參加軍事行動者兩萬人，有鎗械者只三分之二。在赤色軍所佔據的地方，已確立了人民政權或稱蘇維埃政權，又從而組織了許多青年團與童子軍及婦女隊。一切大事皆決於人民大會。處置漢奸的手段甚嚴。有許多村鎮如嘎雅河，黃門煙筒拉子（三者皆譯音）等地，都有共產黨的突擊隊。

總之，無論紅軍的目的如何，與及受人利用與否，其爲「滿洲國」的大患，這是無可間言的。關於他們活動消息，日本報紙是很少登載的。縱然有時登了一小段，亦不過是稱他們爲『現代的紅鬍子。』曾有一家報上這樣的說過：

『紅鬍子很激烈地反對「滿洲國」與日本，他們的行動，像是瘋狂一樣，無情的恐怖無選擇的洗殺，常把居民殺個精光，但不能阻止他們的活動，」

日本帝國主義者，亦似乎看到了癥結所在了，所以在去年的十月哈爾濱新聞有一段的這樣說着：

「農民的困苦日深一日了，這就是反日份子在農民中活動之好園地，也是共產黨工作之良好條件，這種情形是很可怕的……爲着避免大不幸的發生，我們本勸官府速籌辦解決農民問題的機關。」

可是帝國主義者因爲內在的矛盾，怎樣的能談到解決農民問題呢？這樣的建議，簡直亦不過是一個空的欺騙罷了。日本軍閥他亦明知如此，所以他爲着統治滿洲張本，故意的獎勵滿人吸食鴉片，藉以促成居民墮落與腐化，而消滅其抵抗心，以減少民族解放運動。這亦足見日人的心勞日拙。

最後，我要普告我國民衆，東省的三千二百萬同胞，現在是已瀕於水深火熱的境地了，然而他們前進勇士，尚在掙扎抗日。反觀國內，則年來祇有空言長期抵抗，實則毫無準備。塘沽協定以來，上恬下嬉，一若危險時期已過，殊不知寇的深入。如果我們睜開眼睛去看帝國主義的經濟侵略，無形中，華北亦已等於滿洲。吁，亦可嘆矣！

四十年代

一九三四年五月十五日出版

日本獨占中國宣言與遠東危機

高健篛

(一)宣言之背景

河上肇說:「在後進國裏面,因爲資本稀少,工資廉賤,原料也較便宜的緣故,所以由資本生出來的利潤率比較高些。同時,這些地方的國家,又因爲漸漸被拖進世界資本主義的圈內的緣故,關於鐵路的建築,礦山的開採等等事情,都不能不時常需要許多應該被固定到這些事業上面的資本。

「這樣一來;在後進國裏面,資本輸入的可能性就成熟了。同時,在先進國裏面,資本輸出的必然性也成熟了。所以,在先進國裏面所生產的生產手段,特別是那些具有充當固定資本的性質的生產手段當作資本,輸出到後進國去。資本家的諸國家的世界瓜分,就是被這種事情促進了的。這樣一來,商品的輸出就變形爲資本的輸出,由棉花代表着的和平時代就變化爲由鐵代表着的戰爭時代,資本主義也就達到了那個充當着他的最後階段的帝國主義了,在這個階段上面…………這些生產諸關係和生產諸力的矛盾就在社會表面之上，在一方面變成恐慌，在另一方面就變成戰爭，爆發出來了。…………在另一方面，又可以看見，在中國，帝國主義的諸國家的利害衝突，一天一天的正在釀成可以勃然發生第二次世界大戰的地步。」（經濟學大綱四〇九——四一一）。

由河上博士這一段話看來，帝國主義國家為了解決自身的矛盾，必定向殖民地去求出路。在目前，中國在世界上可說是一塊肥碩而容多量資本的殖民地，當然要遭受着帝國主義各國的掠奪與分割。日本因為海涯比鄰，交通方便的各種優越條件，以突飛猛進，銜枚疾走的步調佔據了東北三省。不過數十年的功夫，東三省的經濟命脈完全飛入了她的掌握。九一八事變，不過是經濟統治轉換為政治統治的一幕戲劇而已。日本自從佔據了東省以後，因為國內內在的矛盾愈加尖銳和國際間的衝突愈加激烈，逼着她不能不更進一步的佔領華北——統治着華北。同時，更因了兩種理由，乃加速了她統治華北的步調：（一）世界經濟恐慌愈見深刻，各國均疲於無法解決，無暇東顧，給了日本一個「偷閒」的時間；（二）因為所謂「滿洲國」的塑像，日本商品可以偷運而不稅的理由（參照China Weekly Review或五月一日德華日報），得以實行商品傾銷，而完成了她經濟統治華北的政策。

其次，與這事件相關聯而更較重要的問題是通車通郵問題。如果實行了通車通郵，固然對日本于武力佔領東省上，給與一層法律的保障，以便將來要求他國承認所謂塑像的「滿洲國」；並且這樣以來，也足以減少日本商品輸運的費用和吸收華北的原料。可是，中國政府太怯懦了，既沒有勇氣拒絕日本的要求，同時，又因了國民的熱烈的反對，也不敢答應這種要求。聰明的日本政府，如何不知道呢。對於這優柔寡斷的中國政府，只用哀的美敦書就可以了。日本四月十七日的宣言，雖然有幾方面的意義，而其中的一個意義即是在提高了價格，等侍着中國來還價（haggle）。通車通郵的問題，雖然沒有明言，而這盡在默默不言中。

日本正在這巳囊括了華北，躊躇滿志，認爲整個中國不久即爲她的俎上之肉的時候，忽然中國有了所謂十年計劃，白銀公司的成立，吸收外資，而要建設了；同時，更有什麼軍備的整頓與購買，和國聯的技術合作，實在給了她一種極大的刺激。志高氣揚的倭奴，氣量狹小的彈丸小邦那能經得起這種刺激，所以便在四月十七日就夢囈狂呼起來了。在日本認爲這樣一來，趁拉西曼返歐的當中，給與五月開會的技術合作委員會一種威嚇，或者能够打消技術合作的計劃。同時，疲于奔命的羅斯福，在這無暇東顧的時候，或者能够給與讓步，禁止軍備的售賣以及各種借款。另外，順便給蘇聯與英倫一種警告，使着他們知道中國之上，尙有日本存在，諸事先須問日本，而後方能有效，以期漸漸操縱中國的外交，日本之用心可謂毒矣，亦可謂苦矣。

帝國主義國家侵略殖民地是必然的，絕對的，而且是一貫的。其中因階段爲不同，所用的方法自異：有時需要武力，而有時僅用外交卽可。在目前，美國正祈禱繁榮之來臨，終日禮拜，無心外務；歐洲因爲凡爾塞條約的無法解決，只能行自掃門前雪之政策，暫持容忍態度；蘇聯因求本國之康健，只好沉默不言；因此，各國與日本不能直接發生武力戰爭。同時，中國又這樣怯懦無力，只銷一口氣卽可吹倒而達目的。

日本宣言之背景已如上述。所以吾人對於此次宣言所應特別注意者，非宣言之本身，而爲宣言之目的。然自日本發出宣言以來，國內外報紙只對於宣言之用語與夫抽象的意義加以分析與批判，尙未注意言外之意，實受日本煙幕彈之蒙哄也。

（二）宣言之意義

爲詳細明瞭宣言意義起見，先將其節略抄錄如下：

（A）日本對於中國問題，其立場未必與中國一致，亦未可知，但是日本爲盡其在東亞的使命，實行責任，當然不能不盡其全力。而爲了完成這個使命，日本應該與中國共同分担這種責任纔行。

（B）中國的保全及統一，乃致秩序的恢復，就東亞和平的見地上看來，本來是日本所切望的。但是中國的保全，秩序的恢復統一，除賴中國本身自已覺悟和努力以外，別無他法，這是過去的歷史早已證明，將來也是如此。但是中國如出於利用他國來排斥日本，以違反東亞和平的手段，日本當然非加以反對不可。

（C）再者列國對於中國，即令名目上是財政的援助，如有想採取共同動作一類的事，那麼畢竟是帶有政治的意味，這是必然的道理。那種形勢如果增長的時候，將要發生劃定在華勢力範圍，或國際共管，或瓜分的關係，其結果將在東亞和平上發生重大之結果。本來日本並無意干涉各國個別的與中國作經濟上或貿易上交涉；但最近中國有諸外國共同援助，或用其他種種名目，積極的活動，例如，供給軍用飛機，設置飛機場，派遣軍事教官，政治借款等類的事情，將相繼發生；其結果必爲離開中國與日本之關係，違反遠東和平的維持，所以日本不得不斷然反對。

（D）此種方針，爲日本從來的方針，當然被承認的。（大公報四月二十三日所載。）

將上邊的四段話，歸納起來，有三種含義：一種是日本對於中國問題有特殊的權利，另一種是中國問題除去中國自身以外，只有日本方得參與，他國不得而干涉之。第三種是最後一段，最堪注意者，爲日本侵略中國是一貫的，必然的，而非偶然的；是持續的，而非段落的。

日本侵略中國既是必然的，持續的，一貫的（絕不是如某大博士說的是什麼一個民族的瘋狂，自殺；更不什麼像某大學教授所說，在某個某個階段上中日是可以親善的。這眞是愚昧無恥够，够多麼可卑可鄙的話呀！）所以凡能阻礙了她這侵略政策的任何事件，當然要盡力的破壞。無疑義的，中國目前的各種計劃與設施，無論結果如何，終是向康健的路上去的，這在日本眼中看來，當然是一種威脅，所以出來干涉。

在這三種含義之中，除去第三種可以覺醒國民，警告糊塗的學者與官僚，而使其予以注意外，尚有第二種含意，在目前，尤値得吾人注意。因爲她的第二種含義，誠如一般人看的，認爲中國是她的保護國；但最値得人吾注意者，不在她宣佈中國是她的保護國，而在暴露了她侵略中國的新階段這一點。在塘沽協定以前，中國本部可以劃分爲日，英，美等勢力範圍。日本尚安心於華北，而漸浸於中部。迨塘沽協定迄最近止，整個華北的經濟權已全操於她的掌握，而認爲華北成了她的私有物，於是更進一步，認爲中國成了她的俎上肉。日本雖然明言，仍然維持門戶開放主義，而其實已將大門關閉了，不准英美等國染指，頂多只是一種普通的通商而已。

（三）各國之態度

日本的話雖然這樣說了，各國是否遵從這種聖旨呢？且看下邊分解：

（A）美國　美日的衝突，絕不因表面上的換文，而稍形緩和；且說，更因此而表現其尖銳了。因爲美日的衝突，不和英日的衝突一樣，英日在華的衝突是側重於經濟的利益，而美日的衝突則偏重於政治方面。如果將各國在華的經濟勢力整個估計一下，美國所佔的數字恐怕極微。美國不怕日本佔領以至滅亡中國，而在怕日本滅亡中國之後，如虎塡翼，長大成人，稱霸世界，威脅美國的生存，可是自己又沒有實力足以壓服日本，所以美國對付中日兩國，和英國對待德法兩國的步調相類似。一方以危言聳聽，恫嚇一國，一方以些微的軍備武器授於他國，以作對立的準備；而使強暴者不敢誅求無厭，懦弱者有所依據而直腰。所以每當日本侵犯中國一次，美國即宣佈她那絕不能兌現的「門戶開放主義」及「九國公約」等空頭支票。同時，對於中國則貸款，售賣軍器。聰明的日本帝國主義如何看不透這點呢，所以無論美國如何的再三宣佈她的主義，而日本則本一貫的政策，實行各階段的侵略，絕不對於美國加以顧忌。同時，對於美國的大言聳聽也還以不客氣的回禮。所以日本宣言除了明言侵略中國爲日本的一貫政策之外，主要的還是對美。當十七日宣言放出之後，氣勢洶洶，爲宣言辯護者一個是日本出席軍縮會議的代表橫山氏，一個就是日本住美大使齋藤。前者無疑的是針對國聯的技術合作計劃，並兼向歐洲示威。後者則指明露言的說：「日本所以重新發表其對華政策之聲明者係因於美國對華貸與棉麥借款以及美國售賣飛機予中國事…………棉麥借款將作政治用途，而威脅亞洲之和平也」，（大公報四月二十三日）。美國既然無力而且不肯以武力和日本決雌雄，所以聆聞高論之後，沉悶了多日，又照例的宣佈了她那門戶開放主義，以結束這尚未完了的事情。同時，行自已之所是，以準備撕殺。

（B）英國　英日衝突既然和美日衝突的性質不同，所以英國所持的態度亦異。美對日本的牒文，雖然只是一種空文，而尙詞嚴義正，給日本一種理論上的打擊。而英國呢，則連這點都未出口。膺外交重任的西門氏竟在下院宣稱：「日本有爲他國所承認而未爲他國所共享之在華特殊利益。」咄咄，是何言耶？然空谷來風，絕非無因，蓋英日之衝突，側重經濟，已如前述。經濟之衝突，其癥雖不可解，其勢則可緩；換言之，兩國之衝突雖不可解，而確可在某個階段中，能妥協苟安。玆將五月九日大公報社評一段引下，以證此言：「自上前月日英棉業代表會商停頓以來，外電屢傳日英官方將出而調停，然始終未成爲事實。至本月初，忽傳英將在本國及全直轄殖民地，對日棉貨及人造絲，採用定額分配；及本月三日，英商相倫西曼與駐英之日本大使松平晤面，交付對於英政府對日英會商之節略，英政府將於本月十六日舊日英商約滿期之後，對日貨分別施行輸入定額分配制之意遂證實，據日方報紙宣傳，似該節略仍留有商量餘地（卽日本若能承認英方主張之二點：（一）全世界市場之日英二國分轄，（二）日本自動限制棉製品出口，則英方可以繼續會商）………另一方面英國要津暗示，商長聲明，並未含有英日決裂之意，仍覺妥協或屬可能云云。」（請另參看五月九日德華日報）英日的經濟衝突，遍於全球，尤其自日本實行傾銷政策以來，在許多市場，將英貨驅逐不少（其原因自多，茲不贅）。英國爲保留大部市塲，當然對於日本可以犧牲一小部。如果英國要犧牲她的市塲，無疑的是華北以及華中，而求日英兩國分轄全世界市塲，和日本自動限制棉製品出口。英日的關係，旣是這樣，要說英美同調對日，當是夢囈。此所以英國對日本僅提交了一個不痛不癢的照會者也。

（C）蘇聯　近來世界各國之外交，巧妙靈活莫過於蘇聯，中國所謂「實實虛虛」，「戰爭之間，不厭詐僞」等方法，無不應用維妙維肖，靈活無比。蘇聯認日本宣言有兩種用意：（1）企圖打破中國與國際銀團刻在南京之談判，蓋日本軍閥認此爲歐洲列強與美國謀成共同陣線以抗日本汎亞政策計劃之一部分。（2）日本逼南京政府停止與美關於飛機建造等之談判。蘇聯對日宣言之觀察旣如此，而再站在不同的社會制度的立塲上，所以始終沉默不言，靜觀帝國主義國家陣線以內的鬥爭。不寧唯是，俄日衝突，猶如美日，爲生命線之衝突；如果完結這種衝突，只有訴諸武力一途，只用照會一紙絕無效用，蘇聯明乎此而所以不言也。

總之，在帝國主義沒落的時期，各國間的衝突雖然愈發尖銳激烈，而爲掙扎自已之生命起見，其忍辱與妥協性愈大。遠者不言，卽以去年而論，如華府會議，世界經濟會議，擾攘多年的軍縮會議等等均爲其表現。迨夫今日，日本獨占中國四省，囊括華北，實行傾銷政策，壓迫各國在華商品；各國無以應付，乃聯合戰線，供中國以政治之力量，以求投其過剩之資本。夫對於中國以宗主國自居之日本安能坐視，而列身於外，此所以吼號宣言也。今英美既對日本無可奈何，其他唯兩國馬首是瞻之國家，持何種態度，自無叙述的必要了。這點，由宋子文之駕鴿西遊，銀公司之無聲息，而可證明了。雖然，各國以及國聯也不一定遵從日本的意志而停止其各種行動。

（四）中日關係

自從日本放出了哨聲之後，各國乃擾擾攘攘，驚訝紛爭了一陣，雖然仍有零星半點的呼聲，在那兒斷續的悲鳴，實際上寂寞已覺深鎖了宇宙。但勿謂空氣之沉悶，而就認爲是事情已告結束。其實事實更因此而到了一個更嚴重的階段，已由口角的紛紜進入于武器戰爭之準備的階段了。在前邊雖然説各國對日本暫時持了沉默無效的態度，然其爲時亦只「暫時」而已。不但帝國主義與社會主義不能長久並立，即帝國主義各國間的矛盾，亦須以武力方能解決。聽罷，各國雖然不言語了，而霍霍的磨刀聲浪却在各地響起來了。

日本宣言雖然側重了各國的投資計劃，但身受最大影響者則爲中國，中國將何以處呢？中國對日本宣言雖然給了一種嚴正的批判，説明了自國的立場；但紙上談兵，於事有何補呢？看罷，週來報紙的登載，什麽直接交涉呀，解決懸案呀，整理債務呀，須磨訪汪呀等等都是中日關係現階段嚴重性之表現。蓋日本現已不安於佔領東省，要凭治華北華中，更進而實行獨佔全中國。至於通車通郵兩問題，自然都在不言之中。日本以上述各種事項作手段，以實行獨佔全中國爲後盾來提高價格，向中國取得最高限度之價格：（1　通車通郵（2）停止國際借款。這點由須磨之謁汪，汪蔣之會面與夫報上之各種更正聲明，不無馬跡蛛絲可尋。中國對這事件怎樣處置呢？依理論上說，自然有拒絕與屈服兩條路子；但拒絕與屈服的決定，乃是事實更趨於嚴重的一個點。

帝國主義國家與殖民地的關係乃是剝削與被剝削的關係。帝國主義以侵略的手段，以剝削爲目的，而求解決外在與內在之矛盾。但愈向殖民地侵略與剝削，不僅引起帝國主義國家間的矛盾，愈加尖銳，即其國家內在的矛盾亦愈激烈。同時，正因有這兩種矛盾，愈發向殖民地侵略掠奪；結果又引矛盾之尖銳化。兩者互爲因果，成爲辯證法的發展。日本與中國之關係，即是這種關係。得尺進步，誅求無厭，無時甘休。所以中國要想在某個落段上，求得日本之相安無事，猶如癡人說夢，是絕不可能者。因此，中國即便答應日本之要求，更提高了日本之要求。結果，猶如六國賂秦，只有平和的亡國而已。況說答應了此種要求無異自取滅亡？這樣說來，中國就要拒絕日本之要求。但就過去的歷史看來，以現在之政府，恐無勇氣坦胸挺腰而能担此重任。唯就吾等國民看來，與其和平而亡國，寧碎玉而傷身。蓋通車通郵之問題實爲承認「滿洲國」之問題，而停止國際借欵即表示接受日本資本之支配也。所以，這兩種問題，從表面上看來，好似不甚十分重要。其實，其嚴重性絕不容吾人忽視。吾人誠非善動意氣，勇於自殺之輩也。

（五）結論

日本宣言雖爲紙上談兵，而其足以增加國際間的矛盾性，致使遠東風雲愈加濃密，已如上述。戰神何時來臨，雖難加以正確之判定，然爲時僅暫，確可斷言。首當其衝而受害最烈的中國宜如何審勢量度，未雨綢繆哟!?甚望執政諸公，急速施行建設計劃，整備軍器，以便撕殺。除此以外，抑有不能已於言者，即中國歷來之外交，均是被動的，而非自動的。在表上風平浪靜之時，養尊處優，簡居深入，認爲大地空空，絕無魑魅來襲之事。不但平時不會利用國際間之矛盾，以創造利我之情勢，即襲我者之計劃，不到全世界已經明悉之後，尙不知曉。即如此次日本宣言而論，政府事前竟無所料；迨至宣言發表，全世界爲之震撼，中國政府，方如大夢初醒，窮於應付，而竟兩次宣言，一緩一急，徒表現紊亂之步調，良可慨夫！

二十三年，五月十日。

新亞細亞

第八卷第六期

中華民國二十三年十二月一日

本月刊登記證 中央宣傳委員會中字第柒伍壹號 國民政府內政部警字第玖叁叁號

新亞細亞月刊社發行

日本毒化東北及華北政策之檢視

莊心在

（一）

鴉片之爲禍於國家民族，盡人能言之，外人且時以烟氛瀰漫爲中國病。然而中國固亦自知禁毒矣，其所以未能速奏禁絕之效者，雖由於過去軍閥之飲酖目甘，藉烟斂款，政府之泄沓脆弱，法令不行，但外來勢力之從中阻梗，要亦不可忽視者也。

按之往史，鴉片之流入中國，雖遠在李唐，而吸食之風，及清中葉始熾。當時士大夫目擊心驚，早經鑒及「國內銀錢日缺，無賴游民日增，其原因實由于不禁鴉片之故。」林則徐更謂「烟不禁，國日貧，民日弱，數十年後，豈惟無可籌之餉，抑且無可用之兵。」剴切透闢，語重心長。清廷納受嘉言，派往廣東查禁鴉片，安知雷電風行之結果，終觸他國之反感，強出干阻，至啓兵戎，林公于敗劒之餘，反遭叢怨褫職，誤國遠謫，而中國更因以割地賠款，闢五口通商，爲不平等條約之嚆矢，作列強宰割之先河，從此對於烟禁一事，無人再敢提及，而鴉片之蔓延，益以廣遍。由此足徵禁毒政策之在中國殊屬難言。毒品瀰漫，外人輒以此爲譏彈責難，而於中國之實行厲禁，則又多方阻撓，食言自肥，往史之昭垂于我人者爲何如哉。中國禁烟政之不易奏效，蓋亦有所由來矣。

中國之禁毒，固已歷有年所，自國民政府成立以來，尤引以爲國家之大計，規定「六三」禁烟紀念日，設置禁烟委員會，悉心竭力以期毒品之滅絕，民力之保存。而在昔軍政人員吸食鴉片，強種包運者，實繁有徒，普通司法之手腕，已有所不及，而自負禁烟責任之不肖人員，或且與之狼狽爲奸，通同作惡，循至病源日深，流毒日烈。縱無治外法權與租界制度之存在，亦已不堪收拾。朝野有識之士，乃一致感覺吾國之禁毒問題，性質複雜，不當與他國相提並論，非借重於軍事手腕，不易奏功。本年五月間，我國當局亦深感於禁毒問題之嚴重，已非僅恃普通司法所能解決，因由國府明令在此剿匪期內豫、皖、贛、鄂、湘、蘇、浙、閩、陝、甘十省之禁毒事項，暫交軍事委員會負責辦理所有各該省之烟禁，今後以軍令軍法繩治其後南昌行營復於六月中旬有禁烟督察處章程，嚴禁烈性毒品暫行條例等之頒發，雷厲風行，迄未稍懈。蔣委員長於北巡視察之餘且曾特別指出。「鴉片與烈性毒品除少數地方已漸告禁絕外，其餘猶未掃除，此乃我國家民族惟一之大患，又各地苛捐雜稅，吾人決視爲革命之勁敵，必當以全力掃蕩此敲骨吸髓亡國滅種之弊害，革命之成敗，民族之興廢，亦胥於此繫之。」（二十三年十一月二十一日天津益世報）足徵我國政府當局於禁毒措施之重視與力行，其在國際聯盟鴉片顧問委員會，第十九屆會議中，深獲各國出席代表之同情與滿意，固宜。（詳情見二十三年十一月二十六日大公報）

雖然，中國禁毒問題，性質繁複，我國政府之禁烟政策，出席國聯委員會各國固應本國際合作之意，時加同情與鼓勵，但於我國禁烟事業勵進中所遇之種種外力之障礙，尤應盡國際互助之精神予以正義之申斥與有力之處置。國際治外法權，租界警權，爲干犯毒禁者庇蔭之所，爲罪惡逋逃之藪，自屬中國禁毒事業之一大障礙，而日人之毒化政策思借烟毒以戕賊吾人民，其居心尤屬狠毒。

（二）

日帝國主義者之於中國，軍事政治侵略政策之不足，更進而爲經濟之侵略，猶不足，更進而爲文化之侵略，猶不足，更進而爲種族之侵略。軍事政治之侵略，所以剝奪中國之主權，經濟之侵略，所以動搖其生活之基礎，文化之侵略，所以奴化其文明，至於種族之侵略，則必達使中國人民亡種滅族而後快意。種族侵略之道何由，毒化政策是矣。儘量用鴉片白面等烈性毒物使中國人民形銷骨立，志氣沮喪，無復有愛國復仇之念之力，而後日本得統治我中國，不必再有所顧忌，其用心之險毒，言之悚然。

日本之在東北，固以嗎啡鴉片等毒品爲其侵略政策張焰助威，其播毒縱毒政策，導源於旅大租借地。當民國十三年八月十三日，日人曾在大連頒佈「關東州」鴉片令，不久即行成立「關東州」鴉片專賣局，並公佈鴉片專賣法，越二年十月二十日又由專賣局頒佈特許鴉片小賣所組合章程。所有一切措施，完全爲鴉片專利政策，不論關於進口鴉片或本地製造鴉片，均由專賣局收買，然後大批銷售於大連及其他在滿鐵沿線各附屬地，如長春，安東，瀋陽等地之鴉片小賣所。當時限於我東北當局之嫉惡如仇，拒毒運動之進行不懈，日人毒化東北之毒志，殊不得逞。及九一八以後日帝國主義者既用飛機大砲之力強佔我東北四省三六三、六一〇英方哩之地，鑒於義軍之時起反抗，深感武力之未必足恃，於是益變本加厲實施其毒化政策，使東北人民永不翻身，而日人就治，輩因久遠。

毒化東北第一步計劃，爲統制鴉片專賣。首先取締私烟館，廣設鴉片專賣所民國二十一年八月間，日人迫令僞國在長春成立「鴉片專賣籌備委員會」首由僞國財政部總務司長及理財司長日人星野直樹田中黍等負責進行籌備繼委姜恩之爲署長日人難波經一爲副署長並頒佈鴉片法及收賣法僞組織官制等不下五六種之多（行健月刊第三卷以前各期均有刊載可參閱）所謂鴉片專賣公署設置於長春，其他各地設有專署和支署支署以下設有分署專司收買批售征售烟稅發給吸食烟票等事署中上級職員均爲日人。毒化之第二步計劃爲增加零賣以求普遍在各縣鎮設有鴉片零售處，由主管鴉片分署指定鴉片零賣人專司在本地買賣鴉片事宜，直接由分署管轄。僅瀋陽城內總計鴉片零賣所，卻不下五百餘家，均經僞官方指定，私設者尚不在內長春鴉片零賣所亦近百家，去年四月間開始營業迄於今日已由二十餘家增至百家。東北旬刊黑龍江通訊中有談及鴉片零賣所者謂：

「……目前在龍江吸食鴉片的風氣是極其熾烈，無論是商人，無論是紳士，無論是學生，無論是夥計，都染有芙蓉癖。

鴉片零賣所在龍江可以說是林立，其各零賣所之組織，大都是取日本株式會社之性質，其資本最少是一萬元，多則至一二十萬元不等。每個零賣所都有新奇香豔的名稱，如甚麼世外桃園，醉臥軒，怡神閣，臥雲樓，暢心園，等。裏面並僱有女招待爲顧客燒烟，每日她們多則可賺十幾元小費，少則也有三四元，因此一般貧困女人都願作這種女招待。

每個鴉片零賣所，都闢有精緻的烟室，還留客開房間，女招待就可操這種副業，即使該零賣所未設女招待，它還可以從外邊找來，如暗娼或女學生。……」（東北旬刊第二卷第六期）

其他各地情形，亦可由此想見。

日本毒化東北之結果，從各方面數字觀之，實屬驚心駭目。

（一）鴉片種植地數　日本之在我東北種植鴉片，純用一種強迫的政策，以遼寧省所屬各縣種植之鴉片，平均每縣約達三萬畝上下，估計全省總在二百萬畝，茲據東北大學東北問題編輯委員會所錄之數字，列之於後。（見東北問題第一九五期附刊廿三年九月廿日北平晨報）

省份	種片之畝數
遼寧省	計　二〇〇萬畝
吉林省	約　一八〇萬畝
黑龍江熱河	約計二〇〇萬畝以上

如按以上之估計，則東北總有五百八十萬畝以上之地種植鴉片，數目之大，誠屬驚人，強以沃田改植鴉片，一方加重農村之浩

級，一方面擴大毒化之範圍，日人之居心非叵測所得比擬矣。

（二）鴉片吸食人數　日人及其御用之漢奸既實行大規模之黑化於東北，用盡種種方法強迫誘惑人民入其彀中吸食鴉片者，自日以衆多，據僞民政部之調查，十五歲以下吸食鴉片者佔百分之十，十九歲以下者佔百分之三，二十五歲以下者佔百分之二十，二三十歲以下者佔百分之二十五，吸食鴉片者總數約九百萬人，較之東北三千多萬之全人口數，幾佔四分之一。（轉據新生第一卷第七期補白）換言之今日之東北四人中已有一人吸食鴉片，其黑化之成績，未知已達日人之所預計者否。

（三）專賣數之營業統計　除鴉片種植地數及吸食人數外，我人於日人在東北設立鴉片專賣所之營業情形，更可以明瞭毒化政策之現狀，

並列統計表如次

月份	男吸者	女吸者	人數累計	傳士數量	售土價	售烟價	共賣價格
三月	14、425	1、914	16、339	2、753、060兩	14、160、77元	9、806、63元	23、967、40元
四月	62、415	5、908	68、323	2、835、91	55、486、47	47、554、24	103、040、71
五月	61、497	6、267	67、764	3、635、63	62、330、74	55、514、60	117、845、34
六月	69、293	7、149	76、442	2、531、80	56、969、40	59、703、99	116、673、39
七月	72、548	9、800	82、348	7、299、15	33、473、31	62、743、64	96、216、95

設立地點	數目	每月收入	吸食者數目
長春鴉片專賣所	三八家	約十四萬元以上	男七六，四六〇人　女九二，八二八人
哈爾濱專賣所	約一〇〇家	約在十二萬元以上	約一〇〇，〇〇〇人以上
遼甯城內專賣所	約一〇〇家	無確數	男女吸食者各佔八萬人以上

以上數根據前引之東北問題。另據瀋陽日人所辦之盛京日報記載「新京市零賣所之驚人統計」謂。

「我國（指僞組織）自鴉片公賣制度實施後，國人吸食者，日有增加，茲於本市調查所得，大同二年自三月至十二月九個月期間，累計吸食者七十一萬一千八百六十八人，共售烟土價九十萬五千八十二元四角三分，其數字之驚人有如此者，預計今後當更有長足之發展，本市如此，全國可知，政府收入豐哉，國民健康危哉，夫復何言。」

八月	六七、〇〇八	九、三三九	七六、二四三	五、一〇九、六六八	二一、三三四、一四	六三、二〇七、三三	八四、五四一、三八
九月	六七、六六八	八、五五三	七六、一九一	四、〇三一、五九	一五、八九九、三一	六七、〇六七、三四	八二、七八六、九五
十月	八一、一八五	一〇、一九一	九一、三七六	五、七五五、一四	二〇、八九三、八九	七三、八四一、三三	九三、七〇八、一一
十一月	六九、〇六一	八、四五六	七七、五一七	五、七八三、二六	二〇、八一三、一七	六九、二五五、七五	九〇、〇六九、五三
十二月	七一、一一九	八、二一八	七九、三三七	七、四六六、七四	二六、七五〇、四八	六九、四八二、四七	九六、二三二、九五
總計	六三六、一四九	七五、七一二	七一一、八六〇	七四、三〇三、七〇	三三七、九三二、三一	五七七、一五〇、一三	九〇五、〇八二、四三

該報為日人所辦，而尚作如是語東北毒化進展之猛烈可想見也。

由上種種方面而觀，日人毒化東北之目的，決不止在於斂財，其藐視國際間之公約，置國際間之道德與信義於不顧，於攫取東北四省以後，竭力推進毒化政策，其目的蓋非達置東北三千萬人民於亡國滅種之絕境不已也。於此，國聯鴉片顧問委員會亦曾予以注意，美代表富萊曾作報告謂，「日本在中國東三省和熱河，最近製造麻醉毒品發展之情況，極為驚人，本委員會應予以注意，並請本委員會詳加考慮。」但所謂「注意」，所謂「考慮」，曾未超出於「注意」「考慮」之外也。

（三）

然而察日本人之居心，則殊未以毒化東北為已足，且將進而推展於華北及其他各地，「日人用種種之毒辣政策，誘惑麻醉一般華人，天津日租界遍設海洛英商店，專售與中國人，一般奸商轉運販賣，悉為日人所卵翼，關內長城一帶包庇中國烟民，故雖中國當局取締嚴厲，但因種種關係，致生困難，昌黎縣長且因禁烟被日軍人強迫去職，現烟氛瀰漫，烟禁不能不因而鬆弛」艾迪博士固已暢乎言之。（本年十一月二十八日申報）且謂，「毒品種類有紅丸，白麵，嗎啡，海洛英等，色色俱全，本人對此曾攝得影片多張，將以之公布世界，向國際間宣傳其（指日人）違背人道精神云云。」是徵中國政府雖具嚴厲禁毒之精神毅力，而日人乃多方從中阻梗破壞之，日人之縱毒庇毒，正與中國之禁毒相映對，新生周刊北平通訊於日人在華北之縱毒行為言之綦詳。

「……北平近來可以說是『白化的世界』了。近來白面（海洛英的別名）的暢銷，打破以往的紀錄。有幾個大毒窟爲總機關，大批的製造，大批的販運，還有許許多多的小毒窟爲之向外分銷。這幾個大毒窟多爲日鮮浪人經營的。……日韓浪人所幹的大毒窟，據記者所知便有以下三處，「(一)東單三條牛毛胡同口內的某大樓。(二)和內半壁街附近某某灣的綠大門內。(三)和內新平路某號(此處已被破獲)。至於我不知道的還不知有多少呢。……」(新生週刊第一卷第十一期)

中國代表胡世澤氏於國聯鴉片顧問委員會會議中，亦極致意於華北方面私運毒物之可驚狀況，並舉本年七月廿一日天津破獲秘密嗎啡製造廠一案爲例，稱「天津一帶之販毒大本營，乃在日本租界某旅館中，緝察所謂北口私販種種不法，又據中央社電訊，華北方面屢有大宗毒物，由日人保護，經長城私運進關之物，凡此皆可見日本刻方大規模的毒化華北，並引京津泰晤士報九月二十五日載艾迪博士論文爲證。(廿三年十一月十五日中央日報)因謂中國政府希望各國能予中國以有力之合作，蓋中國政府雖具有決心，前途困難，固尙多也。

僕在某處，曾見一文，謂今日英人之讀中國近代史者，至鴉片戰爭一幕，每引爲莫大之羞恥，故自後英政府亦改而贊助吾烟禁，並協定印藥止運法，及中英禁烟條例等，以完成禁毒之事業。良以禁毒爲國際間之事業，基於人類之道義，不應視同國家對外之政策也。而今日之日本，竟猶視庇毒縱毒幾同國策，而甘冒非法之行爲，自以爲得計。是何論就國際上道義之觀點言，或法律之觀點言，均有傷於卑劣，而嚴加禁止。國際鴉片顧問委員會以國際合作禁毒爲責志，於是項蓄意破壞禁毒之不法行爲，亟應爲有力之處置，不宜徒事空言抨擊已也。

雖然，以對外而言，國人固應多作充分之調查與宣傳，以喚起國際之注意，而備對日交涉之根據，但朝野上下決不可以此爲飾詞，而過爲自恕。中國政府應如何誠毅無畏，以促進厲行禁毒政令之施行，中國人民應如何不屈不移，以圖拯拔於亡國滅種之危阱。期以年月，自見明顯之成績，自強不息，正己方足正人，其庶幾免於設詞諉過之譏乎。

廿三，十二，八，南京

内容简介

《老报刊里的日本侵华实录》旨在通过对1931 ~ 1945年期间我国出版的诸多报刊系统的梳理，全方位、多角度地再现那段悲壮历史，揭露日本侵略者所犯下的滔天罪行，向国人揭开一幕幕鲜为人知的血腥史实，讴歌中国各族人民抗击日本侵略者的不屈精神品质。

本书既为专家、学者研究抗日战争提供了可贵的史料，又为进行爱国主义教育提供了生动的教材。

图书在版编目(CIP)数据

老报刊里的日本侵华实录. 第1卷，侵华战争篇/全2册/谢华主编. —哈尔滨：哈尔滨工业大学出版社，2015.10

ISBN 978-7-5603-5360-9

Ⅰ. ①老… Ⅱ. ①谢… Ⅲ. ①日本-侵华-史料
Ⅳ. ①K265.306

中国版本图书馆CIP 数据核字(2015)第083654号

策划编辑　田新华
责任编辑　唐余勇　尹继荣　田　秋　田新华　丁桂焱
封面设计　恒润设计
出版发行　哈尔滨工业大学出版社
社　　址　哈尔滨市南岗区复华四道街10号　邮编 150006
传　　真　0451-86414749
网　　址　http://hitpress. hit. edu. cn
印　　刷　哈尔滨博奇印刷有限公司
开　　本　787mm × 1092mm　1/16　印张 58.25　字数 1170千字
版　　次　2015年10月第1版　2015年10月第1次印刷
书　　号　ISBN 978-7-5603-5360-9
定　　价　398.00 元（全2册）
(如因印装质量问题影响阅读,我社负责调换)